BOUQU

COLLECTION I

GUY SCH

HENRI AMOUROUX

LA GRANDE HISTOIRE DES FRANÇAIS SOUS L'OCCUPATION

LES PASSIONS ET LES HAINES

L'IMPITOYABLE GUERRE CIVILE

avril 1942 – décembre 1943

* * *

ROBERT LAFFONT

ISBN : 2-221-08327-X

Ce volume contient :

5. LES PASSIONS ET LES HAINES

Pour Guy Raïssac

Les passions et les haines ne prennent pas naissance et ne s'achèvent pas avec l'année 1942. Elles demeurent inséparables des années d'occupation, comme elles le sont de toutes les époques révolutionnaires. Mais la guerre, dont on sait désormais qu'elle sera longue, dont on voit, en 1942, qu'elle a changé de style et de rythme, exige de l'Allemagne toujours davantage d'hommes, toujours davantage de matériel, si bien qu'au mépris du sort des populations, il lui faudra mobiliser à son profit toutes les ressources des territoires occupés.

L'Allemagne nazie se lancera également dans une vaste entreprise de mobilisation idéologique et policière puisqu'elle accélère la recherche, la poursuite, l'enfermement, la déportation, la mise à mort enfin, non seulement de ceux qui, malgré la défaite, s'affirment courageusement ses adversaires, mais encore de ces millions de juifs, dont l'élimination scientifique lui paraît indispensable à sa victoire comme au triomphe de sa doctrine.

Qu'il s'agisse de l'effort de guerre, de la lutte antisémite, de la chasse aux communistes, de la répression des activités des mouvements de résistance, de la mise en condition de l'opinion, la volonté d'efficacité de l'Allemagne nazie va se trouver brutalement accrue par les difficultés, puis par les premiers échecs graves, si bien qu'elle sera naturellement conduite à demander toujours davantage, dans les faits comme dans les mots, aux hommes de gouvernement et aux chefs de partis qu'elle a installés, ou dont elle a accepté qu'ils s'installent, dans les territoires qu'elle contrôle.

Pour la France, l'année 1942 restera donc, essentiellement, celle du retour au pouvoir de Pierre Laval. Retour au pouvoir qui coïncide avec l'exaspération des exigences allemandes, avec les réquisitions de main-d'œuvre, avec l'intensification des persécutions antisémites, les rafles de juillet et d'août, la misère de Drancy, les départs pour Auschwitz.

Que Pierre Laval ne soit ni responsable ni comptable de tout, qu'il se soit efforcé de limiter les prétentions allemandes tout en les approuvant officiellement, qu'il ait livré, avec ses faibles moyens et sa méthode ambiguë, des combats de retardement aussi bien contre l'occupant que contre les extrémistes de la collaboration, c'est certain, mais, plus dense, plus cohérent, plus agressif dans l'attitude et le vocabulaire que Darlan son prédécesseur, Laval devient, dès son discours du 22 juin consacré à la Relève et dont on ne retient qu'une phrase sur la victoire de l'Allemagne, immédiatement antipathique aux Français malheureux et dont il semble, moralement, aggraver encore les malheurs.

On ne saurait toutefois limiter l'année 1942 au retour de Laval. En aggravant les mesures antisémites, en développant, grâce à la presse qui lui est fidèle, une propagande de meurtre racial, en obtenant sans trop avoir à le solliciter, du moins au début, le concours de Vichy pour son entreprise de haine, l'Allemagne donne licence à toutes les âmes basses de se révéler, de s'exprimer et de se « libérer » à travers des dizaines de milliers, ou des centaines de milliers — nul ne fera jamais le compte — de lettres de délation postées à l'adresse de la Kommandantur locale ou du commissariat général aux Questions juives.

Véritable cancer des âmes, la délation n'est certes pas un phénomène lié aux années d'occupation. Elle est de tous les âges et de tous les pays. Elle est de la Venise des doges, où des lions de pierre ouvrent toutes grandes leurs gueules pour avaler les billets anonymes. Elle est de Moscou, où il suffit de prononcer la formule consacrée Slovo i diélo *(« Parole et action ») pour être entendu par la police de Pierre le Grand. Elle est de la Révolution française et, pour la ville de Lyon, un ouvrage imprimé à Lausanne en 1795 met en parallèle noms des dénonciateurs et noms des dénoncés. Affreux tableau de chasse ! Mais je possède également, pour les semaines qui suivent la Libération dans le département des Landes, un document indiquant la « liste des individus à arrêter » avec, là aussi, en regard, les noms des délateurs.*

La délation est de l'Occupation comme elle sera de la Libération. Elle est d'hier. Elle est d'aujourd'hui. A la délation privée, vengeance amoureuse ou professionnelle, s'ajoute en effet, dans de très nombreux pays, officiellement encouragée, la délation d'État. En France même, où un arrêté du 18 avril 1957 précise le montant des primes de délation accordées (mais non déclarées, donc non imposables), il existe plusieurs centaines de personnes qui, sans appartenir à la police ni à l'administration des Douanes, exercent ainsi le peu reluisant, mais très rémunérateur, métier d'indicateur.

Pourtant le délateur de 1942, s'il veut l'argent, ne se contente pas de l'argent.

Sa passion et ses haines, soudain légitimées par la propagande de l'occupant et de ses collaborateurs, le poussent à exiger des vies humaines.

Il n'écrit pas d'ailleurs à une administration avec laquelle le fraudeur de la ligne de démarcation ou de l'étoile jaune pourrait conclure un « arrangement », c'est à « Monsieur le chef de la Gestapo » qu'il adresse sa lettre.

« Il y eut des choses inouïes. Un mari remercia ceux qui venaient de le faire veuf. Une fille mena les meurtriers à la cachette de sa mère. Un pauvre homme, déjà dépouillé, mis tout à nu, avait échappé, caché sous l'arche d'un pont ; la nuit, il court chez sa femme. Mais jamais elle n'ouvrit ; elle le laissa dans la rue. »

C'est de Michelet, décrivant les horreurs de la Saint-Barthélemy. En 1942 également, des filles dénonceront leur mère, des maris leurs femmes et bien des portes demeureront fermées au malheur... Mais bien des portes vont s'ouvrir. L'excès des persécutions va provoquer enfin des réactions de charité dans ces masses que les premières mesures antisémites avaient laissées indifférentes, sinon approbatrices. Comme l'on pourra, dans le domaine militaire, parler du tournant de Stalingrad, on pourra, dans le domaine de la sensibilité française, parler du tournant d'août et de septembre 1942, lorsque évêques, curés, pasteurs, sortant d'une réserve politique traditionnelle, dénoncent des crimes contre l'humanité dont ils sont loin encore de soupçonner toute l'ampleur.

Ainsi cette terrible année 1942 que beaucoup, en souvenir des disparus, évoquent toujours en tremblant sera-t-elle à la fois celle où s'exaspèrent les passions et les haines, et celle de prises de conscience encouragées par le retournement de la situation militaire, puisque le IIIe Reich, possible vainqueur au printemps, apparaît, au début de l'hiver, après El-Alamein et avant Stalingrad, comme un probable vaincu, tandis qu'à la suite du débarquement de novembre en Afrique du Nord c'est en quelques minutes que vont disparaître zone libre, flotte, armée, Empire, toutes ces réalités sur lesquelles le régime de Vichy et Philippe Pétain lui-même avaient fondé tant d'illusions...

Paris, octobre 1981.

Les compléments de la présente édition sont indiqués dans l'ouvrage par les signes < et >.

PREMIÈRE PARTIE

ON JETTE L'ÉCORCE

« On presse l'orange et on en jette l'écorce... »

FRÉDÉRIC II parlant de Voltaire.

LAVAL. — Si vous trouvez que les choses vont mieux depuis que vous avez le pouvoir. Si vous vous imaginez que vous avez accru le rayonnement de la France.

MAX ANDRÉ *(membre de la commission d'instruction, lors du procès de Pierre Laval).* — La France occuperait une autre place dans le monde, si vous n'aviez pas été là.

LAVAL. — Si je n'avais pas été là, la France serait morte... En tout cas un grand nombre de Français seraient morts, qui sont encore vivants.

Yves-Frédéric JAFFRÉ
Les derniers propos de Pierre Laval

1

LAVAL REVIENT

> « Je suis rentré au gouvernement sachant que ma tâche serait effroyable, qu'elle serait redoutable… »
>
> Pierre LAVAL,
> au procès du maréchal Pétain.

Le jeudi 26 mars 1942, le général Laure, secrétaire général du chef de l'État, mais surtout, depuis 1917, ami fidèle de Philippe Pétain, regagne son bureau à l'hôtel du Parc et commence à rassembler ses dossiers en vue d'un prochain départ.

Pour manifester sa mauvaise humeur, il s'était retiré depuis deux jours dans sa chambre de l'hôtel Sévigné et avait décidé de n'en sortir que pour rendre officielle sa démission.

Pourquoi cette brutale prise de position d'un homme aussi constamment dévoué au Maréchal ? La raison donnée peut sembler puérile : querelle de préséance. Le 24 mars [1], sans lui demander son accord, ni même l'informer, Bernard Ménétrel a introduit René de Chambrun dans le bureau du chef de l'État. Or, il avait été entendu qu'aucune audience ne serait accordée sans le visa de Laure. Qu'importe que Chambrun, alors âgé de 11 ans, ait vu pour la première fois Pétain en 1917, lorsque son père, colonel chargé de faire la liaison entre le général Pershing et le général Pétain, lui avait demandé d'être le compagnon de jeux du jeune Warren Pershing. Qu'importe qu'il ait, en compagnie de Warren Pershing, assisté à l'entrée victorieuse des troupes franco-américaines dans Metz libéré et conserve de ce jour l'un de ses plus beaux souvenirs d'enfant : Pétain, l'impassible, l'indéchiffrable, saisissant un casque à pointe, l'en coiffant et s'écriant : « C'est fini, on les a eus, les boches ! » Et qu'importe qu'en 1931 il ait servi d'interprète au Maréchal lorsque, à

< 1. Il y a désaccord sur la date : du Moulin a fixé la date de la rencontre Chambrun-Pétain au 23 mars, Benoist-Méchin au 26… >

l'occasion du 150e anniversaire de la bataille de Yorktown, Philippe Pétain était allé représenter la France aux États-Unis.

Ce qui importe, en revanche, c'est qu'il soit le gendre de Pierre Laval.

Sur l'instant, Laure ne s'y est pas trompé : la visite de Chambrun à Philippe Pétain laisse présager une rencontre imminente avec Laval. Il en a eu confirmation, le 26[1], par du Moulin de Labarthète.

— Vous aviez raison. Le Maréchal part en ce moment, avec Ménétrel, pour rencontrer Laval en forêt de Randan. Darlan ira, dans l'après-midi, à un autre rendez-vous mystérieux. Et je suis, comme vous, tenu à l'écart de ces conversations.

Or, pour du Moulin et pour Laure, Laval c'est un peu le diable.

L'homme qui, usant de ruse, d'intelligence et de promesses, exposant avec une émotion sincère les très réelles menaces allemandes et célébrant avec infiniment de talent ses vertus de négociateur, enjôlera Pétain, dont le caractère est de plus en plus mal protégé par une majestueuse mais combien fragile enveloppe, réduira ses défenses et, assez rapidement, le conduira à lui demander de revenir au pouvoir. Ses vœux de revanche sur les hommes du 13 décembre s'en trouveraient comblés. Mieux encore, il aurait la possibilité de faire enfin une grande politique, en rupture avec la politique à la petite semaine de Darlan et d'insérer, à une place « honorable », la France dans cette Europe dont il ne doute pas qu'elle doive être dirigée par l'Allemagne.

Comme le supposait Laure, René de Chambrun a effectivement joué le rôle d'intermédiaire.

Au Maréchal qui l'a reçu, il a déclaré, en effet, que son beau-père désirait l'entretenir d'un sujet capital pour la survie de la France et a proposé d'organiser rapidement, en accord avec Ménétrel, une entrevue secrète.

Le 26 mars, dans la forêt de Randan, Pierre Laval fera donc au Maréchal, que Bernard Ménétrel est le seul à accompagner, le récit de l'entretien qu'il vient d'avoir avec Goering. Dans le même temps, il amorcera le processus qui le conduira au pouvoir. Et à sa perte.

La rencontre entre Laval et Goering s'était étrangement décidée à la fin d'un déjeuner réunissant le colonel SS Knochen, Achenbach, Adrien Marquet, maire de Bordeaux, et Pierre Laval. Marquet avait été l'organi-

< 1. M. René de Chambrun, acteur de premier plan de ces journées, ayant de façon assez surprenante fixé la date de sa rencontre fortuite avec le Maréchal au *2 avril* (quand tous les auteurs écrivent 23, 24 ou 25 mars), est conduit à placer au « jeudi 29 mars » (ce qui est impossible, le 29 mars 1942 étant un dimanche) la rencontre Laval-Goering et au 4 avril l'entrevue Pétain-Laval en forêt de Randan (voir l'étude signée *Spectator intermédiaire des chercheurs et des curieux*, décembre 1985). Interrogé le 6 mars 1946, donc quatre ans après l'événement, le docteur Ménétrel dira au juge d'instruction : « Un matin d'avril 1942, M. de Chambrun vint me trouver... ». Mais Ménétrel ne dispose alors d'aucun aide-mémoire et dans ses papiers on ne trouve aujourd'hui aucun document sur l'année 1942 (témoignage de Mme Ménétrel). >

sateur du repas *à la demande de Pierre Laval* soucieux de protéger son incognito et d'échapper à la surveillance des policiers de Darlan. C'est du moins la raison qu'il allait donner à Marquet [1].

— Quand je suis à Paris, l'amiral Darlan est très curieux de ce que je fais. Je te demande d'inviter, comme pour me rencontrer, le Dr Knochen et M. Abetz [2]. Ainsi, je n'aurai pas l'air d'intriguer contre l'amiral Darlan.

Sur ce que fut ce déjeuner, nous possédons une note tapée à la machine, corrigée de la main de Laval, qui, sous le titre « Entretiens avec le maréchal Goering en mars 1942 au Quai d'Orsay », donne une version parfaitement crédible des faits :

> Je fus invité par Marquet, en mars 1942, à une petite réunion avec quelques Français (ligne raturée) et quelques Allemands, le lieutenant Achenbach, de l'ambassade d'Allemagne, et le colonel Knochen, des SS. Nous parlâmes des difficultés chaque jour croissantes qui opposaient le gouvernement français et les autorités allemandes, et nous regrettions l'absence, entre nous, d'une politique clairement définie.
>
> Marquet me suggérait d'avoir à prendre une part plus active devant l'opinion sur ces problèmes. Je protestai, ne voulant pas m'engager, je me disais dans l'ignorance où nous étions des véritables intentions de l'Allemagne vis-à-vis de la France.
>
> J'avais appris la présence à Paris du maréchal Goering et je dis que l'occasion était bonne pour avoir avec lui une explication nécessaire.
>
> Le colonel Knochen me dit que le maréchal Goering était déjà reparti mais, à la fin du déjeuner, me prenant à part, il me demanda de ne pas quitter Paris, car il croyait pouvoir me ménager pour le surlendemain un rendez-vous avec Goering qui devait revenir.
>
> Je différai mon départ pour Châteldon et, le samedi, je reçus un coup de téléphone m'annonçant la visite du colonel Knochen. Il venait me chercher avec un officier de l'état-major du maréchal [Goering] *et ils me conduisirent au Quai d'Orsay. L'entrevue devait être secrète* [3]… »

Le bureau dans lequel Laval pénètre était le sien, en 1935, lorsque, ministre des Affaires étrangères du gouvernement Flandin, il suivait avec inquiétude les débuts du réarmement allemand et s'efforçait d'établir — aussi bien avec l'aide de l'Italie qu'avec celle de l'Union soviétique — un réseau d'alliances faisant obstacle aux prétentions du IIIe Reich.

Il accueillait alors les visiteurs.

C'est Goering qui l'accueille.

---

1. C'est au cours de son procès, le 28 janvier 1948, que M. Adrien Marquet fournira d'abondants détails sur ses rencontres de mars 1942 avec Laval qui lui aurait, d'ailleurs, offert un ministère. Au cours des interrogatoires, Marquet n'avait pas parlé de ce repas. Il ne l'évoquera que lorsque le président Noguères fera mention d'un document qu'il vient de retrouver dans le dossier Laval et dans lequel figure le nom de Marquet.
2. La présence d'Abetz est douteuse.
3. Révélé seulement au moment du procès Marquet, ce texte semble avoir été ignoré des historiens de l'Occupation.

Un Goering rogue et désagréable qui demeure peut-être encore sur l'impression de cette entrevue de Saint-Florentin (1er décembre 1941) au terme de laquelle il a fini par demander au maréchal Pétain, qui s'était élevé contre les prélèvements allemands excessifs, contre les gênes imposées par la ligne de démarcation et contre le maintien en captivité d'un nombre toujours important de prisonniers français : « Je voudrais bien savoir qui est ici le vainqueur et le vaincu[1] ? » ; un Goering qui n'a pas été dupe des manœuvres des Français au moment où, Rommel menacé en Afrique, il a convoqué le général Juin à Berlin[2] pour le prier d'étudier un accord sur le ravitaillement et surtout un accord sur le principe d'un combat mené en commun contre les Anglais ; un Goering constamment exaspéré par le marché noir sévissant en France et par la façon, à ses yeux trop habile, dont les Français s'accommodent des rigueurs de l'occupation.

— Nous nous sommes trompés, dit-il en substance, lorsque nous avons cru que nous pouvions rechercher avec votre pays une collaboration sincère. Nous avons révisé notre politique et, désormais, nous traiterons la France en fonction des sentiments d'hostilité qu'elle ne cesse de nous manifester.

Laval, dont les paroles sont traduites par le général Hanesse, ancien attaché de l'air à Paris, a beau répondre que rien ne devrait, à l'avenir, opposer la France et l'Allemagne, que la paix serait facile à construire, l'Alsace et la Lorraine, elles-mêmes, ne pouvant pas constituer un obstacle infranchissable pour le Reich, puisqu'il aura la tâche immense d'organiser l'Europe, Goering va s'entêter et répéter que, l'expérience s'étant révélée concluante, la France, désormais, sera traitée comme elle doit l'être.

Il termine sur des mots dont il pense peut-être qu'ils seront un frein mais qui, au contraire, accéléreront et scelleront le destin de Pierre Laval.

— Si le Maréchal vous offre de revenir au pouvoir, refusez. Ce serait

< 1. A cette question le Maréchal répondit que « jamais il n'avait plus profondément senti qu'au cours de cette entrevue combien la France avait été vaincue ». « J'ai confiance, aurait-il ajouté, dans les destinées de la France, dans son relèvement ; quant à moi personnellement, sachez bien que, pour un homme de mon âge, il est une évasion facile à réaliser, celle du passage de la vie à la mort. » La rencontre de Saint-Florentin — qui ne devait aboutir à aucun résultat — allait cependant être exploitée par Vichy comme un « succès pétainiste ». A peu près identiques, des comptes rendus anonymes, souvent manuscrits, circuleront, tous donnant l'image d'un Maréchal revendicatif, rappelant à Goering que la plupart des promesses faites par le Reich n'avaient pas été tenues, ayant cette phrase (mais l'a-t-il eue ?) : « J'ai compris que la collaboration impliquait de traiter d'égal à égal. S'il y a un vainqueur en haut et en bas un vaincu, il n'y a plus de collaboration, il y a ce que vous appelez "diktat", et ce que nous appelons "la loi du plus fort". » On fera gloire au Maréchal d'avoir mis « tout simplement » dans la poche de Goering le mémorandum de sept pages qu'à deux reprises le maréchal du Reich avait refusé. >

2. Le général Juin a remplacé le général Weygand à Alger et c'est à ce titre qu'il se trouve convoqué par les Allemands. Le 20 décembre 1941, à la demande d'un accord militaire en Afrique du Nord, le gouvernement français fait une réponse favorable, mais en l'assortissant de conditions inacceptables pour l'Allemagne.

pour vous trop tard ou beaucoup trop tôt. Vous avez été pour nous un ennemi honnête. Nous nous retrouverons peut-être un jour après la guerre, quand la paix sera signée, et alors vous pourrez défendre les intérêts de votre pays.

Goering a précisé à Laval que leur entrevue devait rester secrète, même vis-à-vis de l'ambassade d'Allemagne, mais, lorsque son interlocuteur lui demandera s'il peut informer le maréchal Pétain d'une conversation capitale pour l'avenir de la France, il répondra affirmativement.

Mais, informer Pétain, n'est-ce pas informer Ménétrel, Laure, du Moulin, Darlan, les ministres, plonger tout le petit monde de Vichy dans une agitation d'autant plus grande que, déformées, les menaces de Goering se trouveront amplifiées ?

Goering, Laval le confirmera, n'a jamais parlé de la Pologne. Qu'importe, on lui fera dire : « Nous avons vu clair, nous allons vous poloniser. Vous allez passer au régime de la Pologne puisque votre gouvernement se moque de nous et s'éloigne de la politique de Montoire [1]. »

Si l'on en croit les amis de Pierre Laval, Vichy aurait été alors comme une fourmilière brutalement fouillée par le bâton de Goering.

— Le Maréchal apprenant cela [la conversation avec Goering] a été bouleversé. J'aime mieux dire que tout le monde l'a été car, à Vichy, les gens qui étaient le plus contre la politique de la collaboration… se sont tous affolés.

C'est la thèse de Paul Marion qui présente Laval comme le sauveur, la « mesure de protection ultime pour éviter le pire [2] ».

— Laval ne vient pas en disant : « Je suis l'homme de [la campagne d'Abetz] ». Il vient devant nous en disant : « Je barre la route aux entreprises de Goering, à la polonisation, au massacre des otages », car nous étions étranglés à ce moment-là, nous étions noyés dans le sang, nous n'obtenions plus rien.

C'est également, on l'imagine, la thèse de Laval évoquant ces jours dramatiques et *affirmant* qu'après l'avoir entendu le Maréchal, troublé et inquiet, lui avait immédiatement demandé des conseils et son concours, cependant que l'amiral Darlan, reçu dans l'après-midi du 16 à Châteldon, l'avait prié, de la part du chef de l'État, de revenir au gouvernement.

> Je refusai. J'étais pressé par tous les membres de ma famille de ne revenir au pouvoir sous aucun prétexte.
>
> Je n'ai jamais connu un tel trouble dans ma conscience. Il est difficile parfois de trouver le vrai chemin où le devoir doit vous conduire. Je

1. Paul Marion, à son procès le 10 décembre 1948.
2. Alfred Fabre-Luce écrira : « Seize mois plus tôt, une telle nouvelle (celle du retour de Laval) eût annoncé un adoucissement de notre infortune. Cette possibilité (déjà restreinte à l'origine) a disparu. L'Allemagne nous en prévient et Laval se garde d'ouvrir aux Français de faux espoirs… Mais du moins nous évitons le pire : la rupture avec l'Allemagne, la mise en question de l'unité nationale. » *Journal de la France.*

comprenais les raisons invoquées par les miens… Mais il suffit qu'on invoque mon intérêt personnel pour que j'accomplisse à mes risques et périls mon devoir vis-à-vis de notre pays. Je me jugeais gravement coupable de me dérober si, par ma présence, par mes actes et par mes propos, je pouvais atténuer un peu la misère de la France et des Français.

Certes, ces mots sont dits alors que, déjà, dans sa cellule, l'ombre de la mort plane sur Pierre Laval.

Peut-on absolument les récuser pour autant ?

Quel que soit le jugement que l'on porte sur un homme politique, il est impossible de ne pas prêter attention à certains accents lorsqu'ils s'inscrivent dans la logique de la vie et de l'action, même lorsque l'on sait qu'ils ne reflètent pas le personnage tout entier.

Avec des moyens certes discutables, Pierre Laval, qui ne croit pas à la victoire des Anglo-Saxons, poursuit, en mars 1942 encore, un but sur lequel il n'a jamais varié et qu'il définira peut-être le plus sincèrement lorsque, en novembre 1943, il va s'exprimer devant des hommes de sa race et de son tempérament : les maires du Cantal.

Comme eux, il est attaché au sol natal jusqu'à faire à Hitler, qui s'en moque sans doute, un exposé sur le rôle géologique et politique du Massif central dans l'histoire de France. Comme eux, plus économe encore qu'âpre au gain, il imagine qu'un pays se gère un peu comme une ferme, considère ses bêtes et ses champs comme partie de l'univers familial [1], comme eux, enfin, il hait la guerre, orage plus destructeur que le plus violent orage.

— Hier encore, j'étais à Paris. J'ai eu des conversations avec les Allemands. Elles se sont prolongées tard dans la nuit ; elles n'étaient pas faciles, ces conversations. Elles ne sont jamais faciles. Voyez-vous, j'essaie chaque jour de faire le maximum pour que nous subissions le minimum de dommages et, lorsque le soir vient, j'ai l'impression souvent d'être pris entre les deux branches d'une tenaille et quelquefois je me demande avec tristesse quelle branche — l'allemande ou la française — m'a fait ce jour-là le plus souffrir, mais jamais je ne me décourage, car je n'ai qu'une ambition, qu'un but, un seul, vers lequel je me dirige comme une espèce de somnambule : essayer de tout faire pour sauver notre pays en réduisant chaque jour ses souffrances, faire que la terre qui appartient aux pères reste encore à leurs enfants et qu'elle s'appelle toujours la terre de France…

Somnambulisme. Le mot, qui, non sans raison ici, rime avec funambulisme, doit être pris au sérieux à l'instant où Laval, revenant au

1. A son avocat, Me Jaffré, Laval dira ces mots qui ne sont pas de circonstance : « Savez-vous ce qui me manque le plus ici ?… Ce sont les miens, bien entendu. Mais, les miens mis à part, ce qui me manque le plus, ce n'est pas de ne point faire de politique, c'est de ne pas voir mes bêtes et mes champs. J'ai eu dans ma vie des ambitions politiques, ça ne fait pas de question. Mais, au fond, je reste un paysan. Cela non plus ne fait pas de question. La terre, voilà ce que j'aime. Car elle est la source de tout… »

pouvoir, tout le monde s'accordera paradoxalement à célébrer son réalisme.

Somnambulisme ? Sans doute. Angélisme ? Certainement pas.

Le retour au pouvoir de Laval ne sera nullement le fruit de je ne sais quel affolement du Maréchal et de son entourage, accoutumés, depuis juillet 1940, aux menaces allemandes, ou d'une réaction de dévouement patriotique de Pierre Laval se jetant dans l'aventure précisément parce que Goering le lui déconseille, mais bien le résultat d'un travail de plusieurs semaines. Les Allemands vont y tenir un grand rôle. Et Laval lui-même, moins dénué d'ambition qu'il veut bien le dire, à la façon de ces hommes que les charges accablent… mais qui meurent le jour où ils en sont enfin délivrés !

C'est au mois de février 1942 que l'ambassade d'Allemagne a nettement posé la question du remplacement de Darlan par Laval.

Abetz n'aime pas l'Amiral. A juste titre, il le soupçonne de préférer traiter et régler les problèmes avec les militaires de l'hôtel Majestic qu'avec les diplomates de la rue de Lille. Il sait d'ailleurs qu'aux grands projets il préfère une politique au jour le jour, influencée, chez un homme qui a l'habitude de « prendre le vent », par le déroulement des opérations militaires. Aussi, à Achenbach, qui séjournera à Vichy du 24 au 27 février et sera reçu à quatre reprises à la table du Maréchal, donnera-t-il consigne d'évoquer, en termes sans équivoque, la nécessité d'un retour de Pierre Laval et de ne pas craindre d'agiter la menace d'un *gauleiter*.

Le Pr Grimm, venu, au nom de Hitler, exiger qu'il soit mis fin à ce procès de Riom qui tourne à la confusion de ses inventeurs [1], tiendra le même langage.

Que les Allemands soient partagés cependant sur l'opportunité du retour de Laval, et surtout sur la politique à suivre envers la France, n'a rien de surprenant.

A ceux qui estiment — Goering, le général Speidel [2], le colonel Schewseder, chef d'état-major du général von Stülpnagel — que, ne pouvant rien accorder encore à un homme qui leur est favorable, ils n'ont aucun intérêt à le voir s'user au pouvoir, s'opposent, autour d'Abetz, ceux qui jugent le moment venu de prendre une revanche sur les responsables de ces événements du 13 décembre 1940 dont Fernand de Brinon écrira que, s'ils constituaient « une offense contre le Führer et un crime contre l'avenir de la France », ils ont, en revanche, « sacré » aux yeux de

1. *Cf.* ci-dessous p. 19.

2. Rapportant une conversation avec le général Speidel qui a eu lieu entre le 20 et le 25 mars 1942, Fernand de Brinon lui fait dire : « Pour le moment, nous ne pouvons faire de la politique avec votre pays. Toutes nos préoccupations sont tendues vers la guerre contre la Russie, nous préparons une nouvelle offensive dont nous attendons des succès importants. M. Laval aurait tort de vouloir revenir, nous ne pouvons rien lui donner… »

l'occupant un politicien considéré, jusqu'à sa défaite de décembre et à sa brève arrestation, comme un « maquignon du parlementarisme ».

Avant le coup de maître de mars-avril 1942, bien des coups d'essai avaient été tentés. Mais l'entrevue de Pierre Laval et de Philippe Pétain, à La Ferté-Hauterive, en janvier 1941, n'avait conduit, le temps d'un communiqué, qu'à une réconciliation de façade. Les représailles d'Abetz contre la ligne de démarcation, ses velléités d'installer à Paris un gouvernement « français » totalement contrôlé, avaient obtenu d'autant moins d'effet [1] que, le 5 février 1941, Ribbentrop allait donner à son bouillant et trop imaginatif ambassadeur l'ordre de « faire en sorte que Laval reste en zone occupée et que l'affaire Laval soit traitée avec Vichy de telle façon qu'aucune entente ne se réalise pour le moment entre Laval et Vichy ».

Les criailleries de la presse de Paris, les suggestions de Brinon écrivant, en avril 1941, à Pétain : « Il faut [...] dans un certain délai, préparer le retour de M. Pierre Laval comme un événement normal et non comme une contrainte », l'offensive de Laval, en juillet 1941, pour être nommé ministre de l'Intérieur, étaient restées vaines en apparence. En apparence seulement, car tout ce qui paraît alors échouer, sape et dégrade la position de Darlan, position d'autant plus difficile à défendre que, face à un occupant soupçonneux, exigeant et pressé par la nécessité, le temps, loin de tout arranger, gâte tout.

Jaloux d'une autorité qui, bien souvent, lui échappe, ayant beaucoup à faire pour conserver la confiance du Maréchal qui, au moins autant qu'insaisissable, se montre influençable, Darlan, au fil des mois, s'est trouvé en butte à des critiques de plus en plus nombreuses et de plus en plus vives. Elles portent autant sur sa politique d'apparence incohérente envers l'occupant que sur ses méthodes de commandement qui lui aliènent beaucoup de ceux qui n'appartiennent pas à la Marine nationale. Elles visent un goût du faste qui s'accommode mal de l'officielle austérité de Vichy, beaucoup de vanité, la volonté mal dissimulée d'éloigner de la personne du Maréchal tous ceux qui servent le chef de l'État et dont il s'imagine qu'ils ne peuvent que desservir l'Amiral [2], un

1. Cf. *Les Beaux Jours des collabos*, vol. II de la présente édition, p. 119 *sq.* Il faut toutefois rappeler que Pierre-Étienne Flandin sera la victime indirecte de ce 13 décembre qui l'amène au pouvoir... et l'en fait partir quelques semaines plus tard.

2. Dans une lettre au Maréchal en date du 27 juillet 1941, Darlan insistera sur « le désordre des esprits particulièrement dans les milieux dirigeants » et il attaquera le général Weygand, Loustaunau-Lacau, le colonel Groussard « qui a bien été chargé d'une mission officieuse en Angleterre avec votre consentement », le Dr Ménétrel, le général Lacache, le colonel Ronin, chef du SR de l'Air, le général La Laurencie et l'ancien ministre Lémery qui est, lui aussi, un ami du Maréchal, Jeantet, le Dr Baron, Estèbe, membre du cabinet civil du Maréchal, du Moulin de Labarthète...

Il termine sa lettre en « rappelant » au Maréchal que les « services de renseignements de l'armée ont une activité pour le moins étrange, totalement ignorée du ministre de la Guerre » et en lui demandant, s'il lui conserve sa confiance, de bien vouloir « l'affirmer avec force, publiquement ».

réalisme très différent de celui de Laval, le réalisme du quotidien, qui finit par donner du personnage une image de versatilité et d'opportunisme qui ne correspond nullement à une réalité infiniment plus complexe.

Or, depuis les derniers jours de décembre 1941, les relations entre le Reich et la France se sont considérablement dégradées, si l'on veut bien considérer pour ce qu'il vaut cet épisode intervenu en janvier 1942 et dont Robert Aron, dans son *Histoire de Vichy,* a dit ce qu'il fallait penser. Interprétant, sollicitant, déformant la pensée de Hitler, Abetz fera croire pendant quelques jours à Vichy que l'Allemagne est prête à accorder de nombreuses concessions à la France et, interprétant, sollicitant, déformant la pensée de Pétain, très inexactement relayée par un Benoist-Méchin aussi désireux qu'Abetz de donner à la collaboration une dimension hors du commun, Abetz tentera de faire croire à Hitler que la France de Vichy est enfin décidée à déclarer la guerre aux États-Unis et à l'Angleterre.

Ni Abetz ni Benoist-Méchin n'expriment correctement les vues de leurs gouvernements respectifs. D'ambassadeurs, ils se sont mués en négociateurs. De négociateurs, ils vont se couler dans l'uniforme de chef d'État.

Par romantisme, passion de jouer un grand rôle et de se faire l'instrument de grands changements, par foi dans l'avenir de la collaboration, mais aussi par l'effet de ce dérangement d'esprit fréquent chez des hommes de qualité qui s'estiment souvent supérieurs à leur mission, les voici, prenant leurs hypothèses pour des certitudes, leurs désirs pour des réalités, condamnés à prêter aux autres leurs pensées et à transmettre non ce qui leur a été dit, mais ce qu'ils souhaitent qu'on leur ait dit, jusqu'à l'instant où s'effondrera leur habile et fragile château de cartes.

Que la tentative d'Abetz et de son « associé » Benoist-Méchin — retenue cependant à charge contre le gouvernement de Vichy par le parquet de la Haute Cour de justice, lors des procès Benoist-Méchin et Bouthillier — corresponde seulement à la construction diplomatique de deux esprits habités des mêmes chimères, obligeant — comble de l'art ! — le Maréchal et Darlan à fournir des réponses embarrassantes et dilatoires à des questions que Hitler n'a jamais posées, Robert Aron, je l'ai dit, en a fait la démonstration. Il faut également remarquer que ce soi-disant projet de collaboration militaire se serait curieusement et paradoxalement inséré en pleine « petite guerre » entre la France et l'Allemagne.

Au début de 1942, en effet, le discours de vœux du Maréchal a provoqué un net refroidissement dans les relations entre les deux pays. S'évadant du conformisme habituel à ce genre de texte, le Maréchal a pris à partie les « hommes de Paris » au même titre que ceux de Londres. « J'ai le devoir d'appeler déserteurs tous ceux qui, dans la presse comme à la radio, à Londres comme à Paris, se livrent à d'abjectes besognes de division. » Il a évoqué l'« exil partiel » auquel il est « astreint », la « demiliberté » qui lui est « laissée », il a lancé également un émouvant appel à l'aide. Tenant pour nulles les attaques contre les gaullistes de Londres, dont elle pense qu'elles sont obligatoires, n'accordant crédit qu'aux coups portés aux collaborationnistes de Paris, l'opinion française fera un succès à des paroles qui bénéficient de l'interdiction de parution dont elles sont immédiatement l'objet en zone occupée.

Loin d'être un acte isolé, le discours du Maréchal reflète une position générale qui, dans un Vichy où l'influence de l'amiral Leahy va grandissant (*L'Œuvre* s'indigne que ses propos soient « évangile quotidien [1] »), se traduit par l'opposition à des mesures de concentration industrielle libérant la main-d'œuvre pour l'Allemagne, mais également par une guérilla quotidienne ayant la valeur de ces combats de retardement dont il serait fou d'attendre la victoire mais qui embarrassent l'adversaire.

Il y a plus. Dans un monde où les symboles sont des armes, Pétain et Darlan refuseront de se rendre au mois de mars 1942 à Paris où doivent se dérouler les obsèques des victimes d'un violent bombardement de la Royal Air Force sur les usines Renault, de Boulogne-Billancourt. Ils ne sont certes pas insensibles au malheur des familles mais, ayant appris que les Allemands ont envisagé de faire rendre les honneurs par leurs troupes aux six cents cercueils rangés sur la place de la Concorde [2], ils n'accepteront pas de cautionner une cérémonie de piété populaire qui prendrait l'allure d'une manifestation de propagande anti-anglaise.

Ces résistances qui irritent les Allemands et excitent la colère des collaborationnistes (en mars Luchaire publie, dans *Les Nouveaux Temps,* un éditorial intitulé « L'Agonie de Vichy ») demeurent ignorées ou méprisées d'une population qui ne connaît et ne veut connaître que les restrictions alimentaires, les tracasseries et les humiliations quotidiennes, la dénonciation des gaullistes, la persécution des juifs, la lutte contre les communistes, les tribunaux d'exception, les exécutions d'otages et toutes ces mesures dont les Allemands portent la responsabilité, mais auxquelles Vichy s'associe trop souvent, et sans que l'on puisse distinguer encore (car le temps de l'Histoire n'est pas venu) ce qui est fait sous la contrainte de ce qui est librement consenti.

En juin 40, sur les routes de l'exode, en juillet 40 dans l'humiliation de la défaite, les Français, à la recherche de responsables, auraient vraisemblablement applaudi à des condamnations qui eussent sévèrement et rapidement frappé des parlementaires. Il ne manquait même pas d'excités pour réclamer des exécutions publiques.

---

1. Et Roosevelt, de son côté, affirme que jamais les relations des États-Unis avec le gouvernement de Vichy n'ont été meilleures.

2. C'est du moins l'explication que le général Laure donne au refus de Pétain. Les obsèques auront lieu de façon traditionnelle et c'est Barthélemy, garde des Sceaux, qui représentera le Maréchal à la cérémonie de Notre-Dame. Un catafalque sera toutefois élevé place de la Concorde. Au milieu des gerbes de la population deux soldats allemands viendront déposer une couronne.

Mais lorsque, le 9 février 1941, s'ouvre le procès de Riom, les esprits ont évolué. Ceux-là mêmes qui désiraient que soit ouvert le procès des responsables s'indignent qu'il ait lieu sous le regard et le contrôle de l'occupant, et surtout que trois des cinq accusés : Daladier, Blum et Gamelin, aient, à l'instant où ils comparurent, ÉTÉ CONDAMNÉS, cinq mois plus tôt[1], par le Maréchal sur le simple avis d'un Conseil de justice politique dont il a nommé tous les membres !

Comment cette parodie de justice, qui scandalise les adversaires de Pétain, ne gênerait-elle pas ses partisans[2] ? Avocats et accusés exploiteront d'ailleurs leur avantage moral pour se muer en accusateurs. Si le procès de Riom ne contribue pas à la réhabilitation des hommes politiques, il va du moins faire la preuve qu'ils ne sont pas les seuls à porter la charge de la défaite.

Le général Gamelin a, certes, dès les premiers instants, annoncé qu'il garderait le silence, mais Léon Blum, mais l'ancien ministre de l'Air Guy La Chambre, mais le contrôleur général Jacomet, mais Daladier, Daladier surtout, attaquent et accablent ces témoins dont on s'attendait à ce qu'ils les accablent. Ayant reconquis en un tournemain son ascendant de président du Conseil, Daladier traitera en cancres des généraux intimidés, affligés de déplorables pertes de mémoire et qui, lui devant souvent leur élévation, se gardent de le critiquer.

Aussi est-ce avec beaucoup de brio, même et surtout lorsqu'il prend des libertés avec la réalité, que Daladier expliquera la guerre perdue non par le manque, mais par le mauvais emploi du matériel.

Insistant sur la diffusion des responsabilités, il n'hésitera pas à mettre nommément en cause le maréchal Pétain pour son action au Conseil supérieur de la Guerre et au ministère de la Guerre.

Sans doute la censure, qui interdit toute allusion au rôle de Pétain comme toute attaque contre Hitler[3], empêche-t-elle la publication de comptes rendus objectifs. Mais comment pourrait-elle faire barrage aux

1. 15 octobre 1940.

2. Le général Laure, dans son journal, écrit ainsi à la date du 17 octobre 1941 que, sans pouvoir intervenir dans une décision prise et publiée (celle du Conseil de justice politique), il s'en « attriste » : « Apaisement, écrit-il aussi, je ne crois pas que les conseillers du Maréchal en l'occurrence — j'ignore toujours quels ils sont — l'obtiennent par les mesures qu'ils ont ainsi provoquées. »

< 3. A l'audience du 19 février 1941 (la première), Me Le Troquer, l'un des avocats de la défense, allait s'empresser d'en donner lecture. L'objet du procès était « limité à l'impréparation de la guerre en France de 1936 à 1940 pour des raisons qui ressortiront clairement des débats ». Cette consigne n° 1 s'éclaire à la lecture de la consigne n° 5 : « Montrer que ce procès ne saurait être celui de l'armée qui, troupes et chefs, a dû se battre sans disposer des outils indispensables dans une guerre moderne », et surtout à la lecture de la consigne n° 7, qui interdisait que soit mises en cause « la personne du Maréchal et sa politique ». On ne pouvait indiquer de façon plus claire aux journalistes que le procès devait être celui du Front populaire et qu'ils avaient interdiction de faire connaître tout ce qui aurait pu être dit sur les prises de position et les responsabilités du maréchal Pétain qui avait été ministre de la Défense du ministère Doumergue entre le 9 février et le 8 novembre 1934. >

rumeurs, aux « on-dit », aux échos des feuilles clandestines, aux informations diffusées par Londres, rumeurs, « on-dit », échos, informations qui toutes et tous attribuent le beau rôle aux accusés.

Si bien que la décision de Hitler, le 15 mars 1942, de mettre fin à un procès qui tourne à la déroute de ceux (les Allemands, les collaborateurs [1]) qui voulaient que les « politiciens » soient jugés *pour avoir déclaré la guerre à l'Allemagne, et non point pour l'avoir perdue*, sera accueillie avec soulagement par Vichy, alors même qu'elle apporte une preuve supplémentaire de sa subordination.

Mais, dans la désagrégation du climat moral, le procès de Riom, mal engagé, mal mené, arbitrairement restreint à quelques hommes, à quelques dates, alors qu'en vérité les culpabilités étaient innombrables et que leurs origines ne dataient pas toutes du Front populaire, allait représenter une importante étape.

De ce malaise, difficilement perceptible au milieu des acclamations qui accueillaient toujours le maréchal Pétain, mais dont on pouvait prendre conscience en s'éloignant du cœur de Vichy et des rassemblements légionnaires, l'un de ces proches de Pétain dont la fidélité ne faisait pas obstacle à la lucidité, l'écrivain d'extrême droite René Gillouin [2], devait témoigner dans une très longue lettre personnelle écrite le 1er janvier 1942 et qui s'efforçait de dresser le bilan — déséquilibré — de la Révolution nationale.

A l'actif, Gillouin notait la création de la Légion, les encouragements à la famille, le statut de la paysannerie, la Charte du travail, la réforme de l'enseignement mais, sous sa plume, le passif l'emportait. Imitation servile « des institutions et des méthodes du vainqueur », institution d'« un régime essentiellement policier, fondé sur la délation, la violence et l'arbitraire », « abjecte législation antisémite, qui n'est ni humaine, ni chrétienne, ni française et qui laissera une tache indélébile sur le régime nouveau », clan des « ja » remplaçant le clan des « yes », politique étrangère infléchie « dans le sens d'une soumission inconditionnelle aux exigences du vainqueur [...] vomie, d'ailleurs, par le peuple entier dont l'instinct, dans ces circonstances difficiles, a montré infiniment plus de clairvoyance et de jugement que la spécieuse raison des faux sages et des trop habiles ».

Ces mots qui semblaient empruntés à la littérature gaulliste la plus rude se trouvaient sous la plume d'un homme qui, en appelant du Maréchal mal informé au Maréchal mieux informé, le pressait d'accomplir une

< 1. Il semble que l'on reproche aux accusés non leur responsabilité de la déclaration de guerre — écrit *Das Reich* le 20 mars 1942 —, mais le fait d'avoir perdu une guerre mal préparée ; et que, si l'on veut lire entre les lignes, on les couvrirait de fleurs si, au contraire, ils avaient été victorieux. Ce qui paraît évident et naturel ! >

2. Laval ne pardonnera pas à Gillouin ce mot, effectivement cruel : « Un Fouché ? Non, un fouchtra », et l'écrivain devra, en avril, se réfugier en Suisse.

véritable Révolution nationale s'il ne voulait pas, le jour du départ des Allemands, voir son gouvernement « balayé par l'émeute aux cris alternés de "A bas les traîtres ! A bas les voleurs !" ».

De quelle résistance, de quelles initiatives le Maréchal est-il précisément capable encore, alors qu'il va se trouver, une fois de plus, au cœur de la bataille ?

Traçant en 1978 un portrait respectueux de Philippe Pétain, l'amiral Auphan, témoin et acteur qui ne dissimule ni sa fidélité ni sa « vénération », allait écrire qu'en 1942 le Maréchal avait conservé un « équilibre de santé physique et mentale que beaucoup de chefs d'État d'aujourd'hui ou d'hier pourraient ou auraient pu lui envier », mais il reconnaîtra l'affaiblissement de la créativité intellectuelle, une moindre résistance à la fatigue et il ajoutera que toutes ces qualités d'intelligence, de caractère et de cœur qui, dans l'autre guerre, avaient assuré ses succès « s'étaient assagies et comme sublimées jusqu'à leur extrême simplicité ».

Darlan, qui n'aime pas la littérature, sera plus sévère ou plus net. Dans une note, écrite immédiatement après les événements d'avril, il signalera que « le manque de décision et [la] versatilité [du Maréchal] ont considérablement augmenté depuis décembre 1941 ».

Ajoutant qu'il n'avait jamais « pu éclaircir [les] véritables sentiments [du Maréchal] à l'égard de M. Laval », il allait dresser ce tableau des relations contradictoires et houleuses entre Pétain et Laval, relations qui s'éclairent cependant à la lumière des pressions allemandes, de l'accroissement des difficultés, mais également de l'amoindrissement des facultés de résistance du chef de l'État, amoindrissement connu de tous ceux qui l'entourent et que les plus entreprenants, ou les plus ambitieux, savent utilement mettre à profit.

> En juin 1940, il l'appelle [Laval], le congédie, le rappelle ;
> — En juillet 1940 et jusqu'au 30 octobre, il ne jure que par lui ;
> — Le 13 décembre 1940, il le congédie brutalement ;
> — Le 18 janvier 1941, il déclare qu'il n'existe plus de malentendus entre eux, mais il ne veut pas le reprendre ;
> — En février 1941, il lui fait demander de revenir comme ministre d'État ;
> — De février 1941 à mars 1942, il déclare ne pas vouloir entendre parler de Laval ;
> — Le 28 mars 1942, il lui accorde une entrevue spectaculaire, après laquelle il lui demande sa collaboration ;
> — Le 2 avril, il lui déclare qu'il ne peut accepter son concours ;
> — Le 13 avril, il l'accepte comme chef civil du gouvernement ;
> — Le 17 avril, il le nomme chef du gouvernement.
> — Depuis, en privé, il déclare qu'il le surveille et est prêt à s'en débarrasser.

Darlan aurait pu enregistrer bien d'autres variations encore. D'heure en heure, en mars et avril 1942, Pétain se trouvera, en effet, ballotté entre les avis des amis et les avis des ennemis de Pierre Laval ; il sera soumis aux menaces de l'ambassade d'Allemagne qui, pour n'être pas nouvelles, n'en sont pas moins angoissantes ; il se trouvera influencé par les mises en garde de l'ambassadeur américain, le « match » ne se réduisant pas à un simple combat entre sa volonté et celle de Laval, mais, par-delà ces adversaires mineurs, à un duel germano-américain, les « deux grands » faisant, du retour ou du non-retour de Laval, une question de principe et le signe évident de leur victoire ou de leur défaite.

Le 30 mars, Pétain reçoit l'amiral Leahy.

L'ambassadeur américain, porteur d'un ultimatum de Roosevelt, signifie au Maréchal qu'un retour au pouvoir de Pierre Laval conduirait à la rupture des relations franco-américaines. Lorsqu'il repart, Leahy a reçu de Pétain l'assurance que Laval ne serait pas rappelé.

Et c'est exact… pour l'heure. Le Maréchal s'oriente, en effet, vers une combinaison « de juste milieu » dans laquelle Darlan et Laval également écartés, le pouvoir serait confié au garde des Sceaux Barthélemy. Le colonel d'aviation Fonck, vieil ennemi en 1918, puis vieil ami, après la guerre, du maréchal Goering, et que l'on a déjà vu mêlé aux tractations qui précèdent Montoire, est chargé de porter secrètement à Goering une lettre précisant cette position.

Le 2 avril, le chef de l'État informe donc Laval qu'il n'a nullement l'intention de lui offrir la direction des affaires et l'on pourrait croire le conflit terminé si, le lendemain, toute la presse ne publiait un habile communiqué de Laval, qui constitue une option sur le pouvoir.

Dans ce texte, Pierre Laval écrit qu'« initiateur de la politique de Montoire et estimant que la situation extérieure de la France s'aggrave de jour en jour », il a cru de son devoir de s'entretenir des problèmes de l'heure avec le Maréchal. Le nom de Darlan n'étant jamais cité, Laval se présente, à l'opinion, sinon en successeur, du moins en seul interlocuteur des Allemands.

Pour rappeler son existence, et dans l'espoir fou de faire reculer les Allemands, Darlan va prendre alors une initiative indigne d'un *midship* : mettre Krug von Nidda au courant de l'ultimatum de Roosevelt.

Autant agiter une étoffe rouge !

Divisés quant à l'opportunité de la solution Laval, les Allemands l'auraient peut-être abandonnée devant une intelligente résistance française. Mais, dès l'instant où les Américains s'en mêlent, ils ne peuvent que l'imposer.

Passé la trêve pascale — 4, 5, 6 avril —, Hitler fera donc connaître sa volonté à Abetz qui, le 9, dira à Fernand de Brinon que, désormais, il n'existe plus, pour le Maréchal, que deux possibilités : se plier aux ordres de Roosevelt, ce qui entraînera immédiatement de graves conséquences pour la France et les Français, ou accepter le retour de Laval, synonyme d'un renforcement de la collaboration.

A Vichy, Krug von Nidda, chargé de faire la même communication à Darlan, s'offrira, en terminant, le luxe de donner communication à l'Amiral de cette lettre que Pétain, par l'intermédiaire de Fonck, avait adressée à Goering et qui jetait les bases, l'on s'en souvient, d'un ministère dont Laval était effectivement exclu.

Mais également Darlan !

Comme au cours des crises qui avaient précédemment secoué Vichy, on assistera donc à un ballet désordonné d'hommes politiques, de diplomates, de journalistes, de conseillers, français et allemands, évoluant au milieu de ces rumeurs incontrôlables qui sont la marque d'une époque où la censure, si elle étouffe la vérité, ne peut rien contre le mensonge.

C'est vainement que les « hommes du Maréchal » adopteront, une fois encore, une tactique de « repli élastique » à base d'arguties juridiques et d'astuces subalternes qui ne peut réussir face à des adversaires en faveur desquels, depuis le début d'avril, l'Allemagne s'engage résolument. On le constatera sans tarder. En accord avec le Maréchal, Darlan avait offert à Laval de prendre le ministère des Affaires étrangères. Les deux hommes espéraient qu'à l'exemple de ce qui s'était passé après le 13 décembre 1940, où il avait refusé le portefeuille de l'Agriculture ou celui de la Production industrielle comme indignes de ses talents, Pierre Laval refuserait les Affaires étrangères et que l'on en serait quitte avec lui.

C'est effectivement ce qui semble se passer, Laval exigeant la direction totale du gouvernement ; mais lorsque, le 13 avril au matin, Darlan voudra quitter Vichy pour aller remettre au général von Stülpnagel une lettre du Maréchal informant le chef de l'administration militaire en France que le refus de Laval met, cette fois, et définitivement, un terme aux discussions, Abetz, alerté par Krug von Nidda, interdira à l'amiral Darlan, vice-président du Conseil, ministre des Affaires étrangères, de la Marine et de la Guerre, successeur désigné du Maréchal, l'accès de la capitale française !...

Darlan privé de rencontrer à Paris von Stülpnagel, et peut-être de l'amener à renoncer à l'opération Laval, c'est Fernand de Brinon qui, dans l'après-midi de ce même 13 avril, va gagner Vichy. Partisan résolu et actif du retour au pouvoir de Pierre Laval, il a conféré jusqu'à 3 heures du matin avec Achenbach et Abetz, et arrive bien décidé à emporter une décision dont il sait qu'elle repose sur la volonté malléable du chef de l'État.

Reçu par Darlan qui lui communique la lettre du Maréchal qui n'a pu être remise à von Stülpnagel, mais que le Maréchal a l'intention de faire transmettre à Hitler par les soins de notre délégation de Wiesbaden[1], Brinon s'écrie que ce serait une erreur de donner suite à cette idée :

— Elle représente précisément ce que le Führer ne veut pas, c'est-à-dire le désir d'attendre, j'en ai eu la certitude cette nuit même par les communications échangées entre l'Ambassade et le Quartier général.

Quelques minutes plus tard, Brinon, qui a convaincu, ou croit avoir convaincu, Darlan que seul le retour de Laval pourrait mettre fin à la crise, fait le siège du Maréchal. Il reprend son exposé, exprime sa conviction que « la solution de la collaboration Laval-Darlan est la solution optima » et s'entend répondre par Philippe Pétain — du moins l'a-t-il affirmé :

— Il y a longtemps que c'est mon avis, c'est ma solution. Il faut donc que vous parliez avec Laval, poursuit Pétain en s'adressant à Darlan. Quand l'avez-vous vu ?

— Samedi dernier, je crois.

— Eh bien, il faut le revoir ! Allez-y tout de suite avec Brinon.

Étrange rencontre que celle de Darlan et de Laval.

Selon le récit de Fernand de Brinon, il semble qu'elle ait été essentiellement consacrée à un échange de vues sur ce 13 décembre 1940 dont le souvenir habite toujours l'esprit de Laval et dont la blessure est loin d'être cicatrisée.

— J'ai des défauts, je suis un animal, mais j'ai de l'instinct. Je vais vous parler franchement. On m'a dit que vous étiez un des principaux responsables du 13 décembre et que c'est vous qui aviez pris la tête de la délégation qui a été chez le Maréchal pour l'informer du complot.

Protestation de Darlan. S'il a bien conduit une délégation de ministres chez le Maréchal, il ne l'a fait que « comme le plus ancien ». S'il a bien pris la parole, c'était pour exposer « le sentiment de certains », mais sans prendre parti lui-même !...

Ces rappels historiques — que Darlan fait avec quelque gêne — conduisent naturellement Laval à préciser que, tout en étant sans rancune, il lui sera impossible de collaborer avec les ministres du 13 décembre, et qu'il désire obtenir la totalité du pouvoir afin de n'être pas exposé au renouvellement de pareille aventure.

— Le Maréchal n'acceptera pas, réplique Darlan.

C'est ce que l'on verra...

Lorsque, le 14, Laval sortira du bureau du Maréchal, après une conversation de deux heures, il sera entouré par les fonctionnaires du ministère des Affaires étrangères venus saluer « l'homme qui monte ». Le commu-

1. Le Maréchal avait réclamé la transmission de cette lettre à Wiesbaden en apprenant l'interdiction faite à Darlan de se rendre à Paris. Mais Bernard Ménétrel qui, la veille, se trouvait à Paris, où il avait été reçu par Abetz et Brinon, avait conseillé d'attendre l'arrivée de Brinon avant de prendre une décision définitive.

niqué officiel qui suivra leur montrera que leur flair ne les a pas trompés : il ne laisse aucun doute sur la prochaine constitution d'un gouvernement Laval.

C'est donc assuré du succès que Laval regagne Paris.

Fernand de Brinon, qui a sa part dans ce succès — et y gagnera le titre de secrétaire d'État auprès du chef du gouvernement —, s'éloigne lui aussi. Il prend place dans la voiture de l'Allemand Schleir. Comme il n'a pas eu le temps de déjeuner, il emporte, et le note avec cette satisfaction que les petites choses procurent parfois presque à l'égal des grandes, un petit carton de sandwiches « commandés spécialement pour [lui] par le Maréchal ».

A son arrivée, il se rend immédiatement à l'ambassade d'Allemagne pour donner le compte rendu des événements. « La satisfaction est générale[1]. » Ce sont là des mots qui enlèvent toute illusion, s'il était possible d'en avoir encore, sur la part prise par les Allemands dans le retour au pouvoir de Pierre Laval.

Au déjeuner qui réunit le lendemain, au Cercle européen, Laval, Déat, Brinon, Guérard, la satisfaction est encore générale et c'est dans une certaine euphorie que les quatre hommes discutent longuement de la formation du prochain ministère, ministère aussi difficile à constituer que ceux d'avant-guerre puisque, même en ces heures graves, où le pouvoir semble réserver plus de périls que de gloire, les ambitions s'entrechoquent et les intérêts s'affrontent encore[2].

Cependant qu'à Paris quatre hommes mettent sur pied la combinaison ministérielle — ils poursuivront leurs conversations fort tard dans la nuit —, à Vichy, quatre hommes s'efforcent de leur faire échec.

A Pétain qui précise qu'il rappelle Laval dans le seul espoir d'« éviter aux Français des malheurs et des souffrances », Moysset, Bouthillier, Romier, Darlan répondent que les risques d'un refus sont bien moins grands que les risques d'une acceptation des exigences allemandes.

Darlan explique qu'à la veille de l'offensive de printemps en Russie il est exclu que le commandement allemand immobilise en France « les dix ou douze divisions nécessaires à l'occupation de la zone libre » ; Bouthillier, et en cela il voit juste, qu'en réinvestissant Laval le Maréchal se donnera un Premier ministre inamovible ; Moysset, qu'il faut gagner la fin de l'année 1942 sans rien changer des structures gouvernementales françaises.

Le Maréchal est-il particulièrement sensible à cette prophétie de Moysset : « L'Allemagne a perdu la guerre. Elle entraînera dans son

1. Fernand de Brinon, *Mémoires*.
2. A ce propos, on peut faire remarquer que, si Marquet affirme, lors de son procès, avoir refusé tout poste ministériel avant même la crise d'avril, Brinon écrira qu'il réclamait, le 15 avril, « le ministère de l'Empire ».

gouffre tous ceux qui auront marché ou semblé marcher dans son sillage. Prenez garde, monsieur le Maréchal, de ne pas survivre à votre gloire », qui rejoint l'avertissement donné par Gillouin le 1er janvier 1942 [1] ? Vers 10 heures du soir en tout cas — à l'heure où, à Paris, Brinon va chercher à la gare le gouverneur général Brévié à qui Laval désire offrir le secrétariat d'État aux Colonies —, le chef de l'État décide de la tactique la plus habile pour en finir (une fois encore en finir…) avec Laval. Comme il ne saurait être question de lui opposer une fin de non-recevoir catégorique, il se retranchera derrière des divergences fondamentales sur les principes du gouvernement et sur les hommes qui doivent les appliquer. Faisant tout pour aboutir à un constat de non-conciliation, il sera alors très à l'aise pour dire à Laval que, désormais, toute collaboration est devenue impossible.

C'est compter sans la force de séduction et la volonté de pouvoir de Pierre Laval.

Arrivé à 12 h 5 dans un Vichy dont l'animation, brusquement, rappelle celle de juillet 1940, lorsque le gouvernement se constituait et que, dans le malheur, des fortunes se nouaient, que des fortunes se dénouaient, Laval entreprend immédiatement le siège du Maréchal. Il se bat avec des arguments parfois déconcertants.

Comme Pétain désire conserver le bon technicien Berthelot aux Travaux publics, il réplique :

— Il n'y a pas besoin de technicien aux Travaux publics. Je le sais, ça a été mon premier poste.

— En ce temps-là, ce n'était pas comme aujourd'hui, murmure, désabusé et désarçonné, ce chef de l'État qui a toujours cru aux vertus de la compétence.

Mais Berthelot ne saurait être accepté par Laval. Bouthillier et Caziot, en faveur de qui Pétain va se battre pendant vingt-quatre heures, pas davantage. N'ont-ils pas été mêlés — tare inexpiable — au complot du 13 décembre ?

Au cours du déjeuner, comme le général Serrigny évoque le risque de rupture avec les États-Unis, Fernand de Brinon entend le Maréchal répliquer avec résignation :

— Il me fera agréer tous ses ministres.

Si encore il ne s'agissait que des ministres de Laval ! Mais le Dr Michel, chef de la Section économique de l'administration militaire allemande en France, intervient, par exemple, pour s'opposer à la nomination de Gignoux comme secrétaire d'État à la Production industrielle. Le poste ira à Jean Bichelonne, mathématicien prodigieux, « esprit presque anormal par sa puissance de travail et sa mémoire exception-

1. *Cf.* ci-dessus, p. 20-21.

nelle[1] », évoluant loin des réalités, oubliant — héros, avant la lettre, du *Pont de la rivière Kwaï* — que ses victoires sur les difficultés servent d'abord la machine de guerre allemande.

Opposé à l'entrée au gouvernement d'Abel Bonnard, Jacques Benoist-Méchin et Paul Marion, Pétain livrera un baroud d'honneur.

En entendant Laval citer les noms de ses futurs collaborateurs, le Maréchal a dit qu'il ne voulait pas d'Abel Bonnard — qu'il appelle *la Gestapette* — au poste de ministre de l'Éducation nationale.

Il juge indigne que cet inverti ait la responsabilité de l'éducation de la jeunesse française, rôle qu'il aurait, lui, Pétain, aimé tenir dans le ministère Doumergue de 1934.

Et, lorsque Brinon, dans l'espoir de faire agréer Bonnard, célébrera son talent littéraire et insinuera qu'il est victime des potins des salons académiques, le chef de l'État, amateur de jolies femmes, devenu apôtre des vertus familiales, répliquera d'un ton sec que « tout le monde est au courant » et que le talent n'a jamais été une excuse pour qui donne le mauvais exemple.

Il se verra cependant obligé de ratifier ce choix surprenant que Maurice Martin du Gard explique avec subtilité par la volonté de Laval d'avoir enfin auprès de lui un « académicien de choc », un faible qui a découvert la force et en est tombé amoureux, causeur de salon promu tribun par la grâce du PPF dont les troupes l'avaient acclamé.

Pour Benoist-Méchin qu'il n'aime pas et juge pro-allemand[2], comme pour Paul Marion, ancien communiste dont il pense, à tort, qu'il a tenu la rubrique des « Gueules de vaches[3] » dans *L'Humanité,* Pétain obtiendra que, secrétaires d'État auprès du chef du gouvernement, ils n'assistent pas au Conseil.

Bien mince victoire !

En revanche, il n'est pas négligeable que quelques fidèles échappent à la tempête qui emporte aussi bien les « hommes du 13 décembre » que les collaborateurs personnels du chef de l'État, puisque du Moulin de Labarthète, dont Laval a demandé l'éloignement, est déjà parti pour Nice et que le général Laure, mettant son projet à exécution, quittera Vichy le 20 avril.

Mais comme ils sont peu nombreux, ces fidèles ! Dans son *Journal*, Laure n'en dénombre que cinq : Romier, ministre d'État, mais Romier, déjà gravement malade, ne tardera pas à succomber ; Barthélemy garde

1. Robert Aron, *Histoire de Vichy*.

2. Selon Brinon (*Mémoires*), Pétain lui aurait déclaré que, si Benoist-Méchin était nommé secrétaire d'État aux Affaires étrangères, les trois quarts des fonctionnaires donneraient leur démission ou refuseraient d'être en contact avec lui.

3. Rubrique consacrée dans le quotidien communiste à la vie dans les casernes et plus particulièrement à la critique des officiers. Dans le gouvernement Laval, Paul Marion aura la responsabilité de la propagande.

des Sceaux ; Auphan à la Marine ; Barnaud aux Relations économiques franco-allemandes ; Musnier de Pleignes aux Anciens Combattants [1].

On l'a sans doute remarqué, le général Laure ne compte pas Darlan au nombre des proches du Maréchal.

Dans une note sur la « crise d'avril », Darlan, se donnant le beau rôle, allait, à son habitude, résumer en quelques mots simples ces jours troubles et complexes :

> L'Amiral désirait se retirer totalement, mais le Maréchal, ne voulant pas demeurer isolé, insista pour qu'il consentît à rester remplaçant éventuel et successeur désigné du chef de l'État. Si l'Amiral n'acceptait pas, le Maréchal menaçait de se retirer.
>
> Dans ces conditions, l'Amiral accepta, mais refusa de faire partie du gouvernement.

Darlan, il est vrai, demeure le successeur désigné du Maréchal. Le 17 avril, il est même nommé commandant en chef des forces de Terre, de Mer et de l'Air, promotion qui satisfait son ambition mais irrite le général Bridoux, tout neuf secrétaire d'État à la Guerre.

Que Darlan dispose désormais, comme l'explique Bridoux, de la totalité des forces françaises, qu'il ait la haute main sur les services de renseignement et puisse mensuellement utiliser à son gré dix millions de fonds secrets n'inquiète pas Laval, philosophiquement indifférent aux questions militaires, puisque l'Amiral se trouve politiquement éliminé. Il n'assistera au Conseil des ministres que lorsqu'il sera convoqué et il sera rarement convoqué par Laval. Chef du gouvernement, ministre de l'Intérieur, des Affaires étrangères, donc des relations avec l'Allemagne, enfin de l'Information, Laval ne craint plus la répétition de la mésaventure du 13 décembre. Plus solitaire et plus secret que de coutume, il traite ses ministres, dont beaucoup — Bonnafous, le Dr Grasset, Cathala — sont de vieux amis politiques, en collaborateurs dociles, ses collaborateurs directs, parmi lesquels on serait bien en peine de désigner une éminence grise — l'opinion du facteur de Châteldon ayant souvent plus d'influence sur lui que celle d'un fonctionnaire haut placé [2] — en commis voués à des tâches d'un intérêt médiocre.

Quant au Maréchal, il a, par l'acte constitutionnel n° XI, confié à Pierre Laval « la direction effective de la politique intérieure et extérieure de la France » et, ce faisant, s'est, partiellement, « dessaisi de ses pouvoirs ». Quelques journaux de zone occupée, s'étant servis de cette formule trop précise pour définir la situation, se verront rappeler à l'ordre

1. A cette courte liste, il faut ajouter Jean Jardel qui, à la demande de Lucien Romier, acceptera, comme directeur du cabinet civil du Maréchal, la succession de du Moulin de Labarthète.

2. La réflexion est de Charles Rochat, secrétaire général du ministère des Affaires étrangères.

par Paul Marion (qui en aurait été le véritable auteur[1], mais masquer la vérité ne l'a jamais fait disparaître.

Ainsi, le même Philippe Pétain, qui, le 18 avril, avait écrit à Darlan : « Vous savez bien que vous avez toute ma confiance et que je ne puis envisager l'idée que vous ne conserviez pas la direction du gouvernement », s'est-il vu condamner à vivre un 13 décembre 1940 à l'envers.

Le 19 avril, dans un message inspiré par Laval, tripatouillé par Brinon et revu par Krug von Nidda[2], le Maréchal fait savoir aux Français que, « dans un moment aussi décisif que celui de juin 40 » (eh quoi ! en sommes-nous revenus là ? sont en droit de se demander tous ceux qui n'ont oublié ni les horreurs de la guerre ni les humiliations de la défaite), il se retrouve « avec M. Pierre Laval pour reprendre l'œuvre nationale et d'organisation européenne, dont nous avions ensemble jeté les bases ».

Sans doute Laval a-t-il trop de pouvoirs pour nourrir désormais quelques craintes mais, se souvenant que ses négligences, sa désinvolture et un désintérêt trop manifeste envers les possibles réactions du chef de l'État n'ont pas été étrangères, jadis, à sa chute, il s'imposera une heure de conversation quotidienne avec le Maréchal. Heure de pénitence. Elle lui pèse, l'humilie, « Briand, dira-t-il à Jacques Guérard, ne le ferait pas, il avait plus d'orgueil que moi », mais elle lui permet, grâce à son talent d'avocat et à son habileté de politicien, de faire céder les résistances lorsqu'elles se présentent et, toujours, de quitter le bureau de Pétain en affirmant qu'il a « expliqué » sa politique et qu'elle est « approuvée ».

Le retour de Laval a été salué avec enthousiasme par la presse de Paris, exceptionnellement autorisée à paraître le dimanche 19 avril.

Le Petit Parisien, qui annonce l'événement avec un titre souligné d'un fort trait rouge et occupant toute la largeur de la première page, affirme, sous la plume de Claude Jeantet, que si, « dès 1934 et 1935, on avait laissé faire et suffisamment secondé Pierre Laval, la France n'aurait connu ni la guerre ni la défaite ». *Au pilori*, après s'être félicité du départ de Xavier Vallat, Serge Huard, Caziot, Carcopino, du Moulin, Charbin et Borotra, hommes dont l'hebdomadaire ne cessait de dénoncer la politique anti-allemande, voit en Laval « le dernier espoir du pays ». Sous la signature de Brasillach, Laval, dans *Je suis partout*, devient « le chef

< 1. Selon ce que m'a écrit en 1982 M. René Bousquet : « C'est à Vichy, le jour de la constitution du gouvernement, que M. Marion avait prononcé cette phrase que M. Laval fit censurer en zone non occupée mais qui fut reprise par la presse de Paris. Ce fut l'occasion d'un nouveau conflit entre le Maréchal et Marion et d'un incident entre Laval et Marion. » >

2. « Il [le Maréchal] accepte le texte de son message, écrit Brinon. Il y a pourtant un incident sur "européenne", j'obtiens le mot "organisation" et je rapporte le texte que l'on fait communiquer par Krug. Je pars à 6 heures. A peine arrivé à Paris, Ménétrel me téléphone. Il s'agit de faire disparaître "organisation européenne". Je promets mon avis pour le lendemain matin ; finalement, le mot est maintenu — l'objection principale venant de la dactylo. » Fernand de Brinon, *Mémoires*.

Pierre Laval », cependant qu'Alphonse de Châteaubriant, dont le lyrisme ne recule devant aucun excès de plume, écrit dans *La Gerbe* du 23 avril :

> A l'heure qu'il est, à l'heure qui sonne, 18, 19 avril 1942, nous le déclarons, nous Français, et nous le déclarons parce que nous le savons, le retour de Pierre Laval sauve la France du plus grand danger.
>
> Les cloches de Reims, les cloches de Bourges, les cloches d'Amiens, les cloches de Chartres, les cloches de Vézelay, les cloches d'Orléans et de Tours peuvent sonner. Cette phrase n'est pas aujourd'hui, ici, littérature, et un journaliste peut carrément l'écrire ! Il y a quelque chose d'arrêté au-dessus de nos têtes, l'approche de la condamnation qui s'annonçait à l'Est et qui, une fois arrivée sur nous, n'eût plus laissé au peuple aucune espérance.

Cet homme, en l'honneur de qui Alphonse de Châteaubriant demande que sonnent les cloches de Reims, de Chartres et d'Orléans, n'a jamais compté, avant la guerre, au nombre des partisans de l'Allemagne. Il a été, au contraire, de ceux qui ont réclamé le paiement des réparations, travaillé à l'établissement d'une alliance antihitlérienne réunissant des nations aux régimes aussi différents que l'Italie et l'URSS, et le 16 mars 1939, devant la Commission des Affaires étrangères du Sénat, il a dénoncé la périlleuse politique d'expansion du Reich [1].

Or, c'est à lui qu'il appartient désormais de régler, seul, face à l'Allemagne, les problèmes nés d'une guerre perdue, une guerre qu'il n'avait pas voulue, non par germanophilie mais par pacifisme, et de le faire au moment même où les victoires de la Wehrmacht peuvent entretenir encore de grandes illusions mais où, déjà, avec l'entrée des États-Unis dans le conflit, se sont mises en route ces forces qui conduiront à l'effondrement final du IIIe Reich.

En 1940, après la rencontre de Montoire, Laval n'avait pas été l'homme du double jeu et c'est bien ce qui a provoqué sa chute.

Il ne le sera pas davantage en 1942.

Il le dira à Jacques Barnaud, délégué général aux Relations économiques franco-allemandes qui, le 17 novembre 1942, lui remet sa démission.

— Moi, que voulez-vous, je joue la partie comme si les Allemands devaient gagner la guerre ! Les Allemands gagneront-ils la guerre ? Je n'en sais rien, je ne suis pas Mme de Thèbes [2] ! Plus ça va, moins je crois que c'est vrai !... Mais j'estime qu'un double jeu, en politique, ça ne signifie rien. Il y a deux hommes qui peuvent rendre service à leur pays :

1. « Nous sommes entre Français. Ce qui se passe est abominable... C'est un cri d'indignation qui monte en présence d'une situation pareille. Aujourd'hui, l'Allemagne, qui a perdu la guerre, possède des territoires plus étendus que ceux qu'elle avait avant 1914... Il n'y a qu'un moyen pour empêcher Hitler de s'emparer de l'Europe, c'est de faire la chaîne de Londres à Paris avec Rome, Belgrade, Budapest, Varsovie, Bucarest, Moscou, sinon c'est l'Allemagne qui gagnera. »

2. Célèbre voyante.

c'est le général de Gaulle et moi. Si les Allemands gagnent la guerre, ou peuvent arriver à une paix de compromis, faisons actuellement avec eux une politique loyale qui ne soit pas une politique de marchandage, et peut-être pourrai-je rendre encore service à mon pays et discuter avec les Allemands un traité de paix honorable. Si les Allemands sont battus, le général de Gaulle reviendra. Il a avec lui — je ne me fais aucune espèce d'illusion — 80 ou 90 % de la population française et moi je serai pendu!... Qu'est-ce que ça peut bien me faire?...

« Si les Allemands gagnent la guerre... »

Lorsque Laval dit ces mots, le débarquement anglo-américain en Afrique du Nord a ébranlé la conviction d'un certain nombre de ceux qui croyaient à la victoire allemande, mais Laval, presque jusqu'à la fin, conservera un doute entretenu par l'attitude des dirigeants allemands et par leur foi dans le triomphe des armes secrètes[1].

Mais, beaucoup plus qu'à la victoire allemande, il croit à la négociation. Ne comprenant pas le caractère profond d'Hitler, habitant, selon le mot de Fabre-Luce, un « monde différent », n'imaginant pas que le Führer puisse aller jusqu'au bout de sa logique et de son discours, s'attachant d'autre part à décourager l'engagement américain avant qu'il ne devienne effectif[2], se montrant sceptique sur la capacité de réaction américaine jusqu'à déclarer à Robert Murphy que le sort de l'Europe sera réglé avant que les États-Unis « se décident à se décider », considérant, sans doute, la clause de « reddition sans condition » adoptée par les Alliés, en 1943, comme un crime contre l'Occident, Pierre Laval n'arrive pas à concevoir la nécessité d'une lutte à mort au terme de laquelle les nations, héritières de la même civilisation, se retrouveraient fracassées, au seul bénéfice du communisme.

La phrase essentielle, celle qui expliquera non toute la politique qu'il fera, mais toute la politique qu'il aurait souhaité faire, il la prononcera quelques jours après son retour au pouvoir : « Agir de telle façon que l'Allemagne ne soit pas trop forte pour nous étreindre, mais de telle façon que le bolchevisme ne puisse pas, lui, nous supprimer. »

Cette paix négociée, il l'appelle de tous ses vœux en songeant au destin de l'Europe, mais également en songeant à son destin personnel.

Lorsque, le 27 avril, il reçoit l'amiral Leahy qui, ayant perdu sa

1. Laval racontera à l'un de ses avocats, Me Jaffré, qu'un officier français, revenant du front de l'Est, lui avait dit avoir assisté à une expérience terrifiante. « Les Allemands avaient transporté, sur une petite voiture, une bombe jusqu'au milieu d'une forêt assez vaste. Puis on avait fait retirer tout le monde à plusieurs kilomètres. L'explosion avait été terrible, et toute la forêt avait été rasée. »

2. Dans un « Message aux Américains et aux Français », qui sera publié sous forme de brochure en 1941. Il s'agit, en réalité, d'une interview accordée au journaliste américain Ralph Heinzen, correspondant de l'agence United Press. Ce texte développe longuement l'idée que les États-Unis, avant de se précipiter dans la guerre, devraient méditer l'exemple d'« un pays ami, qui, en septembre 1939, a été lancé dans une guerre perdue d'avance ». Dans ce même texte, Laval affirmera que la France n'a nul besoin d'être délivrée.

femme, va regagner dans quelques jours les États-Unis, il lui déclare non seulement que sa politique est fondée sur la réconciliation avec l'Allemagne victorieuse ou vaincue, mais encore que, tout en étant décidé à ne rien faire contre les intérêts américains, il se refusera à aider si peu que ce soit au triomphe du communisme.

— Cette guerre, poursuit-il, est une guerre civile dont Staline sera le seul vainqueur si les démocraties continuent à lutter contre le Reich. Il est de l'intérêt des États-Unis, comme de l'Europe, qu'elle prenne fin le plus rapidement possible… Parmi les chefs de gouvernement non belligérants, je suis le seul, avec le général Franco, qui, pendant la guerre, se soit entretenu avec le Chancelier. Je suis le mieux placé pour avoir des contacts personnels avec le Chancelier.

Parce qu'il a rencontré Mussolini, Staline, Hitler, le pape, bien d'autres grands personnages encore, au cours d'entretiens auxquels le petit-fils de l'aubergiste-voiturier de Châteldon accorde sans doute plus d'importance encore qu'ils n'en ont eu ; parce qu'il croit, selon le mot de De Gaulle, que, comme il n'est d'événements qui ne se puissent tourner, il n'est « point d'hommes qui ne soient maniables » ; parce qu'il fait confiance enfin à son bon sens et à son flair paysan, à des astuces éprouvées de politicien, à son habileté proverbiale à « couper la poire en deux », Laval, comme Talleyrand en 1814, espère, de sa position de vaincu, tirer un jour une éclatante supériorité.

Lorsqu'il dit à Hitler : « Vous avez voulu gagner la guerre pour faire l'Europe. Il fallait faire l'Europe pour gagner la guerre », il a un mot qui fait songer à celui de Talleyrand, demandant à l'empereur de Russie, afin de convaincre Napoléon de renoncer à la poursuite de ses conquêtes : « Si vous n'aboutissez pas », dit-il à Alexandre Ier, lors de ces entretiens qui suivent, en octobre 1808, les négociations et les fêtes d'Erfurt, « l'Europe, la malheureuse Europe sera perdue ». Mais il ne sera pas Talleyrand.

Et Paris ne sera pas Vienne en 1814, ville folle de son corps, dans laquelle des hommes, pour oublier vingt ans de révolution et de guerres, qui donnaient soudain aux peuples le goût de follement revivre, se réunissent en une conférence où les raffinements de la conversation et de la table — ce sont des cuisiniers que Talleyrand réclame à Louis XVIII — comptent davantage encore que les subtilités de la diplomatie.

Pas Talleyrand donc, bien que son mot : « On peut critiquer mes méthodes, on ne peut pas me reprocher mes mobiles » eût pu être dit par l'Autre. Mais ses adversaires, qui sont légion, confondront méthodes et mobiles dans la même réprobation.

S'il est adversaire déterminé du double jeu, cela ne veut certes pas dire qu'il soit partisan de tenir tout ce qu'il promet.

Dans un débat souvent dramatique où il n'a pour seule ressource que sa ténacité et sa patience, pour seule force que son pouvoir de convaincre, il s'efforce, sinon de donner le moins possible, du moins de donner des paroles que ses collaborateurs sont chargés de ne pas traduire en actes ou, plus exactement, de traduire le plus lentement possible en actes.

Mais les Allemands finissent toujours par leur rappeler le « oui » du Président et, s'il paie en mots, comme il se vante de le faire devant les critiques, il le fait en un temps où les mots sont des actes, où les mots sont plus douloureux que des actes et où les Français, insensibles aux avantages d'une politique de présence, parce qu'ils ne peuvent mesurer tous les inconvénients d'une politique d'absence, souffrent des mots de Laval au moins autant que de ses actes.

Ciano, dont l'intelligence et la psychologie sont rarement prises en défaut, écrit, au moment où Laval revient au pouvoir : « C'est le résultat de longues manœuvres faites par les Allemands à notre insu... Mais une chose est certaine : Laval ne représente pas la France et, si les Allemands croient pouvoir gagner, grâce à lui, le cœur des Français, ils se trompent une fois de plus très grossièrement [1]. »

A peine installé au pouvoir et alors qu'il aurait pu espérer un délai de grâce de quelques semaines, Pierre Laval va se trouver bousculé par les événements, aux prises avec des situations imprévisibles ou non, mais qui, toutes, auront pour résultat d'atteindre son crédit aussi bien auprès des Allemands qu'auprès du maréchal Pétain et surtout auprès de cette opinion publique que les préfets, dans leurs rapports d'avril, décrivaient comme moins intéressée par l'expérience Laval qu'attentive, dans le domaine du ravitaillement et de la libération des prisonniers, aux résultats positifs dont tous les partisans du nouveau chef du gouvernement affirmaient qu'ils seraient la conséquence naturelle.

Or, trois événements vont renverser ses espérances et détruire ses illusions. Ils ont nom : évasion du général Giraud ; installation, en France, d'un commandement supérieur des SS ; menaces de réquisition de la main-d'œuvre conduisant à l'institution de la Relève et au discours du 22 juin.

On comprend bien mal, aujourd'hui, l'importance que devait revêtir tant pour les Allemands, et pour le premier d'entre eux, Hitler, que pour les Français, l'évasion du général Giraud.

---

1. Que vaut ce sondage effectué, à Paris, par M. Jacques Dourdin, dans les trois jours qui suivent le retour au pouvoir de Pierre Laval ?

Les résultats, qui se trouvent dans Hoover Institute : *Vie de la France sous l'Occupation*, t. II, p. 771, sont les suivants :

A la question : « Croyez-vous que Pierre Laval puisse travailler dans l'intérêt de la France ? », 40 % des personnes interrogées ont répondu « oui », 11 % ont dit qu'elles l'espéraient mais qu'elles attendaient des actes, 15 % ont répondu « non », 24 % ont dit n'avoir pas d'opinion.

M. Dourdin communiqua ce sondage très favorable — qui relevait de sa seule initiative — à Pierre Laval qui ne cacha pas son scepticisme et lui déclara : « Il ne me soucie pas d'être populaire. Si je voulais acquérir la popularité, je tournerais le dos à mon devoir vis-à-vis de la France. »

La naïveté politique dont Giraud, en place en Algérie, devait faire preuve face à de Gaulle, la manière, dénuée d'élégance, c'est le moins que l'on puisse écrire, dont il allait bientôt être écarté de tout l'élimineront rapidement de la mémoire collective des Français et ne laisseront de lui, chez les historiens, qu'une image falote et presque ridicule.

Sans doute ce soldat à l'honnêteté et au patriotisme indiscutables, au courage civique moins grand, on le verra au moment du procès Pucheu, que le courage physique, cet homme d'un autre temps et d'une autre guerre, ne méritait-il pas plus excès d'indignité qu'excès d'honneur ; mais son aventure, entre 1940 et 1945, porte témoignage du passage d'un siècle à un autre : celui où il ne suffit pas aux généraux d'être braves sur le terrain, mais où il faut également qu'ils aient la tête politique.

Et Giraud ne l'avait pas.

En octobre 1908, le colonel Pétain, son professeur à l'École de guerre, l'avait noté défavorablement : « peu travailleur, manque d'entrain, a une confiance en soi qui ne paraît pas justifiée ».

A défaut de goût pour le travail, la guerre allait permettre au capitaine Henri Giraud de prouver qu'il avait de la constance dans le courage. Blessé le 30 août 1914, sur le champ de bataille de Guise, au cours d'une charge à la baïonnette, laissé pour mort, la poitrine percée d'une balle, ramassé le lendemain par des brancardiers allemands, il s'évade le 30 octobre de l'hôpital de campagne d'Origny-Sainte-Benoite, grâce à la complicité de son infirmière française, Mlle Lemaire [1]. Pendant plusieurs semaines, il se cache à Saint-Quentin — s'offrant cependant le « luxe » d'aller assister à une parade des troupes allemandes qui se déroule en présence de Guillaume II —, puis réussit à passer en Belgique, en Hollande, et arrive en France en février 1915 pour reprendre bientôt sa place au front et terminer la guerre commandant, cinq fois cité à l'ordre de l'armée et officier de la Légion d'honneur.

Après la guerre, c'est encore la guerre que Giraud fait, cette fois au Maroc et dans des conditions qui lui valent une nouvelle blessure ainsi que la cravate de commandeur de la Légion d'honneur. Colonel, puis général en 1930, c'est au Maroc que Giraud établit une réputation de baroudeur à laquelle sa taille — 1,85 m —, sa moustache orgueilleuse, son goût pour les parades, son nationalisme teinté d'antisémitisme et jusqu'à ses sentiments religieux hautement proclamés ajoutent encore de l'éclat.

En 1940, après avoir commandé cette 7e armée lancée imprudemment au secours de la Hollande, il est placé à la tête de la 9e armée qui vient d'être enfoncée et, sous le choc des blindés allemands, dispersée à Sedan.

1. Ce qui permettra à Abetz d'écrire, bien plus tard : « On peut, à ce sujet, se demander si des sœurs de la Croix-Rouge allemande auraient été, de même, admises dans les hôpitaux militaires français et anglais du front ! »

A peine arrivé et alors qu'en automitrailleuse il prend contact avec ses unités bousculées, le voici capturé par des chars dont les équipages l'informent que les avant-gardes allemandes sont déjà à Abb-é-ville.

— On dit Abb-e-ville, fait sentencieusement remarquer Giraud.

Rapportant plus tard cette observation inattendue, Abetz remarquera que l'interlocuteur de Giraud n'était certainement pas venu en France pour prendre des leçons de prononciation !

Quoi qu'il en soit, voici Giraud enfermé, en compagnie d'une centaine d'autres officiers, dans le château-forteresse de Koenigstein. Vieux généraux pour la plupart, de ceux dont Juin, captif avec eux, dira qu'« ils laissent tomber leur lorgnon dans le potage ». Généraux résignés. Et, sur cette résignation, nous avons, hélas ! la lettre du général d'armée Bourret — ce général dont Brinon assurait à Goebbels que, « franc-maçon, mais aimé de la troupe », il pourrait être utile aux intérêts franco-allemands. Écrivant à Brinon, le 3 juillet 1942, c'est-à-dire après l'évasion de Giraud, Bourret, lui aussi captif à Koenigstein, parlera du « petit clan haineux et de discorde » qui s'était formé autour de Giraud [1].

Ils sont bien peu nombreux, en effet, ceux qui imaginent regagner la France autrement que par la grâce d'un congé médical ou d'une libération sollicitée par le Maréchal. Giraud est immédiatement au nombre des réfractaires. Dès la séance de photographie d'identité, il fait en sorte que le résultat soit particulièrement médiocre et refuse de se prêter à une autre séance [2].

Se remettant à l'étude de l'allemand et, grâce aux journaux qui détaillent complaisamment les moyens de la victoire du Reich, réalisant quotidiennement une synthèse militaire discutée avec d'autres captifs, établissant, grâce à des camarades libérés, un système de correspondance avec sa femme qui tient la liaison avec des officiers du Service de renseignement de Vichy, tissant un câble de quarante-cinq mètres de long, rassemblant patiemment argent, vivres, vêtements, Giraud, qui a alors soixante-trois ans et souffre toujours des suites de ses blessures, réussira, le 17 avril 1942 — veille du jour où Laval revient au pouvoir —, une évasion extraordinaire [3].

En quelques secondes, il descendra, en effet, à la force des bras jusqu'à un rocher situé quarante mètres plus bas que le chemin de ronde d'où il est parti.

Son succès final sera dû autant au sang-froid avec lequel, recherché par toutes les polices, il voyage en chemin de fer et, au passage des

1. Dans cette même lettre, il évoquera ce « chafouin de Laure », ce « bas intrigant de La Laurencie », « cette loque de Verdillac »...

2. Cette mauvaise photo sera effectivement diffusée au moment de son évasion, en avril 1942.

3. Il l'a racontée dans *Mes évasions* (Fayard éditeur). Deux autres généraux, Bruneau et Gaillard, s'étaient précédemment évadés de Koenigstein mais avaient été repris à proximité de la Suisse.

gendarmes, s'entretient assez passionnément avec des officiers de la Wehrmacht pour décourager les interruptions, qu'à l'héroïsme des résistants, alsaciens pour la plupart, qui, de refuge en refuge, le conduiront jusqu'en Suisse.

L'évasion de Giraud n'aurait pu être qu'un banal incident, comme il s'en produit dans toutes les guerres, tout juste digne de figurer dans un ouvrage sur les évasions célèbres. Elle allait faire l'effet d'une bombe. L'évoquant dans son *Histoire d'une politique franco-allemande*, Abetz écrira, en effet, que l'événement avait provoqué au Quartier général du Führer une série de répercussions comparables à celles qui avaient été occasionnées par le 13 décembre 1940, et qu'elle avait constitué « le grain de sable qui stoppa *définitivement* les efforts de rapprochement » franco-allemand, alors même que l'arrivée au pouvoir de Laval pouvait lui donner un nouvel élan [1].

Aussi surprenante que paraisse la confusion, Hitler, qui a lu en traduction *Vers l'armée de métier*, de Charles de Gaulle, prend Giraud pour l'auteur d'un livre apprécié et voit en conséquence en lui le chef militaire le plus remarquable de tout le camp allié.

— Pourquoi, dira-t-il à Abetz, après le débarquement américain en Afrique du Nord, pourquoi avez-vous laissé courir Giraud ? Ce général vaut trente divisions.

La réaction d'indignation d'un homme qui croit — à tort — que Giraud a donné sa parole de ne jamais s'évader et d'un chef militaire qui surestime les talents de son prisonnier explique le montant élevé de la prime promise (100 000 marks [2]) à qui fera arrêter le général français. Elle explique également l'intensité des démarches qui vont être faites auprès de Giraud pour qu'il accepte de regagner l'Allemagne et, sinon la forteresse de Koenigstein, du moins un confortable hôtel berlinois.

Abetz écrira qu'il avait convaincu Hitler d'accorder à un million de prisonniers français trois semaines de permission dans leur famille et, selon l'ambassadeur d'Allemagne, Keitel aurait reçu des ordres pour que les services ferroviaires de la Wehrmacht organisent, sur neuf mois, l'étalement de ces voyages.

Ce projet, s'il s'était réalisé, aurait constitué pour Pierre Laval un « don de joyeux avènement », aurait influencé favorablement le Maréchal, et, plus encore, l'opinion française. Aussi Abetz et Laval, dans leurs efforts pour faire revenir Giraud en Allemagne, utiliseront-ils surtout l'arme psychologique que constituent les malheurs des prisonniers de guerre et de leurs familles.

---

1. L'évasion de Giraud — et son refus de revenir en Allemagne — sera également à l'origine de la disgrâce d'Abetz, Keitel dénonçant à Hitler la faiblesse de l'ambassadeur.
2. Traduite en francs, cette somme représentait alors deux millions, c'est-à-dire trente-cinq à quarante années d'un salaire moyen.

Arrivé à Lyon dans la soirée du 25 avril, après un court passage en Suisse, où il a eu le temps d'être publiquement accueilli en héros par le colonel Masson, chef des services secrets de la Confédération, Giraud sera reçu le 29 par le Maréchal qui, deux heures durant, l'interrogera sur la situation de l'Allemagne. Effectifs, matériel, longueur des fronts, longueur des lignes de communication nourrissent une conversation au terme de laquelle Giraud affirmera :

— L'Allemagne ne peut plus être victorieuse. Elle peut avoir des succès. Elle en aura cette année encore en Russie, mais elle ne mettra pas la Russie hors de combat. Il s'agit donc d'être prêt à rentrer en ligne quand la courbe commencera à descendre et, pour cela, il faut nous appuyer sur l'Amérique qui, avec son potentiel énorme, est seule capable de nous équiper.

Giraud cite même la date à laquelle, avec l'aide américaine, la flotte française et l'armée d'Afrique pourront reprendre le combat : la fin de l'année 1942 ou le printemps 1943.

— Vous avez pleinement raison, répond Pétain [1]. L'Allemagne ne peut pas gagner la guerre. Il faut en tirer pour nous les conséquences qui s'imposent. Votre conception de l'aide américaine est juste. Je suis d'ailleurs resté en excellents termes avec l'Amérique. L'amiral Leahy était un ami pour moi et son successeur est très convenable. C'est à cette porte-là qu'il faut frapper, le moment venu.

Alors, tout va bien ?

Non, tout va mal, car le Maréchal achève en demandant, puis en ordonnant à Giraud d'aller rendre visite à Laval. Il est attendu à 18 heures.

Le chef du gouvernement ne s'intéresse aucunement aux propos que lui tient Giraud. Effectifs, essence, communications, tout ce qui passionnait le Maréchal semble moins important au chef du gouvernement que la poursuite d'une politique qui sera influencée, cependant, par l'évolution des événements militaires. Or, l'évasion de Giraud gêne la politique de collaboration de Laval.

Certes, un prisonnier a le droit de s'évader, poursuit en substance le chef du gouvernement, mais Giraud n'est pas un prisonnier comme un autre. Son prestige et sa notoriété font que son arrivée en France et sa présence à Vichy constituent autant d'événements fâcheux. Pourquoi ne rentrerait-il pas volontairement en Allemagne ? Giraud, qui s'attendait à des compliments pour son évasion, contemple Laval avec ahurissement et lui demande « s'il a bien réfléchi à l'énormité de sa proposition ».

Oui, Laval a parfaitement réfléchi. Le 30 avril, et le 1er mai encore, il va répéter à Giraud que, toute la politique de collaboration se trouvant en

1. C'est du moins ce que Giraud lui fait répondre dans *Mes évasions*.

cause, il doit se sacrifier pour le salut de son pays. Le 2 mai, Giraud est convoqué de nouveau à Vichy. Dans le bureau du Maréchal, cette fois, Laval lui fait lire un télégramme de Berlin exigeant qu'il rentre sans plus tarder en Allemagne dans l'avion de Ribbentrop. Il ne sera pas traité en prisonnier de guerre, mais aura la possibilité d'occuper, dans la capitale du Reich, un appartement de l'hôtel Adlon.

Abetz, de son côté, est venu attendre Giraud à Moulins, point de franchissement de la ligne de démarcation. C'est Laval et Darlan qu'il voit arriver. Devant les deux hommes désappointés, puisque Giraud a refusé de les suivre, l'ambassadeur évoque non seulement les mesures qui NE SERONT PAS prises en faveur des prisonniers de guerre, mais encore les mesures qui SERONT PRISES CONTRE EUX. Et, le 5 mai, après l'échec des négociations, la Commission d'armistice allemande de Wiesbaden informe, en effet, le gouvernement de Vichy que toutes les facilités et faveurs accordées aux prisonniers de guerre français vont être abolies, qu'aucune libération ne pourra plus intervenir et que les généraux prisonniers seront conduits dans des forteresses et internés dans des casemates…

Au terme de leur entretien, Abetz et Laval décident cependant d'effectuer une dernière tentative en direction de Giraud. On lui offrira d'être le second de Scapini, ambassadeur auprès des prisonniers de guerre. Mais comment imaginer Giraud second ? Sans joie, bien convaincu des risques à venir, il accepterait de REMPLACER Scapini, non d'être son subordonné. C'est ce qu'il répond à Darlan et Laval revenus à Moulins. Le président du Conseil téléphone alors à Abetz qui attend toujours la réponse de l'évadé de Koenigstein. Pourquoi n'exposerait-il pas lui-même à Giraud toutes les raisons qui rendent souhaitable son retour et tous les avantages qu'il en obtiendrait ?

Après quelques tractations téléphoniques, car Giraud réclame d'Abetz l'assurance qu'il ne tombera pas dans un piège, le général, symboliquement encadré par Laval et Darlan [1], s'éloigne en direction de Moulins où il arrive à 21 heures.

Dans sa poche, il a mis un petit browning.

Il n'aura pas à s'en servir. Abetz, qui l'accueille fort courtoisement, a demandé au général Marcks qui, en mai 1940, se trouvait en Hollande, face à Giraud et, depuis, a perdu un bras en Russie, de l'assister. De ce renfort, il attend que le militaire séduise le militaire, que, faisant appel à cette solidarité supposée régner entre soldats, il convainque Giraud de retourner en Allemagne. Le général français ne se montrera cependant pas plus sensible à la présence de Marcks qu'au discours d'Abetz insistant sur les avantages de la collaboration et sur les périls du bolchevisme.

La promesse d'un appartement à l'hôtel Adlon, d'une position de

1. Darlan se montrera, dans toute cette affaire, très réservé et, à plusieurs reprises, il appuiera visiblement Giraud.

premier plan au sein de la mission Scapini, ou de la direction du camp des aspirants de Koenigsberg où, dit Abetz, il pourrait « exercer une influence morale et intellectuelle considérable sur les futurs cadres de l'armée française » le laisse également indifférent.

A un moment cependant, Giraud semble hésiter, près de se rendre aux raisons d'Abetz. C'est entendu, il reviendra en Allemagne. A une condition : une seule condition. Surpris et ravi, se faisant fort d'obtenir du Führer ce que le général demandera, Abetz le presse de parler. Que veut-il ? Giraud répète alors la proposition qu'il a déjà faite spontanément le 30 avril à Laval, et sur laquelle il a eu le loisir de suffisamment méditer pour savoir que jamais elle ne serait acceptée par les Allemands. Que le Reich libère tous les prisonniers mariés, y compris les officiers d'active, et, à défaut de l'hôtel Adlon, il rejoindra un camp d'Allemagne.

— Et combien sont-ils ? demande Abetz.

— De quatre à cinq cent mille, répond Giraud sur un ton qu'il s'efforce de garder calme, et presque innocent, tout en sachant que sa proposition va soulever la colère et l'ironie d'Abetz.

— Il y a des généraux qui sont utiles à leur patrie, d'autres qui lui sont néfastes.

C'est sur ces mots désabusés que l'ambassadeur d'Allemagne clôt l'entretien et c'est librement que Giraud regagne Vichy ; Laval lui faisant seulement remarquer que, décidément, son entêtement n'arrange pas les choses [1].

Dans les jours qui suivront, l'offensive d'intimidation et de charme se poursuivra. Abetz a immédiatement vu que Giraud n'avait pas l'envergure qu'on lui prêtait trop généreusement à Berlin. Mais, comme il ne réussit pas à en persuader son ministre, il va imaginer un plan qui conduira l'évadé à se dévoiler. Un pilote français, dont l'on serait sûr, lui proposerait de le conduire clandestinement en Afrique du Nord pour y soulever armée et population. En cas d'acceptation, l'avion ferait demi-tour, irait se poser en zone occupée où il serait aisé, alors, de confondre ce général qui avait sans cesse manifesté son désir de « mettre ses pantoufles » et sans cesse affirmé qu'il n'entreprendrait rien contre l'Allemagne. Affirmation que Giraud renouvelle par écrit dans cette lettre du 4 mai signée à la demande du Maréchal et que Vichy utilisera en novembre 1942, au moment de son passage en Afrique du Nord, afin de prouver qu'il a trahi sa parole [2].

---

1. Fernand de Brinon regrettera que Vichy n'ait pas fait arrêter Giraud…
2. Dans cette lettre — qu'il ne reproduira pas dans son ouvrage —, Giraud exprime non seulement son loyalisme envers le Maréchal, mais encore il se déclare « en plein accord » avec la politique menée par le chef de l'État vis-à-vis de l'Allemagne et donne sa « parole d'officier » de ne rien faire qui puisse gêner en quoi que ce soit « vos rapports [ceux du Maréchal] avec le gouvernement allemand ou entraver l'œuvre que vous avez chargé l'amiral Darlan et le président Laval d'accomplir sous votre haute autorité ».

Le 6 mai, l'ambassade ayant reçu l'ordre de ne plus s'occuper de l'affaire Giraud, il ne sera pas donné suite au plan quelque peu rocambolesque d'Otto Abetz, mais, au cours du mois, directement ou indirectement, Giraud sera encore prié de regagner l'Allemagne. Le 21 mai, le Maréchal, Laval et le ministre plénipotentiaire Rahn font, auprès de lui, une dernière démarche, Rahn allant jusqu'à lui dire que l'Allemagne serait heureuse de le voir diriger en Afrique la « coopération franco-allemande », cependant que Pétain, visiblement fatigué, évoque pour l'inciter à revenir sur sa décision la nécessité d'établir un meilleur climat entre la France et l'Allemagne.

Si elles ne font pas changer Giraud d'avis, toutes ces propositions et sollicitations lui donnent, plus encore, conscience de son importance et de son prestige.

Comment, en voyant l'intérêt qu'Hitler, Abetz, Pétain, Laval attachent à sa personne, comment, en proposant, plus ou moins sérieusement, de « faire payer » son retour en Allemagne par la libération de 400 000 prisonniers, comment, en apprenant que son évasion a provoqué dans l'armée de l'armistice et dans les milieux de la résistance politiquement non organisée (ce sont, de loin, les plus nombreux) un « véritable délire [1] », comment ne se sentirait-il pas appelé à un destin national ?

C'est en avril et mai 1942 que Giraud se forge cette conviction, qui éclatera en octobre et novembre lorsqu'il prétendra imposer aux Américains non seulement son plan de guerre, mais également son autorité sur les armées de la coalition débarquées en Afrique du Nord.

En revenant au pouvoir, Laval (et ses partisans partageaient sa conviction) imaginait « éviter le pire ». Le mot a été trop souvent dit et écrit pour n'être pas retenu.

Or, à peine en place, il voit la situation se dégrader sérieusement.

Le 12 mai, impatient d'avoir des contacts au sommet avec l'occupant, il a envoyé à Ribbentrop, pour qu'elle soit communiquée à Hitler, une lettre dans laquelle, pour arriver « à une réconciliation et à une entente étroite avec l'Allemagne », il propose que la jeunesse française soit mobilisée au profit des usines allemandes [2]. Il sollicite, en revanche,

---

Le 9 novembre 1942, Giraud, au moment de partir clandestinement pour Alger, adressera à Pétain une nouvelle lettre, postée à Marseille, dans laquelle se trouvent ces mots : « Aujourd'hui, j'estime l'heure trop grave pour rester spectateur. Je crois qu'il se présente pour notre patrie une chance inespérée de sortir de la guerre avec honneur. Je suis sûr d'ailleurs de votre pensée profonde, mais, plus libre que vous, je puis aller préparer en Afrique ce que vous achèverez vous-même en France.

« Je n'ambitionne rien que de voir la résurrection de mon pays. J'y consacre les biens et les forces qui me restent. Je vous demande de bien vouloir me garder votre estime et me considérer toujours comme un de vos plus dévoués et plus respectueux subordonnés. »

1. C'est un mot de Claude Bourdet (*L'Aventure incertaine*) qui note l'évolution d'une partie de la résistance de droite qui voit en Giraud « un chef plus à sa convenance » que de Gaulle.

2. Dans le chapitre suivant, j'évoquerai plus longuement cette lettre importante.

d'être aidé pour se trouver en mesure de « créer un terrain psychologique qui puisse faciliter son action ».

La réponse de Ribbentrop, après s'être fait attendre — elle est du 26 mai —, lui laissera peu d'illusions. Après avoir énuméré, suivant une méthode familière à Hitler, toutes les occasions perdues par la France, Ribbentrop achève en effet son message en annonçant que le gouvernement du Reich ne pourra plus, à l'avenir, « tenir compte dans ses décisions des espoirs et des promesses, mais exclusivement des réalités ».

Laval désirait l'aide allemande afin que soit créé « un climat psychologique » favorable.

Les Allemands, loin de la lui accorder, l'accableront et Abetz, manifestant sa déception, écrira : « Berlin paraissait s'être juré d'étouffer toute politique constructive avec la France. »

Tandis que le secrétaire d'État Backe vient à Paris exiger une sensible augmentation des livraisons alimentaires, les ministres du Reich Speer et Dorpmüller réclament, en supplément des livraisons déjà faites, 1 000 locomotives, 30 000 wagons, ainsi que le transfert en Allemagne de 2 500 kilomètres de rails avec leurs aiguillages et leurs signaux ; le conseiller d'État Schieber désire une considérable augmentation du programme de fabrication de la poudre et le gauleiter Kaufmann s'emploie à affréter, pour les besoins allemands, 200 000 tonnes de navires marchands français basés dans les ports méditerranéens.

Mais c'est dans le domaine de la lutte contre la Résistance que la pression allemande se montrera la plus vive.

Le 28 avril, en effet, dix jours après le retour de Pierre Laval au gouvernement, Hitler informe Pétain de la prochaine installation à Paris d'un commandant supérieur des SS, le général Oberg, et l'informe que « le gouvernement français doit donner immédiatement les ordres nécessaires à l'administration française pour que celle-ci collabore correctement et sous menace des plus graves sanctions avec les services allemands ».

La décision de Hitler date en réalité du 9 mars 1942. Assurant le triomphe du parti nazi sur l'armée, elle donne au chef supérieur des SS et de la police le pouvoir absolu pour tout ce qui touche à la police, à la « consolidation du germanisme » et aux « mesures d'exception contre les criminels », le commandant en chef de la Wehrmacht n'ayant à lui adresser d'instructions que lorsque « la sûreté militaire du pays » occupé est en jeu et que des opérations militaires sont en cours [1].

Le 5 mai, avec deux mois de retard sur la décision de Hitler, Oberg arrive donc en France et s'installe 57, boulevard Lannes, dans de vastes

1. Dans ses *Mémoires*, Brinon écrit qu'à plusieurs reprises il a expliqué à l'amiral Darlan, qui s'inquiétait de la prochaine nomination d'Oberg, qu'il s'agissait d'une affaire intérieure allemande, « que rien ne sera[it] pratiquement ajouté à ce qui existait déjà, mais que [c'était] la sanction grandissante de l'influence du Parti dans la conduite de la guerre et du rôle de plus en plus important joué par Himmler auprès du Führer ».

locaux. Et le 6, Vichy est informé de l'arrivée du général Heydrich, émissaire personnel du Führer, envoyé à Paris pour imposer la stricte application des mesures allemandes, y compris celle qui, en avril, a fixé le nombre des otages à exécuter après chaque attentat : vingt, dont cinq à fusiller immédiatement ; le nombre des otages à déporter : cinq cents, et les milieux parmi lesquels il faudrait « recruter » les victimes, qui seront juives, communistes mais également choisies parmi les « éléments aryens, asociaux, souteneurs, criminels et gens du même acabit[1] ».

Qui est Heydrich ?

Depuis septembre 1941, le « protecteur du Reich » en Bohême-Moravie, poste auquel il a été nommé, à 37 ans, en septembre 1941, et, à ce titre, le responsable d'atroces représailles ? Oui, mais également l'homme qui, depuis 1931, à la tête du Service de sécurité (*SD*[2]), est chargé de neutraliser toutes les oppositions au nazisme ; le policier dont les renseignements ont facilité à Hitler, au cours de la « Nuit des longs couteaux[3] », l'élimination des dirigeants des Sections d'assaut d'Ernst Röhm ; l'éminence grise de Himmler ; l'organisateur de l'incident de Gleiwitz qui a permis à l'Allemagne de se prétendre attaquée par la Pologne[4] ; l'inspirateur du décret « Nacht und Nebel » qui rendra possible la livraison à la Gestapo de toutes les personnes arrêtées dans les pays occupés par l'Allemagne ; enfin le successeur probablement choisi par Hitler si l'attentat du 27 mai 1942 ne l'avait, après tant de ses victimes, précipité à son tour au royaume des morts[5].

Un homme redoutable et redouté.

Intellectuellement, un homme sortant de l'ordinaire.

René Bousquet, qui l'a eu en face de lui, n'hésitera pas à dire qu'il avait, dans les milieux des SS, « par son courage et par d'autres qualités, un ascendant et un prestige que, nous Français, nous ne pouvons pas mesurer », et le colonel Paillole évoquera « le destin hors série de "l'archange du mal", génie du renseignement et de l'action politique clandestine[6] ».

Arrivé à Paris, Heydrich a décidé de recevoir, outre le général Oberg,

1. Instructions du Führer transmises par le QG et adressées à l'ambassadeur Abetz le 11 avril 1942.

Au mois d'avril, il y a eu, en France occupée, six attentats individuels.

2. *Sicherheitsdienst.*

3. Le 30 juin 1934.

4. Un commando de SS et de droits communs déguisés en soldats polonais a pris d'assaut la station de radio de la petite ville allemande de Gleiwitz.

< 5. Le 27 mai 1942, Heydrich est abattu, à Prague, par des parachutistes tchèques venus de Grande-Bretagne. En représailles, les Allemands, avant de raser le village de Lidice (600 habitants), dans lequel ils pensaient que les parachutistes avaient trouvé refuge, fusilleront 172 hommes et 7 femmes, déporteront à Ravensbrück 195 femmes et enverront 50 enfants dans des familles allemandes chargées de les élever dans la doctrine nazie. >

6. *Dictionnaire de la Seconde Guerre mondiale.*

Brinon, Darquier de Pellepoix, commissaire général aux Affaires juives, Hilaire et René Bousquet, secrétaires généraux au ministère de l'Intérieur[1].

On sait qui est Heydrich.

René Bousquet — 33 ans — est préfet de la Marne lorsque, en avril 1942, Pierre Laval le convoque à Vichy. Depuis septembre 1940, il occupe son poste en menant, avec ténacité et succès, une action anti-allemande quotidienne qui est le fait de nombreux préfets, mais également une action antivichyssoise qu'il manifeste en protégeant les juifs, les communistes, les francs-maçons, et cette double action sera reconnue, en juin 1949, par la Haute Cour de justice qui l'acquittera du chef d'atteinte aux intérêts de la défense nationale et, au terme d'un procès au cours duquel il n'a pratiquement pas été fait état du rôle de Bousquet dans les rafles de juillet 1942, le relèvera pour actes de résistance d'une peine de cinq ans de dégradation nationale.

Aussi est-ce sans aucun enthousiasme qu'il finit par accepter, au ministère de l'Intérieur, le poste de secrétaire général à la police[2].

— J'ai besoin d'un fonctionnaire musclé pour tenir tête à Paris, aux Allemands, et j'ai besoin d'un fonctionnaire républicain pour m'aider, dans la mesure du possible, à remettre de l'ordre à Vichy.

Cette phrase de Laval, qui résume une longue conversation au cours de laquelle il a été question de l'entretien avec Goering, des menaces qui planent sur la France et de la volonté du chef du gouvernement de contenir les ambitions des partis de la collaboration, entraînera finalement l'adhésion de Bousquet.

Le 6 mai, à Paris, ce sont donc deux hommes jeunes, intelligents et tenaces, également habitués au commandement et à la discussion, qui vont s'affronter durant plusieurs heures en présence d'Oberg et de plusieurs officiers allemands[3].

Que désire Heydrich ?

Non seulement que le général Oberg, qui a « la responsabilité de tout ce qui touche à l'ordre public et à la sécurité intérieure dans la zone occupée », soit scrupuleusement obéi de l'administration française, « conformément aux droits qui appartiennent à la puissance occupante », mais encore que la police française, avec laquelle jusqu'alors les

1. Il refusera d'accorder un entretien à Laval. Il ne vient pas pour discuter mais pour imposer.

2. Tant au cours de l'instruction qu'au cours du procès Bousquet, un long débat devait s'instaurer sur la véritable étendue des pouvoirs de l'accusé. Pour le procureur général Frette-Damicourt, René Bousquet était, en théorie et en droit, « le chef suprême de l'ensemble de la police française », tandis que René Bousquet affirmait n'avoir eu sous son autorité que la direction générale de la police nationale au ministère de l'Intérieur, les services extérieurs restant placés sous l'autorité des préfets.

3. De 17 heures à 22 heures environ. C'est grâce aux révélations faites par René Bousquet, lors de son procès, que les historiens ont été informés de la teneur de cette conversation.

Allemands n'ont pas eu de contacts directs, soit entièrement réorganisée car « la répression en matière politique notamment ne peut être assurée dans des conditions satisfaisantes, avec le concours des éléments actuels ».

Pour mettre rapidement sur pied une « police nouvelle », spécialisée et composée de militants offrant toutes garanties, il sera nécessaire, dit encore Heydrich, de désigner des responsables choisis « hors de l'administration et recrutés, comme les forces dont ils disposeront », soit au sein des partis de la collaboration, soit au sein d'un parti unique, dont Hitler — puisque Heydrich parle en son nom — se dit prêt à accélérer la réalisation.

Ces décisions, qui légitiment certains des arguments employés par Laval pour justifier son retour, auraient pour conséquence de dépouiller le gouvernement français de quelques-uns de ses pouvoirs essentiels, transférés aux chefs des partis de la collaboration, c'est-à-dire, avant tout, à Jacques Doriot, qui a entrepris, depuis le début d'avril, un véritable « tour de France » du pouvoir. René Bousquet s'en indigne et déclare à Heydrich qu'il ne comprend pas les raisons de sa convocation.

— J'ai le sentiment que la notification qui m'est faite met, dans le même temps, fin à l'exercice de mes fonctions.

Homme neuf, s'adressant à un homme qui vient pour la première fois en France, René Bousquet, peu à peu gagné par l'importance de son sujet, se remémorant tous les problèmes vécus comme préfet de la Marne et n'ayant pas d'autre solution (c'est son mot) que de se montrer courageux, va faire le procès de l'occupation sur un ton qui, au fil du discours, deviendra de plus en plus violent jusqu'à atteindre les limites de l'exaspération.

— Moi qui ne suis pas un collaborateur, moi qui n'approuve pas votre régime, qui suis un fonctionnaire français, qui ne peux être qu'un fonctionnaire français défendant la convention d'armistice, je vous dis que vous nous placez dans l'impossibilité de demeurer à notre poste. Pourquoi nous demander, pourquoi nous imposer des choses que, vous Allemands, vous ne feriez pas ?…

A ce moment, dans un geste, imprévisible sans doute pour un Français, mais comme, en d'autres circonstances, et par exemple face à d'anciens combattants de la Grande Guerre, les Allemands ont pu en avoir sans que cela modifie nécessairement leur comportement final, Heydrich se lève, se met au garde-à-vous et dit :

— C'est un langage d'homme, monsieur Bousquet, je comprends, en effet, quelle est votre émotion. Mais alors, que proposez-vous ?

Bousquet, qui croit pouvoir saisir cette « manifestation de sympathie [1] » pour obtenir une atténuation des conditions d'occupation, réplique :

1. Ce sont ses mots lors de son procès.

— Je n'ai rien à proposer. Vous me faites venir; je vous dis simplement que tout ce que je viens d'entendre, c'est de la folie, que le problème français est à l'inverse de tout ce que vous venez d'exprimer, que le problème n'est pas de savoir nous mettre en tutelle, que le problème est d'arriver à mettre fin à toute une série d'exactions que les services allemands commettent sans cesse en zone occupée.

Après avoir longuement évoqué le drame des représailles, après avoir même raconté comment, en uniforme de préfet, il est allé porter des fleurs tricolores sur la tombe de deux otages, Bousquet dit des mots qu'à plusieurs reprises, au cours de la conversation, il répétera avec des variantes de peu d'importance.

— Les mesures que vous prenez ne sont pas à la hauteur d'un grand pays ni d'un régime puissant; ce sont les mesures d'un pays qui redoute l'avenir; ce sont des gestes d'exaspération et absolument inutiles.

Après une interruption de séance de dix minutes environ, au cours de laquelle il est vraisemblable qu'il a pris contact avec Berlin, Heydrich revient pour déclarer :

— Monsieur Bousquet, j'ai appris beaucoup. Vous êtes courageux. Vous m'avez parlé, dans des conditions qui m'ont ému, des questions des otages et des représailles. Je crois, en effet, qu'il faudrait mettre fin aux otages et aux représailles, mais je ne peux pas, moi, prendre d'engagement[1]. Tout ce que je peux vous dire, c'est que, venu à Paris pour

---

< 1. Dans une longue lettre (10 pages) du 3 février 1982, inédite, M. René Bousquet, qui avait lu la première édition de *Les passions et les haines*, m'a écrit, en faisant allusion à sa première rencontre avec Heydrich : « A ma connaissance Heydrich n'a jamais fait allusion aux ordonnances allemandes, prises en 41 et début 42, concernant les otages et les représailles. Les autorités françaises, comme la population elle-même, n'étaient informées des décisions prises que par affiches ou publications dans la presse.

Par contre, au cours de notre entretien, c'est moi qui ai évoqué et critiqué ces décisions de la haute administration militaire en France en invoquant d'une part la Convention d'armistice, bien que l'argument ait peu de valeur, et d'autre part la gravité de ces mesures sur le plan intérieur. Je m'étais efforcé de donner à mes critiques une proportion limitée à des décisions de l'administration allemande en zone occupée, sans mettre en cause le gouvernement allemand qui en portait la responsabilité. Heydrich ne pouvait donc que m'écouter sans prendre une position formelle. C'est ce qu'il a fait, en faisant observer que de telles mesures auraient sans doute pu être évitées si la sécurité des forces allemandes n'était pas souvent mise en cause et si l'administration et les services français de sécurité remplissaient plus correctement et plus activement leur tâche en application des obligations résultant de la Convention d'armistice.

D'où l'exposé auquel il procéda ensuite sur la nécessité de réorganiser les services de police dans les conditions que j'ai eu l'occasion d'évoquer et que l'on retrouve très exactement à mon départ en janvier 1944.

Oberg avait accompagné Heydrich mais il n'a pris effectivement ses fonctions à Paris qu'au début de juin 1942. Au cours de son instruction devant le tribunal militaire, il a confirmé que, en l'informant de sa nomination, Hitler lui avait dit que "la police française était désormais placée sous ses ordres".

La première personne reçue par Heydrich a été de Brinon en qualité de délégué général du gouvernement à Paris. A la suite de cet entretien, de Brinon avait envoyé à M. Laval un

appliquer un ordre du chancelier d'Allemagne, j'accepte que cet ordre soit différé. Je vais aller rendre compte à Berlin.

Heydrich ne reviendra pas à Paris. A Prague, le 27 mai 1942, il sera blessé mortellement, mais Bousquet exploitera sa conversation — qui a eu plusieurs témoins allemands — pour limiter, dans la mesure du possible, les représailles décidées en application du code des otages [1].

Sur ce que devait être ensuite sa rencontre avec Oberg, Bousquet déclarera plus tard :

— Ce qui m'a sauvé et ce qui a sauvé bien d'autres Français, c'était la possibilité que j'avais de dire, parlant d'un homme qui était mort [Heydrich] : « Lui m'avait compris !... » Ce qui était une manière de dire : « Vous autres, vous ne comprenez rien !... S'il était là, s'il était devant moi, il me comprendrait. Cet homme était venu avec mission d'appliquer un ordre de Hitler. Eh bien, il a compris qu'il ne le fallait pas, qu'il ne devait pas le faire. Par conséquent, vous qui déclarez être ses disciples, soyez au moins aussi intelligents que lui et essayez, avec moi, de comprendre que la situation de la France est devenue intolérable. »

De cette lutte menée pied à pied pour faire en sorte que la police

---

court télex dans lequel il indiquait, sans autre précision, qu'il fallait s'attendre à une attitude de plus en plus rigoureuse des autorités allemandes en ce qui concernait les Juifs.

Outre la police militaire allemande et la Feldgendarmerie qui couvrait l'ensemble des départements de la zone occupée et qui contrôlait la gendarmerie française, les SS avaient, depuis 1940, des représentants tant auprès de l'ambassade, de la haute administration militaire, du haut commandement que de chaque service allemand ayant une activité particulière.

Knochen, Boemelburg, Danneker et leurs subordonnés se trouvaient à Paris. Dès novembre 1940, ce dernier installait ses agents à la préfecture de police à Paris pour veiller au recensement des Juifs et créer le fichier des Juifs français et étrangers (rapport à Berlin, 1er juillet 1941).

De même un capitaine SS était rattaché à l'ambassade allemande à Vichy.

Oberg a résumé la situation dans un procès-verbal établi par la haute cour le 28 janvier 1946 :

"D'après la Convention d'armistice, la police française était à la disposition de la police allemande ou plus exactement des autorités d'occupation. D'après l'ordre de Hitler (en 1942), elle fut placée sous mes ordres."

En fait le gouvernement et les administrations françaises allaient trouver devant eux les mêmes interlocuteurs sauf à voir ceux-ci s'intégrer dans une organisation puissante couvrant l'ensemble des départements ou des régions de la zone occupée, dépendant pratiquement du seul gouvernement allemand, et ayant autorité sur l'ensemble des services allemands d'information ou de la police tant officiels, officieux, qu'"annexes" créés entre 1940 et 1942.

Le début de l'installation de la police allemande dans les régions a été marqué dans la deuxième quinzaine de mars 1942 par l'arrivée d'un premier contingent SS, notamment à Châlons-sur-Marne pour la région de Champagne. L'officier qui le commandait n'avait pris aucun contact avec l'administration française et il semble qu'il n'était chargé que de préparer l'installation future du nouveau service. » >

1. Code qui fait suite aux premiers attentats, ceux d'octobre 1941. Le même jour, le 25 octobre, Pucheu, ministre de l'Intérieur, prescrit aux préfets de fournir les listes d'otages réclamées par les *Feldkommandanturen*, tout en attirant l'attention des autorités allemandes sur l'impossibilité dans laquelle les préfets se trouvent de désigner eux-mêmes des otages susceptibles d'être exécutés.

française ne se trouve jamais directement engagée aux côtés de la police allemande, qu'elle n'ait pas obligation de désigner des otages, que les ressortissants français, coupables de délits POLITIQUES et de délits de droit commun, non directement dirigés contre l'armée et les autorités d'occupation, soient jugés par les autorités administratives ou judiciaires françaises, selon la loi française, et que les décisions de Hitler transmises par Heydrich le 6 mai se voient, sinon annulées, du moins légèrement adoucies, quels vont être les résultats ?

Il est très difficile de dire ce qui a été épargné si l'on sait ce qui n'a pu être sauvé. Et ceux qui n'ont pu être sauvés.

Bousquet affirmera cependant avoir obtenu la grâce de vingt otages en déclarant aux Allemands qu'ils ne pouvaient être exécutés en représailles d'attentats commis, quelques jours plus tôt, sous le gouvernement Darlan, alors que maintenant Laval vient de prendre le pouvoir ; puis de cent autres, en rappelant à Oberg son entretien avec Heydrich.

Mais on ne saurait retenir pour valable l'affirmation de Marion à son procès : « Un fait : l'arrivée de Laval au pouvoir a détendu les questions allemandes pendant quelques mois. Plus de fusillades d'otages. »

Le mois de mai 1942 est d'ailleurs, en zone occupée, un mois d'activité résistante assez intense. Pour Paris, huit attentats importants ont lieu contre les installations occupées par les troupes allemandes ou contre des soldats ennemis [1] et, dans certains départements normands, les FTP se manifestent par des attaques de détachements allemands et des sabotages [2].

En représailles, et pour Paris seulement, cinq otages sont fusillés le 8 mai, quinze le 19, quinze le 23 et, parmi ces otages, se trouvent des hommes comme Politzer, Solomon, Daniel Decourdemanche (Jacques Decour), Cadras, Dalidet, cependant que « trente communistes, juifs et personnes sympathisantes » ont été exécutés à Caen après le déraillement de trains de permissionnaires allemands.

L'intensification de la lutte des communistes contre les forces d'occupation n'est pas niable, pas plus que n'est niable l'intensification de la lutte anticommuniste. Au sein du parti, elle conduira d'ailleurs Auguste

1. C'est également en mai (le 31) qu'auront lieu les manifestations de la rue de Buci, organisées par le parti communiste. Cf. *Le Peuple réveillé*, vol. II de la présente édition, p. 654 *sq.*

2 Il existe en revanche des départements où l'activité militaire de la Résistance est presque nulle. En Gironde, par exemple, pour les mois d'avril, mai, juin, juillet, août, septembre 1942, soit en six mois, les rapports préfectoraux signalent seulement deux attentats non mortels contre des officiers ou soldats allemands et six attentats contre les biens de l'armée d'occupation, dont quatre pour le seul mois de mai.

A Langon, en franchissant en fraude la ligne de démarcation, un agent venu de Londres blessera cependant mortellement trois douaniers allemands avant de se suicider par le poison.

Toujours pour la Gironde, pendant ces six mois de l'année, on dénombrera cinq exécutions d'otages (le 30 avril) et huit exécutions pour détention d'armes ou espionnage.

Lecœur à exiger brutalement de tous ses camarades qu'il soit mis fin aux « méthodes criminelles de facilité et de paresse qui avaient coûté la liberté et la vie » à grand nombre de militants.

Le 10 juillet, paraîtra — sous la signature d'Oberg — ce texte allemand qui, sous la dénomination de « peine de familles », rend tous les proches parents d'un saboteur non capturé responsables de l'attentat et les frappe des peines qu'il aurait dû subir. < Bien qu'Oberg ait dit à Bousquet, qui protestait, que cet « ordre impératif » reçu de Berlin ne serait pas appliqué en France, et lui ait donné l'autorisation d'informer « personnellement et confidentiellement » les préfets de sa position[1], pesaient sur les Français des mesures qui, déjà, étaient en vigueur en URSS, en Tchécoslovaquie, en Yougoslavie. >

> 1. Tous les proches parents masculins en ligne ascendante et descendante, ainsi que les beaux-frères et cousins à partir de dix-huit ans, seront fusillés;
> 2. Toutes les femmes du même degré de parenté seront condamnées aux travaux forcés;
> 3. Tous les enfants, jusqu'à dix-sept ans révolus, des hommes et des femmes frappés par ces mesures seront remis à une maison d'éducation surveillée.

Vichy, de son côté, par les lois du 7 et du 20 août, rendra passible de la peine de mort la détention d'explosifs, la constitution de dépôts d'armes et l'usage d'un émetteur de radio clandestin.

Terrible mois d'août au cours duquel se multiplient attentats et représailles. A Paris, manifestation organisée au marché de la rue Daguerre par le parti communiste pour protester contre le mauvais ravitaillement et au cours de laquelle deux agents de police et un soldat allemand sont tués; attaque d'une formation de la Luftwaffe qui se rend à sa culture physique matinale[2]; attaque à la bombe d'un hôtel occupé par les Allemands près du métro Iéna; assassinat de 2 soldats devant la caserne Tirpitz; attentat contre un cinéma où Déat prend la parole[3], oui, mais aussi 93 otages exécutés le 11 août.

Et 116 « terroristes communistes » passés par les armes au milieu de septembre, en représailles, notamment, de l'explosion qui a ravagé le Soldatenkino Palace, faisant 8 morts et 31 blessés.

Non, il n'est pas possible de suivre Paul Marion lorsqu'il affirme :

« L'arrivée au pouvoir de Laval a détendu les questions allemandes pendant quelques mois. Plus de fusillades d'otages. »

Et comment les habitants de la région parisienne, qui ont interdiction totale de circuler le dimanche 20 septembre 1942 entre 15 heures et

---

< 1. Lettre inédite de M. René Bousquet (3 février 1982), qui écrit avoir informé les préfets « avec prudence » de la position d'Oberg. >

2. 2 soldats allemands tués, 15 blessés.

3. Un tué, 22 blessés.

24 heures, pourraient-ils soupçonner que le climat des relations franco-allemandes est à la détente[1] ?

Si la presse de la collaboration a accueilli avec des cris de triomphe le retour de Laval, la presse de la résistance communiste et non communiste laisse éclater sa stupéfaction et sa colère. Dans le numéro du 11 avril 1942 de *Libération*, François Berteval (qui est le socialiste Christian Pineau) avait écrit des lignes témoignant des hésitations de l'époque et du crédit que certains opposants faisaient encore — malgré tout — au Maréchal comme à l'homme du moindre mal. « Il faut choisir. Si vous le faites, monsieur le Maréchal, nous saurons oublier tout : votre terreur blanche, nos camarades exécutés, votre lâcheté de deux ans. Nous serons derrière vous. »

Mais, le 18 avril, le ton de Christian Pineau a totalement changé. « Maintenant, nous y sommes. Après deux ans d'atermoiements, d'enfantillages étoilés, de roses mascarades, voici que la guerre tombe sur Vichy comme un rideau de fer... Nous n'avons plus de gouvernement, pas même l'ombre fatale des généraux impuissants et des tartufes sans courage. L'État français est mort. Vive la nation. »

Et, à une réunion de Combat qui suit le retour de Laval, l'énervement sera si vif que Pierre-Henri Teitgen proposera qu'en représailles il soit demandé aux Anglais de venir bombarder Vichy !...

Les résistants ne sont pas les seuls à s'émouvoir et à imaginer le pire. Des hommes qui ont longtemps suivi Pétain se détachent.

Elles sont de l'armateur Jean Fraissinet, membre de ce Conseil national que le chef de l'État avait créé par la loi du 24 janvier 1941 mais dont les peu fréquentes réunions et les très discrètes prises de position ne pouvaient établir un véritable lien entre Vichy et les Français[2], ces phrases désabusées extraites d'une lettre du 22 avril 1942 adressée au Maréchal :

> J'ai longtemps lutté contre moi-même. Je voulais douter de ce qui me paraissait être l'évidence. Contre vents et marées, je voulais espérer encore. Chaque fois que vous me faisiez l'honneur d'une audience, je retrouvais ma foi. Mais de récents événements, le pullulement d'indices concordants ont aggravé l'ébranlement de cette foi.

1. Évoquant les mesures prises à Paris et qui ont permis, selon elle, « de protéger contre les terroristes des populations qui ne demandent qu'à travailler dans le calme », *L'Œuvre* du 21 septembre décrira en ces termes le spectacle de la rue : « Bientôt, on ne rencontrait plus, en dehors de la police et des soldats de l'armée d'occupation, que des médecins, des travailleurs des transports et du ravitaillement qui, de cent mètres en cent mètres, étaient priés de montrer leurs laissez-passer spéciaux et leurs cartes d'identité. »

2. Le 22 mars 1941, le Maréchal ayant signé le décret d'application de la loi du 24 janvier, le Conseil national, qui réunit 192 membres, peut commencer à fonctionner. Le travail se fait à l'intérieur des commissions spécialisées, mais le Conseil national, n'ayant que voix consultative, n'obtint une véritable audience ni auprès du Maréchal et des ministres ni auprès des citoyens et, à partir d'avril 1942, il cessera de se réunir.

Je ne crois pas notamment au dilemme dans lequel le chef du gouvernement déclare vouloir enfermer sa politique extérieure. Malgré votre présence, la France évolue vers un nouveau destin et cette évolution me paraît se poursuivre sur des plans fort éloignés de vos positions de départ et certainement non moins éloignés de mes convictions profondes [1].

Parmi les centaines de milliers de Français qui, le 1er mai, vont manifester en zone non occupée, en se rassemblant sur les places publiques à Lyon [2], Nice, Toulouse, Saint-Étienne, Clermont-Ferrand, Sète, Avignon, avec un tel élan (la vaillance individuelle se décuplant par contagion) que Jean Moulin, dans son rapport à Londres, pourra dire qu'il s'agit de la « première manifestation concertée au sein de la Résistance [...] organisée par le mouvement ouvrier », combien, quelques mois plus tôt, acclamaient encore Pétain ?

Des foules assemblées les cris qui jaillissent, il est vrai, ne visent pour l'instant que Pierre Laval.

Ce Pierre Laval à qui, le 27 mars, le général Speidel avait dit : « Ne revenez pas, vous ne pourrez rien obtenir de nous », ce Pierre Laval dont les Américains, qui ne nourrissent plus d'illusions, se détournent, que les Anglais accablent et dont le retour au pouvoir va faire que leur débarquement à Madagascar, alors possession française, se déroulera, à partir du 5 mai, dans l'indifférence générale [3], ce Pierre Laval que les extrémistes allemands et français de la collaboration commencent à critiquer si vivement que la presse de la Résistance, elle-même, en prendra conscience [4].

Ce Pierre Laval, enfin, que son discours du 22 juin en faveur de la Relève des prisonniers, donc des départs d'ouvriers français pour l'Allemagne, mais aussi, mais surtout en faveur de la victoire allemande, va totalement couper de l'opinion française et enfermer dans une tragique solitude.

1. Le 23 juin 1942, c'est-à-dire au lendemain du discours de Pierre Laval et à cause de ce discours (ci-dessous, p. 70), M. Fraissinet donnera sa démission de membre de la Légion française des combattants et de la Révolution nationale.

2. Selon le préfet, il y aurait eu 100 000 manifestants à Lyon.

3. Au contraire de ce qui s'était passé, un an plus tôt, en Syrie. Après une résistance qui coûta à la marine française 114 tués et disparus et à l'armée 180 morts, les combats cessèrent à peu près complètement, les Anglais se contentant pendant longtemps d'occuper Diego-Suarez.

4. Dans le numéro du 3 juin de *Libération*, on trouve, en effet, ces mots : « Ils [les Allemands] l'ont, à diverses reprises, convoqué à Paris, lui rappelant qu'il n'est pas un homme indispensable et que l'équipe Doriot-Déat est déjà prête à le remplacer et à faire régner sur le pays un régime de terreur. »

2

« JE SOUHAITE LA VICTOIRE DE L'ALLEMAGNE PARCE QUE… »

> « La guerre est en quelque sorte un moyen légitime d'acquérir des esclaves. »
>
> ARISTOTE.

Plus encore que des soldats, la guerre moderne exige des travailleurs. Hitler l'a toujours su. En juin 1939, alors que le conflit mondial n'a pas encore éclaté, le Conseil de défense du Reich prévoit d'« importer » des centaines de milliers de Tchèques. Quelques semaines plus tard — le 27 août —, le Führer demande à Mussolini des travailleurs italiens. Ce sera, précise-t-il, « dans cette lutte difficile, la meilleure aide que vous et votre peuple puissiez me donner ».

Cependant, la rapidité des victoires de Pologne, de Norvège, de Hollande, de Belgique et de France ; l'immense butin saisi ; la mise à la disposition de l'économie du Reich des économies des cinq pays vaincus ; la modicité des pertes allemandes en hommes comme en matériel, tout va contribuer à masquer longtemps la gravité des problèmes qui se poseront fatalement à l'Allemagne lorsqu'il lui faudra passer de la guerre éclair à la guerre longue contre des adversaires démographiquement toujours plus nombreux et industriellement toujours plus puissants.

Ce n'est qu'après les premiers mois de l'offensive contre la Russie soviétique qu'apparaîtront clairement les besoins de l'armée et de l'industrie et que naîtra l'inquiétude. Pour lutter contre l'espace et contre les armées russes, l'Allemagne a besoin de machines que ses hommes, mobilisés, ne sont plus en état de construire. Par la conviction ou la force, il lui faut donc rassembler sur son sol des millions de travailleurs étrangers dont le labeur retardera le drame final, mais ne l'évitera pas.

Elle reprendra donc les traditions de la guerre précédente. Dans la zone occupée en 1914-1918 — et ces souvenirs ont, en 1940, accéléré l'immense mouvement de l'exode — l'occupant avait, en effet, non seulement évacué les populations civiles qui se trouvaient proches du front, mais les avaient déportées et utilisées à son gré. Des hommes de Chaulnes, envoyés en Allemagne, retrouvèrent ainsi 400 mobilisables de Fourmies, des habitants de Cateau-Cambrésis, de Bavay, de Lille, de Roubaix, de Tourcoing, de Douai. A partir de 1915, les ordonnances allemandes sur le travail forcé n'épargnèrent ni les jeunes filles de quinze ans, ni les gamins de douze ans condamnés à vivre dans des conditions d'insalubrité et de misère physiologique aggravées par la longueur de la guerre et des restrictions plus rudes encore pour les Français occupés que pour la population civile allemande [1].

Entre 1940 et 1944, c'est par étapes que les Français passeront du volontariat au travail obligatoire, de la signature donnée à la signature forcée.

Entre les 589 Français employés à la date du 1er décembre 1940 par la fonderie d'Essen et les 760 000 ou 800 000 travailleurs — il est impossible, on le verra, de s'accorder sur un chiffre — qui sont présents le 30 septembre 1944 sur le territoire du Reich, rien ou presque rien de commun. Des années se sont écoulées, modifiant les sentiments des uns, les exigences des autres.

Les Allemands, en occupant la France, ont mis à leur service son économie et son agriculture. Taux de change exagérément favorable au mark ; pillage individuel des magasins, collectif des entrepôts ; remise en route des usines de guerre ; prétentions sur la bauxite, l'aluminium, le phosphate, le charbon, le minerai de fer ; tout ce qui est comportement ordinaire du vainqueur, pressé de se payer de ses fatigues et de se nourrir sur le pays vaincu, je l'ai dit dans mes livres précédents. Mais les hommes demeurent assez longtemps épargnés. S'il est vrai qu'à Lille 300 hommes ont été, en décembre 1940, arrêtés à la sortie des cinémas, puis « invités » à se présenter à la gare en vue de leur envoi en Allemagne, il est vrai, également, que, devant les protestations du gouvernement français, le départ prévu n'a pas eu lieu. Pas plus qu'il n'aura lieu à Douai et à Valenciennes d'où plusieurs travailleurs devaient être envoyés à Metz, c'est-à-dire dans une région annexée par l'Allemagne hitlérienne.

Si, à de très nombreuses reprises, à partir de l'automne 1940, la délégation française auprès de la Commission allemande d'armistice signale au gouvernement la désinvolture avec laquelle les occupants ferment des chantiers de reconstruction des ponts ou de déblaiement des immeubles sinistrés, pour obliger les ouvriers français ainsi débauchés à se rendre dans le Pas-de-Calais où Luftwaffe, Kriegsmarine, Wehrmacht

1. Sur ce point, on lira avec intérêt l'excellent ouvrage de Marc Blancpain, *Quand Guillaume II occupait la France*.

construisent des aérodromes, des abris, des fortifications, ces contraintes que Vichy s'efforce de faire annuler[1] n'ont rien à voir avec celles qui vont suivre, et les Français, qui, au nombre de 850 000[2] directement, et par millions indirectement, travaillent pour l'occupant du moins ne quittent pas le sol natal.

A quelques très rares exceptions près (notamment dans la région de Dunkerque), les travailleurs qui partent de France le font d'abord volontairement. Alors qu'au 19 septembre 1940 le nombre des chômeurs s'élève à 1 060 000, dont plus de 500 000 pour la seule région parisienne, comment ne seraient-ils pas appâtés par de hauts salaires ?

Hauts salaires qui, dans un autre siècle, ont, également, constitué un argument. Lisez cette affiche rédigée, ou tout au moins signée, par des Allemands collaborateurs. Elle invite les citoyens de Mayence, occupée en 1793 par les armées de Custine, à répondre favorablement aux appels d'un service du travail français et républicain, désireux d'obtenir de la main-d'œuvre pour de futures fortifications :

> Croyez-vous que, si les Autrichiens et les Prussiens avaient pris Mayence, ils vous traiteraient aussi fraternellement ? Non ! Ils enverraient un détachement de soldats dans chaque village d'où les paysans ne viendraient pas volontairement. Au lieu d'argent, ils ne vous donneraient que des injures comme à des chiens. Les paysans du Trévisois, on les fait travailler aux remparts sans le moindre salaire ; les Français, au contraire, vous demandent votre travail en échange d'un bon paiement ; ils ne vous font pas de mal et il faut que nous apprenions que ce n'est pas de bon cœur que vous allez à l'ouvrage ! Pourquoi ?… N'aimez-vous pas mieux faire librement quelque chose que d'y être contraints par la force ?…

Les Français de 1941 sont également soumis à une littérature journalistique qui, en zone occupée, présente le travail en Allemagne sous le jour le plus aimable. Bien avant la Relève et son orchestration de propagande, hebdomadaires et périodiques parisiens insisteront sur l'égalité de traitement des ouvriers français, « reçus en qualité d'hôtes », et des ouvriers allemands.

Les lettres, publiées en nombre, célèbrent toutes les conditions de vie (nourriture appétissante et copieuse, salaire avantageux, confort du logement, camaraderie) faites aux travailleurs français. Et, tout d'abord, elles exaltent cette découverte : la douche pour tous et la propreté allemande.

---

1. François Lehideux, commissaire général au chômage, puis, jusqu'au 20 avril 1942, secrétaire d'État à la Production industrielle, refuse ainsi à plusieurs reprises de la main-d'œuvre aux occupants qui en réclament pour les travaux militaires à Beauvais (19 décembre 1940), Brest, Lorient, Châtellerault, Saint-Nazaire (29 décembre 1940), Brest et Lorient à nouveau (20 janvier 1941).

2. D'après Jäckel, *La France dans l'Europe de Hitler*, et pour le printemps 1942. Sur ces 850 000 Français, 170 000 sont employés dans les services de la Wehrmacht, 275 000 à la construction de fortifications, 400 000 à des fabrications d'armement.

Bitterfeld, 24/2/1941. — Nourriture saine et abondante, chambre très propre, chauffée et pourvue d'une armoire. Les douches, lavabos, w.-c. mis à notre disposition sont d'une telle netteté que je dois avouer que c'est la première fois que je vois de telles installations…

Berlin, 20/7/1941. — […] La première impression que j'ai éprouvée en arrivant à l'entreprise fut la bonne tenue et la mise propre et soignée des ouvrières et ouvriers allemands.

Alex Laugé écrira : « Les vestiaires sont vastes et bien aérés ; pour nous nettoyer, car à Berlin, après le travail, on se nettoie, il y a des douches chaudes, des lavabos avec eau chaude, comme on n'en voit pas à Paris. »

Et Eva Leprun, qui travaille à Bad Cannstatt, ne tarit pas d'éloges sur sa patronne, « une grande dame très distinguée », qui, dès son arrivée, lui a fait prendre un bain dans sa baignoire.

A cette propreté allemande, certains (qui sont loin d'être tous des admirateurs inconditionnels de l'Allemagne) opposeront bientôt la saleté française. Un ouvrier, dont la lettre, en date du 12 juillet 1942, est publiée par l'hebdomadaire *Le Pont* et qui travaille à Berlin, s'est posté un samedi après-midi dans les lavabos de son camp. Sur les 100 Français qui ont défilé devant lui, 9 seulement ont pris une douche ; 11, torse nu, se sont lavé tête, poitrine, bras, mains, jambes et pieds ; 14 se sont lavé le visage, les bras, les mains ; 19 se sont lavé la tête, le visage, les pieds, les mains ; 42 se sont lavé le visage et les mains ; 5, seulement le visage sans retirer veste ni casquette.

Recensement fastidieux qui vaut ce qu'il vaut, qui entre, sans doute, dans le cadre de la propagande allemande, mais qui correspond trop à la réalité pour être passé sous silence.

« Vraie nourriture de rêve », « la cuisine est un bijou », « vous voyez donc qu'on n'est pas malheureux ; au contraire, on est mieux que chez nous », « le salaire moyen s'élève à 240 marks par mois, ce qui permet à l'ouvrier français sérieux d'économiser environ 150 marks par mois sans s'imposer de grandes privations. A ce jour, j'ai envoyé à ma femme 233 marks (4 460 francs) pour cinquante jours de présence ». Ces phrases, qui se font l'écho des thèmes les plus souvent rebattus, je les relève dans un petit opuscule intitulé *Lettres d'Allemagne écrites par des ouvriers belges et du nord de la France*, imprimé à Bruxelles, non daté, mais publié certainement avant juin 1942.

Mlle Jeannine Cardinet écrit-elle de Berlin le 12 mai 1941, c'est pour vanter la salle de restaurant « claire, nette et propre, des fleurs sur toutes les tables ». Le dimanche précédent, avec ses camarades d'Épernay, elle s'est rendue dans un « gentil petit café » où de jeunes Allemands les ont invités à leur table.

L'usine dans laquelle travaille Jacqueline Prévost offre à ses collaborateurs français « de jolies promenades aux alentours de Berlin », ainsi que des billets de cinéma gratuits. Et *L'Illustration* du 31 janvier 1941 consacre un reportage important — illustré par trois photos — à l'histoire d'une jeune Française, que sa claire chevelure a fait surnommer « Mademoiselle Blondine », et qui se réjouit de vivre et de travailler à Berlin. Ce Berlin d'avant les grands bombardements que Pierre Empoux décrit avec un tel enthousiasme que sa lettre (vraie, arrangée ou inventée) est largement utilisée par les services allemands de propagande.

> Je me plais bien à Berlin, la vie est belle, Berlin est joli et gai, il y a de la musique dans tous les cafés et tout le monde rigole, et l'on a de quoi manger ; je mange le matin en me levant, je casse la croûte à 9 heures ; à midi je mange une croûte, vers 4 heures une autre, en sortant de l'usine, le soir, je remets ça, et si je rentre tard encore une petite croûte avant de me coucher ; on a des cartes pour tout...

Le problème de la nourriture, traditionnellement important pour les Français, l'est davantage encore en période de restrictions. Aussi, Marc Augier, en reportage pour *La Gerbe* dans une usine de l'AEG où travaillent 177 Français et 22 Françaises, lui consacre-t-il, le 27 mars 1941, un éloquent passage. Il fait connaître à ses lecteurs le menu du repas qui a été servi à ses voisins de table, des ouvriers français et allemands : bouillon, morceau de viande « large comme la main », ragoût de pommes de terre et de choux. « Aucun pays du monde ne sait accommoder les choux comme l'Allemagne... Nous avons repris quatre fois des choux, sans que le rouge nous monte au visage : la consommation des légumes est d'ailleurs libre. Une marmelade termine ce repas qui est taxé un demi-mark, c'est-à-dire trente minutes de travail pour l'ouvrier. »

On comprend que le 100 000ᵉ ouvrier français volontaire pour l'Allemagne, ce pays de cocagne, ait été fêté par la presse de la collaboration !... Il s'appelle Édouard Lefèvre et *Le Cri du peuple* publie, le 20 novembre 1941, sa photo sur trois colonnes. Le poing sur la hanche, le visage ne respirant pas l'intelligence, le béret vissé sur le crâne, l'homme « s'entretient », comme le précise la légende de la photo, avec deux officiers allemands qui le dépassent d'une tête et qui doivent avoir hâte que prenne fin la corvée. Ou la comédie.

Bien avant juin 1942, des tracts à l'intention des travailleurs français précisent donc :

> *Que vous est-il demandé ?*
> *de travailler dans la dignité,*
> *de travailler le plus possible.*
> *En France, si vous y avez du travail*
> *En Allemagne, si la France ne peut momentanément pas vous occuper.*
> *Qu'importe le lieu de travail !*

et, à l'intention des femmes françaises, la propagande rappelle que « le chômage, pour [les] fils, pour [les] maris, pour [les] fiancés », c'est la ruine des familles et du pays. Dans la perspective de la mise en train du programme de « répartition rationnelle de la main-d'œuvre » que prépare le gouvernement et qui rendra « disponible un grand nombre de travailleurs », il leur est demandé d'inciter leurs époux ou leurs fils à se renseigner auprès de l'Office de placement allemand sur les possibilités offertes par un vainqueur dont la générosité, on l'a vu, est sans cesse et partout célébrée.

Reprenant les thèmes déjà exploités dans les lettres des volontaires, des affiches insistent sur l'égalité des salaires, sur la liberté de correspondance[1], le droit aux congés payés, les avantages sociaux (allocation pendant huit semaines aux familles nécessiteuses).

Même travail, même salaire, mêmes droits

Trois idées systématiquement reprises et parfois non sans intelligence de la psychologie des occupés, comme dans ce texte intitulé « Un ouvrier allemand te parle ».

> Travailleur français ! L'ouvrier allemand te parle !
> Son langage est dur, comme la loi de son travail. Il ne veut être ni ton ennemi ni ton ami, il connaît ta situation *et il sait que tu doutes de la sincérité de beaucoup de paroles et d'écrits*[2]. Pourtant, il t'invite à la réflexion : prêteras-tu l'oreille à la propagande juive ou à ses paroles ? Il s'en remet à ta décision… Il [le travailleur allemand] ne t'apporte ni programme ni résolution, il t'apporte du travail et du pain.

« Le spectre du chômage hante tes nuits… » L'image est utilisée d'autant plus cyniquement que tous les préfets de zone occupée signalent, à partir de février 1942, que la propagande massive faite auprès des chômeurs s'accompagne de fermeture d'usines ou de refus d'allocations aux chômeurs qui boudent l'« invitation » au voyage en Allemagne.

Février-mars 1942… C'est le moment des premiers bilans désastreux. En Russie, certaines divisions du 2e corps d'armée, qui se bat entre Leningrad et Moscou, ne comptent plus que 5 000 soldats et les compagnies 50 hommes ; le froid se montre plus redoutable que le feu des Russes et l'OKW, au 31 mars, a dû rayer des effectifs combattants plus d'un million d'hommes, dont 223 553 tués, 799 389 blessés et 51 663 prisonniers, cependant que la campagne d'hiver a ruiné la Luftwaffe obligée de ravitailler les armées dans des conditions atmosphériques détestables, qui ont entraîné la perte de nombreux appareils difficilement remplacés.

Cette aviation allemande, qui avait frappé de stupeur le monde et

1. Il est cependant précisé que les lettres ne peuvent dépasser quatre pages.
2. Je souligne intentionnellement.

disloqué tant d'armées adverses, voici, en effet, qu'elle manque d'appareils : la production stagne : 11 800 appareils construits en 1941 contre 10 800 en 1940 et 8 300 en 1939, cependant que les usines américaines, d'où n'étaient sortis que 2 195 avions de guerre en 1939, en ont fabriqué 19 445 en 1941 avant d'atteindre le chiffre fabuleux de 95 272 en 1944 [1].

Le temps approche donc où, en France, le volontariat se révélera insuffisant aux yeux d'occupants soucieux d'augmenter rapidement la capacité de production de leurs usines.

Ces volontaires, quel a, d'ailleurs, été leur nombre entre août 1940 et juin 1942 ? Officiellement, les Allemands annoncent 184 652 ; les journaux de l'époque écrivent 150 000, mais l'administration française n'en recense que 82 000 à la date du 1er juin 1942 (alors que le départ du 100 000e a été fêté en novembre 1941 !). Certains auteurs [2] écrivent même 62 000 mais ils arrêtent leur recensement en mars 1942, alors qu'à la même date 134 000 Hollandais, 122 000 Belges, 63 000 Danois se sont déjà portés volontaires pour le travail en Allemagne [3].

184 652 ? 150 000 ? 82 000 ? 62 000 ? Il est impossible de faire un choix entre des chiffres aussi différents. Faut-il également admettre, avec l'administration française, que, sur 82 000 volontaires, 45 000 permissionnaires ont « oublié » de revenir dans leur usine allemande, ce qui ramènerait à 37 000 seulement le chiffre des Françaises et des Français présents en Allemagne en juin 1942 ?

Même si ce dernier chiffre — 37 000 — me paraît inférieur à la réalité, il témoigne en tout cas de l'indifférence ou de l'hostilité de Vichy face à l'offensive de séduction des officines de recrutement hitlériennes.

Il n'en reste pas moins que les Allemands, même si leur supériorité militaire leur fait oublier, sur l'instant, toute notion d'urgence, présentent leurs exigences.

Vichy doit tout d'abord à leur demande modifier une loi du

1. Voici d'ailleurs les nombres d'avions construits par les différents belligérants pendant les années de guerre. A eux seuls, ils expliquent la défaite allemande et illustrent la capacité de progression géométrique des usines américaines.

	Allemagne	*USA*	*G-B*	*URSS*
1939	8 300	2 195	7 000	
1940	10 800	6 028	15 000	
1941	11 800	19 445	20 100	
1942	15 600	47 675	23 671	8 000
1943	25 550	85 443	26 263	18 000
1944	39 800	95 272	29 220	30 000

États-Unis et Grande-Bretagne fourniront 25 000 avions, dont 10 000 chasseurs, à l'URSS.

2. Jacques Évrard, notamment, d'après des sources allemandes.

3. D'après l'Institut Hoover (p. 40), le nombre des travailleurs français aurait été de 153 000 en juin 1942, mais 77 000 seulement seraient au travail. Il y aurait eu, à la même époque, [illegible]00 000 Italiens, 140 000 Tchèques, 131 000 Belges, 96 600 Hollandais.

13 septembre 1940 conçue contre l'Angleterre et contre de Gaulle, mais que l'administration utilisait contre l'Allemagne puisqu'elle interdisait aux Français de s'expatrier pour s'employer dans des usines de guerre. Vichy doit accepter qu'en zone occupée les services de recrutement allemands soient considérés comme des employeurs ordinaires, mais René Belin, secrétaire d'État au Travail, qui s'opposera toujours aux exigences allemandes[1], précise que seuls les chômeurs peuvent être volontaires pour l'Allemagne. Quand l'occupant « suggère » que le temps de travail hebdomadaire soit augmenté, ce qui aggravera le chômage, Belin et le gouvernement le réduisent à 35, 32, voire 28 heures.

Sans doute, avec le temps, René Belin se verra-t-il contraint d'assouplir ses positions. Encore le fera-t-il avec le maximum de discrétion, conservant, par exemple, un caractère *strictement confidentiel* à sa note du 29 mars 1941[2] qui prévoit, pour les volontaires, la garantie de l'ancienneté de service dans l'emploi occupé en France, huit semaines d'allocation temporaire aux familles et qui s'achève sur ces mots : « L'Allemagne contribue à la diminution du chômage en France en donnant aux travailleurs qui y demeurent la possibilité de travailler en Allemagne [...]. Il convient de collaborer loyalement avec les services allemands dans leur effort pour recruter la main-d'œuvre. »

Phrase de circonstance, concession de style inévitable, dira plus tard Belin. C'est plus que vraisemblable.

Évoquant à son procès, le 20 juillet 1948, la visite qu'il fit à Vichy, en octobre 1941, Gaston Bruneton, qui devait devenir le premier directeur du service de la main-d'œuvre, allait déclarer :

— Je vis successivement les différents services de Vichy ; tous me dirent que la question (celle de la vie et du travail des volontaires) ne les intéressait pas.

Et il est exact que Belin ne participera nullement aux travaux qui aboutiront à la loi du 26 mars 1942 et à la création du service de la main-d'œuvre française en Allemagne[3].

Beaucoup plus encore que de la volonté allemande, ce service naîtra de l'initiative de Gaston Bruneton, ingénieur-conseil passionné de social, chrétien mystique et naïf, animé du goût du risque et de l'engagement[4].

1. René Belin sera mis hors de cause, le 29 janvier 1949, par un arrêt de la Commission d'instruction de la Haute Cour et sans avoir eu à comparaître.

2. Les Allemands espéraient et souhaitaient qu'elle soit largement répercutée afin qu'elle contribue à accélérer le recrutement. La circulaire Belin ne paraîtra au *Journal officiel* qu'un an après sa rédaction (1er avril 1942).

3. Ce service sera placé sous le contrôle de M. Benoist-Méchin.

4. Le mysticisme de Bruneton sera considéré comme une explication et comme une excuse par la Haute Cour de justice qui, en juillet 1948, tiendra également compte de sa très belle conduite pendant la guerre de 1914-1918. Lieutenant d'infanterie, observateur pour l'artillerie, Gaston Bruneton s'était fait attacher dans un arbre le 1er juillet 1915 pour pouvoir continuer son observation « quoi qu'il arrive ». Grièvement blessé quelques heures plus tard, il obtint à cette occasion la troisième de ses sept citations. Bruneton sera condamné à quatre ans et six mois de prison.

Responsable de l'usine familiale de Gennevilliers, Bruneton a participé à des conférences organisées par les services économiques allemands et il a pris contact avec des permissionnaires français déçus de n'avoir trouvé, en Allemagne, ni aide matérielle ni aide morale. Après avoir bombardé de notes sur « ce qu'il faudrait faire » un Vichy totalement indifférent, Bruneton s'est trouvé tout naturellement conduit à solliciter des Allemands la possibilité de visiter des camps de travailleurs français. Ce qu'il a vu, en octobre et novembre 1941, dans une douzaine des camps mal organisés où les Français se trouvent livrés au bon vouloir de délégués PPF et RNP [1], l'encouragera à réclamer avec plus d'insistance encore que soit enfin créé un service social qui, obligatoirement et même si telle n'était pas l'intention première, servira cette politique de recrutement pour l'Allemagne que Bruneton fournit inconsciemment en arguments.

Sous la signature du capitaine de corvette von Tirpitz, un rapport de l'automne 1941 indique notamment que les relations de Bruneton avec le délégué aux chantiers maritimes auprès de l'amiral commandant en France sont excellentes. Il dépeint l'industriel non seulement comme un « ami de la collaboration », mais surtout comme un homme qui a une « attitude positive à l'égard de l'embauchage d'ouvriers français pour l'industrie allemande ».

> L'assistance aux chômeurs en France n'a pas, suivant la conception de Bruneton, poursuit le texte allemand, saisi le problème dans toute son envergure.
>
> Elle se contente d'employer les chômeurs dans des travaux publics comme la construction des routes, l'abattage du bois dans les forêts, etc.
>
> Pour se conserver une corporation ouvrière, il est nécessaire, de l'avis de Bruneton, que celle-ci, si elle manque de travail, soit employée dans des entreprises correspondantes. Si, durant des années, des ouvriers qualifiés se trouvaient employés à un travail non spécialisé et si on faisait pour les jeunes aussi peu que ce qu'on fait aujourd'hui, cette corporation ouvrière mourrait et, en même temps surtout, la production de qualité de la France.

Ce thème, dont Bruneton est incontestablement l'un des inventeurs, la propagande de la collaboration le reprendra. Il deviendra, dans *Paris-Soir* : « Les bons ouvriers savent à quel point un long chômage leur est nuisible en risquant de leur faire perdre la main. »

De même, Bruneton, nommé le 6 avril à la tête du service de la main-d'œuvre française en Allemagne, fait-il, à l'occasion d'un voyage en Allemagne, des déclarations qui anticipent sur ce que, bientôt, Pierre Laval dira avec davantage de vigueur. Devant ses délégués — ils ne sont encore que sept — et les officiers allemands, il parle en effet du « creuset

1. Ces délégués (avant tout des militants politiques) sont au nombre de 500 lorsque Gaston Bruneton entre en fonction.

où se fait l'Europe », du « continent uni auquel nous aspirons », qui ne se réalisera que grâce au « coude à coude du travail ».

Ce ne sont, on l'imagine, ni les articles de la presse de la collaboration ni les propos d'un Bruneton qui incitent l'Allemagne à exiger de la France, et plus encore des autres pays vaincus, davantage d'hommes mais, avec la découverte des ravages provoqués par la campagne d'hiver en Russie, celle du désordre qui règne dans les services du ministère du Travail et de l'inefficacité relative d'une industrie d'armement dont le ministre Speer, qui a remplacé Todt en février 1942, écrira qu'elle était restée « au stade artisanal ».

Jugement qui aurait fort surpris les vaincus de 1940 mais qui est exact si l'on compare l'industrie allemande à cette industrie américaine dont, toujours selon Speer, la puissance était soit ignorée, soit sous-estimée d'hommes que l'on aurait pu croire tout occupés de la guerre et qui, en 1942 encore, faisaient, pour leur plaisir et pour leur gloire, bâtir de vains monuments [1].

Aussi n'est-ce pas un hasard mais presque un symbole si la nomination de Fritz Sauckel comme « plénipotentiaire au recrutement et à l'emploi de la main-d'œuvre » intervient le 21 mars 1942. Le jour où débute le printemps et où la Wehrmacht peut espérer en avoir terminé avec les horreurs de l'hiver russe.

Lorsque Hitler informe Sauckel de sa nomination, il lui fait observer qu'il ne devrait plus exister de problème de main-d'œuvre pour l'Allemagne et lui rappelle ce qu'il avait déjà déclaré le 9 novembre 1941 :

— Les territoires qui travaillent directement pour nous comprennent plus de 250 millions d'hommes ; il est un fait certain, c'est que nous devons parvenir à atteler ces hommes au travail sans ménagement.

Sans ménagement… C'est un mot d'ordre que Sauckel n'aura aucune peine à faire sien.

Parlant du « plénipotentiaire au recrutement », Laval dira qu'il n'a jamais connu interlocuteur aussi rude. Court sur pattes, grossier de traits, de langage, de caractère et d'âme, accusant de trahison tous ceux qui lui résistent (il n'hésitera pas à dire de Laval qu'il fait « du sabotage pur et simple »), sans aucune subtilité politique et nullement désireux d'en faire preuve, ce nazi de la première heure, gauleiter de Thuringe en 1927 puis, en 1933, gouverneur de la province, ne s'embarrasse nullement de francophilie, d'amour de la littérature ou des beaux-arts. Fait prisonnier en 1914, il n'a pas traversé les grandes épreuves de Verdun et de la Somme qui, sentimentalement, rapprochent parfois les adversaires de 1940.

1. Speer reprochera à Hitler d'avoir voulu épargner au peuple allemand les épreuves que Churchill imposait aux Anglais. Alors qu'en 1914-1918, le recrutement des femmes allemandes avait été intensif, il écrira qu'il existait toujours, dans le Reich de la Seconde Guerre mondiale, 1 400 000 aides-ménagères.

Indifférent aux méthodes, il ne s'intéressera qu'aux résultats [1].

Placé théoriquement sous l'autorité de Goering, mais ne dépendant en réalité que du Führer, il a la possibilité de «donner des directives aux plus hautes autorités du Reich, à leurs sections et à leurs organismes affiliés, au protecteur du Reich (pour la Bohême-Moravie), au gouverneur général (de Pologne), au commandant en chef et aux chefs des administrations civiles» pour toutes les questions qui concernent la main-d'œuvre employée dans les territoires du Reich. Son pouvoir est considérable : embauche, salaires, placement, distribution, transfert et mise au travail de la main-d'œuvre, y compris des prisonniers de guerre employés à des travaux civils ; il est le maître du destin de dizaines de millions d'hommes et de femmes à travers l'Europe occupée.

Lorsqu'il est nommé, l'amiral Darlan est toujours en place. Trois semaines plus tard, Pierre Laval sera chef du gouvernement.

Y a-t-il relation entre la nomination de Sauckel et celle de Laval ? On a certes écrit que le refus opposé par l'Amiral au départ des travailleurs français pour le Reich avait été l'une des raisons pour lesquelles les Allemands avaient exigé son retrait et négocié le retour de Laval. Ce n'est pas certain. Dans ses notes succinctes mais précises sur les origines de la crise d'avril 1942, Darlan n'évoque nullement des exigences allemandes en «matériel humain [2]».

> La campagne de printemps étant proche, l'Allemagne, craignant de voir un second front à l'ouest, désire assurer ses arrières.
>
> Elle hésite entre l'asservissement ou la «collaboration».
>
> L'ambassade d'Allemagne à Paris préfère la seconde solution.
>
> Entente secrète entre elle et certains membres du gouvernement qui s'abouchent avec M. Laval.
>
> Venue d'Achenbach à Vichy.
>
> Rencontre entre le Maréchal et Laval.
>
> Le «coin» étant enfoncé, action persistante de l'ambassade d'Allemagne en faveur de M. Laval, mais avec le désir non seulement de me ménager, mais de me voir collaborer.

Au chapitre des «Causes immédiates secondaires», Darlan signalera la jalousie du Maréchal à son égard ainsi que des divergences de vues sur les modifications qui devraient être apportées au gouvernement.

De son côté, le scrupuleux général Laure ne précise à aucun moment que les Allemands fassent pression pour obtenir des travailleurs. Des chevaux, oui, des hommes, pas encore. Dans son journal, le 28 février, il écrit : «La situation est tendue avec l'Allemagne dont les sourires

1. «Jusqu'au printemps de l'année 1943, écrira cependant Speer, nous avions fort peu de profit de la production industrielle française. Le recrutement forcé de la main-d'œuvre, organisé par Sauckel, nous avait apporté plus de déboires que d'avantages.» Speer était hostile, en mars 1942, à la candidature de Sauckel au poste laissé libre par la mort de Todt et partisan de celle de Karl Hanke, gauleiter de Basse-Silésie.

2. Ces notes ont été publiées par Alain Darlan, *L'amiral Darlan parle*.

trompeurs se sont effacés et qui nous étreint par ses réquisitions : après les 52 000 chevaux, ils exigent maintenant la livraison de 40 000 camions et de 400 locomotives. Nous résistons de notre mieux. »

Et Nicolle, qui tient quotidiennement dans *Cinquante mois d'armistice*, journal des ragots aussi bien que des vérités, signale, lui aussi, des demandes allemandes portant uniquement sur des produits alimentaires et industriels.

Comment croire que, si les Allemands avaient exigé, au début de février, 600 000 ouvriers français pour le 31 mars, comme Maurice Martin du Gard l'affirme dans sa *Chronique de Vichy* [1], que, si le Conseil des ministres du 15 février en avait longuement débattu, Darlan n'en ait rien dit, Laure n'ait rien écrit et que rien n'ait filtré des débats portant sur un pareil sujet ?

En réalité, le Reich a bien soulevé, dès l'automne de 1941, la question de la concentration des entreprises françaises, dans l'espoir qu'hommes et matières premières seraient ainsi économisés [2] ; il a bien donné à ses *Feldkommandanturen* locales la possibilité de fermer des usines [3] ; il s'est bien efforcé d'attirer sur son sol des volontaires et a réclamé, le 24 janvier 1942, une déclaration du gouvernement de Vichy favorable au travail en Allemagne, déclaration qui n'est pas encore publiée à l'instant où Sauckel est chargé de mission, mais, jusqu'au retour au pouvoir de Laval, les contraintes ne se sont exercées que de façon « indirecte », pour reprendre le mot qui sera celui des collaborateurs de Jean Bichelonne, ministre de la Production industrielle [4].

Au mois de mars 1942 — le 18 —, le Dr Michel, chef des services administratifs du commandement militaire en France, a bien fixé à 150 000 le nombre des ouvriers spécialistes qui devraient partir en Allemagne, mais aucune mesure de coercition n'est envisagée et, parlant du vœu du Dr Michel, la Commission consultative des dommages et réparations, réunie après la Libération, évoquera seulement une « contrainte indirecte par menace de chômage », ce chômage que les Allemands peuvent créer à volonté en privant les usines françaises de

1. Le chiffre de 600 000 hommes n'apparaît que dans *La Chronique de Vichy*. Martin du Gard le cite à deux reprises : p. 180 (édition de 1975) et p. 187, « le 31 mars approche, la date fatidique. On a l'impression que Sauckel attendra longtemps ses 600 000 ouvriers français ». Or, Sauckel vient d'être nommé à son poste par Hitler le 21 et il est douteux qu'il ait eu le temps de se préoccuper encore de la situation française.

2. Le gouvernement français prendra alors l'initiative d'une loi (celle du 17 décembre 1941) dont François Lehideux, ancien secrétaire d'État à la Production industrielle, écrira qu'elle supposait une procédure suffisamment compliquée, grâce à l'interposition, entre industries françaises et services allemands, de plusieurs organismes administratifs jouant un rôle retardateur, pour n'aboutir que dans des cas très rares. Au moment du retour au pouvoir de Pierre Laval, aucun projet n'avait été conduit à terme.

3. Par l'ordonnance du 2 février 1942, mais aucune mesure ne sera prise avant le 4 juillet 1942.

4. Hoover Institute, *La Vie de la France sous l'Occupation*, t. I, p. 41.

matières premières ou en obligeant le gouvernement de Vichy à augmenter les horaires de travail.

Tout commence donc en avril 1942. Laval ne revient pas au gouvernement pour satisfaire les exigences de Sauckel et les volontés de Hitler, mais il y a coïncidence entre la nomination de Sauckel et son retour. Comme il y a coïncidence entre son retour et l'arrivée à Paris du général Karl Oberg, commandant supérieur des SS, précédé d'une lettre de Hitler à Pétain dans laquelle le chef de l'État, on l'a vu[1], lit ces lignes : « Le gouvernement français doit donner immédiatement les ordres nécessaires à l'administration française pour que celle-ci collabore correctement, et sous menace des plus graves sanctions, avec les services allemands. »

S'il n'a pas vocation de s'intéresser plus particulièrement aux travailleurs, Oberg, bras armé de Sauckel, ayant la responsabilité de tout ce qui touche à l'ordre public et à la sécurité intérieure dans la zone occupée, fera respecter ses ordres et poursuivra ceux qui prétendraient s'y soustraire.

Il y a enfin coïncidence entre le retour de Laval et le discours prononcé le 26 avril par Adolf Hitler. Discours d'une importance exceptionnelle puisque le Führer, pour la première fois, reconnaît l'échec de la campagne d'hiver. Parlant du repli effectué en Russie dans des conditions « extrêmement difficiles », évoquant les températures de – 47° C et même – 52° C, comparant 1941 à 1812, Hitler déclare certes à ses compatriotes : « Nous avons maîtrisé une situation qui, il y a 130 ans, avait brisé un autre homme », mais l'aveu des échecs, en portant un coup au triomphalisme hitlérien, permet également d'abandonner un certain nombre de mensonges diffusés par une propagande qui avait trop longtemps laissé croire que le Reich pouvait triompher seul, à la fois du communisme et du capitalisme.

Si Laval n'était pas revenu au pouvoir, Darlan se serait trouvé en présence des mêmes problèmes, posés par les mêmes événements, des mêmes exigences présentées par les mêmes hommes. Il est impossible de savoir comment il aurait réagi. En revanche, nous n'ignorons rien des demandes allemandes et des réactions de Pierre Laval.

Demandes connues pour l'essentiel par Laval quelques jours avant son arrivée au pouvoir. Le 1er avril, il dit, en effet, à Pierre Nicolle que tous les efforts des Allemands « portent actuellement sur le recrutement massif de la main-d'œuvre française au bénéfice des entreprises allemandes », demandes précisées par les Allemands le 6 avril, et surtout le 19, au lendemain de la formation du nouveau ministère.

René Belin parti, son successeur au secrétariat d'État au Travail,

1. *Cf.* ci-dessus, p. 41.

Hubert Lagardelle, syndicaliste rêveur et qui ignore encore tout des dossiers, se voit immédiatement réclamer 400 000 travailleurs par le Dr Gosse, l'un des adjoints d'Abetz, ce qui, semble-t-il, le préoccupe moins que la mise en chantier de la Charte du travail, œuvre qui tient au cœur du maréchal Pétain.

De son côté, Sauckel, après avoir rappelé le nécessaire blocage des salaires dans tous les pays occupés par l'Allemagne, ou soumis à son influence, décide, dès le 20 avril, que l'Allemagne et ses alliés doivent « exploiter à fond […] toutes les ressources des pays conquis, tant en main-d'œuvre qu'en matières premières et en produits agricoles ».

Ses buts et les moyens pour les atteindre sont simples : « Tous ces gens doivent être nourris, logés et traités de manière à produire un rendement aussi grand que possible avec la plus faible dépense […]. L'utilisation totale de tous les prisonniers de guerre, ainsi que d'une quantité énorme de nouveaux travailleurs civils étrangers, hommes et femmes, est devenue une nécessité indispensable. »

Menacé par Sauckel, Pierre Laval se tourne alors vers Ribbentrop. Dans l'espoir d'ouvrir enfin cette négociation globale à laquelle les Allemands se dérobent, il adresse, le 13 mai 1942, au ministre des Affaires étrangères du Reich, une lettre qui nous paraît aujourd'hui stupéfiante. Lettre dans laquelle il offre cette collaboration effective des travailleurs que Sauckel exige et cette collaboration des soldats que l'Allemagne ne réclame pas. Lettre d'allégeance totale si Laval n'y insérait une phrase sur la nécessité pour l'Allemagne de créer un « terrain psychologique » favorable à la collaboration, phrase dans laquelle on peut voir l'esquisse de la Relève. Lettre que Laval imagine sans doute fort habile dans la mesure où, devançant les exigences adverses, plaçant la France presque sur un pied d'égalité avec son vainqueur de 1940, à qui elle offre son aide pour la victoire finale, elle doit lui permettre de donner moins que ce qui lui est demandé et de recueillir la récompense de tant de bonne volonté affirmée et affichée.

> J'ai pris, à un moment difficile, la responsabilité de la direction de la politique française, sous la haute autorité du maréchal Pétain. Vous connaissez mes vues sur les relations que je désire voir s'établir entre nos deux pays. Elles doivent être à base de loyauté et de confiance. Les Français savent que je veux rechercher et épuiser tous les moyens d'arriver à une réconciliation et à une entente étroite avec l'Allemagne […]. Afin de protéger l'Europe d'une bolchevisation qui détruirait notre culture jusque dans ses bases, l'Allemagne s'est préparée à une lutte gigantesque. Le sang de sa jeunesse va couler. Je voudrais que vous sachiez que le gouvernement français ne reste pas indifférent à l'ampleur immense des sacrifices auxquels votre pays consent volontairement et, dans notre malheur, je voudrais vous dire, spontanément et simplement, que la France est disposée, selon ses possibilités et sans aucun ajournement, à contribuer pour sa part à vos efforts […]. *Je souhaite, en conséquence, que des Français aussi nombreux que possible prennent dans vos usines la place de*

ceux qui partent pour le front de l'Est[1]. Les Français sont attachés à leur sol, mais je sais qu'ils seront prêts à le quitter pour une tâche dont la signification historique et nationale leur aura été démontrée. *Je ferai de mon mieux dans ce sens et je vous prie de m'aider en vue de créer un terrain psychologique qui puisse faciliter mon action*[1]. La France est représentée de façon symbolique sur le front de l'Est par sa Légion antibolchevique. Il serait possible d'en augmenter les effectifs et le gouvernement a décidé de donner à tous les anciens et futurs volontaires l'assurance que leurs intérêts personnels et que ceux des membres de leurs familles seraient protégés avec équité. Je prie Votre Excellence de bien vouloir soumettre cette lettre au Führer comme témoignage de la sincérité du gouvernement français[2].

Le thème de la solidarité franco-allemande dans la lutte contre le bolchevisme ainsi affirmé, les uns donnant leur travail, les autres offrant leur sang, sera constamment exploité dans les mois qui vont suivre. Par Pierre Laval lui-même dont l'antibolchevisme n'est nullement de comédie. Le 4 juillet 1941, devant une quinzaine de maires de la banlieue parisienne et quelques hauts fonctionnaires de la préfecture de la Seine, n'a-t-il pas déclaré, à la fin du repas qui s'est tenu au Perroquet vert, que le communisme représentait pour la France le danger capital ?

— Imaginez un seul instant la victoire de la Russie et le déferlement de ses hordes sur notre sol. Ce serait la fin de notre civilisation.

Et son premier discours de chef du gouvernement, en avril 1942, ne comporte-t-il pas cette phrase : « Ainsi, nous voilà placés devant cette alternative : ou bien nous intégrer, notre honneur et nos intérêts vitaux étant respectés, dans une Europe nouvelle et pacifiée [...], ou bien nous résigner à voir disparaître notre civilisation » ? Ne comporte-t-il pas également cette interrogation, graine qui ira grandissant et se développant dans son esprit : « Croyez-vous que, s'ils étaient vainqueurs, les Soviets s'arrêteraient à nos frontières ? » ?

Jusque dans sa prison[3], le bolchevisme demeurera toujours à ses yeux « pire que l'hitlérisme ».

« Quand l'Allemagne aura été écrasée, dira-t-il un jour de 1944 où les affaires des armées allemandes vont particulièrement mal, les bourgeois de Paris, les capitalistes de Londres et de New York se trouveront devant l'immense puissance du bolchevisme. Le monde occidental aura perdu son

---

1. Je souligne intentionnellement.

2. Ribbentrop répond, on le sait (voir ci-dessus, p. 40-41) qu'il apprécie « comme il convient la bonne volonté » de Pierre Laval, mais qu'il est « tout naturel que le gouvernement du Reich ne puisse pas se laisser influencer par des espoirs et des assurances, mais exclusivement par les actes de la politique française ». C'est donc au nom des « actes » que l'Allemagne va accélérer ses exigences.

3. « Le bolchevisme est en marche, dira-t-il à l'un de ses avocats, Me Jaffré. Et, même avec leur bombe atomique, les Américains auront du mal à le stopper. »

Au journaliste américain Ralph Heinzen, il a souvent affirmé que les Américains ne connaissaient pas le communisme et qu'ils regretteraient « amèrement » d'avoir fait confiance à la Russie comme alliée.

bouclier. Tel est le beau travail qu'auront accompli Churchill, Roosevelt, de Gaulle. Je connais Staline, c'est le plus fort de tous. Il exploitera à fond les chances de victoire que lui a si légèrement procurées l'Amérique… »

En mai 1942, on n'en est certes pas encore là. Les Allemands, flattés par les victoires revenues avec le soleil, se préparent à publier des bilans glorieux mais trompeurs puisque, si les pertes soviétiques y sont clamées[1], tout y demeure obscur des pertes allemandes. Cependant, même si Pierre Laval ne peut soupçonner que, dans six mois, seront intervenus, en Afrique du Nord et à Stalingrad, ces grands événements qui bouleverseront toute l'histoire du monde, n'est-il pas assez informé pour savoir que Hitler, n'ayant pas gagné la guerre à la fin de l'automne 1941, se trouve engagé dans une aventure à l'issue incertaine ?

Le thème « sang allemand-travail français » sera largement exploité tout au long de cette journée du 30 mai au cours de laquelle les représentants de tous les comités d'organisation de l'industrie, rassemblés à l'hôtel Matignon, entendent Bichelonne, secrétaire d'État à la Production industrielle, Lagardelle, secrétaire d'État au Travail, et Pierre Laval.

Pour ces trois hommes, il s'agit de faire comprendre à leurs auditeurs que les temps ont définitivement changé et que, longtemps retardée, la concentration industrielle est désormais à l'ordre du jour.

L'occupant avait précédemment classé les usines et entreprises françaises en quatre catégories : entreprises *Rüstung*, placées sous contrôle allemand et travaillant pour son industrie de guerre ; entreprises prioritaires *Vorzugsbetrieb*, œuvrant partiellement pour l'Allemagne ; entreprises prioritaires, dont la production sera réservée aux Français ; enfin toutes les autres entreprises : celles dont la production n'est ni utile à l'Allemagne ni indispensable à la France, et qui alors sont menacées de fermeture immédiate.

Bichelonne, « major des majors de Polytechnique, une pièce rare pour musée des cerveaux, une sorte d'Inaudi de la mathématique appliquée à l'économie[2] », explique que les ouvriers mis en chômage pourront, soit se reclasser dans l'industrie, soit se diriger vers l'agriculture, option, on le verra, qui leur sera très vite retirée, soit enfin « contracter un engagement de travail en Allemagne et contribuer, par un volontariat auquel il n'a jamais été question de porter la moindre atteinte, à rendre très réelle une coopération constructive dans le cadre de la politique européenne définie par le chef du gouvernement[3] ».

1. En juin 1942, l'Allemagne annoncera avoir capturé 4 500 000 prisonniers soviétiques, détruit 27 000 chars, 24 000 avions et 30 738 pièces d'artillerie.

2. D'après de Calan, son directeur de cabinet.

3. Ces paroles de Bichelonne sont du 3 juin, mais il est très vraisemblable que, le 30 mai, il a prononcé à peu près les mêmes mots. « Ici Londres » « exploitera » le 27 juillet 1942 la conférence du 30 mai en en donnant un « compte rendu » dans lequel est lancée l'idée d'une prochaine « réquisition » de la main-d'œuvre.

Pierre Laval prend la parole le dernier. Insistant sur les exigences allemandes : 350 000 hommes dont 150 000 spécialistes, il s'efforce de prouver que le départ de ces ouvriers permettra à la France de « s'associer à l'œuvre gigantesque qui s'accomplit en Europe ». A ceux qui seraient tentés toutefois par quelque résistance passive, il laisse entendre clairement que les manifestations de mauvaise volonté ne feraient qu'irriter inutilement l'occupant.

Un occupant qui multiplie et accentue ses pressions.

Ces quinze premiers jours de juin sont des jours de tension extrême. Un ravitaillement déplorable, l'inquiétude des milieux agricoles devant les déficits prévisibles et les difficultés de la soudure prochaine, l'intensification d'une répression policière qui multiplie les victimes sans venir à bout de l'activité gaulliste et communiste, des bruits de débarquement prochain sur les côtes françaises, la prise de conscience générale que le conflit mondial en arrive à ce point où l'Allemand n'est plus assuré d'un succès qui, deux ans plus tôt, paraissait presque fatal et qu'il a résolu de changer brutalement de méthodes, tout contribue à faire que la première entrevue entre Laval et Sauckel se déroule, le 16 juin, dans un climat tendu.

Sur une rencontre qui allait durer environ huit heures, nous possédons deux comptes rendus : un texte allemand incomplet [1] et le témoignage de Pierre Laval. Un Pierre Laval qui découvre en Sauckel un interlocuteur sur lequel ni son intelligence, ni sa force de conviction, ni sa dialectique n'ont prise.

« Jusqu'au jour de la première visite de Sauckel, devait-il écrire dans son *Mémoire en réponse à l'acte d'accusation*, je n'avais pas encore mesuré tout ce que pouvait avoir de douloureux notre situation. »

Le chef du gouvernement entame le débat en faisant remarquer à Sauckel que la convention d'armistice ne contient aucune clause concernant l'envoi de travailleurs français en Allemagne et que les exigences allemandes ruineront l'espoir de réconciliation entre les deux pays. Cette réconciliation qu'il n'a cessé de souhaiter jusque dans les jours difficiles, dont il s'est toujours fait le défenseur, un défenseur qui, le 13 décembre 1940, a payé politiquement le prix de ses options, et pour laquelle, le 27 août 1941, lors de l'attentat de Versailles, il a failli donner sa vie.

« J'ai dit et redit, poursuit Laval, tout ce qui pouvait être dit sur le ton qui convenait… Que pouvais-je faire d'autre ? La Wehrmacht occupait la France et Sauckel avait les moyens d'agir ; il était décidé à obtenir des ouvriers, même par la contrainte, même par la force. »

C'est alors que le chef du gouvernement imagine, si l'on épouse son

1. Texte publié pour la première fois par Jacques Évrard : *La Déportation des travailleurs français dans le IIIe Reich*.

récit, de lier départ des ouvriers et retour de ces prisonniers qui sont, on le sait, la grande et constante préoccupation de Vichy.

Mais est-ce bien à cet instant que Laval invente la Relève ? Je ne le pense pas. Avant que le mot soit prononcé, l'idée habite de nombreux esprits.

Ainsi au mois de mai 1942, la Commission de contrôle postal des prisonniers de guerre intercepte[1] des lettres qui ne laissent aucun doute sur les sentiments de leurs auteurs. Sous la plume d'une femme de Saint-Étienne, on peut lire : « … Ceux qui, ici, continuent à vivre normalement pourraient bien aller prendre vos places. J'ai envie depuis longtemps d'aller le dire au Maréchal », tandis que, pour une Lyonnaise, les femmes devraient marcher sur Vichy : « On est à bout, on se fiche de nous comme, de vous, la plupart des gens. Puisqu'il faut des travailleurs là-bas, on n'a qu'à vous remplacer. » Enfin, un médecin du Cannet, récemment libéré, écrit à l'un de ses camarades : « Il règne ici une débauche de mauvaise volonté qui fait mal au cœur. Si vous saviez combien la mentalité des KG est plus noble que celle de la plupart des gens […]. Comme le Maréchal gagnerait à ce qu'un échange soit fait entre vous et tous ces mauvais Français. »

Dans un reportage sur « l'Allemagne en guerre », publié le 15 mai 1942 par *Le Petit Parisien*, André Algarron, après avoir évoqué les « 150 000 ouvriers qui apportent leur contribution à l'effort européen du Reich » et dépeint leurs conditions de vie, sans d'ailleurs trop en cacher les côtés désagréables, termine ainsi : « Une politique française intelligente devrait tendre à faire occuper ces places [celles que les travailleurs allemands ont dû abandonner pour partir pour le front] par des travailleurs de chez nous. Mais surtout pas par la contrainte, pas par la menace […]. J'ajoute que des conversations que j'ai eues à Berlin m'autorisent à écrire que le sort des prisonniers pourrait se régler tout autrement si la main-d'œuvre française venait apporter un concours massif, volontaire et fraternel à la production allemande. »

Enfin, le 14 juin, Pierre Nicolle se fait l'écho des discussions qui ont eu lieu la veille à l'occasion d'un important déjeuner de presse présidé, à Paris, par Laval : faudra-t-il, dans les prochains jours, adopter comme thème de propagande la lutte contre le bolchevisme ou la « relève de nos prisonniers internés depuis deux ans » ? Voici ce dont les convives ont débattu.

Quoi qu'il en soit, Laval réclame à Sauckel pour chaque ouvrier expatrié le retour d'un prisonnier.

« Il n'en est pas question », réplique Sauckel, qui poursuit dans un demi-sourire :

— Vous savez bien que, depuis l'évasion du général Giraud, toutes

1. Documents inédits datant tous du début du mois de mai 1942.

les libérations de prisonniers français ont été interdites par le chancelier Hitler.

Alors quoi ? Entre les deux hommes, également acharnés, la discussion se poursuit, Laval déclarant qu'il ne voit pas comment il lui sera possible d'obtenir des sacrifices du peuple français si, en retour, il ne peut rien offrir, Sauckel répétant que les besoins de l'Allemagne sont immenses, les ordres de Hitler formels, et qu'il possède le moyen d'obtenir par la force ce qui ne lui serait pas accordé d'assez bonne grâce.

Peut-être est-ce à cet instant que la fatigue, l'émotion et l'angoisse de la situation provoquent, chez Pierre Laval, une syncope qui n'a rien de diplomatique.

Lorsque le Français a repris ses esprits, le débat recommence, sans doute avec une âpreté moins grande. Ici le témoignage de Laval et le texte allemand ne concordent pas.

D'après Pierre Laval, Sauckel, ébranlé à la fin par les prières et les raisonnements, aurait promis de téléphoner à Hitler et, *le lendemain*, aurait annoncé que le départ pour l'Allemagne de 150 000 spécialistes entraînerait le retour de 50 000 prisonniers, des paysans en majorité.

— Il est impossible, aurait-il ajouté, d'envisager la Relève un pour un, car l'opération pour l'Allemagne deviendrait négative, puisque les prisonniers français travaillent tous en Allemagne [1].

Le compte rendu allemand est différent. Hitler aurait donné son accord dès le 6 juin à la libération d'un prisonnier pour trois spécialistes. Que Sauckel n'en dise rien immédiatement à Laval relève de la stratégie ordinaire.

A Laval, témoignant sa reconnaissance, Sauckel, toujours d'après le texte allemand, réplique qu'un recrutement accéléré constituera la meilleure preuve de la volonté de la collaboration du gouvernement français.

> Laval annonça, poursuit le compte rendu allemand, qu'il avait envisagé la solution pratique suivante : probablement vendredi ou samedi, il ferait un discours au peuple français où il décrirait le geste du Führer comme un acte grand et décisif pour la reprise de la politique de collaboration et ferait appel au sentiment de solidarité de la classe ouvrière pour les camarades se trouvant en captivité en Allemagne...

Vendredi 19 ? Samedi 20 [2] ? Non. Laval parlera à la radio le lundi 22 juin. Discours important mais qui, pour la sensibilité populaire comme pour l'histoire elle-même, se trouvera réduit à un seul membre de phrase. Terrible, il est vrai : « Je souhaite la victoire de l'Allemagne. »

---

1. Ce qui est en grande partie exact. A l'occasion d'une visite de la mission Scapini, on trouve, dans l'hebdomadaire *Pour nous*, un article dans lequel P. Letremble, évoquant la libération, lente à venir, écrit : « Nous sommes obligés de tenir compte des besoins économiques allemands, nous sommes intégrés dans l'économie de guerre du Reich. »
2. Ces dates ont bien été primitivement envisagées par Laval.

Laval commence par rappeler les efforts de son gouvernement pour l'amélioration d'un ravitaillement toujours déficient. Aux Français malheureux qui songent d'abord à leur pain quotidien, il déclare qu'aussi rudes que soient ces problèmes ils ne sauraient masquer le problème essentiel : celui du sort que le vainqueur réservera à la France.

Notre génération ne peut pas se résigner à être une génération de vaincus. Je voudrais que les Français sachent monter assez haut pour se mettre au niveau des événements que nous vivons.

C'est peut-être une des heures les plus émouvantes qui se soient inscrites dans l'histoire de notre pays.

Nous avons eu tort en 1939 de faire la guerre. Nous avons eu tort, en 1918, au lendemain de la victoire, de ne pas organiser une paix d'entente avec l'Allemagne. Aujourd'hui, nous devons essayer de le faire [...]. Ma présence au gouvernement a une signification qui n'échappe à personne, ni en France ni à l'étranger.

J'ai la volonté de rétablir avec l'Allemagne et avec l'Italie des relations normales et confiantes.

De cette guerre surgira inévitablement une nouvelle Europe. On parle souvent d'Europe. C'est un mot auquel, en France, on n'est pas très habitué. On aime son pays parce qu'on aime son village. Pour moi, Français, je voudrais que demain nous puissions aimer une Europe dans laquelle la France aurait une place qui serait digne d'elle.

Pour construire cette Europe, l'Allemagne est en train de livrer des combats gigantesques. Elle doit, avec d'autres, consentir d'immenses sacrifices et elle ne ménage pas le sang de sa jeunesse. Pour la jeter dans la bataille, elle va la chercher à l'usine et aux champs.

Je souhaite la victoire de l'Allemagne parce que, sans elle, le bolchevisme, demain, s'installerait partout.

Après avoir réaffirmé que la politique qu'il vient de définir peut seule garantir la survie de la France dans le monde qui s'élabore, Pierre Laval poursuit en avouant que, depuis deux mois, « les événements ne [l'] ont guère favorisé ».

Sans doute sa présence au gouvernement pouvait-elle laisser croire « qu'une amélioration sensible de nos rapports avec l'Allemagne rendrait moins dures pour la France, pendant cette période d'armistice, les conséquences de notre défaite ». Mais les suites du 13 décembre, les erreurs du précédent gouvernement, l'évasion du général Giraud ont tout compromis et l'ont placé en position d'infériorité.

Débute alors la seconde partie du discours, celle dans laquelle Laval explique la part que les Français pourront prendre, par l'apport de leur travail, à une victoire dont ils précipiteront l'échéance.

Après avoir exposé les avantages accordés aux travailleurs volontaires pour le Reich, le chef du gouvernement poursuit :

C'étaient les soldats, pendant la guerre, qui exposaient leur vie pour protéger le labeur des ouvriers. Aujourd'hui, par une de ces péripéties émouvantes qu'amènent les grands drames, ce sont les ouvriers qui peuvent rendre aux combattants le bien qu'ils ont reçu d'eux.

C'est la Relève qui commence. Ainsi s'établissent dès maintenant entre les collectivités humaines les plus importantes de notre pays les sympathies profondes sur lesquelles se constituera notre société nouvelle.

Ouvriers de France ! C'est pour la libération des prisonniers que vous allez travailler en Allemagne ! C'est pour notre pays que vous irez en grand nombre ! C'est pour permettre à la France de trouver sa place dans la nouvelle Europe que vous répondrez à mon appel.

... La reconnaissance de la nation montera vers vous.

L'allocution s'achèvera sur l'évocation de cette République, « plus jeune, plus humaine, plus forte », qui surgira d'un désastre que la France aura réussi à surmonter et du socialisme qui s'instaurera partout en Europe. Enfin, pour respecter la tradition et les habiletés de l'époque mais également pour donner davantage de poids à ses propos, Laval enchaîne le Maréchal à son char : « Je vous parle ce soir en son nom [1]. »

Comment Laval a-t-il été amené à écrire et à prononcer la phrase : « Je souhaite la victoire de l'Allemagne parce que, sans elle, le bolchevisme, demain, s'installerait partout. »

Nous le savons, ou croyons le savoir, par sa déposition du vendredi 23 août 1945, faite au cours du procès du maréchal Pétain, ainsi que par le témoignage de M. Rochat.

Au premier président Mongibeaux, Pierre Laval explique tout d'abord les raisons qui, à ses yeux, justifient sa déclaration en faveur de la victoire allemande.

— J'ai besoin dans toutes les négociations qui vont s'ouvrir, qui étaient déjà ouvertes avec M. Sauckel, d'avoir un minimum d'autorité pour parler aux Allemands. J'ai besoin qu'ils sachent, qu'ils croient que je joue un jeu honnête avec eux, parce que, s'ils doutent de moi, alors les exigences se feront plus dures et les prises plus sévères. Alors, je prononce ce mot et j'écris cette phrase : « Je crois et je souhaite la victoire de l'Allemagne, parce que, sans elle, le bolchevisme, demain, s'installerait partout en Europe. »

Pour les jurés, Laval analyse ensuite ses habitudes de travail : ses discours ne sont jamais écrits d'un premier jet. En homme harcelé, il note, jour après jour, des phrases, des idées générales, de plus ou moins longs passages, qu'il reprend ensuite pour les coudre les uns aux autres et les mettre ainsi définitivement en forme.

Une exception cependant : le discours du 22 juin jailli de sa plume sans méditation préalable.

— Ce jour-là, pressé par je ne sais quoi, et tenant pour je ne sais quelle raison à prononcer le jour même ma déclaration radiodiffusée, je

1. Ce qui est faux, le Maréchal se refusera à accorder son patronage à la Relève.

l'ai écrite et je n'ai pas, comme je le faisais auparavant, laissé passer une nuit ou deux nuits sur un papier, car j'ai toujours remarqué qu'on rectifie toujours un document quand on le relit après vingt-quatre ou quarante-huit heures. Cette fois-là, je ne l'ai pas fait ; j'ai écrit cette phrase.

Cependant, Laval décide de lire « son papier » à M. Rochat, secrétaire général aux Affaires étrangères, qui fut autrefois son chef de cabinet, mais également celui de Barthou, de Flandin, de Delbos.

Quand il en arrive à « la phrase », Rochat l'interrompt :

— Monsieur le président, à votre place, je ne la prononcerais pas.

— Pourquoi ?

— Vous n'êtes pas obligé de la prononcer, puisque la France est en position d'armistice.

— Vous avez certainement raison, mais cette phrase, moi, je la prononce pour d'autres raisons politiques. Il s'agit, par un mot, un geste, par un éclat, par quelque chose, de provoquer de la part de l'Allemagne un mouvement qui l'empêche de dire que le gouvernement français doit être molesté. [Mais,] puisque vous me faites cette observation, si vous voulez, nous allons monter ensemble chez le Maréchal. Venez avec moi chez lui. C'est lui qui tranchera [1].

Voici donc Laval et Rochat en présence de Philippe Pétain. Laval lit le passage incriminé, Rochat développe ses observations et il est en train d'insister sur les dangers d'une phrase qui blessera la sensibilité des Français lorsque Pierre Laval l'interrompt :

— Je veux bien faire une concession et couper la poire en deux. Je vous propose, monsieur le Maréchal, de supprimer l'un des deux termes. Je retirerai les mots « je crois » et je ne laisserai que : « je souhaite [2] ».

Rochat ayant observé que le verbe « souhaiter » avait, psychologiquement et politiquement, plus de portée que le verbe « croire », se déroule une discussion que le Maréchal place, inconsidérément, sur le terrain… de l'École de guerre. Laval n'étant pas *militaire*, ignorant tout du développement possible du conflit qui se déroule entre l'Allemagne et ses adversaires, n'a pas le droit de dire « je crois » et de donner ainsi à ses auditeurs des assurances qu'aucune compétence ne viendrait soutenir.

— Si j'étais à votre place, dit le Maréchal à Pierre Laval, je rayerais en tout cas « je crois [3] ».

Ce sera fait. Ne demeurera, dans le discours, que ce « je souhaite »,

1. Ces deux dernières phrases depuis « Venez avec moi… » sont extraites de la déclaration faite à notre ambassadeur en Suisse par M. Rochat pour lequel les avocats du Maréchal n'avaient pu obtenir un sauf-conduit, déclaration lue à l'audience du 11 août 1945. Rochat précise que c'est lui qui est allé trouver Laval pour lui faire part de son indignation et non Pierre Laval qui est venu à lui.

2. Déclaration de Rochat.

3. Déclaration de Rochat. La déposition de Pierre Laval est pratiquement identique. « A votre place, je supprimerais "Je crois à la victoire de l'Allemagne". Alors, j'ai retiré "je crois" et j'ai laissé "je souhaite". »

«goutte d'acide sulfurique qui allait tomber sur l'épiderme de gens qui souffraient[1]», selon Laval lui-même.

Nous connaissons la position de Pierre Laval et celle de Rochat. Voici celle du maréchal Pétain. A la fin de l'audience du 3 août 1945 et alors que Laval a quitté la salle, il prend la parole, fait exceptionnel dans un procès tout au long duquel il demeurera fidèle à sa politique du silence.

M. LE PREMIER PRÉSIDENT. — Je voudrais demander au Maréchal, s'il veut répondre, quelle réaction il a eue devant la phrase...

M. LE BÂTONNIER PAYEN. — Il est en train de me le dire, monsieur le président.

M. LE PREMIER PRÉSIDENT. — Qu'il le dise, s'il veut le dire. C'est une question assez importante.

M. LE MARÉCHAL PÉTAIN. — J'ai eu une réaction très violente quand j'ai entendu dans le discours cette phrase de M. Laval : «Je souhaite la victoire de l'Allemagne.»

«Il [Laval] a dit tout à l'heure qu'il était venu me trouver avec M. Rochat, qui représentait le ministère des Affaires étrangères pour me montrer cette phrase. Eh bien ! Jamais M. Rochat n'aurait accepté de maintenir cette phrase, et j'étais d'accord avec lui.

«Et puis, alors, quand je l'ai entendue à la radio — je croyais que c'était fait, qu'il avait arrangé l'affaire, quand j'ai entendu que cette phrase était répétée à la radio, j'ai bondi.

«Je ne me suis pas rendu compte. Je croyais que c'était supprimé et je suis navré qu'elle soit restée.»

On connaît toutes les pièces du dossier. Celles sur lesquelles, jusqu'à présent, les historiens ont travaillé, leur récit tenant à peine compte de la protestation assez ambiguë, il est vrai, du Maréchal, et acceptant la version d'un Pierre Laval remplaçant «je crois» par «je souhaite» pour ne pas contrarier, chez Philippe Pétain, cette manie du mot juste dont, depuis toujours, il tirait gloire.

Et si les choses étaient plus compliquées ? Et si Pierre Laval n'avait pas attendu le 22 juin 1942 pour verser «une goutte d'acide sulfurique» sur l'épiderme des Français ?

Consultant la collection du *Petit Parisien*, j'ai relevé, en effet, dans un article de Jean Benedetti, *publié le 18 juin 1942*, en première page, première colonne, le passage suivant, jusqu'à aujourd'hui resté inaperçu :

Devant les présidents de cent cinquante comités d'organisation, M. Pierre Laval déclarait le 31 mai dernier[2] :

1. Au procès de 1945, dans les attendus condamnant Philippe Pétain à la peine de mort, la Haute Cour rappellera donc «qu'un des premiers actes de Laval, redevenu ministre, était de proclamer, sans protestation du chef de l'État et même d'accord avec celui-ci : "Je souhaite la victoire de l'Allemagne."».

2. En réalité le 30.

— A l'œuvre gigantesque qui s'accomplit au profit de la communauté européenne, les Français doivent s'associer par leur travail en France et hors de France.

Plus récemment encore, le chef du gouvernement affirmait : « *Je crois à la victoire de l'Allemagne et je la souhaite* [1]. »

Plus récemment ? Il ne m'a pas été possible de préciser davantage la date, mais tout s'éclaire lorsque l'on sait que l'article de Benedetti est le compte rendu d'une manifestation qui s'est tenue dans une salle de la Société de géographie sous la présidence de Fernand de Brinon. Voici d'ailleurs comment l'article du *Petit Parisien* se poursuit [2] :

Ces dernières paroles de M. Pierre Laval, le délégué général du gouvernement dans les territoires occupés, M. de Brinon, les a rappelées hier matin, à la salle de la Société de géographie [...] à l'occasion d'une intéressante journée d'études ayant pour objet le problème de la main-d'œuvre française en Allemagne.

— Ce langage, il [Laval] l'avait déjà tenu devant l'ambassadeur des États-Unis. Et il l'a tenu en plein accord avec le maréchal Pétain. *J'approche souvent le chef du gouvernement. Je ne suis pas reçu une seule fois qu'il ne me dise : « Le dur et magnifique combat contre le bolchevisme est un combat nécessaire et de tout mon cœur je souhaite le succès de l'Allemagne* [3] ».

Dans *L'Œuvre* du 18 juin, le texte consacré à la manifestation de la Société de géographie est moins long, moins personnel que celui du *Petit Parisien,* mais, sur le fond, il ne diffère pas et, dans la bouche de De Brinon, le journaliste place cette phrase : « *Maintes fois le président Laval m'a dit : "Je crois à la victoire allemande et je la souhaite* [4]." »

Ainsi les mots « Je crois à la victoire de l'Allemagne et je la souhaite » se trouvent-ils écrits dans *Le Petit Parisien* et dans *L'Œuvre* placés dès le 18 juin dans la bouche de Pierre Laval... *Un Pierre Laval qui ne les aurait de son propre aveu couchés sur le papier que le 21 ou le 22, qui ne les a prononcés, en tout cas, que le 22 !*

Ainsi l'idée que le chef du gouvernement français n'hésite pas à se dire favorable à un succès militaire du Reich se trouve-t-elle fortement exprimée par Fernand de Brinon le 17 juin et rapportée par plusieurs quotidiens parisiens [5] cinq jours avant qu'elle ne se trouve officialisée par le discours du 22.

---

1. Je souligne intentionnellement.
2. L'article est ainsi titré : « La main-d'œuvre française / sera notre participation pacifique / à la victoire de l'Europe contre le bolchevisme. / A son rang, à sa place, notre / pays doit aider à cette victoire », / affirme M. de Brinon. « A la veille des combats qui vont décider de / notre sort à tous, nous demandons à la France / une preuve de solidarité : son travail », / déclare le ministre Rahn.
3. Je souligne intentionnellement.
4. Je souligne intentionnellement.
5. *Le Matin*, qui consacre, sur deux colonnes, une information à la manifestation patronnée par de Brinon, ne rapporte pas la phrase citée par *Le Petit Parisien* et par *L'Œuvre*.

La spontanéité d'écriture dont Pierre Laval a longuement fait état dans sa déposition au procès Pétain apparaît, dans ces conditions, comme une mystification ; la décision de demander au Maréchal son avis, comme la quête d'une couverture morale.

Que le discours du 22 juin et sa phrase capitale aient été médités et même prémédités, en voici d'autres preuves.

Dans *La Chronique de Vichy*, Maurice Martin du Gard écrit que, après avoir entendu depuis la rue l'essentiel du discours de Laval, il s'est rendu à l'hôtel du Parc pour réclamer le texte intégral.

« Je vois B. à qui je dis ma surprise, mon émotion. Il ne les partage pas…

— « Oui ou non… vouliez-vous un *gauleiter* ? Le président se sacrifie, il sacrifie sa popularité en tout cas, sciemment, pour maintenir à distance les Allemands et nous les concilier. C'est pour endormir Sauckel. Pour que nos ouvriers ne partent pas. IL A MÉDITÉ QUATRE JOURS SUR CETTE PHRASE AVEC C., AVEC R., AVEC M. [1]. »

C., R., M. reparaîtront dans *La Chronique de Vichy*, le 9 mai 1944. Laval, parlant à Martin du Gard qui évoque la phrase sur la victoire de l'Allemagne, alors que cette victoire paraît bien compromise, répond :

— … Cela ne m'a pas fait plaisir à dire, la phrase. ON AVAIT TRAVAILLÉ DESSUS, DES JOURNÉES[1], R. et C., M. et d'autres[2].

Dans ses scrupuleuses *Éphémérides*, Pierre Limagne, de son côté, commence ainsi le récit de la journée du 22 juin : « Laval répète devant le micro les propos tenus à certains journalistes, il y a quelques jours. »

Enfin, et surtout, Pierre Laval, parlant à l'un de ses défenseurs, Me Yves-Frédéric Jaffré, adoptera une position en contradiction avec les déclarations faites au cours du procès Pétain, mais sans doute plus proche de la vérité.

Revendiquant « la phrase » à laquelle son nom est lié et qui, avant comme après sa mort, l'a si souvent desservi, Pierre Laval n'en fait plus une phrase de hasard, hâtivement jetée sur le papier, discutée, presque par charité, avec le maréchal Pétain, mais un *argument* dans le cadre d'une audacieuse et téméraire opération de séduction politique rendue indispensable par la gravité du désaccord franco-allemand.

— On peut penser de moi ce qu'on voudra. Mais mes adversaires eux-mêmes savent que je ne me comporte pas comme un enfant ou comme un impulsif qui parle sans réfléchir. La fameuse phrase qu'on me reproche, dont on tente de m'accabler, je ne l'ai pas lâchée au hasard, dans un entraînement subit. Je déclare qu'elle était parfaitement préméditée. Dès

1. Je souligne intentionnellement.

2. R., C., M. Plusieurs noms étant possibles, on n'en citera aucun. Quatre jours de « méditation » avant que la phrase ne soit écrite pour être lue à la radio, cela mène au 18/19 juin ; donc, il est fort possible que le journaliste Jean Benedetti ait été de ceux auprès de qui Pierre Laval a « essayé » la phrase.

l'instant où se dessinait mon retour au pouvoir, j'avais réfléchi, non seulement à la politique de défense pied à pied de la France contre les exigences grandissantes des Allemands, MAIS AUSSI À CE QU'IL FAUDRAIT QUE JE DISE POUR LEUR FAIRE AVALER CETTE POLITIQUE-LÀ. EST-CE QUE VOUS POUVEZ SUPPOSER QUE C'EST DE GAIETÉ DE CŒUR QUE J'AI LANCÉ UNE PHRASE PAREILLE ? Est-ce que vous pouvez penser une seconde que je n'y ai pas réfléchi jour et nuit dans les semaines qui ont précédé mon discours ? Que je n'ai pas pesé le pour et le contre ? Que je n'ai pas été tiraillé et même écartelé par des sentiments contraires ?... J'étais parfaitement conscient de ce que je faisais lorsque j'ai parlé à la radio. Je n'ignorais pas que mon propos allait révulser et meurtrir de nombreux Français devant qui je ne pouvais pas m'exprimer explicitement. Je n'ignorais pas qu'on ne verrait que cette phrase dans mon discours — *que je n'avais fait moi-même, d'ailleurs, que pour cette phrase-là* [1] — et qu'elle allait susciter des commentaires passionnés. Je n'ignorais pas qu'à Londres on s'en saisirait pour s'en faire contre moi une arme trop facile...

En effet, Londres s'est emparé de « la phrase ». Et sans tarder.

A peine Laval a-t-il parlé, Schumann réplique.

Il est 21 h 25, le 22 juin 1942, l'émission « Honneur et Patrie » débute sur ces mots de fureur volontairement non maîtrisée.

> « Je souhaite la victoire de l'Allemagne. » Avant même d'avoir prononcé cette phrase, Laval s'était exclu de la France. Avant même d'avoir prononcé cette phrase, Laval s'était condamné à mort. Pourquoi donc son discours de tout à l'heure sonnait-il, à toutes les oreilles françaises, comme une circonstance aggravante ? Sans doute parce que, jusqu'à présent, on n'avait jamais vu dans l'histoire un Judas doublé d'un maître chanteur et triplé d'un négrier.

Négrier ! Londres assurera la fortune du mot. « Laval le négrier », dit, le 23 juin, Georges Boris parlant à 21 h 31. « Désormais, ajoute-t-il, les deux mots sont inséparables ; le qualificatif demeurera accolé au nom comme un stigmate indélébile. Vous y veillerez. Jamais plus le nom de Laval ne devra être prononcé seul ou sans que l'écho réponde aussitôt : négrier. »

Et Boris d'achever sur ces mots qu'il souhaite voir se transformer en slogan : « Femmes de France, prenez garde ! Le négrier convoite vos hommes. »

1. Je souligne intentionnellement. Laval dira également à Marion : « Je suis engagé avec le gauleiter Sauckel dans une lutte effroyable. Si les Allemands ne me croient pas sincèrement partisan de l'ordre européen et de leur victoire, ils me refuseront tout. Ce que j'obtiens, je l'obtiens par mon crédit personnel. »

Toutefois, en 1944, effectuant un rapide séjour à Belfort avant d'être entraîné contre son gré en Allemagne, Laval se demandera s'il a bien fait de « lâcher tant de mots pour obtenir quelque chose ».

Le 28 juin, c'est Georges Buisson, secrétaire de la CGT, qui, à 21 h 25, lance un appel à la résistance contre «le mensonge de la Relève». «Les Français savent maintenant que les décrets sur le travail obligatoire, sur le recensement, sur le certificat obligatoire de travail ont été promulgués par Laval et contresignés par Pétain pour faciliter la rafle des ouvriers de France au profit des ennemis de la France.»

Le 19 août, au cours de l'émission «Les Français parlent aux Français», les deux speakers qui alternent apprennent à leurs auditeurs que les ouvriers partant pour l'Allemagne ne trouveront sur place ni vêtements de travail ni chaussures, qu'ils se verront «accablés d'impôts et de charges multiples» et que, démunis, dans un pays affamé, ils ne pourront survivre sans l'appoint des colis venus de France; que leurs lettres seront censurées et qu'ils n'obtiendront des permissions qu'avec l'assentiment écrit du chef de l'entreprise, de la police et de l'office de placement allemand.

1re VOIX. — Mais alors, si le chef de l'entreprise, la police allemande ou l'office de placement refuse le visa, l'ouvrier ne peut s'en retourner. Il est donc prisonnier.

2e VOIX. — Oui, chaque travailleur français partant pour le Reich se constitue prisonnier civil.

1re VOIX. — Mais les travailleurs français sont trop intelligents pour ne pas voir le piège que leur tendent les nazis et les traîtres.

2e VOIX. — Et c'est pourquoi nous leur disons avec confiance...

1re VOIX. — N'allez pas en Allemagne!

En France, il n'est nul besoin de la radio anglaise pour que le discours de Laval soit mal reçu.

Lorsque Maurice Martin du Gard entend la phrase fatale, voici son réflexe: «Diable! Voilà des choses qu'on ne dit pas! L'opinion lui semblait favorable. Elle espère tout de cet homme simple qui a une telle réputation d'habileté. Cette phrase va lui causer un tort considérable...»

A la date du 22 juin Pierre Limagne note de son côté dans ses *Éphémérides*: «Du discours d'aujourd'hui, l'on retiendra une phrase. "Je souhaite la victoire de l'Allemagne." En entendant cette déclaration, les Français ont vu rouge; si bien qu'ils ne remarquèrent pas combien la formule "Je souhaite" manquait d'assurance. Et quand la musique a attaqué *La Marseillaise*, chacun s'est précipité sur son poste de radio pour tourner le bouton et ne pas laisser notre hymne national accompagner tant d'ignominie.»

De son côté, Nicolle, un ami de Laval cependant, en voyage à Paris, le 22 juin, signale que le discours «a été dans l'ensemble fort mal accueilli» et que «la phrase concernant la victoire allemande a été presque unanimement critiquée».

Si le général Serrigny, vieil ami de Pétain, peu suspect de « lavalisme », voit très exactement la manœuvre du chef du gouvernement et l'explique, à la date du 23 juin, bien avant que Laval lui-même songe à la commenter [1], il n'en marque pas moins qu'il a été atterré et l'a dit au Maréchal en ajoutant que, s'il venait à Paris, « il serait copieusement sifflé ».

Tout cela est vrai.

Cependant, est-on sûr qu'en dehors des cercles sincèrement collaborationnistes, et de tous ces hommes qui approuvent sur ordre, il ne se trouve pas des Français anti-allemands pour s'inquiéter du sort réservé à la France en cas de victoire soviétique ?

Si ces hommes et ces femmes n'avaient pas existé, « Ici Londres » aurait-il consacré, le 31 juillet 1942, une longue émission aux problèmes que pose à tous ces anticommunistes de France, qui n'en sont pas pour autant prohitlériens, l'alliance avec le communisme ?

Le responsable de l'émission, Jacques Brunius (Jacques Cottance), dont on sait les attaches de gauche, cite la longue lettre d'une Bretonne écrite le 18 juin, donc antérieure au discours de Laval, lettre dans laquelle se trouve soutenue la thèse selon laquelle il serait bon que « les Allemands battent péniblement les Russes et sortent si épuisés de cette lutte que les Alliés puissent les achever [2] ». La seconde partie de l'émission de Brunius sera donc consacrée à combattre une idée plus répandue qu'on ne l'imagine aujourd'hui, même si, dans un conflit de type manichéen, elle ne trouve et ne peut trouver aucun moyen de s'exprimer [3].

---

1. Serrigny dans *Trente ans avec Pétain* note le 23 juin : « Tout cela me semble une gigantesque comédie destinée à gagner du temps… Il (Laval) s'est compromis en paroles pour éviter des actes, car il sait d'avance que les cadres économiques ne le suivront pas. »

2. On étonnerait beaucoup cette correspondante et les journalistes de Londres en leur disant que Pierre Laval n'est pas loin de partager cette position.

Parlant le 9 novembre 1943 devant les maires du Cantal, il affirme bien que, si l'Allemagne s'effondre, le désordre s'installera peu à peu en Europe. « Il s'installera en Allemagne, dans les Balkans, en Italie. » Mais il ajoute : « J'aime mon clocher, j'aime mon village, j'aime toutes les pierres de chez moi, mais je ne veux pas que le désordre s'installe chez nous et je voudrais agir de telle façon que l'Allemagne ne soit pas trop forte pour nous étreindre, mais de telle façon que le bolchevisme ne puisse pas, lui, nous supprimer. »

3. Galtier-Boissière, *Mémoires d'un Parisien*, écrit : « Le 3 juillet (1941), grand discours de Staline, défenseur des libertés opprimées et qui veut soustraire les peuples d'Europe à l'esclavage. *On n'ose pas ouvrir le bec*, mais, tout de même, quelle dérision d'entendre ainsi discourir le dictateur qui, en s'alliant avec Hitler, en août 1939, a automatiquement déclenché le cataclysme. »

Dans *La nuit finira* Frenay écrit, en faisant allusion au discours de Laval : « Cet appel à la nation est diaboliquement habile. 1 800 000 Français sont prisonniers en Allemagne ; leurs familles ne vont-elles pas souhaiter que ces paroles soient entendues ?… La crainte du bolchevisme est bien réelle, Laval ne l'ignore pas, et sa référence à l'unité européenne contre le communisme peut trouver dans l'opinion de profonds échos. »

Cependant, sensible au discrédit qui atteint le discours de Laval, la propagande officielle va s'efforcer de remonter le courant.

En zone non occupée, les journaux ont reçu l'ordre (consigne n° 427) de présenter le discours du chef du gouvernement « en tête de première page avec un titre de cinq colonnes au moins » et, dès le 23, une note d'orientation explique aux directeurs et rédacteurs en chef que le message radiodiffusé du président Laval « exige des commentaires qui ne sauraient être épuisés en un seul article ». Chaque journal étant invité « à accomplir par ses propres moyens l'effort maximum », on signale cependant aux responsables de presse que, pour « appuyer au maximum l'appel du président Laval concernant le recrutement de la main-d'œuvre française pour l'Allemagne », ils recevront des textes, de la documentation, des thèmes d'articles et, « le cas échéant, des articles ». Ainsi, ceux dont l'inspiration serait courte, ou la mauvaise volonté évidente, se trouveraient-ils privés d'excuses.

Préfets régionaux, préfets, délégués à la Propagande, inspecteurs divisionnaires et inspecteurs du travail, inspecteurs généraux, représentants de la Production industrielle, directeurs d'office de placement sont avertis, le 30 juillet, que la presse ne devra pas « relâcher un seul instant son effort ».

Il faudra donc des articles toujours plus nombreux et toujours plus persuasifs. On demandera aux journalistes d'insister sur les avantages matériels que présente le travail en Allemagne. Qu'ils fassent miroiter le bénéfice que les ouvriers peuvent tirer de « départs groupés », mais qu'ils se gardent de fournir des informations erronées... ou trop exactes. Qu'ils veillent ainsi à ne jamais indiquer les proportions entre ouvriers volontaires et prisonniers libérés, ce qui serait cause de bien des désillusions, et qu'ils ne laissent jamais croire aux femmes que, en partant pour l'Allemagne, elles peuvent obtenir la libération de leur mari captif.

Hebdomadaires, les « notes d'orientation », signées de Roland Lapeyronnie, directeur du Centre d'information du travail français en Allemagne, permettent de prendre une idée exacte des efforts de la propagande en faveur de la Relève. Et des difficultés qu'elle rencontre.

La note d'orientation du 14 août, qui fait suite à l'arrivée du premier train de libérés, demande que les commentateurs soulignent « l'unanimité de la presse française dans les deux zones qui est le reflet de l'unanimité profonde de l'opinion sur la justice et le bienfait de l'œuvre sacrée de la Relève [1] ». Une autre note fait obligation aux journalistes de signaler que les prisonniers libérés sont des hommes valides « et non pas des malades comme le déclare la radio anglaise » et comme l'affirment les communistes dans des tracts intitulés, en région lyonnaise, « chair à travail, chair à canon ». Enfin, les rédacteurs en chef sont invités à mettre en valeur,

1. Unanimité de commande puisqu'elle est imposée par le ministère de l'Information en zone non occupée et par les services allemands en zone occupée !

dans le discours de Pierre Laval, les passages qui ont trait au devoir de solidarité que remplissent les ouvriers, à l'adhésion des prisonniers à la politique gouvernementale, à la tâche difficile qui incombe au chef du gouvernement.

On souffle à l'oreille des journalistes des thèmes « originaux ». Ainsi, la note du 21 août leur fait-elle remarquer, pour qu'ils en fassent bon usage auprès de leurs lecteurs, que « certains ouvriers, surtout des jeunes, se décident à partir pour l'Allemagne, poussés par le goût du changement et de l'aventure. C'est là une tendance qui doit être encouragée. La jeunesse française devenait casanière ».

Quotidiennement sollicitée, la presse obéit quotidiennement. *Le Petit Parisien* du 1er juillet 1942 annonce qu'un prisonnier libéré habitant la région lyonnaise a décidé de repartir volontairement. Le 2 juillet, le même journal publie la photo de Gabriello, de Lys Gauty et de Fréhel revenant d'un voyage en Allemagne au cours duquel ils se sont produits devant des travailleurs français. Le 4, interview de Jules Lincot, hier métallurgiste dans une usine de la banlieue parisienne, aujourd'hui tourneur et tourneur heureux (« on ne redoute pas toujours, comme chez nous, de voir surgir le contremaître ») dans la région de Munich[1]. Dans le numéro du 4, encore, de nombreuses précisions sur le sursis accordé d'office aux jeunes en âge d'être incorporés dans un chantier de jeunesse s'ils choisissent d'aller travailler en Allemagne, sur la prime spéciale d'équipement (1 000 francs) attribuée à ceux qui se présentent avec des vêtements et des chaussures de travail en bon état, sur l'« empressement » dans les bureaux d'embauche.

Lit-on *Le Petit Parisien* du 6 juillet, on éprouve d'ailleurs l'impression d'un mouvement général et enthousiaste : « Aux travailleurs de l'industrie mécanique et métallurgique de toutes catégories, aux ouvriers d'entretien, aux électriciens, etc., dont l'engagement prépare les premières libérations, se joignent les ouvriers de toutes les autres professions qui partent souvent, c'est significatif, en compagnie de leurs patrons, de leurs ingénieurs, de leurs agents de maîtrise. »

La propagande pour le travail en Allemagne gagne naturellement les annonces classées. Bien que le mot « Allemagne » tarde à être écrit[2], qui doute, en vérité, de la destination que devront prendre ces « ouvriers et

1. Jules Lincot se plaint cependant des baraquements mal tenus par leurs occupants français, comme il se plaint des trafics « plus ou moins moraux » auxquels se livrent ses camarades.

2. Ce n'est guère avant le mois de septembre 1942 que les annonces seront suivies de la formule « Ouvriers français, participez à la Relève », ou de précisions sur la destination finale. Ainsi cette annonce publiée le 7 septembre 1942 par *La Dépêche de Brest* : « On demande pour Brest et pour l'Allemagne mineurs et manœuvres, conditions spéciales pour l'Allemagne, bonne nourriture et logement. Entreprise Wisoka, 40 bis, rue Armor, Saint-Pierre Quilbignon. »

ouvrières de la métallurgie et du bâtiment ainsi que travailleurs (hommes et femmes) de toutes autres professions ayant fait apprentissage ou non», qui sont priés de se présenter à La Chope du Nord où ils pourront prendre connaissance des «conditions avantageuses» qui leur seront proposées?

Le Petit Parisien du 9 juillet 1942 publie le texte d'un télégramme émanant d'ouvriers français (ou plus exactement de leurs délégués), texte remerciant «le président Laval pour les courageuses paroles prononcées le 22 juin». Le 28 juillet, c'est un reportage, signé Mariane de Rochcau, sur Élie Gervais, gamin de seize ans désireux de s'engager comme manœuvre mais à qui les Ateliers de construction aéronautique, 132, avenue de Clamart, à Issy-les-Moulineaux [1], vont permettre d'apprendre un métier avant qu'il ne quitte la France.

Le Pont, publication collaborationniste à l'intention des prisonniers de guerre, donne, le 12 juillet, une description idyllique de l'activité du bureau de placement allemand de Lyon-La Guillotière. Le 27 avril, les occupants ont reçu en effet de Vichy l'autorisation d'ouvrir des bureaux à Lyon, Toulouse et Marseille, mais également dans des villes de moindre importance comme Annemasse.

> Il est à peine neuf heures du matin et déjà se presse aux portes une copieuse et remuante cohue qui discute avec animation les conditions d'embauche et les chances d'être accepté... Les candidats? Ils nous paraissent issus des milieux les plus divers: ouvriers métallurgistes en premier lieu, ensuite ouvriers et ouvrières du textile que le manque de matières premières a réduits au chômage; puis toutes sortes de petits artisans plus ou moins éprouvés par la dureté de ce temps et qui nourrissent l'espoir de retrouver une situation stable leur permettant de faire vivre leur nichée [2].

Les journaux de zone occupée signalent presque unanimement [3] que la direction d'une usine de produits chimiques de la région bordelaise décide d'attribuer une prime de 1 000 francs à chaque volontaire et ce minuscule événement a droit à la première page [4]. De même insiste-t-on sur la décision prise, par le gauleiter Sauckel, d'engager pour les usines allemandes des cuisiniers de nationalité française [5].

La presse fait d'ailleurs à une réalité décevante un sort glorieux: une photo publiée par *L'Œuvre*, en date du 15 août 1942 et représentant «l'animation matinale devant le bureau d'embauche du quai d'Orsay», montre ainsi une foule de... vingt-deux personnes.

---

1. Les Ateliers d'Issy-les-Moulineaux sont placés sous direction allemande.
2. Que la misère soit à l'origine de nombreux engagements, le prouve un rapport (inédit) de l'inspecteur Julien, d'après lequel, à Lyon, le 23 et le 24 juin, au bureau d'engagement de la rue Garibaldi, 80 % des engagés sont des Nord-Africains au chômage, heureux de se voir proposer des salaires horaires allant de 17,65 francs (chauffeur de chaudière) à 24,60 francs.
3. Il existe toutefois des exceptions. C'est ainsi que *Le Matin* ne publie aucun article d'importance sur la Relève entre le 3 et le 29 juillet 1942.
4. *Le Matin*, 30 juillet 1942.
5. *La Dépêche de Brest*, 28 juillet 1942 notamment.

C'est que la Relève connaît bien des difficultés. Et dès les premiers jours. Le préfet de Seine-et-Oise note, en juillet 1942 : « Chez une population ouvrière qui, pendant des années, a été quotidiennement excitée contre le fascisme et l'hitlérisme et qui rend maintenant l'occupant responsable de toutes ses misères, il n'est pas surprenant que la perspective d'aller travailler en Allemagne, fabriquer directement ou indirectement un matériel destiné aux troupes qui combattent la Russie, n'ait pas soulevé un bien grand enthousiasme. »

Pour un préfet satisfait — celui de la Gironde qui espère enregistrer « aux environs du 10 août » le 5 000e départ pour l'Allemagne —, tous les autres, en juillet, font part de leur déception. Déception qui ne fera que croître. En septembre, ils se montrent unanimes : les retours de prisonniers sont trop peu nombreux pour susciter l'enthousiasme. En octobre, le préfet de Loire-Inférieure signale à son ministre que « la propagande faite dans la presse au sujet de la Relève et du départ des ouvriers français en Allemagne donne souvent des résultats contraires à ceux attendus ».

Les délégués à l'Information ont, certes, visité les principaux centres industriels, déployé, dans tous les départements, « une intense activité », mais les résultats sont minces. Comme sont minces les résultats des efforts de séduction de la propagande allemande : personne, à Châtellerault, pour prendre part au repas organisé par les autorités allemandes pour 200 ouvriers spécialisés de la manufacture d'armes et pour leur famille. En prévision de cette manifestation, les occupants avaient cependant demandé le déblocage de stocks de viande, de vin, ils avaient loué un piano et retenu les services d'un pianiste. Vains efforts.

Le 9 juillet 1942 — dix-sept jours seulement après le discours de Laval —, lors de la réunion du Comité d'information ouvrière et sociale, la liste des raisons qui expliquent les réticences ouvrières est établie. Au premier plan, la médiocrité des conditions matérielles de vie, un évident manque de confiance dans la parole du Führer, enfin l'influence d'une propagande gaulliste, communiste et anglaise très active.

Après avoir écouté le discours de Laval, Henri Frenay, qui a immédiatement compris le danger que représente le chantage aux prisonniers, adresse une instruction aux chefs de région de *Combat* et une autre à la rédaction du journal du mouvement afin que soit violemment attaqué « Laval, le marchand d'esclaves, l'homme qui souhaite la victoire d'Hitler ».

Tiré à 80 000 exemplaires, le clandestin *Combat* dénoncera donc « la criminelle comédie de la Relève » et demandera aux Français d'employer les chômeurs « à la campagne, dans [leurs] jardins, dans [leurs] maisons ».

L'Humanité a la même attitude. C'est dans un numéro du 10 juillet 1942 que se trouve racontée l'histoire des ouvriers d'une petite usine récemment fermée (aucune autre précision n'est donnée) à qui l'inscription au chômage a été refusée. « On leur indiqua qu'ils devaient partir en Allemagne, ce à quoi ils ripostèrent en partant à la campagne chez des paysans qui les ont accueillis. Ces ouvriers aident les paysans, ils vivent et ils ont la satisfaction de ne pas prolonger l'existence du bandit Hitler. »

« Ouvriers, partez à la campagne », c'est le slogan de *L'Humanité* clandestine du 31 juillet qui annonce que, devant l'échec du plan Laval, « les boches se préparent à réquisitionner les affectés spéciaux et à faire des razzias d'ouvriers ».

> Affectés spéciaux, partez à la campagne, travaillez chez les paysans ou enrôlez-vous dans les groupes de FT et P.
>
> Camarades ouvriers, n'allez pas en Allemagne, résistez, luttez par tous les moyens contre les recruteurs d'esclaves...

Le mot « maquis » n'est pas encore écrit, mais les maquis sont en train de naître. Comme se perfectionnent rapidement les moyens de la Résistance.

En septembre 1942, *L'Humanité* conseille des manifestations dans les gares : « Aidez les ouvriers à se sauver, entraînez les femmes à obstruer les voies, tous les voyageurs seront avec vous. Si on vient vous chercher chez vous, défendez-vous avec vos voisines, sortez les racoleurs à coups de balai, rossez-les. »

De son côté, « Ici Londres » multiplie les appels à la résistance.

« Chaque ouvrier français se rendant dans le IIIe Reich libère un ouvrier allemand qui ira sur le front russe [1]... » « Chaque travailleur français se rendant en Allemagne, c'est un otage pour les nazis [2]... » Ces phrases, répétées à chaque émission, l'affirmation que les périls courus lors des bombardements sont, en Allemagne, plus grands qu'en France, qu'il serait plus simple de travailler dans des usines françaises pour l'Allemagne plutôt que de s'expatrier vont entraîner, en réaction, de la part du Centre d'information du travail français en Allemagne la publication d'un petit catéchisme.

Travailler en France plutôt qu'en Allemagne ?

Non, car « la difficulté des transports empêche d'approvisionner les usines françaises en matières premières ».

Les bombardements de l'aviation alliée ?

Ils ne sont pas plus fréquents que sur les banlieues ouvrières de Billancourt, d'Argenteuil, de Rouen.

Les difficultés matérielles rencontrées par les familles des volontaires ? Le gouvernement français garantit aux familles des avantages

1. Les communistes utilisent également les mêmes arguments. « L'ouvrier français qui part dans les usines du Reich ne fait pas la relève des prisonniers ; il fait la relève des ouvriers boches qui sont envoyés sur le front de l'Est où les armées hitlériennes se font décimer », *L'Humanité* du 25 juillet 1942.

2. 6 juillet 1942.

substantiels tels que le demi-salaire et le service de la main-d'œuvre française en Allemagne (18, rue de Madrid) se met à leur disposition pour les conseiller, pour les aider.

Mais, en vérité, seul un retour MASSIF de prisonniers de guerre aurait été susceptible d'ébranler le scepticisme des ouvriers français et de contrebattre efficacement la propagande anglaise.

Cette propagande qui fait, à bon escient, remarquer que la proportion des prisonniers rapatriés ne sera pas de *un pour trois* volontaires mais de *un pour cinq*, puisque les non-spécialistes (les Allemands en réclament 100 000) ne comptent pas pour la Relève et n'entraînent *pas un seul retour.*

De un pour cinq. Ou même de un pour douze. C'est ce que Maurice Schumann explique le 13 août.

— Nous vous disions avant-hier : la Relève, telle que Laval la définit, cela consiste à maintenir vingt-quatre prisonniers de guerre sur vingt-cinq dans les stalags et les oflags et à troquer le vingt-cinquième contre dix ouvriers, dix prisonniers de l'armistice. D'après les chiffres donnés à Vichy même, cette proportion monstrueuse — un Français libéré pour dix Français livrés — est encore supérieure à la honteuse réalité. En effet, la statistique officielle dressée par la compagnie négrière [1] porte que, depuis le premier appel de Laval jusqu'au 1er août, 38 000 travailleurs ont pris le chemin de l'Allemagne, dont 8 000 ont été reconnus par l'ennemi comme ouvriers qualifiés. Or, comme il faut trois ouvriers qualifiés pour libérer un prisonnier, cela revient à dire que la livraison de 38 000 ouvriers entraîne la libération de 2 700 prisonniers… 2 700 pour 38 000, soit à peu près un pour douze. »

Le pourcentage trop restreint des libérés ; le fait que la Relève — et la presse reçoit l'ordre d'insister constamment sur ce qui est plus qu'un détail — ne saurait être individuelle, mais collective, un frère ne pouvant faire revenir un frère ; les retards apportés aux premiers rapatriements ; la priorité accordée au retour des prisonniers paysans au détriment des ouvriers, plus utiles à l'Allemagne ; la contre-propagande des résistants, tout contribue à l'échec rapide de l'idée lancée le 22 juin par Pierre Laval.

1. Schumann parlera aussi, le 14 septembre, de « la traite des Blancs ».

3

DE L'ÉCHEC DE LA RELÈVE AU STO

Rien n'a été négligé, cependant, pour faire de l'arrivée du premier train de prisonniers libérés un succès de propagande et un succès populaire.

Le « premier train » pénètre en gare de Compiègne le 11 août 1942 mais, pour faire patienter des milliers de familles qui sont en droit d'espérer même si, jusqu'au dernier moment, nul ne connaît le nom des libérés [1], la presse a déjà annoncé l'arrivée de ce premier train le 5, le 8 et le 21 juillet !

Il arrive enfin, après qu'à la frontière ceux qui sont désormais des ex-prisonniers ont été salués par M. Wahrburg, représentant du gauleiter Sauckel, qui a souligné, comme il se devait, que les rapatriements seront toujours liés aux départs des travailleurs français.

Le 12 août, tous les journaux de zone occupée rendent compte avec effusion d'un événement dans lequel les collaborateurs les plus sincères veulent voir un acte au moins aussi important que Montoire. Huit colonnes et quatre photos en première page du *Petit Parisien*, cinq colonnes et quatre photos dans *Le Matin*. Et voici, particulièrement intéressant, jusque dans ses « clichés » journalistiques, le reportage paru dans *L'Œuvre*.

> 8 heures. Gare du Nord… sur la voie 21, un long train spécial, véritable paquebot sur rails, va transporter, au-delà du Rhin, des ouvriers et ouvrières qui vont travailler en Allemagne : le train de la Relève.
>
> … Maintenant, le train roule, il a sans doute hâte de se rendre à un sérieux rendez-vous. Il doit, en effet, se croiser, en gare de Compiègne, avec le premier train de prisonniers libérés, grâce à cette Relève dont on espère tant. Cette rencontre symbolique, d'une garde montante et descendante sans armes,

---

1. Des listes ont été envoyées dans les camps par le ministère de l'Agriculture. Et dans la feuille *Le stalag vous parle*, on peut lire, à la date de novembre 1942 : « L'homme de confiance communique : invité par les autorités allemandes à soumettre les cas intéressants qui pourraient concerner la Relève, il m'a été précisé de donner la préférence, dans les catégories, aux agriculteurs. »

se devait d'être marquée par une manifestation officielle... Un important service d'ordre maintient les curieux à une distance respectueuse de la gare. Les cinéastes chargent leurs appareils, les radio-reporters disposent leurs micros... A 9 h 55, sans se faire annoncer et sans faste, comme s'il s'agissait d'un service régulier normal, un train vient se ranger le long du quai, côte à côte avec celui des ouvriers.

Ce train, malgré les apparences, n'est pas un train comme les autres. Les voyageurs, dont on aperçoit les calots et les vestes kaki, voyagent sans billets... Ils ont mieux en poche : un modeste papier portant plusieurs cachets... Cet imprimé, sans valeur apparente, vaut pourtant une fortune : c'est la liberté !... M. Pierre Laval, veston noir, pantalon rayé, cravate blanche, l'air soucieux [1], s'avance... Visiblement ému, le chef du gouvernement jette un regard sur les prisonniers et les ouvriers qui fraternisent et les salue de la main. Et aussitôt des cris de « Vive Pétain ! Vive Laval » retentissent.

Le discours de Pierre Laval, prononcé en présence de Benoist-Méchin, de Scapini, de Paul Morand, de Chambrun, de Ritter, délégué de Sauckel, du conseiller d'ambassade Schleier et du lieutenant-colonel Schwendemann, est dénué d'optimisme : « Comme je voudrais pouvoir dire des paroles d'espérance à tous ceux qui restent dans les camps... Une politique de compréhension, conforme aux intérêts de la France, comme celle de Montoire, aurait pu accélérer leur retour. Elle était trop audacieuse pour être comprise et spontanément acceptée par tous. C'est pour tenter de reprendre cette politique que je suis aujourd'hui au pouvoir et, si je me heurte à des difficultés, je reste néanmoins toujours confiant. Dans les combats gigantesques et victorieux, le Reich engage tous ses hommes. L'heure des libérations massives est passée et l'Allemagne a besoin de main-d'œuvre... » Il est vrai que Laval répond à Ritter qui a évité de donner des précisions sur les libérations futures. Il est vrai, surtout, que Laval n'ignore ni l'échec de la Relève ni l'ambition des nouveaux plans allemands de prélèvement de main-d'œuvre.

Tandis que le train des ouvriers s'éloigne en direction de l'Allemagne, les ex-prisonniers sont conduits dans une annexe de la gare où, après avoir pris une douche, ils sont habillés, reçoivent du tabac, un peu d'argent, des vivres pour vingt-quatre heures, la possibilité de prévenir leur famille grâce à une formule de style télégraphique : « Retour captivité Compiègne, en bonne santé, arriverai probablement le... »

Puis, par groupes de cent ou deux cents, les passagers du train [2] seront acheminés vers leurs provinces respectives. Sur les wagons qui les transportent alors, toujours les mêmes inscriptions. Calligraphiées, elles témoignent davantage de l'efficacité de la propagande que de la joie — incontestable — des rapatriés : « VIVE PÉTAIN », « VIVE LAVAL », « NOUS RENTRONS GRÂCE À LA RELÈVE », « PENSEZ À CEUX QUI RESTENT ».

1. Plusieurs journalistes et personnalités officielles noteront l'air préoccupé de Pierre Laval.

2. 1 200 à 1 300 selon différentes sources.

Ainsi ce sont, réduits à trois, quatre ou cinq wagons, plusieurs « premiers trains de la Relève » qui vont se diriger vers la Bretagne [1], le Sud-Ouest, la zone libre.

Vers Paris, où les libérés arrivent le 12 à 10 heures et sont accueillis par Trochu, président du conseil municipal, Charles Magny, préfet de la Seine, Amédée Bussière, préfet de police, aux accents de marches militaires jouées par la fanfare de la Garde.

Les journaux publient naturellement des interviews. Celle de ce cultivateur normand qui, en Prusse-Orientale, faisait cinq repas par jour [2]. De quoi rêver en ces temps de misère !

Celle de ce paysan de Beaumont-les-Autels :

— Qu'est-ce qui vous a fait la plus grande joie au retour ?

— Ça ne se demande pas : embrasser la femme et les gosses… et puis voir que tout est en ordre avec une jument que je ne connais pas. Une idée riche qu'a eue ma femme de l'acheter à temps.

— Et votre plus grand plaisir ?

— Boire un verre de cidre, ça manquait là-bas [3].

Le 17 septembre, un autre train en provenance d'Allemagne arrive à Compiègne et c'est l'occasion, pour le Centre d'information du travail français en Allemagne, d'insister auprès de la presse sur « les mensonges de la propagande étrangère ». « En échange d'ouvriers spécialistes, des prisonniers nous sont rendus : la Relève est une réalité », conclut la note d'orientation du 18 septembre. En zone non occupée, la consigne n° 734 impose un titre sur trois colonnes qui doit s'inspirer d'une phrase de Fernand de Brinon.

Ce jour-là, Louis Marchal, qui habite près de Toul, Émile Colin, le Vosgien, Louis Martin, de Cognac, Gabet, de Maubeuge, Robert Hérault, de Bordeaux, deux Parisiens, Georges Estringes et Aimé Bessy, rapatriés bien qu'ils ne soient pas paysans, mais parce que leur femme est morte et que leurs enfants sont orphelins, se voient ainsi fêtés par une presse qui exploite leur retour pour le plus grand bénéfice de la collaboration, cependant que la presse clandestine communiste donne de la rencontre des trains de libérés et des trains de volontaires des récits aussi partiaux et, sans doute, aussi inexacts que les récits de la presse de la collaboration.

Voici, en effet, selon *L'Humanité* de septembre, ce qu'auraient crié, en gare de Belfort, des libérés à leurs libérateurs.

— Salauds ! Vous allez faire prolonger la guerre. L'Allemagne est foutue, nos copains reviendront bien sans vous, partez vite, retournez chez vous, sans cela nous allons récupérer des forces pour vous casser la gueule, mais vous ne reviendrez pas, car les boches eux-mêmes en ont

1. Le 14 août, *La Dépêche de Brest* annonce ainsi que « le premier train de la Relève est arrivé en Bretagne ».
2. *Aujourd'hui*, 13 août 1942.
3. *Id.*, 18 août 1942.

assez et ils sauront régler leur compte, le moment venu, à tous ceux qui ont participé librement à prolonger leurs chaînes.

C'est le 13 septembre qu'arrivera, en France, le train qui, de tous les trains de prisonniers de guerre libérés, recevra de la presse, et sans doute de l'opinion, le meilleur accueil : celui qui a ramené les prisonniers de la région dieppoise, libérés par Hitler en remerciement de l'« attitude disciplinée » de la population lors de la tentative de débarquement anglo-canadienne du 19 août.

Après neuf heures d'une bataille au cours de laquelle ils ont perdu 4 500 officiers et soldats, tués, blessés et prisonniers[1], les assaillants ont dû se retirer à 13 h 30. La population dieppoise, terrée dans les abris (il y aura toutefois 50 morts et 100 blessés civils[2]) n'a pas bronché et n'a pas vu grand-chose[3]. Tirée du lit à partir de 3 h 45 par les premières explosions (il n'y a pas eu de bombardements aériens), privée de téléphone, puis d'électricité à partir de 8 heures, ne sachant rien de ce qui se passe à l'extérieur, n'ayant, sauf exception, nullement l'occasion de se trouver en position d'aider ou de renseigner un Britannique et, la bataille se déroulant principalement sur les plages, écartée évidemment des lieux d'une action que l'intensité du feu lui aurait interdit d'observer, qu'eût-elle pu faire d'ailleurs ?

De surcroît, à partir de 6 h 15, la BBC a diffusé des consignes d'abs-

---

1. Les Allemands perdront en tués, disparus et blessés 333 hommes. Le nombre des avions abattus est de 106 pour la Royal Air Force (les Allemands annoncent 127, les Anglais disent 98) contre 48 allemands (35 d'après le communiqué de la Wehrmacht, 91 d'après les Anglais).

Par ailleurs, d'après le communiqué allemand, les Britanniques auraient perdu quatre contre-torpilleurs, deux torpilleurs, sept transports, un patrouilleur, une embarcation de débarquement, deux canonnières et une vedette rapide. En réalité les Britanniques perdront le destroyer *Berkeley*, 5 LCT (embarcations de débarquement portant 3 chars), 28 LCP et LCA (embarcations portant soit 25 soit 35 soldats). Les 30 chars débarqués ont tous été détruits.

Les Anglais avaient engagé notamment le régiment écossais de l'Essex et le Royal Hamilton qui avaient pour mission de prendre la ville de Dieppe et de l'occuper jusqu'au soir, le régiment royal du Canada, le régiment de Saskatchewan et le Queen's Own Cameron Highlands, ainsi que deux unités de commandos.

Plusieurs Français libres (aviateurs et commandos notamment) ont participé à l'opération contre Dieppe. L'un d'entre eux, le second maître B. évoquera son combat sur les antennes londoniennes le 28 août.

2. 25 tués et 85 blessés selon *Le Temps* du 22 août, mais les chiffres iront augmentant. Le 19 mai 1942, *La Vigie de Dieppe* avait protesté contre le petit nombre d'abris. Une partie de la population de Dieppe (259 personnes dont 168 enfants) avait été évacuée pour des raisons militaires en direction de l'Oise le 11 mai 1942.

< 3. On trouvera dans le numéro XLVI en date du 9 juillet 1945 du *Bulletin des Amys du Vieux Dieppe* le texte de la communication faite par M. Georges Guibon qui a, au jour le jour et, ainsi qu'il l'écrit, « en simple citoyen », noté bien des détails intéressants. Pas plus que les autres Dieppois il n'a pu avoir une vue globale de l'événement. (Le texte de M. Guibon, publié d'ailleurs également par le Syndicat d'initiative de Dieppe, m'a été communiqué par M. Cadillat, l'un des bénéficiaires de la libération des prisonniers originaires de Dieppe et de sa région.) >

tention : « Français, ceci est un coup de main et non pas l'invasion. Nous vous prions instamment de n'y prendre part en aucune façon… »

Quoi qu'il en soit, et même si une partie de la population, les combats terminés, a manifesté sa sympathie envers les blessés [1] ou les prisonniers anglais et canadiens, même si elle a fleuri les tombes, prié (deux cents personnes dans la chapelle de Berneval le 20 août) pour le repos de l'âme des morts, les occupants décident de transformer leur indiscutable succès militaire en un non moins indiscutable succès politique.

Ils y sont aidés, d'ailleurs, par le télégramme, signé Pétain, mais dont on discute toujours la véritable paternité, adressé le 21 août de Vichy à Paris, à l'intention de M. de Grosville, attaché au cabinet de Benoist-Méchin, chargé de le transmettre à Berlin [2].

> Vichy, le 21 août 1942.
>
> Monsieur le Chancelier du Reich,
>
> A la suite de l'entretien que je viens d'avoir avec le président Laval et après la dernière attaque britannique qui s'est déroulée cette fois-ci sur notre sol, je propose d'envisager la participation de la France à sa propre défense.
>
> Si, en principe, vous y consentez, je suis tout disposé à examiner en détail les modalités de cette participation.
>
> Je vous prie, Monsieur le Chancelier du Reich, de considérer cette initiative comme l'expression sincère de voir la France apporter sa contribution à la protection de l'Europe.
>
> Signé : Philippe PÉTAIN

Inventé et transmis à Paris par les ultras de la collaboration qui n'en étaient pas à un subterfuge près, ou véritablement lu, approuvé et signé par Pétain dans un moment d'aberration, car le texte contredisait sa politique et ne reflétait pas son style, ce télégramme à l'intention d'Hitler ne *sera pas reproduit par la presse de zone occupée* [3] qui, en revanche, publiera le texte suivant.

< 1. M. Georges Guibon (*op. cit.*) écrit qu'il s'est penché sur un blessé anglais et lui a dit « *Thank you for what you have done* ». A la date du 23 août, il signale que la tombe collective des soldats alliés (il y a déjà là 221 Canadiens et 2 Américains) a été « arrangée par des ouvriers français très pieusement : elle est couverte de fleurs, surtout des hortensias. Au milieu est étendu un grand drapeau anglais, troué, maculé de sang. Il était enroulé autour du corps d'un officier. Je remarque une gerbe où une écriture enfantine a inscrit sur une carte "A nos valeureux alliés, à leur bravoure, avec nos hommages et nos pensées". Le gardien l'enlève comme il l'a fait pour beaucoup d'autres, par prudence, car les Allemands n'ont que des couronnes officielles. Des gens se recueillent. Des femmes font le signe de la croix. » >

2. Parmi les chefs d'accusation contre le maréchal Pétain, la Haute Cour de justice ne retiendra pas ce télégramme.

Robert Aron (*Histoire de Vichy*, p. 530-532), après avoir passé en revue ceux qui se prononcent en faveur de l'authenticité du télégramme (M. Lacoste, contrôleur des PTT, chargé du téléscripteur entre Vichy et la délégation française en zone occupée, Fernand de Brinon, Abetz) et ceux qui la nient (le maréchal Pétain, Jardel, Rochat, Pierre Laval), n'estime nullement invraisemblable la thèse du télégramme « fabriqué » et transmis à Paris par certains ultras de la collaboration.

3. Contrairement à ce qui sera affirmé, au moment du procès Pétain, par l'un des jurés, M. Pierre-Bloch.

Le maréchal Pétain et M. Pierre Laval, chef du gouvernement, ont prié M. de Brinon de transmettre au haut commandement allemand en France leurs félicitations pour le succès remporté par les troupes allemandes qui, par leur défense, ont permis le nettoyage rapide du sol français.

De ce dernier communiqué dont Pétain, interrogé par son entourage, dira immédiatement : « Je n'y suis pour rien, absolument, c'est un faux de cette ordure de Brinon », de ce communiqué, *qui n'est pas publié par les journaux de zone libre*, auquel le Conseil des ministres du 21 août ne fait nullement allusion, la propagande pro-allemande fera grand usage. Non seulement il s'étale en première page des quotidiens, mais il nourrit les commentaires. A son sujet, Radio-Paris parle d'« acte décisif » qui inscrit la France « dans le vaste mouvement révolutionnaire qui ébranle le monde ».

Et conclut : « C'est la première fois en effet que, deux ans après une effroyable défaite, le chef de l'État vaincu se retourne vers l'armée du vainqueur, pour la remercier [1] ».

Pourquoi ne pas amplifier, par un acte de générosité, la répercussion que la rapide victoire allemande et la satisfaction, vraie ou fausse, manifestée par Vichy ont eue sur l'esprit de beaucoup de Français ?

Transformant une importante opération de diversion en tentative de débarquement, les Allemands ont tout intérêt, en effet, à interpréter en leur faveur les sentiments d'une population avant tout PASSIVE, passivité qu'ils transforment en hostilité envers l'assaillant, en « loyauté » — le mot sera prononcé, on le verra — à l'égard de l'occupant [2].

Au maire de Dieppe, René Levasseur, grand blessé de la guerre précédente, le chef de la Kreiskommandantur remet, le 21 août, une somme de dix millions en faveur des sinistrés. Et comme le maire, après l'avoir remercié, comme le feront également Pétain et Laval, alors que cet argent n'est que de l'argent français, poursuit :

— L'argent, c'est quelque chose, mais les prisonniers !... les Allemands décident que tous les prisonniers domiciliés dans les localités du secteur de combat de Dieppe (Dieppe, Arques-la-Bataille, Pourville, Petit-Appeville, Neuville et Hautot-sur-Mer) seront immédiatement libérés [3].

---

1. « Nous donnons volontiers acte à Radio-Paris, dit « Ici Londres » dans son émission de 20 h 30 du 24 août 1942, que c'est la première fois que l'on voit une chose pareille. »

2. Chacun s'efforce, d'ailleurs, de « tirer à soi » la population. Le 21 août, dans le cadre de l'émission « Les Français parlent aux Français », le colonel Sutton lit un message émanant du haut commandement britannique, message félicitant les Dieppois de leur « sage attitude » et de la manière « scrupuleuse » dont ils ont suivi les consignes diffusées par la BBC, consignes recommandant d'éviter toute action susceptible de compromettre la sécurité des populations civiles.

3. Sont exclus les hommes originaires de Berneval et de Varengeville où la population s'est montrée favorable aux Anglais qui, notamment à Varengeville où les six pièces d'artillerie de la batterie Hess ont été détruites par le commando n° 4, ont remporté quelques succès.

L'attitude de la population française a été *plus que correcte*[1], indique le communiqué allemand porteur de la bonne nouvelle, malgré les pertes qu'elle a subies, elle a *assisté*[1] les troupes allemandes dans leur combat en leur rendant des *services de toutes natures*[1]. Elle a éteint les incendies, soigné les blessés, *pourvu les formations combattantes*[1] de vivres et de boissons.

C'est donc « en reconnaissance » d'une attitude, qui, d'après les rapports de la 302e division allemande engagée dans le combat, n'a pas dépassé, ici et là, l'offre de bicyclettes à des soldats montant en ligne, la distribution de boissons et de cigarettes à des blessés et, rarement, quelques renseignements sur la présence de soldats anglais ou canadiens que, généralisant avec habileté, les Allemands libéreront près de 1 200 prisonniers.

Les choses se déroulent très vite. La décision de Hitler est annoncée le 31 août. Les hommes arrivent en France le 13 septembre. Eugène Arcassin, qui travaillait en commando, a été prévenu de sa libération par ses compagnons d'atelier allemands instruits de ses origines dieppoises. Le lieutenant Thoumyre, par un officier allemand de son camp.

Y a-t-il eu, ici et là, comme cela se produit dans plusieurs camps à l'occasion de la Relève, des manifestations de recueillement sur les tombes des soldats français morts en captivité et devant les monuments aux morts des villes allemandes voisines[2] ? Je l'ignore mais, rassemblés à Trèves, les Dieppois partent en convoi sous la direction du capitaine Robbé, après avoir entendu le commandant allemand du camp les féliciter de l'« attitude loyale » de leurs concitoyens.

A 2 heures du matin, le 13 septembre, les voilà à Châlons-sur-Marne où le Secours national les ravitaille. A Trilport, leur train croise un train de volontaires en route vers l'Allemagne.

Les wagons se couvrent bientôt d'inscriptions « VIVE LA FRANCE ! VIVE PÉTAIN ! VIVE LES DIEPPOIS ! VIVE LAVAL ! VIVE LA NORMANDIE ! », mais aussi, selon *La Dépêche de Brest* du 14 septembre, de « MERCI AU CHANCELIER HITLER ».

Serqueux. « C'est une petite gare bien banale avec sa grande place, à deux kilomètres environ de Forges-les-Eaux ». Ainsi débute un reportage publié le 14 septembre. C'est vrai. La gare est triste, grise, banale en effet. Mais, pour la circonstance, elle a été fleurie, voilée de draperies multicolores, ornée d'un portrait du maréchal Pétain. Lorsque les prisonniers arrivent, ils sont accueillis, du côté français, par Fernand de Brinon,

1. Je souligne intentionnellement.
2. « Le détachement repartit (le 27 octobre) vers le monument érigé par la ville en l'honneur des soldats allemands tombés au cours des deux conflits. Là, il fit face ; un homme se détacha et posa la gerbe liée à nos couleurs. La minute qui suivit, lourde de pensées, lourde de sens, ne nous montra-t-elle pas, une fois de plus, la vanité de toutes les luttes qui ont divisé nos deux peuples, jusqu'alors ? Puissent des instants comme ceux-ci amener à plus de compréhension et d'entente dans la voie qui nous est tracée. » (*Le stalag XVIII C vous parle.*)

par Scapini, par le général Sallan, représentant le ministre de la Guerre, ainsi que par Benoist-Méchin, Bouffet, préfet régional de Normandie, Sassier, sous-préfet de Dieppe, Levasseur, maire de Dieppe ; du côté allemand, par le colonel von Zidzewitz, *Feldkommandant* de la région de Rouen, le ministre Schleier et le commandant von Rosenberg. C'est von Zidzewitz qui, depuis l'estrade installée au fond de la petite place de la gare, parle le premier. Derrière lui, immense, le portrait de Philippe Pétain.

— Camarades français, au moment où vous foulez le sol de votre belle patrie, je vous apporte le salut du commandant militaire en France. Lorsque l'Anglais tenta de fouler le sol de la France, autorités et familles ont su garder une attitude disciplinée. Sur l'ordre du Führer, vous êtes redevenus libres. Dans vos foyers, vous serez les pionniers d'une France nouvelle.

Après von Zidzewitz, Fernand de Brinon :

— Cette libération qui vous remplit tous d'allégresse, vous la devez avant tout à un vainqueur qui sait accomplir les grands gestes généreux et symboliques [...]. De tels actes ne peuvent pas ne point engendrer des conséquences profondes [...].

C'est au tour maintenant de Bouffet, de Levasseur puis du capitaine Robbé qui affirme, au nom de ses camarades : « Nous sommes pleins d'ardeur pour nous mettre aux ordres du Maréchal, quels qu'ils soient », cependant que les garçons des formations de jeunesse entonnent *Maréchal, nous voilà !*

Les discours toutefois ont moins d'importance que les retrouvailles car une partie de la population de Dieppe a fait le voyage jusqu'à Serqueux. Femmes, enfants, pères et mères, toutes et tous les voilà jetés dans les bras des prisonniers. Et il leur est indifférent qu'autour de leur joie bourdonnent photographes français et allemands. On s'empresse autour de M. Motte, d'Arques-la-Bataille, qui, en une minute, vient de retrouver ses trois garçons — le quatrième a été tué en 1940 — et qui, costume du dimanche, grosses moustaches blanches, six dahlias à la main, pose volontiers en compagnie des libérés. On photographie Kurz qui vient de retrouver ses deux enfants, Marcel Bréard qui tenait une épicerie route du Havre, Maillard qui se jette dans les bras de sa femme.

Après quelques formalités, le cortège repart pour Dieppe où la foule, qui a rompu les barrages, s'est ruée dans le hall et sur les quais.

Commentaire de *La Dépêche de Brest* le 14 septembre : « Le retour des prisonniers dieppois a donc un sens politique qu'il serait vain de nier. Il constitue une nouvelle étape dans le rapprochement franco-allemand [...]. Par-dessus tout, il est un exemple. Pourquoi ne pas saisir la chance qui nous est ainsi offerte [1] ?... »

1. A titre anecdotique, je signale que la *même* photo illustre, dans *La Dépêche de Brest*, les articles consacrés, le 14 août, au premier train de PG libérés et, le 14 septembre, au train de PG dieppois.

En apparence, la libération des prisonniers dieppois paraît un sommet de la collaboration. En réalité, l'épisode n'a qu'une portée locale. Au moment où il se produit, la Relève, déjà, a échoué. Ce n'est plus qu'un mot. Une coquille vide.

Pour l'Ariège, au mois d'août, seulement 42 départs; pour l'Isère, toujours en août, 80; dans les Ardennes, 109 volontaires dont 34 spécialistes entre le 15 juin et le 15 juillet; dans le Vaucluse, 5 ouvriers dont 3 spécialistes sont partis par un premier convoi, si l'on ose le mot, le 3 juillet, 39 le 22 juillet et 29 le 30 du même mois.

Peut-on avouer qu'étrangers et Nord-Africains composent un pourcentage important des volontaires [1] ?

Peut-on avouer que tous les efforts de propagande, ces appels presque quotidiens dans la presse, au nom du gouvernement, mais également des partis de la collaboration [2], ces tracts, ces bandes dessinées [3], ces affiches sur les murs montrant des prisonniers libérés souriant, depuis le wagon du retour, à leurs libérateurs et n'oubliant pas leurs camarades de captivité : « Il en reste, relevez-les ! », oui, peut-on avouer que tous ces efforts, cette littérature et cet argent ont seulement permis le doublement du faible courant de volontariat qui existait avant le 22 juin ?

Et ce n'est pas l'annonce, faite le 8 août, qu'il sera permis aux catholiques français de remplir en Allemagne leurs devoirs religieux qui accélère les cadences d'embauche !

Que l'échec évident doive avoir des conséquences graves pour la France, le bulletin de la Légion française des combattants du milieu du mois d'août 1942 l'affirme.

Texte intéressant, jusque dans sa naïveté et ses demi-aveux.

> De quelle opération s'agit-il? Où en sommes-nous? Au printemps, les Allemands, engagés dans une bataille sans merci où l'Europe entière est en jeu et où ils ont besoin de toutes leurs forces, ont pris de la main-d'œuvre dans les

1. Dans le Vaucluse, par exemple, au 28 janvier 1943, il est parti 662 ouvriers dont 111 étrangers et 53 Nord-Africains.

Au Maroc, le général Noguès s'opposera à tout recrutement.

« Il n'y a pas de chômage ici », déclare-t-il au consul général Auer qui lui demande de favoriser l'embauche pour l'Allemagne.

A quoi Auer réplique ironiquement que, quarante-huit heures après le discours de Laval, 40 volontaires, déjà, s'étaient présentés à ses bureaux.

En Algérie, à partir de juillet 1942, des tournées de propagande en faveur de la Relève ont été organisées par le secrétariat d'État à l'Information. Guilbaud, chargé de mission, est le principal orateur de ces manifestations.

2. Le RNP, dans ses appels, insistera bientôt sur la qualification professionnelle que les volontaires auront la possibilité d'acquérir. « Vous, les jeunes qui n'avez pas de métier, vous avez une excellente occasion d'en apprendre un tout en gagnant un salaire important. Justement, des écoles d'éducation ou de rééducation professionnelle ont été organisées à votre intention, d'où, après le stage de quelques semaines, vous partirez en Allemagne où vous apporterez votre contribution à la victoire de l'Europe socialiste, contre la barbarie bolcheviste et la ploutocratie anglo-saxonne, responsables de nos malheurs actuels. »

3. Notamment *L'Aventure de Célestin Tournevis.*

territoires qu'ils occupent. Ils en ont pris plusieurs millions en Pologne, en Norvège, en Hollande, en Belgique.

En France, ils ont demandé à M. Laval 350 000 ouvriers dont 150 000 spécialistes.

M. Laval a discuté et obtenu qu'en échange des 150 000 spécialistes 50 000 prisonniers soient rendus… Malheureusement, les ouvriers n'ont pas compris cet effort du gouvernement ou, tout au moins, y ont mal répondu, puisque 17 000 spécialistes seulement sont partis[1].

Le 28 août, mais la consigne sera rappelée le 11 septembre, les journaux se verront donc interdire la publication d'informations chiffrées concernant les départs de trains d'ouvriers : « De telles informations contribuent, en effet, à fausser l'esprit du public et vont à l'encontre du but visé. Le lecteur, en trouvant quotidiennement dans son journal des comptes rendus de départs de trains d'ouvriers, s'imagine que les engagements de travail pour l'Allemagne *sont beaucoup plus nombreux qu'ils ne sont en réalité, et il s'étonne que les retours de prisonniers au titre de la Relève soient si rares*[2]. Les départs de trains devront être désormais mentionnés uniquement dans la presse locale de la ville où s'est formé le convoi[3]. »

Encore un peu de temps et Chasseigne, l'un des responsables de l'Information, dira avec amertume aux prisonniers libérés qu'il accueille en gare de Compiègne[4] :

— Vous êtes des hommes à qui il faut parler franchement. Vous devez savoir que c'est dans des conditions différentes de celles qui eurent lieu que nous aurions voulu voir s'effectuer cette Relève. Nous aurions aimé voir les ouvriers témoigner plus de compréhension du sort de ceux qui ont fait la guerre, ont combattu et ont subi les mois pénibles de la captivité. Nous aurions aussi aimé voir un plus large geste de fraternité. Vous devez savoir que nous avons reçu des insultes parce que nous voulions que vous reveniez.

Phrases désabusées qui semblent faire écho à ces phrases désabusées écrites, depuis leurs stalags, par des prisonniers et qui, non sans intention, sont publiées le 28 août par *Le Petit Parisien*, comme si la colère des captifs pouvait soit susciter un plus grand élan ouvrier, soit provoquer ou justifier un durcissement de la législation française.

« Tu te représentes cet empressement à venir nous relever ! écrit V. M., du stalag VIII C. Nous aurions compris le sens du mot "solidarité" si, au lendemain de l'appel de Laval, par centaines de milliers, les gars

1. « Autrefois, ajoute le bulletin d'information, les compagnons faisaient le tour de France. Le voyage annuel des maçons de la Manche ou du Limousin, des Savoyards vers Paris était plus long que le voyage d'aujourd'hui jusqu'à Berlin. » Ce thème du « tour de France », jugé sans doute très ingénieux, sera repris dans de nombreux articles et au cours d'allocutions.

2. Je souligne intentionnellement.

3. Inédit.

4. Le 26 novembre 1942.

s'étaient précipités pour l'embauche… On peut bien crever ici, ils s'en f… nos bons compatriotes.»

Et J. T., du III D : «Non, pas de volontariat : l'appel obligatoire, en commençant d'abord par les affectés spéciaux qui n'ont jamais été mobilisés… Nous ne sommes pas des prisonniers "volontaires", alors pourquoi faire du sentiment… Faire appel aux bonnes volontés, c'est perdre du temps.»

S'il est un homme déjà convaincu de cette vérité, c'est bien Fritz Sauckel.

Dès le 22 août, il a pris la décision de soumettre au travail obligatoire tous les hommes, toutes les femmes des pays occupés ou administrés par l'Allemagne. La France ne sera pas épargnée. Sauckel a choisi le 1er septembre pour date d'application d'une ordonnance qui prévoit notamment le classement de la main-d'œuvre par secteurs d'activité, l'alignement des conditions de travail sur celles du Reich, des réquisitions prioritaires pour les usines allemandes.

Cette ordonnance, les journaux d'août 1942 n'en soufflent mot. A peine, ici et là, trouve-t-on quelques allusions dans les notes de Limagne et dans celles de Nicolle.

Limagne, le 23 août : «Les Allemands viennent de décider des mesures terribles de réquisition de la main-d'œuvre "européenne".»

Nicolle, le 25 août : «Les départs d'ouvriers pour l'Allemagne sont très ralentis ; on s'inquiète fort, devant le petit nombre de volontaires, des conséquences des exigences allemandes qui s'affirment chaque jour. La réquisition est toujours envisagée.»

Si elle demeure encore ignorée de la quasi-totalité des Français, l'ordonnance du 22 août représente, pour le gouvernement, un véritable «coup de tonnerre». C'est l'expression employée par François Chasseigne qui, parlant à Cusset le 5 octobre au titre du secrétariat général de l'Information, devant des ouvriers de l'usine Manuhrin, évoquera la soudaineté et la brutalité des menaces allemandes.

«Je n'ai rien à vous cacher, l'opération qui a permis la "Relève" des prisonniers a été d'abord, de la part des Allemands, une demande pure et simple de main-d'œuvre… Cette demande de main-d'œuvre était d'abord une exigence des vainqueurs, des négociations furent engagées comportant une contrepartie…

«Très peu d'entre eux [les ouvriers] ont consenti à partir. Le résultat, c'est que, le 22 août, le commissaire allemand à la main-d'œuvre, voyant que les spécialistes ne partaient pas vite, qu'à la date du 15 septembre on s'était engagé pour que 150 000 hommes soient partis, *a édicté une ordonnance aux termes de laquelle la loi allemande du Travail, la semaine de cinquante-quatre heures, la possibilité pour l'Allemagne de réquisitionner dans les usines tout ouvrier et de le transporter là où elle le jugerait utile à sa production, sera appliquée à l'ensemble des territoires occupés par l'Allemagne*[1].

« Allions-nous laisser faire cela ?... poursuit Chasseigne. Le gouvernement français a négocié encore, il a discuté. »

C'est vrai. Informé de l'ordonnance Sauckel, Laval menace Abetz de sa démission si les décisions allemandes entrent en vigueur. Du diktat, l'on glisse à la négociation. Est-il possible cependant de ne rien proposer aux Allemands alors que Sauckel, au cours de la très rude entrevue qu'il a avec le chef du gouvernement français, fait remarquer que la France ne peut, seule, demeurer « les bras croisés », dans cette guerre dont l'Allemagne supporte tout le poids et pour laquelle tous les peuples conquis se trouvent mobilisés ?

— Là commence, dira Chasseigne au cours de son procès, une nouvelle négociation menée par le gouvernement, négociation dure où les notes s'échangent de jour en jour entre le Dr Michel, qui dirigeait l'administration allemande en France, et Laval, négociations coupées de réunions, d'échanges de textes, les refus de Laval alternant avec les exigences allemandes, jusqu'à ce qu'enfin, *en échange de la loi dite du service obligatoire*[1], on obtienne la suspension de l'application du décret Sauckel pour la zone occupée, y compris le Nord et le Pas-de-Calais.

« En échange... » C'est bien de cela qu'il s'agit.

Incapable, ce sont ses mots, de « maintenir la France dans [une] position "privilégiée" par rapport aux autres pays occupés », Pierre Laval élabore alors cette loi du 4 septembre 1942 qui concerne « toute personne du sexe masculin âgée de plus de dix-huit ans et de moins de cinquante ans et toute personne du sexe féminin, célibataire, âgée de plus de vingt et un ans et de moins de trente-cinq ans ».

A ceux qui lui font, et lui feront, grief d'avoir réduit le gouvernement et les administrations françaises au rôle d'agent d'exécution des volontés de l'ennemi, Pierre Laval répliquera :

— J'avais appris le jeu difficile de la négociation avec les Allemands et j'avais constaté que, plutôt que de leur opposer sans cesse des refus brutaux, qui les eussent certainement amenés à prendre des mesures de force, mieux valait m'efforcer de leur faire accepter des textes que les circonstances, le climat du pays et les consignes que je donnais et faisais donner aux préfets rendaient à peu près inapplicables[2].

Inapplicables ? On verra qu'il n'en est rien.

La loi du 4 septembre est certes moins contraignante que ne l'aurait été l'ordonnance de Sauckel ; elle s'applique à ces départements du Nord et du Pas-de-Calais que les occupants avaient jusqu'alors soustraits à l'administration française pour les diriger à leur gré ; elle limite l'âge des hommes et des femmes touchés par les réquisitions, mais comment les

1. Je souligne intentionnellement.
2. « Mémoire en réponse à l'acte d'accusation », Claude Gounelle, *Le Dossier Laval.*

Français pourraient-ils mesurer les périls que la loi française du 4 septembre évite puisqu'ils ignorent tout de l'ordonnance allemande du 22 août ? De la loi du 4 septembre, ils ne connaîtront que les désagréments et que les inconvénients moraux. Désagréments, inconvénients dont le gouvernement de Vichy assumera à leurs yeux toute la responsabilité puisque, pour protéger partiellement ses ressortissants et conserver encore un minimum de souveraineté, il a permis à l'occupant de s'effacer et de bénéficier, une fois encore, d'un évident transfert de responsabilité.

Ainsi que le diront quatre ministres — Auphan, Bonnafous, Leroy-Ladurie et Gibrat — qui livreront un combat retardateur, « même si le danger d'être polonisé existe, nous n'avons pas le droit de nous poloniser nous-mêmes ».

Dans le domaine de la réquisition de la main-d'œuvre, c'est cependant ce qui va se produire.

La loi du 4 septembre, publiée seulement le 13 au *Journal officiel*, assujettit donc les hommes de 18 à 50 ans et les femmes célibataires de 21 à 35 ans, « dont l'aptitude physique aura été médicalement constatée », à effectuer « tous les travaux que le gouvernement jugera utiles dans l'intérêt supérieur de la nation ».

Voici donc le gouvernement libre de fixer à chaque citoyen le métier qui lui plaît et le lieu où il devra l'exercer. L'Allemagne ? Son nom n'apparaît pas dans la loi du 4 septembre mais il est bien évident que les articles 8 et 9, selon lesquels les hommes devront « pouvoir justifier d'un emploi utile aux besoins du pays », faute de quoi ils pourront être assujettis « à un travail qui [leur] sera désigné par les services dépendant du secrétariat d'État au Travail », ne sauraient tromper grand monde.

La loi précise, dans son article 5, que les embauchages, aussi bien que les congédiements et les résiliations de contrat de travail, doivent être soumis à l'autorisation des services de l'Inspection du travail. Il s'agit là d'un piège dans lequel tomberont beaucoup de ceux qui sont tentés d'abandonner les usines dans lesquelles ils s'estiment menacés. L'inspecteur du travail de l'Ariège signale ainsi que, depuis la loi du 4 septembre, son service « se trouve en butte à des demandes constantes de départs d'ouvriers jeunes et dont la plupart évoquent comme prétexte le retour à la terre », demandes qu'il s'empresse d'ailleurs de rejeter.

Avec la loi du 4 septembre s'ouvre une période de six mois mal connue de la plupart des Français et même parfois, on l'a vu au moment de ce qu'il est convenu d'appeler « l'affaire Marchais [1] », des journalistes

1. C'est au mois de décembre 1942 que M. Georges Marchais a quitté la France pour aller travailler en Allemagne. Sans vouloir juger au fond ce qui demeure un cas personnel, il paraît nécessaire de faire remarquer que la grande majorité de ceux qui, trente-six ou trente-huit ans plus tard, ont évoqué « l'affaire Marchais » ont ignoré ou négligé la loi du 4 septembre 1942 et qu'ils n'ont pas pris conscience des évolutions législatives, administratives, politiques, intervenant entre juin 1942 (Relève) et février 1943 (STO).

qui se sont chargés de les informer. Période pendant laquelle le gouvernement français va s'efforcer, de plus en plus difficilement, donc de moins en moins hypocritement, de faire cohabiter volontariat et mesures de coercition, la part du volontariat ne cessant de diminuer dans des départs accélérés et intensifiés par les dispositions légales.

Sauckel, qui réclamait 250 000 travailleurs, dont 150 000 spécialistes, aura obtenu, au 31 décembre 1942, 239 763 hommes dont 137 400 spécialistes.

17 000 spécialistes et 47 000 manœuvres, soit un total de 64 000 hommes, ayant quitté la France entre le 1er juin et le 17 octobre 1942, il partira donc, en deux mois et demi (17 octobre-31 décembre), près de trois fois plus de travailleurs qu'en quatre mois et demi, ce qui montre à l'évidence, et par les chiffres, que l'obligation l'emporte désormais sur la séduction.

Mais l'ambiguïté entretenue jusqu'au mois de février 1943, donc jusqu'à l'institution du Service du travail obligatoire, va contribuer à brouiller dans la mémoire collective l'image de ces quelques mois de 1942 où débute et s'intensifie ce qu'il est convenable d'appeler le « volontariat forcé ».

Que le gouvernement de Vichy, l'occupant et la presse mélangent plus ou moins habilement les deux idées, il suffit, pour s'en convaincre, de feuilleter les collections des journaux de septembre et octobre 1942.

LE SERVICE NATIONAL
DU TRAVAIL EST CRÉÉ

annonce le quotidien parisien *Aujourd'hui le* 15 septembre 1942.

IL PEUT ÊTRE OBLIGATOIRE

est-il précisé en sous-titre. Et le commentaire, daté de Vichy, entretient la confusion : « Nous devons maintenant trouver la main-d'œuvre nécessaire pour faire face à tous les besoins du pays sans oublier le recrutement des travailleurs destinés à assurer la relève des prisonniers. »

Deux jours plus tard, le 15, Georges Suarez, éditorialiste d'*Aujourd'hui*, admettra que la loi du 4 septembre est une « loi d'exception », une mesure « singulièrement plus grave que le décret de mobilisation, puisqu'elle laisse à la décision du gouvernement la disposition des personnes, le choix de l'heure, de la durée et de leur affectation », mais il la légitime par les circonstances et les nécessités de l'heure.

« Loi de pénitence », écrira encore Suarez le 26 septembre, en commentant le décret et l'arrêté publiés au *Journal officiel* du 20 septembre qui précisent les modalités d'application de la loi du 4 septembre, et notamment les conditions dans lesquelles quiconque travaille moins de trente heures par semaine est tenu de se déclarer dans les quinze jours à la mairie de sa résidence.

En zone non occupée une consigne nº 763, en date du 23 septembre, fait obligation aux journaux de présenter sur trois colonnes le texte relatif à l'organisation du travail et de le faire précéder du « chapeau » suivant : « A la suite d'un accord négocié par le président Laval, les réquisitions de main-d'œuvre et le contrôle des usines, récemment décidés par les autorités militaires allemandes dans les territoires occupés, ne s'appliquent pas à la France. »

Ceux qui lisent ces mots apprennent ainsi, avec un mois de retard, que de grands périls les ont menacés, mais ils peuvent croire leur pays et leur personne épargnés. Ils seront rapidement détrompés.

Tandis qu'à Vichy la note d'orientation du 25 septembre demande à la presse d'insister sur les mesures que le gouvernement a été amené à prendre pour assurer la Relève, « à l'heure présente, la forme la plus tangible » du devoir de solidarité, les décisions se multiplient en effet qui enfermeront les Français dans un filet aux mailles toujours plus serrées.

Ainsi apprend-on, le 1er octobre, les modalités du prochain recensement de la main-d'œuvre. Seront concernés le personnel de direction, les ingénieurs, la maîtrise, les employés et ouvriers classés en professionnels qualifiés et manœuvres spécialisés aussi bien dans le travail des métaux que dans tous les autres métiers. Plusieurs catégories sont prévues : célibataires, veufs sans enfants, divorcés sans enfants, mariés depuis plus de deux ans sans enfants, mariés depuis moins de deux ans sans enfants, mariés avec un enfant à charge, mariés avec deux enfants à charge, catégories qui, bientôt, serviront à déterminer l'ordre de départ pour l'Allemagne.

C'est très vite, désormais, que le voile se déchirera.

Le 2 octobre, Lagardelle et Bichelonne évoquent, dans une déclaration commune, la non-application de l'ordonnance Sauckel à la France, mais ajoutent : « L'accord franco-allemand suppose que le gouvernement français *prendra les mesures nécessaires en vue de fournir* [1] la main-d'œuvre demandée par l'Allemagne. A cet effet, le gouvernement a eu recours à *une méthode de désignation* [1] qui permet de grouper avec toute l'équité possible les membres de l'entreprise, ouvriers, cadres et ingénieurs, selon leur âge et leurs conditions de famille. Toutes les garanties ont été prises pour *assurer à tous ceux qui sont ainsi désignés* [1] une situation matérielle et morale convenable dans les entreprises allemandes où ils iront travailler. »

Dès les premiers jours du mois, les préfets adressent aux directeurs d'usine, dont la liste leur a été fournie par l'Inspection du travail, une circulaire annonçant la prochaine visite de délégations de propagande pour le recrutement de la main-d'œuvre « en vue de la Relève de nos prisonniers ». La circulaire (je cite, ici, celle signée le 3 octobre par André Parmentier, préfet régional de Normandie) demande donc que les direc-

1. Je souligne intentionnellement.

tions fassent bon accueil à ces délégations pour « que le nombre d'ouvriers *désignés pour l'Allemagne*[1] soit réalisé (*sic*) dans le plus bref délai ».

De son côté, Pierre Laval, pressé par les Allemands, qui exigent, on le sait, 133 000 spécialistes dans les délais les plus courts, ne cesse de souligner l'urgence du recrutement.

Il le fait, le 8 octobre, devant 250 industriels, et les journaux de zone non occupée sont « invités » à s'inspirer dans leurs titres et leurs commentaires d'un texte ainsi rédigé : « Devant 250 industriels, le président Laval a fait, à Paris, un important exposé sur la Relève. Il est indispensable que le recrutement de la main-d'œuvre soit rapidement effectué. Le chef du gouvernement a souligné que, si son appel n'était pas entendu, il en découlerait des conséquences graves. »

Conséquences graves ? A Vichy court immédiatement le bruit d'une prochaine invasion de la zone libre.

Au Conseil des ministres du 9 octobre, le chef du gouvernement insiste sur les difficultés qu'il rencontre dans ses contacts avec le ministre allemand Schleier à qui il a demandé que la date limite pour l'envoi de 133 000 spécialistes soit repoussée du 15 octobre au 30 novembre. Obtiendra-t-il satisfaction ? Oui. Mais il lui faut intensifier son action : conférence de presse le 19, discours le 20 dans lequel il réaffirme que le gouvernement est résolu « à ne pas tolérer les résistances individuelles ou concertées de patrons et d'ouvriers qui resteraient sourds » à ses appels, mesures de pression envisagées le 23 au cours de ce Conseil des ministres devant lequel il expose les différences existant dans les contributions importantes de la zone occupée et d'une zone libre qui n'a pas encore donné 5 000 ouvriers[2].

Le 20 octobre, à quelques heures du discours de Laval, tous les quotidiens de la zone occupée publient, sur ordre, un texte qui occupe les trois quarts de leur première page.

LE GRAND DEVOIR DES TRAVAILLEURS
ENVERS LA FRANCE ET L'EUROPE
TOUT FRANÇAIS APPELÉ À TRAVAILLER EN ALLEMAGNE
QUI SE DÉROBE À CETTE OBLIGATION
PORTE PRÉJUDICE À SA PATRIE
À SA FAMILLE

---

1. Je souligne intentionnellement. La circulaire Parmentier souligne également qu'aucune opposition « ouverte ou larvée » ne saurait être admise et que ceux qui tenteraient de faire échec à la réquisition doivent être signalés à l'attention du préfet régional. « Il ne vous échappera pas, en effet, poursuit-il, que leur attitude tendrait à compromettre l'ordre public. »

2. D'après Laval (le chiffre est rapporté par Nicolle), au 13 décembre, sur 215 000 ouvriers partis depuis le 1er juillet, seuls 6 000 auraient quitté la zone libre. Les Allemands envisageraient, en mesure de représailles, de ne libérer des prisonniers qu'en fonction du nombre des départs enregistrés dans chaque région.

À SES CAMARADES
ET À LUI-MÊME

Sous ce titre, quatorze paragraphes, de quatre à trente-six lignes, tous précédés de cet éloquent sous-titre : «*La vérité, c'est que...*», s'efforcent de prouver la nécessité et l'utilité du départ pour l'Allemagne où les Français trouveront bons salaires et nourriture copieuse, rappellent que Hitler a déjà «gracieusement» libéré 600 000 prisonniers de guerre, insistent sur la lutte «contre les mensonges des capitalistes ennemis de l'Europe», flattent, promettent et menacent.

Menacent. L'avant-dernier des quatorze paragraphes est, en effet, très clair : «Afin d'éviter de graves ennuis, tout ouvrier français doit, dès réception de l'avis, se présenter de façon conforme, au lieu et dans le délai indiqués.»

Que dit «l'avis» reçu par les ouvriers ? En voici un exemplaire qui illustre parfaitement la confusion entre ce qui est volontaire et ce qui est obligatoire [1].

SECRÉTARIAT D'ÉTAT AU TRAVAIL
SECRÉTARIAT D'ÉTAT — Beauvais,
À LA PRODUCTION INDUSTRIELLE — 75, rue de Gesvres

Monsieur,

En vue d'assurer la *relève* [2] des prisonniers, *vous êtes désigné* [2] pour travailler en Allemagne.

Le certificat d'embauchage, qui garantit vos conditions de travail et de rémunération en Allemagne et indique la destination, devra être signé par vos soins. Ce certificat est tenu au bureau d'embauchage pour l'Allemagne, 44, quai d'Amont, à Creil, qui vous fera connaître le jour et l'heure auxquels vous devez vous présenter.

A défaut de la signature du certificat dans un délai de vingt-quatre heures après qu'il vous aura été soumis, *votre nom sera porté sur une liste qui sera transmise immédiatement au gouvernement* [2] (secrétariat d'État au Travail). Il en sera de même si vous ne vous êtes pas présenté au bureau d'embauchage pour l'Allemagne à la date indiquée.

Pour le Secrétaire d'État au Travail
et le Secrétaire d'État à la Production industrielle,
L'Inspecteur du travail.

L'attestation qui vous est remise avec cette lettre a pour but de recenser rapidement le nombre des ouvriers *volontaires* [2].

---

1. La note d'orientation nº 11 du Centre d'information du travail français en Allemagne du 9 octobre constitue un autre exemple d'une confusion volontairement entretenue. On peut y lire en effet que « le travailleur qui est désigné pour partir, s'il cherchait à se dérober, manquerait gravement à son devoir, à son devoir envers la communauté nationale d'abord, à son devoir envers les prisonniers ensuite, enfin à son devoir de camaraderie envers les ouvriers de son usine, car si lui, qui est célibataire et affecté spécial, déserte, il faudra qu'un de ses camarades de travail, marié et peut-être ancien combattant, parte à sa place ».
2. Je souligne intentionnellement.

A l'intention de ceux qui hésiteraient, ou seraient tentés de se dérober, un « Avis » signé « der Kommandant von Gross-Paris » paraît, sur deux colonnes, en première page des quotidiens parisiens, le 23 octobre. Il signale que des trains conduisant des ouvriers en Allemagne, au titre de la Relève (les Allemands continuent à exploiter l'idée et le mot) sont partis de la gare du Nord et de la gare de l'Est le mercredi 21 et le jeudi 22 octobre, mais que des travailleurs ont « manqué » le départ. Qu'ils se hâtent et se présentent le lendemain : « Ceux qui ne se conformeraient pas au présent appel s'exposent aux sanctions dont ils ont eu connaissance[1]. »

Parallèlement à la réalité de la pression quotidienne du gouvernement de Vichy et des autorités allemandes sur les ouvriers français, la fiction de la Relève demeure toujours entretenue par les discours et par les journaux.

Des journaux qui ne manquent pas d'insister sur le fait que les affectés spéciaux qui seraient envoyés en Allemagne (ces affectés spéciaux, mal aimés de la « drôle de guerre ») permettraient notamment le retour dans leurs foyers de ces hommes qui se trouvent parfois sous les drapeaux depuis 1935. Des journaux qui mettent en valeur ces « contrats d'épouses » qui doivent permettre aux femmes de prisonniers « transformés », et mis au service de l'industrie de guerre allemande, d'aller retrouver leur mari, sinon dans la même usine, du moins dans la même ville… et la même chambre.

Des journaux à l'affût de la plus modeste information. Annonçant que M. Jacquemont, ouvrier au village de Vallège, en Haute-Savoie, repart pour l'Allemagne en compagnie de sa femme et, ce qui est infiniment plus surprenant, au terme de sa troisième permission. Qu'un père de huit enfants, M. Bucari, est allé retrouver son fils Charles, travailleur en Allemagne[2]. Qu'il existe des chefs d'entreprise assez généreux et assez germanophiles pour accorder des primes de 2 000 francs aux volontaires. Que les trains de libérés « se succèdent » à Compiègne[3].

Des journaux recueillant les paroles de Jacques Gritti, millième ouvrier à quitter Grenoble : « Je n'ai pas fait la guerre en raison de mes charges de famille (il a six enfants) ; aussi je considère de mon devoir de participer à la grande Relève et de contribuer ainsi au retour des prisonniers dans leurs foyers. Je quitte ma famille et je lui viendrai grandement en aide, grâce au salaire qui m'est assuré pour la durée de mon séjour en Allemagne. »

---

1. Cet appel sera répété dans la presse parisienne, notamment le 26 octobre.
2. *Aujourd'hui*, 5 novembre 1942. Le 7 novembre, le même journal annoncera le départ d'un père de douze enfants.
3. *Aujourd'hui*, 23 novembre, 24 novembre, 14 décembre, 15 décembre, 19 décembre, 21 décembre 1942, etc.

Le 75 000e ouvrier spécialiste est parti pour l'Allemagne le 19 novembre, le 90 000e le 26 — c'est Henri Guillot, un Parisien, père de trois enfants —, le 100 000e quitte Rouen le samedi 5 décembre, à 13 h 18, dans un convoi où se trouvent rassemblés 400 ouvriers de Rouen et 500 du Havre [1]. Raymond Baudu a 32 ans. Employé dans une entreprise de matières colorantes, il part pour une usine de Saxe où il retrouvera, lui a-t-on affirmé, un travail identique à celui qui était le sien en France. Sur le quai de la gare, une manifestation en son honneur a été organisée. Voici le préfet régional Parmentier, le maire de Rouen et, surtout, de nombreux officiers allemands. Avant les discours, le représentant du journal *Paris-Soir* remet à Baudu un chèque de 20 000 francs. Quant au préfet Parmentier, il offre, lui, un portefeuille…

Un concours de « la plus belle lettre » est organisé à la fin de l'année 1942. Doté de 400 prix, dont deux premiers prix de 3 000 francs, s'adressant aux enfants de 6 à 10 ans et de 11 à 15 ans, il couronnera Claude Poitrenaud (7 ans) et Mathieu Delor (12 ans).

> Ma plus grande récompense, écrit Claude Poitrenaud à l'intention de son père qui travaille en Allemagne, sera le jour où je grimperai à ton cou et où tu m'appelleras tendrement comme par le passé « ma Bichette ». Je pense toujours à toi, je ne suis pas toujours sage avec maman, mais elle sait si bien pardonner. Pauvre maman, depuis ton départ, elle ne sait plus sourire. Oh ! je vais te dire, papa chéri, j'ai réussi à la faire rire, maman, ces jours-ci. Je lui disais : pendant que papa est parti, on va acheter une petite sœur, il aura une belle surprise en rentrant.

« Une belle surprise en rentrant… » Pour un certain nombre de travailleurs en Allemagne, comme pour un certain nombre de prisonniers, le « petit frère » ou la « petite sœur » découvert au retour d'Allemagne constituera une bien mauvaise surprise et sera l'une des causes de ces divorces qui iront se multipliant en 1945 et 1946.

Le 5 février 1943, lorsque paraît, avec le compte rendu de la cérémonie de remise des prix, la lettre de Claude Poitrenaud, le gouvernement français a déjà décidé, sous prétexte de faire la chasse aux oisifs et de « mieux répartir les charges économiques qui pèsent sur la nation, le recensement de tous les hommes nés entre le 1er janvier 1912 et le 31 décembre 1921. Dans onze jours, il instituera un « Service obligatoire du travail » de deux ans pour tous les jeunes gens nés en 1920, 1921 et 1922.

Ce qui se passe et va se passer en France, cette brutale mise à mort des illusions et des mensonges, n'est, en vérité, que le dérisoire reflet de ce qui se passe en Russie, en Afrique, en Allemagne.

1. Il faut rappeler que les Allemands avaient d'abord exigé 133 000 spécialistes pour le 15 octobre, puis pour le 30 novembre 1942.

L'agonie de Stalingrad, l'offensive de neuf armées soviétiques en direction de Rostov, les furieuses batailles dans les secteurs de Leningrad, de Demiansk, de Rjev mettent partout en présence des troupes allemandes cruellement affaiblies et des forces soviétiques qui ont appris en se battant, et en étant battues d'abord, l'art de la manœuvre et peuvent désormais mettre à profit leur incontestable supériorité numérique et une supériorité en armement qui doit beaucoup aux usines d'Amérique.

Fébrilement en quête du bataillon, du régiment, de la division qui font toujours défaut pour fixer, le long d'un front immense, un adversaire encouragé par ses coûteux triomphes, l'armée allemande réclame toujours davantage d'armes, toujours davantage de soldats.

En janvier 1943, ce sont 800 000 hommes supplémentaires qu'il faudrait à la Wehrmacht. Sans doute, en additionnant les soldats guéris de leurs blessures, les ajournés, les engagés volontaires et les recrues, peut-on espérer approcher ce chiffre, mais il sera impossible de l'atteindre, sans puiser dans le personnel allemand des usines [1], personnel qu'il faudra bien remplacer et même augmenter puisque les travailleurs étrangers ne produisent pas à la mesure des besoins.

Voici donc l'Allemagne engagée dans une lutte sur deux fronts : celui de l'usine qui produit et celui de l'armée qui combat, usine, armée qui dévorent également les hommes.

Et sans doute l'Allemagne parviendra-t-elle à recenser dans ses usines 36 600 000 travailleurs au mois de mai 1943 contre 35 500 000 un an plus tôt, dans ses régiments 11 200 000 soldats contre 9 400 000, mais cette progression est le résultat d'un effort immense et qui n'épargne personne en territoires occupés.

Alors que Hitler, dans son « Instruction sur l'utilisation des prisonniers de guerre, de la main-d'œuvre et du matériel pris à l'ennemi », insiste sur la nécessité de capturer toujours davantage de soldats et de civils russes pour en faire des travailleurs de qualité discutable [2], pourquoi aurait-il des égards pour cette France qui, avec le débarquement allié en Afrique du Nord et l'invasion de la zone libre, vient de perdre l'Empire et la flotte, les deux piliers sur lesquels elle appuyait toujours ses prétentions à une très relative indépendance ?

Pour les Allemands, depuis l'occupation, le 11 novembre, de la zone libre, la Convention d'armistice n'existe pratiquement plus. A von Stülpnagel qui lui a fait remarquer l'incompatibilité de plusieurs ordonnances allemandes avec cette souveraineté que le gouvernement de Vichy

1. Hitler ordonne le 15 décembre 1942 de prélever 300 000 hommes sur les secteurs économiques et industriels pour les verser dans la Wehrmacht.

2. Sauckel affirme cependant, le 13 janvier 1943, au cours d'une réunion à l'hôtel Ritz, que, si le rendement des ouvriers étrangers est de 60 à 80 % de celui des ouvriers allemands au cours du premier trimestre de leur séjour en Allemagne, il atteint ensuite 80 à 100 %. Mais il ne faut pas oublier qu'il parle devant des Français dont il s'efforce de flatter la vanité.

s'acharne à défendre dans l'ex-zone libre, Hitler répondra qu'il a « un point de vue tout à fait différent ». La « zone française nouvellement occupée » doit être largement utilisée par l'armée allemande et fournir, désormais, un contingent normal de travailleurs. Il faut non seulement « que les partisans du général de Gaulle soient envoyés sur le front oriental pour y pelleter de la neige », mais encore que partent en nombre toujours plus grand des spécialistes.

Dans un Vichy déserté par beaucoup d'officiels, sans doute ignore-t-on les propos de Hitler, mais comment, en vérité, douter de ses intentions ?

Dès le 26 novembre, le bruit court, à Vichy, de la prochaine réquisition de 400 000 travailleurs. Ceux qui veulent toutefois espérer contre toute espérance attendent de l'entretien que Pierre Laval, dès le 22 novembre, a demandé à Hitler, mais qui se fait attendre, d'incertains adoucissements.

Confiant en son étoile, autant qu'en son talent d'avocat pour une cause qu'il défend toujours avec la même passion, Laval lui-même se montre optimiste. Il le dit, le 13 décembre, à Pierre Nicolle après lui avoir expliqué qu'il établira entre zone occupée et ex-zone libre une nécessaire égalité dans le sacrifice. La réquisition de la main-d'œuvre doit d'ailleurs se trouver facilitée par la rupture des relations avec les États-Unis qui ne pourront plus la considérer comme « un geste inamical ».

Ce Pierre Laval, que Nicolle décrit autoritaire, prêt à balayer des obstacles qui se dressent toujours plus nombreux, prêt, également, à changer les hommes, offrant à son interlocuteur, en cet anniversaire du 13 décembre 1940 et peut-être parce qu'il s'agit de l'anniversaire d'un jour funeste, le spectacle d'un « nouveau Laval [1] », va recevoir de Hitler et de son entourage un accueil décevant.

Pour arriver le 19 décembre en Prusse Orientale, à Rastenburg où est fixé le rendez-vous, le chef du gouvernement français a dû effectuer un long et fatigant voyage. Ciano présent, Ciano appartenant, pour un moment encore, au camp vainqueur, écrit d'une plume où il entre autant de satisfaction que de commisération : « Après deux journées passées en chemin de fer, ils l'ont fait asseoir d'abord à une table à thé, ensuite à une table à dîner sans lui laisser ouvrir la bouche. Chaque fois qu'il essayait d'aborder un sujet quelconque, le Führer l'interrompait pour lui faire la leçon. »

Leçon qui tient du rabâchage. Hitler répète ce qu'il a déjà dit à Montoire sur sa volonté de paix et sur la responsabilité de la France dans le déclenchement de la guerre. Il évoque à nouveau les rigueurs de l'occupation française dans l'Allemagne de 1919. Met en parallèle ses bonnes intentions, sa générosité (la libération de nombreux prisonniers) et les déceptions dont il a été accablé.

1. Le mot est de Nicolle. « En résumé, l'impression que m'a laissée cet entretien au jour anniversaire du 13 décembre est qu'un nouveau Laval est au pouvoir. »

De déception en déception, la dernière ayant été « le manquement à la parole donnée » de Darlan et des généraux d'Afrique du Nord, Hitler, dont Abetz écrira qu'il n'avait jamais su s'élever jusqu'à l'idée européenne, qu'il n'était pas « le petit-fils politique des grands empereurs occidentaux du Moyen Age, mais le fils du nationalisme sectaire et si peu allemand du XIXe siècle », Hitler en est venu à penser qu'il faut contraindre cette France qui collabore en mots seulement.

Aussi précise-t-il à Laval que la France va se trouver soumise à de nouvelles réquisitions d'ouvriers.

Aucun des Allemands présents n'épargne Laval et, à travers lui, les Français. Goering, le gros Goering, s'est livré à son habituelle attaque contre des Français qui vivent trop bien, condamnent les officiers allemands à faire la queue dans les restaurants du marché noir, se gobergent et se promènent cependant que les soldats du Reich luttent contre le danger communiste et ont eu l'audace de lui vendre, à lui Goering, *Reichmarschall*, un stylo 2 000 francs et une paire de souliers 4 000 francs.

Ribbentrop est moins « lyrique » mais plus dangereux. Hemmen a prévenu le ministre des Affaires étrangères que l'occupation et la mise en état de défense du littoral méditerranéen coûteraient cher. Qu'à cela ne tienne ! C'est la France qui paiera.

Laval proteste-t-il lorsqu'il apprend que le versement journalier des frais d'occupation sera porté en conséquence de 15 à 25 millions de reichmarks, Goering fait devant Hitler, et devant Ciano, un exposé sur le coût de la guerre d'où il ressort qu'elle représente, chaque jour, par habitant, 2,40 marks pour un Allemand, 75 pfennigs pour un Italien, 40 seulement pour un Français.

Il y a plus. Il avise Laval qu'Hemmen sera désormais « délégué du gouvernement du Reich pour les questions économiques et financières auprès du gouvernement français ». Par le passé, Hemmen n'avait jamais eu de contacts directs avec le gouvernement français, tous les rapports s'établissant à travers le filtre de nombreuses commissions de liaison. Il n'en ira plus ainsi à l'avenir. Non seulement Hemmen devra « mettre en œuvre » les mesures économiques appropriées, « surveiller l'efficacité de leur application », mais encore « conseiller le gouvernement français dans la préparation et l'exécution des mesures pour l'ensemble de sa politique monétaire, financière et économique ». Le temps de la relative confiance était passé. Venait celui de la surveillance.

Ainsi Laval qui, après la dissolution de l'armée d'armistice, est venu solliciter sans grande ardeur la reconstitution d'une petite troupe et, avec beaucoup plus de vigueur, la suppression de la ligne de démarcation, le rattachement du Nord et du Pas-de-Calais à l'administration française, se trouve-t-il noyé sous les plaintes et les reproches.

Habile, parfois, à souffler le chaud après le froid, Hitler qui trouve

« adroit de préserver la fiction d'un gouvernement français avec Pétain », Pétain « qu'il faut garder comme une sorte de fantôme et... faire regonfler de temps en temps par Laval quand il s'aplatit trop », Hitler conclut cependant en ouvrant à Laval un nouveau crédit : « J'ai confiance en vous. Je ne traiterai jamais qu'avec vous. Vous êtes le dernier gouvernement de la France. Après vous, ce sera un *gauleiter*. »

Conscient de sa responsabilité envers la France, bien décidé à voir, une fois encore, le meilleur et non le pire, Pierre Laval regagne donc Vichy satisfait d'un voyage où il lui a été infiniment plus demandé qu'accordé.

Le 25 décembre, il dit à Nicolle qu'il revient « avec les pleines possibilités » et que, « grâce à lui, la souveraineté française est encore sauvegardée ». C'est avec chaleur qu'il évoque la « condition de la réception » qui lui a été réservée. Et comme, à l'instant du départ, Hitler lui a longuement serré la main et lui a dit « Avec vous toujours », peut-être croit-il avoir été convié à un nouveau Montoire. Sa phrase « On avait donné à la France sa chance. On lui en donne une autre » le laisse supposer.

Comment pourrait-il savoir que, le 4 janvier, Speer va téléphoner à Sauckel pour l'informer que, « suivant une décision du Führer, il n'est pas nécessaire à l'avenir [...] d'avoir des égards particuliers pour les Français » et que, lorsqu'il s'agirait d'embaucher de la main-d'œuvre, « il serait loisible d'utiliser la pression et des mesures plus sévères pour le recrutement » ?

Mais comment peut-il ignorer que la situation militaire de l'Allemagne la condamne, chez elle comme à l'extérieur de ses frontières, à prendre des mesures extrêmes et à ne plus s'embarrasser de diplomatie ?

Peut-être n'a-t-il pas prêté assez d'attention à la parole de Hitler lui disant qu'il devrait prouver que « cette fois sa politique allait aboutir à quelque chose ». Et sans doute n'a-t-il pas correctement analysé les préoccupations de Hitler qui, en ce 19 décembre 1942 où il reçoit Laval dans son grand quartier général et non au Berghof, ne regarde nullement en direction de Vichy mais vers la Russie et vers Stalingrad.

C'est à la lumière de ce qui se passe en Allemagne, à la lumière de ce qui se passe en Russie qu'il faut analyser et comprendre ce qui va se passer en France en janvier et février 1943 dans le domaine de la réquisition de la main-d'œuvre.

Le 13 janvier 1943, Hitler proclame la guerre totale. Deux jours plus tôt, Sauckel s'est rendu à Paris. Aux fonctionnaires de la main-d'œuvre, il annonce l'imminence de nouvelles mesures de réquisition. Avant le 15 mars, 150 000 spécialistes et 100 000 manœuvres supplémentaires doivent avoir gagné l'Allemagne. C'est ce chiffre qu'il livre, qu'il assène à Laval le 14 janvier.

Lors de la rencontre de Rastenburg, Laval avait déclaré à Ribbentrop que Sauckel ne pourrait plus « pomper » la France avec la même âpreté et que seuls 100 000 ouvriers seraient disponibles pour toute l'année 1943. Voilà qu'on lui en réclame 250 000. Dans un délai de deux mois et demi !

Du moins Laval s'efforce-t-il d'augmenter le chiffre des prisonniers libérés. Dans ses entretiens avec Sauckel, il suggère, pour apaiser l'hostilité populaire, pour « rallier les cœurs français », que, pour trois spécialistes, deux prisonniers, au lieu d'un seul, soient libérés. Mais Sauckel refuse tout rapatriement supplémentaire. Tout juste accorde-t-il que 250 000 prisonniers bénéficient d'un statut différent. Employés dans l'industrie, ils toucheront un salaire égal à celui des ouvriers français de même qualification, jouiront des mêmes conditions de logement et auront droit à un congé de captivité que le cours des événements rendra de plus en plus aléatoire.

Sans doute cette « concession » allait-elle améliorer le sort matériel d'un certain nombre d'hommes, mais elle contribuait à river davantage encore les prisonniers français [1] à une industrie de guerre qui manquait toujours de bras.

Consultez d'ailleurs les journaux de zone occupée dans les semaines qui suivent les demandes de Sauckel à Laval. Le 29 janvier, sur trois colonnes, voici qu'ils annoncent :

POUR LE TRAVAIL NATIONAL DE GUERRE
LE REICH MOBILISE
LES HOMMES DE 16 À 65 ANS
LES FEMMES DE 17 À 45 ANS

Après cette défaite de Stalingrad, qui coïncide avec le dixième anniversaire de la prise du pouvoir par Hitler — dix ans déjà, dix ans seulement —, défaite escamotée sous un modeste titre sur deux colonnes [2], n'est-ce pas un véritable SOS que l'Allemagne lance à l'Europe ?

Goebbels, le 18 février, au palais des Sports de Berlin, proclame « l'Occident en danger » et ajoute : « Si le peuple allemand met tout son sang à la disposition de la guerre, il est normal que le reste de l'Europe mette son travail à sa disposition. »

Hitler, le 24 février : « Nous procéderons à une mobilisation matérielle et morale de l'Europe telle que notre continent n'en a jamais vu de son histoire. »

Et Sauckel, avant même d'affirmer le 1er mars aux Français (ce goût des références flatteuses !) qu'il faut « contre le bolchevisme une nouvelle Marne », dira : « Là où le volontariat est refusé [l'expérience

1. A la fin de 1942, Sauckel estime que 932 000 prisonniers français sont, soit dans les fermes, soit dans les usines, au service de l'Allemagne. D'après un rapport officiel français de 1945, le chiffre aurait été de 987 187, seuls 46 632 prisonniers restant dans les camps.

2. « Le groupe d'armée du maréchal Paulus succombe à Stalingrad. »

apprend qu'il l'est partout], le service obligatoire se substitue à lui. Telle est la loi d'airain de l'enrôlement en cette année 1943 : dans quelques semaines, il ne devra plus y avoir aucune région occupée où l'obligation de travailler pour l'Allemagne ne soit la chose la plus naturelle du monde. Nous allons éliminer les dernières séquelles de la somnolence engendrée par notre humanitarisme. »

Loi d'airain… Du 1er janvier au 10 février 1943, 76 000 travailleurs français sont partis pour l'Allemagne. Parmi eux, 56 000 spécialistes dont 16 000 originaires de la zone non occupée. « En prolongeant la courbe », comme le dira Bichelonne le 20 février, il était impossible de « servir les demandes allemandes dans un délai suffisant ».

Le gouvernement en arrive donc à cette conclusion qu'il faut, à la méthode de « prélèvement industriel et commercial », substituer une méthode que Bichelonne qualifie de « démographique » parce qu'elle porte sur une assiette infiniment plus large, du moins lorsqu'il s'agira de recruter les 129 000 non-spécialistes qu'il faut, en moins d'un mois, procurer à l'Allemagne.

Sans doute les choses ne vont-elles pas se passer aussi simplement qu'on peut le croire, plus d'un demi-siècle après l'événement et il est de Sauckel ce mot qui définit les gouvernants français : « De vrais artistes lanterniers. » Mais, prisonnier une fois encore de l'alternative qui se présente à tout « gouvernement » contrôlé par l'ennemi : laisser à l'occupant le soin du recrutement ou se charger de la besogne, Laval choisit le second terme.

— Je vous prie de bien me comprendre, dit-il à Sauckel, je donne mon assentiment de principe à votre demande, j'accepte votre programme. Je vous demande seulement de me mettre en mesure de remplir ce programme pour l'Allemagne. Je ne réclame rien qui puisse affaiblir la force offensive allemande…

Phrases qui font suite à cette triste constatation :

— Nous ne pouvons rien faire. Nous ne sommes pas libres de modifier les salaires. Nous ne sommes pas libres de combattre le marché noir. Nous ne pouvons prendre aucune mesure politique sans nous heurter partout à une autorité allemande qui se substitue à nous. Je ne puis servir de garant à des mesures que je n'ai pas prises…

Quelle erreur ! Laval et, avec lui, Pétain et, avec eux, les ministres serviront de garants à une politique qui n'est pas la leur mais qu'ils acceptent dans l'espoir d'en diminuer les rigueurs.

C'est effectivement ce qui se produira dans les mois qui vont suivre, lorsque la résolution de Français découvrant enfin qu'il est possible de se soustraire à la mobilisation allemande trouvera, pour l'aider, de nombreuses complicités administratives.

Mais, en janvier et février 1943, le temps des maquis n'est pas encore venu. Et les décisions prises en février par le gouvernement français vont, dans un premier temps, servir efficacement l'Allemagne puisque, du 1er janvier au 30 mars 1943, ce sont 250 259 travailleurs, dont 157 020 spécialistes, qui auront quitté la France. Les grands départs ont eu lieu dans la première quinzaine de mars : 77 017 hommes. Dans toute l'histoire de la déportation des travailleurs français en Allemagne, la différence entre les exigences de Sauckel et les départs effectifs n'aura jamais été aussi faible.

Le 2 février, une circulaire prescrit aux préfets un recensement général portant sur tous les Français de sexe masculin nés entre le 1er janvier 1912 et le 31 décembre 1921. Certes, il est bien précisé que le recensement a « particulièrement pour objet d'éviter que les besoins en main-d'œuvre à destination de l'Allemagne, des chantiers ouverts en France par les autorités d'occupation ou des usines françaises soient uniquement satisfaits par prélèvements d'hommes exerçant déjà un métier utile au pays ». Mais les Allemands n'ont cure des circulaires françaises. Installés dans les mairies parisiennes le 15 février, jour où débute le grand recensement, ils y règnent pour un moment en maîtres et donnent à chaque recensé une feuille de départ.

Le 16 février paraît enfin prise, en application de la loi du 4 septembre 1942, la loi créant un « service obligatoire du travail » de deux ans pour tous les hommes nés en 1920, 1921, 1922, loi dont les journaux reçoivent l'ordre d'écrire qu'elle a pour but de faire peser sur d'autres classes sociales que la classe ouvrière les sacrifices imposés à la nation.

« Service obligatoire du travail ». Comment accepter un sigle qui se prononcerait SOT ?

Le Service obligatoire du travail deviendra donc le Service du travail obligatoire. Sans que rien soit changé dans cette institution qui, en troublant ou en inquiétant, et jusque dans les villages, des centaines de milliers de familles françaises, hâtera la prise de conscience, suscitera plus de haines anti-allemandes que les arrestations de juifs, que les exécutions de communistes, servira de sergent recruteur au maquis et jouera un tel rôle dans la vie politique et sociale de la France de 1943 et 1944 qu'il me faudra, dans un livre prochain, lui consacrer une place de choix.

DEUXIÈME PARTIE

DES HOMMES ET DES FEMMES COMME LES AUTRES

Les juifs sont des hommes,
Les juives sont des femmes.

MGR SALIÈGE, 20 août 1942.

Il n'était ni normal, ni salubre pour un chrétien de se confiner dans l'étude d'une race inférieure et exotique, de vivre indéfiniment dans son intimité.

Lucien REBATET
Les Décombres

4

LES MÂCHOIRES DU PIÈGE

« Je voudrais m'appeler Dupont, avoir le droit de regarder les gens en face comme tout le monde… »

René KATZ alias René BRIVET,
Carnets de guerre.

Dans les jours qui suivent une défaite trop rapide, trop absolue, trop bouleversante pour paraître logique, la tentation est grande, pour la plupart des hommes qui entourent le maréchal Pétain comme pour bon nombre de Français, d'expliquer l'inexplicable par les méfaits de l'Internationale juive, par ceux de la maçonnerie et de l'école laïque.

On s'étonnera plus tard que des hommes, en principe protégés par l'âge et par la culture, sinon de toutes les passions, du moins des excès des passions, aient parfois devancé l'occupant pour prendre contre les juifs, les francs-maçons, les instituteurs, les créatures et les amis du Front populaire des mesures que l'intelligence, à défaut de la justice et de la charité, aurait dû faire repousser puisque, pour la plupart des serviteurs du régime précédent, le ralliement au régime nouveau ne présentait pas d'obstacles moralement insurmontables.

Mais, lorsque, aux yeux de ceux qui gouvernent, écrivent, parlent et ont alors la possibilité de gouverner, d'écrire et de parler seuls, la défaite paraît être la dramatique sanction des naturalisations de 1935-1939 ; de la dégradation morale provoquée par « l'invasion juive » dans le monde de la politique, dans celui de l'information et des affaires ; d'une impréparation matérielle acceptée par des gouvernants pour qui répondre à l'appel des juifs persécutés par Hitler avait semblé plus important que de réarmer la France ; alors, d'autant plus violente qu'elle est officiellement encouragée et qu'elle puise son inspiration dans d'historiques et tenaces rancœurs, la colère se déchaîne contre une catégorie de Français et d'étrangers abusivement rendus responsables de tous les malheurs de la patrie.

Le 20 juin 1940, à Bordeaux, le général Weygand adresse une note au maréchal Pétain. Elle s'ouvre sur des mots qui, avant la naissance officielle de Vichy, contiennent les idées-forces dont s'inspirera Vichy. « L'ancien ordre des choses, écrit Weygand, c'est-à-dire un régime politique de compromissions maçonniques, capitalistes et internationales, nous a conduits où nous sommes. La France n'en veut plus… »

Le mot « juif » n'est certes pas écrit. Mais que veut dire « capitaliste » en juin 1940, sinon « juif ». Et « internationale » ?

Le maréchal Pétain, lui-même, lorsque Jeanneney interviendra en avril 1941 auprès de lui pour que soit quelque peu amélioré le sort du prisonnier d'État Georges Mandel, répliquera en évoquant non seulement l'activité pro-anglaise de Mandel en juillet 1940, les lingots d'or « d'un poids considérable » trouvés dans les bagages de sa « compagne [1] », mais surtout le fait que Mandel soit « regardé par une notable partie de l'opinion française comme l'un des grands responsables de la politique belliciste qui nous a menés aux abîmes ».

Et il ajoute : « Je ferai, dans ces conditions, difficilement admettre à nos centaines de milliers de prisonniers que M. Mandel puisse jouir d'une liberté dont ils sont eux-mêmes privés. L'un des principaux coupables de la catastrophe ne saurait être mieux traité que ces innocentes victimes [2]. »

Des hommes au pouvoir à Vichy quel est donc celui qui n'a pas connu, le plus souvent pour les approuver, les thèses antisémites de la droite française ? Quel est celui qui, dans ses discours ou en famille, ne s'est pas élevé, au moment de l'affaire Stavisky, du 6 février 1934, de la victoire du Front populaire, de la guerre d'Espagne, contre « les métèques », « les politicards au patriotisme douteux » ?

Quel est celui qui a oublié cette mémorable séance du 6 juin 1936 au cours de laquelle Xavier Vallat a interpellé Léon Blum ?

— Votre arrivée au pouvoir, monsieur le Président du Conseil, est incontestablement une date historique. Pour la première fois, ce vieux pays gallo-romain sera gouverné…

M. LE PRÉSIDENT HERRIOT. — Prenez garde, M. Vallat.

M. XAVIER VALLAT. — Par un juif.

M. LE PRÉSIDENT HERRIOT. — Monsieur Xavier Vallat, j'ai le regret d'avoir à vous dire que vous venez de prononcer des paroles qui sont inadmissibles à une tribune française.

M. XAVIER VALLAT. — Je n'ai pas pris cela pour une injure.

Je dis, parce que je le pense, et j'ai cette originalité ici, qui quelquefois me

1. Il s'agit des bagages de Mme Béatrice Bretty qui avait embarqué sur le *Massilia* en même temps que Georges Mandel. D'après Jeanneney, les lingots étaient au nombre de deux.

2. *Je suis partout* réclamera plus tard que tous les juifs aient exactement le même traitement que les prisonniers de guerre, qu'ils reçoivent la même quantité de nourriture, aient droit au même courrier, vivent dans les mêmes baraquements, etc.

fait assumer une tâche ingrate de dire tout haut ce que tout le monde pense tout bas, que, pour gouverner cette nation paysanne qu'est la France, il vaut mieux avoir quelqu'un dont les origines, si modestes soient-elles, se perdent dans les entrailles de notre sol qu'un talmudiste subtil… J'ajoute que, lorsque le Français moyen pensera que les décisions de M. Blum auront été prises dans un cénacle où figureront, à leur ordre d'importance, son secrétaire, M. Blumel, son secrétaire général, M. Moch, ses confidents, MM. Caïn et Lévy, son porte-plume, M. Rosenfeld, il sera inquiet.

Dix ans plus tard, au moment de son procès, ce même Xavier Vallat, qui refusera de répondre aux questions de « M. Benjamin Kriegel dit Kriegel-Valrimont », vice-président de la Haute Cour de justice [1], évoquera, pour expliquer et justifier les positions antisémites qui avaient été les siennes, les mesures décrétées par les Perses, les Pharaons, les Mèdes, les Grecs et, naturellement, tous les chefs d'État français, de Dagobert à Napoléon. Après avoir rappelé que le pape Honorius avait créé, en 1221, l'étoile jaune qu'il s'était, lui, Vallat, toujours refusé à imposer aux juifs de zone libre, il ira jusqu'à dire que les heures du couvre-feu (20 heures-6 heures), imposées par l'ordonnance allemande du 7 février 1942, étaient exactement les mêmes que celles choisies en 1603 par le cardinal Borghèse pour la fermeture du ghetto de Rome.

Ces rappels historiques peuvent, après la Libération, scandaliser ou déconcerter, en juillet 1940 ils n'étonnent ni ne choquent. Archivés, répertoriés, au même titre que l'évocation toujours ambiguë de l'affaire Dreyfus, faisant partie des traditions familiales, journalistiques, politiques d'une certaine droite, ils participent à l'élaboration de ce climat qui facilitera les premières mesures antisémites en les rendant acceptables, admissibles et, pour tout dire, « logiques » pour une population depuis longtemps mise en condition.

Sans doute, les lecteurs de *Je suis partout* ne se comptent-ils pas par millions, mais ils forment ce qui, entre 1940 et 1944, constituera l'essentiel de la classe dirigeante française.

Pourquoi se scandaliseraient-ils du *numerus clausus* professionnel imposé aux juifs par l'État français ?

Lorsque, dans leur hebdomadaire, Rebatet l'a réclamé en 1939, n'ont-ils pas alors, pour la plupart, trouvé l'idée parfaitement justifiée ?

Et, sur les tableaux statistiques de l'exposition « Le juif et la France »,

1. « Si j'étais, dira-t-il, moi, juif français, naturalisé polonais depuis moins de vingt ans, je ne me permettrais pas de me croire digne de juger du patriotisme d'un Polonais quelconque… Pour la même raison, je ne permettrai pas à M. Benjamin Kriegel, fils d'Isaac, français depuis moins de vingt ans, de juger l'ancien officier de chasseurs que je suis. »

La position de Xavier Vallat, affirmée par lui dès le début de son procès, sera à l'origine de nombreux incidents.

M. Kriegel-Valrimont avait par ailleurs, et avant même l'ouverture du procès, pris publiquement à partie tous les justiciables de la Haute Cour, ce qui aurait dû lui faire renoncer à les juger.

la plupart des visiteurs trouveront des confirmations plus que des révélations. Ne leur a-t-on pas, depuis longtemps, appris que le cinéma, le barreau, la médecine, la banque, la confection étaient des professions également colonisées par les juifs ?

Ainsi, l'antisémitisme de 1940 n'est-il que l'épanouissement de la sombre fleur d'un antisémitisme lié à notre histoire.

La « machine » française se met en route le 22 juillet 1940[1] lorsque paraît la loi sur la révision des naturalisations. Sans doute cette loi ne vise-t-elle pas uniquement les juifs puisque Fernand de Brinon, rendant compte à Pierre Laval, le 26 août 1943, des travaux de la commission chargée de la révision, écrira qu'elle a examiné les dossiers de 539 000 personnes (dont un tiers étaient juives) naturalisées depuis 1927[2].

Sur les 16 508 dossiers retenus par la Commission[3], seuls 6 307 concernaient des juifs, ce dont Alibert, qui avait espéré 70 à 80 % de « dénaturalisations », devait se montrer irrité et les Allemands furieux[4].

En 1942 — on le verra plus avant —, ils allaient, à plusieurs reprises, exiger de Pierre Laval que *tous* les juifs naturalisés soit après 1919, soit après 1927, se voient retirer la nationalité française, ce qui aurait simplifié encore leur arrestation et accéléré leur transport en Allemagne.

Si la loi « antimétèque » du 22 juillet avait une portée générale, celle du 27 août 1940, qui abroge la loi du 21 avril 1939 sur les excès de presse, dès lors — même si le mot n'est pas écrit — qu'ils atteignent les juifs, est incontestablement antisémite. Tous les contre-pouvoirs ayant disparu, elle permettra aux passions et aux haines, aux vengeances et aux délations de se donner libre cours.

Cette loi précède de quelques semaines le Statut des juifs du 3 octobre 1940, publié au *Journal officiel* du 18, statut qui, comportant une définition raciale[5], a pour objet d'exclure les juifs d'un certain nombre

1. Dans *Quarante millions de pétainistes* (vol. I de la présente édition, p. 840 *sq.*), j'ai évoqué le rôle respectivement joué par Alibert, Peyrouton et par le maréchal Pétain dans ces premières mesures qui devancent les exigences allemandes.

2. Entre 1933 et 1940, le nombre des naturalisations s'établit à 295 000.

3. La commission était présidée par le conseiller d'État Jean-Marie Roussel assisté, « de manière quelque peu inattendue », remarque Guy Raissac, par André Mornet, président de Cour honoraire à la Cour de cassation et futur accusateur du maréchal Pétain.

4. Dans une lettre au major Hagen, qui s'est irrité de la lenteur des travaux de la Commission de révision et a demandé le départ de Mornet, lettre en date du 27 août 1943, Fernand de Brinon donne des chiffres assez différents. D'après cette lettre, la Commission aurait, en effet, proposé au 31 juillet 1943 le maintien de la nationalité française à 579 435 personnes, le retrait à 17 964 dont 7 053 juifs. 20 000 dossiers feraient l'objet d'une enquête complémentaire : 12 000 auraient été réservés dont 4 800 concernant des juifs prisonniers de guerre ; enfin 10 000 dossiers de juifs ou d'aryens devraient faire l'objet d'une décision prochaine.

5. « Article 1er. — Est regardé comme juif, pour l'application de la présente loi, toute personne issue de trois grands-parents de race juive ou de deux grands-parents de la même race, si son conjoint lui-même est juif. »

de fonctions publiques et de mandats [1], de les exclure également de toutes les professions libérales qui offrent la possibilité d'exercer une influence politique ou intellectuelle et de fixer le principe d'un *numerus clausus* qui sera précisé, profession par profession, à partir du mois de juillet 1941.

C'est le 3 octobre 1940 que le maréchal Pétain, Pierre Laval et six ministres signent officiellement le statut des juifs [2]. Et c'est également le 3 octobre que débutent, en zone occupée, les opérations de recensement rendues obligatoires par l'ordonnance allemande du 27 septembre 1940.

Ayant défini le juif : celui qui appartient ou appartenait à la religion juive et a plus de deux grands-parents juifs, les Allemands exigent simultanément que toutes les entreprises juives soient désignées à l'attention du public par une affiche rédigée en français et en allemand et que tous les juifs se fassent recenser.

« Afin d'éviter une trop longue attente » (mais bientôt l'on prendra moins de précautions), les juifs habitant Paris sont « invités » par la préfecture de police à se présenter dans les commissariats de quartier suivant l'ordre alphabétique. Les A passent le 3 octobre, le philosophe Bergson, presque mourant, sera recensé le 4 en compagnie de tous les autres B. Le recensement s'achève le 19 avec les W, X, Y, Z.

Combien de juifs en France ? Tout le monde l'ignore, ce qui permet de répandre les chiffres les plus fantaisistes [3].

Réimprimant en 1942 ce « catéchisme antijuif » qui avait paru à la fin du XIXe siècle et qui indiquait, pour la France, le chiffre de 100 000 à 150 000 juifs, extrapolant à partir de ce chiffre, l'Institut d'études des Questions juives écrira que la France compte désormais 1 200 000 juifs pour 42 millions d'habitants.

Chiffre de propagande, de polémique qui n'a d'autre raison d'être que de justifier cette menace : « Si la colonisation juive se développe selon cette forme, on verra, dans un siècle, la France en pleine décroissance démographique compter 10 à 15 millions d'habitants juifs contre 20 à 25 millions d'authentiques Français [4]. »

Les Allemands ne sauraient se satisfaire de pareils « documents ».

Avant de persécuter mais, pour pouvoir persécuter, il leur a fallu identifier, comptabiliser, ficher. Et c'est aux futures victimes qu'ils ont

1. Chef de l'État, membres du gouvernement, fonctionnaires de tous grades attachés aux services de police, membres du corps enseignant, directeurs de journal, journalistes, directeurs, administrateurs, gérants d'entreprises ayant pour objet la fabrication, l'impression, la présentation des films cinématographiques.

2. Qui paraîtra au *Journal officiel* du 18 octobre.

3. On en trouvera un certain nombre dans *Quarante millions de pétainistes*, vol. I de la présente édition, p. 847.

4. D'après un appel de note de cette brochure, il y « aurait eu » 45 000 juifs en 1789 et 46 663 en 1808 pour une population totale de 28 millions d'habitants.

demandé de venir se déclarer. Et elles ont obéi. Elles ont obéi parce qu'il existe, ainsi que l'écrira Philippe Erlanger, des optimistes si « résolus » qu'ils iront se faire recenser avec l'idée rassurante qu'ils se mettent ainsi à l'abri et se protègent contre toute confusion.

Journal de Mme Averbouh[1].

Octobre 1940. Recensement général des juifs à la préfecture de police. Rares sont ceux qui se sont esquivés. Des scènes assez amusantes se sont passées, tandis que l'on faisait la queue pour ce recensement. Les Français, voyant la longue file, demandaient : « Quelle distribution fait-on ? » Ils haussaient les épaules, lorsqu'on leur donnait l'explication de ces rassemblements. Ils partaient en disant doucement : « C'est encore pour emb… le monde ! » Un prêtre est venu se placer à côté d'un vieillard, pour lui tenir compagnie et que ce pauvre vieux ne se sente pas humilié par cette mesure vexatoire.

Que peu de juifs se dérobent au recensement allemand, c'est exact. Simone Martin-Chauffier, rappelant que Claude Aveline était allé se faire inscrire, parle bien d'une « erreur donquichottesque », mais Erlanger, alors haut fonctionnaire[2], n'a pas davantage eu la pensée de s'abstenir le 7 octobre, jour où se trouvent convoqués les juifs dont le nom commence par les lettres E et F.

La file est longue, l'attente interminable. Je frissonne malgré ma compagne des mauvais jours, ma pelisse endossée en prévision de drames obscurs. L'ampoule de poison s'y trouve à portée de ma main.

1. Inédit.
2. Chef du Service des échanges artistiques internationaux et directeur de l'Association française d'action artistique.

Le temps passe. Je rêve, je pense à mes parents et me félicite qu'ils aient disparu assez jeunes pour avoir évité cet avilissement grotesque…

L'appel de mon nom me ramène brutalement à la réalité. Bien entendu, on me parle comme à un clochard suspect. Réagir serait un manque de dignité, j'obtempère… Je m'efforce de vider mon esprit, je remplis la fiche, je signe, je tends la carte d'identité. On me la rend, voilà : je suis classé officiellement en dehors… en dehors de tout et de tous.

Il est vrai que les juifs ne viennent pas se faire inscrire dans des bureaux *allemands*, gardés par des sentinelles *allemandes*, mais dans des commissariats ou des bâtiments officiels *français*. L'occupant l'a voulu ainsi et il fait, ce n'est qu'un début, de l'administration française le plus ou moins ponctuel serviteur de ses volontés [1].

Toute personne juive devra se présenter jusqu'au 20 octobre *1940 auprès du sous-préfet de son arrondissement* [2], dans lequel elle a son domicile ou sa résidence habituelle, pour se faire inscrire sur un registre spécial. La déclaration du chef de famille sera valable pour toute la famille…

Les dirigeants des communautés israélites seront tenus de fournir, *sur demande des autorités françaises* [2], toutes les justifications et les documentations nécessaires pour l'application de la présente ordonnance.

< 1. Annie Kriegel, dans *Ce que j'ai cru comprendre* (Robert Laffont), met sur le compte du « respect de la loi, [du] civisme pratiqué avec dévotion depuis un siècle… la pathétique difficulté qu'eurent les Juifs français à apprendre pour leur salut à désobéir à Vichy. S'ils allèrent en masse "se déclarer" en automne 1940, ce n'est pas seulement qu'ils ignoraient jusqu'où cette première démarche les conduirait, c'est surtout qu'ils n'imaginaient pas que pouvaient revenir les temps où serait honorable, respectable, digne de considération, qu'un citoyen français d'origine juive transgressât la loi ». >

2. Je souligne intentionnellement.

Ce sont là les articles 3 et 5 de l'ordonnance allemande du 27 septembre 1940 et le préfet de police de la Seine revendique pour ses services, le 26 octobre, la responsabilité du succès de l'opération[1].

« Ce travail, précise-t-il, a été effectué du 3 au 19 octobre. A cette date, ont été inscrits : 85 664 sujets français, 64 070 sujets étrangers, soit au total 149 734 juifs. » Le chiffre est vraisemblable.

En effet, si la statistique de la Diaspora indique, pour 1936 et pour Paris, 175 000 juifs, si de nombreux juifs étrangers, fuyant les persécutions hitlériennes, sont arrivés à Paris entre 1936 et 1940, beaucoup d'entre eux, ayant précédé ou suivi l'exode, se trouvent désormais en zone libre.

Et s'y trouvent bloqués puisque l'ordonnance allemande du 27 septembre 1940 leur a interdit le franchissement de la ligne de démarcation.

Ce n'est pas avant la loi du 2 juin 1941 que le gouvernement de Vichy s'inquiétera de son côté, de savoir combien de juifs vivent dans la zone dont il a, seul, le contrôle.

Est-ce ce retard qui a longtemps trompé les Allemands sur le nombre exact des juifs présents en zone libre ? Le 20 janvier 1942, Heydrich, Eichmann, Muller, étudiant la façon dont la solution finale doit être appliquée[2], s'ils connaissent à peu près exactement le nombre des juifs recensés en zone occupée errent totalement dès lors qu'ils évoquent la situation en zone non occupée. Ne parlent-ils pas alors de 700 000 juifs, n'évoquant le chiffre plus vraisemblable de 260 000 à 280 000 qu'au cours de l'été de 1942 ?

Lors de son procès, Xavier Vallat tirera argument de l'ignorance allemande pour affirmer que, si le recensement ordonné par Vichy a bien eu lieu, aucun fichier central n'a été établi — donc mis à la disposition des Allemands — et que les documents envoyés par les préfectures sont restés en « ballots » dans les services du ministère de l'Intérieur[3].

1. « Mes services, écrit-il, ont pris aussitôt toutes les dispositions nécessaires pour que ces inscriptions aient lieu… dans les commissariats de police de Paris et des communes de banlieue. »

2. « Dans le cadre de la solution finale du problème, précise le procès-verbal allemand, les juifs doivent être transférés sous bonne escorte à l'Est et y être attachés au Service du travail. Formés en colonnes de travail, les juifs valides, hommes d'un côté, femmes de l'autre, seront amenés dans ces territoires pour construire des routes ; il va sans dire qu'une grande partie d'entre eux s'éliminera tout naturellement par son état de déficience physique. Le résidu qui subsisterait en fin de compte — et qu'il faut considérer comme la partie la plus résistante — devra être traité en conséquence. »

Six mois après cette réunion, c'est à 180 000 que les services d'Heydrich fixeront le nombre des juifs vivant en zone occupée.

A la date du 21 juillet 1943, selon un rapport de Röethke au Dr Schmidt, il n'existerait plus que 70 000 juifs dans l'ex-zone occupée. Comme le chiffre des déportations raciales atteint, au 20 juillet 1943, 52 000, les juifs « manquants » (30 000 environ) se sont évidemment réfugiés, particulièrement après les grandes rafles de juillet 1942, en zone alors non occupée.

3. De son côté, René Bousquet affirmera s'être opposé à trois reprises — août 1942, décembre 1942, juillet 1943 — à de nouvelles mesures de recensement réclamées par les Allemands, mesures qui auraient été facilitées par la délivrance de nouvelles cartes d'identité.

Il se peut. Il faut cependant faire remarquer qu'à la suite de la loi du 2 juin 1941 et de l'envoi aux maires d'une circulaire leur prescrivant d'informer « à son de trompe ou de caisse » les populations que les juifs doivent faire connaître leur état civil et leur profession, Chavin, Secrétaire général pour la police, attirera l'attention des préfets « sur l'importance qui s'attache à ce que ce recensement, mesure d'ordre public, soit effectué avec soin et contrôlé par tous les moyens en [leur] pouvoir ».

Les statistiques départementales afflueront donc et elles ne resteront pas inconnues du Commissariat aux Questions juives puisque Vallat pourra dire au Dr Blanke, le 13 novembre 1941, que 180 000 personnes se sont présentées.

223 juifs seulement en Lozère, 522 dans le Gers, 589 dans l'Aude [1]. Par contre 7 590 dans les Basses-Pyrénées, ce qui s'explique par l'afflux de nombreux juifs en direction de la frontière et de l'Espagne au moment de l'exode comme par la présence de 4 900 internés au camp de Gurs, 17 802 à Marseille, chiffre officiel que le commissariat général aux Questions juives estimera avec raison trop faible, 30 000 à Nice, Cannes, Menton et, à Lyon, où ils n'étaient que 3 000 avant la guerre, sans doute cinq et six fois plus.

Et à Vichy ? Avant la guerre, 300 ; après le désastre de juin, 2 500, affirmera Xavier Vallat qui, au nom de la « tranquillité d'esprit indispensable au gouvernement », a demandé le départ de tous ces juifs qui, « n'ayant rien à faire, étaient constamment aux abords des ministères et dans les allées du Parc ».

Au terme du recensement de zone libre, combien de juifs se seront déclarés ? Vallat a dit 180 000 au Dr Blanke ; le 2 décembre 1941, il écrira 140 000 au contrôleur général de l'Armée, directeur du Service de la démographie, et d'autres chiffres annoncent 109 983 dont 59 344 Français.

Quoi qu'il en soit, ces chiffres, tous différents, diffèrent également de la réalité. Le 10 juillet 1941, une note des Renseignements généraux avait signalé que, « par conversation et par correspondance, une véritable cabale se mont[ait] en vue d'un boycottage du recensement ».

N'ignorant pas ce qui se passait en zone occupée, ayant déjà souffert des persécutions imposées par la loi française du 3 octobre 1940, des juifs, dont il est impossible de savoir le nombre, ont raisonnablement décidé de se soustraire au recensement [2].

Les lois françaises de l'été et de l'automne 1940, aussi bien que les ordonnances allemandes, imposent en effet de longues et complexes recherches à des hommes et des femmes qui ne s'étaient guère souciés

1. Dont respectivement 107, 161 et 239 Français.
2. Vallat, annonçant à Blanke 180 000 recensés, estimera à 8 ou 10 % le chiffre des défaillants.

de leurs grands-parents et qui, parfois[1], ne les avaient jamais vus. Mais, lorsque deux grands-parents aryens représentent le salut, on comprend l'intérêt de ces placards publicitaires dans la presse parisienne.

PROUVEZ
VOTRE ASCENDANCE
PAR L'ARBRE GÉNÉALOGIQUE ÉTABLI
PAR LE SPÉCIALISTE GUGLIERA, 14, RUE FAVART
RIC 06.91

En quelques jours d'octobre 1940, les lois françaises chassent les juifs de l'administration, leur ferment les portes de certaines professions (le 3), organisent l'internement des juifs étrangers (le 4), privent (le 7) les juifs algériens de la nationalité française qu'ils avaient acquise le 24 octobre 1870 grâce à un décret du gouvernement de la Défense nationale.

Elles coupent brutalement les juifs de la nation à laquelle ils appartenaient ou auprès de laquelle ils avaient trouvé refuge. Elles les culpabilisent aux yeux de tous ceux qui, se voulant les bons serviteurs des lois françaises, sont tentés de prendre les devants et, par excès de zèle, d'anticiper sur des rigueurs encore à venir.

Mme Marthe Lacaux, *ouvreuse intérimaire* au cinéma X., de Bordeaux, ne tombait certes pas sous le coup de l'article 5 de la loi du 3 octobre qui interdisait aux juifs de diriger, administrer ou gérer des « entreprises ayant pour objet la fabrication, l'impression, la distribution de films cinématographiques ». Son nom même n'indiquait pas une origine juive. Il n'importe. Son employeur n'en adresse pas moins, le 24 octobre 1940, la lettre suivante au préfet de la Gironde.

Monsieur le Préfet,

Je vous accuse réception de votre lettre du 19 courant (section des Affaires politiques).

Aucun employé de notre société n'a été touché par les dispositions de l'article 5 de la loi du 3 octobre portant Statut des juifs ; toutefois, je me permets de vous signaler qu'une employée (ouvreuse) est israélite ; c'est Mme Marthe Lacaux, épouse divorcée de Buzon, née à Bordeaux le 12 juin 1903… Mme Lacaux fait partie de notre maison depuis deux ans. Son salaire est de 155 francs par semaine, elle remplace deux fois par semaine les deux ouvreuses titulaires le jour où elles sont de repos et assure le service de la caisse tous les jours de 18 h 30 à 20 h 30, au titre de carrière intérimaire.

Je vous serais obligé de me faire savoir si j'ai à prendre certaines dispositions concernant cette employée et, dans cette attente, je vous prie de croire[2]…

< 1. Initialement, j'avais écrit « jamais », ce qui était certainement excessif. J'en ai mieux pris conscience en lisant Annie Kriegel, *Ce que j'ai cru comprendre*, qui insiste sur la « mémoire généalogique » cultivée avec un « zèle opiniâtre » dans son milieu familial. « Il est de fait, écrit-elle, que mes parents, qui recevaient au demeurant fort peu, n'ont jamais reçu, à la fortune du pot ou bien pour un dîner privé, quelque personne que ce soit qui n'appartînt pas à la famille et, par voie de conséquence, qui ne fût pas juif. » >

2. Lettre inédite.

D'autres mesures contre les Juifs vont bientôt être prises en zone occupée

Le décret du 27 septembre 1940 sur les juifs n'a pas été compris de tout le monde.

Certains Français se demandent encore s'ils sont juifs ou considérés comme tels ou s'ils ne le sont pas.

Le graphique ci-dessous leur permettra de se faire une opinion.

Ce n'est en somme qu'une question de calcul : deux grands parents israélites, vous n'êtes pas juif ; trois grands parents israélites, vous êtes juif. C'est simple et [illegible] s d'occupation considèrent [illegible] présence de juifs en

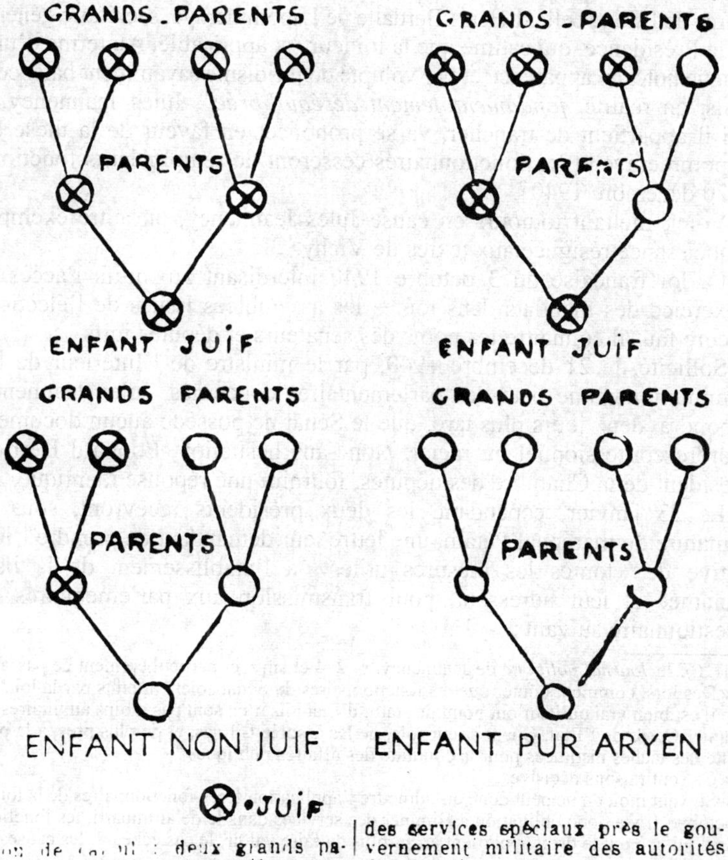

de guerre présente pour eux un réel danger.

C'est pourquoi ils entreprennent dès maintenant le recensement des israélites. Ceux-ci doivent se faire inscrire sur des registres tenus par les sous-préfets sous la direction de Feldkommandants. A Paris les registres seront centralisés dans des services spéciaux près le gouvernement militaire des autorités d'occupation.

D'autres mesures seront prises dans un délai très court contre les israélites. De son côté le gouvernement de Vichy met au point un projet de loi visant l'activité [illegible]

Au moment de se prononcer sur le sort des fonctionnaires juifs du Sénat, Jules Jeanneney, président du Sénat, qui certes aurait agi différemment s'il s'était agi de textes allemands, se trouvera, de son côté, prisonnier de lois françaises, que sa fonction l'incite plus que tout autre à respecter.

Ces fonctionnaires juifs sont au nombre de cinq : M. Gustave Hirschfeld, bibliothécaire en chef, M. Raymond Schwab, chef adjoint des secrétaires rédacteurs, les frères Raymond et Roger Heymann, sténographes, Mme Lévy, dactylographe. Deux thèses s'affrontent — celle du questeur, Albin Labrousse, pour lequel il ne saurait être question de chasser de leur emploi des hommes qui ne sont nullement des fonctionnaires de l'État ; celle d'Henri Berdalle de Lapommeraye, secrétaire général de la Présidence, qui estime que la loi leur est applicable. Au terme d'une longue note, en apparence et par volupté de juridisme savamment balancée, mais, en réalité, *fondamentalement déséquilibrée*[1], Jules Jeanneney, à qui il appartient de trancher, va se prononcer en faveur de la thèse de Lapommeraye et les fonctionnaires cesseront de remplir leurs fonctions le 20 décembre 1940[2].

Voici, mettant toujours en cause Jules Jeanneney, un autre exemple d'obéissance résignée aux textes de Vichy.

La loi française du 3 octobre 1940 interdisant aux juifs l'accès et l'exercice des mandats dans toutes les assemblées issues de l'élection, encore faut-il connaître les noms des sénateurs et députés juifs.

Sollicité, le 21 décembre 1940, par le ministre de l'Intérieur de lui communiquer une liste des parlementaires concernés, Jules Jeanneney répondra, deux jours plus tard, que le Sénat ne possède aucun document d'ordre confessionnel ou racial. Non sans hésitation, Édouard Herriot, président de la Chambre des députés, fournira une réponse identique.

Le 23 janvier, cependant, les deux présidents recevront, sous la signature du maréchal Pétain, une lettre leur demandant de prendre l'initiative de « toutes les mesures utiles » à l'établissement de la liste réclamée et leur adressant, pour transmission aux parlementaires, le questionnaire suivant :

---

1. *Cf.* le *Journal politique* de Jeanneney, p. 274 et suiv. et particulièrement ce passage. « Dès lors, comment douter que les fonctionnaires du Sénat soient atteints par la loi ?

« Il est bien vrai qu'ils n'ont point de statut d'État : ils n'en sont pas moins auxiliaires du premier Corps de l'État. Quant à leur rôle, ne les associe-t-il pas, et de plus près, à la plus haute des tâches instituées pour la conduite des affaires publiques ?

« Ce sont raisons décisives.

« Suivant moi, on ne peut donc qu'admettre l'application à ces fonctionnaires de la loi du 3 octobre. Il y a donc obligation à éliminer des services dans le délai imparti, les fonctionnaires juifs, à qui le droit appartient au surplus de faire valoir, le cas échéant, les causes de dérogation inscrites aux articles 3 et 8. »

2. Il est juste de rappeler que, à la suite de la loi du 3 juin 1941, qui admettait de nouvelles causes de relèvement pour les fonctionnaires juifs, Jules Jeanneney fit décider par le Bureau du Sénat (quatre voix contre trois) la réintégration de Gustave Hirschfeld et de Raymond Schwab.

DÉCLARATION EN VUE DE L'APPLICATION
DE LA LOI DU 3 OCTOBRE 1940
SUR LE STATUT DES JUIFS

Nom du déclarant

Prénoms

Date et lieu de naissance

Circonscription représentée

Domicile

Ascendants dans la ligne paternelle	Votre grand-père dans la ligne paternelle est-il ou était-il de race juive [1] ? Votre grand-mère dans la ligne paternelle est-elle ou était-elle de race juive [1] ?
Ascendants dans la ligne maternelle	Votre grand-père dans la ligne maternelle est-il ou était-il de race juive [1] ? Votre grand-mère dans la ligne maternelle est-elle ou était-elle de race juive [1] ?
Conjoint	Votre conjoint est-il juif [1] ?

1. Répondre par oui ou par non.

Fait à le
sous la foi du serment
Le déclarant

Si l'on en croit Jeanneney [1], Édouard Herriot aurait assez volontiers obéi à Pétain. Il finit cependant par se ranger à la thèse du président du Sénat et, le 28 janvier 1941, les deux hommes se retrouvent dans le bureau du maréchal Pétain à qui ils ont demandé audience.

— Les parlementaires ne sont pas des fonctionnaires et les présidents ne sont pas leurs chefs..., indique Jeanneney. Ils ont des droits : ceux que le Règlement leur donne. Aucun autre, et sûrement pas celui d'imposer à leurs collègues des questions touchant leurs ascendants et leur femme. Ils pourraient très légitimement refuser la réponse. Je ne puis donc que m'interdire d'interroger de cette façon. Je me l'interdis absolument.

La résistance de Jeanneney et de Herriot sera toutefois de courte durée. Le Maréchal leur ayant concédé que « la loi est mal faite, une loi qui

1. « Le vendredi 24, à midi, MM. Friol (directeur du cabinet de Herriot) et Saverot (secrétaire général des services administratifs), à qui la même lettre avait été remise pour le président Herriot, viennent en conférer avec moi. Ils ne me cachent pas que Herriot est disposé à envoyer le questionnaire proposé. Je proteste vivement... Je rédige alors une note — qui pourrait prendre forme de lettre — exposant en détail les raisons de mon refus d'obtempérer. Le lundi 27, à 17 heures, dès l'arrivée de Herriot, je la lui soumets. Il y avait à le convaincre. Il l'a été. » Jules Jeanneney, *Journal politique*, p. 281.

Jeanneney ajoute que le maréchal Pétain avait en main une lettre signée de deux questeurs de la Chambre, Barthe et Perfetti, se disant d'accord pour dresser la liste des députés juifs.

prive de leur grade des officiers, alors qu'ils ont pu le gagner sur le champ de bataille... », mais leur ayant demandé de ne pas accroître ses difficultés, ils protesteront immédiatement de leur bonne volonté. Le Maréchal ne les a-t-il pas toujours trouvés prêts à l'aider ?

— Je vous en remercie. En voici une occasion. Que pouvez-vous pour cela ?

— Ceci, au grand maximum, répond Jeanneney. Écrire à tous nos collègues une lettre circulaire où, après leur avoir rappelé les dispositions du statut des juifs, nous demanderions à ceux qui se savent atteints par la loi de consentir à se déclarer, les autres n'ayant rien à faire. Se déclarer ? A qui ? A nous ? Aucunement : nous n'avons rien à voir à cela. Se déclarer à vous-même. Vous recevrez leur réponse ou non. Vous en ferez l'usage que vous jugerez bon. Notre rôle n'ira pas au-delà.

C'est Jeanneney qui a parlé, mais Herriot approuve et les deux présidents, ayant opéré ce transfert de responsabilité morale, se retirent satisfaits après que la séance se fut achevée sur ces mots de comédie.

PHILIPPE PÉTAIN. — C'est très bien cela. Je vous en remercie. Des hommes de votre expérience me sont précieux.

HERRIOT ET JEANNENEY. — Leur expérience était à votre disposition. Elle y reste.

Dès le 30 janvier, Jeanneney adresse donc, par pli recommandé, une lettre circulaire à tous les sénateurs[1]. Herriot agit de même pour les députés[2].

Les deux présidents demandent aux parlementaires, s'ils se jugent atteints par la loi, « de bien vouloir en faire la déclaration au chef de l'État ».

De toutes les lettres que le Maréchal recevra en réponse aux demandes de Jeanneney et de Herriot, deux sont à retenir pour l'Histoire. Celle du sénateur Pierre Masse, celle du député Georges Mandel.

Voici, datée du 16 février 1941, la lettre de Pierre Masse.

> Monsieur le Maréchal,
>
> J'ai reçu sous le couvert de M. le président du Sénat, la circulaire par laquelle vous me demandez de faire connaître si je suis de famille juive.
>
> Mon premier mouvement a été de ne pas faire de réponse : il n'y a pas de « juifs » au Sénat. Ne font partie de cette assemblée que des citoyens français, quelle que soit leur religion, élus par un collège électoral français, conformément à une constitution qui n'a pas été abrogée sur ce point.
>
> J'ai décidé cependant de répondre, par déférence pour le gouvernement dont vous êtes le chef.

1. On compte alors cinq sénateurs juifs : Moïse Lévy, Pierre Masse, G. Ulmo, A. Schrameck et Maurice de Rothschild, ce dernier réfugié aux États-Unis depuis la défaite ayant été privé de la nationalité française.

2. Dans la Chambre de 1940, quatorze députés seraient juifs : Léon Blum, Pierre-Bloch, Max Hymans, Salomon Grumbach, Robert Lazurick, Lévy, Lévy Alphandéry, Charles Lussy, Georges Mandel, Pierre Mendès-France, Jules Moch, Robbe, Raymond Vidal, Walbach.

Mes deux grands-pères étaient de religion israélite. L'un, bâtonnier de l'ordre des avocats de Strasbourg en 1870, a abandonné propriétés familiales et situation pour rester français ; l'autre a été, il y a un siècle, maire de la commune de l'Hérault que je représente depuis trente-quatre ans au Conseil général. Leurs femmes appartenaient à la même religion.

J'élève contre la loi du 3 octobre la protestation la plus formelle.

D'ascendance strictement française dans toutes les branches et aussi loin que je puisse remonter, officier d'infanterie, titulaire de citations qui ont toutes été gagnées en avant des lignes françaises, ancien chef de la Justice militaire à une époque où les gens de la 5e Colonne étaient envoyés aux fossés de Vincennes, ayant parmi mes parents les plus proches quatre officiers tués à l'ennemi, membre du Conseil de mon ordre, régulièrement élu sénateur par mes compatriotes de l'Hérault, je n'accepte pas d'être traité en Français de 2e catégorie[1].

Depuis Vals, où il se trouve interné, Georges Mandel a de son côté écrit le 11 février 1941 la lettre que voici.

Monsieur le Maréchal,

Je viens de recevoir une lettre du président de la Chambre qui me demande de vous faire savoir si je tombe sous le coup de l'article 2 de la loi du 3 octobre 1940.

Je m'empresse de vous *répondre affirmativement*. D'ailleurs, pour mériter plus sûrement certaines attaques, j'ai tenu à proclamer mon ascendance juive quand, en novembre 1920, j'ai fait mes débuts à la tribune de la Chambre en défendant la reprise des relations avec le Vatican.

Ajouterai-je (pour que vous soyez bien édifié sur le caractère des mesures que vous avez édictées par cette loi du 3 octobre) que, malgré ses origines religieuses qui me valent d'être exclu du Parlement, mon père a fait la campagne de 1870 dans le 17e bataillon de marche, il a participé à la bataille de Buzenval ; et que, pour ma part, j'ai été pendant plus d'un quart de siècle le collaborateur de Clemenceau — et un collaborateur qui s'honore d'être resté invariablement fidèle à sa politique. C'est d'ailleurs notamment pour cela, vous le savez mieux que personne, que j'ai été hostile à l'armistice et que, sans autre motif, je suis maintenant inculpé et interné[2]...

Cette évocation des services rendus à la France, comme d'une très ancienne insertion dans la communauté française, se retrouvera dans de nombreuses lettres de protestation contre les mesures édictées par Vichy.

A travers des lettres écrites en octobre et novembre 1940, apparaîtra également l'opposition entre juifs aux familles depuis de longues générations installées en France, juifs récemment naturalisés et juifs étrangers

1. Pierre Masse, sénateur de la gauche démocratique, avait voté avec la majorité, *donc en faveur de Pétain*, le 10 juillet 1940. Il existe également, adressée au Maréchal, une autre lettre de Pierre Masse. On en trouvera le texte dans *Quarante millions de pétainistes*, vol. I de la présente édition, p. 831-832.

2. De son côté, Pierre-Bloch, député de l'Aisne, rappellera au Maréchal que son grand-père maternel avait été officier supérieur et son grand-père paternel combattant de 1870, décoré de la médaille militaire. Il joindra à sa lettre la copie des deux citations qu'il vient d'obtenir au cours des combats de mai-juin 1940.

dont l'arrivée avait, avant même la guerre, inquiété ceux qui, à l'image du père d'Annie Kriegel, estimaient que leur nombre et leur « originalité » leur « feraient du tort[1] ».

Opposition que les persécutions, on le verra, loin d'apaiser, ne feront qu'exaspérer.

M. Naquet est-il chassé, par la loi du 3 octobre, de son poste d'administrateur des Hospices, il écrit sans plus tarder à Adrien Marquet, maire de Bordeaux, une lettre dans laquelle éclate la volonté de s'affirmer « différent », volonté que Vichy exploitera jusqu'à l'instant où les Allemands, refusant les distinctions, engloberont les juifs de toutes les origines, et de toutes les nationalités dans la même persécution.

> Ainsi, des Français *de vieille souche se trouvent confondus avec des naturalisés de fraîche date*[2] et écartés d'œuvres de solidarité sociale, dont toute politique est exclue. Je veux espérer, Monsieur le Président, que l'on ne tardera pas à se rendre compte *de l'injustice de cette fâcheuse confusion*[2] et que le gouvernement apportera les modifications qui s'imposent aux articles 3 et 8 du Statut, afin de permettre à tous ceux qui en sont dignes de continuer à avoir l'honneur de servir avec le même dévouement[2].

A la fin de l'année 1940, c'est-à-dire à un moment où, SEULE, LA LOI FRANÇAISE A PRÉVU DES RÉVOCATIONS, les textes allemands s'intéressant encore uniquement au recensement des hommes et des entreprises, il est possible, pour un département de zone occupée, la Gironde, de connaître exactement, en ce qui concerne la fonction publique, les conséquences des lois et décrets de Vichy.

A la préfecture, 2 fonctionnaires, dont un chef de division, ont été suspendus, 4, dont une dactylographe, Mlle Blum, ainsi qu'une auxiliaire, Mlle Bloch, licenciés, et 9 autres admis à faire valoir leurs droits à la retraite.

On compte 6 révocations et 12 mutations dans l'enseignement, cependant que 8 membres du personnel ont été relevés de leurs fonctions.

3 révocations, 5 suspensions dans les Postes ainsi que la mise en disponibilité d'un facteur et le licenciement d'un autre. Ont été relevés de leurs fonctions un contrôleur des PTT, un surveillant d'architecture de la mairie de Bordeaux, un auxiliaire du Trésor, 3 employés de l'hôpital psychiatrique de Cadillac. Enfin, 14 employés de la SNCF ont été, disciplinairement, transférés dans un autre département.

< 1. Annie Kriegel, *Ce que j'ai cru comprendre.* L'auteur, dont les parents appartenaient à une très ancienne famille judéo-alsacienne installée à Paris, raconte que son père remontait souvent dans l'appartement en bougonnant : « *Ils nous font du tort.* » « Ils, ajoute-t-elle, c'étaient les juifs originaires d'Europe centrale qui se réunissaient en grappes sur les trottoirs de la rue Dupetit-Thouars, face au marché du Temple, pour traiter de leurs affaires dans la langue qui leur était maternelle et commune, le yiddish. "Pourquoi, protestait mon père, parlent-ils dans leur jargon ?" Cet homme de haute moralité, ce républicain avancé, perdait alors toute mesure et toute générosité. » >

2. Lettre inédite, du 11 novembre 1940. Je souligne intentionnellement certains passages particulièrement caractéristiques.

81 fonctionnaires juifs et non juifs ont donc été frappés en Gironde, entre juillet 1940 et janvier 1941, en vertu de la loi du 17 juillet 1940 qui chasse de l'administration tous ceux qui ne sont pas nés de parents français, mais également en vertu de la loi contre les francs-maçons du 13 août 1940 et de la loi contre les juifs du 3 octobre 1940 [1].

Ces chiffres, pour un département géographiquement, démographiquement et politiquement aussi important que la Gironde, permettent à la fois d'avoir une juste idée de la faible importance numérique des fonctionnaires juifs et maçons dans l'administration provinciale, mais également de deviner les protections dont bénéficient vraisemblablement déjà un certain nombre d'hommes et de femmes [2].

Le 27 septembre 1940, la première ordonnance allemande n'impose pas seulement le recensement de « toute personne juive ». Les commerces, les magasins dont le propriétaire ou le détenteur est juif, se verront désormais désignés à l'attention populaire par une affiche rédigée en français : « Entreprise juive » et, en allemand : *Judisches Geschaft*.

Dans certains quartiers, certaines rues, sur certaines boutiques — maroquineries, magasins de chaussures et de vêtements —, la double affiche va fleurir et, jusqu'à l'instant où les Allemands interdisent ce qui constitue à leurs yeux une provocation, elle se trouve parfois encadrée par les citations et décorations du propriétaire.

En septembre 1940, l'affiche « Entreprise juive » est, aux affaires, ce qu'en juin 1942 l'étoile jaune sera aux hommes. Obligatoire en zone occupée, elle doit permettre, comme dans l'Allemagne nazie [3], de retirer aux entreprises juives tout ou partie de leur clientèle avant de les désigner à la fureur commandée de militants ou de journalistes antisémites qui réclament leur fermeture puis leur confiscation.

Pour l'Allemagne victorieuse, il s'agit d'imposer, dans le minimum de temps, à la France vaincue des mesures qui, chez elle, avaient réclamé plus de cinq ans [4] : 17 lois, 23 ordonnances, décrets, arrêtés, avant que le juif ne soit défini, recensé, dénationalisé, privé de son emploi, dépouillé de ses biens, enfermé dans le ghetto de l'inutilité physique et intellectuelle, avant d'être enfermé dans le ghetto des camps.

Puisque le modèle existe, la répression antisémite, dans tous les pays occupés, se trouvera accélérée.

1. D'après Robert Aron, 2 282 fonctionnaires de tous grades ont été remerciés — pour des causes diverses — dans les six premiers mois de Vichy.

2. Lorsque Georges Ripert, secrétaire d'État à la Fondation publique et à la Jeunesse, demande, le 20 octobre 1940, aux recteurs et inspecteurs d'Académie de dresser « l'état général des fonctionnaires, hommes et femmes qui, de notoriété publique ou à (leur) connaissance personnelle, doivent être, aux termes de l'article 1er (de la loi du 3 octobre), regardés comme juifs », sa circulaire peut être comprise soit comme une incitation à la délation, soit, au contraire, comme une invite à la volontaire ignorance.

3. Le 10 novembre 1938, au cours de la « nuit de cristal » qui suivit l'assassinat à Paris, par le jeune juif d'origine polonaise Herschel Grynszpan, du conseiller d'ambassade von Rath, 7 500 boutiques allaient être saccagées sous l'œil complaisant de la police allemande.

4. Du 17 septembre 1933 au 12 novembre 1938.

Ainsi, c'est le 4 juin 1938 qu'avait paru en Allemagne l'ordonnance définissant les entreprises juives, le 14 juillet le décret de recensement, le 18 août la loi interdisant aux juifs toute activité commerciale, le 23 novembre le texte portant fermeture de toutes les entreprises juives. Du 4 juin au 23 novembre, un peu moins de six mois. En France occupée, entre le moment où paraît, le 18 octobre 1940, l'ordonnance allemande sur le recensement des entreprises juives [1], y compris les banques, les compagnies d'assurances, les études de notaire et les charges d'agent de change, et le jour — 12 novembre 1940 — où sont définis, par le général von Stülpnagel, les pouvoirs de ces commissaires-gérants qui, à partir du 12 décembre, seront affectés aux entreprises juives, il ne s'écoule qu'un peu plus d'un mois.

Combien d'entreprises juives en zone occupée ? 38 000, dont 11 000 immeubles.

Ce sont ces 38 000 entreprises qui seront dotées de commissaires-gérants ayant d'abord pour tâche, les instructions allemandes le précisent, de « supprimer l'influence juive dans l'économie française ». Toutefois, afin que « les clients français et allemands continuent à être servis comme précédemment », leur premier devoir sera d'assurer la poursuite normale d'une affaire, dont ils ne peuvent devenir propriétaire, en attendant qu'elle soit vendue à un aryen ou, « dans les branches d'activité connaissant pléthore », fermée après liquidation des stocks.

Maîtres de toute l'opération, les Allemands peuvent prononcer la nullité des contrats suspects conclus entre juifs et non-juifs. C'est auprès d'eux que les commissaires-gérants doivent solliciter l'autorisation de vendre les fonds de commerce ou de liquider les stocks. Mais ils bénéficient du concours de l'administration française. Aux préfets de zone occupée, le général de La Laurencie, délégué général, adresse, les 27 octobre, 5 novembre, 15 décembre, des circulaires qui sont autant d'invitations à une collaboration effective et efficace.

> Votre rôle, écrit-il notamment le 27 octobre, et celui des sous-préfets ne doit pas se borner à un pur et simple enregistrement des déclarations effectuées par les intéressés. Il vous appartiendra, d'une part, de porter à l'attention de ceux de vos administrés, auxquels sont applicables les Ordonnances

1. Les entreprises doivent être déclarées auprès du sous-préfet et, à Paris, auprès du préfet de police. La déclaration doit préciser non seulement la raison sociale, le nom du siège et du propriétaire ou titulaire du bail, mais encore la spécification des marchandises ou biens négociés, la valeur du stock des marchandises et des matières premières existantes.

L'ordonnance allemande du 18 octobre faisait référence, en son article 5, à cette ordonnance du 20 mai 1940 prise dès les premières victoires et qui, concernant toutes les entreprises abandonnées par des patrons et du personnel en fuite et non seulement les entreprises juives, prévoyait la possibilité de nomination de commissaires-gérants, mais n'envisageait nullement la liquidation de l'affaire, puisqu'il ne s'agissait que d'un acte de gestion provisoire rendu indispensable par la désorganisation économique du territoire occupé.

susvisées, qu'ils sont passibles de sanctions graves telles que la confiscation de leurs biens, en cas de défaut de déclaration. *Vous devez, d'autre part, procéder vous-même, ou par l'intermédiaire de vos sous-préfets*[1], en utilisant tous les moyens d'information dont vous disposez, à un contrôle destiné à vous assurer que le recensement effectué ne comporte aucune omission.

En zone non occupée, ce n'est pas avant le mois de juillet 1941 que paraîtra la première loi visant les entreprises juives.

Le texte de Vichy permet la nomination d'un administrateur provisoire (c'est le commissaire-gérant des Allemands) pour toute entreprise, tout immeuble, tout bien meuble, à l'exception des valeurs et des obligations émises par l'État et des immeubles et meubles meublants servant à l'habitation et à la vie quotidienne des intéressés et de leur famille[2].

Loi de spoliation, certes, que cette loi du 22 juillet 1941, mais loi dont Xavier Vallat affirmera à son procès que, appliquée par des hommes dont il se flattait de contrôler la probité[3], elle avait touché seulement 1 000 des 3 000 entreprises juives recensées en zone libre et dont il dira, avec trop d'optimisme, qu'à l'exception d'une somme de 10 % pour les besoins d'une caisse de solidarité, elle laissait aux juifs la disposition des fonds provenant de la vente de leurs biens, versés à la Caisse des dépôts et consignations[4].

Lorsque paraît la loi française du 22 juillet 1941 relative aux entreprises, biens et valeurs appartenant aux juifs, il y a un peu moins de quatre mois que Xavier Vallat a été nommé Commissaire général aux Questions juives.

C'est, en effet, à la fin du mois de mars 1941, que l'amiral Darlan a fait savoir à Vallat, alors secrétaire général aux Anciens combattants, que les Allemands, ne supportant plus l'hostilité de ce héros et de ce grand

1. Je souligne intentionnellement.

2. Deux autres lois, Xavier Vallat étant Commissaire général, compléteront la législation touchant le statut des juifs : celle du 17 novembre 1941 réglementant l'accès des juifs à la propriété foncière et celle du 2 novembre 1941 interdisant toute acquisition de fonds de commerce par les juifs sans autorisation gouvernementale.

3. Le montant de l'émolument mensuel des administrateurs provisoires varie avec le chiffre d'affaires des entreprises dont ils ont la responsabilité. Si le chiffre d'affaires constitué par des ventes a été compris, au cours de l'exercice antérieur à leur nomination, entre 50 001 et 100 000 francs, ils toucheront 375 francs ; entre 500 001 et 600 000 francs, 2 500 francs ; entre 1 000 001 et 2 000 000, 3 750 francs.

L'émolument ne peut être alloué pendant plus de six mois et le total des émoluments ne peut, pour un administrateur nommé à la tête de plusieurs entreprises, dépasser la somme mensuelle de 10 000 francs (arrêté du 6 octobre 1941), ce qui, pour l'époque, est une somme *relativement* importante.

4. Cependant, comme le fera remarquer André Baur, vice-président de l'Union générale des Israélites de France, dans une lettre adressée le 3 juin 1942 à la direction générale des Domaines et du Timbre, « la Caisse des dépôts et consignations se refuse à verser quoi que ce soit aux ayants droit. On en arrive à cette situation anormale que des titulaires de comptes parfois importants s'adressent maintenant à notre service "d'assistance sociale" pour que nous leur distribuions des secours en espèces, comme à des indigents ».

blessé de 1914-1918 [1], avaient décidé de lui interdire de franchir la ligne de démarcation. Mais la loi non écrite de Vichy voulant que l'on offre une compensation à tout haut fonctionnaire mis à l'index par les Allemands, Darlan fait à Vallat plusieurs propositions rapidement rejetées. L'amiral a une inspiration…

— Il y a également le Commissariat aux Questions juives que je viens de créer. Est-ce que cela vous agréerait ?

— Parmi les fonctions que vous m'offrez, répond Vallat, c'est la seule qui soit une véritable équivalence. J'estime que j'ai plus de compétence pour m'occuper de ce problème sur lequel je me suis penché depuis longtemps que pour d'autres problèmes d'ordre purement administratif que je connais moins bien [2].

« Compétence. » C'est le mot que reprendra Xavier Vallat pour exposer son programme au maréchal Pétain. Il le fera avec la fougue de l'avocat, avec la foi de l'homme politique intègre qui, en 1928, avait mené campagne dans l'Ardèche au cri de « Vive Dieu, vive la France », avec la passion de l'homme fanatiquement anti-allemand mais qui se fera gloire d'être antijuif « à la française », de ne pas imiter l'occupant, alors que tout le condamne à subir puis à servir finalement ses lois avant, lorsqu'il deviendra trop malcommode, d'être chassé par lui.

Car les occupants, qui, depuis le début de l'année, souhaitent la création d'un Office central juif sous le contrôle apparent de Vichy, « afin d'éviter, dans ce domaine, la réaction du peuple français contre tout ce qui vient des Allemands [3] » et qui pressent Darlan de leur donner satisfaction, ont, dès le 6 mars 1941, défini le piège auquel viendront se prendre naïfs ou ambitieux, ceux qui surestiment leur capacité de résistance à la pression de l'occupant.

Sous la signature d'Abetz, le rapport télégraphique adressé à Ribbentrop fait part en effet d'un entretien avec Darlan. A l'ambassadeur du Reich qui lui demandait où en était la question de l'Office central juif, l'amiral de la Flotte allait répondre qu'il était bien d'accord pour le créer, mais « que le maréchal Pétain avait une attitude fort hésitante à l'égard de la question juive. Le Maréchal ne voudrait pas qu'aux juifs français, résidant depuis longtemps en France et qui se sont distingués pendant la guerre, soit appliqué le même traitement qu'aux juifs venus de l'étranger. Malgré cette attitude de Pétain qui ne permet pas d'obtenir un travail actif de l'Office central juif créé par le gouvernement français, il est néanmoins souhaitable que sa création émane de celui-ci. *L'Office*

1. A la suite de trois blessures, Xavier Vallat a perdu un œil et une jambe.
2. Déclaration de Xavier Vallat à son procès.
3. Compte rendu d'une conférence « sur le traitement ultérieur de la question juive en France » qui s'est tenue à Paris le 20 janvier 1941, au cours de laquelle le SS Sturmbannführer Lischka a exposé les tâches que devait avoir l'Office central juif.

central juif trouvera de ce fait une base légale et son travail en zone occupée pourra être activé par l'influence allemande de telle manière que la zone non occupée sera forcée de se joindre aux mesures prises [1] ».

Sous la plume d'Abetz, l'essentiel est écrit. Il n'a pas fallu longtemps aux Allemands pour discerner les réticences du gouvernement de Vichy, comme il ne leur faudra pas longtemps pour discerner celles de Xavier Vallat aussitôt après sa nomination.

Pour ce Xavier Vallat qui, un an durant, sera ainsi responsable de la politique antisémite de Vichy, les juifs sont à l'origine de leurs propres malheurs.

Si, à toutes les époques, dans tous les pays, ils se sont heurtés à l'hostilité populaire, leur insociabilité, leur refus de toute assimilation, le sentiment de supériorité qui les conduit à former un État dans l'État expliquent et légitiment pour lui la crainte, puis les manifestations d'hostilité et de rejet de peuples qui se voient menacés par « ce gang international qui boit l'eau vive et le sang du pays qui lui donne asile ».

La formule est de Xavier Vallat qui, pour parler des juifs, affectionne, en effet, les mots « gang » et « maffia ». Les utilise-t-il devant Pétain et Darlan qui le reçoivent avant qu'il ne prenne son poste ? Je l'ignore. Mais, pour en finir avec « une influence juive prédominante dans un certain nombre de secteurs », il leur expose longuement son plan.

Dans la voie de ce qui a déjà été entrepris, puisqu'il n'innove pas, Xavier Vallat désire organiser la politique, l'administration, l'économie ; protéger les professions libérales par l'institution d'un *numerus clausus* ; réglementer le commerce, la petite industrie, l'artisanat tout en protégeant les juifs anciens combattants qui, n'ayant pas « partie liée avec le gang d'Israël », se sont fondus dans la collectivité nationale, les autres, les gens de la « maffia » étant rejetés, selon ses propres termes, dans une sorte de « Cité vaticane » qui permettra « d'attribuer la citoyenneté juive aux neuf ou dix millions de juifs dispersés à travers le monde… sans que pour cela on soit obligé de faire émigrer tous les juifs en Palestine ».

Après avoir fait part de ses idées au maréchal Pétain et à l'amiral Darlan, il va, le 3 avril, les exposer à l'ambassadeur Otto Abetz, puis au général von Stülpnagel ainsi qu'au général von Best.

Sur convocation. Il n'était pas le candidat des Allemands qui, établissant, dès le 1er mars, la liste des Français possédant « l'autorité indiscutée » pour diriger ce qui, dans leurs rapports, s'appelait encore l'Office central juif, avaient cité, « dans l'ordre de leur qualification [2] » les noms de Léon de Poncins, Georges Batault, Bernard Fay, Vacher de

1. Je souligne intentionnellement.

2. Rapport soumis à Abetz le 1er mars 1941. De son côté, Abetz recommande le même jour Bucard, Darquier, Jean Boissel, Pierre Clémenti, Serpeille de Gobineau, Jean de La Hire, Céline, le comte de Puy-Ségur et tout particulièrement Montandon et Jean de Lesdain.

La Pouge, Darquier de Pellepoix, Montandon, Serpeille de Gobineau, Céline. Jamais celui de Xavier Vallat. Récusé par les Allemands comme secrétaire général aux Anciens Combattants, Xavier Vallat sera toutefois accepté par ces mêmes Allemands comme Commissaire général aux Questions juives.

En admettant un homme dont les sentiments leur étaient notoirement hostiles et dont ils savaient qu'il accepterait moins docilement que d'autres leurs ordres, sans doute les Allemands tenaient-ils compte de l'avantage psychologique qu'il y avait pour eux à laisser Vichy prendre l'initiative de la création du Commissariat général aux Questions juives et du choix de son premier responsable, tout en espérant qu'en « procédant par étapes » ils accéléreraient suffisamment le mouvement pour rapidement atteindre les buts qu'ils s'étaient fixés.

« Procéder par étapes afin de ne pas se mettre, dès le début, en désaccord ouvert avec les conceptions de Pétain », les mots se trouvent d'ailleurs dans le compte rendu qu'Abetz adresse le 3 avril au ministère des Affaires étrangères du Reich après son entrevue avec Vallat que les Allemands ont autorisé à franchir sans plus tarder la ligne de démarcation bien qu'ils l'aient privé d'ausweiss quelques jours plus tôt.

Vallat rend donc visite aux Allemands. A l'ambassadeur Abetz le 3 avril. Le 4 avril à l'Obersturmführer Dannecker, ce nazi fanatique à qui il dira un jour (toujours la compétence) que, dans le domaine de l'antisémitisme, « il pourrait être son père ». Au général von Stülpnagel, commandant militaire en France occupée, et au général von Best, chef de l'état-major administratif en France, le 4 avril encore. Le 5 avril, c'est avec le conseiller de légation Zeitschel qu'il s'entretiendra à l'hôtel Majestic.

Que dit-il ? Que disent-ils ? Vallat, dont la nomination remonte à moins d'une semaine[1], expose la conception qu'il a du règlement de la Question juive, comme il l'a exposée devant Pétain et Darlan[2] : libération de la politique, de l'administration et de l'économie française, protection des professions libérales par l'institution d'un *numerus clausus*, réglementation du commerce et de l'industrie, examen du problème « fort complexe », précisera-t-il, du judaïsme en Afrique du Nord française, discrimination en faveur des juifs anciens combattants et de ceux dont les familles sont anciennement établies en France.

Sur ce dernier point, il insistera particulièrement, nous le savons par les rapports allemands, tout en précisant que peu d'individus se trouveraient finalement concernés.

— A défaut de ces exceptions, lui fait dire le rapport du général von Best, on risquerait de faire naître des sympathies pour les juifs au sein de

1. Créé le 29 mars 1941, le Commissariat aux Affaires juives est placé sous l'autorité du secrétariat à l'Intérieur avant de l'être (6 mai 1942) sous celle du chef du gouvernement.
2. *Cf.* ci-dessus, p. 133.

la population française, laquelle prétendrait que, sous la pression allemande, on usait de procédés brutaux à l'égard de victimes françaises de la guerre. Par contre, si l'on tenait compte des réactions du peuple, on pourrait par ailleurs procéder contre les juifs avec une rigueur accrue.

A-t-il véritablement prononcé cette dernière phrase ou s'agit-il d'une interprétation allemande ? Il est impossible de décider. En revanche, l'on n'ignore rien des exigences allemandes. Avant de recevoir Vallat, le général von Best a soigneusement mis au point un plan de discussion dont le deuxième paragraphe précise que « les Allemands sont intéressés à débarrasser progressivement l'ensemble des pays d'Europe du judaïsme et se sont donné pour tâche de libérer totalement l'Europe des juifs », et indique les moyens qui conduiront à cette libération. Il s'agit d'expulser les juifs non français « dans une proportion et à une cadence qui rendent possible leur retour dans leur pays d'origine », étant entendu que le commandement de l'armée d'occupation se réservera la faculté de disposer du sort des juifs des territoires soumis à l'autorité allemande. Il s'agit également d'interner un certain nombre (trois à cinq mille, écrit von Best) de juifs français ou étrangers. Enfin, « vu l'expérience que le Reich a acquise avant cette guerre dans le règlement de la Question juive », Vallat sera invité « à mettre sur pied, d'ores et déjà, le plan et les mesures préliminaires d'une déportation future des juifs ». On l'invitera d'ailleurs à entrer en rapport avec les autorités du Reich qui ont « l'expérience de ces questions ».

Comme de la façon de les régler.

Ainsi, dès ses premiers entretiens, Xavier Vallat est-il mis au courant des intentions finales allemandes [1], averti du rôle de plus en plus « actif » que l'occupant entend faire jouer à Vichy et au Commissariat aux Questions juives.

« On ne lui dissimulera pas, écrit Joseph Billig [2], que le point de vue de son gouvernement tendant à ménager les juifs français devra progressivement faire place au principe de l'extirpation totale des juifs. »

Vallat fuit d'ailleurs les responsabilités policières dont on voudrait le charger. A von Stülpnagel, aussi bien qu'à Zeitschel, il déclare que l'expulsion et l'internement des juifs ne sont pas son affaire, mais celle de l'armée allemande et de la police française, ce qui provoquera cette réaction de Zeitschel : « L'administration militaire… a été manifestement désappointée car, d'après la déclaration de Vallat, la partie désagréable, et notamment l'application des mesures d'expulsion et d'internement, lui resterait sur le dos. »

Aussi les Allemands n'auront-ils de cesse que les responsabilités du Commissaire aux Questions juives soient étendues, ce qui sera fait par la

< 1. Telles du moins qu'elles étaient au début du printemps de 1941. Auschwitz était alors un camp destiné à recevoir des prisonniers de guerre. >

2. *Le Commissariat général aux Questions juives.*

loi du 29 mai 1941 donnant pouvoir à Vallat, non seulement d'élaborer les dispositions législatives et réglementaires antisémites, de pourvoir à la gestion et à la liquidation des biens juifs, mais aussi de « désigner des agents chargés desdites opérations et [de] contrôler leur activité » et enfin de « provoquer éventuellement à l'égard des juifs, et dans les limites fixées par les lois en vigueur, toutes mesures de police commandées par l'intérêt national ».

Ainsi, le gouvernement de Vichy se trouvera-t-il associé de plus en plus intimement à des mesures dont sans doute, initialement, il ne voulait pas mais qu'il sera hors d'état de repousser toutes et dont, moralement, devant l'histoire, il assumera la responsabilité.

Lorsqu'il arrive au pouvoir — car c'est bien d'un pouvoir véritable qu'il est doté —, Xavier Vallat se trouve déjà en présence d'un certain nombre de textes, allemands et français, qui, se chevauchant, s'imbriquant, les uns devançant les autres, les uns — les Allemands — inspirant les autres, les « accouchant [1] », commandent son action pour le présent et vont constituer les bases sur lesquelles Vichy poursuivra l'élaboration de sa législation antisémite.

Avant le 29 mars 1941, date de la nomination de Vallat à la tête du Commissariat aux Affaires juives, deux ordonnances allemandes, je le rappelle, ont prescrit le recensement des personnes et des biens ainsi que la nomination de commissaires-gérants.

Entre le 27 août 1940 et le 29 mars 1941, un certain nombre de lois françaises ont également paru dont les plus importantes portent sur le statut des juifs (3 octobre), permettent l'internement des étrangers de race juive (4 octobre), enlèvent la nationalité française à la plupart des juifs nés en Algérie [2] (7, 11 octobre et 20 novembre), interdisent l'accès des chantiers de jeunesse aux juifs (18 janvier 1941), réglementent le rôle des administrateurs provisoires (10 septembre 1940, 16 et 18 janvier 1941).

Mais, sans qu'il y ait nécessairement et systématiquement relation de cause à effet, c'est en un an, du 29 mars 1941 au 6 mai 1942, donc pendant la « période Vallat » que seront prises par le gouvernement de Vichy les mesures législatives antisémites les plus nombreuses : 46 lois, 56 décrets et 59 arrêtés.

La plupart de ces textes sont le prolongement « à la française » de cette

1. Un auteur antisémite — Jacques de Camas — soulignera avec une évidente satisfaction dans le numéro 1 des *Cahiers jaunes* (novembre 1941) qu'il existait « un certain parallélisme entre les dispositions des ordonnances successives des autorités d'occupation et celles des textes pris contre les juifs par le gouvernement français ».

2. Ces lois abrogent le décret du 24 octobre 1870 et modifient la loi du 4 février 1919 qui fixaient le statut des Israélites indigènes de l'Algérie.

Pourront toutefois conserver la nationalité française les juifs qui, ayant appartenu à des unités combattantes, auront obtenu la Légion d'honneur, la médaille militaire et la croix de guerre et ceux qui se seront distingués par des services rendus au pays.

troisième ordonnance allemande — celle du 26 avril 1941 — qui, après avoir établi la qualité de juif[1], ferme aux Israélites la porte de nombreuses professions : du commerce aux assurances en passant par la banque, la restauration, l'hôtellerie, les entreprises de navigation et d'expédition, l'exploitation des agences de placement, de voyages, de mariages, de renseignements, de surveillance, de publicité, de vente ou de location d'appartements.

Un juif, toujours selon la troisième ordonnance allemande, ne peut être ni courtier ni voyageur de commerce. Il lui est interdit d'être « employé supérieur ». Et, quels que soient son titre, son poste, son salaire, de se trouver « en contact avec le public ». Qui est en contact ? Des milliers d'hommes et de femmes qui se tiennent dans l'anonymat de notre vie quotidienne : la serveuse de restaurant, le marchand ambulant, le facteur, le marchand de journaux, la chaisière, le coiffeur, l'employé de magasin, le vendeur de billets de la Loterie nationale, le conducteur d'autobus, le boulanger, la coiffeuse qui peuvent être juifs comme peuvent être juifs le banquier, le directeur de journal, l'industriel, l'avocat d'affaires, tous ceux dont les caricatures propagent et popularisent l'image afin qu'il y ait, dans l'esprit populaire, identification entre « capitalisme » et « juiverie ».

Le 2 juin 1941, Vichy, de son côté, remplace la loi du 3 octobre 1940 par une loi qui, d'après Vallat, loin d'aggraver le sort de la communauté juive, l'aurait, au contraire, amélioré en substituant au critère de la race celui de la religion[2] (ce qui aura pour conséquence d'intensifier la chasse aux certificats de baptême), en introduisant des dérogations non seulement au profit des anciens combattants, mais également pour les ascendants, veuves ou orphelins de soldats morts pour la France, en accordant également aux conjoints, ascendants et descendants des prisonniers de

1. Est considéré comme juive toute personne qui a au moins trois grands-parents de pure race juive… Est considérée également comme juive toute personne issue de deux grands-parents de pure race juive et qui :

a) Au moment de la publication de la présente ordonnance, appartient à la communauté religieuse juive ou qui y entre ultérieurement.

b) Au moment de la publication de la présente ordonnance, a été mariée avec un juif ou qui évoque ultérieurement un juif.

2. L'article 1er de la loi du 3 octobre 1940 est ainsi rédigé : « Est regardé comme juif, pour l'application de la présente loi, toute personne issue de trois grands-parents de race juive ou de deux grands-parents de la même race, si son conjoint lui-même est juif. »

Et l'article 1er de la loi du 2 juin 1941 : « Est regardé comme juif :

1) Celui ou celle, appartenant ou non à une confession quelconque, qui est issu d'au moins trois grands-parents de race juive.

Est regardé comme étant de race juive le grand-parent ayant appartenu à la religion juive :

2) Celui ou celle qui appartient à la race juive ou y appartenait le 25 juin 1940 et qui est issu de deux grands-parents de race juive.

La non-appartenance à la religion juive est établie par la preuve de l'adhésion à l'une des autres confessions reconnues par l'État avant la loi du 9 décembre 1905. »

Un décret du 26 janvier 1942 précisera les conditions dans lesquelles les fonctionnaires qui ne doivent plus être considérés comme juifs, en vertu notamment de l'article 1 de la loi du 2 juin 1941, seront réintégrés.

ÉTAT FRANÇAIS

VILLE DE MARSEILLE

ARRÊTÉ

relatif au

RECENSEMENT DES JUIFS

NOUS, Préfet des Bouches-du-Rhône Administrateur Extraordinaire de la Ville de Marseille, Officier de la Légion d'Honneur ;

VU la loi du 5 Avril 1884 ;

VU le décret du 20 Mars 1939, pris en exécution du décret-loi du 12 Novembre 1938 ;

VU la loi du 29 Juillet 1940 ;

VU la loi du 2 Juin 1941 ;

VU la loi du 13 Juillet 1941 ;

VU l'article 471, paragraphe 15 du Code Pénal.

ARRÊTONS :

ARTICLE PREMIER. — Toute personne juive au regard de la loi du 2 Juin 1941 portant statut des juifs doit en faire la déclaration, sur un imprimé spécial, en l'Hôtel de Ville, service de la Police Administrative, avant le 31 Juillet 1941, délai de rigueur.

ART. 2. — La déclaration ne sera réputée accomplie que lorsque l'imprimé réglementaire aura été dûment rempli par les intéressés, et déposé, ou adressé par la poste en recommandé, à l'Hôtel de Ville. Toute déclaration effectuée avant la publication du présent arrêté ou non souscrite au moyen de l'imprimé réglementaire est nulle et de nul effet.

ART. 3. — M. le Commissaire Central de Police, M. le Commandant de Gendarmerie, M. le Directeur de la Police Administrative sont chargés, chacun en ce qui le concerne, de veiller à l'exécution du présent arrêté.

Fait à Marseille, le 22 Juillet 1941.

P. le Préfet des Bouches-du-Rhône,
Administrateur Extraordinaire de la Ville de Marseille,
Le Secrétaire Général de la Préfecture délégué :

PIERRE BARRAUD.

Imp. Municipale

guerre des dérogations s'achevant deux mois après la libération du prisonnier, enfin en restituant la nationalité française aux juifs dont les ancêtres étaient établis en France depuis cinq générations au moins.

Il est vrai. Mais il est également vrai que la loi du 2 juin 1941, suivie, le même jour de la loi ordonnant le recensement des juifs [1], modifiée par les lois des 17 novembre et 17 décembre 1941, élargit considérablement le nombre des professions fermées aux juifs et, le plus souvent, décalque la troisième ordonnance allemande et ses interdits.

La loi française du 3 octobre 1940 avait certes fermé aux juifs les portes de la fonction publique et de toutes les professions offrant la possibilité d'influencer l'opinion par le moyen de la presse, de la radio et du cinéma.

Mais le 2 juin 1941, Vichy interdit aux juifs d'être banquiers, changeurs, démarcheurs, intermédiaires dans les bourses de valeurs ou de commerce, agents immobiliers ou agents de publicité, négociants de fonds de commerce, marchands de biens, courtiers, commissionnaires, exploitants de forêts, concessionnaires de jeux, éditeurs, en attendant que la loi du 17 novembre 1941 vienne ajouter à toutes ces professions celles du commerce des grains, des chevaux et des bestiaux, le juif, dira Vallat, n'ayant même pas le droit d'acheter des moutons ou des veaux pour un marchand de bestiaux aryen car « il ne saurait être considéré comme un employé subalterne [2] ».

Cette rage d'interdire conduira même Vichy à exiger des pianistes et violonistes juifs qu'ils sollicitent l'autorisation de donner un récital, des écrivains qu'ils fournissent une analyse du sujet du livre qu'ils ont l'ambition d'écrire. Dans cette voie, les Allemands, il est vrai, avaient, dès 1940, donné l'exemple en réclamant aux exposants au Salon d'automne un certificat de non-appartenance à la race juive.

Pour les Allemands, il s'agit donc, par l'ordonnance du 26 avril 1941, après avoir recensé les juifs et les avoir dépouillés de leurs biens, de les expulser de leur profession, de les réduire à l'état de nécessiteux, d'en faire non seulement des hommes sans raison de vivre, mais enfin ce que leur propagande affirme qu'ils ont toujours été : des parasites. Étape de dégradation supplémentaire sur le chemin qui conduit aux grandes rafles de juillet 1942 lorsque seront capturés des hommes et des femmes privés de ressources financières, donc dans l'incapacité de fuir ou de se cacher [3],

---

1. Évoquée ci-dessus, p. 120 *sq*.

2. La notion « d'employé subalterne ou manuel » apparaît dans la loi du 17 novembre 1941 (article 5). En principe, « l'employé subalterne ou manuel » ne tombait pas sous le coup des interdits de la loi du 2 juin 1941.

3. Une ordonnance du préfet de police de Paris précise, le 10 décembre 1941, que les juifs seront soumis à un contrôle périodique, qu'ils devront dans tous les cas présenter leur carte d'identité délivrée ou visée par la préfecture de police et portant le cachet « juif » ou « juive ». Les juifs changeant de domicile doivent en faire la déclaration, enfin les personnes juives *ou non juives* qui hébergent des juifs doivent en faire la déclaration aux commissariats de police.

aux horaires et itinéraires de sortie limités par l'ordonnance allemande du 7 février 1942 et, à partir du 7 juin, marqués au cœur de l'étoile jaune.

C'est brutalement que du côté allemand les mâchoires du piège se referment.

Si les autorités de Vichy font preuve de moins de rigueur, à partir du 2 juin 1941 il ne se passe cependant pas de mois sans texte restreignant, limitant, organisant et resserrant sur les juifs le filet des interdits. Loi réglementant les conditions d'admission des étudiants juifs dans les établissements d'enseignement supérieur (21 juin 1941), décret réglementant la profession d'avocat et les fonctions d'officier public (16 juillet), celle de médecin (11 août), d'architecte (24 septembre), lois interdisant aux juifs la possession d'immeubles autres que ceux qu'ils utilisent pour leur habitation ou l'exercice exclusif de leur profession (17 novembre), leur interdisant de faire partie d'un jury (25 novembre), rendant obligatoire leur affiliation à l'Union générale des Israélites de France (29 novembre), décret réglementant la profession de sage-femme et celle de pharmacien (26 décembre), circulaire autorisant l'embrigadement des juifs entrés en France après le 1er janvier 1939 dans des compagnies de travailleurs étrangers (2 janvier 1942) [1], loi interdisant les changements de nom (11 février) et instituant une commission qui aura pour rôle de réviser les décrets de changements de nom et, le cas échéant, d'imposer aux juifs l'abandon du nom à consonance française que les textes leur avaient donné le droit d'emprunter.

Tous les décrets réglementant les professions sont conçus et rédigés de façon identique et tous comportent des clauses d'exception relevant des mêmes principes.

Voici, pour ne prendre qu'un exemple, le décret du 11 août 1941. L'article premier précise que le nombre des juifs admis à exercer la profession de médecin ne peut, dans la circonscription de chaque conseil de l'ordre [2], dépasser 2 % de l'effectif total des médecins non juifs inscrits au tableau.

Toutefois seront maintenus en priorité, même si leur nombre dépasse la proportion de 2 %, les médecins titulaires, pour la guerre de 1914-1918 de la carte du combattant, ou qui, au titre de la campagne 1939-1940, se sont vu attribuer la croix de guerre, ont été décorés de la Légion d'honneur, de la médaille militaire ou sont pupilles de la nation.

Par ailleurs, à la demande d'un Conseil de l'ordre et sur proposition du Commissariat aux Questions juives, des dérogations peuvent être accordées à des médecins aux mérites professionnels exceptionnels.

Parlant de ce *numerus clausus*, en règle générale fixé à 2 %, Vallat dira à son procès qu'il était très supérieur au pourcentage des juifs de natio-

1. Ce texte vise également les juifs naturalisés.
2. Institué par la loi du 7 octobre 1940.

nalité française qui ne se monte, d'après lui, qu'à 0,4 %. Il n'entraînera pas moins pour 250 avocats et plusieurs centaines de médecins parisiens l'interdiction d'exercer.

Vichy excepte également des rigueurs des lois les anciens combattants et victimes de la guerre et dans tous les débats qui, pendant et après les années d'occupation, les opposeront à ceux qui leur reprochent les mesures antisémites, les ministres et les partisans des gouvernements du Maréchal rappelleront sans cesse ces exemptions.

« Du moment qu'un Israélite prend l'épée pour le service du pays et la porte dignement, il se réhabilite et mérite notre respect. »

Xavier Vallat aurait pu faire sienne cette phrase publiée par *Le journal de Bolbec* en 1892. Pour lui, en effet, comme pour bien d'autres à Vichy, ceux qui ont combattu, ceux qui ont vu leur courage récompensé, ceux qui ont versé l'impôt du sang ne se trouvent plus compromis avec le « gang » juif.

N'est-elle pas symptomatique de cet état d'esprit la lettre que Philippe Henriot, qui, plus tard, ne péchera pas par excès de mansuétude, adresse à l'un de ses amis, juif *mais* ancien combattant, qui, dans l'automne de 1940, vient de lui exprimer son inquiétude à l'annonce de la mise en chantier du statut des juifs ?

> J'ai l'impression que vous vous alarmez à tort. Quand nous parlons juifs, il n'est pas un instant question, dans notre esprit, de Français comme vous. Je crois savoir que, dans le statut en préparation, il est formellement spécifié que les gens qui sont Français depuis tant de générations, Français par les engagements, les citations, les décorations, les services rendus — autres bien entendu que les services d'argent, qui ne sont souvent qu'un alibi — demeurent Français indiscutés.
>
> Vous savez bien que nous ne pensons qu'aux juifs, et non aux Français de religion israélite. Si nos campagnes contre ces gens vous émeuvent, c'est à tort. Je sais combien votre liste est incomplète. Vous auriez pu l'allonger. Laissez-moi vous dire qu'un de mes collègues de la Chambre qui furent naguère les plus violents contre moi était juif. Il s'agit de Pierre-Bloch, député de l'Aisne. J'ai eu la joie de le retrouver l'autre jour. Magnifique combattant, cité, décoré, évadé, pouvez-vous penser une minute que nos campagnes visent de tels hommes ? Le public ne s'y trompe pas avec son bon sens, il y a longtemps qu'il a fait le départ entre les uns et les autres… [1]

Les sacrifices du passé pouvant protéger des dangers du présent, de sordides débats s'institueront non seulement autour du chiffre des combattants juifs, mais encore de celui des morts.

Combien de juifs tués au combat entre 1914 et 1918 ?

Dans un numéro de septembre 1941, *Notre combat pour la nouvelle France socialiste* affirmera que 1812 juifs seulement ont été tués dont

1. Ce texte est cité par Pierre-Bloch dans son livre *Le Temps d'y penser encore*.

361 en 1915 et 332 en 1916. « C'est ce qu'Israël, poursuit la brochure antisémite, appelle combattre, souffrir et mourir pour la France. Et cependant n'étaient-ils pas plus d'un million à recevoir l'hospitalité généreuse de ce pays, en 1914, au moment même où ils prétendaient "voler à la frontière menacée" ? »

Le Commissariat aux Questions juives se montrera un peu plus généreux. Il retiendra le chiffre de 3 300 morts en se basant sur les Archives du Consistoire israélite de Paris, ce qui attirera à Xavier Vallat cette réplique de Pierre-Bloch :

— Je vois. En somme, c'est comme si l'on trouvait le nombre des catholiques tués au front, en comptant seulement les noms inscrits dans les églises de village.

Rendant visite à Vallat le 11 août 1941, une délégation d'anciens combattants juifs [1] a beau lui faire remarquer qu'à l'ossuaire de Douaumont les morts israélites représentaient une proportion sensiblement égale à celle des Israélites dans la nation française, il ne modifiera pas sa position. C'est donc par rapport aux 3 300 morts pour la France que le Commissariat aux Questions juives admettra « un chiffre global de 10 000 juifs ayant droit à la carte de combattant [2] ».

Sur la ferveur et la confiance avec laquelle des juifs anciens combattants, et plus précisément anciens soldats de Verdun, s'adressent au maréchal Pétain dans les deux premières années de Vichy, afin qu'il les protège, eux et leur famille, des persécutions hitlériennes, j'ai apporté dans *Quarante millions de pétainistes* de nombreuses précisions [3].

Xavier Vallat est également sollicité. Et il sollicite puisque, très vite, les Allemands ne tiennent plus compte de ces mesures grâce auxquelles Vichy se flattait de protéger les anciens combattants.

Après les arrestations, le 12 décembre 1941, de 357 juifs anciens combattants [4], il rendra visite à trois reprises au général von Best dont il dira qu'il était « incontestablement, de tous les habitants du Majestic, celui qui avait l'accueil le plus facile et le plus courtois ».

— Je vous signale, lui dit-il, que non seulement il y a, sur ces 350 titulaires de la carte du combattant, 60 officiers qui ont des titres de guerre que je salue personnellement très bas, mais qu'il y a même un soldat allemand juif qui a gagné la croix de fer pour son courage dans les rangs de l'armée allemande.

Toutes les démarches se révéleront vaines [5].

1. Elle comprend 18 personnes totalisant 25 blessures, 56 citations, 12 Légions d'honneur à titre militaire, deux médailles militaires.

2. Le grand rabbin Kaplan parlera de 6 500 tués pour 32 000 mobilisés sur une population israélite (France métropolitaine et Afrique du Nord) de 190 000 Israélites.

3. *Cf.* le vol. I de la présente édition, p. 825 *sq.*

4. Sur 700 juifs français arrêtés.

5. Lors du procès de Xavier Vallat, il lui sera reproché par un témoin, M. Edinger, de n'être pas intervenu le 27 mars 1942 lorsque 1 000 juifs furent déportés en Allemagne.

S'il est vrai que Vallat, commissaire aux Questions juives, adresse fréquemment à l'ambassadeur de Brinon des listes d'anciens combattants internés, et dont il demande la libération, ses interventions — comme celles du maréchal Pétain, comme celles des responsables de Vichy — seront de moins en moins patiemment écoutées par des occupants pour qui les exemptions prévues par les lois françaises ne constituent qu'une cuirasse de papier et qui, bientôt, exigeront de n'être plus importunés.

Xavier Vallat s'était félicité d'avoir pu, dans la loi du 2 juin 1941, protéger les femmes, les ascendants et descendants des prisonniers de guerre. Bien fragile protection ! Depuis le stalag IIIB, Maurice Cohen écrira le 3 décembre 1942 aux services de l'ambassadeur Scapini. Sa femme, Rachel, et sa fille, âgée de 5 ans, ont été arrêtées le 6 novembre 1942 et conduites à Drancy : « J'espérais que les mesures antisémites n'atteignaient pas les familles des prisonniers de guerre. Cette nouvelle m'a bouleversé. »

Le 23 mars 1943, il recevra, dans son stalag, une lettre émanant du cabinet de Scapini et l'informant non seulement que les interventions en faveur de sa famille n'ont pas abouti, mais encore que les Allemands n'ont même pas pris la peine de répondre à des questions « qui tendaient à obtenir la libération des épouses de prisonniers de guerre israélites ou, tout au moins, leur éviter la déportation ».

Lorsque Maurice Cohen reçoit la réponse désabusée des services de Scapini, voici plusieurs mois que les illusions de ceux qui s'imaginaient pouvoir protéger une partie de la population juive, tout en persécutant l'autre partie, doivent être dissipées.

Vallat a dû partir. Les plus fanatiques des antisémites parisiens, ceux qui écrivent que le juif « même ancien combattant est encore un juif [1] », n'ont jamais admis les scrupules et les réserves de cet antisémite de tradition plus encore que de passion.

Le capitaine Sézille, responsable de l'Institut d'études des Questions juives, et dont on verra bientôt de quelle frénésie de délation il est habité, le dénonce sans se lasser aux Allemands.

Il est pour lui « l'étouffoir de la lutte contre les juifs ». Quant à *Au pilori*, ne reculant devant aucun excès de plume, il affirme que Vallat « vient d'installer définitivement les juifs en France [2] ».

Aussi l'hebdomadaire antisémite accueillera-t-il avec des transports de joie son départ et son remplacement par Darquier de Pellepoix.

> Dès l'avènement de M. Vallat, écrira-t-il le 7 mai 1942, nous avons alerté Vichy sur les dangers que présentait à ces hautes fonctions un politicien dont

---

1. Émile Nédelec dans *Le Cri du peuple*. Nédelec ajoute que le PPF réclame la saisie des biens juifs et que cette saisie ne doit épargner ni les anciens combattants ni les prisonniers.
2. De son côté, Vallat avait mis le 4 avril 1941 ses interlocuteurs allemands en garde contre *Au pilori* et contre les « profiteurs » qui offraient leurs services en se recommandant de leur antisémitisme alors que, selon lui, « un antisémitisme sérieux n'avait existé (jusqu'ici) en France que sur une petite échelle ».

le poste de vice-président de la Chambre R. F. était la preuve de son opportunisme et de son manque total de personnalité. Il aura fallu près d'un an à Vichy pour constater *de visu* et *de facto* que notre opinion sur M. Vallat était entièrement fondée.

Vichy ? En réalité, ce sont les services allemands qui ont exigé le départ de Vallat, comme ils ont exigé le départ de son directeur de cabinet, le colonel Chomel de Jarnieu et de son chef de cabinet L. Cabany[1]. Vichy n'a fait qu'obéir.

Dès le 11 décembre 1941, le Dr Michel — chef de l'administration militaire — reçoit de ses services une note l'informant que Vallat « en raison de ses sentiments anti-allemands » n'avait jamais eu « l'intention de réaliser une organisation réelle et effective ». Le 12 décembre, nouvelle note au Dr Michel. Elle accompagne un article de Marcel Déat publié dans *L'Œuvre*. « L'article ci-joint, même en faisant abstraction des exagérations habituelles de Déat, présente un intérêt sous divers rapports, car il confirme que Vallat a été nommé à l'instigation des milieux réactionnaires et cléricaux de Vichy et que sa politique à l'égard des juifs est loin d'avoir pour but de faire du tort aux juifs, mais qu'elle les protège même dans une certaine mesure. »

23 janvier 1942, 19 février, 20 février, 2 mars, 16 mars, les rapports allemands, non seulement contre Vallat mais également contre son service, « sorte de kaléidoscope où les employés ne font qu'entrer et sortir », vont se succéder tandis que le Dr Michel pressera le gouvernement de Vichy de se débarrasser d'un homme dont il assure qu'il n'est pas « à la hauteur de sa tâche[2] ». Le 2 mars, les Allemands écriront enfin à Brinon qu'il est nécessaire d'aller jusqu'à la destitution de Xavier Vallat et c'est le 19 mars que le commissaire aux Questions juives recevra de Darlan une lettre l'informant de l'hostilité des autorités d'occupation à son retour en zone occupée.

« Vous vous trouveriez, si vous étiez maintenu à votre poste actuel, dans l'impossibilité d'exercer vos importantes fonctions.

« Dans ces conditions, M. Le Maréchal de France, chef de l'État, a pris la décision de vous remplacer à la tête du Commissariat général[3]. »

Le remplaçant s'appelle Darquier de Pellepoix. L'arrivée d'un « antijuif d'avant guerre et d'un vrai combattant » est joyeusement accueillie par les extrémistes de la collaboration et, à peine nommé, Darquier reçoit, en

1. Cabany sera d'ailleurs arrêté par les Allemands et, le 9 avril, Brinon est informé par l'ambassade de la rue de Lille que, par son comportement, Jarnieu « a rendu impossible, à l'avenir, la collaboration avec les services allemands ».

2. Le 22 janvier 1942, le Dr Michel, s'adressant à MM. Lehideux, Barnaud et Bichelonne. C'est ce jour-là qu'il leur annonce qu'il faut « réfléchir à la question de son remplacement ».

3. Xavier Vallat est nommé ministre plénipotentiaire de 2e classe. N'ayant pu rejoindre son poste à Sofia, il sera momentanément chargé des questions de ravitaillement et d'agriculture. Le 30 juin 1944, deux jours après l'assassinat de Philippe Henriot, il acceptera d'alterner avec Marion pour donner, tous les deux jours, des éditoriaux radiophoniques.

provenance d'Amiens, un télégramme lui demandant « d'astreindre les juifs au port du brassard et à l'étoile jaune ».

Il n'en a pas le pouvoir, mais les vœux des antisémites d'Amiens vont se trouver rapidement exaucés par l'occupant.

A l'instant de son procès, Vallat, après avoir fait état des attaques de la presse, de la collaboration comme des services allemands, ajoutera pour sa défense qu'il a camouflé des résistants dans ses services, notamment le fils du pasteur Durlemann, l'un des fondateurs du journal clandestin *L'Arc*. Il assurera n'avoir réclamé, contre les juifs violant les lois françaises qu'un petit nombre d'internements [1], 134 peines de prison et 55 peines d'amende [2], tout en se désintéressant totalement des infractions aux ordonnances allemandes. Il pourra enfin affirmer qu'en apprenant son éviction l'Union générale des Israélites de France a immédiatement envoyé à Vichy M. Stora, l'un de ses dirigeants, afin de tenter d'obtenir son maintien à la tête du Commissariat aux Questions juives.

Acte incompréhensible de « collaboration » des dirigeants d'une association dont la création a été exigée par les Allemands [3] afin qu'à l'image de ce qui s'était passé dans le Reich, elle regroupe tous les juifs de France, qu'elle recueille leurs biens et assume, en principe, les tâches des 65 organisations juives existant avant la guerre ? Ce n'est pas si simple.

Lorsque Vallat reçoit ceux qui acceptent de diriger l'UGIF, il leur annonce qu'il a demandé au Dr Blanke qu'ils ne soient jamais considérés comme des « otages préférentiels », mais il ajoute que les assurances allemandes n'ayant qu'une valeur relative ils peuvent perdre leur liberté, et peut-être leur vie, après avoir compromis leur honneur aux yeux de certains de leurs coreligionnaires.

De nombreux juifs, particulièrement en zone non occupée, verront en effet, dans l'UGIF, une structure administrative apte à faciliter la mise en

1. Deux seulement, affirmera-t-il devant ses juges. L'un contre M. Worms, de la Maison de Blanc, l'autre contre Marcel Bloch, « des avions Bloch, à qui j'ai nommé un administrateur provisoire… parce qu'il avait pour 300 millions d'argent de poche ». Or, M. Marcel Bloch se trouvait déjà interné.

2. État des condamnations prononcées pour infraction à la loi du 2 juin 1941, entre le 2 juin 1941 et le 30 janvier 1942 : 189 dont 134 de prison et d'amende et 55 d'amende. Du 31 janvier 1942 à la Libération, 485 condamnations dont 221 de prison.

« On donnait, dira Vallat, des sanctions de deux jours de prison avec sursis et de simples amendes » et Dannecker protestera contre la faiblesse des sanctions.

3. Le 29 août 1941, les Allemands avaient écrit à Xavier Vallat pour lui signifier la nécessité de créer une association qui prendrait en charge les familles juives nécessiteuses de plus en plus nombreuses, à la suite des arrestations des chefs de famille comme de la spoliation des biens.

En réalité, il s'agissait essentiellement pour les Allemands de n'avoir affaire, comme l'écrira le commandant du Grand-Paris, qu'à une institution unique « autorisée à négocier avec les autorités d'occupation et les services français sur les questions générales concernant le judaïsme et à exécuter les tâches qui lui seront assignées ».

Les occupants ont fait savoir que, si l'Association n'était pas créée avant le 25 septembre 1941, ils procéderaient par ordonnance.

place d'un ghetto français [1]. Quant aux communistes, ils dénonceront, en mai 1942, les « collaborateurs juifs, traîtres à leurs compatriotes et coreligionnaires ». Ils citeront les noms de 18 responsables de l'UGIF — 9 pour la zone occupée, autant pour la zone non occupée — en les faisant accompagner des mots qui établissent le mieux les liens qui les attachent au capitalisme.

Le président est Albert Lévy (zone n.o.), propriétaire des 100 000 Chemises ; le vice-président (zone o.) est le grand banquier André Baur, membre du Consistoire ; les administrateurs délégués sont Raymond-Raoul Lambert (zone n.o.), ex-rédacteur en chef de *L'Univers israélite*, organe du Consistoire, homme à Rothschild ; Marcel Stora (zone o.), créature de Rothschild ; le trésorier est Marcel Wormser (zone o.), grand magnat capitaliste ; le trésorier adjoint est G. Edinger (zone o.) ; les membres sont Ganion (zone n.o.), un richard ; André Lazard (zone n.o.), de la banque du même nom ; Joseph Milner (zone n.o.), riche ingénieur ; Alfred Morali (zone o.) ; Fernand Munsnik (zone o.) ; Vladimir Schah (zone n.o.) ; Mme Lucienne Scheid-Hass (zone o.) ; Raphaël Spanien (zone n.o.) ; Mme Stern (zone o.), une famille de banquiers ; Albert Weill (zone o.) ; Mlle Laure Weill (zone n.o.) ; Benjamin Weill-Hallé (zone o.).

Pour ces Israélites français cependant, dont plusieurs seront arrêtés avec leur famille et ne reviendront pas de déportation [2], Xavier Vallat, avec qui, avant même la constitution du Conseil d'administration, ils ont dû débattre de la façon dont sera payée l'amende d'un milliard exigée par les Allemands [3], Xavier Vallat qu'ils trouvent ouvert à certaines de leurs

1. On reprochera notamment à l'UGIF la précision et la qualité de ses dossiers susceptibles d'aider les Allemands dans leurs recherches.

Pour la zone sud, l'UGIF de Marseille comprend ainsi sept directions : 1. Assistance aux Français ; 2. Reclassement professionnel ; 3. Secours aux enfants et aux vieillards ; 5. Assistance aux étrangers. Les 4e, 6e et 7e directions, qui s'occupent en principe de l'émigration et de l'alliance israélites, ne fonctionnent pas en raison des circonstances.

En janvier 1944, le siège pour la zone sud sera transféré de Marseille à Lyon.

2. André Baur, dont Vallat dira que, « profondément religieux », il avait accepté des fonctions au sein de l'UGIF « dans un esprit de sacrifice complet » sera arrêté en août 1943 avec toute sa famille. Il périra en déportation comme M. Raymond-Raoul Lambert et plusieurs des 70 membres du personnel de l'UGIF arrêtés par les Allemands.

3. Plusieurs attentats ayant eu lieu contre des membres de l'armée allemande, le général von Stülpnagel décide, le 14 décembre 1941 : a) Que les juifs des territoires occupés seront frappés d'une amende d'un milliard de francs ; b) Qu'un « grand nombre d'éléments criminels judéo-bolcheviks seront déportés aux travaux forcés à l'Est » ; c) Que 100 juifs, communistes et anarchistes « qui ont des rapports certains avec les auteurs des attentats, seront fusillés » (47 internés juifs de Drancy et 57 communistes devaient être exécutés).

L'ordonnance allemande du 17 décembre 1941, après avoir décrété que les juifs ne peuvent disposer mensuellement, sur leurs biens dont la libre disposition n'a pas encore fait l'objet de mesures restrictives, que d'une somme de 15 000 francs, précise les modalités de recouvrement de l'amende. Ce sont les autorités françaises et l'Union des Israélites de France qui doivent se charger de la répartition entre les juifs. C'est à ce moment qu'André Baur aura des relations suivies avec Xavier Vallat, dans la mesure où le Consistoire lui transmet, en tant que responsable de nombreuses œuvres de charité, les exigences allemandes. Xavier Vallat avait d'abord proposé que la Banque de France fasse l'avance d'un milliard au fonds de solidarité juif, avance qui aurait été garantie par la masse des immeubles juifs sous séquestre à Paris. C'est le Syndicat des Banques qui accordera finalement cette avance.

interventions, avec qui ils établissent parfois des rapports d'anciens combattants à ancien combattant, oui, malgré tout, Xavier Vallat représente un « moindre mal ».

C'est d'ailleurs ce que répondra M. Edinger, ancien président de l'UGIF, et témoin à charge, au juré du procès Vallat qui l'interroge sur un épisode qui peut paraître aujourd'hui ambigu et suspect, mais qui se comprend mieux lorsque l'on sait qu'en mars 1942 le pire ne semblait pas sûr à ceux-là même qui, cependant, étaient promis au pire.

M. SCHMIDT. — L'accusé a déclaré qu'un des membres de l'UGIF était allé à Vichy pour intervenir en faveur du maintien de Vallat lui-même comme Commissaire aux Affaires Juives. Le témoin peut-il apporter une affirmation ou une infirmation de cette chose-là…

M. EDINGER. — Notre camarade Stora a passé la ligne de démarcation en fraude pour aller à Vichy. Il était effectivement dans les intentions d'essayer d'obtenir le maintien de M. Vallat parce qu'il était alors question de Darquier de Pellepoix et qu'entre deux maux il fallait le moindre.

« Entre deux maux, il fallait le moindre. » Ce jugement équilibré de M. Edinger convient aux contradictions d'un homme qui intervient souvent « au cas par cas [1] » en faveur de ceux que les textes dont il est le garant ou l'inspirateur condamnent globalement.

Ce qu'Edinger a dit de Vallat, l'écrivain Simone Martin-Chauffier, qui par ailleurs ne cache pas son hostilité, le dira de Vichy : « Malgré mon mépris pour la zone dite libre, il fallait bien convenir que les Juifs français y étaient moins harcelés. »

Sans doute les lois y sont-elles arbitraires et rigoureuses ; sans doute des camps de concentration y ont-ils été implantés où l'on souffre de la faim, du froid et de la solitude morale ; sans doute des juifs s'y verront-ils privés de leur emploi, dépouillés de leurs biens, mais, au moins jusqu'à l'été de 1942, les occupants n'y peuvent exercer qu'une action indirecte, amortie par la mauvaise volonté d'une partie de l'administration française, par les scrupules d'un certain nombre de responsables qui s'efforcent encore « d'aménager » l'inacceptable.

Les juifs, d'ailleurs, ne s'y trompent pas. C'est en direction de la zone libre que s'opérera TOUJOURS le mouvement de ceux qui sont inquiets pour leur liberté et pour leur vie.

C'est vers la zone libre que les grandes rafles de juillet 1942 pousseront des milliers de juifs vivant à Paris. Leur irruption entraînera, on le verra bientôt, des réactions de mauvaise humeur de la part de la

1. « Mon cher ami, écrit ainsi Vallat le 2 octobre 1941 à M. Daher, à notre tour de te recommander un juif malheureux. Tu voudras bien trouver ci-joint la lettre adressée au maréchal de France par M. Asarac, cité Miselis, à Marseille. Ne pourrais-tu, avec tes nombreuses relations, trouver un gagne-pain à cet ancien gardien de la paix auxiliaire, père de sept enfants ? Il peut occuper tout emploi qui ne soit pas officiel dans l'industrie privée, dans le commerce. »

population indigène, mais leurs bouleversants témoignages seront à l'origine de ces prises de conscience individuelles ou collectives qui contribueront à la transformation du climat moral de la France vaincue.

A l'heure des procès, des explications, ils seront donc nombreux, preuves et témoins à l'appui, ministres et responsables qui affirmeront que l'action de Vichy, si elle a été incapable de sauver toutes les existences menacées, a du moins réussi à préserver celles de la plupart des juifs français. Évoquant ce qui s'était passé en Pologne où, seuls à la fin de la guerre, 80 000 juifs sur 3 351 000 avaient survécu, ce qui, également, s'était passé en Tchécoslovaquie (68 000 rescapés sur 315 000 juifs), aux Pays-Bas (30 000 sur 150 000), en Belgique (33 000 sur 90 000), Xavier Vallat écrira que sur les 330 000 juifs — dont la moitié de nationalité étrangère — vivant en France en 1940, 180 000 avaient survécu et que, sur 180 000, 160 000 étaient français.

< Les chiffres cités par Vallat étaient d'ailleurs erronés et jusqu'aux travaux de Serge Klarsfeld le nombre des juifs morts en déportation allait être influencé par l'INSEE qui, en 1950, avait indiqué que 100 000 juifs partis de France avaient péri dans les camps[1]. Dans son *Mémorial de la Déportation* et dans le *Calendrier de la persécution des Juifs en France*, Serge Klarsfeld a estimé avec le maximum de précision, à 73 155 le nombre des morts en déportation[2]. Ajoutant 3 000 morts dans les camps d'internement situés sur le territoire français et 1 000 morts à la suite de l'action de la Gestapo, des SS ou de la Milice, il arrive donc à un total de 77 155 victimes sur 80 000 personnes directement touchées dans leur chair par les persécutions raciales. Selon le texte publié en 1992 à l'occasion de l'exposition «*Le Temps des rafles*», «25 % des juifs en France ont été victimes de la solution finale. Pour ce qui est de la proportion de juifs français et de juifs étrangers dans ce nombre de 80 000 victimes, on est fondé de répondre qu'il y avait environ 25 000 Français et 55 000 étrangers. Parmi les ressortissants étrangers, on comptait près de 8 000 enfants, nés de parents étrangers, devenus français par déclaration volontaire après leur naissance (*jus solis*), ainsi que 8 000 étrangers ayant obtenu leur naturalisation. Une dizaine de milliers de Juifs français de souche ont donc été déportés». >

Cette comptabilité de l'horreur ne justifie rien mais il est bien certain que les juifs français se trouveront les moins défavorisés des défavorisés et que c'est à leur témoignage — et non à celui des «métèques» = juifs autrichiens, polonais, tchèques — que feront appel tous ceux qui, à la Libération, entendront prouver qu'ils ont eu «leur» bon juif.

Le commandant Pascot a mis à la disposition de la famille de M. Jules

< 1. J'ai reproduit ce chiffre erroné de 100 000 dans la première édition (1981) du présent ouvrage. >

< 2. Le chiffre total des déportés juifs étant estimé par Klarsfeld à 75 500, le nombre des survivants aurait été de 2 845. >

Lévy la maison de sa belle-mère, embauché le fils Lévy dans le service sportif qu'il dirige, procuré des faux passeports [1].

Creyssel, délégué à la Propagande du Maréchal, prévient son ami Blum-Brissac — ils se connaissent depuis la classe de 6e, ont fait les deux guerres dans les mêmes unités — des menaces d'arrestation qui pèsent sur lui et lui conseille de mettre à l'abri sa femme et ses trois enfants.

L'amiral Darlan intervient à plusieurs reprises en faveur de Mlle Françoise Raphaël.

> Mon cher Ménétrel, docteur et ami, écrit-il le 4 avril 1942, j'avais confié à votre talent le cas de Françoise Raphaël, petite-fille de G. Leygues, demi-juive qui ne voudrait plus l'être du tout.
>
> Le Maréchal a déjà obtenu gain de cause pour les trois frères de Françoise. Je voudrais bien donner cette dernière joie à Mme Leygues qui, ainsi qu'elle l'écrit, a bien été pour moi une seconde mère.
>
> Allons, Ménétrel, allons mon ami, un bon coup de collier [2].

Ce Bernard Ménétrel, que l'on dit antisémite, intervient lui-même en faveur d'André Mayer qui, franchissant trop souvent en fraude la ligne de démarcation, se voit menacé d'arrestation par le fanatique Lécussan, directeur, à Pau, du commissariat régional aux Affaires juives.

L'ambassadeur François Piétri écrit à Xavier Vallat, qui vient d'être nommé Commissaire général aux Questions Juives.

> Cher ami, puisque vous voilà préposé aux autodafés et devenu quelque chose comme grand inquisiteur, je vous envoie cette lettre [3] qui m'a paru raisonnable. Je connais le Pr Debré parce qu'il a (admirablement d'ailleurs) soigné mes petits-enfants. Je ne songe pas, comme me le demande son fils, à écrire au Maréchal. Je suis sûr qu'il est plus effectif que je vous en saisisse directement.
>
> Affectueusement à vous [4].

Au nom de Vallat, le CGQJ répondra le 18 avril 1941 que les craintes du Pr Debré « ne semblent pas justifiées » et, en mai 1943, inquiété par la police française parce qu'il se rend sans étoile à l'Académie de médecine, Debré affirmera qu'il a été relevé de toutes les interdictions

1. Il n'est pas inintéressant de connaître, à travers le récit de M. Lévy, au procès Pascot, les conditions de vie de certains hauts fonctionnaires de Vichy : « Un jour, mes enfants sont venus me demander s'ils pouvaient amener une jeune fille qui était dans le même cours qu'eux, parce qu'elle voulait faire ses devoirs avec eux, la chambre d'hôtel où elle était n'étant pas chauffée. »

Ainsi la fille du chef des services sportifs de Vichy venait-elle en hiver, se réchauffer à un foyer juif.

2. Inédit. Darlan demandera également à Fernand de Brinon d'intervenir en faveur des anciens combattants et il insistera auprès de Xavier Vallat pour que soient étroitement surveillés les administrateurs provisoires de biens juifs.

3. Il s'agit d'une lettre écrite par l'un des fils du Pr Debré.

4. Inédit.

par un décret du 5 janvier 1941 signé, selon lui, par le maréchal Pétain, mais, en réalité, par Jérôme Carcopino [1].

Que Vichy ne ressemble pas à Paris et que la zone libre, en bien des cas, constitue un refuge pour les persécutés, il y aura d'autres occasions de le montrer. Mais l'histoire de la Maison israélite de refuge me paraît exemplaire, dès lors qu'il s'agit de décrire les « avantages » qu'offre la zone non occupée. Et d'en déterminer les limites.

Lorsqu'elle a quitté Neuilly, au moment de la défaite, la Maison israélite pour l'Enfance, que dirige M. Aron, a trouvé asile dans la Creuse, loin des grandes routes, près du petit village de Crocq qui ne compte que 800 habitants.

La vie des 96 enfants se déroule, en apparence, paisiblement et le bruit des dramatiques événements qui troublent le monde, et ravagent la communauté juive, n'arrive qu'assourdi.

Le journal — inédit — tenu par le directeur de la Maison porte quotidiennement témoignage et permet ainsi de suivre l'évolution de la petite communauté.

C'est à l'école communale de Crocq que vont les filles en âge scolaire. Le 24 décembre 1940, comme tous les enfants de la France non occupée, elles adressent à Vichy un dessin pour « le Noël du Maréchal » et, comme tous les enfants de la France non occupée, elles recevront, signée de Philippe Pétain, une carte de remerciement.

Le 19 février 1941, le jeune et sportif rabbin Klein (qui sera plus tard déporté) rend visite à la maison de Crocq. « Un office très beau et très émouvant dans sa simplicité, écrit M. Aron, nous remet dans une ambiance religieuse que nous n'avions pas eue depuis longtemps. Au dîner, quelques mots affirment que les Israélites ne sont pas mal vus de la majorité des Français. » Le 26 février 1941, toute la maison est en fête : par un temps splendide, on célèbre le mariage de Pauline Ménaché. Pour le bouquet de la mariée et pour les ornements du temple, des fleurs blanches ont été envoyées d'Aubusson. Sur toutes les tables, du mimosa. Sur toutes les tables, également, du champagne.

Mais, avant le « festin », la cérémonie religieuse ne s'est pas déroulée sans difficulté car les juifs mâles indispensables au *mynian* [2] qui résident au village, craignent de se montrer avant la nuit.

> L'heure sonne, ils ne sont pas là : vont-ils lâcher, et encore empêcher le *mynian* ? On file chez eux… Ils viennent de rentrer du travail et ne veulent venir que quand ils auront fini leur repas (qu'ils n'ont pas voulu prendre avec

1. Secrétaire d'État à l'Éducation nationale et à la Jeunesse. Le rapport de police précise que le Pr Debré n'en est pas moins recensé comme juif et ne possède aucune dispense de l'étoile, dispense que seuls les Allemands peuvent accorder.
2. Quorum de dix juifs adultes indispensable pour que les prières publiques puissent être dites.

nous, tant ils ont peur d'être vus), et on les attend une heure ! Enfin, voici les deux fils, mais le père a renoncé à venir ; le voyageur providentiel [1] permet quand même d'avoir les dix hommes (y compris le jeune M... solidement encadré) et la cérémonie va pouvoir commencer...

La vie quotidienne ? C'est le 28 février 1941 seulement que, sur le journal de la maison de Crocq, M. Aron évoque des restrictions de pain. Le 6 avril de la même année, il note que les œufs sont « à profusion toujours », des œufs qui valent alors 12 francs la douzaine dans la Creuse, qui vaudront 18 francs en octobre 1941 [2].

Le 1er janvier 1942, faisant réflexion sur l'état d'esprit des paysans, M. Aron indique que, « mettant comme toujours leur avantage personnel au-dessus des sollicitations et réclamations de l'État, [ils] cachent leur production et la vendent au détail ; et, comme les "youpins" ont la réputation de payer rubis sur l'ongle, on vient leur proposer toutes ces productions, qu'il leur faut souvent refuser ».

Tout n'est pas toujours aussi idyllique. Les chapardages existent, ils sont à l'origine de plaintes et de querelles et, le 12 août 1942, une voisine de la Maison de jeunes filles [3] adresse la lettre suivante à M. Aron :

> ... et vous entendez bien, je veux mes fruits. J'interdis donc à tout élément de la colonie et à tout étranger quel qu'il soit et pour quelque motif que ce soit le passage sur ma propriété, et je saurai me faire respecter. Au premier manque, je dépose plainte à qui bon me semblera avec demande d'expulsion, de cette façon vous n'aurez pas le temps de prendre racine. A bon entendeur, salut.

La furieuse qui part en guerre contre quelques gamines indisciplinées est propriétaire d'un fruitier de vingt hectares !... Elle n'aura d'ailleurs nul besoin de faire appel aux gendarmes. Ils viendront tout seuls.

J'ai écrit que le bruit des persécutions et des haines arrivait assourdi à Crocq. Il arrive cependant. Le 30 septembre 1941, à la suite de la loi du 2 juin prescrivant le recensement des juifs, M. Aron note : « Nous envoyons au préfet, remplis de façon quelconque, quelques formulaires de déclaration ; nous avons choisi les enfants pour lesquelles nous avons le moins de renseignements, parents disparus, père inconnu... Une trentaine en tout. Nous n'en entendrons plus parler et on ne nous en réclamera pas d'autres » [4], mais, le 31 mars 1942, voici une indication plus sombre : « L'une après l'autre, nos enfants apprennent la déportation

1. Un hôte de passage.

2. Voici quelques autres prix notés par M. Aron pour mars-avril 1941 : pommes de terre, 157 francs les 100 kg ; rôti de veau, 20 francs le kg et, pour octobre 1941 : pommes de terre, 137 kg ; rôti de veau, 24 francs.

3. Qui vient alors d'être transférée au château de Chaumont, à vingt-cinq kilomètres de Crocq.

4. Il faut signaler que cet envoi est fait avec un notable retard puisque la date limite du recensement a été fixée au 1er août 1941.

des leurs restés en zone occupée. C'est Drancy, puis la destination inconnue. »

En juillet 1942, après les grandes rafles, les nouvelles pessimistes se multiplient. Et, le 26 août 1942, la gendarmerie française frappe à la porte de la Maison israélite de refuge comme partout, en zone non occupée, elle frappe à la porte de milliers de logements juifs.

Au petit matin, Elsa Theumann ainsi qu'un garçon de nationalité tchèque, une petite fille de 13 ans et son frère de 7 ans sont « arrêtés » par quatre gendarmes.

Sur son journal, M. Aron écrit : « Le brigadier de gendarmerie monte dans les dortoirs pour procéder à ces exécutions, réveille les victimes ; l'enfant de sept ans rit, s'amuse de l'aventure, sa sœur pleure et, dans un camion à la porte, les parents attendent. »

Pour Darquier, cependant, qui se plaindra de « l'obstruction générale d'un gouvernement qui n'a rien voulu décider », pour Dannecker qui, ayant obtenu, en juillet 1942, l'autorisation de parcourir librement la zone non occupée, se montre à son retour très préoccupé par la mauvaise volonté du gouvernement français, quoi que fasse Vichy, Vichy n'en fait jamais assez et, s'ils connaissaient l'existence de la *Maison israélite de refuge*, les ultras de la collaboration trouveraient sans doute scandaleux que les arrestations aient épargné 92 enfants sur 96.

Mais, pour les victimes des persécutions, comment le « pas assez » de Vichy ne serait-il pas toujours « beaucoup trop » ?

En insistant par sa presse, sa radio, par toute sa propagande, sur l'œuvre de libération de l'économie et de la politique qu'il entend mener à bien, en privant de leur travail et de leur salaire des milliers d'hommes et de femmes, en séparant les familles par les barbelés des camps de concentration, en permettant que l'on excite les passions populaires sans accorder aux accusés la possibilité de se défendre, en établissant, entre les hommes nés en France et les hommes venus d'ailleurs, les mêmes différences de nature qu'entre « bons » et « méchants », le gouvernement de Vichy, même si, avant Darquier, le décalque est imprécis, inexact, volontairement hésitant, collabore à sa façon au jeu allemand qui conduit à la solution finale.

5

LA MISÈRE DES CAMPS

« Il me reste d'être l'ombre parmi les ombres. D'être cent fois plus ombre que l'ombre. »

Robert DESNOS.

On peut analyser le caractère de Vallat, s'interroger sur l'influence de ses convictions patriotiques et de sa foi religieuse, évoquer des scrupules qui limitent parfois son action antisémite ; avec Darquier de Pellepoix, les choses sont infiniment plus simples.

Engagé volontaire à 17 ans et demi, Darquier n'a en commun avec Vallat qu'une très belle guerre de 1914-1918. Ce bagarreur, qui a pris une part active aux manifestations du 6 février 1934 au cours desquelles il a été blessé, saura, sur ce hasard, bâtir sa fortune politique de conseiller municipal de Paris et sa fortune journalistique de secrétaire général adjoint du *Jour*.

En juin 1940, il se conduit héroïquement dans des combats où il protège au fusil-mitrailleur le repli de sa batterie antichar. Fait prisonnier, il est libéré rapidement par des Allemands qui pouvaient d'autant moins ignorer sa carrière d'antisémite que Darquier, élu en 1935 conseiller municipal sur un programme « national-antijuif », avait été en relation étroite avec des organismes nazis de propagande, et notamment avec ce « Service mondial » de l'*Internationales Institut zur Aufklärung über die Judenfrage*, dont le directeur, le Dr Achterberg, lui adressera, lors de sa nomination à la tête du Commissariat aux Questions juives, une lettre dans laquelle se trouve cette phrase qui est beaucoup plus qu'une formule de courtoisie entre gens du même milieu idéologique : « Aujourd'hui, le Service mondial, qui vous doit beaucoup de bonnes idées et de renseignements sur la Question juive, est très heureux de pouvoir compter parmi ses amis un homme qui entrera un jour dans l'histoire de la France… »

C'est vrai, Darquier de Pellepoix entrera dans l'histoire de la France. Par la porte la plus basse.

Dès le 1er mars 1941, les Allemands avaient cité son nom parmi ceux de ces quelques Français « dignes de confiance » qu'ils proposaient au gouvernement de Vichy pour la direction du futur Commissariat aux Questions juives, encore appelé Office central juif.

Il ne sera pas nommé, mais, lorsque les occupants obtiendront le départ de Xavier Vallat, le poste ira, le 6 mai 1942, à ce viveur, à ce bohème, à ce besogneux qui prendra l'industriel Pierre Galien pour directeur de cabinet, Boué pour directeur de l'organisation économique, parce qu'il attend de ces deux hommes, dont il comble la vanité, qu'ils l'aident financièrement à vivre.

Dans ce monde de l'antisémitisme où l'intérêt le dispute aux passions et où délateurs et spoliateurs se disputent leurs proies, Darquier sera jugé suivant ses mérites par des hommes qui, souvent, ne valent pas mieux que lui. N'est-ce pas Galien, qu'il a révoqué il est vrai en novembre 1942, qui parlera de lui comme d'un « sinistre comédien, bas joueur et prébendé ».

Laval, qui l'a nommé parce que les « Allemands y tenaient », dira-t-il à Vallat, et qu'il estime poursuivre alors des négociations trop importantes « pour engager une bataille pour cette question », Laval le juge exactement mais le conserve à son poste tout en rattachant le CGQJ à la présidence du Conseil.

— C'est un énergumène, un forcené de l'antisémitisme, reconnaîtra-t-il, au début de 1943, devant le journaliste Alex Delpeyrou, à qui il demande de prendre la tête d'une association qui aurait pour but, sous le titre « Union française pour la défense de la race », de « tergiverser, de remettre à plus tard, d'avoir l'air de faire quelque chose en ne faisant rien ».

Le 15 mai 1942, quelques jours après sa nomination, une femme écrit à Darquier la lettre la moins faite pour le toucher.

> Vous êtes assez humain pour comprendre que, dans la vie, nous sommes des êtres égaux et pareils, venus de Dieu. Quand nous sommes venus au monde, nous n'avons pas choisi notre berceau… Tâchez d'être humain, c'est une femme qui vous le demande de tout cœur… Je compte sur votre bon cœur pour faire au mieux.

En tête de cette lettre, l'un des collaborateurs de Darquier, voulant éviter au « patron » une trop longue lecture, a résumé en quatre mots et trois points d'exclamation l'inutile *factum* : « Vous demande d'être humain ! ! ! »

Non, il n'est pas humain cet homme qui, le 4 février 1942, avant même d'être nommé à la tête du CGQJ, écrira à Dannecker : « Ne vous laissez pas, mon lieutenant, et je vous le dis comme un frère, tromper par les belles paroles de certains… On ne sera jamais assez sévère et vous-même ne le serez jamais assez. » ; qui interdira que l'on appelle un juif « monsieur », la seule appellation convenable étant, pour lui, « le juif Lévy », « le juif Dreyfus [1] » ; qui refusera que des Français charitables accueillent à leur foyer des enfants dont les parents ont été déportés ; qui invitera son personnel à dénoncer et que l'on trouvera au centre de toutes les opérations qui préparent les rafles de juillet et les déportations d'août.

Pour Duchesne et Lefèvre, de l'équipe londonienne « Les Français parlent aux Français », il sera bientôt « l'infâme Darquier de Pellepoix » et Jean-Louis Crémieux-Brilhac, l'un de ses anciens compagnons de captivité à l'oflag IID, évoquera, en termes sévères, « ce tripoteur vulgaire qui, traqué par ses créanciers, a trouvé refuge dans la trahison » et communiquera même aux auditeurs de la BBC les numéros des comptes de chèques postaux : 2242-63 et 2242-64 sur lesquels Darquier touche les subsides nazis envoyés depuis Erfurt pour le « Service mondial [2] ».

Désirant recueillir les applaudissements de tous les antisémites et particulièrement de ceux d'*Au pilori*, Darquier déclare aux journalistes, dès sa prise de pouvoir, qu'il proposera au gouvernement français d'interdire aux juifs, *sans aucune dérogation*, l'accès et l'exercice des fonctions publiques, de déterminer le nombre des juifs susceptibles de rester en France et d'instituer le port obligatoire de l'étoile jaune [3].

L'étoile jaune. Voici longtemps que les collaborateurs y songeaient et en parlaient, invoquant, pour se justifier et la justifier, les mesures prises par l'Église à partir de 1215 lorsque le concile de Latran avait prescrit aux juifs de porter des vêtements différents de ceux des chrétiens. A travers les siècles et les pays, la mesure avait été diversement appliquée : ici obligation du port d'une petite roue en tissu de couleur jaune ou rouge [4], là d'un chapeau spécial, lui aussi de couleur jaune ou rouge. A travers les siècles et les pays, elle avait été plus ou moins strictement

1. Note de service en date du 9 septembre 1942. Par la même note, Darquier décide que les juifs ne pourront plus être appelés Israélites. « L'emploi de cette dénomination est due à l'influence juive qui, en interdisant le mot "juif", a réussi à matérialiser dans les termes le moyen principal de défense de la juiverie qui consiste à prétendre que le problème juif n'est qu'un problème religieux. »

2. A la fin de la guerre, Darquier se réfugiera en Espagne, où, sous le nom d'Estève, il vivra d'abord en donnant des leçons de français dans une école allemande.

3. Plus tard, le programme « minimum » de Darquier comportera un statut des demi-juifs, l'extension du port de l'étoile à la ZNO, l'interdiction des mariages mixtes, la dénaturalisation et l'expulsion des juifs naturalisés après la loi du 10 août 1927, la révision de la naturalisation des juifs naturalisés entre 1870 et le 10 août 1927.

4. D'où naîtra l'expression « rouelle ». La rouelle sera instituée, en France, par Saint Louis. Elle était obligatoire pour les filles à partir de 12 ans, pour les garçons à partir de 14 ans.

observée, tombant en désuétude en France dès le XVe siècle, demeurant en vigueur à Venise jusqu'à la fin du XVIIIe.

Les Allemands ayant, en Pologne d'abord, puis sur le territoire du Reich, ressuscité cette marque d'opprobre, on verra donc les collaborateurs français, dans leur désir que soient enfin « marqués » les juifs, invoquer aussi bien le patronage d'Innocent III que celui de Hitler.

C'est en Pologne vaincue que les premiers insignes juifs ont reparu. Sur instructions, d'abord, d'officiers SS agissant de leur propre initiative, comme le SA Cramer qui prescrit à tous les juifs de Lislau le port d'un triangle en tissu jaune dans le dos. Puis, à la suite d'un décret du gouverneur général Frank, ordonnant le 23 novembre 1939, à tous les juifs et juives « de porter un brassard blanc d'une largeur de dix centimètres au moins, sur la manche droite de leurs vêtements ou par-dessus ». Les brassards, obligatoires à partir du 1er décembre, seront revêtus « d'inscriptions correspondantes ».

En Allemagne, le 1er septembre 1941, ce n'est pas un brassard mais une étoile que les juifs se voient condamner à coudre sur leurs vêtements ; au cours d'une réunion convoquée à Berlin par Eichmann, le 4 mars 1942, la décision sera prise d'étendre cette mesure à tous les pays d'Europe occidentale. En France occupée, Knochen, chef du SD et Dannecker, chef de la section juive du même SD, avaient souhaité synchroniser au 15 mars 1942 l'entrée en vigueur du port de l'étoile jaune pour la France, la Belgique, les Pays-Bas, mais des complications administratives et techniques, le désir, également, de faire promulguer le texte par Vichy[1] (qui refusera toujours) obligeront les Allemands à reporter, pour la France, mais également pour la Belgique leur décision au mois de juin 1942.

Cette décision, dont les Allemands dans les premiers jours de mai ont étudié le champ d'application : âge à partir duquel les juifs porteraient l'étoile, exemption en faveur de certains juifs étrangers (anglais et américains notamment), cas des femmes et des hommes mariés à des juifs ou des juives, sera portée à la connaissance de la population française de zone occupée le 1er juin 1942.

La huitième ordonnance allemande en date du 29 mai 1942 ordonne donc que, passé l'âge de six ans, tous les juifs portent « l'étoile juive… étoile à six pointes ayant les dimensions de la paume d'une main et les contours noirs ». En tissu jaune, portant en caractères noirs, l'inscription

1. Dans les textes allemands (lettre d'Abetz au *Militärbefehlsaber* le 31 mars 1942), l'arrivée de Darquier au Commissariat aux Questions juives est considérée comme devant faciliter grandement les mesures antisémites. « Dans ce cas, écrit Abetz, on peut espérer que, sous peu, des mesures radicales et nettes seront prises contre les juifs et que, grâce à une propagande plus active, la population française sera mieux éclairée sur le problème juif, de sorte que, dans quelque temps, elle sera suffisamment mûre pour avaler l'introduction de l'étoile juive, sans qu'il en résulte des réactions indésirables. »

« juif », elle doit être « solidement cousue » sur le vêtement et du côté gauche de la poitrine.

En Pologne, les Allemands avaient laissé aux juifs le soin de se procurer les brassards et de les revêtir des inscriptions nécessaires. En France, il en va différemment. La fabrication des étoiles a été confiée, après soumission, aux fonderies Deberny et Peignot pour la confection des clichés, à la maison Barbet-Massin, Popelin et Cie pour la fourniture du tissu, à l'imprimerie Wauters et Fils pour l'impression.

Nous savons tout du détail de la fabrication de ces 400 000 étoiles qui devaient être, pour de si nombreux juifs, signes de mort. Le nombre des mètres du tissu couleur « vieil or » nécessaire : 5 000 ; son prix, 21,70 F le mètre ; son poids total, 700 kg. Nous savons que Dannecker sollicitera, pour les ouvriers de la maison Wauters, des laissez-passer de nuit, car le temps presse. Et nous savons enfin que les 83 000 juifs qui, au 17 juin 1942, et dans le département de la Seine, sont allés quérir chacun trois étoiles dans les commissariats de police ont dû les échanger contre un point de leur carte de textile [1].

Je suis partout, numéro du 6 juin 1942. Sous la plume de Rebatet, la satisfaction éclate :

> Je disais l'hiver dernier, dans ce journal, ma fierté d'avoir vu en Allemagne les premiers Juifs marqués de leur sceau jaune. Ce sera une joie beaucoup plus vive encore de voir cette étoile dans nos rues parisiennes…

Dimanche 7 juin : premier jour d'entrée en vigueur de la huitième ordonnance allemande. « Désormais, tous les dangers publics sont signalés aux passants », écrit *Au pilori*.

C'est vrai, les juifs sont tous devenus visibles. Il n'est plus possible d'ignorer « qui en est ». Comment réagiront les aryens ? Et les juifs ? Les Allemands ont posté un peu partout des indicateurs qui observent et rendent compte.

Voici le rapport de l'agent 316 [2] :

> Les combattants juifs de 1914-1918 arboraient le dimanche 7 juin toutes leurs décorations, juste au-dessus de l'étoile juive. Les hommes circulaient dans la rue, en général, sans trop attirer l'attention. Les femmes, par contre,

1. D'après la préfecture de police française, ce sont 100 455 juifs, dont 17 428 enfants de plus de six ans, qui, dans le département de la Seine, auraient été astreints au port de l'étoile.

Or, d'après un rapport de Dannecker, ce chiffre, au 17 juin, n'était que de 83 000, ce qui, toujours d'après Dannecker, s'explique par la fuite d'un certain nombre de juifs en zone libre, par la déportation d'un certain nombre d'autres juifs, par les exemptions visant les ressortissants de plusieurs nations ennemies de l'Allemagne, enfin par des abstentions volontaires.

2. Il ne s'agit pas ici d'un « agent de police », mais d'un agent rétribué par les services allemands.

surtout dans les quartiers de la Goutte d'Or, Barbès, La Chapelle, parlaient haut, faisaient entendre qu'elles étaient fières de porter l'insigne de leur race.

Quant à l'agent 399, il signale que les juifs ont reçu « du synode juif » (?) l'ordre de porter l'étoile d'une façon aussi apparente que possible et qu'une nouvelle industrie a surgi « dans cette race habile à faire argent de tout et jusque dans ses malheurs » : la fabrication d'étoiles brodées en soie !

Que les juifs ne se terrent pas étonne les Allemands. Exaspère leurs collaborateurs qui songent même, un instant, à organiser une contre-manifestation et, dans certains cas, bousculent, insultent les juifs qui se promènent sur les boulevards où, en assez grand nombre, car il fait très chaud ce jour-là, ils se sont installés à la terrasse des cafés parisiens [1].

Les rapports de la Propagandastaffel à la police de sûreté du Reich insistent tous sur la fidélité avec laquelle les mots d'ordre (?) de se montrer « sur les grands boulevards, entre la place de la République et l'Opéra » ont été suivis. « La juiverie était partout présente sur le parcours indiqué ! » Je trouve cette exclamation dans un texte allemand du 10 juin qui montre les juifs en groupes sur les boulevards, s'attablant dans les cafés et les restaurants, tandis que « de nombreuses juives promenaient leurs bébés dans leurs voitures, comme une sorte de démonstration ».

« Pour se convaincre du péril juif, écrit de son côté *Le Cri du peuple* du 3 juillet, il suffit de se promener un quart d'heure le dimanche entre la Madeleine et la place de feu la République. La proportion des décorés de l'étoile jaune y dépasse tout ce que l'on pouvait imaginer… » Le rédacteur de l'article précise d'ailleurs que, le dimanche précédent, *en moins de dix minutes*, l'un de ses amis a croisé, sur le même trottoir, 268 « étoiles juives ».

Ces « étoiles juives » sont-elles toutes juives ?

Ce n'est pas évident. Par sympathie, par bravade, par haine des Allemands aussi, quelques aryens se sont affublés d'une étoile jaune… parfois plus que fantaisiste. Jenny Wion, Françoise Siefriot, Paulette Voisin ont peint sur leur étoile des mentions fantaisistes, « Jenny », « Papou », « 130 ». Mme Lemeunier a brodé sur la sienne la croix du Christ, Mme Lang, marchande de journaux boulevard des Italiens, a poussé l'audace jusqu'à fixer au collier de son chien une étoile juive, l'architecte Henri Muratel porte sur son étoile l'inscription « Auvergnat ».

Tous ceux-là sont aisément repérables. Comme est repérable le normalien Henri Plard qui, le 7 juin, a accompagné l'un de ses camarades

1. Le 7 juin, des adhérents du RNP ont « invité » le garçon d'un café, boulevard des Capucines, à ne pas servir les clients juifs. Ils ont également giflé un juif installé à la terrasse de la brasserie Weber.

La police française arrêtera Robert-Paul Coquier qui, à la terrasse du *Madrigal*, se livre à des manifestations antisémites.

à la messe de Saint-Jacques-du-Haut-Pas et a trouvé bon, pour la circonstance, de se décorer d'une étoile jaune, ce qui alerte un agent de la Gestapo en faction. Comme est repérable Josèphe Cardin, qui s'est confectionné une ceinture faite de huit étoiles de carton portant chacune une des lettres du mot V.I.C.T.O.I.R.E.

Mais Alice Courouble ? Elle marche boulevard Saint-Michel en compagnie de son amie Suzanne et passe devant le *Dupont-Latin* aux terrasses encombrées lorsque cinq policiers barrent le passage à ces jeunes filles l'une et l'autre marquées au cœur de l'étoile jaune.

— Police, vos papiers.

Elles présentent leurs papiers et leurs cartes d'alimentation. Ceux d'Alice Courouble ne portent pas le cachet « juive » que l'ordonnance du préfet de police (français) Bard, en date du 10 décembre 1941, a rendu obligatoire pour les juifs domiciliés dans le département de la Seine [1].

— Madame, vous n'êtes pas juive !... Alors, pourquoi avez-vous fait cela ?

— C'est mon amie, bredouille Alice, je ne pouvais pas la laisser sortir seule.

— Venez avec nous au commissariat, vous vous expliquerez.

Bien que le commissaire de la rue Dante fasse rédiger à Alice Courouble une déclaration anodine, dans laquelle son geste délibéré se transforme en une simple substitution de jaquette, Alice est envoyée au Dépôt, 3, quai de l'Horloge, puis aux Tourelles et à Drancy, en compagnie d'un certain nombre « d'amis des juifs » qui paieront leur geste de solidarité de plusieurs semaines de prison puisque, malgré plusieurs interventions du préfet de police, une vingtaine d'entre eux ne seront libérés que le 1er septembre.

Tous les Français n'ont pas des réactions aussi visiblement courageuses, mais certains, par un geste, un sourire, un salut, tiennent à manifester leur sympathie à l'égard des persécutés.

« La compassion pour les juifs va si loin, écrit le SS Hauptsturmführer Luther, en poste à Bordeaux, qu'on évite dans la rue de la provoquer par des regards. » Le même Luther ajoute que la « désapprobation est générale en ce qui concerne l'application de cette mesure (le port de l'étoile) aux enfants ».

Ainsi, les mères qui ont eu peur, le lundi 8 juin, d'envoyer leurs enfants à l'école ont-elles été, parfois, rapidement rassurées.

« Les enfants chrétiennes, raconte une juive, mère d'une petite fille de huit ans, ont décidé de se tenir comme si rien ne s'était passé et de continuer à jouer avec leurs camarades juives comme d'ordinaire... »

---

1. C'est par la loi du 11 décembre 1942 que sera étendue à la zone non occupée la décision d'apposer la mention « juif » sur les titres d'identité délivrés aux Israélites français et étrangers.

< Francine Christophe, qui a 8 ans et demi, note : « En rentrant dans la cour, toutes les petites filles me regardent. La directrice m'embrasse. Je suis très droite, Maman me l'a dit. Et puisque je dois être juive, je le serai avec le sourire, sans trembler[1]. » >

Il serait faux toutefois d'imaginer qu'autour des enfants juifs se tisse, unanimement, un réseau de charité.

Recueillant les propos de dix-sept enfants de déportés, Claudine Vegh a noté que le port de l'étoile jaune provoquait davantage de brimades que de manifestations de compassion[2]. « A chaque récréation, chaque sortie de classe, déclare Lazare, je me faisais injurier… Personne, ajoute-t-il, pour me défendre. Aucun n'a eu un geste humain. » Robert, avec les mêmes mots, déclare à peu près la même chose : « A l'école, presque à chaque récréation, une bande de petits paysans me tombaient dessus… Je n'avais personne qui prenne ma défense. » Et Raphaël évoque, lui aussi, sa solitude face aux injures et aux coups : « A chaque récréation, les enfants me tombaient dessus, les instituteurs regardaient sans intervenir. »

< Quant à Francine Christophe, immédiatement après avoir signalé qu'elle a été embrassée par la directrice de son école, elle poursuit : « Sous le préau, deux camarades m'ont pincée. Leurs parents leur ont expliqué que je ne valais pas plus. » Elle poursuit, il est vrai : « Mais, à la sortie de l'école, Mimi, marchande de quatre-saisons, place Tocqueville, m'a embrassée au passage d'un officier allemand[3]. » >

Paul Léautaud a entendu une femme « grande, en toilette, en chapeau, assez élégante, avec deux jeunes enfants » dire, en posant un doigt sur le côté gauche de sa poitrine : « Vous n'avez pas vu ça ? C'est joli, n'est-ce pas ? »

Mais cette ostentation est parisienne comme le fait remarquer Jean G. qui, réfugié dans l'Orne, écrit le 4 juillet 1942 à sa famille :

> Je ne sais comment notre resplendissant insigne est vu à Paris ; je pense qu'on en voit beaucoup et que, par conséquent, on ne doit pas y porter une attention exagérée, mais ici, si je sortais, je serais aussitôt le point de mire de beaucoup de badauds campagnards qui pousseraient sans doute l'indiscrétion jusqu'à me montrer du doigt à leur famille…

Aussi ne quitte-t-il son domicile que pour aller se baigner dans la rivière voisine, « seul endroit où l'on ne soit pas obligé de porter un insigne distinctif »… Cela ne durera guère.

Dès l'instant où les juifs, marqués au cœur, deviennent visibles non seulement aux passants, aux badauds, aux anglophiles, mais également

< 1. Francine Christophe, *Une petite fille privilégiée. Une enfant dans le monde des camps, 1942-1945* (L'Harmattan, 1996). >
2. Claudine Vegh, *Je ne lui ai pas dit au revoir* (Gallimard).
< 3. Francine Christophe, *op. cit.* >

aux policiers, aux délateurs, les Allemands vont avoir la possibilité d'ajouter à tous les interdits existants des contraintes supplémentaires. Et de les faire respecter.

C'est à travers une note adressée, le 12 juin 1942, par l'un des assistants de Knochen à Dannecker que l'on comprend mieux les raisons qui se trouvent à l'origine de l'introduction de l'étoile jaune, simple bout d'étoffe qui, sur celui ou celle qui le porte, attire la fureur répressive.

L'assistant de Knochen (sa signature demeure illisible) écrit notamment à Dannecker que l'interdiction faite aux juifs de « fréquenter les établissements de bains publics en zone occupée » a été ajournée « jusqu'à l'introduction de l'insigne distinctif pour les juifs », mais que ces mesures peuvent désormais entrer en application.

Il en est de même, ajoute-t-il, pour l'enlèvement des appareils téléphoniques au domicile des juifs. La réalisation de ce projet a été repoussée en effet jusqu'à l'instant où il est devenu possible de le faire coïncider avec l'interdiction faite aux juifs d'utiliser les cabines téléphoniques publiques.

Ce ne sont pas seulement les bains publics et les cabines téléphoniques qui se trouvent d'ailleurs interdits par la neuvième ordonnance allemande en date du 8 juillet 1942. La liste établie par Oberg, chef supérieur des SS et de la police, exclut les juifs de toute vie sociale en leur fermant l'entrée de tous les « établissements ouverts au public ». Et ils sont nombreux, on le découvre à la lecture du texte publié par les journaux.

1. Restaurants et lieux de dégustation ;
2. Cafés, salons de thé et bars ;
3. Théâtres ;
4. Cinémas ;
5. Concerts ;
6. Music-halls et tous les lieux de plaisir ;
7. Cabines de téléphone publiques ;
8. Marchés et foires ;
9. Piscines et plages ;
10. Musées ;
11. Bibliothèques ;
12. Expositions publiques ;
13. Châteaux forts, châteaux historiques, ainsi que tous les autres monuments présentant un caractère historique ;
14. Manifestations sportives, soit comme participant, soit comme spectateur ;
15. Champs de courses et locaux de pari mutuel ;
16. Lieux de camping ;
17. Parcs.

Comme ils ont également obligation[1] d'effectuer, ou de faire effectuer, leurs achats uniquement entre 15 et 16 heures, c'est-à-dire à

1. Article 2 de la neuvième ordonnance.

l'heure où les boutiques d'alimentation sont depuis longtemps dépouillées de leur maigre ravitaillement, on comprend que les juifs, loin de montrer orgueilleusement l'étoile jaune, ne cherchent bientôt qu'à la dissimuler. N'est-ce pas, pour eux, l'unique moyen de redevenir des hommes et des femmes comme les autres ?

Les rapports des inspecteurs de la Section d'enquête et de contrôle du CGQJ, lâchés dans Paris pour relever les infractions à la huitième et à la neuvième ordonnance allemande, dévoilent quelques-unes des pauvres ruses utilisées. « Le nommé K... a été interpellé ce jour [1] à 8 h 30 à l'angle du boulevard Barbès et du boulevard Magenta par l'inspecteur Stintzi qui, d'après son type sémite, lui demande ses papiers d'identité. A ce moment-là, l'individu changea de main une serviette de cuir qu'il portait sous son bras et qui dissimulait son étoile. »

C'est « le juif F. David » qui ne porte pas d'étoile sur sa blouse d'épicier, c'est la juive G. qui dissimule son étoile sous le revers de sa jaquette, ce sont les juives M. et T., interpellées avenue Ledru-Rollin, qui n'ont pu présenter aux inspecteurs « leurs étoiles cousues mais simplement épinglées à la hauteur de la ceinture ». Ce sont ces femmes qui se promènent un sac à main contre le cœur ou qui, grâce à des boutons-pression, à des épingles, réussissent ainsi à avoir une étoile amovible : portée dans la rue, enlevée dès lors qu'il s'agit d'entrer dans un « lieu public » interdit. Mais la supercherie est souvent découverte par les policiers physionomistes comme cet inspecteur Barbat qui, de passage rue Ordener, le 13 mai 1943, a remarqué que le juif F., qui « cachait soigneusement son étoile », entrait au café *A la chope de la mairie*, ou bien agissant, et c'est le cas le plus fréquent, sur dénonciation.

« Afin de vérifier l'information, les inspecteurs Fournier, Chaussey, Kaddar se sont rendus... à Pantin, où devaient se cacher des juifs sans étoile munis de fausse carte d'identité [2] »... « Les inspecteurs ont interpellé, alors qu'il venait de terminer son cours à l'institution M., à Paris, le nommé L. Roger, juif. Prié de décliner son identité, L. déclara ne pas être porteur de sa carte d'identité et reconnut ne pas porter son étoile [3] »... « A la suite d'une information concernant la présence de juifs sans étoile dans le restaurant-pension de famille, sis rue..., l'inspecteur Ferry s'est rendu ce jour, à 13 h 20, dans cet établissement et a pu constater la présence de la juive W. qui déjeunait à une table et ne portait pas l'étoile. »

Les juifs ou juives ainsi interpellés sont consignés au poste de police le plus proche et mis à la disposition de « Monsieur le commissaire principal aux Délégations judiciaires chargé des questions juives pour être l'objet d'une mesure d'internement ».

1. 15 mars 1943.
2. 21 avril 1944.
3. 5 mai 1944.

On comprend que, rapidement, les juifs aient cherché à se faire exempter du port d'un insigne qui exposait à d'aussi graves dangers. Mais les privilégiés seront bien peu nombreux. Le maréchal Pétain n'obtiendra que trois dérogations : en faveur de la comtesse d'Aramon, de la marquise de Chasseloup-Laubat et d'une troisième personne non identifiée[1]. Encore ces dérogations sont-elles arrachées par une lettre aux arguments plus que discutables puisque, aux yeux du maréchal Pétain, ce sont les exemptions qui justifieront et feront admettre des mesures qu'il qualifie, hélas !, de « justes ».

> Je suis convaincu, écrit-il en effet à Fernand de Brinon, le 12 juin 1942, que les hautes autorités allemandes comprennent parfaitement elles-mêmes que certaines exceptions sont indispensables : le texte de la huitième ordonnance les prévoit d'ailleurs. *Et cela me semble nécessaire pour que de justes mesures prises contre les Israélites soient comprises et acceptées par les Français*[2]. Je vous demande donc d'insister auprès du général commandant les troupes d'occupation en France pour qu'il veuille bien admettre le point de vue que vous lui exposerez de ma part, pour que Monsieur le commissaire général aux Questions juives puisse promptement obtenir la possibilité de régler, par des mesures individuelles et exceptionnelles, certaines situations particulièrement pénibles qui pourraient nous être signalées.

Aux trois épouses d'aryens protégées grâce au Maréchal, il faut ajouter Mme de Brinon, née Jeanne-Louise Frank, dispensée par les Allemands, et « jusqu'à éclaircissement définitif de son origine », du port de l'étoile[3].

Vingt-deux autres exemptions iront à des juifs « travaillant » avec les bureaux allemands : intermédiaires de tout poil, indicateurs signalant marchandises, bijoux ou meubles appartenant à leurs coreligionnaires, ou encore agents doubles, individus opérant pour le compte de la police allemande et dénonçant tous ceux dont ils soupçonnent qu'ils cachent leur origine.

< S'il est pratiquement impossible d'éviter le port de l'étoile juive en zone occupée, *car en zone non occupée, même après le 11 novembre*

1. Ces exemptions sont d'ailleurs sujettes à révision puisque, le 6 octobre 1943, Brinon annonce au maréchal Pétain que le major Hagen accorde à Mme de Chasseloup-Laubat une prolongation de dispense du port de l'étoile juive valable pour un mois.

2. Je souligne intentionnellement.

< 3. Jeanne-Louise Frank était la fille du grand rabbin de Strasbourg. En premières noces, elle avait épousé le négociant Claude Ulmann, dont elle eut deux fils : Bernard et Pierre-Jérôme. Roger Peyrefitte, lui rendant hommage après sa mort le 26 mars 1982 dans *Rivarol* (nº du 22 avril), écrit que son existence, « faite de contrastes, aurait pu connaître un destin tout différent. Après son premier mariage, sa beauté attirante, son caractère enjoué, des dons intellectuels l'avaient mise à même de choisir entre deux prétendants : René Massigli, alors directeur des Affaires politiques au quai d'Orsay, et Fernand de Brinon, président du Comité France-Allemagne. L'un devait rejoindre le général de Gaulle à Londres en 1943 et est aujourd'hui grand-croix de la Légion d'honneur, l'autre fut l'une des principales victimes de la politique de collaboration. » >

1942, c'est-à-dire après l'invasion de cette zone par les Allemands, jamais l'étoile ne sera imposée, contrairement à certaines affirmations sans aucun fondement historique [1], il existe cependant des juifs à qui leur nationalité garantit une efficace protection. > Ce sont les ressortissants des pays ennemis de l'Allemagne ou des pays neutres. Ainsi, les juifs anglais, américains, suisses, brésiliens, canadiens, vivant en France occupée, ne seront jamais astreints au port de l'étoile juive quand tous les juifs français le seront. Ce n'est pas l'un des moindres paradoxes de l'occupation. Les Allemands expliqueront leur position par leur volonté de ne pas irriter la susceptibilité des pays neutres et d'éviter des représailles contre leurs nationaux prisonniers en Angleterre ou aux U. S. A.

En juin 1942, il est donc hautement préférable, pour un juif vivant en France, d'appartenir à un pays EN GUERRE avec l'Allemagne qu'à un pays qui, officiellement, COLLABORE !

Pour les Allemands, l'étoile ne représente pas une fin, mais un moyen : celui de fournir la « matière première » de la déportation.

Le 11 juin, Dannecker, Asche et le Dr Zoepff, respectivement responsables pour la France, la Hollande et la Belgique des sections juives, se retrouvent à l'Office de Sûreté du Reich. Cette réunion a été précédée, à Paris, de longues conversations entre Reinhardt, Heydrich, venu à Paris « introniser » Karl Oberg comme chef suprême des SS et de la police en France, Dannecker, Hilaire, secrétaire général de l'administration au ministère de l'Intérieur, Fernand de Brinon, Darquier de Pellepoix, conversations dont certaines ont eu pour but de mettre au point la participation française aux prochaines rafles.

Le 11 juin, Dannecker, Asche et Zoepff décident donc que 100 000 juifs seront déportés de France OCCUPÉE ET NON OCCUPÉE, 15 000 des Pays-Bas, 10 000 de Belgique.

Trois convois de 1 000 juifs chacun devront chaque semaine quitter la France en direction du Reich et il est entendu que l'État français versera

---

< 1. Le 5 décembre 1997, M. Jacques Chirac, en remettant au Centre de documentation juive, mais au sein d'une enclave des Archives nationales, « le fichier juif », a prononcé un discours dont un passage peut laisser croire — par amalgame — que l'ordonnance *allemande* du 29 mai 1942 (sur le port de « l'étoile juive »), ainsi que la *neuvième ordonnance allemande*, en date du 8 juillet 1942, sur les lieux interdits aux Juifs, sont l'œuvre de Vichy. Je cite, d'après *Le Monde* du 6 décembre 1997, les phrases du président de la République :

« Ils témoignent [les fichiers] de l'abdication morale d'un État, l'État de Vichy, qui, trahissant les idéaux de la République, rompant avec nos traditions, seconda les exigences de l'occupant et mit les juifs hors de la communauté nationale. Les législations antisémites successives, du premier statut des juifs d'octobre 1940 au second statut de 1941, plus dur encore, sont là pour le prouver.

Il faut aujourd'hui prendre toute la mesure de cette exclusion évidente ou insidieuse, qui touchait tous les actes de la vie quotidienne [...]. Fréquenter les cafés et les restaurants, dont certains affichaient "*Interdit aux juifs et aux chiens*". Et puis, bien sûr, s'acquitter d'obligations odieuses, dont la pire était, depuis le 29 mai 1942, le port de "l'étoile jaune", source d'humiliation et d'insultes. » >

700 reichmarks (14 000 francs) pour chacun de ces déportés juifs dont l'Allemagne le débarrasse !

Ces juifs, encore faut-il les capturer. Ceux qui, en zone occupée aussi bien qu'en zone libre, se trouvent déjà dans des camps n'étant pas en nombre suffisant, de nombreuses réunions franco-allemandes auront lieu dans les premiers jours de juillet. Leur objectif : l'étude des moyens propres à procurer rapidement à l'administration allemande 22 000 à 30 000 juifs parisiens, 26 000 en provenance des départements de zone occupée et 50 000 raflés parmi ceux qui vivent en zone libre, ce qui suppose d'avoir obtenu l'accord d'un gouvernement de Vichy dont Dannecker et Eichmann, qu'Himmler a chargés de la « solution finale », déplorent, le 1er juillet, la mauvaise volonté, Laval n'acceptant que la « livraison des juifs apatrides et de certains juifs étrangers ».

Puisque — et les mots sont écrits sous la signature de Dannecker et d'Eichmann —, puisqu'il s'agit « que la solution finale de la question juive se développe sans encombre » et que la France soit libérée « au plus tôt de tous les juifs », on activera « la promulgation des bases législatives indispensables » à l'élimination des juifs de zone occupée tout en renforçant l'autorité de Darquier de Pellepoix en qui les Allemands ont trouvé un exécutant fidèle et un « fournisseur » empressé.

Le 2 juillet, Oberg réunit Knochen, Lischka, le lieutenant-colonel von Scheinichen, le commandant Runkovski, Hagen, le Dr Schmidt et, du côté français, René Bousquet accompagné de l'interprète Wilhems.

Tout au long de cette séance, Bousquet fera tout pour se dérober. Le 29 juin, Schweblin directeur de la police des questions juives s'est plaint à Dannecker de l'attitude de Bousquet qui « a manifesté son indignation » à l'annonce des futures arrestations et Dannecker de son côté a dans une note, adressée à ses supérieurs, critiqué le « double jeu » du secrétaire général de la police. Bousquet commence donc par déclarer qu'il n'est pas au courant des exigences allemandes et que Laval ne les lui a jamais communiquées. Au nom du maréchal Pétain comme de Pierre Laval, il affirme, à plusieurs reprises, que le gouvernement de Vichy répugne à faire arrêter, en zone occupée, les juifs par la police française. Quant à la zone non occupée, Laval a, selon lui, ou plus exactement selon ce que lui fait dire le rapport allemand, et il est très important de noter que sur toute cette affaire nous ne disposons que de rapports et de notes d'origine allemande, « proposé, sur intervention du Maréchal, qu'en premier lieu seuls les juifs étrangers soient arrêtés et remis aux autorités allemandes ».

Les Allemands ayant répliqué que le gouvernement français ne comprenait pas l'importance du problème juif, ce qui était d'autant plus choquant que le Führer venait de souligner avec vigueur « la nécessité absolue de la solution finale de la question juive », on se mettra d'accord sur « l'arrangement » — le mot se trouve dans le compte rendu allemand — suivant :

« Vu qu'en raison de l'intervention du Maréchal les juifs de nationalité française ne devaient, pour le moment, pas être arrêtés[1], Bousquet se déclara prêt à faire arrêter les juifs étrangers dans toute la France, par une action réalisée en commun et en quantité souhaitée par nous. »

Personnellement opposé aux arrestations, bien résolu à n'en jamais assumer la responsabilité, Bousquet ne peut cependant avoir pris sur lui des décisions qui ne relèvent pas de son pouvoir mais de celui du gouvernement. C'est le 4 juillet, en début de la conférence réunissant, avenue Foch, Knochen, Dannecker, Schmidt, Darquier et le Dr Wilhems qu'il fera connaître le résultat du Conseil des ministres qui s'est tenu le 2 juillet à Vichy.

Le maréchal Pétain et Pierre Laval, affirme Bousquet, toujours selon le texte allemand, « avaient souscrit à la déportation, pour commencer, de tous les juifs apatrides des zones occupée et non occupée », mais il est entendu que, sur le plan « technique », c'est Darquier de Pellepoix, commissaire général aux Questions juives, qui aura la responsabilité de la Commission réunissant des délégués du secrétariat d'État à la police, de la préfecture de police de Paris et du ministère du Ravitaillement.

A la grande surprise des Allemands, Darquier donnera alors « l'impression d'être presque consterné par le fait d'accepter (la) responsabilité » dont Bousquet a, depuis l'origine, absolument refusé d'être chargé.

< Sur cette réunion du 4 juillet, dont le compte rendu[2] a été établi par Dannecker à l'adresse de Berlin, René Bousquet m'a fait connaître, le 3 février 1982, dans une lettre de dix pages[3], sa position dans la mesure où il se trouvait mis en cause par Dannecker : « *Bousquet déclare que, lors du récent Conseil des ministres, le maréchal Pétain...* »

> Sauf si j'en avais reçu mandat impératif, je ne mettais jamais en cause ni le gouvernement ni son chef, et à plus forte raison le chef de l'État. C'était une attitude normale de discrétion... et de prudence. Ce n'est pas moi qui ai évoqué la décision du Conseil du 2 juillet, mais le colonel Knochen, comme faisant suite à la convocation de M. Laval à l'ambassade d'Allemagne le 28 juin (n° à vérifier 28 ou 29[4]) pour l'informer des décisions du gouvernement allemand concernant les juifs et lui demander de « soutenir l'action » de Darquier au CGQJ[5].

Bousquet poursuit en expliquant qu'il avait tenu alors à résumer la situation telle que Laval l'en avait informé :

---

1. Dans une note rédigée le 9 juillet 1942, Dannecker précisera : « Il est projeté, comme deuxième phase de la déportation massive des juifs de France qui est actuellement en cours, d'exiger du gouvernement français la dénaturalisation des juifs entrés en France après la Guerre mondiale, afin qu'ils puissent être déportés également. »

< 2. Il est publié dans *La Persécution des juifs en France... présentée par la France à Nuremberg* (CDJC), p. 139-141. >

< 3. Lettre inédite, déjà évoquée p. 29, 45-46. >

< 4. Le 27 juin. >

< 5. Commissariat général aux Questions juives. >

1) *Les juifs français (d'origine) devaient être expressément exclus de toutes les mesures de transfèrement* alors que les Allemands exigeaient que sur les 22 000 juifs dont ils demandaient l'arrestation à Paris 40 % soient français ; 2) la question de la dénationalisation de juifs devenus français au cours des dernières années qui avait été notifiée au gouvernement français posait de graves problèmes juridiques et humains nécessitant une étude délicate et par conséquent des délais [1].

Sur les juifs apatrides, ou « ressortissants allemands » dont il était demandé « le transfert en Allemagne ou le retour dans leur pays d'origine », Bousquet écrit que les exigences allemandes posaient en zone occupée le problème de la réalisation des arrestations. Par qui seraient-elles opérées ?

En zone occupée, je persistais à penser qu'une décision allemande inspirée par les intérêts de ce pays, décidée par son gouvernement, *aurait dû engager leur seule responsabilité et être réalisée par leurs propres moyens, sans notamment réquisition de 200 agents ou inspecteurs de la police parisienne* [2], ainsi que l'avait fait Dannecker en 1941, et ainsi qu'il l'avait demandé par une communication faite à M. Leguay fin juin 1942 pour transmission au ministre de l'Intérieur à Vichy [3], demande qui avait été rejetée.

Ainsi je ne faisais que confirmer la position que j'avais prise le 2 juillet. J'ai reconnu ensuite que le gouvernement français s'était « résigné » — le mot a été sévèrement relevé — *à charger la police parisienne des opérations dans sa zone de compétence, mais hors de toute intervention mixte avec la police ou les forces allemandes, ainsi qu'il avait été fait en 1941* [4].

Bousquet parle de la « résignation » du gouvernement français à accepter que la police parisienne soit chargée des « opérations » (il faut lire « arrestations »), mais il n'explique nullement les raisons pour lesquelles il ne s'est pas tenu aux décisions initiales de Vichy, qui étaient de refuser toute collaboration de la police française.

Le 2 juillet, devant Knochen, Lischka et Hagen [5], il avait précisé : « *A la suite d'une intervention du Maréchal, Laval a proposé que ce ne soit pas la police française qui procède aux arrestations en zone occupée. C'est au contraire aux forces d'occupation qu'il voudrait laisser ce soin…* »

La position de Pétain et de Laval a sans doute d'autant moins surpris les Allemands que, au terme de la conférence tenue le 30 juin 1942 avec

1. On a vu, ci-dessus, p. 116, que la commission de dénaturalisation procédait avec une lenteur telle que les Allemands s'en montraient exaspérés.
2. Souligné intentionnellement.
3. Pierre Laval.
4. Souligné intentionnellement.
5. Le rédacteur du compte rendu de la réunion. *Cf.* Serge Klarsfeld, *Le Calendrier de la persécution des juifs en France 1940-1944*, p. 255 et 1097.

huit des dix représentants[1] des responsables de la section juive auprès des différents Kommandos de la police de sûreté et du SD en zone occupée, en présence d'Eichmann venu à Paris pour quarante-huit heures, la mauvaise volonté du gouvernement français a été immédiatement mise en vedette. Le compte rendu — signé Dannecker — dénonce en effet dans son deuxième paragraphe « l'attitude hésitante et souvent hostile des représentants du gouvernement français et des autorités à l'égard de la solution des problèmes juifs ; pour cette raison, il sera nécessaire d'agir sans compromis et suivant notre propre initiative ».

Si Bousquet s'en tient au refus de Pétain et de Laval de faire participer la police française aux arrestations *en zone occupée* — car pour la zone libre d'où les Allemands exigent que leur soient livrés 10 000 juifs étrangers, c'est bien elle qui opérera —, Knochen, commandant de la police de sûreté et du SD, « se trouvera plongé dans un grand embarras ». Ce sont les mots que Serge Klarsfeld, analysant la situation au 2 juillet 1942, utilise, me semble-t-il, à bon escient[2]. Klarsfeld aura des mots plus forts encore, puisqu'il ajoute que le maintien de la position de Laval aurait été « un *désastre* pour Knochen, qui désirait absolument essayer d'éviter d'engager publiquement des forces de polices allemandes dans une pareille opération ».

A cela plusieurs raisons : la plus importante, le manque d'effectifs. Klarsfeld écrit que Knochen n'aurait pu mobiliser que « quelques centaines d'hommes pour une opération nécessitant plusieurs milliers de policiers ». Il y en aura environ 4 500 — on a souvent écrit 9 000 —, tous français, hélas. Car quel qu'ait été le nombre de policiers allemands[3], comment ces hommes, ignorant pour la plupart la géographie de Paris et de ses petites rues, VISIBLES dans leurs uniformes, avec leurs armes si différentes du bâton blanc des gardiens de la paix, VISIBLES avec leurs camions si différents des autobus de la compagnie du Métropolitain,

---

< 1. Participent à la réunion les responsables des Kommandos de Bordeaux, Angers, Rennes, Rouen, Orléans, Saint-Quentin, Châlons-sur-Marne et Dijon. Le représentant du Kommando de Poitiers est arrivé seulement l'après-midi du 30 juin. Le Kommando de Nancy, qui n'était pas représenté, a été informé par celui de Châlons-sur-Marne. C'est au cours de cette conférence qu'ont été étudiées les mesures « concernant le port de l'étoile juive », ainsi que la « déportation des juifs provenant de la zone occupée à Auschwitz ».

Il faut noter par ailleurs que, après avoir comparé la « définition du juif telle qu'elle a été établie par la 7e ordonnance concernant les mesures contre les juifs du 24 mars 1942, et telle qu'elle a été établie par le statut français du 2 juin 1941 », les Allemands en sont arrivés à cette conclusion, déshonorante pour le gouvernement français : « *La définition française* [du juif] *étant plus large, elle devra servir de base dans tous les cas douteux.* » Cf. *La Persécution des juifs en France... présentée à Nuremberg*, p. 190. >

< 2. *Le Calendrier de la persécution des juifs en France*, p. 237. >

< 3. Helmut Knochen m'a déclaré, le 16 avril 1996, n'avoir eu à sa disposition « pour toute la France occupée » que 3 000 policiers. Le 12 décembre 1941, ce sont 260 hommes de la feldgendarmerie et 200 membres de la SiPo-SD, assistés de policiers français, qui ont arrêté à Paris 743 juifs. >

n'auraient-ils pas suscité immédiatement l'hostilité de la quasi-totalité de la population parisienne ? La police allemande agissant seule se serait trouvée dans l'impossibilité physique et psychologique d'arrêter en deux jours, ou plus exactement en deux nuits[1], 12 884 juifs, puisque tel fut le « bilan » de la police française.

Knochen ne l'ignorait pas. Il n'ignorait pas davantage qu'il ne lui aurait pas été possible d'imposer à la police parisienne des ordres en contradiction avec des ordres de Vichy sans provoquer une crise politique majeure, qui aurait « probablement [entraîné] sa disgrâce[2] ».

Comment du refus, exprimé par Pétain et Laval, de mettre la police parisienne au service de l'occupant, en est-on passé, dans la même journée du 2 juillet, à l'acceptation par Bousquet ?

Et pourquoi Pétain et Laval, de leur côté, ont-ils accepté, lors du Conseil des ministres du 3 juillet, ce qu'ils refusaient quelques jours plus tôt ?

Sans doute Knochen a-t-il menacé son interlocuteur français de la mauvaise humeur du Führer et des conséquences qu'elle aurait sur les relations franco-allemandes.

Mais Klarsfeld, suivi par bien d'autres, donne à l'évolution de Bousquet une raison psychologique : un « froid calcul de technocrate policier, "imbu du sentiment national", comme l'a caractérisé Hagen, une volonté exacerbée, afin d'obtenir d'Oberg et de Knochen cet accord policier [ce sera fait le 8 août[3]] qui ferait de lui le chef incontesté, sur tout le territoire national, d'une police française unifiée et renforcée ».

Réaction d'orgueil et d'indépendance ; volonté de montrer aux Allemands ce que « vaut » la police française lorsqu'elle agit seule, et il faut garder en mémoire ce passage de la lettre de février 1982, où il évoque son désir de voir la police française opérer « hors de toute intervention "mixte" » — c'est-à-dire allemande.

Souvenir de l'entretien qu'il a eu le 6 mai avec Heydrich, venu sur

< 1. « Horaire de travail des équipes spéciales [...] : le 16 de 4 h à 9 h 30 et de 12 h à 15 h 30 ; le 17 de 4 h à 13 h » (préfecture de police, circulaire n° 173/42). Les arrestations ont, pour la plupart, eu lieu de nuit. >

< 2. Klarsfeld, *op. cit.*, p. 258. >

< 3. Sous le nom d'« accord Oberg-Bousquet » il est décidé que la police française apportera, non seulement « en communiquant tous les renseignements utiles » mais aussi « sous sa propre responsabilité », son appui aux services d'Oberg dans la lutte contre le communisme. En revanche, la police française n'était plus tenue de désigner elle-même d'éventuels otages, les personnes arrêtées par elle « pour des délits politiques ou de droit commun ne visant pas les intérêts du Reich seraient frappées par les autorités administratives ou judiciaires françaises dans les conditions prévues par la loi française ». Bousquet obtenait également des Allemands que la police française reçoive un meilleur armement..., ainsi que la possibilité de créer de nouveaux GMR et des écoles de police. >

l'ordre de Hitler lui signifier que la police française de la zone occupée devait être placée sous la tutelle de la police allemande[1].

Espoir que, la police parisienne agissant seule, les juifs français — dont il a fait admettre (et Laval également) qu'ils ne seraient pas, cette fois, concernés — seront effectivement épargnés, et même que des « indiscrétions » pourront permettre à certaines familles de juifs étrangers de fuir en zone libre.

Toutes les hypothèses sont envisageables, mais une certitude existe : *en ne s'« accrochant » pas au refus opposé initialement par Pétain-Laval à toute collaboration de la police parisienne aux rafles des 16 et 17 juillet, Bousquet, pour l'instant « maître du jeu*[2] *», accepte le pire, le déshonneur et l'impuissance.*

« Maître du jeu » à Paris, Bousquet ne l'est en réalité que lorsqu'il se réfugie derrière le bouclier Pétain-Laval.

Pour quelles raisons les deux hommes — essentiellement Laval, car déjà Pétain, diminué par l'âge, s'efface — ont-ils brusquement changé de position ? Laval s'était montré très ferme. Au Conseil des ministres du 27 juin, mis en présence des exigences allemandes portant sur la zone occupée et sur la zone libre, ils les avaient également rejetées. Dans les notes manuscrites rédigées au cours des Conseils, on peut lire : « *la décision allemande d'interner 10 000 juifs* [22 000 en réalité[3]] *dans la région parisienne (40 % des Français). Réponse Laval : je donnerai moi-même une réponse. Elle sera négative.* » On peut lire également : « *aux termes de l'accord on devrait interner 10 000 juifs en zone libre. M. Pierre Laval déclare qu'il n'a jamais donné aucun accord. Erreur fondamentale.* »

Il est d'autant plus difficile de suivre l'évolution de la pensée de Pierre Laval que, au cours des Conseils des ministres de Vichy — sur lesquels nous ne disposons que de rares notes, de brèves synthèses, parfois de simples indications au crayon —, le problème juif, ainsi que le font remarquer Marrus et Paxton[4], n'est jamais « central ». Lorsqu'il est évoqué, il est intercalé au milieu des sujets les plus divers, allant des prisonniers de guerre au plan de fabrication des confitures, en passant par

< 1. Sur cet entretien Heydrich-Bousquet du 6 mai, *cf.* ci-dessus, p. 44-45. Selon Oberg — interrogé par les Renseignements généraux le 15 janvier 1946 —, Heydrich aurait facilement renoncé aux consignes de subordination données par Hitler dès l'instant où « Bousquet s'engageait à donner à la police française l'orientation favorable aux intérêts allemands et si une collaboration étroite et amicale s'établissait entre les deux services. Bousquet s'engagea à suivre cette dernière voie en demandant toutefois que les Allemands voulussent bien ne pas s'immiscer dans les services de la police française ». *Cf.* Pascale Froment, *René Bousquet*, Stock, 1994, p. 210-211. >

< 2. Serge Klarsfeld, *op. cit.* >

< 3. Le rédacteur de la note fait une confusion avec le nombre des juifs (10 000) réclamés par les Allemands en zone libre. >

< 4. Dans *Vichy et les juifs.* >

la récolte du blé, la collecte du beurre et les négociations avec les Allemands (le 26 juin 1942) au sujet du ravitaillement des Antilles et des îles du Pacifique.

Cependant il semble que, pendant ces dix jours décisifs qui vont du 26 juin au 5 juillet, Laval, tout en évoluant, tout en passant du refus de toute collaboration policière à l'acceptation de la participation de la police française, ait voulu absolument opérer une distinction entre juifs français et juifs étrangers. Distinction à laquelle les Allemands étaient opposés, on le sait, puisqu'ils voulaient déporter juifs français comme juifs étrangers et se montreront déçus des discriminations opérées par Laval. A plusieurs reprises on trouve dans les notes prises lors des Conseils des ministres une allusion à un recensement, dont les moyens et la date ne sont jamais précisés. Mais l'objectif est le même : « Le chef du gouvernement indique qu'il a décidé de procéder, *avant toute mesure d'exécution*[1] dont il rendra compte préalablement au Maréchal, à un recensement des juifs, de façon à discriminer les juifs français des juifs étrangers. » Voici pour le Conseil des ministres du 26 juin.

Au cours de celui du 3 juillet, les choses se précisent : « Le président Laval fait le point de la question juive […]. Il a donné des ordres pour procéder à un recensement des juifs *en zone non occupée*, de façon à pouvoir distinguer, *le moment venu*, les juifs français des juifs étrangers. »

En marge du dossier du Conseil, la « philosophie » du projet de recensement est traduite par cette note au crayon du rédacteur chargé de résumer la position des uns et des autres. Il prête à Laval ces propos : « Il faut distinguer entre juifs français et déchets expédiés par les Allemands eux-mêmes[2]. L'intention du gouvernement allemand serait de faire un État juif à l'est de l'Europe. Je ne serais pas déshonoré si j'expédiais un jour vers cet État juif les innombrables juifs étrangers qui sont en France. »

Et leurs enfants ?

Oui, et leurs enfants. Dans le compte rendu du Conseil des ministres du 10 juillet, Laval fait état de l'« échange de vues » qu'il a eu, sur la question juive, avec le général Oberg. C'est là que se trouvent ces mots souvent évoqués, toujours discutés, selon que l'on croie ou non à la bonne foi de Laval et à son ignorance de la réalité des camps : « *Dans une intention d'humanité*, le chef du gouvernement a *obtenu — contrairement aux premières propositions allemandes* — que les enfants, *y compris ceux de moins de seize ans*[3], soient autorisés à accompagner leurs parents. » Il faudra revenir sur ce point particulièrement douloureux[4].

< 1. Souligné intentionnellement. >

< 2. *Cf.* ci-dessous, p. 452 et 630. Il s'agit des juifs allemands envoyés en France dans les jours qui ont suivi la défaite de notre pays. >

< 3. Souligné intentionnellement. >

< 4. *Cf.* ci-dessous, p. 261 *sq.* >

Mais lorsque, le 10 juillet, s'ouvre à Vichy le Conseil des ministres, à Paris les dés sont jetés et tout est prêt pour les arrestations (y compris celle des enfants) depuis que s'est tenue, le 7, l'importante réunion de la commission technique, celle qui a décidé du détail des mesures qui visent les juifs. >

Ne sont présents que deux Allemands : Dannecker et Heinrichsohn, puisque la police française a seule la responsabilité des rafles. En revanche, les Français sont en force : Darquier de Pellepoix, dont les pouvoirs et les responsabilités n'ont cessé de grandir, Leguay[1] représentant Bousquet, François qui dirige les camps d'internement de Drancy, Pithiviers et Beaune-la-Rolande, Hannequin, directeur de la police municipale, Tulard, responsable du fichier juif à la préfecture de Paris, Garnier, représentant du préfet de la Seine, Schweblin de la police antijuive, Galien, chef de cabinet de Darquier, Guidot, officier d'état-major de la police municipale.

Si les Allemands ne sont que deux, ils n'en demeurent pas moins les « patrons » de l'opération et c'est après que Dannecker a vérifié la représentativité de tous les assistants que le scénario des arrestations va être mis au point.

A Paris, 28 000 juifs *non français* pourraient être arrêtés mais, la limite d'âge se trouvant fixée à 16 et 50 ans, ce chiffre sera ramené à 22 000[2]. C'est à M. Hannequin qu'est laissé le soin de distribuer aux commis-

< 1. Avocat, docteur en droit, diplômé des sciences politiques, Jean Leguay succède en 1939 à Bousquet comme sous-préfet de Vitry-le-François, puis il se retrouve auprès de Bousquet, nommé préfet de la Marne, en octobre 1940. Il est en effet son secrétaire général de préfecture avant d'être nommé, en janvier 1942, directeur du cabinet du préfet Ingrand, délégué du ministère de l'Intérieur en zone occupée. En avril 1942, Bousquet — devenu secrétaire général de la police de Vichy, sous l'autorité de Laval, chef du gouvernement qui est également ministre de l'Intérieur (comme des Affaires étrangères) — désigne Leguay pour être son délégué en zone occupée. A la Libération, Leguay, préfet de l'Orne du 6 février au 15 août 1944, est révoqué au titre de l'épuration administrative par un décret du 25 mai 1945.

Le 23 décembre 1955, le Conseil d'État, statuant au contentieux, annule « *pour excès de pouvoir* » le décret du 25 mai 1945. « Considérant qu'il résulte de l'instruction que le sieur Leguay a, en 1942 et en 1943, empêché l'arrestation par les Allemands d'un nombre important de membres de la Résistance et d'Israélites et qu'à la même époque il s'est, à plusieurs reprises, opposé avec succès au départ pour l'Allemagne de travailleurs français, que l'exactitude matérielle de ces faits a été reconnue tant par la commission d'épuration que par le ministre de l'Intérieur, le Conseil d'État rétablit Leguay dans tous ses droits.

Le vendredi 10 novembre 1973, Me Serge Klarsfeld, membre de l'association juive pour le jugement des criminels nazis, annonçait son intention de se constituer partie civile contre M. Jean Leguay, qui résidait alors à Paris et, après un long passage dans le monde des affaires, avait cessé toute activité. Leguay fut inculpé à deux reprises pour crimes contre l'humanité. La première fois le 12 mars 1979, à la suite de la plainte de Me Klarsfeld au nom des familles des déportés de la rafle du Vél' d'hiv' des 16 et 17 juillet 1942. Le 29 octobre 1986 c'est, à Bordeaux, dans le cadre de l'affaire Papon, qu'il fut inculpé à nouveau. Avec sa mort en 1989, à l'âge de 79 ans, l'action de la justice se trouvait éteinte. >

2. En réalité, du fichier de la préfecture de police, il sera extrait 25 334 fiches pour Paris et 2 054 pour la banlieue.

saires de police des différents arrondissements les fiches nominatives extraites du fichier juif.

La première action étant initialement prévue pour le lundi 13 juillet, c'est le 10 que devra être achevé le tri de ces fiches. Après un court passage dans les mairies, il est prévu que les juifs arrêtés seront transférés au Vélodrome d'hiver, centre principal de rassemblement, avant d'être provisoirement dispersés dans quatre camps : Drancy, Compiègne, Pithiviers, Beaune-la-Rolande, où ils attendront leur déportation vers la Pologne et l'Allemagne.

Au cours de la conférence technique, tous les détails sont précisés. Ceux qui concernent l'équipement des juifs, équipement qui doit tenir dans un sac à dos ou une valise unique : une paire de chaussures de travail « solides », deux paires de chaussettes, deux chemises, deux caleçons, une tenue de travail, deux garnitures de literie, une gamelle, un gobelet, une gourde, une cuiller, un pull-over ainsi que les objets de toilette indispensables ; ceux qui concernent le ravitaillement individuel et collectif des déportés lorsqu'ils partiront en direction de l'Est : trois jours de vivres pour chaque juif, de la farine, du pain, des pommes de terre, des haricots dans des sacs entassés dans un wagon de marchandises.

Comme ils vont être « associés » aux mesures d'arrestation, les Français se trouvent, dès le 8 juillet, « associés » aux futures mesures de déportation. « La garde des trains, précise le rapport de Dannecker, sera effectuée par des gendarmes français, surveillés par un commando de la gendarmerie de campagne allemande, composé d'un lieutenant et de huit hommes. »

Aidés par quelques centaines de jeunes du PPF. Ce sont environ 4 500 policiers français, bénéficiaires depuis le début du mois de juillet… de la carte de « travailleur de force [1] » qui, à Paris, seront chargés de la première partie de l'opération « Vent printanier [2] ».

888 équipes d'arrestations vont opérer dont 255 dans le XXe arrondissement, 246 dans le XIe, 156 dans le IIe, 152 dans le Xe, 139 dans le IVe arrondissements où la population juive se trouve essentiellement rassemblée.

< 1. Le 22 juin 1942 Bussière, préfet de police, a adressé au « personnel des services actifs » une note indiquant que « le président Laval et les ministres de l'Agriculture et du Ravitaillement (avaient) eu la bienveillance d'accueillir favorablement (ses) propositions. La carte de travailleur de force vous est accordée. Cette décision, poursuit la note de Bussière, est une nouvelle reconnaissance de votre dévouement sans borne. Elle traduit la confiance qui vous est justement et complètement portée. Continuez de servir avec conscience et courage. Soyez disciplinés et énergiques dans la répression, mais faites toujours la discrimination entre les bons et les mauvais ! Soyez sévères mais justes… et, toujours, avec les braves gens, aimables et courtois. » >

2. L'opération, qui s'étend sur plusieurs pays d'Europe, a été baptisée par les occupants du nom de code de « Reinhardt », en hommage à Reinhardt Heydrich, chef de l'Office central de sécurité du Reich, mort le 5 juin 1942 à la suite des blessures reçues dans l'attentat dont il a été victime le 28 mai à Prague, attentat réalisé par des résistants tchèques entraînés en Angleterre. L'opération « Reinhardt » se subdivisait en une opération « Écume de mer » pour l'Europe de l'Est et « Vent printanier » pour l'Europe de l'Ouest.

Aux chefs d'équipe chargés d'arrêter des femmes et des enfants sont remis des ordres de mission d'une précision toute militaire. Interdiction de discuter les observations présentées par les juifs, pas de commentaires, pas de « paroles inutiles » ; interdiction de se laisser influencer par l'état de santé des personnes à arrêter. Aucun occupant ne devant rester dans les appartements visités, il est également interdit de confier un enfant aux voisins ou à la concierge.

Les enfants suivront le sort de leur famille et leur destin sera fixé plus tard [1]. Par contre, chiens et chats doivent, EUX, être remis aux voisins ou aux concierges charitables. Les policiers, enfin, sont invités à s'assurer de la fermeture des compteurs de gaz, d'eau et d'électricité.

16 juillet 1942.

La rafle était initialement prévue pour le 13 juillet, mais la proximité de la fête nationale française a fait repousser la date d'exécution au 16 [2]. C'est entre 3 heures et 4 heures du matin que des milliers de policiers français frappent à des milliers de portes juives.

— Police, ouvrez.

Ils ouvrent. Que peuvent-ils faire d'autre ?

Ils ouvrent à 4 heures du matin. Habillés à la hâte ou, parce que les coups redoublent, encore dans leurs vêtements de nuit. Les enfants réveillés sont blottis dans leurs lits et ils regardent ces policiers hostiles, casqués, armés, sur le pas de la porte.

Et les policiers, que voient-ils ? De pauvres intérieurs : on est rarement riche lorsque l'on arrive d'Autriche, de Pologne, de Tchécoslovaquie et que, depuis deux ans, l'occupant et Vichy se sont ingéniés à ne laisser au juif étranger aucune possibilité de gagner sa vie.

Ils ouvrent les portes. Et, lorsqu'ils n'ouvrent pas, les policiers s'impatientent et, parfois, d'un coup d'épaule, font céder le bois.

Que disent-ils alors ? Certains respectent ces consignes qui interdisent toutes les paroles inutiles. Ils vérifient les identités, ordonnent de s'habiller aussi rapidement que possible (« vous avez dix minutes »), de prendre deux jours de vivres et des vêtements chauds.

D'autres se livrent à quelques commentaires. Aux femmes qui pleurent, qui montrent leurs enfants, qui parlent de maladie, ils disent que tout se passera bien, qu'elles iront simplement dans un ghetto près de Lublin (Lublin, qui connaît à l'exception des Polonaises ?) et que, la guerre terminée, elles pourront certainement revenir dans leur appartement parisien [3].

---

1. Sur le sort des enfants juifs, *cf.* ci-dessous, p. 257 *sq.*
2. Note de Röethke adressée le 15 juillet au commandant du « Gross-Paris ».
3. Sur Lublin, *cf.* également ci-dessous, p. 196 (note 3) et 263. Lors de son procès, René Bousquet dira que la thèse du « ghetto à Lublin » courait, en juillet 1942, dans les milieux policiers. Les Allemands, en mai 1942, interdisent d'employer le mot « déportation » « qui fait penser aux expulsions en Sibérie de la période tsariste ».

Sont-ils sincères ?

Il se peut. Pourquoi la plupart des policiers ne croiraient-ils pas à la fiction de Lublin lorsque la réalité de l'horreur ne s'est encore imposée à personne ?

A côté de ceux qui conservent un silence buté, qui appliquent strictement les ordres, de ceux, aussi, qui acceptent les bijoux, l'argent, pour sauver une vie [1], il existe des policiers sensibles à la détresse. Des hommes qui, grâce à une phrase, à une attitude, font comprendre aux juifs qu'ils peuvent tenter de s'échapper. Ils disent, par exemple, qu'ils reviendront dans une heure, lorsque toute la famille sera habillée ; ils conseillent à la mère de famille d'attendre l'ouverture des premiers magasins pour se procurer quelques provisions, ou bien encore ils n'insistent pas lorsque la porte demeure close.

Il est impossible, en vérité, de porter un jugement global sur l'attitude de la police française les 16 et 17 juillet 1942. Qu'une partie d'entre elle agisse à contrecœur, c'est cependant évident et Röethke décernera ce brevet de mauvaise (c'est-à-dire de bonne) conduite à des hommes qui, aux yeux des Allemands, n'ont arrêté « que » 12 884 juifs [2] au lieu des 22 000 prévus le 8 juillet.

> Des sources les plus variées, le service IV J a été informé qu'un nombre important de juifs apatrides avaient eu vent des rafles et avaient pu se cacher. Des fonctionnaires de la police française auraient, dans plusieurs cas, renseigné sur les rafles projetées les personnes qu'ils devaient arrêter, en particulier les juifs apatrides fortunés, en leur conseillant de ne pas demeurer dans leurs appartements les 16 et 17 juillet 1942 [3].

Darquier de Pellepoix, dans un rapport adressé à Laval, le 23 juillet 1942, se plaint de son côté, que des « indiscrétions » aient permis à un certain nombre de juifs de s'échapper et il fait part du « vif mécontentement » des autorités allemandes.

« Il doit être pris en considération, écrit-il notamment, que, si le premier jour, les arrestations se sont déroulées d'une façon à peu près normale, le nombre des absents parmi les individus à arrêter comportait, le deuxième jour, 66 %. »

Des « informateurs » au service de la Gestapo notent que, le 17 juillet, 14, rue Raffet, un inspecteur de police et un officier de paix ont dit au

1. « Quand les inspecteurs français sont arrivés, ma mère m'a demandé de rester sagement dans une autre pièce. J'avais dix ans, j'ai entendu mes parents parlementer pour me sauver. Ma mère les a suppliés, puis elle leur a offert le peu que nous possédions ; ils ont pris l'argent, les bijoux et ont accepté de me descendre chez la voisine. Dans l'escalier, les inspecteurs m'ont avertie que, si jamais je racontais un mot de ce qui s'était passé, on ferait du mal à mes parents. »

Témoignage de Colette in *Je ne lui ai pas dit au revoir*. Le témoignage porte sur la période de 1943.

2. Dont 3 031 hommes, 5 802 femmes et 4 051 enfants.

3. Un tract communiste, ainsi qu'une feuille en yiddish et en français, annonçant l'imminence des rafles, ont circulé deux ou trois jours avant le 16 juillet.

concierge que les rafles étaient inhumaines, qu'ils ont évoqué de nombreux cas de suicide[1], ou bien encore que « la police a été au-dessous de tout », « qu'elle n'a rien négligé pour rendre les juifs intéressants ».

Et les voisins, comment réagissent-ils ? Si l'on en croit le rapport de Röethke, l'immense majorité de la population désapprouve les rafles, désapprobation manifestée dans de « petits rassemblements » au moment où les juifs, encadrés par la police, quittent leur domicile.

S'il existe des voisins charitables : cette femme qui protège Madeleine[2] et sa famille en affirmant aux policiers que l'appartement est vide, puis en aidant à un déménagement furtif, ils existent également ces Français qui désignent à l'attention des agents « capteurs » (on les appelle ainsi) les hommes et les femmes qui tentent de prendre la fuite. Alors que les policiers ont accordé un délai à Mme Abramzyk et à son petit garçon : « Préparez-vous, nous repasserons vous prendre dans une heure », la concierge ferme à clef la porte cochère de l'immeuble et s'oppose à la fuite de Mme Abramzyk[3].

Les autobus, ces bons gros et familiers autobus parisiens, font le va-et-vient entre les rues à juifs et les commissariats de police. 22, rue des Écouffes, ils chargent ainsi sept familles juives sur les onze que compte l'immeuble : quatorze adultes, dix-neuf enfants[4].

Ceux qui n'ont pas droit à l'autobus se traînent dans les rues, hommes et femmes chargés de valises remplies à la hâte, de paquets mal ficelés, de couvertures, pitoyables convois devant lesquels s'arrêtent les passants du petit matin.

Mme Rado, qui ira ainsi de la rue Saint-Antoine au gymnase Japy, a placé dans la poussette du dernier de ses quatre enfants non seulement un peu de literie et des vêtements, mais également des casseroles. Elle ne

---

1. Tillard et Lévy dans leur livre sur la tragédie du Vél' d'hiv' évoquent plusieurs cas de suicide, notamment rue de Poitou où une jeune femme se jette par la fenêtre avec ses deux enfants. Rue Trousseau, Mme Cymerin saute du toit en compagnie de son petit garçon. Ils sont sauvés par les pompiers qui ont eu le temps de tendre des bâches. Ils iront mourir à Auschwitz.

Le professeur Abrami donne le chiffre de 106 suicides.

2. Claudine Vegh, *Je ne lui ai pas dit au revoir*.

< 3. Que penser de cet homme qui s'affirme « ni pro ni antisémite », mais n'en écrit pas moins au Commissariat aux Questions juives la stupéfiante lettre suivante :

« Des milliers de juifs ont été envoyés dans des camps de concentration. Je n'y vois aucun inconvénient et je m'en moque, n'étant ni pro ni antisémite. Mais ce dont je ne me moque pas, ce sont des incidences de cette mesure que l'administration n'a pas prévues, naturellement. J'avais donné à réparer deux paires de chaussures presque neuves (des coins d'acier à poser) à un petit cordonnier de la rue Lemercier dont je ne savais rien, si ce n'est qu'il travaillait fort bien. Quand je suis allé rechercher ces chaussures, j'ai trouvé la boutique fermée et le savetier dans un camp ! ! ! Et nos chaussures ? Devons-nous sortir en pantoufles ? » >

4. En février 1943, les quatre autres familles seront arrêtées et déportées. Des quarante-quatre habitants juifs de l'immeuble situé au 22 de la rue des Écouffes, un seul survivra : Mlle Clara Chanowski.

sait pas où elle va, mais, où qu'elle aille, elle sait que ses enfants auront faim et elle espère pouvoir leur préparer la nourriture à laquelle ils sont habitués. « Nous portions, dira-t-elle plus tard, l'étoile jaune sur nos vêtements. Les gens nous regardaient. Je ne sais ce qu'ils pensaient. Leurs regards étaient vides, semblaient indifférents. »

Place Voltaire, il est vrai, une femme crie :

— C'est bien fait ! C'est bien fait ! Qu'ils aillent au diable.

Mais nul ne reprend son cri. Un homme, dans la petite foule agglutinée, murmure simplement :

— Après eux, ce sera nous. Les pauvres gens… et s'éloigne.

Dans les commissariats de police et les mairies, les juifs ne restent que quelques heures, des heures qui constituent une étape nouvelle dans la dégradation, la prise de conscience de leur état de prisonnier.

Les Allemands ont décidé que les familles « avec enfants » seraient internées au Vélodrome d'hiver. Les cinquante autobus font donc, dans l'après-midi du 16 juillet, de nouveaux va-et-vient. Surveillés par des agents de police installés sur la plate-forme arrière, les femmes inquiètes, les enfants étonnés, turbulents, amusés parfois par les incidents du parcours, sont déversés — bagages compris — sur le trottoir de la rue Nélaton, puis poussés, à travers un couloir obscur, jusqu'à la vaste enceinte du Vélodrome d'hiver dont les premiers arrivants occuperont naturellement la pelouse.

Les gradins se garniront ensuite. Des gradins faits pour s'asseoir et non pour camper. Il faudra bien camper cependant, c'est-à-dire étaler les couvertures, disposer les ustensiles de cuisine, s'efforcer de reconstituer un semblant de foyer et de recréer, parfois en dressant une murette de valises, une illusion d'appartement.

« Tous les témoins, précisent Claude Lévy et Paul Tillard, s'accordent à dire qu'on pouvait à peine se mouvoir, que les gens se marchaient les uns sur les autres. » Où 15 000 spectateurs pouvaient trouver place, il n'y a cependant que 7 000 juifs dont 4 051 enfants mais tout est envahi (piste, pelouse centrale) de ce qui, naguère, demeurait protégé. C'est une chose de rester assis pendant deux ou trois heures pour un spectacle sportif, c'en est une autre de « vivre » quatre, cinq, voire sept jours dans un univers de béton où chaque famille doit, non sans palabres et disputes, gagner puis conserver son « territoire ».

Au niveau de la vie quotidienne, rien n'a été préparé pour accueillir cette foule. Aucune installation pour faire chauffer les biberons. Des points d'eau en nombre très insuffisant. Des installations sanitaires — dix cabinets, vingt urinoirs — d'autant plus vite inutilisables que la moitié d'entre elles, déjà, étaient fermées, et cette pénurie de sanitaires, la saleté, l'odeur condamnent, humiliation que les survivantes n'oublieront jamais, alors qu'elles ont connu bien d'autres drames, des femmes à se soulager dans les coins enténébrés des couloirs.

Les mouvements de la foule répandue sur les gradins, comme une vendange humaine brusquement déversée là, échappent à toute prévision et à toute analyse. Cris, pleurs, jeux, prières, agitation de ceux qui vont et viennent à la recherche d'une information ou qui, montant et descendant les gradins, lançant des appels à la cantonade, tentent de retrouver leur famille dispersée ou les habitants du même immeuble, tout contribue à donner une impression d'obscur tourbillon.

Pour s'occuper des enfants et des vieillards malades, des moribonds, (une cinquantaine « étalés sur le sol, dans un coin [1] »), des folles, des femmes sur le point d'accoucher, les Allemands n'ont admis d'abord que deux médecins : les Dr Didier-Hesse et Loewe-Lyon [2], cependant que Mme Suzanne Bodin, qui sera déportée et ira mourir à Ravensbruck, organise, avec une douzaine d'infirmières de la Croix-Rouge, un roulement charitable mais dont l'efficacité ne peut être que modeste, tant les misères à soulager sont grandes. Quelques assistantes sociales françaises, quelques juives : Hélène Tro, Tonia Zabuski, Felah Decargan, mariées à des aryens, donc, en principe, protégées, ont rejoint et c'est surtout par ces dernières que seront connus les drames et notamment les suicides et les tentatives de suicide [3] dont le Vél' d'hiv' sera le théâtre.

Les hommes et les femmes charitables que le service d'ordre laisse pénétrer dans l'enceinte du Vél' d'hiv' ne sont pas très nombreux ; Quakers qui, le 16, font parvenir le premier ravitaillement : douze caisses de biscuits pour sept mille personnes ; délégués du Secours national accompagnant quelques vivres ; représentants de l'UGIF avec, à leur tête, le secrétaire général André Baur [4], infirmières, assistantes sociales, médecins. Ont-ils du moins conscience du destin qui attend les juifs ? Je ne le pense pas. S'il en allait autrement, s'ils imaginaient le sort atroce réservé aux enfants, les médecins feraient-ils allusion, dans l'un de leurs rapports, aux « tuberculeux en évolution qui semaient autour d'eux leurs bacilles, et l'on frémit en songeant au nombre d'enfants qui, en état de moindre résistance et sans hygiène suffisante, ont dû être de la sorte contaminés [5] » ?

Les cinquante garçons envoyés au Vél' d'hiv' par Georges Lamirand, sous-secrétaire d'État à la Jeunesse du gouvernement de Vichy, ne réalisent pas davantage qu'ils aident, soignent, nourrissent des femmes et des enfants promis à une mort prochaine.

Ils se souviendront de la poussière, de l'odeur, du bruit infernal, de

1. Rapport d'Hannequin, directeur de la police municipale.

2. Rejoindront par la suite les Dr Weill-Hallé, Vilenski, Benjamin Ginsbourg, ainsi que quelques autres médecins envoyés par l'UGIF, tandis que la Croix-Rouge a délégué le Pr Vaucher, les Dr Robineau, Comby.

3. Il y aurait eu « une trentaine » de suicides.

4. D'après Lévy et Tillard, André Baur, qui vient au Vél' d'hiv' dans l'après-midi du 16 juillet, en compagnie de MM. Kats et Munsnik, aurait été injurié par les internés, ce qui n'apparaît absolument pas dans le récit qu'André Baur a rédigé immédiatement après sa visite au Vél' d'hiv'.

5. Vingt à trente malades seulement seront évacués sur l'hôpital Rothschild.

l'obscurité, la verrière du Vél' d'hiv' ayant été passée à la peinture bleue pour les besoins de la défense passive ; ils se souviendront de la faim et de la soif des internés, de la façon dont ils se jettent sur les baquets d'eau, de la prostration des uns, de l'excitation des autres.

< Ils se souviendront des étoiles jaunes. Roger Le Masne, auxiliaire de la Croix-Rouge, se souvient s'être retrouvé, le 16 juillet 1942, avec ses camarades, « au milieu d'une foule de gens dont nous ne savions pas pourquoi et comment ils étaient là. A leurs étoiles jaunes, nous avons compris que c'étaient des juifs, bien que nous ne connaissions que peu les étoiles jaunes, toutes récentes à l'époque [7 juillet]. Peut-être n'en avais-je jamais vu avant[1]. »

Ils se souviendront des questions posées : « Les juifs, écrit Pierre Jonte, qui avec plusieurs garçons du Centre d'aide aux jeunes de France, s'est rendu au Vél' d'hiv', cherchaient des informations : pourquoi cette arrestation ? allaient-ils être dirigés autre part ? qu'allait-on organiser pour la nuit ? les soins aux enfants ? en somme, tout ce qui traduisait leurs inquiétudes [des questions] auxquelles nous ne pouvions répondre. Personnellement j'ai reçu quelques lettres avec mission de les poster, ce que j'ai fait[2]. » >

— Si j'avais su, me confiera Jean N. qui avait porté secours à quelques familles encombrées d'enfants, j'aurais pu faire évader une jeune fille.

En vérité, il y aura fort peu d'évasions dans cette foule composée surtout — la seule photo que nous possédions du Vélodrome d'hiver le montre bien — de femmes et d'enfants.

Dans leur livre, Lévy et Tillard recensent seulement les évasions de la petite Lichtein et de sa mère, celle de Louis Pitkowicz qui a 14 ans, celle du jeune Nat Linen, dont un manteau dissimule l'étoile jaune, celle d'Ida Nussbaum, qui met à profit la relève des gardes mobiles pour fuir en entraînant son fils âgé de 4 ans…

< *France-Soir* du 18 juillet 1997 cite le cas de Sarah, qui avait alors 14 ans, et de sa mère Maria Lichstejn, qui réussirent à fuir le Vél' d'hiv'. Après deux ans d'errance et de clandestinité dans Paris, elles furent arrêtées et déportées à Auschwitz. Seule Sarah revint. Oui, très peu d'évasions de Drancy alors que la garde était assurée par les seuls policiers français. >

« Les Allemands vont déporter en Europe centrale 20 000 juifs de Paris. » Pierre Limagne, qui est journaliste à *La Croix*, publiée alors en zone libre, écrit, le 16 juillet, ces mots sur le cahier où, jour après jour, il consigne les événements mémorables[3].

< 1. Inédit. >

< 2. Inédit. Pierre Jonte, qui restera toute l'après-midi au Vél' d'hiv, est en compagnie de Pierre Juhel, chef de centre, Claude Poirier, Pierre Guirard, Roumillac, etc. >

3. Ces cahiers formeront plus tard les « Éphémérides de quatre années tragiques ».

Le 17, nouvelle notation : « A Paris, il n'est question en ce moment que de rafles de juifs, hommes, femmes et enfants. »

Le 18, Limagne a obtenu quelques précisions : « A Paris, c'est bien une vingtaine de mille juifs qui viennent d'être rassemblés. On a parqué les hommes d'un côté en attendant leur déportation, les femmes de l'autre. Scènes poignantes au moment de la séparation des membres d'une même famille. » Il faut attendre le 22 juillet pour trouver, sous la plume de Limagne, une allusion au rôle de la police française qui « aurait arrêté elle-même, ces jours-ci, des milliers de juifs coupables de n'avoir pas porté l'étoile jaune [1] ».

Journaliste, Limagne est un privilégié de l'information même si son information comporte des erreurs, qu'il s'agisse du chiffre des juifs arrêtés ou du rôle exact de la police française. Mais les lecteurs de *La Croix*, comme d'ailleurs ceux des autres quotidiens de zone libre, ignoreront longtemps ce qui s'est passé à Paris les 16 et 17 juillet 1942.

Ceux de zone occupée ne sont pas mieux informés.

Les consignes de la censure allemande sont, en effet, « de ne rien laisser publier dans l'attente des autres rafles prévues » et rien n'est publié [2].

C'est seulement à la lecture d'*Au pilori* que les plus collaborateurs des collaborateurs parisiens pourront savoir qu'il s'est passé « quelque chose ». Ils l'apprendront le 23 juillet par un éditorial de Jean Méricourt reprochant au gouvernement de Vichy son « incapacité totale dans le règlement d'une affaire intérieure : celle du problème juif [alors que], depuis un mois, des mesures sont prises contre les juifs dans notre zone ».

Dans le même numéro, ils pourront prendre également connaissance d'un article qui, sous le titre « Nos enfants domestiques des juifs », fait grief à Lamirand d'avoir envoyé au Vél' d'hiv' de jeunes aryens pour « enlever les ordures des juifs, traîner les poubelles, transporter sur des civières des malades… colporter les vivres et les ranger ».

< Le 6 août 1942 *Au pilori*, revenant sur la question, dans un article sur 4 colonnes : « *Nos enfants domestiques des juifs* », indique que plus de 30 centres et plus de 400 jeunes [chiffre excessif] ont été mobilisés, que

1. Le 29 juillet, Pierre Limagne notera : « Ce n'est pas la police française qui a arrêté les quelque 20 000 juifs pris à Paris pour être déportés ; toute la responsabilité incombe aux Allemands, reconnaît Londres. » Le lendemain, 30 juillet, il revient sur son erreur : « La police française vient d'être mêlée à l'affaire de l'arrestation des 20 000 juifs parisiens parce que les Allemands lui avaient dit : "Occupez-vous de cela, ce sera moins brutal." »

2. Malgré ce qui a été écrit dans un certain nombre d'ouvrages. Entre le 16 et le 31 juillet, les quotidiens parisiens respectent effectivement les consignes de silence. D'autres consignes suivront cependant, précisant que les articles à paraître devront « attirer l'attention sur le fait que les juifs se seraient conduits, selon leur habitude, d'une manière tellement impertinente que des mesures sévères auraient été nécessaires ».

Les journalistes de la collaboration étaient « invités » à indiquer que les juifs arrêtés avaient continué « à s'occuper de marché noir, de faux papiers, de corruption, de trafic de grande envergure ».

10 000 rations ont été envoyées là où 8 000 étaient nécessaires. Sur les réactions de la population aux arrestations, ces lignes : « Regarde aussi la concierge, le crémier, le docteur, les voisins, ils participent à la peine de la famille d'Israël. » >

C'est dans ce numéro encore que se trouve, sous la signature de Jacques Bourreau (?), un récit d'anticipation sur la mort du dernier juif, en l'an de grâce 2142. L'auteur imagine qu'un décret du 25 juin 1942, venant s'ajouter à tant de décrets bien réels, a ordonné que tous les juifs soient stérilisés, châtiment souvent réclamé d'ailleurs aussi bien par les journalistes que par les lecteurs d'*Au pilori*. Seuls trois couples ont été exemptés de la mesure. Ils sont « conservés » au zoo de Vincennes et leurs enfants, à l'exception de l'aîné, sont stérilisés à leur tour. Mais le 14 juillet 2142, la nouvelle éclate : le dernier juif est mort.

Lisez.

> 14 juillet 2142. Une nouvelle merveilleuse parcourt les rues de Paris. Les chroniques parlées de radio et télévision nationales nous en ont informés : le dernier juif vient de mourir. Ainsi, c'en est donc fini avec cette race abjecte dont le dernier représentant vivait, depuis sa naissance, à l'ancien zoo du bois de Vincennes, dans une tanière spécialement réservée à son usage et où nos enfants pouvaient le voir s'ébattre en un semblant de liberté, non pour le plaisir des yeux, mais pour leur édification morale. Il est mort ! Dans le fond, c'est mieux ainsi. J'avais personnellement toujours peur qu'il ne s'évade, et Dieu sait tout le mal que peut faire un juif en liberté. Il restait seul, soit, depuis la mort de sa compagne, laquelle par bonheur était stérile, mais, avec cette engeance, on ne sait jamais. Il faudra que j'aille au zoo pour m'assurer de la véracité de la nouvelle.

Lorsque, le 23 juillet, paraît ce stupéfiant article, les juifs arrêtés le 16 et le 17 ont été transférés au camp de Drancy puis, pour certains d'entre eux, déportés dès le 19 et le 22 en direction d'Auschwitz. Comme si la mort était pressée.

Trois ou quatre jours après le convoi du 22 juillet L. B. qui a alors 19 ans et se trouve en zone libre recevra ce dernier mot de son père qui, né en Pologne, utilise un français balbutiant pour des phrases combien émouvantes : « fei te pas de movesan on va iberleiben dechir set letre. orvor »[1].

Je traduis :

« Te fais pas de mauvais sang, on va survivre. Déchire cette lettre. Au revoir. »

La lettre n'a pas été déchirée et elle est parvenue jusqu'à nous.

M. B., lui, ne survivra qu'à travers cet ultime message.

L'horreur des camps de concentration constituera l'une des grandes et terribles « découvertes » des mois qui suivront la Libération. Et

1. Inédit.

cependant les Français AURAIENT PU SAVOIR puisque, traduit en français en 1939, le *Livre Blanc* anglais a fourni sur Buchenwald d'hallucinantes précisions. Quelques juifs allemands, arrêtés en juin 1938, mais dont les dossiers d'émigration avaient été acceptés, ont été en effet libérés par l'administration nazie. Arrivés à l'étranger, ils ont parlé. Ils ont dit les horaires monstrueux : seize heures par jour uniquement employées à transporter de lourdes pierres. Ils ont mentionné les châtiments corporels. Ils ont évoqué leurs conditions de logement. « Trois hommes pour chaque paillasse en quatre rangs. Obligés de nous coucher sur le côté, et en travers de la paillasse, de façon à faire de la place, emboîtés comme des sardines. Défense de se coucher sur le dos sous peine de coups de matraque. » Ils ont raconté les appels interminables, les suicides, la férocité des gardiens, de très jeunes gens de dix-sept à dix-huit ans.

Ils ont parlé de la mort sous les coups et de la mort par la faim. Et de la mort après la mort : « Les corps étaient habituellement transportés au crématoire de Weimar et incinérés. La famille était informée officiellement de la mort du prisonnier par une carte postale ouverte et non affranchie, expédiée par le bureau du commandant du camp. »

Mais ces informations sont apportées aux Français alors que leur pays se trouve en guerre contre l'Allemagne. Sans doute ceux qui en prennent connaissance — une minorité — sont-ils tentés de supposer qu'elles se trouvent fortement influencées par la propagande. Et peut-on croire l'incroyable, imaginer l'inimaginable ?

En septembre 1939, voici d'ailleurs plusieurs mois que le système concentrationnaire français a été mis en place sans que les mesures d'internement et les douloureuses conditions de ces internements aient entraîné de retentissantes réactions d'indignation[1].

< Il arrive même qu'elles soient chaleureusement approuvées. Sous le titre « *Des camps de concentration pour les étrangers indésirables* », le *Petit Dauphinois* du 21 novembre 1938 publie un article non signé — mais daté de Paris — dans lequel on trouve des mots (*vermine*, *ordures*) qui sont les mots qui nourriront l'antisémitisme de certaines feuilles parisiennes en 1942. Voir ci-contre. >

Dès le mois de septembre 1938, des journaux s'étaient inquiétés du danger que pouvaient représenter, en cas de guerre, trois millions d'étrangers. La guerre déclarée, des camps ont donc été ouverts. On ne les appelle certes pas « camps de concentration », le gouvernement ayant reculé devant le mot, mais « centres de rassemblement » ou « centres d'accueil », bien que faits pour recevoir les étrangers « indésirables », en

1. Il faut cependant signaler, le 8 décembre 1939, la protestation, au nom du groupe socialiste, de M. Marius Moutet contre les mesures inhumaines frappant de nombreux réfugiés allemands et autrichiens. Tout en reconnaissant qu'« une opération de police de l'envergure de celle qui a été conduite au début des hostilités a pu créer des situations douloureuses », Édouard Daladier, alors président du Conseil, devait conclure en affirmant que « les choses ne vont pas aussi mal que certains pourraient l'imaginer ».

Des camps de concentration pour les étrangers indésirables

Paris, 20 novembre. — Parmi toutes les menaces que fait peser sur notre sécurité intérieure et sur notre paix sociale, la présence en France de la pègre internationale qui s'y est réfugiée, la plus grave provient, sans conteste, de la masse flottante d'indésirables qu'il est devenu impossible de refouler parce qu'aucun autre pays n'accepte plus de les accueillir.

Aussi, est-il apparu depuis longtemps à ceux qui se sont penchés sur ce problème sans vaine sensiblerie, qu'il ne trouverait sa solution que dans la création, soit sur le territoire métropolitain, soit dans certaines de nos colonies, de véritables camps de concentration.

Reculant devant le mot, écrit « Le Matin », les Pouvoirs publics ont — et c'est le principal — consenti à la chose : en effet, le gouvernement après avoir décidé de renforcer le régime de l'astreinte à domicile pour les étrangers qui ne peuvent déférer aux mesures d'expulsion prises à leur encontre, prévoit l'installation de *centres spéciaux* où seront groupés tous les individus qui « dans l'intérêt de l'ordre ou de la sécurité publique » doivent être soumis à une surveillance permanente.

On mettra fin ainsi aux pitoyables comédies qui se jouent tous les jours devant nos tribunaux, fatigués de voir éternellement sur leurs bancs la même vermine.

On évitera également les incidents tragi-comiques qui se produisent à nos frontières où les postes douaniers français, belges, suisses ou luxembourgeois se passent et se repassent plusieurs fois par nuit les mêmes paquets d'expulsés.

Notre pays et ceux qui l'entourent ne donneront plus le spectacle de voisins acharnés à vider leurs ordures les uns chez les autres.

Désormais, les indésirables, repris de justice, agitateurs politiques, etc..., seront éliminés du corps social, groupés, parqués, réunis en « compagnies de travail » et employés à des travaux d'utilité publique ou de défense nationale.

Avec l'aggravation des peines infligées aux étrangers en situation irrégulière — *ceux qui auront encouru trois condamnations dans un intervalle de dix ans seront relégués à La Guyane* — avec la possibilité de retirer la nationalité française aux naturalisés qui s'en montreront indignes, avec la nomination de 1.500 gendarmes chargés de surveiller nos frontières en collaboration avec les gardes forestiers, les douaniers et les brigades mobiles, notre police des étrangers forme maintenant un tout cohérent.

Elle a aussi — notons-le en terminant — le mérite de n'imposer aucune charge nouvelle aux contribuables, puisque les ressources nécessaires à son fonctionnement seront apportées par l'augmentation, très légitime, des cartes d'identité délivrées aux immigrés qui méritent notre confiance et notre hospitalité.

PLUSIEURS RELEGUES EN VIENNENT AUX MAINS AU PENITENCIER DE SAINT-MARTIN-DE-RE

La Rochelle, 20 novembre. — Plusieurs relégués qui étaient enfermés dans des maisons centrales différentes se sont retrouvés ces jours-ci au pénitencier de St-Martin-de-Ré où ils ont été groupés en vue de leur départ pour la Guyane qui aura lieu demain.

Des discussions se sont élevées et les relégués en sont bientôt venus aux mains. Quelques-uns ont été blessés légèrement.

Des vitres ont été brisées et le mobilier a été endommagé.

L'actrice autrichienne Luise Rainer vient d'être naturalisée américaine

New-York, 20 novembre. — L'actrice autrichienne Luise Rainer, qu'on a pu admirer à l'écran dans le film « Visages d'Orient », tiré du roman de Mme Pearl Buck, prix Nobel, vient d'obtenir la citoyenneté américaine.

Paris. — A l'occasion de la fête patronale du roi Léopold III, un Te Deum a été chanté en l'église Saint Louis des Invalides.

Le Petit Dauphinois du 21 novembre 1938.

infraction avec les décrets du 2 et du 14 mai 1938, du 12 novembre 1938, ainsi qu'avec ceux du 1er juillet et du 18 novembre 1939, ils répondent davantage à l'esprit des lois qu'aux exigences de l'humanité.

Pour accueillir les 18 à 20 000 Allemands internés dans les premières semaines de la guerre, les autorités locales ont choisi pour « centres de rassemblement » les locaux les plus divers et les plus étranges. Une fabrique de chaussures désaffectée à Athis, une ancienne usine de conserves à Lambesc, des halls de réparation de wagons à Arandon, un moulin à Martinet, une colonie de vacances à Ambleteuse, une prison déclassée à Forcalquier, une salle de cinéma à Manosque.

Il arrive même qu'anticipant sur ce que feront les Allemands en juin 1940 lorsqu'ils se trouveront confrontés aux problèmes posés par la capture de centaines de milliers de prisonniers, les Français se contentent d'entourer un terrain vague, à Meslay-du-Maine, par exemple, d'une ceinture de barbelés.

A l'hétérogénéité des camps correspond l'hétérogénéité des conditions d'internement, souvent déplorables, si bien que le désordre français pourra se révéler presque aussi cruel que l'ordre allemand. A Gurs, dans les Basses-Pyrénées, le camp fait pour recevoir des soldats républicains vaincus [1] arrivant en France après la fin de la guerre d'Espagne, a été élevé en six semaines sur un terrain argileux qui, l'hiver, se transforme en bourbier. Les baraques (vingt-quatre mètres de long, six de large), prévues pour quarante-cinq internés, en accueillent soixante et ne disposent que d'un seul poêle à bois que les prisonniers alimentent en volant les poteaux qui soutiennent les barbelés, les portes des cabinets et tout ce qui leur paraît combustible. Dans chaque îlot, regroupant vingt-cinq à trente baraques, il n'existe qu'un seul point d'eau et les rats triomphants iront jusqu'à attaquer deux prisonniers enfermés dans les locaux disciplinaires. Punitions collectives — la plus commune étant la suppression du café du matin — et individuelles comme la bastonnade, sévissent comme sévit le marché noir.

C'est à Gurs qu'en octobre 1940 seront enfermés 6 540 juifs âgés [2]. Interprétant abusivement les accords conclus entre la Commission allemande d'armistice et la délégation française, accords prévoyant le refoulement de tous les juifs d'Alsace et de Lorraine en ZNO, Robert Wagner, gauleiter du pays de Bade, et Joseph Bürckel, qui ont également autorité sur l'Alsace et sur la Lorraine, les ont dirigés brutalement vers la zone libre. A partir du 6 août 1942, au moment des grandes rafles de zone

1. D'avril 1939 à août 1940, seront internés à Gurs, qui deviendra ainsi l'une des plus importantes villes du département, 18 985 Espagnols ou combattants des Brigades internationales (7 000). En avril 1940, il ne restait plus dans le camp que 916 hommes, en majorité de nationalité allemande.

2. 48,9 % ont plus de 50 ans et on compte une majorité de femmes (60,2 %). L'âge et la maladie (dysenterie) seront responsables du chiffre élevé des morts : 495 en 1940 dont 302 femmes, 402 en 1941 dont 192 femmes.

non occupée, les Allemands reprendront « leurs » juifs, mais cette fois pour les déporter vers ces camps d'où l'on ne revient pas [1].

Les camps de concentration existent donc, en France, avant la défaite de la France. Et, s'ils en deviennent les utilisateurs, les Allemands n'en sont pas les inventeurs. C'est vrai pour Drancy, le plus tristement célèbre d'entre eux, comme pour tous les autres.

Les bâtiments de quatre étages, dont la construction a commencé en 1936 mais n'a jamais été achevée, étaient destinés, à l'origine, à des familles de gendarmes. Seront envoyés à Drancy tour à tour des communistes, victimes indirectes du pacte germano-soviétique, des prisonniers français après la défaite de juin, puis des civils britanniques, des sujets grecs et yougoslaves au moment où l'Allemagne entreprend sa victorieuse campagne des Balkans. Mais c'est à partir du 20 août 1941 que Drancy, transformé en « camp pour les juifs », voyant passer soixante-dix mille juifs en trois ans, entrera dans l'histoire du malheur des hommes.

Comment se déroule la vie quotidienne à Drancy ?

Écrites au jour le jour, des lettres le disent plus exactement que les témoignages recueillis après la Libération.

La nourriture est la préoccupation essentielle des internés. Ne s'en étonneront que ceux qui ont oublié, ou n'ont pas connu, les difficultés de ravitaillement pendant les années d'occupation, difficultés naturellement accrues pour les internés.

M. Alfred Goldschmidt, qui a été arrêté le 12 décembre 1941, écrit le 12 avril 1942 à sa femme :

> Ma santé est bonne, je mange raisonnablement de bon appétit. Je crois que du confit d'oie se conserve bien plus longtemps, c'est à retenir pour les mois plus chauds, le lard salé aussi. Il faudrait tâcher d'ajouter un peu de conserves, sardines, thon, etc. pour terminer la semaine [2]...

Alors, on ne vivait pas mal à Drancy ?

Lisez cependant la suite.

> Je pèse 48 kilos nu, cela doit représenter un amaigrissement de 7 kilos environ. Je n'avais d'ailleurs plus rien à donner... En me renvoyant le linge,

1. Le premier convoi en direction de la Pologne est organisé le 6 août 1942. Il comprend 1 700 personnes. En septembre, ce sont 450 juifs qui seront déportés ; en février et mars 1943, 2 250. Les juifs arrivés à Gurs, de Bade, du Palatinat et de plusieurs régions d'Allemagne, ont été rejoints, en octobre 1940, par 4 000 juifs qui, après avoir fui l'Allemagne et s'être réfugiés en Belgique, ont, dès le 10 mai et l'attaque allemande, pris le chemin de la France où les Allemands les arrêteront.

Il faut signaler qu'il n'y eut pratiquement pas, à Gurs tout au moins, de plaintes contre le personnel français et que 4 800 personnes primitivement internées ont pu, grâce à des mutations ou à des libérations, échapper à la déportation.

2. Lettre inédite. M. Goldschmidt sera déporté en août 1943 et ne reviendra pas des camps.

tu peux ajouter 2-3 livres à lire, un pantalon de fantaisie pour aller avec le veston à chevrons, j'aimerais aussi des pantoufles en drap avec semelles de grosse lisière.

Au sujet des œufs, je les préférerais frais si possible, envoie-m'en 6, tâche de bien les envelopper, jusqu'à présent il n'y en a eu qu'un de cassé encore mangeable. Ajoute du sel, de l'huile, vinaigre mélangés, on donne du pissenlit, il faut avoir de quoi l'assaisonner, aussi des topinambours. La soupe ici ne vaut pas celle que nous recevions à Compiègne, il faut surtout compter sur le colis pour vivre [1].

Le 29 juin 1942, Alfred Goldschmidt annonce à sa femme que les fraises sont « arrivées en bon état ». En cas de « récidive », c'est son mot, il réclame également du sucre en poudre.

Le 13 juillet, Alfred Goldschmidt demande quelques tomates crues, le 2 août il se plaint d'avoir reçu des œufs cassés : « Dans le dernier colis, il y a eu trois œufs de cassés, j'ai pu avaler encore les jaunes, mais le blanc avait envahi et sali le reste du colis. Il y a des boîtes spéciales en carton pour les œufs, en tout cas mieux les envelopper. Tâche de mettre en plus du pain d'épice, il y en avait de bons provenant de Félix Potin. » Quelques jours plus tard, le 18 août, Goldschmidt fait réflexion sur le mauvais ravitaillement familial : « Les colis m'ont l'air moins bien fourni et je le ressens en fin de semaine, je n'ai plus rien à me mettre sous la dent pendant trois jours [2]. »

Que fait-on à Drancy ? « Rien », écrit Mme Warlin, qui arrive de la prison de Fresnes. « Rien, on se promène en rond dans une cour (elle fait 200 mètres de long sur 40 de large) recouverte de mâchefer, on se salit les pieds dans ce charbon, on les lave et on reprend sa promenade en rond autour de la cour. »

Chaque matin, à sept heures, les gendarmes français qui resteront en poste jusqu'au 2 juillet 1943, passent dans les dortoirs d'hommes et de femmes pour faire l'appel auquel les internés répondent en se tenant au garde à vous. Sur l'attitude de ces gendarmes qui, au nombre de 120 pour 4 600 internés, sont, à la fin de l'année 1941, dirigés par le capitaine Vieux [3], par les lieutenants Barral et Pietri, les jugements diffèrent selon les récits des internés. Et selon les ressources dont ils peuvent disposer…

1. Lettre inédite.
2. Toutes ces lettres sont inédites.
< 3. Dans son journal, Georges Kohn qui, à Drancy, a la responsabilité du camp (du côté juif), note le 17 août 1942 : « Le départ de ce matin comprend 500 enfants et 500 adultes. Un petit garçon d'environ 5 à 6 ans, très convenable, s'approche du capitaine Vieux et lui demande la permission d'aller aux cabinets. Vieux lui flanque 3 coups de cravache en lui répondant : "Veux-tu me fiche le camp !" Puis il se tourne vers l'Allemand qui était à côté de lui : "Il faut les dresser !" »

Dans son journal, Georges Kohn signale également le 19 juillet 1942 la dureté du lieutenant Barral à l'égard des femmes internées, auxquelles il impose d'aller aux cabinets par groupes de six et en rang. >

Que les gendarmes rendent de petits services, c'est évident. Qu'ils les fassent parfois payer très cher, c'est non moins évident. *La France socialiste* du 12 novembre 1942 indique ainsi que trois gendarmes du camp de Drancy ont été inculpés de violation de consignes, de trafic de lettres et de paquets. Ils vendaient 125 francs le paquet de cigarettes d'une valeur de 7,50 francs, exigeaient 50 francs pour un casse-croûte, 50 ou 100 francs pour le transport en fraude d'une lettre [1].

Après l'appel, les internés procèdent au nettoyage des chambres et, s'il existe, comme l'a remarqué Mme Warlin, des milliers d'inoccupés qui « tournent en rond », un certain nombre de juifs participent quotidiennement à la vie d'un camp, en quelque sorte « autogéré », les Allemands n'apparaissant, contrairement à ce que l'on pourrait imaginer, que de loin en loin, puisque les autorités françaises ont la responsabilité de la garde du camp et de l'établissement du fichier des entrants.

Autogestion de la misère, notamment sous la direction de François Montel, de Georges Kohn, de Georges Schmidt, ancien directeur du *Tabarin*.

Mais, au « bureau des effectifs » qui reçoit les entrants, ce sont les juifs qui travaillent comme ils travaillent au « bureau militaire » qui a la responsabilité d'attester la qualité d'ancien combattant ou de femme de prisonnier et au bureau du vaguemestre, responsable de l'envoi et de la réception des lettres et colis. Ils assurent également, sous la surveillance d'un médecin « aryen » nommé par la préfecture de police, le service médical, mais doivent soigner dans d'abominables conditions : sans instruments, presque sans médicaments, sans eau chaude, si bien que la simple confection d'une tisane devient un problème. Mme Warlin, dont le mari médecin est interné lui aussi à Drancy, écrit qu'il a eu l'occasion de « faire plusieurs accouchements, de mettre de petits prisonniers au monde. Dès que ces malheureux voient le jour, ils deviennent la proie de la Gestapo. Ils sont enregistrés, notés, immatriculés et deviennent des juifs déportables ».

Les juifs règlent les douches — les internés ont droit à une douche chaude par semaine — et nettoient le puant édifice qui se dresse au fond de la cour et qui, dans la mémoire des internés survivants, s'appellera toujours « le château ». Ils préparent et distribuent la soupe dont Georges

---

1. « La grande masse des gendarmes, écrit Georges Wellers, n'était ni bonne, ni mauvaise, mais suivait aveuglément les ordres de ses chefs. »

< Ce qui n'est pas l'avis de Me Jouffa : « Au camp il y avait deux brigades de gendarmerie. Il se trouve que l'une d'elles se conduisait de façon immonde et que l'autre était relativement correcte », cité par M. Rajsfus (*Drancy, un camp de concentration très ordinaire*), pour qui « il n'est pas un seul des quelque 70 000 internés ayant connu le camp qui n'ait pas eu à se plaindre du zèle des gendarmes ».

Après la Libération, quinze officiers et gendarmes furent poursuivis devant la cour de justice de la Seine. A leur procès en mars 1947, malgré des témoignages accablants, les peines furent légères (le capitaine Vieux était en fuite, les lieutenants Barral et Cannec, qui avaient été condamnés à deux ans de prison ferme et à l'indignité nationale, furent graciés) lRajsfus, *op. cit.*]. >

Wellers écrit que, bien que dépourvue de toute valeur nutritive, elle était recherchée « avec avidité ». D'autres, dactylos, secrétaires, sont employés dans les bureaux, faisant ainsi partie, avec les chefs de chambres, les infirmiers et même les porteurs de bagages, des cadres de Drancy que les déportations vont épargner pendant des mois si bien que deux mondes se côtoieront en permanence, le camp ayant ses privilégiés, qui espèrent bien le rester jusqu'à la fin de la guerre et ses malheureux anonymes qu'un transport apporte, qu'un autre transport emporte, sans qu'ils aient eu le temps de trouver une place, si modeste soit-elle, au sein d'une société infiniment plus hiérarchisée qu'on ne l'imagine aujourd'hui.

Il faut ici insister sur l'importance du livre de Maurice Rajsfus *Drancy, un camp de concentration très ordinaire*. Juif polonais, épargné miraculeusement par les rafles de 1942, Rajsfus, qui a perdu dans les camps de concentration son père, sa mère, et quatre autres personnes de sa famille, se montre particulièrement sévère pour les juifs français internés à Drancy. Appuyé sur une prodigieuse documentation — celle du Centre de documentation juive contemporaine —, l'auteur montre qu'à Drancy un certain nombre de Français « de souche » se sont comportés [de façon plus ou moins zélée] en fonctionnaires aux ordres des Allemands. Même si son livre a déplu, Rajsfus cite trop d'exemples, trop de noms, pour que l'on puisse douter de ce qu'il avance. Lorsqu'il demanda à un ancien interné, Henri Garih, qui se trouvait affecté en 1943 au bureau des effectifs, en fonction de quel critère « on » choisissait les détenus à déporter — 1 000 par convoi —, il s'entendit répondre : « *C'étaient les derniers arrivés qui partaient. Ceux qui restaient dans le camp avaient un motif. C'est pourquoi ceux qui arrivaient* [raflés ou venant de camps de province] *partaient au fur et à mesure* [...] *mais, dans tous les cas, nous avions tendance à avantager les Français, ça se comprend.* »

A travers ce « ça se comprend », le lecteur réalise mieux pourquoi, à Drancy, il pouvait exister un « commandant juif du camp », le lieutenant-colonel Blum, dont Rajsfus écrit qu'il était affecté du syndrome du *Pont de la rivière Kwaï* — voir en Annexe —, une « police juive », qui avait pour mission de faire respecter les consignes, un « tribunal juif » infligeant des peines à ceux qui violaient la loi du camp ; bref, de 150 à 250 « cadres », pratiquement tous « français de souche », et presque tous anciens combattants, ce qui rejoignait étrangement la volonté affichée de Vichy d'établir entre les juifs persécutés des catégories selon la nationalité et les états de service militaire.

Volontaires ou victimes d'un chantage à la non-déportation, quelques juifs acceptent même d'appartenir à ce « bureau des missions » créé lorsque, en juillet 1943, le camp passe en totalité sous le commandement de l'Allemand Brunner[1]. Au nombre de vingt-deux, les « mission-

1. A dater du 1er juillet 1943, à l'exception des gendarmes affectés à la garde du camp, tous les services français se trouveront éliminés.

naires », puisque bientôt ils vont recevoir ce surnom, n'allaient nullement prêcher la bonne parole. Munis des instructions de Brunner ils partaient dans Paris, à la recherche de juifs échappés aux pièges dans lesquels étaient tombés une partie de leur famille. Ceux qu'ils ne parvenaient pas à convaincre, sous prétexte de « regroupement familial », de rejoindre Drancy, ils avaient la possibilité de les faire arrêter par le commissaire de police le plus proche [1].

Spéculant ainsi sur la faiblesse humaine, usant du chantage à la déportation auprès des internés qui acceptent de se faire leurs complices, les Allemands réussissent à Drancy ce qu'ils réussissent sur une bien plus grande échelle encore dans tous les camps d'Allemagne et de Pologne : faire de certains juifs les bourreaux des juifs.

Ce que seront les premiers jours des nouveaux arrivants, de ces hommes, de ces femmes arrachés le 16 ou le 17 juillet à leurs foyers, puis, après un passage dans la poussière, le bruit, le dénuement et l'humiliante promiscuité du Vél' d'hiv', jetés dans cet enfer de Drancy, « Drancy-la-foule, Drancy-le-bruit, Drancy-les-poux, Drancy-les-brimades », écrira la jeune Francine Christophe [2] où jusqu'alors aucune femme n'avait été internée, nous le savons par plusieurs témoignages.

Celui de M. Falkenstein [3].

> Les femmes et, en général, les nouveaux arrivants furent littéralement parqués dans certains escaliers [4] avec défense stricte d'en sortir pour elles et défense d'y entrer pour les hommes… Les problèmes d'hygiène posés par la présence des femmes, dont plusieurs étaient enceintes et dont d'autres avaient leurs règles, étaient impossibles à résoudre puisque l'eau manquait et qu'il était interdit de sortir dans la cour au fond de laquelle se trouvaient les cabinets.

Celui de Jackie X., arrêtée le 17 juillet et que ses amis de classe, Robert, Sylvain, Claude, ont vue partir le 18 dans l'un de ces camions bâchés qui conduisent les juifs du gymnase Japy à Drancy. Elle a réussi à faire passer à l'un d'eux ce pitoyable message.

> Cher Sylvain,
>
> J'espère que tu recevras cette lettre que Mme Kradurian m'a promis de poster. Je ne peux écrire autrement car nous n'avons droit qu'à une carte par quinzaine, et il faut la consacrer aux gens qui sont susceptibles de nous aider.
>
> Je suis au camp de Drancy ; c'est affreux, horrible, et dur, tu ne peux pas

---

1. Les vingt-deux « missionnaires » qui opérèrent, entre le 1er et le 29 août 1943, 570 visites domiciliaires ont fait procéder à 73 arrestations.

< 2. Elle a dix ans et, en compagnie de sa mère, femme de prisonnier de guerre, arrive au camp de Beaune-la-Rolande. *Cf. Une petite fille privilégiée.* >

3. Rapporté dans *La Grande Rafle du Vél' d'hiv'*.

4. Un escalier dessert généralement 4 chambres.

t'imaginer ! Nous y sommes depuis la fin juillet et les premiers jours ont été épouvantables, surtout que nous avions été séparés. Depuis, on m'a remise avec maman, mais papa est avec les hommes et nous ne le voyons pas souvent. Nous sommes plus de quarante dans la même chambre[1]. Vois un peu ! Nous n'avons presque rien à manger ; le matin, une louche de café, à midi une gamelle de bouillon et le soir pareil avec 250 g de pain par jour.

Comment vit-on dans un camp de concentration français lorsque l'on a avec soi de jeunes enfants ? Nous le savons par les lettres qu'Albert Weil et surtout sa femme Simone ont adressées aux parents de Simone et qui seront publiées par leur belle-sœur et sœur, Mme Denise Baumann.

Lettres émouvantes et naïves à la fois, témoignant de la vaillance et du souci de respectabilité d'une petite bourgeoise française qui entend, et ne peut y réussir que grâce à la générosité et à l'abnégation de ses parents, habiller, soigner, faire vivre ses enfants — Arlette, 8 ans et demi ; Monique, 6 ans et demi ; Francine, dix mois — « comme avant ». Presque « comme avant ».

Les Weil ont été arrêtés à Remiremont le 11 janvier 1943 et transférés de la prison d'Épinal au camp d'Écrouves, près de Toul.

> Francine couche dans sa voiture, écrit Simone Weil, le 22 janvier 1943, c'est elle qui en souffrira le plus, la pauvre, car il n'est plus question d'hygiène ! J'ai un litre de lait pour elle, un quart pour chacune des deux autres. Mais je ne peux ni faire bouillir les biberons, ni stériliser le lait. Je le fais bouillir sur la cuisinière dans la chambre voisine.

Le 27 janvier, Simone Weil, dans une très longue lettre, fournit à ses parents de nouvelles précisions. Deux colis sont arrivés[2].

> Vous pensez la joie des enfants en les détaillant ! Il a fallu goûter tout de suite les gros bonbons au chocolat et, hier soir, elles ont apprécié les petits gâteaux secs de mémé avec une tasse de chocolat que je leur avais fait avec le lait qu'elles touchent… Je fais chauffer les pommes de terre sur le fourneau, et les petites les coupent dans leur soupe, qui n'en renferme pas, seulement navets, ruta[3] et carottes.

Dans cette lettre, Simone remercie ses parents qui lui ont proposé de « prendre les enfants ». « Pour les grandes, on s'en arrangerait à la rigueur de les avoir ici, mais, pour la toute petite, je crois cela impossible. » Depuis quelques semaines, Francine a beaucoup changé, en effet. A dix mois, elle vit dans la même chambrée que vingt-deux autres personnes, la voiture dans laquelle elle dort est « grise de poussière à perpétuité »,

1. M. Goldschmidt écrira le 13 juillet 1942, c'est-à-dire quelques jours avant les grandes rafles : « Nous sommes maintenant 54 (par chambre) au lieu de 32 avant, il a fallu se serrer » ; puis, le 2 août : « Nous avons été jusqu'à 75 dans la même chambre, depuis hier, revenus à 50, on peut mieux respirer. »

2. Le nombre et le poids des colis varient suivant les mois, les camps, l'humeur des Allemands.

3. Rutabagas.

cette poussière soulevée, le matin, lors de la cérémonie du balayage et qui retombe immédiatement. Sa mère ne peut lui faire prendre l'air qu'exceptionnellement car les femmes demeurent enfermées à clef toute la journée dans leur chambre.

> Ce n'est pas facile de soigner la gosse : l'hygiène, on n'en parle plus ! Je la lave sans la déshabiller complètement pour qu'elle n'ait pas froid, quoiqu'on touche du bois supplémentaire à cause d'elle. Cela la change de son bain tous les matins ! Le lait, je le fais juste bouillir et à grand-peine sur une mauvaise cuisinière dans la chambre voisine. J'ai une malheureuse petite casserole pour faire tout : bouillir les tétines, bouillir le lait (en deux fois !) et faire les bouillies... Quant aux biberons, il n'est pas question de les bouillir, on ne dispose que d'eau froide au lavabo, à l'autre bout du bâtiment, pour faire vaisselles et lessives ; aussi je passe un peu d'eau bouillante dedans, qui m'a servi à bouillir mes tétines. Quelle hygiène ! Il faut vraiment être solide pour un enfant de cet âge pour supporter cela.

Arlette, Monique et Francine ne rejoindront pas leurs grands-parents. Elles continueront à partager l'existence de tous les prisonniers. A la fin du mois de janvier 1943, Francine a une otite, Monique de l'impétigo. « Cela vient sans doute de la nourriture. Les trois quarts des gens ont de la furonculose ou des trucs comme ça. » En jouant avec les trois petits garçons qui vivent dans la pièce commune, Arlette s'est blessée et la blessure s'est infectée.

Le 2 février 1943, toute la famille Weil est transférée des Écrouves à Drancy où elle arrive, en compagnie d'autres prisonniers, après un voyage de deux jours.

Le 4 février, Simone Weil décrit à ses parents la situation à Drancy : « Tout ce qu'on a pu vous en dire est encore au-dessous de la vérité ! ÉCROUVES EST UN PARADIS À CÔTÉ. » Simone a souligné cette phrase.

> Si vous voyiez le manque d'hygiène ! On n'a pas d'eau chaude et il n'est pas question de bouillir même une tétine, ni un biberon ! Pour faire les bouillies de peut-être cinquante bébés, il y a un seul réchaud électrique et un seul feu ! C'est inouï !

Dans les chambrées (où vivent soixante personnes), ni draps, ni sacs de couchage, ni couvertures pour les nouveaux arrivants. C'est à la charité d'une jeune internée qu'Arlette et Monique, qui partagent la même couchette, doivent de dormir enveloppées dans une couverture.

Une fois encore, les parents de Simone, qui se montreront jusqu'au bout d'un dévouement admirable, vont venir au secours des internés en envoyant à Drancy chaussettes et culottes pour Arlette et Monique, brassières pour Francine, couvertures et sacs de couchage pour tous.

Le 7 mars 1943, la famille Weil est transférée à Beaune-la-Rolande, ce qui représente une incontestable amélioration car le camp, qui a d'abord abrité des communistes, puis des prisonniers de guerre, a été récemment vidé de 700 juifs envoyés à Auschwitz. Le malheur des uns fait le très relatif bonheur des autres, si l'on en croit la lettre adressée par Simone à ses parents [1].

> Albert et moi allons bien. On va engraisser! L'ordinaire est bon maintenant, et assez copieux. Avant le départ des 700, on était trop nombreux, maintenant on voit la différence. On a eu, à la cantine, de la laitue superbe et des radis, du jus de raisin, savonnettes, etc.

Mais, le samedi 19 juin, nouveau changement de camp. En compagnie de 113 internés, les Weil quittent Beaune-la-Rolande pour Drancy. Le voyage s'effectue en wagon à bestiaux, Francine n'abandonnant pas sa voiture d'enfant.

Pour les protéger, même si les Allemands ou les gendarmes français peuvent, en quelques secondes, rompre la très fragile barrière de la protection familiale, pour les soigner, pour les veiller, Arlette, Monique et Francine Weil ont leurs parents, mais quel long chemin de croix que celui des enfants sans famille que l'administration ballotte d'un camp à un autre, avant de les envoyer eux aussi en direction d'Auschwitz où la mort attend ceux qui ont résisté à la fatigue et à la famine du voyage.

Mlle Annette Monod, assistante sociale au dévouement inépuisable, a suivi l'un de ces convois d'enfants qui se rendait de Pithiviers à Drancy. Elle a vu un gendarme français prendre le paquet que portait malaisément un gamin de quatre ans. Elle a entendu les reproches de l'adjudant français. « Un soldat n'a pas à porter les bagages d'un juif. »

— Quand nous arrivâmes sur le quai d'embarquement, j'aperçus, sur une passerelle enjambant la gare, une sentinelle allemande braquant sur nous une mitraillette. Ce fut alors que l'embarquement se précipita dans un climat brusquement enfiévré. Beaucoup d'enfants étaient trop petits pour monter dans les wagons de marchandises sans marchepied. Des grands grimpèrent les premiers, aidant ensuite les petits à se hisser. Les gendarmes s'en mêlèrent, prenant les plus jeunes, presque encore des nourrissons, et les passant à ceux déjà installés et parmi lesquels se trouvaient quelques femmes, de celles, justement, qui allaitaient [2].

« C'est alors que les enfants prirent peur. Ils ne voulaient pas partir et

1. A Beaune-la-Rolande, la surveillance française paraît d'ailleurs assez lâche puisque 400 hommes ont réussi à s'évader entre le 14 mai 1941, date où les premiers juifs furent internés, et le 27 juin 1942, date du premier convoi pour Auschwitz.

De même, le camp de Pithiviers est-il considéré par les internés comme préférable à Drancy. Il est vrai que l'on couche sur de la paille, que l'on n'a « aucune place pour se retourner », ni pour mettre ses affaires, ni pour manger (précisions apportées par M. Goldschmidt dans une lettre inédite du 5 septembre 1942), mais « l'air ici est excellent et cela change de Drancy. La liberté dans le camp est plus grande et beaucoup préfèrent la vie d'ici… malgré l'inconfort ».

< 2. Rajsfus a publié (*op. cit.*, p. 161-162) le tableau des internés : lettre R, « à retenir au camp » ; lettre D « à déporter ». Dans ce tableau dressé par l'administration française, les « femmes nourrissant au sein » ont la lettre D ! >

se mirent à sangloter, appelant à leur secours les assistantes sociales qui restaient et, parfois même, les gendarmes. Je me souviens d'un petit Jacquot, âgé de cinq ans, auquel je m'étais particulièrement attachée. Il m'appelait à son aide en criant : "Je veux descendre, je veux revoir la demoiselle, je ne veux pas faire pipi par terre, je veux que la demoiselle me fasse faire pipi..." La porte du wagon refermée et cadenassée, il passait encore une main par un orifice entre deux planches ; ses doigts s'agitaient ; il continuait à crier : "Je ne veux pas faire pipi par terre, je veux que la demoiselle me fasse faire pipi [1]..." »

L'adjudant dont Annette Monod a parlé frappa alors sur cette main d'enfant.

Lorsque les Weil arrivent à Drancy, le 21 juin, le camp est en effervescence car de nouveaux départs sont imminents. « Quand aurons-nous fini de vivre ce cauchemar ? » demande Simone. Hélas ! le cauchemar ira s'accentuant [2]. La famille, d'ailleurs, est séparée. Francine, qui commence à marcher, se trouve bien avec sa mère, chambre 15, mais Albert, le mari, a été envoyé dans un autre « escalier » et Arlette et Monique vivent à l'infirmerie des enfants.

A partir du mois d'août 1943, les Allemands, pour trouver de nouveaux déportables, relèvent les adresses portées sur les lettres des internés. Comme bien d'autres détenus, les Weil, alors, n'écriront plus directement à leurs parents de crainte de les signaler à l'attention de la Gestapo. C'est à une amie aryenne, Mme Papillon, habitant La Ferté-sous-Jouarre, qu'ils s'adresseront.

> Vous parliez de lainages pour Francine ; il lui faudra une robe pour l'hiver, et je crois des chaussettes. Je vous donnerai les mesures exactes dans une prochaine lettre ; vous pourrez toujours voir en attendant si vous aurez la laine nécessaire.

La lettre est du 29 août. Francine n'a plus que quatre mois à vivre.

Le 17 décembre, la famille Weil quitte, en effet, Drancy pour Auschwitz. Simone, dont les parents ont été arrêtés le 23 octobre, enfermés à Drancy, puis déportés le 20 novembre [3], écrit à sa sœur Denise qui vit en zone libre. L'une des dernières phrases de la dernière lettre de cette mère modèle concerne la santé de la petite Francine.

---

1. Cité par Lévy et Tillard.
2. « On regrette Beaune à tous les point de vue », écrit Simone le 26 juin.
3. « Je ne peux pas t'écrire une lettre désespérée, ce qui n'est pas le cas ; ce qui nous peine le plus, c'est de quitter ceux que tu sais (Simone, son mari et les enfants retrouvés à Drancy) et qui sont en parfaite santé. Ils étaient prêts à nous suivre volontairement, ce à quoi nous nous sommes opposés... Sois courageuse, ma chérie, fais toujours ton devoir dans la vie. De temps à autre, dans tes moments de loisir, songe un peu à nous et sois assurée que ton papa et ta maman t'aiment par-dessus tout. » Dernière lettre de Léon Baumann à sa fille Denise le 19 novembre 1943.

Mercredi 15 décembre 1943

Ma chère Denise,

Quand tu recevras cette lettre, je pense que nous roulerons dans la direction que tu devines ! Nous allons sans doute rejoindre papa et maman, je souhaite que nous soyons dans le même camp. On part vendredi matin. C'est le voyage qui m'ennuie le plus, pour la petite, par le froid maintenant…

Le froid… Mon Dieu ! Lorsque Simone a voulu accompagner ses parents en déportation, sa mère lui a répondu par ces mots d'un autre temps, d'un autre temps que celui de la cruauté absolue : « On ne fait pas voyager des enfants en hiver ! »

Francine arrivera à Auschwitz le 23 décembre 1943.

Dans le convoi 63, qui comprend dix-sept wagons de détenus et, exceptionnellement, trois wagons remplis de porcs destinés au Noël des troupes allemandes et de la population civile, elle portait le matricule 2117. Elle sera tuée le jour de son arrivée. Le même jour seront tuées Simone, matricule 2114, Arlette, matricule 2115, Monique, matricule 2116. Et 500 des 849 hommes, femmes, enfants du convoi 63 [1].

Lorsque Simone Weil son mari et leurs enfants partent de Drancy pour Auschwitz, il y a déjà près de dix-neuf mois que les juifs subissent les rigueurs de la déportation, le premier transport (554 hommes pris à Drancy, 558 à Compiègne) ayant été effectué le 27 mars 1942. C'est à partir du mois de juillet et à la suite des grandes rafles que, pour répondre à la volonté allemande, les déportations s'intensifieront [2].

Pour parler des « décorés de l'étoile jaune », le quotidien PPF *Le Cri du peuple* avait eu ce mot le 3 juillet 1942. « Décidément, ils sont trop. » Leur nombre ne va cesser de décroître vertigineusement. Dans les rues de Paris, mais également dans les camps de concentration français.

Dès le 19 juillet 1942, des hommes ; ils sont 879, et 121 femmes, raflés trois jours plus tôt dans Paris, sont rassemblés pour le grand départ dans la cour de Drancy. Au témoin Georges Wellers, nous devons le récit de cette étonnante scène de pitié collective à l'instant où, effarés, apeurés, ces hommes et ces femmes quittent le camp.

On procédait à un appel rapide des noms. Bientôt, arrivèrent trois officiers allemands, et les premiers déportés commencèrent à se diriger vers la porte de sortie en passant devant toute l'aile est du camp. Alors, les fenêtres des chambres des femmes s'ouvrirent et une pluie de pain s'abattit sur la colonne. Dans un mouvement irrésistible de pitié, les femmes jetaient aux partants leurs rations de pain. Les paroles d'adieu et d'encouragement accompagnaient la lente marche de la colonne des déportés. Et quand le dernier eut quitté le

1. Albert Weil, sélectionné comme travailleur, a disparu après février 1944. Mme Renée Baumann, mère de Simone, serait morte dans le wagon qui la conduisait à Auschwitz et Léon, son père, devenu fou, aurait été abattu à l'arrivée.

2. Jusqu'au 16 juillet 1942, quatre transports ont eu lieu de Drancy en direction d'Auschwitz.

camp, alors dans les chambrées des femmes, les pleurs devenaient des sanglots.

Le convoi du 19 juillet a été suivi d'un autre le 22. Puis d'un autre le 24. D'un autre encore le 27. Et de beaucoup d'autres. Dans le convoi du 17 août Régine Ajdelson — 8 ans — revenue de zone libre à Paris quinze jours avant les grandes rafles.

Juste à temps pour aller, chez Joseph, se faire photographier en belle robe blanche, étoile au cœur.

Malheureusement à temps pour être arrêtée, déportée. Mourir.

Du 16 juillet au 1er octobre, ce sont ainsi 3 000 juifs qui partiront de Drancy chaque semaine. En principe, le camp se vide les dimanches, mardis, jeudis et il se remplit, par l'arrivée de juifs raflés un peu partout ou amenés des différents camps de zone occupée ou de zone libre, les lundis, mercredis, samedis.

Ainsi va le reflux et le flux dans la France à l'heure allemande [1].

Désignés par le personnel juif du bureau des effectifs [2], ce qui ne va pas sans contestations, sans discussions, sans cris, sans larmes, sans tentatives de corruption, regroupés sous la direction de leur futur chef de wagon, les hommes et femmes promis à la déportation sont enfermés, deux ou trois jours durant, à soixante-dix par chambre dans les quatre escaliers du Bloc 1 qui constituent ainsi comme un ghetto à l'intérieur du ghetto.

Ayant interdiction de sortir... même pour se rendre au « château rouge », ne disposant que de quelques seaux hygiéniques, ils vivent dans l'angoisse, la saleté et l'odeur des excréments.

> L'homme, écrit Mme Warlin, qui a été témoin de nombreuses déportations, n'était même plus un juif, mais une bête. L'odeur dans les dortoirs était nauséabonde, les malades, les vieillards, les enfants vivaient tous pêle-mêle dans le taudis organisé. Les hommes, à partir de l'âge de 6 ans, étaient tondus la veille, davantage pour les humilier que par hygiène, car l'hygiène n'existait pas.

Avant de les faire entrer dans ces antichambres de la mort, on les a dépouillés de tout ce qu'ils avaient pu soustraire aux fouilles précédentes. Les enfants n'ont pas été épargnés.

---

1. Entre mars 1942 et janvier 1943, ce sont 32 convois et 31 598 déportés qui partiront de Drancy pour Auschwitz. De Pithiviers, partiront, dans les mêmes délais, 6 convois (6 109 juifs) ; de Beaune-la-Rolande 2 convois (2 042 déportés) ; de Compiègne 2 également (2 112 déportés) ; enfin d'Angers un convoi (824 personnes).

En 1943 et 1944 respectivement, 19 et 14 convois avec, à leur bord, 19 107 et 15 566 déportés quitteront Drancy pour Auschwitz, à l'exception d'un convoi de 950 maris d'aryennes envoyé, en 1943, à l'île d'Aurigny.

< 2. « En clair, ce sont les internés qui, sur ordre, confectionnaient les listes pour la déportation [...]. Une discrimination évidente était effectuée entre les étrangers et les Français, puis, quand il ne restait plus d'étrangers, le choix se faisait entre les anciens combattants et ceux qui ne l'étaient pas » (Rajsfus, *op. cit.*, p. 158). Voir ci-dessus, p. 188. >

Puisqu'ils sont destinés à subir le sort des adultes, ils ont dû, comme les adultes, se présenter aux inspecteurs de la police aux Questions juives, ouvrir leurs paquets, pauvres bagages pour un voyage sans retour, dans lesquels les policiers ont plongé les mains à la recherche d'on ne sait quel objet interdit, puis qu'ils ont jeté en désordre, ficelles dénouées, vêtements éparpillés. Les fillettes ont dû abandonner bagues, boucles d'oreilles, bracelets qui ont rejoint, dans les tiroirs, les montres et les portefeuilles des parents[1].

De quelle utilité seraient d'ailleurs bagues et bracelets[2] dans ce pays mystérieux dont aucune nouvelle n'arrive jamais, que l'on évoque avec terreur mais parfois, également, avec espoir puisque l'esprit humain accepte malaisément que le pire soit toujours sûr, et pour lequel les enfants ont inventé un nom qui sonne comme un chant d'oiseau : « Pitchipoï[3] »...

Drancy, 5 heures du matin.

Les adultes sont réveillés par les gendarmes. Et les enfants le sont également. Comme les adultes, ils doivent se vêtir en hâte, descendre dans la cour des appels. Mais de nombreux enfants ne comprennent pas qu'il leur faut abandonner leur chambre. Pourquoi sortir alors qu'il fait nuit dehors ?

---

1. Les détournements sont assez nombreux. Un inspecteur, T., sera chassé de l'administration pour trafic de bijoux portant sur un million de francs.

< 2. Un rapport du 31 juillet 1944, signé par Maurice Kiffer, liquidateur des comptes du camp de Drancy dont il était le gestionnaire depuis octobre 1941, est adressé à Amédée Bussière, préfet de police de Vichy. D'après ce rapport, le montant global des sommes confisquées aux déportés internés à Drancy se montait à 24 208 422 francs (soit 22 millions valeur 1995). M. Kiffer écrit avoir envoyé 12 039 892,85 francs (= 11 millions 1995) à la Caisse des dépôts et consignations, qui se révèle incapable de dire aujourd'hui [cf. article du *Monde* du 4 février 1997] quel a été le destin de ces sommes.

Par les carnets de fouille, qui se trouvent déposés au Centre de documentation juive, on sait cependant ce qui a été dérobé aux juifs soit à leur entrée à Drancy soit à leur départ pour Auschwitz. *Le Monde* donne ainsi l'exemple de Mme B., transférée à Drancy le 20 juin 1944, morte à Birkenau le 27 janvier 1945. Sur les carnets de fouille 136 et 138 sont inscrits à son nom : trois bracelets d'or, plusieurs bagues, l'une avec un solitaire rond, l'autre avec un solitaire carré, un collier de perles, trois clips de platine et brillants, deux montres. Pour les titres : dix bons du Trésor d'une valeur de 100 000 francs, huit obligations de 100 000 dollars, des obligations d'emprunts extérieurs. Avec le numéraire, l'ensemble est évalué par les autorités du camp à 282 951 francs.

Un généalogiste, M. François-Louis Aweng, s'est attaché à retrouver les héritiers des personnes disparues et dont les biens ont été spoliés à Drancy. >

3. Cependant, à partir de l'été de 1943, les juifs eurent l'autorisation d'emporter vêtements, couvertures, chaussures, le nombre des colis n'étant pas limité. Par contre, les partants étaient tenus de déposer tout leur argent mais, suprême hypocrisie, l'administration du camp leur remettait en échange un reçu leur promettant le remboursement en zlotys. Ces « bonnes manières » avaient pour effet de duper les juifs et de leur faire croire à la fiction du ghetto quelque part en Pologne. A leur arrivée en gare de Birkenau, les malheureux qui avaient survécu à la rigueur du voyage se voyaient dépouiller de leurs bagages, de leurs vêtements, de leur alliance même et, une fois tondus, douchés, ils devaient revêtir un uniforme de bagnard.

Lorsque les gendarmes les appellent par leur nom de famille, ce nom qu'ils portent inscrit sur un petit médaillon de bois — car tout doit se faire en ordre et d'après des listes —, beaucoup, apeurés ou ignorants, ne répondent pas.

Mais qu'importe les noms ? L'important n'est-ce pas que le nombre des enfants corresponde exactement au chiffre exigé par les autorités allemandes [1] ?

Pour tous les juifs qui vont être déportés, le « comptage [2] » constitue d'ailleurs l'une des dernières cérémonies avant le grand départ. Descendus dans la cour, encadrés par des gendarmes français, ils doivent se grouper par ordre alphabétique et, à l'appel de leur nom, s'avancer vers une table où siège Laurent, le commandant du camp, entouré de quelques inspecteurs qui leur remettent une pièce d'identité, vérifient une dernière fois leurs bagages, puis les expédient dans un enclos cerné de barbelés où ils se rassemblent par groupes de cinquante, chaque groupe représentant le contenu d'un autobus, puis d'un wagon de déportation. « Il est interdit, précise Wellers, de passer d'un groupe à l'autre, il est interdit de se parler, il est interdit d'aller aux cabinets. De la foule de ces mille hommes, presque immobiles, silencieux, maussades, se dégagent une hostilité contenue, une dignité collective frappante. »

En 1942, les déportations se déroulent souvent sous l'œil de Dannecker qui inspecte son « cheptel » avant le départ des autobus pour la gare du Bourget, atteinte en dix minutes par la route des Petits-Ponts.

A l'arrivée au Bourget, Dannecker, qui a précédé de quelques minutes le convoi, surveille les dernières opérations qui se font par groupes compacts de cinquante, sous les hurlements — los ! los ! — des soldats d'escorte allemands qui prennent plaisir à transformer en bousculade, en fuite éperdue vers les wagons à bestiaux, l'embarquement de tous ces malheureux dont beaucoup ne sont là que parce qu'ils ont été dénoncés, livrés aux policiers par des hommes qu'inspire le goût du lucre et qu'anime la passion antisémite.

1. Au début des déportations, enfants en bas âge, femmes enceintes et vieillards étaient exemptés des départs. Mais, à partir d'août 1942, toutes ces « règles » allaient être transgressées. On déporte des nourrissons et des centenaires. Quant aux femmes récemment accouchées, elles furent déportées avec leur bébé né à Drancy.

< 2. Francine Christophe, internée à Drancy, écrit (cf. *Une petite fille privilégiée*, p. 60) : « Une liste est une liste. Même le bébé qu'on cache sous une paillasse. On recomptera jusqu'à ce qu'on le trouve, puisqu'il est numéroté. Un chiffre est un chiffre. » >

6

LE CANCER DES ÂMES

«La France est bourrique, c'est plein la Kommandantur des personnes qui viennent dénoncer… au nom de la Patrie toujours… donner le copain, la copine… Le Fiel est roi.»

CÉLINE, *Les Beaux Draps*, 1941.

«Il n'y a pas eu dans toute l'Europe occupée de citoyens plus enclins au "balançage" que les franzôsichs. Délateurs, anonymographes faisant la queue dès potron-minet aux guichets des Kommandanturs, dénonçant les tapeurs de faux tickets, les fraudeurs d'étoiles jaunes ou tout simplement le voisin de palier qui venait de recevoir du jambon d'Auvergne, ou la petite blonde d'en face qui ne voulait rien savoir.»

Michel AUDIARD, *Paris Match*, 18 août 1978.

Lorsque presque tout invite à la délation, comment les âmes basses, passionnées ou stupidement fidèles à une conception étroite du devoir, résisteraient-elles à la tentation de la délation? N'est-elle pas présentée comme une preuve de patriotisme? Mais également comme l'assurance d'un gain d'argent, de places ou d'honneurs? Ne permet-elle pas d'apaiser à peu de frais de vieilles haines familiales?

N'apporte-t-elle pas une solution à ce «pourquoi lui, pourquoi pas moi?» qui hante et tarabuste tant de ratés ou de battus par la vie: commerçants déconfits, écrivains sans lecteurs, fonctionnaires jaloux, maris trompés ou, plus simplement, hommes et femmes incapables de ne pas lier le succès de leurs concurrents à l'appartenance à une race, à un mouvement politique, à une société secrète?

La présence de l'occupant, la multiplication des lois d'exception, l'absence totale de presse d'opposition font qu'il suffit de dénoncer pour être écouté et souvent pour se trouver vengé. Alors tout se ligue pour donner à la délation, qui n'est ni un phénomène français ni un phénomène des années de guerre et de défaite, une ampleur considérable, aux délateurs un rôle quasi officiel.

Lorsque la Gestapo incarne comme la face noire du divin, qu'elle représente ce pouvoir suprême aux interventions immédiates dont chacun, tout en restant masqué, peut solliciter qu'il se mette au service de ses passions et de ses haines, comment n'y aurait-il pas épanouissement des âmes basses ?

D'autant plus qu'une partie de la presse de la collaboration et certains organismes dépendant de Vichy, et que l'on aurait pu espérer mieux préservés du cancer, invitent immédiatement à la délation.

Le 11 novembre 1940, Rebatet écrit dans *Le Cri du peuple*, organe du PPF, et sous le titre « Traquons les gaullistes ». « Si vous prenez sur le fait un de ces gibiers de Londres, gardez-vous bien de discuter. La loi le punit : livrez-le à la loi. Traînez-le-moi séance tenante chez le commissaire. Et, si le commissaire n'enregistre pas votre plainte, portez plainte contre le commissaire, n'ayez surtout ni remords ni scrupules. C'est votre devoir impérieux de Français. »

Deux mois plus tard — le 6 janvier 1941 —, dans le même quotidien, Alain Janvier donne pour instruction aux membres des « équipes Pétain », du « Rassemblement national », d'observer « l'activité clandestine des ennemis de la Révolution et des saboteurs de la collaboration », de repérer « les gaullistes, les francs-maçons, les juifs apatrides, les communistes impénitents » et de livrer aux responsables du « Rassemblement national » les noms des adversaires non seulement du régime mais encore de la collaboration [1].

Cependant, puisqu'il existe des degrés dans la délation comme en tout autre domaine, c'est l'hebdomadaire *Au pilori* qui, de toute la presse, descendra, le plus bas. J'ai déjà évoqué dans *Les Beaux Jours des collabos* [2], cette feuille qui paraît le 12 juillet 1940, mais prend la suite de la revue mensuelle *Le pilori* fondée par l'avocat Henri-Robert Petit et dont la publication avait été suspendue à la suite du décret-loi Marchandeau réprimant la propagande antisémite. Collaborateur *Au pilori* ? Non au sens classique et politique du mot. L'hebdomadaire ne célèbre ni les vertus militaires de l'armée allemande ni les vertus politiques du chancelier Hitler. Il est tout entier voué à l'expression de passions antisémites et antimaçonnes et l'occupation n'est, aux yeux de ses journalistes, que le bouclier derrière lequel ils se mettent à l'abri pour, impunément, poursuivre leur tâche.

---

1. C'est dans *Le Cri du peuple* du 8 janvier 1941 qu'Alain Janvier recommande que toutes les observations faites soient « fidèlement » rapportées aux chefs du Rassemblement national.
2. Volume II de la présente édition, p. 368 *sq*.

Les hommes qu'ils dénoncent, ils le font beaucoup moins parce qu'ils sont anti-allemands que parce qu'ils sont juifs, maçons, protègent des juifs, des maçons ou sont soupçonnés de tiédeur dans la lutte contre les juifs et les francs-maçons.

Cependant, bien avant l'ouverture du procès de Riom, *Au pilori* a réclamé le châtiment des hommes politiques « qui ont pillé et divisé notre pays, amené à déclarer… une guerre aussi folle que non préparée [1] ». Et pas n'importe quel châtiment. Le 24 avril 1941, Gaston Maugey, ancien combattant et chevalier de la Légion d'honneur, se demande pourquoi « Daladier, Gamelin, Blum et Sarraut ne sont pas encore fusillés ». L'interrogation reviendra sous bien des plumes dans les colonnes de l'hebdomadaire [2].

Un ancien ministre du Front populaire — Marx Dormoy — tombe-t-il sous la balle d'assassins qui appartiennent au Mouvement social révolutionnaire de Deloncle et au PPF, c'est la danse du scalp. Voici le titre et une partie du texte publiés, le 31 juillet 1941, par *Au pilori* :

ET D'UN ! A QUI LE TOUR
DU PLOMB DANS LA TÊTE

> … Marx Dormoy vient d'être exécuté comme un chien qu'il était. Du travail propre, la casse se limitant à la seule personne du sinistre fusilleur de Clichy [3]. Les vrais responsables de la mort de Dormoy sont ceux qui n'ont pas voulu ou pu juger les coupables… Une fois de plus, nous répétons : si vous ne voulez pas qu'une révolution éclate spontanément avec son cortège habituel d'horreurs, de misères et de sang, messieurs nos chefs, parlez un peu moins de Révolution nationale et faites-la. Avec toute l'implacable rigueur qui s'impose.

1. 20 avril 1941.

2. Parmi les personnalités de l'ancien régime les plus souvent attaquées par la presse de la collaboration, l'ancien ministre de l'Éducation, « le juif Jean Zay, alias Isaïe, alias Zacharie… membre des Loges "L'Éducation civique" et "La Sagittaire" ». A Jean Zay, avant guerre et plus encore après la défaite, la presse de droite reprochera violemment un poème insultant le drapeau tricolore et qui, écrit en 1924, commence par ces mots :

« Ils sont quinze cent mille qui sont morts pour cette saloperie-là… »
et va s'achever sur ces vers :

> « Laisse-moi, ignoble symbole, pleurer tout seul,
> pleurer à grands coups les quinze cent mille
> jeunes hommes qui sont morts et n'oublie
> pas, malgré tes généraux, ton fer doré et tes
> victoires, que tu es pour moi de la race
> vile des torche-culs. »

Interpellé par Xavier Vallat le 31 janvier 1936, Jean Zay dira que ce texte, écrit à l'âge de 18 ans, n'était autre qu'un pastiche de Gustave Hervé et qu'il avait, à la même époque, rédigé des pastiches de Déroulède, Léon Daudet, Charles Péguy…

D'origine juive par son père, Jean Zay n'avait aucune ascendance juive du côté de sa mère, Mlle Chartrain.

3. Le 8 mars 1937 le PSF tient une réunion à Clichy, le parti communiste ayant voulu s'y opposer il y aura, à la suite de violents affrontements, mettant aux prises police et communistes, 5 morts et 200 blessés. Marx Dormoy, ministre de l'Intérieur de Léon Blum, devait être à la suite de ce drame pris violemment à partie aussi bien par l'extrême gauche que par l'extrême droite.

Contre les francs-maçons, *Au pilori* se déchaîne. Ceux qui ont conservé un poste dans l'administration se trouvent hebdomadairement attaqués, dénoncés. Adolphe B., encore chef de division à la préfecture du Mans; Jean C., employé à la direction des Affaires juives de Charente-Maritime; Émile F., directeur de l'hôpital de Dunkerque; Auguste A., professeur au lycée d'Angers, qui, chaque année, le 1er mai, défilait «derrière le drapeau rouge et en tête du cortège communiste», mais également le facteur C. qui poursuit ses tournées à la Courneuve se voient, avec des centaines d'autres, cloués au pilori. Leurs noms ne sont pas masqués. Pourquoi le seraient-ils? Les noms des francs-maçons ne sont-ils pas reproduits au *Journal officiel* en vertu de l'article premier de la loi du 11 août 1941 [1]? Interminables listes, qui facilitent le travail des journalistes antimaçons et permettent de découvrir dans chaque petite ville «celui qui en était» mais que l'on ne soupçonnait pas: l'employé de banque côtoyant l'avocat, l'électricien, le bijoutier, le mareyeur, le charbonnier, le médecin, l'inspecteur des contributions, dans cette France citadine et petite-bourgeoise en miniature telle que le *Journal officiel*, mais également *Au pilori*, qui, depuis le 28 août 1941, publie chaque semaine environ 250 noms, en donnent le reflet [2].

Avec les maçons, les juifs.

Plus que les maçons, les juifs.

Au pilori réclame l'un des premiers, sinon le premier, en février 1942, qu'ils soient contraints de «porter un signe distinctif» et le 12 novembre 1942, après le débarquement anglo-américain en Afrique du Nord, qu'ils soient tous arrêtés, tous déportés, leurs biens confisqués «au profit du Trésor et aussi du peuple qui ne fera que récupérer ce que la "Race" lui a volé».

A ceux qui manquent du pain quotidien, *Au pilori* dénonce, le 8 janvier 1942, «le dîner de vingt-deux couverts offert par le juif Roland Meyer, fourreur, 21, rue La Boétie, sorti la veille de Drancy», «les réceptions juives» offertes par le propriétaire du 9, rue Méchain «au nez et à la barbe des ouvriers et ouvrières sous-alimentés». L'hebdomadaire attaque le Tout-Paris juif: la comtesse d'Aramon, née Stern; la princesse Murat,

< 1. Dans son rapport au Maréchal, en date du 5 août 1941, l'amiral Darlan précisait: «Aucune police ne pourra empêcher la reconstitution rapide et occulte d'un nouveau réseau d'agents si les noms des quelques milliers de dignitaires, officiers de loges et hauts gradés, qui constituaient les cadres de la franc-maçonnerie, ne sont pas officiellement révélés au public.

«Seule la publication de ces noms au *Journal officiel* de l'État français pourra rendre impossible de nouvelles collusions et la reconstitution des sociétés dissoutes.» >

2. Le 21 août, *Au pilori* a annoncé qu'il publierait, à partir du numéro du 28 août, «la liste parue au *Journal officiel* des hauts dignitaires F∴ M∴, mis au ban des fonctions publiques». Les listes sont présentées en pages 3 et 4 de l'hebdomadaire de telle façon que les lecteurs puissent les découper «pour en faire une brochure. Cette brochure constituera une arme indispensable et sûre pour combattre les tenants maçons de l'ancien régime». 57 listes seront publiées par *Au pilori* entre le 28 août 1941 et le 7 janvier 1943 (la 57e liste concerne des F∴ M∴ dont le nom commence par L).

fille de Mme Heine ; la comtesse de Bastard, née David-Weill. Une catholique, mariée à un juif, veut-elle reprendre son nom de jeune fille, l'hebdomadaire s'indigne dans son numéro du 5 février 1942. « Non ! Mme de B., il faut payer. Vous avez accepté le juif. Vous avez des filles qui sont de cette race. Qu'elles le restent. »

Comme toute la presse de la collaboration, *Au pilori* déteste le régime de Vichy. Lorsque G. Delatour revient de zone non occupée — où son hebdomadaire est interdit —, il publie, dans le numéro du 29 octobre 1942, un long reportage-réquisitoire contre le marché noir impuni auquel se livrent les juifs, rendus responsables de la pénurie alimentaire et de l'incapacité dans laquelle les « bons Français » se trouvent d'acheter un poulet, un lapin, « voire même une demi-douzaine d'œufs ».

Au pilori explique le mauvais climat de la zone non occupée, non seulement par le maintien en place de hauts fonctionnaires juifs [1], mais encore par le prestige que conservent les amis et les protecteurs des juifs au premier rang desquels l'hebdomadaire antisémite place le cardinal Gerlier.

Dans son délire, *Au pilori* ira jusqu'à affirmer, dans son numéro du 8 octobre 1942, que le primat des Gaules, « dont le titre pourrait être aussi bien, si le calembour n'était chose horrifique et blâmable, prime à de Gaulle », s'est vendu « au Dieu juif Yahweh et, briguant la papauté… a conclu un pacte avec l'Angleterre qui lui a promis, en cas de victoire judéo-anglo-saxonne, la tiare pontificale ».

Avec le cardinal Gerlier, se trouve mis en cause — le mot est faible — l'abbé Glassberg, « confident du Cauchon des temps modernes, Gerlier-le-Traître », Glassberg, « un juif crasseux, tête basse et œil glaireux », arrivé de Pologne quatre ans plus tôt et qui, revêtu de sa belle soutane, s'introduit dans les camps où se trouvent internés les juifs. « Ô miracle de Yahweh ! Huit jours après la visite du bon abbé, toute l'équipe est sur la côte, se gargarisant de champagne [2]. »

Les attaques, non seulement contre « ce prêtre infâme » mais aussi contre les « mauvais prêtres… qui, demeurés trop près de l'humanité et ayant conservé tous les vices et la matérialité ont… trahi les enseignements du Christ [3] », sont fréquentes et le journal n'hésite pas à se faire l'écho des plaintes de lecteurs politiquement mécontents de leur curé. Ainsi, le chanoine Colin, curé de Saint-Agnan (Saône-et-Loire), « ancien apologiste de Léon Blum », se voit-il vertement semoncé…

1. Le 21 septembre 1942, *Au pilori* a publié la liste de soixante-dix hauts fonctionnaires juifs résidant à Vichy, Cusset et Bellerive.

2. *Au pilori*, 22 octobre 1942.

3. *Au pilori*, 15 octobre 1942. Dans ce même article, *Au pilori* critique les hauts dignitaires des « quatre plus importantes confessions occidentales (qui) ont signé à Londres (en novembre 1940) un accord secret en vue de leur défense commune », accord qui les aurait entraînés à faire alliance « avec la juiverie internationale », donc avec le bolchevisme, « création purement juive ».

L'invasion de la zone libre par l'armée allemande sera donc accueillie avec faveur, célébrée avec ferveur par l'équipe d'*Au pilori*. La Wehrmacht et la Gestapo ne sont-elles pas les « anges exterminateurs » qui délivreront totalement la France de la peste juive ? Exagération ?

Voici l'article paru, le 19 novembre 1942, sous la signature de Maurice de Séré.

> Mais maintenant, juif, que les hommes qui te combattent à mort ont *pénétré dans ton fief, cette demi-France que tu avais cru pouvoir garder en espérant réoccuper bientôt l'autre moitié* [1], que vas-tu faire ? Envahi par la terreur, tu sais quel est le sort qui t'attend, tu t'enfuis dans les montagnes et tu te caches dans des coins secrets. Mais prends patience, juif, tu ne perds rien pour attendre et, tu le sais, ton sort est réglé, tu disparaîtras jusqu'au dernier de ta race.

Au pilori, qui se prendra à son jeu infernal et acceptera que son directeur lui-même soit un jour suspecté dans ses origines [2], est tristement exemplaire mais d'autres feuilles lui font concurrence.

L'Appel, hebdomadaire du PPF, se montrera à peine moins violent lorsqu'il s'agira d'évoquer « cette question juive [qui] commence à échauffer les oreilles des Français ».

Du moins ne réclame-t-il pas la mort pour les Israélites mais l'envoi dans des camps de travail où, « pioche à la main », ils pourront se rendre utiles à la collectivité [3].

Au pilori a son « tableau de chasse ». *L'Appel* aura « son tableau d'infamie ». S'y trouvent cloués, le 21 août 1941, par exemple, de nombreux francs-maçons révoqués pour fausse déclaration. Se voient ainsi désignés à la vigilance des militants du PPF l'instituteur de Fourneaux, dans la Creuse ; le directeur du Centre régional de l'instruction nationale et des sports de Pau ; un professeur d'histoire du lycée du Havre ; le juge de paix de Capdenac ; l'instituteur d'Espinasse, dans le Puy-de-Dôme…

On aurait tort d'imaginer les campagnes de délation cantonnées dans quelques misérables hebdomadaires de province ou de Paris, aux lecteurs passionnés mais rares. Il n'en est rien.

Le Cri du peuple, quotidien PPF, publie, le 15 décembre 1940, un article dénonçant l'attitude de plusieurs professeurs du lycée Pasteur qui, à Neuilly, soutiennent les gaullistes et les juifs. M. Lecocq ne se saisit-il pas d'une tirade de Corneille ou de Racine pour critiquer le gouvernement du Maréchal, et Mlle Élise Luduiti ne raconte-t-elle pas « l'histoire de France à sa manière aux petits garçons » ?

---

1. Souligné intentionnellement.
2. Lestandi, accusé par certains de ses amis d'être juif, quittera, en effet, la direction de l'hebdomadaire en octobre 1942.
3. *L'Appel*, 5 juin 1941.

Le 25 février 1941, *Le Cri du peuple* attaque Tony Larue, maire de Grand-Quevilly, « franc-maçon avéré... collègue de loge du maire de Rouen, le 18e degré Poissant, ami intime de l'avocat-député André Marie, champion du Front populaire et du gaullisme ». Et *Le Cri du peuple* dénonce les « éléments gaullistes » de la clinique Tarnier, rue d'Assas [1], qui « s'évertuent à saper l'œuvre de collaboration franco-allemande et de paix sociale », dénonce Jacques Soustelle — sous-directeur du Musée de l'Homme — qui, il est vrai, ne se trouve plus en France, ce que signale *Je suis partout* qui ajoute, dans son numéro du 30 juin 1941, que, si Soustelle est hors d'atteinte, « M. Luc, ami des maçons et des communistes, est toujours directeur de l'enseignement technique ».

Ce sont des journalistes du *Cri du peuple*, enfin, qui, « mettant la main à la pâte », se transforment en policiers et, le dimanche 31 mai 1942, vont chasser ces juifs qui, frauduleusement, commercent encore sur le carreau du Temple.

Jean Azema a raconté l'aventure de ces étranges journalistes (dont il fait partie)... et leurs mésaventures dans un article publié le 2 juin en première page du quotidien PPF. Aventure qui débute, comme il se doit alors, par une lettre de dénonciation adressée à Dury, responsable, au PPF, des questions juives.

> Un correspondant nous indiquait qu'en violation constante de la loi de multiples commerçants juifs continuaient à tenir boutique sur le carreau du Temple... Dury, quelques SO et moi-même prîmes donc rendez-vous dimanche... Par déférence pour les pouvoirs établis, nous nous rendîmes au commissariat de police situé exactement en face du carreau du Temple.
>
> — Des juifs travaillent encore ici, voulez-vous avoir l'amabilité d'effectuer une ronde et de vérifier l'identité des marchands sur le carreau ?
>
> — De quel droit, monsieur, me demandez-vous cela ?
>
> — Du droit d'un Français qui entend que les lois soient respectées.
>
> — Je n'ai pas à me rendre à votre invitation.
>
> Après ce tête-à-tête dont je me fais un devoir de reproduire textuellement les propos, j'ai décidé de tenir le rôle du commissaire de police.
>
> ... Voilà pourquoi, me substituant à une autorité défaillante, j'ai joué, pendant trois minutes, le commissaire Maigret... aux affaires juives. Dury, à mes côtés, jouait le rôle de l'inspecteur. Quant à mes camarades du service d'ordre, ils veillaient au grain et observaient les issues, ils avaient mission d'arrêter les fuyards.
>
> C'est ainsi qu'un de nos fonctionnaires mettait la main au collet d'une recrue de choix ; il s'agissait de Aktor Chaïm, juif polonais demeurant 31, rue du Temple. Après lui avoir retiré sa carte, nous l'envoyâmes au diable.
>
> Pendant ce temps, j'interpellais des clients :
>
> — Vos papiers... s'il vous plaît !
>
> Et les clients de s'exécuter. J'ai pu ainsi appréhender la nommée Dora Gravitch, née Salomon Rosenthal, habitant 9, rue Polonceau.

1. Le 29 avril 1942.

Un deuxième client se rendait à mon invitation quand survint le commissaire… le vrai. Et celui-ci nous conduisit, Dury et moi, au violon où nous fûmes retenus dix minutes.

Pour éviter au commissaire spécial du 3e arrondissement des cas de conscience un peu trop douloureux, il vient d'être décidé de marquer les juifs au sceau de Sion. Veut-on justifier la mesure de protection qui vient d'être prise ? Il n'est que d'évoquer notre petite aventure.

Moins stupidement, moins vulgairement virulent qu'*Au pilori*, *Je suis partout*, l'hebdomadaire, qui influence une fraction non négligeable de la bourgeoisie française, ne renonce absolument pas à ces campagnes antisémites qui, à partir de 1936, faisaient l'une des raisons de son succès.

Ainsi, dans le numéro du 28 février 1941, c'est toute « la synagogue de Saint-Antoine » qui est attaquée. Le chef de service n'est-il pas le Dr Lévy-Solal, le chef de clinique Mme Loewe, l'un des assistants à la consultation des femmes enceintes le Dr Pariente, « juif algérien (prétendant le contraire) », l'un des assistants à la consultation de syphiligraphie le Dr Doukan et, parmi les internes, ne trouve-t-on pas au moins deux médecins juifs : les Drs Horvileur et Nataf.

Je suis partout s'acharne également contre ces juifs qui ont changé de noms avant la guerre… et contre ceux qui, à cause de la défaite, voudraient, plus encore que par le passé, se doter de noms à consonance aryenne. Dénonçant, le 28 mars 1941, un Lévy dont la requête au garde des sceaux a paru dans *Les Petites Affiches* du 14 mars 1941, l'hebdomadaire demande : « Oui ou non, les juifs seront-ils remis à la raison ? »

Ainsi les Allemands se trouvent-ils constamment renseignés sur des individus qu'une « armée d'aboyeurs », pour reprendre le mot de Michelet [1], désigne à leur vindicte, livre à leurs prisons et à leurs camps.

Veulent-ils savoir combien il existe d'avocats juifs à Paris ? *La France au travail* répond 601, dont 18 Weill ou Weil ou Weyl, 15 Lévy ou Lewry ou Lévi, 10 Bloch, 8 Coen ou Cohen, 6 Blum, 5 Strauss…

Veulent-ils connaître l'adresse de Frédéric Bloch-Lainé ? *Au pilori* leur apprend qu'il se cache chez son fils, 56, avenue Montaigne.

Le domicile de la femme Drienstein ? Elle habite, leur apprend *L'Appel*, 23, rue Kléber, dans le 11e arrondissement [2].

Alertés par la presse, ou par des lettres qu'ils ne jettent pas aussi systématiquement au panier qu'on le laisse croire aujourd'hui, les Allemands réclament alors à l'administration française des compléments d'information. Ainsi, la police de sûreté allemande écrit-elle, le 18 septembre 1942, au commissaire Poinsot qui, à Bordeaux, est son « correspondant », pour lui demander ce qu'il sait d'un marchand de chaussures qui ne porterait pas l'étoile juive. Et que sait-il du tailleur G. qui « tient des

1. Michelet évoquant la Saint-Barthélemy.
2. « La place de cette créature est à Drancy », ajoute *L'Appel* du 13 mai 1943.

discours anti-allemands et excite les gens à commettre des attentats » ; du communiste L. qui, contre denrées alimentaires, aurait obtenu la protection de la police locale ; de S., « fanatiquement anglophile » ; de F., employé au service du ravitaillement qui « serait un gaulliste déterminé, ferait de la propagande gaulliste et tiendrait même des réunions avec des hommes de confiance » ?

On l'active, on le presse. Qu'il enquête sur l'Académie de billard de la rue Mably. Fréquentée, de 16 à 18 heures, par de nombreux jeunes, il est possible « qu'elle serve de lieu de réunion à une organisation quelconque ». Non, répond Poinsot le 7 janvier 1943, ne se réunissent là que des snobs jouant de l'argent aux cartes et au billard.

Pour leur chasse aux juifs, les Allemands disposent bientôt d'un auxiliaire infiniment plus efficace que l'administration française : cet Institut des questions juives qui est créé, au printemps 1941, par le lieutenant Dannecker, chef de la Section juive de la police de sûreté en France, pour être « un appareil français superpolitique qui pourrait servir d'informateur dans notre travail à venir… un appareil de renseignements qui peut être utilisé dans tous les sens voulus [1] ».

L'Institut des questions juives, d'inspiration allemande et ne vivant que des subsides allemands (50 000 francs chaque mois, puis 20 000 francs), aura le rôle d'une véritable plaque tournante. Appelant et recevant les délations, il les transmet immédiatement à son véritable patron : le lieutenant Dannecker.

C'est un journaliste du *Matin*, René Gérard, qui a d'abord assuré le secrétariat général de l'Institut, mais Dannecker, ayant estimé qu'il manquait des indispensables dons d'organisateur, la place échoira au capitaine Sézille.

Du 22 juin 1941 au 1er juillet 1942, Juste, Désiré, Léopold Sézille, né le 10 novembre 1879 à Blérancourt, dans l'Aisne, officier en retraite des troupes coloniales, personnage ridicule et falot mais que son pouvoir, son égarement et sa vanité rendent redoutable, aura ainsi, entre les mains, le destin de milliers de malheureux [2].

Il peut revendiquer un antisémitisme sans faiblesses ni failles. Lorsqu'il écrira, le 4 février 1942, à Dannecker : « Je connais bien, mon lieutenant, soyez-en assuré, toutes les personnes qui ont pu, avant la guerre, s'occuper de la question juive en France… Je ne parle jamais de quelqu'un sans apporter des preuves à ce que j'avance. Quand je vous dis, un tel est bon, c'est qu'il l'est ; quand je vous dis, un tel est mauvais, c'est parce qu'il l'est », il ne se vante pas. En antisémitisme, Sézille est passé maître. En 1936, on le trouve, auprès de Darquier de Pellepoix, au nombre des animateurs du « Rassemblement antijuif de France ».

1. Note du 1er juillet 1941.
2. Sézille meurt en avril 1944, quelque peu délaissé par les Allemands.

Un mois après la défaite de la France, il crée avec le journaliste Saint-Serge, avec l'avocat de Camas, avec le professeur d'éducation physique Dortignac, cette « Communauté française » à propos de laquelle il n'aura nul scrupule à écrire : « En juillet 1940, peu après l'entrée des troupes allemandes à Paris, quelques amis se réunirent. Sur leur visage, se peignait la douleur, mais il se peignait aussi une joie… joie, oui joie, car de cette défaite ils nourrissaient une espérance, celle de voir la France se ressaisir, comprendre enfin, et qu'une âme nouvelle allait naître. Les juifs, les francs-maçons et les politiciens néfastes allaient enfin payer leurs crimes[1]. »

Au maréchal Pétain, Sézille et les siens proposeront rapidement la création d'une « milice civique » qui, « les yeux sans cesse ouverts, dénonce(rait) les menées des juifs ». Sans réponse du Maréchal, dont ils ont également sollicité « une simple parole d'approbation », ils vont très vite leur chemin et forment, à côté de la « Communauté », organisation de masse, un organisme à prétention scientifique, le « Bureau d'information et d'étude des questions juives », qui se transformera en Institut d'études des questions juives, doté d'un service de propagande en relation directe, avec la Propagandastaffel, d'un service de presse dont Rebatet a la responsabilité, d'un service de santé publique dirigé par le Dr Querrioux, d'un service juridique qui élabore, sous le contrôle de Me de Camas, des projets de loi antisémites et prépare une « charte française » calquée sur les lois raciales allemandes et d'un service scientifique sur lequel Laville a la haute main[2].

Il importe moins de connaître la vie administrative de l'Institut que de suivre son effroyable action à travers la correspondance, la plupart du temps inédite, de Sézille et de quelques-uns de ses collaborateurs frénétiques.

Aux yeux de Sézille, qui assure pouvoir distinguer les « bons » des « mauvais » antisémites, peu d'hommes, en vérité, trouvent grâce. Ce farouche épurateur, ce délateur viscéral, n'hésite pas à dénoncer à Dannecker des hommes dont on pourrait croire cependant qu'ils se sont taillé une place « honorable » dans la collaboration. C'est ainsi qu'il adresse au lieutenant allemand un article antihitlérien écrit par Jean Luchaire et publié le 22 mai 1940, alors que les armes n'avaient pas encore rendu leur verdict. Qu'il met en garde Achenbach contre Robert de Beauplan, journaliste pourtant fort conformiste de *L'Illustration*. Qu'il critique Scapini, ambassadeur de France, chargé de tous les

1. « Historique de la Communauté française. » Le siège de « La Communauté française » était situé 15, rue Lord-Byron.

2. L'Institut publie également *Le Cahier jaune*, ainsi que des brochures dont le titre dit le contenu : *La morphologie du juif ou l'Art de le reconnaître à ses caractères naturels ; Non, les juifs ne sont pas comme nous ! La tactique juive ou comment le juif s'est imposé à l'aryen.*

problèmes concernant les prisonniers, qui a eu le tort de ne pas assister à certaines des manifestations organisées par Sézille et devient immédiatement suspect.

Pierre Laval, oui Pierre Laval lui-même, n'est pas épargné par l'antisémite Sézille.

Au cours d'une conférence prononcée à Bordeaux, n'affirme-t-il pas que le chef du gouvernement français est « le fils d'un Arménien et d'une Mzabite ». Henri Labroue, fondateur de l'Institut d'études juives de Bordeaux, qui rapporte le fait à Darquier de Pellepoix, car tout ce joli monde se dévore et se dénonce, poursuit : « Il y a des Mozabites en Algérie. Il y avait en Judée une tribu de Moabites, Sézille a créé un néologisme ! L'alcool ne saurait justifier pareille incartade de langage. » Labroue, en accusant, se venge. Quelques mois plus tôt, il a dû, devant Sézille, expliquer les raisons de sa brève adhésion… en 1904 à la loge parisienne « Les Droits de l'Homme ».

Comment ce personnage excessif, cet implacable procureur, qui recherche et découvre des suspects jusque dans son entourage idéologique, épargnerait-il Vichy ? Il n'hésite pas à protester, le 17 décembre 1941, auprès du Dr Huard, sous-secrétaire d'État à la Famille et à la Santé, contre cette loi du 22 novembre qui, selon lui, protège « tous les métèques, presque tous les juifs qui exerçaient la médecine à la date du 19 août 1940 ». « Vous n'ignorez certainement pas, écrit-il encore, que ce sont les médecins marrons, étrangers pour la plupart, qui ont développé en France la criminelle industrie de l'avortement. »

Et du Commissariat général aux Affaires juives, lorsqu'il est encore dirigé par Xavier Vallat, Sézille n'hésite pas à affirmer à Dannecker qu'il se fait trop souvent complice des juifs désireux de se soustraire à la rigueur des lois.

L'impitoyable Sézille dénonce. Il dénonce le juif Ben Simon qui, selon lui, recrute « des jeunes juifs pour les faire engager dans les troupes d'Algérie » en leur faisant passer la ligne de démarcation grâce « à l'intermédiaire, hélas ! de mauvais Français ». Lorsqu'il signe cette lettre, au printemps de 1941, l'Algérie est toujours, il faut le noter, sous le contrôle absolu du gouvernement français et l'armée, qui se trouve mise en cause n'est autre que l'armée de l'armistice.

Il dénonce le juif espagnol Zara Menasse « qui est en contact journalier avec la clientèle » et qu'aucune affiche ne désigne comme juif ; le « sieur Bornstein Sigismond, confectionneur juif à Paris, qui n'a pas de commissaire gérant » et dont il demande que le magasin soit fermé ; le juif Skarjuski, directeur artistique d'un night-club, rue Arsène-Houssaye[1] ; une serveuse du Concert Mayol, Mme R., qui fait espionner, « grâce à un

1. Au commissaire Cougoule qui, à la préfecture de police, dirige le service des Affaires juives.

réseau de femmes aux mœurs faciles», les soldats des troupes d'occupation et a pour amant un juif[1].

Sézille dénonce dans la mesure où il est informé. Il dispose d'ailleurs des «bonnes volontés» vigilantes des «Amis de l'Institut» qui sont, paraît-il, 31 287 en janvier 1942[2], à qui l'on assigne des missions de confiance comme de se rendre, le 2 mai 1942, au marché «dit aux puces afin d'exercer une surveillance sur les juifs qui sont encore en contact avec le public» et qu'il n'est, en vérité, nul besoin de solliciter pour les faire agir.

Il dispose également des antennes régionales du Commissariat général aux Questions juives. A celle d'Albi, on demande si le Dr Salomon est juif, à celle de Toulouse le nombre des juifs résidant en Ariège, à celle de Nice le comportement des juifs lors du passage d'un film sur Montoire.

Anonymement ou non, enfin, des milliers de Français écrivent à Sézille.

C'est à lui que, le 6 juillet 1941, le lieutenant de vaisseau Yves L., qui vient d'adhérer aux «Amis de l'Institut», propose des renseignements sur «un juif américain, Arthur S. (officier de la Légion d'honneur pas au titre de guerre)». A lui qu'un adhérent de Neuilly, pour qui «la guerre aux juifs» n'est encore «qu'une vaste et mauvaise plaisanterie», signale que le propriétaire juif du magasin «Au Gaspillage», 57, rue des Sablons, a fait des affaires d'or en vendant 150 et 200 francs des tissus à 80 francs; qu'au 27, de la même rue existe «un autre youpin, un tailleur celui-là qui parle russe ou autre chose, on ne sait pas».

C'est à Sézille, toujours, qu'un garçon de 17 ans, B. F., habitant Épinay, fait ses offres de service[3]; qu'une femme indique que l'un de ses amis, communiste d'hier, serait «disposé à donner des renseignements», que Deloncle, chef du Mouvement social révolutionnaire, dénonce un ingénieur des Ponts et Chaussées du nom de Lévy qui vient d'être nommé ingénieur en chef des Travaux du département de la Seine[4]; que Louis Launay, directeur de la revue *Mes dossiers*, propose, moyennant une rétribution mensuelle de 2 000 francs, trois dossiers hebdomadaires sur les grandes affaires juives et s'offre à signaler les cas précis dans lesquels l'esprit des dispositions antisémites n'est pas respecté.

A toute autre époque, Sézille eût été, à l'intérieur d'un cercle confi-

1. Dénonciation transmise aux Allemands.

2. En réalité, seuls, à cette date, 3 407 sont à jour de leurs cotisations mais, à ce noyau, Sézille, dans sa correspondance avec les Allemands, ajoute 3 331 sympathisants venant du Mouvement social révolutionnaire, 2 094 du Parti populaire français; 18 000 sympathisants inscrits pendant l'exposition «Le juif et la France», mais ne payant pas leur cotisation; 1 757 adhérents ayant signé leur bulletin, mais n'ayant pas réglé leur cotisation (lettre du capitaine Sézille au Dr Klassen à l'ambassade d'Allemagne, en date du 16 juillet 1942).

3. Il a été choqué par les réactions de l'un de ses camarades de lycée qui lui a dit: «Il y a des juifs qui sont plus français que toi.»

4. Deloncle, que Sézille a sollicité de s'associer à son action, présente sa délation «comme premier acte de collaboration».

dentiel, un personnage extravagant que seule sa paranoïa aurait distingué. Aujourd'hui, appuyé sur et par Dannecker, renseigné par des milliers de passionnés et de jaloux, aidé dans sa tâche par les textes français aussi bien qu'allemands, c'est un homme presque tout-puissant.

« Je sais, écrira-t-il un jour à son "patron" Dannecker, je sais par des bruits qui me parviennent, même par des exemples, que souvent l'Institut a marqué son action près des pouvoirs publics qui ont accordé et examiné des cas *par crainte plutôt que par devoir* [1] et lui ont donné une solution conforme à celle qui était demandée par lui. »

Aux côtés de Sézille, redoutable comme il est redoutable, frénétique comme il est frénétique, le Dr Querrioux, chargé, à l'Institut, des questions médicales. Le 6 décembre 1941, il indique à Sézille les noms et adresses de quatre médecins juifs — ses confrères de Saint-Ouen — et achève sa lettre sur ces mots : « Si, en janvier 1942, ces juifs sont toujours médecins à Saint-Ouen, je suis décidé à en saisir les autorités compétentes. Peut-être qu'une lettre de vous ferait agir le Commissariat (aux Questions juives). »

Dans un rapport au secrétariat du Commissariat général aux Questions juives, en date du 7 juin 1941, Querrioux prend à partie un Dr Rosenthal qui fait de la propagande antigouvernementale en disant notamment que les bonbons vitaminés distribués dans les écoles « dessèchent les glandes des poumons des enfants ».

Le 7 août 1941, il adresse à Sézille une impressionnante liste de médecins juifs parisiens non déclarés. Pour le quartier des Ternes, ils seraient 30, 51 pour le quartier de Chaillot, 47 pour la Plaine Monceau. Qu'il ait fait précéder certains noms d'un point d'interrogation montre bien la légèreté de l'accusation.

Traité de « boche », de « vendu », par ceux qu'il traque, recevant des communications téléphoniques selon lesquelles ses jours, ceux de sa femme… et ceux de la bonne sont comptés, le Dr Querrioux se plaint à Sézille qui, immédiatement, écrit au commissaire spécial Cougoule et réclame des sanctions contre trois médecins juifs, jugés responsables des menaces.

Bien d'autres délateurs, menacés à leur tour par ceux qu'ils menacent, se tourneront vers la police française ou, le plus souvent, vers la police allemande, pour réclamer secours et protection.

C'est ainsi qu'Abetz signe, personnellement, le 1er septembre 1942, une lettre à Fernand de Brinon, dans laquelle il réclame que l'on assure la sécurité d'un certain E. qui connaît bien des difficultés dans son administration, « en raison de son attitude favorable à une politique de collaboration ».

1. Je souligne intentionnellement.

J'ai par ailleurs sous les yeux une note de Röethke, chef de la section juive de la Sipo-SD en France, qui, le 24 novembre 1943, réclame à la police allemande un permis de port d'armes « pour le citoyen Bertrand L. qui a été menacé par des juifs et des personnes à opinion pro-juive. Il a livré d'excellents matériaux contre les juifs et s'est montré également antijuif sans limite, à l'étranger ».

Les médecins dénoncent les médecins.

Cinq d'entre eux, résidant dans le Nord et le Pas-de-Calais, livrent à Sézille, le 15 juillet 1942, le nom d'un médecin juif roumain qui, pour être inscrit au tableau de l'Ordre, a obtenu des certificats de complaisance. Le Dr V., qui exerce dans le Vaucluse, signale, le 22 août 1941, au directeur du Commissariat général aux Questions juives, le Dr A., juif polonais naturalisé « paraît-il », marié à une Française, inscrit à la Légion et qui fréquente « les éléments communistes du village, et entre autres un certain Maurice, étranger au pays, communiste en résidence surveillée ».

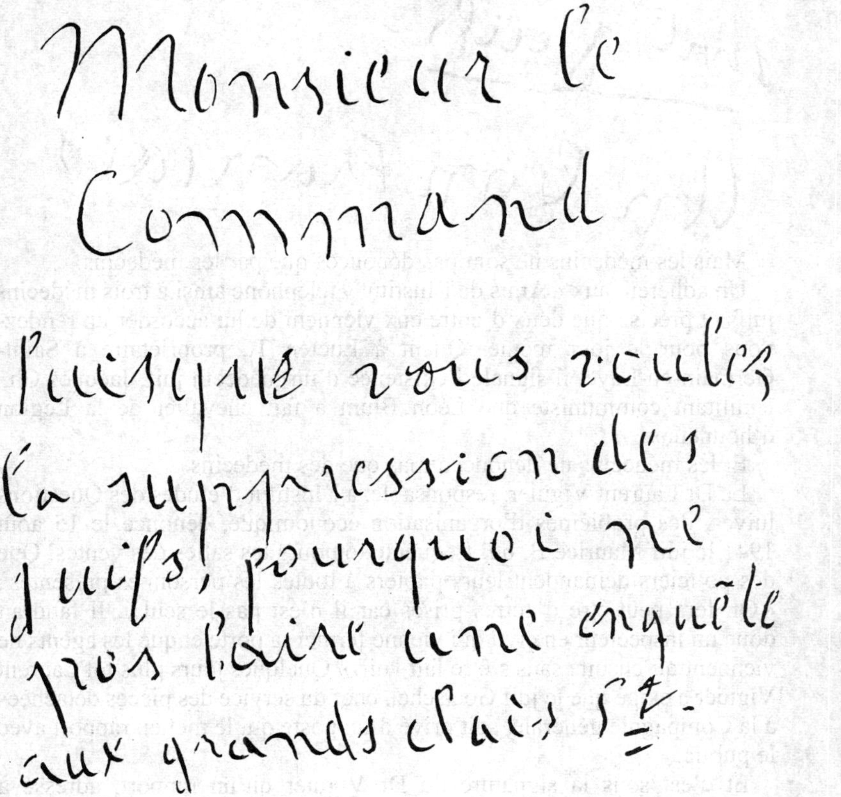
Monsieur le Commandant
Puisque vous voulez la suppression des juifs, pourquoi ne pas faire une enquête aux grands chais ?

Michel est devenue
Emile Cornord
établissement repris
depuis quelques mois
et dont les deux directeurs
sont Juifs

Un bon Français

Mais les médecins ne sont pas dénoncés que par les médecins.

Un adhérent aux « Amis de l'Institut » téléphone ainsi à trois médecins juifs et précise que deux d'entre eux viennent de lui accorder un rendez-vous pour le jour même. Quant à Lucien T., propriétaire à Saint-Germain-en-Laye, il signale l'existence d'un médecin juif, Jacques Ch., « militant communiste que Léon Blum a fait chevalier de la Légion d'honneur ».

Et les médecins ne dénoncent pas que des médecins.

Le Dr Laurent Viguier, responsable, à l'Institut d'études des Questions juives, des problèmes d'organisation économique, dénonce le 15 août 1941 le juif Maurice B. qui fréquente toujours les salles des ventes. Que des policiers demandent leurs papiers à toutes les personnes présentes : « On fera peut-être d'autres prises car il n'est pas le seul… Il faudrait donc un inspecteur en civil qui vienne fermer la porte et que les agents ne viennent qu'ensuite sans s'être fait voir. » Quelques jours plus tôt Laurent Viguier a exigé que le juif Goetschel, chef du service des pièces détachées à la Compagnie générale, soit privé d'un poste qui le met en rapport avec le public.

Et c'est sous la signature du Dr Viguier qu'un rapport, adressé à

Sézille, en juillet 1941, signale les agissements de la famille Lévy qui a trouvé refuge à Verteuil, en Charente, où elle poursuit son commerce de chevaux et a si bien prospéré qu'autour d'elle sont venus s'agglomérer « une vingtaine de juifs, vivant confortablement et préparant des stocks » en prévision de l'hiver. « L'immigration juive dans ce pays, ajoute Viguier, doit être arrêtée et même refoulée. Que le maire ose alerter le préfet et que celui-ci fasse son devoir. On y veillera. »

C'est Viguier encore qui, après lecture d'un message anonyme, indique que le magasin de fleurs, situé 192, rue de Paris, à Montreuil-sous-Bois, est une entreprise juive non déclarée, « tenue par Mme Jeanne Hubert (juive) dont le mari est catholique et sert de couverture à l'entreprise ».

Humble ou glorieuse, nulle profession n'est épargnée dès l'instant où un juif l'occupe [1]. M. Pontremoli est accusé, le 12 mai 1942, de professer toujours à l'atelier d'architecture de l'École supérieure des beaux-arts de Paris, mais un garde assermenté du Père-Lachaise dénonce à Darquier de Pellepoix, le 12 juin 1942, Élia Kougel, « juif 100 % sans aucune référence militaire », et qui, cependant, a été nommé garde du cimetière. « Par suite de quelles influences occultes ? » demande-t-il. « De quelle autorité est-il exempt d'après lui de porter l'insigne juif ? »

L'herboriste dénonce le chapelier juif « qui continue son commerce… discourt, s'agite, fait de la propagande… [et] peut faire beaucoup de mal si on ne lui applique pas d'urgence les lois et décrets en vigueur [2] ».

Cette habitante du 19e arrondissement de Paris, qui conserve l'anonymat, ne se contente pas de se trouver mal à l'aise, boulevard de Belleville, « parmi tous ces étrangers qui forment des groupes et des rassemblements pour conspirer entre eux », elle signale aux épurateurs « certaine blanchisserie juive d'une boutique située rue Henri-Feulard, dans le 10e, à qui sans doute il y a eu interdiction de travailler et dont le commerce maintenant se traite par l'entrée de la cour au 45, boulevard de la Villette [3] ».

Blanchisseur clandestin… Cordonnier clandestin, celui de la rue des Fêtes, à Paris, qui a ouvert à l'intention de ses clients, une porte condamnée donnant sur un couloir. Marchand de chaussures clandestin, celui qui se cache 44, rue de Dunkerque. « Il y a lieu, précise Sézille au commissaire principal Cougoule, de se montrer très circonspect car ce juif est excessivement méfiant. » Coiffeur clandestin : le 15 janvier 1942, G. se plaint à Sézille de la concurrence que lui fait Judas J., Israélite d'origine russe dont il a acheté le salon, mais qui continue « à coiffer clandestinement ». Tailleur clandestin ce Balouckine que Mme D. observe

1. Dans une lettre de délation se trouve cette phrase : « Pas de pitié pour les petits juifs. »
2. Inédit, en date du 2 septembre 1941.
3. Inédit, en date du 23 juillet 1941.

depuis sa fenêtre et qu'elle dénonce en quelque sorte « en prime » au capitaine Sézille à qui elle vient de narrer ses démêlés avec le fils Lévi : « Je lui ai répondu que les Françaises avaient le droit de parler avant les juifs ; que mon mari était prisonnier par la faute des Blum, Mandel et compagnie. Ce juif de 19 ans a regretté à haute voix que Blum ne soit pas resté à la tête de la France, avec lui nous n'aurions pas eu la guerre [1] ! »

Marchand de tissus clandestin. Une anonyme adresse, le 25 octobre 1941, le message suivant :

> Alors que nous, Françaises, faute de marchandise et de personnel, sommes obligées d'abandonner nos boutiques… ces gens continuent à exercer à des prix leur permettant des bénéfices énormes. Je vous signale, parmi tant de cas, M. Albert …, 189 ou 191, avenue Gambetta (20e), dont la boutique a été décorée d'une petite affiche rouge, qui continue, derrière des carreaux délicatement passés au bleu, à exercer sa profession de « bon et vrai juif ». Lui trouve des tissus, alors que, nous, cela nous est tout à fait impossible et interdit… Et je signe : une vraie Française qui est lasse de la juiverie qui ronge notre pauvre pays [2].

On écrit à Sézille qui écrit aux Allemands.

Mais il est souvent plus expéditif de s'adresser directement aux Allemands qui, eux, « feront le nécessaire [3] ».

Le père du jeune A. [4], qui vient d'être licencié par le directeur d'une banque de province, écrit le 15 janvier 1941 à « Monsieur le chef de l'administration militaire allemande » et démonte le mécanisme de camouflage qui permet aux propriétaires juifs de diriger sans paraître.

> … A la suite des mesures prises par les autorités allemandes d'occupation en vue de l'élimination de l'influence juive dans l'économie française, MM. X. et Y. Z., administrateurs de cette banque, ont dû se conformer aux prescriptions de l'ordonnance du 18 octobre 1940 et céder, au moins en apparence, la direction de l'affaire à un nouveau Conseil d'administration.
>
> Or, il s'agit là, très vraisemblablement, « d'une de ces transactions fictives effectuées avec la complicité d'hommes de paille », ainsi que s'exprimait M. le conseiller de guerre Dr Blanke, dans une déclaration faite tout récemment à Paris.
>
> En effet, l'actuel directeur, M. V., sous-directeur, M. W., précédemment employés à cette banque, ne jouissent que d'une autorité apparente et n'agissent que suivant les directives ou les ordres que leur donnent MM. Z. Ceux-ci occupent toujours, au premier étage, le bureau de la Direction et

1. Inédit, s. d.
2. Inédit.
3. C'est la menace que l'on laisse planer. Ainsi, un locataire parisien, mécontent de sa concierge qui « ne sait pas causer français, le courrier on ne sait si il y en a et en plus ce sont Polonais, Turc, qui travaille confection tailleur tapissier », termine sa lettre au directeur du « Status juif » (*sic*) sur ces mots : « Voyant aucune satisfaction par le gouvernement français à ce sujet, je me verrai obligé de me recommander à la Kommandanture. Eux, je sai qu'ils feront le nécessaire. » (Document inédit.)
4. Le document que je vais citer est inédit. Toutes les initiales sont, de ma part, volontairement déguisées.

M. V. et M. W. doivent humblement attendre qu'après avoir frappé à la porte du Cabinet directorial on les autorise à entrer dans ce lieu où encore aujourd'hui se donne rendez-vous toute la grosse juiverie de N.

Hier, mon fils était informé par M. V., actuel directeur, qu'il était licencié, avec deux autres employés… sous prétexte que la diminution du chiffre d'affaires de la banque ne permettait plus de les occuper. Mon fils n'eut pas de peine à faire avouer à M. V. et à M. W., sous-directeur, qu'ils ont été obligés par ceux qui sont encore les véritables maîtres dans la maison de prendre la mesure qui le frappe.

Mon fils n'a jamais caché ses sentiments à l'égard des Allemands et c'est pour une part de cela qu'on lui fait grief. Lors de l'arrivée des troupes d'occupation, tandis qu'il regardait de son bureau un défilé de soldats… Y. Z. l'apostropha violemment, le traitant de « mauvais Français » devant tous les camarades.

Le personnel de cette maison s'indigne de la présence des anciens maîtres et s'étonne qu'alors que tant de petits boutiquiers vivant modestement de leur commerce ont dû céder leur entreprise à des exploitants aryens, les multimillionnaires Z. trouvent une fois de plus le moyen d'échapper aux exigences de la loi qui atteint leurs coreligionnaires.

Ce qui précède me paraît justifier la demande que je vous adresse d'intervenir pour que cesse une situation qui semble être un défi aux décisions de l'autorité allemande et un scandale… Ces gens-là personnifient ce que l'élément juif a de plus audacieux, de plus cynique, de plus dépourvu de scrupules. En mettant un terme à leurs agissements, vous aurez acquis un droit de plus à la reconnaissance de ceux qui aspirent à voir notre pays débarrassé des individus qui l'ont trop longtemps exploité.

Employés contre patrons. Patrons contre employés. Lutte des classes ? Sans doute, mais surtout lutte des races. « Je ne peux signer, écrit le délateur de l'ancien secrétaire général de la société auxiliaire de plantation, je ne suis qu'un aryen obligé au silence et au secret, mais qui enrage de ne gagner que quelques sous en peinant alors que le juif, toujours, s'est arrangé pour gagner beaucoup en ne faisant rien. » « Monsieur, je suis vendeuse aux magasins du Printemps… et je suis très étonnée qu'une loi ait été faite sur les juifs et que malgré cela nous sommes commandés par un chef, Mlle X. Cette personne est juive à 100 %. Pourquoi y a-t-il des exceptions ? C'est de l'ironie et je constate amèrement que les lois ne servent à rien [1]. »

Un certain F., qui tient à garder l'anonymat, car il est « dans le métier », mais, dans son cas, la musique n'adoucit pas les mœurs, dénonce les violonistes Fleider, « juif polonais, naturalisé français », Gouzeviez, Simon, et le cymbaliste Spentz, employés soit à « La Doulce France », soit à Bagatelle.

Un juif ne veut-il pas (ou ne peut-il pas) augmenter les salaires de son personnel, sa vie, plus que sa bourse, se trouve en danger. Lisez.

1. Paris, lettre en date du 25 novembre 1941. Signature illisible. Document inédit.

Messieurs,

Malgré la note officielle parue dans les journaux, concernant le réajustement des salaires à partir du 1er juin 1941, notre patron, le juif O., rue Letellier, Paris, 15e, ne veut pas payer son personnel, c'est une honte ce qu'il paie, mais lui sait bien s'enrichir aux dépens des ouvriers. Nous vous serions très reconnaissants de bien vouloir vérifier et l'obliger à payer normalement. Nous vous remercions beaucoup d'avance. Il est là de 9 h à 12 h et de 14 h à 16 h [1].

Des concierges dénoncent. « Je suis concierge au … rue Saulnier, Paris (9e), mon propriétaire est juif et je tiens à vous déclarer que, dans l'immeuble, existe une synagogue en fonction. Le propriétaire s'appelle Lucien F. et est parti en zone libre [2]. »

Des concierges sont dénoncées. Parce qu'elles sont juives : « Étant donné, écrit le Dr Laurent Viguier [3], l'ordonnance qui interdit aux employés juifs d'être en contact avec le public, il faut que Mme S. soit destituée de sa place de concierge. »

Parce qu'elles sont « amies des juifs » comme cette concierge de la rue Pierre-Demons : « Il y a… rue Pierre-Demons, au quatrième étage gauche des meubles en garde, les propriétaires N. sont très amis avec les juifs Blum. Ils racontent que les meubles sont à eux. Les conciergent (*sic*) reçoivent des produits contingentés par colis à partager avec les N. La concierge déteste le maréchal Pétain. Il n'y a qu'à la faire parler. Quelqu'un du quartier. »

Parce qu'elles protègent les biens des juifs en fuite, comme cette Mme Lallement, concierge rue des Tournelles, à Paris, qui abrite les bijoux, l'argent et surtout, dit la lettre de dénonciation : « 2 beaux dessus de lit de soie et duvets » qui lui ont été confiés par des juifs assez heureux pour s'échapper deux heures avant la rafle de janvier 1943.

Du cultivateur qui dénonce son propriétaire : « Je pense qu'il fait partit (*sic*) des sujets juifs, je crois que vous ferez le nécessaire » à l'auteur jaloux qui écrit pour rappeler que Claude-André Puget, dont la pièce *Échec à Don Juan* va être montée aux Ambassadeurs, est juif, aucun milieu n'est épargné par cette vague de délation qui, avec les juifs, recouvre les « enjuivés ».

La femme de M. P., directeur du ravitaillement général des Alpes-Maritimes, est juive et, de surcroît, fille d'un haut dignitaire de la franc-maçonnerie : deux raisons suffisantes pour expliquer le mauvais ravitaillement dont souffre le département. On croit rêver ! Non, le 28 février 1943, la Section d'enquête et de contrôle du CGQJ de Nice a bien été interrogée pour savoir s'il y a, ou non, corrélation…

1. 28 janvier 1943. Inédit.
2. 28 janvier 1943. Inédit.
3. Rapport en date du 7 juillet 1941.

Maquillée, fardée de bons sentiments, la délation n'apparaît pas toujours sous son jour véritable. L'altruisme, le pétainisme, le patriotisme, la morale vont lui servir d'excuse et de justification.

Altruisme. Mme Julien M., qui tient commerce de boucherie à Paris, mais dont le mari est prisonnier, ce qui la contraint à garder boutique fermée, signale à Sézille que tous les bouchers du quartier sont juifs. « Pour cette raison, les habitants de la rue… manifestent le désir de voir rouvrir notre maison. » Encore faudrait-il que son mari soit libéré [1]…

C'est l'altruisme encore qu'invoque, en octobre 1941, Noël S. auteur d'une lettre de douze pages à Sézille. Après avoir affirmé qu'il faut donner à « nos vieux et aux petits orphelins » la ration de charbon des juifs, après avoir regretté de manquer de temps pour « fouiller toutes ces cours, repaires et terriers d'étrangers », il n'oublie pas de solliciter l'attribution d'une affaire juive dont il souhaite ne pas avoir à payer le fonds !

Pétainisme et exploitation du pétainisme. Fermier dans la commune de Saint-C., M. X. écrit au préfet de la Gironde pour lui expliquer que, son domestique étant prisonnier, il se trouve dans l'impossibilité de loger le couple qui l'aiderait aux travaux des champs.

> Le logement que je pouvais leur donner et qui est le logement de mon domestique prisonnier est occupé par un réfugié de Nancy depuis le 1er novembre 1939, nommé W., juif d'origine, et juif encore. Ayant fait de nombreuses démarches auprès de la municipalité de… pour faire transférer plus près du bourg, ledit W., âgé de 75 ans, incapable de travailler ou de rendre un service quelconque pour le remplacer par un ménage de travailleurs, j'ai toujours été reçu avec mauvaise grâce et indifférence. Or, Monsieur le Préfet, d'après les directives de Monsieur le maréchal Pétain chef de l'État français aucune parcelle de terrain ne doit rester en friche. Pour obéir aux ordres de Monsieur le Maréchal il me faut une aide efficace, que j'ai trouvée dans ledit ménage cité plus haut, mais encore faut-il qu'il soit logé convenablement [2]…
>
> Qu'on le débarrasse donc « d'une nullité juive ».

Dans le même département de la Gironde et en juillet 1941 encore, un autre cultivateur écrit au même préfet :

> Un maire peut-il se permettre de tenir les propos que voici : « Ceux qui actuellement nous dirigent auront plus tard la tête tranchée, comme châtiment de la voie où ils nous conduisent et ils nous engagent. » Ce sont les paroles que j'ai entendues le vendredi 4 juillet à dix heures « solaires » dans un cortège funèbre et dites par le maire d'une commune voisine de la mienne.
>
> En dénonçant ce fait, je ne fais que m'inspirer des paroles de notre Cher et Vénéré Maréchal et inscrites sur ma carte d'adhérent du groupe « Collaboration » auquel j'appartiens avec le n°… et qui sont, vous le savez déjà : « Il ne suffit pas qu'on me fasse confiance, il faut qu'on m'aide. » A vous de juger,

1. Sézille lui conseillera d'embaucher un bon commis.
2. Inédit, 18 juillet 1941.

Monsieur le Préfet, je ne veux pas faire preuve d'esprit mouchard, je crois faire preuve de mon devoir de Français[1].

Patriotisme. Des anciens combattants de Mostaganem terminent leur lettre à Xavier Vallat sur ces mots : « Nous sommes tous unis derrière le seul drapeau tricolore et derrière le seul porte-drapeau, le maréchal Pétain… » Mais ils l'ont commencée en réclamant la fermeture de tous les débits de boissons tenus par des juifs !

On dénonce également au nom du respect des lois. Le 3 juin 1941, le directeur régional des établissements Fulgor, à X., écrit à la Feldkommandantur locale pour indiquer qu'il a relevé de ses fonctions de représentant « le sieur Moch », dès lors qu'il paraissait en faute avec les « prescriptions de l'ordonnance du Commandant en chef des forces militaires allemandes en France ».

On dénonce, enfin, en se blottissant derrière le drapeau de la morale et de la vertu.

Le 23 mars 1942, F. A., qui habite Nice, écrit au Commissariat général aux Questions juives pour dénoncer *tous* les juifs habitant son immeuble. Ils sont nombreux d'ailleurs puisqu'ils occupent sept des quatorze appartements. De ces appartements, F. A. donne une description sommaire mais précise, de ceux qui les habitent il dépeint avec exactitude les habitudes. Jugez-en : « 6e étage droite (app. meublé, 1 p., s. de b., terrasse, cave), locataires depuis huit mois environ B. et G., juifs belges, 2 femmes et un chien. Très nombreuses visites, allées et venues et réunions tant la nuit que le jour. En août dernier, ont causé du scandale ayant provoqué l'intervention de la police sur plainte des locataires des immeubles voisins : se promenaient tout nus sur la terrasse… »

Mais il existe bien d'autres haines que les haines commerciales ou que ce désir de revanche qui anime ceux et celles qui estiment que, par le passé, des juifs, malhonnêtes en affaires, les ont escroqués[2].

Il existe d'autres passions que celle de l'argent.

Il y a la passion.

Lorsqu'une lettre de dénonciation tient lieu du vitriol, du poignard, du revolver utilisés en un autre temps, voici la police allemande, aussi bien que les hommes de l'Institut d'études des Questions juives mis au service des douleurs et des horreurs de l'amour.

Un professeur de Toulon, ancien combattant de 1914-1918, membre de la Légion, demande à Xavier Vallat[3] que soit arrêté Arthur S., juif

1. Document inédit. Le préfet prescrira immédiatement une « enquête approfondie ».
2. Témoin cette lettre d'un M. Jean B., qui habite Rochefort et qui, le 17 juin 1941, écrit aux Amis de l'Institut : « Les juifs m'ont fait beaucoup de mal, surtout comme clients malhonnêtes de ma petite fabrique que j'avais créée et tenue de 1925 à 1939… C'est pourquoi je voudrais apporter ma modeste contribution pour débarrasser notre pays de ces indésirables. »
3. Le 23 septembre 1941. Inédit.

hongrois, communiste militant et amant de sa femme… Avant tout amant de sa femme.

« … J'ai donc recours à vous, Monsieur le Haut Commissaire, pour obtenir une mesure sans laquelle il est impossible d'espérer que ma femme revienne à son devoir. C'est une famille française qu'il s'agit de sauver. »

Douleur meurtrière à laquelle fait écho la douleur meurtrière d'une femme qui dénonce Muriel A.[1] : « Cette personne, non contente d'être juive, débauche les maris des vraies Françaises et sachez donc de quoi elle vit (? !). Défendez les femmes contre les juives et ce sera votre meilleure propagande et vous rendrez un mari français à sa femme. »

Quelle haine, quel retour de haine, comme on dit un retour de flamme, pousse M. Charpentier à faire arrêter dans la rue sa femme, la juive Rebecca, dont il vit cependant séparé !

Mais l'on connaît les raisons qui conduisent Marie-Rose B. à livrer aux Allemands son amant, le gardien de la paix Jocelyn E. Le 10 janvier 1943, il lui a dit qu'il ne l'épouserait pas et qu'entre eux tout était désormais terminé. Le lendemain, les hommes de la Feldgendarmerie de Bordeaux n'ont aucune peine à découvrir, chez Jocelyn, une arme cachée[2].

C'est également parce qu'elle va être abandonnée qu'Émilienne J. livre son ami aux Allemands. Voici, pathétique de médiocrité d'âme, une partie de sa déclaration lors de son interrogatoire au mois de février 1945.

> Je vais vous dire la vérité.
>
> Lorsque Ch. m'a annoncé qu'il allait me quitter pour se marier, j'ai été désemparée et affolée, parce qu'il m'avait promis des choses magnifiques ; or, j'avais fait la connaissance à l'établissement *Mon Bar*, rue Boulan, où j'étais employée, d'un monsieur que je savais être dans une Kommandantur de Bordeaux… L'ayant rencontré, je lui ai dit qu'il était lamentable qu'un jeune homme comme Ch. continue à s'amuser à Bordeaux, alors que d'autres souffraient en Allemagne. Sur la demande de ce monsieur, j'ai donné le nom et l'adresse de Ch., ainsi que l'adresse de son frère, et celle de ses parents… Je regrette ce que j'ai fait et je vous affirme que je n'avais pas mesuré la portée et les conséquences de mes actes[3].

R. surprend-il sa femme en train d'embrasser le facteur, et lui adresse-t-il ensuite de violents reproches, le voilà dénoncé à la police française qui découvrira aisément un fusil de chasse illégalement conservé. R. ira mourir en déportation et sa femme, la guerre terminée, sera condamnée à dix ans de réclusion.

---

1. Lettre en date du 23 décembre adressée au CGQJ. Inédit.
2. A la Libération, Marie-Rose B. sera condamnée à huit ans de travaux forcés. Déporté à Dachau, Jocelyn E. reviendra de captivité.
3. Inédit.

C'est parce qu'elle ne s'entend plus avec lui et aussi, comme il l'écrira plus tard au procureur de la République, parce qu'elle veut « faire la vie avec les Allemands et d'autres personnes » que Mme J. dénonce son mari, possesseur d'une carte d'alimentation falsifiée.

Celles qui « font la vie avec les Allemands » disposent de l'arme absolue contre les voisins mécontents et patriotes. Mme R., qui a dit à Marcelle D., enceinte des œuvres d'un soldat allemand[1] : « Allez vous faire dégonfler par les fridolins », est arrêtée le 27 juillet 1943 par la Gestapo, la police française ayant refusé d'intervenir. Pour… propos anti-allemands, elle se verra condamner à deux ans de prison.

Deux ans de prison, c'est également la peine dont est frappé Philibert Ch. qui, lui, sera de surcroît déporté. Son crime ? Il a traité de « putain » Louise L., une pauvre et méchante fille qui travaille dans une maison habitée par des officiers allemands et, du ménage, passe trop aisément au lit.

Avant de quitter la France pour aller travailler en Allemagne, Simone D., qui s'est prostituée aux soldats allemands, se venge des attaques d'un village qu'elle a scandalisé[2] : elle accuse d'activité communiste et anti-allemande cinq de ses voisins, ce qui suscite une longue et impartiale enquête de la police française.

Quant à Liliane D., que ses camarades appellent « La Gestapo du bureau », elle dénonce Mmes G. et Z. qui la critiquent et formulent ouvertement des vœux pour la victoire anglaise.

Importance des mots sans importance. Le juif M. traite-t-il son voisin[3], avec qui il s'est pris de querelle, de « haricot vert », ce légume désignant alors l'occupant et, par extension, ses collaborateurs, il s'entend répondre :

— Attends, sale juif, tu auras bientôt de mes nouvelles.

Cependant que la femme du « haricot vert » ajoute :

— Il t'a traité de haricot vert et bien il va les ch… les haricots verts et bientôt tu auras de mes nouvelles, sale juif.

En tout autre temps, la querelle serait sans intérêt, ni conséquences mais, un mois après l'altercation, M. est arrêté par la police allemande, emprisonné, déporté en Allemagne[4].

Les Allemands n'interviennent pas seulement dans la vie des couples divisés. Des familles les feront juges de leurs querelles. Pour obtenir la libre disposition d'un appartement, un fils informe la police allemande que sa mère dissimule au grenier un fusil de chasse. Et c'est pour se venger de l'influence que sa belle-mère gaulliste exerce sur sa femme

---

< 1. Sur le nombre des naissances illégitimes pendant l'Occupation, sans qu'il soit possible de distinguer celles qui sont l'œuvre des occupants, on trouvera en annexe un tableau qui m'a été fourni par mon confrère et ami Jacques Dupâquier. >

2. Simone D. est l'épouse d'un prisonnier de guerre, ce qui ajoute au scandale.

3. En août 1943.

4. Les délateurs seront condamnés à cinq ans de réclusion et trois ans de prison.

que Pol S. avise le consulat allemand de Lyon qu'elle cache cinq fusils de guerre dans sa maison de campagne.

Des Allemands, ou des serviteurs des Allemands, on attend, on espère la solution de tous les problèmes.

Voici la lettre d'une affligeante naïveté et d'une grande vulgarité d'âme écrite, le 10 juillet 1941, par un vétérinaire d'Eure-et-Loir à l'Institut d'études des Questions juives.

> … Le 16 juin 1940, un ménage juif se suicidait par noyade dans la Loire laissant une fortune de 4 à 5 millions, pas d'enfants mais des neveux et nièces israélites, moi seul neveu par alliance, pur aryen.
>
> Par testament, en vieillards de 80 ans, ils ont déshérité tous leurs proches, faisant légataires universels les descendants de leur ancien jardinier.
>
> Ayant beaucoup souffert de ce milieu juif où je suis entré en 1896 — alors jeune officier, y aurait-il chance de faire annuler le testament [1] ?…

Quelques-uns de ceux qui dénoncent un membre de leur famille se font gloire de mépriser les sentiments les plus respectables. Ainsi, un certain A. G. écrit-il à Sézille pour lui signaler que son beau-frère sert clandestinement les intérêts de ses patrons juifs. « … Comme vous voyez, ajoute-t-il, dans sa lettre du 22 novembre 1941, je ne recule pas de combattre même ma propre famille et je suis sans pitié pour qui favorise les juifs. »

Et les juifs sont-ils pitoyables aux juifs ? Il n'en manque pas pour admettre que « certains de leurs coreligionnaires particulièrement encombrants ou dangereux » méritent les sanctions infligées par Vichy.

Elle existe, cette lettre d'un Lévy, habitant le 11e arrondissement de Paris. Elle est datée du 14 juillet 1943. L'homme, qui n'a rien compris à la philosophie hitlérienne de la répression antisémite, qui imagine encore que les Allemands établissent, entre « bons » et « mauvais » juifs, une distinction, dénonce un certain nombre de ses coreligionnaires, spécialistes du marché noir. « Débarrassez-vous de ces gens qui contaminent les autres familles juives honnêtes qu'on emmène à Drancy. »

Il existe ce « converti sincère qui n'a jamais eu aucune relation avec les juifs » qui, né de parents juifs alsaciens, a épousé une catholique et fait parvenir à Sézille sa liste de témoins de moralité : un capitaine de pompier, deux prêtres, le secrétaire du commissariat de police de Vanves, un journaliste. Il réclame la protection de l'Institut d'études des Questions juives. Sézille lui répond : « Vous êtes peut-être un des rares cas intéressants, mais vous êtes juif. Vous devez vous conformer à la loi ; cependant, en raison de vos états de service, si vous aviez des ennuis, venez me trouver. »

---

1. Document inédit.

Misère et ravitaillement difficile exaspèrent les jalousies et guident des plumes. Que ne ferait-on pour UN kilo de pain ? Et pour UN litre de lait ? Pour UN litre de lait, on dénonce. Lisez : « Mlle Roche, une personne en meilleure santé, non travailleuse depuis le mois de février, elle a toujours DES TICKETS DE TRAVAILLEURS [1], en plus on lui a donné en même temps une carte de lait... depuis le mois de mai 1 LITRE [1]... Elle a signé la feuille de ne pas appartenir à la race juive. Elle a bien l'habitude de le nier en se disant "convertie" (c'est encore pis !). »

Pour UN litre de lait, on dénonce. Pour UN QUART DE LITRE de lait on dénonce également. Une femme, qui signe simplement Sylviane, alerte, le 30 janvier 1943, le commissariat général aux Questions juives. Rue de Charenton, à Paris, habite M. Jacobovitch. « Qu'attend-on pour l'envoyer avec les autres ? C'est tout ce qu'il mérite, il profite même du quart de lait tous les jours... On peut le prendre sur le fait, il va le chercher entre 9 h et 9 h 30, à 9 h 40 au plus tard chez l'épicière du 18, rue de Charenton qu'elle aussi soutient (*sic*) les juifs, le sien (*sic*) en était un et il est interner... Il ne faut pas les laisser profiter de tout, ils nous ont fait trop de misères. »

La hantise de l'anticommunisme, la peur de la « peste juive », la crainte de violer, ou de voir violer, les ordonnances allemandes et les lois françaises, tout contribue à égarer des hommes que l'on pourrait croire moralement stables. Des jeux de gamins les jettent parfois dans l'angoisse et la délation.

C'est ainsi que le lieutenant-colonel d'infanterie coloniale B. écrit, le 26 août 1941, au préfet d'un département de zone occupée. Son émotion est vive. Il vient de croiser un groupe d'enfants accompagné de trois surveillants. A la tête du cortège, marchait « une fillette de 12 ou 13 ans portant un fanion rouge sur lequel était brodé en jaune les emblèmes soviétiques (faucille et marteau), quelques garçons portaient une tenue vaguement genre scout, mais où les couleurs jaune et rouge dominaient, d'autres plus petits — probablement des louveteaux — avaient l'épaule gauche ornée d'un ruban rouge ».

Enquête faite, et le préfet ordonne qu'elle soit menée très rapidement, il s'avère que le chef de guerre a confondu la faucille et le marteau avec le totem de la petite troupe en déplacement : une tête de buffle !

C'est d'ailleurs ce que précise le rapport de l'inspecteur spécial Gustave M., rapport envoyé au commissaire divisionnaire en même temps que l'objet du présumé délit, le fanion qui avait fait voir rouge au lieutenant-colonel B.

> Les enfants de cette colonie étaient divisés en trois ou quatre équipes. Chaque enfant, chef d'équipe, lors des sorties, portait un fanion correspondant à l'appellation de l'équipe qu'il dirigeait. C'est ainsi que la colonie possédait

1. Souligné de trois traits par l'auteur anonyme de la lettre qui est adressée (s. d.) au CGQJ, mais demande l'intervention des Allemands. Document inédit.

trois fanions : un rouge, un jaune et un vert, tous faits de vieille soie et, sur le rouge, une tête de buffle avait été brodée. Après examen du fanion rouge, joint au présent rapport, il est permis de croire que M. B. [a] cru voir sur ce fanion un marteau et une faucille, alors qu'en réalité il s'agissait d'une tête de bœuf sauvage. La confusion paraît possible, si l'on considère que ce fanion porté par l'enfant flottait plus ou moins et ne pouvait par instant laisser apparaître qu'une seule corne, de la tête de l'animal et l'oreille [1].

Après le lieutenant-colonel myope, voici les adolescents myopes.

Ce jourd'hui, trente et un août mil neuf cent quarante à vingt et une heures trente :

Nous soussignés : Brocas (Adrien) adjudant et Ducasse (Jean), gendarmes à pied à la résidence de B., département de…, revêtus de notre uniforme et conformément aux ordres de nos chefs, à notre caserne, avons été prévenus téléphoniquement par M. F., maire de B., qu'un individu étranger au pays avait tenté de saboter une ligne téléphonique de l'armée allemande…

Le « saboteur », dénoncé par deux jeunes garçons qui l'ont vu courbé sur une ligne téléphonique de l'armée allemande, ligne qui, à l'examen, ne présentera aucune trace de coupure… rattachait tout simplement le lacet de son soulier. Mais, « à toutes fins utiles », le maire de B. avait prévenu l'officier allemand cantonné au village !

Triste arc-en-ciel des délations.

Les plus horribles : celle du médecin parisien qui dénonce sa future belle-fille — une enfant juive de 20 ans — et l'envoie mourir en déportation.

Délation des puissants et des riches par les puissants et par les riches.

Mais aussi des misérables par les misérables.

M. Cassavi, juif et marchand de cacahuètes AMBULANT, est dénoncé pour n'avoir pas muni « sa boutique, *en l'espèce une boîte portative* [2], de l'affiche jaune réglementaire "entreprise juive-Judisches Geschaft" ».

L'infraction paraît assez grave au préfet de la Gironde pour qu'il adresse, le 5 décembre 1940, une note à l'un de ses proches collaborateurs : « J'ai l'honneur de vous prier de bien vouloir vérifier si ce commerçant a souscrit la déclaration prévue par l'ordonnance du 18 octobre et, le cas échéant, exiger de lui le respect des obligations édictées par ce texte, qui s'applique aux commerçants ambulants comme aux autres [3]. »

Lorsque la sottise administrative et la délation font alliance, l'histoire enregistre, futiles et redoutables, des textes comme ceux que je viens de citer.

---

1. Inédit.
2. Je souligne intentionnellement.
3. Document inédit.

Si la jalousie est le motif, avoué ou non, qui anime la plupart des délateurs, il en est d'autres cependant. C'est ainsi que, dans l'espoir de faire libérer un prisonnier, *leur* prisonnier, promesse souvent faite par les Allemands à la suite des attentats, des hommes ou des femmes enquêtent et dénoncent. Le 26 novembre 1942, un membre de la Légion des combattants de Roanne, Jules X., écrit à Pierre Laval. Ayant appris qu'il « était demandé aux Français de donner tous renseignements utiles pouvant décourager les auteurs des crimes commis contre les troupes d'occupation et [qu']à la demande du dénonciateur un prisonnier serait libéré » il a fait arrêter un « dangereux communiste » qui résidait à Nantes :

« Ce mauvais Français n'était autre qu'un membre de la famille de ma belle-sœur, Alphonse X., qui fut arrêté le 17 octobre 1942. » « Je tiendrais à savoir, poursuit Jules X., si mon prisonnier sera libéré. Celui-ci est un grand ami, frère aîné de trois et n'a plus que sa pauvre maman souffrant d'une grave maladie de cœur [1]. »

Le drame des prisonniers est si souvent évoqué, il impressionne si fortement l'opinion publique que l'on verra même des délateurs réclamer la libération de prisonniers inconnus d'eux. Sans doute le cas est-il rare. Il existe cependant et voici — le document est inédit — ce qu'écrit G. D. le 19 novembre 1942 à Fernand de Brinon. Après avoir rappelé le rôle qu'il a joué dans l'arrestation de plusieurs « terroristes », rôle qui lui a valu des félicitations du secrétariat général pour la police et du secrétariat d'État à l'Information, il présente sa requête.

> Depuis six mois, j'étudiais et suivais les ramifications et je n'ignorais pas que certains [des terroristes] étaient recherchés par les autorités allemandes et françaises. La multiplicité de leurs identités ne facilitait pas leur prise. Je me permets de vous dire que je suis au-dessus de toute offre pécuniaire, mais j'ai pensé que, rendant ainsi service aux Allemands en appuyant bénévolement l'action de la justice française, ils pourraient, en contrepartie, libérer deux ou trois Français cultivateurs dignes d'intérêt. J'ai sollicité la libération de deux prisonniers mais, si vous pouviez obtenir la libération d'un troisième, je vous en serais reconnaissant.

G. D. refuse dédaigneusement toute rétribution. Il n'en va pas de même de bon nombre de délateurs. Ce gardien de la paix qui affirme savoir « reconnaître les juifs », cette habitante de Boulogne-sur-Seine qui « donne » trois noms au Dr Blanke, responsable des Affaires juives au service économique de l'état-major allemand en France, ce Jean G. qui, le 8 juillet, se met à la disposition du Commissariat aux Questions juives et se dit surtout intéressé par le « contrôle du camouflage des étoiles jaunes », agissent poussés par l'appât du gain.

Dès octobre 1940, les agents français dépendant de la Gestapo ont vu leurs services rétribués suivant un barème fixé par l'*Obersturmführer*

1. Inédit.

SS Keller : la dénonciation d'un juif rapportera 1 000 francs, celle d'un gaulliste et, plus tard, d'un communiste, 3 000 francs, c'est-à-dire le salaire de cinq à six semaines de travail, un renseignement conduisant à la découverte d'un dépôt d'armes de 5 000 à 30 000 francs.

Il s'agit là, il est vrai, d'agents dûment enregistrés, qui peuvent même recevoir des primes d'assiduité. Pour les dilettantes de la délation — si j'ose ce mot —, les récompenses sont plus faibles : dans les Alpes-Maritimes après l'entrée des Allemands en zone non occupée, 100 francs par juif livré [1].

Le taux des primes change lorsque les dénonciateurs préviennent un attentat ou en livrent les auteurs.

Le 20 avril 1942, par exemple, les quotidiens de zone occupée annoncent qu'une importante gratification a été accordée à une « femme de nationalité française demeurant à Champigny-sur-Marne qui, par sa prévoyance, a fait échouer un complot contre un garage de la Wehrmacht ».

Le 9 mai 1942, c'est un « citoyen français » qui reçoit 100 000 francs (environ le salaire de trois années de travail) pour avoir, « par ses indications, permis l'arrestation de terroristes communistes » et le 10 mai « un jeune Français des territoires occupés », qui a évité le déraillement d'un convoi allemand, obtient, outre une récompense en argent, la levée des mesures de représailles qui frappaient son village et que soit étudiée la libération d'un prisonnier de guerre.

Au lendemain des attentats, pour appâter les délateurs possibles les autorités françaises — préfectures ou municipalités — s'associent d'ailleurs, dans bien des cas, aux autorités allemandes. Délateurs encouragés par la presse. « Dénoncez, traquez », demande un article de *L'Assaut* en date du 1er novembre 1941. « Dénoncer dans les circonstances présentes les ennemis de la France n'est pas une lâcheté : c'est servir son pays et c'est se sauver. »

Le 24 août 1941, après les premiers attentats à Paris, l'amiral Bard, préfet de police, offre ainsi un million. Un million, soit 666 mois — 55 ans ! — d'un salaire correspondant à ce qu'est aujourd'hui le SMIC. Un million, la somme est énorme mais, dans les heures qui suivent l'attentat de Nantes, ce sont *quinze millions* qu'offre, le 23 octobre 1941, le général von Stülpnagel, *Militärbefehlshaber in Frankreich*, « aux habitants de la France qui contribueront à découvrir les coupables [2] ».

On comprend que les délations anonymes soient rares. Comment toucherait-on, en effet, les récompenses promises si l'on ne dévoilait pas son identité ? Sans doute les communiqués du commandement allemand, lorsqu'ils se félicitent de la collaboration active des Français, ne citent-ils

---

1. J'ignore combien a touché la femme B., qui a livré 22 bébés, tués à l'École de santé militaire de Lyon par des injections de benzine.
2. A ces sommes, il faut ajouter celles qui seront promises par la mairie de Nantes et par la préfecture de la Loire-Inférieure. *Cf.* volume II de la présente édition, p. 675-676.

jamais aucun nom. Ils disent : « Un jeune Français », un « citoyen », un « homme », mais, au moins jusqu'aux premiers mois de 1944, les lettres adressées aux Allemands comportent bien, la plupart du temps, les noms et adresses des expéditeurs.

Il en va de même des lettres adressées au Commissariat (ou à l'Institut) des Questions juives [1].

La rapacité peu commune des administrateurs provisoires de biens juifs s'étale dans de nombreuses correspondances. Le chiffre de leur rémunération peut paraître modeste (il varie, suivant le chiffre d'affaires, entre 375 francs et 5 000 francs par mois), il ne faut pas oublier que certains administrateurs ont, malgré la loi, la responsabilité de 10, 20, voire 60 entreprises !

Ceux qui possèdent veulent posséder plus encore. Jim M., qui habite Cannes, écrit le 16 décembre 1942 au Commissariat aux Questions juives pour signaler les déplacements de Mlle Liliane Karsenti. Il ajoute : « … Comme cette femme est juive et que nous, les Français, comme moi, avons de la famille et je me suis déjà arrangé de me faire confier tous ses biens, et toute sa fortune, mais il faudrait faire une enquête pour savoir si elle n'a rien d'autre et l'envoyer rejoindre les autres juifs [2]… »

Ceux qui ne possèdent pas veulent posséder. M. H., architecte géomètre, habitant, lui aussi, la Côte d'Azur, rappelle, le 4 septembre 1942, au Commissariat aux Questions juives de Nice, les listes qu'il « a eu l'honneur » de communiquer au mois de décembre 1941. Listes de plus de 200 affaires. « M. Reboul ayant bien voulu me faire connaître que ceux qui indiqueront les immeubles juifs seront nommés à l'administration de ceux-ci, je m'autorise de ces directives pour vous adresser, ci-joint, copie des principales affaires indiquées l'année dernière… J'ose espérer que vous voudrez bien me désigner pour l'administration de quelques-unes. »

J'ai longuement évoqué, parce que ce sont les plus symptomatiques, et sans doute les plus nombreuses, les délations visant les juifs. Mais les gaullistes les plus inoffensifs, ceux qui écoutent la radio anglaise, ne sont nullement épargnés.

C'est ainsi qu'à Bordeaux, où le PPF fait distribuer des tracts : « Méfiez-vous, nous savons que vous écoutez la radio britannique et vous êtes dénoncé aux autorités d'occupation [3] », tous les pompiers de la ville verront leurs postes de radio confisqués.

---

1. Cette règle souffre naturellement des exceptions. Ainsi, une lettre du capitaine Sézille, en réponse à une Mme Cuvillier, 14, rue X., qui lui signalait le juif Oscar Schmeltzer, est-elle retournée avec la mention « inconnue à cette adresse ».

2. Document inédit.

3. Inédit. Les contrevenants arrêtés pour avoir écouté la radio anglaise peuvent être pris en otages. Précision de la *Propagandastaffel*, réunions, à Bordeaux, du 31 octobre et du 3 novembre 1941.

On dénoncera bientôt ceux qui échappent au Service du travail obligatoire.

Monsieur le Préfet,

Je vous demanderai d'attirer votre attention sur le scandale qui c'est produit à la commune d'Eycheil, reconnu inapte à la visite du recensement du 2 mars, soi-disant souffrant de rhumatisme alors que tout régulier il possédait un fisique puissant. Et de Dénat Charles d'une corpulence athlétique blessé par protection au genou.

Espérant attirer votre attention et veiller à ce que les faits soient à nouveau étudiés, recevez, Monsieur le Préfet, mes salutations.

On dénoncera les communistes. « Communiste » : Mot employé à tort et à travers, épithète qui vise aussi bien la femme du préfet de l'Ain qui, en 1939, avait organisé un ouvroir à l'intention des réfugiés espagnols républicains, que l'ouvrier dont le patron est mécontent, le voisin irascible et le distributeur de tracts.

Bordeaux, le 29 novembre 1940

Monsieur le Préfet de la Gironde,

Vous avez arrêté 148 communistes : c'est très bien. Mais beaucoup encore desservent notre pays, c'est pourquoi je tiens à vous dénoncer un certain Jeaubertie, André, 19, rue Porte-Basse, qui mène une activité très cachée mais certaine et qui peut nous porter encore plus de préjudices.

Il fréquente le Barique, rue de Berry, centre communiste notoire.

En plus allié à certains juifs de la rue Sainte-Catherine. Son activité n'en paraît que plus dangereuse. Il serait bon, nous croyons, de mettre un terme à ces agissements.

La Kommandantur est prévenue.

Il faut débarrasser la France de tous ces criminels.

Merci d'avance.

Vive la France.

Ces lignes sont écrites sans haine mais dans l'esprit d'aider à sauver notre Pays.

Respectueux sentiments.

Un groupe de Français [1].

Les lettres de dénonciation contribueront à compléter des fichiers imparfaits. Des préfets s'étonnent, en effet, et demandent aux gendarmes de les renseigner : « Aux dernières élections législatives, écrit l'un d'eux, les candidats du parti communiste ont obtenu 15 778 voix. Or, mon cabinet ne possède que 2 000 fiches concernant des communistes ou sympathisants [2]. »

On dénoncera les résistants gaullistes.

1. Document inédit.

2. Mme Barel, femme d'un député communiste, emprisonné, jugé et condamné à la suite du pacte germano-soviétique, et qui est institutrice, écrira que l'administration « était harcelée journellement de réclamations de courageux adversaires politiques de (son) mari » qui réclamaient sa révocation.

Et ceux qui gênent. Ceux qui déplaisent. Ceux qui paraissent en infraction avec ces lois tellement contraignantes qu'il est impossible de ne pas se trouver un jour en infraction… Même lorsque l'on représente la loi et que l'on est censé la faire appliquer.

Une feuille hebdomadaire de province, *L'Assaut*, demande, le 4 juillet 1942, si l'agent des fraudes Delord, qui habite Langon, « n'a pas tué ou fait tuer deux porcs pour son profit personnel ». Peut-il, par ailleurs, indiquer l'origine de la motte de beurre « et de la belle part de gruyère qu'il rapportait récemment soigneusement camouflées dans un cabas suspendu au guidon de sa bicyclette ». Quant aux gendarmes de Villandraut, pourquoi, « alors que la population souffre durement des restrictions… ont-ils tous un teint fleuri et vermeil qui doit faire l'admiration de leurs chefs, les grands jours d'inspection » ?

L'Assaut s'attaque également, le 19 janvier 1941, à un certain nombre de retraités de l'État occupant des fonctions « qui feraient vivre de jeunes chômeurs [1] ».

Pour la seule petite ville de Barbezieux, se voient ainsi dénoncés M. Pille, gendarme en retraite, comptable à la mairie ; M. Rivière, également gendarme en retraite, comptable à la Société vinicole ; M. Chaillot, propriétaire à Berneuil, contrôleur et vérificateur des Laiteries.

Tombent également sous la critique de l'hebdomadaire (et des lois) plusieurs couples de fonctionnaires cumulards. Un professeur au collège de Barbezieux dont la femme est employée à la poste ; un comptable dont l'épouse est professeur à l'École supérieure ; un employé à la perception dont la femme est institutrice à Saint-Bonnet. L'article s'achève sur ces mots : « Dénoncez le mal. »

Ils dénoncent « le mal », les paysans français.

Car l'occupation n'a nullement modifié les ressorts de la nature humaine. Dans son numéro du 8 novembre 1941, *L'Illustration* reproduit quelques annonces publiées par un hebdomadaire de l'Orne, annonces qui ne sont que le reflet de ces éternelles querelles de village entre hommes et femmes pour qui l'ennemi c'est d'abord le voisin.

Saint-Cyr-la-Rosière. Avis. Quelques dames de Clémencé feront bien à l'avenir de garder pour elles leur langage vipéreux. Maillet.

Remalard. Je prie M. X. de cesser de faire courir des bruits malveillants sur la conduite de mes jeunes filles, ainsi que plusieurs personnes des alentours de la Herrière. Lebon à la Herrière.

Saint-Langis-les-Mortagne. Nous prions certaine commère de s'occuper à faire son ménage plutôt que de salir des personnes plus honnêtes qu'elle et de garder sa langue de vipère si elle veut s'éviter des ennuis avec la justice. Mme Pottier et Roger.

Mauves. Je prie les commères de bien vouloir cesser les propos infâmes

1. *L'Assaut* est un hebdomadaire du PPF.

qu'elles tiennent sur mon compte si elles ne veulent pas faire connaissance avec la justice. Attention et gare ! Pierre Goudet.

Mais dans les villages, où les cartes d'alimentation, la répartition d'essence, de bons de pneus, de matières grasses, de ficelle lieuse, les réquisitions allemandes et le logement des soldats, les exigences des services du ravitaillement de Vichy constituent désormais le centre des conversations et le cœur des disputes, remontent également à la surface les haines électorales de 1934 et de 1936 que seuls des ignorants de la psychologie populaire auraient pu croire oubliées.

En temps utile, on se souviendra donc avec une précision diabolique, et l'on s'en souviendra pour alerter le préfet, que, le 15 août 1936, le maire du village a défilé en tête de ce cortège qui, précédé du drapeau rouge, s'est rendu devant l'église à l'instant où, sous le porche, défilaient des communiantes doublement émues.

Il est banal de se plaindre de la mauvaise distribution des permis de circuler mais, lorsque l'on peut ajouter, dans sa lettre de doléances, que le maire responsable a refusé de donner le nom du maréchal Pétain à la rue Salengro, on est assuré de retenir l'attention. De même sera immédiatement suspecte la directrice d'école qui était « autrefois de tous les cortèges, chantant *l'Internationale* [1] ».

Ainsi, les rancœurs et les humiliations du passé nourrissent-elles les délations du présent. Lorsqu'il s'agit de se venger, les Français n'ont jamais la mémoire courte.

Pour le seul département de l'Allier, les maires d'Ainay-le-Château, de Deneuville-les-Mines, de Charroux, de Courcaix, de Créchy, de Deux-Chaises, de Louroux-Bourbonnais, de Meillard, de Serbannes, de Theneuille, de Tréteau, de Trézelles, de Vieuvre, sont dénoncés par la Légion des combattants.

Ils sont accusés de « nuire à la révolution nationale », de ne pas favoriser les entreprises légionnaires et de laisser subsister, dans leurs petites mairies villageoises, le buste de Marianne. Le maire de Tréteau se verra même reprocher l'achat de deux bouteilles de vin, bues pour célébrer la mort de Chiappe, tué au cours d'un engagement aérien entre Britanniques et Italiens, alors qu'il rejoignait le poste auquel il venait d'être nommé en Syrie.

Soyons justes. Si des légionnaires dénoncent, si les dirigeants de toutes les sections disposent d'un questionnaire leur permettant de signaler à leurs chefs les tièdes ou les opposants, François Valentin, directeur général adjoint de la Légion, critiquera vivement, devant les chefs légionnaires assemblés, la délation : « maladie française de l'heure [2] ».

1. Dénonciation en date du 10 mars 1941.
2. *Cf. Quarante millions de pétainistes*, vol. I de la présente édition, p. 643 *sq.*

Et, s'il est vrai que le gouvernement insiste, à plusieurs reprises, sur son effort « en matière d'épuration et de réorganisation administrative », s'il est vrai qu'il existe des préfets accueillant favorablement les lettres de délation et refusant même de rechercher leurs auteurs, Vichy s'efforce d'établir un contre-feu dans l'espoir de maîtriser l'incendie dont il est en partie responsable.

En janvier et février 1942, différents d'écriture, identiques de pensée, des communiqués officiels sont publiés par la presse de zone non occupée comme de zone occupée. « Ces pratiques, écrit le préfet de l'Eure, en parlant de la délation, créent une atmosphère insupportable de suspicion et ont amené maints incidents regrettables du fait du profond malaise qu'elles font régner. » En conséquence, les lettres anonymes feront l'objet, affirme-t-il, d'une enquête de police, d'une expertise et d'un contrôle des empreintes digitales.

Remarquons cependant que seules sont visées les lettres sans signature.

Pour l'honneur de l'administration les PTT refusent de communiquer la correspondance adressée aux juifs, correspondance que réclament certains directeurs régionaux aux Questions juives. Des gendarmes préviennent les juifs ou les résistants qu'ils ont l'ordre d'arrêter. Des commissaires de quartier refusent d'enregistrer les plaintes de concierges haineuses [1] ou même maltraitent des délateurs [2].

Et il se trouve des « collaborateurs » pour refuser d'accorder crédit aux lettres de délation. Simone Delb, secrétaire de Jean Hérold Paquis, dira, lors du procès de l'éditorialiste de Radio-Paris, et son témoignage ne peut être récusé, que les messages de dénonciation reçus par son patron étaient tous systématiquement jetés au panier.

Des officiers de l'armée allemande, écœurés par une servilité qu'ils n'exigeaient pas, se désintéressent ostensiblement, de leur côté, de dénonciations qui toutes n'étaient pas infondées. C'est ainsi qu'entre le mois de février 1941 et juin 1942 la *Feldkommandantur* d'Évreux n'accordera aucun crédit aux lettres signalant les détenteurs d'effets militaires, de pigeons voyageurs, de stocks illicites [3].

Enfin, plusieurs tribunaux condamnent les dénonciateurs. 50 000 francs d'amende à Georges X., de Mayenne, qui avait accusé faussement G. d'abriter des prisonniers de guerre évadés.

Un an de prison et 100 francs d'amende pour P. qui, par deux lettres

1. Une concierge parisienne se plaint, le 17 janvier 1943, au Commissariat général aux Questions juives, du commissaire de police de son arrondissement à qui elle est venue dénoncer des locataires juifs qui sont partis pour la zone libre et qui lui a répondu : « Est-ce que l'on vous a mise à la porte de l'immeuble avec un fusil pour les garder ? »

2. Le comité d'action antibolchevique se plaint que l'un de ses adhérents, le jeune Martinez, ait reçu « deux coups de poing à la face de la part du commissaire » de la gare Saint-Lazare auquel il était venu dénoncer deux juifs sans étoile et, dans les lavabos d'un cinéma voisin, « honteusement occupés à des choses qui n'ont rien à voir avec le cinéma ».

3. *Cf.* Baudot, *L'Opinion publique sous l'occupation allemande.*

anonymes, a prévenu la *Standortkommandantur* d'Étampes que l'un de ses voisins cachait des armes.

Un an de prison, le 4 janvier 1943, à Paul G., de Clamecy, qui a dénoncé son beau-frère… après avoir chargé son fils de dissimuler chez celui-ci un fusil de chasse !

Il existe des cas où, pour atteindre les délateurs et les agresseurs, les magistrats doivent faire preuve d'un courage certain et d'une obstination évidente.

Dans une grande ville du Sud-Est, cinq jeunes gens appartenant « à des familles honorables », précise le rapport du substitut du procureur général près la cour d'appel de X., en indiquant que l'un prépare Saint-Cyr, l'autre l'École navale et que plusieurs sont fils de magistrats, se sont mis en tête de persécuter les juifs. Pas n'importe quels juifs. Des amis de leurs parents : les G. qui ont reçu plusieurs des garçons à leur table, et en août 1941, passé les vacances dans le même hôtel que la famille des principaux coupables.

Dans la soirée du 27 novembre 1941, quatre adolescents apposent sur la porte de l'appartement de G. un placard ainsi libellé : « Sales juifs, on aura votre peau. » Le papier est fixé à la porte par un poignard sur le manche duquel — faute d'orthographe comprise — se trouvent écrits ces mots : « A mort les juifs, vangeons (*sic*) la France, on aura votre peau, profitez-en. »

Avant de s'enfuir, les garçons sonnent violemment à la porte de l'appartement dans lequel dînent non seulement les G. mais encore Gilbert X., leur complice, et son père !

Le 14 décembre, vers 18 h 30, nouvelle initiative. Les « cinq » imbibent de pétrole le paillasson des G. et y mettent le feu. Trois jours plus tard, ils adressent à G. un journal en marge duquel ils ont écrit « A mort les juifs, nous aurons ta peau (1er avertissement). »

Le lendemain, un poignard est à nouveau planté dans la porte de G. Il soutient un écriteau représentant un juif pendu à une potence, accompagné de ces mots : « Youpins, 2e avertissement. »

Enfin, le 23 décembre, vers 18 h 30, G. et sa femme ayant quitté la ville, les cinq garçons attaquent l'appartement où ne se trouvent plus que trois femmes âgées [1]. Ils les bousculent, les frappent, dévastent l'appartement et ne sont mis en fuite que par l'apparition des concierges. Ils ont pris soin de dissimuler leur visage sous une cagoule, mais la police réussit à les identifier et à obtenir, le 28 janvier 1942, des aveux complets.

Le procureur de la République convoque à son cabinet M. X., père de l'un des coupables et l'un des notables de la ville : « J'eus la surprise de

1. La belle-mère de G. (72 ans), sa sœur (65 ans) et une domestique.

me trouver en présence d'un père de famille qui paraissait approuver hautement l'attitude de son fils et de ses camarades et qui osa même me dire que, si son fils était poursuivi, il promettait de faire envoyer G. dans un camp de concentration. M. X. n'hésitait pas à déclarer qu'il écrivait dans plusieurs journaux, qu'il était même à la veille de devenir le directeur d'un grand journal de Vichy, qu'il entretenait les meilleures relations avec M. l'amiral Darlan et M. Pucheu, ministre de l'Intérieur, dont il parlait d'ailleurs en disant simplement : "Darlan et Pucheu." Il ajouta même que les jeunes gens avaient reçu de nombreuses félicitations à la suite de leurs exploits, notamment de la part de leurs propres professeurs, d'officiers de marine, etc. [1] »

Sermonné par le magistrat, M. X. promet enfin que son fils et ses camarades iront faire des excuses à leurs victimes et qu'ils écriront même une lettre au maréchal Pétain. J'ai, sous les yeux, datée du 3 février 1942, cette lettre au Maréchal dont les premières lignes, hypocrites et confuses, masquent très mal la satisfaction vaniteuse d'agresseurs qui s'efforcent de justifier leur agression.

> Le sieur G. a établi… un véritable centre d'accueil d'étrangers venus on ne sait d'où… La famille G. a organisé une fête de famille suivant le rite judaïque et à l'occasion de laquelle il a été dépensé une somme de cinq mille francs pour les fleurs… De plus, après le champagne, les invités ont mangé une glace confectionnée avec dix-huit œufs et un gâteau fabriqué avec douze œufs… Si nous avons devancé votre justice, nous espérons que, comprenant notre légitime indignation, vous nous accorderez votre confiance comme par le passé.

Quatre jours plus tard, dans la nuit du 7 au 8 février, la vitrine d'un magasin juif est brisée. Parmi les auteurs de l'attentat, deux des signataires de la lettre au Maréchal. Brièveté des remords [2]…

Dans les deux premières années de l'Occupation au moins, la vague de délation provoque de multiples réactions de la part de ceux qui s'estiment calomniés.

On le voit à l'occasion de l'exposition « Le Juif et la France » organisée à Paris, au palais Berlitz. Voici comment *L'Illustration*, dans son numéro du 20 septembre 1941, présente l'exposition dont le capitaine Sézille est l'un des réalisateurs [3].

---

1. Document inédit.
2. Grâce à la fermeté du procureur de la République, deux informations seront ouvertes contre les agresseurs de la famille G. et contre les briseurs de vitrines.
3. C'est le conseiller de Légation, Dr Zeitschel, chef des Questions juives à l'ambassade d'Allemagne, qui a pris l'initiative de cette exposition mais, précise Abetz dans un télégramme du 5 septembre 1941, « aux yeux du public, c'est l'Institut français des Questions juives, dirigé par le commissaire général des Affaires juives qui en est chargé ».

Après Paris l'exposition sera présentée à Bordeaux, à Nancy (juillet 1942), puis dans plusieurs villes de zone non occupée : Marseille, Nice, Cannes, Toulouse, Lyon.

Boulevard des Italiens. Une foule se presse sur le trottoir devant l'entrée du palais Berlitz qu'ornemente une grande composition allégorique représentant une sorte de vampire à longue barbe, aux lippes épaisses et au nez crochu, dont les doigts décharnés, semblables à des serres d'oiseau de proie, s'agrippent à un globe terrestre…

Cinq salles permettent aux visiteurs — ils seront 43 181 entre le 5 et le 16 septembre, 276 412 entre le 5 septembre et le 14 décembre[1] — de « tout » savoir sur les juifs, leur histoire, leur origine, leur « jargon », le sort qui leur est réservé en Allemagne, en Roumanie, en Bulgarie, en Hongrie, mais ce sont les salles 2 et 3 qui retiennent particulièrement l'attention.

Dans ces salles, en effet, de vastes tableaux montrent « l'hégémonie juive sur les manifestations essentielles de l'activité française : la littérature, l'industrie, la radio, le palais, les finances, la presse, le commerce, les spectacles, la médecine, la politique et, enfin, et par-dessus tout, le cinéma. Des assemblages photographiques, poursuit Robert de Beauplan, auteur de l'article de *L'Illustration*, déjà cité, nous remettent sous les yeux des têtes bien connues d'hommes qui étaient, il y a peu de temps encore, les maîtres de Paris[2] ».

Des noms sont cités. A tort et à travers.

Des photos sont exposées. Avec une telle légèreté que les protestations fusent.

Lettres recommandées au capitaine Sézille de Maggy Rouff, de Véra Borea et de Raphaël Lopez qui demandent que les noms de leur magasin soient retirés de la liste des maisons juives de couture. Protestation de Me Deblois, huissier près le tribunal civil de la Seine, contre l'exposition de la photo de M. Veber, marquée d'une étoile de Sion. Requête de Me Pouard exigeant que le nom de son client, M. Alary, soit retiré de la liste des collaborateurs juifs du 101e ministère de la IIIe République.

Lettre de Maurice Lehmann, directeur du Châtelet : « … C'est une photographie me représentant qui est placée parmi les directeurs de théâtre au-dessous du nom de M. Uhlmann, l'ancien directeur du Théâtre Sarah-Bernhardt… Je ne suis pas juif, je n'ai jamais travaillé avec des

1. Le prix d'entrée est de 3 francs. Le jeudi, l'entrée est gratuite pour les élèves accompagnés de leurs professeurs ou de leurs parents. D'après Sézille, les entrées gratuites ne sont pas comptabilisées. En octobre 1941, le capitaine Sézille demandera à M. Gast, directeur de l'Assistance publique, ainsi qu'au préfet de la Seine, que les recettes de l'exposition soient exonérées de la taxe dite du « Droit des pauvres », en raison, précise-t-il, « de son but uniquement social et moral ». En novembre, il suggère que les salles de l'exposition soient chauffées, ce qui attirerait davantage de monde.

« Exemple : les cinémas et les cafés ne désemplissent pas vu le manque de chaleur dans les intérieurs particuliers. »

2. Des graphiques informent le visiteur que les juifs contrôlaient 95 % de la publicité et de la banque, 90 % du cinéma, 81 % de la radio, 80 % des sociétés immobilières et de la joaillerie, 75 % des assurances et de la presse, 60 % de la mode ; que 30 % des médecins et 20 % des avocats sont juifs.

capitaux juifs, ainsi que le prouvent les documents dont je suis prêt à vous donner connaissance. »

Lettre de Me Albert Willm, avocat à la Cour, furieux d'avoir trouvé son nom parmi une longue liste d'avocats juifs. Sézille lui répond, le 12 septembre 1941, que l'erreur a été réparée et il ajoute : « Nous sommes heureux de vous voir considérer comme injurieux de figurer parmi les avocats juifs. »

Car Sézille répond aux plaignants. Parfois aimablement.

C'est ainsi qu'il propose au violoniste Krettly de faire publier dans *Le Cahier jaune* de mars 1942 un rectificatif ainsi conçu : « Nous reconnaissons volontiers que M. Robert Krettly, le musicien bien connu, n'est pas de race juive… Nous en sommes heureux pour lui. »

Mais il arrive que les rapports entre Sézille et les mécontents soient infiniment plus abrupts. C'est avec un avocat parisien — Me Jean Schuler — que le conflit sera le plus aigu. Me Schuler, dont le nom se trouvait cité sur les tableaux de l'exposition « Le Juif et la France », comme juif, puis comme enjuivé, a eu l'audace de réclamer 50 000 francs de dommages-intérêts. Faut-il rapprocher son échec (il est débouté et condamné aux dépens) de la lettre que Sézille a adressée le 15 octobre 1941 à Buscher, conseiller à l'ambassade d'Allemagne, et dans laquelle se trouvent ces lignes : « Je vous demande de faire connaître soit à ce M. Schuler en personne, soit au tribunal de référé, ce que vous m'avez dit : "Tout ce qui est contre l'Exposition est contre l'Allemagne." » ? Vraisemblablement.

Procès et protestations restent discrets. Et le plus souvent secrets. Il n'en ira pas de même lorsque Sacha Guitry sera attaqué par *La France au travail*. Rien de ce qui le touche ne saurait rester d'ailleurs inconnu d'un public qui a l'habitude, à la scène comme à la ville, de le voir toujours en représentation.

C'est le 31 décembre 1940 que paraît l'article de *La France au travail* sous le titre :

M. MOÂ EST-IL JUIF ?

Vous connaissez tous ce bon M. Moâ.

Vous savez bien, cet auteur-acteur-producteur qui, tout récemment encore, vous invitait à remonter (avec lui) les Champs-Élysées[1] (une manière bien commode de s'éloigner du ghetto originel.) Eh bien ! il nous est revenu.

Depuis plusieurs mois d'ailleurs.

Vaguement inquiet au début, il se rassura bien vite.

— Ils ignorent mes origines, confiait-il à son ami Lévy avec un clignement d'œil complice.

---

1. Allusion au film de Sacha Guitry *En remontant les Champs-Élysées*, tourné et produit en mars 1938.

Suit un extraordinaire récit suivant lequel le «juif» Sacha Guitry aurait été chargé de récupérer, contre un million de francs de commission, des tableaux de prix abandonnés dans une banque parisienne par la famille Bernheim.

L'affaire ne se fit pas. A la suite d'un article de *Paris-Soir*, les autorités alertées s'opposèrent à ce transfert... Dans le questionnaire qu'il remplit (pour prouver ses origines aryennes), n'inscrivit-il pas le nom de théâtre de son père à la place de son nom patronymique?... Il aura fallu le témoignage de notre correspondant, dont le père a bien connu le grand Lucien, pour attirer l'attention sur les origines judaïques de M. Moâ.

La France au travail fondait sa thèse sur un écho publié par le journal juif: *L'Univers israélite*, écho paru le 19 juin 1925 et qui, d'ailleurs, avait été immédiatement suivi d'un démenti de Sacha Guitry. Mais le démenti est oublié au profit de l'affirmation et toute une partie de la presse de la collaboration s'empare d'une affaire susceptible d'embarrasser un homme riche, talentueux, glorieux et donc jalousé.

Les Allemands, ou tout au moins certains Allemands[1], à qui des délateurs ont affirmé que la mère de Sacha était juive et russe, prennent au sérieux une campagne de presse dont Sacha Guitry ne peut enrayer les méfaits puisque les journaux qui l'ont mis en cause refusent de publier ses lettres de rectification. C'est alors qu'il se décide à attaquer en justice *La France au travail* dont la hargne n'a pas faibli. Le quotidien PPF a retrouvé et publié le télégramme assez plat, il est vrai, envoyé le 22 janvier 1938 par un Sacha Guitry en mal de Légion d'honneur, à Georges Mandel, alors ministre des Postes. «Dans la neige[2], on a froid sans cravate et l'on me télégraphie à l'instant que tout dépend de vous, je ne saurais trop le souhaiter. Votre ami qui vous admire[3].»

Le 2 février 1941, le procès engagé contre *La France au travail* passe enfin devant la 12e chambre du tribunal correctionnel. Sacha Guitry, que représente Me Maurice Garçon, demande la publication de sa réponse et 50 000 francs de dommages-intérêts. La direction du quotidien — représentée par Charles Dieudonné — cède alors et, le 7 février, le journal publie une longue réplique de Guitry. Après avoir fait justice des accusations portées contre lui, Sacha ressuscite ses ancêtres : un arrière-grand-père André-Robert Guitry né, comme son grand-père et son père, au Merleraut, dans l'Orne ; une arrière-grand-mère, née Scholastique de Dion d'Aumont en 1793 ; une mère, Renée Delmas de Ponjest, qui se trouve être la nièce de Mgr de Bonfils et la petite-nièce du vicaire général de la cathédrale de Reims.

---

1. Le conseiller Rahn, notamment, qui convoque Sacha Guitry pour exiger qu'il fournisse les preuves de sa naissance aryenne.
2. Sacha Guitry est alors en vacances au Royal-Hôtel de Gstaad, en compagnie de sa femme Jacqueline Delubac.
3. Ce télégramme sera également reproduit par *Au pilori* le 15 mai 1941.

« Alors, poursuit Sacha Guitry, alors qu'on me f… la paix, comme disait Courteline ! »

Mais l'auteur de l'article ne s'en est pas tiré à si bon marché. Sacha a demandé à le voir, il le dépeint : jeune encore, blême de visage, avouant n'être que « l'instrument d'une indigne cabale ».

Si Sacha Guitry, parce qu'il est Sacha Guitry, peut obtenir finalement réparation et voir sa lettre de protestation insérée, suivie des excuses de Charles Dieudonné : « Sacha Guitry n'est pas juif le moins du monde. Toutes les preuves en ont été données. Et nous en sommes très heureux, il eût été vraiment pénible d'avoir à partager avec Israël tant d'esprit parisien, tant de grâce française, d'imagination et de fantaisie [1] », il constitue naturellement une exception.

Dans le monde de 1942 ce sont les délateurs, et non les victimes, qui ont, seuls, le droit de tenir la plume avec l'assurance de se voir imprimés.

1. *Je suis partout* reprend le même thème dans son numéro du 14 février 1941. « Pour avoir la certitude que Sacha Guitry est de notre sang, ne suffit-il pas de connaître son théâtre ? » A la suite de cet incident, Sacha Guitry écrivit en trois jours une pièce intitulée *Mon auguste grand-père*, mais la censure allemande n'accorda pas le visa à cette pièce qui « tournait en dérision les lois raciales ».

7

JUIFS ET CATHOLIQUES

< « Un jour viendra, c'est sûr, de la soif apaisée,
Nous serons au-delà du souvenir, la mort
Aura parachevé les travaux de la haine
Je serai un bouquet d'orties sous vos pieds,
Alors, eh bien, sachez que j'avais un visage
Comme vous, une bouche qui priait, comme vous. »

Benjamin FONDANE, déporté, mort à Birkenau
en octobre 1944. >

Au fil des mois, au hasard des régions, des villes et des villages, comment saisir et refléter l'évolution des sentiments populaires ? Il n'existe alors aucun institut de sondage capable de les enregistrer correctement et de les faire connaître loyalement. Si l'on ne peut accorder crédit à la presse de la collaboration tout entière favorable à un antisémitisme qu'elle exaspère, si l'on ne peut faire confiance à Sézille, cet excité, lorsqu'il écrit le 15 décembre 1941 à Dannecker que l'amende d'un milliard infligée aux juifs a été bien accueillie par la population parisienne, si les misérables et enthousiastes serviteurs de la délation dont j'ai dit les méfaits dans un chapitre précédent ne sont pas la majorité, il serait faux de croire l'opinion française immédiatement révoltée par les mesures antisémites, qu'elles soient prises par les Allemands ou décidées par Vichy.

Si l'on en croit l'inspecteur principal Marcel Manier, au 4 octobre 1941 encore, « l'ensemble de la population [de Bordeaux] ne prête aucun intérêt aux Questions juives, les sanctions qu'elles comportent la laissent indifférente, sinon parfois disposée à l'approbation [1] ».

---

1. Rapport confirmé par un autre rapport du dernier trimestre de 1943 qui précise que, si la population girondine, « au début des sanctions et mesures prises à l'égard des Israélites a manifesté une certaine hostilité envers les juifs », l'excès des persécutions allemandes a accéléré le revirement.

Les réactions philosémites restent donc relativement rares dans les premiers mois de l'occupation. Elles correspondent, le plus souvent, au désir de voir résoudre des cas individuels. Intervention, le 27 juin 1941, du secrétaire général du syndicat des boulangers, Henri Bouille, en faveur des ouvriers boulangers d'origine polonaise et de religion juive. Intervention, le 4 juillet 1941, des habitants de Neuilly en faveur de « Mme Jacques Kupersmidt qui faisait le commerce des pommes de terre et légumes ». Lettre du comité 1939-1940 en faveur de M. Bielawski, juif polonais, certes, mais blessé, pensionné et décoré de la croix de guerre [1]. Pétition le 8 août 1941 signée notamment par Colette, Sacha Guitry, Abel Hermant, Maurice Donnay, pétition qui affirme que le compositeur Marcel Lattes, engagé volontaire en 1914-1918, marié à une catholique, peut prétendre « au titre d'aryen d'honneur étant donné que sa production a honoré et honorera encore la musique française ». Requête non seulement des habitants de La Rochette en Savoie, mais aussi du conseil municipal, de la Direction de la Légion des combattants, du clergé, de nombreux officiers du 93e régiment d'artillerie, afin que Georges Franck, dont le père a été tué en 1915, dont l'oncle, fondateur de l'usine, a été décoré à Verdun de la Légion d'honneur et de la croix de guerre, puisse conserver un poste de technicien au sein des Cartonneries de La Rochette [2].

L'amitié explique ces démarches mais, au début des persécutions, lorsque nul ne peut imaginer à quoi elles conduiront, les mesures contre les juifs ne vont pas sans provoquer chez de nombreux Français un plus ou moins discret sentiment de jubilation, sentiment que, le 31 octobre 1940, l'écrivain Paul Léautaud traduira ainsi dans son *Journal* [3].

> Tantôt, visite de Pierre Varenne. Il n'a pas très bon moral quant à « l'occupation »... Très affecté aussi par les mesures prises contre les juifs. Des écrivains, des auteurs dramatiques ne pourront plus écrire, n'ayant plus de

1. M. Bielawski est interné à Drancy.
La plupart des lettres sont adressées à Fernand de Brinon qui intervient auprès des Allemands mais n'obtient, de plus en plus souvent, que des réponses négatives.

2. Le texte de la lettre adressée au Maréchal par plusieurs officiers du 93e régiment d'artillerie, unité dans laquelle G. Franck a servi, me paraît particulièrement révélateur de la liberté d'écriture qui existait encore, en mai 1942, en zone non occupée.
Les officiers et leur chef, le commandant Party, s'élèvent en effet « contre une mesure qui frappe un orphelin de la guerre 1914-1918, père de trois jeunes enfants et unanimement connu comme un Français sans reproche et un chef d'industrie de valeur... ; témoignent de leur profonde estime et de leur affection pour un camarade de grand cœur et de beau caractère qui brûlait de servir la France et de venger son père ; sollicitent respectueusement à M. le chef de l'État qu'il veuille bien faire rapporter d'urgence une mesure aussi arbitraire et accorder à leur camarade la dérogation que sa Société avait sollicitée et dûment motivée, à l'effet de maintenir M. G. Franck dans ses fonctions d'ingénieur, chef de fabrication et directeur du service des approvisionnements de l'usine des Cartonneries de La Rochette ».
Inédit. Suivent huit signatures d'officiers de réserve habitant l'Isère.

3. Paul Léautaud n'a jamais été favorable aux juifs. En 1899, on relève son nom dans l'une des listes de la souscription ouverte par *La Libre Parole* pour permettre à Mme Henry de poursuivre Reinach. La somme recueillie se montera au total à 131 110 frs 15. Pour sa part, Paul Léautaud a versé 2 francs.

débouchés (je crois qu'il exagère)… Je lui réponds que moi-même je trouve tout cela bien dur, mais qu'il convient de se rappeler que les juifs, il y a deux ou trois ans, *quand ils tenaient le bon bout* [1], nous ont fait doter d'une loi nous interdisant de médire d'eux d'une façon ou d'une autre [2]. *La roue a tourné* [1].

Les affiches prescrites à la devanture des magasins juifs, cela est certes peu français, mais la loi en question déclarant les juifs tabous, faisant d'eux une classe privilégiée, cela aussi n'était guère français.

Que la roue ait enfin « tourné » n'est donc pas pour déplaire à de nombreux Français dont la propagande attise les rancœurs. Installé à Montpellier, que certains décriront pourtant comme une ville particulièrement accueillante aux juifs, René Katz, qui se cache sous le nom de René Brivet, remarque, en novembre 1941, qu'il suffit d'écouter « les conversations dans les trains, les cafés » pour mesurer la montée de l'antisémitisme. Dans un autre passage de son journal, il signale que « la publicité permanente faite autour du mot "juif" au cinéma, dans les journaux, le fait de présenter le juif comme un étranger, tout cela agit ». Aux raisons politiques et philosophiques qui s'efforcent de légitimer l'antisémitisme viennent s'ajouter, on l'a déjà vu, des raisons qui, pour être médiocres, n'en sont pas moins puissantes.

Lorsque, le 24 novembre 1940, soixante-dix juifs de nationalité polonaise arrivent, en Charente, dans la petite ville de Chalais, ils se trouvent en présence d'une population qui n'a jamais côtoyé de juifs. Si, à l'indifférence, succède une hostilité, qui se transformera même, selon certains témoins, en satisfaction lorsqu'ils seront conduits, le 14 mars 1942, par la gendarmerie dans un camp près de Poitiers [3], c'est donc moins parce qu'ils sont juifs que parce qu'ils sont étrangers et que nul ne comprend leur langage, n'accepte leur comportement.

Problèmes de communication.

Problèmes de ravitaillement. Les plus irritants sans doute.

Tous les juifs ne sont pas de « pauvres juifs ». Xavier Vallat l'écrira : « De toutes parts, on nous les signale courant la campagne, d'abord pour leur propre ravitaillement, ensuite pour le ravitaillement — bien payé — des autres. » Mais il ne sera pas le seul. « Nous commençons à trouver, écrit, en janvier 1942, le maire de Noirétable, que ces gens sont néfastes. Ils courent la campagne et achètent à tout prix. »

En provoquant la fuite des juifs de zone occupée en zone non occupée, les rafles et les arrestations de juillet 1942 vont entraîner un afflux de population dans tous les villages qui bordent la ligne de démarcation et soulever d'abord plus de protestations que de manifestations de pitié.

1. Je souligne intentionnellement.

2. Il s'agit du décret-loi du 21 avril 1939 modifiant les articles 32, 33 et 60 de la loi du 29 juillet 1881 sur la liberté de la presse et réprimant les articles racistes, c'est-à-dire antisémites.

3. Ils seront transférés à Drancy, puis conduits dans des camps d'extermination d'où, seuls, trois reviendront vivants.

En ce moment, écrit le 5 août 1942 une habitante de Samadet à Marianne R., qui réside à Casteljaloux, nous sommes envahis par un populo innombrable de juifs qui passent la ligne vers la zone libre, il en passe une cinquantaine par jour sinon plus. C'est terrible de voir ça. Ils achètent tout à des prix fous. Et les gens de par ici peuvent y aller dans les maisons où ils sont passés pour trouver quelque chose, je t'assure qu'il y en a qui gagnent des sous avec ces gens-là [1]…

La lettre envoyée par Mme V., qui habite Grenade, dans les Landes, à l'une de ses amies de Montpellier, est plus charitable, mais elle exprime les mêmes plaintes [2].

Je t'assure qu'en ce moment nous assistons à un deuxième exode plus triste si l'on peut dire que le premier. Je veux parler des juifs, pauvre bétail humain traqué de partout. Il y en a bientôt plus ici que de Grenadois. Il en part 200 et, le lendemain, c'est 400 qui arrivent, c'est lamentable. De plus, ils nous prennent le peu qui nous reste, car ils achètent au prix fort, ce sont des récriminations sans fin soit au commissariat, soit à la mairie.

« Ce sont des tablées de 80 personnes à faire manger au *Terminus* où l'hôtesse est "sur les dents", ne s'étant pas couchée de huit jours, écrit un autre Landais. Alors, tu penses que la contrée est écumée pour les ravitailler. »

Dans le Cher, aussi bien que dans l'Indre, les rapports de police signalent de leur côté, en juillet et août 1942, que toutes les chambres disponibles sont occupées par des juifs.

Mais c'est sans doute sur la Côte d'Azur, et plus particulièrement dans la région niçoise, que l'opposition entre la population autochtone et les juifs sera la plus vive.

Après la défaite, des Israélites en grand nombre se sont précipités vers Marseille, vers Cannes, que le peintre Jean-Gabriel Domergue propose immédiatement de « baptiser » Kahn [3], vers Juan-les-Pins dont le vieux Tristan Bernard affirme en se moquant, et en détachant les syllabes, que les habitants s'appellent désormais des Is-ra-é-li-tes, vers toutes ces villes de la Côte où, d'après un rapport allemand du 17 juillet 1942, ils « attendent l'occasion favorable, préparent leurs combines et vivent dans un confort qui fait scandale ».

Or, la situation alimentaire de la région est détestable.

Décrivant ce que fut le mois de septembre 1941, un Niçois égrène, dans une lettre à une amie nantaise [4], la longue liste des privations.

Pas une seule distribution de pommes de terre, pas de pâtes, rien. Dans tout le mois, 50 grammes de beurre et 50 grammes de fromage… Comme viande,

1. Inédit.
2. Lettre inédite en date du 1er août 1942.
3. *Candide*, 24 juillet 1940.
4. Inédit. Lettre en date du 1er octobre 1941.

72 grammes par semaine. Comme vin, un litre par semaine. Et pas de légumes : ils ont complètement disparu du marché, pas de carottes, pas de haricots, pas même de salades, rien… Quelques tomates et quelques melons verts que s'arrachent les femmes qui se battent au marché et qu'il est difficile de se procurer. Pas de poisson…

Parmi les causes de la pénurie, l'auteur de la lettre énumère la traditionnelle sécheresse, « la paresse des habitants », mais surtout l'action des juifs étrangers qui, expulsés de Cannes et de Nice, logés dans les petites villes et les villages de montagne, « se sont trouvés dès lors dans les centres de production et se sont livrés à des trafics insensés, alimentant à prix d'or le marché noir des villes et leurs coreligionnaires sur la Côte ».

A partir du 11 novembre 1942, date à laquelle les troupes italiennes occupent les Alpes-Maritimes, le Var, les Hautes et les Basses-Alpes, l'Isère, la Drôme, la Savoie et la Haute-Savoie[1], cependant que les Allemands envahissent tous les autres départements de la zone libre, les juifs auront d'autant plus de raisons de se précipiter vers les départements du Sud-Est méditerranéen, ou de n'en pas bouger lorsqu'ils ont réussi à s'y installer, qu'ils y trouvent, de la part des Italiens, une protection précieuse en des temps où les refuges se font rares.

Influence de l'Église catholique, caractère bon enfant du peuple italien, absence de sympathie des militaires et fonctionnaires italiens pour leurs homologues nazis et pour leurs doctrines, ferme volonté de Mussolini[2], tout contribue à faire que, dans leur zone d'occupation, les Italiens entendent, suivant les termes méprisants d'un rapport allemand, régler le problème juif « à la manière latine », antithèse de la « manière germanique ». Et même de la « manière de Vichy ».

Les incidents opposant armée italienne et administration française sont assez nombreux pour prouver qu'en matière d'antisémitisme l'occupant italien se montre infiniment moins sévère que l'occupé français.

Influencé sans doute par Angelo Donati[3], juif de nationalité italienne qui, depuis longtemps, vit à Nice où il dirige une banque franco-italienne

1. Au mois de juin 1940, l'Italie n'avait occupé que les territoires conquis par ses armées : 800 km^2.

2. Le 25 février 1943, Ribbentrop ira, sur ordre de Hitler, expliquer au Duce qu'il fallait, en matière d'antisémitisme, aligner la position italienne sur la position allemande, mais il repartira sans avoir convaincu son interlocuteur.

A la grande colère de l'*Obersturmführer* Röthke de la police de sûreté allemande, les Italiens s'étaient déjà opposés à ce que les juifs italiens tombent, en France occupée, sous le coup des mesures antisémites.

3. Capitaine d'aviation, officier de liaison de l'armée italienne en France pendant la guerre 1914-1918, administrateur de nombreuses sociétés en France, commandeur de la Légion d'honneur, grand officier de la Couronne d'Italie, Angelo Donati a été exempté des mesures antisémites. En septembre 1943, les Allemands chercheront à l'arrêter, ce qui serait pour eux « d'une importance capitale ». Ils échoueront mais captureront en novembre sa secrétaire, Mme Germaine Mayer, qui se cache sous le nom de Marie Gauthe.

et a d'innombrables amitiés justifiées aussi bien par sa carrière que par sa francophilie [1], le général Guido Lospinoso, chargé de régler la Question juive dans la zone d'occupation italienne, est de ceux qui s'opposeront le plus fermement aux mesures décidées par Vichy.

A partir de décembre 1942, les Italiens empêcheront ainsi les internements ordonnés par le préfet des Alpes-Maritimes ; le départ des juifs vivant dans « leur » zone pour l'Ardèche, zone d'occupation allemande ; l'apposition du cachet «juif» sur les cartes d'identité et, lorsque les policiers français voudront, en août et septembre 1943, opérer des rafles devant le Centre d'accueil israélite du boulevard Dubouchage, le colonel Mario Bodo et ses collaborateurs, les capitaines Salvi et Tosti, menaceront de les faire arrêter [2] !

> Je suis à Grenoble parce qu'à Lyon ce sont les Allemands qui sont là et on ne sait ce qui peut nous arriver, tandis qu'ici ce sont les Italiens qui règnent et sont vraiment très chics avec nous.
>
> Tu m'écris que tu voudrais venir ici, je te crois, car ici c'est la vraie Palestine et on peut s'amuser comme dans le vieux temps.
>
> Je sais malheureusement que tu n'as pas d'argent, ici il y a un comité qui donne 300 francs par personne et par mois et un autre qui donne 400 francs par mois et par personne, c'est l'argent américain.

Lettre de Marcel Gumblott à Hans Bella, qui habite Paris. Lettre du 3 mai 1943.

Dans moins de quatre mois, la « vraie Palestine » aura disparu. En juillet 1943, après la chute de Mussolini, les Italiens décident, en effet, d'abandonner aux Allemands les huit départements français qu'ils occupent et de se contenter de contrôler Nice et sa banlieue vers lesquels se précipitent des milliers d'Israélites (ils sont plus de 2 000 dans le seul village de Megève), ce qui ne manque pas de soulever l'hostilité d'une partie de la population. Hostilité dont le préfet des Alpes-Maritimes rend compte dans un rapport — inédit — en date du 8 septembre 1943.

> Les décisions prises par les autorités italiennes et leur désir nettement affirmé de défendre les juifs ont provoqué un afflux considérable d'Israélites venant de tous les autres départements des Alpes qui étaient, jusqu'à ces dernières semaines, également occupés par les troupes italiennes et auxquels vient de s'étendre l'occupation allemande. Dans le département lui-même, la très grande majorité des juifs habitant la rive droite du Var vient de se transporter sur la rive gauche, c'est-à-dire entre Nice et Menton, étant donné que seule cette portion de territoire correspondant à l'ancien comté de Nice sera exclusivement occupée par les troupes italiennes… Ainsi, sur une étendue de moins de 30 km de côté… vont désormais vivre, déclarés ou non, munis ou non de fausses pièces d'identité, près de 30 000 Israélites de toutes nationalités, dont la moitié seulement sont français d'origine. Il est certain que, quelle

1. C'est du moins ce qu'affirment Allemands et collaborateurs.
2. Malgré l'intervention italienne 800 Israélites seront arrêtés par la police française.

que soit l'hostilité des populations d'origine locale à l'égard des occupants et leur désapprobation des méthodes de violence employées par les Allemands contre les Israélites, un certain antisémitisme commence à se faire jour et il est fréquent d'entendre critiquer âprement l'attitude de certains juifs qui vivent trop bien et trop aisément grâce à la fortune dont ils disposent, alors que de nombreux autres Français sont soumis à des mesures particulièrement pénibles[1]...

Le jour même où le préfet des Alpes-Maritimes signe son rapport au ministre de l'Intérieur, c'en est fini de la protection dont jouissaient les juifs. C'est le 8 septembre, en effet, qu'est connue la nouvelle de l'armistice conclu entre l'Italie de Badoglio et les Alliés. Le 9, les troupes allemandes occupent Nice et René Katz (René Brivet) qui, obéissant au mouvement général qui pousse les Israélites vers la seule ville-refuge encore entre les mains des Italiens, a fui le petit village de Duingt, les voit avec effroi entrer dans la ville. « Je suis assis depuis près de deux heures ici sur la Promenade des Anglais et, depuis deux heures, des camions militaires allemands passent, passent sans arrêt. La loueuse de chaises dit que c'est ainsi depuis ce matin à 11 heures. »

Avec les troupes arrivent les services de police : le *Hauptsturmführer* Brunner, le *Hauptscharführer* Brückler qui procèdent, suivant leurs propres mots, « au nettoyage complet des juifs de l'ancienne zone d'influence italienne ».

Le préfet Chaigneau peut bien répondre à Brunner que les Italiens ont emporté toutes les fiches de recensement des juifs. Dans une ville où le juif abonde, il suffit de placer des « physionomistes » près des gares, d'organiser des rafles dans les hôtels ou dans les rues pour être assuré, après avoir fait baisser culotte pour un rapide « examen racial », de capturer ceux que l'on poursuivait parfois depuis des années et qui, de pays envahi en pays envahi, avaient fui jusqu'à cette ville d'espérance.

Les fauteuils de la Promenade des Anglais, sur lesquels était allé s'asseoir René Brivet, ont été rapidement « libérés » des juifs.

> La ville de Nice, écrit le chef régional du Service d'enquête et de contrôle antijuif, a perdu son aspect de ghetto depuis l'arrivée des troupes allemandes. Les juifs ne circulent plus ; les synagogues sont fermées et la Promenade des Anglais offre aux promeneurs aryens de nombreux fauteuils qui, jusqu'à présent, étaient occupés par les juifs[2].

Entre les dernières semaines de 1942 et les premiers jours de janvier 1943, ce sont 7 500 juifs qui seront arrêtés, aussi bien par les services allemands que par la police française.

Mais, lorsque, à la fin de l'année 1942, ont lieu, à Nice, des rafles

---

1. Les Italiens s'opposent, par exemple, au départ des juifs pour l'organisation Todt.
2. Inédit. « Il y a de quoi s'occuper », écrit à l'un de ses amis M. B., inspecteur divisionnaire du PPF, qui ajoute : « Depuis quelques jours, tu penses si nous nous amusons de la tête que font ces youtres. »

dévastatrices, il y a plusieurs mois déjà que l'opinion française est alertée.

Contrairement à ce que l'on serait en droit d'imaginer, elle ne l'a pas été par le général de Gaulle qui, *jamais*, dans ses *Discours de guerre*, n'a évoqué les camps, qu'il s'agisse des camps d'extermination dans lesquels les juifs étaient envoyés à la mort, ou des camps de déportation vers lesquels étaient dirigés les résistants. Elle ne l'a pas été par la radio gaulliste et résistante de Londres, qui ne manifeste d'abord que fort discrètement son opposition aux mesures antisémites, soit qu'elle en devine mal encore l'importance et l'affreuse logique, soit qu'elle soupçonne qu'elles ne sont pas toutes désapprouvées par l'opinion publique, soit enfin que le nombre relativement important des Israélites participant aux émissions d'« Ici Londres », plus qu'un encouragement, constitue un frein aux manifestations d'indignation [1].

Après la dénonciation par Maurice Schumann, le 20 octobre 1940, de la législation raciste, après l'hommage le 14 janvier 1941 rendu par Raymond Aron à Henri Bergson, à peine peut-on signaler [2], le 12 avril 1941, à l'occasion des fêtes de Pâques le message aux Israélites de France du Pr René Cassin. Message d'une incontestable élévation de pensée et d'une grande noblesse d'écriture mais qui, tout en évoquant les persécutions et la « solidarité fraternelle » de la population, admet que « quelques Français ont pu de bonne foi se laisser gagner à l'idée que la défaite devait être rachetée par l'expiation » et recommande aux juifs de conserver, malgré les épreuves, leur fidélité à la patrie occupée.

En vérité, c'est seulement en août et septembre 1942 que le ton changera véritablement, non sans retard parfois sur l'événement. C'est ainsi que les rafles du 16 juillet ne seront évoquées que le 8 août par André Labarthe.

1. Raymond Aron, qui se trouvait à Londres en 1940, fera une très subtile et très loyale analyse de ses réactions. Évoquant les raisons qui, sur l'instant, lui ont fait garder le silence, il dira dans *Le Spectateur engagé* :

« La première [raison] c'est que nous étions à Londres des résistants français. En tant que Français, nous étions évidemment contre toutes ces mesures antisémites. Mais il y avait une espèce de convention d'en parler le moins possible. Probablement parce que moi-même j'étais juif, j'en parlais le moins possible.

« Il y a probablement une autre raison plus profonde et qui n'était pas à mon honneur, mais qui est compréhensible : toutes les mesures que pouvaient prendre les Français contre les juifs me touchaient en profondeur, précisément parce que je suis français, si je puis dire, avant d'être juif. C'était une espèce de précaution émotionnelle pour moi-même de songer le moins possible à ce que certains Français faisaient aux juifs. De ce fait, j'ai parlé moins que je n'aurais dû de cet aspect de la réalité, moins que des autres aspects de la réalité française. »

Raymond Aron ajoute que les journaux anglais et américains ont relativement peu parlé de la question juive pour ne pas « alimenter » la propagande allemande qui « ne cessait de répéter que c'était la guerre des juifs ». Il précisera aussi : « Est-ce que j'ai su que des millions de juifs étaient exterminés ? Je crois que je ne l'ai pas su. »

2. Tout au moins parmi les textes publiés dans le tome d'« Ici Londres », qui rassemble les émissions les plus importantes et les plus significatives.

Alors la France devient terre de pogrom, terre de honte ? Alors, en France, on martyrise les juifs, on détruit les familles, on arrête, on déporte, on écrase, on piétine les innocents ? Laval livre du juif aux Allemands, du juif mort ou vif, Laval le traître, le goujat, jette chaque jour aux nazis sa cargaison de martyrs qu'il a prélevée sur la terre de France, dans nos rangs.

Notre patrie devient un coupe-gorge, une ruelle d'Europe, où, par désespoir, les parents se tuent après avoir assassiné leurs enfants. La France est une chambre de torture, la France serait la fosse aux juifs !

Français, vous ne laisserez pas faire ça... Catholiques, protestants, libres-penseurs, une grande heure humaine vient de sonner... Au nom de votre foi, de votre idéal, faites la chaîne des braves gens.

De son côté, dans son émission du 9 septembre 1942, Jean Marin prend vigoureusement à partie l'Allemagne hitlérienne et le gouvernement de Vichy [1]. A écouter son discours, à lire son texte, l'on pourrait croire cependant que l'antisémitisme est, en France, un phénomène récent, que rien de grave ne s'est produit entre 1940 et 1942 et que l'arbre monstrueux est un arbre sans racines.

Les Allemands *viennent de lancer* [2] sur la France la vague des persécutions les plus méthodiques et les plus spectaculaires qu'on ait pu jusqu'ici observer dans notre pays depuis l'arrivée de l'ennemi. Cette vague de persécutions est dirigée contre les Israélites. Les détails les plus monstrueux nous parviennent de la zone occupée. Et, déjà, nous apprenons que, dans la zone non occupée soumise aux autorités de Vichy, les persécutions commencent à battre leur plein. Les autorités de Vichy se sont targuées vingt fois de leur désir de conduire la politique originale qui leur est propre, et cela, nous ont-elles dit, pour le plus grand bien, dans le plus haut intérêt de la France...

Mais l'initiative hitlérienne, bassement soutenue par les initiatives de Vichy, vient trop tard. *Au moment où il juge opportun de lancer sa vague d'antisémitisme* [3], Hitler trouve en face de lui une France engagée, depuis deux ans, dans le dur combat quotidien de la résistance à l'Allemagne, à la collaboration et à l'Ordre nouveau.

« Au moment où il juge opportun de lancer sa vague d'antisémitisme... » La vague, en réalité, roulait depuis de longs mois, toutes les mesures ponctuelles, décidées après la victoire allemande de juin 1940, conduisant scientifiquement, et par étapes, aux rafles de juillet 1942 et aux déportations qui suivront.

Le parti communiste a pris position bien avant les gaullistes de Londres, mais en prenant soin de distinguer toujours les « travailleurs » juifs des capitalistes juifs.

C'est le 26 août 1940 que l'on trouve, pour la première fois, dans

1. Jean Marin avait évoqué, le 1er juillet, le massacre de 700 000 juifs polonais et signalé l'existence des chambres à gaz.
2. Je souligne intentionnellement.
3. Je souligne intentionnellement.

L'Humanité clandestine, une allusion aux manifestations antisémites organisées à Paris « avec la complicité des autorités [1] ». Le 10 septembre 1940, un écho de sept lignes — la place, il est vrai, demeure mesurée dans un journal clandestin — dénonce l'antisémitisme, « invention des réactionnaires pour empêcher les travailleurs de s'unir contre leurs ennemis de classe ». Le 3 octobre 1940, le journal communiste se félicite de ce que les biens de M. Maurice de Rothschild aient été confisqués, « mais exproprier un capitaliste parce qu'il est juif et laisser les autres ne résout rien ». Le 5 mars 1941, fidèle à la même ligne politique, reprenant, sans le connaître sans doute, le cri de Péguy, « Est-ce qu'il y a une finance qui est française ? », *L'Humanité* écrit que les travailleurs, aryens ou juifs, ont « pour ennemis les capitalistes, qu'ils soient aryens ou juifs », et les malheurs des banquiers, médecins, joailliers juifs laissent parfaitement indifférents un journal et un parti qui dénonceront bientôt les « gros » juifs « collaborateurs » placés à la tête de l'UGIF.

Un tract du 12 juillet 1941 « *A bas les mesures racistes prises contre les petits et moyens commerçants juifs* » affirme également que « seule l'expropriation sans indemnité des gros capitalistes, juifs et non juifs, au profit de la collectivité populaire est une mesure révolutionnaire » ; et c'est dans un texte de deux pages, rédigé vraisemblablement quelques jours avant l'invasion de l'URSS, mais diffusé en juillet 1941, que l'on peut le mieux discerner la pensée qui guide le parti communiste dans sa lutte contre l'antisémitisme, lutte dont l'objectif, ici comme dans d'autres domaines, a d'abord pour but de favoriser les desseins de l'URSS et de célébrer la gloire de Staline, qualifié, dans ce tract, de « plus grand génie de tous les temps ».

> Les communistes dénoncent l'antisémitisme comme étant le moyen d'assurer la défense de la sacro-sainte propriété capitaliste et mettent en garde les travailleurs contre cette diversion déshonorante et grossière. Leurs auteurs accumulent sur leurs épaules des crimes et des forfaits dont ils devront rendre compte devant le peuple de France.
>
> On tente de faire croire aux chômeurs français qu'en chassant les ouvriers juifs ils auront du travail. Ce n'est pas vrai puisque ces mêmes cyniques individus veulent désindustrialiser la France et la ravaler au rang d'une nation agricole… On tente de faire croire aux petits commerçants et artisans que la liquidation des petites entreprises juives leur ouvrira de nouveaux débouchés. Ce n'est pas vrai puisqu'en interdisant toute augmentation de salaires pour les travailleurs et en favorisant constamment la hausse du coût de la vie, les trusts privent les petits commerçants de nombreuses affaires qu'ils réalisaient auparavant avec les masses laborieuses… En URSS, cent peuples, différents tant par leur langue que par leurs races, vivent fraternellement côte à côte dans l'harmonie la plus complète… Ce magnifique exemple doit inspirer tous ceux qui veulent œuvrer à la réalisation d'une véritable fraternité humaine.

1. « Autorités » dont le nom et la nationalité ne sont pas précisées… sans doute sous l'influence du pacte germano-soviétique.

Il n'est jusqu'au tract faisant suite aux rafles du 16 juillet 1942 qui ne cède à la tentation de la politisation excessive. Si le rédacteur anonyme décrit exactement les pitoyables conditions d'hygiène du Vélodrome d'hiver, évoque le sort des malades et des femmes enceintes, parle des suicides, il note également que les « boches n'ont pas arrêté ces juifs millionnaires comme Bader, des Galeries Lafayette, avec qui ils font des affaires [mais qu'] ils ont arrêté de pauvres gens au lendemain du jour où ils avaient payé leur terme, ce qui rend autant de logements meublés disponibles pour les civils boches qui viennent chez nous [1] ».

> Unissons-nous, défendons-nous, ne nous laissons pas emmener comme du bétail ; que tous les Français, qu'ils soient juifs ou non juifs, n'oublient jamais qu'ils sont tous menacés et que le seul moyen pour eux de se sauver, c'est de s'unir et de lutter.

Ce sont les derniers mots du tract communiste de juillet 1942 mais, en 1942, ce sont les catholiques, et non les communistes, qui font toujours l'opinion.

Le 9 septembre 1941, le capitaine Sézille reçoit, dans son bureau de l'Institut d'études des Questions juives, une curieuse carte postale. Elle représente le grand rabbin Abraham Bloch, aumônier au cours de la guerre de 1914-1918, apportant sur le champ de bataille, à un soldat blessé à mort, le crucifix qu'il réclame ; et tombant, victime de son dévouement à une religion qui n'est pas la sienne.

Au verso de la carte postale, ces mots tracés à l'encre bleue :

> Toutes les religions sont respectables.
>
> Gaston Rémy
Homme de lettres
Ancien commandant de compagnie et adjudant
Major d'infanterie, décoré de onze ordres
Avenue du Tené, Bayonne

Toutes les religions sont respectables… Est-il vrai qu'elles soient, alors, toutes respectées par ces catholiques qui, dans l'été 1940, se sont rangés en majorité derrière Philippe Pétain, ont accepté, voire acclamé, un programme de « rénovation française » passant non seulement par l'aide aux établissements d'enseignement religieux et l'exaltation des

1. Vallat, de son côté, écrit dans son rapport à Moysset : « Tant qu'il ne s'est agi que d'éliminer de l'administration française les juifs qui s'y trouvaient, sauf pour deux ou trois cas, personne ne s'est beaucoup ému. Il n'en est plus de même aujourd'hui où les juifs sont menacés dans leur puissance financière et économique. Nous sentons la violence de leurs réactions aux démarches qu'ils suscitent ou qu'ils tentent eux-mêmes auprès du Commissariat général d'abord, auprès des autorités du Parc ensuite… Il est bien entendu qu'il ne faut pas donner aux juifs le droit de crier à la persécution. Je ne cesse de protester auprès des autorités occupantes contre les mesures qui n'ont pour résultat que de faire plaindre "le pauvre juif". Mais j'attire votre attention sur la nécessité de tenir la bride serrée aux juifs de la zone libre. »

vertus traditionnelles, mais encore par la dissolution de la franc-maçonnerie et la ruine de l'influence juive considérées comme responsables du triomphe d'un matérialisme qui rendait inévitable la défaite ?

Par qui, d'ailleurs, les catholiques auraient-ils été alertés, pourquoi auraient-ils entendu les rares avertissements ?

Au contraire des protestants dont les publications [1] rapportent, en mai 1936, la condamnation d'un pasteur de Brunswick qui a invité ses élèves à ne pas s'associer « aux criailleries antisémites », en août 1937 l'arrestation du pasteur Niemöller, suivie, quelques semaines plus tard, de celle de soixante-dix à quatre-vingts pasteurs, et font largement écho à l'émotion manifestée le 29 novembre 1938, c'est-à-dire après « la nuit de cristal », par le Conseil de la Fédération protestante de France, les catholiques ont été moins sensibles aux périls qu'entraînaient les succès du nazisme, considéré trop longtemps, à travers l'encyclique *Divini Redemptoris*, comme à travers les paroles de Pie XII et les prises de position de certains prélats, comme l'ultime barrage au bolchevisme.

Sans doute, une revue comme *Esprit* a-t-elle consacré son numéro 16 aux « pseudo-valeurs spirituelles fascistes », sans doute ouvre-t-elle largement ses numéros 81 (juin 1939) et 82 (juillet) aux « réprouvés » et aux juifs, l'article de W. Rabinovitch qui leur est consacré se terminant sur cette phrase malheureusement prophétique : « Aujourd'hui, ce n'est pas un homme qu'il s'agit de sauver, un homme éloigné à l'île du Diable. C'est sept millions d'hommes et de femmes en danger de mort, les sept millions de juifs de l'Europe centrale », mais *Esprit* n'est que le porte-parole d'une faible minorité de catholiques « de gauche », donc suspects.

Les *Semaines religieuses* font bien allusion, pour les condamner, aux « mesures de stérilisation et d'élimination » prises en Allemagne, donnent bien un bref compte rendu d'un article du père de La Brière sur les persécutions antisémites, paru le 20 décembre 1938, dans la revue des jésuites *Études*, mais, très rapidement, dans les mois qui suivent la défaite de la France, ces mêmes *Semaines religieuses* considèrent la révision des naturalisations comme une « réponse du ciel » au même titre que la dissolution des sociétés secrètes, que la refonte des institutions scolaires, la répression de l'alcoolisme et des menées communistes [2].

Lorsque l'on parle à Mgr Pic, évêque de Valence, des persécutions religieuses, ces mots évoquent d'abord pour lui non l'antisémitisme, mais le combisme. Se souvenant s'être trouvé à Rome en 1904, il répète combien il a souffert « de cette figure hargneuse que donnaient alors à la France, principalement à l'étranger, les persécutions religieuses ».

---

1. Au titre desquelles on peut citer *Le Nouvel Écho*, mensuel qui diffuse 20 000 exemplaires dans l'Ardèche et la Drôme, et dans lequel la plupart des articles écrits par Marcel Fourniol, professeur de philosophie au lycée de Valence, concernent l'Allemagne.

2. Exemples tirés d'une étude des *Semaines religieuses* de cinq diocèses : Annecy, Grenoble, Valence, Lyon, Chambéry.

De son côté, Mgr Caillot, évêque de Grenoble, ayant eu vingt ans en 1880, est resté prisonnier non seulement des souvenirs mais encore des amertumes de sa jeunesse. Le jour de Pâques 1941, il rangera donc la franc-maçonnerie et la juiverie au nombre des « puissances malfaisantes ».

Sans doute établit-il une distinction entre les juifs, son discours, ne visant que les « métèques », ceux qu'il compte au nombre des « puissances des Ténèbres », ceux dont, « heureusement », le Maréchal « vient d'assurer la dispersion » ; mais il n'en reste pas moins que, pour lui, « face au problème juif, la France catholique était comme anesthésiée [1] ».

Officiellement, au sein d'une Église peu et mal informée de la véritable nature du nazisme, au sein d'un épiscopat ayant pour règle de se tenir à l'écart de la politique, aucune autorité ne s'élèvera donc CONTRE LES PREMIÈRES MESURES ANTISÉMITES ALLEMANDES ET FRANÇAISES [2], celles qui préparent le terrain aux rafles en culpabilisant les juifs, en accoutumant les catholiques à des actions sans cesse plus contraignantes et dont la logique sera de conduire, après les exclusions et les interdictions, aux arrestations et aux déportations.

En rappelant à son procès que, de 1221 à 1775, vingt-neuf papes ont promulgué cinquante-sept bulles ayant trait aux questions juives, qu'il existe une doctrine antijuive de l'Église fondée, selon lui, sur un passage du chapitre 2 de l'épître aux Thessaloniciens de saint Paul, « les juifs ne sont pas agréables à Dieu et sont ennemis des autres hommes », et sur un texte de saint Thomas d'Aquin d'après lequel, s'il est interdit d'opprimer le juif dans sa religion ou sa personne [3], le pouvoir civil a le droit de « l'empêcher d'obtenir une influence trop grande sur la société, car il ne serait pas bon de lui livrer le gouvernement », Xavier Vallat ne fait qu'utiliser pour sa défense des thèses qui ont été celles de l'Église de France au moins jusqu'à l'été de 1942.

A l'exemple de Mgr Delay, de nombreux prélats accorderont donc à l'État des droits dont les événements d'Allemagne auraient dû montrer à quels excès ils pouvaient conduire.

> Nous n'ignorons pas, écrit le 6 septembre 1941, l'évêque de Marseille, que la question juive pose de difficiles problèmes nationaux et internationaux.

1. Par la suite, Mgr Caillot s'abstiendra de prendre position et, à la Libération, les juifs le remercieront pour son aide.

2. Lors d'une assemblée épiscopale des évêques de zone non occupée qui s'est tenue à Lyon le 31 août 1940, la position prise à l'égard du problème juif fut la suivante : reconnaissance des droits de l'État envers une « communauté qui a résisté à toute assimilation… afin que la persistance de cette unité ne porte préjudice au bien commun de la nation » (Mgr Guerry), mais respect de la justice « vis-à-vis des juifs qui sont citoyens comme les autres ».

3. On sait ce qu'il en ira de cet interdit ! Un débat théologique s'instituera, au cours du procès de Xavier Vallat, entre l'accusé et l'un des vice-présidents de la Haute Cour, le MRP Maurice Guérin, qui rappellera la parole de saint Paul : « Avec la loi nouvelle, il n'y a plus ni juifs, ni grecs, ni gentils. »

Nous reconnaissons bien que notre pays a le droit de prendre toute mesure utile pour se défendre contre ceux qui, en ces dernières années, lui ont fait tant de mal [1].

Ceux-là mêmes qui s'émouvront et se révolteront un jour restent longtemps fidèles à une distinction subtile entre l'antisémitisme condamné par Pie XII et l'antijudaïsme légitime puisqu'il soumet les juifs à des mesures d'exception non point par haine de leur race, mais en raison des troubles sociaux et politiques qu'ils sont censés provoquer dans la nation.

« On a voulu simplement, écrit *La Croix de Savoie*, le 22 juin 1941, après les nouvelles lois antisémites décidées par Vichy, mettre fin à l'action politique des juifs. »

Si l'Église est restée très longtemps silencieuse [2] et passive, quand ce n'est pas complice, n'est-ce pas parce que le Vatican lui-même, mis au courant, à la demande du maréchal Pétain, des mesures françaises contre les juifs par Léon Bérard, ambassadeur près le Saint-Siège, a laissé entendre qu'il ne les trouvait nullement critiquables ?

Sans doute les deux rapports envoyés par Léon Bérard, à la fin de l'été de 1941, n'ont-ils pas été officiellement divulgués — Xavier Vallat lui-même n'en a été informé qu'avec retard —, mais, révélés à demi-mot, ils ont inspiré bien des commentaires insérés par ordre dans la presse, rassuré bien des consciences [3] et couvert bien des fautes.

Comment, en effet, prendre à la légère des phrases comme celles-ci : « J'ai eu l'honneur de vous adresser une première réponse où je constatai que jamais il ne m'avait été rien dit au Vatican qui supposât, de la part du Saint-Siège, une critique ou une désapprobation des actes législatifs et réglementaires dont il s'agit [4] » ou encore : « Je puis affirmer, en outre, qu'il n'apparaît point que l'autorité pontificale se soit à aucun moment occupée, ni préoccupée de cette partie de la politique française et

1. Mgr Delay ajoute cependant, dans le même texte, qu'il existe des limites aux droits des États.

2. Il faut tenir, en effet, pour non avenue cette prétendue motion de la faculté de théologie catholique de Lyon, datée du 17 juin 1941, et qui est présentée par Mgr Guerry, dans son ouvrage *L'Église catholique en France sous l'occupation*, comme une protestation contre le statut du 2 juin 1941. Cette motion, très souvent citée comme significative de la volonté de résistance de l'Église catholique, n'a, en réalité, jamais existé. Il ne s'est agi, en effet, que d'un projet dû, selon le P. de Lubac, à l'abbé Chaine et au chanoine Richard, mis sans doute en forme par ses « inventeurs », mais qui, n'ayant été ni retenu par l'archevêché ni par la Faculté, n'a été conservé dans aucune archive, même si des brouillons ont pu circuler en 1941.

3. Dans une conversation que le cardinal Gerlier aura, le 6 octobre 1941, avec un envoyé de Xavier Vallat, ce personnage, dont le nom ne nous est pas connu, précise au cardinal que, d'après Léon Bérard, « notre loi ne contient aucune des seules dispositions de la loi italienne qui sont blâmées par Rome, celles qui sont relatives au mariage mixte. Implicitement, cela signifie bien qu'aucune des dispositions de la loi française n'est blâmée au Vatican ».

Le cardinal, qui ignorait le rapport Bérard, se montrera d'ailleurs assez sceptique.

4. Lettre de Léon Bérard au maréchal Pétain en date du 2 septembre 1941.

qu'aucune plainte ou requête venue [des milieux religieux de France] lui en ait, jusqu'à présent, donné l'occasion », ou enfin : « Comme quelqu'un d'autorisé me l'a dit au Vatican, il ne nous sera intenté nulle querelle pour le statut des juifs [1] ».

Sans doute n'est-ce pas avec Pie XII que Léon Bérard s'est entretenu, mais, bien qu'il n'ait jamais voulu révéler le nom de ses interlocuteurs et se soit retranché derrière la fiction d'une « correspondance de caractère purement privé entre un chef d'État et son ambassadeur », il n'est pas imaginable que les « représentants très autorisés du gouvernement de l'Église » évoqués par Bérard n'aient pas été au moins d'importants fonctionnaires de la secrétairerie d'État [2].

Pas plus qu'il n'est imaginable que cette très longue lettre du 2 septembre 1941 [3] soit la conclusion d'une hâtive conversation ou d'un banal entretien.

Elle fait, en effet, largement mention de l'encyclique *Mit Brennender Sorge* et de sa condamnation du racisme, mais, plus largement encore, des idées de saint Thomas d'Aquin favorables à la limitation de l'influence politique et à la restriction de l'activité économique des juifs [4].

Et, à la lumière des difficultés nées entre le Saint-Siège et l'Italie à propos de la législation fasciste sur les juifs, elle exprime au Maréchal, au nom du Vatican, deux vœux et deux vœux seulement : que les mariages mixtes ne soient pas interdits, « qu'il soit tenu compte, dans l'application de la loi, des préceptes de la justice et de la charité ».

Malgré les demandes allemandes, les mariages mixtes ne seront jamais interdits par Vichy. Mais peut-on écrire que les « préceptes de la justice et de la charité » aient été respectés ?...

A quel moment les catholiques ont-ils évolué, à quel moment sont-ils passés d'une attitude d'acceptation au doute, puis à la critique d'un gouvernement qui, tout d'abord, avait recueilli leur adhésion ?

Au cours d'un colloque sur *L'Église et les chrétiens dans la Deuxième Guerre mondiale*, l'abbé Glasberg avait dit :

---

1. Lettre de Léon Bérard au maréchal Pétain en date du 2 septembre 1941.
2. Selon le nonce, Mgr Valério Valéri, le père Gillet, maître général des dominicains, aurait été le véritable auteur du rapport Bérard et c'est avec Mgr Tardini, secrétaire de la Congrégation des affaires ecclésiastiques, et Mgr Montini, substitut de la secrétairerie d'État, que notre ambassadeur aurait eu les plus fréquents entretiens.
3. Elle occupe 10 pages et 456 lignes en annexe dans l'ouvrage *Le Procès de Xavier Vallat*.
4. La transition est assurée, dans la lettre de Léon Bérard, par ces deux phrases : « L'Église a donc condamné le racisme comme elle a condamné le communisme. De ces enseignements touchant les idées racistes, on ne saurait pourtant déduire, il s'en faut de beaucoup, qu'elle condamne nécessairement toute mesure particulière prise par tel ou tel État contre ce que l'on appelle la race juive. Sa pensée comporte, là-dessus, des distinctions et des nuances qu'il convient de noter. »

— Pour ma part, j'ai cherché ce moment et je crois l'avoir trouvé c'est la victoire de Stalingrad. Si je ne me suis pas trompé, cela expliquerait tout.

— Non, avait répliqué le pasteur Roland de Pury, faire reculer le « changement » à Stalingrad (c'est-à-dire dans les premiers jours de 1943), c'est vraiment considérer qu'il n'y a pas eu un seul chrétien dans l'Église protestante ou dans l'Église catholique, et que tous ceux qui ont attendu Stalingrad pour changer n'étaient donc que ceux qui attendaient de savoir de quel côté il fallait courir pour voler au secours de la victoire !

Roland de Pury a raison. Bien avant Stalingrad, il y a eu, de la part des catholiques comme des protestants, des initiatives individuelles relevant sans doute de la charité chrétienne, mais n'en prenant pas moins, par la force des choses, une coloration politique.

L'abbé Glasberg, d'origine juive, dont le hasard a fait le vicaire de la petite église de Saint-Alban, à Lyon, le créateur des « Centres d'accueil » et le délégué du cardinal Gerlier, archevêque de Lyon pour l'aide aux réfugiés, ne sera-t-il pas l'un de ceux qui contribuera le plus efficacement, avec des hommes comme Jean-Marie Soutou, des femmes comme Germaine Ribière, au camouflage des juifs avant de jouer, en septembre 1942, un rôle capital dans le sauvetage des enfants ?

Emmanuel Mounier, qui le 19 octobre 1940, c'est-à-dire quelques jours après la promulgation du premier statut des juifs, a écrit dans ses carnets : « Je me sens vieilli comme par une maladie », ne commence-t-il pas à battre le rappel de tous ceux qui, autour de lui comme autour de Stanislas Fumet, à travers *Esprit* comme à travers *Temps nouveaux*[1], s'opposeront de plus en plus vigoureusement à la politique de Vichy et en détacheront les catholiques ?

A Saint-Étienne, Mlle Juliette Vidal, directrice de l'*aide aux mères*, n'a-t-elle pas voué son organisation à la protection des juifs ? A Roanne, les deux responsables de la Corporation paysanne, Mlle Hamyss et Mme Touzet, n'ont-elles pas, également, réussi le placement de nombreux juifs dans les fermes voisines ? Les religieuses de Pradines n'ont-elles pas accueilli, en septembre 1940, cinq Israélites polonaises et les dominicains de Marseille n'ont-ils pas tout fait pour sauver l'encombrant Erich Noth[2], écrivain allemand recherché en vertu des conventions d'armistice qui obligeaient Vichy à livrer un certain nombre d'antinazis réfugiés en zone non occupée ?

C'est pour avoir dénoncé l'antisémitisme dans deux articles de *La*

1. *Esprit* reparaîtra en novembre 1940. *Temps présent*, rebaptisé *Temps nouveaux*, en décembre 1940. Les deux revues, qui s'efforcent de ruser avec la censure et dénoncent l'antisémitisme, seront interdites par l'amiral Darlan en août 1941.

2. D'après le témoignage du RP Bruckberger, qui l'a bien connu, Erich Noth, dans les familles où il était accueilli, ne montrait aucune discrétion : « S'il y avait une jeune fille ou même une femme moins jeune il l'exaspérait par ses sollicitations ; il était sans cesse à la recherche de la cachette où se trouvaient le vin, le sucre, le tabac. »

Vérité française que le RP Guihaire, dominicain du couvent Saint-Jacques de Paris, rue de la Glacière, sera arrêté le 21 novembre 1941, en compagnie des pères Desobry, Chenaut et Chevignard [1].

Et, si le RP Guyard, qui, à Saint-Louis de Vichy, fait, en mai 1942, prier pour quatre-vingt mille Français de zone occupée à qui l'on va imposer l'étoile jaune, n'est pas inquiété, c'est à Xavier Vallat qu'il le doit.

Ce Vallat dont la politique est depuis plusieurs mois dénoncée par le clandestin *Témoignage chrétien* dont le premier cahier, en novembre 1941, parle de l'antisémitisme comme d'un « des procédés sournois de pénétration et de persécution employés par l'esprit hitlérien ». A ceux qui seraient tentés de l'oublier, le père Fessard (qui conserve naturellement l'anonymat) rappelle la condamnation de l'antisémitisme en 1928 par le Saint-Office, en 1938 par Pie XI, et il s'élève contre l'internement de juifs étrangers à Gurs, contre la projection du film *Le Juif Süss* et contre la campagne antisémite de la presse collaborationniste.

Le cahier II-III (décembre 1941-janvier 1942), qui sera diffusé à 10 000 exemplaires, poursuit la campagne de dénonciation de l'antisémitisme, « véritable empoisonnement intérieur », « violation des normes chrétiennes de justice et de charité », « attentat aux justes libertés de la conscience en matière religieuse ».

Si le cahier IV-V, *Les racistes peints par eux-mêmes* (février-mars 1942), est consacré à la réfutation du racisme nazi et à l'affirmation de l'universalisme chrétien, c'est dans le cahier VI-VII, *Antisémites*, publié en avril et mai 1942, qui se trouvent réaffirmés un certain nombre de grands principes : incompatibilité de l'antisémitisme avec le christianisme, impossibilité, pour l'Église, de laisser croire qu'elle se fait la complice d'une injustice sanctionnée par des lois, respect de la personne humaine, de sa dignité, de ses libertés essentielles, principes qui, diffusés clandestinement, avant d'être, dans quelques mois, affirmés publiquement par un certain nombre de prélats, n'en influencent pas moins déjà une importante partie de la population et du clergé.

Le 25 janvier 1942, une note des renseignements généraux sur l'évolution des esprits en zone libre, après avoir souligné « les tendances actuelles du clergé, qui reflètent une grande anxiété devant la poussée des théories allemandes en France et qui se traduisent par une prise de position hostile à l'occupant », ajoute que « les représentants de l'Église réprouvent aussi toute aggravation des mesures concernant les juifs et n'admettent pas la politique raciste ». Deux mois plus tard, le 28 mars 1942, l'auteur d'un rapport de la police aux Questions juives sur « l'état d'esprit dans la région de Limoges » indique également que, « d'une façon générale, le clergé n'approuve pas les mesures contre les juifs...

1. Le père Guihaire, condamné à mort en 1942, puis gracié, sera cependant fusillé en Allemagne.

Les couvents sont souvent les refuges de juifs. La sympathie des démocrates-chrétiens leur est acquise et c'est peut-être à ce titre que M. Marc Henry, directeur du Secours national du département de la Dordogne, a fait un don de 80 000 francs à l'*Entraide sociale israélite de Périgueux.* »

Lorsque l'ordonnance allemande du 27 septembre 1940 indique que sont « reconnus comme juifs ceux qui appartiennent ou appartenaient à la religion juive, ou qui ont plus de deux grands-pères juifs », c'est-à-dire de religion juive, lorsque la loi française du 2 juin 1941, fondée sur les mêmes critères d'appartenance, précise que « la non-appartenance à la religion juive est établie par la preuve de l'adhésion à l'une des autres confessions reconnues par l'État avant la loi du 9 décembre 1905 », on comprend que la chasse aux certificats de baptême (vrais, mais surtout faux) se développe à une cadence accélérée. A défaut de salut spirituel, n'assurent-ils pas d'abord le salut temporel ?

L'archiprêtre de Lesparre, en Gironde, déclare ainsi avoir vu « le Dr Ibrahim Barsoum, issu de parents catholiques, comme en témoigne son acte de naissance légalisé le 19 septembre 1940, venir assister à la messe du dimanche ». Il se peut que ce certificat sauve une vie mais, lorsque l'abbé Duputs, responsable, à Paris, de la paroisse Saint-Ferdinand, affirme le 24 juillet 1941 que les enfants Moyse, dont la mère est catholique, se préparent au baptême, le CGQJ, où Vallat est seul habilité à signer les certificats de non-appartenance à la race juive, réplique que ces enfants doivent être considérés comme juifs.

Ces prêtres, l'abbé Pézeril, alors curé de Saint-Étienne-du-Mont, à Paris, qui « fêtera », en octobre 1943, son millième faux certificat de baptême ; l'abbé Bourdette, de Nistos, dans les Hautes-Pyrénées ; l'abbé Mazet, de Saint-Denis de Montpellier ; l'abbé Lemoing, de Notre-Dame-de-Lorette à Paris ; l'abbé Aube, de Saint-Ferdinand-des-Ternes [1], ces prêtres et des centaines d'autres, agissent avec une telle générosité que Schweblin, chef de la police des Questions juives, face à la multiplication des faux certificats, décide, le 28 avril 1942, de ne prendre en considération que les actes religieux authentifiés par l'évêché.

Face à la vague des conversions, dont elle sait bien qu'elle correspond seulement à la vague des persécutions, l'Église sera malheureusement amenée à imposer des stages de six mois à un an aux catéchumènes. Voici un extrait du journal — inédit — de M. Batt dont le beau-frère, demi-juif roumain, dénoncé par un confrère jaloux, a été arrêté :

> 8/6/43. Incarcéré à Drancy, nous avons pu lui faire passer un colis et nous entreprenons des démarches pour obtenir sa liberté, eu égard à sa situation de famille ; il est père de huit petits enfants. Avant le 15 juillet, mes deux sœurs

1. Qui, en novembre 1942, refusera notamment à un inspecteur de la Section d'enquête du CGQJ l'accès au registre des baptêmes.

et moi devons fournir nos extraits de baptême et ceux de nos ascendants. Je crois la cause perdue d'avance.

28/6/43. C'est la douche écossaise ; espoir d'un côté, désillusion de l'autre. Il faut les certificats de baptême des huit enfants qui ne sont pas baptisés et l'Église impose, pour les grands, six mois d'instruction religieuse.

Six mois. Pour qui songe sérieusement à se convertir, c'est effectivement un délai convenable. Mais, lorsqu'il s'agit de ruser avec la Gestapo, six mois représentent un « stage » infiniment trop long. Le beau-frère de M. Batt ne sera pas sauvé.

Dans l'enthousiasme de la charité, certains prêtres iront d'ailleurs jusqu'à défier tout bon sens.

Intrigué par une dizaine de certificats de baptême datés de 1810 ou de 1820 et tous émanant du petit village de Châteauneuf-sur-Loire, dans le Loiret, Xavier Vallat n'a aucune peine à découvrir qu'en 1810 SEPT juifs seulement habitaient le département du Loiret[1] ! Par quel providentiel hasard ces sept juifs auraient-ils été tous convertis au catholicisme et tous regroupés à Châteauneuf-sur-Loire ? La supercherie rapidement dévoilée, le juge d'instruction d'Orléans poursuivra MM. de La Bigne et Mansion, curé et vicaire de Châteauneuf-sur-Loire[2]. En septembre 1942, le dossier des deux hommes aboutira sur la table des autorités d'occupation. Ne tenant aucun compte de l'ordonnance de non-lieu du juge d'instruction d'Orléans, elles condamneront, le 8 février 1943, l'abbé Mansion à deux ans de prison et l'abbé de La Bigne à quatre mois de la même peine.

Prisonniers d'une religion qui les condamne aux camps et à la déportation, des juifs s'efforcent cependant de prouver qu'ils ne sont pas ce qu'ils sont.

L'écrivain Elian Finbert fait part, le 3 janvier 1943, au préfet des Hautes-Alpes, des doutes qui l'assaillent.

Je fus élevé au sein d'une absolue liberté religieuse. Aucun des membres de ma famille n'a pratiqué un culte quelconque. J'ignore totalement le rite israélite et je n'ai jamais fréquenté la synagogue… Ma mère était anglaise d'origine et sans doute protestante… Mon père professait une admiration très grande pour l'Islam.

Mme Alice R. écrit qu'à Moudros la tombe de son mari, Victor R., mort aux Dardanelles le 28 mars 1915, est surmontée d'une croix et qu'à Nice le tombeau de sa famille a été élevé dans l'enclos des pères

1. Chiffre connu à la suite du recensement ordonné par Napoléon. Pour la France entière, à l'exception des trois départements de l'Est appartenant alors au duché de Lorraine, ce recensement cite les noms de 10 000 juifs.

2. Vallat dira qu'il s'était contenté de faire recommander le prudence aux prêtres du Loiret et qu'il ignorait la suite qui avait été donnée à cette affaire.

capucins et que « seules les vieilles familles catholiques de Nice y avaient droit de concession ».

Enfin, il existe des juifs qui, à la question « Es-tu catholique ? », apprennent à leurs enfants à répondre « oui ».

Alors parmi des milliers de lettres émouvantes, l'une des plus bouleversantes dans sa simplicité me semble être celle que Mme Lise K. adresse, le 1er septembre 1942, à des parents aryens qui habitent Moissac.

> Chère tante, cher oncle,
>
> Depuis quelques jours, nous vivons dans un cauchemar constant. Nous sommes cachés quelque part ; Fritz là, moi ici, le petit Frédi ailleurs ; car on cherche les juifs pour les déporter en Pologne (où l'on crève de maladie et de faim). Les enfants séparés des parents sont changés de papier d'identité, afin que plus jamais ils ne puissent retrouver leurs parents. Notre cher Frédi ne peut rester longtemps là où il est... Est-ce que notre cher enfant pourrait venir à Moissac ? L'enfant lui-même ne se trahit pas. Il a compris. Quand on lui demande où sont ses parents, il dit : « Je ne sais pas, à l'étranger. » « Es-tu catholique ? » « Oui !... » Il faut agir vite, vite... Chaque jour, chaque nuit, chaque heure peut amener l'irréparable. Je vous supplie de nous aider [1].

En vérité ce ne sont pas les victoires soviétiques de Stalingrad, au début de 1943, mais bien les grandes rafles de l'été 1942 qui, en zone occupée, puis, quelques semaines plus tard, en zone libre, susciteront l'émotion de l'Église, une émotion qui, loin de s'apaiser, ira augmentant tandis que, chaque jour davantage, l'incroyable horreur deviendra plus crédible.

Les rafles qui, à Paris, les 16 et 17 juillet 1942, ont conduit à l'internement de 12 884 juifs étrangers à Drancy, Pithiviers, Beaune-la-Rolande, ont provoqué la première protestation officielle : celle de l'assemblée des cardinaux et archevêques de France de la zone occupée.

En leur nom, le cardinal Suhard adresse au maréchal Pétain une déclaration (elle sera transmise par Mgr Chapoulie) qui comporte ces mots sans ambiguïté : « Profondément émus par ce qu'on nous rapporte des arrestations massives d'Israélites opérées la semaine dernière et des durs traitements qui leur ont été infligés notamment au Vélodrome d'hiver, nous ne pouvons étouffer le cri de notre conscience » et s'achève sur un appel « angoissé » en faveur des mères et des enfants.

Ce texte, cependant, ne sera pas publié. Ce qui ne signifie nullement qu'il demeurera inconnu puisque chaque évêque se voit chargé de le transmettre aux membres de son clergé et qu'il y sera fait écho dans plusieurs tracts de la résistance ainsi que, le 15 septembre par exemple, au cours des émissions d'« Ici Londres ».

Plus encore que les rafles parisiennes de juillet 1942, ce sont les rafles de juifs étrangers qui ont lieu, à la demande des Allemands, en zone non

1. Inédit.

occupée et qui débutent dans les premiers jours d'août, qui sensibiliseront l'opinion catholique. Aboutissant à l'arrestation, puis à la déportation, de 11 184 juifs, elles susciteront les réactions de plusieurs prélats.

A Lyon, après la rafle du 20 août, dès que la nouvelle d'une prochaine rafle est connue, les responsables de l'*Amitié chrétienne*, de l'OSE et de la CIMADE se retrouvent rue de Constantine au siège de l'*Amitié chrétienne* pour élaborer un plan de sauvetage des enfants, à défaut de pouvoir faire échapper les adultes. Les juifs, arrêtés le 26 août à Lyon, sont enfermés au fort Chapeley ainsi que dans une usine désaffectée de Vénissieux, ayant servi de lieu de rassemblement à des travailleurs coloniaux et qu'entourent des murs de brique de trois à quatre mètres de hauteur.

Les opérations de tri dureront trois jours.

Le préfet Angeli a reçu, le 5 août, l'ordre de transférer en zone occupée les Israélites allemands, autrichiens, tchèques, polonais, estoniens, lithuaniens, lettons, dantzikois, sarrois, soviétiques et russes apatrides, mais cet ordre excepte de la déportation onze catégories bien précises. Les vieillards de plus de 60 ans, les enfants de moins de 18 ans *non accompagnés*, les hommes ayant servi dans l'armée française ou dans une armée ex-alliée pendant trois mois au moins ainsi que leur conjoint, leurs ascendants et descendants, ceux et celles qui ont un conjoint français ou dont le conjoint n'appartient pas à l'une des nationalités énumérées, les intransportables, les femmes enceintes, les parents ayant un enfant de moins de cinq ans, ceux et celles qui ne peuvent quitter leur emploi sans préjudice grave pour l'économie nationale, qui se sont signalés par leurs travaux artistiques, littéraires, scientifiques ou qui, à un autre titre, ont rendu des services à la France.

Selon René Nodot[1], sur les 4 000 juifs arrêtés à Lyon en août 1942, 2 700 devaient être relâchés, cependant que 1 300 seraient envoyés à Drancy puis déportés en Allemagne.

L'*Amitié chrétienne* ayant obtenu, au titre du service social, de participer au tri, l'abbé Glasberg, l'avocat lyonnais Charles Lederman, Jean-Marie Soutou, Georges Garel, qui commence ainsi son admirable travail de sauvetage[2], se rendent donc immédiatement à Vénissieux.

C'est dans un monde de désespoir qu'ils pénètrent. Un monde où le désordre est roi. Sous la direction d'un officier[3], quelques Indochinois exécutent des travaux de nettoyage et s'occupent du ravitaillement cependant qu'un seul médecin — le Dr Adam — doit non seulement soigner les malades dans une infirmerie improvisée mais encore déter-

1. *Les enfants ne partiront pas.*
2. On pourra après la fin de la guerre parler d'un véritable « réseau Garel ».
3. Le général de Saint-Vincent, gouverneur militaire de Lyon, refusera de faire participer la troupe aux arrestations, comme cela lui a été officiellement demandé, ainsi qu'à la surveillance des camps dans lesquels les juifs sont internés. Il sera immédiatement mis à la retraite par le général Bridoux, ministre de la Guerre.

miner, en fonction de leur état de santé, quels sont ceux qui peuvent et ceux qui ne peuvent pas partir pour Drancy.

Glasberg, Soutou, Garel circulent dans un camp plongé dans l'obscurité à la suite d'une panne d'électricité. Persuadés que les enfants qui accompagneront leurs parents en zone occupée subiront un sort cruel, même s'ils n'imaginent pas l'absolue cruauté du destin qui les attend, ils s'emploient à convaincre les familles de s'en séparer pour les sauver. Ils vont de groupe en groupe, parlent à des hommes et à des femmes qu'ils ne connaissent pas et qui ne les connaissent pas, qui souvent, d'ailleurs, comprennent mal le français et qu'il faut décider en quelques secondes à rompre les liens les plus sacrés.

De ce que fut cette première nuit, Garel devait faire un bouleversant récit[1].

> Vous pouvez imaginer la scène, quand nous nous adressions à des parents en leur disant : confiez-nous votre enfant. Les uns comprenaient la situation et nous remettaient leur enfant ; pour garder une notion de son identité, nous lui attachions une étiquette au cou ou au poignet, où nous marquions nom, prénom et date de naissance.
>
> J'avais conscience que le sort de ces gens serait vite réglé. Mais nous ne pouvions pas dire brutalement : vous, vous êtes condamnés à mort, permettez au moins à vos enfants de survivre. Nous pensions donc les convaincre en leur disant le minimum de choses possibles sur le sort réservé aux partants. Cependant, avec la panne d'électricité, nous nous sommes trouvés dans l'impossibilité de repérer les baraques où restaient encore des enfants, les familles auxquelles il aurait fallu parler de nouveau… Voyant le temps qui passait, nous sommes devenus plus autoritaires et nous avons déclaré aux parents : « Nous venons chercher vos enfants. » Quelques familles se sont exécutées. Mais cette autorité n'a pas toujours suffi et, sans aller jusqu'à nous battre, il est des cas où il a fallu retirer leurs enfants aux parents malgré leur résistance physique. Lorsqu'une mère se cramponnait à son enfant, on devait le lui arracher d'une manière aussi civilisée que possible…

Entendant le cri des femmes à qui l'on enlève leurs enfants, Cussonac, l'intransigeant préfet de police qui préside aux opérations[2], éprouve quelques remords et dit à l'abbé Glasberg : « C'est abominable ce que nous faisons là ». Au bout de quarante-huit heures, cependant il quitte le camp et son absence facilitera le sauvetage d'une centaine d'enfants.

Dans trois cars, leurs sauveteurs les conduisent hors de Vénissieux, vers des maisons amies et des refuges discrets. Par une dramatique coïncidence, en s'éloignant ils longeront quelques-uns des autobus dans lesquels sont entassés leurs parents promis à la déportation. Ces enfants — 108 dira Garel —, que des hommes de bonne volonté et de volonté ont réussi à faire sortir de Vénissieux, ne sont pas sauvés

1. A Any Latour.
2. Cussonac sera condamné à mort et exécuté à la Libération.

puisque, immédiatement, Vichy les réclame au nom du REGROUPEMENT FAMILIAL !

Le préfet Angeli intervient donc à plusieurs reprises auprès du cardinal Gerlier, à qui il demande de convoquer l'abbé Glasberg, Jean-Marie Soutou et leurs amis afin d'obtenir qu'ils « restituent » les enfants.

Sur la scène qui va suivre, et qui aura pour théâtre le bureau du cardinal, nous possédons des témoignages contradictoires qui montrent la difficulté que peuvent avoir des hommes de bonne foi, mais également passionnés, pour s'accorder sur le rôle et le caractère du cardinal Gerlier.

Est-ce bien le même homme, en effet, dont, le 13 mai 1942, à l'occasion de l'assemblée du rabbinat, le président Helbronner parlera comme du « prince de l'Église, compatissant et charitable à toutes les infortunes [1] » et dont certains résistants juifs — Nina Yourfinkel, par exemple — diront qu'il était le plus « souple », le plus « avisé » des évêques, cependant que l'abbé Glasberg, qui fut l'un de ses proches, sinon l'un de ses confidents, dénoncera « l'attitude complaisante » envers Vichy ?

A ces jugements catégoriques dans l'éloge comme dans la critique, les uns ne prenant en compte que les interventions de Gerlier en faveur des juifs et notamment des juifs anciens combattants, les autres s'irritant des éloges décernés par le cardinal au maréchal Pétain, il faut préférer un jugement plus subtil prenant en compte aussi bien la situation d'une Église lente à s'émouvoir, répugnant à s'opposer à cet État français qui défend des valeurs qui sont les siennes, que le caractère d'un homme, de par sa vocation tardive et sa formation d'avocat, mieux fait pour les débats où l'éloquence et la courtoisie tiennent le premier rôle que pour ces grands chocs dans lesquels le caractère a plus d'importance que l'esprit de finesse et de repartie.

Le cardinal Gerlier a donc réuni, le 2 septembre, dans son bureau, à la demande du préfet Angeli, plusieurs responsables de l'*Amitié chrétienne*.

D'après l'abbé Glasberg, le cardinal, après avoir dit à Glasberg et à Soutou qu'ils avaient agi à la légère, aurait ajouté :

— J'ai pris un engagement envers le Maréchal : vous allez me donner les adresses actuelles de ces enfants. Je vous garantis qu'on ne les communiquera pas à la police allemande, le Maréchal a donné sa parole et je lui fais confiance. Donnez-moi ces adresses.

— Éminence, on vous les donnera, réplique Soutou, à la grande fureur de Glasberg qui, en sortant de la pièce, lui fait part de ses craintes.

---

1. Lors du décès du cardinal Gerlier, le grand rabbin Kaplan rendit hommage à sa mémoire en adressant au cardinal Villot, nouvel archevêque de Lyon, un télégramme dans lequel il déclarait notamment : « La protestation publique du cardinal Gerlier contre la persécution, l'asile aux enfants pourchassés, la résistance spirituelle présente aux côtés de la résistance armée, tout demeure et vivra dans notre mémoire fraternelle. »

Et dans son livre *Justice pour la foi juive*, paru en 1977, il évoquera longuement ses entretiens d'août et septembre 1942 avec le cardinal Gerlier.

— Calmez-vous ! réplique Soutou. On donnera de fausses adresses. Je n'ai aucune confiance en Gerlier, et puis on verra ce qui va se passer.

Si l'on en croit l'abbé Glasberg, la police française se serait, dès le lendemain, présentée aux (fausses) adresses fournies par Soutou [1].

Pour le père Chaillet, qui assistait également à la réunion, la discussion aurait été interrompue par une communication téléphonique d'Angeli.

— Ce soir, à 6 heures, il y a un train qui vient du camp des Milles [2] avec des juifs qu'on va livrer aux Allemands. On ajoutera un wagon pour y mettre les enfants que vous avez sortis du camp de Vénissieux. Je vous demande de faire assurer le transport de ces enfants à la gare [3].

Au terme d'une longue conversation que Mgr Gerlier interrompait de temps à autre par des boutades qui se voulaient drôles mais qui exaspéraient les assistants, le cardinal se serait exclamé :

— Eh bien, monsieur le préfet, si vous voulez monter à l'archevêché, montez à l'archevêché ! Mais les enfants, vous ne les aurez pas ! (ajoutant, à l'intention de Glasberg, Soutou, Garel et leurs amis :) Fichez-moi le camp, je ne veux plus vous voir ; le préfet monte ici pour me demander de livrer les enfants, et je ne veux surtout pas savoir où ils sont. Débrouillez-vous. Au revoir [4].

Débrouillez-vous ! C'est plus facile à dire qu'à faire. Mais ce sera fait cependant. Mgr Saliège, le premier prélat, on le verra, à protester contre les persécutions, a mis Garel en contact avec son coadjuteur, Mgr de Courrèges, qui l'introduit auprès d'une œuvre diocésaine, *Sainte-Germaine*, dont la directrice, Mlle Thèbes, acceptera de prendre plusieurs enfants juifs aux identités naturellement camouflées.

Mgr Saliège a remis également à Garel une carte de visite sur laquelle il a tracé ces mots : « Le porteur de la présente est M. Georges Garel dont la bonne foi est certaine. »

Muni de ce sésame, l'incroyant Georges Garel peut ainsi, d'œuvres catholiques en institutions laïques [5], tisser sur trente départements un

---

1. Soutou sera arrêté le 27 janvier 1943. G. Ribière dira que, si le cardinal a contribué à sa libération, « il fallut le faire avancer l'épée dans le dos, vraiment l'épée dans le dos ».
2. Près d'Aix-en-Provence.
3. Angeli a fait également téléphoner au Dr Joseph Weill, l'un des premiers à avoir compris, en ZNO, qu'il fallait disperser les enfants dans des familles non juives, pour l'informer qu'il serait arrêté si, dans les vingt-quatre heures, les enfants n'étaient pas livrés.
4. Des tracts circuleront à Lyon dans les premiers jours de septembre 1942 « Hommes de cœur, empêchez un crime abominable. Sauvez 100 enfants israélites que l'on veut livrer aux bourreaux nazis. Les organisations catholiques de Lyon ont réussi à sauver 100 enfants dont les parents ont été déportés en zone occupée… Ces enfants sont sous la protection de l'Église. »
5. La Grande Chartreuse ouvrira ses portes aux juifs persécutés. 800 familles seront recueillies par les sœurs de Notre-Dame de Sion dans leur maison de Grenoble. D'après Lévy (*La Grande Rafle du Vél' d'hiv'*), ce sont 8 000 enfants juifs qui seront sauvés.

efficace réseau d'accueil [1]. Efficace mais insuffisant puisque des milliers d'enfants juifs, avec ou sans leurs parents, sont, eux aussi, envoyés, dans des camps de Pologne et d'Allemagne.

La livraison des enfants juifs sera portée au débit de Pierre Laval puisque c'est indiscutablement lui qui se trouve à l'origine d'une initiative aux conséquences dramatiques.

Dans un télégramme adressé le 6 juillet 1942 à Eichmann, Dannecker, résumant les conversations qui ont eu lieu avec le gouvernement français [2], indique en effet : « Le président Laval a proposé, lors de la déportation des familles juives de la zone non occupée, d'y comprendre également les enfants âgés de moins de seize ans. La question des enfants juifs restant en zone occupée ne l'intéresse pas. »

Mais elle intéresse les Allemands qui, après avoir pris connaissance de la position de Pierre Laval, décident qu'à partir de l'âge de deux ans, et non plus de seize, les enfants seront internés et déportés.

Lorsque l'on sait que pas un seul de ces petits déportés ne devait revenir des camps, l'attitude de Laval entraîne condamnation et, cette condamnation, l'immense majorité des historiens l'a prononcée, en voulant voir dans la proposition de Laval une cruauté venant s'ajouter à toutes les cruautés allemandes [3].

Or, dans son *Mémoire en réponse à l'acte d'accusation*, rédigé en prison en septembre 1945, et alors que l'on ne sait pas tout encore de l'horreur des camps de concentration, Pierre Laval devait affirmer qu'il n'avait pris aucune part à la rédaction des lois antisémites de 1940 (ce qui est exact), que, dès son retour au pouvoir, il avait, à la demande de Bousquet, supprimé la police antijuive créée par Darlan, rejeté plusieurs projets de loi aggravant le sort des juifs, lutté afin que les juifs français soient protégés alors que les Allemands, ne s'embarrassant pas de distinction de nationalité, avaient l'intention de déporter tous les juifs, qu'ils soient étrangers ou citoyens français [4].

1. A ces sauvetages, participent des responsables du très officiel Secours national. C'est ainsi qu'à Limoges Germaine Ratner-Masour, qui se dévoue sans compter pour, dans la nuit, arracher quelques enfants aux trains de déportés qui stationnent, peut opérer sous la protection de l'insigne que lui a remis la directrice du Secours national.

2. C'est le 2 juillet que le Conseil des ministres a été mis au courant, aussi bien par Laval que par Darquier, des exigences allemandes. Le 4 juillet, Laval a eu un long entretien avec Knochen.

3. Le conseiller Rahn a demandé, le 27 juin, à Pierre Laval que les Français « fournissent » 50 000 juifs et il a précisé que l'âge limite des futurs déportés avait été fixé à 16 ans.

4. Laval devait se féliciter également d'avoir pu écarter plusieurs projets d'inspiration allemande prévoyant la révision des ventes de biens juifs supposées fictives ; le cantonnement de l'hypothèque légale de la femme mariée à un juif à une somme fixée par expert, afin de hâter la liquidation de ses droits dans la communauté ; l'interdiction de revente d'un bien juif par son acquéreur avant un délai de deux ans et, surtout, le port de l'étoile jaune qui, effectivement, ne sera jamais imposé après l'occupation de la zone libre.

En conclusion du chapitre de son « mémoire » consacré aux juifs, Laval allait écrire :

> Je ne puis accepter la responsabilité des mesures inhumaines et injustes qui frappaient les juifs étrangers. Dans toute la mesure de mes moyens, j'ai tenté de les sauver. *J'ai obtenu notamment que les enfants ne soient pas séparés de leurs parents* [1], mais je ne pouvais agir autrement que je l'ai fait sans sacrifier nos nationaux dont j'avais d'abord la garde.

Laval aurait-il écrit ces mots *J'ai obtenu notamment que les enfants ne soient pas séparés de leurs parents*, mots qui apparaîtraient comme une révoltante manifestation de cynisme, s'il avait connu le sort effroyable qui menaçait les enfants juifs ?

Pour juger les intentions de Laval, il est indispensable de se replacer dans le climat de l'été 1942. Faut-il alors laisser les enfants de moins de seize ans à leurs parents ou doit-on les séparer ? *La réponse dépend de l'idée que l'on se fait, en zone non occupée, de l'avenir réservé aux déportés.*

Si l'abbé Glasberg, Jean-Marie Soutou, le Dr Joseph Weill sont partisans, dans l'espoir de les protéger, d'enlever les enfants qui se trouvent internés avec leurs parents, les évêques français, dans toutes leurs protestations, s'élèveront contre la dispersion des familles. Mgr Saliège évoquera « les membres d'une même famille… séparés les uns des autres », Mgr Théas parlera « des familles disloquées », Mgr Gerlier écrira de son côté : « Nous assistons à une dispersion cruelle des familles où rien n'est épargné, ni l'âge, ni la faiblesse, ni la maladie » et il soulignera que l'Église souhaite « en cette heure sombre et en présence de ce qui nous est imposé [affirmer hautement] les droits imprescriptibles de la personne humaine, le caractère sacré des liens familiaux »…

De son côté, le pasteur Bertrand, vice-président du Conseil de la Fédération protestante, qui a rencontré à Paris Mgr Beaussart, en vue d'une démarche commune, précisera, le 8 août 1942, que le prélat a fait demander « que les enfants ne fussent pas séparés de leurs parents ».

Tandis que, dans le numéro 2 du clandestin (communisant) *Lettres françaises*, en septembre 1942, Édith Thomas parle de « l'arrachement des enfants aux mères », Jean Marin s'indigne en ces termes dans son émission d'« Ici Londres [2] » :

> On demeure stupéfait quand on apprend que des enfants sont arrachés à leur mère, quand on apprend que ces enfants sont mis dans des maisons de correction, qu'ils y perdent leur identité, tandis que leurs parents sont emmenés comme un bétail vers l'Allemagne, ses cachots, ses chantiers de travaux forcés, ses camps de concentration.

Il est vrai que les Allemands cachent soigneusement le sort qu'ils réservent aux juifs, qu'à partir du 13 mai 1942 ils interdisent d'employer

1. Je souligne intentionnellement.
2. Le 9 septembre 1942.

les termes « déportation », « envoi vers l'Est », recommandant, le 15 juin[1], de ne parler que de la « transplantation » des juifs, laissant même dire aux policiers français qui procèdent aux rafles des 16 et 17 juillet que les personnes arrêtées seront conduites dans un ghetto près de Lublin. Thèse qui sera acceptée par les autorités de zone non occupée puisque le 26 août 1942 la préfecture de l'Ardèche, dans ses instructions aux services de police chargés d'arrêter les juifs étrangers, précise qu'il « peut être indiqué aux étrangers israélites qu'ils sont envoyés en Pologne (Lublin) où est créé un État juif et que l'Allemagne a donné l'assurance au gouvernement français qu'ils ne seront pas maltraités[2] ».

Rapportant une conversation qu'il avait eue le 9 septembre 1942 avec Pierre Laval, conversation au cours de laquelle il s'était efforcé en vain de lui faire comprendre que des familles françaises, en les adoptant, pouvaient sauver bien des enfants juifs, le pasteur Boegner allait conclure sur ces mots : « Que pouvais-je obtenir d'un homme à qui les Allemands avaient fait croire — ou qui faisait semblant de croire — que les juifs emmenés de France allaient en Pologne du Sud pour y cultiver les terres de l'État juif que l'Allemagne affirmait vouloir constituer[3] ? Je lui parlais de massacres ; il me répondait jardinage… »

S'il est possible que Pierre Laval ait ignoré le sort auquel étaient promis les déportés, n'avait-il pas cependant le devoir de prendre en considération ce texte par lequel, le 25 août 1942, le Consistoire central lui faisait savoir que les Allemands avaient la volonté d'exterminer les juifs « impitoyablement et méthodiquement » ?

> Le Consistoire central ne peut avoir aucun doute sur le sort final qui attend les déportés, après qu'ils auront subi un affreux martyre. Le chancelier du Reich n'a-t-il pas déclaré dans son message du 24 février 1942 : « Ma prophétie, suivant laquelle, au cours de cette guerre, ce ne sera pas l'humanité aryenne qui sera anéantie, mais les juifs qui seront exterminés, s'accomplira. Quoi que nous apporte la bataille et quelle qu'en soit la durée, tel sera son résultat final. » Ce programme d'extermination a été méthodiquement appliqué en Allemagne et dans les pays occupés… Enfin, le fait que les personnes livrées par le gouvernement français ont été rassemblées sans aucune discrimination quant à leurs aptitudes physiques, que, parmi elles, figurent des malades, des vieillards, des femmes enceintes, des enfants, *confirme que ce n'est pas en vue d'utiliser les déportés comme main-d'œuvre que le gouvernement allemand les réclame, mais dans l'intention bien arrêtée de les exterminer impitoyablement et méthodiquement*[4].

1. Rapport de Dannecker.
2. A la fin de 1941, déjà, les Allemands faisaient courir le bruit que les juifs déportés iraient en Allemagne où ils seraient assimilés à des travailleurs étrangers.
3. Oberg le dira effectivement à Laval. Et Laval, de son côté, après avoir quitté Oberg, fera cette réflexion à Jean Jardin : « Je viens d'une réunion épouvantable. Ils veulent nous laisser les enfants. Je leur ai dit : "Ce n'est pas l'habitude chez nous de séparer les enfants de leurs parents". »
4. Je souligne intentionnellement.

N'était-il pas, lui, Pierre Laval, mieux placé que des Israélites de condition modeste, se fiant uniquement à leur instinct, pour connaître, non certes tout ce qui se passait en Allemagne et en Pologne, mais du moins pour être exactement informé des effroyables conditions de vie dans les camps français comme dans les wagons qui emmènent le « cheptel juif » — pour reprendre un mot de Dannecker[1] — en direction du IIIe Reich ?

Cette prescience, cette curiosité, ce scepticisme aussi vis-à-vis des assurances allemandes, qui font tant défaut à Pierre Laval, M. Blumenau, qui habite Nice et s'adresse, le 15 août 1942, à une correspondante de Zurich, les aura :

> Vous avez certainement déjà entendu que la plus grande partie des internés de Gurs et des autres camps ont été déportés en Pologne et Roumanie et que les maris, femmes et enfants ont été séparés, de sorte que l'on ne sait pas où vont les autres…
>
> Dans un état de profond danger moral et corporel, je vous demande s'il n'y aurait aucune possibilité pour nous, au moins pour nos enfants, d'aller en Suisse… Nous devons sauver notre vie, car un voyage en Pologne équivaut pour nous, comme pour des dizaines de milliers des nôtres, à une mort certaine…

Les drames d'août 1942 représentent pour l'Église de zone non occupée le véritable choc moral d'où datera son désengagement envers Vichy plus, sans doute, que son engagement dans la Résistance.

La première en date de toutes les protestations, la plus célèbre également, tant à cause de la personnalité de son auteur que de l'importance que lui donneront « Radio-Londres » et tracts clandestins, sera celle de l'archevêque de Toulouse, Jules-Géraud Saliège. Mis au courant le 20 août, alors qu'à l'occasion d'une retraite pastorale il est entouré de tout son clergé, des scènes qui viennent de se dérouler dans les camps de Noé et de Récébédou, il dicte immédiatement à sa secrétaire, Mlle Buisson, l'une des seules personnes capables de comprendre sa parole déformée par la maladie, vingt-trois lignes qui placent le débat sur son véritable terrain : celui de la nécessaire révolte de la conscience face aux exigences de la dictature.

LETTRE DE S.E. MONSEIGNEUR L'ARCHEVÊQUE DE TOULOUSE
SUR LA PERSONNE HUMAINE

> Mes très chers Frères,
>
> Il y a une morale chrétienne, il y a une morale humaine qui impose des devoirs et reconnaît des droits. Ces devoirs et ces droits tiennent à la nature de l'homme ; ils viennent de Dieu. Il n'est au pouvoir d'aucun mortel de les supprimer. Que des enfants, des femmes, des hommes, des pères et des mères soient traités comme un vil troupeau, que les membres d'une même famille

1. Note de Dannecker en date du 6 juillet 1942.

soient séparés les uns des autres et embarqués pour une destination inconnue, il était réservé à notre temps de voir ce triste spectacle.

Pourquoi le droit d'asile dans nos églises n'existe-t-il plus ?

Pourquoi sommes-nous des vaincus ?

Seigneur, ayez pitié de nous.

Notre-Dame, priez pour la France.

Dans notre diocèse, des scènes d'*épouvante* ont eu lieu dans les camps de Noé et de Récébédou. Les juifs sont des hommes, les juives sont des femmes. Tout n'est pas permis contre eux, contre ces hommes, contre ces femmes, contre ces pères et mères de famille. Ils font partie du genre humain ; ils sont nos frères comme tant d'autres. Un chrétien ne peut l'oublier.

France, Patrie bien-aimée, France qui porte dans toutes les consciences de tous tes enfants la tradition du respect de la personne humaine, France chevaleresque et généreuse, je n'en doute pas, tu n'es pas responsable de ces *horreurs*.

Immédiatement polycopiée, remise aux prêtres qui, au lendemain de leur retraite, regagneront leur paroisse, envoyée par cycliste ou courrier à travers tout le diocèse, afin qu'elle soit, le dimanche suivant, lue aux fidèles, comment cette lettre pastorale ne parviendrait-elle pas rapidement sur le bureau du préfet ? La première réaction du représentant du gouvernement est d'en interdire la diffusion et il fait télégraphier à tous les maires du département pour que défense soit faite aux curés de lire en chaire le texte dicté par leur évêque. Un texte auquel Mgr Saliège a cependant accepté d'apporter deux modifications, remplaçant les mots « épouvante » et « horreurs [1] » par « émouvantes » et par « erreurs », mais dont il maintient la lecture obligatoire, tançant vivement, dans *La Semaine religieuse*, les curés qui, en lui désobéissant, par crainte du pouvoir établi, ont prêché « un évangile nouveau... ».

Sans doute, le 27 septembre 1942, Mgr Saliège publiera-t-il, toujours dans *La Semaine religieuse*, un texte réaffirmant son loyalisme à l'égard du maréchal Pétain et s'élevant « contre l'usage indécent que certains ont fait de sa récente lettre », mais, même s'il faut voir, dans ce qui paraît une marche arrière, le souci de prendre une contre-assurance, le mal ou, plus exactement, le bien, est fait.

En zone non occupée, les protestations épiscopales vont désormais se succéder. Celle de Mgr Saliège ayant donné le ton, elles seront, sur le fond, identiques, la forme seule permettant de deviner l'âge, la personnalité, les opinions politiques, le degré d'attachement au maréchal Pétain, du signataire.

Le 28 août, c'est Pierre-Marie Théas, évêque de Montauban, qui informe le préfet François Martin de son intention de faire lire une lettre de protestation à toutes les messes.

1. Soulignés intentionnellement, afin qu'ils soient plus facilement repérés, dans le texte tel que je l'ai reproduit. Les tracts clandestins, qui reproduiront la lettre de Mgr Saliège, conserveront « épouvante » et « horreurs ».

Plus courte que celle de Mgr Saliège, la lettre pastorale de Mgr Théas est plus vigoureuse encore. Après avoir évoqué les drames qui, en zone non occupée comme en zone occupée, ont ravagé la communauté israélite, Mgr Théas écrit, et les mots, depuis toutes les chaires du diocèse, pénètrent la conscience de fidèles peu accoutumés à un vocabulaire aussi fort : « … Ces mesures antisémites actuelles sont un mépris de la dignité humaine, une violation des droits les plus sacrés de la personne et de la famille [1]. »

Le 6 septembre, Mgr Delay, évêque de Marseille, et le cardinal Gerlier prennent position à leur tour. Sans doute font-ils, l'un comme l'autre, référence « aux difficiles problèmes nationaux et internationaux » (Delay), « aux difficultés auxquelles doit faire face le gouvernement » (Gerlier) et même au devoir que notre pays a « de punir sévèrement tous ceux qui abusent de l'hospitalité qui leur fut si libéralement accordée » (Delay), mais ces phrases de circonstance, même lorsqu'elles se font l'écho de vieilles passions, ou reflètent le respect dû au pouvoir établi, ne sauraient masquer l'essentiel : c'est-à-dire la très nette prise de position contre les persécutions et contre les persécuteurs. « Qui voudrait reprocher à l'Église », déclare notamment le cardinal Gerlier dans sa lettre lue en chaire, « d'affirmer hautement l'inviolabilité du droit d'asile et les exigences impérieuses de cette charité fraternelle dont le Christ a fait la marque distinctive de ses disciples ? […] Ce n'est pas sur la violence et la haine qu'on pourra bâtir l'ordre nouveau. »

Que les lettres pastorales aient eu sur l'opinion une influence considérable et immédiate, nous le savons par les réactions du Commissariat aux Questions juives et des journalistes de la collaboration.

Le capitaine de corvette Lécussan, responsable du CGQJ de Toulouse, voit dans la lettre de Mgr Saliège la preuve que « certains membres du haut clergé — qui n'a d'ailleurs jamais été épuré — ont gardé la même mentalité que lorsqu'ils souhaitaient la victoire des républicains espagnols », et il réclame « une intervention énergique [2] » auprès de la nonciature.

Des enquêteurs du Commissariat signalent que, dans le Sud-Ouest, « les milieux juifs et sympathisants » font circuler la lettre de l'archevêque de Toulouse, cependant que la censure de Pau a arrêté au dernier instant cette annonce destinée à paraître dans *Le Patriote* du 5 septembre 1942 : « Famille chrétienne réfugiée du Nord demande à adopter un enfant israélite pendant les hostilités, petite fille de préférence. »

1. Mgr Théas renoncera cependant à ce que sa lettre soit lue, en présence du préfet, à la messe de la Légion, ce qui lui vaudra cette réflexion de M. François Martin : « Monseigneur, dans mon cabinet, je vous ai parlé en préfet, aujourd'hui, dans votre église, je vous parle en chrétien, je vous approuve et je vous félicite. »

2. Le 27 août, quatre jours après la déclaration de Mgr Saliège, Rochat, secrétaire général du ministère des Affaires étrangères, convoquait le secrétaire de la nonciature, Mgr Rocco, et lui transmettait une protestation de Laval.

Sans citer une fois encore *Au pilori*, qui redouble de fureur antisémite et réclame la tête de Gerlier, « cardinal talmudiste délirant, traître à sa foi, à son pays, à sa race [1] », contentons-nous de signaler que, dans *L'Œuvre* du 23 septembre 1942, Marcel Déat évoque la « levée des crosses épiscopales ». « L'archevêque de Toulouse, poursuit-il, et bien entendu le cardinal Gerlier se sont distingués en cette occasion… Le pasteur Boegner est aussi catastrophique que ses collègues catholiques. » *Je suis partout* du 16 octobre 1942 accuse « ces messieurs du haut clergé français d'entraver l'action de Darquier de Pellepoix », tandis que *Le Matin* du 6 novembre dénonce les forces « curieusement coalisées des maçons et des cléricaux, des juifs et des maurrassiens ».

< Ainsi, sans le vouloir, la presse de la collaboration a rendu hommage par la violence même de ses attaques, à l'efficacité de l'action des Églises et particulièrement de l'Église catholique.

Lucidement, en revanche, Serge Klarsfeld, dans son bouleversant *Calendrier de la persécution des juifs en France*, écrit, à propos du refus de Pierre Laval de « fournir » à la Gestapo 40 000 juifs pour « remplir entre le 15 septembre et le 20 octobre 1942, quarante trains » : « Premier sauvetage massif des juifs en France, grâce à la pression exercée sur Vichy par l'opinion publique et par ses guides moraux, les prélats de l'Église ».

Pourquoi, en septembre 1997, à l'occasion de la « déclaration de repentance » de l'Église, les évêques de France [2] ont-ils, malgré certaines précautions de plume, infligé un démenti ET aux collaborationnistes qui accusaient plusieurs de leurs éminents prédécesseurs d'avoir trop chaleureusement défendu les juifs, ET à des hommes comme Klarsfeld, comme Marek Halter, comme mon vénérable ami le grand rabbin Kaplan, qui les remerciaient de leur action efficace et généreuse ?

Pourquoi, dans le très long texte [3] du 30 septembre 1997, le nom de Mgr Saliège n'est-il pas cité pour l'essentiel — sa lettre pastorale du 20 août : « *les juifs sont des hommes, les juives sont des femmes* » —, mais pour le secondaire [4] — sa recommandation, *à la veille de la guerre*, de chercher « la lumière dans l'enseignement de Pie XII plutôt que dans tel édit d'Innocent III au XIIIe siècle » ?

Certes l'Église catholique aurait pu (et dû) faire davantage encore, et surtout réagir plus tôt ; aurait pu (et dû) se garder, pour parler du maréchal Pétain, d'utiliser le mot « vénération » — les laïques Jeanneney

< 1. *Au pilori*, 8 avril 1943. >

< 2. Ceux, du moins, qui ont signé, car il y eut des abstentions et des refus de signature. D'après *Libération* du 16 octobre 1997, sur la centaine d'évêques de la Métropole, une vingtaine seulement ont apposé leur signature au bas du « mea culpa ». La hiérarchie épiscopale a expliqué que seuls les diocèses sur lesquels étaient installés des camps d'internement étaient concernés. >

< 3. Publié intégralement par *Le Monde* du 1er octobre 1997. >

< 4. Étant donné les circonstances. >

et Herriot, il est vrai, l'avaient employé le 9 juillet 1940 pour recommander aux sénateurs et députés d'accorder les pleins pouvoirs au Maréchal —, mais, dans le silence quasi général de l'automne de 1942, que des prélats écoutés aient, depuis leur chaire, dénoncé arrestations, séparation des familles, déportation, aurait mérité d'être mieux dit, plus fortement reconnu. Car si l'on pouvait signaler et critiquer l'adhésion presque enthousiaste de quelques-uns aux lois antisémites de Vichy, la passivité et la résignation de certains, encore aurait-il fallu mieux mettre en valeur la révolte courageuse, l'efficace indignation de ceux qui avaient empêché Laval et, avec lui, Vichy, d'aller plus loin dans ce crime : la livraison des juifs.

Cette distinction ne pouvait être évidemment que le résultat d'une reconstitution de l'époque, reconstitution qui aurait permis de suivre et de comprendre l'évolution d'une Église catholique[1] proche, très proche d'abord du maréchal Pétain et du régime, puis s'en éloignant graduellement — notamment dans l'automne de 1942 à l'annonce des rafles —, avant de se signaler par son absence, en juillet et en août 1945, lors du procès de Pétain[2]. >

Dans l'espoir de contrecarrer l'action de ces lettres épiscopales qui, recopiées, circulent en zone non occupée — et c'est bien là montrer leur importance —, les services de l'Information vont rédiger un article inspiré par les rapports de Léon Bérard au maréchal Pétain, puisque, à l'aide de citations empruntées à saint Augustin et à Benoît XIV, ils s'efforcent de prouver que l'antisémitisme, loin d'être étranger à la doctrine chrétienne traditionnelle, en fait, bien au contraire, étroitement partie. C'est *Le Grand Écho du Midi*, fondé à Toulouse par *La Petite Gironde,* de Bordeaux, pour concurrencer l'influence de *La Dépêche*, qui acceptera de donner à ce texte officiel une très relative crédibilité journalistique en le publiant sous le pseudonyme de « Saint Julien[3] ». Cet « habillage » réalisé, les services de l'Information peuvent demander « instamment » aux journaux la publication et le commentaire d'un article dont on laisse ainsi entendre qu'il doit tout à l'improvisation, rien à la fabrication politique.

Le 4 septembre, une note d'orientation de Vichy précise le sens à

< 1. Mais une étude des événements et, à travers eux, de l'évolution des hommes (d'Église comme les autres) était passée de mode lorsque, en 1997, fut publiée la « déclaration de repentance ». >

< 2. Seul vint témoigner à décharge l'abbé Rhodain, aumônier des prisonniers. Le cardinal Liénart envoya une lettre au tribunal. Le pasteur Boegner témoigna à la demande de la défense. Voir *La page n'est pas encore tournée*, volume V à paraître, chap. 14, « Pétain : Silences et paroles ». >

3. Pseudonyme habituel au rédacteur en chef du journal, Jules-A. Catala. Il faut signaler que Maurice Sarraut, directeur de *La Dépêche du Midi*, a refusé que son journal se fasse la fusée porteuse de ce texte.

donner à des commentaires qui n'auront qu'à la paraphraser pour épouser la « ligne » officielle.

> Une propagande sournoise, dont le seul but est de compromettre l'œuvre du Maréchal et de son gouvernement, a réussi à gagner le monde catholique. Il convient d'opposer à d'hypocrites lamentations la sûre doctrine de saint Thomas et des papes. On notera aussi que ceux-là mêmes qui, aujourd'hui, se font les défenseurs des juifs expulsés sont les mêmes qui ne trouvèrent pas un mot de compassion pour les milliers de catholiques suppliciés et expulsés par les rouges espagnols. On soulignera enfin que toute cette agitation est entretenue dans la coulisse par les adversaires de la Révolution nationale. C'est là une manœuvre politique qu'il convient de déjouer…

Que plusieurs journaux, dont *La Croix*, aient refusé de publier le texte du *Grand Écho* puisqu'il n'émane pas de la hiérarchie catholique et prétend faire la leçon au Saint-Siège et aux évêques, que les autres aient fait paraître des articles sans signature n'ayant donc pas, comme le déplore le directeur régional du Commissariat aux Questions juives de Pau, « la portée nécessaire », témoigne, face aux persécutions, de l'évolution des esprits [1].

Mais, dans le bulletin hebdomadaire du Comité départemental lotois de la propagande sociale du Maréchal, un article signé Raoul Berenguier, après avoir tenté de justifier les actions antisémites de 1942 par les décisions ou les textes antisémites des papes Alexandre III, Innocent III, Pie V, s'achève sur ces mots à qui la réalité des événements donne aujourd'hui toute leur couleur tragique [2].

> Il convient également de détruire certains bobards sur la barbarie des mesures prises… Nous avons réexpédié dans leur pays d'origine les juifs étrangers rentrés en France depuis 1933… S'il est exact que l'on a séparé des enfants de leurs parents, cette mesure a été prise pour faciliter le transport, et à la demande expresse du Consistoire israélite de France [3].

« Le pasteur Boegner est aussi catastrophique que ses collègues catho-

1. L'article parut dans le numéro du 25 septembre 1942 du *Bulletin religieux de Rouen*, mais, le censeur ayant ordonné d'enlever la mention « on nous communique », qui devait le précéder, Mgr Petit de Julleville décida la suppression du *Bulletin* qui disparut effectivement après une dernière parution, le 2 octobre 1942.

2. Ce même bulletin affirmera qu'il n'y a pas unanimité dans l'Église et il en donnera pour preuve le message adressé par le clergé du Sud-Est au maréchal Pétain, message dans lequel l'archevêque d'Aix, les évêques de Fréjus, Nice, Monaco, les abbés de Lérins et de Frigolet adressent « au chef de l'État, sauveur et reconstructeur de la patrie, l'assurance respectueuse de leur vénération loyale et de leur entière collaboration à son œuvre de redressement religieux, moral et matériel de la France nouvelle ».

3. Allusion à un passage de la lettre de protestation du Consistoire central adressée le 25 août 1942 à Pierre Laval, mais ce passage n'est pas replacé dans le contexte. Le Consistoire demandait que soient au moins exclus de la déportation tous les anciens combattants et volontaires étrangers, et leurs familles, les enfants de moins de 18 ans isolés, « et en tout cas les jeunes filles », les parents d'enfants âgés de moins de 5 ans, ainsi que toutes les femmes enceintes.

liques… », écrit Marcel Déat, dans *L'Œuvre*. Il est même, ajoute-t-il, en avance sur « ses collègues catholiques ».

S'il est vrai que les protestants ont, comme tous les autres Français, été d'abord sensibles à la mythologie pétainiste, que, dans la Drôme et l'Ardèche notamment, les maires protestants nommés par Vichy se sont montrés respectueux de l'ordre établi, que le pasteur Noël Nougat, l'un des responsables spirituels d'une centaine de protestants royalistes vivant dans la région de Lourmarin, a reproché par écrit au pasteur Boegner son anglophilie et son amitié pour les juifs ainsi que pour les maçons, il n'en reste pas moins que les protestants, sensibilisés avant les autres au péril nazi, s'opposeront avant les autres aux persécuteurs.

Dans les jours qui suivent la défaite, les membres du groupe « Christianisme social » — Élie Gounelle, Wilfrid Monod, André Philip — manifestent une clairvoyante inquiétude et, alors que la mode est au *mea culpa*, le pasteur Roland de Pury, parlant, à Lyon, au temple de la rue de la Lanterne, prononcera des paroles qui tranchent avec le discours de l'époque.

> Mieux vaudrait la France morte que vendue, défaite que voleuse. La France morte, on pourrait pleurer sur elle, mais la France qui trahirait l'espoir que les opprimés mettent en elle… nous aurait dérobé jusqu'à nos larmes.

A travers des rassemblements au camp des Bérards, dans la Drôme, au Clos Rond, entre Beaufort-sur-Gervanne et Gigors, les renseignements s'échangent, les sentiments se précisent et se renforce cette hostilité au nazisme qui existait avant la défaite grâce à un solide « adossement théologique », mais également grâce à l'écho donné au témoignage de Karl Barth qui, en 1934, avait dû quitter l'Allemagne pour la Suisse et ne cessait de dénoncer le danger que faisait courir à la civilisation chrétienne la montée des fascismes [1].

Dès la défaite également, la CIMADE [2], créée en septembre 1939 pour venir en aide aux évacués d'Alsace et de Lorraine, se mettra au service des réfugiés puis de ces « étrangers de race juive » que la loi du 10 octobre 1940 permet d'interner et Mlle Barrot, en compagnie de quelques-unes de ses amies, commencera au camp de Gurs une action admirable qui bientôt s'étendra aux camps de Rivesaltes, Récébédou, Nexon, Noé, Les Milles [3], cependant que la région de Chambon-sur-Lignon deviendra, sous l'impulsion du pasteur Trocmé, une terre d'asile

1. En 1938, Karl Barth a participé à une « pastorale » en Ardèche. C'est en 1939 qu'il rédigera sa « lettre aux protestants de France » et en octobre 1940 que paraîtra *Une question et une prière aux protestants*.
2. Comité intermouvements d'aide aux évacués.
3. L'argent nécessaire à l'action est fourni par le Comité de coordination de Nîmes, organisme officiel comprenant aussi bien la Croix-Rouge, le Service social d'aide aux émigrants que des organismes étrangers, suisses en plus grand nombre. C'est par le pasteur Guillon, qui réside à Genève, que transitent les fonds collectés par les Églises protestantes suisses, suédoises, et par le Conseil œcuménique des Églises.

pour des centaines d'enfants de persécutés, de prisonniers et de déportés[1].

De son côté le pasteur Boegner, qui a entrepris, auprès des collaborateurs du Maréchal[2], des démarches dès la parution de la loi antisémite d'octobre 1940, recevra, en mars 1941, mission du Conseil national de l'Église réformée réuni à Nîmes d'adresser une lettre de sympathie au grand rabbin de France et une lettre de protestation à l'amiral Darlan, vice-président du Conseil.

Datées du 26 mars, les deux lettres ne sont certes pas destinées à la publication, mais la première sera révélée par *Au pilori*, qui s'en indigne, comme par certains milieux protestants qui s'en félicitent. Quant à la lettre à Darlan, qui sera suivie d'une rencontre Boegner-Darlan, elle a pour but, à l'annonce de la prochaine création d'un Commissariat aux Questions juives, non point de nier l'utilité de l'institution, mais de suggérer qu'elle travaille à adoucir ou même à réparer les injustices créées par les textes précédents[3], ce qui était de la part des protestants témoigner de beaucoup d'optimisme et de quelque naïveté.

Au fur et à mesure que les persécutions s'intensifieront, les prises de position des protestants, généralement transmises par le pasteur Boegner qui rendra notamment visite, le 27 juin 1942, au Maréchal pour protester contre l'obligation du port de l'étoile en zone occupée, se feront plus nombreuses et plus insistantes.

< 1. Lorsque parut le livre de Philippe Boegner *Ici on a aimé les Juifs* (J.-Cl. Lattès, 1982), le docteur François Beurier, qui avait vécu les événements au Chambon, en fit une critique assez sévère sous le titre « Nh â prou » (en patois, « il y en a assez »). Il s'élevait contre ce qu'il considérait comme des erreurs. Tout d'abord la mise en vedette exclusive du Chambon alors que « tout le plateau avait participé » ; l'omission d'œuvres comme celle des *Enfants de la montagne* du pasteur Louis Comte, « qui a sauvé certainement plus de jeunes citadins qu'il n'a été sauvé de juifs au Chambon pendant la guerre » ; l'oubli d'actions comme celles menées par le docteur Paul Riou, par le pasteur Charles Guillon, maire du Chambon, jusqu'à sa destitution par Vichy en 1942, etc. Le docteur Beurier souligne également que le pasteur Trocmé a empêché toute « action directe » alors que le village servait « de lieu de repos à une centaine d'officiers de la Luftwaffe » : « Cette clairvoyance (qui évita au Chambon le sort d'Oradour ou de bien d'autres villages) est à mettre à l'actif de la non-violence du pasteur Trocmé. » Sur le nombre des juifs accueillis au Chambon, Beurier écrit que celui de 5 000 — et même de 3 000 — lui a toujours « paru excessif, même si on le fait porter sur quatre ans ». Et il ajoute : « La liste des personnes juives parue dans le *Document n° 3 de la Société d'histoire de "La Montagne"* ne compte que 143 noms. » >

2. Bon nombre des protestations du pasteur Boegner passeront par le canal de René Gillouin, fils de pasteur, l'un des plus fidèles amis, mais également des plus intransigeants censeurs, du Maréchal.

3. « Nous savons, Amiral, que vous avez le ferme désir, par la nomination d'un haut-commissaire aux Questions juives, de faire ce qui sera en votre pouvoir pour éviter de plus grandes épreuves aux Français israélites. Nous croyons pouvoir vous assurer que les confessions chrétiennes vous approuveront sans réserve dans votre effort, dont elles mesurent la difficulté. Toutefois, nous vous prions instamment d'aller plus loin et d'examiner, dès à présent, une réforme de statut imposé aux Français israélites qui soit de nature, d'une part, à prévenir ou à réparer de grandes injustices, d'autre part à atténuer l'impression désastreuse faite dans une grande partie du monde civilisé par la loi d'octobre dernier. » On remarquera que le pasteur Boegner fait ici allusion aux « Français israélites ».

Mais les rafles de juillet trouveront les chefs de l'Église protestante comme ceux de l'Église catholique — en vacances.

Aussi n'est-ce que le 8 août 1942 que le pasteur Bertrand, vice-président du Conseil de la fédération protestante, qui revient des Deux-Sèvres, écrit à tous ses collègues pour leur faire part de la visite qu'il a rendue le 3 août au coadjuteur du cardinal Suhard, Mgr Beaussart, après qu'il a appris les rafles dont ont été victimes à Paris, les 16 et 17 juillet, les juifs étrangers.

Les précisions du pasteur Bertrand éclairent utilement la position du cardinal Suhard, archevêque de Paris, ainsi que la nature de ses interventions et les limites qui y sont mises par les autorités d'occupation.

> Le prélat [Mgr Beaussart] m'a paru inquiet pour l'avenir, plus encore que meurtri par le passé ; je ne saurais vous rapporter ici notre conversation dont je parlerai au Conseil de la fédération. Le cardinal-archevêque [Suhard] n'a pas *fait* [1] de démarches auprès des autorités d'occupation ; mais il en a *fait faire* [1], en vue d'obtenir la dispense de l'étoile jaune, d'abord pour les juifs chrétiens, ensuite pour les juifs mariés à des aryens ou à des aryennes comme cela est prévu en Belgique ; ensuite, après le 17 juillet, il a fait demander que les enfants ne fussent pas séparés de leurs parents. L'intermédiaire a essuyé trois refus et a été invité la troisième fois, sous les menaces les plus brutales, à s'abstenir désormais d'interventions de ce genre.

Le pasteur Bertrand ajoute qu'il a pris l'initiative d'envoyer une lettre de protestation à Fernand de Brinon. Au cas, toutefois, où son audace se trouverait désavouée par le Conseil de la fédération protestante, il se dit prêt à offrir sa démission.

Il n'aura pas à le faire.

Le 20 août, en effet, Marc Boegner, président du Conseil de la fédération protestante de France, écrit au maréchal Pétain pour protester contre la livraison par Vichy de ces juifs allemands que Hitler a envoyés à l'automne de 1940 en zone non occupée et qu'il vient de « reprendre » pour les faire périr. Lettre d'une grande élévation morale et, sous la courtoisie des mots, d'une terrible sévérité.

Marc Boegner évoque, en effet, « l'indicible tristesse des Églises », signale à Pétain les conditions d'inhumanité dans lesquelles se sont déroulées ces déportations, conditions « qui ont révolté les consciences les plus endurcies et arraché des larmes aux témoins ». « Le respect de la personne humaine, poursuit Boegner, que vous avez tenu à insérer dans la constitution dont vous voulez doter la France a été maintes fois foulé aux pieds. Ici encore, les Églises sont tenues de s'élever contre une si grave méconnaissance par l'État de ses indéniables responsabilités. »

Boegner, s'élevant dans la suite de sa lettre contre les *conditions* [2] de

1. Souligné par le pasteur Bertrand.

2. « Le Conseil de la fédération protestante en appelle à votre haute autorité pour que des méthodes entièrement différentes soient introduites dans le traitement des étrangers juifs de

la déportation et non contre leur *principe*, n'approuve certes pas des idées détestables, mais, sans illusions sur la volonté et sur les moyens du vainqueur, du moins souhaite-t-il que la France vaincue dénonce et aménage ce qu'il n'est pas en son pouvoir d'empêcher.

La lettre à Pétain n'a été tirée qu'à trois exemplaires — un pour le Maréchal, un pour le cardinal Gerlier, un pour le pasteur Boegner — et cependant, grâce au cardinal Gerlier qui en a fait donner lecture à plusieurs prêtres, elle sera rapidement connue aussi bien en zone non occupée qu'en zone occupée et M. Tuck, chargé d'affaires des États-Unis, en transmettra même le texte à Washington.

Le message que, le 22 septembre 1942, le Conseil national de l'Église réformée donnera instruction de lire dans tous les temples aura la même résonance — et comment en irait-il autrement — que les lettres pastorales des cardinaux, archevêques et évêques[1].

> Une Église chrétienne aurait perdu son âme et sa raison d'être si elle ne maintenait, pour la sauvegarde même de la nation au sein de laquelle Dieu l'a placée, la Loi divine au-dessus de toutes les contingences humaines. Et la Loi divine n'admet pas que les familles voulues par Dieu soient brisées, des enfants séparés des mères, le droit d'asile et sa pitié méconnus, le respect de la personne humaine transgressé et des êtres sans défense livrés à un sort tragique.

Paroles admirables qui troublent le silence du conformisme, témoignent face à l'oppression, encouragent les charitables à plus de charité et apportent aux opprimés le réconfort de la fraternité chrétienne.

< Créé en 1963 dans le cadre du Mémorial Yad Vashem, situé sur la colline du Souvenir à Jérusalem, le Département des Justes a pour mission d'honorer les non-juifs qui, au milieu de la tourmente et dans l'indifférence presque générale, sauvèrent des juifs au péril de leur vie. Au début de 1996, sur 12 000 « Justes » recensés en Europe, environ 400 l'avaient été en France.

La médaille des Justes est décernée aussi bien à ceux qui ont sauvé *une seule* personne — à l'image de Mme Louise Lafon et de sa fille, de Mlle Pomay et de Mme Lefebre, qui ont caché et pris en charge Danièle Kahn au lycée le 2 mars 1944 lorsque ses parents, sa sœur et son frère furent arrêtés —, qu'à ceux qui se sont occupés de toute une famille — comme Mme Desmoulin, femme de policier[2] qui, en juillet 1942, croisant dans la rue Catherine Sztern, l'avertit de la proximité d'une

---

race chrétiens ou non de religion, dont la livraison a été consentie. Aucune défaite, comme vous nous l'avez rappelé vous-même, ne peut contraindre la France à laisser porter atteinte à son honneur. »

1. Moins d'un mois plus tard, le 14 octobre 1942, un rapport administratif confidentiel établi pour la région de Privas affirmera que c'est « surtout dans les milieux de religion protestante… que se trouve l'esprit gaulliste ou anglophile ».

< 2. M. Desmoulin fut fusillé, en compagnie de plusieurs autres policiers résistants, le 20 août 1944. >

rafle[1] et, sans la connaître, lui proposa de l'accueillir provisoirement avec ses parents[2]. Elle rend hommage à des hommes et des femmes de toutes les religions. Et sans religion. A Marcel-Louis Reynaud, franc-maçon, réfugié en zone sud qui accueillit dans sa maison de La Colle-sur-Loup (Alpes-Maritimes) puis dans la Drôme les sept membres de la famille Pogorelski ; à l'abbé Daniel Pezeril, qui délivra, on le sait[3], plus de mille faux certificats de baptême ; au docteur François Emmanuelli[4] qui, de 1942 à 1944, a soigné gratuitement non seulement toute la famille Zysman mais également tous les enfants de la pension Zysman, ainsi que de nombreux orphelins juifs des maisons d'enfants de La Varenne-Saint-Hilaire[5].

Le cardinal Jean-Marie Lustiger, qui avait tout d'abord été caché dans une école catholique des environs de Paris puis, grâce à l'abbé Beuzon, dans une colonie de vacances à Saint-Sulpice-sur-Lèze, dit à Marek Halter, en quête de témoignages pour son livre *La Force du bien*[6] : « Quand j'ai été secouru, jamais on ne m'a humilié ; et quand j'ai demandé de l'aide, jamais je n'ai été un mendiant. J'étais démuni et sans ressources, mais j'avais cet instinct de reconnaître tout de suite les yeux de haine et de m'en écarter. Les yeux du bien, ils se devinaient, chez les catholiques à cet amour : à cet amour religieux de la liberté dont les juifs étaient le signe le plus bafoué, le plus humilié… »

C'est cet « amour religieux » qui inspira à Mme Évangéline Péan-Pagès ses nombreux actes de charité qui étaient autant d'actes de courage. A Montauban d'abord dans sa maison de santé pour vieillards, puis à La Tronche, près de Grenoble, directrice du foyer protestant « La Brise des Neiges », elle abrita 120 personnes dont 96 juives. La « vocation » de Mme Péan-Pagès allait non pas naître mais se développer un soir de l'hiver 1940-1941, quand un Israélite autrichien, M. Shneidig, qui sortait de l'hôpital, demanda asile pour quelques nuits. Ayant reçu des ordres très stricts du comité directeur de la maison de santé de

< 1. La rafle des 16 et 17 juillet 1942. L'étoile était imposée depuis le 6 juin. >

< 2. Les parents Sztern trouvèrent un nouvel hébergement au bout de quelques semaines, mais Mme Desmoulin garda chez elle la jeune Catherine jusqu'à la Libération. >

< 3. *Cf.* ci-dessus, p. 254. Mgr Pezeril est décédé en avril 1998. >

< 4. Père de Xavier Emmanuelli, ministre de l'Action humanitaire. >

< 5. Un dossier en faveur de Mlle Jeanne Lavialle (1898-1978) transmis au Comité français de Yad Vashem m'a été communiqué par Mme Lescroux. Dossier digne d'intérêt à plus d'un titre, puisque Mlle Lavialle, chef du bureau des étrangers à Aurillac, a fourni de nombreux faux papiers et faux certificats de travail à des juifs.

Par ailleurs, ce dossier permet de prendre conscience, à travers un rapport des renseignements généraux adressé au préfet du Cantal et daté du 28 décembre 1942, de la façon dont l'administration pouvait parfois aider les juifs. S'étant déplacé à Arpajon-sur-Cère en compagnie de trois inspecteurs pour examiner la situation de vingt juifs (parmi lesquels, je le signale, douze engagés volontaires) récemment arrivés dans la commune (août-décembre 1942), le commissaire principal des RG précise que, à la suite d'un « contrôle sévère », « aucune irrégularité n'a[vait] été relevée » à l'encontre de ces Israélites… Il est évident que, sous une autre plume, le jugement eut été différent. >

< 6. Éditions Robert Laffont, 1995. >

Montauban, elle conseilla au quémandeur d'aller passer la nuit dans la salle d'attente de la gare encore bien chauffée. Le lendemain, elle apprit qu'un désespéré, un juif, s'était jeté à la rivière au cours de la nuit. « Je fus très émue, pensant que ce devait être celui que j'avais éconduit la veille ; il s'était suicidé par ma faute ; toute la journée, je fus malheureuse, hantée de remords, me reprochant ma dureté de cœur, ma lâcheté. Jamais je ne pourrai me pardonner ce crime [...] et je me promis de ne plus jamais fermer ma porte à aucune de ces victimes. »

Mme Péan-Pagès tint merveilleusement parole[1]. >

< 1. Le récit de Mme Péan-Pagès m'a été communiqué par son petit-fils, M. Édouard Parker. Si un réfugié juif s'est bien suicidé dans la nuit qui suivit le refus, il ne s'agissait pas de M. Shneidig, qui revint d'ailleurs le soir même et, reçu avec joie, eut pendant plusieurs mois une cachette à l'asile. >

TROISIÈME PARTIE

LE CRÉPUSCULE DE VICHY

« Quand le Chef de l'État et son ex-dauphin se précipitent l'un et l'autre à la radio pour s'expliquer devant l'univers, leur dialogue rappelle celui de Louis XVI avec ses frères émigrés qui le contredisaient en son nom. Cela devient ridicule et un peu pénible, comme un numéro de ventriloque. »

Alfred Fabre-Luce
Journal de la France
1939-1944.

8

LA SURPRISE DU 8 NOVEMBRE

Dans la chambre de Fernand de Brinon, ambassadeur de France, la sonnerie de l'un des trois téléphones, celui qui relie Paris à Châteldon, retentit. Il est 5 heures du matin, le dimanche 8 novembre 1942.

Au bout du fil, Pierre Laval.

— C'est vous, Brinon?... Je vous réveille?... Eh bien! ils ont débarqué... Levez-vous, mettez-vous en rapport avec Abetz et je vous passerai les nouvelles au fur et à mesure qu'elles me parviendront.

Lorsque Laval alerte Brinon il y a deux heures déjà que le commandant Simon, du ministère de la Guerre, a téléphoné à M. de Béarn afin qu'il prévienne Jardel, chef du cabinet civil du Maréchal [1], du débarquement de forces américaines en de nombreux points des côtes d'Afrique du Nord.

Quels points? Il l'ignore. D'ailleurs, les câbles qui relient l'Algérie à la métropole sont coupés et c'est en vain que l'on s'efforce d'établir des contacts par radio.

A 4 heures du matin, Vichy a été informé de l'arrivée d'un message adressé par le président Roosevelt au maréchal Pétain. Les six cents mots du texte vont être hâtivement traduits, puis communiqués au président Laval qui, à peine arrivé de Châteldon, réunit pour une conférence improvisée Jardel, Guérard, Rochat, Bousquet et Ménétrel.

Ces six hommes vont rédiger un projet de réponse à Roosevelt, discuter de l'offre d'assistance allemande transmise par le consul général d'Allemagne Krug von Nidda, étudier les informations très fragmentaires qui leur sont communiquées par le général Revers, chef, à Vichy, du cabinet militaire de l'amiral Darlan [2].

1. Poste dans lequel il a remplacé du Moulin de Labarthète.

2. C'est de Casablanca qu'arrivent, entre 3 h 50 et 4 h 38, les premières informations. Elles indiquent qu'un mouvement gaulliste « a éclaté à zéro heure avec participation général Béthouart annonçant débarquement américain ».

A 7 heures, Laval, Jardel et le général Campet décident que le moment est venu de mettre le Maréchal au courant des événements. C'est Ménétrel qui pénètre dans la chambre du chef de l'État. A peine a-t-il prononcé les premiers mots que Philippe Pétain réplique qu'il n'est nullement surpris. Dans la nuit n'a-t-il pas rêvé d'un débarquement américain en Afrique du Nord [1] ?

Si Pétain n'est pas surpris, les Allemands, eux, vont l'être.

Dans le camp de l'Axe, on avait certes remarqué — comment ne pas le remarquer ? — l'énorme convoi de 310 navires en formation à Gibraltar. Et l'on s'était interrogé sur sa destination. Un homme, le comte Ciano, avait vu juste et, dès le 4 novembre, évoqué dans son journal la possibilité d'un débarquement au Maroc. Mais pourquoi les Allemands tiendraient-ils compte de l'avis des Italiens [2] ?

Depuis le 4 novembre, le front italo-allemand a été rompu à El-Alamein et les forces de Rommel se replient en désordre vers l'ouest. N'est-il pas logique d'imaginer que l'immense convoi amène à Montgomery armes et troupes qui lui permettront d'accélérer encore son offensive ?

C'est la thèse que Hitler soutient le 7 novembre. « Les prévisions, indique le journal de guerre du haut Commandement de la Wehrmacht, varient sur l'objectif de ces forces comprenant de nombreux transports de troupes. Le Führer incline vers l'idée qu'une grande entreprise de débarquement de *quatre ou cinq divisions* pourrait avoir lieu à Tripoli ou à Benghazi. L'officier de liaison de la marine auprès du Quartier général de Hitler, l'amiral Krancke, évalue les troupes de débarquement alliées à deux divisions [3]. »

Krancke se trompe. Ce sont bien cinq divisions qui se trouvent à bord des navires de transport alliés.

Et Hitler se trompe. Ces troupes n'ont nullement pour destination Tripoli ou Benghazi.

Les récents rapports d'Abetz n'avaient alerté personne. L'ambassadeur du Reich à Paris envisageait certes, en septembre et octobre, des points de débarquement aussi différents que Dakar, Casablanca ou la côte de la Méditerranée française, mais il voyait clair en annonçant qu'ici

1. Il faut toutefois indiquer que le général Bergeret, ancien secrétaire d'État à l'Air du cabinet Darlan, en contact avec les Alliés, avait le 30 ou le 31 octobre, mis le Maréchal au courant d'un débarquement qu'il pensait devoir se produire après le 15 novembre. Alerté par un message secret le 5 novembre au soir, Bergeret quittera, par avion, Vichy pour Alger le 6 sans avoir revu le Maréchal.

2. Mussolini et l'état-major italien partagent l'opinion de Ciano qui le rapporte dans son *Journal* à la date du 7 novembre.

3. Le 6 novembre cependant, le colonel Görhardt, remplaçant à la Commission allemande d'armistice le colonel Böhme, avait signalé au colonel Vignol, de la Délégation française, que l'hypothèse d'une attaque contre la France métropolitaine ou africaine ne pouvait être écartée et qu'une formation d'avions allemands allait survoler le territoire non occupé, le 7 novembre, pour attaquer les convois anglo-américains.

ou là des « Américains seraient envoyés tout d'abord, parce qu'ils sont aimés en France, à l'inverse des Anglais contre lesquels il existe une vive irritation [1] » et qu'ils ne rencontreraient pratiquement aucune résistance.

Pour la plupart des Allemands qui « n'ont d'assurance que sur la terre ferme [2] », pour Hitler dont les passions racistes limitent les incontestables dons de stratège, l'Afrique avec ses nègres n'offre d'ailleurs qu'un médiocre intérêt.

Y vaincre n'apportera aucune gloire historique et ceux qui, comme Goering ou Guderian, prêchent, dès juin 1940, l'occupation de l'Afrique du Nord française ne sont pas plus entendus que ne sera écouté Théodor Auer, ancien conseiller à l'ambassade d'Allemagne à Paris, nommé consul général à Casablanca et qui, presque ouvertement, se désespère de voir « l'âne bâté de Berlin, notre Führer [3], se désintéresser de la Méditerranée et ne jamais regarder vers le sud ».

Pour tous ceux, enfin, qui se souviennent du récent désastre anglo-canadien de Dieppe, en tirent des conclusions exagérées et négligent le profit que les Alliés ont pu et su retirer de leur échec, rien ne se fera avant le printemps de 1943.

Par mépris de l'adversaire et méconnaissance de ses capacités, l'Allemagne, jadis si souvent reine de la surprise, connaîtra ainsi, le 8 novembre 1942, l'une des plus cruelles surprises de la guerre.

La France de Vichy affiche le même scepticisme.

Sans doute, en juillet 1941, c'est-à-dire cinq mois avant l'entrée en guerre des États-Unis, le comte de Paris, dans le même temps où il demande au Maréchal de se faire représenter au baptême de ses jumeaux [4], a-t-il alerté Philippe Pétain sur l'importance que les États-Unis attachent au Maroc. Information qui, si l'on en croit le général Laure, est reçue avec joie par l'entourage immédiat du Maréchal. « En voulant en toute loyauté nous signaler un danger grave pour nous permettre d'en éloigner les menaces, le comte de Paris se trouve être le premier à nous faire pressentir l'entrée en ligne, militairement parlant, des États-Unis dans le sens que nous souhaitions ardemment [5]. »

Sans doute le lieutenant-colonel Baril, chef du 2e Bureau de l'état-major de l'armée, a-t-il, le 4 janvier 1942, annoncé dans un substantiel et

1. Rapport du 3 octobre 1942.
2. Maréchal Juin, *Mémoires*.
3. Avec une franchise stupéfiante, c'est ce qu'Auer déclarera à l'Américain Murphy, envoyé spécial du président Roosevelt en Afrique du Nord.
4. Ce que le Maréchal refusera.
5. Journal (inédit) du général Laure à la date du 25 juillet 1941. Au mois d'août 1942, au cours de l'entrevue qu'il aura avec le Maréchal, entrevue qui fait suite à un échange de lettres qui a permis au comte de Paris de poser sa candidature à la succession de Philippe Pétain et au Maréchal de se retrancher derrière le mandat que lui a confié à Vichy l'Assemblée nationale, le comte demandera au chef de l'État quelle sera son attitude en cas de débarquement allié en Afrique du Nord.

prophétique rapport que le bloc anglo-saxon ne pouvait plus être battu et ajouté que la France avait, d'ores et déjà, le devoir d'envisager la position qu'elle prendrait dans le cas où « une force américaine se présente[rait] devant [ses] possessions d'Afrique occidentale ou du Maroc, en quête des bases nécessaires à l'Amérique pour participer à la lutte contre l'Axe [1] ».

Sans doute le commandant Faye, qui revient de Londres et appartient à ce réseau « Alliance », chargé de faire embarquer Giraud vers l'Afrique du Nord, annonce-t-il, à la fin de septembre 1942, au commandant de France, du cabinet du Maréchal, le débarquement imminent des Anglo-Américains, mais ces pronostics sont trop peu nombreux, trop imprécis, ils ressemblent beaucoup trop encore à des vœux, pour alerter et influencer ceux qui dirigent l'État français.

Des hommes comme l'amiral Darlan n'ont certes pas écarté la probabilité d'un débarquement, mais, aveuglés par leur compétence, ils en repoussent l'échéance à une date lointaine.

Pour Darlan, l'Amérique ne possède encore ni l'industrie, ni les soldats, ni le commandement à la hauteur de ses ambitions.

Sous-estimant les États-Unis, plus encore, sans doute, par vanité professionnelle et sentiment naturel de supériorité qu'en souvenir de ce qui s'était produit en 1918 lorsque la France avait dû équiper les troupes américaines, Darlan estime qu'un débarquement anglo-américain conduirait à un échec qui porterait un coup fatal aux espérances des Alliés et entraînerait, pour la zone libre, de redoutables conséquences.

Après que les Allemands eurent, en quelques heures, repoussé les Anglo-Canadiens débarqués à Dieppe, Darlan dira même à son fils Alain :

— Tu vas peut-être penser que je suis d'un cynisme abominable, mais il est cependant bien vrai que, si les Alliés débarquent un jour avec des forces et des moyens insuffisants, soit dans la métropole, soit dans l'Empire, et sans la détermination d'y rester à tout prix, il sera préférable, dans leur intérêt même, que les troupes françaises, sans solliciter ni accepter aucun secours de l'Axe, les rejettent à la mer plutôt que de les laisser commencer une campagne qu'ils ne seraient pas capables de mener à bonne fin… Je sais fort bien qu'un tel raisonnement serait difficile à faire comprendre à beaucoup de gens, mais il faut se rappeler que, parfois, la seule manière d'empêcher un ami de se jeter du haut d'un pont est de l'étourdir d'un coup de poing.

Cette tactique du coup de poing à l'ami imprudent ou suicidaire guidera apparemment Darlan jusqu'au 8 novembre.

---

1. Le lieutenant-colonel Baril ne cache pas ses convictions. Rencontrant M. Lucien Lot en juillet 1942, il lui déclare tout net : « Mon cher Lucien, les Boches sont foutus ! Ils n'ont pas pris Moscou en 41 ; les Japonais ont attaqué Pearl Harbour et ont tout manqué. La masse humaine de la Russie et la production industrielle américaine vont se combiner et écraser le Reich. J'ai remis un rapport en ce sens au Maréchal. » (Témoignage de M. Georges Lot.)

Grâce à l'amiral Fenard, secrétaire général de la délégation du gouvernement à Alger, dont la femme, d'origine anglaise, affiche des sentiments favorables aux Alliés, Darlan a cependant été, dès le début de 1942, en contacts informels et indirects avec Murphy qui représente Roosevelt en Afrique du Nord.

Le couple Fenard, qui très souvent reçoit Murphy à sa table, héberge Alain Darlan à chacun de ses passages d'affaires et d'information à Alger. En février 1942, Alain Darlan aura ainsi une longue conversation avec Murphy au domicile des Fenard. Première rencontre qui sera suivie de deux autres, Fenard étant chargé ensuite, pour ne pas éveiller l'attention des espions allemands et italiens, de faire connaître à Murphy non point les propositions — il n'en fait pas — mais les idées, mais les « vues » de Darlan, à Darlan non point les propositions — il n'en fait pas — mais les idées et les « vues » de Murphy qui, des positions de Roosevelt, divulguera seulement celles qui ne gêneront en rien le secret des opérations.

Alain Darlan fait ainsi savoir à Murphy la préférence de son père pour un débarquement conjugué en Afrique du Nord et en Provence, débarquement qui ne saurait avoir lieu avant le printemps de 1943.

Alain Darlan et Fenard transmettent à l'amiral Darlan ce qu'ils ont retenu des propos de Murphy et ce qu'ils ont retenu correspond aux pronostics comme aux vœux de l'Amiral, c'est-à-dire que les États-Unis seront en mesure d'envisager « une intervention armée, d'assez grande envergure, en Afrique du Nord et en Europe, au printemps 1943 [1] ».

Même lorsque l'amiral Darlan se dira prêt à négocier directement avec les Américains, offre qui sera transmise le 12 octobre 1942 au commandant Chrétien, chef des services secrets pour l'Afrique du Nord, on ne lui fournira aucune des précisions qu'il réclame légitimement avant de « s'embarquer ».

A un homme dont ils doutent, et dont les Anglais doutent bien davantage encore, les Américains ne veulent confier ni la date de l'opération qu'ils envisagent, ni les moyens et les effectifs qu'ils entendent mettre en œuvre.

Aussi, au retour d'un voyage d'inspection en Afrique qui lui a donné l'occasion de renouveler l'assurance que la France défendrait son Empire contre quiconque, Darlan, malgré toutes les informations qui lui ont été communiquées et les bruits de plus en plus nombreux d'une prochaine intervention américaine, persiste à croire que rien d'efficace ne pourra être entrepris avant le printemps de 1943.

Il fera part de son scepticisme et de son inquiétude à son fils, deux mois à peine avant la réussite du débarquement.

— Je ne puis arriver à croire que les Anglais ou les Américains soient

1. Précisions apportées par M. Alain Darlan à Claude Paillat. *Cf.* Paillat, *L'Échiquier d'Alger*, tome 1, p. 382 et suiv.

encore capables d'effectuer avec succès des opérations militaires en Afrique, à moins qu'il ne s'agisse de raids locaux uniquement destinés à inquiéter les Allemands. Si mon opinion est bonne, de telles opérations risquent d'être désastreuses pour nous ; elles prouveraient qu'en dépit de ce que nous avons dit et répété à l'amiral Leahy les Américains n'ont jamais rien compris, non seulement à notre position, mais encore à la situation en général.

Qu'a-t-il dit, en avril 1942, à l'ambassadeur des États-Unis, quelques heures avant que celui-ci ne regagne son pays après la mort de son épouse ? Cette phrase qui constitue l'une des explications de sa politique attentiste.

— Lorsque les États-Unis auront les moyens de débarquer en France avec 500 000 hommes, 3 000 avions et 3 000 tanks, moi, François Darlan, je serai prêt à donner l'ordre à toutes les forces armées françaises de combattre à vos côtés pour libérer mon pays, et je serai en mesure de faire exécuter cet ordre.

Weygand n'avait pas fait répondre autre chose aux Anglais qui, en septembre 1940, le pressaient de reprendre en Afrique du Nord un combat pour lequel il ne disposait d'aucun moyen, pour lequel ils étaient incapables de l'aider et qui se serait achevé en catastrophe.

— Si vous venez avec 4 divisions, je vous tire dessus, avec 20 je vous embrasse.

En clair, cela signifie : si vous êtes les plus forts et si votre tentative n'est pas un coup d'essai, je serai avec vous. Opportunisme ? Non, réaction naturelle d'hommes qui, conservant l'amer souvenir de ces événements de mai et juin 1940 que les Français avaient dû affronter presque seuls, souhaitent voir écarter de leur pays toute opération que de trop faibles moyens condamneraient à un échec infiniment plus dommageable pour les populations occupées que pour les assaillants.

500 000 hommes ? 20 divisions ? Ce ne sont pas 500 000 hommes qui se présenteront le 8 novembre devant les côtes d'Afrique du Nord, mais 72 000 soldats dont 49 000 américains.

Bien avant l'entrée en guerre des États-Unis, Roosevelt avait compris le rôle que pouvait jouer l'Afrique du Nord dans la sauvegarde des communications maritimes de l'Angleterre et pour la contre-offensive qu'il faudrait un jour lancer contre une Allemagne maîtresse de l'Europe.

En décembre 1940, dans le même temps où il désignait l'amiral Leahy pour l'ambassade de Vichy, Roosevelt décidait de faire de Murphy son représentant PERSONNEL en Afrique française.

Que Murphy ne se soucie ni du Département d'État ni des bureaux qui, d'ailleurs, ignorent à peu près tout de l'Afrique du Nord et tout des sentiments des Français qui y vivent.

De Murphy, qui a servi dix ans en France, parle couramment le français, a souffert, presque à l'égal d'un Français, de la défaite de juin 40, Roosevelt attendra donc qu'il le renseigne directement, secrètement et sans aucun intermédiaire.

Il lui assignera pour mission première de convaincre le général Weygand, qui vient d'être nommé délégué général en Afrique, de la puissance et de la volonté américaines. Et, puisque Murphy est catholique, qu'il mette à profit cette communauté de religion pour tisser avec Weygand des liens de complicité politique !

— Vous pourriez même aller à la messe avec lui, suggère, en effet, Roosevelt qui imagine l'ombre des cathédrales favorable à l'éclosion de vastes complots.

Ainsi, dès le mois de décembre 1940, Roosevelt joue Weygand et non de Gaulle, qu'il ne connaît qu'à travers la tentative manquée de Dakar. Il devait rester longtemps fidèle à cette ligne politique. Maître d'œuvre de toute l'opération en direction de l'Afrique du Nord, il interdira à Churchill de fournir à de Gaulle le moindre renseignement [1] et, trois jours avant le débarquement, écrira même au Premier ministre britannique, qui jugeait convenable d'informer le chef de la France libre, ces mots sans ambiguïté :

> J'aurais les plus grandes inquiétudes sur les répercussions fâcheuses que toute intervention du général de Gaulle dans l'opération d'invasion pourrait avoir sur les efforts féconds que nous faisons pour rallier à notre expédition une grande partie des troupes françaises d'Afrique. Je considère donc qu'il est inopportun que vous fournissiez à de Gaulle le moindre renseignement sur l'invasion tant que nous n'aurons pas réussi à débarquer.

Les renseignements que communique à Roosevelt le Département d'État [2], les querelles parfois sanglantes, toujours ardentes, qui ont opposé les Français à travers les « affaires » de Dakar, d'AEF, de Saint-Pierre et Miquelon, de Syrie, l'inciteront jusqu'au bout à penser que la plus légère initiative gaulliste serait nuisible à une opération dont le succès repose sur la complicité, ou tout au moins sur la passivité, des forces françaises fidèles à Vichy.

Cette prise de position américaine sera à l'origine de longues rancœurs gaullistes visant aussi bien Roosevelt et l'Amérique coupables d'aveuglement politique, que Weygand coupable d'avoir été choisi par l'Amérique, que les pieds-noirs et l'armée d'Afrique coupables de n'avoir pas su, assez tôt, préférer de Gaulle à Darlan et à Giraud.

---

1. « Je considère comme indispensable que de Gaulle soit tenu à l'écart de cette affaire et ne puisse avoir aucun renseignement d'aucune sorte, quelque irrité et irritant qu'il puisse devenir. »

2. Le 31 décembre 1941, dans une note adressée à Roosevelt, le secrétaire d'État Cordell Hull indiquera que, si « 95 % de l'ensemble des Français sont antihitlériens, plus de 95 % de ces derniers ne sont pas gaullistes et ne suivraient pas de Gaulle. Ce fait nous amène tout droit à reprendre nos projets pour l'Afrique du Nord et à nous passer de la coopération du général de Gaulle à cet égard ».

C'est à Dakar, où Weygand s'est rendu en voyage d'inspection, que Murphy, le 21 décembre 1940, rencontrera pour la première fois le Général. De l'entretien, qui s'est déroulé dans le bureau du gouverneur général Boisson, Murphy sortira convaincu qu'il ne se trouve, contrairement aux affirmations anglaises et gaullistes, aucun Allemand en Afrique occidentale et que la France défendra l'Empire contre tout agresseur.

Weygand et Boisson offrent d'ailleurs spontanément à Murphy la possibilité de rencontrer librement leurs subordonnés.

Immédiatement mise à profit [1], cette liberté de manœuvre permettra à l'envoyé de Roosevelt non seulement d'apprécier la loyauté et la lucidité de Weygand, mais également de vérifier la cohésion de ces immenses territoires que des administrateurs prudents et compétents, ainsi qu'une petite troupe mal armée mais revancharde, conservent, sans grands problèmes, malgré la défaite, dans la souveraineté française.

Aussi, depuis Lisbonne, préconise-t-il, dans un câble adressé à Roosevelt le 17 janvier 1941, l'adoption immédiate de ce plan d'aide alimentaire et pétrolier à l'Afrique française que Weygand avait, en octobre 1940, vainement proposé au consul général des États-Unis, M. Cole.

Les accords Weygand-Murphy ne se feront pas sans difficulté. Ils ont contre eux, à Vichy, ceux qui jalousent l'autorité accrue de Weygand ; à Londres, de Gaulle, partisan d'un blocus rigoureux dont il attend qu'il fasse basculer dans son camp populations affamées et commerçants appauvris, les Anglais, prompts à se saisir de tous les bruits qui courent sur des infiltrations nazies en Afrique du Nord, pour refuser les autorisations indispensables ; à Washington, bon nombre d'Américains crédules, persuadés par la propagande journalistique que le maigre ravitaillement franchissant les barrages du blocus anglais ira nourrir les armées de l'Axe ; à Berlin, enfin, les Allemands mécontents et justement inquiets de cette pénétration politique américaine qui, en Afrique du Nord, va se faire sous les bannières de la charité.

Le protocole d'accord, signé le 26 février 1941 par le général Weygand et par Robert Murphy, est moins important, en effet, par ce qu'il apportera à l'Afrique que par ce qu'il apportera aux États-Unis. A l'Afrique, à la fin d'août 1941, 12 000 tonnes de gas-oil, 10 000 tonnes d'essence, 6 000 de pétrole lampant, 4 000 de charbon, 900 tonnes de cotonnades, 1 250 tonnes de ficelle lieuse, 300 tonnes de lait condensé. Aux États-Unis, la possibilité d'envoyer en Afrique du Nord des représentants chargés de « contrôler dans les ports et les chemins de fer » que les produits reçus des États-Unis ne seront en aucun cas réexportés.

Que ces « contrôleurs », qui auront, ce qui, vu les circonstances, est

1. En quinze jours, Murphy se rendra à Dakar, Gao, Tunis, Rabat, Casablanca, tout en faisant plusieurs escales à Alger.

exceptionnel, liberté d'utiliser la valise diplomatique et de correspondre en code, soient, en réalité, des agents de renseignement, personne n'en doute du côté français. Même si Murphy a eu toutes les peines du monde à rassembler une douzaine d'hommes plus ou moins au fait de la psychologie des Français et des Arabes[1], il n'en reste pas moins que les banquiers Utter et Woodruff, que l'universitaire Boyd, que le négociant en vins Ridgeway-Knight, que l'ancien de Saint-Cyr Knox, que Rounds, King, Bartlett, Reid, Kenneth Pendar, Culbert et Murphy lui-même attirent bientôt les snobs, les bavards, les ambitieux, les affairistes, les comploteurs, les patriotes aussi.

Dans ses *Mémoires,* Cordell Hull devait écrire que ce personnel officieux, auquel il faut joindre les espions, parfois maladroits[2], du général William J. Donovan, « épiait la situation comme une nuée de faucons ».

En vérité, souvent gênés par leur ignorance du métier d'informateurs, par leur méconnaissance de l'histoire du pays et des mœurs de ses habitants, les Américains sont épiés par les services secrets du commandant Chrétien plus encore qu'ils n'épient, infiltrés plus encore qu'ils n'infiltrent. Mais leur présence constitue un encouragement pour tous ceux qui, désirant reprendre la lutte, mais ne faisant pas confiance à l'Angleterre, placent tous leurs espoirs dans l'Amérique.

Au premier rang de ces hommes, le commissaire Achiary, responsable à Alger de la brigade de surveillance du territoire, poste qui lui offre autant de possibilités d'observation que de camouflage. Et surtout ceux qui, pour l'Histoire, formeront « le groupe des Cinq ». Lemaigre-Dubreuil, administrateur des Huiles Lesieur, passionné de politique, jouissant de cette liberté de mouvement que donne, même en temps de guerre, beaucoup d'argent et de grandes affaires, conspirateur qui est allé jusqu'à utiliser des procédés de mauvais feuilleton (ne s'est-il pas fabriqué un dossier de sympathisant pronazi ?), mais dont Murphy, qu'il a rencontré dès le mois de décembre 1940, dira : « Personne n'aurait pu, durant ces deux années-là, nous rendre d'aussi grands services en Afrique. »

Jean Rigault, qui a travaillé avec Lemaigre-Dubreuil avant la guerre, dans le cadre de la Fédération des contribuables, l'une de ces associa-

1. En 1940, seuls cinq consulats américains étaient ouverts dans toute l'Afrique française. Leur personnel ne dépassait pas une douzaine de personnes. Les douze « vice-consuls » recrutés par Murphy parmi des hommes d'affaires, des avocats et des industriels ayant quelque idée de la psychologie française n'arrivèrent à Alger que le 10 juin 1941, le Département d'État ayant refusé, par économie, de les faire voyager en avion. Les agents allemands signaleront immédiatement « leur manque total de méthode, d'organisation et de discipline ».

2. En accord avec des Arabes qui réclament pour l'opération la somme alors fabuleuse de 50 000 dollars, l'un d'entre eux n'a-t-il pas imaginé de faire déposer le bey de Tunis, jugé pro-allemand pour le remplacer par un bey pro-allié. Or, il a été convenu que les Américains ne s'immisceraient en rien dans les affaires intérieures des pays sous tutelle française et dans lesquels leurs commissions de contrôle étaient acceptées.

tions que les Français, mécontents du fisc, appellent toujours de leurs vœux, mais qu'ils soutiennent rarement de leurs cotisations, mais aussi comme secrétaire général du *Jour*, influent journal de droite, a gagné l'Algérie après la défaite. Lui aussi — un de plus — proposera à Weygand de prendre la tête de la dissidence. Lui aussi — un de plus — se heurtera à un refus. Mais, ayant rencontré Murphy, il lui remettra, à l'intention de Roosevelt, de nombreuses notes où éclatent son esprit de synthèse et son intelligence des situations.

Le lieutenant Henri d'Astier de La Vigerie, officier de renseignement, monarchiste séduisant, cordial et imprévisible, critiqué par certains pour son « excès d'amabilité dans les attitudes [1] » mais qui a le sens de l'action et le goût des responsabilités.

Van Hecke, un ancien officier de la Coloniale qui, après avoir « travaillé » à Anvers pour le 2e Bureau, dirige en Algérie les chantiers de la jeunesse, ce qui aplanit bien des difficultés administratives, ouvre bien des portes — c'est ainsi que Van Hecke fera muter d'Astier d'Oran à son état-major d'Alger —, légitime tous les déplacements.

Jean Tarbé de Saint-Hardouin, enfin, secrétaire général adjoint auprès du délégué général du gouvernement, c'est-à-dire auprès de Weygand, poste qui offre à celui qui l'occupe la possibilité de connaître tous les dossiers et de nouer, dans presque tous les milieux, les contacts les plus efficaces.

A l'instigation de Lemaigre-Dubreuil, Rigault entrera en relation avec le capitaine Beaufre qui, depuis qu'il a rejoint l'Algérie, ne cesse de travailler à des plans de débarquement américain [2] et surtout avec le lieutenant-colonel Jousse dont le poste à l'état-major d'Alger lui vaudra tout naturellement de devenir l'expert et le conseiller militaire des « Cinq ». Lorsqu'il s'agira de préciser aux Américains quels seront les besoins de l'armée française d'Afrique pour les combats qui l'attendent, Jousse n'oubliera ni les 50 000 ceinturons, ni les 100 000 musettes, ni les jumelles, ni les télémètres, ni les voitures sanitaires, ni les ateliers de réparation qui, presque au même titre que les avions, les canons, les chars, sont indispensables à la guerre moderne. Et, en mars 1942, lorsque les pourparlers avec Murphy seront plus avancés, c'est Jousse encore qui dressera un véritable plan de bataille, indiquant les points où les débarquements seront les plus faciles, la répartition des forces assaillantes qui lui paraît le plus convenable, mais également l'état des défenses françaises.

Autour de ces quelques hommes, dont le nom reviendra à plusieurs reprises au long de ce chapitre, quelques centaines d'hommes qui, tout en connaissant des conditions de vie bien meilleures que celles des résis-

1. Lucien Adès.
2. Lemaigre-Dubreuil reconnaîtra plus tard que c'est Beaufre qui, le premier, a pris contact avec Murphy.

tants de zone occupée et même de zone libre [1], n'en sont pas moins, par le cœur et l'activité, des résistants. A l'exception de ces nombreux jeunes juifs [2], révoltés par l'abolition du décret Crémieux, brimés par les lois antisémites, ils se dressent d'abord moins sans doute contre Vichy, lointain, contre l'Allemand, invisible, que contre l'acceptation morose de la défaite.

Les « Cinq » et leurs amis mènent un jeu parallèle à celui de Murphy. Ils ont des contacts avec l'Américain mais ne lui sont nullement subordonnés, et c'est peu à peu que chaque parti prendra l'habitude de considérer l'autre comme « interlocuteur valable ».

Aussi, après le rappel en France de Weygand, rappel qui intervient le 17 novembre 1941 et dont la jalousie de Darlan est responsable presque au même titre que les inquiétudes et les soupçons des Allemands, Murphy poursuivra-t-il son travail. Il le poursuivra encore, Pierre Laval revenu au pouvoir, mais les menaces que ce retour fait planer aussi bien sur l'activité des anciens collaborateurs de Weygand, sur celle des « contrôleurs » américains, que sur celle des « Cinq », vont contribuer à accélérer le mouvement.

C'est le 1er mai 1942, en effet, que les « Cinq » ont remis à Murphy une note qui constitue, selon Claude Paillat, « un véritable ultimatum », note à laquelle Washington finira par donner une réponse favorable puisque c'est avec eux seuls que l'Amérique affirmera vouloir désormais traiter.

Cette note coïncide, il est vrai, avec l'annonce de l'évasion du général Giraud. Le chef militaire de renommée internationale que Weygand aurait pu être [3], voici que tous les comploteurs croient l'avoir trouvé.

Ce général Giraud, dont tous les journaux de la Résistance soulignent le caractère intrépide ; dont *Combat*, qui accordera plus d'importance à son évasion qu'à un message capital de De Gaulle à la Résistance, écrit qu'il importe peu de savoir « s'il est républicain, royaliste, bonapartiste, démocrate, ou s'il rêve d'autocratie », l'essentiel étant qu'il ait gardé « son épée immaculée pour le service de la France », INTÉRESSE en vérité tout le monde. Les Anglais, déçus aussi bien par le petit nombre des ralliements à de Gaulle que par le caractère susceptible et irritable du

---

1. Dénoncé par l'un de ses camarades de promotion, le commandant Loustaunau-Lacau qui, sous le pseudonyme de Lambin, a rejoint l'Afrique du Nord, sera arrêté en mai 1941, puis relâché, grâce à Achiary, cependant que Beaufre, Faye, le major belge van Spichelen seront transférés en France pour y être jugés.

2. « Pour un Beyler ou un Mario Faivre, écrira l'un de ces jeunes résistants juifs, Lucien Adés, il y a dix Temine, Chiche, Cohen ou Morali. »

3. A la fin du mois de janvier 1942, le général Weygand recevra dans sa retraite de Grasse le neveu du général MacArthur, Douglas MacArthur, secrétaire de l'ambassade des États-Unis à Vichy, qui lui remettra un message du président Roosevelt et lui exposera les inquiétudes (mais non les projets) des Américains concernant l'Afrique du Nord. A ce visiteur, comme à tous les autres, Weygand répondra qu'il n'est pas l'homme des menées souterraines et que son loyalisme envers le maréchal Pétain lui interdit toute action secrète.

Général ; les Américains qui voient en Giraud l'homme « possédant à la fois les qualités requises d'un chef et le prestige indispensable aux yeux des militaires et des civils [1] » ; de Gaulle qui souhaite que Giraud rejoigne rapidement l'Angleterre autant pour l'utiliser que pour qu'il ne soit pas utilisé ; les résistants de France avec qui Giraud noue de nombreux contacts et, bien entendu, les résistants d'Afrique du Nord.

Durant sa captivité à Kœnigstein, Giraud, qu'anime, on le sait, un constant esprit de revanche, a mis au point un plan général de soulèvement des populations occupées. Intervenant au printemps de 1943, ce mouvement serait appuyé par l'armée française de l'armistice, mais également par les Polonais de France rassemblés autour du général Kleeberg et par les forces yougoslaves de Mihaïlovitch.

Mis au courant le 19 mai par Lemaigre-Dubreuil, puis par Rigault, des rapports noués entre les « Cinq » et les États-Unis, Giraud, qui ne manque ni d'imagination ni de romantisme, mais se refuse à prendre en compte toutes les réalités du moment, élargit son plan à l'Afrique du Nord et suggère que les Américains aident à cette révolte populaire générale à laquelle il tient mais pour laquelle rien n'est prêt, en créant deux têtes de pont, l'une près de Nantes, l'autre sur la côte méditerranéenne.

Ce plan, Giraud aura l'occasion de l'expliquer sur la carte au général de Lattre de Tassigny, qui commande à Montpellier, au cours d'une véritable « tournée des popotes » qui le conduira tout d'abord à Toulouse où il rencontrera le général Frère qui lui a succédé, en 1940, à la tête de la VIIe armée, puis à Aix-en-Provence, à Grenoble, à Lyon, où il recevra non seulement des officiers, mais aussi plusieurs industriels et hauts fonctionnaires.

Ce n'est qu'à la fin de ce voyage, à cœur et presque à ciel ouvert, car, s'il voyage sous le nom de comédie de M. Simignon, il est accompagné de deux chauffeurs militaires… en civil, il est vrai [2], que Giraud rejoindra son refuge de la Verpillière, dans l'Isère, où la police française, alertée mais guère empressée, manquera le saisir un beau matin.

Exalté par la réussite de son évasion, par l'importance que lui ont accordée les Allemands, par la facilité avec laquelle il vient de se déplacer en France non occupée, ce qui est à verser au crédit de son courage, mais également de la bonhomie des autorités de Vichy, surpris par le nombre des concours qui se sont offerts à lui, par les contacts qu'à travers le groupe des « Cinq », mais aussi de façon tout à fait indépendante [3], il a noués avec les Américains, comment Giraud, seul en piste

1. Rapport de l'ambassadeur Tuck qui a succédé, à Vichy, à l'amiral Leahy (2 mai 1942).

2. En plus de ces deux chauffeurs, mis à sa disposition par le colonel Mollard, responsable du camouflage du matériel militaire, le général Giraud est accompagné d'un ancien officier de marine, agent des services secrets ainsi que du général Chambe.

3. C'est ainsi qu'au château de Fromentes Giraud aura des entretiens avec Mlle Constance Harvey, vice-consul des États-Unis à Lyon.

depuis que Weygand a réussi à convaincre ses interlocuteurs qu'il ne participerait à aucune entreprise qui n'ait la bénédiction de Pétain, n'envisageant, avec de Gaulle, que des rapports de supérieur à inférieur, ayant sur la puissance américaine des idées fausses et sur la vertu de ses plans de révolte populaire des idées plus fausses encore, ne se verrait-il pas naturellement porté à la tête des forces de la coalition dès lors qu'elles comprendraient des unités françaises ?

Cette prétention, Giraud la communique à tous ceux avec lesquels il entre en pourparlers.

A Douglas MacArthur, qui fait en quelque sorte la tournée des bonnes volontés françaises, puisque, en janvier, il a déjà, mais vainement, sollicité Weygand[1] et qui lui demande, par l'intermédiaire du général Baurès, à quelles conditions il serait prêt « à travailler avec le président Roosevelt à la Libération de la France », Giraud adresse une réponse en quatre points. Il désire que la France, avec son empire, soit rétablie dans son intégrité territoriale ; que la souveraineté française demeure entière partout où des Français combattront à côté des Américains ; que « le général Giraud [ait] le commandement en chef des forces alliées sur le théâtre d'opérations où combattront des forces françaises » ; enfin que le taux du franc, par rapport au dollar, soit équivalent à celui consenti par l'Angleterre au général de Gaulle dans les rapports entre la livre et le franc.

Ainsi, entre le mois de mai et le mois de novembre 1942, les Américains, les Cinq, Giraud, vont-ils mener, dans l'ordre et le désordre, la sincérité et la dissimulation, une partie qui n'a pas fini, on le verra au moment du passage à l'action, de réserver bien des surprises.

C'est le 8 juillet 1942 que Churchill donne son accord pour ce débarquement en Afrique du Nord qui offrirait, écrit-il à Roosevelt, « la meilleure chance de soulager le front russe »... Et qui constituerait également le meilleur moyen de soulager le front anglais de Libye puisque Rommel, une fois de plus victorieux, vient de s'emparer de Tobrouk et, avec la ville, de 30 000 soldats de la VIIIe armée ainsi que de stocks importants.

Envoyés de Roosevelt auprès de Churchill, le général Marshall et l'amiral King vont donc dresser avec les Britanniques les plans de ce débarquement en Afrique du Nord qui, bientôt, prendra pour nom de code ce mot *Torch*, destiné à passer à l'Histoire.

S'ils acceptent que le général Eisenhower ait la direction de l'ensemble des opérations, que les soldats anglais qui débarqueront soient, pour quelques jours, revêtus d'uniformes américains, que de Gaulle ignore tout de l'entreprise et cela jusqu'au dernier jour, les Anglais insisteront cependant auprès des Américains pour qu'ils conservent, de leur côté, le

1. *Cf.* ci-dessus p. 289 (note 3).

secret vis-à-vis de ces Français d'Algérie dont ils se méfient et de ce général Giraud dont les prétentions les irritent. Recommandations superflues. Les responsables américains sont bien résolus à taire l'essentiel, même si leur attitude doit placer Robert Murphy dans une situation difficile vis-à-vis de ses associés d'Afrique du Nord et vis-à-vis de Giraud.

Aussi, lorsque, le 22 octobre 1942, Murphy accompagné du général Clark, adjoint d'Eisenhower, qui a rejoint en sous-marin, se rend dans une ferme de la région de Cherchell, à 120 kilomètres d'Alger, pour rencontrer le général Mast, représentant Giraud mais surtout adjoint au commandant du 19e corps d'armée, le lieutenant-colonel Jousse, Rigault, le capitaine de vaisseau Barjot, le commandant Dartois, que les « Cinq » ont choisi pour responsable des opérations aériennes [1], est-il lourd de secrets qu'il n'entend pas dévoiler.

Si bien que le compte rendu de la conférence de Cherchell, rédigé par Rigault, et que Lemaigre-Dubreuil va transmettre sans plus tarder à Giraud, comportera de nombreuses inexactitudes : involontaires de la part de Rigault, volontaires de la part de Clark et de Murphy.

Elles portent aussi bien sur l'importance des forces : 500 000 hommes appuyés par 2 000 avions, que sur le fait « qu'aucune troupe britannique ne mettra le pied en Afrique du Nord », ou encore sur l'assurance que le commandement sera remis à un Français dans les heures qui suivront le débarquement.

C'est donc à un plan incomplet, imprécis et inexact que Giraud donnera son accord le 27 octobre.

Il ne sera informé que le 2 novembre de la date du débarquement. A cette révélation qui l'a fait bondir d'indignation, il riposte en disant qu'il ne pourra se trouver à Alger avant le 20 novembre. Pris en flagrant délit de dissimulation par ses amis français, menacé d'être abandonné au moment décisif par Giraud, mais également par les « Cinq » que les procédés américains ont ulcérés, Murphy tentera en vain de faire retarder de deux semaines une opération géante, trop engagée déjà pour que l'on puisse modifier son déroulement.

Du moins, grâce à une dernière lettre aux silences trompeurs, Murphy, en affirmant que le gouvernement américain souhaitait remettre « dès que possible » le commandement militaire à un Français [2], décidera-t-il Giraud

1. La protection des conjurés est assurée, du côté français, par Henri d'Astier de La Vigerie, du côté américain par plusieurs commandos britanniques. Une alerte obligera à un départ précipité.

2. « Toutefois, ajoute Murphy dans sa lettre à Giraud, pendant le débarquement et jusqu'à ce que la sécurité de nos troupes soit assurée en Afrique du Nord, il semble préférable de ne rien changer à l'organisation mise sur pied au prix de tant d'efforts pour une opération aussi complexe. »

Dans sa dernière lettre à Giraud, Murphy devait faire silence sur la participation des forces anglaises au débarquement et ne rien dire de l'opération sur le littoral métropolitain souhaitée par le général. « Je reconnais que j'ai trompé Giraud et son entourage », avouera plus tard Robert Murphy.

à précipiter quelque peu un départ qui, grâce au dévouement du réseau « Alliance [1] », s'effectuera dans la nuit du 5 au 6 novembre à bord du sous-marin britannique *Seraph*, placé pour ménager la susceptibilité du général français, et pour conserver aussi longtemps que possible la fiction d'une opération tout entière sous le contrôle des États-Unis, sous le commandement d'un officier américain, le capitaine Jerauld Wright.

Lorsque Giraud, après une journée d'attente pour cause de mauvais temps, quitte la barque du pêcheur, qui a accepté de le prendre en charge, pour monter à bord du *Seraph,* son concurrent le plus redoutable se trouve déjà à Alger.

Ceux qui ne voyaient péjorativement en Darlan qu'un habile manœuvrier, comment pourront-ils croire que seul l'amour paternel a cette fois inspiré le voyage du destin ? Il en est bien ainsi cependant. Victime d'une poliomyélite, hospitalisé à l'hôpital Maillot, d'Alger, Alain Darlan se trouve condamné par les médecins et c'est pour répondre aux lettres angoissées de Mme Darlan que l'Amiral arrive par avion spécial à Alger le 5 novembre à 12 h 35.

Que sait-il ce jour-là des projets américains et des complots français ? Aussi surprenant que cela paraisse : rien de précis.

A Vichy, beaucoup d'officiels auront d'autant plus de mal à croire à cette ignorance que son voyage impromptu fait suite à une longue tournée d'inspection au Maroc, en Afrique occidentale et en Algérie. Alors que, revenu à Vichy le 30 octobre, il en repart brutalement moins d'une semaine plus tard, pourquoi ne pas imaginer qu'il a été mis au courant de ce qui se tramait et que, fidèle à son personnage, il profite de la circonstance pour se laisser emporter par le vent ?

C'est cette opinion, fort répandue, que traduit le 14 novembre le général Serrigny qui est, on le sait, l'un des familiers de Pétain.

> Le 13 au matin, Féat me met au courant de la situation en Afrique du Nord. Darlan se trouvait *par hasard* [2] à Alger lors du débarquement. Il y était venu sous *prétexte* de ramener en France son fils atteint de poliomyélite. Un télégramme d'Alger *l'aurait* incité à ce voyage. Aux yeux de l'amiral Fernet qui est de ses amis, tout ce *scénario* n'était qu'un *camouflage.* Darlan était depuis longtemps au courant, *notamment grâce à Murphy*, des événements qui se préparaient, il avait *choisi* son orientation et était venu en Afrique *pour retourner sa veste…*

Si les Français partagent le sentiment de Serrigny, pourquoi les Allemands auraient-ils une opinion différente ? Lorsqu'il rapportera les

1. Avec Giraud, ont pris place à bord du *Seraph* son fils Bernard, le capitaine Beaufre et l'enseigne de vaisseau Viret. Un deuxième sous-marin britannique allait, le lendemain, prendre à son bord d'autres résistants mais, au Lavandou, l'état-major d'« Alliance » sera arrêté par la police de Vichy.

2. Je souligne intentionnellement tous les mots qui mettent en doute la bonne foi de Darlan.

paroles que lui a dites Hitler le 10 novembre, Pierre Laval mentionnera cette phrase : « Il croit que le voyage de l'amiral Darlan en Afrique du Nord cachait un complot. »

J'ai déjà indiqué [1] la relative lenteur de l'évolution de Darlan, le flou des contacts pris, à travers Alain Darlan, avec Robert Murphy, le poids, sur un homme habitué à réagir en technicien et non en sentimental, d'événements militaires qui, dans le Pacifique, en Libye, où la contre-offensive de Montgomery n'est pas encore déclenchée, en Russie, où Stalingrad demeure toujours un combat douteux, « pouvaient difficilement, écrira l'amiral Darlan, être interprétés comme des garanties de l'invincibilité militaire des Alliés, ni même de leur degré de préparation ».

C'est donc un chef de guerre qui estime avoir le temps pour lui qui arrive le 5 novembre à Alger.

C'est surtout un père angoissé dont l'angoisse, pour un moment, submerge tous les autres sentiments.

En persistant dans des « négociations furtives [2] », en se refusant à faire connaître à Darlan, et par lui au Maréchal, l'importance de leurs préparatifs, en perdant ainsi l'occasion de traiter avec l'autorité légitime, les Américains ont-ils perdu la chance d'obtenir le ralliement de la flotte française, ou, tout au moins, la cession immédiate et sans combats coûteux en vies humaines pour les deux camps, des bases algériennes, marocaines et aussi tunisiennes ? Alain Darlan l'affirmera, mais également Robert Murphy. « Je suis persuadé que les Français n'auraient pas résisté du tout, nulle part, s'ils avaient été prévenus en temps voulu. »

Mais entre le risque d'avoir à affronter les défenses françaises surprises par le débarquement inattendu d'un adversaire inconnu (pendant plusieurs heures, certaines troupes vont ignorer contre qui elles se battent) et celui de se trouver, à la suite de quelque fâcheuse indiscrétion, ou de quelque trahison, en proie aux attaques conjuguées des sous-marins et des avions de l'Axe, les Américains avaient choisi le premier et, pour eux, le moindre risque [3].

Samedi 7 novembre 1942. Pour tous les Européens d'Afrique du Nord, un samedi comme les autres. Plus que de cet énorme convoi, qui, selon les militaires, se dirige évidemment vers Malte, on parle de la sortie du dimanche.

---

1. *Cf.* ci-dessus p. 282 *sq.*
2. Le mot est d'Alain Darlan.
3. Il est juste de faire remarquer que, si les Américains craignaient les indiscrétions, les Français les craignaient également. A Murphy, qui regrettera que son père ne se soit pas confié davantage à l'ambassadeur Leahy, Alain Darlan répliquera que son père croyait les Américains incapables de garder des secrets.

« En mon for intérieur, je devais convenir, devait écrire Murphy, que [la remarque] contenait une bonne part de vérité : j'avais souvent été choqué de retrouver dans la presse ou d'entendre à la radio certains renseignements adressés à titre confidentiel à mes supérieurs. »

Pour Robert Murphy, il faut absolument que ce samedi 7 novembre demeure, en apparence, un jour comme les autres. S'efforçant de ne pas laisser paraître son inquiétude, il remplira donc ses tâches quotidiennes et, comme à l'ordinaire, recevra plusieurs visiteurs : le nationaliste Fehrat Abbas, venu l'interroger sur les réactions américaines face à une future Algérie autonome ; l'ancien président du Conseil Pierre-Étienne Flandin, très ému par les perspectives d'une possible invasion de la Tunisie par les troupes de l'Axe et qui répète : « Si vous, Américains, ne débarquez pas en force, d'ici un mois, il sera trop tard » ; trois jeunes femmes volontaires d'une unité sanitaire de l'armée qui songent à regagner la France pour s'y employer plus utilement. Que leur conseille-t-il ?

— Il serait peut-être bon, mesdames, que vous reveniez dans quelques jours. D'ici là, j'aurai trouvé une solution.

Pour ne pas alerter la police française par de multiples allées et venues, Murphy a décidé que les points de rassemblement des conjurés seraient fixés dans différents appartements éloignés les uns des autres.

Chez le Pr Henri Albouker, dont l'appartement abrite l'un des PC, règne, comme à la veille d'une mobilisation générale, le désordre le plus total : tapis souillés de cendres, dossiers sur les fauteuils, machines à écrire sur les guéridons et partout des hommes qui s'affairent, courent, téléphonent, s'interpellent[1]. C'est chez Henri Albouker que l'un de ces garçons juifs, persécutés par Vichy et naturellement mobilisés contre Vichy, le jeune Lucien Adès, reçoit l'ordre de se rendre, en compagnie de Jean Bensaïd, sur une plage près de Sidi Ferruch pour y accueillir les premiers Américains.

Mais il se perdra dans la nuit, n'aura jamais l'occasion de lancer le mot « whisky », d'entendre, naturelle et puérile, la réponse « soda » et ne rencontrera que quelques heures plus tard « ses » premiers Américains dont il laissera une description éblouie.

> Ils sont très grands, larges d'épaules, leurs vêtements sont totalement inconnus de nous. Ils portent des guêtres courtes, un casque rond et profond enfermé dans un filet. Ils ont des poches partout. Leur visage est maculé de graisse noire. A la main, ils portent de petits fusils-mitrailleurs trapus et menaçants.

< 1. Dans le n° 83 de *Combat* (Alger) publié le 7 novembre 1943 sous le titre *8 novembre 1942-8 novembre 1943. Histoire sans légende ; souvenirs et réflexions*, René Capitant, l'un des acteurs des journées de novembre, décrit ainsi le spectacle de l'appartement du docteur Henri Albouker, 26 rue Michelet : « Des jeunes gens encore en civil mais impatients de se mettre en tenue, souvent vêtus d'une culotte de cheval et munis de bottes, emplissaient le vestibule d'entrée et dévisageaient avec méfiance les visiteurs avant de les introduire. C'était dans l'escalier une file ininterrompue que la concierge sur le pas de sa porte dévisageait avec un étonnement où l'on souhaitait de voir une feinte raffinée [...]. Dans la journée, la foule ne fit que croître. Le PC fut transporté au 5e étage. C'est là que le colonel Jousse distribuait à ses groupes de combat des ordres précis, leur indiquant leurs objectifs et l'horaire de leur action. Comment le secret fut-il, malgré tout, gardé ? » (*Revue d'histoire de la faculté de droit et de la science juridique*, p. 83). >

Ce sont cependant des garçons comme Adès qui, à Alger, pratiquement sans armes[1], sans entraînement et presque sans directives, se rendront maîtres, au moins pendant la nuit et la matinée, des commissariats, centrales électriques, centres de communications et de transports, d'une ville « murmurante et rageuse qui n'a pas l'air de se sentir soulagée et heureuse de ces bouleversements[2] ».

Dans les premières heures du 8 novembre, ils réussiront même un coup d'éclat en isolant la villa des Oliviers, résidence du général Juin, commandant les troupes françaises d'Afrique du Nord, qu'un coup de téléphone a tout à l'heure tiré du lit.

C'est peu après minuit, en effet, que Murphy a demandé à Juin de le recevoir d'urgence. C'est à un homme émergeant de son premier sommeil, dépeigné, vêtu d'un pyjama à rayures roses, et surpris — on le serait à moins —, que l'Américain apprend alors l'approche d'un corps expéditionnaire de 500 000 hommes. Toujours la fable des 500 000 hommes.

— Je vous annonce cet événement parce que, d'après les conversations que nous avons eues ces dernières années, j'ai cru deviner quel est votre suprême désir : la libération de la France. Or, vous savez que votre pays ne se libérera pas sans l'aide des États-Unis.

— Comment ? réplique Juin, vous prétendez que les convois qui se trouvent en Méditerranée ne naviguent pas vers Malte mais vont débarquer ici ? Vous m'avez pourtant dit, il y a une semaine, que les États-Unis ne nous attaqueraient pas !

Apprenant que les Américains arrivent « à l'invitation » de Giraud (ce qui est fort exagéré), Juin exprimera avec véhémence — comme Darlan le fera dans quelques minutes — ses regrets de n'avoir pas été consulté plus tôt.

Lui non plus n'imaginait pas un débarquement avant le printemps[3] de 1943. Et ce n'est pas le rapport que venait de lui remettre son chef de cabinet, le commandant Dorange, qui aurait pu le détromper.

1. Les Britanniques avaient promis de livrer dans la nuit 20 tonnes d'armes légères aux clandestins. Ils ne le feront pas.

< René Capitant décrit (*Combat* du 7 novembre 1943) les chefs de groupe de la Résistance venant « les uns après les autres prendre livraison, dans un grand garage de la rue Michelet, des voitures qui leur avaient été affectées. Et quelque temps après, ils revenaient, suivant un horaire rigoureusement fixé, chercher dans un autre garage les armes nécessaires à leurs hommes ». D'un vaste sous-sol « une cinquantaine d'hommes au moins s'employaient à extraire des fusils, des pistolets, des caisses de munitions et quelques mitraillettes, d'une sorte de chambre forte transformée en arsenal, pour les charger dans les voitures, non sans en avoir tenu une comptabilité exacte ». Mais, plus avant dans son texte, Capitant précise que les conjurés — à peine 500 — n'étaient « armés que de vieux fusils, les mitraillettes modernes qui leur avaient été promises par les Alliés n'ayant pas été livrées à temps ». >

2. Lucien Adès.

< 3. Il n'était pas le seul. Le gaulliste René Capitant écrit : « … le débarquement que j'escomptais personnellement pour le printemps… » (*loc. cit.*). >

Mieux que tous les récits écrits, dix ou vingt ans plus tard, par des hommes à la mémoire et au jugement influencés par la connaissance des événements et de leurs développements, le texte rédigé par Dorange, immédiatement après son entretien avec Murphy, le 15 octobre 1942, permet de connaître exactement ce que pouvaient savoir et ce qu'ignoraient des sympathisants à la cause alliée [1], informés certes des généralités, mais pour mille et une raisons tenus à l'écart des précisions comme des détails les plus importants [2].

A moins d'un mois du débarquement, que dit, en effet, Murphy à Dorange qui lui a affirmé que Juin défendrait l'Afrique du Nord « contre tous ceux qui prétendraient y mettre les pieds [3] » ? Que le gouvernement des États-Unis n'a jamais eu l'intention d'intervenir, qu'il ne prendrait d'ailleurs pied en territoire français qu'à la demande du gouvernement français et dans le cas d'une attaque italo-allemande qu'il dit craindre dans un proche avenir. Faisant miroiter l'accroissement considérable de la puissance américaine, Murphy réplique à Dorange, qui vient d'évoquer la faiblesse des forces aériennes françaises, que les Américains sont prêts à fournir aux Français tout le matériel qu'ils désirent.

DORANGE. — Votre production est donc suffisante pour équiper à la fois votre armée et celle des autres ?

MURPHY. — Notre production est infiniment supérieure à tout ce que vous croyez. Nous sommes en mesure de vous fournir tout le matériel que vous nous demanderez : chars, avions, artillerie, etc.

DORANGE. — Il faudrait aussi le transporter…

< 1. Dans une note manuscrite du 12 novembre 1983, le général Jousse, qui joua un rôle essentiel dans la préparation du soulèvement et de l'aide au débarquement anglo-américain, décrit Juin en ces termes : « On peut penser aujourd'hui, à la lumière des événements qui ont marqué sa vie, qu'en 1942 il n'était pas spécialement vichyste, pas plus qu'il ne fut gaulliste […]. Il n'était pas un homme de principe mais un pragmatique qui a su exploiter les circonstances pour faire carrière. C'est ainsi qu'il combat les Alliés le 8 novembre, mais qu'il combat à leurs côtés douze jours plus tard. Prodigieux retournement. Grandeur et servitude militaire, disent certains. Non, cette référence glorieuse ne convient pas dans cette circonstance, car les responsables ont artificieusement fait prévaloir la discipline sur l'intérêt du pays dont ils avaient la charge. »

Face à ces propos du général Jousse, je dois mettre en parallèle l'affirmation du colonel Jean Veron qui, dans une allocution prononcée le 23 novembre 1982, a rappelé que, adjoint au colonel Laborie, commandant du groupement de bombardement n° 11 basé à Casablanca, il avait entendu le général Juin dire *en mai 1942*, en présence de plusieurs officiers généraux dont le général Noguès, qu'il se refusait à envisager les mesures militaires à prendre dans l'hypothèse « Atlantique » — c'est-à-dire pour s'opposer à un débarquement américain. L'amiral Michelier, « rouge d'indignation », ayant protesté, le général Juin aurait alors répondu : « Messieurs, n'oubliez pas que nous n'avons qu'un seul ennemi, l'Allemagne, et une revanche à prendre. » >

2. Le texte de l'entretien Murphy-Dorange a été publié *in extenso* dans le livre de Claude Paillat, *L'Échiquier d'Alger*, t. 1.

< 3. D'après le général Jousse (*cf.* note 1 ci-dessus), c'est uniquement contre les Alliés que Juin aurait eu l'intention de résister. Jousse fait allusion aux instructions données aux troupes (françaises) de Tunisie afin que l'armée allemande battant en retraite en Libye soit favorablement accueillie. « Il était dit que les conditions du recueil et celles du combat côte à côte qui s'ensuivraient seraient l'objet d'instructions ultérieures. » >

Murphy. — Et le débarquer : c'est surtout cela qui m'inquiète, car la capacité des ports où nous pourrions vous le livrer est faible.

Dorange. — Soit. Mais vous oubliez l'armée Rommel [1].

Murphy. — Les dispositions que nous sommes en train de prendre sont, je pense, suffisantes pour l'empêcher de nous tourner le dos [2]. Nous serons en mesure de l'attaquer avec de gros moyens à bref délai.

Dorange. — Ne croyez-vous pas qu'elle soit en mesure de vous devancer ?

Murphy. — Je ne le pense pas. Nous avons amené à pied d'œuvre tout ce qu'il fallait.

Dorange. — Cela n'empêche pas les Allemands d'avoir 320 divisions, dont ils peuvent, à tout instant, ramener une bonne partie dans l'ouest, la presque totalité même si la Russie s'effondre, ou si elle se décide, ainsi que les Allemands le laissent entendre, à traiter [3].

Murphy. — La Russie ne s'effondrera pas. J'ai vu M. Hopkins à New York. Il rentrait de la mission dont le président Roosevelt l'a chargé en Russie. Le président et lui ont fait le tableau de la situation : la Russie n'est pas sur le point de s'effondrer. Elle pense même très sérieusement à reprendre l'offensive au premier fléchissement des Allemands. Elle ne traitera pas non plus…

Murphy affirme enfin à Dorange qu'il a « pleins pouvoirs du président Roosevelt pour traiter avec le gouvernement français ou avec toute personne le représentant [4] » les questions relatives à l'aide que l'Amérique serait susceptible d'apporter à l'Afrique du Nord, étant entendu que le gouvernement des États-Unis ne traitera pas avec des groupements dissidents, qu'il répondra seulement à la demande de la France « et dans les conditions fixées par celle-ci », les bruits « relatifs à une attaque américaine, ajoute Murphy, étant dénués de fondement ».

Dans les premières heures du 8 novembre, la surprise du général Juin n'est donc pas feinte. Elle est celle d'un homme sciemment abusé et qui n'a nullement cherché à percer les mystères dont s'enveloppaient ses amis américains.

— Si cette affaire dépendait uniquement de moi, dit-il cependant à

1. Qui, le 15 octobre 1942, est toujours victorieuse en Libye puisque la bataille d'El-Alamein, qui représentera, pour elle, « le commencement de la fin », ne débutera que dans la soirée du 23 octobre. Rommel se trouvant d'ailleurs absent (il fait une cure dans un établissement thermal autrichien et rejoindra l'Afrique le 25 octobre).

2. J'imagine que Murphy veut dire « nous attaquer dans le dos ».

< 3. Le général Jousse, dans sa note du 12 novembre 1983, ironise sur « le pessimisme » et l'ignorance de Dorange qui surestime la puissance allemande et sous-estime les capacités de l'industrie américaine. >

4. Le 13 janvier 1966, M. Robert Murphy, ayant en main le rapport Dorange, précisera à Claude Paillat que, bien que n'ayant conservé aucune note sur son entrevue avec le commandant Dorange, il doutait avoir dit à Dorange que le gouvernement des États-Unis négocierait avec le seul gouvernement français, dans la mesure où il se trouvait alors engagé dans des conversations avec le général Giraud.

Murphy, je serais avec vous. Mais, comme vous le savez, Darlan est à Alger. C'est mon supérieur. Quelle que soit ma décision, il peut l'annuler immédiatement.

— Très bien, consultons Darlan, réplique Murphy.

L'Amiral, à qui Juin propose de venir le rejoindre chez l'amiral Fenard, où il réside, répond qu'il préfère se déplacer. Il sera là dans vingt minutes. Effectivement, le voici à 1 h 25 et sa réaction, en apprenant de la bouche de Murphy l'imminence du débarquement, sera de celles qui s'oublient difficilement.

— Je savais depuis longtemps que les Britanniques sont des imbéciles, mais j'avais toujours cru les Américains plus intelligents. Vous partagez avec eux le goût des gaffes monumentales !

Darlan proteste moins contre le débarquement que contre la méfiance américaine à son égard et contre le fait qu'une action prématurée et mal conduite peut entraîner une réaction victorieuse de la part des Allemands.

Pendant plus d'une demi-heure, Murphy et Darlan, le diplomate suivant l'amiral, faisant demi-tour lorsqu'il fait demi-tour, s'arrêtant lorsqu'il s'arrête, vont arpenter ainsi le grand salon, Murphy expliquant à un Darlan, silencieux et qui tire rageusement sur sa pipe, que le débarquement américain a pour but unique de contrarier une prochaine invasion allemande, que ce sont 500 000 hommes — toujours les 500 000 hommes — qui, dans quelques heures, peut-être dans quelques minutes, se présenteront devant les côtes africaines, qu'il serait fou d'opposer dans un combat fratricide les soldats français aux soldats américains qui n'ont oublié ni l'alliance de 1917 ni les combats de 1918 et viennent en libérateurs.

— J'ai donné ma parole à Pétain, dit Darlan, selon Murphy en bougonnant, selon d'autres témoins en frappant du poing sur la cheminée [1]. Depuis deux ans, je n'ai pas failli à mon serment. Je ne peux pas, maintenant renier tout cela. Cette opération est prématurée et ce n'est pas du tout ce que nous espérions.

En apprenant que les Américains, non seulement n'ont pas pris contact avec lui, mais encore ont « traité » avec Giraud, Darlan explosera à nouveau.

— Giraud ? En politique, c'est un enfant, un bon général de division, rien de plus [2].

Et d'ailleurs, où se trouve Giraud ? Oui, où est Giraud ?

Murphy, qui, depuis plusieurs heures, envoie des messages demandant précisément « où est Giraud ? » et qui a fini par apprendre que le *Seraph* n'a pas conduit, comme prévu, le général sur la côte algérienne AVANT LE DÉBARQUEMENT mais l'a confié, en mer, à un hydravion qui l'a déposé le 7, en rade de Gibraltar, est bien en peine d'avouer la vérité à Darlan. Il se

1. D'après Jacques Robichon (*Jour J en Afrique*) qui tient sans doute ce renseignement du commandant Chrétien, présent à l'entretien Darlan-Juin-Murphy.

2. « Malheureusement, devait conclure plus tard Robert Murphy, c'était exact. »

contente d'affirmer — comme s'il s'agissait d'une carte qu'il conserverait dans sa manche pour la produire au moment voulu — que Giraud arrivera « sous peu ».

Le retard de Giraud, retard aggravé par sa bouderie lorsqu'il découvrira, en s'entretenant avec Eisenhower, que rien n'est prévu pour un débarquement en France, que l'occupation des aérodromes tunisiens a été totalement négligée et aussi, ou surtout, que son rôle ne sera pas celui qu'il avait espéré et qu'on lui avait (presque) promis, aura des conséquences considérables.

Tandis que les forces anglo-américaines approchent des côtes d'Afrique du Nord, Giraud débat toujours avec Eisenhower du commandement qui lui sera attribué. Mais le général américain affirme tout ignorer des promesses faites par Roosevelt et transmises par Murphy. Comment, d'ailleurs, confier les prérogatives et les attributions de commandant en chef à un général français alors que nul ne sait quelles seront les réactions des troupes françaises d'Afrique du Nord, et que la coalition ne comporte pas seulement des soldats américains, mais également des unités britanniques pour lesquelles il est bien évident qu'aucun engagement n'a été conclu !

— Dans ces conditions, réplique en substance Giraud, étant donné mon acceptation de partager les risques d'une aventure, je ne peux admettre que l'on ne tienne pas les promesses faites.

Après avoir menacé de se désolidariser de toute l'opération et de passer le lendemain en Espagne, Giraud, de fort mauvaise humeur, regagne la chambre que lui offre le général MacFarlane, gouverneur de Gibraltar.

Pendant qu'il rumine ou sommeille, c'est sans lui que les événements se déroulent à Alger et c'est sans lui qu'ils se dérouleront durant toute cette journée du 8 novembre qu'il occupera en partie à une « séance de conciliation » avec Eisenhower, en partie à la visite des différents bureaux de l'état-major américain !

En donnant à Darlan, pendant trente-six heures, une précieuse liberté de manœuvre, le retard de Giraud contribuera à modifier le cours prévisible des événements aussi bien en Afrique du Nord qu'en métropole.

Il va d'abord permettre à Darlan, soutenu par Juin, d'expliquer longuement à Murphy que Giraud, lorsqu'il débarquera, n'aura aucune autorité, que nul ne se rangera à ses ordres et que, n'étant pas suivi, il ne fera qu'ajouter à la confusion et au drame. Seul Pétain ou quelqu'un d'investi par Pétain…

Murphy ayant finalement demandé à Darlan ce qu'il ferait si Pétain lui donnait « carte blanche » et l'Amiral ayant répondu que, dans ces conditions, il se rangerait aux côtés des Américains, il sera décidé de demander l'opinion du Maréchal par un premier télégramme qui ne sollicite, en vérité, ni un accord pour un éventuel cessez-le-feu, ni un encouragement à poursuivre la lutte, mais rend compte tout simplement des événements.

Amiral Darlan à maréchal Pétain, numéro 6711.

J'ai été demandé à 1 h 15 par le général Juin et j'ai trouvé chez lui M. Murphy qui m'a déclaré que :

Citation : « Sur la demande d'un Français, le général Giraud, le président Roosevelt avait décidé d'occuper l'Afrique du Nord avec des forces importantes ce matin même. »

Que « les États-Unis n'avaient qu'un seul but : détruire l'Allemagne et sauver la France qu'ils désiraient maintenir dans son intégrité ». Fin de citation.

Je lui ai répondu que la France avait signé une convention d'armistice et que je ne pouvais que me conformer aux ordres du Maréchal de défendre son territoire [1].

Veulent-ils envoyer ce télégramme, Darlan et Juin découvrent alors que la villa des Oliviers est cernée par des « résistants » — par « une 5e colonne de civils armés », écrira Darlan — qui, sous le commandement d'un aspirant d'artillerie, ont désarmé la garde sénégalaise.

Cette action est l'une de celles qui avaient été programmées par les « Cinq » et auxquelles Murphy avait donné le feu vert en recevant le message radio annonciateur du débarquement : « Allô Robert, Franklin arrive. » Dans le temps où ils cernaient la villa des Oliviers — et sans doute avaient-ils l'intention de capturer le général Juin —, les conjurés s'emparaient des généraux Koeltz, Mendigal, Roubertie, ainsi que du préfet d'Alger, Temple, et de nombreux officiers arrêtés au petit matin.

Non sans échanges verbaux sur un mode héroïque, excessif et nerveux.

— Où sont vos galons pour me parler ainsi ? demande au « résistant » Libine un capitaine d'infanterie.

— Je suis en train de les gagner ; mais pas dans l'armée nazie que vous servez, réplique Libine.

Non sans échange, hélas ! de coups de feu.

Au cours d'une échauffourée, le capitaine Pillafort, qui, « pistolet au poing, semble vivre une grande aventure de Far West [2] », a décidé de faire prisonnier tous les militaires qui traversent le boulevard Baudin. Cette prétention lui vaudra d'être grièvement blessé [3] par le colonel Jacquin qu'il tue en ripostant [4].

---

1. Ce télégramme transmis seulement à 7 h 15 car volontairement retardé par M. Kenneth Pendar, vice-consul américain à qui Murphy avait donné consigne de l'expédier, parvint à Vichy après un télégramme 6710 expédié, lui, à 6 h 17 précisant à la fois que « le débarquement serait général et en cours de la côte de Tunisie jusqu'au sud du Maroc » et que les Alliés jouissaient de « nombreuses intelligences à l'intérieur du pays ».

Lorsqu'il rédige ces deux télégrammes, l'amiral Darlan est toujours à la villa des Oliviers où ses possibilités de renseignement sont faibles.

2. Lucien Adès. Un « ex-capitaine », écrira Darlan dans ses *Notes personnelles*, lorsqu'il parlera de Pillafort.

3. Il succombera d'ailleurs à ses blessures.

4. Dans la matinée, l'amiral Battet, que Darlan a envoyé chercher ses bagages chez l'amiral Fenard, sera également arrêté.

Et, à plusieurs reprises, des marins signaleront que, depuis la ville, des inconnus ont tiré sur eux[1].

L'encerclement de la villa du général Juin, les entraves apportées par Kenneth Pendar, vice-consul américain, à la transmission du télégramme de l'amiral Darlan, l'ignorance dans laquelle Murphy se trouve, et du sort de Giraud et surtout du sort des troupes de débarquement qui, depuis trois ou quatre heures déjà, devraient être présentes à Alger, tout contribue à faire penser aux Français qu'ils sont tombés dans un traquenard, et que toute la manœuvre couvre simplement un complot gaulliste.

Jusqu'à 6 h 30, Darlan, Juin, Murphy, dont la fatigue et l'inquiétude ont considérablement augmenté la nervosité, vont demeurer ainsi en présence, attendant que le destin décide pour eux. Il peut avoir le visage d'un soldat américain, pommettes et front barbouillés de suie. Il aura le visage du commandant Dorange. A la tête d'une unité de gardes mobiles, Dorange vient, en effet, de disperser facilement les résistants algérois. Il y a un instant, Robert Murphy était en position de dicter sa loi ; le voici prisonnier, arroseur arrosé, recevant même d'un Sénégalais, qui imagine que l'on va le fusiller, sa « dernière cigarette ».

Sans plus s'inquiéter du sort des Américains — Kenneth Pendar a été arrêté en même temps que Murphy —, Darlan et Juin se précipitent au Fort-l'Empereur, PC de Juin, cependant que, sur Alger, comme sur toutes les grandes villes d'Afrique du Nord, pleuvent des tracts signés « Dwight D. Eisenhower, lieutenant-général commandant en chef des Forces expéditionnaires américaines ».

Les mots employés pour ces tracts font référence à 1917, affirment que « la souveraineté de la France sur les territoires français reste[ra] entière » ; ils ressuscitent une phrase célèbre de Pétain : « Tous ensemble, on les aura ! » Un peu partout cependant, explosions d'obus et jets de bombes démentent ces manifestations de propagande qui se veulent rassurantes.

Lorsque Darlan et Juin arrivent au Fort-l'Empereur, ils découvrent ce désordre qui naît de toutes les situations mal contrôlées : des officiers généraux et supérieurs, des commandants de régiment entrent et sortent à la recherche d'instructions que nul ne peut leur fournir. Le général Mast a bien commandé aux troupes de rester dans leurs quartiers, le colonel Baril a bien laissé sans réagir les Américains débarquer à Sidi Ferruch, à Blida le général de Monsabert a bien mis le personnel de l'aviation hors

1. « Pendant le poste de manœuvre, des balles venant de la ville viennent siffler à nos oreilles, décidément les Algérois ne nous aiment pas ! D'une maison partent des rafales de mitrailleuses vers l'Amirauté, *L'Engageante* amarrée dans le port de l'Amirauté riposte en lui envoyant quatre coups de canon à bout portant qui ont pour effet de faire cesser le feu. »

Journal inédit de M. René Dupont qui se trouvait alors à bord de *La Boudeuse*. L'amiral Darlan fait également allusion à ces coups de feu dans ses notes personnelles.

d'état de s'opposer à l'occupation du terrain par l'aviation alliée, mais les 45 marins de la batterie Duperré, commandés par l'officier des équipages Larvor, tirent sans relâche sur les assaillants. Les 36 marins de la batterie du cap Matifou [1] les imitent ainsi que les hommes des batteries qui défendent le port et qui, à partir de 3 h 30, ont engagé un duel à mort avec les destroyers britanniques *Broke* et *Malcolm* [2]. Quant aux équipages des quelques navires de guerre à quai [3] — une poussière navale —, ils mitraillent sans complexe les appareils alliés.

> A 8 heures, exactement au moment où je commandais « Envoyez » pour les couleurs, écrit René Dupont qui se trouve à bord de la *Boudeuse*, la *Boudeuse* ouvrait le feu de toutes ses mitrailleuses sur un avion qui piquait vers nous, nous croyons avoir touché au but car nous l'avons vu descendre derrière la digue et ne plus reparaître. L'équipage n'a pas caché sa joie en voyant une flamme s'échapper du moteur et l'avion descendre.

Pour Darlan, ce ne sont pas ces péripéties qui importent mais de connaître d'urgence la véritable importance du débarquement. S'agit-il d'une opération ayant pour unique but d'installer en Afrique française un pouvoir dissident ou bien, comme Murphy l'affirme, d'une entreprise de vaste envergure que l'armée de l'armistice pourra gêner mais non point faire échouer ?

Avant la fin de la matinée il a fait le point de la situation. Il sait que, sur la côte marocaine, les 105 bâtiments de la Western Task Force, venus directement d'Amérique et transportant 34 200 hommes, se sont présentés simultanément devant Port-Lyautey, Fédala, à une vingtaine de kilomètres de Casablanca et Safi ; qu'à 7 h 50 un combat aérien a eu lieu dans le ciel de Casablanca entre appareils français et américains [4] cependant que, quatorze minutes plus tard, les premiers obus de 406 du *Massachusetts* commençaient à ravager les navires se trouvant dans le port de guerre — cuirassé *Jean-Bart* [5], un croiseur léger, 2 contre-torpilleurs, 7 torpilleurs, 11 sous-marins, des avisos et des dragueurs —, ainsi que dans le port de commerce.

Il sait que la villa du général Noguès, résident général au Maroc, a été cernée à 3 heures du matin sur ordre du général Béthouart, l'un des animateurs du complot, et sur cette affaire on trouvera en Annexe les déclarations faites en 1955 aussi bien par le général Noguès que par le général Béthouart. Sait-il que Noguès, qui a pu, grâce à un fil direct,

1. Commandés par le lieutenant Jean Beghelli.
2. Le *Broke* sera coulé après avoir débarqué 200 soldats américains qui seront faits prisonniers, le *Malcolm*, gravement avarié, devra se retirer.
3. *Girundia II*, *Chasseur 3*, *L'Engageante*, *La Boudeuse*, *Angèle-Pérez*, *Sergent-Gouarne*, en tout, écrira un témoin, trois canons de 75 et un canon de 100. Les deux sous-marins *Caïman* et *Marsouin* ont pu quitter, non sans mal, le port dès les premières heures du jour.
4. Sept avions français et cinq américains abattus au cours de ce combat.
5. Le *Jean-Bart* est inachevé, mais il peut tirer avec un tourelle quadruple de 380.

entrer en contact avec l'amiral Michelier, commandant la Marine, a été assez rapidement délivré par des troupes fidèles et que, croyant, lui aussi, à un simple mouvement gaulliste [1], il a repris la situation en main, donné des ordres pour que soit mis fin à la dissidence et que les unités troublées par les ordres de Béthouart soient rapidement en état de résister à toutes les tentatives alliées, se conformant ainsi à la position prise quelques semaines plus tôt lorsqu'il a dit à Murphy venu faire miroiter les avantages qu'offriraient 500 000 soldats américains bien équipés.

— N'essayez pas. Si vous le faites, je vous opposerai toute la puissance de feu dont je dispose. Il est trop tard. La France ne peut plus participer à cette guerre. La sagesse nous commande de nous tenir à l'écart. Si le Maroc devient un champ de bataille, il sera perdu pour la France.

A Oran, où se trouvent trois régiments d'infanterie, un régiment d'artillerie, ainsi qu'une brigade motorisée reconstituée clandestinement [2], la Marine dispose du contre-torpilleur *Épervier,* de trois torpilleurs d'escadre, quatre sous-marins, cinq avisos ou patrouilleurs. C'est au milieu de cette force en voie d'appareillage, car elle a été alertée à une heure du matin par l'escorteur d'un petit convoi français, que, vers trois heures, vont se précipiter, pour leur malheur, les sloops britanniques *Walney* et *Hartland,* chargés de déposer 500 commandos à l'intérieur du port.

Le massacre sera total, les deux navires britanniques, après avoir défilé dans les darses successives devant canons et mitrailleuses qui les hachent à bout portant, venant mourir à proximité de *L'Épervier* [3]. Mais la riposte va être sévère puisque deux des trois torpilleurs, deux des trois sous-marins et l'aviso *La Surprise*, dépêchés pour contrecarrer les débarquements, qui ont lieu en baie des Andalouses et en baie d'Arzew, seront coulés par les navires anglais qui, sous le commandement du commodore Trowbridge, accompagnent la Center Task Force [4] et protègent ce corps expédition-

1. L'amiral Michelier, à qui le général Noguès a téléphoné dans la nuit à plusieurs reprises (et à 5 h 30 encore « aucun bateau à 100 kilomètres au large des côtes du Maroc »), lui a dit que rien ne laissait pressentir un débarquement. Les Français ne disposent pas alors de radar et, faute de carburant, les reconnaissances maritimes et aériennes sont limitées. Ainsi, l'un des premiers télégrammes envoyés par le commandement de la Marine à Casablanca (amiral Michelier) le 8 novembre, à 3 h 50, fera-t-il seulement allusion à un mouvement gaulliste ayant éclaté à minuit « avec participation général Béthouart annonçant débarquement américain » et aux mesures prises (nomination notamment du général Desre au commandement de la division de Casablanca, ordre d'arrestation lancé contre Béthouart) pour maintenir les « troupes garnison Casablanca dans la voie du devoir ».

2. Le général Boisseau, commandant la division, prévenu le 6 au soir par le général Mast de l'imminence du débarquement, a refusé de rejoindre la dissidence, mais il n'a pas alerté le vice-amiral Rioult qui commande la Marine.

3. Sur les 600 Américains et Anglais présents à bord du *Walney* et du *Hartland*, il n'y aura que 200 rescapés.

4. Sont ainsi perdus *La Surprise*, *La Tornade*, *La Tramontane*, ainsi que les sous-marins *Argonaute* et *Actéon*.

naire qui, avant la fin de la matinée, aura occupé les aérodromes d'Arzew, de la Sénia et de Lartigue.

Ainsi, avant même le début de l'après-midi, Darlan sait à la fois que les forces anglo-américaines ont la puissance nécessaire pour vaincre, que les troupes françaises, et particulièrement la Marine, résistent de façon héroïque, ce qui devrait interdire aux Allemands d'utiliser contre Vichy l'argument da la complicité et surtout qu'aucun « dissident » ne joue le moindre rôle. Béthouart a été arrêté ; les jeunes gens qui, dans Alger, ont, dans la nuit et avec une facilité déconcertante, capturé presque toutes les « hautes autorités » se sont dispersés ou ont été dispersés ; Giraud se trouve toujours à Gibraltar et de Gaulle a été mis hors du jeu par les Américains.

Providentiellement pour lui, voici Darlan assuré de tenir le grand rôle. Quoi qu'il fasse et quoi qu'il dise, il est certain d'être obéi, au moins en Afrique du Nord, puisque c'est vers lui que, spontanément, tous se tournent. Ces manifestations de respect hiérarchique (ou de faiblesse de caractère), il les enregistre avec une discrète jubilation dans ses notes quotidiennes : « Les autorités militaires, navales et aériennes d'Alger (à l'exception de l'amiral Leclerc) m'ont paru désemparées et HEUREUSES de ma présence fortuite pour s'abriter sous mon parapluie. »

Il a suffi qu'il soit là pour que tout rentre dans l'ordre. Dans UN ordre. C'est lui que Juin informe, vers 16 h 30, que les Américains, venant d'El Biar, cernent le Fort-l'Empereur et que, toute résistance devenant inutile, il est nécessaire de mettre fin au combat[1]. C'est lui qui reçoit à 22 h 15 et à l'hôtel Saint-Georges dont il a fait son quartier général après avoir découvert la médiocrité des liaisons du Fort-l'Empereur, le général américain Ryder et M. Murphy, venus évoquer la possibilité d'extension de la suspension d'armes intervenue à Alger à tout le théâtre d'opérations nord-africain. C'est lui qui posera, au cours de la réunion, le problème de la reconnaissance éventuelle d'un gouvernement français *organisé en Afrique du Nord au nom du Maréchal*. C'est lui qui se trouvera, dans les jours qui viennent, au cœur de tous les débats.

En la personne de Murphy, puis du général Ryder, enfin d'Eisenhower, les Américains n'hésitent pas à le considérer comme celui qui peut, et qui, SEUL, peut arrêter des combats coûteux. Ils hésitent d'autant moins que, face à la solitude de Giraud, arrivé le 9 dans l'après-midi, Darlan recueille presque immédiatement l'adhésion de la presque totalité des généraux et amiraux français.

Le sentiment qu'au sortir de ces journées révolutionnaires rien n'est changé et que Vichy — tout en se refusant d'en prendre conscience — se trouve, grâce au « triomphe » imprévisible et imprévu de Darlan, plus que jamais présent à Alger, s'impose à des comploteurs d'aussi modeste rang

1. A 17 h 20, le général Juin, ayant l'accord de Darlan, demandera donc une suspension d'armes valable pour la seule ville d'Alger.

que Lucien Adès qui, le 8 novembre à 15 heures, note : « C'est pour nous la journée des dupes. Avons-nous gagné et quoi ? », puis qui, à 17 heures, après avoir appris le cessez-le-feu et reçu de Bernard Karsenty le conseil de se « planquer » pendant la nuit, fait cet amer constat.

Jean Bensaïd, que j'ai retrouvé, décide de regagner Blida. Nous partons ensemble à travers le crépuscule qui envahit les rues. Nous sommes silencieux, accablés à la fois par l'ampleur de notre victoire et la présence de notre défaite.

Nous nous accoudons un long moment au parapet qui borde la ville, des bandes de jeunes fascistes passent en hurlant… « Nez de mouton ! Nez de mouton ! A bas les juifs, nez de mouton !… »

Les quelques badauds présents sur les trottoirs approuvent et rient de bon cœur.

Il faut maintenant revenir à Vichy. Réveillé par Ménétrel, le maréchal Pétain a pris connaissance du message du président Roosevelt qui, après avoir évoqué le pillage par l'Allemagne de l'économie et de l'agriculture françaises, légitime ainsi le débarquement américain :

Aujourd'hui, leurs yeux pleins de convoitise tournés vers cet empire que la France a édifié au prix de tant de labeur, l'Allemagne et l'Italie se proposent d'envahir et d'occuper l'Afrique française du Nord, afin de pouvoir exécuter leur plan de domination et de conquête de la totalité de ce continent…

Il est évident, naturellement, qu'une invasion et une occupation de l'Afrique française du Nord et de l'Afrique occidentale française constituerait pour les États-Unis et pour toutes les républiques américaines la plus grave des menaces pour leur sécurité, de même qu'elle sonnerait le glas de l'empire français.

A la lumière de toutes les informations relatives aux intentions et aux plans de notre ennemi, j'ai, en conséquence, décidé d'envoyer en Afrique du Nord de puissantes forces d'armées américaines, afin qu'elles coopèrent avec les délégations gouvernementales d'Algérie, de Tunisie et du Maroc pour repousser ce dernier acte de la longue litanie des crimes internationaux de l'Allemagne et de l'Italie.

Ces indomptables forces américaines sont munies d'un armement massif adapté à la guerre moderne qui sera à la disposition de vos compatriotes en Afrique du Nord dans notre combat commun contre l'ennemi commun.

En terminant, Roosevelt affirme que les États-Unis ne convoitent aucun territoire français, assurance qu'il répétera dans un message au peuple de France.

Nous venons vers vous uniquement pour écraser et pour exterminer vos ennemis. Croyez-nous, nous ne désirons pas vous faire le moindre mal. Nous vous assurons que, une fois la menace allemande et italienne écartée, nous quitterons immédiatement votre territoire.

A 7 h 25, la réponse à Roosevelt, préparée essentiellement par Jardel, Rochat, Ménétrel et Laval, mais signée par Philippe Pétain, est communiquée au représentant américain à Vichy, puis, dans les minutes qui suivent, télégraphiée, sur ordre de Laval, chef du Gouvernement mais également ministre des Affaires étrangères, aux divers postes à l'étranger, ainsi qu'au général Noguès, à Rabat, au gouverneur général Boisson, à Dakar, à l'amiral Estéva, à Tunis, qu'il s'agit de conforter dans leur volonté de résistance.

> C'est avec stupeur et tristesse que j'ai appris, cette nuit, l'agression de vos troupes contre l'Afrique du Nord. J'ai lu votre message. Vous y invoquez des prétextes que rien ne justifie. Vous prêtez à vos ennemis des intentions qui ne se sont jamais traduites en actes. J'ai toujours déclaré que nous défendrons notre empire s'il était attaqué. Vous saviez que nous le défendrions contre tout agresseur quel qu'il soit. Vous saviez que je tiendrais ma parole.
>
> Dans notre malheur, j'avais, en demandant l'armistice, préservé notre Empire et c'est vous qui, agissant au nom d'un pays auquel tant de souvenirs et de liens nous unissent, venez de prendre une initiative si cruelle.
>
> La France et son honneur sont en jeu. Nous sommes attaqués. Nous nous défendrons. C'est l'ordre que je donne.

A partir de cet instant et de cette réponse sans ambiguïté, c'est presque minute par minute qu'il faudrait suivre, à Vichy, une situation qui évoluera de façon incohérente et incompréhensible pour des Français mal informés par la presse et la radio officielles, mais également par tous ces postes — anglais, allemands — pour qui l'événement est d'abord matière à propagande.

L'opposition de deux clans qui, avec des fortunes diverses, se disputent le Maréchal, son prestige, sa signature ; les exigences allemandes ; les menaces qui planent sur la ligne de démarcation, frontière ô combien fragile ; les informations incomplètes et mal comprises en provenance d'Afrique du Nord, tout va jouer pour faire de cette journée l'une des plus complexes parmi toutes les journées complexes de ces quatre années d'occupation.

Avec les témoignages des principaux acteurs, les notes même imparfaites, même hâtives prises sur le moment, et à la demande du Maréchal, par le Dr Bernard Ménétrel, permettent fort heureusement de reconstituer avec le maximum d'exactitude et de réalisme ces heures à la fois dramatiques et floues [1].

Notes — elles occupent quarante-neuf feuillets — écrites « à la diable » dans lesquelles, bien souvent, pour reprendre la formule de M. Louis Noguères [2], « un signe a la valeur de mot, un mot inachevé celle d'une phrase, une phrase incomplète celle d'un récit », mais qu'en 1945 Bernard Ménétrel devait, à la requête du président Bouchardon, compléter, « traduire » et parfois commenter.

1. Ces notes ne seront pas utilisées lors du procès du Maréchal.
2. Président de la Haute Cour de justice, M. Louis Noguères a publié les notes de Ménétrel dans son livre, *Le Véritable Procès du maréchal Pétain*.

Quelles sont les premières mesures qu'à partir de 7 h 45 vont prendre les responsables français réunis autour du Maréchal ?

Ils décident tout d'abord d'appeler à Vichy le général Weygand, qui séjourne à Cannes, dans la propriété du gendre du maréchal Gallieni, et de faire rechercher Giraud, dont toutes les radios étrangères annoncent, en diffusant un appel signé de son nom, qu'il a pris la tête de la dissidence.

Weygand à Vichy c'est incontestablement un renfort pour ceux qui s'opposeront à l'Allemagne. Laval le sait mais, loin de protester, il approuve cette initiative.

— Quand il s'agit des intérêts du pays, tout s'efface devant cela et je serai heureux d'avoir, à nos côtés, le général Weygand.

C'est donc le commandant Weygand qui téléphonera à son père. Il lui apprend et le débarquement américain, et la convocation du Maréchal. Weygand, arrivé à midi sur le terrain de Saint-Raphaël, aura quelque mal à convaincre le responsable de l'aérodrome qu'il exécute un ordre du Maréchal et n'a nullement l'intention de détourner l'appareil vers l'Afrique du Nord [1].

Enfin, accompagné par un jeune officier chargé de le surveiller mais avec lequel il partagera les sandwiches du voyage, Weygand arrive à 14 h 10 à Vichy. Reçu immédiatement par le Maréchal à qui il déclare qu'il faut durcir la position vis-à-vis de l'Allemagne et saisir toutes les occasions offertes par le débarquement américain, il s'entend répondre :

— Je vous ai fait venir non pour vous demander de partir pour l'Afrique, mais pour avoir vos avis.

Il a été aisé de trouver le général Weygand. Il s'avérera impossible de mettre la main sur le général Giraud. M. Rivalland, préfet des Bouches-du-Rhône, a bien reçu l'ordre de se rendre à Aix-en-Provence, au domicile supposé du général, et de l'arrêter s'il ne rétracte pas les proclamations que les radios lui prêtent ; à 9 h 30, à 10 h 30, le préfet Rivalland a bien été pressé par Laval de dire si, oui ou non, il avait découvert celui qui fait de plus en plus évidemment figure de chef rebelle, ce n'est qu'à 12 h 30 qu'il va rendre compte de sa mission : le général Giraud est introuvable. Toutes illusions envolées, le gouvernement donnera, dès 14 h 30, l'ordre de lire à la radio le message de fidélité que, bien imprudemment, Giraud avait, au mois de mai, adressé au Maréchal [2].

La publication de la lettre de Giraud, immédiatement après un communiqué du gouvernement demandant aux Français « de ne pas se laisser abuser par certaines radios étrangères » et leur rappelant que « l'amiral

1. Pendant tout son séjour à Cannes, le général Weygand a été étroitement surveillé et s'est plaint, sans résultat, du permanent espionnage de la police française.

2. *Cf.* ci-dessus, p. 39 et note 2.

Darlan est sur place», tend, incontestablement, à opposer la duplicité de l'un à la loyauté de l'autre.

Que répondre cependant aux télégrammes que Darlan a envoyés dès la fin de la nuit? Préparé par l'amiral Auphan[1], mais accepté par le maréchal Pétain, le télégramme qui partira à 8 heures en direction d'Alger pèsera lourd dans la suite des événements.

> J'ai bien reçu vos messages par l'intermédiaire de l'Amirauté et suis heureux que vous soyez sur place. Vous pouvez agir et me renseigner. Vous savez que vous avez toute ma confiance.

Deux lectures de ce texte sont possibles. Si Auphan et Pétain savent, ou soupçonnent, à l'instant où le télégramme est envoyé, c'est-à-dire le 8 novembre, à 8 heures, que Darlan traitera bientôt avec les Américains, alors le «vous avez toute ma confiance» suppose une évidente complicité entre le chef de l'État et le commandant en chef des forces françaises, et cette thèse sera suggérée par la suite.

Si, au contraire, *ce que je crois infiniment plus vraisemblable*, Auphan et Pétain ne prévoient nullement la suite des événements, le «vous avez toute ma confiance» s'adresse à un amiral Darlan dont toutes les manifestations d'anglophobie laissent penser que, face à l'agression, il saura prendre les mesures de résistance qui s'imposent.

Quoi qu'il en soit, dans les heures et les jours qui viennent, Darlan mettra remarquablement à profit, tant auprès de l'opinion française qu'américaine, ce «vous avez toute ma confiance».

Plus encore qu'un blanc-seing, c'est, pour lui, du moins le croit-il ou feint-il de le croire, l'assurance que Pétain vient de le confirmer dans sa position de dauphin.

Les Allemands n'ont pas attendu le débarquement pour se manifester.

Lorsque, tout en se trompant sur ses véritables objectifs, ils ont eu l'impression, le 8 novembre, que la flotte anglo-américaine se dirigeait vers Tunis, ils ont immédiatement offert le concours de leur aviation. Offre qui sera renouvelée à 3 h 8, transmise à Alger par Auphan à 5 heures et à laquelle Darlan, prisonnier Villa des Oliviers, ne pourra répondre qu'à 8 heures en indiquant brièvement — «Concours sur transports au large Alger», ce qui ne l'engageait guère, les Allemands étant capables, sans lui, de prendre pareille initiative[2] !

1. Qui, par ailleurs, a envoyé à 8 heures à la Marine française un message l'invitant à suivre les ordres de résistance donnés par le Maréchal.

2. Voici les textes de ces deux télégrammes. «Secret et personnel n° 58 534, adressé à préfet maritime 4e Région — Réservé — Pour amiral Darlan — Stop — OKW propose concours aviation de l'Axe basée en Sicile Sardaigne — Stop — Sous quelle forme et en quel lieu souhaitez-vous ce concours? Auphan — 0500/8/11 — Amirauté française.»

«Secret et personnel n° 50 765 — Adressé à Amirauté française — Référence votre 58 534 — Stop — Concours sur transports au large Alger — Darlan — 0800/8/11. P.M. 4e Région.»

A 9 h 25, arrivera un texte comminatoire, dictant au gouvernement français la conduite à suivre, l'incitant, « ce qui va de soi », à rompre les relations diplomatiques avec l'Amérique, mais également à interner tout le personnel des consulats américains en Afrique du Nord, en attendant de le transférer en métropole où il serait utilisé comme « monnaie d'échange [1] ».

A 10 heures, nouveau télégramme d'Abetz qui demande « à quelles aides militaires le gouvernement [français] attache la plus grande urgence », demande qui sera répétée par Brinon, puis, à plusieurs reprises dans la journée, par les Allemands et de façon toujours plus insistante face aux réticences toujours plus grandes de Vichy.

C'est ainsi que, les Allemands, après le Conseil des ministres de 11 h 30, qui accepte le principe de leur « aide », ayant réclamé le départ pour Alger et Tunis d'officiers de liaison avec l'aviation française, Auphan en informe Darlan et Noguès, mais le fait avec force réserves. Son télégramme de 18 h 45, qui comporte ces mots « Faites-moi connaître si, dans circonstances actuelles... cette mission est souhaitable et, d'une manière plus générale, dans quelle mesure nos bases aériennes pourraient être ouvertes à l'Axe », constitue une invitation à répondre par la négative.

Ce que ne manquera pas de faire Darlan à 21 h 50.

Il se contente en effet de répondre que, d'Alger à Casablanca, les terrains ne sont pas « utilisables » — ils sont entre les mains des Américains — et, tactique dilatoire qui lui est coutumière, qu'il fera connaître plus tard la situation générale.

Mais, des demandes, les occupants passent rapidement aux menaces. Après avoir sollicité, à 21 h 45, un échange de vues immédiat pour le transfert d'unités aériennes en Tunisie et dans la province de Constantine, c'est un véritable ultimatum qu'à Wiesbaden, siège des délégations d'armistice, le colonel Böhme remet, à minuit, au colonel Vignol.

> L'OKW estime indispensable la disposition des bases de Tunis et de Constantine. En limitant la portée de l'offre qui lui est faite, le gouvernement français ne paraît pas désirer opposer à l'attaque anglo-saxonne la résistance qui s'impose. En conséquence, l'OKW attend dans une heure l'accord du gouvernement français pour baser ses avions sur Constantine et Tunis. Si cet accord ne parvient pas dans ce délai, l'OKW prendra les mesures nécessaires.

Dans sa rigueur, ce texte a le mérite de prouver que les Allemands ne sont nullement dupes du jeu de Vichy.

Il met fin également à la manœuvre montée dans la matinée par Abetz

1. A 10 heures, le département des Affaires étrangères notifiera à Tunis, Alger, Rabat, Dakar, qu'il convient de prendre des mesures de surveillance à l'égard des consuls américains. A 13 heures, l'amiral Estéva (Tunis) annoncera que le consul américain est consigné à son domicile.

et par Brinon également prêts, une fois encore, à enfourcher les chimères de la collaboration militaire.

Dans la matinée du 8 novembre, en effet, à 10 h 20, l'ambassadeur Abetz, qui n'en est ni à sa première tentative d'interpréter à sa manière les rapports franco-allemands en les peignant auprès de ses supérieurs sous un jour faussement favorable à l'Allemagne, ni à sa première intervention auprès d'un gouvernement français auquel il laisse entendre qu'Adolf Hitler est prêt à des concessions purement imaginaires [1], a fait dire à Laval que le gouvernement du Reich serait favorable à un « projet de déclaration allemande en faveur de l'empire français dans le sens des conversations de Montoire [2] ».

Une heure plus tard, à 11 h 30, le Conseil des ministres est informé d'une communication téléphonique de Brinon, qui s'attribue l'initiative de la proposition allemande. « L'OKW est d'accord pour la conversation politique qui avait été suggérée ce matin par M. l'ambassadeur de Brinon. »

Comment cet « accord » va-t-il se manifester ?

Par la remise à 14 h 50 à Pierre Laval, d'un message du Führer, offrant à une France belligérante une alliance totale avec le Reich.

> Le chancelier Hitler demande au gouvernement français s'il est disposé à combattre aux côtés de l'Allemagne contre les Anglo-Saxons. En présence de l'agression à laquelle viennent de se livrer les Anglo-Saxons, la rupture des relations diplomatiques ne saurait être considérée comme suffisante et il faudrait aller jusqu'à une déclaration de guerre aux Anglais et aux Américains. Si le gouvernement français prend une position aussi nette, l'Allemagne est prête à marcher avec lui pour le meilleur et pour le pire.

Les derniers mots de la note allemande *durch dick und dünn*, qui signifient, si on ne traduit pas mot à mot [3], « pour le meilleur et pour le pire », peuvent certes passer pour une proposition formelle d'alliance si l'on ignore qu'ils reflètent davantage la pensée d'Abetz que celle de Hitler.

Le Führer, qui s'est rendu le 8 novembre à Munich, n'a nullement, en

1. Étudiant, en annexe de son *Histoire de Vichy* la question de savoir si, comme le parquet de la Haute Cour l'avait prétendu à l'occasion des procès de MM. Benoist-Méchin et Bouthillier, le gouvernement de Vichy avait décidé de déclarer la guerre en janvier 1942, Robert Aron répondra par la négative et montrera, preuves à l'appui, qu'entre le 8 octobre 1940 et le 15 novembre 1942 Abetz, prenant ses désirs pour des réalités, avait à six reprises annoncé la prochaine entrée en guerre de la France contre l'Angleterre. *Cf.* également ci-dessus, p. 17.

2. Le texte transmis à Krug von Nidda, qui se trouve à Vichy, par Abetz est ambigu et confus puisqu'il débute ainsi : « Veuillez faire savoir au président Laval que j'ai informé le gouvernement du Reich du projet de déclaration allemande en faveur de l'empire français, etc. » Comme il est difficile d'imaginer qu'Abetz a informé le gouvernement du Reich d'un projet venant de ce même gouvernement, le texte comporte une omission dans la rédaction.

Abetz aurait dû signaler, en effet, qu'il était, avec Brinon, l'auteur de ce projet de déclaration, projet qu'il soumettait à Hitler afin qu'il revienne ensuite, approuvé, pour être communiqué à Pierre Laval.

< 3. *Dick* : « gras » ; *dünn* : « maigre », ou encore « en temps d'abondance et de pénurie ». >

effet, mentionné la France dans son discours de la brasserie Löwenbräu. A peine consacre-t-il quelques phrases à Roosevelt qui « lance aujourd'hui son agression sur l'Afrique du Nord en prétextant qu'il doit la protéger contre l'Allemagne et les Italiens : les mensonges de ce vieux gangster ne méritent même pas un mot ». A l'amiral Raeder, depuis longtemps conscient de l'importance du théâtre méditerranéen, qui lui a demandé de tout mettre en œuvre pour « obtenir l'entrée de la France dans le combat européen », il s'est contenté de répondre, le jour même, que les conséquences politiques et militaires des événements survenus en Afrique du Nord n'apparaissaient pas nettement et « qu'il n'était pas encore établi de façon indiscutable que les conditions d'une collaboration avec la France fussent effectivement réunies... Collaborer militairement avec la France n'équivaudrait [il] pas à remplir un tonneau sans fond[1] ? »

Ainsi Hitler n'est-il nullement prêt à s'engager dans la voie de cette alliance dont rêvent Abetz et Brinon.

Pétain et Laval non plus.

Réunis à 18 h 15, et mis au courant du cessez-le-feu intervenu à Alger, les ministres se borneront à constater que les USA, en portant la guerre sur un territoire français, ont, *ipso facto*, rompu les relations diplomatiques. Mais ils ne seront pas informés de la proposition transmise par Krug von Nidda.

Pour Laval, en effet, qui s'est d'ailleurs entendu dire par Weygand qu'il jouait « le mauvais cheval », il n'est pas question de passer des paroles aux actes. Il peut bien se déclarer favorable à la victoire de l'Allemagne, il se gardera d'y aider en engageant la France dans une aventureuse coopération militaire.

Interrogé le 21 septembre 1945 par M. Schnedecker, membre de la Commission d'instruction près la Haute Cour de justice, Pierre Laval, après avoir évoqué l'enthousiasme montré par Krug von Nidda pour la proposition d'alliance intime, devait poursuivre :

— Je manifestai moins d'enthousiasme et je ne lui cachai pas que, si l'intention du chancelier Hitler s'expliquait par ses bons sentiments vis-à-vis de la France, il ne me paraissait pas qu'elle pût être aussi facilement réalisée. Je n'avais eu aucune hésitation dans l'esprit ; c'est un refus que je voulais opposer, mais j'étais tenu dans la forme à beaucoup de circonspection pour ne pas attirer les représailles qu'une réponse négative brutale risquait de provoquer. Je mis naturellement le Maréchal au courant, je lui fis part de l'impossibilité absolue de déclarer la guerre à l'Angleterre et à l'Amérique et d'accepter une alliance avec l'Alle-

1. Pendant un court moment, le général Warlimont fut désigné cependant pour établir la liaison avec le haut commandement français et, dans les archives de la Marine allemande, on trouve cette indication : « La France demande l'aide militaire de l'Allemagne et s'offre à réarmer toutes ses batteries côtières en métropole, en Tunisie et en Corse, ainsi que tous les sous-marins », ce qui ne correspond aucunement à la réalité.

Cf. Eberhard Jäckel, *La France dans l'Europe d'Hitler*, p. 344 et suiv.

magne. Il me donna son plein accord pour opposer ce double refus… Je revis M. Krug von Nidda pour lui dire que l'offre de son gouvernement serait très prochainement examinée.

La suite des événements devait montrer qu'en 1945 Pierre Laval ne fardait pas la vérité pour les besoins de sa défense. Décidé à gagner du temps, pour « refuser sans rien casser, selon le témoignage de M. Jean Jardin, c'est-à-dire sans faire promouvoir à sa place un gouvernement de Paris qui eût signé l'alliance et déclaré la guerre aux Alliés », il accordera cependant aux Allemands cette autorisation d'atterrissage sur les terrains tunisiens, qu'ils étaient bien décidés à prendre quelle qu'ait été sa décision.

A Tunis, c'est l'amiral Estéva qui commande.

Homme de bonne foi ; catholique sincère et tolérant [1] ; anti-allemand, favorable, en juin 1940, à la poursuite de la lutte ; ayant averti Pétain et Laval, le 9 novembre, de l'effet déplorable que l'arrivée des avions allemands produirait sur des Français ayant « gardé au fond de leur cœur leurs sentiments contre les ennemis de 1939 et de 1940 », il se trouvera cependant très vite prisonnier de sa conception d'une stricte obéissance aux ordres reçus — quels que soient ces ordres —, qui lui fera approuver ce qu'il hait, appliquer avec un zèle suspect des consignes qu'en un autre temps il aurait jugées infamantes et se féliciter un jour d'aider l'ennemi qu'il aurait tant aimé combattre.

Dans une lettre au Maréchal, il en viendra, en effet, le 9 mai 1943, à se vanter d'avoir mis en œuvre, « d'accord avec les représentants des puissances de l'Axe, les moyens d'action dont disposait la Régence » et affirmé « les principes de la collaboration en face des agresseurs et des dissidents ».

Témoignage d'autosatisfaction auquel Ribbentrop joindra un témoignage de satisfaction en écrivant à Estéva, qui vient de regagner la France après la fin de la bataille de Tunisie : « qu'il a facilité la coopération des différentes parties de la population tunisienne avec les autorités germano-italiennes et, par là même, la conduite de la guerre par les puissances de l'Axe ».

Mais, ce 9 novembre 1942, c'est à peine si l'engrenage, par lequel Estéva et bien d'autres se trouveront broyés, commence à se mettre en marche.

Le 9, en effet, l'amiral Estéva et le général Barré ont été prévenus de l'arrivée d'avions allemands que précède le lieutenant-colonel Gieche. Ce sont 60 appareils qui atterrissent sur le terrain d'El Aouina. Le

1. Il interviendra à plusieurs reprises, après l'occupation allemande de la Tunisie, en faveur des juifs arrêtés. Déjà, avant cette occupation, et plusieurs témoignages en seront apportés à son procès, il adoucira les conséquences des mesures antisémites prises par Vichy. Le 20 décembre 1941, Estéva avait, d'ailleurs, été traité de « projuif » par le poste de Stuttgart.

10 novembre, leur nombre atteindra 104 et, avant que les hommes qui, pour la France, commandent en Tunisie aient eu le temps de choisir entre des déclarations contradictoires qui les incitent, suivant qu'ils écoutent Alger ou Vichy, Darlan ou Pétain, à rédiger de vibrants ordres du jour anti-allemands, puis à les déchirer et à les renier deux heures plus tard [1], les Allemands auront mis à profit cette dramatique valse-hésitation pour se retrouver 35 000 sur le sol tunisien dès le 19 novembre.

La journée du 9 en Algérie également sera, presque tout entière, occupée par les problèmes militaires. Un peu avant 5 heures, le Maréchal a fait télégraphier à Darlan que Laval, absent — il est en route pour Munich —, « aucune négociation ne saurait être envisagée avant son retour », télégramme auquel Darlan réplique en faisant savoir qu'il n'est nullement dans ses intentions de négocier, mais « d'écouter et de rendre compte [2] ».

Cependant, à 9 heures, en réponse au Maréchal qui lui a demandé de faire le point de la situation, Darlan adresse à Vichy un texte à la fois pessimiste (comment ne le serait-il pas ?) sur l'évolution prévisible de la bataille et quelque peu cauteleux dans l'exposé des solutions envisageables. En homme, comme le dit méchamment Laval, qui lit tous les matins le communiqué afin de savoir quel camp choisir, l'Amiral se garde bien de se prononcer avant que les événements n'aient pris leur cours définitif.

Nous devons tenir nos engagements envers les Allemands, écrit-il en substance, dans le 6e paragraphe de son télégramme, et ne pas accepter de suspension d'armes pour les territoires non occupés par les Américains.

Mais — paragraphe 7 —, si les Allemands n'interviennent pas en Tunisie, l'Afrique du Nord tout entière sera occupée par les Américains. Dans cette perspective, il est urgent de négocier avec eux pour écarter les Anglais et les dissidents.

Il ne paraît pas d'ailleurs souhaitable — paragraphe 8 — de solliciter une aide étrangère (c'est-à-dire allemande) en Tunisie, ce qui aurait pour effet de transformer l'Afrique du Nord en champ de bataille.

Si, malgré tout — paragraphe 10 —, l'Allemagne « nous aide, il est essentiel qu'elle modifie la situation née de l'armistice ».

---

1. Le 11 novembre, l'amiral Derrien, informé de l'invasion de la zone libre, publie un ordre du jour à la marine de Bizerte qui s'achève sur ces mots : « Après deux jours de discussion et de confusion, l'ordre vient de me parvenir, formel et précis, désignant l'ennemi contre lequel vous allez avoir à vous battre. Cet ennemi, c'est l'Allemand et l'Italien. Soldats, marins, aviateurs de la défense de Bizerte, vous êtes fixés : allez-y de tout votre cœur contre les adversaires de 1940. »

Mais l'amiral Derrien, « repris en main » par Vichy, comme le sera Estéva, se verra durement condamné à la Libération et ira mourir au bagne.

2. Sauf pour Alger, il le précise, où les combats, qui ont fait 20 morts dont 11 marins, ont cessé depuis la veille.

Le 9e paragraphe du télégramme de Darlan comportait ces mots : « solution très compliquée ». Comment n'apparaîtrait-elle pas plus compliquée encore à ceux qui, à Vichy, ne savent rien de l'évolution politique et n'apprennent que par des télégrammes d'une dramatique sécheresse l'effondrement rapide des résistances françaises ?

A 6 heures du matin, Noguès a télégraphié qu'au cours de la nuit, partout, au Maroc, la situation s'était aggravée devant l'importance des débarquements intervenant à Fédala, à Safi, aussi bien qu'au nord de l'embouchure du Sebou. Cependant, ses forces navales anéanties, son aviation réduite à 50 % de son potentiel, Noguès, qui a refusé l'aide de la Luftwaffe offerte par le général von Wulhish, mais hésite toujours entre les ordres de Darlan et ceux de Pétain, poursuivra pendant trente-six heures un combat perdu et au terme duquel on recensera 803 morts français.

A Oran, dans la journée du 9, les navires encore à flot se sont engagés avec courage mais insuccès contre l'énorme flotte anglo-américaine. *L'Épervier* coulé, ils ont été sabordés dans le port [1].

Ainsi la guerre va-t-elle finir non faute de combattants, mais faute de matériel et, à 18 heures, l'amiral Darlan télégraphie au Maréchal le projet d'accord — en dix-huit points — qui vient de lui être remis par le général Ryder et qui concerne la totalité du théâtre d'opérations. Projet qui prévoit l'arrêt immédiat des hostilités, la mise à la disposition des Américains de tous les moyens de défense et du matériel portuaire, mais qui garantit, avec les droits de la France, ceux de tous les personnels civils et militaires, assurés de conserver ainsi (et comment y resteraient-ils insensibles ?) « commandement, fonctions, appointements, etc. ».

A 19 h 34, Darlan fait savoir à Pétain que les généraux Juin, Koeltz, Mendigal et l'amiral Moreau, jugeant impossible de poursuivre un combat qui conduirait au massacre des unités engagées, sont favorables à l'arrêt des hostilités. Ils veulent aussi, ajoute Darlan, et l'argument sera très souvent repris dans les heures qui suivent, éviter « la dissidence de beaucoup de militaires et de civils qui seront soumis à la propagande Giraud ».

Et lui, Darlan, quel est son avis ?

Une fois encore, il ne le donne pas, se contentant d'indiquer : « Nous ne pouvons que nous en remettre au Maréchal en lui assurant que son ordre sera exécuté. »

Les Américains n'auront pas la patience d'attendre que les Français en aient terminé avec leurs débats de conscience. Ils ont exigé une réponse pour le 10 novembre au plus tard. Et, le 10, à 10 heures, voici en présence Darlan, les généraux Juin, Koeltz, Mendigal, l'amiral Fenard, du côté français, le général Clark et Robert Murphy, du côté américain.

Publié par Alain Darlan, le compte rendu de cet entretien montre des Américains bien décidés à en finir, accordant trente minutes à Darlan

1. A Oran, où les combats prendront fin dans l'après-midi du 10 novembre, 347 Français dont 243 marins ont été tués.

pour qu'il se décide, et un Darlan embarrassé, hésitant, flairant le vent, se retranchant constamment derrière le Maréchal. « Je ne puis rien de plus, je suis lié par les ordres du Maréchal », « J'obéis aux ordres du Maréchal », « Les ordres du Maréchal subsistent », « Tant que le Maréchal ne m'a pas laissé les mains libres, je suis tenu de lui obéir, sinon je serais un misérable. »

A l'heure où, en France métropolitaine, Pétain va être obligé de s'incliner devant la volonté allemande, de s'effacer totalement devant Laval et d'assister, impuissant, à l'invasion de la zone libre, puis à la dispersion de l'armée de l'armistice et au sabordage de la flotte, c'est plus ou moins sincèrement en son nom que tout s'accomplira dans cette Afrique française où l'armée demeure prisonnière de son serment, où les populations ont été marquées par les principes de la Révolution nationale, comme par le culte du chef.

Conscients des limites de leur prestige et de leur influence, se sachant dépositaires et non propriétaires d'une autorité dont ils n'ont pas eu l'audace à l'exemple de De Gaulle, de s'emparer immédiatement, c'est donc au nom de leur fidélité à Pétain que les responsables qui se trouvent en Afrique vont, au moins en apparence, puisque toute une partie du jeu entre Alger et Vichy demeurera cachée, trahir Pétain.

Qu'on leur arrache le drapeau « Pétain » et ils ne sont plus que des hommes sans légitimité, donc sans pouvoirs. Égaux alors à Giraud. Et inférieurs à de Gaulle qui a eu priorité dans l'audace et la décision.

Darlan se retranche donc constamment derrière le Maréchal. C'est en son nom qu'il prendra, le 10, autorité sur l'Afrique du Nord. Et, le 13, il achèvera sa proclamation par les deux slogans accouplés auxquels, depuis plus de deux ans, l'Afrique du Nord était accoutumée :

VIVE LE MARÉCHAL !
VIVE LA FRANCE !

« J'ai bien spécifié [aux Américains] que je parlais en votre nom, écrira, de son côté, le 12, le général Noguès, et que c'était en votre nom que l'amiral Darlan avait commencé à traiter à Alger. Je crois que c'est la chose importante. »

« Vive la France ! Vive le Maréchal ! » Ce double cri terminera également, le 23 novembre, le message du gouverneur général Boisson aux Français et Françaises d'Afrique occidentale, message qui fait allusion non seulement à la libération de la France, mais aussi à celle de son chef : Philippe Pétain [1]. Le général Barrau, commandant en chef les

1. En janvier 1943, en voyage officiel à Conakry, le gouverneur général Boisson sera reçu par l'administrateur-maire qui évoquera la fidélité de la ville au Maréchal. Boisson s'entretiendra avec les légionnaires et les dames légionnaires et, dans son discours, il évoquera l'AOF qui, pendant deux ans, a été « la carte maîtresse du Maréchal ».

Ce n'est que le 22 mars 1943 que les portraits du Maréchal, les timbres-poste et les documents officiels portant son effigie seront retirés de la circulation.

forces terrestres, maritimes et aériennes de l'AOF, affirmera, de son côté, toujours le 23 novembre, que « l'action des autorités civiles et militaires de l'Afrique du Nord reste entièrement dans la ligne tracée par le maréchal Pétain ».

Et le 29 novembre, le bulletin d'information diffusé par le 2e Bureau de l'état-major des forces aériennes en Afrique du Nord, sous la signature du général Mendigal, avant d'expliquer que l'amiral Darlan détient, « au nom du Maréchal les droits de souveraineté sur le territoire nord-africain », parlera de Philippe Pétain comme de « l'incarnation la plus haute de la patrie ».

C'est l'influence qu'exerce toujours Philippe Pétain auprès de l'armée et de la population, mais aussi la fidélité qui le lie personnellement au chef de l'État, qui permettent de mieux comprendre les hésitations de Darlan face à des Américains de plus en plus impatients.

C'est alors que Murphy et Clark vont abattre leur meilleure carte, celle qui emportera la décision : l'appel à Giraud.

— Le général [Clark] est pressé, dit Murphy, et doit prendre des mesures de sécurité. Si vous ne pouvez donner l'ordre de cesser le feu, il posera la question au général Giraud.

Et encore, quelques minutes plus tard.

— Un matériel très moderne et en quantité suffisante peut être mis à votre disposition pour l'équipement des troupes françaises ; la libération de la France est proche. Saisissez l'occasion. Si le général demande au général Giraud de donner l'ordre de cesser le feu, quelle sera votre attitude ?

A la demande de Darlan, les Américains, qui ont menacé quelques secondes plus tôt, si l'on n'en finit pas, de mettre l'Amiral en résidence surveillée, quittent pour un moment la réunion. Se déroule alors, entre Français délivrés du regard et du jugement des témoins étrangers, un dialogue au long duquel Juin, Fenard et Koeltz apparaissent, infiniment plus que Darlan, maîtres de la décision.

JUIN. — Giraud signera certainement, bien qu'il n'ait aucun pouvoir.

DARLAN. — Mes ordres sont clairs.

JUIN. — Si vous ne signez pas, ce sera la gabegie complète et la guerre civile. Vous pourriez dire au Maréchal : « Je prends la décision de signer dans l'intérêt supérieur du pays ; les minutes comptent. » Les troupes de Tunisie pourraient être neutralisées ; les hostilités seraient aussitôt suspendues en Algérie et au Maroc.

FENARD. — L'intérêt supérieur du pays vous commande de signer.

JUIN. — J'insiste : si on ne signe pas, ce sera la gabegie ; nous ne pouvons pas continuer ; il faut obtenir le stade transitoire de la neutralité. Faites-vous désigner en qualité de délégué général du gouvernement français en Afrique du Nord.

KOELTZ. — Si nous continuons la résistance, c'est une question d'heures. Nous n'avons ni chars ni aviation. Nous risquons de perdre sur les deux tableaux.

L'amiral Darlan se décide — ou se résigne — à rédiger alors un message au Maréchal puis, à la demande de Clark et de Murphy, qui viennent de revenir dans la pièce, à dicter un ordre de cesser le feu à l'intention des chefs militaires d'Afrique du Nord [1].

Cet ordre précise que Darlan prend « l'autorité sur l'Afrique du Nord au nom du Maréchal », ce qui constitue beaucoup plus qu'une anticipation, mais également que les chefs militaires conservent leur commandement, que l'armature politique et administrative reste en place et qu'aucune mutation ne pourra être effectuée sans l'accord de l'Amiral. Que cette consécration du pouvoir établi par Vichy comme des chefs qui, il y a quelques heures encore, donnaient des ordres de résistance contre les Américains ait pour but premier d'écarter Giraud, arrivé la veille à Alger mais, pour l'instant, éloigné de tout et de tous, la suite de la conversation entre Français et Américains en apporte la preuve.

JUIN. — En Tunisie, les troupes reçoivent l'ordre de ne pas se battre contre les Américains.

MENDIGAL. — Attention à Giraud dans le règlement de l'affaire.

KOELTZ. — Les troupes restent sous les ordres du commandement actuel. Personne d'autre n'a à intervenir.

MURPHY. — Le but de la réunion d'aujourd'hui est de régler le cessez-le-feu ; il y aura plus tard des négociations au sujet de Giraud.

JUIN. — Je reste commandant en chef.

Après le cas Giraud [2], les participants à la conférence franco-américaine entendent bien régler celui de ces officiers dissidents : Béthouart, Mast, Monsabert, Baril, Jousse, dont Darlan, le 9 novembre, a demandé au Maréchal qu'ils soient destitués et passent en jugement et dont il exige maintenant des Américains vainqueurs qu'aucun poste ne leur soit confié. L'embarras de Murphy et de Clark est grand. Mast, Béthouart, Jousse, Baril ne sont pas, eux, des ouvriers de la treizième heure. Dans les jours difficiles, et lorsque presque tous doutaient du succès des armes américaines, n'ont-ils pas travaillé à rendre ce succès possible ? Les sanctionner aujourd'hui, ne serait-ce pas faire preuve d'une immense ingratitude ?

A Murphy qui plaide, assez mollement, la cause de ces bons et fidèles alliés, Darlan va répondre par un mot d'une stupéfiante inconscience ou d'un cynisme remarquable.

1. C'est-à-dire aux généraux Juin, Noguès (Maroc), Barré (Tunisie), Mendigal (Aviation) et aux amiraux Moreau (Algérie), Michelier (Maroc), Derrien (Tunisie).

2. Dans une lettre du 12 adressée au Maréchal Noguès précisera, lui aussi, qu'il faut « séparer nettement les forces françaises qui restent, les forces de la France du Maréchal, des forces à tendance dissidente dont Giraud veut prendre le commandement… pour reprendre le combat à côté des Américains ».

— Quand on sait qu'on désobéit à son chef, on n'a qu'à donner sa démission. J'insiste et je demande que ces gens-là n'aient pas de commandement dans l'armée française.

Giraud qui n'a pour l'instant aucun moyen d'action et qui ne rassemble que peu de partisans, Giraud exactement jugé par Darlan (« un bon général de division »), Giraud qui acceptera très vite, autant par patriotisme que par limite non d'ambition mais de caractère, un second rôle, va être encore utilisé comme un épouvantail dans ce télégramme 2140 que Darlan adresse à Pétain et qui constitue un petit chef-d'œuvre de machiavélisme.

Numéro 2140. Très secret pour Maréchal Pétain.

1. Les Américains, sur mon refus d'ordonner cessation combat en ANF, se sont déclarés décidés à traiter avec Giraud et à couper tout contact avec vous.

2. Je crains qu'il n'en résulte des désordres graves pour le pays, et dans les esprits, et que l'Afrique ne soit perdue pour nous.

3. La lutte est sans issue et le sang coule inutilement. Nos engagements ont été remplis.

En conséquence : j'ordonne suspension des hostilités en Afrique du Nord et attitude neutralité entière vis-à-vis des belligérants, sous réserve que je conserve autorité totale sur l'Afrique en votre nom.

Lorsque, à 13 h 30, le télégramme de Darlan parvient à Vichy, les collaborateurs du Maréchal sont réunis depuis plusieurs heures déjà. Les séances de travail se succèdent, s'enchaînent dans le bureau du Maréchal, dont l'amiral Auphan écrira qu'il était devenu « un forum plutôt une foire », jusqu'à ne plus former qu'une seule réunion à peine interrompue par de courtes haltes ou, comme dans la tragédie, par l'irruption de messagers toujours porteurs de mauvaises nouvelles puisque, il faut le signaler, même si, pour la facilité de la lecture, on sépare des événements intimement mêlés, les menaces qui pèsent sur la zone libre inquiètent le Maréchal et son entourage au moins autant que le drame qui se joue en Afrique du Nord.

Laval a fini par arriver à Munich, après un voyage difficile effectué dans le brouillard.

Absent physiquement de Vichy, il demeurera cependant politiquement présent et va influencer le cours des événements.

« Deux camps, notera le général Weygand, séparaient les hôtes habituels de l'hôtel du Parc comme ceux que les circonstances du moment y appelaient. »

L'ancien généralissime devait ajouter qu'il ne pouvait sortir du bureau du Maréchal « sans trouver en attente à sa porte des enragés de l'autre camp » qui, reçus à leur tour par le chef de l'État, s'efforçaient d'effacer, dans l'esprit d'un homme fatigué, « des impressions qu'ils jugeaient néfastes et de faire prévaloir leur point de vue ».

Et il est vrai que cette journée du 10 novembre est, à Vichy, une journée où chaque camp, celui qui défend l'accord secret avec les États-Unis, celui qui s'effraie d'une rupture avec le Reich, paraît tour à tour assuré de l'emporter dans un conflit qui se déroule dans les cris et la passion[1], la volonté faiblissante du Maréchal constituant, cette fois encore, le véritable enjeu.

Au début de la matinée, les collaborateurs du Maréchal ont mis au point, avec son accord, un plan qui aurait l'avantage d'éviter au chef de l'État de se compromettre davantage. Le gouvernement démissionnerait et ne serait pas remplacé, des « grands commis d'État » occupant les postes techniques et traitant avec l'occupant les problèmes de leur « département ». Tandis que le général Weygand se verrait appeler auprès du chef de l'État, pour veiller au maintien d'une position intransigeante, le général de Lattre de Tassigny, de son côté, remplirait en Afrique du Nord les fonctions de délégué du Maréchal auprès des Américains.

C'est — on le voit — une position très nettement favorable à la cause alliée qui est ainsi étudiée et lorsque, à 12 h 45, chez le Maréchal, se trouvent réunis l'amiral Auphan, le général Weygand, M. Rochat et M. Jardel, Weygand propose donc logiquement qu'un armistice soit immédiatement signé en Afrique du Nord. « L'amiral Darlan a conduit une opération dont nous devons profiter », ajoute-t-il, après avoir précisé « vous savez à quel point, en général, je suis en désaccord avec Darlan, pour la première fois qu'il fait quelque chose de bien, approuvez-le. »

Va-t-on confirmer Darlan dans ses pouvoirs de délégué en Afrique du Nord et lui laisser carte blanche ? Non. Rochat, qui maintient une difficile liaison téléphonique avec Pierre Laval, estime (et ce n'est nullement illogique) que rien ne saurait être décidé avant le retour à Vichy du chef du gouvernement ou, tout au moins, avant que ne soit connu le résultat de son entretien avec Hitler.

Dans le duel qui l'opposera à Weygand, c'est Rochat qui finira par l'emporter. L'enjeu du conflit n'est autre que le télégramme qu'il est indispensable d'adresser à Darlan en réponse à son message annonçant sa décision d'ordonner le cessez-le-feu.

— Les chefs qui sont en Afrique, déclare Weygand, se demandent si nous sommes fous de vouloir que l'on se batte à 10 heures, que l'on ne se batte plus à midi et que l'on se batte à 14 heures !

Mais Rochat, pour qui Darlan doit être désavoué, va obtenir du Maréchal, qui a pris, à l'initiative de l'amiral Auphan[2], le commandement en chef des armées de terre, de mer et de l'air, l'envoi d'un

1. « Tout le monde criait et discutait avec passion », Amiral Auphan, *L'Honneur de servir*.

2. « Pour éviter le désordre et coiffer l'état-major de Darlan resté sans chef à Vichy, j'avais suggéré au Maréchal, dans la matinée, d'assumer lui-même, "en l'absence de Darlan", le commandement en chef de toutes les forces militaires. La nouvelle n'atteignit le public que dans l'après-midi, ce qui eut l'air d'accentuer le désaveu connu en même temps. » Amiral Auphan, *op. cit.*

télégramme dont le texte, longuement discuté, se durcira à chaque réaction nouvelle.

Le télégramme devait tout d'abord se borner à rappeler à Darlan qu'il n'avait nullement qualité pour signer un armistice.

Qu'il soit ajouté les mots : « la résistance doit être poursuivie », demande Rochat.

Qu'on les complète, réclame Weygand, par la phrase « dans la mesure où elle peut l'être », ce qui laisserait à ceux qui se battent la possibilité d'agir en conscience.

Espérant mettre d'accord tout le monde, le Maréchal va proposer une formule sans ambiguïté mais sans nerf : « J'avais donné l'ordre de se défendre contre l'agresseur. Cet ordre n'a pas été rapporté. » A la demande de Laval, qui téléphone à nouveau, car il n'a pas encore été reçu par Hitler et menace de démissionner si la décision d'armistice de Darlan pouvait, en quelque manière, paraître approuvée par Vichy, le télégramme sera finalement ainsi rédigé : « J'avais donné l'ordre de se défendre contre l'agresseur. Je maintiens mon ordre. » Il est 15 h 10. Informé, toujours par Rochat, de la conclusion du débat, Pierre Laval s'écrie :

— Le Maréchal a sauvé la France !

Phrase que Rochat répétera naturellement et qui lui attirera cette réplique de Weygand :

— Dieu veuille qu'on ne la perde pas !

Weygand dira encore :

— Vous pourriez fusiller Darlan, mais vous ne pouvez révoquer l'ordre de cesser le feu pour faire plaisir à M. Laval et faciliter sa politique à contre-courant.

Faire plaisir à M. Laval ?… A l'heure où Weygand prononce ces paroles, Laval attend toujours d'être introduit chez Hitler.

Parti pour un voyage dont il craint qu'il ne s'achève par son arrestation, peut-être par son exécution, car il est bien décidé à refuser toute cobelligérance, Pierre Laval s'est muni de cette ampoule de cyanure qui, éventée quatre ans plus tard, ne lui permettra pas d'échapper au peloton d'exécution français.

A Dijon, il a rencontré Otto Abetz. L'ambassadeur, qui sent planer la menace de la disgrâce, est de triste humeur. Lorsque la voiture a repris sa route dans le mauvais temps, il a tout loisir de faire part à Laval des raisons de son amertume et de son inquiétude. N'a-t-il pas eu tort d'accepter de rencontrer Giraud à Moulins et surtout de n'avoir pas ordonné son arrestation ? Les Allemands n'ont-ils pas eu tort d'ouvrir les portes des camps à des officiers qui, en Afrique du Nord, et au mépris de toute morale, se retournent contre leurs libérateurs ? Et surtout n'a-t-il pas eu tort, lui, Otto Abetz, de travailler, sans jamais se lasser, à la réconciliation franco-allemande ?

A Laval, qui vient de rejeter un plan de cobelligérance, qui est avant tout le sien, Otto Abetz dit, avec plus encore de mélancolie que d'irritation :

— Vous venez de perdre une chance inespérée. Vous ne retrouverez pas une pareille occasion pour votre pays.

Quelle « occasion » ? Hitler, recevant enfin brièvement Pierre Laval dans l'après-midi du 10 novembre, ne fera pas un instant allusion a « son » offre du 8 novembre.

Nous le savons par Laval déposant, le 21 septembre 1945, devant M. Schnedecker :

— Je dus attendre plusieurs heures à Munich avant d'être reçu, Hitler, me disait-on, étant en conférence avec le comte Ciano. Quand je le vis, le comte Ciano était présent, je n'eus pas à lui parler du message qu'il m'avait adressé, car il ne me posa aucune question à ce sujet [1].

Alors de quoi Hitler a-t-il parlé ? Si l'on en croit Laval, il aurait égrené des banalités : promesse de chasser les Anglo-Américains d'Afrique du Nord, réflexions aigres-douces sur la faiblesse de la résistance française, menaces vagues sur l'avenir des colonies françaises, exigences, mais pour l'aviation italienne seulement [2], de bases en Tunisie.

Ciano, dans son journal, confirme les déclarations de Laval. L'interprète Paul Schmidt également. Il est possible que Hitler, et surtout son entourage, ait éprouvé la tentation d'offrir à la France une avantageuse cobelligérance, mais, dès le 9 au soir, ce fugace désir a été chassé par les événements comme l'est un nuage par la tempête.

Ciano, qui, en l'absence de Mussolini, souffrant, a eu, dès son arrivée à Munich, un entretien avec Hitler, a noté que le Führer ne se faisait pas « de grandes illusions sur la volonté des Français de se battre ». Aussi, avant même de recevoir Laval, est-il décidé à ne rien changer à un plan qui comporte l'occupation totale de la France et à ne rien dire encore de ce plan au chef du gouvernement français.

La conversation Hitler-Laval du 10 novembre, à laquelle, selon le mot de Paul Schmidt, Laval ne prendra qu'une part « infime », ressemble donc à ces rapides audiences accordées par charité à des serviteurs maladroits et, en pensée, déjà disgraciés.

Sans soupçonner qu'un jour son sort allait préfigurer celui de Pierre Laval, le comte Ciano laissera donc libre cours à une ironie subtilement

1. Pierre Laval devait ajouter : « Je compris que, si Hitler avait connu le refus de la France d'accepter l'alliance qu'il nous offrait, je n'aurais pas été convoqué à Munich. J'eus aussi une autre certitude, c'est que, si je n'avais pas prononcé certaine phrase qui m'est aujourd'hui reprochée (Laval fait allusion à sa phrase : "Je souhaite la victoire de l'Allemagne…"), il n'est peut-être pas absolument sûr que je n'aurais pas éprouvé personnellement de graves difficultés. »

2. Ce qui, allait dire Laval, le 21 septembre 1945, devait susciter une vive protestation de sa part. « Hitler, allait-il ajouter, ne prit aucune part à cette partie de l'entretien et je constatai, non sans plaisir, que ma réaction violente contre l'Italie ne l'avait pas heurté. »

protectrice dans le récit qu'il fera d'un entretien qui lui avait paru « presque superflu ».

> Laval, avec sa cravate blanche et son complet mal coupé de Français moyen, est très désorienté dans le grand salon, au milieu de tant d'uniformes. Il essaie de parler sur un ton familier de son voyage et de son long sommeil en voiture, mais ses paroles tombent dans le vide. Hitler le traite avec une politesse glaciale [1]. L'entretien est bref. Le Führer parle le premier et demande en peu de mots si la France est à même de nous garantir des points de débarquement en Tunisie. Laval, en bon Français, s'efforce de gagner du temps ; et voudrait profiter de l'occasion pour se faire donner, par l'Italie, l'assurance qu'elle renoncera à la Tunisie. Je n'ai pas le temps d'intervenir, car Hitler déclare nettement ne pas vouloir porter la discussion sur ce terrain et que, d'ailleurs, les revendications de l'Italie sont des plus modestes. Laval ne peut prendre sur lui la responsabilité de céder Tunis et Bizerte à l'Axe ; aussi nous conseille-t-il lui-même de le placer devant le fait accompli, c'est-à-dire d'envoyer une note à Vichy pour lui communiquer les intentions de l'Axe. Le malheureux était loin d'imaginer devant quel fait accompli les Allemands allaient le placer !

Les partisans de Pierre Laval ont-ils définitivement gagné la partie après l'envoi à Darlan du télégramme ordonnant la poursuite des combats ? On pourrait l'imaginer. Il n'en est rien cependant.

Une minute exactement après avoir pris note du départ du télégramme officiel destiné à l'amiral Darlan, Bernard Ménétrel inscrit sur le feuillet où il consigne hâtivement les événements du jour cette phrase volontairement sibylline : « 15 H 15. AM. AUPHAN TÉLÉGR. À D. PERSONNEL D'ACCORD À. »

Commentant, en 1945, à l'intention du commissaire Mathieu, qui l'interroge sur commission rogatoire du président Bouchardon, cette phrase obscure pour tout autre que lui, Bernard Ménétrel allait écrire que le Maréchal « voulait absolument faire savoir à l'amiral Darlan qu'il avait été obligé de prendre officiellement [une] position qui ne correspondait pas à sa pensée ». Il avait donc demandé à l'amiral Auphan, qui se trouvait à ses côtés en compagnie de M. Jardel, si, tous nos codes ayant été, à l'armistice, livrés aux Allemands, il avait cependant la possibilité de transmettre un message secret à Alger. Auphan répondit par l'affirmative, le capitaine de frégate Jouanin l'ayant informé, quelques heures plus tôt, et devant la gravité de la situation, de l'existence d'un code établi pour le service de Darlan, mais très rarement utilisé, ce qui avait protégé son secret.

A Vichy, le capitaine de frégate Jouanin, à Alger l'amiral Battet possédaient seuls la clef de ce code, « dit de cuisinière », écrit l'amiral Auphan,

---

1. Apparemment, Laval ne sera pas très sensible aux nuances puisque, dans le compte rendu qu'il fera, le 11 novembre, au Conseil des ministres, il dira : « Hitler a été bien… Ribbentrop a été bien… Ciano et les Italiens ont fait le chantage. » Voir ci-dessous, p. 342.

et qui permettait à Darlan, lorsqu'il voyageait, « de correspondre avec les officiers de son cabinet restés à Vichy pour des questions personnelles ou privées (par exemple, tenues d'uniforme à emporter ou nombre de convives à prévoir pour un repas) ».

Le message mis en forme par Jardel, chiffré par le capitaine de frégate Archambeaud et par le capitaine de frégate Jouanin était le suivant : « Comprenez que cet ordre était nécessaire pour la négociation en cours. »

Le maréchal Pétain, dans une note sur « les événements d'Afrique du Nord », l'amiral Auphan, le Dr Ménétrel, Jardel à son procès, le capitaine de frégate Archambaud, le général Bergeret à l'occasion du procès du Maréchal, parleront de ce télégramme — et des deux autres qui suivront — et le feront en termes parfois différents [1], mais sans que le sens général se trouve altéré par des variations compréhensibles puisque aucun original ne pouvait être conservé de ce texte gardé secret même vis-à-vis du général Weygand qui l'eût d'ailleurs chaleureusement approuvé.

Sans doute peut-on faire remarquer que tous ces témoignages coïncident avec la période qui suit la Libération, qu'ils sont donc, pour des hommes mis en cause par la justice, autant d'éléments favorables dans des dossiers souvent défavorables.

Pour prouver cependant, s'il en était encore besoin, l'authenticité de ces télégrammes secrets — celui du 10 novembre et ceux du 11 et du 13 —, il existe un document *indiscutable* [2]. Il s'agit de la lettre écrite le 27 novembre 1942 par l'amiral Darlan à l'amiral Leahy, ancien ambassadeur des États-Unis à Vichy.

Après avoir évoqué tous les événements qui se sont produits depuis l'aube du 8 novembre, Darlan en vient tout naturellement à parler de ses rapports officiels et OFFICIEUX avec le Maréchal.

> … Me trouvant en Afrique, j'ai fait cesser le combat pour ne pas creuser un fossé entre l'Amérique et la France.
>
> Ayant été désavoué par Vichy, je me suis constitué prisonnier pour ne pas reprendre une lutte que je désapprouvais.
>
> A ce moment, les Allemands ayant rompu l'armistice, en occupant toute la France, et le Maréchal ayant solennellement protesté, j'ai pensé que je pouvais reprendre ma liberté d'action.

---

1. La note du Maréchal est du 6 juillet 1945. « Je ne pouvais, écrit-il de Vichy, l'approuver [Darlan] officiellement. J'étais tenu de le désapprouver pour les tâches qui me restaient encore à accomplir dans la métropole. Mais sa politique était la mienne. C'est ainsi que, par le fil spécial secret, reliant l'amiral Auphan à l'amiral Darlan, j'ai, en date des 10 novembre et 13 novembre 1942, fait savoir à ce dernier que j'étais en complet accord avec lui. »

L'amiral Auphan et le capitaine de frégate Archambeaud indiquent pour texte celui que j'ai cité. M. Jardel dira que le télégramme était rédigé de la façon suivante : « Vous avez toute ma confiance. Faites au mieux. Je vous confie les intérêts de l'Empire. »

Et le Dr Ménétrel : « Ne tenez aucun compte de mes messages et ordres officiels envoyés sous la contrainte. Suis pleinement d'accord avec vous. »

2. Je souligne intentionnellement.

J'étais d'autant plus certain d'être dans la bonne voie que, PAR DES MESSAGES CONFIDENTIELS, QUI M'ÉTAIENT TRANSMIS EN CODE SPÉCIAL PAR QUELQU'UN DE L'AMIRAUTÉ [1], j'étais informé que le Maréchal, au fond de soi-même, partageait mon sentiment [2].

« Ayant été désavoué par Vichy, je me suis constitué prisonnier… » Ce n'est pas tout à fait exact.

Le télégramme de désaveu du Maréchal : « J'avais donné l'ordre de se défendre contre l'agresseur. Je maintiens mon ordre », transmis en clair, ayant mis infiniment moins de temps à parvenir à Alger que le message chiffré : « Comprenez que cet ordre était nécessaire pour la négociation en cours », Darlan, sur le conseil du général Juin, dont le rôle tout au long de ces journées aura été de première importance, va répondre au chef de l'État qu'il se livre en otage aux Américains et qu'il annule son ordre de cessez-le-feu.

Il ne fera ni l'un ni l'autre, conservant sa liberté et ne changeant rien aux ordres envoyés aux généraux et amiraux commandant en Afrique du Nord. Mais, en prenant connaissance de son télégramme : « Reçu votre message, j'annule mon ordre et me constitue prisonnier », le Maréchal confiera le lendemain matin tous les pouvoirs au général Noguès qui commande au Maroc, ce qui compliquera encore une situation prodigieusement compliquée [3].

La journée du 10 novembre, cette journée trouble, de contradictions et de désordre, cette journée qu'il est si difficile de reconstituer dans sa complexité, où les phrases officielles sont faites pour ne pas être obéies à Alger de ceux à qui elles s'adressent, mais bouleversent une opinion ignorant ces subtilités, où les télégrammes secrets sont faits pour demeurer cachés à une opinion qu'ils rassureraient, où tout dépend de la décision d'un vieillard de quatre-vingt-six ans, chef d'État dont la volonté, les paroles, la signature sont objet de disputes entre des collaborateurs dont les passions s'exaspèrent au profit de causes contradictoires, oui, cette journée, la dernière de l'Histoire au cours de laquelle le

1. Je souligne intentionnellement.

2. Le ralliement du gouverneur général Boisson et de l'AOF à Darlan sera la conséquence des « télégrammes secrets ». En effet le 14 novembre le général Bergeret se rendra à Dakar pour donner tous les renseignements à Boisson sur cet échange de télégrammes et Boisson enverra de son côté une mission de trois officiers généraux à Alger pour s'assurer de l'authenticité des messages envoyés par l'entremise de l'amiral Auphan.

3. On peut faire remarquer que l'amiral Darlan accusera réception du télégramme secret dans l'après-midi ou dans la soirée du 10 novembre par ces mots : « Reçu et bien compris », qui, écrit Auphan, montraient « qu'il n'était pas tellement prisonnier qu'il ne put correspondre en chiffre et lui permettaient à lui, Darlan, voyant l'impossibilité où le Maréchal était de commander à son gré, d'en déduire sa propre ligne de conduite. »

Dans ces conditions et si Auphan est persuadé que Darlan jouit de toute sa liberté, pourquoi avoir désigné Noguès le lendemain ? Il est vrai que la confusion qui règne à Vichy est intense et ce peut être là une explication valable.

maréchal Pétain dispose encore d'une semi-liberté d'action, ne peut être comprise si l'on ne tient pas suffisamment compte des difficultés de communication entre Alger et Vichy, entre Munich et Vichy. Et, plus encore, des difficultés de communication mentales entre des hommes pour qui, selon qu'ils sont civils ou militaires, qu'ils se trouvent à Vichy ou à Alger, les mots « poursuivre le combat » n'ont pas le même sens, les civils, depuis leurs bureaux clos, ayant, plus que les militaires, sur le terrain, le goût du sacrifice pour les autres. Elle ne peut être comprise, enfin, si l'on perd de vue que, face aux dangers d'occupation totale de la métropole que font peser les Allemands, aux dangers de dissidence totale de ce qui reste d'Empire que font peser les Américains, les dirigeants de Vichy se voient menacer d'être bientôt dépouillés de tout ce à quoi, deux ans durant, ils avaient tant sacrifié.

Et parfois jusqu'à l'honneur [1].

La journée s'achève cependant sur un sursaut du Maréchal.

Comme il vient d'apprendre, vers 19 heures, qu'à Munich Laval a accepté l'occupation des terrains et des bases de Tunisie, acceptation dont, en vérité, les Allemands étaient bien décidés à se passer puisque, dans le même temps, ils ont pris toutes leurs dispositions pour, avec ou sans l'accord des Français, transporter des troupes en Tunisie, Philippe Pétain se révolte.

Prenant à part l'amiral Auphan, il lui demande s'il a la possibilité de « mettre à l'abri » le président Laval dès qu'il sera rentré de Munich.

— Oui, répond Auphan, à une condition, c'est que vous m'en donniez l'ordre devant lui.

Dans cette attente et cet espoir, Auphan fera immédiatement rassembler un commando de fusiliers-marins.

En interrogeant Auphan, le Maréchal est-il, comme l'écrit Robert Aron, « disposé à faire enfin preuve d'énergie et à tenter sa dernière chance de rallier autour de lui l'unanimité des Français » ? Je n'en crois rien. L'idée de faire arrêter Laval n'est de sa part, semble-t-il, qu'un

< 1. Sur ces journées de novembre, on lira avec intérêt le livre du général Maurice Schmitt, *Le Double Jeu du Maréchal, légende ou réalité* (Presses de la Cité, 1996). Pour le général Schmitt qui, du 8 au 15 novembre 1942, reconstitue l'histoire jour par jour, et parfois heure par heure, il n'y eut jamais « double jeu ». Par ses messages invitant à la résistance, alors même qu'elle était impossible, désavouant les officiers généraux qui avaient traité avec les Américains, le maréchal Pétain porte à ses yeux une très lourde responsabilité. Le général Schmitt ne croit pas davantage à la valeur des « télégrammes secrets » du 10 novembre dont il impute la responsabilité à Auphan.

S'il a fort bien étudié le côté français, le général Schmitt ne s'est pas suffisamment interrogé sur les réactions des Allemands qui ont cru, eux, à un double jeu, sinon de Pétain, qu'ils ne mettent pas directement en cause, du moins, comme l'écrira Ribbentrop en novembre 1943 au Maréchal « de certaines personnalités des plus hauts placées de Vichy ». Dans cette même lettre, Ribbentrop évoque toutefois « la lutte constante (de Pétain) contre tout travail positif de reconstruction » (il faut lire « de collaboration ») et aussi sa « résistance permanente » à la nomination d'hommes favorables à l'Allemagne. >

mouvement d'humeur, une réminiscence de la victoire sans lendemain du 13 décembre 1940.

Mais, en novembre 1942, il n'est plus possible de rejouer avec succès la scène de décembre 1940. Les temps ont changé, les acteurs également. Pétain a vieilli et sa volonté s'est émoussée au fil d'infructueuses tentatives de reconquête d'une indépendance toujours plus strictement limitée. Laval, de son côté, a pris toutes ses précautions pour que ne se renouvelle pas une aventure qui l'a profondément marqué. Et l'on n'imagine pas les Allemands acceptant en 1942 ce qu'ils ont si mal admis en 1940.

D'ailleurs, dans quelques heures, ils vont pénétrer sans rencontrer de résistance en zone libre.

Et c'est bien inutilement que le commando de fusiliers-marins poursuivra son entraînement…

9

LE PALANQUIN D'UN ROI MORT

« Un conte parle d'une armée qui suivit longtemps le palanquin d'un roi mort... »

Alfred FABRE-LUCE.

Laval sera averti le premier.

Le 11 novembre, à 4 heures du matin, alors qu'il repose au Vier Jahreszeiten-Hotel (cet hôtel des Quatre-Saisons qu'avait habité Daladier au moment des accords de Munich), Abetz lui téléphone pour l'informer que dans deux heures l'armée allemande et l'armée italienne franchiront la ligne de démarcation.

Comme Laval proteste, Abetz répond qu'il n'a aucune autorité pour discuter.

— C'est une décision du Führer, il n'y a rien à faire. La France a rompu elle-même les clauses militaires de l'armistice en Afrique du Nord.

— Voyons ! Sommes-nous responsables des décisions militaires américaines ? Je vais protester par écrit.

— Je vous en conjure, n'élevez pas de protestation en des termes aussi violents. N'élevez même aucune protestation, vous seriez en danger et je ne pourrais rien pour vous.

— Je sais, murmure tristement Laval, que nous avons à subir une fois de plus la triste condition d'un pays vaincu, mais pourquoi nous imposez-vous cette humiliation de faire pénétrer chez nous des troupes italiennes qui, elles, ne nous ont pas battus ?

Que dit encore Laval ? Qu'il va donner sa démission. Argument négligeable pour Abetz, déjà touché par la disgrâce, et qui répond que le Führer ne sera pas en peine d'installer en France un autre gouvernement.

5 h 25. C'est Vichy maintenant que les Allemands informent d'une décision exécutoire dans quelques minutes. Vichy où, depuis quarante-huit heures, l'on redoutait une proche invasion.

Car il n'y a pas surprise.

Dès le 9 novembre les responsables français ont été alertés par l'état-major de la 7e division militaire signalant que 24 trains transportant des troupes allemandes doivent passer en gare de Paray-le-Monial dans la nuit du 9 au 10, que les troupes de la région de Digoin-Paray-le-Monial-Chalon-Chagny sont consignées, voitures chargées prêtes à partir, que 12 trains de troupes venant de Paris sont attendus à Chalon, que le terrain d'aviation de Chalon a été rééquipé afin de pouvoir accueillir des appareils provenant d'Amiens.

Le rapport — inédit [1] — s'achève ainsi :

> 10. De bonne source, on signale que les Allemands à Chalon paraissent satisfaits de la tournure des événements. On note dans leurs rapports avec la population une amabilité anormale.
>
> 11. Impression générale : un mouvement de troupes important dans une direction inconnue est en préparation et imminent.
>
> 12. Origine des renseignements : interrogatoire de frontaliers et de cheminots de zone occupée rentrant en zone libre fournis par 8 postes différents de la ligne de démarcation de Saône-et-Loire.

De son côté, le 2e Bureau a signalé — le 9 encore — et sous le titre « Indices d'occupation de la zone libre » que, dans la région d'Angoulême, où stationne la division SS Totenkopf, d'importants mouvements de blindés ont été observés, cependant qu'à Moulins des chars ont été débarqués et que des réquisitions de voitures ont eu lieu dans la région de Montceau-les-Mines, Paray-le-Monial où les unités sont prêtes à embarquer [2].

La lettre de Hitler, une lettre de cinq pages, que Krug von Nidda remet dès 5 h 25 à Rochat, ne constitue donc une surprise ni dans le fond ni dans la forme. Après avoir fait à son habitude un long exposé des relations franco-allemandes, relations dont il affirme qu'il n'a pas dépendu de lui qu'elles aient été excellentes, Hitler poursuit :

> Dans l'espoir de pouvoir encore porter la guerre en Europe, l'Angleterre et l'Amérique ont, dès lors, commencé à attaquer et à occuper les territoires français de l'Afrique occidentale et du Nord. La France de son côté n'est pas en mesure à la longue de tenir tête à ces agressions. Mais l'Allemagne et l'Italie ne sauraient en aucun cas voir avec indifférence la convention d'armistice entraîner des conséquences qui ne pourraient à la longue que tourner au détriment de ces deux États…

Sachant que « les prochains objectifs de l'invasion anglo-saxonne sont la Corse et le midi de la France », et après avoir mis en cause le général

---

1. Il est de 22 h 30 le 9 novembre.
2. Document inédit. La note de renseignements du 2e Bureau ajoute cependant à propos des mouvements signalés dans la région Montceau-Paray : « Il semble toutefois que ces réquisitions, ainsi que certains préparatifs de départ aient commencé le 7 novembre ; ils seraient par conséquent antérieurs à l'entreprise américaine en Afrique du Nord. »

Giraud qui a « simulé une maladie » et profité des adoucissements apportés à sa captivité pour s'évader puis, manquant à la parole donnée au Maréchal, s'est placé « au service des puissances anglo-saxonnes, auteurs de l'agression », Hitler annonce des mesures de « protection » dont il affirme qu'elles ne sont dirigées ni contre l'armée française ni contre le Maréchal qui pourra désormais, ainsi que les membres de son gouvernement, « se déplacer librement sans aucune entrave dans toute la France ».

Et pourquoi pas d'ailleurs puisqu'il n'existera plus, bientôt, qu'une France tout entière occupée ?

A Guérard, à Jardel, aux généraux Bridoux et Jannekeyn, à l'amiral Auphan, à Ménétrel puis à Bousquet, réunis dans son bureau, Rochat donne, à partir de 6 h 15, lecture de la lettre personnelle du Führer.

Pas un seul instant, pendant la discussion qui suit, n'est évoquée une possible résistance à l'invasion qui commence. Si l'on avait voulu résister, au moins symboliquement, c'était le 8 novembre qu'il fallait prendre les dispositions convenables. Aujourd'hui, il est trop tard.

Dès que le débarquement américain en Afrique du Nord avait été connu, le lieutenant-colonel Clogenson, chef du 3e Bureau, avait cependant fait signer par le général Delmotte la mise en vigueur du « mémento des mesures à prendre en cas de tension intérieure, une mise en alerte dans les garnisons, comportant le rappel des permissionnaires et des détachés, la distribution des munitions et des vivres de réserve ».

En prévision d'une invasion de la zone libre, dont la possibilité avait été étudiée par l'état-major dès le mois d'octobre 1940, deux plans avaient été envisagés. Le premier, signé le 19 octobre 1940 par le général Huntziger, et toujours en vigueur deux ans plus tard, prescrivait simplement que la troupe, adoptant « une attitude de résistance morale empreinte d'ordre, de discipline et de dignité », évitant, « à tout prix tout ce qui ressemble fort à une fuite “attendrait”, dans le plus grand ordre » et dans les casernes où elle demeurerait rassemblée, l'envahisseur allemand. L'attitude prescrite ressemblait fort à celle qui avait été imposée, à partir du 17 et du 18 juin 1940, à certaines unités de l'armée française ainsi regroupées, comme pour être mieux prises au nid bien que la bataille ne soit pas achevée [1].

L'autre plan émanait du général Verneau, qui s'était trouvé au cœur de tous les projets de résistance militaire élaborés dans les mois qui avaient

1. Au moment de l'arrestation de Laval (13 décembre 1940), les Allemands menacent d'envahir la zone libre. Le colonel de Grancey est envoyé alors par le général Olry, commandant le 1er groupe de divisions militaires, auprès du général Frère (14e DM à Lyon) et du général Keller (7e DM à Bourg-en-Bresse). Il est porteur d'ordres de résistance qui, appliqués, permettraient peut-être un repli vers le sud de certaines unités qui tenteraient de s'embarquer pour l'Afrique du Nord, mais Huntziger interviendra pour rappeler tout le monde « à l'ordre ».

suivi la défaite, projets selon lesquels l'armée de l'armistice tiendrait une tête de pont destinée à permettre le débarquement des Anglais et des Américains.

Verneau n'a pas changé d'idée quatre jours avant le débarquement et le dit à Paillole, en présence du général Olleris.

— Faute de connaître les intentions alliées, nous avons décidé d'appeler les réservistes et de faire sortir les troupes de leurs garnisons dès que la menace d'occupation de la zone libre sera confirmée. Elles s'établiront en position défensive dans des réduits montagneux et harcèleront l'ennemi. La 15e division (Marseille) et la 14e (Montpellier) s'adosseront à la mer pour établir deux têtes de pont, l'une dans le Var, l'autre dans le Roussillon. Elles pourront faciliter d'éventuels débarquements alliés.

Le 9, tout le monde sait qu'il n'y aura pas de débarquement allié en Provence, mais les instructions de Verneau ordonnent toujours de se battre sur les principaux axes de pénétration et, dans l'après-midi du 9 novembre, il semble bien que ce plan doive être mis à exécution. Le général Olleris, sous-chef d'état-major, demande en effet au colonel Clogenson de rédiger un télégramme qui sera expédié, grâce à un chiffre ignoré des occupants, à tous les chefs des divisions militaires. Le télégramme no 128/EMA/3/SP, dont le codage et le décodage n'iront pas sans difficulté puisque les officiers chiffreurs l'utilisent pour la première fois, ne comporte aucune ambiguïté.

> 1° En vue d'éviter contact entre troupes armistice et troupes étrangères, les généraux commandant les divisions militaires doivent être prêts en cas d'attaque allemande au-delà de la ligne de démarcation à exécuter déplacement des troupes et EM en dehors des garnisons et des axes principaux de pénétration. Toutes munitions seront prises [1].
>
> 2° Mesures d'exécution décidées à l'initiative des commandants de DM uniquement sur renseignement certain de franchissement de la ligne de démarcation.
>
> 3° Contact sera conservé avec EMA (état-major de l'armée) par postes radioélectriques mobiles dont vous disposez avec indicatifs et fréquences du réseau de sécurité.

Ce télégramme, quatre officiers partent dans la nuit pour le confirmer et le commenter aux différents responsables militaires. Les zones de rassemblement ont été désignées par le général Ruby : région de Seyssel à l'est du Rhône ; la Grande-Chartreuse ; le Vercors, le Ventoux ; la région de Guéret, Boussac, La Souterraine ; le plateau de Millevaches, toutes zones qui, dans moins d'un an, seront, parce que la géographie le veut ainsi, les bastions de la résistance populaire.

Rien, cependant, ne se passera comme prévu par Verneau et comme décidé par Olleris.

---

1. C'est de sa propre initiative que le colonel Clogenson aurait ajouté les passages concernant les munitions et les transmissions.

Les Allemands, l'impréparation succédant à l'improvisation, l'intervention du général Bridoux, la faiblesse de caractère des exécutants, tout va se liguer pour que les mouvements amorcés soient rapidement stoppés, que les enthousiasmes retombent et que, finalement, à quelques très rares exceptions près, l'armée de l'armistice se trouve prisonnière, dans ses casernes, d'un ennemi qui n'a eu, pour vaincre, qu'à mettre ses moteurs en marche.

D'après tous les renseignements, c'est à 0 heure, le 10 novembre, que les Allemands devaient franchir la ligne de démarcation en deux colonnes, l'une empruntant la vallée de la Garonne, l'autre la vallée du Rhône.

Imputables, sans doute, à l'encombrement des routes et des voies ferrées, des retards vont obliger von Rundstedt à repousser de vingt-quatre heures l'invasion. Sans conséquence pour les Allemands, ce décalage horaire provoquera l'effondrement du symbolique système de résistance français.

Le général Olleris avait demandé qu'un « PC Opérations » soit installé à l'extérieur de Vichy. On choisit la ferme de La Rapine, à une trentaine de kilomètres de Vichy, où fonctionne déjà, sous la direction du capitaine Leschi, le service radio du territoire. A côté de son activité officielle, Leschi camoufle essence et matériel, entraîne des opérateurs radio, qui serviront souvent à la Résistance, organise enfin, sur instruction secrète du ministère de la Guerre, une station radio sur véhicule camouflé pour chaque région militaire.

C'est donc vers la ferme de La Rapine que se sont dirigés, dans la nuit du 9 novembre, le général Verneau, les deux généraux sous-chefs d'état-major : Olleris et Paquin, ainsi que le général Picquendar responsable du camouflage du matériel. Ils sont accompagnés d'une quarantaine d'officiers dont les chefs des 1er, 2e et 3e Bureaux. Il est près de minuit lorsque, après avoir roulé en ville tous feux allumés, alors que Vichy est plongée dans l'obscurité, la petite troupe arrive à La Rapine.

Pendant toute la nuit, les officiers dressent des plans, téléphonent aux postes de la ligne de démarcation : « Si les Allemands bougent, prévenez le 162 à Thiers », discutent — les plus optimistes espérant l'arrivée du maréchal Pétain — attendent en fumant cigarette sur cigarette.

Au matin, rien ne s'est produit.

Au moment de quitter La Rapine, car le déplacement du PC à La Rapine a été présenté aux autorités supérieures de Vichy comme un simple exercice, le général Verneau dit au capitaine Leschi

— Leschi, tenez-vous prêt. Nous reviendrons ce soir.

Ils ne reviendront pas. En retardant de quelques heures l'invasion, les Allemands ont également obligé l'armée de l'armistice à dévoiler ses intentions et permis l'intervention de Laval, qui téléphone depuis

Munich au général Bridoux, secrétaire d'État à la Guerre, l'intervention de Bridoux lui-même et celle de nombreux officiers que ne tente nullement une aventure qui n'aurait même pas le prétexte d'un débarquement américain en Provence.

Aussi lorsque, dans la matinée du 11, les dirigeants de Vichy sont informés du franchissement de la ligne de démarcation, aucune résistance, fût-elle symbolique n'est envisageable, même si des réactions personnelles — celle de De Lattre, la plus connue, ne durant, on le verra, que quelques heures — sont, ici et là, enregistrées.

Tout ce que demande d'ailleurs le général Bridoux à Rochat, c'est que le commandement supérieur de la Wehrmacht fournisse des indications sur la marche de ses troupes afin que les « incidents » puissent être évités !...

A 8 h 30, il téléphonera aux généraux de division pour annuler l'ordre 128, transmis la veille, et qui prescrivait le départ, avec armes et bagages, de toutes les garnisons en direction de positions situées hors des axes de l'invasion allemande.

En vérité, pendant toute cette journée du 11 novembre, s'il y a bien affrontement, ce n'est pas entre Français et Allemands mais, à Vichy, entre partisans et adversaires d'une rupture avec l'Allemagne. Pour les premiers — Weygand, Auphan — il est nécessaire de mettre en quelque sorte à profit l'invasion de la zone libre et l'absence de Laval pour arrêter officiellement les combats qui se poursuivent toujours en quelques points d'Afrique du Nord. Pour les seconds — Rochat et l'amiral Platon — rien ne saurait être décidé avant le retour de Laval qui, depuis Munich, a fait part des menaces de représailles qui pèseraient sur les Français si le gouvernement semblait favoriser la dissidence.

Une fois encore c'est la « volonté » du Maréchal qui représente l'enjeu d'une bataille qui se poursuivra au cours de réunions houleuses et parfois violentes. Auphan à 8 h 20, rencontrant tout d'abord en tête à tête le Maréchal, lui a déclaré qu'il était temps de « faire virer la politique vers les Américains ». En face de lui il a trouvé un homme hésitant, peu décidé à prendre parti, nullement « insensible au ton respectueux » de la lettre de Hitler, à ces mots « Je dois vous indiquer ici, monsieur le Maréchal, que l'action des troupes allemandes n'est pas dirigée contre vous, chef de l'État et chef vénéré des vaillants soldats français de la guerre mondiale », ainsi qu'aux assurances hypocritement, mais longuement, prodiguées.

Au terme de cette première et rapide entrevue mais au cours de laquelle, Jardel et Rochat ayant rejoint, il a été décidé que l'on déléguerait les pouvoirs militaires au général Noguès, Auphan laisse la place au capitaine de frégate Bataille qui est arrivé dans la nuit du Maroc, après un difficile voyage en avion [1], porteur d'une lettre de Noguès d'une rédaction « nécessairement prudente [2] ». Du moins Bataille est-il chargé de la commenter verbalement dans un sens favorable à l'arrêt des combats, puisque Noguès, après avoir insisté sur l'importance des débarquements américains et l'héroïsme de troupes françaises qui, « se battent [toutefois] sans enthousiasme… par devoir, pour l'honneur des armes » termine en indiquant que si les populations « françaises et indigènes sont calmes et restent dévouées… elles ont peur que la lutte actuelle compromette l'avenir du pays et sont unanimes à désirer qu'elle se prolonge le moins possible ».

Auphan, après s'être rendu à l'Amirauté, pour donner l'ordre à l'escadre de Toulon de faire allumer les feux des chaudières, puis de tenir, par la persuasion, les Allemands hors de portée des navires que l'on sabordera s'ils sont menacés, regagne à 9 h 25 [3] le bureau du Maréchal.

Weygand est déjà arrivé. Il sera rejoint, quelques minutes plus tard, par l'amiral Platon, par Rochat, par Jardel, par d'autres hommes, ministres ou responsables, qui entrent et sortent, donnent leur avis dans une atmosphère enfiévrée, s'agitant autour du maréchal qu'Auphan décrira comme « très triste, froid, impassible, écoutant sans prendre part à la discussion ».

Weygand, comme l'a fait et comme continue à le faire Auphan, insiste pour qu'un ordre de cessez-le-feu soit adressé aux généraux Juin et Noguès.

— Continuer les hostilités est une folie, affirme Weygand.

— Je vous demande, réplique Rochat, d'attendre l'arrivée du président Laval qui sera là à 2 heures. N'ajoutez pas de trouble nouveau…

— Dégagez [au moins] Juin de l'attente cruelle où il se trouve, demande Auphan [4].

Dans l'incapacité de se mettre d'accord sur un ordre de cessez-le-feu à envoyer aux généraux d'Afrique du Nord, les participants décident du moins de la rédaction du télégramme informant Noguès qu'il doit désormais se considérer comme le seul représentant du Maréchal. Télégramme dont immédiatement Auphan, qui en assure la transmission,

1. Tous les avions d'un rayon d'action suffisant ayant été détruits par les bombardements américains, le capitaine de frégate Bataille n'a pu partir de Fez qu'à 13 heures le 10 novembre, sur un appareil d'Air France qui se trouvait en réparation, la veille encore. Poursuivi par des appareils américains, puis anglais, l'avion transportant Bataille dut infléchir sa route vers l'Espagne et atterrit enfin à Marseille à 19 h 15. C'est sur un Caudron Simoun, piloté par M. Petit-Demange que Bataille poursuivit sa route. Arrivé à Vichy, conduit immédiatement à l'hôtel du Parc, il fut reçu à 1 h 30 par le Dr Ménétrel. Ménétrel ayant informé Bataille que le Maréchal l'avait attendu jusqu'à 23 heures, les deux hommes pénétrèrent dans la chambre du chef de l'État mais, d'un commun accord, décidèrent de ne pas le réveiller.

En 1940, au moment de l'armistice, Bataille avait déjà été agent de liaison entre le général Noguès, l'amiral Darlan et le Maréchal.

2. Le mot est du commandant Bataille. J'ai évoqué précédemment la lettre de Noguès.

3. Ménétrel dit, dans ses notes, 9 h 37.

4. Ce dialogue est rapporté par le Dr Ménétrel, *Cf.* Louis Noguères, *Le Véritable Procès du maréchal Pétain*.

annule la portée puisqu'il prend sur lui d'envoyer à Alger (toujours par le « code de cuisinière » utilisé la veille) le texte suivant : « Faites savoir à l'amiral Darlan que la décision du Maréchal… n'a été prise que parce que l'amiral Darlan est prisonnier. »

Dans le bureau du Maréchal, la discussion se poursuit maintenant autour du texte de protestation que le chef de l'État a l'intention de remettre au maréchal von Rundstedt dont on a appris, dans la matinée, qu'il viendrait se présenter à l'hôtel du Parc.

> J'ai reçu cette nuit une lettre du Führer m'annonçant que, en raison des nécessités militaires, il était dans l'obligation de prendre des mesures qui ont pour effet de supprimer, en fait, les données premières et les fondements de l'armistice. Je proteste solennellement contre ces décisions incompatibles avec les Conventions d'armistice.

Autour de ces mots qui, quarante ans plus tard, apparaissent comme le minimum convenable, le débat qui s'instaure prend rapidement ampleur et violence.

Laval qui a eu, par Rochat, connaissance de cette protestation rédigée la veille, et rédigée en partie par le général Weygand, a fait dire, depuis Munich, qu'on le plaçait dans une situation « impossible [1] ». Ses partisans vont donc s'opposer, sinon au texte lui-même, du moins à une diffusion radiophonique qui rompt, il est vrai, avec toutes les habitudes de Vichy dont les protestations, par exemple dans le cas de l'Alsace et de la Lorraine, étaient toujours demeurées secrètes, donc inefficaces devant l'opinion et devant un occupant, insensible à ce qui est tu.

— Estimez-vous, demande l'amiral Platon, que cette protestation soit si urgente qu'il faille la faire entendre dans les deux heures ?

— Amiral, c'est effroyable, réplique Weygand, vous êtes la honte de la France !

Il est difficile de se montrer plus insultant [2].

Avant de recevoir von Rundstedt, Philippe Pétain va accorder un rapide entretien au capitaine de frégate Bataille qui s'apprête à repartir pour le Maroc. Que lui dit-il ? Nous le savons par une note de Bataille, rédigée le 24 novembre 1959, c'est-à-dire seize ans après l'événement [3] :

1. Il dira même, quelques jours plus tard, qu'elle a constitué « un véritable appel à la dissidence ».

2. Quelques jours plus tard, l'amiral Platon prononcera à l'intention des officiers et soldats d'Afrique un discours, rédigé à la demande des Allemands, par Guérard et Marion, dans lequel il les incite à « une résistance passive constante ». Platon déclare également : « L'Afrique du Nord qu'après cent ans vos frères ont conquise, puis rendue féconde, ne saurait, en quelques jours, devenir un bastion contre la France, la base d'agressions aériennes et maritimes contre la Métropole. »

3. « A part certaines phrases, dont le souvenir est encore vivant dans ma mémoire, précise Bataille, je pense préférable, en raison des événements que je relate, de donner ici le sens général de ses instructions. »

— Les Allemands prennent possession de la zone libre; dans quelques instants, le maréchal von Rundstedt sera ici et, à partir de ce moment, je serai prisonnier. Vous êtes donc la dernière personne qui m'aura vu libre de mes décisions. Quoi qu'il puisse advenir, souvenez-vous-en et faites-en part.

A Bataille, Pétain dit également que Laval espère obtenir de Hitler la libération de nombreux prisonniers et qu'il lui est donc impossible de rallier l'Afrique du Nord, avant le retour à Vichy du chef du gouvernement [1]. Le chef de l'État demande également que le général Noguès soit exactement informé de sa situation de dépendance, puis attirant Bataille à l'écart, car la conversation ne s'est pas déroulée sans témoins, il a ces mots qui devaient se graver dans la mémoire de l'officier.

— Vous me comprenez bien, Commandant, je ne serai plus libre dans un instant, vous êtes le dernier auquel je puisse me fier. Dites au général Noguès que TOUT [2] ce qu'il décidera aura mon accord, car je sais qu'il se décidera pour la France. Partez vite, Commandant, j'espère que vous passerez. Il est déjà bien tard !

Se tournant vers ceux qui l'entourent, le Maréchal demande enfin :

— Ma voiture est-elle prête ? Que le Commandant parte vite. Adieu, Commandant, je ne sais si nous nous reverrons.

Lorsque Bataille quitte l'hôtel du Parc pour aller, sur le terrain d'aviation de Vichy déjà contrôlé par les Allemands, rejoindre le Caudron Simoun qui le conduira à Marignane, d'où il repartira immédiatement en direction de Fez, sa voiture — la voiture du Maréchal — croise la Mercedes noire, portant fanion à croix gammée dans laquelle se trouve le Feldmarschall von Rundstedt.

Il est 10 h 40.

L'entrevue entre les deux maréchaux — le français et l'allemand — ne durera que dix minutes.

En grande tenue, bâton de maréchal à la main, croix de chevalier, croix de fer de 1re classe des deux guerres, von Rundstedt, accompagné de Rahn, de Renthe-Fink et de Krug von Nidda, est reçu par le Maréchal qui porte son uniforme bleu horizon de Verdun. Pour toute décoration, la médaille militaire. Auprès de Pétain, Jardel et Rochat.

Après les salutations, von Rundstedt notifie au Maréchal l'occupation de la zone libre et les raisons qui, aux yeux de Hitler, la légitiment.

---

1. Au cours de la première audience, Bataille avait demandé au Maréchal de rejoindre le Maroc.

2. Dans son texte de 1959, Bataille a souligné le mot « TOUT » et indiqué en commentaire : « Je dois cependant préciser qu'au cours des entretiens, la nécessité d'un cessez-le-feu au Maroc a été indiquée par mes soins comme inéluctable et imminente et que lorsque le Maréchal nous isola, tous deux, un instant pour appuyer sur le fait que “tout” ce que déciderait le général Noguès serait conforme aux intérêts de la France, j'ai compris par son ton, son regard, son insistance : “Vous me comprenez bien, Commandant…” qu'il me donnait un accord, qu'il avait précédemment éludé en public, même restreint, et qu'il craignait d'être bientôt obligé de désavouer officiellement. »

En réponse, Philippe Pétain lit la protestation dont la rédaction avait si fort agité les esprits de ses collaborateurs, puis il la tend à von Rundstedt qui hésite un instant, mais finit par s'en emparer et la plie en quatre pour la glisser dans la manche de son manteau.

Philippe Pétain avait informé von Rundstedt que sa protestation serait immédiatement rendue publique. Cela n'ira pas sans grandes difficultés.

A l'inspiration de Ménétrel, et dès le départ du maréchal allemand, la protestation devait, en effet, être lue à la radio de quart d'heure en quart d'heure, puis toutes les demi-heures, toutes les heures enfin. C'était compter sans la mauvaise volonté de Paul Marion, secrétaire d'État chargé de l'Information à qui le Maréchal a dû faire donner l'ordre de passage immédiat du communiqué. Il sera effectivement diffusé pour la première fois à 11 h 32.

Mais c'était compter également sans la volonté d'obstruction d'Abel Bonnard, de Barthélemy, de Platon qui, en compagnie de Marion, ce dernier faisant abondamment état de ces « arguments techniques » mis au service de toutes les mauvaises causes, viennent faire, un peu après midi, le siège de Pétain, lui dire que, décidément, cette protestation répétée chaque quart d'heure prend l'allure d'une provocation, qu'elle compliquera la tâche déjà si compliquée de Laval qui vole vers Vichy, qu'il faut y mettre un terme, ou tout au moins l'espacer. Le Maréchal, dont la lassitude est extrême, acceptera que sa protestation ne soit plus diffusée que toutes les heures, mais, en occupant à 12 h 35, le poste d'émission, les Allemands mettront, à leur manière, un point final au débat.

La protestation du Maréchal était à l'intention des Allemands. Aux Français, le chef de l'État adresse la proclamation suivante :

> Français,
>
> Je croyais avoir vécu les jours les plus sombres de mon existence ; la situation d'aujourd'hui me rappelle les mauvais souvenirs de 1940.
>
> Je salue avec douleur les militaires, les marins, les aviateurs et tous ceux qui tombent pour l'honneur de l'Empire et la sauvegarde de la Patrie.
>
> Français de la Métropole et de l'Empire, faites confiance à votre Maréchal, qui ne pense qu'à la France [1].

Mais que savent-ils, que voient-ils, comment réagissent-ils, militaires et civils, ces Français de novembre 1942 qui vivaient jusqu'alors dans

1. Robert Aron, dans son *Histoire de Vichy*, donne le texte d'un message resté en projet et qui comportait ces mots :

« Quoique ma conduite ait pu souvent être mal comprise, je sais, moi, que la France n'avait pas, jusqu'ici, manqué à son honneur. Elle y manquerait aujourd'hui, si elle paraissait accepter les mesures de force qui lui seront imposées et qu'elle est hors d'état d'empêcher. »

D'après Jacques Barnaud, témoignant le 2 mai 1950 devant la *Commission d'enquête parlementaire sur les événements survenus en France de 1933 à 1945*, un disque aurait été préparé mais non diffusé, le 11 novembre, pour donner à toutes les troupes l'ordre du cessez-le-feu, disque « disant que la France était envahie par l'Allemagne, que l'armistice était rompu, qu'en conséquence il fallait arrêter le combat partout ».

une « zone » effectivement préservée de la présence allemande, si elle ne l'était pas absolument de l'influence nazie ?

Écrivant ces pages, j'ai sous les yeux les notes de renseignements communiquées le 11 novembre aux autorités de Vichy. Voici — le document est inédit — dans sa sécheresse et son utile précision horaire l'une de ces toutes premières notes.

23 h 45 — Mouvements de troupes allemandes de Brest vers Moulins.

0 h 00 — Le passage des troupes aurait commencé par Lyon et Valence. Des cgambres (*sic*) seraient retenues à Vichy pour des Commissions.

3 h 20 — La ligne de démarcation a été fermée aux trains (rapide Lyon-Châlons arrêté à Mâcon).

4 h 15 — Trains arrêtés repartis.

7 h 55 — Franchissements signalés sur toute la ligne de démarcation. Agen signale des passages de troupes à La Réole.

8 h 10 — La division blindée V3 défile à Mâcon.

8 h 15 — A Vierzon, à Rignac, barrière fermée. Le 32e R. Infanterie s'en va.

8 h 55 — La ligne téléphonique Nice-Marseille est coupée.

9 h 00 — Les Allemands défilent dans Limoges. On pense que certains éléments y resteront.

Par la suite, les précisions vont affluer.

9 h 30 — Un bataillon allemand allant de Mezin à Condom se trouve à Nérac. Un autre allant de La Réole sur Agen se trouve à 30 km de cette ville.

Interrogés par les gendarmes, les Allemands déclarent occuper la zone libre sur l'ordre du Maréchal et descendre sur la frontière des Pyrénées [1].

A 10 heures, des éléments légers de l'armée allemande ont franchi la ligne de démarcation à Moulins, Digoin, Bourges, en direction de La Palisse, Vichy, Montluçon. A 10 h 50, un appareil de transport se pose sur le terrain de Montpellier.

A Lyon, M. Chosaland, commissaire de police, qui se trouve à la préfecture où les autorités sont en train d'organiser le service d'ordre prévu pour faire face à la manifestation gaulliste ordonnée par Londres, note sur son carnet :

9 h 40 — Ça y est, un coup de téléphone : « Les Allemands arrivent sur la place des Terreaux. »

Je me souviendrai toujours du regard de bête traquée qu'eut ce colonel de la garde quand on lui annonça la nouvelle. Il eut un mouvement pour ouvrir la porte et fuir.

Et tous nous songeons au sort qui va être celui de l'armée de l'armistice.

11 h 00 — Des sentinelles boches sont là, devant moi, à la grille de la préfecture où le général vient d'entrer. Et puis c'est l'irruption des blindés… angoisse… rage impuissante.

Et dire qu'il y a exactement 24 ans à cette heure ils demandaient grâce [2].

1. Inédit.
2. Document inédit.

A 11 heures, encore, les Allemands approchent de Marmande, ils occupent Auch et dépassent Pau.

A Villefranche, dans le Rhône, sont passés à 14 heures 156 voitures légères, 143 blindés, 326 side ou motos, 393 camions.

Face à la poussée allemande (9 divisions dont 2 blindées), nulle réaction française sérieuse puisque ce qui avait été préparé se trouve annulé. A Montluçon, par exemple, où stationne le 152e RI, les garnisons ont bien été mises en état d'alerte dans la soirée et dans la nuit du 8 novembre ; les permissionnaires rappelés par télégramme ; les hommes habillés de neuf; les armes, FM, mitrailleuses et mortiers de 60 mm, chargées sur les voitures de compagnie. Dans la matinée du 9, certains officiers annoncent bien à leurs hommes qu'ils gagneront une position de défense en Auvergne. Mais, le 10, un changement subtil et sensible d'attitude se produit. « Les cadres avaient l'air consterné, écrit le caporal Paul Gamelin [1], les ordres de départ semblaient annulés et le jour se passa dans l'attente… de quoi ? Nous ne le savions. »

Ils ne vont pas tarder à l'apprendre. Au petit jour, un avion allemand survole leur caserne et laisse tomber « une nuée de tracts », indique Paul Gamelin, tracts qui, après de longues et molles glissades, viennent s'abattre dans la cour.

Il s'agit de la proclamation d'Adolf Hitler aux « Français, officiers et soldats de l'armée française », proclamation tout entière dirigée contre l'Angleterre rendue responsable du déclenchement de la guerre et des malheurs de la France. Si l'armée allemande traverse « la zone non occupée jusqu'à l'heure actuelle », c'est pour se rendre « aux endroits visés par les troupes de débarquement anglo-américaines » : la Corse et la côte de Provence [2].

> L'armée allemande, poursuit la proclamation, ne vient donc pas en ennemie du peuple français ni en ennemie de ses soldats. Elle n'a nullement l'intention de gouverner dans ces territoires. Elle n'a qu'un seul but : repousser avec ses alliés toute tentative de débarquement anglo-américaine. Le maréchal Pétain et son gouvernement sont entièrement libres et sont à même de remplir, comme par le passé, leurs devoirs.

Après cette assurance et l'affirmation que le gouvernement allemand et ses soldats « ont le désir, dans toute la mesure du possible, non seulement de protéger ensemble avec l'armée française les frontières de la France, mais encore, avant tout, d'aider à préserver, à l'avenir, les possessions africaines des peuples européens contre des actes de brigandage », quatre lignes de menaces. Elles visent ceux qui, poussés par un « fanatisme aveugle », ou encouragés par « des agents à la solde de l'Angleterre », s'opposeraient à l'avance allemande. Leur résistance serait « forcée par les armes ».

---

1. Témoignage inédit.
2. Ce qui est très prématuré.

Les armes allemandes n'auront pas à parler. Quels sont, d'ailleurs, le 11 novembre, ceux qui manifestent une velléité de résistance à l'Allemand et une volonté de désobéissance aux ordres venus de Vichy ?

A Grenoble, le général Laffargue lance ses unités en direction de l'Oisans. Le préfet de l'Isère, qu'il a mis au courant de ses intentions, lui a demandé dans quels délais il conviendrait d'alerter Vichy. Malgré cette complicité, il n'ira pas loin. Atteint dans la soirée par l'ordre de ramener ses troupes dans leurs casernes, il découvre qu'il ne sera pas suivi s'il poursuit dans la voie de la résistance. Parmi les officiers réunis a la mairie de Vizille, il ne trouve même qu'un seul partisan de la destruction des armes[1] !

Quant à de Lattre, si son aventure est célèbre, on le doit au prestige que l'homme va acquérir par la suite et non à l'efficacité du geste.

A Montpellier où il a reçu, à 19 heures, le 10 novembre, le commandant de Bermond de Vaux, messager du général Verneau venu lui confirmer le télégramme 128, le général de Lattre décide de ne pas écouter les voix de la prudence qui n'ont cessé de se manifester, mais de suivre celles de l'instinct et de l'honneur patriotique.

Malgré l'appel téléphonique du général Delmotte qui lui affirme que « jamais les Allemands ne pénétreront en zone libre[2] » ; malgré les ordres du général Bridoux qui l'admoneste sèchement ; malgré les hésitations du général Revers ; malgré la « disparition » du général Bonnet de la Tour, commandant les troupes de la 16e division militaire ; malgré les interventions de son chef direct, le général Langlois, commandant le groupe de divisions d'Avignon, de Lattre s'obstine.

L'ordre du général Langlois, reçu le 11 vers 10 h 30, ordre d'avoir à consigner les troupes dans leurs casernes, à annuler tous les mouvements commencés, à éviter tous les incidents avec les Allemands, il le déchire donc, non sans avoir dit à sa femme : « On ne peut concevoir une autre solution que de se battre jusqu'au dernier… La situation géographique est bonne : on pourra les embêter. »

Il est 12 h 30 lorsque, accompagné de cinq autres voitures où se trouvent les officiers qui composeront son PC, il quitte Montpellier pour Saint-Pons, puis Villerouge, enfin Padern où il attendra en vain l'arrivée des premiers éléments de sa division. C'est que, dans son dos, ses ordres ont été annulés. Le général Langlois arrive à Montpellier à 14 heures, en compagnie du lieutenant-colonel Ghislain. Immédiatement, il obtient l'accord de presque tous les officiers supérieurs, prompts à juger ridicule et folle l'entreprise de De Lattre. Il fait fermer les grilles des casernes ; dételer les locomotives qui devaient entraîner les wagons transportant le

1. Témoignage du général Laffargue à l'auteur.
2. « Il s'agit là d'une hallucination collective », précise même Delmotte.

8e RI[1] ; arrêter ceux — le commandant Constans, le colonel Morel[2], le capitaine Perpère — qui refusent de trahir de Lattre ; établir sur toutes les routes des barrages d'infanterie non contre les Allemands, mais contre ces soldats français qui entendent reprendre le combat. Tombent ainsi dans le piège 150 hommes de l'École des cadres de Carnon et une section d'artillerie sous le commandement du capitaine Quinche. Y tombe également le général de Lattre qui se rend, annoncera 48 heures plus tard le communiqué du ministère de l'Information, « au premier officier de gendarmerie qu'il a rencontré ». C'est, à Saint-Pons, l'adjudant de gendarmerie de la brigade locale, bientôt rejoint par le colonel Duin et le capitaine Tocabens.

Ainsi, en ces journées des 11 et 12 novembre 1942, évocatrices de tant de souvenirs glorieux, l'unique communiqué militaire émanant des autorités de Vichy célébrera-t-il la victoire d'une brigade de gendarmerie sur un général français et sur quelques soldats courageux.

> Ses partisans [ceux de De Lattre] se sont dispersés. Il a été arrêté. La personnalité du général n'est pas inconnue. Son ambition était de devenir le chef d'état-major des forces rebelles. Sa carrière de factieux aura été courte. Il appartient maintenant à la justice militaire.

A deux exceptions près donc, aucune réaction des militaires. A une exception près, aucune réaction véritablement digne de mention des civils.

A partir du 7 novembre, la radio de Londres avait lancé des appels à la manifestation : « Pour le 11 novembre, rendez-vous de la victoire. » En zone occupée, c'est à midi — précise Maurice Schumann — que « tous les Français et toutes les Françaises se recueilleront… dans les églises et dans les temples, sur les lieux de travail ou dans les maisons d'habitation ». En zone non occupée, des défilés, toujours à partir de midi, doivent être organisés en accord avec les responsables de « Combat » et de « Libération-Sud » à Lyon, Clermont-Ferrand, Marseille, Nice, Grenoble, Toulouse.

Mais, dans la matinée du 11, il n'existe plus de zone non occupée et les manifestations prévues, lorsqu'elles auront lieu, seront sans ampleur, sauf à Grenoble où, à midi, un cortège de 500 personnes, composé en majorité d'étudiants, se dirige vers le monument aux Diables bleus. « La gendarmerie est intervenue, déclare le rapport de la 14e Légion et est parvenue à grand-peine à disperser les manifestants qui lançaient des pierres, renversaient les voitures. Cinq arrestations[3]. »

---

1. Le colonel Guillaut, chef du 8e RI, deviendra pour Montpellier le chef de l'organisation de résistance de l'armée et sera fusillé par l'occupant.
2. Déporté, mort à Neuengamme.
3. Dans la soirée une autre manifestation un peu plus importante aura lieu à Grenoble (1 000 manifestants, dont 60 seront arrêtés) mais c'est sans risque d'être démenti, que le 12 novembre, le général von Rundstedt pourra affirmer à Hitler : « le mouvement s'est déroulé conformément au plan et sans le moindre incident. L'armée française, loyale, aide les troupes. La police française est empressée et pleine de bonne volonté ».

Lorsque Laval arrive par avion à Vichy, il est 14 heures. Au Maréchal, il explique :

— J'ai passé des heures dures [...]. Hitler a été bien [...]. Ribbentrop a été bien [...]. Ciano et les Italiens ont fait le chantage [...]. J'ai eu des conversations avec Hitler, Ciano, d'autres [...]. Hitler m'a chargé de ses vœux pour le Maréchal en évoquant Verdun, Douaumont... l'armistice signé par Darlan a, pour cinquante pour cent, justifié la mesure prise par Hitler... Il croit que le voyage de l'amiral Darlan en Afrique du Nord cachait un complot [1].

Après s'être entretenu avec le Maréchal, Laval se retire ensuite dans une petite pièce pour prendre un repas léger. Il est là, entouré de plusieurs Allemands dont Abetz, dira l'amiral Auphan qui, souhaitant le mettre au courant de son point de vue sur le cessez-le-feu en Algérie, renonce à son projet, afin de ne pas avoir à s'expliquer devant les occupants.

C'est en tout cas en compagnie d'Abetz que Laval se rendra à nouveau à 15 h 40, chez le Maréchal qu'il s'agit, pour eux, de convaincre de confirmer aux troupes d'Afrique du Nord ses ordres de résistance.

— Il faut, déclare Laval, qu'on puisse dire que les Français sont allés jusqu'au bout dans la résistance à l'agresseur. Nous avons tout perdu. L'Empire est par terre. Mon ambition est de sauver notre territoire [2].

Il défendra longuement [3] cette thèse au cours du Conseil des ministres de 17 heures. Après son intervention, c'est l'amiral Auphan qui se voit inviter à dresser un bilan de la situation militaire. Évoquant les bateaux coulés, les pertes subies, Auphan conclut à la nécessité d'un cessez-le-feu « franc et officiel », justifié au moins autant par l'invasion de la zone libre que par l'épuisement de nos moyens militaires.

Des derniers moments de ce Conseil, Auphan devait conserver un souvenir amer :

> Ce fut un assez beau tapage. Moi, le militaire, je devenais aux yeux des civils (Laval, Abel Bonnard, etc.) une sorte de lâche. On s'était battu à Mers-el-Kébir, à Dakar, en Syrie, à Madagascar. Pourquoi ne pas continuer en Afrique du Nord où, Laval n'en doutait pas, les Allemands allaient faire un gros effort et chasser les Anglo-Américains [4] ?
>
> Si nous ne prenons pas part, me disait-on, à la reconquête de l'Afrique française du Nord, nous perdrons nos droits de souveraineté et les Allemands la garderont. Je me suis défendu comme j'ai pu. Je me rappelle avoir insisté sur l'impossibilité morale pour les marins que je commandais de faire de la « cobelligérance » aux côtés du Reich, surtout depuis l'invasion de la zone

1. Notes de Ménétrel qui, dans un commentaire, ajoute qu'en décembre 1944, arrêté et mis au secret par les SS, il a subi un interrogatoire long et confus, au cours duquel on l'a interrogé « sur l'affaire Darlan et l'existence d'un accord secret ».
2. D'après les notes de Ménétrel.
3. D'après l'amiral Auphan : « Comme d'habitude, Laval a pris la parole et ne l'a pour ainsi dire pas lachée. » (Lettre à l'auteur en date du 13 avril 1965.)
4. A 16 heures Ménétrel a traduit une note par laquelle Schleier demande à Rochat que les troupes françaises tiennent jusqu'à l'arrivée des forces germano-italiennes.

libre. Bridoux, l'autre militaire, n'a pas ouvert la bouche. Tous les ministres civils, insensibles à mes raisons, ont été contre moi.

Froid et triste, sans dire un mot, le Maréchal, de temps en temps, me regardait douloureusement, ayant l'air de dire : que puis-je faire [1] ?

Il ne fait rien qui soit conforme aux vœux d'Auphan et ne s'oppose pas à l'adoption d'un ordre du jour enjoignant aux troupes d'Afrique de lutter « jusqu'à la limite de leurs forces », ordre responsable de tous ces drames dont, en Tunisie notamment, seront victimes des soldats informés seulement des cocardiers messages officiels et bien incapables de deviner le jeu étrange qui se poursuit à Vichy, à travers des attaques et contre-attaques menées, une fois encore, pour capter l'attention, éveiller la sensibilité, emporter l'adhésion du chef de l'État.

Face à la volonté la plus habilement, la plus intelligemment et la plus constamment exprimée, celle de Laval, le renoncement de Pétain coïncidant avec les événements du 11 novembre, avec la fin de la zone libre, avec l'effondrement de toutes ces réalités sur lesquelles Vichy avait bâti tant de fictions, aura, pour beaucoup de ces Français qui continuaient à faire confiance au Maréchal, la même signification que la mort ou, plus exactement, que la déchéance intellectuelle du père.

Pétain ne fait rien. Pouvait-il du moins partir, s'arracher à l'atmosphère trouble de Vichy, à la pression physique des Allemands qui, sous le commandement du colonel von Rost, commencent à installer leurs détachements de liaison, à placer dans le voisinage de la capitale provisoire des batteries de DCA [2], tandis que la Gestapo occupe des locaux situés boulevard des États-Unis ?

Pouvait-il le 11, le 12 novembre 1942, donner un cours nouveau à l'Histoire ? A son histoire ? Et le voulait-il ?

Dans son réquisitoire contre l'amiral Estéva, le procureur général Mornet, évoquant la matinée du 8 novembre 1942, s'écriera :

— C'est la revanche qui vient, c'est l'aube de la victoire, c'est le salut. Et ceux qui croient encore dans le Maréchal, il y en a peu, mais il y en a, se disent : « Qui sait s'il ne va pas monter en avion et prendre la tête du mouvement en Afrique du Nord ? » Heureusement non. Qu'y serait-il allé faire, sinon jeter le trouble et la division parmi ceux qu'on appelait les « dissidents » et qui n'étaient rien moins que la vraie France ? Non, le Maréchal s'est bien gardé de monter en avion et de rejoindre nos troupes d'Afrique [3]...

1. Lettre du 13 avril 1965.

2. Au lieutenant-colonel Vialet qui proteste contre l'installation de ces batteries, von Rost répond qu'il « croit savoir » que, ce faisant, l'armée allemande a simplement répondu à l'appel du maréchal Pétain. Ce qui est faux.

3. C'est au cours du procès de l'amiral Estéva qu'il sera fait, pour la première fois, mention par son défenseur Me Chresteil, de la paradoxale position du procureur général Mornet qui requérait, tout en ayant accepté de Vichy, en septembre 1940, la vice-prési-

< De Gaulle, sans illusions sur ce qu'était véritablement, à la fin de 1942, la réalité de son pouvoir, dira, le 5 août 1946, au capitaine Guy, son aide de camp : « Imaginez, non mais, imaginez ce qui serait arrivé par la suite, si Pétain s'était alors rendu aux arguments de Weygand, avait atterri en Afrique du Nord pour s'emparer du glaive ! Imaginez notre situation : nous n'aurions pu que l'approuver et nous placer sous son commandement. Quel spectacle ! Dorénavant son nom eût été célébré comme celui d'un homme qui avait préparé la reprise du combat depuis la première minute… Sans compter qu'il mouillait la flotte française en rade d'Alger[1] ! » >

Au colonel Rémy, de Gaulle dira encore en 1947 :

— Je ne comprendrai jamais pourquoi le maréchal Pétain n'est pas parti pour Alger au mois de novembre 1942. Les Français l'eussent acclamé, les Américains l'eussent embrassé, les Anglais auraient suivi, et nous, mon pauvre Rémy, nous n'aurions pas pesé bien lourd dans la balance. Le Maréchal serait rentré à Paris sur son cheval blanc.

Ils sont nombreux cependant ceux qui ont demandé au Maréchal de partir dans les heures ou les jours qui suivent l'invasion de la zone libre. Le général Héring, le général Serrigny, Trochu, le général Georges, Lehideux, le colonel de Gorostarzu, Gibrat, Lamoureux, Bouthillier, Jardel…

Le 8 novembre, avant de s'envoler clandestinement pour l'Afrique du Nord, le colonel Ronin, chef du service de renseignements de l'Armée de l'air, a dit à Gorostarzu :

— Si tu peux embarquer le vieux ce serait au poil.

Le colonel de Gorostarzu m'a raconté son entretien du 11 novembre avec le Maréchal.

— Monsieur le Maréchal, il faut partir. Si, à midi vous vous contentez d'un sandwich, à 3 heures vous serez à Maison Blanche.

— Je ne peux pas voler, à mon âge[2] !

— Nous volerons à 1 500 mètres et les Fritz ne nous rattraperont pas. Nous pourrons nous faire escorter par la chasse d'Aix.

C'est en vain que Gorostarzu insistera : selon son mot Pétain « l'enverra sur les roses ».

Le Maréchal a-t-il craint de prendre l'avion ? On l'a souvent affirmé, et de Gaulle lui-même :

---

dence de la commission chargée de réviser les naturalisations concédées depuis 1927. En réponse à Me Chresteil, le procureur général Mornet fera, en ce qui le concerne, l'apologie d'un double jeu dont il niait la valeur lorsqu'il était invoqué, pour leur défense, par les inculpés ou par leurs avocats.

< 1. Claude Guy, *En écoutant de Gaulle*, Grasset, 1996. >

2. « Son âge, sa santé », me dira l'amiral Auphan, « c'est ce qu'il répondait aux raseurs ». Cependant M. Barnaud dira en mai 1950 : « Je ne lui ai pas [au Maréchal] comme d'autres l'ont fait, conseillé de partir en Afrique du Nord… Je savais que je n'y parviendrais pas. Le Maréchal était trop âgé pour prendre une pareille décision. »

— Depuis juin 1940, à Bordeaux, jusqu'à Vichy en 1942, l'un des secrets de la guerre est celui-ci : tout aurait changé si le vieux Maréchal avait aimé prendre l'avion. Mais il ne prendra jamais, jamais l'avion…

Lorsqu'il prononce ces paroles, de Gaulle se trouve à Londres. Il ignore que le maréchal Pétain prendra un jour l'avion… sur ses ordres d'ailleurs lorsque, le 15 août 1945, après son procès et sa condamnation, il sera transféré de Paris à Pau, avant d'être enfermé au fort du Portalet.

M. Amor, directeur de l'Administration pénitentiaire, lui apprenant qu'un Dakota l'attendait sur le terrain de Villacoublay, le Maréchal aurait dit :

— En avion, chic alors !

Ce qui dément quelque peu la thèse d'une phobie qui n'était peut-être qu'un camouflage de circonstance, ou la traduction d'une fatigue momentanée [1], car, à Gorostarzu, comme à tous les autres, le Maréchal finira par dire :

— J'ai promis de rester [2].

Il ne fait là que répéter ce qu'il a dit à Baudouin, le 16 juillet 1940, au moment où l'Allemagne, prenant conscience de l'erreur qu'a représentée un armistice qui met hors de sa portée l'Empire français, réclame des bases en Afrique du Nord et que Vichy craint l'invasion de la toute récente zone libre. A son ministre des Affaires étrangères qui lui a proposé qu'un avion soit toujours prêt à le transporter à Alger, le Maréchal a répliqué :

— J'y ai déjà réfléchi. Je ne quitterai la France en aucun cas, je me laisserai faire prisonnier et vous serez prisonnier avec moi [3]…

Prisonnier… il semble bien que Pétain soit prisonnier avant tout de sa parole. Lorsque, le 17 juin 1940, l'on a fait à la France : « le don de [sa] personne pour atténuer son malheur », peut-on reprendre son serment… et sa personne ? C'est ce qu'il demandera au général Georges, le 12 novembre.

1. Guy Raïssac rapporte en ces termes les propos d'un familier de Pétain : « Si Pétain s'est refusé à se rendre sur l'aérodrome de Vichy-Rhue, où l'attendait un appareil en état de vol, n'est-ce pas tout simplement parce qu'il avait la phobie de l'avion ? Son médecin personnel tenait ce mode de locomotion en horreur, et il l'a aisément convaincu qu'un voyage par air pourrait lui être fatal. »

2. D'après les notes du Dr Ménétrel il dira même, le 11 novembre : « Mon prestige vous est nécessaire. Il faut que je puisse rester, sans cela l'Allemagne ne trouverait rien devant elle. »

3. Pétain poursuit : « Mais vous avez raison. Il faut que quelqu'un soit toujours prêt à s'enfuir à Alger. Ce ne peut être que le chef de la Flotte, l'amiral Darlan. »

Malgré la demande de Baudouin, le Maréchal refusera de signer un ordre de mission devenant immédiatement exécutoire si la zone libre était envahie. « Non, je ne veux pas de papier ; mais vous devez considérer mon ordre comme définitif. Je ne reviendrai pas sur cette décision. D'autre part, il doit être bien entendu qu'elle restera strictement entre nous trois. Personne d'autre ne doit la connaître. »

Connue grâce à Baudouin, cette décision peut également expliquer l'attitude de Darlan après l'invasion de la zone libre.

Le général, son ancien chef d'état-major de 1925, au moment des opérations du Maroc contre Abd-el-Krim, est accouru de Chambéry à Vichy, à la demande de Weygand. Reçu à 16 heures à l'hôtel du Parc, il dit à Pétain :

— Monsieur le Maréchal, le devoir est clair aujourd'hui. Aucun doute n'est possible. Entre les Anglais et les Américains d'une part, et les Allemands d'autre part, aucune hésitation ne saurait être permise à un Français. Pour dissiper l'équivoque, rétablir la clarté et réaliser l'union indispensable de tous les Français au moment où la lutte va reprendre et où le sort de la France va se régler d'une manière définitive, je ne vois qu'un seul moyen, c'est que vous, monsieur le Maréchal, vous alliez immédiatement, en personne, par avion, à Alger, afin d'y grouper autour de vous toutes les volontés françaises.

Georges insiste longuement, mettant en avant tous les arguments susceptibles d'émouvoir le Maréchal.

— Si vous acceptez, demain votre fanion flottera sur les hauteurs d'El Biar et à sa seule vue l'union de tous les Français se fera dans l'enthousiasme… Le voile se déchire, plus de crise de conscience puisque vous serez là pour montrer à tous le chemin… Voyez ces soldats allemands qui entourent votre résidence. L'ennemi ne prend même plus la peine de dissimuler. Oui, en vérité, monsieur le Maréchal, vos gestes et vos paroles ne pourront plus être désormais que ceux d'un prisonnier.

Aux supplications de Georges, Philippe Pétain, après avoir demandé ce que deviendrait la France s'il abandonnait, répondra finalement :

— J'ai fait don de ma personne à la France, je ne peux, sans réfléchir, la lui reprendre.

A-t-il été influencé, comme l'affirme Georges, par le général de La Porte du Theil, arrivé le matin même d'Alger où il se trouvait en voyage d'inspection des Chantiers de jeunesse et qui assiste à l'entretien, intervenant de temps à autre pour rappeler au Maréchal — mais fallait-il vraiment le lui rappeler ? — que la France a besoin de lui et qu'il lui a fait don de sa personne[1] ?

Le général de La Porte du Theil devait s'en défendre et ajouter que, le 12 novembre, les Allemands se trouvant en force autour de Vichy, « la partie était jouée ».

Ce même 12 novembre, Pétain, sollicité également par le général Conquet, lui a fait la même réponse qu'à Georges :

— Je ne pars pas. J'avais un avion tout prêt. Mais, en 1940, j'ai promis aux Français de rester avec eux. Quand j'ai pris alors le Gouvernement, j'ai dit à certains : « Partez si vous voulez, moi, de toute façon, je resterai. » Je voulais avant tout m'efforcer de protéger les Français, malheureusement, la situation est la même. Mon honneur me commande

1. Le récit du général Georges a été publié, grâce au général Chambe à qui il a été remis, authentifié, le 10 février 1944. *Revue de Paris*, numéro de décembre 1966.

de rester. Ce que j'ai toujours cherché, c'est épargner au pays de plus grands malheurs et, pour cela, maintenir l'unité contre les divisions.

Et à Serrigny, son vieil ami de 1916, qui à l'annonce de l'entrée des Allemands en zone libre, a bouclé sa valise et rejoint immédiatement Vichy, dans l'espoir de l'accompagner en Algérie « non point avec le désir de reprendre auprès de lui un rôle officiel, mais uniquement afin de lui permettre d'avoir le soir, au coin du feu, comme jadis, un interlocuteur bénévole », à Serrigny qui le poussant, le 14 novembre encore, à tenter l'aventure, en embellit les risques :

— Permettez-moi de vous dire que si vous mouriez dans une pareille entreprise, vous rejoindriez Jeanne d'Arc dans l'Histoire.

Il réplique également :

— Je ne peux pas partir parce que j'ai promis aux Français de rester avec eux quoi qu'il arrive.

Thèse que le général Weygand devait confirmer dans ses *Mémoires* avec une conviction d'autant plus grande qu'il est l'un des seuls à avoir bien compris la psychologie du chef de l'État.

> Une question a été posée et est encore bien souvent posée pourquoi le Maréchal n'a-t-il pas gagné l'Afrique après le débarquement des Alliés ? Il serait, de la sorte, resté pur de ce qui s'est accompli de blâmable dans les années qui ont suivi. La réponse, pour qui a approché le Maréchal, est simple. Dès le premier jour, lorsqu'il avait accepté de prendre en main les destinées du pays, il avait déclaré qu'il ne quitterait jamais le sol de France, à qui il faisait le don de lui-même. Ce n'était pas un vain mot. A la France, il avait fait le sacrifice de ce qui semble ici-bas être le bien le plus précieux pour un homme que de longs et exceptionnels services avaient porté au faîte des honneurs, sa gloire, sa réputation. Rien de tout cela n'entrait en balance avec ce qu'il estimait d'être son devoir envers elle.

Pour expliquer complètement la position du maréchal Pétain, il faut toutefois ajouter aux affirmations du général Weygand un argument de bon sens fourni par l'amiral Auphan, pour qui il est absolument nécessaire de replacer le problème d'un éventuel départ de Pétain en direction de l'Afrique du Nord *dans le contexte exact* de ces jours de trouble bataille, d'ignorance et d'inquiétude.

— Il faut dire quel jour, à quelle heure, ces conseils ont été donnés. Les Américains nous ont tiré dessus jusqu'au 11. Quand on vous tire dessus, on ne se précipite pas. Pour partir il fallait d'ailleurs qu'un armistice ait fait taire les canons américains et anglais… A la date du 11, 12 novembre, nous ignorions absolument l'importance et les projets des Anglo-Américains… Il aurait fallu avoir le temps de voir clair. Aujourd'hui, tout nous paraît évident. Mais, à l'époque, il était très difficile de deviner en quelques heures de quoi serait fait l'avenir. On agissait par réflexe. Et le réflexe du Maréchal a été, comme en 1940, la protection des Français.

La protection des Français ? On peut légitimement penser qu'à partir du 12 novembre, le maréchal Pétain n'a plus aucun des pouvoirs qui lui permettraient de l'assurer encore. Il lui sera même impossible de garantir celle de Weygand dont Oberg a demandé, sur ordre de Himmler, l'arrestation immédiate.

Débute alors, à 10 h 40, chez le Maréchal et en présence de Weygand, une petite réunion [1] où l'on débat du sort qu'il faut réserver au Général.

Après avoir fait part de l'émotion des Allemands qui craignent de voir Weygand rejoindre en Algérie Darlan et Giraud [2], Bousquet poursuit : « J'ai répondu que le général Weygand était l'hôte du Maréchal et que je répondais de lui sur ma tête. »

Laval, de son côté, approuve la réponse de Bousquet aux Allemands.

— Il s'agit de prendre des mesures de sécurité et non de surveillance.

— Tout cela ne m'émeut pas, réplique Weygand. J'ai déjà été surveillé et cela ne change rien à rien. Mais, ayant été menacé par la Gestapo, je ne demande qu'à être protégé.

— Ne pourrait-on pas, Bousquet, demande alors Laval, mettre le général Weygand à l'abri dans une sous-préfecture du Gers ?

C'est entendu, escorté et protégé par trois inspecteurs, Weygand s'éloignera dans l'après-midi, non en direction du Gers, mais de la Creuse, et sa destination sera gardée jalousement secrète. A Guéret, le préfet, tenu dans l'ignorance du nom de son hôte, sera seulement informé qu'il recevra « quelqu'un »...

Bousquet, sorti du bureau du Maréchal, le général Weygand livre son dernier combat. A Laval, qui agite la menace du bolchevisme pour justifier sa politique, il riposte :

— Je vous répète que le gouvernement, par sa politique, se fait le fourrier du communisme.

Après le déjeuner, le dernier qu'il prendra avec le Maréchal, déjeuner au cours duquel il a encore insisté sur la nécessité de ne pas désavouer Darlan, il se retrouve face à Laval. Les positions n'ont pas changé, ne peuvent plus changer.

— J'ai la hantise du communisme, déclare le chef du gouvernement. Je ne me suis jamais trompé et, si nous ne nous battons pas, je suis certain que le communisme s'étendra sur l'Europe. Je ne conçois pas, par ailleurs, une entente avec l'Allemagne sans une complète liberté spirituelle de notre pays.

— Regardez ce qui se passe pour la Relève, répond Weygand. Les

1. Y assistent, outre le Maréchal et le général Weygand, Laval, Bousquet, Jardel et Ménétrel.

2. Le 8 novembre, des bruits avaient couru, à Vichy, sur un départ de Weygand pour l'Afrique du Nord et l'on a vu les précautions prises au moment où le général a rejoint Vichy.

ouvriers anti-allemands deviennent communistes pour ne pas aller travailler en Allemagne ; au regard de l'Amérique, nous devons faire le minimum pour donner satisfaction aux Allemands.

C'est au cours de cette conversation que le général Weygand, après avoir dit que la politique de Laval faisait perdre tout crédit au Maréchal, ajoutera :

— Vous n'avez pas le droit de pratiquer une politique réprouvée par 95 % des Français.

— Vous pouvez dire par 98 %, mais je ferai le bonheur des Français malgré eux.

Ce fut le dernier mot que j'entendais de lui, devait écrire le général Weygand, au temps des *Mémoires*. Il n'avait en somme jamais changé d'avis, depuis le mois de juin 1940. Je lui ai toujours été opposé, mais je ne me reconnais pas le droit de mettre en doute sa sincérité.

A 20 h 30, à la table du Maréchal viennent de prendre place Mme Pétain, les généraux Georges et de La Porte du Theil, Jardel, le colonel Bonhomme, le Dr Ménétrel et quatre autres convives. Alors que la conversation roule sur des sujets sans importance, le Maréchal interroge soudain :

— A-t-on des nouvelles de Weygand ?

— Non, pas encore, répond Ménétrel.

— Extraordinaire, observe le Maréchal.

— Panne de voiture, dit l'un des convives.

— Non, le général Weygand dispose de deux voitures. S'il avait eu une panne, il aurait pris la voiture d'escorte.

— Sans doute, lance un convive dont le général Georges devait parler comme d'« un jeune étourneau », sans doute le général Weygand s'est-il arrêté dans quelque auberge, sur la route, pour y faire un bon dîner de derrière les fagots…

— Vous ne connaissez certainement pas le général Weygand, réplique Georges avec vigueur, il n'est pas homme à fréquenter les bistrots, surtout quand il se sait attendu et que la France traverse des heures aussi cruelles !

— Troisième hypothèse, propose le général de La Porte du Theil, ce sont les brouillards ; ils sont fréquents dans ce pays que je connais.

— Je le connais aussi, ce pays, dit le général Georges, c'est le mien ; je connais par cœur la route de Vichy à Guéret. Il faut normalement de deux heures et demie à trois heures pour accomplir le trajet. Le général Weygand, même avec le brouillard, devrait être depuis longtemps arrivé, puisqu'il y a maintenant plus de cinq heures qu'il est parti. La situation est claire : aucun doute, les Allemands l'ont arrêté [1].

C'est vrai. Quelques kilomètres après avoir quitté Vichy, Weygand,

1. D'après le récit fait par le général Georges au général Chambe.

qui est accompagné de son fils Jacques et de sa belle-fille, a vu une voiture de tourisme allemande les dépasser rapidement. Quelques instants plus tard, la voiture barre la route. Un officier en est descendu qui fait signe aux Français de stopper, geste qu'un soldat casqué appuie de la menace de son fusil-mitrailleur. Derrière la voiture des inspecteurs français une autre voiture allemande empêche toute velléité de marche arrière et de fuite.

Armé seulement de son parapluie, le général Weygand entend le capitaine SS lui signifier qu'il est arrêté sur ordre du Führer. Et c'est dans la voiture des SS qu'il arrivera à Moulins où, après un frugal repas, ses gardiens l'inviteront à prendre congé de son fils et de sa belle-fille.

Il est minuit.

Et c'est à minuit que le Dr Ménétrel apprend du préfet de la Creuse, à qui il a téléphoné avec une anxiété grandissante qu'aucun visiteur ne s'est décidément présenté à lui.

Comment les doutes seraient-ils encore possibles ?

Ce n'est cependant qu'à 10 heures, le 13 novembre, que Pierre Laval téléphonera à Abetz pour solliciter la libération de Weygand. Et ce n'est qu'à 13 heures que le Maréchal adressera au gouvernement allemand, toujours par l'entremise d'Abetz, une protestation dans laquelle il sera surtout question du « loyalisme » du général.

A ces protestations, Ribbentrop répondra, le lendemain, par une longue note, énumérant, avec une parfaite connaissance des faits, les contacts noués entre les Américains et Weygand et s'achevant sur ces mots :

> Dans de telles circonstances… il ne nous restait plus d'autre chose à faire que de nous assurer de la personne du général Weygand afin qu'aucune autre menée contre l'Allemagne ne puisse être poursuivie par lui. L'état de détention honorable qui est prévu pour le général Weygand en Allemagne prend en considération, dans tous les domaines et sous tous les rapports, son rang de général français et, en raison de tous les faits connus et exposés, cette mesure doit être considérée comme extraordinairement humaine [1].

L'arrestation du général Weygand constitue, pour le maréchal Pétain, un véritable camouflet.

Dans les jours qui vont suivre, et jusqu'au moment, très proche, où il devra s'effacer totalement devant Pierre Laval, il en subira bien d'autres [2], sa volonté étant quotidiennement usée par ceux qui entendent

1. « Nous n'avons jamais su, écrira Ménétrel en 1945, qui avait prévenu les Allemands de la direction prise par le général Weygand. Nous étions peu de personnes à connaître cette direction de Guéret ! »

Quant au général Weygand, il tiendra à affirmer qu'à ses yeux ni Laval ni Bousquet ne pouvaient être soupçonnés d'avoir renseigné l'adversaire.

2. Notamment la capture par les Allemands, dans les jours qui suivent le 11 novembre, de Georges Mandel et de Paul Reynaud. Internés par décision du Maréchal au fort du Portalet (donc en zone libre), depuis le 15 novembre 1941, les deux hommes ont, dès l'invasion

encore utiliser son prestige pour qu'avec éclat et autorité Darlan et Giraud soient désavoués et, qu'avec éclat et autorité, un rapprochement militaire intervienne entre la France et l'Allemagne.

Dusmont, pilote de l'appareil sur lequel, le 11, le capitaine de vaisseau Bataille a regagné Fez, est revenu immédiatement à Vichy. Il est porteur d'un long message du général Noguès à l'intention du Maréchal. Dans cette lettre datée du 12 novembre 10 h 30, et qui sera remise au chef de l'État un peu après 17 heures, Noguès annonce que les combats ont cessé au Maroc et précise qu'il serait impossible de les reprendre.

Aux Américains, il « a bien spécifié » qu'il parlait — comme Darlan — au nom du Maréchal. Il ajoute qu'il va, sans plus tarder, se rendre à Alger en se gardant, pour l'instant, de faire état de sa désignation de délégué du Maréchal. Ce n'est qu'après avoir rencontré Darlan qu'il demandera au Maréchal s'il y a intérêt à ce qu'il prenne le commandement ou s'il n'est pas préférable, pour faire échec à Giraud, comme pour ne pas compromettre les rapports déjà noués avec les Américains, de confirmer les pouvoirs de l'Amiral.

C'est à cette dernière solution qu'il se rangera, après son entretien avec Darlan. Il le télégraphiera au Maréchal, dans la nuit du 12 au 13, et le fera savoir publiquement dans une proclamation qui, comportant 3 paragraphes et 9 lignes, commence en annonçant que le Maréchal l'a désigné le 10 novembre, avant l'entrée des troupes allemandes en zone non occupée, donc lorsqu'il était libre encore, comme son délégué en Afrique du Nord française, s'achève en affirmant que c'est « en complet accord » avec le chef de l'État qu'il « remet ses pouvoirs entre les mains de l'amiral Darlan et se place sous ses ordres ».

Proclamation suivie de celle du gouverneur général Chatel que le débarquement avait surpris à Vichy et qui a regagné hâtivement son poste pour y livrer, dira-t-il bien imprudemment, un « baroud vainqueur », puis de celle de l'amiral Darlan qui annonce aux habitants de l'Afrique du Nord que le Maréchal, le croyant prisonnier, avait désigné le général Noguès comme délégué en Afrique du Nord. Noguès ayant constaté qu'il se trouvait « en liberté totale[1] », c'est sur « sa

de la zone libre, envoyé à Philippe Pétain, des télégrammes sévères qui le placent en face de ses responsabilités. C'est ainsi que Georges Mandel lui fait savoir : « Me maintenir au Portalet quand la France entière va être occupée équivaut à me livrer à l'ennemi. Je tiens à ce que vous en soyez averti afin qu'il soit bien établi devant l'histoire que vous serez éventuellement responsable de ce crime », tandis que Reynaud demande : « Allez-vous livrer votre ancien chef à l'ennemi ? » Mais, malgré les promesses de Laval qui a affirmé aux amis de Reynaud que, lui présent, les prisonniers ne seraient pas livrés aux Allemands, une unité de SS, sous les ordres de Knochen, va s'en emparer et les entraîner en Allemagne. La garnison française (70 gendarmes commandés par le lieutenant-colonel Vidalat) après avoir pris contact avec Vichy ne réagira pas.

1. Ce seront les mots utilisés par Noguès dans sa proclamation.

demande» et «avec l'assentiment des autorités américaines» qu'il assume désormais «la responsabilité du gouvernement en Afrique».

Ainsi la boucle est-elle bouclée !

Sans doute le 13 novembre, 14 heures, un troisième télégramme secret — ce sera le dernier puisque, le lendemain, le câble reliant l'Afrique du Nord à la Métropole sera coupé — est-il parti à l'intention, cette fois, de Noguès : « NE TENEZ PAS COMPTE DE LA DÉCISION OFFICIELLE, ACCORD INTIME DU MARÉCHAL ET DU PRÉSIDENT LAVAL [1]. MAIS DÉCISION OFFICIELLE SOUMISE AUX AUTORITÉS OCCUPANTES», mais, comme ceux qui l'ont précédé, ce texte doit demeurer caché.

A la demande des Allemands, la propagande de Vichy et le Maréchal lui-même se voient d'ailleurs rapidement condamnés à démentir tout ce qui pourrait laisser croire à une complicité avec les hommes d'Alger.

Le 14, Ribbentrop a fait savoir, en effet, que le gouvernement allemand ne voyait vraiment pas la nécessité de discuter avec le gouvernement français des «projets» de Darlan, et Abetz, en transmettant cette communication à Fernand de Brinon, mettra les points sur les «i» : «En portant rapidement à la connaissance du président Laval cette prise de position [celle de Ribbentrop] je vous prie de lui communiquer qu'à mon avis les déclarations que le maréchal Pétain a l'intention de faire ce matin ne seront jamais assez énergiques et nettes.»

Le jour même, Pétain informe donc Darlan qu'il a agi en contradiction avec la mission qui lui était assignée et il ajoute : «Je donne l'ordre à l'armée d'Afrique de n'exercer aucune action, en aucune circonstance, contre les forces de l'Axe et de ne pas ajouter aux malheurs de la France.» Et il signe deux messages stigmatisant l'attitude de Giraud et de Darlan, dénonçant l'usage qu'ils ont fait de son nom :

> J'interdis au général Giraud d'invoquer mon nom et de se réclamer de moi.
> Officiers, sous-officiers et soldats, vous ne vous ferez pas les complices de la trahison. Vous lui refuserez toute obéissance. Je suis et je reste votre seul chef.

Voici pour Giraud.

Et voilà pour Darlan :

> Jusqu'à ce jour, je me suis refusé à croire à la trahison de l'amiral Darlan. L'appel que l'amiral Darlan vient de lancer en abusant de mon nom et de ma confiance est une trahison à mon égard.
> En se mettant au service de l'étranger, l'amiral Darlan s'est placé en dehors de la communauté nationale [2].

1. Ce qui paraît très excessif en ce qui concerne Pierre Laval.

2. On doit remarquer que le général Noguès qui, lui aussi, se réclame du Maréchal, est épargné. Peut-être le doit-il à ce long télégramme qu'il adresse à Vichy dans la nuit du 14 au 15 et dans lequel, après avoir montré les difficultés de la tâche des hommes qui, à Alger, ont à faire face aux Américains, il termine sur ces mots : «L'essentiel était de maintenir AFN unie autour du nom du Maréchal et non au nom de la dissidence, de maintenir aussi

Ces messages, connus le 15, seront publiés le 16 dans les journaux qui, par la consigne 971, ont reçu ordre de les présenter sur deux colonnes et de les faire suivre, sous le titre : « la félonie du général Giraud », de la reproduction de la lettre d'allégeance que Giraud avait imprudemment signée, le 4 mai, à l'intention du Maréchal.

La consigne 974 oblige, elle, les journaux du 17 à présenter ainsi le très sévère message au terme duquel Pétain place Darlan en « dehors de la communauté nationale ». Les journaux titreront sur 4 ou 5 colonnes : « Un message du Maréchal aux Français de la Métropole et de l'Empire », au-dessous : « L'amiral Darlan est placé en dehors de la communauté française. Je le déclare déchu de toute fonction publique et de tout commandement militaire. »

En zone occupée depuis l'armistice de juin 1940, il n'est nul besoin de la contrainte de consignes pour exciter les passions contre Giraud et contre Darlan. C'est ainsi que *Le Matin* a publié dès le 11 novembre cette lettre au Maréchal, signée par Giraud le 4 mai et que les journaux de l'ex-zone non occupée ne passeront, sur ordre, que le 17. C'est ainsi que, très vite, l'amiral Darlan ne sera plus que « le traître » Darlan.

Traître, Darlan l'est également aux yeux de De Gaulle. Il le dit à Churchill. « Rien ne justifie des arrangements avec un traître, pas même un intérêt militaire immédiat », il le fait dire à Roosevelt par Adrien Tixier et André Philip, le 20 novembre, mais il est bien empêché de le clamer à la BBC.

Écarté des préparatifs du débarquement, écarté des micros londoniens à la suite d'intransigeantes instructions américaines qui l'exaspéreront au point de le pousser à suggérer à Churchill de se dégager, pour la conduite morale de la guerre, de la tutelle des États-Unis, de Gaulle doit se contenter, le 21 novembre et le 7 décembre, des antennes de « Radio-Brazzaville » et « Radio-Levant » pour dénoncer « un quarteron de coupables, camouflés pour la circonstance sous un parjure supplémentaire » et encore « un quarteron d'hommes qui symbolisent la capitulation, la collaboration, l'usurpation, et qui, ayant usé et abusé contre les libérateurs de la discipline des autres, en usent et en abusent maintenant pour singer l'honneur et le devoir ».

Ne pouvant rien dire contre un homme qu'elle avait, des mois durant, violemment pris à partie, obligée d'interrompre la diffusion de l'un de ses slogans favoris « Un amiral nommé Darlan est garanti pro-allemand », l'émission « Ici Londres » restera, pendant toute cette période décisive,

---

armature actuelle en place pour ne pas inquiéter les indigènes et les pousser à aller chercher des protections ailleurs. Je crois avoir fait de mon mieux, mon devoir.

Je peux assurer que, du moins au Maroc, dont j'ai repris le commandement, aucun acte, après comme avant, ne sera fait que dans ce même esprit de dévouement absolu à la France et au Maréchal qui la représente. »

étrangement et douloureusement silencieuse, au grand étonnement d'auditeurs ignorant tout des féroces consignes de la censure britannique [1].

On lui accorde seulement le droit de diffuser le texte par lequel le général de Gaulle et le Comité national français font connaître qu'ils ne prennent aucune part dans les négociations en cours en Afrique du Nord et que, si elles « devaient conduire à des dispositions qui auraient pour effet de consacrer le régime de Vichy en Afrique du Nord, [elles] ne pourraient, évidemment, être acceptées par la France combattante ».

C'est Maurice Schumann qui, le 16, lit, à vitesse de dictée, ce texte important pour l'information d'une opinion égarée.

Et c'est Jacques Duchesne qui, le 18, lit l'intégralité de la célèbre lettre dans laquelle Roosevelt, plus sourcilleux envers Darlan qu'il le sera envers Staline, affirme qu'aucun accord définitif ne sera conclu avec l'amiral Darlan, « l'accord momentané existant en Algérie et au Maroc » n'étant « qu'un expédient temporaire justifié seulement par les nécessités de la bataille ».

Mais le même Jacques Duchesne annonçant, le 24 novembre, qu'il entendait garder, à l'annonce du ralliement de toute l'Afrique occidentale française à Darlan, une totale réserve, réserve fort exceptionnelle de la part d'« Ici Londres », ne pourra s'empêcher de se demander : « Que peut se dire un Français livré à ses seules réflexions, pour s'y retrouver dans la situation actuelle ? » En effet.

« Nous sommes en plein roman-feuilleton » a déjà écrit, le 14 novembre, le journaliste Pierre Limagne, qui s'épuise à tenter de suivre à travers les voltes, les démentis, les contradictions, les serments donnés et repris, une politique qui n'a pas et ne peut avoir de logique.

Feuilleton ? Certes. Roman ? Oui, mais roman noir.

Dès le 13 novembre, les Allemands ont exigé que Vichy déclare la guerre aux Alliés. Le Maréchal va rejeter ce diktat, mais le 14, Brinon apportera à Vichy un télégramme de Ribbentrop qui constitue, également, un nouvel ultimatum. Il faut que la France se décide dans les vingt-quatre heures.

Selon Brinon, Abetz, en lui remettant ce télégramme, l'a commenté ainsi :

— Nous, Allemands, n'avons plus rien à attendre de la France, mais, qu'elle déclare la guerre aux États-Unis d'Amérique, et alors seulement, nous pourrons la considérer normalement. Dans le cas contraire, nous n'avons plus besoin d'elle, et nous devons la traiter comme nous avons traité la Pologne.

---

1. Ces consignes exigent que Giraud ne soit pas attaqué, que les allusions à Darlan soient rares, qu'elles soient exprimées seulement au cours des informations et encore « le plus sobrement possible ».

La Pologne ! C'est encore et toujours ce malheureux pays dont Laval, dans la soirée du 14, évoque les malheurs, comme si, dans le drame général où s'engloutit l'Europe, seul son nom était synonyme de sang, de misère et de mort :

— Il y a des signes que nous sommes à la veille de mesures graves, très graves, de la part de l'Allemagne. Nous sommes exposés au pire : nous risquons de connaître le sort de la Pologne.

Phrase qui accable Pétain, déjà bouleversé par l'arrestation du général Weygand et qui, le 15, a sous les yeux un texte par lequel Laval propose de rencontrer Ribbentrop afin d'obtenir des précisions sur les garanties et les avantages que l'Allemagne offrirait à la France, si, faute de déclarer la guerre, elle « constatait », du moins, qu'après le débarquement en Afrique du Nord, l'état de guerre existe bien entre la France et les États-Unis.

Rassemblés, dans l'après-midi, autour de Pierre Laval, les ministres discuteront longuement des dangers et des « mérites » d'une telle prise de position. Discussion confuse et sans autre conclusion que la démission de l'amiral Auphan, de Barnaud et de Gibrat[1] qui se désolidarisent de ceux qui estiment utile et nécessaire de reprendre avec Hitler une conversation d'ensemble aboutissant à une alliance fatalement inégale.

A la proposition de « constater » l'état de guerre avec les États-Unis, le garde des Sceaux Barthélemy trouvera, le lendemain, une parade.

« Notre régime, dit-il à Laval, est fondé sur un pacte, un contrat solennel entre l'Assemblée nationale et le Maréchal. Ce contrat, monsieur le Président, vous le connaissez mieux que personne, puisque c'est vous qui l'avez rédigé : le Maréchal a presque tout, pouvoir constituant, pouvoir législatif, gouvernement, administration, tout, en un mot, ou presque tout. Presque tout, car le texte porte en effet une réserve capitale : Il ne peut décider la guerre qu'avec le consentement de l'Assemblée nationale. Ainsi donc, monsieur le Président, commencez par convoquer la Chambre des députés. »

Il ne saurait, naturellement, en être question et Laval téléphonera à Brinon que la proposition allemande d'une déclaration de guerre aux États-Unis n'a pas été acceptée, ce qui n'empêchera nullement les Allemands, à qui l'expérience a enseigné que Vichy n'offrait jamais une résistance sans failles, de la présenter à nouveau, et toujours avec plus d'insistance, dans les heures qui vont suivre.

Tout ce qui se passe, tout ce qui se dit à l'hôtel du Parc demeure, dans le détail, inconnu des Français, mais les rumeurs de plus en plus pessimistes qui filtrent sont assez nombreuses pour alerter un journaliste aussi vigilant que Limagne.

---

1. Ces démissions ne seront rendues publiques que deux jours plus tard.

Le 12 novembre il s'est interrogé : « On comprend maintenant que Pétain a fait l'objet d'un chantage effrayant et que Hitler a dû menacer de "détruire la France". Céder au chantage était-ce le moyen de sauvegarder le maximum de vies françaises ? »

Le 15, il a noté que « ce qui reste du gouvernement français passe son temps à adresser des protestations au gouvernement du Reich ». Le 16, il estime que le message de Pétain, d'après lequel Darlan s'est placé hors la communauté française, « n'offre aucune garantie d'authenticité ».

Le 17, il inscrit sur son journal les phrases suivantes qui reflètent le trouble et l'embarras régnant dans les milieux officiels de Vichy.

> Conseil des ministres. On n'ose, on ne veut, ou on ne peut donner un communiqué. Le bruit courait avant la réunion qu'un nouvel et très grave acte constitutionnel allait être promulgué ; que l'on songeait à faire entrer dans le cabinet de nouveaux personnages, par exemple Déat ; qu'une adhésion — politique mais non militaire — au Pacte tripartite était prévue.

Les choses sont plus compliquées et plus graves encore. Abetz a remis à Brinon une « communication verbale » exigeant que le gouvernement français constate l'état de guerre avec les États-Unis, que les pleins pouvoirs soient accordés à Laval, que le Maréchal enfin adresse une proclamation au pays. De cette proclamation, Abetz a même indiqué les grandes lignes, dicté les points forts !

Quoi d'étonnant à ce que, conscients du trouble, des faiblesses et des dissensions de Vichy, trouble, faiblesses, dissensions dont ils sont les premiers et très efficaces responsables, les Allemands soient très naturellement conduits à souffler les mots qui conviennent le mieux à leur politique, et même à tenir la plume ?

Dans deux jours, le 19, l'un d'entre eux qui se trouve en Tunisie, le diplomate Rahn, ne va-t-il pas demander à l'amiral Estéva de signer la proclamation qu'il vient, lui, Rahn, de rédiger à l'intention des « Officiers et soldats français » ?

Proclamation où ne manquent ni les références au Maréchal ni les allusions à « l'honneur français » ! C'est au nom du Maréchal, chef de l'État français « que Rahn voudrait ordonner SOUS LA SIGNATURE D'ESTÉVA, non seulement la destitution du général Barré qui a fait tirer sur des avions allemands, mais également la collaboration des officiers français et allemands présents en Tunisie, afin que le calme soit promptement rétabli ».

Estéva refusera certes de mettre son nom au bas de ce texte monstrueux, mais, qu'il ait pu lui être proposé prouve dans quelle piètre estime les occupants tiennent désormais le gouvernement français et ses représentants.

Abetz ne s'est pas montré aussi exigeant ; il n'a indiqué QUE le canevas du discours réclamé à Pétain !

« Cette proclamation, fait-il savoir, doit comprendre :

— L'affirmation que la France n'est pas contre l'Allemagne, ni aux côtés de l'Allemagne, mais avec l'Allemagne ;

— La Légion impériale est constituée ;

— La dissidence est flétrie ;

— La confiance dans le président Laval est entière. »

Si le Maréchal réussit à éviter la partie la plus périlleuse de ce programme : la constatation de l'état de guerre avec les États-Unis, la participation militaire aux combats de Tunisie se réduisant finalement à l'engagement des quelques centaines de volontaires de la Phalange africaine [1], s'il réussit à éviter de prononcer un discours trop engagé, pour cantonner son action publique à des communiqués dont on peut croire et dire qu'il n'est pas le seul responsable, il accorde à Laval ces pleins pouvoirs qu'il réclamait d'un chef d'État, à la limite de l'épuisement, et que les Allemands avaient exigés pour lui, depuis le début de la crise.

Dans les jours qui précèdent le Conseil des ministres du 17 novembre, Pétain, Laval, Barthélemy, Cathala, Rochat, Jardel, Mme Pétain également, qui se montre hostile aux projets de Laval, discutent en effet et débattent des termes dans lesquels le Maréchal « transmettra » ses pouvoirs à Laval. Les brouillons se succèdent, que l'on retrouvera plus tard, annotés et corrigés souvent de la main du chef du gouvernement. Avec la question d'un transfert de pouvoirs les Allemands ont posé d'ailleurs le problème de la succession. Laval l'a dit crûment à Pétain, le 14 :

— Krug [von Nidda] n'accepte plus que Darlan soit votre successeur, ce en raison de son attitude. Il est impossible que vous remettiez vos pouvoirs à qui que ce soit. En cas d'empêchement pour vous, le chef du gouvernement assurera en même temps les charges du chef de l'État. Le Conseil des ministres décidera, après un délai de un mois, quel sera votre successeur.

Au nom de l'efficacité politique, au nom des exigences de l'heure, à cause, également, de ce grand âge auquel il n'est jamais fait allusion mais dont tous, pour le déplorer ou l'utiliser, constatent les dommages, c'est à une dépossession globale que Pétain se voit condamné. Utilisant toutes les armes, Laval lui affirme, tantôt que son effacement compensera aux yeux de l'Allemagne les servitudes qu'elle renonce à imposer à la France, tantôt qu'il a tout intérêt à se décharger sur les épaules d'un chef de gouvernement déjà impopulaire, de responsabilités physiquement insupportables et moralement détestables.

---

1. La création de cette Phalange africaine sera saluée avec enthousiasme par la presse de Paris, les 22, 23 et 24 novembre 1942.

Victimes d'une politique ambiguë puisque leur recrutement avait été encouragé par Vichy, 14 soldats de la Phalange, faits prisonniers en Tunisie par une unité de l'armée Juin commandée par le commandant Bourguin, seront immédiatement passés par les armes, tandis que beaucoup d'autres iront pourrir pendant de longues années au bagne de Lambèse, au sud de Constantine.

— Je ne peux pas vous faire prendre la responsabilité d'une politique que vous pouvez ne pas approuver. Il faut donc que vous en soyez dégagé et que vous n'en ayez plus l'initiative.

Le Maréchal voudrait du moins que cette déchéance ne soit pas rendue publique. Que les journaux se taisent. Que la radio ne souffle mot d'une décision dont il sait bien qu'elle consacrera, aux yeux du pays tout entier, le dramatique affaiblissement de son prestige et dont, à l'instant de s'y résigner, il est gêné comme d'un acte honteux. Renoncement qui fait soudain basculer ce vieillard toujours amoureux de la beauté, toujours fier d'une jeunesse d'allure que prolongeaient encore les compliments, qu'encourageaient les applaudissements, dans une irrémédiable vieillesse.

Mais ses familiers le dissuadent de conserver le secret. Il faut, au contraire, disent-ils, que le pays sache qu'il s'est presque totalement dépouillé pour qu'à l'avenir ses responsabilités historiques soient absolument dégagées.

Et le pays saura.

Marion, responsable de l'information, impose, à toute la presse publiée le jeudi 19 et le vendredi 20 novembre, des titres sur 4 colonnes et sur 6 lignes :

EN RAISON DES CIRCONSTANCES EXCEPTIONNELLES
ET POUR LUI PERMETTRE DE FAIRE RAPIDEMENT
FACE AUX DIFFICULTÉS
LE MARÉCHAL DE FRANCE, CHEF DE L'ÉTAT,
A DÉCIDÉ DE DONNER LES PLEINS POUVOIRS
AU PRÉSIDENT LAVAL.

Le premier sous-titre doit être obligatoirement le suivant :

LES ACTES CONSTITUTIONNELS DEMEURENT LA PRÉROGATIVE DU CHEF DE L'ÉTAT.

Et le second :

L'AMIRAL DARLAN N'EST PLUS LE SUCCESSEUR DU CHEF DE L'ÉTAT.

Suit, sous la double signature « Philippe Pétain — Pierre Laval » le texte dont les ministres ont eu connaissance, le 17.

Tenant compte des circonstances exceptionnelles, le Maréchal, qui continue, comme chef de l'État, à incarner la souveraineté française et la permanence de la Patrie, a décidé de donner au président Laval les pouvoirs qui sont nécessaires à un chef de gouvernement pour lui permettre de faire face rapidement, à toute heure et en tout lieu, aux difficultés que traverse la France.

Suivent également le texte de l'acte constitutionnel n° 12 relatif aux pouvoirs laissés au chef de l'État et le texte de l'acte constitutionnel n° 4 *quinquiés*, relatif à sa succession.

Les Français ignorent cependant que, sur les conseils de Barthélemy, le chef de l'État, dans une lettre secrète, a mis des limites aux pouvoirs presque dictatoriaux qu'il a finalement accordés à Pierre Laval le 18 novembre à 13 heures.

Laval se voit ainsi interdire d'engager ou de laisser engager « directement ou indirectement la France dans une guerre contre quelque puissance que ce soit ». Il lui est aussi interdit de « constater » un acte de belligérance entre la France et une nation ou une puissance militaire quelconque. Le Maréchal lui demande également de garantir « notamment la sécurité personnelle et matérielle absolue des Alsaciens-Lorrains et des détenus politiques », de respecter enfin « les traditions spirituelles de la France » en protégeant de toute atteinte « les convictions religieuses et philosophiques, l'exercice du culte, les droits de la famille, les mouvements de jeunesse, le respect de la personnalité humaine ».

De quel poids pourront être ces recommandations, alors que la guerre se fera toujours plus rude, les exigences allemandes toujours plus pressantes et que, pour ceux qui assumeront le pouvoir, il ne s'agira plus de poursuivre l'œuvre commencée par le Maréchal, cette Révolution nationale qui agonise depuis le retour au pouvoir de Pierre Laval, mais de survivre en accumulant les concessions et les compromissions, dans l'espoir, chaque fois reculé, d'éviter le pire ?

Que le Maréchal, irrité par la présentation faite dans la presse et par ordre de Marion, des abandons qu'il vient de consentir à Laval, ait eu un dernier sursaut, on peut l'imaginer à la lecture de son message du 19 novembre qui s'achève sur ces mots :

> Je reste votre guide.
> Vous n'avez qu'un seul devoir : obéir.
> Vous n'avez qu'un seul gouvernement : celui que j'ai le pouvoir de gouverner.
> Vous n'avez qu'une Patrie que j'incarne : la France.

Mots qui tombent dans le vide et ne sont que le reflet des dernières illusions d'un homme qui, en repoussant ces réalités qui commanderaient un effacement total, laissera encore attacher son nom, sacrifier sa légende à une entreprise dont il n'est plus le maître.

Ce pouvoir désormais presque inexistant, pouvait se flatter encore de quelques apparences : l'Armée, la Flotte.

Elles vont disparaître.

En ordonnant à ses troupes d'entrer en zone libre, Hitler s'était empressé d'affirmer qu'elles n'arrivaient pas en ennemies. Et les chefs de l'armée française s'efforceront de mettre à profit ces heureuses dispositions dont ils ne soupçonnent même pas combien elles seront brèves.

Une « proposition en ce qui concerne les relations à établir avec le commandement et les troupes allemandes en zone libre », rédigée le 12 novembre en prévision de la conférence franco-allemande qui doit se tenir le lendemain à Vichy, établit la liste de ce qu'il faut solliciter d'une armée que les Français entendent considérer comme une armée en opérations et non point comme une troupe d'occupation.

Ainsi est-il recommandé de demander au commandement allemand que ses troupes évitent les agglomérations importantes, laissent à la police française le soin de maintenir l'ordre, respectent les installations de « l'armée de transition », s'interdisent les réquisitions et limitent « au strict minimum » leurs différents achats.

Comment les choses se passent-elles sur le terrain ?

> Commença alors une curieuse période, celle de la cohabitation avec les troupes allemandes qui logeaient dans des cantonnements autour de Montpellier. Armes et munitions, dont nous n'avions déchargé qu'une partie, étaient toujours en place sur les voiturettes de compagnie et nos cartouchières remplies de la dotation de combat. La vie habituelle reprit son cours comme si rien ne s'était passé, éducation physique et exercice sur le terrain… Le 23 novembre, la journée se passa à délester définitivement les voiturettes : fusils-mitrailleurs, mitrailleuses et mortiers de 60 mm furent rangés dans les armureries de compagnie et les munitions remontées dans les greniers d'où nous les avions sorties quelques semaines auparavant… Le 26 novembre au soir, après une journée sans histoire, nous nous couchâmes sans aucune appréhension.

Ce témoignage — inédit — de M. Paul Gamelin, caporal du 152e RI caserné à Montluçon, débute ainsi.

Le 27 novembre, à 6 h 30, ce n'est pas l'appel du clairon qui sort du lit les hommes du 152e mais deux détonations. Les voilà tous aux fenêtres. Dans la grisaille du petit jour, ils distinguent un canon antichar en batterie au milieu de la cour de la caserne. Deux obus viennent d'être tirés contre une porte « suspecte » fermée à clé… Celle du réfectoire de la 1re compagnie. Lorsque les hommes, rapidement habillés, veulent sortir, ils se heurtent aux sentinelles allemandes qui ont silencieusement investi les bâtiments, avant-garde d'une troupe qui, dans la matinée, rassemblera toutes les armes : fusils Mas 36 et pistolets des sous-officiers.

Partout le scénario est identique.

A 7 heures, à Marseille, les Allemands cernent la caserne Busserade, placent un canon en batterie face au bâtiment principal, s'emparent des armes, coupent le téléphone, enfoncent les portes fermées à clé. Gradés et soldats français sont rassemblés dans la cour, maintenus en respect par deux armes automatiques. Par l'intermédiaire d'un interprète, un officier allemand annonce aux Français : « En accord avec le Führer, le président Laval et le maréchal Pétain, l'armée française est dissoute, car nous ne pouvons plus compter sur les officiers après les actes qui se sont passés [1]. »

A la caserne Audeoud, où stationne le 3e bataillon du 43e RIA, le chef de bataillon a été tiré de son lit par trois soldats allemands et, en une heure, toutes les armes sont chargées sur des camions allemands.

A la caserne d'Aurelles, où stationne la 15e compagnie du train, dès 10 h 30 le matériel automobile a été inventorié, puis évacué. Les 15 véhicules Peugeot, les 12 side-cars Indian, les 12 motos-solo Terrot, les 12 camionnettes Renault, les 40 camions Renault de l'unité disparaissent ainsi que le camion-atelier, les remorques-cuisine, la voiture sanitaire, les stocks d'essence et d'huile [1].

A la caserne du Muy [2], c'est une véritable perquisition qui commence. Lorsque, à 10 h 30, les Français ont l'autorisation de remonter dans leurs chambres, un spectacle de désolation s'offre à leurs yeux : les serrures ont été enfoncées, les caisses éventrées, les paquetages retournés, les Allemands, non contents d'emporter les armes et munitions, ont fait main basse sur tous les matériels d'optique, sur le tabac, le savon, les vivres de réserve, les chandails, trousses de toilette, réveils, montres, rasoirs et même sur les brosses à dents.

Pillage ? Tout dépend, en vérité, de l'officier qui a la responsabilité des troupes d'occupation.

« Le colonel commandant les Écoles [militaires de l'Infanterie], précise le rapport français émanant de la place d'Aix-en-Provence, doit reconnaître la parfaite correction de l'officier commandant le poste de garde au cours de ces journées ainsi que les facilités accordées par l'état-major de la division allemande [3]. »

A Toulon, le lieutenant-colonel allemand chargé du commandement de toute la zone nord déclare qu'il comprend la surprise des Français et ajoute qu'ayant la plus grande estime pour leur armée, il désire considérer les officiers français « en quelque sorte comme des camarades » et qu'il fera son possible, en ce qui le concerne, « pour atténuer les désagréments résultant de la décision prise par le commandement allemand [4] ».

En revanche, à Orange, c'est en vain que l'intendant Chiaroni demandera à revenir dans les magasins d'habillement du 12e régiment de cuirassiers pour procéder à un inventaire. Le service de santé de la base aérienne du Luc verra, quant à lui, disparaître tout son matériel dans la journée du 28 novembre : bandes, brancards, aiguilles à injection, tubes à essais, attelles, gouttières, tabliers pour médecins et pour infirmiers, inhalateurs, sérums, médicaments et jusqu'aux livres de la bibliothèque.

1. Inédit.
2. Où se trouve le 43e RIA. Document inédit.
3. Inédit.
4. Inédit. Cette déclaration « amicale » n'empêchera cependant ni le pillage, ni la garde à vue des officiers français qui ne furent autorisés à circuler et à reprendre contact avec leurs hommes que dans la matinée du 29 novembre.

Au camp de Sainte-Marthe, près de Marseille, où la cuisine, les magasins à vivres, le mess des sous-officiers, le Foyer du soldat et les bureaux ont été pillés, le sergent Zin est acculé dans un coin de son bureau par des gradés SS pendant que des soldats enlèvent draps et couvertures[1]. Au camp de Carpiagne, les jardins familiaux sont « visités » dès le 1er décembre par des soldats allemands qui arrachent les carottes tandis que disparaît de la bibliothèque des officiers une table et un appareil de TSF, du magasin à vivres du thon en boîte et du chocolat[1]. A Nîmes, les soldats allemands ne se contentent pas d'enlever de la caserne Montcalm, où se trouve l'École militaire de l'artillerie, 130 matelas, ils dérobent dans les bureaux des professeurs, les salles de cours et les chambres des élèves, les ampoules électriques, les rideaux noirs de défense passive, les appareils de chauffage, les miroirs et jusqu'aux étagères d'armoires[1].

A Carcassonne, où ce sont les hommes d'un détachement de SS qui opèrent d'abord, le pillage des bâtiments du 2e RIC interviendra le dimanche 29 novembre, au moment de la relève par une compagnie d'infanterie dont le commandant formule « non des demandes mais des ordres », précise le rapport du chef de bataillon Netaye, qui ajoute : « Les Allemands s'introduisent dans toutes les chambrées. Le personnel civil (garde-magasin, garde-réfectoire...) est seul pour assurer la garde du matériel. Il est insuffisant et n'a pas, en général, pour cela la moralité voulue dans les tristes circonstances qui se déroulent. Des portes de magasins sont fracturées et des vols commis. Les soldats allemands, malgré la délivrance faite, sur bon, de bois et de charbon pour la cuisine et le chauffage, ont brûlé dans les poêles bancs et râteliers d'armes, malgré les observations et réclamations formulées auprès de leurs chefs[1]. »

Les Allemands ne négligent aucun casernement, aucune place fortifiée, fût-elle modeste.

> Le 27 novembre, à 3 heures du matin, écrit M. Revest, gardien du petit ouvrage de Pipaudon[2] éveillé par les aboiements du chien et une forte détonation due à un coup de mine ou pétard, j'ai monté de suite au Fort, j'ai trouvé un fort détachement d'Allemands qui avait forcé les portes.

Ayant enfoncé 9 portes, brisé 185 carreaux, brûlé 20 planches de lit de camp, 35 caisses à munitions, volé ce qu'il y a à voler dans des pièces inhabitées, des pelles, des pioches, une lampe électrique et une lanterne à huile, les Allemands, au bout de 48 heures, abandonnent leur conquête[3].

A Digne, ce sont les Italiens du chef de bataillon de Marchesi qui occupent, dans la soirée du 28 novembre, les quartiers Desmichels et de

1. Inédit.
2. Rapport inédit, en date du 21 décembre 1942, adressé au directeur de la base de transit de Toulon.
3. Inédit.

Maud'huy, où des scènes de pillage se produiront, officiers français et italiens ne réussissant qu'à chasser les ivrognes et qu'à constater des vols qui n'ont épargné ni le matériel de ski, ni les 5 cochons de la porcherie, dont 3, cependant, seront retrouvés dans des caisses à munitions… en compagnie d'un mouton, d'une épaule de bœuf et de boîtes de sardines.

A la caserne Vassoigne, d'Hyères, se déroulent, le 30 novembre, des scènes qui, en d'autres circonstances, feraient sourire. Tandis que le colonel commandant le génie de la division Piave affirme aux Français que ses hommes se conduiront correctement, les troupes italiennes prennent d'assaut les casernements du 25e BCA. Alors que, dans la cour, 3 soldats se disputent un sac de caleçons neufs, les officiers italiens se voient invités par les Français à réprimer le chapardage. Ceux qui volent et ceux qui pourchassent les voleurs composent ainsi, pendant toute une journée, un étrange ballet. Les Français ramènent au magasin des matelas et des couvertures évacués clandestinement sur des camions italiens, mais ce n'est que partie remise puisque tout sera finalement emporté par les occupants [1].

Le commandant Guillot, qui arrive de Corse, signale, le 22 décembre 1942, aux autorités de Vichy que les soldats italiens basés dans l'île (60 000 hommes auxquels il faut ajouter les troupes de montagne en cours de débarquement) ont tendance à échanger de l'essence et des chaussures contre des produits alimentaires.

En Corse, du moins, les forces françaises basées à Ajaccio, à Piedicroce (un bataillon du 173e RIA), à Bastia, pourront, sur ordre du général Humbert, détruire leur armement et le matériel militaire, avant l'irruption des Italiens [2]. La station de pompage de mazout et la station de TSF d'Ajaccio seront également sabotées.

Presque partout, le désordre, né de la surprise, prévaut. Presque partout, le pillage est la règle. Pillage allemand, mais, également, le fait est signalé par de nombreux officiers français, pillage dont les populations civiles, vite alertées et qui font main basse sur le ravitaillement et le matériel de couchage, partagent la responsabilité.

Presque partout les Allemands s'installent dans les casernements d'où ils ont chassé les Français. Accordent-ils cependant quelques délais, certains commandants d'unités françaises en profitent pour organiser une dernière cérémonie. A Auch, le colonel Schlesser, qui commande le 2e dragon, réunit ses soldats dans la nuit du 29 au 30 novembre. Déjà, les hommes sont en civil mais, encore rangés par escadrons, ils se raidissent lorsque les trompettes sonnent à l'étendard.

---

1. Inédit.

2. Le général Humbert sera maintenu au secret du 25 novembre 9 h 30 au 26 novembre 12 heures. Dans son rapport, il signalera que les troupes régulières du général Carboni se sont comportées plus correctement que les Chemises noires du général Mondino.

Un projecteur illumine le drapeau auprès duquel, dans la galerie du premier étage, se tient le colonel Schlesser.

> Officiers, sous-officiers,
>
> Et vous tous mes amis…
>
> Nous communions aujourd'hui dans la même indicible souffrance. Notre régiment, que j'ai eu l'honneur de reformer, ce régiment que j'avais ressuscité, à qui j'avais donné vie, vient d'être lâchement assassiné. Vous, mes petits, dont j'étais si fier, vous qui étiez ma raison de vivre, vous n'avez plus d'uniforme — on vous l'a arraché —, vous n'avez plus d'armes — on les a brisées… Mais rien n'est fini…

Schlesser demande alors à tous ses hommes de venir embrasser l'étendard, cet étendard qui, un an plus tard, sera transporté clandestinement en Algérie par le capitaine de Neuchèze.

> En le faisant, je veux que vous juriez de vous regrouper autour de lui, demain, à l'appel de la Patrie. Je veux que vous répétiez le serment de donner votre vie pour que vive la France.

A Saint-Amand, le 3e bataillon du 1er régiment de ligne (un régiment vieux de quatre siècles) entend un ordre du jour du colonel Bertrand qui comporte ces mots : « Autour de lui [le drapeau], nous nous rallierons tous au jour de la résurrection que nous savons certaine [1]. »

A Lyon, au 2e d'artillerie, le capitaine Bousquet sauve les dix étendards des régiments dissous en 1940. Cachés par Louis Leers, quai de Serin, ils seront, deux ans plus tard, restitués à la nouvelle armée française.

Dans les heures qui suivent la dissolution de l'armée de l'armistice, les responsables doivent procéder à sa démobilisation. Lorsqu'il évoquera cette courte période, Paul Gamelin, caporal au 152e RI, mais également secrétaire au bureau de compagnie, s'en souviendra comme « des deux journées et de la nuit les plus folles [2] » de toute cette folle période.

Aidé par deux camarades, il doit, pour chacun des 300 hommes de sa compagnie, calculer le prêt de la quinzaine en cours, distribuer la ration de tabac, établir un titre de transport, un certificat de bonne conduite, ainsi qu'un livret militaire provisoire et, pour les Alsaciens et Lorrains, nombreux au régiment, des papiers d'identité falsifiés afin qu'ils soient en mesure d'éviter l'incorporation dans la Wehrmacht.

Le 29 enfin, Gamelin et ses deux camarades ont la possibilité de songer à leur sort.

---

1. Bertrand fait également dissimuler 32 FM et 12 mitrailleuses qui seront utilisés par le 1er RI reconstitué au maquis. De même, au 41e RI de Brive, le capitaine Guesclin et, à Annecy, le commandant Vallette d'Osia réussissent à camoufler, au dernier moment, un certain nombre d'armes qui serviront plus tard aux hommes qui les ont suivis dans la Résistance.
2. Témoignage inédit de M. Gamelin.

La séance d'habillage ne fut pas une mince affaire. On nous avait demandé d'emporter le maximum de vêtements (autant de moins à tomber aux mains de l'ennemi) et nous avions décidé d'en porter le maximum sur nous. Nous enfilâmes ainsi deux chemises, deux caleçons, un pantalon de treillis, une vareuse de drap et, pour couronner le tout, la capote. Nous étions prêts à partir pour aller dîner et coucher en ville, et prendre le train le lendemain matin.

Voici pour les soldats. Que deviendront ces officiers de l'armée de l'armistice à qui une note du secrétariat d'État à la Guerre, en date du 23 décembre, demande de s'abstenir « de tout acte, propos ou jugement dont le caractère politique constituerait une imprudence lourde de conséquences » ? Ils ont charge de famille. Et bien peu, alors qu'il leur faut vivre, imaginent de se recaser ailleurs que dans l'administration. Dès le 2 décembre 1942, le général de division Mer, gouverneur militaire de Lyon, a exposé au secrétaire d'État à la Guerre — le document est inédit — la situation difficile de tous ces cadres brutalement jetés à la rue.

La rupture de contrat qui résulte, à leur égard, de la mesure brutale prise le 27 novembre nécessite, *pour tous les cadres*, des mesures compensatrices.

J'ai invité tous les miens à formuler une demande d'emploi dans les administrations civiles dont la liste m'a été envoyée par vos soins, mais il est manifeste que ces quelques administrations ne pourront suffire à reclasser la totalité des cadres de l'Armée d'armistice ; c'est le cas, en particulier, pour les officiers et, parmi eux, pour les officiers généraux et supérieurs.

Or, *tous doivent être reclassés*, sous peine de créer un désordre social et une injustice qui ne pourrait se concevoir, en raison de la loyauté avec laquelle ils ont fait leur devoir, jusqu'à l'extrême limite de ce que leur serment de fidélité pouvait exiger d'eux.

Ce reclassement, à réaliser dans un délai de trois mois, exige que les portes leur soient largement ouvertes dans tous les emplois, y compris les plus élevés, des administrations publiques.

Aucun officier ne doit déroger et *une place doit leur être faite en fonction de leur rang.*

Ce n'en est pas fini cependant de l'agonie de l'armée de l'armistice. Les quelques stocks qui n'ont pas été emportés par les Allemands et les Italiens entre le 27 et le 30 novembre le seront dans le courant du mois de décembre. Par ordre du Führer, le général allemand, commandant la région de Vichy, fait savoir au gouvernement français [1] que « l'ensemble des armes et engins de guerre, la totalité de l'ancien équipement, ainsi que les installations immobilières des forces armées françaises [devraient] servir à la défense de l'Europe ».

A Digne, le 24 décembre, le lieutenant-colonel Asso s'empare ainsi, au profit de la 4e armée italienne, de plusieurs centaines de fusils et d'une vingtaine de mitrailleuses.

A Aix, ce sont les Allemands qui, occupant les écoles militaires, après

1. Le 27 décembre 1942.

avoir cassé tabourets, armoires et carreaux du bâtiment Pétain, s'approprient de nombreux placards d'études ainsi qu'un poêle qu'ils emportent sur le camion WH 233663.

A Nîmes, le 27 et le 28 décembre, le colonel-vétérinaire, chef du service de la division allemande en stationnement, ordonne à ses hommes de capturer 487 chevaux français, et l'opération s'effectue malgré les protestations de l'écuyer principal Papillard, instructeur en chef d'équitation, qui, dans les jours qui suivent, se voit dans l'impossibilité de faire travailler les jeunes chevaux restant dans la seule carrière encore libre, carrière qu'entourent des chars allemands dont les conducteurs « s'amusent à provoquer des pétarades d'échappements [1] ».

Au dépôt de munitions de La Ferté-Hauterive, un sous-officier allemand, venu de Bourges le 25 janvier 1943, déclare à l'ingénieur en chef Pernot que, désormais, le camp se trouve placé sous direction allemande. Tout le matériel, toutes les installations étant devenus propriété des autorités d'occupation, le personnel se voit invité à travailler comme par le passé sous les ordres de ses chefs français, mais au bénéfice de l'armée allemande qui traduira devant ses tribunaux les responsables d'actes d'espionnage ou de sabotage.

Il y a infiniment plus grave.

Cette petite armée de l'armistice, dont les Allemands avaient laissé la très relative maîtrise à Vichy, j'ai dit dans *Quarante millions de pétainistes* et dans *Le Peuple réveillé* quelles étaient les limites mises à ses ambitions, par le vainqueur comme par la timidité de certains de ses chefs.

Mais, grâce à l'action de quelques officiers, qui s'inspirent d'ailleurs de l'exemple donné par l'Allemagne à partir de 1920, elle a entrepris un vaste travail de camouflage. Cachés chez des civils de bonne volonté, dans des fermes isolées, dans des couvents, plus de 65 000 armes individuelles, des mitrailleuses, des canons, sont destinés ainsi à des réservistes dont la trace n'a jamais été perdue, grâce à la Direction de la Démographie, qui s'est substituée au Service du recrutement, et qui viendraient rejoindre les 94 200 soldats de l'armée de l'armistice, au cas où un débarquement allié en métropole pourrait donner quelque chance à un soulèvement national.

Mais prévus pour être mis à la disposition d'une armée française renaissant de ses cendres, c'est à l'armée allemande ou à ses collaborateurs qu'iront les dépôts d'armes.

Ainsi, ce camouflage, s'il se révèle un piège pour les téméraires qui s'obstinent à cacher encore quelques mitrailleuses, un alibi pour les timorés qui se débarrassent rapidement de ce qu'ils avaient accepté de

1. Document inédit.

dissimuler lorsqu'il n'y avait guère péril à le faire, ne servira-t-il que faiblement une résistance que la clandestinité dans laquelle elle évolue ne prédispose pas à être reconnue en successeur valable par une armée qui s'évapore.

Aussi, lorsque Paul Paillole demande au général Revers dans l'après-midi du 7 novembre, c'est-à-dire avant le débarquement en Algérie, d'intervenir auprès du général Picquendar pour que les armes camouflées soient remises aux groupes de résistance dès l'instant où l'armée de l'armistice sortira de ses garnisons, il s'entend répondre :

— D'accord, mais quels groupes ?

— Me permettez-vous de dire à Frenay de prendre contact avec vous pour régler ce problème ?

— Entendu.

L'envoyé du mouvement « Combat », Morin-Forestier, sera bien reçu par Revers, puis par Picquendar qui le renverra au commandant Mollard, responsable suprême du camouflage, lui-même subordonné au général Frère, placé à la tête de l'Organisation de la résistance de l'armée par le général Giraud… qui est en route pour l'Algérie. Avant que les Français aient achevé de descendre et de remonter l'échelle de la hiérarchie, les Allemands sont intervenus. Ils l'ont fait d'autant plus rapidement que, s'ils ignorent où sont cachées les armes, ils savent depuis toujours que des armes sont cachées.

Et il ne leur faudra pas longtemps pour les découvrir. Lorsque, le 24 décembre 1942, le chancelier Hitler, qui désire accabler Pétain sous la félonie de ses généraux, fera demander d'urgence, pour la lettre qu'il souhaite lui adresser la liste des dépôts déjà découverts en France non occupée, le commandement de la Wehrmacht lui communique ce chiffre non négligeable : 234.

On sait, et ils le font savoir, que les Allemands ne badinent pas avec la dissimulation des armes de guerre ou de chasse. Dans la zone qu'ils occupent et contrôlent depuis l'armistice de 1940 [1], la simple possession d'un fusil ou d'un revolver peut conduire (et conduit) au poteau d'exécution ou à la déportation.

Les autorités militaires françaises sont donc alertées par des patriotes qui n'ont pas, et cela se comprend, vocation au martyre. Dès que sont connues les premières injonctions allemandes, injonctions répercutées par le gouvernement de Vichy et par un Pierre Laval qui, sans jamais avoir ignoré les camouflages, doute de leur utilité et, quoi qu'il en soit, préfère sauver des vies humaines que quelques pétoires, ces camoufleurs bénévoles demandent donc que l'on vienne les débarrasser d'un matériel encombrant, dangereux et souvent imparfaitement dissimulé.

1. Avenue Foch (31 bis) à Paris, puis 37, avenue Raymond-Poincaré, se trouve un service allemand de dépistage des armes camouflées qui utilise notamment un certain Henri Imard, responsable, en 1944, de l'interrogatoire du général Delmotte.

> Ce fut « la grande peur » qui se répandit de proche en proche... une avalanche de restitution d'armes et de munitions affluant tant auprès des services du CDM (Conservation du matériel) que des autorités officielles : préfectures, mairies, gendarmerie, police, etc., émanant de gens affolés qui réclamaient « l'impunité ».

Publiées dans le bulletin du CDM : « Documents pour l'histoire », ces phrases reflètent la situation de ce triste mois de décembre où ceux qui possèdent des armes ne savent à qui les offrir, où ceux qui en manquent ne savent à qui en demander et où, lorsque la rencontre s'opère cependant entre militaires aux mains pleines et résistants aux mains vides, on se heurte à de complexes sinon insolubles problèmes ralentissant ou paralysant des opérations de transfert qui, pour être efficaces, devraient être rapides.

Ainsi verra-t-on, à Grenoble, un camion d'armes immobilisé deux jours durant près de l'usine à gaz et dont le chargement, faute d'être « récupéré », sera finalement noyé.

Dans le Tarn-et-Garonne, M. Jean Galabert, qui avait accepté de camoufler dans la propriété inhabitée de sa mère une trentaine de tonnes d'instruments destinés au contrôle des fabrications des obus, arrivées clandestinement à son nom en gare de Réalville sous la dénomination « graines de semence », sera informé, quelques jours après le 11 novembre, que ces instruments doivent être rapidement évacués. Enlevés de leur cachette par deux ingénieurs, ils seront précipités dans d'anciennes mines de phosphate situées entre Cazals et Bruniquel [1].

L'inquiétude des propriétaires ou des camoufleurs d'armes de guerre aura naturellement des répercussions au sein d'un état-major divisé sur les positions à adopter.

Le général Delmotte, à qui l'on reprochera d'avoir souhaité que les officiers de la Conservation du matériel participent à la dénonciation des dépôts qu'ils avaient constitués, ou dont ils connaissent l'existence, déclarera lors de son procès :

— A ce moment-là, les personnes à qui on avait demandé de cacher toutes ces armes, tout ce matériel se sont affolées : la peine capitale, c'était tout de même une chose grave... Il me semble que nous avions tout de même une responsabilité au regard de ces personnes.

D'après un bilan, difficilement vérifiable, il est vrai, un tiers des armes camouflées par l'armée de l'armistice ont été découvertes par l'occupant, un tiers sabotées, un tiers transmises au maquis... S'ils l'avaient connu, ce dernier chiffre aurait paru excessif à bien des résistants, tel M. Archidice qui, au procès Delmotte, en affirmant que l'état-major avait fait « le maximum pour refuser le matériel aux boches et le maximum pour le refuser à la résistance, le gardant sans l'utiliser », serrait de près

1. Témoignage inédit de M. Galabert.

une vérité qui s'explique par la psychologie d'une armée que tout retenait dans les voies d'une obéissante prudence.

Le 9 décembre 1942, quelques jours après la dissolution de l'armée de l'armistice, le colonel de La Rocque, que les Allemands ont toujours traité en adversaire[1], publie dans *Le Petit Journal* un article intitulé « Vive l'armée » qui s'achève sur ces mots :

> Notre armée revivra : nulle mascarade infamante[2] ne pourra lui être substituée. On ne brise pas une tradition : La tradition continue, ou bien elle est trahie et reprend plus tard le dessus.
>
> Tendons notre pensée vers nos frères porteurs, quand même, de l'uniforme et, quand même, requis au service du drapeau : vers nos prisonniers. Dans la douleur, ils assurent la permanence de l'armée française, indissoluble comme la nation.
>
> Alors, pour eux, avec eux, vive l'armée.

Ces lauriers n'équilibrent nullement le jugement sans indulgence que les Français porteront dans leur majorité sur l'armée évanouie.

Une armée qui n'avait jamais eu le goût de se désolidariser du plus illustre des siens.

En marge des grands combats du siècle il lui avait offert, d'ailleurs, ces postes, ces défilés, ces flatteries journalistiques qui la consolait d'une défaite totale dont, bien avant le procès de Riom, journaux et responsables de Vichy affirmaient que les maçons, les juifs et les politiciens portaient seuls la responsabilité.

Et, lorsque la fidélité a paru vaciller, que trop de questions ont été posées sur les limites de l'obéissance, le maréchal Pétain, en août 1941, pour étayer des sentiments ébranlés, a exigé un serment prêté à sa personne.

Sur la « valeur mystique » accordée à ce serment par certains officiers, qui n'étaient certes pas disciples du cynique Talleyrand, assurant au roi Louis-Philippe : « Je dois dire à Votre Majesté que c'est le dix-septième », il faut lire le portrait que Jacques Weygand tracera, en 1960, dix-neuf ans après l'événement, de ces officiers allant avec enthousiasme « vers une soumission dont l'excès même leur semblait contenir le germe du relèvement futur de nos armes humiliées ».

Mais cette soumission de 1941 se traduira par l'immobilisme de novembre 1942, lorsque la Wehrmacht bousculant les dérisoires barrières de la ligne de démarcation, saisira au nid inconfortable de ses casernes une troupe qui s'éveille en bâillant.

1. Voir notamment le rapport du Dr Best, conseiller du *Militärbefehlshaber* en France, en date du 15 mars 1942 : « Il est urgent et nécessaire de prendre des "mesures locales" contre de La Rocque, mais il faudrait d'abord en référer au *Militärbefehlsaber*. »

2. Le colonel de La Roque fait allusion aux tentatives de reconstitution d'une minuscule armée à travers le 1er régiment de France et la Phalange africaine.

« Le corps des officiers n'a jamais été aussi méprisé qu'en 1943, écrit un chef de poste des services spéciaux dans un rapport envoyé à sa centrale d'Alger le 29 novembre 1943, un an, presque jour pour jour, après le drame. Pour les uns, les officiers sont responsables de la défaite de 1940, pour les autres, ils sont responsables de l'occupation totale et de la démobilisation de l'armée. »

« Novembre 1942 ne nous a pas fait de bien. L'attitude actuelle de la majorité des officiers n'efface rien, bien au contraire. Il faut le savoir pour y pallier. »

Ces lignes sont du lieutenant-colonel Pfister dans une directive du 15 septembre 1943 à ses chefs régionaux. Enfin, mais les citations pourraient être beaucoup plus nombreuses, le capitaine Peynaud, arrivant à Alger en avril 1944, souligne que « l'armée dissoute jouit d'un discrédit jamais égalé, on lui reproche d'avoir perdu la guerre, de s'être installée dans la défaite, d'y avoir pompeusement prôné des vertus qu'elle ne savait pas pratiquer et de s'être laissé prendre au lit à l'aube de ce jour de novembre où la flotte de Toulon, plus théâtralement sans doute, se sabordait ».

Plus théâtralement, la flotte de Toulon ? Sans doute. Plus efficacement ? Certainement pas.

10

SABORDAGE A TOULON

Cette flotte qui va périr, que représente-t-elle ? Pendant son procès, le 12 août 1946, l'amiral Marquis s'efforcera d'en minimiser l'importance.

Au président Noguères, qui a placé sous les yeux des jurés un tableau des bâtiments sabordés, il réplique :

— Oh ! monsieur le président, ce tableau est extrêmement affligeant. Je n'ai pas besoin de vous dire que, moi-même, je ne suis pas très content de le voir. Seulement je voudrais tout de même faire remarquer à MM. les Jurés qu'il y a, je ne dirai pas des motifs de consolation, mais qu'il ne faut tout de même pas exagérer la perte que représente le sabordage.

Et Marquis d'évoquer le *Provence*, transformé en bateau-école, le *Dunkerque*, en grandes réparations à la suite du drame de Mers el-Kébir.

Appelé à témoigner, l'amiral Robin, chef d'état-major de l'amiral Marquis à la préfecture maritime de Toulon, énumérera, de son côté, les bâtiments sans équipage, sans matériel, sans approvisionnements, les navires aux machines démontées, les pontons, le vieux *Jean-Bart* [1], le vieux *Condorcet,* « de petites dragues, de vieux petits chalutiers... des petits remorqueurs, des gabares, des citernes pour porter de l'eau aux bateaux, des grues ».

Cette volonté de sous-estimation ne s'explique que par les circonstances d'un procès qui, pour l'amiral Marquis, devait s'achever par une condamnation à cinq ans de prison et à l'indignité nationale à vie.

En réalité, au mois de novembre 1942, se trouvent à Toulon plus de 60 bâtiments de combat formant trois groupements distincts dont le plus important, les forces de haute mer, placé sous le commandement de l'amiral de Laborde, comprend le bâtiment de ligne *Strasbourg*, 3 croiseurs lourds (*Algérie*, *Dupleix*, *Colbert*), 2 croiseurs légers (*Marseillaise*, *Jean-de-Vienne*), 10 contre-torpilleurs, 3 torpilleurs.

1. Qu'il ne faut pas confondre avec le cuirassé moderne *Jean-Bart* qui, lui, se trouve à Casablanca.

Dépendent du vice-amiral Marquis, préfet maritime, un certain nombre de bâtiments d'inégale importance pour le combat : cuirassé *Provence*, transport d'aviation *Commandant-Teste*, 6 torpilleurs, 8 sous-marins ainsi que les bâtiments en gardiennage d'armistice, c'est-à-dire pratiquement désarmés : *Dunkerque*, croiseurs *Foch* et *La Galissonnière*, 8 contre-torpilleurs, 6 torpilleurs, 10 sous-marins.

A ces navires, il faut naturellement ajouter des avisos, des chasseurs, des patrouilleurs, des ravitailleurs, si bien que les chiffres des navires présents à Toulon peuvent varier, sans qu'il y ait tromperie, de 19 (les forces de haute mer) à 154 (la totalité des bâtiments en rade quels que soient leur âge, leur état, leur tonnage) [1].

Portant un jugement assez objectif et très compétent sur la flotte de Toulon, l'amiral Auphan et Jacques Mordal écriront qu'elle totalisait « à peu près la moitié du tonnage total de la flotte, mais la moitié la plus moderne [2] ».

Plus encore qu'une force militaire, la marine constituait, avec l'Empire, l'une des seules cartes politiques toujours entre les mains du gouvernement de Vichy. Alors que l'armée avait disparu dans les batailles de juin, alors que l'aviation, surclassée en nombre, n'avait pu, à l'instant décisif, protéger le champ de bataille, la marine demeurait invaincue.

« Marine invaincue », deux mots dont la propagande de Vichy devait quotidiennement faire usage. Marine qui assure les liaisons avec l'Empire, mais qui protège également des entreprises anglaises les convois de navires marchands apportant aux Français matières premières et ravitaillement indispensables, même si, de ces matières premières et de ces vivres, les occupants détournent une part.

Marine dont les chefs, dès les premières semaines de Vichy, mais plus encore à l'instant où l'amiral Darlan sera nommé, le 12 février 1941, vice-président du Conseil, ministre des Affaires étrangères, puis cumulera l'Intérieur, l'Information et, après la mort du général Huntziger, la Guerre, se trouveront placés dans presque tous les ministères, à des postes faits pour des civils, postes dans lesquels ils témoigneront de dons plus évidents pour le commandement que pour la psychologie politique.

Que la fidélité de la Marine au gouvernement régulièrement mis en place à Bordeaux, indiscutablement légitimé à Vichy, ait été entretenue par la longue suite des agressions anglaises qui, de Mers el-Kébir à Madagascar, feront des navires français et de leurs équipages des cibles faciles à approcher, capturer ou détruire, qui songerait aujourd'hui à le nier ?

---

1. Lors du procès de l'amiral Marquis, l'amiral Robin dira qu'il y avait 135 bâtiments sous les ordres du préfet maritime, bâtiments auxquels il faut ajouter ceux qui composent les forces de haute mer.
2. *La Marine française pendant la Seconde Guerre mondiale.*

Au mois de novembre 1942, les réactions des marins français ne seront donc pas seulement inspirées par les souvenirs pieusement entretenus de luttes anciennes et d'historiques rancœurs, mais surtout par ces drames récents et ces humiliations morales, dont l'Angleterre et, à un moindre degré, les gaullistes portaient, aux yeux de bien des officiers français, l'entière responsabilité.

Pour trouver des prétextes à des attaques sans objet, l'Angleterre devait, en effet, laisser entendre, par toutes les voix de sa propagande, que les vaisseaux de Vichy, à défaut d'être livrés à l'Allemand, pouvaient du moins être aisément saisis par lui avant qu'aient pu jouer ces mesures de sabordage prévues par l'amiral Darlan dès le 20 juin 1940, répétées le 22, puis le 24, et dont l'Amirauté comme le gouvernement britannique avaient eu connaissance.

Dans ces conditions, il n'y a rien de surprenant à ce que la dissidence ait été la « bête noire [1] » des marins qui ne devaient répondre qu'en petit nombre aux sollicitations gaullistes.

Rien de surprenant à ce que, devant la violence des combats qui se déroulent en Algérie et au Maroc le 8 et le 9 novembre, et dont les marins français, puisque l'attaque vient de la mer, supportent le premier choc, la réaction sentimentale des amiraux de Toulon soit non point de rallier la flotte anglo-américaine — qui, surprise, les aurait peut-être reçus à coups de canon [2] — mais de foncer sur (et contre) ceux qu'ils tiennent pour des agresseurs.

Telle est, immédiatement, la pensée de l'amiral de Laborde qui, dès le 8, donne l'ordre d'allumer les feux de l'escadre et fait savoir qu'il est prêt à appareiller pour porter secours aux unités françaises qui se battent toujours à Oran et Casablanca.

Telle est, le 9, la réaction de plusieurs amiraux réunis à Vichy sous la présidence de l'amiral Auphan, secrétaire d'État à la Marine et chef d'état-major naval.

Telle est, dans la nuit du 9, la réaction de l'amiral Négadelle, commandant l'escadre légère des forces de haute mer, qui proposera une action de ses contre-torpilleurs contre les forces anglo-américaines.

Telle est, le 11 novembre, l'attitude de l'amiral de Laborde qui fait prendre toutes les dispositions pour un appareillage immédiat et répond

1. Amiral Auphan et Jacques Mordal (*op. cit.*). Le 3 juillet 1940, les effectifs des Forces navales françaises libres s'élèvent à 400 hommes, à la fin de novembre 1940 à 3 100 et à 4 700 au 1er janvier 1942.

2. Sur les sentiments dans lesquels la force H de l'amiral Cunningham, qui, sortie de Gibraltar, protégeait les débarquements anglo-américains aurait « accueilli » la flotte française de haute mer, on peut se reporter au témoignage de l'amiral Cunningham : « L'attitude complaisante de la flotte italienne et l'abstention de la principale escadre française ne laissaient malheureusement à la force H aucune perspective d'engagement... »

De son côté, l'amiral Marzin écrira que, si l'on avait envoyé la flotte vers l'Afrique, « en cas de rencontre avec les navires alliés, les canons seraient partis tout seuls des deux côtés ».

par l'évocation du mot de Cambronne[1] à un message de Darlan lui demandant de diriger la force de haute mer vers l'AOF.

Telle est, dans la matinée du 12 novembre, la prise de position de l'amiral Marquis qui donne au capitaine de vaisseau, commandant les batteries côtières, l'ordre de canonner un cuirassé américain aperçu au large du cap Sicié, cuirassé… qui n'est autre que l'aviso français *L'Impétueuse*, patrouillant au large, grenouille que, dans la brume, on a prise pour un bœuf.

Marquis fait plus. Il téléphone à von Ruault-Frappart afin que les colonnes allemandes se rendent d'urgence sur les plages de Bandol et de Sanary pour en renforcer les défenses qui sont toujours assurées par des Français[2].

Dans la nuit du 12 au 13 encore, les forces de haute mer reçoivent l'ordre d'allumer les feux. L'amiral de Laborde a reçu l'avis non contrôlé, et qu'il ne cherche pas à contrôler, bien qu'il émane des services de Fernand de Brinon, de la présence au large d'une force navale anglo-américaine.

L'activité du commandant des forces de haute mer est alors si fébrile, elle paraît si dangereuse, qu'Auphan doit lui rappeler que les Forces navales ont interdiction d'appareiller « pour des actions en haute mer [et] pour défendre les parties du littoral français de la Méditerranée actuellement occupées par les troupes de l'Axe[3] ».

Qu'il eût été fou — comme devait l'écrire quelques semaines plus tard, dans son journal inédit, l'amiral Marzin — « de lancer l'escadre constituée en majeure partie de bâtiments peu robustes et endurants à quatre cents milles de notre seule base disponible, sans couverture aérienne, contre un adversaire beaucoup plus fort, disposant d'une puissante aviation de bombardement et de torpillage », il se peut, il n'en reste pas moins que le très lourd bilan des pertes de la marine française (751 tués, 553 blessés[4]) contribuera à durcir les attitudes.

1. Au second message de Darlan (il n'a pas répondu au premier), l'amiral de Laborde répliquera par ce télégramme :

« Je vous fais la même réponse que le commandant Toussaint de Quiévrecourt à Muselier le 20 septembre 1940. »

C'est à l'occasion du ralliement de la Nouvelle-Calédonie à la France libre que le capitaine de frégate Toussaint de Quiévrecourt, commandant l'aviso colonial *Dumont d'Urville*, avait répondu par le mot de Cambronne à Muselier qui s'efforçait de gagner son équipage à la cause de la France libre.

2. « J'ai pensé que c'était un piège, dira Marquis à son procès et, comme Italiens et Allemands avançaient sur Toulon, je leur ai dit : "Eh bien ! envoyez vos troupes contre ce débarquement." »

3. Par le câble le reliant secrètement à Alger, Auphan fera connaître la teneur de son message à Darlan, ce qui, dans le cadre d'un débarquement allié sur la côte française, aurait constitué une invitation à ne pas s'en prendre à Toulon. Il faut cependant préciser qu'une commission de liaison composée d'officiers français, allemands et italiens avait été mise en place pour, selon le rapport du contre-amiral Rouyer, « assurer les liaisons entre les forces voisines, non seulement dans la préparation de la défense, mais encore dans la mise en œuvre de tous les moyens en cas d'attaque ».

4. Encore le nombre des blessés est-il, dans la réalité, très supérieur au chiffre officiel.

Comme contribuera à les durcir l'annonce qu'à Alger, presque seuls, les marins de la batterie Duperré (45 hommes), ceux de la batterie du Lazaret (36 hommes), ceux de la batterie du musoir nord ont riposté au feu des Anglo-Américains et qu'à Oran et Casablanca, strictement fidèles aux ordres venus de Vichy, les marins, une fois encore, ont combattu jusqu'au sacrifice total, alors que de nombreux chefs de l'armée de terre, déjà engagés dans les pourparlers dont ils gardaient le secret, ont retenu et ménagé leurs troupes. Si bien que, s'ajoutant à beaucoup d'autres drames, les événements dramatiques d'Alger, d'Oran, de Casablanca devaient conforter la Marine française dans la pensée que, seule, elle était restée collectivement fidèle à la parole donnée et que, seule, elle avait supporté tous les sacrifices [1].

Qu'il se soit bien agi en Afrique du Nord d'une mission de sacrifice, l'amiral Auphan, reprenant les termes du message du maréchal Pétain, l'avait confirmé le 8 novembre, à huit heures du matin, par un message adressé à des forces navales qui, depuis plusieurs heures, qu'elles aient ou non pris l'initiative de l'ouverture du feu, se trouvaient engagées et déjà mutilées.

> Profitant de notre demi-désarmement et d'intelligences hypocritement concertées avec quelques égarés, les Anglo-Américains viennent d'attaquer cette nuit l'Afrique du Nord. En réponse au message américain qui l'informait *a posteriori* de cette agression, le Maréchal de France, chef de l'État, a répondu le seul langage de l'intérêt et de l'honneur français en concluant : « Nous sommes attaqués, nous nous défendrons. C'est l'ordre que je donne. »
>
> Au nom de la Marine, je l'ai assuré que cet ordre serait exécuté jusqu'au bout.

On sait [2] dans quelle confusion, à Vichy autant qu'à Alger, se sont déroulées les journées des 8, 9 et 10 novembre. D'un côté comme de l'autre de la Méditerranée, des clans se sont opposés, aucun ne réussissant à faire triompher sa volonté, tandis que d'un bord à l'autre de la Méditerranée, ont été échangés des télégrammes dont les plus impor-

Aux morts et aux blessés, il faut ajouter les navires détruits. *La Surprise* (aviso de 500 tonnes), le torpilleur *L'Épervier*, les torpilleurs *La Tornade* et *La Tramontane*, les sous-marins *L'Argonaute* et *L'Actéon* sont coulés au large d'Oran, cependant que quatre sous-marins, sept patrouilleurs, treize navires de commerce et le contre-torpilleur *Le Typhon* sont sabordés dans les passes ou le long des quais.

A Casablanca, où se trouvent des forces navales importantes, ce sont le croiseur léger *Primauguet*, les torpilleurs *Fougueux*, *Milan*, *Boulonnais*, *Frondeur*, *Brestois*, *L'Albatros* et sept sous-marins qui vont être détruits, cependant que le cuirassé *Jean-Bart* est sévèrement atteint.

1. Le rapport du contre-amiral Rouyer, rédigé après le sabordage de Toulon, s'achève sur l'image d'une marine française unanimement trahie, victime des « coups de poignard » d'anciens alliés qui se sont rendus, pour elle, « à jamais, les plus odieux et les plus méprisables de tous les peuples », mais également « de l'incompréhension d'un ancien ennemi ».

On aura remarqué que le contre-amiral Rouyer est infiniment moins sévère pour « l'ancien ennemi » que pour « l'ancien allié ».

2. *Cf.* ci-dessus p. 279 *sq.*

tants demeureront cachés à des exécutants qui ne connaîtront que les textes invitant à la résistance à outrance. Et, même lorsque, le 10 novembre, à la fin de la matinée, Darlan, ayant négocié une suspension d'armes avec les Alliés, invitera toutes les forces françaises d'Afrique du Nord à cesser le combat, il ne sera pas immédiatement obéi. Comme si, du moins en ce qui concerne la Marine, les combats avaient été trop violents, menés trop « sincèrement » et en dehors de toute pensée de « baroud d'honneur », pour qu'ils puissent instantanément prendre fin sur l'ordre d'un chef d'ailleurs désavoué par le maréchal Pétain [1].

Mais, le 11 novembre, à l'annonce de l'entrée des Allemands en zone non occupée, et alors qu'au Maroc et en Algérie une page est tournée, quelle sera la position et l'action de l'amiral Auphan que l'absence de Darlan a placé à la tête de la marine française ?

On a vu, dans un chapitre précédent, comment, à Vichy, Auphan s'était rangé du côté de ceux qui prêchaient une résistance active aux volontés allemandes, souhaitaient le départ du Maréchal ou, à tout le moins, une délégation de pouvoir à Darlan avec qui il demeurait encore libre de communiquer grâce à un code ignoré de l'occupant.

Placé le 11 novembre devant le fait accompli de l'invasion de la zone libre, sachant qu'en vingt-quatre heures les colonnes allemandes se trouveront à Toulon, étant dans l'impossibilité d'ordonner à la Flotte de haute mer de quitter ses bases pour un port neutre ou pour l'Algérie, décision que seul le Maréchal pouvait prendre, Auphan va tenter du moins de préserver l'intégrité et l'indépendance de la Flotte.

Sans doute n'imagine-t-il pas encore que Toulon et sa banlieue puissent rester comme une zone libre miniature, seul lambeau de territoire dans une France tout entière envahie, mais les instructions qu'il donne à l'amiral Marquis, et la lettre qu'il adresse à l'amiral Raeder, vont conduire les Allemands à adopter cette très provisoire solution.

Le 11 novembre, à 6 heures du matin, Auphan adresse un télégramme à l'amiral Marquis. Après avoir informé le préfet maritime de l'évolution de la situation depuis que le franchissement de la ligne de démarcation est effectif, il lui communique ses instructions sur les mesures à prendre dès l'arrivée des « troupes étrangères ».

Marquis devra s'opposer « sans effusion de sang », ce qui signifie que l'opposition sera brève, à leur entrée « dans établissements, bases aériennes, ouvrages de la marine », s'opposer, dans les mêmes conditions, à leur entrée « à bord des bâtiments de la flotte et, *par des*

1. Anglais et Américains « faciliteront » d'ailleurs, notamment à Casablanca, cette poursuite des combats en n'interrompant pas des bombardements aériens et navals qui n'avaient plus d'objet.

Le 13 novembre, le sous-marin *Sidi-Ferruch* sera ainsi coulé à hauteur de Villa Cisneros par une escadrille britannique.

négociations locales, s'efforcer d'arriver à un accord[1]. En cas d'impossibilité d'un tel accord, saborder les bâtiments».

L'amiral Marquis, au reçu de ce télégramme, convoque le lieutenant de vaisseau von Ruault-Frappart, officier de liaison allemand auprès de la commission d'armistice italienne. C'est à lui qu'il déclare que rien ne sera fait contre les Allemands, que la flotte, qui n'a cessé de donner et donne encore des preuves de sa fidélité aux ordres du Maréchal, ne quittera pas le port, mais qu'en échange de cette neutralité il est nécessaire que les avant-gardes de la Wehrmacht soient arrêtées à une certaine distance de la ville[2]. Ce qui aura effectivement lieu le 12 novembre, l'amiral de Feo stoppant l'avance italienne dans la région Solliers-Cuers-Bormes et le capitaine Schmidt l'avance allemande dans la zone Ollioules-Bandol.

Presque dans le même temps où Marquis négocie avec von Ruault-Frappart, Auphan, secrétaire d'État à la Marine, imagine d'écrire au grand amiral Raeder.

Auphan n'a jamais rencontré le chef de la Marine de guerre allemande. Mais une formation militaire identique, le même esprit de caste et de corps, les mêmes éléments affrontés peuvent favoriser, par-delà les animosités nationales, une compréhension mutuelle. C'est sur ces sentiments qu'Auphan va spéculer, c'est à cette compréhension qu'il fera appel dans une lettre tout entière fondée sur la fidélité de la Marine française à la parole donnée et sur les sacrifices qu'elle a consentis depuis l'armistice.

> Fidèle aux engagements pris et à la parole donnée, la marine française a combattu farouchement et sans la moindre défaillance ses agresseurs qui étaient vos ennemis et contre lesquels — je parle des Américains[3] — elle n'avait aucune haine.
>
> Elle l'a fait dans le respect de l'armistice, pour l'honneur.
>
> Depuis Mers el-Kébir et Dakar, une cinquantaine de bâtiments de guerre coulés ou avariés et des milliers de morts ou de blessés sont la rançon de cette fidélité. Aujourd'hui, les fondements de l'armistice qui préservait l'indépendance de la Marine sont ébranlés.
>
> Je vous demande instamment de tenir compte de notre passé depuis l'armistice pour que la marine française soit respectée de même que l'indépendance du Maréchal, pour lequel la marine s'est battue.

La réponse de Raeder arrivera le 12 novembre. Positive. Dangereusement positive puisque, à une demande confuse d'Auphan, il fait une

1. Je souligne intentionnellement.
2. A son procès, l'amiral Marquis affirmera avoir déclaré à von Ruault-Frappart : «J'ai l'ordre de défendre Toulon. Je continue à défendre Toulon, mais je vous préviens que, si les Allemands continuent à marcher sur Toulon à partir d'une certaine distance et menacent Toulon, je vous préviens que les malentendus les plus graves peuvent se produire.»
3. On remarquera la distinction qu'Auphan fait entre Américains et Anglais (sans que le nom de ces derniers soit écrit).

réponse précise qui tient compte des entretiens entre Marquis et von Ruault-Frappart.

> D'après la volonté du Führer, les troupes allemandes qui ont été envoyées à la côte méditerranéenne doivent, *avec l'armée française*[1], entreprendre la défense des frontières françaises contre les attaques ennemies.
>
> *Jusqu'à présent, l'attitude de la marine française justifie ma conviction qu'elle ne se dérobera pas à cette tâche*[1]. La conduite des chefs de la Marine française à Toulon, l'amiral Marquis et l'amiral de Laborde, auxquels je vous prie de transmettre l'estime que je porte à leur déclaration, me confirme, ainsi que votre lettre, dans cette opinion.
>
> C'est pourquoi il était possible de confier la défense de Toulon exclusivement à la Marine française.

On voit le péril qui menace la marine française et de quel prix elle serait amenée à payer l'honneur de demeurer « indépendante ».

Entre le moment où Auphan écrit sa lettre et l'instant où il reçoit la réponse de Raeder, les événements, d'ailleurs, ont marché. Le 11 novembre, l'amiral Marquis, un peu avant 23 heures, est tiré de son lit par le lieutenant de vaisseau von Ruault-Frappart.

L'officier allemand apporte la réponse de Hitler à la demande que Marquis, agissant suivant les instructions d'Auphan, lui a présentée dans la matinée. Toulon sera préservé de toute occupation (et la flotte avec Toulon), mais à une condition qui pose le dangereux principe d'une collaboration militaire limitée.

> L'amiral Marquis a prononcé une déclaration de loyauté et a demandé de confier au haut commandement de la flotte française la défense de Toulon. Le Führer a donné suite à cette demande. Il doit être exigé du chef responsable du commandement de la flotte de Toulon *une déclaration sur parole d'honneur de n'entreprendre aucune action dirigée contre les puissances de l'Axe et de défendre de toutes ses forces Toulon contre des Anglo-Saxons et des Français ennemis du gouvernement*[1].
>
> En ce cas, la place forte de Toulon ne doit pas être occupée, mais un détachement de liaison de marine sera délégué auprès du commandant de la marine à Toulon.

Sur l'instant, l'amiral Marquis répugne à l'idée de donner sa parole à un officier allemand, mais, estimant qu'il doit bien « ce dur sacrifice personnel à la marine, à la France[2] », qu'on ne lui demande d'ailleurs que de défendre Toulon comme ses camarades ont défendu Casablanca, il s'engage personnellement. Puis il indique à l'officier de liaison allemand qu'il n'est pas seul en cause et qu'il n'a d'ailleurs à sa disposition qu'un nombre limité de bâtiments en état de prendre la mer.

C'est l'amiral de Laborde qui, en effet, commande les forces de haute mer, forces auxquelles, dès que l'escadre sort de la rade, viennent se

1. Je souligne intentionnellement.
2. C'est du moins ce qu'il affirmera devant le juge d'instruction.

joindre les navires de la défense de Toulon qui, dès cet instant, échappent à l'autorité de l'amiral Marquis. Que von Ruault-Frappart prenne donc immédiatement contact avec Laborde. Pendant que l'officier allemand se rend à bord du *Strasbourg*, Marquis communique par télé-imprimeur au cabinet d'Auphan ET le texte du télégramme de Hitler ET l'accord de principe qu'il vient de donner [1].

En attendant, von Ruault-Frappart, qui se présentera accompagné d'un officier en civil, l'amiral de Laborde téléphone à l'amiral Auphan pour lui annoncer la prochaine arrivée de ses visiteurs et lui demander son accord sur le texte qui va lui être soumis et dont il connaît l'essentiel par l'amiral Marquis.

Aussi, lorsque von Ruault-Frappart lui communique le texte du message de Hitler, l'amiral de Laborde, qui ne voit dans cette convention nouvelle qu'une adaptation des conditions d'armistice à la situation particulière de Toulon, n'élève-t-il aucune objection.

A deux conditions cependant :

— Je ne peux m'engager à respecter cette convention, déclare-t-il, que si ni l'équipage, ni moi-même, ni aucun de mes bateaux n'aperçoivent aucun uniforme ni allemand, ni italien, ni à bord des bateaux, ni autour des bateaux.

Von Ruault-Frappart ayant acquiescé, Laborde ajoute ensuite qu'il ne peut, en conscience, engager sa parole d'honneur qu'en étant certain d'être suivi par les états-majors et les équipages.

Le 12, à 9 heures, 19 amiraux et commandants de bâtiments se retrouvent donc dans le salon du *Strasbourg* pour une cérémonie exceptionnelle dans les annales de la Marine française. A peine sont-ils assemblés, l'aide de camp de l'amiral de Laborde distribue à chacun d'entre eux une copie du télégramme de Hitler demandant à l'amiral Marquis et à l'amiral de Laborde leur engagement d'honneur de défendre Toulon. L'amiral de Laborde fait ensuite son entrée dans le salon et prend la parole.

— Je vous ai fait remettre le télégramme que j'ai reçu hier soir du quartier général allemand. J'ai donné la parole qui m'était demandée pour sauver l'escadre. Je vous demande donc de me donner votre parole d'honneur que, dans ces circonstances particulières, je peux compter comme toujours sur votre obéissance sans restriction pour que je puisse tenir la parole que j'ai donnée [2].

---

1. C'est l'amiral Marzin qui reçoit le message de Marquis. « Je fus atterré, devait-il écrire dans son Journal (inédit), en recevant cette communication. L'engagement qui venait d'être souscrit ne correspondait ni dans la forme ni dans le fond aux instructions transmises par l'amiral Auphan dans la matinée du 11 novembre : la négociation locale avec un commandant de troupes allemandes se trouvait transformée en parole d'honneur donnée à un chef d'État ennemi, et quel chef d'État, et quel ennemi ? »

2. Depuis « je vous demande donc… », il s'agit du texte exact des mots prononcés par de Laborde. Au procès de l'amiral de Laborde, il y eut débat entre l'amiral Pothuau (témoin) et l'amiral de Laborde, l'amiral Pothuau ayant parlé d'un « serment » et l'amiral de Laborde s'en tenant à la « parole d'honneur ».

Dans l'ordre d'ancienneté, tous les officiers défilent alors devant l'amiral. Tous promettent obéissance sans restriction, tous sauf un, le capitaine de vaisseau Pothuau, commandant une division de contre-torpilleurs, commandement qu'il doit à ses talents mais aussi, et l'amiral de Laborde le lui rappellera avec hauteur lors du procès de mars 1947, à la protection de Laborde qui l'a imposé malgré son jeune âge.

— Amiral, déclare Pothuau, je ne puis vous obéir que jusqu'au moment où je vous remettrai ma demande de mise à la retraite.

— Il n'est pas nécessaire de demander votre mise à la retraite pour cette affaire, réplique Laborde, mais il est nécessaire que vous quittiez immédiatement votre commandement [1].

— Je suis à vos ordres, Amiral.

Lorsque cet incident est réglé [2], plus rien n'empêche l'amiral de Laborde de faire transmettre un ordre du jour qui, *pour l'essentiel*, reprend, il faut bien le constater, les termes du télégramme allemand.

Forces de haute mer
État-major

Bord *Strasbourg*
Toulon le 12 novembre 1942

ORDRE DU JOUR

Le gouvernement allemand a accepté que la place forte de Toulon ne soit pas occupée et que sa défense soit confiée au haut commandement de la marine française. Il l'a fait sur la parole d'honneur donnée par l'amiral Marquis, préfet maritime, et par moi, en accord avec le Maréchal, que les forces placées sous nos ordres n'entreprendront aucune action dirigée contre les puissances de l'Axe et défendront Toulon contre les Anglo-Saxons et les Français ennemis du gouvernement du Maréchal [3].

Le territoire de la place forte de Toulon reste donc entièrement français et libre. Sa défense reste entièrement française et confiée à la Marine, sans aucune subordination à un commandement étranger.

Aucun étranger ne paraîtra à bord des forces de haute mer [4].

L'amiral de Laborde
Commandant en chef des FHM
J. DE LABORDE

La « parole d'honneur » donnée par quelques-uns des chefs de la marine française au gouvernement allemand devait être considérée, bien avant la Libération, comme un acte inadmissible de collaboration [5].

1. Ce sera fait à deux heures de l'après-midi, le capitaine de vaisseau Pothuau ayant exigé que le cérémonial de prise de commandement par son successeur soit respecté.

2. A bord du *Verdun*, le capitaine de frégate du Garreau, commandant en second, refusera lui aussi de « donner sa parole », comme vient de le lui demander son chef, le capitaine de frégate Duval.

3. Dans le télégramme de Hitler, il est question seulement des « Français ennemis du gouvernement ».

4. Allusion à la promesse faite par von Ruault-Frappart.

5. Pour Auphan et Mordal cependant, « dans le cadre de la politique du moment, c'était la seule solution ».

Encore ignorait-on que l'amiral Marquis, après avoir demandé à ses subordonnés directs la même « parole », s'était également adressé aux responsables des unités de l'armée de terre (une vingtaine de bataillons) envoyés pour renforcer, le cas échéant, la défense de Toulon… contre les Anglo-Saxons.

Quelques très rares officiers me firent part de leur répugnance à combattre les troupes françaises dissidentes accompagnant les troupes anglo-saxonnes, allait écrire Marquis dans un rapport adressé, le 4 décembre 1942, à l'amiral Abrial.

Je leur répondis que je ne pouvais pas concevoir l'éventualité monstrueuse de troupes attaquant Toulon et sa flotte pour les livrer aux Anglais, mais que, si cette monstruosité se produisait, ils pourraient tirer sans remords de conscience contre des Français aussi dénués d'honneur, de cœur et d'intelligence [1].

Tout comme le capitaine de vaisseau Pothuau, qui n'avait pas été convaincu par Laborde, le colonel Humbert ne se rangera pas aux raisons de Marquis. Commandant la 2e demi-brigade de chasseurs alpins, ne cachant pas ses sentiments anti-allemands, Humbert affirmera que le devoir de ses troupes, en cas de débarquement, serait d'aider Américains et Anglais.

Ayant refusé de rédiger et de signer « une déclaration susceptible de faire revenir les Allemands et l'amiral [Marquis] sur leur suspicion [2] » à son égard, le colonel Humbert sera relevé de son commandement le 17 novembre et Marquis lui interdira même de prendre contact avec son successeur [3].

Après la Libération, les principaux acteurs du drame de Toulon s'efforceront de camoufler plus ou moins habilement des événements qu'ils avaient alors tout intérêt à rendre aussi confus et inintelligibles que possible [4].

Cependant, établi et rédigé à la demande du gouvernement de Vichy, dans les semaines qui suivent le drame [5], un long rapport d'enquête du contre-amiral Rouyer mettra abondamment en valeur l'esprit de collaboration des amiraux Marquis et de Laborde.

« La personnalité de l'amiral de Laborde et ses sentiments sont assez connus — écrira le contre-amiral Rouyer dès la seconde page de son

1. Au cours de son procès, l'amiral Marquis s'efforcera d'atténuer la portée de son rapport.
2. Déclaration du général Humbert.
3. Un successeur, selon le témoignage écrit du général Humbert, en date du 8 août 1945, « décidé à les ramener (les troupes) à la soumission et aux directives de l'amiral et de Vichy ». Affecté à l'état-major du groupe de divisions d'Avignon, Humbert ne rejoignit pas son poste et fut, plus tard, arrêté et déporté.
4. C'est ainsi que l'amiral Marquis non seulement niera avoir exigé le départ du colonel Humbert, mais affirmera être intervenu pour protéger Humbert des menaces qui pesaient sur lui à la suite de ses nombreuses déclarations anti-allemandes !
5. Il sera remis à l'Amirauté le 27 décembre 1942.

rapport — pour qu'il soit inconcevable que les Allemands aient pu avoir, de bonne foi, le moindre doute sur sa bonne foi. »

Qui est-il donc, cet amiral Jean de Laborde qui jouera, bientôt, un rôle de premier plan ?

La contribution d'éléments neufs, ou mal connus, me semblant digne de plus d'intérêt pour l'Histoire que la scrupuleuse répétition d'événements — le sabordage lui-même — racontés maintes fois, il me paraît utile, quitte à déséquilibrer quelque peu ce chapitre, de mieux éclairer le visage et le caractère d'un homme qui se trouvera placé au cœur du drame.

Jean de Laborde ? Fernand de Brinon allait écrire qu'il était « connu des militaires et des marins allemands comme très acquis à la politique européenne » et Dominique Sordet, directeur de cette agence de presse « Inter France », qui diffuse la bonne parole collaborationniste, le définira ainsi dans une étude du 16 février 1943, consacrée au drame de Toulon : « Le vice-amiral de Laborde offre une des personnalités les plus marquantes de la Marine française, c'est un homme tout d'une pièce. Esprit très droit, psychologie sans détour, un marin… Laborde est non seulement profondément anti-anglais, mais il est sincèrement disposé, dit-on, à la collaboration éventuelle avec nos ennemis de la veille. »

« Psychologie sans détour. » C'est sommaire, mais ce n'est pas mal vu.

Darlan usait, lui, de moins de précautions de style puisqu'il lui arrivait de parler de « ce fou de De Laborde ». C'est à ce « fou », cependant, qu'il avait confié le commandement de la partie la plus moderne de la Marine française : la Flotte de haute mer.

Tout au long d'une carrière[1] menée loin des bureaux, Jean, Joseph, Jules, Noël de Laborde avait manifesté des qualités de courage, d'esprit d'entreprise[2], qui devaient le conduire, une fois accepté son non-conformisme, son manque de diplomatie et le côté quelque peu schématique de son esprit, aux plus hauts postes de responsabilité, dès lors que ces responsabilités consistaient à appliquer avec résolution, rapidité, efficacité, des choix faits, au sommet, par d'autres que lui.

A l'instant où les Allemands approchent de Brest, puis de Saint-Nazaire, Jean de Laborde, qui commande le théâtre d'opérations de l'ouest, réussit le tour de force de faire partir en quelques heures, en

1. Né le 29 novembre 1878, Jean de Laborde entre à l'École navale en 1895. Après avoir fait campagne en Extrême-Orient de 1899 à 1901, il est promu lieutenant de vaisseau en 1908 et se trouve engagé au Maroc et en Extrême-Orient de 1909 à 1912. Pilote d'avion, il est grièvement blessé en 1914, commande une escadrille en 1915, puis le centre d'aviation maritime de Dunkerque. Capitaine de frégate en janvier 1917, capitaine de vaisseau en 1923, contre-amiral en août 1928, vice-amiral en octobre 1932, amiral en août 1939, il mène une carrière originale pour l'époque, qui fait de ce marin un passionné et un familier de l'aviation.

2. Il s'en rendait compte et le dira à plusieurs reprises : « Je ne suis bon, écrira-t-il, le 15 septembre 1942, à l'amiral Platon, que pour le commandement militaire actif. »

direction de l'Angleterre ou de l'Afrique, la quasi-totalité des navires de guerre [1] et de commerce qui encombrent les ports menacés.

Atteint par la limite d'âge depuis le 29 novembre 1940, est-il prolongé par Darlan à cause de ses sentiments d'anglophobie — mais il ne manque pas d'amiraux anglophobes — ou parce que son dynamisme en fait, à un instant où la guerre peut ménager des surprises, un homme d'action utile au commandant en chef ?

Quoi qu'il en soit, au mois d'août 1942, Jean de Laborde sait qu'il devra, avant la fin du mois de novembre, quitter cette fois son navire, le *Strasbourg*, et cette Marine à laquelle il s'est depuis toujours identifié.

Que fera-t-il ?

A soixante-quatre ans, cet homme, qui mourra en 1977 âgé de quatre-vingt-dix-neuf ans, n'éprouve aucun goût pour une calme retraite dans sa maison de... Tamanrasset. Lorsque tant d'autres choisissent de vieillir doucement sur la Côte d'Azur, il a poussé, en effet, l'originalité jusqu'à fixer dans cette oasis du Sahara algérien, alors à vingt-quatre heures d'avion, le lieu de son éventuel repos.

Son appétit d'action, ou son refus de l'inaction, sa répulsion pour la retraite, comme devant un gouffre où tout disparaîtrait de ce qui donne un sens à la vie, expliquent peut-être, en partie, qu'au bord du désœuvrement Jean de Laborde ait imaginé et proposé aux Allemands la mise sur pied d'une Légion ayant pour mission, sous le commandement suprême de Rommel, de reprendre le Tchad, passé aux gaullistes en août 1940.

Sur cet épisode peu connu mais important pour comprendre la psychologie et les réactions du responsable du destin de la Flotte de haute mer, neuf lettres adressées à l'amiral Platon, l'un des quatre secrétaires d'État auprès du chef du gouvernement [2], portent témoignage. Huit — celles des 14 et 26 août, 8, 11 et 15 septembre, 14, 24 et 31 octobre — saisies chez l'amiral Platon après son exécution sommaire le 14 août 1944, ont été transmises, en novembre 1944, par un soldat des FFI à une dactylo appartenant au Front national. Par l'intermédiaire de cette dactylo, elles parviendront à M. Chapuis, rédacteur en chef du *Patriote*, de Saint-Étienne. Au moment du procès de l'amiral de Laborde, ces lettres, dont des extraits avaient été publiés par le *Patriote*, seront intégralement lues et abondamment commentées, aussi bien par la défense que par l'accusation [3].

1. Notamment le *Jean-Bart*, en voie d'achèvement à Saint-Nazaire.

2. Les trois autres secrétaires d'État, Fernand de Brinon, Jacques Benoist-Méchin, Paul Marion, appartiennent également au clan collaborationniste.

3. Dans le dossier initialement transmis à M. Chapuis, le nombre des lettres écrites par l'amiral de Laborde s'élevait à onze dont neuf antérieures au sabordage de la Flotte. Trois lettres sont restées ignorées de la Haute Cour. M. Chapuis avait remis toutes les lettres à M. Saccardi, commissaire du gouvernement près le tribunal militaire de Saint-Étienne pour qu'elles soient envoyées à la direction de la justice militaire de Paris. Ce qui fut fait, mais, les lettres stagnant toujours à Paris dans une caisse d'archives, c'est M. Saccardi qui prit l'initiative de les adresser à la Haute Cour de justice.

La neuvième lettre, d'une importance extrême, et qui n'est jamais venue à la connaissance de la Haute Cour de justice, est datée du 8 octobre 1942. J'en possède la photocopie.

Qu'écrit Jean de Laborde ? Sa première lettre, celle du 14 août, constitue une entrée en matière. Il fait savoir à l'amiral Platon qu'il abandonnera au mois de novembre le commandement des forces de haute mer.

> Par ailleurs, poursuit-il, je viens de voir que vous devenez un des dirigeants de la Légion tricolore[1].
>
> Bien que ces deux faits paraissent n'avoir aucun lien, ils font que je voudrais beaucoup vous parler d'une question qui vous intéresse, mais de préférence de vive voix...

Du 14 août au 5 octobre, Laborde écrira cinq fois à l'amiral Platon, sans que le mot « Tchad » apparaisse dans la correspondance[2]. Le 26 août, Laborde regrette de n'avoir pu, à la tête de la Flotte, « exercer aucune représaille » pour venger « les insultes sanglantes » subies par notre pavillon[3]. Il demande — toujours le 26 août — que l'on mette à sa disposition un « bras droit » colonial, qui pourrait être le général André, commandant la division de Constantine.

Le 8 septembre, nouvelle lettre à Platon. Laborde explique qu'il vient d'écrire à l'amiral Darlan et au président Laval. Au premier, il a demandé un rendez-vous qui aura lieu le 9 septembre. Il importe non seulement que Darlan ne fasse pas obstacle à ses vœux, mais encore qu'il lève les « scrupules » que Laval pourrait avoir[4] face à cet officier général qui ne veut pas d'un poste honorifique et n'ambitionne que de conduire à la reconquête du Tchad cette Légion africaine dont il a conçu le projet. Projet dont, enfin, nous savons tout par la lettre — inédite, celle-là — du 8 octobre, également adressée à l'amiral Platon.

1. La Légion tricolore est créée par un décret du 8 août 1942. Elle n'aura qu'une existence éphémère. *Cf. Les Beaux Jours des collabos*, vol. II de la présente édition, p. 202 *sq.*

2. A son procès et devant des jurés qui s'étonnent, l'amiral de Laborde dira que fait défaut une lettre qui exposait ce qu'il appelle « la question ». « Je lui avais exposé la question dans la lettre précédente qui manque. Elle ne m'a jamais été présentée et j'en ai perdu le souvenir. » J'ai retrouvé cette lettre.

3. Et notamment Mers el-Kébir. Si le mot n'est pas écrit, c'est bien contre les Anglais que Laborde aurait désiré exercer des représailles. Il le précisera lors de son procès et l'amiral Marzin rapporte dans son « journal » que Laborde se serait plaint, à plusieurs reprises, de n'avoir pu attaquer les convois anglais se rendant de Gibraltar à Malte.

4. « Au premier (Darlan), j'expose franchement la situation sans toutefois lui faire part de l'idée que nous avons soumise au Président (Laval) et que j'estime, comme je lui dis, ne pas pouvoir divulguer de moi-même en dehors du chef du gouvernement dès lors qu'il en a adopté le principe. Je demande donc à l'Amiral de lever de lui-même les scrupules que le Président pourrait avoir à ce sujet et lui offrir de m'appeler en mission à la date qu'il désirera...

« Au président Laval, je rends simplement compte de ce que j'écris à l'amiral Darlan... »

Cuirassé *Strasbourg*
Amiral

Toulon, le 8 octobre 1942

Mon cher Amiral,

J'ai reçu votre lettre du 5 qui me donne les causes d'un silence que je ne m'expliquais pas après vos premières lettres. Je vous remercie d'avoir bien précisé au président Laval ce à quoi je pouvais être bon et de lui avoir également dit que me donner le commandement de la Légion tricolore actuelle du front russe serait inopportun… Il n'en est pas du tout de même pour la Légion tricolore africaine que je voudrais créer pour reprendre le Tchad ; s'il est vrai que les effectifs seraient, là aussi, peu importants, le commandement serait pratiquement indépendant. Je pense en effet que, si, pour maintenir la distinction entre la Légion tricolore, organisme offensif, et les troupes françaises qui ne font, hélas ! que défendre nos colonies, il serait nécessaire que cette Légion africaine opérât sous l'autorité du maréchal Rommel, la subordination à travers tout le désert de Tripolitaine serait forcément assez lâche. Je n'éprouverais d'ailleurs aucune gêne à être sous ses ordres malgré son jeune âge ; on n'a que celui de ses artères et je le matcherais sans crainte à n'importe quoi, à cheval, à chameau, au volant d'un engin ou au manche d'un avion ; avec son grade et, par surcroît, ce qu'il a fait, je n'aurais peine à me sentir très sincèrement plus « jeune » que lui [1]…

L'opération du Tchad serait certainement pour leur guerre africaine [celle des Allemands] une opération très utile au point de vue stratégique ; il serait contre-indiqué qu'ils l'entreprissent eux-mêmes pour des raisons de politique générale qui me paraissent évidentes, aussi bien à leur point de vue qu'au nôtre… La Légion tricolore africaine pourrait donc : être rassemblée en Tunisie, s'entraîner en Tripolitaine et, une fois partie vers le sud, utiliser les bases du Niger.

Je suis convaincu que cette proposition présentée sous cette forme aux Allemands, surtout si elle avait l'adhésion du maréchal Rommel, pourrait être adoptée par eux. Il faudrait donc, avant de renoncer, la leur faire le plus tôt possible. Mais la conviction du négociateur serait un facteur essentiel du succès, surtout s'il était en même temps le futur exécutant.

Je crois donc, au risque de passer pour outrecuidant, que, si les Allemands acceptaient que je négocie moi-même la chose, d'abord et surtout vis-à-vis du maréchal Rommel, il y aurait plus de chances de réussir…

A la suite de sa lettre, qui ne laisse aucun doute sur ses intentions comme sur la fascination qu'exerce sur lui Rommel, Jean de Laborde sera reçu à Paris le 27 octobre par Pierre Laval que rejoignent, à 18 heures, Abetz et Achenbach. De cette entrevue, nous connaissons l'essentiel grâce à une très longue lettre adressée à Platon le 24 octobre. Se mettant sans cesse en scène, Laborde, après avoir fait étalage de son anglophobie, expose aux deux Allemands un projet pour lequel il réclame 15 à 20 000 soldats. Abetz, qui n'est pas habilité à traiter les questions militaires, promet du moins de mettre Laborde en rapport avec des officiers de haut rang. Mais, avant que cette entrevue puisse avoir

1. Rommel a alors 51 ans, Jean de Laborde 64.

lieu, les Allemands font, sans plus tarder, savoir à Vichy — c'est-à-dire à Platon — que, faute de matériel, il leur paraît impossible de mener à bien l'entreprise dans des délais raisonnables [1].

Laborde, qui surestimait les capacités de l'armée allemande, exprimera son incrédulité et sa stupéfaction dans une lettre du 31 octobre [2].

> Personnellement, même si l'épuisement actuel est réel, je ne crois pas que ce soit un obstacle insurmontable pour les raisons suivantes : les opérations très actives en Russie doivent normalement finir au plus tard fin novembre [3], le front d'Égypte consommant infiniment moins que le front russe, les moyens de production n'ayant pas diminué à ma connaissance, leurs stocks doivent normalement commencer à se reconstituer à partir de fin novembre. Sur la production considérable nécessaire pour cette reconstitution, ce qu'il nous faudrait est peu de chose. Si donc l'opération est vraiment jugée par eux d'une importance capitale pour leur guerre africaine, ils pourraient parfaitement nous fournir ce qu'il nous faut presque dès le début de la remontée de leurs stocks, c'est-à-dire probablement dès décembre…

En achevant, Laborde suggère à Platon qu'une nouvelle rencontre ait lieu avec les Allemands ou, plutôt, avec un Allemand, ce docteur Rahn qu'il ne connaît pas mais dont Platon lui a dit qu'il était « plus intelligent que les autres et plus franc [4] ». Laborde avait proposé la date du 18 novembre. L'entrevue aura lieu douze jours plus tôt, le 6, alors que voguent, et nul ne s'en doute, les navires qui transportent vers l'Algérie et le Maroc ces soldats anglais et américains qui imprimeront à la guerre un cours nouveau et réduiront à néant les projets de reconquête du Tchad.

L'avion transportant l'amiral de Laborde, qui, au cours d'une halte à Vichy, a été reçu quelques minutes par le maréchal Pétain et par Pierre Laval [5], atterrit au Bourget à 10 h 55. Il pleut. Laborde est accueilli par un officier allemand, « très correct », notera-t-il avec satisfaction dans le rapport que, revenu à Toulon, il rédigera le lendemain [6]. A l'ambassade

1. Ce n'est nullement une dérobade. Nous savons, par un rapport allemand du 29 octobre 1942, que le Führer s'intéressait aux projets de l'amiral de Laborde, par un texte du 31 octobre qu'Abetz avait été prié « de continuer à traiter d'une façon positive l'affaire de la constitution sous la direction de l'amiral français de Laborde, d'une Union des volontaires français pour la reconquête de l'Afrique équatoriale française », mais aussi, par une étude d'Abetz en date du 1er juillet 1943, que le manque de matériel avait été effectivement invoqué par le haut commandement allemand qui, en novembre 1942, n'estimait pas possible de mettre sur pied l'opération contre le Tchad avant février ou mars 1944.

2. A Platon, toujours.

3. La bataille pour Stalingrad apportera bientôt un démenti à cette prévision.

4. Déclaration de Laborde à son procès.

5. D'après Laborde, Pétain, mis au courant de son projet, se serait contenté de lui dire : « Amiral, ce que vous avez projeté peut avoir des conséquences très importantes. » Interrogé plus tard, le Maréchal affirmera que l'amiral de Laborde l'avait bien informé. « Mais, ajoutera-t-il, ce dont je me souviens, c'est que je l'ai arrêté immédiatement en lui faisant comprendre que son projet était irréalisable et que, au surplus, il était contraire à notre politique. »

6. Ce rapport sera envoyé à Platon le 9, donc après le débarquement anglo-américain. Laborde l'a fait précéder d'un mot indiquant à son correspondant qu'il n'avait plus qu'un intérêt documentaire.

d'Allemagne, Laborde est reçu par Abetz qui le conduit dans un petit salon où se trouvent le colonel Böhme ainsi qu'un officier interprète.

Rahn arrive quelques minutes plus tard. Laborde, une fois encore, expose son plan de reconquête du Tchad, puis énumère les besoins en matériel [allemand] [1] de sa future Légion. Comme le colonel Böhme fait remarquer avec réalisme qu'il sera très difficile, voire impossible, de transporter les hommes et le matériel indispensables à la bataille puisque, dès les premiers engagements, les Anglo-Américains, maîtres de la mer, interrompront toutes les relations avec Dakar et que, dans ces conditions, l'attaque du Tchad mettra « le feu à la maison », Laborde réplique qu'il a toujours pensé, en effet, que l'action contre la colonie gaulliste « serait l'allumette qui déclencherait cet incendie » qu'il affirme attendre depuis deux ans [2].

L'image paraît plaire au colonel Böhme, mais déjà il est bien trop tard pour que Laborde et les hommes d'une Légion africaine, toujours à créer, craquent l'allumette qui « mettrait le feu à la maison ».

En Afrique, la partie est définitivement perdue pour les Allemands. Le Tchad demeurera gaulliste.

Le projet de Légion tricolore africaine serait resté à jamais enfoui dans le secret des consciences, si le hasard du pillage de la demeure de l'amiral Platon n'avait permis à la Libération, l'exhumation de lettres révélatrices et accusatrices [3].

Lors de son procès, les 27 et 28 mars 1947, l'amiral de Laborde affirmera pour sa défense que son projet n'était pas sérieux, qu'il ne s'agissait que d'une « mystification » à l'usage des Allemands. En réclamant une armée de 15 000 à 20 000 volontaires blancs [4], il voulait, expliquera-t-il, obtenir, pour chaque volontaire recruté, la libération de deux, trois ou même quatre prisonniers, intention qu'il ne confiera cependant ni à Platon, ni à Laval, ni à Darlan, ni même au Maréchal.

---

1. Les 100 chars Somua que Laborde réclame n'existent pas dans les dépôts français, et leurs délais de fabrication étant d'un an au moins, tout son plan repose sur la possession d'armes allemandes.

2. Ce sont les termes utilisés par l'amiral de Laborde dans le rapport qu'il adresse à Platon le 9 novembre.

3. Après le sabordage de la flotte et son arrestation provisoire par les Allemands, Laborde a détruit, en effet, tous ses papiers et notamment le « dossier Tchad » qui contenait les lettres de l'amiral Platon.

4. Laborde cite constamment ce chiffre de 15 000 à 20 000 volontaires blancs, mais, dans le télégramme allemand, qui fait immédiatement suite à l'entretien Laborde-Abetz-Rahn-Böhme, voici comment les choses sont présentées :

« L'Union des volontaires français pour la reconquête du territoire du Tchad et des colonies françaises voisines devait comprendre, au minimum, quatre bons régiments motorisés s'élevant environ à 20 000 hommes en tout. Ces 20 000 hommes se composeraient de 6 000 blancs ayant l'expérience de la guerre coloniale et de 14 000 indigènes, de préférence sénégalais. »

On voit que les 15 000 à 20 000 « volontaires blancs » ne sont plus que 6 000.

Affrontant la Haute Cour de justice, Laborde dira également que son action avait eu des précédents.

Il faisait ainsi allusion, et son avocat Me Vienot le précisera, à un projet de reconquête du Tchad déjà mis sur pied par Vichy en octobre 1940, projet pour la réalisation duquel la libération de nombreux officiers et sous-officiers de l'armée coloniale avait été sollicitée [1].

Me Vienot citera également pour la défense de son client une déclaration du général Weygand au procès du maréchal Pétain [2], ainsi que le compte rendu d'un entretien entre le maréchal Goering et le général Juin, entretien au cours duquel, le 20 décembre 1941, les modalités d'une défense en commun de la Tunisie contre les Anglais avaient été étudiées [3].

Tout cela est exact. Mais, dans l'automne de 1942, l'initiative *individuelle et solitaire* de Jean de Laborde apparaît comme très différente des initiatives *gouvernementales* antérieures. Même lorsqu'il sait devoir se heurter à une fin de non-recevoir, et ces refus prévisibles sont pris en compte dans sa stratégie, le gouvernement de Vichy précise toujours que sa collaboration devra être payée d'un certain nombre de concessions allemandes [4].

Enfin, à moins d'imaginer Laborde sous les traits d'un virtuose du double jeu, alors qu'il se présente, et que tous ceux qui le connaissent le présentent, comme un homme « d'une seule pièce », ses lettres à l'amiral Platon, son attitude et ses déclarations de novembre 1942 ne peuvent laisser planer de doutes sur ses véritables sentiments.

Tandis que l'importance de Jean de Laborde se précise, celle de l'amiral Auphan diminue.

---

1. Ces prisonniers furent, pour la plupart, libérés en juillet 1941.

2. Questionné, en effet, le 31 juillet 1945 par un juré, M. Destouches, sur les mesures prises en 1940 par Vichy, « notamment pour la reprise du Tchad », le général Weygand, loin de nier ces préparatifs, les revendiquera, tout en soulignant les immenses difficultés de l'entreprise. « C'est donc une absurdité que nous étudions pour donner quelque chose à manger à MM. les Allemands. »

Parlant des projets contre la dissidence, il dira aussi : « Nous avons toujours dit que rien ne serait tenté avant telle date et celle que nous avions fixée était celle du commencement des pluies. Puisque M. le Président m'a permis d'employer des expressions vulgaires : c'était la Saint-Glinglin. »

Dans le tome troisième des *Mémoires* du général Weygand, *Rappelé au service*, on trouvera (p. 389 à 394) de nombreuses allusions à la manière dont Vichy utilisait des attaques anglaises (Mers el-Kébir, Dakar) ou gaullistes pour obtenir des Allemands non seulement des armes, mais également la libération de certaines catégories de prisonniers.

En juin 1941, après les événements de Syrie, Hitler promit ainsi la libération de plus de 1 100 officiers, 800 sous-officiers et 4 500 hommes pour l'encadrement des troupes d'Afrique.

3. Dans le cas où les armées italo-allemandes auraient été amenées à retraiter. Juin avait répliqué à Goering « qu'il y avait lieu de créer un climat nécessaire pour que les troupes françaises, qui n'étaient pas sans souffrir des conditions imposées par l'armistice (zone occupée, prisonniers, etc.), se fassent à l'idée de combattre côte à côte avec les Allemands et, *a fortiori*, avec les Italiens ». Sur ce point, se reporter également ci-dessus à la page 17.

4. On l'a vu notamment, en juin 1941, au moment où sont étudiés les « accords de Paris ». *Cf. Les Beaux Jours des collabos*, vol. II de la présente édition, p. 132-152.

Auphan, qui s'est longtemps opposé aux Allemands, démissionne en effet le 15 novembre après avoir entendu Laval déclarer qu'il fallait, pour sauver la France, adhérer au Pacte tripartite. Démission qui deviendra effective le 19 novembre lorsque l'amiral Abrial, héros de l'évacuation de Dunkerque, mais soldat tout entier dévoué, à travers l'image qu'il se fait de Philippe Pétain, à la politique de Laval, est appelé à lui succéder [1].

« Le départ d'Auphan ne devait pas tarder à se faire sentir, allait écrire l'amiral Marzin. Le 20 novembre, Laval cédait aux Allemands la totalité de la flotte marchande battant pavillon français [2]. »

La lettre que Laval adresse à Hitler le 22 novembre — lettre dont il dira le 18 septembre 1945, au cours de l'un de ses interrogatoires, qu'elle n'avait pas dû être expédiée — présente ce transfert, dont les termes ont été discutés avec le gauleiter Kaufmann, comme une « occasion (pour le gouvernement français) de marquer par ce premier acte sa volonté de prendre parti dans le combat gigantesque que vous menez [3] ».

Pour armer ces navires, 5 000 marins allemands sont dirigés sur Marseille.

Ainsi le dispositif allemand : concentration de chars à Bandol et Sanary, envoi à Marseille de munitions et de renforts [4], occupation, le 26, du terrain d'aviation de Palyvestre, se met-il méthodiquement en place tandis que se désagrège le dispositif français.

Lorsque l'amiral Abrial, nouveau secrétaire d'État à la Marine, se rend à Toulon (il y passera la journée du 23), quelle est la situation à moins de quatre jours du coup de force allemand ?

Le 18 novembre, les Allemands ont exigé le départ de la quasi-totalité des troupes de l'armée de terre envoyées, certes, pour protéger la base contre une attaque anglo-saxonne, mais dont le comportement demeurait imprévisible [5]. Une dizaine de bataillons demeurent cependant dispo-

1. Avec Auphan, partent du gouvernement Gibrat et Barnaud. De l'état-major de la Marine, Marzin et Aubert, sous-chef d'état-major pour l'Aéronautique navale.

2. A l'exception de 18 navires totalisant 50 000 tonnes que la France conservait pour ses besoins (trafic avec la Corse en particulier). L'ensemble des navires marchands se trouvant dans les ports français représentait 646 000 tonnes. Après l'accord Laval-Kaufmann du 22 novembre, la prise en charge des navires fut signifiée à la France le 5 décembre. Les Allemands émirent par la suite la prétention de nous laisser la charge des frais d'exploitation des navires mis à leur disposition.

En 1939, lors de la déclaration de guerre, la France disposait de trois millions de tonnes de navires marchands.

3. « Je suis résolu à tout faire, ajoute Laval, selon les possibilités de la France, pour vous aider à abattre le bolchevisme et pour empêcher l'emprise de l'Amérique sur l'Europe et sur son prolongement africain. Des conditions morales et politiques doivent être créées en France en vue de cette action. Elles résulteront, j'en suis sûr, d'un entretien que je vous demande et que je souhaite prochain. »

4. Les 5 000 marins ne devaient pas, en principe, être mêlés à l'opération sur Toulon. Eût-elle réussi que leurs concours se serait révélé précieux.

5. Le 21, ils interdisent à ce qui reste d'aviation française le survol de Toulon et de sa région.

nibles : deux bataillons du 21e régiment d'infanterie coloniale, six bataillons constitués par des hommes appartenant aux compagnies de débarquement des forces de haute mer, aux unités en gardiennage, aux batteries et ouvrages de côtes.

Mais ces troupes sont soit en réserve (c'est le cas de la moitié d'entre elles), soit orientées vers la mer pour s'opposer, à l'ouest avec les Allemands, à l'est avec les Italiens, à toutes les tentatives alliées. Les amiraux ne craignent manifestement pas le péril qui pourrait venir de la terre, celui qui pourrait venir de l'Allemand.

Interrogé, le 27 mars 1947, par un juré, M. René Mayer, qui lui demandera s'il avait « vraiment cru » que les Allemands respecteraient la neutralité de Toulon, l'amiral de Laborde devait répondre :

« Je l'ai cru… Je l'ai cru et mes doutes mêmes, à ce sujet, avaient sérieusement diminué. J'avais peut-être tort, je ne connaissais pas les Allemands. Je n'ai jamais été en Allemagne, je n'ai jamais eu aucune relation avec aucun Allemand[1], je les connaissais mal. Mais il est absolument matérialisé et établi, du reste par le procès de l'amiral Marquis et de l'amiral Abrial, que, le 26 novembre, veille du jour où les Allemands ont tenté de s'emparer de la flotte, j'ai proposé à l'amiral Marquis, qui a acquiescé, comme la situation paraissait se stabiliser, de laisser les officiers, sous-officiers et hommes mariés (y compris les hommes d'équipage ou quartiers-maîtres mariés) descendre à terre en petit nombre, avec roulement, étant donné que, jusque-là, nous les avions maintenus complètement à bord, toutes les nuits… Nous commencions à avoir moins de méfiance vis-à-vis des Allemands. »

Si bien que, pour contrôler (on n'ose écrire pour défendre) les deux routes principales qui mènent alors à Toulon, il n'existe que deux postes de surveillance : l'un sur la nationale 8, un peu avant Ollioules, c'est-à-dire à 8 kilomètres environ de Toulon, l'autre à la hauteur de La Valette, à 6 kilomètres de la ville. Trois gendarmes à Ollioules. Trois gendarmes à La Valette.

Ainsi, la sûreté du port et de la Flotte repose-t-elle sur 6 gendarmes disposant de motocyclettes, de bicyclettes et de liaisons téléphoniques. Mais les motocyclettes peuvent tomber en panne (cela se produira), le téléphone peut être coupé (il le sera à Ollioules aussi bien qu'à La Valette). « Au mépris des règles les plus élémentaires, écrira Henri Noguères dans son excellente étude sur le sabordage, ces deux postes ne sont pas doublés. » Quant aux routes secondaires, elles sont totalement abandonnées à l'ennemi !

La modicité du dispositif de « protection » témoigne, de la part des amiraux français, soit d'une ignorance totale des méthodes de rapidité et de surprise constamment utilisées par l'armée allemande, soit d'une confiance qui confine à l'aveuglement.

1. On a vu que ce n'est pas exact. *Cf.* ci-dessus, p. 383-387.

Quoi qu'il en soit, lorsque les unités de la panzerdivision stationnée dans la région d'Aix-Semenos mettent leurs moteurs en route, le 26 novembre à 23 heures, il est bien trop tard pour que la flotte française puisse s'échapper.

A son procès, l'amiral de Laborde dira que, passé le 11 novembre au soir, l'appareillage n'était plus possible. Répliquant au capitaine de frégate Blouet qui avait affirmé que, le 13, le 14, le 15, « les risques étaient acceptables », mettant en avant son expérience de commandant d'escadre, montrant la rade de Toulon — cette souricière — sous la menace des mines magnétiques, puis sous la menace de l'artillerie et des chars, l'amiral de Laborde devait s'efforcer de prouver tout le côté aventureux d'une entreprise qu'il n'avait jamais d'ailleurs, on le sait, envisagé de tenter.

Mais les plus optimistes et les plus résolus — Blouet, par exemple — admettent qu'à partir du 23 ou du 24 novembre l'appareillage de la flotte aurait représenté une opération désespérée, et enfin que, dans la nuit du 26 au 27, « le sabordage restait la seule et l'ultime ressource ».

Pour appareiller, un bâtiment de guerre, à l'exception des sous-marins, a besoin — suivant son type et sa catégorie — de quatre à six heures ; le remorquage des filets barrant la passe réclame entre trente minutes et deux heures et, se déroulant sous le feu de la Luftwaffe et de la Wehrmacht, ces opérations auraient conduit à un massacre.

Les blindés qui se mettent en route le 26 novembre, une heure avant minuit, pour obéir à l'ordre d'opération « Lila » (dernier avatar d'« Attila ») signé par Hitler le 19 novembre[1], procèdent suivant une technique rodée au fil des années de guerre et qui allie un secret total à une excellente coordination des différents éléments engagés.

Le premier groupement blindé, qui doit parcourir une centaine de kilomètres, a reçu pour mission, après être passé par Solliés-Pont et s'être introduit dans Toulon par la nationale 97, d'occuper le fort Lamalgue, de se saisir de l'amiral Marquis, préfet maritime, et d'empêcher les autorités françaises de donner l'alerte. Des éléments détachés de ce premier groupement doivent, dans le même temps, envahir l'arsenal du Mourillon, neutraliser la station de radio, s'emparer des sous-marins à quai et pousser une batterie d'artillerie à la pointe sud du Mourillon d'où elle battra la petite rade et la passe, interdisant ainsi toute sortie des navires français.

L'opération est prévue pour 4 h 30.

A soixante kilomètres de son point de départ, le second groupement blindé allemand a pour objectifs la base navale de Saint-Mandrier, l'Arsenal principal, les appontements Milhaud, c'est-à-dire le *Strasbourg*, le *Colbert*, l'*Algérie*, la *Marseillaise* et cinq contre-torpilleurs.

---

1. L'opération d'invasion de la zone libre avait été étudiée dès le 10 décembre 1940.

Comme à l'ordinaire, les blindés allemands en marche vers Toulon sont précédés de motocyclistes qui arrachent les câbles téléphoniques. Si bien que les gendarmes français, ceux de Le Camp, de La Valette, d'Ollioules, qu'alertent les bruits de chenilles, se trouvent dans l'incapacité de prévenir Toulon. Leurs téléphones demeurent muets. Sans doute auraient-ils la possibilité d'envoyer l'une ou l'autre de ces estafettes motocyclistes prévues par ce que l'on n'ose appeler le « plan de protection » de Toulon. Mais les gendarmes du poste de La Valette sont neutralisés avant d'avoir pu intervenir, l'un d'eux, le gendarme Le Moign, se voyant même contraint de servir de guide à la colonne allemande.

Seul le chef du poste placé à la sortie est d'Ollioules aura la possibilité de réagir. A défaut d'avoir vu les blindés allemands qui, sans entrer à Ollioules, ont emprunté la départementale 11 pour rejoindre Sanary, il a entendu et compris [1].

Un peu après 3 h 30, une estafette motocycliste quitte donc Ollioules pour Toulon où elle se présente à 4 heures au lieutenant de vaisseau Morel, chef du poste de garde de la porte Castigneau. Immédiatement, Morel alerte l'enseigne de vaisseau Piéters, officier de permanence à la préfecture maritime. A cet instant, les Français disposent encore de vingt-cinq petites minutes de liberté avant l'arrivée des Allemands prévue, par un plan qui sera remarquablement respecté, pour 4 h 30. Ces vingt-cinq minutes, ils vont les perdre. Ayant ouvert la fenêtre, n'entendant, lui, aucun bruit suspect, Piéters demande à Morel de renvoyer le gendarme à Ollioules (huit kilomètres). Si les bruits sont toujours perceptibles, s'il se confirme que des blindés allemands « azimutent » sur Toulon, alors le gendarme reviendra à toute allure.

Il ne reviendra pas.

Moins fiable, en effet, que les machines allemandes, la moto française tombera en panne entre Toulon et Ollioules.

Cependant, à 4 h 15, l'enseigne Piéters rappelle la porte Castigneau. Le gendarme ? Non, on ne l'a pas revu, mais, comme la ville demeure silencieuse, Piéters laisse passer quelques minutes avant d'appeler le fort Lamalgue. Il est 4 h 25. La communication est difficile à obtenir. Lorsque Piéters entre enfin en contact avec le fort Lamalgue et demande l'amiral Robin, il s'entend répondre :

— Impossible… les Allemands sont là !

— Les Allemands ? Quels Allemands ? Ceux de la Commission d'armistice ?

— Je vous répète, lieutenant, que les Allemands sont là.

1. Le chef de la brigade de gendarmerie d'Ollioules enverra, avec retard, deux gendarmes à Toulon. N'ayant que des bicyclettes et devant, cette fois, éviter les blindés et motocyclistes allemands qui les ont devancés, ils n'arriveront pas à Toulon avant 6 heures du matin.

Ils sont effectivement au fort Lamalgue depuis quelques minutes. A 4 h 25, le premier char — celui qui porte le gendarme Le Moign, qui s'était vainement efforcé d'égarer les Allemands dans les rues de la ville — est arrivé devant la porte du fort. Officiers et soldats allemands se mettent immédiatement à la recherche de l'amiral Marquis. Il est 4 h 30.

4 h 30, l'heure prévue non seulement pour l'occupation de Toulon, mais également pour l'« information » du gouvernement français, qui se trouvera placé ainsi devant le fait accompli.

A 4 h 30, très exactement, Krug von Nidda, consul général d'Allemagne, remet à Pierre Laval, chef du gouvernement français, que l'on a tiré de son sommeil, une lettre d'Abetz et le double de la lettre adressée par Hitler au maréchal Pétain.

Une heure plus tôt, Krug von Nidda avait réveillé Charles Rochat, secrétaire général du ministère des Affaires étrangères.

— Je suis chargé par mon gouvernement de remettre une communication urgente au président Laval.

— Le président est chez lui, à Châteldon…

— Je sais. Je dois m'y rendre immédiatement. Si vous voulez bien m'accompagner, je passe vous prendre…

Krug von Nidda se présente quelques minutes plus tard et, bien entendu, pendant le trajet de Vichy à Châteldon (vingt kilomètres), il ne dit rien à Rochat du message dont il est porteur mais dont tout, et d'abord l'heure insolite, laisse supposer qu'il ne peut être que d'une gravité extrême.

A 4 h 25, la voiture de Krug von Nidda stoppe devant le château de Châteldon, exactement comme, à la même minute, les chars allemands, à Toulon, ont stoppé devant la porte Castigneau. Rochat, qui piétine dans le froid, veut, sans plus tarder, faire ouvrir la porte du château. Krug von Nidda intervient.

— Non, attendons la demie…

4 h 30. Laval, que Rochat a alerté depuis Vichy, ignore tout du message que va lui transmettre von Nidda. Il devine cependant, et comment pourrait-il en être autrement, qu'un nouveau coup va atteindre la France déjà accablée.

Krug von Nidda qui est informé de l'assaut donné à la flotte française, comme aux casernes où dort l'armée de l'armistice, et qui sait qu'aucune réaction n'est possible, livre à Laval l'information essentielle — occupation de Toulon, démobilisation de l'armée française — avant de lui remettre les deux lettres qui lui ont été confiées, lettres dont la lecture retardera — et ce ne sera pas sans influence sur la suite des événements — le retour de Laval à Vichy.

La lettre de Hitler à Pétain est longue (huit feuillets dactylographiés), tout entière occupée d'abord de ces réminiscences historiques que le

Führer développe systématiquement pour se donner bonne conscience : l'Allemagne n'a pas déclaré la guerre en septembre 1939 ; Montoire aurait « pu jeter les bases d'une détente générale », le retour des cendres de l'« Aiglon » ne constituait nullement un prétexte pour attirer Pétain à Paris et l'y retenir prisonnier ; les généraux et amiraux français ont « failli à leur parole d'honneur à l'égard d'organismes allemands et cela un nombre incalculable de fois ».

> C'est pourquoi, poursuit Hitler, après avoir eu connaissance de nouvelles violations de leur parole d'honneur commises par des officiers, des généraux, des amiraux français qui ont l'intention, maintenant prouvée, d'ouvrir aux fauteurs de guerre anglo-juifs la France après l'Afrique du Nord, j'ai donné l'ordre d'occuper immédiatement Toulon, d'empêcher le départ des navires ou de les détruire et de briser par la force, en cas de besoin, toute résistance. Cela ne constitue pas une lutte contre les officiers ou les soldats français conscients de leur honneur, mais seulement contre les criminels fauteurs de guerre, pour lesquels il n'a pas encore aujourd'hui coulé assez de sang et qui cherchent toujours de nouvelles possibilités pour prolonger et pour étendre la catastrophe.
>
> J'ai, en conséquence, donné l'ordre de démobiliser toutes les unités de l'armée française qui, à l'encontre des ordres de leur propre gouvernement, sont excitées par leurs officiers à une résistance active contre l'Allemagne.

La lettre d'Abetz à Pierre Laval reprend les accusations de Hitler[1]. Elle les amplifie même, notamment en ce qui concerne la Marine, sans toutefois apporter de précisions convaincantes, car rien ne pouvait laisser croire à une volonté de concertation entre les amiraux français et les alliés, si bien que Laborde protestera violemment, dans les jours qui vont suivre, contre des allégations qui, en ce qui le concerne, sont effectivement sans fondement[2].

Occupation de Toulon, démobilisation de l'armée française, espoir que toute effusion de sang sera évitée, assurance que, si des résistances se manifestent, elles seront brisées, affirmation que le « nettoyage » de tous les éléments hostiles à un rapprochement franco-allemand servira finalement le bien des deux peuples, Abetz énumère et développe plus ou moins longuement ces différents points. Avant de terminer en transmettant à Laval les remerciements de Hitler pour la « cession » de la flotte marchande française, Abetz précise que le Führer est décidé « de

1. Après les événements de Toulon, Abetz traversera une longue période de disgrâce.
2. « La ville et le port de Toulon, affirme la lettre d'Abetz, n'ont pas été occupés à la demande formelle du gouvernement français et après que les amiraux français eurent donné leur parole d'honneur de défendre Toulon contre toute attaque anglo-américaine. Mais le gouvernement du Reich a été maintenant mis en possession de documents qui prouvent, de façon indiscutable, que les amiraux et officiers dirigeants de la flotte française à Toulon non seulement n'ont pas l'intention de défendre Toulon, mais qu'ils favorisent en secret un débarquement anglo-américain à Toulon et qu'ils veulent passer à l'adversaire au moment fixé. Des parties de l'armée et de l'aviation françaises sont également mêlées à ce nouveau complot fomenté par les ennemis éternels d'une compréhension franco-allemande. »

faire tout ce qui est en son pouvoir et de vous aider pour créer une force militaire absolument sûre pour le gouvernement français ». Quelle sera la vocation de cette « force absolument sûre » ? Aider l'armée allemande à lutter « par tous les moyens contre tout essai de débarquement des forces américo-anglaises débarquées en Afrique et à combattre pour regagner l'empire colonial français [1] ».

Ces mots sont écrits par des hommes — Hitler, Abetz — qui sont en train de détruire ce qui reste encore des forces françaises et, par leur action, rendent leur reconstitution moralement et matériellement impossible…

On comprend que Laval, dans un bien inutile mouvement de colère, ait froissé les deux lettres qui portaient un coup mortel à sa politique et aux illusions sur lesquelles elle reposait.

Après avoir demandé à Rochat de convoquer un conseil restreint, il lui reste à partir en hâte pour Vichy. Il y arrivera à 5 h 15. Trop tard pour que son désir de « parlementer » encore, de « négocier », d'éviter le sabordage en élaborant, pour la flotte de Toulon, un statut équivalent à celui que les Anglais avaient accepté, en juillet 1940, pour la flotte d'Alexandrie [2], puisse, désormais, aboutir.

A Toulon, en effet, l'alerte a été donnée par l'enseigne Piéters et par le commandant Biseau qui, rappelant le fort Lamalgue, obtiennent, un interlocuteur allemand — mais aussi par l'amiral Robin. Dans le fort envahi, Robin réussit à s'enfermer dans son bureau et à joindre téléphoniquement l'amiral Dornon, major général.

— Les Allemands occupent Lamalgue, c'est la prise de Toulon par la force… Il faut agir en conséquence : appelle le *Strasbourg* et préviens Guérin.

Dornon prend immédiatement le relais de Robin.

A 4 h 40, la communication avec le *Strasbourg* est établie et l'amiral Guérin, chef d'état-major des forces de haute mer, mis au courant de la situation. A 4 h 45, l'amiral de Laborde réveillé, et qui refuse de croire à la réalité (pourquoi les Allemands ne seraient-ils pas fidèles à leur parole puisqu'il est, lui, Laborde, fidèle à la sienne), demande à l'amiral Guérin d'appeler l'amiral Marquis… qui ne répond pas. Et pour cause : il est arrêté.

— Essayez Robin, demande Laborde.

---

1. « … Je suis persuadé, poursuit Abetz, que la fraternité d'armées, créée par la lutte commune à venir qui sera ressentie par les soldats français et allemands inspirés du même esprit européen, contribuera plus que tout à servir de base à une amitié durable entre l'Allemagne et l'Italie, d'une part, et la France d'autre part. »

2. A Alexandrie, alors base anglaise, où se trouvaient en juin 1940, un certain nombre de navires de guerre français que Churchill avait donné ordre, le 3 juillet, de saisir ou de couler, l'amiral Godfroy et l'amiral Cunningham s'étaient mis d'accord pour que la flotte française immédiatement désarmée puisse demeurer sous pavillon français.

Au fort Lamalgue, l'amiral Robin se trouve, lui, en liberté surveillée.

— Il y a quelqu'un dans mon bureau… Je ne peux plus parler. Raccrochez, ne téléphonez plus.

L'amiral de Laborde, qui a pris l'écouteur, n'hésite plus.

— Faites faire le branle-bas sur tous les bâtiments [1].

Il est 4 h 57.

L'ordre de branle-bas, transmis par ondes très courtes, par téléphone, par signaux touche d'abord les croiseurs de la première escadre. Le *Colbert*, l'*Algérie*, la *Marseillaise*, qui, aux appontements de Milhaud, se trouvent proches du *Strasbourg*, sont alertés immédiatement ainsi que les cinq contre-torpilleurs voisins. De navire à navire, avec parfois des retards explicables par l'absence d'écoute radio pendant les heures de nuit, l'ordre est ainsi répercuté. Au quai Noël, les contre-torpilleurs et torpilleurs, placés sous le commandement du contre-amiral Négadelle, enregistrent à 5 h 4 et 5 h 6 le message émanant du *Strasbourg*. Ailleurs, et c'est le cas pour les équipages des sous-marins amarrés à la darse nord du Mourillon, ce sont les Allemands qui ont donné l'alerte en pénétrant à 5 h 5 sur les quais. Bruyamment, puisqu'ils tirent plusieurs rafales de mitrailleuses. Sur certains navires éloignés, ou d'équipage réduit, le *Provence*, le *Dunkerque*, ce n'est pas avant 5 h 15, voire 5 h 35 que les commandants seront avertis.

Le branle-bas ordonné, voici les bordées de quart prêtes à allumer les feux ou, plus vraisemblablement, à effectuer les opérations de sabordage. La décision appartient à l'amiral de Laborde. Et cet homme de décision hésite un instant.

— Avant de faire un geste aussi effroyable que de saborder les bateaux, dira-t-il à son procès, je voulais aller jusqu'à la dernière extrémité.

Pour lui, la « dernière extrémité », ce sera le moment où, par la porte Castigneau, les Allemands pénétreront dans l'Arsenal.

C'est fait à 5 h 25, cependant que, par la Pyrotechnie, une autre colonne blindée menace les appontements de Milhaud. Alors, sur 4 m 94, l'émetteur du *Strasbourg* lance à tous le message : « Ici amiral FHM, sabordez la flotte… sabordez la flotte… »

Il est 5 h 29.

Sur le *Strasbourg*, la signalisation optique répète le même ordre. Du cuirassé, partent, pour régularisation, des messages écrits à l'intention de tous les commandants.

---

1. « Pour avoir négligé d'isoler totalement le central téléphonique du fort Lamalgue, écrit Noguères, les Allemands ont perdu le bénéfice de la surprise réalisée au moment de l'occupation du fort. L'alerte qu'ils redoutaient est maintenant donnée. » Elle l'est par l'amiral Robin, mais également par le capitaine de corvette Le Nabec, qui a pu s'enfermer dans le local des transmissions du fort Lamalgue et qui, indifférent aux coups des Allemands, qui s'efforcent d'enfoncer la porte, prévient le *Strasbourg*, le commandant du front de mer, le PC de la DCA, la 1re flottille de patrouille, la division métropolitaine de police, le Mourillon et le Ve Dépôt des équipages.

EXÉCUTEZ IMMÉDIATEMENT
SABORDAGE DE VOTRE BÂTIMENT
AMIRAL DE LABORDE
C.E.C. LES F.H.M.

Voici comment, le 27 mars 1947, devant la Haute Cour de justice, l'amiral de Laborde devait décrire le déroulement des opérations de sabordage à bord du *Strasbourg* et son récit épargnera au lecteur les fastidieuses explications indispensables à la compréhension de manœuvres complexes et dont la réalisation réclame plusieurs heures.

— … Vers 6 heures moins le quart, je crois, nous avons vu envahir les quais, autour des appontements où était amarré le *Strasbourg*, il faisait toujours nuit, naturellement, puisque c'était en novembre. Nous les avons vus envahis par des soldats allemands qui se sont postés sur les quais ; il y en avait un certain nombre qui entouraient l'appontement du *Strasbourg*. J'avais fait supprimer la passerelle et toute communication était impossible autrement qu'à la nage. Nous avons été parfaitement tranquilles pour le sabordage qui a commencé d'abord en ouvrant les prises d'eau de tous les compartiments. Un homme est en bas et casse la manœuvre, distend la prise d'eau avec une masse, de façon que, la prise d'eau étant tout de suite noyée, personne ne puisse la refermer. Le sabordage principal consiste, avec un chalumeau, à ouvrir la porte de visite des grandes roues qui atteignent trois mètres de diamètre sur le *Strasbourg*, des roues dentées, des turbines, des transmissions de mouvement aux hélices. Le chalumeau atteignant les dents en acier, la roue est finie pour toujours et, par conséquent, les machines sont sabordées instantanément. Pour les chaudières, si elles n'ont pas assez de pression, on est obligé de mettre un pétard pour les faire sauter ; pour les canons, on met un pétard dans la pièce de façon à couler la pièce ou à la faire sauter…

Pendant que, sur presque tous les navires présents à Toulon, commencent les opérations de sabordage, Laval, à Vichy, réunit l'amiral Platon, secrétaire d'État, l'amiral Abrial, le général Bridoux et le général Jannekeyn, responsables respectivement des départements de la Marine, de la Guerre et de l'Air, le général Campet et Jardel, qui appartiennent au cabinet du Maréchal. Rochat, qui a accompagné Krug von Nidda à Châteldon, est naturellement présent. L'amiral Le Luc, très rapidement, puis, avec retard, Guérard, secrétaire général du gouvernement, viendront participer à cette réunion improvisée, dont il ne sortira rien, mais qui — commencée quelques minutes plus tôt — aurait pu conduire à l'interdiction du sabordage.

Immédiatement après que Laval eut informé les participants de son entretien avec le consul général d'Allemagne et que Rochat eut traduit les principaux passages de la lettre de Hitler, le chef du gouvernement reprend la parole. Que dit-il ? Essentiellement qu'il faut « éviter les incidents ». Il le répète — le général Bridoux et le général Jannekeyn s'étant retirés dans une pièce voisine — devant les amiraux Abrial, Le Luc, Platon, devant Rochat, Campet, Guérard et Jardel. Encore faut-il entrer en communication avec Toulon. A la surprise générale, c'est sans aucune difficulté que l'amiral Le Luc, qui a pris l'initiative d'appeler la préfecture maritime, obtient l'enseigne Piéters. Il est alors 5 h 25 ou 5 h 30.

A l'amiral Le Luc, qui l'interroge sur « la situation », Piéters [1], que rejoindra bientôt le commandant Biseau, réplique en dirigeant l'appareil vers la fenêtre ouverte :

— Écoutez vous-même… les bateaux sont en train de sauter.

— Bon… avez-vous de quoi écrire ?

— Oui.

Et, sous la dictée de Le Luc, Piéters répète à un officier des Équipages des mots dont la signification, aujourd'hui encore, prête à discussion et interprétation.

Ce texte capital a été inscrit, de façon parfois elliptique, au dos d'un message anodin reçu quelques heures plus tôt de l'École des pupilles de la marine et enregistré à 23 h 24. Le voici

POUR AL DE LABORDE
P… MARQUIS
DE LA PART PRÉS. LAVAL
ÉVITER TOUT INCIDENT
DE LA PART AL. ABRIAL
CECI MODIFIE INTÉGRALEMENT
TOUS LES ORDRES ANTÉRIEUREMENT REÇUS [2]

Quelques minutes plus tard, Piéters rappellera Vichy et, à nouveau, il obtiendra l'amiral Le Luc. Soucieux d'obtenir confirmation du message avant de le diffuser, Piéters, qui a ouvert l'annuaire de la Marine, interroge :

— Pouvez-vous me donner vos prénoms et votre date de naissance ?

— Ici, Le Luc, Maurice, Athanase, né le 14 juillet 1885, j'ai 1,90 m et j'ai les yeux clairs… Où en êtes-vous à Toulon ?

— La rade est noire de fumée.

— Le président Laval est à côté de moi… on va négocier… Le président Laval va vous parler.

Laval ne pourra dire un mot. La communication est coupée. Mais, entre 5 h 40 et 6 h 20, heure où Toulon, cette fois, ne répondra plus à aucun appel, d'autres entretiens rapides, haletants, entre interlocuteurs qui ne font pas toujours connaître leur identité, vont avoir lieu.

1. Le lieutenant de vaisseau Piéters a fait plus tard à Henri Noguères le récit de cette nuit dramatique.
2. Ce texte, remis par le commandant Biseau à l'amiral Rouyer, a été déposé par l'amiral au greffe de la Haute Cour de justice, et produit au procès de l'amiral Abrial.

C'est ainsi que le commandant Biseau peut joindre à Vichy l'amiral Le Luc, puis, au cours de la même communication, l'amiral Abrial.

— Ici, amiral Abrial. Évitez les effusions de sang et les destructions de matériel inutiles.

Ces mots que Biseau affirmera avoir entendus, Abrial niera, plus tard, les avoir prononcés, et il se peut qu'ils aient été dits par l'amiral Le Luc [1], qui dira à certains de ses interlocuteurs : « Arrêtez les frais » et encore, lorsqu'il est informé que le sabordage est en cours, « De cela on se fout. Il s'agit avant tout d'éviter les coups de fusil ».

« Arrêtez les frais », « éviter tout incident », quelle est la signification exacte de ces phrases le 27 novembre 1942 entre 5 h 30 et 6 h 20 ?

On allait en discuter longuement au cours du procès de l'amiral Abrial, Abrial affirmant qu'il n'avait jamais été dans son intention d'interdire ou d'arrêter le sabordage.

— Si j'avais voulu donner un ordre de non-sabordage, j'aurais dit : « Ne sabordez pas. » Jamais on ne donne un ordre de cette importance-là en disant : « Pas d'incident. »

L'amiral Abrial affirmera également que son intervention et celle de l'amiral Le Luc avaient seulement pour but d'éviter, entre assaillants et assaillis, l'échange de coups de feu susceptibles de provoquer des pertes inutiles dans les rangs français.

Venu témoigner, le commandant Biseau confirmera cette thèse. Pour lui, Abrial n'avait jamais voulu arrêter le sabordage. Quant au message du président Laval ordonnant « d'éviter tout incident », il lui avait paru « extravagant » puisque déjà, dans le port, les explosions se succédaient.

Interrogé par le président Noguères sur la signification qu'il aurait accordée aux instructions venues de Vichy *si le sabordage n'avait pas été commencé*, le commandant Biseau refusera d'entrer dans le jeu des suppositions.

Le président Noguères. — Avez-vous eu l'amiral Abrial au bout du fil ?

Le commandant Biseau. — J'ai eu l'impression d'avoir l'amiral Abrial au bout du fil…

Noguères. — Qu'est-ce qu'il vous a dit ?

Biseau. — Il m'a dit : « Évitez les effusions de sang et les destructions de matériel inutiles. » On a raccroché après cela. C'est le sens, tout au moins, du message de l'amiral Abrial.

Noguères. — En recevant le premier message, quel est le sens que vous-même lui avez donné ? Quel sens avez-vous donné aux mots : « Ceci modifie intégralement les ordres antérieurement reçus » ?

< 1. En 1982, M. Marc Biseau m'a écrit : « on (le mot est souligné dans sa lettre) prévient Vichy que l'ordre de sabordage a été donné. "Arrêtez les frais le plus tôt possible", est-il répondu, puis : "Pas de destruction de matériel inutile". Je n'ai pas écrit que ces paroles étaient de l'amiral Abrial. (Était-ce sans doute de l'amiral Le Luc ?) » >

BISEAU. — Je crois que nous n'avons pas eu à nous demander quel était le sens de ce message, qui nous a paru extravagant. Il tombait dans le vide : nous entendions déjà les explosions du sabordage.

NOGUÈRES. — Par conséquent, s'il tombait dans le vide parce que vous entendiez les explosions du sabordage, c'était qu'il n'avait plus d'objet. S'il avait eu un objet, qu'est-ce qu'il aurait voulu dire ?

BISEAU. — Je n'ai pas eu à me poser la question à ce moment-là. Le message du président Laval disant « éviter tout incident » nous paraissait extravagant, puisque le sabordage était commencé.

Était-il si « extravagant » ce message de Laval ?

Le haut commandement des forces armées allemandes l'a pris au sérieux puisque, dans son communiqué du 27 novembre, justifiant l'agression, on trouve cette phrase : « Une partie de la flotte française s'est sabordée, *malgré les ordres contraires du gouvernement français* [1]. »

Ces « ordres contraires », Pierre Laval, dans une lettre adressée le 28 novembre au chancelier Hitler, devait écrire qu'il s'était trouvé dans l'impuissance de les donner en temps utile.

L'excès de méfiance de Hitler, qui a fait coïncider l'instant où Pierre Laval était informé avec l'instant où Toulon se trouve envahi, est-il donc responsable du sabordage ? C'est en tout cas ce que le chef du gouvernement français affirme à Hitler.

> … J'ai envers vous, monsieur le Chancelier, un devoir : celui d'être franc.
>
> J'ai la conviction que la flotte française aurait pu jouer un grand rôle dans la défense de la France et de l'Europe et dans la reconquête de l'Empire. Elle aurait ajouté d'autres pages illustres à une histoire riche en héroïsmes. En attendant, elle eût accepté — avec son abnégation traditionnelle — de dures disciplines, celle même de ne pas naviguer, pour prouver son loyalisme à l'égard du Maréchal de France et permettre à son gouvernement de vous apporter un témoignage de sa fidélité. Les circonstances ne l'ont pas permis.
>
> Quand, en effet, immédiatement après avoir reçu votre lettre, avec le retard prescrit par vous sur les événements, j'ai fait appeler l'amiral Abrial, afin de transmettre à Toulon les ordres qui eussent permis de sauvegarder l'honneur et peut-être l'existence de la flotte, l'Amirauté venait d'être informée de l'occupation effective de l'arsenal de Toulon, de l'isolement de son haut commandement, le sabordage était déjà commencé.
>
> J'étais alors impuissant à arrêter l'irréparable.

La thèse de Laval est, naturellement, celle qu'exprime le même jour Paul Creyssel, responsable de la propagande de Vichy. Dans son éditorial du 28 novembre, consacré au drame de Toulon, il déplore que « la fatalité de la guerre » ait conduit Hitler à agir promptement, « là où l'intérêt de la politique aurait commandé une négociation sans hâte ».

Le même jour, la censure de Vichy arrête un autre éditorial : celui de

1. Je souligne intentionnellement.

Jacques Chastenet, codirecteur du *Temps*, qui, sous le titre « La France ne meurt pas », donne raison aux officiers et aux marins de Toulon et se trouve donc en opposition avec la thèse qu'il faut bien considérer comme officielle de ceux qui regrettent que « le contrordre qui eût sauvé [les] navires [1] » ne soit point parvenu à temps [2].

Il ne s'en est fallu d'ailleurs que de quelques minutes.

Et c'est à travers un incident passé presque inaperçu que l'on peut, mieux que par les témoignages et dépositions des procès de 1947, mesurer la véritable influence qu'aurait pu avoir le message de Laval.

Les consignes dictées par l'amiral Le Luc.

DE LA PART PRÉS. LAVAL
ÉVITER TOUT INCIDENT
DE LA PART AL. ABRIAL
CECI MODIFIE INTÉGRALEMENT
TOUS LES ORDRES ANTÉRIEUREMENT REÇUS

Le lieutenant de vaisseau Loury, officier de service au 3e bureau de la préfecture maritime, s'est efforcé à 5 h 45 de les répercuter [3]. Ne pouvant joindre l'amiral de Laborde déjà totalement isolé, sur le *Strasbourg*, il appellera le *Provence* et demandera au capitaine de vaisseau Le Merdy, commandant du navire, non seulement « par ordre de M. Pierre Laval » que « l'opération ordonnée par le major général (c'est-à-dire le sabordage) soit arrêtée », mais également que la consigne soit transmise à l'amiral de Laborde avec qui toutes les communications téléphoniques se trouvent interrompues.

L'ordre d'arrêter le sabordage est donc lancé à un moment où les opérations n'ont pas encore un caractère irrémédiable ; mais plusieurs impondérables vont en empêcher la transmission. Le commandant Le Merdy, n'ayant pas reconnu la voix du lieutenant de vaisseau Loury, ne réussit à obtenir au téléphone, pour une indispensable confirmation, ni la préfecture maritime, ni la Majorité générale, ni l'Arsenal.

Informé de la rupture des lignes téléphoniques, l'amiral Jarry, commandant la division des Écoles, qui a mis sa marque sur le *Provence* décide donc, avant de faire porter par une vedette le message au *Strasbourg,* d'envoyer à la Majorité générale, le lieutenant de vaisseau Yves Lostie de Kehror. Mais, à peine a-t-il mis le pied sur le quai, Lostie de Kehror se voit intercepté par une patrouille allemande qui le raccompagne à bord et l'empêche d'accomplir sa mission de renseignement.

1. Paul Creyssel.
2. Jacques Chastenet et Émile Mireaux prendront prétexte de cette interdiction pour arrêter immédiatement la parution du *Temps*.
3. Le lieutenant de vaisseau Loury tenait ce message du commandant Biseau qui l'avait reçu directement de Vichy avec ordre d'en assurer la diffusion « par ses propres moyens ». *Cf.* Noguères, *op. cit.*, p. 161.

Ainsi le destin ne bascule pas…

Il est 5 h 50.

Depuis cinq minutes, le sabordage est commencé sur le *Strasbourg*, mais le début de l'opération a coïncidé avec un violent incident.

Alors que l'équipage, ou ce qu'il en reste (250 hommes), occupe ses postes de combat, un char allemand, qui vient de longer le foyer du marin des forces de haute mer, tire un coup de 88 en direction du *Strasbourg*. L'obus pénètre dans la tourelle 5 et blesse mortellement le lieutenant de vaisseau Georges Fay, légèrement cinq hommes. Sur l'ordre du commandant en second, les brownings arrière répliquent et plusieurs Allemands sont touchés cependant que le char bat en retraite. Ce pourrait être le début d'une rude bagarre, mais l'amiral de Laborde, présent sur la plage arrière, fait immédiatement cesser le feu. Les coups de feu contre le *Strasbourg*, sa riposte, le désarroi passager dans les rangs allemands, tout contribue cependant à donner aux navires amarrés au quai Milhaud un délai de quelques minutes qu'ils utilisent pour accélérer les opérations de sabordage.

Les Allemands sont certes présents, mais les navires ayant été éloignés du quai, les passerelles retirées, ils ne peuvent être, le plus souvent, que spectateurs.

Réussissent-ils à monter à bord, ils le font en très petit nombre : un officier, quelques hommes, et leur mission semble se limiter à la simple injonction faite aux officiers français d'avoir à rendre leur navire intact.

A bord du *Provence*, c'est pendant que l'amiral Jarry discute dans son bureau avec un lieutenant allemand que le commandant Le Merdy réussit à se glisser par le conduit d'évacuation d'air vicié des chambres de condensation jusqu'aux machines pour donner l'ordre de sabordage, puis il revient « tranquillement » se mêler à une conversation relativement courtoise jusqu'à l'instant où, sentant le bâtiment s'incliner sur bâbord, les Allemands comprennent qu'ils ont été joués et s'écrient : « Il ne faut pas de sabotage… arrêtez sabotage. »

« Tout acte de sabotage est interdit. » C'est également ce que déclare un capitaine allemand au capitaine de vaisseau Malgouzou, commandant l'*Algérie*, mais il se trouve dans l'incapacité d'interrompre des mesures qui se poursuivent presque sous ses yeux et sous les yeux de ses soldats.

En n'envoyant à Toulon que cinquante marins aux ordres du capitaine de frégate Hugo Heydel, en confiant à des « terriens », à des néophytes une opération de vaste envergure que seuls des spécialistes auraient pu contrôler et maîtriser, le haut commandement allemand vouait « Lila » à l'échec.

Lorsque le jour se lève, un peu avant 7 heures, le spectacle est de ceux que les témoins — marins et habitants de Toulon, réveillés par le bruit des appareils de la Luftwaffe, par celui des explosions — n'oublieront jamais.

Sur les quais, quelques tanks dirigent leurs tourelles en direction de la rade, les détachements allemands augmentent en importance et la ronde des motocyclistes autour des marins français qui assistent, consternés et furieux, à la mort de leurs navires se fait toujours plus insistante.

Tandis que l'air vibre du bruit des explosions qui répondent aux explosions, dans un ciel d'hiver gris et doux d'énormes fumées d'incendie se répandent.

Si, à bord du *Strasbourg*, le feu n'a fait que peu de ravages, il n'en va pas de même à bord du *Colbert*, de l'*Algérie*, de la *Marseillaise*, dont tous les hauts brûlent tandis qu'explosent les tourelles[1]. A 8 h 30, le *Dupleix,* dont les Allemands ont arrêté, à 6 h 20, le noyage des soutes à munitions, explose dans un vacarme épouvantable. Les 2 croiseurs, *La Galissonnière* et *Jean-de-Vienne* sont coulés dans les bassins de radoub, 2 des 5 contre-torpilleurs de la 3e escadre légère amarrés au quai Noël, le *Tortu* et le *Guépard*, ont chaviré, *L'Indomptable* est couché sur bâbord. Dans la darse Castigneau, le contre-torpilleur *Vautour* est presque immédiatement immergé, comme le torpilleur la *Poursuivante*, cependant que l'eau atteint les hublots supérieurs du croiseur *Foch* et que, malgré les ordres qui interdisent le sabordage des petits bâtiments, 3 dragueurs ont été sabordés, à côté des 5 remorqueurs et de la gabare *Endurante*.

Les 3 bâtiments de l'escadre légère amarrés au quai de l'artillerie dans la darse Vauban — contre-torpilleur Verdun, torpilleurs *Casque* et *Mameluck* — ont coulé, comme le transport d'avions *Commandant-Teste*, comme le *Dunkerque* dont le sabordage s'achève à 7 h alors que les Allemands arrivent après avoir longé les épaves du *Kersaint* et du *Vauquelin*.

Au total, ce sont 3 cuirassés (75 189 tonnes), 7 croiseurs (62 800 tonnes), 1 transport d'aviation, 15 contre-torpilleurs, 14 torpilleurs, 4 avisos, 12 sous-marins, 11 chasseurs et patrouilleurs, 19 bâtiments de servitude, 4 grues et docks de levage, 90 navires représentant 232 263 tonnes[2] qui, le 27 novembre 1942, entre 6 heures et 7 h 30, vont disparaître.

Disparaître ? Non. Plus qu'aux deux tiers enfoncés dans une eau souillée de mazout et de débris multiples, couchés sur le flanc, enchevêtrés parfois comme des frères que la mort rapproche, crachant des fumées noires, secoués d'explosions, de ronflements et de hoquets d'agonie, les navires français, sur lesquels l'incendie partout a posé sa marque, dont les armes éclatées pointent dans des directions extrava-

---

1. Des cinq contre-torpilleurs amarrés au quai Milhaud, deux, le *Tigre* et la *Panthère*, à la suite de retards dans les transmissions peu explicables, seront capturés intacts.
2. A la bataille du Jutland, le 1er juin 1916, remarque Noguères, Anglais et Allemands ont perdu *en tout* 174 698 tonnes.

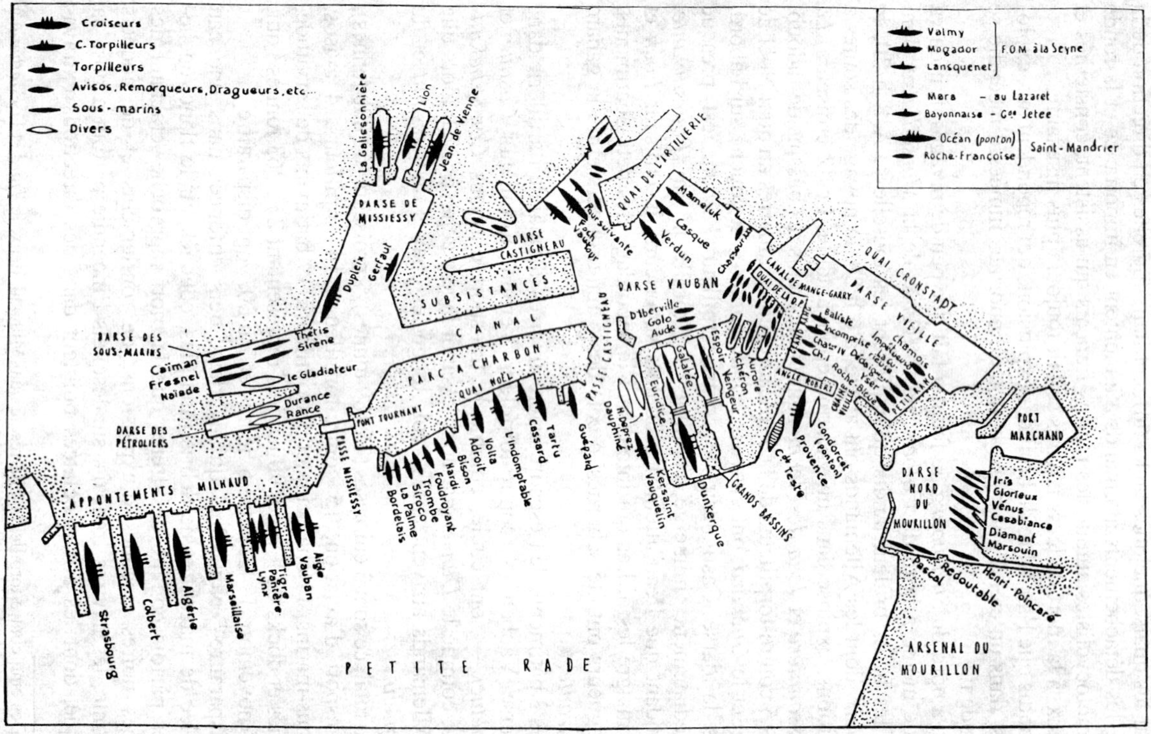

LA FLOTTE FRANÇAISE AU MOUILLAGE DE TOULON LE 27 NOVEMBRE 1942

gantes, apparaissent comme autant d'impressionnantes épaves, squales moribonds, que les soldats allemands se hâtent de photographier, que les marins français n'en finissent plus de fixer, emportant dans le regard et la mémoire l'image pitoyable de ce cimetière glauque où repose la plus belle flotte jamais possédée par la France.

Et, jusque dans la mort, la plus mal utilisée.

Cependant, 5 des 9 sous-marins amarrés à la darse nord du Mourillon ont pu s'échapper. N'ayant pas les mêmes servitudes d'appareillage que les autres unités, puisqu'il leur suffit de lancer les moteurs électriques pour se trouver en état de marche, ayant à leur bord des équipages remarquablement entraînés, des officiers bien décidés à ne pas se laisser capturer par des Allemands dont l'irruption, à 5 h 5, a été accompagnée de rafales d'armes automatiques, ils partent donc le *Casabianca*, le *Marsouin*, l'*Iris*, le *Glorieux*[1].

La *Vénus*, commandée par le lieutenant de vaisseau Crescent appareille également.

Casabianca en tête, les sous-marins s'éloignent en direction de la sortie de la rade barrée, entre le Mourillon et Saint-Mandrier, par un filet anti-sous-marin et par une estacade antivedettes que les remorqueurs, chargés de libérer le passage, n'ouvriront pas sans quelques retards dus beaucoup plus à l'incompréhension de la situation qu'à la mauvaise volonté des équipages[2].

Dans le ciel, une vingtaine d'avions allemands, tous feux allumés, commencent à lancer des fusées éclairantes, puis des mines et des bombes, l'une d'entre elles venant écraser les servants d'une mitrailleuse de DCA placée à l'extrémité du musoir sud de la jetée, seule arme française, avec le browning du *Strasbourg*, qui ait réagi à l'attaque allemande[3]. Secoués par les explosions, le *Casabianca* et le *Marsouin* vont cependant poursuivre leur route et ils rejoindront l'Algérie cependant que l'*Iris*, dont les réserves de carburant sont trop faibles pour une longue traversée, et le *Glorieux* mettront le cap sur l'Espagne.

Quant à la *Vénus*, le lieutenant de vaisseau Crescent, obéissant aux ordres de sabordage au large donnés aux sous-marins par l'amiral Marquis, la coulera alors que s'ouvrait la mer libre. Son navire englouti, Crescent, qui a pris place avec ses hommes dans un youyou, refusera de

1. *Casabianca*, capitaine de corvette L'Herminier ; *Marsouin*, lieutenant de vaisseau Mine qui se trouvait à Alger lors de l'attaque anglo-américaine du 8 novembre et avait pu échapper aux bombardements et grenadages ; *Iris*, lieutenant de vaisseau Degé ; *Glorieux*, capitaine de corvette Meynier.

2. D'après le commandant L'Herminier, un officier du *Casabianca* aurait dû menacer de son revolver le patron du remorqueur *Dardennes* pour l'obliger à manœuvrer plus rapidement. Faux, répliquera le patron Franceschi, le *Dardennes* se trouvait à vingt ou trente mètres du *Casabianca* et la menace ne pouvait être ni comprise ni efficace.

3. La bombe allemande tuera quatre soldats français et en blessera huit.

monter à bord de l'*Iris*. Sans doute faut-il voir dans cette attitude l'expression d'une vieille rancœur contre l'Angleterre. Au moment de l'opération « Catapult », le 3 juillet 1940, le lieutenant de vaisseau Crescent se trouvait en effet à Plymouth [1], à bord du sous-marin *Surcouf* sur lequel officiers anglais et français s'étaient affrontés, revolver au poing, au cours d'un combat qui devait faire quatre morts dont trois Anglais. Or, Crescent avait été placé au cœur de la bataille. C'est à lui que le commander Sprague avait intimé l'ordre de quitter le *Surcouf* : « Si vous ne voulez pas partir, je vous tue », c'est lui qui avait répliqué : « Tuez-moi si vous voulez, je ne partirai pas. » Deux ans et demi plus tard, le drame de Plymouth n'était sans doute pas oublié.

Ces commandants de sous-marins qui, en échappant aux Allemands et au sabordage, ont sauvé l'honneur allaient être poursuivis par la vindicte officielle.

Le 13 février 1943, l'amiral Abrial donnera, en effet, à la justice maritime ordre d'informer contre L'Herminier, Meynier et Mine sous l'inculpation de désertion à l'étranger en temps de guerre et il soumettra leurs cas au garde des Sceaux afin qu'ils soient déchus de la nationalité française [2].

Quelques dizaines de marins font route vers la liberté des combats.

Des milliers de marins — entre 19 000 et 23 500, nul ne s'accorde sur les chiffres —, après l'évacuation de leurs dépôts, ou le sabordage de leurs navires, encadrés par quelques soldats allemands et déjà séparés de leurs officiers, sont dirigés vers le Ve Dépôt, le stade des Minimes, Malbousquet et quelques autres points de regroupement. Ils n'y arriveront ni en totalité ni toujours en bon ordre, liberté de cambuse ayant été donnée sur certains navires.

Selon le capitaine de corvette Nomura, chef du service d'ordre et de police de l'arrondissement maritime de Toulon, ce sont 2 000 à 3 000 marins qui, par crainte d'être prisonniers des Allemands, se sont, en effet, répandus dans la ville en quête de caches et d'habits civils.

Lorsqu'ils apprendront qu'il n'est nullement question d'internement mais, au contraire, que l'on distribue dans les centres de rassemblement vivres, vêtements et aussi les trois mois de solde qu'Abrial a décidé de faire verser à tous les hommes d'équipage, considérés désormais comme permissionnaires, beaucoup de ces évadés d'un jour rejoindront le

1. En juillet 1940, le *Surcouf* se trouvait à Plymouth et non à Portsmouth, comme l'affirment plusieurs ouvrages, notamment le *Dictionnaire de la Seconde Guerre mondiale*. Rallié aux Forces françaises libres, il disparaîtra, à la suite d'un abordage ; dans la nuit du 18 au 19 février 1942 dans la mer des Antilles, 130 hommes se trouvaient à bord.

2. Aucune poursuite ne sera, cependant, diligentée, aucun acte d'instruction ne sera accompli, l'amiral Abrial ayant, par la suite, renoncé par écrit à toute action devant le tribunal militaire.

Ve Dépôt où le capitaine de vaisseau Croiset réussira à nourrir 19 000 hommes et à en loger 13 500.

Sur les quelques navires où ils ont pu pénétrer, et plus largement dans les dépôts, cantines, coopératives, ateliers de la marine, les soldats allemands s'emparent de vivres, de vêtements comme des bagages personnels des officiers. C'est par camions entiers que le butin est emporté de l'arsenal — aussi bien que de Saint-Mandrier et de Lamalgue — et c'est en vain que les capitaines de vaisseau Still, Labbey, Ferrière s'efforceront de faire cesser un pillage que des officiers allemands contemplent sans chercher à s'y opposer.

Malgré les sommations, sur le *Strasbourg* échoué, l'amiral de Laborde, a refusé de partir. Et dix-sept de ses officiers sont demeurés à ses côtés. Pour Laborde, la violation par l'armée allemande de la parole donnée par Hitler serait-elle plus importante que la disparition de 232 000 tonnes de navires de guerre ?

A considérer l'obstination de l'amiral et l'insistance qu'il met à rappeler que, lui, au moins, a bien tenu parole, qu'il n'est pas, ce sont ses mots, un « amiral Darlan », à lire tout ce qu'il écrira après le sabordage, on a l'impression de se trouver en présence d'un soldat d'un autre temps, et non d'un responsable du XXe siècle, ayant médité sur le machiavélisme des hommes politiques et sur le peu de crédit qu'il faut accorder à leurs promesses.

Quoi qu'il en soit, Laborde, installé pour « camper » sur un navire qui, depuis 6 heures du matin, n'a plus de communications avec l'extérieur, déjeunant sommairement à midi avec ce qu'il a été possible de dénicher dans les cuisines, reçoit toujours avec la même hauteur les envoyés allemands qui se succèdent sans lui apporter, convenablement rédigé, indiscutablement authentifié, le seul ordre qui pourrait lui faire abandonner son bord : un texte du maréchal Pétain.

Ce n'est qu'à 20 heures que l'amiral de Laborde, contraint et forcé par des Allemands en armes, bien décidés, cette fois à ne plus user de ménagements, quittera le *Strasbourg*.

Avant de s'éloigner définitivement, il décroche le portrait du Maréchal et, malgré l'Allemand qui veut l'en débarrasser, le confie à l'un de ses officiers.

L'amiral de Laborde sera transféré dans la nuit à Aix, où il retrouvera les amiraux Lacroix, Bléhaut, Négadelle, Jarry, Robin, Guérin et Danbe, mais, au cours d'une halte à Ollioules, il sera reçu par un général allemand[1]. Ce sera pour lui une nouvelle occasion d'exprimer sa colère devant les manquements à la parole donnée.

---

1. Dans les jours qui suivront, l'amiral de Laborde se consacrera notamment à la rédaction d'un ordre du jour qu'il recopiera de sa main en plusieurs exemplaires et dans lequel il réaffirmera qu'il n'avait jamais eu l'intention de violer la parole d'honneur donnée le 11 novembre au Führer.

Il ne sera pas le seul à manifester son indignation. A ce même général, qui lui demande d'expliquer le déroulement des événements, l'amiral Lacroix a répondu en des termes qui permettent de mieux comprendre la stupéfaction — le mot n'est pas trop fort — d'une partie de l'état-major de la Marine française devant un acte jugé incompréhensible plus encore qu'inexcusable.

— Nous avions la parole d'honneur du Führer que vous n'essayeriez pas de vous emparer de la flotte. Vous avez essayé de le faire par surprise, malgré la parole donnée. J'ai eu mon bateau mis hors de combat à Mers el-Kébir, j'ai vaincu les Anglais à Dakar, où je commandais en chef les forces navales. Vous deviez savoir qu'en aucun cas aucun bâtiment de notre flotte ne tomberait intact entre les mains de n'importe quel étranger, qu'il soit allemand, italien, anglais ou américain. Je vois là un officier de marine allemand. Il peut vous dire ce qu'a fait la marine allemande à Scapa Flow [1].

Ce sabordage, qui s'est déroulé sans que les Allemands aient la possibilité de s'y opposer, qui n'a provoqué aucun affrontement digne de passer à l'Histoire, nul, à travers le monde, ne songe, sur l'heure, à le reconstituer exactement. Pour tous, IL FAUT qu'il ait été la conclusion de combats furieux.

Sans doute y a-t-il eu 6 morts et 26 blessés [2], mais, comme ce chiffre ne sera officiel que le 30 novembre, les spéculations vont bon train. A Vichy, les bruits les plus fous circulent, accueillis d'autant plus favorablement que les radios étrangères multiplient les récits épiques. « La radio et la presse suisse, d'ordinaire apaisantes, note Martin du Gard le 28 novembre, abondent en détails dramatiques qui enfièvrent l'atmosphère à Vichy : les commandants se seraient sacrifiés, des équipages auraient sombré avec les unités, Toulon serait en flammes ! »

Les Anglais sont lyriques. D'après un message, qu'elle dit tenir de Vichy, la BBC annonce, le 27, que les bâtiments qui n'étaient pas en mesure de se saborder immédiatement « ouvrirent le feu sur les Allemands qui essayaient de prendre pied à bord jusqu'à ce que la destruction devînt possible. Il y a un grand nombre de morts et de blessés », cependant que « la plupart » des commandants ont péri sur leur passerelle.

Le 28 novembre, la presse britannique fabrique des combats qui n'ont

1. Cité par le contre-amiral Rouyer d'après le rapport de l'amiral Lacroix. A Scapa Flow, au nord de l'Écosse, la flotte allemande qui devait être remise aux Alliés vainqueurs se saborda le 21 juin 1919.

2. Leurs noms seront indiqués par un communiqué de l'amiral Marquis en date du 30 novembre 1942. Ont été tués le lieutenant de vaisseau Dominique Fay, du *Strasbourg* ; Marcel Godfrein, second maître mécanicien de la DCA ; Roger Auffret, radio-mécanicien à bord de l'*Algérie* ; Charles Laurent, apprenti mécanicien à bord du *Condorcet* ; Roger Bouchinot et Roger Jamet, matelots sans spécialité.

pas eu lieu, moins, sans doute, par goût du sensationnel que parce qu'il lui semble impensable que tant de navires aient été sacrifiés sans une dernière bataille. « Les marins ont préféré mourir sur leurs bâtiments en flammes », « L'étendard de la France s'est levé à Toulon », « Le soleil brille glorieusement sur la tombe des héros », « Saluons les hommes de Toulon qui, dans la mort, furent fidèles », ce sont des phrases que l'on trouve respectivement dans le *Daily Mail*, le *Daily Mirror*, l'*Evening Standard* et l'*Evening News*.

Le 28 novembre, le *New York Times* écrit, de son côté, que « le souvenir de la journée [du 27] vivra pendant mille ans dans la mémoire des Français » et bien des journaux américains établissent, pour parler de la « bataille de Toulon », de trop flatteuses comparaisons.

Les Soviétiques ne sont pas en retard d'enthousiasme. L'agence Tass diffuse le récit d'une bataille... à la mesure des batailles qui se déroulent en Russie. Sous la plume d'Ilya Ehrenbourg, le 28, les épisodes héroïques s'enchaînent avec d'autant plus d'outrance qu'ils sont libéralement inventés et l'écrivain soviétique, après avoir fait remarquer, ce qui est exact, qu'avec les navires c'est « l'idée de la "nouvelle Europe" de Hitler » qui a sombré, achève ainsi :

> Les explosions de Toulon seront entendues par les soldats du général de Gaulle qui prêteront serment de tirer vengeance des Allemands pour les navires morts.
>
> Les explosions de Toulon seront entendues par les Alliés qui, profondément émus par la grandeur de la France, répondront à la perte de la flotte française par de nouvelles victoires.
>
> Les explosions de Toulon arriveront jusqu'aux héros de Stalingrad qui anéantissent les bourreaux de la France et, dans la fumée des combats, les héros de Stalingrad s'écrieront : « Gloire aux marins de Toulon ! Gloire à la liberté ! Mort aux Allemands ! »

Sur le sabordage, les Soviétiques et les communistes français conserveront, assez longtemps après la défaite de Hitler, la même position. C'est ainsi que Jean Bartolini, député communiste du Var, regrettera, en novembre 1944, que le gouvernement du général de Gaulle n'ait pas pris l'initiative de commémorer un événement qui, dira-t-il, « a sauvé dans une large mesure l'honneur de la marine et celui de la France » et dont, le 28 novembre, André Marty célébrera à Toulon tous les mérites.

Un an plus tard, le 29 décembre 1945, *L'Humanité* reproduira un texte de la radio de Moscou. Les derniers mots de Moscou : « Gloire à ces héros de la Résistance française », Me de Chauveron les utilisera dans sa plaidoirie en faveur de l'amiral Marquis. Pourquoi, dira-t-il en substance, pourquoi poursuivre ceux qui ont détruit des armes utiles aux Allemands et ne pas inquiéter ceux — les généraux — qui ont livré, sans tenter le moindre sabotage, les stocks contenus dans les casernes et les dépôts ?

« Pourquoi, ajoutera-t-il, pourquoi faut-il que ce grand acte qui a été ainsi porté au crédit de notre pays, et qu'il peut revendiquer devant les nations quand il s'agira de dresser le décompte de tous les sacrifices qu'il a faits à la cause commune, pourquoi faut-il qu'on en fasse un acte criminel qui souille et déshonore nos drapeaux ? »

Interrogation à laquelle, s'adressant à l'amiral Abrial, le président Noguères répondra d'une façon ambiguë.

— D'un côté, le fait du sabordage est un crime — la preuve que vous êtes là —, mais, si, quand le sabordage était en train, alors que les Allemands étaient sur les quais, si l'ordre a été donné de ne pas saborder, c'était livrer alors aux Allemands ce qui pouvait rester encore de la flotte non sabordée [1]...

Ignorance des Anglais, des Américains, des Soviétiques.

Ignorance de Darlan à Alger.

Annonçant, dans la soirée du 27 novembre, la destruction d'une flotte qui, en grande partie, était son œuvre et dont, quelques jours plus tôt, il était le chef incontesté, l'amiral Darlan n'échappe pas à la tentation de fabriquer de l'héroïsme.

> Habitants de l'Afrique française,
>
> Hitler vient de décider d'occuper Toulon et de désarmer la France.
>
> L'armée est licenciée, la flotte de Toulon, après s'être défendue héroïquement, s'est sabordée ou a coulé en essayant de quitter le port.
>
> Il était facile de prévoir que l'octroi d'une zone libre à Toulon était un piège pour tenir nos navires sous les canons allemands.
>
> J'avais invité la flotte à partir. Son chef n'a pas cru devoir m'écouter. Il a cru sauver nos navires. Il les a perdus et a causé la mort de nombreux officiers et marins...

Avec davantage de qualité dans l'écriture, de Gaulle, le 27, dans un bref discours à la radio de Londres, épouse également la thèse de la résistance :

> La France a entendu le canon de Toulon, l'éclatement des explosions, les coups de fusil désespérés, l'ultime résistance. Un frisson de douleur, de pitié, de fureur l'a traversée tout entière [2].

---

1. En août 1946, à l'instant du jugement, le sabordage ne sera pas évoqué en ce qui concerne l'amiral Marquis ; par contre, le même tribunal reprochera, le même jour, à l'amiral Abrial, de ne pas « avoir agi de telle sorte que pût être sauvée la flotte de Toulon ».

En ce qui concerne l'amiral de Laborde condamné à la peine de mort le 28 mars 1947, l'arrêt lui fera grief d'avoir « refusé d'écouter l'appel des Forces françaises libres » et « sabordé la flotte que lui avait confiée la Nation ».

2. Dans ses *Mémoires*, faisant réflexion sur ces jours de novembre où il recevait les « condoléances » de Churchill pour la perte de la flotte française, de Gaulle remarque avec finesse que, « noblement exprimées », elles n'en étaient pas moins « sourdement satisfaites ».

Ce sentiment de satisfaction mal dissimulé devant la destruction d'une flotte concurrente, d'autres que de Gaulle le noteront chez les Anglais.

Un récit véridique du sabordage a bien été envoyé à Vichy par Paul Lorenzi, correspondant de l'Office français d'information mais, à peine connu, il se trouve bloqué par la censure et les journaux reçoivent la consigne de ne donner aux événements de la journée que le surtitre et le titre suivants.

Ce que coûte à la France
la trahison des chefs de l'Afrique française
DANS UNE LETTRE AU MARÉCHAL DE FRANCE, CHEF DE L'ÉTAT,
LE CHANCELIER HITLER EXPOSE LES RAISONS
POUR LESQUELLES IL A DÉCIDÉ L'OCCUPATION
DE TOULON ET LA DÉMOBILISATION
DE L'ARMÉE FRANÇAISE

Le sabordage de la flotte ne pouvant cependant être totalement passé sous silence, alors que toutes les radios étrangères en font état, et sur quel ton [1], la consigne 1006 imposera à tous les journaux de l'ex-zone libre un article émanant de l'OFI qui, sous le titre « Les épreuves de notre marine », sera obligatoirement présenté « à la suite de la dépêche relative au sabordage des navires à Toulon ».

Quant à la presse de la collaboration, elle se déchaîne. « Aujourd'hui 28 novembre, écrit Luchaire dans *Les Nouveaux Temps*, la France ne possède réellement ni un pouce de son territoire métropolitain, ni un pouce de son empire, ni l'ombre d'une armée de terre ou d'air, ni un bâtiment de guerre. Elle a tout perdu sauf son ultime chance d'avenir. »

Et quelle serait-elle cette chance pour ceux qui ne cessent de dénoncer le « vaste complot » et, avec Rebatet, les amiraux « invaincus parce qu'ils ne s'étaient jamais battus, mangeurs de bon Dieu pour la plupart [2] », si ce n'est de se lier enfin étroitement à la politique, à la pensée, aux armes de l'Allemagne nazie ?

Cependant que les belligérants s'agitent autour d'un événement dont ils sont incapables d'estimer exactement la portée, autour d'un drame qu'ils jugent en fonction de leurs passions et de leurs intérêts, Victor Sanson, président de la Commission spéciale de Cayeux [3], hisse sur son hôtel de ville le drapeau tricolore interdit et le met en berne.

Il sera immédiatement arrêté.

1. Dans leur synthèse de décembre 1942, tous les préfets signalent que les services de l'information et de la propagande ont été incapables de tenir la population correctement informée. « Les Français, de ce fait, poursuivent-ils, écoutent uniquement les radios étrangères et, par la même occasion, enregistrent les thèmes de propagande qui leur sont adressés. »
2. *Les Mémoires d'un fasciste.*
3. Dans la Somme.

11

INVENTAIRE AVANT DÉCÈS

L'an mil neuf cent quarante-deux, le vingt-cinq novembre,

A la demande de Monsieur le Chef du Gouvernement (hôtel du Parc à Vichy), agissant ès qualités, Me Clément-Nestor Coquempot, huissier-audiencier près le Tribunal civil de Cusset, y demeurant, soussigné,

Me suis rendu ce jour à Vichy, avenue des Cygnes, n° 1, en un immeuble appartenant à M. le docteur Camus, y domicilié, occupé jusqu'à la date du 5 novembre 1942 par M. l'Amiral de la flotte Darlan, en vertu d'un ordre de réquisition dont il était bénéficiaire…

Ainsi débute le procès-verbal de l'inventaire effectué en présence de M. Henry Villar, chargé de mission auprès du chef du gouvernement et de M. Jean Perin, commissaire de la marine, désigné pour représenter l'amiral de la flotte.

La liste des objets personnels de Darlan, qui devront être transportés dans une vaste pièce du sous-sol de l'hôtel du Louvre, occupe six pages de cinquante lignes chacune.

Lorsqu'il se relit, au terme de cinq jours de travail, Me Clément-Nestor Coquempot énumère 11 costumes civils, 12 paires de chaussures, 27 chemises blanches, 19 caleçons, une seule casquette d'amiral mais 2 bérets basques, 25 cravates, 55 pipes, 16 boîtes de cigares, 37 paquets de tabac et cigarettes, 1 gros paquet de cigarettes, 1 vase noir « Travail, Famille, Patrie et francisque », 1 plaquette ronde « Maréchal », 1 buste en plâtre de l'Amiral, 1 fanion tricolore « Base aérienne de Pau 27 août 1942 », des décorations, et des verres à eau, à bordeaux, à porto, à madère, des coupes à champagne et 16 draps, 79 taies, 51 napperons, 1 service marine brodé rouge et bleu avec ancre, 6 serviettes à thé chiffrées d'une ancre marron…

Une partie des denrées alimentaires : 8 paquets de macaroni, 8 boîtes de petits pois 1/2, 16 boîtes de petits pois 1/4, 4 petites boîtes de thon, 4 bonbonnes de sirop de sucre, 1 bonbonne de rhum, des pommes de terre, des céleris, des confitures, et jusqu'à la boîte de raisins secs entamée ont déjà été remises au Secours national, tandis que la marine a reçu 500 litres de vin en barrique, 100 litres de vin en bouteilles, 6 kg de café, 15 de sucre, 20 de farine, 25 de gros sel, autant de riz, 5 kg de lentilles, des conserves de thon, de bœuf, d'asperges, 6 boîtes de marmelade d'orange, 1 grande boîte de biscuits, 2 boîtes de dattes. Et 630 morceaux de savon…

630 morceaux de savon ! Pour des Français condamnés à se laver au « savon » de lichen et de chaux éteinte, de farine de marrons d'Inde ou de saponaire en combinaison avec des salicornes, quel rêve !

A l'hôtel du Louvre, Me Coquempot entreposera cependant 225 bouteilles hermitage rouge, 54 bouteilles hermitage blanc (le vin de la propriété du Maréchal), 12 bouteilles château chalon, 40 bouteilles Rousette, 28 bouteilles de pouilly fuissé 1938, 48 bouteilles de beaujolais, 106 bouteilles de champagne, 12 de white Label et 16 de Johnnie Walker[1]…

M. Cocaigne, maître d'hôtel de l'Amiral, ayant veillé à l'emballage, M. Brancher, en ayant assuré le transport, Me Clément-Nestor Coquempot appose enfin, sur la porte de la cave de l'hôtel du Louvre, des scellés composés d'une petite ganse et de deux cachets de cire rouge sur lesquels est gravé son monogramme. Sur la partie centrale des ganses, il a inscrit la date de la fin des opérations : 5 décembre 1942.

Puis, il s'en va.

Dans dix-neuf jours, Darlan sera assassiné.

Ainsi s'achève une période ambiguë où, en sacrifiant l'apparence des choses, on avait longtemps cru pouvoir préserver l'essentiel.

Mais l'essentiel était d'ordre moral et le régime, dont Pétain avait dit qu'il serait fondé sur la morale, restera, dans la mémoire de ceux qui lui demeurent le plus favorable, comme celui du double jeu.

Un double jeu dont les historiens exagèrent parfois l'importance mais dont, sur le moment, les subtilités échapperont souvent à des hommes et à des femmes incapables de faire l'exégèse de ces bulles d'excommunication échangées quotidiennement entre Paris, Vichy, Londres et Alger et dont ils ignorent que les mots peuvent être tempérés par des télégrammes ou des accords secrets, par nature destinés à le demeurer.

En quelques jours de novembre, des soldats modestes et mal informés se trouveront ainsi soumis à des épreuves qui vont briser leur foi plus que leur courage.

Ce que les politiciens appellent négligemment « retournement de veste » est, pour eux, comme un douloureux retournement d'âme qui les laissera amers, désabusés, parfois moralement brisés même si, par un

1. Tous ces renseignements sont inédits.

stratagème que Vichy et Londres, pour des raisons différentes, dénoncent quotidiennement, Darlan affirme à tous ceux qui exécutent ses ordres qu'ils demeurent ainsi scrupuleusement fidèles au serment qu'ils ont prêté au Maréchal.

Lorsque, le 8 novembre, à 4 heures du matin, les cadres du 1er régiment de tirailleurs marocains sont alertés, le commandant Segond leur annonce que, rompant les clauses de l'armistice, les Allemands attaquent la Tunisie et qu'il s'agit désormais d'aller sur les plages à la rencontre des Américains qui arrivent au secours des troupes françaises mais, à peine connues, ces nouvelles sont démenties. Et c'est avec consternation, mais dans l'obéissance, que le 1er RTM se lance à la reconquête de la Kasbah de Mehdiyia, occupée par les Rangers américains, opération au cours de laquelle il perdra 8 officiers et 11 sous-officiers pour 33 caporaux et tirailleurs, proportion assez inhabituelle pour que l'historique du régiment y voie la preuve « d'un véritable suicide » des chefs des deux bataillons engagés.

> Dans cet imbroglio où est notre devoir ?... sommes-nous toujours adversaires des Anglais, sommes-nous neutres ou sommes-nous en état de guerre avec les Allemands ?... Nos sentiments intimes et notre conscience, violemment heurtés déjà, vont avoir bien à souffrir... La situation est quand même troublante et il y a des moments où on préférerait ne pas être français, pour ne pas se trouver devant un si grave et si cruel dilemme [1].

René Dupont, officier à bord de la *Boudeuse*, écrit ces lignes au lendemain de ces confuses journées de novembre où la marine a vu périr, par devoir de discipline, un si grand nombre des siens. Ce devoir de discipline, tout en déplorant qu'il ait été si scrupuleusement suivi, de Gaulle l'évoquera le 16 janvier 1946 encore, lorsque Édouard Herriot, à qui l'âge et sa position de maire de Lyon n'avaient pas permis de gagner ses décorations sur les champs de bataille, lui demandera que soient arrachées « du cercueil des pauvres morts et de la poitrine des malheureux mutilés » des croix décernées trois ans plus tôt après des combats livrés au nom de la servitude plus que de la grandeur militaire.

Sans doute, entre juillet 1940 et novembre 1942, le gouvernement de Vichy n'a-t-il livré à l'Allemagne ni la flotte ni l'Afrique qui l'auraient mise certainement en position de gagner la guerre, infligeant ainsi un démenti à la propagande anglo-gaulliste qui, deux ans durant, s'était volontairement nourrie des suppositions les plus déshonorantes.

Sans doute, dans l'espoir de ne pas tout donner de ce que l'occupant voulait et pouvait prendre, a-t-il cherché constamment à négocier, mais dans leur principe comme dans leur style, ce sont ces négociations dont souffrira bientôt le plus cruellement un peuple qui se débat dans des contradictions quotidiennes, puisque sur la même page où il apprend les

1. Inédit.

prodigieux événements qui bouleversent le monde, il lit qu'il a droit à 2 kilos de carottes sans fanes !

En juin 1940, il avait souhaité, il est vrai, qu'il soit mis fin au martyre de la défaite, mais après avoir réclamé ce long repos réparateur qui l'a tenu à l'écart des batailles, voici qu'à nouveau, il rêve d'héroïsme.

Pourquoi s'enthousiasmerait-il d'ailleurs pour le théâtre de Vichy sur lequel évoluent des ombres qui n'ont plus rien à lui dire qu'il soit disposé à entendre ?

Darlan n'avait jamais touché son cœur.

Hors du petit cercle qui, tout en exagérant ses capacités de manœuvrier politique, célébrait avec raison d'incontestables qualités toutes mises au service de la Marine, l'Amiral n'obtiendra qu'une faible audience.

A ce Gascon sans panache les Français, qui allaient cependant assister au spectacle de bien des retournements de veste, ne pardonneront pas un brutal réalisme, imposé par la soudaine accélération des événements militaires.

En 1981 encore, à l'occasion du centième anniversaire de sa naissance, des résistants interdiront qu'une gerbe soit déposée à Nérac, sa ville natale, à la mémoire d'un homme qui avait eu le talent de donner à la France l'une des flottes les plus importantes de son histoire, mais également la douleur de la voir presque tout entière périr à Mers el-Kébir, Casablanca, Toulon, massacrée par l'allié de la veille ou se sabordant, sans qu'il ait eu la volonté, en juin 40, l'autorité, en novembre 42, de l'engager dans la grande œuvre de guerre pour laquelle il l'avait créée.

Le 20 novembre 1942, assuré enfin de tous les pouvoirs, Pierre Laval dira : « il faut avoir le courage de choisir une politique et de s'y tenir ». Avec, pour soi, 2 % de la population ? C'est Laval lui-même qui, dans un grinçant et dernier échange avec Weygand, a fixé à ce taux misérable le nombre de ses partisans [1].

— Vous n'avez pas le droit de pratiquer une politique réprouvée par 95 % des Français…

— Vous pouvez dire par 98 %.

2 % ? il se peut que ce soit trop encore.

Avant même les événements de novembre, les activistes qui sont au gouvernement (Abel Bonnard, Paul Marion, Jacques Benoist-Méchin) et ceux qui se trouvent hors du gouvernement (Doriot, Darnand), rêvent d'un « grand dessein » qui attacherait définitivement le destin de la France à l'avenir de l'Allemagne. Une force militaire française nombreuse, mieux encadrée, moins politisée que la Légion des volontaires français contre le bolchevisme, se joindrait à l'armée allemande qui, en Russie et pour la dernière fois, couche avec la victoire.

1. Voir ci-dessus, p. 349.

Que l'hostilité du pacifiste Laval envers une aventure militaire que l'opinion désavouerait immédiatement se traduise par des hésitations, des lenteurs, en voilà assez pour que les jusqu'au-boutistes de la collaboration, imaginent et évoquent un gouvernement Laval épuré, réunissant seulement ceux qui, dévorés de l'ambition d'aller jusqu'au bout de leurs passions, dénoncent quotidiennement l'attentisme de Vichy.

En voilà assez également pour que Pierre Laval, depuis le 13 décembre 1940 soupçonneux et attentif, à ce qui ne serait même que l'ombre de l'ombre d'un complot, renvoie, à la fin de septembre 1942, le ministre Benoist-Méchin à ses études sur l'armée allemande.

Mais la rupture avec les ultras de la collaboration, en isolant un peu plus Laval, ne le rapproche pas davantage de la masse des Français pour qui il demeure l'homme des Allemands, alors que les Allemands, même si certains d'entre eux ont travaillé à son retour, ne lui ont rien accordé qui puisse justifier ses prises de position.

C'est que les Allemands, à maintes reprises abusés par les Français, ne croient plus à la sincérité des vaincus. Parce que Giraud a violé sa promesse de ne rien entreprendre contre eux, ils n'accorderont aucun crédit à la parole de l'amiral de Laborde. Parce que Laval a la réputation de finasser, de marchander, de donner plus volontiers la paille des mots que le grain des choses, ils ne le préviendront, le 27 novembre 1942, qu'à l'instant où l'entrée de leurs chars dans l'arsenal de Toulon rend le sabordage fatal, ôtant ainsi toute efficacité à son ultime intervention, mais lui interdisant également une négociation qui aurait pesé lourd sur sa mémoire.

S'il l'avait connue, sans doute Pierre Laval aurait-il souscrit à la très, à la trop subtile conclusion de Fabre-Luce : « l'attentisme déclaré c'était virtuellement l'acceptation de l'occupation intégrale. La collaboration c'était le véritable attentisme », mais comment faire admettre cette thèse par un peuple qui veut ignorer qu'envers leurs vainqueurs tous les gouvernements vaincus ont pratiqué la même politique ondoyante pour continuer, selon le mot de Metternich, au temps où la France dominait l'Europe, « à exister jusqu'au jour probable de la délivrance générale » ?

A partir du mois d'avril 1942, le destin de Pierre Laval semble être de s'exprimer toujours à contretemps et à contre-courant de la sensibilité française.

Il a beau dire aux Français qu'il ne souhaite le succès de l'Allemagne (en vérité, il désire une paix blanche) que pour éviter à l'Europe une interminable colonisation soviétique, son propos révolte.

Que l'avenir puisse bientôt lui donner raison est de peu d'importance encore pour des hommes qui, dans la hiérarchie des périls et des haines, placent l'Allemand, présent, visible, responsable de l'humiliation et des exécutions, mais également du détestable ravitaillement et de la chasse aux travailleurs, bien avant le lointain cosaque.

Les journées de novembre marquent le crépuscule du Maréchal.

Il a soudain son âge.

En quelques jours c'est le flot des événements, plus que la volonté de Laval, qui l'a dépouillé de tous ses pouvoirs. Désirant conserver cette unanimité de l'été 40, qui déjà n'existe plus mais dont, autour de lui, on entretient le culte, il répugne à prendre une position sans ambiguïté.

— Je protesterai peut-être encore, dit-il le 11 novembre, devant Abetz qui lui a reproché la diffusion radiophonique du texte remis à von Rundstedt. Si l'opinion publique se détache de moi, c'est l'anarchie. Mon prestige vous est nécessaire. Il faut que je puisse rester. Sans cela l'Allemagne ne trouverait rien devant elle. Tout aurait pu s'arranger si, dès le début, on avait pu prendre le parti de s'entendre. Les choses peuvent peut-être se réparer. Il faut que vous acceptiez mes petits procédés, mes protestations.

Ainsi, il en est là, aux « petits procédés », aux protestations sans éclat et sans effet, aux demi-mesures, aux tergiversations quotidiennes sous la poussée de forces qui ne s'annulent pas, les extrémistes l'emportant désormais sur les modérés. Que de chemin depuis le grand dessein d'une Révolution nationale qui avait voulu être également une rénovation morale !

Jamais, cependant, on n'a aussi souvent, ni aussi haut, crié « Vive le Maréchal ».

« Vive le Maréchal », à Vichy et dans toutes les cérémonies officielles, qu'elles se déroulent en zone anciennement ou en zone nouvellement occupée.

« Vive le Maréchal », dans la bouche de Darlan, de Giraud, de Noguès, de Boisson, dont toutes les radios de France dénoncent les « trahisons ».

« Vive le Maréchal », dans la bouche de l'amiral Estéva à qui les Allemands décerneront bientôt un brevet de collaboration.

« Vive le Maréchal », dans les rangs de la petite Phalange africaine qui, sous le casque d'acier allemand, mais avec l'uniforme français, s'apprête à monter en ligne sur les hauteurs dominant la Medjerda.

« Vive le Maréchal », dans les forêts russes où les hommes de la LVF traquent les partisans ; mais, le plus souvent, sont traqués par les partisans.

« Vive le Maréchal », au terme de ces tristes cérémonies où, sous la surveillance de la Wehrmacht, les soldats et les marins de l'armée de l'armistice, pour la dernière fois, saluent leurs drapeaux humiliés.

« Vive le Maréchal », peut-être, secrètement, à Londres, dans l'esprit d'hommes comme le PSF Vallin qui, entrant en dissidence et portant ainsi un rude coup au pétainisme, a reçu des gaullistes un accueil décourageant et plein de réticences.

« Vive le Maréchal ». Mais quel Maréchal ?

Chacun a « son » Maréchal qu'il accommode à sa guise, fait servir à ses desseins et dont il utilise le nom pour couvrir les opérations les plus détestables ou les plus honorables.

Jean Borotra, l'un de ses anciens ministres, qui veut partir se battre en Afrique du Nord — il échouera et sera arrêté par les Allemands — lui écrit ainsi le 16 novembre pour l'informer de son projet : « J'ai conscience, ce faisant, de ne pas manquer à l'engagement envers votre personne que comporte le port de la francisque que vous avez bien voulu m'accorder un des tout premiers. »

Si Philippe Pétain avait choisi de partir pour l'Afrique du Nord, le 11 ou 12 novembre, sans aucun doute aurait-il imprimé à la suite de notre histoire un cours différent. De Gaulle l'avait bien compris, et les gaullistes avec lui, qui faisaient des vœux pour que Pétain ne se décide pas, … quitte à lui reprocher plus tard de n'avoir pas tenté un geste qui aurait compliqué, sinon ruiné, leur entreprise manichéenne.

Mais, avec sa part de danger et de romanesque, le voyage à Alger ne correspondait pas au caractère profond du Maréchal, lié par son serment de 1940 et à qui il était difficile d'ailleurs de partir pour Alger, alors qu'en Afrique du Nord les combats n'étaient pas achevés, et que l'on y mourait toujours par fidélité à ses ordres.

Pétain ne sera plus désormais qu'un symbole dont le prestige s'affaiblira avec les mois qui passent.

Beaucoup de ses amis, qui se battaient pour éviter le pire, se sont éloignés ou ont été écartés. Beaucoup de ceux qui se réclament encore de lui ne sont pas ses amis.

Et il ne peut plus séduire, ni retenir ceux qui, voyant Stalingrad succéder à El-Alamein, s'engagent résolument aux côtés de l'Allemagne menacée et idéologiquement durcie par le péril, ou, en bien plus grand nombre, dans le camp d'une Résistance dont les exigences de l'occupant grossiront d'ailleurs chaque jour les rangs.

Minorités actives, dans un cas comme dans l'autre, mais qui vont désormais s'affronter en une impitoyable guerre civile.

Paris, octobre 1981.

6. L'IMPITOYABLE GUERRE CIVILE

A la mémoire de Robert Aron
qui fut un homme de paix.

En 1943, dans un monde où la vie humaine compte peu, les Français vont s'entre-tuer comme s'il s'agissait pour eux de rattraper le retard pris depuis deux ans et de se mettre enfin en règle avec la Mort.

Terreur contre terreur. Au fil des mois, le rythme s'accélère. Nous l'avions oublié. Je l'avais oublié. Pour me convaincre de la violence souvent absurde et gratuite de l'époque, il m'a fallu plonger dans ces archives, dans ces rapports et ces journaux aux pages friables qui disent les meurtres explicables et les meurtres inexpliqués.

On tue pour des idées. On tue pour de l'argent. Ne rusons pas avec la vérité. Lorsque tout se vend à une population affamée, des bandes s'organisent qui s'affublent du masque de la Résistance *ou de la* Collaboration *pour justifier, ou tenter de justifier, des pillages et des crimes sur lesquels, plus tard, on jettera souvent un voile trop pudique.*

Toutes les époques révolutionnaires offrent au vice, au vol et au meurtre un maquillage provisoire. 1943 ne fera pas exception mais, tant d'années après l'événement, un peuple a le devoir d'être adulte et, portant un regard lucide sur son histoire, de reconnaître que les fossés sont remplis d'innocents.

Il fallait écrire ces lignes. Mais la volonté de ne pas être dupe des détrousseurs qui ont dénaturé le sens du combat politique ne doit pas faire oublier que le combat politique sera à l'origine d'attentats et de représailles que des passions portées au vif rendent intelligibles si elles ne les légitiment pas toujours.

De toutes les années d'occupation, l'année 1943 — qui débute, en réalité, le 11 novembre 1942, avec l'invasion de la zone libre — sera la plus rude.

Jusqu'alors, le pays avait vécu dans un équilibre de plus en plus précaire. Non que les drames aient manqué et j'ai dit, dans le livre précédent, tous ceux dont l'intolérance portait la responsabilité, enfants arrachés aux mères, femmes aux époux, étrangers que la France officielle, fût-ce une France accablée, soudain ne protégeait plus, mais qu'elle livrait en espérant obtenir je ne sais quel sursis, alors qu'il n'existe pas de sursis pour le déshonneur.

Ces tragédies, dont les conséquences morales nous hantent aujourd'hui plus qu'elles ne nous habitaient hier, étaient cependant mal connues d'un peuple qui, à de rares et courageuses exceptions près, se satisfaisait des garanties que Vichy semblait encore offrir dans un climat de permanente ambiguïté et où l'on pouvait imaginer — ou s'efforcer d'imaginer — qu'entre de Gaulle et Pétain, seules deux conceptions différentes de la politique s'affrontaient.

Tout bascule le 11 novembre 1942, et d'autant plus rapidement que les premières grandes et irréparables défaites allemandes en Russie accélèrent le rythme des exigences de l'occupant. Il pillait, au début, le vin des celliers, le blé des greniers. Il exigeait ensuite des spécialistes. Les spécialistes ne répondant pas à l'appel de la Relève, il rafle tout le monde, y compris des bureaucrates qu'il ira réquisitionner au fond de la Gascogne pour les envoyer au bord de la Baltique... redresser des clous !

Le STO engendre les maquis et les crée alors que rien n'est prêt pour les accueillir, les armer, les commander, qu'ils n'ont d'abord, et ne peuvent avoir, que l'objectif honorable de se nourrir et de survivre, ce qui nécessite d'inévitables opérations contre les mairies et contre les fermes.

On ne peut toutefois juger les excès de l'époque en oubliant la misère et le dénuement de garçons de 20 ans qui, douze ou treize mois avant les combats pour la Libération, campent déjà dans les bois ou se blottissent dans des grottes, pour faire, presque sans armes, le difficile apprentissage de la clandestinité absolue puisque les voici devenus gibier pour tant de chasseurs à l'affût.

Et d'abord les Allemands qui veulent débarrasser le territoire occupé de bandes qui les gênent peu encore, mais dont ils savent — à travers ce qu'ils vivent en Russie et en Yougoslavie — combien elles peuvent devenir redoutables.

La police et la justice de Vichy ensuite que l'on trouve associées à trop d'entreprises ennemies, même s'il est vrai que, comme toute règle, cette règle souffre des exceptions.

Et la Milice enfin qui naît en 1943 et à qui, follement, Vichy attribuera une mission de maintien de l'ordre, *alors que les passions qui habitent ses adhérents, de l'antibolchevisme à l'antisémitisme, auraient dû précisément faire tenir les miliciens à l'écart de ces tâches de police et de justice qui réclament équilibre, désintéressement et maîtrise de l'âme.*

Victimes des attentats communistes dans l'été et l'automne de 1943, les miliciens se vengeront bientôt.

Alors se mettra en route l'engrenage où seront broyés tant d'innocents.

Lorsque, le 23 novembre 1943, le chef milicien Joseph Lécussan vient assassiner le juif Dreyfus, il lui dit : « Monsieur, notre camarade Jacquemin a été lâchement assassiné par vos amis. La Milice vous a condamné à mort. » *Mais lorsque, le 4 décembre 1943, deux maquisards, après avoir tué sur son lit d'hôpital de Sainte-Foy-la-Grande le neveu du cardinal Verdier, délégué à la propagande du Maréchal, assassinent sa femme et sa belle-sœur qui lui rendaient visite, ils appliquent le même code affreux : celui des otages.*

1943. Le monde de Giraudoux s'évapore. Il cède la place au monde de Sartre.

C'est à tort que l'on croit en avoir fini avec les années 40. Elles représentent l'une des grandes fractures du siècle et, nationalement, nous en portons toujours la marque.

Dans bien des familles françaises — et quel qu'ait été le côté de la barricade derrière lequel elles se sont trouvées —, elles se prolongent encore.

En janvier 1981, mon ami Raymond Tournoux a évoqué la mémoire de la mère et du frère du jeune Henri Fertet qui avaient choisi, pour se suicider, ce 26 novembre 1980 qui, à deux mois près, marquait le 37e anniversaire de la mort d'Henri, fusillé à 16 ans dans les fossés de la citadelle de Besançon.

Henri appartenait au groupe Guy Môquet, du nom de ce jeune communiste fusillé à Châteaubriant, mais, chrétien fervent, il achevait ainsi sa dernière lettre : « Vive la France ! Un condamné à mort de 16 ans. H. Fertet. Excusez fautes d'orthographe — pas le temps de relire. Expéditeur : Henri Fertet. Au ciel, près de Dieu. »

Pendant plus de 37 ans, Mme Fertet et son fils s'étaient enfermés dans le souvenir et la douleur. Un jour la douleur l'avait emporté sur le souvenir qui leur permettait de survivre.

L'année 1943 est toujours violente.

Que les truands ne fassent pas oublier les héros.

Les bassesses, les lumières.

Me souvenant du mot de Péguy : « Les mains les plus impures de la guerre étrangère sont plus pures que les mains les plus pures de la guerre civile », *j'ai voulu dédier ce livre à la mémoire de mon ami Robert Aron.*

Homme de paix, ayant porté la passion de la vérité bien au-dessus de la passion des passions, ce qui dérange peut-être ceux qui n'accordent pas à son œuvre, libérée du manichéisme, toute l'importance qu'elle mérite, cet hommage lui était dû avant d'ouvrir les portes de la guerre civile.

Octobre 1983.

PREMIÈRE PARTIE

LE CHOC DU STO

Quiconque continue d'exercer un métier sous le contrôle effectif de l'ennemi et sous son régime d'exactions ne peut y parvenir sans se laisser arracher un tribut. Il peut s'en acquitter avec défaitisme ou ténacité rusée, avec peur ou dignité, avec sacrifices personnels ou honteux profits, mais le fait du tribut, du marchandage, du compromis est une idée de base.

Jean SCHLUMBERGER

1

AMBITIONS, QUERELLES ET RUMEURS DE PAIX DANS UN ÉTAT SATELLITE

Vendredi 1er janvier 1943.

Les vœux, bien sûr, mais quels vœux ? Que la guerre s'achève sans tarder, que les prisonniers reviennent tous, que, sur les marchés, le ravitaillement se fasse à nouveau abondant, qu'il soit possible de circuler, de lire, de parler, d'aimer, de vivre en toute liberté.

Mais qui oserait affirmer que ces vœux pourront se trouver réalisés avant la fin de l'année qui débute ? Il faudrait un miracle. Et la France de janvier 1943 ne croit pas aux miracles.

Vendredi 1er janvier 1943.

Le Maréchal a reçu Pierre Laval, venu lui offrir les vœux des ministres, puis le représentant de l'Allemagne, celui de l'Italie, enfin le corps diplomatique conduit par son doyen Mgr Valerio Valeri.

L'année commence dans un Vichy désert, indifférent à cette petite agitation protocolaire rituelle. D'ailleurs, volant au secours de la victoire, de nombreuses nations se sont rangées dans le camp des ennemis de l'Axe et leurs diplomates ont quitté cette France de Vichy, réduite, depuis les événements de novembre 1942, à la dimension politique d'un État satellite. France de Vichy elle-même abandonnée, dans les capitales étrangères, par beaucoup de ses fonctionnaires à qui le canon d'El Alamein, de Casablanca et de Stalingrad vient de désigner nettement le vainqueur [1].

Dans les milieux officiels, on feint de ne pas accorder crédit à ce chiffre que donne la radio anglaise le 1er janvier et que reprennent les feuilles communistes : 175 000 soldats allemands tués en six semaines sur le front de Stalingrad, mais comment ne pas percevoir l'inquiétude allemande à travers les proclamations du Führer ?

« Soyez pourtant sûrs d'une chose : il ne peut y avoir dans cette lutte

1. De cet évanouissement du corps diplomatique, J.B. Duroselle donne maints exemples dans *L'Abîme*.

aucun compromis. » Ordre du jour du chancelier Hitler à l'armée, obligatoirement publié sur 4 colonnes dans les journaux français du 2 janvier. « Soyez pourtant sûrs… » Serait-ce que le doute s'est emparé de la Wehrmacht ?

« Après l'hiver nous nous remettrons en marche. Le jour viendra où une puissance s'écroulera la première. Nous savons que ce ne sera pas l'Allemagne. » Proclamation au peuple allemand. Nous savons ?… Ceux qui, en France, sont dans les secrets des petits dieux locaux qui règlent, sur ordre allemand, le volume et la place de l'information, ne tarderont pas à apprendre que les journaux français ont, à partir du 24 janvier, interdiction de consacrer plus de deux colonnes à cette guerre à l'Est pour laquelle, voici quelques mois encore, les mêmes censeurs exigeaient six colonnes. Bientôt (ce sera le 19 février), il leur sera interdit de publier les cartes des opérations.

Médiocres astuces impuissantes à changer quoi que ce soit au cours de la guerre, ou à influencer les sentiments profonds d'un peuple depuis longtemps détourné de sa presse et qui ne lit pas les journaux pour savoir ce qui se passe à l'Est[1], mais pour connaître le jour où l'épicier du coin répartira 50 grammes de beurre et les lettres du ticket qu'il exigera alors.

Or, en ce qui concerne la vie quotidienne, la situation s'aggrave encore. Les journaux du 1er janvier annoncent que la vente du chocolat à la tasse est interdite. Qu'il y a invasion de navets sur les marchés, mais que les consommateurs qui ont des tickets n'en veulent pas et que ceux qui ne possèdent pas de tickets se trouvent dans l'impossibilité d'en acheter. Qu'un seul lange en laine sera attribué à chaque nouveau-né.

En prévision d'un déficit de 27 milliards dans le budget de 1943, le gouvernement a décidé un certain nombre de mesures sans originalité : augmentation du prix du tabac, du prix des allumettes, du prix de l'eau, majoration de 33 % de la taxe de balayage, de 100 % de la taxe sur les chiens, de 150 % de la taxe sur les domestiques — on admirera la progressivité —, doublement de la taxe sur les ventes au détail…

Veut-on savoir ce qui, en 1943, en dehors des fluctuations de la guerre et de ce grand sujet d'inquiétude : le STO, occupera les esprits ?

Chaque mois, une synthèse des rapports des préfets est adressée au chef du gouvernement, ainsi qu'à plusieurs ministres et personnalités de la capitale provisoire.

Cette synthèse, qui comporte une dizaine de pages, s'ouvre sur une étude de l'évolution de l'opinion publique, se poursuit par l'examen de l'activité des mouvements clandestins ou officiels (Parti communiste,

---

1. Tous les rapports des préfets signalent une totale absence de confiance dans ce que dit la radio de Vichy et plus encore la radio de Paris, comme dans ce qu'écrivent les journaux.

« Pour employer l'expression classique si souvent répétée », écrit le 31 janvier 1943 le responsable du Centre départemental d'information de la Loire, « elles (la presse et la radio) prennent vraiment les Français pour des imbéciles. »

Légion des combattants, Milice), consacre quelques lignes seulement aux problèmes administratifs, mais de longs développements au ravitaillement, et s'achève par un tour d'horizon sur l'enseignement, la santé, la production industrielle et les communications.

Lorsqu'il prend connaissance de ces rapports, Pierre Laval ne peut y découvrir aucun motif d'espérance. Les préfets signalent, en effet, que les vols sont toujours plus nombreux, que le marché noir poursuit ses ravages, que la tricherie est partout devenue la règle puisque, même dans les boîtes de 50 allumettes, il ne s'en trouve plus que 32 ! Pénurie d'engrais, pénurie de semences, pénurie d'aliments pour le bétail, pénurie d'herbe dans les prés à la suite d'une sécheresse mémorable[1]. Le mot « soudure », jusque-là connu des seuls techniciens, apparaît régulièrement sous la plume des préfets qui s'inquiètent de l'avenir de récoltes déjà très insuffisantes lorsqu'il s'agit de nourrir la population… et les Allemands.

Les préfets qui renseignent Laval sont eux-mêmes renseignés par les maires ruraux, par les commissaires, par les commandants de gendarmerie, par les responsables du ravitaillement général, par la rumeur quotidienne et par les interceptions de lettres qu'opère le contrôle postal.

Sur la table du préfet des Alpes-Maritimes, des lettres dont voici quelques extraits.

D'un Niçois à une habitante de l'Allier :

> En ce moment, vois-tu, c'est la courge qui est à la base de notre alimentation, il n'y a que ça, mais, tu sais, il y en a des masses. Alors, soupe de courge, courge à la poêle, courge au gratin, courge en purée. Je me demande avec effroi si, à force, ça ne déteint pas sur l'intelligence, alors, ce sera du beau[2].

Lettre d'un Cannois à un Parisien :

> La vie est terrible ici, au point de vue ravitaillement s'entend. Le marché « bien approvisionné » n'est praticable qu'à une très petite catégorie de gens. Les autres peuvent crever, cela n'a pas d'importance. On est arrivé à ceci : si nous devons vivre, tant mieux, nous aurons sans doute et malgré tout encore de beaux jours. Mais, si la situation actuelle devait s'éterniser, nous souhaiterions d'en finir au plus tôt. C'est intenable, on se fait trop de bile avec cette satanée boustifaille[2].

Cette « satanée boustifaille » est d'une importance telle que le ministère de l'Éducation nationale enverra aux inspecteurs et recteurs d'académie une circulaire précisant que le recul de la date de rentrée des classes ne doit pas porter préjudice au ramassage des fruits sauvages par les élèves des écoles dans les premières semaines d'octobre.

1. En mai, les habitants de Saint-Adrien, dans la banlieue de Tulle, manqueront d'eau, même pour la boisson.

2. Inédit. Lettres interceptées le 13 octobre 1943. Les lettres interceptées étaient, sauf exception, acheminées par la suite.

Cette « satanée boustifaille » explique qu'une mère de onze enfants, à qui les gendarmes de Puyoo, dans les Landes, ont confisqué l'agneau et les fromages qu'elle ramenait d'une ferme voisine, tente de se suicider.

Cette « satanée boustifaille » légitime, même si des arrière-pensées politiques inspirent et guident les manifestantes, ces rassemblements de femmes, de plus en plus fréquents, devant les mairies. Le 3 juillet 1943, le maire de Bergerac se verra ainsi demander par une délégation composée de Mmes Fontanel, Colussi, Baimain et Rousse[1] que le lait soit attribué par priorité aux nourrissons, qu'une distribution de légumes secs et de pâtes ait lieu dans la ville, que les chaussures d'enfants et les layettes soient moins chichement réparties.

Cette « satanée boustifaille » fera défaut aux juifs qui, dans la nuit du 22 au 23 janvier, vont être raflés à Marseille et conduits de la gare d'Arenc au camp de Compiègne[2].

« Le parquet des voitures était particulièrement sale. Les Français y jetaient, comme à des animaux, des boules de pain qui étaient prévues pour toute la durée du voyage. » Combien de boules de pain ? Une demi-boule de pain pour vingt-quatre heures et pour cinq personnes. Ainsi, toujours pour cinq personnes, qu'une boîte de camembert et une petite boîte de sardines.

Cette « satanée boustifaille » fera l'objet d'un très long rapport remis au général de Gaulle, le 20 avril 1943, par le colonel Passy et le commandant Brossolette qui reviennent d'une dangereuse mission en France occupée[3].

Les deux hommes, « pour éviter toute exagération et ne pas tomber dans les cas particuliers », ont pris en considération — à l'intention du chef de la France combattante qui ne sait rien de la vie quotidienne sous l'occupation — la consommation d'une famille « de la moyenne bourgeoisie habitant une ville ni particulièrement bien ni particulièrement mal ravitaillée ».

Ils détaillent les rations de pain (275 grammes par jour), de matières grasses (175 grammes de beurre, 125 grammes de margarine par mois), de viande (70 grammes par semaine, sans os), de charcuterie (entre 90 et 180 grammes par mois), de fromage, de lait, de légumes secs, de pâtes et de vin[4].

Pour l'édification de Charles de Gaulle, qui n'a jamais dû porter grand intérêt aux problèmes ménagers, ils se lanceront dans une longue, minutieuse et, sous leur plume, assez surprenante étude de la composition du « plat cuisiné », étude dont ils donneront en ces termes la raison : « Si

1. Qui ont respectivement 7, 4, 5 et 4 enfants.
2. Combien de juifs déportés à Compiègne après la rafle du 22 au 23 janvier ? 1 200, dira le préfet régional Lemoine en précisant que la décision de former le convoi avait été prise par les Allemands. L'arrestation des juifs a précédé la démolition du Vieux Port.
3. Rapport dont les éléments ont été fournis à Brossolette par Mme Rameil.
4. En vérité, les rations varient, ce que ne disent pas Brossolette et Passy, en fonction de l'âge et de la profession des consommateurs.

nous insistons sur la description de ce plat, c'est qu'il est destiné à devenir le fond de l'alimentation des Français moyens des villes. Il est surprenant de voir des femmes habituées à vivre dans l'aisance autrefois et chez qui se faisait une cuisine soignée aller chercher, munies d'un récipient, la subsistance du jour. »

Le plat cuisiné se compose donc d'une purée de légumes, navets et rutabagas surtout, cuits à l'eau, « sans un atome de graisse, sur laquelle sont disposés, soit deux émincés de pâté d'abats (c'est-à-dire sans valeur nutritive), soit deux saucisses ayant l'apparence de saucisses de Francfort, mais également faites de rognures de tripes, de foie ou de rôti malaxées avec une substance agglutinante, le tout enserré dans un boyau artificiel ».

Ne laissant ignorer à de Gaulle ni le prix du beurre, du poulet « étique », des haricots, des poireaux, ni même celui du cresson, établissant de savants parallèles entre les prix de 1939, ceux de la taxe en 1943 et ceux du marché noir, Passy et Brossolette évoquent naturellement ces salaires mensuels qui, parfois, représentent seulement « un pouvoir d'achat de 4 kilos de miel » au marché noir.

En 1943, les salaires, il est vrai, se révèlent toujours incapables de suivre l'augmentation « réelle » du coût de la vie, celle du prix des denrées alimentaires au marché parallèle de l'arrière-boutique, le seul où elles soient abondantes, le seul où, le plus souvent, il soit d'ailleurs possible de se les procurer.

Lorsqu'il rédigera son rapport sur l'état d'esprit dans le milieu ouvrier de Pont-Audemer, le commandant de la gendarmerie locale écrira que la principale cause de mécontentement vient de l'insuffisance des salaires. « Manger et se vêtir devient pour la plupart des travailleurs un problème insoluble. »

Et il donne des exemples choisis parmi les ouvriers et ouvrières de la papeterie de la Risle. Un travailleur avec quatre enfants gagne, suivant sa catégorie professionnelle, entre 702 francs et 893 francs par semaine de 48 heures[1] dans le même temps où le kilo de sucre vaut 200 francs au marché noir, le kilo de haricots secs 70 francs, le litre d'huile 1 000 francs[2].

Ceux qui travaillent pour les troupes d'occupation — terrassiers ou spécialistes du bâtiment venus de la région parisienne — bénéficient d'avantages qui excitent la jalousie des populations locales. « Privilégiés » au sein de la foule des non-privilégiés, ils touchent, en effet, entre 1 222 francs et 1 434 francs par semaine, lorsqu'il s'agit de pères de quatre enfants.

---

1. Primes et allocations diverses sont comprises dans ces chiffres. Lorsque l'usine « ne tourne pas », ce qui est le cas en novembre 1943, faute de charbon, les ouvriers encore employés (70 % de l'effectif) ne touchent plus que 625 francs par semaine de 40 heures.

2. En novembre 1943, par rapport à 1939, les œufs ont augmenté OFFICIELLEMENT de 192 %, le lait de 111 %, le beurre de 285 %. Au marché noir, les augmentations sont beaucoup plus considérables.

Tout s'échange. Un médecin accoucheur du Plateau d'Assy se fait payer en bois de chauffage. Pourquoi pas ?

Un négociant en tissus du Nord, réfugié à Annecy, a, le plus officiellement du monde, tapé à la machine un barème d'un nouveau genre. Suivant sa qualité, le mètre de tissu vaut tant d'œufs, de kilos de beurre ou de viande.

Il existe alors, rue Paul-Valéry, une maison de rendez-vous parisienne dont l'occupation accroîtra la fortune, sinon la renommée. Se présente, un beau matin, un client, poissonnier et breton, qui insiste pour laisser à la femme de chambre abasourdie… deux thons monstrueux. Qu'en faire ?

— Il n'a rien dit de spécial ? demande Mme Billy, patronne des lieux.

— Si. En échange, il veut deux filles pour ce soir[1].

Tout s'échange. Tout se vole. Jusqu'au drap des banquettes de première classe des wagons qui, acheté par le teinturier-stoppeur, servira à réparer les fonds de culottes, en passant par le fromage, le sucre, les bicyclettes, la ferraille, le vin, la volaille, les tickets. Les Allemands, qui ne sont plus si « corrects », se mettent d'ailleurs de la partie.

C'est pour améliorer l'ordinaire de l'unité 27.732 C, cantonnée dans la commune de Saint-Sever, que des militaires sont allés faire du tir au revolver sur les oies que gardait une jeune paysanne. Bilan : deux victimes. Deux oies dont l'une capturée vivante[2].

Tout se mange. Il en faut beaucoup pour émouvoir des journalistes depuis trois ans accoutumés à raconter l'inimaginable et lassés de devoir se répéter. Tout de même, ils ne manquent pas de faire connaître à leurs lecteurs l'arrestation du sacristain de l'église de Villejuif qui, non content de vider les troncs, dévorait les hosties.

— J'avais trop faim, confessera-t-il à la police[3].

Encore demeure-t-on ici dans l'infiniment petit du trafic, du vol, du troc. Combien faudra-t-il qu'il en reçoive de lettres de Suisse — chacune contenant quelques grammes de Nescafé — ce malade d'un sanatorium de Haute-Savoie avant d'avoir réuni un kilo ? Il est vrai qu'il peut, au moins quotidiennement, satisfaire sa passion. Mais la faire partager ?…

« Le marché noir prend de semaine en semaine des proportions gigantesques. » C'est par ces mots que Pierre Nicolle ouvre, dans son journal, la page consacrée aux premiers jours de l'année 1943. Vivant d'ordinaire

1. « Comment refuser ? Malgré l'interdiction qui m'était faite de tenir commerce de poissonnerie, j'ai débité les deux monstres et je les ai vendus dans le quartier. J'ai perdu tout l'argent que j'ai voulu. J'avais fait une estimation sans tenir compte des déchets. Tant pis pour moi. Il a eu ses filles. » Mme Billy, *La Maîtresse de « maison »*.

2. Le 9 août 1943.

3. Journaux du 22 septembre 1943.

à Vichy, il vient de passer deux semaines à Paris où il a été impressionné et scandalisé par l'immense armée des intermédiaires, des courtiers, des rabatteurs, vivant à l'ombre des bureaux d'achat allemands ; ne craignant rien d'un État dont les lois ne sont faites ni pour eux ni pour leurs puissants protecteurs ; faisant valser les millions et valsant avec les millions, qui se transforment en bijoux et fourrures pour leurs maîtresses, en repas fins à mille francs par tête, en lingots d'or et tableaux de maître, en investissements secrets et subtils, puisque ces hommes sans passion et sans foi savent, mieux que d'autres, qu'avec les jours qui fuient la présence allemande sera toujours davantage ébranlée.

> Au cours de ces deux semaines, écrit encore Nicolle, j'ai eu l'occasion de vivre à Paris en contact avec de nombreux milieux ; l'impression dominante est que l'ensemble de la population se désintéresse de ce qui se passe à Vichy.

Il n'y a pas que les Parisiens pour se désintéresser du spectacle offert par le petit théâtre d'ombres de Vichy. Voici, pour mars 1943, un extrait du rapport du directeur du Centre départemental d'information de la Loire.

> Mais tout finit par se savoir et par se répéter pour le plus grand mal d'un moral déjà bien bas dans le peuple qui n'a rien ; peu de beurre, presque pas de viande, peu de vin, et qui voit trop que l'argent est roi et que ceux qui peuvent dépenser sans compter ne manquent de rien. Alors il ne comprend pas cette Révolution nationale qui n'a rien changé, tout au moins apparemment, mais a seulement appris aux possédants à se cacher davantage pour jouir de leurs revenus.

L'activité gouvernementale laisse, en effet, l'opinion totalement indifférente. Qu'ils arrivent ou qu'ils partent, qu'ils agissent ou se taisent, les ministres, elle le devine, sont sans aucune influence sur le sort de la France.

Un remaniement ministériel a lieu le 26 mars. Sont éloignés des hommes que l'on disait proches du maréchal Pétain : Joseph Barthélemy qui, selon Maurice Martin du Gard, a abandonné les Sceaux avec « désespoir » ; l'amiral Abrial, secrétaire d'État à la Marine, le général Jannekeyn, secrétaire d'État à l'Aviation ; le gouverneur général Brévié, secrétaire d'État aux Colonies ; Georges Lamirand, secrétaire général à la Jeunesse, et l'amiral Platon, héros de Dunkerque, mais que l'on retrouvera, en juillet 1944, porte-parole des ultras de la collaboration hostiles à Laval !

Le contre-amiral Bléhaut devient à la fois secrétaire d'État à la Marine et aux Colonies. Pourquoi pas ? La France n'a plus ni marine ni colonies. Le Dr Grasset obtient le secrétariat d'État à la Santé et à la Famille ; Gabolde remplace Barthélemy à la Justice, Bichelonne reste à la Production intérieure, mais ce bouleversement a laissé « l'opinion publique généralement indifférente, et n'a été l'objet que de commentaires sans profondeur [1] ».

1. Synthèse des rapports des préfets, mars 1943.

Dans les mois qui vont suivre, des bruits d'un nouveau remaniement ministériel continuent à circuler dans Vichy. Ils ne passionneront que ces quelques hommes que séduit toujours la pâle gloire d'un pouvoir strictement contrôlé par l'occupant.

Mais les survivants d'un naufrage ne rapportent-ils pas qu'à l'instant où le navire allait s'engloutir, des passagers, comme fascinés par le jeu, ou hypnotisés par l'approche d'un destin auquel ils ne pouvaient plus rien, poursuivaient, dans le grand salon, leur ultime partie de cartes ?

Philippe Pétain lui-même n'est pas épargné par la montée de l'indifférence.

A Vichy, où l'on croit qu'il veut se faire oublier car les consignes de presse recommandent — le 15 décembre 1942 — qu'aucune allusion ne soit faite à sa personne sans accord de la censure centrale, à Vichy circule cette « plaisanterie » : « Pétain a fini de mourir le 11 novembre dernier, mais il n'en sait rien et son entourage n'ose pas le lui dire… »

Le 18 novembre 1942, avant même que n'aient disparu l'armée et la flotte, Philippe Pétain, sur injonction des Allemands, a déjà transmis publiquement[1] l'essentiel de ses pouvoirs à Pierre Laval. « Pleins pouvoirs », comme l'affirment les journaux, à la demande de Paul Marion à qui Laval a donné la responsabilité de l'Information ? Non, puisque le Maréchal, après avoir rejeté toute idée de déclaration de guerre aux Alliés, s'est efforcé, grâce à une lettre secrète, de limiter quelque peu les pouvoirs presque dictatoriaux auxquels pouvait prétendre Laval [2].

Mais quelle sera l'autorité d'une lettre secrète ?

En décembre, après avoir reçu le maréchal von Rundstedt, Philippe Pétain a d'ailleurs fait parvenir au chancelier Hitler une lettre dans laquelle il s'est officiellement solidarisé avec Pierre Laval au profit duquel il a dû se dépouiller de ses pouvoirs. « En accroissant les pouvoirs du président Laval, j'ai marqué ma volonté de voir s'établir entre nos deux pays des rapports de confiance réciproque pour une politique d'entente… »

Il a également pris à partie les chefs politiques et militaires qui, en Afrique, ont opté pour les Américains tout en continuant à se réclamer de lui[3].

---

1. Cédant aux prières de ses familiers, le Maréchal, qui voulait d'abord que sa décision forcée demeurât secrète, a accepté qu'elle soit portée à la connaissance des Français par la presse les 19 et 20 novembre. Cf. *Les Passions et les Haines*, ci-dessus, p. 358.

2. Laval se voit ainsi interdire d'engager ou de laisser engager « directement ou indirectement la France dans une guerre contre quelque puissance que ce soit ». Le Maréchal demande également au chef du gouvernement de garantir « la sécurité personnelle matérielle absolue des Alsaciens-Lorrains et des détenus politiques ». Cf. *Les Passions et les Haines*, *ibid.*

3. Cf. *Les Passions et les Haines*, ci-dessus, p. 352 *sq.*, le maréchal Pétain fait également publier, comme une preuve de félonie, la lettre que le général Giraud lui avait adressée, le 4 mai 1942, quelques jours après sa retentissante évasion. Dans cette lettre, Giraud promettait de ne rien faire qui puisse contrarier les rapports de Vichy avec l'Allemagne.

Mais après le 1er janvier, Philippe Pétain va demeurer pendant plusieurs mois silencieux.

Chroniqueur scrupuleux de ces années tragiques, Pierre Limagne consacre dans ses *Éphémérides* 3 000 lignes environ au seul mois de janvier 1943. Or sur ces 3 000 lignes, écrites au jour le jour et serrant de près l'actualité, c'est à peine si 30 ou 35 concernent Philippe Pétain. Lignes sans intérêt d'ailleurs : simples citations du nom du chef de l'État ou brève mention d'une activité négligeable et qui correspond à l'effacement physique et intellectuel du chef de l'État entré « dans le brouillard du temps et de l'action [1] ».

Le 28 janvier 1943, le général Serrigny, fidèle collaborateur de la Grande Guerre, note avec tristesse qu'il a trouvé le Maréchal « d'une sérénité déconcertante » face à des événements qui exigeraient des choix audacieux et de dramatiques ruptures.

« Nous n'avons pas soufflé mot de politique, ajoute Sérigny. Il est inutile maintenant d'essayer de galvaniser ce pauvre vieillard. »

Ce « pauvre vieillard », qui semble hors du temps à la plupart de ses familiers, inquiète cependant toujours les Allemands. Il leur paraît psychologiquement et politiquement encore assez dangereux pour que, le 11 janvier, Ribbentrop téléphone en pleine nuit à Ciano : « Pétain, dit le ministre des Affaires étrangères du Reich, s'apprêterait à gagner sa résidence méditerranéenne de Villeneuve-Loubet, en zone d'occupation italienne. »

Que l'armée italienne veille. Il se pourrait, en effet, que ce déplacement offre l'occasion d'une fuite en Afrique du Nord !

Le 4 avril enfin, le Maréchal va rompre un long silence. Il le fera dans un discours attendu avec plus d'inquiétude que d'impatience par certains milieux vichyssois qui imaginaient le chef de l'État à la veille d'une retentissante démission. Ils découvriront que Philippe Pétain, une fois encore, et fût-ce avec quelques subtilités de langage, soutient OFFICIELLEMENT la politique de Laval.

Car n'est-ce pas la soutenir que de lancer un appel aux jeunes Français victimes du STO pour qu'ils accueillent avec discipline « les nouvelles épreuves » et fassent en sorte qu'elles soient « fécondes » ?

Car n'est-ce pas la soutenir que d'appeler « dépaysement » (« ma pensée ne vous quittera pas sur le chemin et les lieux de votre dépaysement ») ce que tant d'autres, déjà, et faute de savoir ce qu'est la *véritable* déportation, appellent « déportation » ?

Car n'est-ce pas sembler s'y identifier que de dire : « la barbarie communiste, si elle triomphait, ne pourrait que détruire notre civilisation et notre indépendance nationale » [2] ?

---

1. Raymond Tournoux, *Le Royaume d'Otto*.
2. Dans ce discours, le Maréchal s'élève également contre les « bombardements injustifiés » de nombreuses villes françaises.

Mais les apparences sont trompeuses. En réalité, entre Pétain et Laval, le climat est à la mésentente voilée par une hypocrisie de circonstance. Et il est bien naïf ce Nicolle qui, après le discours prononcé le 4 avril par le chef de l'État, assure qu'il permettra de « dissiper les malentendus que beaucoup s'ingénient à grossir, sinon à créer ».

Comme il est de plus en plus souvent question, d'un étage à l'autre de cet hôtel du Parc qui est à lui seul Élysée et Matignon, et où les ascenseurs jouent le rôle de couloirs à potins, comme il est de plus en plus souvent question d'un nouveau 13 décembre dont le Dr Ménétrel, cette fois, serait l'âme, Pierre Laval, lui aussi, se méfie toujours du « pauvre vieillard ». Aucun discours ne le rassurant, il va prendre, dans ce même mois d'avril, des contacts avec le ministre conseiller Rudolf Schleier qui, à Paris, remplace Otto Abetz momentanément en disgrâce.

Que demande Laval à Schleier ? Tout « simplement » — et nous le savons par le rapport que Schleier adresse à Ribbentrop le 24 avril — le concours de l'Allemagne dans la lutte qu'il affirme devoir mener CONTRE Pétain et contre les débris d'un entourage fidèle. La veille, ce 23 avril où a eu lieu la rencontre Schleier-Laval, le maréchal Pétain a d'ailleurs reçu de Ribbentrop une lettre destinée à mettre fin à tous les rêves d'indépendance relative que pourrait nourrir encore le vieux Maréchal. Lettre dont il faut citer ce passage qui montre l'Allemagne toujours en alerte, mal rassurée par l'effacement du Maréchal :

> J'apprends par mes services qu'il y aurait à Vichy des milieux politiques qui, estimant que le gouvernement de Laval ne répondrait plus aux exigences de la situation, songeraient à vous proposer, monsieur le Maréchal, de substituer au Cabinet actuel un nouveau gouvernement… Dans le cas où […] effectivement des machinations se trameraient à Vichy contre M. Laval, je crois devoir prévenir tout malentendu et vous faire part du point de vue allemand sur ce point : le gouvernement du Reich ne permettra pas le retour d'incidents analogues à ceux du 13 décembre 1940.

Le télégramme envoyé le 24 avril par Schleier à Berlin est sans ambiguïté. Il ne peut que renforcer, en Allemagne, ceux qui, voyant partout leurs alliances vaciller, tentent de maintenir en place leurs derniers fidèles.

Qu'écrit Schleier ? Qu'au cours d'un entretien de plusieurs heures, le président Laval lui a dit avoir « l'impression » que le Maréchal lui demanderait « un jour de se retirer », comme il l'avait déjà fait le 13 décembre 1940.

> Lui, Laval, n'a aucunement l'intention de se faire chasser une deuxième fois par le Maréchal. Pour lui, il n'y a que deux possibilités : ou bien il déclare de lui-même au Maréchal que la seconde expérience faite avec le Maréchal ne s'est pas déroulée dans une atmosphère qui lui permette de poursuivre sa politique sans gêne et de façon constructive — et c'est la raison pour laquelle il se retire ; ou bien il reste au pouvoir dans tous les cas, c'est-à-dire même

contre la volonté du Maréchal, et, s'il le faut, par la force... Mais, cette fois, il ne faut pas se laisser surprendre par les événements. Il faut d'abord qu'il [Laval] réfléchisse quelles démarches il faut entreprendre dans un cas pareil. A ce propos, ce qui est surtout nécessaire pour lui de savoir, c'est la conception du gouvernement du Reich dans cette question. Cela est décisif, parce que sa décision de rester au pouvoir, s'il le faut, même contre la volonté du Maréchal, *n'a qu'un unique motif, à savoir assurer la continuation loyale de la politique de collaboration avec l'Allemagne*[1].

Il se peut que Schleier « force la note » et interprète avec excès les doléances et les demandes de Laval mais, dans son télégramme de treize pages, c'est à plusieurs reprises qu'il insiste pour que Berlin fixe à Laval son rôle et définisse également le rôle que la France sera appelée à assumer dans une Europe dominée par l'Allemagne.

Voici la conclusion du diplomate allemand :

Laval a déclaré, en terminant, qu'il n'avait pas l'intention de vouloir dramatiser la situation à Vichy, mais [qu'il...] serait reconnaissant, dans l'intérêt de la continuation de la politique de collaboration germano-française, représentée par lui, et qui constitue la seule politique juste pour la France, si du côté allemand on lui donnait la possibilité de s'opposer avec efficacité à ce conflit menaçant.

Pour faire bonne mesure, Schleier ajoute même, que de « l'avis concordant des autorités d'ici (lisez l'ambassade d'Allemagne) aucun gouvernement successeur ne fera preuve de l'empressement et n'aura la possibilité de maintenir, et de poursuivre avec la même ampleur, les prestations faites jusqu'ici par la France à l'Allemagne, comme c'est le cas pour le gouvernement Laval ».

Il range même Sauckel de son côté, ou plus exactement du côté de Laval, ce qui paraît pour le moins excessif, à qui sait la détestable « qualité » des rapports Sauckel-Laval. « Je dois mentionner, écrit-il en terminant, que le Gauleiter Sauckel, lors de son dernier séjour à Paris, m'a déclaré formellement que *seule*[2] la France avait exécuté à cent pour cent le programme de main-d'œuvre. »

La réaction de Hitler ne se fait pas attendre. Elle prendra la forme d'une lettre au Maréchal.

Retrouvée récemment par Raymond Tournoux, dans le dossier du Fonds Walter Stucki, cette lettre peu connue qui se trouve aux Archives fédérales de Berne[3] et à laquelle, seules, jusqu'à présent, des allusions avaient été faites, notamment par le capitaine de vaisseau Tracou, directeur du cabinet du Maréchal[4], montre entre quelles limites étroites Philippe Pétain peut

1. Je souligne intentionnellement.
2. Souligné dans le texte allemand original. Il est vrai qu'au 30 mars 1943, le chiffre des départs pour l'Allemagne se monte, depuis le 1er janvier, à 250 259 travailleurs.
3. Et publiée dans *Le Royaume d'Otto*.
4. Dans son ouvrage *Le Maréchal aux liens*.

encore évoluer. Prisonnier en cage, les barreaux de la cage n'ont cessé de se rapprocher. Aujourd'hui, ils se touchent presque.

Après avoir, le 28 avril (le télégramme de Schleier est parti de Paris le 24 à 22 heures), indiqué à Pétain que ses « services » l'ont informé d'une tentative de renversement du gouvernement Laval, Adolf Hitler adresse au chef de l'État français un véritable ultimatum :

> Afin de me former une opinion claire de la situation politique en France, j'ai, en conséquence, convoqué M. Laval, chef du gouvernement, demain à mon quartier général. Je ne veux pas manquer, monsieur le Maréchal, de vous en faire part.

Le chancelier Hitler fait ensuite l'éloge de Laval qui « s'est attaché, non sans succès, à donner aux rapports de la France avec les puissances de l'Axe une base nouvelle, qui est avantageuse aux intérêts de toutes les parties » et critique violemment les événements du 13 décembre 1940 qui ont conduit notamment, dit-il, non seulement à l'éloignement de Laval mais encore « à la trahison [...], dont l'amiral Darlan, de concert avec nombre d'autres hommes politiques et généraux français, s'est, l'an dernier, rendu coupable ».

> Je ne suis pas à même, poursuit Hitler, d'apprécier jusqu'à quel point des éléments dépourvus de scrupules s'efforcent, encore une fois aujourd'hui, de troubler cette politique de M. Laval, qui seule est vraiment capable d'assurer à la France, dans la formation de la nouvelle Europe, la place qui lui revient [...]. Mais, dans le cas où ces nouvelles seraient fondées et où effectivement des machinations de la sorte se trameraient à Vichy contre la politique du chef de votre gouvernement, je crois, monsieur le Maréchal, de mon devoir, afin de prévenir tout malentendu, de vous faire part, à ce sujet, du point de vue de l'Allemagne, lequel est que le gouvernement du Reich n'est pas en état et qu'il n'entre pas davantage dans ses intentions de laisser mettre, une fois de plus, en question, par un retour éventuel d'incidents analogues à ceux du 13 décembre 1940, la continuité du développement politique entre la France et les puissances de l'Axe.

A cette longue lettre de rappel à l'ordre et à l'obéissance, Philippe Pétain répond, dès le 29 avril, par une brève lettre qui n'est franche... qu'en apparence. Il n'existe pas d'« intrigues », indique le chef de l'État, visant à menacer « la politique d'entente que M. Laval mène avec l'Allemagne et l'Italie ». « Je reste fidèle à cette politique », écrit encore Pétain, qui termine sur ces mots :

> Je vous prie de croire, monsieur le Chancelier, que je ne suis pas prêt à tolérer que quiconque en France m'empêche de poursuivre la rénovation intérieure du pays, selon le programme national-et-social que j'ai défini dans mes messages, en harmonie avec une politique extérieure, qui est la seule raisonnable (*et à laquelle je me suis librement associé*[1]), mais qui ne peut être couronnée de succès sans le secours d'un ordre intérieur nouveau.

1. Ces huit mots sont rayés dans l'exemplaire de la lettre de Philippe Pétain qui se trouve aux Archives fédérales de Berne (*cf.* Tournoux, *op. cit.*).

Ces documents jettent bas les bruits qui courent sur Vichy au moment où Laval s'éloigne en direction de Berchtesgaden. Ceux qui, dans la capitale provisoire, s'affirment toujours bien informés, ne disent-ils pas, en effet, que Pétain a dû intervenir pour que Hitler n'exige pas la démission de Laval ?

Ils jettent bas les affirmations des inconditionnels de Laval qui laissent entendre que le chef du gouvernement « avait sollicité l'entretien [1] » pour obtenir que des adoucissements soient apportés aux exigences allemandes. Si Laval est bien *convoqué* par Hitler, il doit, avant tout, cette convocation à l'insistance qu'il a mise à se présenter en victime possible d'un nouveau 13 décembre conduisant à son élimination définitive par les éléments modérés de Vichy.

Que va-t-il surgir d'une rencontre organisée les 29 et 30 avril entre Hitler et ces Français, Laval, mais également de Brinon, Guérard et Rochat ? Ils ont emprunté l'avion de Hitler et trouvé, pour les conduire au GQG du Führer, une voiture ornée d'un fanion aux couleurs françaises [2]. Détail négligeable mais auquel, à Vichy, certains, l'apprenant, sont tentés d'accorder une importance qu'il n'a pas.

— Oui, dira Laval à son ami Canavaggio, oui, j'ai été très bien reçu… on a eu beaucoup d'égards pour moi… Tout le monde semblait me dire : « Donnez-vous la peine d'entrer, monsieur le Président… » Mais, comme je ne suis pas né d'hier, je sais trop ce que ces mots signifient… Je sais que la porte que l'on me montre du doigt ouvre sur la guerre. Et je ne suis pas ici pour faire la guerre, mais au contraire pour essayer de l'arrêter…

Rassuré sur son avenir politique par le soutien que lui a apporté l'Allemagne, Laval tentera de mettre à profit le climat de l'entretien pour développer son idée d'une paix de compromis au terme de laquelle l'Allemagne, renonçant à ses conquêtes à l'Ouest, se consacrerait uniquement au combat contre la Russie soviétique.

Entre les vœux de Laval et les vues de Hitler, qui a déjà reçu dans les jours précédents le roi Boris de Bulgarie, le « Conducator » Antonesco de Roumanie, l'amiral Horthy, régent de Hongrie, alliés fragiles, alliés inquiets du développement d'une guerre dans laquelle économiquement [3] ou militairement ils sont dangereusement impliqués, oui, entre les vœux de Laval et les vues de Hitler, comment n'y aurait-il pas un immense fossé ?

Hitler qui soupçonne qu'il ne peut désormais exister pour lui et pour son régime de paix blanche, ni même de défaite partielle, et qui espère encore faire basculer le destin, ne peut prêter attention aux suggestions discrètes

1. Dominique Canavaggio, Rapport Hoover, p. 1402.
2. D'après le récit de René de Chambrun, *Pierre Laval devant l'Histoire*, ce sont les ailes de l'avion qui auraient été ornées de fanions tricolores.
3. C'est le cas pour la Bulgarie qui, au contraire des deux autres pays, ne mit jamais de troupes au service de l'Allemagne.

de ce Français vaincu qui voudrait mettre à profit l'état d'épuisement de son vainqueur et les difficultés toujours rencontrées par Soviétiques et Anglo-Saxons pour jouer un rôle d'arbitre et de négociateur.

Le débat atteint à une certaine hauteur lorsque, à Hitler qui a dit : « La France doit contribuer à l'effort de guerre de l'Allemagne, pour faire l'Europe… », Laval, saisissant le mot et l'occasion, réplique :

— Il est trop tard pour faire l'Europe, vous avez voulu gagner la guerre pour la faire… Et, pour gagner la guerre, votre armée et votre administration continuent à humilier la France et à la pousser à bout. Votre police creuse entre nos deux pays un fossé sanglant. Des jeunes Français qui n'ont pas accepté la défaite croient servir leur pays en faisant la guerre à leur manière. Vous les traitez comme des criminels. L'Allemagne aura besoin un jour de la France. Pensez à demain. Les Français attendent de vous des gestes que vous pouvez faire[1].

Sans hausser le ton, Hitler en revient au sujet qui, seul, l'occupe.

— Ces gestes, commencez par les faire vous-mêmes. L'Allemagne a besoin de construire rapidement 10 000 avions et 20 000 tanks.

— Une déclaration en vingt lignes (Laval songe à une déclaration au cours de laquelle Hitler en mettant en avant des buts de paix modérés inciterait les Anglo-Saxons à la modération) vaudrait 20 000 avions et 40 000 tanks…

C'est spéculer sur l'impossible. Lorsqu'il était vainqueur, Hitler proposait une paix allemande dont ses adversaires ne voulaient pas. Vaincu, ou tout au moins dans l'incapacité de renouer avec le succès militaire, il s'obstinera à tenter d'améliorer une situation qui lui échappe, repoussant à des temps heureux, qui jamais ne viendront, l'heure des négociations.

Et lorsque le chef du gouvernement français, hanté par son idée de « déclaration en vingt lignes », propose au chancelier du Reich de tenir la plume : « vous devriez me prendre pour secrétaire, et m'installer dans un coin, je vous l'écrirais », Hitler refuse ce qui, à ses yeux, ne saurait être qu'une boutade ou une manifestation de servilité alors que, dans l'esprit de Pierre Laval, il s'agit certainement de la participation à une grande œuvre.

En quittant celui qu'il a « convoqué », Hitler lui annonce seulement une prochaine visite de l'inévitable Sauckel, qui viendra encore exiger des hommes et des hommes.

Sans doute, de retour à Vichy, Laval est-il condamné à « jouer le jeu ». Les journaux ont reçu ordre de présenter la rencontre « en tête de page sur toute la longueur de la page, en très gros caractères », de lui donner pour surtitre : « UN ÉVÉNEMENT DIPLOMATIQUE DE LA PLUS HAUTE IMPORTANCE POUR LA FRANCE », pour titre : « UNE ENTREVUE DU PRÉSIDENT

1. Rapporté par René de Chambrun.

LAVAL AVEC LE CHANCELIER HITLER AU QUARTIER GÉNÉRAL DU FÜHRER », de marquer enfin par des sous-titres que « la France, en contribuant selon ses moyens à la défense commune, est assurée de participer à la réorganisation de l'Europe et de trouver la place que ses sacrifices lui auront méritée [1] ».

Mais l'optimisme ne règne pas à Vichy, même après que Laval eut assuré au cours d'une conférence de presse, tenue le 1er mai, que la France n'était plus en tutelle, qu'elle redevenait enfin un pays majeur [2].

Nicolle, lui-même, cependant ami et familier de Laval, est obligé de constater le 4 mai, que, « quarante-huit heures après la parution du communiqué sur l'entrevue Hitler-Laval on peut noter la déception ressentie par l'opinion publique ».

Pour Robert Aron, « la négociation manquée (entre Hitler et Laval) marque la fin de la politique "active" de Laval. Désormais, le Président va se borner à réagir devant les événements extérieurs, auxquels la France ne participe pas, à lutter contre les intrigues intérieures qui ne cessent de l'assaillir [3]... »

Intrigues intérieures. En juin, les relations entre Pétain et Laval seront à ce point dégradées que le chef de l'État ferait rechercher la lettre par laquelle, en 1914, Laval, jeune député, aurait demandé à bénéficier de ses prérogatives de parlementaire afin de ne pas être mobilisé, cependant que Laval serait en quête du jugement de divorce de Mme de Hérain, épouse Pétain !

Que ces procédés dignes des journaux de chantage soient exacts ou qu'il s'agisse de rumeurs passionnément colportées dans le Vichy des rumeurs, il n'en reste pas moins que, le 4 juin, *Le Petit Parisien* — qui n'est pas modérément collaborateur — va publier une interview du Maréchal qui mettra en fureur le camp collaborationniste.

L'entretien a eu lieu à La Bourboule où le chef de l'État est allé prendre quelques jours de repos [4]. Une décision si surprenante de sa part qu'à nouveau des bruits de démission se répandent, bruits qui ont trouvé leur justification dans l'absence, le 31 mai, de tout représentant du Maréchal à la cérémonie qui s'est déroulée devant le monument aux morts de Vichy et au cours de laquelle le général Bridoux, en présence de

---

1. Dans son numéro du 1er-2 mai, *Le Petit Parisien* annonce en ces termes l'entrevue : « Le président Laval a été reçu par le Führer. Cette nouvelle conversation franco-allemande a porté sur la contribution de la France à l'effort européen contre le bolchevisme et les ploutocraties anglo-américaines. »

2. Laval, au cours de cette conférence de presse, a déclaré que la cadence des départs d'ouvriers pour l'Allemagne devrait être accélérée. Il a ajouté que quiconque s'engagerait comme combattant dans les rangs allemands servirait la France mais que nul ne serait envoyé de force au combat.

3. *Histoire de Vichy*.

4. L'auteur de l'interview, Géo-Charles Véran, écrit que le Maréchal serait bien allé dans sa propriété de Villeneuve-Loubet « mais que la côte provençale, comme celle de l'Atlantique, est en état de défense ».

Pierre Laval et de nombreux représentants des puissances de l'Axe, a décoré quelques-uns des officiers qui, en Tunisie, avaient combattu au côté des troupes allemandes.

A Géo-Charles Véran, le journaliste du *Petit Parisien*[1], Philippe Pétain après avoir affirmé que, « quelles que soient les circonstances », il resterait à la place où l'ont « trouvé en juillet 1940 le désespoir et la confiance [du] pays meurtri » dit également qu'il n'oublie ni la Seine, ni les ombrages du Champ-de-Mars, ni les petites rues de la rive gauche et l'animation de Vaugirard.

— Je sais que c'est là, poursuit-il, que bat le cœur de la France. Il bat lentement, difficilement, parce qu'il ne sent plus converger ses artères. Mais il est assez fort pour supporter cette attente. En restant loin de lui, je songe au jour où il retrouvera sa vie normale et recommencera à donner librement son rythme à la nation tout entière. Je ne songe même qu'à cela.

— Vous ne reviendrez donc pas avant, monsieur le Maréchal ?

— Le chancelier Hitler m'a déjà offert ce retour, et je lui ai répondu que j'étais sensible à cette offre. Mais en maintenant le siège dans une zone initialement libre… j'ai voulu sauvegarder un principe auquel tous les Français doivent demeurer attachés : celui de la souveraineté que lui reconnaissaient les conventions d'armistice. Il ne serait de l'intérêt de personne que les conditions de cet état de choses, même soumises à la rigueur des circonstances nouvelles, fussent modifiées dans leurs bases essentielles.

Ce texte important, dans la mesure où il était toujours bruit d'un transfert du gouvernement à Paris, c'est-à-dire près des journaux et des mouvements de la collaboration, comme près des centres allemands de décision, est commenté, événement journalistiquement alors sans précédent, et à l'origine duquel se trouve sans aucun doute une complicité allemande, *le jour même de sa parution* par Marcel Déat dans *L'Œuvre* et par Suarez dans *Aujourd'hui*.

Et en quels termes ! L'article de Déat est intitulé : « *Après Megève fermons Vichy.* » Pourquoi ce rapprochement entre une station de sports d'hiver et la « capitale » provisoire ? Parce que, depuis plusieurs mois déjà, la presse parisienne dénonce Megève, à ses yeux, refuge de juifs qu'une fortune préservée incite à l'insolence de vie et de mœurs, asile joyeux pour trafiquants de marché noir, pour hommes et femmes indifférents aux malheurs du pays.

Conscient d'un état de fait peu niable, le gouvernement, après quelques opérations de police, n'a-t-il pas d'ailleurs décidé d'interdire purement et simplement le séjour des touristes à Megève[2] ?

1. Le Maréchal avait toujours refusé de recevoir les représentants de la presse parisienne. « Il vient de faire une exception, écrit Maurice Martin du Gard, pour un garçon vif et sympathique qui ne manque pas de talent et qu'on dit irréprochable. »

2. « Le marché noir continue à sévir malgré toutes les sanctions, peut-on lire dans le

Dans son article Marcel Déat, avec une violence redoublée, va donc dénoncer Vichy, « cette promenade d'égrotants entre des grilles », Vichy qui apporte la preuve « qu'on craint plus que la mort la proximité des foules parisiennes ». Et puisque, selon Déat, la santé morale de la France, son équilibre psychologique, sa sécurité intérieure exigent que l'on en finisse avec Vichy, c'est à Paris désormais que doivent se tenir les Conseils des ministres, que doivent être pris les décrets, que doit être imprimé le *Journal officiel*, « c'est à partir de la rue de Grenelle que la radio nationale doit être orchestrée »[1].

Quant à Suarez, dans *Aujourd'hui*, il rappelle l'article 3 de la convention d'armistice qui autorisait le gouvernement français à transférer son siège à Paris. « Ce texte est d'une aveuglante clarté, écrit-il... nul doute que le Maréchal et son gouvernement eussent été à Paris, sous les regards quotidiens de la foule, sous la garantie de l'opinion publique, sous la protection fervente de leurs admirateurs, plus libres qu'ils ne le furent jamais sous la surveillance de l'amiral Leahy[2], des espions de M. Peyrouton, des conspirateurs du Deuxième bureau, de la camarilla de l'amiral Darlan et des salonnards de M. du Moulin de la Barthète. »

Pétain a parlé, et ce sont les reproches de Déat comme de Suarez qui donnent à son interview sa véritable importance. Puis, comme dans quelque ballet bien réglé, Laval réplique. Il le fait le 5 juin par un discours radiodiffusé que la presse doit, sur ordre, commenter « pendant une dizaine de jours ».

Après avoir évoqué « la paix européenne de demain » qu'il conçoit, c'est l'idée qu'il a exprimée devant Hitler, « comme la conséquence d'une association et d'une harmonie », il annonce la création du 1er régiment de France, modèle très réduit de ce que fut l'armée de l'armistice, elle-même modèle très réduit de l'armée d'avant la défaite. Il annonce la revalorisation des bas salaires, ce qui n'a pu se faire qu'avec l'autorisation de la puissance occupante, le renforcement de la lutte contre le marché noir, une prochaine augmentation des rations pour les travailleurs de force et les adolescents, des mesures rigoureuses contre les défaillants du Service du travail obligatoire, ainsi que la libération de nombreux prisonniers. « La France, dit-il à ses détracteurs, conserve son gouvernement, vous le critiquez, vous dites parfois qu'il n'exerce pas pleinement tous les droits de la souveraineté. Vous ne vous posez pas la question de savoir ce qu'il adviendrait s'il n'était plus là. »

---

rapport du Centre départemental d'information de la Loire daté du 31 mars 1943. On a "fermé" Megève, mais que deviennent d'autres centres où sévissent les mêmes abus. On nous a cité l'Alpe-d'Huez où de soi-disant villégiateurs dépensaient 1 000 francs par jour pour leur seule nourriture. » Je rappelle qu'un salaire moyen évolue, en 1943, entre 2 000 et 3 000 francs.

1. *L'Œuvre*, 4 juin 1943.
2. Ambassadeur des États-Unis à Vichy du 23 novembre 1940 jusqu'au 1er mai 1942.

Phrases dont on se demande qui elles peuvent satisfaire.

Ni les gaullistes, ni les communistes, ni l'immense masse des attentistes de moins en moins attentistes, ni les enragés de la collaboration. Dans *L'Œuvre* du 14 juin, Marcel Déat, dont Raymond Tournoux a bien montré quelle étrange et puissante passion le liait au destin de l'Allemagne[1], a cette phrase menaçante et ahurissante sous la plume d'un journaliste français : « La Wehrmacht est aux portes de Vichy, fort heureusement… »

Et c'est vrai. En juin 1943, la Wehrmacht se trouve bien aux portes de Vichy, qu'elle n'occupe pas toutefois, moins par décence que par habileté et pour avoir l'air de ménager la « liberté » du chef de l'État français. Mais si depuis plusieurs mois la Wehrmacht est aux portes de Vichy, depuis février elle n'est plus dans Stalingrad. Et, depuis quelques semaines, elle n'est plus en Afrique. Voici ce qui importe à des Français dont la guerre véritable, celle qui se poursuit à l'Est, sur le théâtre méditerranéen, dans le Pacifique, et non la guéguerre entre Paris et Vichy, occupe les esprits.

De cette guerre impitoyable qui ravage les continents ils attendent presque tous qu'elle s'achève par l'effondrement de l'Allemagne, alors que Vichy officiellement s'enferme, depuis le début de l'année, dans l'illusion que Hitler, à défaut d'une victoire, arrachera une paix blanche à laquelle la France pourrait contribuer et qui lui permettrait de retrouver, sinon toute sa place, du moins une place « honorable », première en somme des nations de second rang.

Au début de décembre 1942, le ministre d'État Lucien Romier, déjà atteint par la maladie qui l'emportera le 25 janvier 1944 et parlant « comme quelqu'un qui sort de l'antichambre de la mort et qui, mal guéri, ayant peu de chances d'être longtemps de ce monde, tient à libérer sa conscience avant de disparaître », a beau prédire à ses collègues la défaite certaine de l'Allemagne, la propagande officielle n'en continue pas moins à prétendre que le Reich triomphera finalement des épreuves qui s'accumulent et que rien ne saurait masquer. Pas même l'ordre stupide de ne plus parler dans les journaux des forces « alliées » mais « mésalliées ». Des nations « unies » mais « désunies »[2] !

Cependant les succès soviétiques, s'ils ne troublent pas encore la confiance des fanatiques de la collaboration, agitent les esprits des spéculateurs et de tous ceux qui souhaitent ne jamais trop s'engager dans un camp, afin de pouvoir, en temps utile, se ruer en direction de l'autre camp.

Dans le journal qu'il tient quotidiennement, et qui sera publié en 1947 sous le titre *Cinquante mois d'armistice*, Pierre Nicolle, qui a trop de naïveté pour séparer comme il le faudrait la paille du grain, mais trop de

1. *Le Royaume d'Otto*.
2. Consigne du 15 mars 1943.

relations pour que son récit puisse être négligé, note le 3 février : « Les nouvelles du front russe alimentent toutes les conversations. » Puis le 4 : « La situation militaire sur le front russe agite tous les milieux vichyssois. » Et le 5 : « Le malaise se développe. »

Encore quelques semaines et, de son côté, Pierre Limagne pourra inscrire dans son « journal », le 31 mai : « nouvelles de Vichy : chacun essaye de se mettre à l'abri, le plus loin possible du lieu où il a exercé son activité, et de préférence hors de France. C'est la course aux postes diplomatiques, on se rabat sur les sous-préfectures ou sur des "planques" plus modestes [1]. »

Cependant, dans le même temps où il enregistre les signes de l'inquiétude et de la fébrilité vichyssoise, Nicolle, reçu le 7 février par Pierre Laval, précise que le chef du gouvernement affecte un large sourire, qu'il émane de toute sa personne une sensation de tranquillité, « on peut même dire de satisfaction ». Si le chef du gouvernement insiste sur le danger bolcheviste, comme il le fait systématiquement, surtout depuis ce discours du 22 juin 1942 au cours duquel il a prononcé la phrase : « je souhaite la victoire de l'Allemagne parce que, sans elle, le bolchevisme demain s'installerait partout », il n'en affirme pas moins qu'après trois mois difficiles la situation évoluera dans un sens « dont nous aurons tous à nous réjouir ».

Quelle est la clef de cet optimisme ? Le 8 février, Nicolle, faisant réflexion sur son entretien de la veille, tire la conclusion suivante :

> Le président Laval donne l'impression d'un homme sûr de lui.
> C'est que le but poursuivi par le Président est de tenir un rôle final prépondérant. Après avoir assisté à la défaite, Pierre Laval pense qu'il serait possible de gagner la paix. Or la situation actuelle, dominée par les succès russes, et par la reprise quasi universelle de l'activité communiste, devrait permettre au chef du gouvernement d'établir des contacts internationaux intéressants. L'action anti-bolchevique ne serait-elle pas demain [2] un signe de ralliement et peut-être le seul moyen de réconcilier et de réunir les peuples en guerre ?

Gagner la paix ? Avant février 1943 il aurait paru indécent, à Vichy, d'imaginer ouvertement une autre paix qu'allemande. Après Stalingrad, les perspectives d'une paix soviétique ne peuvent plus être totalement

1. Le général Serrigny, à la fin d'un repas avec Horace de Carbuccia, propriétaire du journal *Gringoire* et favorable à la collaboration, s'entend demander par Mme de Carbuccia :
— Dans combien de temps finira la guerre ?
— Je n'ose vous répondre n'étant pas devin. Il me semble cependant que l'accouchement normal est de neuf mois. Toutefois, un accident reste toujours possible.
Ce pronostic entraîne alors la réflexion d'Horace de Carbuccia :
— Je crois le moment venu de mettre de l'eau dans mon vin.
2. C'est en 1947 que, les relations se trouvant radicalement modifiées entre l'Est et l'Ouest, le monde entrera dans la « guerre froide ».

écartées. Pourquoi Laval ne travaillerait-il pas à une paix de compromis, Roosevelt et Churchill, par crainte du bolchevisme, tendant la main à Hitler, afin que la vague rouge ne submerge pas l'Occident ?

Le 22 février Nicolle est reçu à nouveau par Laval qui lui dit être informé des craintes que font naître, un peu partout dans le monde, les succès soviétiques.

Peut-être ce revirement influencera-t-il l'évolution même de la guerre ? demande Nicolle.

Laval ne répond pas, mais son sourire énigmatique « laisse voir, écrit Nicolle, qu'il suit pas à pas les réactions qui se produisent partout dans le monde et qu'il a confiance dans les possibilités qu'il y découvre de sauvegarder les intérêts de la France ».

Et de se poser en médiateur, puisque telle est l'ambition de Laval.

Alors courent les bruits. En février, un renversement des alliances étant envisagé dans certains milieux, les valeurs en Bourse baissent, comme baisse le cours du diamant et, en juin, les mêmes bruits provoquent un effondrement passager des prix au marché noir puisque l'on obtient soudain pour 275 francs le kilo de beurre qui se vendait 600. Dans la capitale provisoire de la France, chacun s'empare des événements qui paraissent servir le mieux ses espoirs et les développe à sa fantaisie.

En mars, Goebbels s'étant exprimé en termes modérés, son discours est interprété comme « un élément favorable aux conversations internationales dont on parle de plus en plus[1] » dans les milieux de la presse étrangère.

Le 8 avril, c'est un possible départ de Mgr Spelmann pour la Russie, et un possible départ de Mussolini pour l'Allemagne, qui alimentent des conversations et des songes partiellement explicables, il est vrai, par les querelles qui, après la découverte des corps de 10 000 officiers polonais massacrés par les Soviétiques, dans la forêt de Katyn, et l'exploitation que feront les Allemands de cette découverte, entraîneront, le 25 avril, une rupture des relations diplomatiques entre l'URSS et le gouvernement polonais de Londres.

L'agitation vichyssoise est assez intense pour qu'à Paris deux extrémistes de la collaboration, Marcel Déat dans *L'Œuvre*, et Suarez dans *Aujourd'hui*, prennent la plume pour mettre en garde les Français, en des termes presque identiques, contre les illusions qu'ils pourraient entretenir sur la possibilité qu'aurait la France de jouer un rôle dans des négociations de paix.

Autant en emporte le vent ! En mai, les opérations militaires marquent-elles un temps d'arrêt à l'Est, où la Wehrmacht prépare l'offensive contre Koursk, c'en est assez pour que les optimistes de Vichy crient à la prépondérance enfin assurée des diplomates sur les généraux.

1. Pierre Nicolle, 15 mars 1943.

Les bombardements sur l'Allemagne diminuent-ils d'intensité au début de juin, et alors que Churchill se trouve à Alger, n'est-ce pas la preuve qu'Anglais et Américains ont des entretiens « ayant pour objet l'étude d'un compromis possible [1] » ?

Non, ce n'est pas la preuve et les événements ne tarderont pas à démentir ces espoirs. Les 11, 12 et 13 juin, ce sont, au total, plus de 3 000 appareils anglais et américains qui survolent l'Allemagne et la pilonnent.

Cependant, dans *L'Œuvre* du samedi 19 juin, Marcel Déat brocarde à nouveau « le mythe vichyssois de la médiation », se moque de « ces doux rêveurs, [de] ces hallucinés du bobard, [de] ces somnambules de la diplomatie » qui « en grand secret, entre les arbres du Parc [vous] confie[nt] que Staline et Hitler voient avec sympathie les efforts de la France, que Churchill et Roosevelt ne sont pas tellement réticents ».

Déat peut bien ricaner, Nicolle, toujours lui, écrit le 26 juin que les associés de l'Allemagne, associés par la force, « se réjouissaient à l'idée de pouvoir se rassembler autour d'un programme de paix réservant les droits des petites puissances. Celui, ajoute-t-il, qui se ferait champion de cette idée trouverait rapidement les échos les plus favorables dans tous les pays belligérants et non belligérants, mes interlocuteurs pensent que le président Laval est à la veille d'être reconnu comme le promoteur et l'apôtre de cette paix tant désirée ».

Parce que la conclusion d'un événement est connue, on imagine qu'il ne pouvait en recevoir d'autre. Mais qu'en est-il vraiment de ces rumeurs de paix qui agitent Vichy en 1943 ?

Les intrigues en faveur d'une paix de compromis n'ont, en réalité, jamais cessé depuis le 15 septembre 1939 lorsque après leur victoire éclair sur la Pologne, les Allemands avaient dit, et fait dire, que l'Angleterre et la France n'avaient aucune raison de poursuivre un combat mollement engagé, mené d'ailleurs comme à regret et désormais sans objet.

Le 6 octobre 1939, à l'Opéra Kroll, Hitler avait officiellement déclaré qu'il souhaitait une paix fondée sur la reconnaissance du fait accompli et le 11 octobre, le journaliste américain William Shirer, alors en poste à Berlin, avait vu « les grosses bonnes femmes » du marché lancer leurs choux en l'air et s'élancer vers le premier bistrot venu en apprenant (fausse nouvelle) qu'un armistice était signé.

Avant l'offensive de mai 1940, on ne comptait plus les initiatives en faveur d'une paix de compromis lancées par des pays (Belgique, Hollande, Danemark, Suède) qui se jugeaient menacés par le Reich. Après juin 1940 le relais avait été assuré par des États qui estimaient — comme le Vatican — avoir, pour cela, vocation spirituelle ou qui — comme l'Espagne et la Turquie — s'inquiétaient légitimement des développements du conflit.

1. Pierre Nicolle, le 5 juin 1943.

A toutes ces avances Churchill, au nom d'une Angleterre moins unanime qu'il voulait bien le dire, allait toujours répliquer négativement et l'affaire Rudolf Hess[1] ne troublerait nullement sa volonté de poursuivre jusqu'à son terme un combat dont l'issue, en juin 1941, après les désastres de Grèce et de Yougoslavie, et avant que l'Allemagne ne se jette sur la Russie, pouvait, pour l'Angleterre, paraître fort douteuse.

La guerre germano-soviétique ne devait pas ralentir les offensives de paix. Il était en effet tentant, pour l'Allemagne, de s'efforcer de séparer l'Angleterre et les États-Unis de l'Union soviétique.

A Washington comme à Londres, la peur et la haine du bolchevisme n'avaient pas disparu avec les premières grandes défaites russes. Quant à Staline, il s'irritait de la lenteur mise par ses alliés occidentaux à ouvrir un second front; de la prudence, justifiée par les pertes qu'infligeaient à leurs convois sous-marins et avions allemands, avec laquelle ils aventuraient leurs navires en direction des ports soviétiques et de cette liberté d'expression qui, même en temps de guerre, permettait aux journalistes comme aux hommes politiques anglo-saxons de discuter du bien-fondé des alliances de leur gouvernement.

L'étrange arrivée de Rudolf Hess en Angleterre fera également lever des soupçons qui mettront fort longtemps à se dissiper. Le 19 octobre 1941, la *Pravda* demandera si Hess est « un criminel de guerre ou un plénipotentiaire du gouvernement nazi avec tous les privilèges de l'immunité ». A Moscou, on entendra dire que les Anglais reculent le procès de leur prisonnier pour ne pas se trouver obligés de divulguer des tentatives de négociations d'une paix séparée avec le Reich[2] et, en 1948 — mais la guerre froide a déjà débuté —, les Soviétiques accuseront les États-Unis d'avoir par l'intermédiaire d'Allen Dulles, attaché à la légation de Berne, qui se trouvait en rapport avec le prince Hohenlohe et plusieurs diplomates allemands, tenté de conclure, en 1943, une paix séparée avec l'Allemagne hitlérienne.

Après Stalingrad, et surtout après qu'à l'initiative de Roosevelt Américains et Anglais aient décidé, à Casablanca, en janvier 1943, que l'élimination de la puissance de guerre allemande, japonaise et italienne

1. A la veille de l'invasion de la Russie, Rudolf Hess, numéro trois du régime nazi derrière Hitler et Goering, estimant qu'une entente est indispensable entre l'Angleterre et l'Allemagne, et qu'à cette seule condition la Russie soviétique peut être vaincue, s'envolera vers l'Angleterre sans prévenir Hitler de ses intentions. Arrêté par les Britanniques, traité en prisonnier de guerre et non en « ambassadeur », il se verra désavoué par Hitler qui, dans la presse soumise, fera écrire que Rudolf Hess était, depuis plusieurs mois, atteint de troubles mentaux.

2. Sur tous ces points, il faut lire le livre de Maxime Mourin, *Les Tentatives de paix dans la Seconde Guerre mondiale*, mais également les deux volumes consacrés par Alexander Werth à *La Russie en guerre*. Dans ces deux volumes, passionnants, on découvrira, en quelque sorte, vues de l'intérieur, les réactions soviétiques aux tentatives de paix allemandes comme à l'affaire Rudolf Hess.

« impliquait la reddition sans conditions de l'Allemagne, de l'Italie et du Japon », certains responsables du IIIe Reich insisteront pour que la guerre soit arrêtée sur le front russe où leur pays s'était imprudemment aventuré.

Dans cette perspective, Ribbentrop, à la fin de l'année 1942 et au début de 1943, proposera à Hitler non seulement de négocier avec la Russie « sur une base très modérée », mais encore d'abandonner tous les territoires conquis à l'Est, « afin que l'Allemagne puisse se retourner avec tout son poids contre les Anglo-Saxons »[1]. Proposition que Hitler rejettera.

— Croyez-moi, nous gagnerons. Le coup que nous encaissons est un signe pour m'encourager à durcir mes positions et à risquer le tout pour le tout. C'est ainsi que nous finirons par vaincre.

Cependant, dans sa volonté d'avoir deux fers au feu, Ribbentrop, aidé par l'amiral Canaris qui s'était efforcé de nouer des contacts avec Roosevelt, installera dans plusieurs capitales neutres des hommes peu suspects de nazisme. Ils ont pour mission de faire comprendre, le moment venu, aux Américains et aux Britanniques, que ce serait « folie », selon le mot du ministre des Affaires étrangères du Reich, de livrer l'Allemagne aux Russes.

C'est ainsi que von Dieckoff, dernier ambassadeur à Washington, sera envoyé à Madrid, cependant que le Dr Hans Thomsen, ancien chargé d'affaires à l'ambassade de Washington, gagnera Stockholm. Parallèlement à ces manœuvres, on peut rappeler les consignes de Terboven, commissaire du Reich en Norvège, exigeant des rédacteurs en chef des journaux norvégiens la mise en valeur des paroles de Goering, selon lesquelles un accord était toujours possible « avec des gentlemen mais jamais avec des bolcheviks » ; on peut rappeler les lignes de Goebbels évoquant, à la même époque, dans *Das Reich*, le spectre d'une invasion soviétique de l'Europe et exprimant cet espoir : « Peut-être y a-t-il, même à Londres, des gens clairvoyants qui peuvent se représenter ce que cela signifierait pour l'Angleterre elle-même. »

A Pierre Laval, Ribbentrop a demandé, à la fin de 1942, de nommer ministre de France, à Sofia, Jean Payrat, qui avait été, dix ans durant, chargé d'affaires à Moscou et qui aurait eu pour mission d'entrer en rapport, dans la capitale bulgare, avec le ministre d'URSS.

Quelques jours plus tard, Krug von Nidda fera savoir que le départ de

1. C'est le plus souvent avec Mme Kollontaï, ambassadeur de l'URSS en Suède, que seront pris les contacts en direction de Moscou. L'un des intermédiaires allemands sera Edgar Clauss qui vivait en Suède et qui, parce qu'il avait rencontré Staline et Trotski avant la Révolution, se flattait de pouvoirs qui n'étaient pas les siens. Dans l'été et l'automne 1943, les conversations entre Ribbentrop, Peter Kleist, l'un de ses experts, Edgar Clauss et les représentants de l'ambassade soviétique à Stockholm se poursuivirent inutilement bien que Hitler eût fini, en août, par en accepter le principe avant de décider, au début de septembre, que tout contact serait désormais interdit. Forts de leurs succès militaires, les Soviétiques n'avaient d'ailleurs aucune envie de conclure.

Jean Payrat n'est plus souhaité, mais la démarche initiale pouvait laisser croire à Laval que la France avait bien un rôle à jouer.

Laval ne savait certes rien des lettres envoyées les 9 et 25 mars par Mussolini à Hitler, lettres par lesquelles le chef d'une Italie qui avait perdu son empire africain, et se voyait désormais directement menacée par l'invasion, manifestait son désir d'une paix séparée : « Je crois donc juste de dire que le chapitre russe peut maintenant être clos, si possible par une paix séparée, ou bien par l'établissement d'une ligne défensive, d'un puissant mur de l'Est que les Russes ne pourront pas franchir. Ce qui m'a surtout amené à cette conclusion, c'est la conviction que la Russie ne pourra jamais être détruite. »

Mais si Laval ignore cette correspondance comment ne serait-il pas informé de l'amère inquiétude des dirigeants de ces pays que Hitler enchaîne à la guerre, qui craignent, avec raison, les conséquences d'une victoire bolchevique et qui, avant qu'il ne soit trop tard, voudraient bien trouver « des portes de sortie » honorables ?

Comment pouvait-il ignorer les propositions de médiation espagnoles faites, en avril, par le ministre des Affaires étrangères Jordana[1], puis, le 9 mai, par Franco lui-même qui affirme que « le temps est venu de penser à la paix » et assure que la guerre étant arrivée à un « point mort », aucun groupe de nations ne pouvant l'emporter, il serait préférable de mettre fin aux combats ?

Comment pouvait-il ignorer que Bulgares, Hongrois, Roumains et même Italiens en poste à Vichy voyaient en lui, au fur et à mesure que passaient les jours et s'accumulaient les défaites des puissances de l'Axe, « le promoteur et l'apôtre de cette paix tant désirée[2] ».

Promoteur ? Apôtre ? Non, mais rêvant de l'être, certainement, ce Pierre Laval qui, le 16 mars 1939, lors de la séance secrète de la Commission des Affaires étrangères du Sénat avait demandé, pour sauver la paix, non seulement « que tous les Français soient unis pour barrer la route à l'Allemagne », mais encore que l'on fasse « la chaîne de Londres à Paris avec Rome, Belgrade, Budapest, Varsovie, Bucarest, Moscou » sinon, avait-il ajouté de façon prémonitoire, « c'est l'Allemagne qui gagnera ».

L'Allemagne ayant gagné la guerre et le rapport des forces se trouvant radicalement modifié, Laval s'efforcera constamment — fût-ce avec des moyens discutables — de conclure avec le vainqueur l'arrangement pacifique qu'il n'a pas réussi à faire triompher lorsque, après 1918, la France était victorieuse.

Ayant toujours manifesté une profonde horreur de la guerre, craignant depuis l'hiver 1941-1942 qu'à un effondrement de l'Allemagne ne

1. A cette proposition, Washington répliquera immédiatement en rappelant la formule adoptée par les Alliés à Casablanca : « reddition sans condition ».
2. Nicolle.

corresponde une victoire du bolchevisme qui se traduirait, en Europe, par une domination politique sans fin humainement prévisible, Laval, s'il est habité — selon une image qui ne lui appartient pas mais qui est utilisée par ses amis aussi bien que par ses ennemis — de l'ambition de tenir le rôle de Talleyrand, n'est pas poussé par la seule vanité.

Puisqu'il a été trop faible et trop isolé en 1939 pour empêcher la guerre que, dirigeant cette France vaincue, qui conserve — et c'est une exception parmi les nations vaincues — une modeste influence, il mette du moins à profit cette influence pour limiter les catastrophiques effets du conflit.

Au cours de l'automne de 1943, il interrogera même son ami l'astrologue Maurice Privat sur les chances d'une paix de compromis[1].

— Est-il vrai que les Allemands désirent conclure une paix séparée avec les Russes ?

Privat rapportera sa réponse le lendemain, après avoir dressé un thème horaire.

— Il y a des pourparlers aussi avancés que poussés. Les offres sont faites par le Reich. Il n'y a pas de chances qu'elles aboutissent, les Soviets se contentant d'en profiter pour obtenir de nouveaux avantages. La guerre, pour eux, entre dans une phase décisive où ils vont refouler et écraser leurs ennemis. Par contre, il y a eu, entre les chefs militaires allemands et les puissances occidentales, des tractations secrètes qui n'ont pas abouti et c'est grand dommage.

— Les Russes seront-ils les grands vainqueurs ?

— Si la guerre se prolonge en 1944 ils deviendront irrésistibles, envahissant l'Allemagne et s'y imposant.

— Alors on sortira d'une guerre pour entrer aussitôt dans une autre, et la France ne sera plus qu'une tête de pont, que se disputeront des rivaux enragés. Ce sera la fin de notre indépendance.

Poursuivant sa réflexion — une réflexion qui sera la sienne jusque dans sa prison[2] — Laval, après avoir déploré que les Anglais et les

1. Maurice Privat affirme avoir, dès septembre 1941, mis Laval au courant de ses travaux astrologiques et lui avoir annoncé ainsi non seulement la victoire finale de la Russie soviétique, mais également un débarquement anglo-américain en Normandie et en Bretagne pour le 31 mai 1944.

2. Le 8 août 1945, dans sa cellule, Laval, alors qu'il venait d'apprendre l'explosion de la première bombe atomique, envisageait une Europe presque tout entière placée sous domination soviétique, dans la mesure (il ne prévoyait pas la division de l'Allemagne) où, les troupes anglaises et américaines s'étant retirées, Staline gagnerait rapidement la partie politique. « En tout cas, écrivait-il, on peut considérer comme étant définitivement dans l'orbite russe tous les pays qui sont occupés par l'armée soviétique ou par des satellites comme Tito en Yougoslavie. En Roumanie, en Yougoslavie, en Bulgarie, le règne des rois est révolu et le communisme y régnera. La Tchécoslovaquie est subordonnée à Moscou. Quant à la Pologne, on peut considérer, d'ores et déjà, qu'elle est une République faisant partie de l'Union des Républiques soviétiques. Ainsi va le monde, quand il est mené par des conservateurs comme Churchill et que Staline a eu la chance inespérée d'avoir un fou sanguinaire à la tête de l'Allemagne… » A propos de la bombe atomique, dont on ne sait pas alors grand-chose, et moins encore dans une prison, Laval se demande si les Américains en conserveront longtemps le secret et il ajoute que « le rêve de Staline pourrait être retardé dans sa réalisation ».

Américains ne saisissent pas l'occasion de s'entendre avec la seule force encore puissante dans l'Allemagne nazie, « la caste militaire, noyautée et surveillée mais… qui commence à discerner que Hitler mène son pays à la perdition », devait, selon le témoignage de Maurice Privat[1], conclure sur ces mots désabusés : « tout cela est désespérant ».

Qui est-il en vérité ce Pierre Laval, représentant en 1943 un pays vaincu, dépouillé de son Empire, sans armée et sans marine, et cependant habité de l'ambition d'aider au difficile accouchement de la paix ?

Nous l'avons déjà vu, en juillet 1940, habile à convaincre une Assemblée traumatisée de se suicider en silence ; triomphant, en octobre, lorsque, le doigt de Hitler l'ayant distingué, il emportait de l'heure passée dans le wagon de Montoire la conviction qu'en France sa position était, pour longtemps, assurée ; humilié et stupéfait en décembre lorsque la simple mais très efficace stratégie de ce maréchal Pétain, auquel il ne prêtait que des vertus décoratives, l'avait désarçonné ; insinuant et tenace lorsqu'il s'était agi, centimètre après centimètre, de revenir au pouvoir et d'atteindre un sommet où il n'allait rencontrer qu'aspérités, crevasses, abîme enfin.

Après d'autres, nous l'avons décrit d'autant plus complexe que le procès bâclé en 1945 par des jurés scandaleusement partisans, des magistrats affolés et des politiciens pressés, a accumulé les ombres, et que l'histoire lui demeure toujours défavorable. « Il appartenait, écrira justement Abellio, à cette race d'hommes prudents, patients et sagaces faits pour l'ancienne politique. » Ces hommes se croyaient assez forts pour n'être jamais humiliés par les faits et « pour rester toujours capables de ruser, de marchander avec eux. Par malheur, cette habileté se tient parfois, aux yeux des profanes, sur l'imprécise frontière du compromis et de l'abandon… »

Il y a en lui, c'est vrai, du parlementaire sans illusion sur la nature humaine et du dictateur sans doctrine.

Dans le courrier qu'il reçoit en abondance, il trouve des demandes de bureau de tabac, de légions d'honneur, comme autrefois, mais aussi des sollicitations de femmes dont le mari ou le fils a été arrêté par la Gestapo et il intervient quotidiennement — 10 000 interventions, écrira son secrétaire particulier, ce qui est vraisemblable —, car il est sans aucun fanatisme. Très grièvement blessé le 17 août 1941 par Collette, il demandera sur l'instant « que l'on ne fasse pas de mal » à son assassin. On n'imagine pas Hitler ou Staline réagissant ainsi. Mais le même homme, qui désire, et obtient, que l'on épargne Collette, se désintéresse du sort qui attend les juifs étrangers que sa police capture en zone libre pour les livrer tout d'abord aux geôliers de Drancy et ouvre la ligne de démarcation à des agents allemands affublés de noms et de papiers

1. *Cf.* Rapport Hoover, t. III, p. 1300.

français pour qu'ils mettent à profit leur technique contre les postes radio de la Résistance !

Amoureux du sol de France, d'une France dont Châteldon serait le cœur géographique et sentimental, il l'est sincèrement. Jusqu'à éblouir ses visiteurs de ses connaissances sur les fleurs de Châteldon, les légumes de Châteldon, sur une terre dont il aime l'odeur, le grain, dont il veut qu'elle rapporte, dont il souhaite qu'elle colle aux mains, et que plus tard, bien plus tard, elle offre au corps le seul linceul concevable. Mais cet amour sert également son image, son discours, sa politique et il est trop assuré du résultat qu'il obtiendra, auprès de Français restés paysans, pour ne pas opposer systématiquement les idéologues (« des salauds ») aux paysans d'Auvergne qui « ne connaissent pas le fascisme », qui « n'ont jamais subi l'empreinte d'aucune autre race » et pour qui la seule guerre légitime se livrerait à la limite de leurs prés et de leurs champs.

Lorsqu'il dit — comme il le dira un jour aux hommes du Mouvement prisonnier — : « Qu'avons-nous à faire de la guerre, nous Français, qui vivons dans un pays qui est le paradis sur la terre d'Europe !... Je vais vous dire la vérité. Je suis français 100 % et, pour que vous me compreniez bien, je n'aime que mon pays », il est certain que passe alors un « courant » d'enthousiasme égoïste.

Homme d'une paix qu'il n'était pas en son pouvoir d'imposer mais qu'il imaginait cependant pouvoir convaincre les belligérants occidentaux de négocier avant que le communisme armé ne domine l'Europe, il se posera en sauveur d'un continent que ravageait la flamme des incendies et qu'affaiblissait le sang de trop de sacrifices. Mais il se trompait par démesure, par somnambulisme (le mot est de lui), par incompréhension d'une époque où, les combats s'intensifiant toujours, l'équilibre de l'espérance se modifiant, l'immédiat l'emportera sur le futur, le court terme sur le long terme.

Sa constance à répéter qu'il est le seul qui connaisse Staline [1], Hitler et Mussolini, n'est que la projection d'une immense ambition : celle de pouvoir, un jour, paraître en médiateur et, grâce à sa médiation, obtenir que la France vaincue soit rétablie dans presque tous ses droits et son prestige.

Staline, Hitler, Mussolini, il pense à eux. Pensent-ils à lui ?

Il dira, un jour d'octobre 1941, qu'en face de lui les Allemands se montraient « intimidés ». Cela peut sembler orgueilleusement ridicule. Lit-on cependant le journal de Ciano, on trouve, sous la plume du ministre des Affaires étrangères d'Italie, le récit d'une scène étrange. Le 19 décembre 1942, Laval arrive au GQG de Hitler. Ambassadeur d'un

1. Dont il dira à l'un de ses avocats, Me Jaffré, que c'est celui qui lui avait fait « le plus d'impression ».

pays qui vient de perdre en quelques jours son Empire, sa flotte, sa modeste armée, ce qui demeurait encore de territoire non occupé, Laval est ainsi décrit par Ciano, dont la jalousie affûte alors la lucidité :

> En somme, Laval est un Français dégoûtant, le plus dégoûtant des Français. Pour se mettre dans les bonnes grâces des patrons allemands, il n'hésite pas à trahir ses compatriotes et à dénigrer son malheureux pays… Et pourtant, comme les Allemands subissent le *charme*[1] des Français, même de ce Français ! A l'exception de Hitler, les autres s'empressaient pour lui parler, pour l'approcher, on aurait dit l'arrivée d'un grand seigneur déchu dans un cercle de rustres enrichis.

C'est parce que Laval, sensible à cette atmosphère, en attend des améliorations qui justifieraient enfin sa politique, qu'il ergote, temporise, négocie encore, essayant de pratiquer une « politique souple », condamnée à être toujours plus souple, et surtout qu'il décide de se charger et de charger son gouvernement des responsabilités de l'occupant, dans l'espoir d'atténuer la portée d'exigences qui lui seront imputées à crime par des Français pour qui la collaboration est moins l'*application* des ordres de l'ennemi que l'*explication*, la *justification* et presque les épousailles de ses ordres.

« Nous avons entendu des ouvriers, peut-on lire dans le rapport du Centre départemental d'information de la Loire, daté du 31 janvier 1943, regretter que le gouvernement n'ait pas "laissé faire les Allemands", que les ordres concernant les départs en Allemagne n'aient pas été donnés directement par eux, ce qui, affirment-ils, n'aurait pas nui à l'union des Français, mais au contraire augmenté le patriotisme des ouvriers. »

« Les Français ne l'aiment pas, alors qu'ils passent tout à Pétain », note avec finesse Fred Kupferman dans une biographie sans complaisance, ni hostilité de principe.

C'est vrai. Et il sait qu'il n'est pas aimé, le mot est faible, qu'il est détesté. Comment pourrait-il l'ignorer, alors que Londres, si longtemps silencieux sur Pétain, alors que les journaux de la Résistance, les tracts communistes le prennent constamment pour cible ?

De cette hostilité presque unanime, il tire une sorte de gloire triste, la preuve qu'il a d'autant plus évidemment raison qu'il est plus souvent et plus vivement injurié. Alors combien il aurait raison ! Est-ce ce qui le pousse à ne rien faire à moitié ? Lorsque Weygand, le 20 novembre 1942, lui dit qu'il ne peut poursuivre une politique réprouvée par 95 % des Français, il corrige : « Vous pouvez dire par 98 %. » Et, reçu par Hitler un mois plus tard, il affirmera que, de quelque côté qu'il se tourne, il n'entend crier que « Laval au poteau ». On peut sembler s'accommoder d'une solitude morale qui permet d'affirmer hautement que « l'on puise

1. Souligné par Ciano.

[en soi-même] sa propre satisfaction [1] », il n'en demeure pas moins que, détesté, Pierre Laval aimerait être aimé.

Être aimé, mais est-ce possible ?

A 17 h 45, le dimanche 14 mars 1943, M. Jean-Marie Sancey se présente à Lyon devant M. Chosaland, commissaire de police de permanence. Il vient se plaindre, non seulement d'avoir été pris à partie par la majorité des spectateurs du cinéma des Terreaux alors que, pour braver les huées, il applaudissait Pierre Laval paraissant sur l'écran, mais encore d'avoir été chassé de la salle par le directeur…

— Chaque soir, dira avec mélancolie Laval, je retourne à Châteldon et je demande : « Au fond, pourquoi ? » Quel besoin as-tu demain de reprendre cette chaîne ? Vaut-il mieux qu'il y ait un gouvernement ? Je pense au pays qui ne m'aime pas et pour lequel je vis. Si l'on faisait un plébiscite, hein ? Préférez-vous un Gauleiter ?

Et, en mai 1943, revenant de son inutile entretien avec Hitler — il n'en aura plus d'autres —, il affirmera à son ami Canavaggio :

— En tout cas, je ne pense plus qu'à une chose, je n'ai plus, quoi qu'il arrive, qu'une seule ambition : être bien avec mon pays.

Être bien avec son pays, comme c'est difficile, en 1943, lorsque l'on ne peut lui offrir que les nouvelles exigences allemandes et les rigueurs du STO.

1. Laval, le 10 juillet 1943.

2
LE MOIS DES GRANDS DÉPARTS

Le 22 février 1943 sur les huit colonnes de sa première page *Le Petit Parisien* annonce :

A PARTIR DU 1er MARS
ASSOUPLISSEMENT TRÈS LARGE
DE LA LIGNE DE DÉMARCATION

L'explication de cette mesure libérale vient ensuite :

LE NOUVEL EFFORT QU'ACCOMPLIT LA FRANCE EN ENVOYANT EN ALLEMAGNE 250 000 OUVRIERS SERA COMPENSÉ PAR LA LIBÉRATION DE 50 000 PRISONNIERS ET LA MUTATION DE 250 000 AUTRES CAPTIFS EN TRAVAILLEURS LIBRES DANS LE REICH

Depuis l'armistice la ligne de démarcation avait constitué un obstacle constant aux échanges des correspondances et des marchandises, mais également aux déplacements des Français. On était d'un côté ou de l'autre de « la ligne ». Frontière artificielle, sans doute, mais bien réelle, dont les occupants tenaient tous les points de passage, qu'ils ouvraient (parcimonieusement) ou fermaient à leur gré, dont ils usaient comme d'un formidable moyen de pression sur le gouvernement de Vichy[1].

Aussi, lorsque Laval annonce, dans son discours du 21 février, cette modification importante de la convention d'armistice, est-il en droit d'imaginer qu'elle sera appréciée d'une nation longtemps coupée en deux.

A Vichy, les autorités françaises vont cependant tempérer la satisfaction populaire. Consigne nº 183 à la presse de l'ancienne zone non occupée : « L'expression : *suppression de la ligne de démarcation*, qui ne correspond pas à la réalité, ne doit pas être employée. Il convient de parler d'assouplissement. » Aux journalistes on demande donc d'éviter

1. Sur la ligne de démarcation, cf. *Quarante millions de pétainistes*, t. I de la présente édition.

d'employer des formules telles que : « la ligne de démarcation n'est plus qu'un souvenir », ou encore : « l'ancienne zone occupée ».

Pour Vichy il s'agit de préserver, malgré tout, c'est-à-dire malgré la présence de l'armée allemande sur la totalité du territoire, la fiction de ce qui, jusqu'au 11 novembre 1942, était encore « la zone libre[1] ».

Qu'à travers le vocabulaire journalistique des différences *dans le degré d'occupation* soient ainsi maintenues n'est pas négligeable aux yeux de ceux qui, au gouvernement, tentent d'empêcher, entre les deux zones, des confusions de statuts qui semblent logiques aux Allemands. Car au général von Stülpnagel qui lui a fait remarquer l'incompatibilité de plusieurs ordonnances allemandes avec la « souveraineté » de Vichy, Hitler répondra immédiatement « qu'il a un point de vue tout à fait différent[2] ». A ses yeux, depuis le 11 novembre 1942, date où la ligne de démarcation a été franchie par la Wehrmacht, il n'existe plus de zone libre.

Lorsque Vichy dit et fait dire que la ligne de démarcation a été « assouplie » mais non supprimée, c'est pour tenter de sauver les débris d'une très relative indépendance. Et, dans certains domaines, il existera, il est vrai, jusqu'à la fin de l'Occupation, des différences entre ces deux parties de la France symboliquement séparées par la ligne de démarcation. C'est ainsi que l'obligation pour les juifs de porter l'étoile ne sera jamais étendue à l'ex-zone non occupée.

Dans la France de mars 1943, la libre circulation des lettres et des hommes constituera un événement de portée considérable, même s'il n'aura aucune incidence politique.

Dès les premiers jours du mois, un million de lettres s'échangeront quotidiennement entre les deux parties de la France, reléguant ainsi dans les archives familiales ces barbares cartes interzones où tout de la vie, de la mort, de l'amour, de la joie et de la douleur devait tenir en quelques formules télégraphiques.

Avec les lettres, les hommes. Les journaux du 2 mars 1943 consacrent tous un reportage au *premier train* — Paris/Lyon/Marseille/Nice — dont les voyageurs *n'ont plus à présenter d'ausweis*. Mais si l'ausweis, dont l'obtention dans un bureau allemand récompensait beaucoup de patience ou d'astuce, est supprimé, la carte d'identité, *validée pour 1943*[3], doit toujours être présentée à des officiers allemands qui se trouvent aux points de passage de l'ancienne ligne de démarcation : Orthez, Mont-de-Marsan, Langon, Montpon, La Rochefoucault, Fleure, Jardres, Vierzon, Bourges, Moulins, Digoin, Paray-le-Monial, Chalon-sur-Saône, Seurre, Parcey, Coupy.

1. Le maréchal Pétain y fera allusion le 4 juin dans une interview au *Petit Parisien*, *cf.* ci-dessus, p. 441-442.
2. *Les Passions et les Haines*, ci-dessus, p. 104-105.
3. La validation se fait dans les commissariats (mais aussi dans les gares) sur présentation d'un ticket de location ou d'une fiche d'admission.

C'est à 0 h 59 le 1er mars que le train 1013, parti de Paris le 28 février à 20 heures, stoppe en gare de Moulins sous le regard rasséréné de M. Morand, chef de gare qui n'a plus à s'inquiéter des voyageurs sans ausweis, ou porteurs d'ausweis falsifiés, qui étaient immédiatement conduits à la prison de la ville.

Trois quarts d'heure d'arrêt pour un contrôle allemand des cartes d'identité, qui se déroule sans incidents. Sur le quai — il se rend, lui, de Vichy à Paris —, Pierre Laval fait quelques pas… et une brève déclaration. C'est à 3 h 23 que le train 1013 arrivera à Vichy. Il sera à Lyon à 7 h 15.

La lenteur du voyage (plus de onze heures) ne décourage par les candidats. Dès le 24 février les journaux parisiens annoncent qu'il ne reste pratiquement plus de places à louer dans des trains pour lesquels la SNCF réclame une fiche d'admission et l'inscription préalable. Dans la seule journée du 22 février, 3 000 personnes se sont présentées gare de Lyon dans l'espoir de pouvoir louer une place et bientôt les encombrements provoquent querelles, bousculades, désordre, tandis que la pénurie des places engendre une nouvelle forme de marché noir. Pour les vacances de Pâques le nombre des places louées à la gare de Paris-Lyon passera de 19 000 en 1942 à 35 000 en 1943 ; à la gare d'Austerlitz, de 23 000 à 84 000. Chiffres qui peuvent nous paraître dérisoires mais qu'il faut mettre en parallèle avec le petit nombre des trains[1], ce qui explique que des candidats au voyage couchent dans les salles d'attente afin de se présenter les premiers lors de l'ouverture des bureaux de location et que les lève-tard piétinent parfois sept heures durant dans l'espoir — déçu — de se voir remettre une fiche d'admission[2].

L'« assouplissement » de la ligne de démarcation n'a pas été la seule « bonne nouvelle » annoncée par Pierre Laval dans son discours du 21 février. Il a également fait part du retour des départements du Nord et du Pas-de-Calais sous le contrôle de l'administration française. Il s'agissait là d'une très ancienne revendication du gouvernement de Vichy qui avait toujours protesté contre le rattachement de ces deux départements à l'administration allemande de Bruxelles.

Laval annonce également la libération de 50 000 prisonniers ainsi que la « transformation » de 250 000 d'entre eux en travailleurs « libres »… Libres de travailler dans des usines allemandes au même titre, et dans les mêmes conditions, que les ouvriers de la Relève ou du STO.

Quelques-uns de ces prisonniers « transformés » auront, dans les jours qui viennent, droit à une permission en France. Ils sont ainsi 1 000, le 24 avril, à profiter d'une faveur à laquelle les quotidiens doivent *obligatoirement* consacrer 3 colonnes. Ayant bénéficié, à l'occasion de la fête

1. Aucun train supplémentaire n'est mis en service.
2. *Cf.* le reportage paru le 7 juin 1943 dans *Le Petit Parisien* sous le titre : « 7 heures debout pour s'assurer une place assise ».

de Jeanne d'Arc, d'une prolongation de séjour de 48 heures, ils repartiront presque tous depuis Compiègne le 11 mai. Si la presse insiste sur ordre, sur leur fidélité à ce rassemblement, c'est dans l'espoir que les ouvriers, qui mettent à profit leur permission pour se camoufler, comprendront « qu'il est de leur devoir » de regagner l'Allemagne.

Dans *Je suis partout* du 21 mai 1943, Dorsay évoque, avec un lyrisme assez justifié, ces hommes qui « ont vécu quinze jours au sein de la bonne, de la douce, de la grasse France… qui ont retrouvé sur les lèvres chaudes de leurs jeunes épouses le souffle ardent de leurs amours d'hier… qui ont caressé les boucles blondes ou brunes de leurs enfants », mais qui ont également entendu « le rire gras des mercantis, des affameurs, des millionnaires du "marché noir" » et qui, malgré tout, sont repartis parce qu'ils se sentaient liés d'honneur envers leurs camarades prisonniers.

D'autres prisonniers vont, dans le même temps, arriver en France. Ils ont été capturés en assez grand nombre par l'armée allemande au cours des premiers mois de la bataille de Tunisie lorsque, presque seuls et pauvrement armés, ils faisaient face. D'ordre de Hitler, la Wehrmacht va les libérer au fur et à mesure qu'elle les saisit, à l'exception toutefois des Alsaciens considérés comme citoyens allemands.

Yves Jaulmes, qui fait partie d'une unité antichar bousculée et enveloppée par Rommel le 30 janvier 1943, se retrouvera prisonnier des Allemands. Après quelques jours dans un stalag de Sfax, il sera transporté avec ses camarades en avion jusqu'à Palerme où il passera huit semaines dans « un camp de transit infect », puis, au terme d'un séjour (sans délices) à Capoue, sera rapatrié par l'Autriche et l'Allemagne, son voyage s'achevant à Chalon-sur-Saône au mois de mai[1].

Bien avant son convoi, d'autres convois sont arrivés en France le 21 janvier, les 4 et 17 février, le 6 mars.

Ces hommes, que la propagande dictée par Berlin présente comme s'étant rendus sans résistance « afin de ne pas combattre avec les Anglo-Saxons », ces hommes, dont certains ont peut-être écouté avec faveur le discours par lequel, le 1er décembre, l'amiral Platon leur a demandé, depuis Vichy, de ne pas « se mobiliser contre la France », mais dont beaucoup ont combattu héroïquement[2], sont accueillis avec distraction par une population qu'un seul problème occupe.

1. Témoignage inédit de M. Jaulmes.

2. Et dont quelques-uns reprendront sans tarder le combat. C'est ainsi que Jean de La Rocque, commandant en janvier 1943 un petit groupement du 3e régiment étranger, sera, après de durs combats, capturé dans la région de Bou-Arada. Liberté à Chalon-sur-Saône le 6 février, il reprit immédiatement contact avec son oncle, le colonel de La Rocque qui lui proposa d'entrer dans le réseau Klan qu'il dirigeait alors. Mais, le 10 mars, le colonel de La Rocque ayant été arrêté par la Gestapo, son neveu Jean décida de regagner l'Afrique du Nord par l'Espagne. Après avoir séjourné dans les prisons de Jacca et de Saragosse, il parvint à Casablanca le 14 juin. (Témoignage inédit de M. J. de La Rocque.)

Il s'agit, bien entendu, du Service du travail obligatoire, dernière étape de cette réquisition de la main-d'œuvre française au profit de l'industrie de guerre allemande, commencée avec la Relève, suivie, après l'échec du volontariat, par l'adoption de la loi du 4 septembre 1942 dont, aujourd'hui encore, on ignore trop qu'elle condamnait les ouvriers, spécialisés ou non, au départ forcé pour l'Allemagne.

Le Service du travail obligatoire est annoncé par la presse avec une relative modération : trois colonnes dans les journaux parisiens et la presse minimisera d'abord la portée de la décision prise par le Conseil des ministres réuni brusquement le 15 février, entre 17 heures et 18 h 30, sous la présidence du maréchal Pétain, mais à la demande de Pierre Laval arrivé une heure plus tôt de Paris.

Dès le 24 février paraissent des articles qui expliquent comment se dérouleront les opérations de recensement, et indiquent les vingt questions auxquelles chaque Français né entre le 1er janvier 1912 et le 31 décembre 1921 devra obligatoirement répondre, insistant sur le fait « que le nombre des jeunes allant travailler en Allemagne sera relativement peu élevé par rapport à celui des appelés qui seront employés en France[1] ».

Il faudrait bien d'autres assurances pour calmer l'inquiétude d'adolescents invités par voie de presse à se présenter dans les commissariats munis de leur carte d'identité et de leur dernier bulletin de paye. Dans la Seine, les hommes nés entre le 1er janvier et le 31 décembre 1922, et dont le nom commence par les lettres qui vont de A à H, ont été convoqués le lundi 22 janvier. Ceux dont les noms commencent par les lettres qui vont de I à Z le seront le mardi 23.

Que ne dit-on pas dans les familles, dans les usines, dans les bureaux, dans les commissariats où se présentent les jeunes Français ? Et tout d'abord, que les travailleurs envoyés en Allemagne seraient incorporés de force dans l'armée allemande en grave crise d'effectifs après la défaite de Stalingrad.

Selon le préfet de la Loire, les Stéphanois affirment avoir reçu des lettres d'ouvriers « déjà habillés de vert ». D'après une note inédite, émanant, le 25 février, des Renseignements généraux de Bordeaux, le discours par lequel Hitler, le 24 février, a réclamé « une mobilisation matérielle et morale de l'Europe » a profondément troublé une population convaincue « de la volonté de l'Allemagne de déporter sur son sol, pour des fins économiques et militaires, tous les Français en état de porter les armes ». Ces bruits de mobilisation s'amplifieront en mars lorsque des

1. *Le Petit Parisien* place cette phrase en titre d'un article du 24 février. Le bulletin de recensement comprend des questions classiques et d'autres qui le sont moins. A ceux qui se présentent il est également demandé vers quelle profession ils désirent être orientés et s'ils sont volontaires pour l'Allemagne.

journalistes des deux zones seront reçus à Paris par le Gauleiter Sauckel qui leur tient un discours si menaçant que Laval devra préciser quelques semaines plus tard qu'il n'est pas question d'enrégimenter les Français.

Que ne dit-on pas ? Que « les femmes célibataires vont être requises pour aller en Allemagne dans les maisons publiques ». « Profond mécontentement », « grande irritation », « mauvaise humeur générale », ce sont les mots qui, en mars 1943, reviennent le plus souvent, sous la plume des préfets, lorsqu'ils évoquent le STO naissant. Ils sont formels : si des troubles se produisaient, et notamment dans le cas où l'armée allemande, dont ils sous-estiment la puissance, se retirerait bientôt, la situation deviendrait incontrôlable.

Tandis que le préfet de la Corrèze écrit, dans le style pompeux de l'époque, que le pays « ne semble plus avoir la force de se discipliner derrière son gouvernement et cherche par tous les moyens à éluder la souffrance et le sacrifice », celui de la Drôme, en mars également, a ce raccourci remarquable : « Jamais la masse n'a été aussi frémissante » ; « l'effet de détente, poursuit-il, que l'on était en droit d'attendre de cette importante amélioration au sort de la France — il s'agit de l'assouplissement de la ligne de démarcation — a été rapidement annihilé par les mesures de recensement et le Service obligatoire du travail ».

En avril, les rapports préfectoraux ne seront pas moins pessimistes : « Le public a trop tendance à perdre son sang-froid et son bon sens pour se borner à critiquer les mesures qui l'atteignent, sans manifester aucune gratitude pour les améliorations qui interviennent. »

Prenant connaissance de tous ces rapports, sachant, même s'il vit à l'intérieur du cocon tissé par les familiers et les courtisans, sachant ce peuple français, qui ne lui a jamais été favorable, désormais franchement hostile, comment Laval ne s'inquiéterait-il pas ? « Il déplore, écrit Nicolle le 5 mars, l'incompréhension de certains milieux qui se refusent à apporter tout le concours nécessaire à la politique difficile qu'il est obligé de faire actuellement. » Certes, mais l'opinion ne lui reproche-t-elle pas, avant tout, trop de conviction, trop de passion dans la défense et illustration d'une politique, qui, dans les mots, les apparences, mais également les réalités, est favorable aux exigences allemandes !

Les préfets peuvent bien placer sur l'un des plateaux de la balance « les améliorations qui interviennent », ces « améliorations » seront toujours d'un poids moindre que, sur l'autre plateau, les humiliations consécutives à la défaite et que ce désagrément suprême : le Service du travail obligatoire.

Avec le Service obligatoire du travail (SOT), expression malsonnante rapidement modifiée en Service du travail obligatoire (STO), débute une période capitale pour l'évolution politique et psychologique de la France.

Dans *Les Passions et les Haines*, j'ai montré comment, sous la pression de Sauckel, lui-même aiguillonné par les défaites allemandes,

Pierre Laval s'était vu obligé, dans le dernier semestre de 1942 et les premiers mois de 1943, de livrer toujours davantage de travailleurs et, pour ce faire, de modifier les lois existantes, de leur donner autorité sur les catégories sociales les plus diverses et non plus sur les seuls ouvriers d'usine dont le départ, il est honnête de le reconnaître, n'avait suscité qu'une émotion fort limitée.

Mais lorsque le boucher, le boulanger, l'épicier, le charron, le coiffeur, le libraire, le fonctionnaire, l'assureur, l'étudiant, le paysan enfin sont concernés, c'est tout le pays qui s'émeut.

Le 19 décembre 1942, reçu par Hitler, Pierre Laval, prenant les devants, avait dit que seuls 100 000 ouvriers pourraient être envoyés en Allemagne au *cours de toute l'année 1943*.

Lorsque Laval lance ce chiffre, où en est-on exactement des départs pour l'Allemagne ? Au total ce sont 239 763 travailleurs français qui avaient franchi la frontière, dont la majorité (175 763) depuis cette loi du 4 septembre 1942, véritable loi de « volontariat forcé » dont j'ai rappelé toute l'importance.

Alors que Goebbels vient de proclamer « l'Occident en danger » et que, pour le travail en usine, l'Allemagne mobilise les hommes de 16 à 65 ans indisponibles pour le front et les femmes de 17 à 45 ans, comment le chiffre lancé par Laval — 100 000 hommes — pourrait-il satisfaire les exigences du Gauleiter Sauckel qui réclame 250 000 hommes dont 150 000 spécialistes.

Ils devront avoir quitté la France avant le 15 mars 1943, dit Sauckel.

Seuls quelques milliers de travailleurs ayant franchi la frontière entre le 1er et le 14 janvier, jour où Sauckel confirme à Laval « de nouvelles mesures sévères [1] », le résultat désiré par le Gauleiter ne serait certainement pas obtenu si n'intervenait pas, en application de la loi du 4 septembre 1942, matrice de nombreuses décisions, cette loi du 16 février 1943 qui crée pour tous les hommes nés en 1920, 1921, 1922, un « Service obligatoire du travail ».

Du 1er janvier au 30 mars 1943 ce sont 250 259 travailleurs qui abandonneront donc la France pour l'Allemagne. Ainsi le premier trimestre de 1943 demeurera-t-il celui des grands départs, la volonté de résistance populaire se trouvant paralysée par la soudaineté et la brutalité de textes dont, le maquis n'existant pratiquement pas, l'armée allemande étalant partout sa puissance, on n'imaginait pas encore qu'ils puissent être assez aisément tournés.

Vivre, c'est-à-dire travailler, c'est-à-dire posséder des cartes d'alimentation, c'est-à-dire circuler dans ces campagnes qui fournissent le marché

1. Sauckel est arrivé à Paris le 11 janvier. Il a réuni tous ses collaborateurs pour leur annoncer « la deuxième action de recrutement », mais Laval est certainement informé des nouvelles exigences allemandes avant la rencontre du 14.

noir, sera rendu d'autant plus difficile qu'après avoir ordonné, on l'a vu, le recensement des hommes nés entre le 1er janvier 1912 et le 31 décembre 1921, ce qui permettra de détecter, puis de poursuivre, les « oisifs », les autorités de Vichy vont s'employer à décourager administrativement les réfractaires.

Le 17 mars, le ministère du Ravitaillement fait savoir qu'à partir du 1er juin les denrées contingentées ne seront vendues qu'aux consommateurs inscrits chez un commerçant. A dater du 3 mars tous les Français de plus de 18 ans et de moins de 50 ans ont interdiction de circuler s'ils ne sont pas porteurs d'un certificat de travail fourni par leur employeur. Quelques semaines plus tard, la carte de travail délivrée par l'administration sera également obligatoire, fût-ce pour les opérations postales les plus simples, comme le retrait d'une correspondance adressée poste restante[1].

Le gouvernement joue également sur la psychologie populaire, en s'efforçant de séparer les jeunes paysans, à qui l'on affirme qu'ils seront épargnés, des jeunes ouvriers tentés de trouver refuge à la campagne. Le journaliste Pierre Limagne a observé et parfaitement décrit sur l'instant cette manœuvre[2].

> L'habileté de nos dirigeants a été de laisser aux paysans une impression de sécurité d'ailleurs trompeuse. Discrètement, on leur a dit « les ouvriers se la coulaient douce sous le Front populaire, pendant que vous transpiriez pour les nourrir à ne rien faire ; puis la guerre est venue et vous avez risqué votre peau loin des vôtres pendant qu'ils demeuraient chez eux ; c'est leur tour d'aller subir les bombardements en Allemagne ». Résultat : il est difficile au jeune, traqué en ville, de trouver refuge aux champs.

Lorsque, dans les articles consacrés au travail en Allemagne, se trouvent les mots « dure épreuve », « cruelle épreuve », « douloureuse épreuve », les censeurs de Vichy interviennent enfin pour faire enlever le qualificatif.

Et, tout d'abord, les *titres* des articles annonçant le STO font rarement mention de l'Allemagne. Il ne s'agit que « de répartir équitablement entre tous les Français, quelle que soit leur catégorie sociale, les charges résultant des besoins de notre économie »[3], mais c'est bien l'Allemagne qu'il s'agit de servir et c'est en Allemagne qu'il s'agit de servir.

Les convocations ne l'indiquent pas toujours précisément. Mais comment

1. La non-présentation de la carte de travail peut entraîner des peines de prison allant de 6 jours à 1 mois et des peines d'amende de 200 à 1 000 francs. Le port d'une fausse carte de travail est passible, lui, de 6 mois à 3 ans de prison, tandis que la fabrication de fausses cartes de travail est punissable des travaux forcés à perpétuité.

2. A la date du 10 mars 1943, dans le journal qu'il tient quotidiennement.

3. Deux mesures distinctes doivent être annoncées par les journaux, indiquent les consignes de la censure : « 1° le Service obligatoire du travail pour les jeunes gens de 20 à 22 ans. 2° la recherche des oisifs par le recensement des hommes de 21 à 31 ans. » Il est bien précisé que sous aucun prétexte, qu'il s'agisse du texte ou des commentaires, on ne devra utiliser le mot « classe » pour désigner les catégories visées par la loi.

Pierre Lambillotte, qui habite Jeumont et ne quittera pas la France malgré six convocations, aurait-il des doutes lorsqu'il reçoit, le 31 mars, l'ordre de se présenter le 1er avril au bureau d'embauche ALLEMAND de Maubeuge, 3, rue Grand-Ferrière ?

> En cas de manquement à cet ordre, vous seriez passible, poursuit le texte, des sanctions prévues par l'article 5 de la loi.
>
> Toute personne qui enfreint la présente loi, ou les mesures prises pour son application, est passible d'un emprisonnement de trois mois à cinq ans et d'une amende de 200 à 100 000 francs ou de l'une de ces deux peines seulement qui pourront être portées au double, en cas de récidive.
>
> Les mêmes peines sont applicables à toute personne ayant prêté son concours à toute manœuvre tendant à faire échec ou ayant fait échec aux dispositions de la présente loi ou des mesures prises pour son application.

Dans l'ancienne zone non occupée, les convocations sont un peu moins sévèrement rédigées. René Bertrand, résidant dans l'Isère, reçoit le 16 mars un « ordre de départ » qui lui apprend qu'il est « désigné pour faire partie du contingent appelé à travailler en Allemagne ». Il devra se présenter le 18 mars à Grenoble, groupe scolaire, 9 cours Jean-Jaurès, muni de ses cartes d'alimentation et de textile, ainsi que de deux jours de vivres. Les formalités de départ : remise du contrat de travail et d'une prime de 1 000 francs[1], auront lieu le jour même.

Concernant les sanctions, la convocation de la préfecture de l'Isère se contente d'indiquer : « Des sanctions très graves sont prévues contre les jeunes gens qui ne se soumettront pas à ce "Service obligatoire". »

Les sanctions, la lettre-charge que l'on va lire y fera également allusion. J'ignore l'auteur de ce document, que je crois inédit, et qui montre que, plus ou moins douteux, l'humour ne perdait pas ses droits dans la France de 1943 dès l'instant où il s'agissait de se moquer des Allemands.

Lisez et imaginez la surprise de ceux qui découvrent pareille missive dans leur courrier.

ARBEITVERORDNUNGSAMT
FÜR FRANKREICH
OFFICE DE PLACEMENT ALLEMAND
SOUS-DIRECTION DE VICHY
(HÔTEL DU PARC)
BUREAU RÉGIONAL DU GRAND PARIS
114, AVENUE DE LA GRANDE ARMÉE

Paris, le 5 octobre 1943.

Monsieur,

Vous êtes convoqué à l'Office de placement le samedi 16/10, à 9 heures pour y subir la visite médicale, ainsi qu'un examen pratique d'aptitude, et y

1. Prime destinée à « couvrir les frais de déplacement et indemnité de vêtements et chaussures qui doivent être en bon état ».

signer votre contrat de travail, le tout en accord avec Monsieur le directeur de l'Office de placement du département.

Je crois devoir porter à votre connaissance que vous êtes désigné pour partir au titre de la Relève, au Centre de remonte de la Ville d'Essen (Westphalie), en qualité d'étalon.

Vu la pénurie actuelle dans le Grand Reich allemand des sujets aptes à ce genre d'activité, il a été décidé, d'accord avec le Maréchal et M. Pierre Laval, de créer un Centre de remonte dans chaque ville allemande importante.

Vous voudrez bien vous munir d'un certificat d'aryanisme alors même que vous seriez circoncis.

Nous comptons que vous saurez faire tout votre devoir envers l'Europe et que, vous inspirant de la Révolution nationale « Travail, Famille, Patrie », vous répondrez de bon gré à notre appel. Vous êtes prévenu que toute tentative de sabotage, ainsi que tout fléchissement seront impitoyablement réprimés.

Der Direktor des Arbeitsamt
der Verordnung des Haras
Général GRAFF von TATSICHBAND.

C'est au cours du Conseil des ministres du 11 juin qu'ont été étudiées les peines « contre les complices des jeunes gens qui tentent de se soustraire au Service du travail obligatoire ». Vichy adoptera la notion de responsabilité familiale et les préfets recevront alors pouvoir d'infliger une amende de 10 000 à 100 000 francs à *quiconque* aura aidé un réfractaire.

A quiconque ? Cela signifie-t-il que le père, la mère, le frère seront punissables ? Oui. « Contre quiconque, y compris les membres de la famille de l'intéressé », les mots se trouvent bien dans un texte, sans doute peu appliqué par les Français, davantage par les Allemands [1], mais qui témoigne d'une évidente volonté de répression.

Pour la petite histoire il faut noter qu'en ex-zone non occupée Jeanne Strausberger sera la première victime des décisions du gouvernement de Vichy. Le 15 juin, le tribunal d'Ussel la condamnera à 300 francs d'amende pour avoir hébergé un réfractaire au STO.

Bientôt ces mesures ne suffiront pas. Et, avant même que ne débute vraiment « le temps des maquis », les rafles se feront de plus en plus nombreuses.

Elles ont lieu dans les cafés, à la sortie des cinémas ou, plus simplement, dans la rue. Le 19 février 1943, à Lyon, des policiers allemands arrêtent ainsi une vingtaine d'hommes qui consommaient Au Carillon, rue Puits-Gaillot. Au cours de la même journée ils arrêteront encore 50 personnes

1. Le 7 février 1944, les Allemands arrêteront dans les Landes des parents de réfractaires au STO. Ils les libéreront, lorsque le réfractaire sera venu se livrer. Les gendarmes allemands se présenteront au domicile des réfractaires et arrêteront ainsi 14 hommes à Hagetmau, 13 à Amou, 10 à Habas. L'âge des personnes transférées à Bayonne pour être conduites non en Allemagne, mais sur les chantiers de l'organisation Todt, s'échelonne entre 20 et 57 ans. Aux familles de ceux qui sont partis mais qui ont déserté en cours de route, les Allemands font remarquer que les réfractaires peuvent également être inculpés d'escroquerie, puisqu'ils ont touché une prime de départ de 1 000 francs.

qui, dépouillées de leur argent, de leur montre, de leurs bijoux seront conduites au fort Montluc.

Le 1er mars, à Villeurbanne, en banlieue lyonnaise, ce sont 300 hommes qui, arrêtés à 19 heures, seront déportés à 23 heures, en direction de Compiègne, puis de Mauthausen.

Il s'agit là d'une mesure de représailles contre les premiers réfractaires au STO.

Très vite tous ceux que leur âge désigne à l'attention des policiers sont interpellés. Que leurs papiers ne soient pas en règle et, immédiatement arrêtés, quelques heures ou quelques minutes plus tard (ce sera le cas à Marseille où l'intendant de police n'accordera que trente minutes pour les préparatifs de départ) ils sont donc mis dans des camions ou des trains qui prennent la direction de l'Allemagne.

Plutôt que de multiplier des exemples, voici la lettre inédite, envoyée le 1er juin 1943 par le maire de Pont-à-Mousson au préfet de Meurthe-et-Moselle. Lettre ambiguë qui s'indigne, on le verra, davantage des *conditions* de déportation que de la déportation elle-même et qui, à ce titre, également, méritait d'être reproduite, comme un utile témoignage sur l'époque.

Le conseil municipal de Pont-à-Mousson a l'honneur de vous faire part de l'émoi légitime de la population causé, à l'occasion du recensement du 29 mai dernier, par l'envoi immédiat, au service du travail, de 13 jeunes gens qui ont été emmenés par les autorités françaises dans des conditions concertées qui ont réalisé un véritable enlèvement.

En effet, aussitôt désignés pour ce départ, ces jeunes gens ont été remis aux mains de la police française. Maintenus sous une garde étroite pendant plusieurs heures dans une salle de la mairie, ils n'ont pas pu aller eux-mêmes revoir leurs familles et faire librement les derniers préparatifs indispensables. Traités ainsi comme des malfaiteurs, ils n'ont quitté cette salle que pour monter, sous escorte de policiers, dans une automobile disposée pour mieux les dissimuler aux yeux d'une population stupéfaite.

Les habitants de Pont-à-Mousson ont supporté avec calme et dignité les dures conditions matérielles et morales de la défaite et de l'occupation étrangère. Ils ne peuvent voir sans une révolte intime les autorités françaises, qui leur doivent la protection, agir d'une façon aussi cruelle vis-à-vis d'une jeunesse qu'ils aiment et qui ne mérite pas une telle honte. Il était inutile d'ajouter à leur malheur.

La municipalité de Pont-à-Mousson avait donné de bonne grâce son concours à l'organisation du recensement en prêtant les locaux de l'hôtel de ville.

Sa bonne foi a été surprise ; aussi tient-elle à dégager toute responsabilité et proteste-t-elle hautement contre l'acte de violence des autorités françaises et l'abus qu'elles ont fait de l'hospitalité qu'elle leur avait donnée.

Désireuse de conserver, dans les circonstances actuelles son concours le plus dévoué et le plus loyal aux autorités responsables, elle a l'honneur de vous demander, monsieur le Préfet, que de sévères sanctions lui donnent les garanties nécessaires contre le retour de procédés aussi dangereux pour la paix intérieure.

Veuillez agréer, monsieur le Préfet, l'expression de notre haute considération.

La résistance à la déportation des travailleurs a débuté bien avant la promulgation de la loi sur le Service du travail obligatoire. Le 13 octobre 1942 les ouvriers de la SNCF ont débrayé, dans le Rhône, aux dépôts de Vénissieux, Vaise, Saint-Paul et les grèves se sont étendues notamment aux établissements Berliet, Rochet Schneider, Somua, Sigma lorsque ont été affichées, toujours en vertu de la loi du 4 septembre, les listes des « volontaires forcés » pour l'Allemagne.

Fait rarissime, Vichy reconnaîtra l'existence des grèves (mais non des arrestations qui ont suivi) et fera savoir par la presse que « cette cessation du travail semble avoir été provoquée par la fausse interprétation qui a été donnée, en certains milieux, sur les conditions dans lesquelles s'opèrent la relève et le recrutement de la main-d'œuvre ».

En vérité si Vichy avoue la grève c'est dans l'espoir de couper court aux informations erronées, mais claironnées par Londres, et suivant lesquelles la garde mobile et le service d'ordre légionnaire auraient, tant à Lyon qu'à Ambérieu, ouvert le feu contre les grévistes.

Le 25 décembre 1942, à Firminy, c'est un jeune ouvrier communiste, René Nicolas, qui, recevant sa convocation pour le travail en Allemagne, décide d'ameuter les ouvriers du groupe Holtzer et Verdié.

Aidé par quelques camarades, dont Gabriel Mourier, qui, un an plus tard, sera tué dans le Gard par les gendarmes français, René Nicolas rédigera et imprimera des tracts qui seront distribués à tous les hommes convoqués par la direction pour s'entendre dire qu'ils ne peuvent malheureusement pas échapper à leur destin[1]. Une manifestation de protestation aura donc lieu le 29 décembre. Alors que la foule, rassemblée devant le monument aux morts, entonne *La Marseillaise*, l'un des amis de Nicolas lui demandera :

— Comment ça commence ?

— Quoi ?

— Comment ça commence *La Marseillaise* ?

A Montluçon, le 6 janvier 1943, la gare, laissée sans protection de police, sera envahie par la foule à l'instant du départ d'un train de requis. Des femmes vont se coucher sur les voies tandis que les wagons se vident. Ils contenaient 300 travailleurs promis aux usines allemandes. Au bout de quelques minutes 8 seulement sont toujours là[2].

Le préfet Porte, qui arrive de Moulins, est d'autant plus inquiet que des

1. Celui qui leur parle, M. Rist, l'un des directeurs du groupe Holtzer et Verdié, devait périr dans les rangs de la Résistance.

2. *L'Humanité* clandestine du 12 février 1943 fait longuement allusion à la manifestation de Montluçon. Selon le journal communiste, 5 000 personnes se seraient rassemblées dans la cour de la gare et ce sont les femmes qui auraient pris l'initiative de la manifestation, se couchant sur la voie, injuriant le chef de gare, lui arrachant sa Légion d'honneur et bombardant de cailloux les gardes mobiles.

L'Humanité précise que 50 des partants pour l'Allemagne qui s'étaient évadés devaient le lendemain être repris à leur domicile.

incidents identiques s'étaient récemment produits à Nîmes où des ouvriers avaient crié « à bas Hitler » et chanté *L'Internationale*, ainsi qu'à Dijon où plusieurs grévistes avaient été arrêtés puis déportés.

Or, à Montluçon, les Allemands ont déjà pris la situation en main. Ils ont arrêté Venuat, secrétaire des syndicats confédérés, ainsi que plusieurs de ses amis, et, pour chaque réfractaire, menacent de déporter un habitant de la ville. Pour limiter l'intervention de l'occupant, Porte, qui a fait libérer Venuat, prescrira une vingtaine de poursuites au terme desquelles 11 manifestants passeront en correctionnelle. Il évitera ainsi le pire, tout en se conformant aux ordres envoyés le 2 janvier 1943 par le ministère de l'Intérieur à tous les préfets de l'ancienne zone non occupée.

> Aucune manifestation sur voie publique ou sur lieux de travail ne doit être tolérée à l'occasion des opérations de la « Relève » — stop — Toute résistance des employeurs doit également être brisée — stop — Vous donne ordre procéder le cas échéant aux arrestations nécessaires et vous prie quelle que soit personnalité en cause faire immédiatement établir ordre individuel de départ au titre de la Relève.

C'est l'ampleur des manifestations contre la Relève, et la crainte de voir les autorités d'occupation se substituer à lui, qui ont conduit le gouvernement de Vichy à durcir en quelques jours sa position. De ce raidissement brutal voici un exemple.

Le 29 décembre 1942, Chasserat, directeur général de la gendarmerie, écrit à tous ses subordonnés que la gendarmerie ne pouvait « ni directement, ni indirectement, participer à l'exécution des mesures de contrainte qui auraient pour effet d'obliger les ouvriers non volontaires à partir travailler pour l'Allemagne » et qu'elle ne pouvait « par voie de conséquence, accepter de procéder à leur arrestation ».

S'écoule une semaine. Le 5 janvier 1943, le même Chasserat fait, sur ordre, marche arrière : les préfets pouvant, dans certains cas, être amenés à considérer comme nécessaire « l'emploi de mesures de contrainte à l'égard de certains ouvriers désignés pour la Relève, la mise à exécution de ces mesures nécessitera l'emploi de la réquisition, réquisition à laquelle il sera déféré sans délai ».

Comment les manifestations de protestation n'iraient-elles pas en s'amplifiant dans les jours qui vont suivre la publication des textes sur le Service du travail obligatoire ?

Le journal communiste clandestin *L'Humanité* explique tout d'abord comment les organiser.

Voici, dans son numéro du 12 mars, des consignes de résistance populaire aux vérifications d'identité et aux rafles.

> Que la ménagère crie sa colère de voir un flic mettre ses sales pattes dans son cabas ou dans son panier et ameute la foule, que le mutilé de guerre crie

son indignation de se voir bousculé par les flics et soulève la colère de la foule, que la jeune femme prenne la foule à témoin des gestes indécents auxquels se livrent les flics. Que ceux qui ne risquent rien prennent la tête de l'action pour sauver des patriotes traqués qui sont là peut-être à côté d'eux sans qu'ils le sachent.

Il faut en finir avec ces spectacles lamentables de dizaines de personnes qui se laissent conduire au poste par 4 ou 5 flics ou gendarmes… Si la foule au lieu d'être moutonnière se rebiffe, si les flics sont rossés ou *abattus*[1], ils seront un peu plus réservés.

L'Humanité du 1er avril[2] signale des manifestations de résistance à la déportation dans 32 villes, la grève, dans le Doubs, des 5 000 ouvriers des usines Peugeot et, au dépôt de Béthune, des heurts ayant mis aux prises cheminots et policiers.

Toujours d'après *L'Humanité*[3], à Moncoutant, dans les Deux-Sèvres, 50 jeunes, désignés pour le STO, ont défilé devant le monument aux morts, puis fait le serment de ne pas partir. A Cuguen, en Ille-et-Vilaine, c'est en vain que le maire aurait proposé aux jeunes des classes 21 à 23 que seuls 3 d'entre eux soient tirés au sort pour le départ en Allemagne, cependant qu'à Saint-Hilaire-des-Loges, tous les jeunes auraient refusé de se faire inscrire sur les listes de recensement.

Le numéro du 1er mai signale, quant à lui, les manifestations dans 46 villes différentes, précisant en quelques mots qu'à Tréguier « la gendarmerie a été attaquée pour libérer un jeune », qu'à Vernantes, dans le Maine-et-Loire, les jeunes « ont assommé un médecin qui tenait des propos antifrançais », qu'à Oyonnax 4 000 personnes ont envahi la gare[4].

Mais, et je l'ai indiqué, ces manifestations, au moins dans les premiers mois de 1943, troublent à peine les grands départs.

Avant de songer au maquis, beaucoup de ceux qui veulent échapper au départ pour l'Allemagne placent leurs espoirs dans la complicité de l'administration française, cette administration à laquelle Londres, les journaux clandestins gaullistes, aussi bien que *L'Humanité*, demandaient de fausser les listes, de fournir aux réfractaires papiers d'identité et cartes d'alimentation.

Jacques Évrard a raconté longuement dans *La Déportation des travailleurs français dans le IIIe Reich* la façon dont Jean Isméolari, inspecteur du Travail à Paris, en accentuant systématiquement les

1. Je souligne intentionnellement.

2. C'est dans ce numéro qu'apparaît, pour la première fois, ce titre « Des détachements de patriotes armés dans la Savoie et les Hautes-Alpes ».

3. Numéro du 2 avril.

4. Dans le même numéro *L'Humanité* indique, sans autre précision, que des rassemblements « armés » ont eu lieu dans les Hautes-Alpes, l'Isère, le Var, l'Esterel, le Limousin, les Pyrénées, l'Yonne, le Morvan, la Sologne, les Vosges ainsi qu'au Mont des Maures et sur le plateau de Millevaches.

lenteurs et les désordres classiquement reprochés à l'administration, avait lutté efficacement contre le STO. Utilisant l'article 3 de la loi du 16 février 1943, qui prévoit que le STO pourra être accompli dans l'emploi occupé à la date de l'appel, lorsque cet emploi est conforme aux besoins du pays, Isméolari créera ainsi des « commissions d'appel » qui, sans autre autorité que celle qu'elles se sont accordée, prononceront des exemptions régulières, et acceptées comme telles, puisqu'elles font toujours référence aux textes législatifs se trouvant à l'origine du STO.

L'action de freinage des commissions d'appel sera complétée par une action de désorganisation des fichiers, par la confection de faux certificats de démobilisation[1] et de fausses cartes de travail d'une ampleur telle qu'à la Libération Jean Isméolari versera aux Archives nationales 13 642 dossiers individuels de mutation d'affectation ou d'exemption. Chiffre considérable mais qui n'est que la partie visible d'une entreprise de résistance collective (21 membres du ministère du Travail seront déportés) qui, d'après André Mutter, ministre des Anciens Combattants, aurait permis à 100 000 jeunes de bénéficier d'exemptions ou d'affectations irrégulières.

Avant la fin de l'année en province, et à Grenoble notamment[2], en février 1944 à Paris, le freinage administratif se transformera en sabotage et destruction des fichiers.

C'est ainsi que le 25 février 1944, Léon Hamon, portant alors une magnifique barbe rousse qui devrait le faire repérer à vingt lieues à la ronde, s'attaquera au fichier central du ministère du Travail, situé place Fontenoy.

200 000 fiches de la classe 42 étaient entreposées et classées là. Quel objectif pour la Résistance ! Yves Farge, Hamon et Rol-Tanguy avaient préparé l'opération, et n'avaient pu le faire que grâce à la complicité de Robert Ladelle, qui travaillait dans les locaux de la place de Fontenoy, et avait rendu déjà de nombreux services aux résistants du réseau Marco[3].

Une première tentative échouera, les deux gendarmes de garde n'ayant pas été dupes du rendez-vous fictif auquel Hamon, Farge et Rol-Tanguy prétendaient se rendre, après la fermeture des bureaux.

C'est sous la protection d'une équipe des groupes francs de Ravanel que Léon Hamon reprendra, le 25 février, l'opération.

Le concierge neutralisé — il n'a fait d'ailleurs aucune obstruction — Hamon et deux de ses gardes du corps se trouvent, après avoir parcouru

1. Les jeunes gens des classes 1939 (dernier contingent), 1940, 1941 et 1942 étaient exemptés du STO s'ils prouvaient avoir accompli deux ans de service militaire.

2. *Cf.* ci-dessous, p. 693.

3. Cependant, à la Libération, et malgré de nombreuses interventions, dont celle du chef du réseau Marco, M. Robert Ladelle sera exclu de l'administration.

l'enfilade des bureaux vides, nez à nez avec un « Compagnon de France » dont nul ne soupçonnait la présence.

Revolver au poing, l'un des garçons du groupe franc lui intime l'ordre de lever les mains.

Mais le « Compagnon de France », sans broncher, gardant les mains aux poches, se contente de demander :

— Qu'est-ce que c'est encore que cette histoire ?

C'est alors que Léon Hamon lui tient un petit discours moralisateur et patriotique où revient l'idée de la fraternité qui devrait unir tous les Français, face à l'ennemi : « Tu es un patriote, nous aussi, tu as derrière toi les fichiers de la classe 42, tu n'as pas envie de partir pour l'Allemagne, nous sommes là pour le pays, laisse-nous faire. »

Le « Compagnon » ne réagissant pas — peut-être réfléchit-il trop lentement — le garçon du groupe franc qui tient un revolver l'assomme d'un coup de crosse. Ce témoin provisoirement éliminé, Léon Hamon et ses camarades peuvent placer dans les fichiers des « bananes incendiaires » qui les détruiront rapidement, puis prendre la fuite avant que l'alerte soit donnée.

Cette histoire a une conclusion peu banale. Léon Hamon — charitable — s'était inquiété du sort du « Compagnon de France » quelque peu brutalisé. Il avait appris qu'il s'agissait d'un séminariste que l'on avait dû conduire à l'hôpital.

Heureux de la réussite de l'opération — réussite à laquelle Londres et les journaux de la Résistance devaient largement faire écho — mais quelque peu tourmenté à l'idée d'être responsable de la blessure d'un séminariste, Léon Hamon avait non seulement fait prendre des nouvelles du convalescent, mais lui avait adressé — avec ses vœux de bonne santé — des confitures qu'il achetait au marché noir. Et les confitures du « généreux » Hamon, devenues célèbres, devaient inspirer ce distique à Pascal Pia :

Léo, mellifluent, se penche avec onction
sur le garde assommé sur ses indications

A côté de l'action de sabotage de nombreux fonctionnaires relevant ou non du ministère du Travail, il faut mentionner celle d'un certain nombre de médecins.

Lorsqu'il est convoqué le 3 mai 1943 au bureau de placement allemand de Lyon, 81, rue Garibaldi, Robert Plattard arrive avec l'intention d'expliquer qu'il n'est pas concerné par le STO. N'a-t-il pas effectué trois années de service militaire, dont dix mois de campagne ? Avant même d'avoir pu exposer son cas il se trouve dépouillé de ses cartes d'identité, de ravitaillement, de tabac, de travail. Une fois qu'il a été mis à nu socialement, on lui demande de se déshabiller pour la visite médicale obligatoire.

Les poumons sont en bon état, le cœur également et l'état général est satisfaisant. C'est alors qu'un interne de l'École militaire de santé de Lyon s'approche de Plattard et, avec une application excessive, le questionne sur les maladies contractées depuis l'enfance.

Rougeole… Scarlatine… Varicelle… Oui, bien sûr. Aucune maladie contagieuse récente ? Robert Plattard se souvient d'avoir été soigné deux ans plus tôt pour une fièvre diphtérique. N'ignorant pas les craintes de l'armée allemande, maquillant quelque peu les dates de la maladie, l'interne lyonnais obtiendra que Plattard soit déclaré inapte pour l'Allemagne[1].

Les Drs Coudert et François Beurier éviteront, eux, 200 à 300 départs.

Chargés, à Lyon, de rechercher la syphilis chez les hommes convoqués pour le STO, ils ont eu l'idée de substituer, à quelques flacons de sang indemne, du sang contaminé provenant soit de prostituées, soit de requis véritablement syphilitiques.

Le nombre des « contaminés » augmentant rapidement, l'infirmier allemand manifestant des soupçons accentués, la manœuvre fut brutalement interrompue en mars 1944, Coudert et Beurier devant, sans plus tarder, abandonner le service antivénérien de l'hôpital de l'Antiquaille pour le maquis[2].

On le voit par ces deux exemples, il n'est pas question de prendre « n'importe qui » pour le service dans une usine allemande.

Les requis doivent, en effet, être exempts de toutes maladies organiques sérieuses, de fortes varices, de maladies contagieuses : gale, typhoïde, dysenterie, typhus, choléra, tuberculose, syphilis, blennorragie. Le médecin doit prêter la plus grande attention à l'état mental des requis. Il lui est également recommandé d'exclure du départ pour l'Allemagne les personnes présentant d'anciens ulcères de l'estomac, car « la nourriture du

1. M. Roger Plattard, qui m'a confié son histoire, ajoutait dans sa lettre : « A la Libération j'aurais aimé pouvoir témoigner en faveur de cet élève médecin qui a dû certainement être accusé de "collaboration", mais ne connaissant pas son nom et n'habitant plus Lyon à cette époque (car engagé volontaire dans la 1re armée française), je n'ai malheureusement pas eu le loisir de le faire. Depuis, j'ai appris qu'un élève médecin, désigné d'office par la direction de l'École militaire de santé pour passer les épreuves médicales aux candidats STO, avait été jugé, condamné à mort et fusillé, mais était-ce lui ? »

2. Le Dr Beurier, qui m'a adressé ses souvenirs, m'a précisé que son action avait eu des suites inattendues. En 1946, alors qu'il était installé à Aix, il vit entrer dans son cabinet un gendarme en grand uniforme et sa femme.

« Ils ne se parlaient pas et étaient manifestement en très mauvais termes.

La première, la femme du gendarme, m'expliqua qu'elle avait découvert quelques mois auparavant un certificat indiquant que son mari était syphilitique. C'était mon certificat pour le STO.

Pendant plusieurs mois, elle lui avait fait une vie épouvantable, le faisant courir de laboratoires en médecins, l'obligeant à vivre à part, etc., jusqu'au jour où ils avaient pu retrouver mon adresse.

A la vue du document, je leur expliquai en riant la chose. Mais ils le prirent très mal, me menaçant de faux et usage de faux.

J'ai été obligé de faire une nouvelle attestation et de les mettre à la porte. »

camp ne permet pas de suivre un régime individuel et la préparation des aliments diffère de celle du pays d'origine».

Trois pages (serrées) d'instructions[1] qui permettent à un médecin de «bonne volonté», et de courage, d'exempter un grand nombre de jeunes Français. C'est ainsi qu'agira le Dr Massonie.

Sur les 407 hommes examinés en 1943, il en classera 47 seulement dans la catégorie «apte» tout en précisant qu'ils pourront uniquement servir dans des services auxiliaires. 82 seront ajournés, c'est-à-dire que Massonie réclamera des examens complémentaires qui leur permettront au moins de gagner du temps. 64 seront considérés comme inaptes pour moins de 3 mois, 129 comme inaptes de 3 à 11 mois, 56 comme inaptes un an et plus, 39 comme inaptes définitifs[2].

Sur le cahier de visite du Dr Massonie, on peut lire :

C. Claude : inapte un an — insuffisance cardiaque manifeste avec crises d'asthme.

F. André : inapte définitif — otite suppurée datant de l'enfance, nécessitant des soins constants.

S. Guy : inapte à l'Allemagne, à affecter en France, sur place et dans son emploi seulement, troubles gastro-hépato-vésiculaires.

«Nécessité d'un régime strict : troubles gastro-hépato-vésiculaires». A de nombreuses reprises sur le cahier de visite cette formule reviendra. Dieu, que ces Français ont mauvaise santé !

Il existe des professions qui permettent aux jeunes d'échapper aux rigueurs du STO. Encore cette protection n'est-elle pas totale. C'est ainsi que dans l'hôtellerie, les hommes de peine, les chauffeurs, les chefs comptables seront épargnés, tandis que se trouvent concernés valets de chambre et bagagistes.

Appartenir au corps des sapeurs-pompiers offre une protection de principe. Mais, en septembre 1943, Adrien Marquet, maire de Bordeaux, devra intervenir pour éviter le départ au STO de sapeurs-pompiers qu'il estime, avec raison, indispensables à la protection d'une cité menacée par les bombardements aériens.

Certains jeunes se réfugieront également dans ce qui reste d'armée. C'est ainsi qu'André Rozier, qui a contracté, en septembre 1942, un engagement de 4 ans dans l'armée de l'Air, et se retrouve démobilisé à la suite des événements du 27 novembre qui ont entraîné la dissolution de l'armée de l'armistice, peut, après un bref passage à la SNCF, et alors qu'il est menacé par le STO, obtenir un poste dans une unité française de DCA destinée à protéger les trains de marchandises contre les attaques aériennes anglo-saxonnes. Unité qui, d'ailleurs, n'ouvrira jamais le feu.

1. «Sans indications d'origine ni signature», m'a indiqué le Dr Massonie. Les documents et renseignements qu'il a bien voulu me fournir sont inédits.

2. Pour 1944, sur les 115 requis examinés, Massonie ne trouvera aucun homme ayant les capacités physiques nécessaires au travail en Allemagne, 51 seront déclarés inaptes pour une période de 3 à 11 mois, 12 pour un an et plus, 34 inaptes définitifs.

D'autres garçons s'engagent dans les gardes-voies et communications, formation destinée, en principe, à empêcher les sabotages « terroristes », mais qui est si mal armée (revolver modèle 1892 ou fusil de chasse), si peu motivée, qu'il n'est guère d'exemple où elle ait gêné des résistants. On trouve aux gardes-voies des prisonniers évadés, des Alsaciens, des Lorrains, des étudiants qui se camouflent ainsi pour éviter le départ en Allemagne[1].

La police d'État, la gendarmerie, la garde du Maréchal, le contrôle économique, la SNCF, les établissements pénitentiaires et les institutions d'éducation surveillée verront de leur côté affluer les candidats à un poste, fût-il le plus modeste. André Laurens signale[2] que, dans l'Ariège, plusieurs jeunes purent échapper au STO en s'embauchant dans les mines de houille de Sentein, de Carmaux ou encore (ils sont 90) à la Société nationale des pétroles d'Aquitaine qui poursuit ses recherches dans la région de Saint-Gaudens et de Lavelanet.

L'Office national de la navigation, où Julien Noël-Mayer est chargé des relations avec les autorités d'occupation, offrira une précieuse protection à bon nombre de jeunes. Au terme d'une entrevue d'une heure, Julien Noël-Mayer obtiendra, en effet, de Sauckel, que le personnel de la navigation intérieure soit considéré comme mobilisé sur place. C'est en dramatisant la situation, en expliquant à ses interlocuteurs allemands que tous les transports par eau étaient menacés de paralysie, ce qui aurait des répercussions sur l'industrie allemande plus encore que sur l'industrie française, que Noël-Mayer allait arrêter les réquisitions au titre du STO[3].

Jean Delabert, président du Comité régional de l'organisation de la production et du commerce des semences pour la région de Montauban, mettra en avant des arguments identiques. Pour éviter le départ de ses ouvriers en Allemagne, il affirmera qu'ils sont indispensables à la fourniture des semences et graines à destination de l'Allemagne.

A la recherche d'un refuge, il est enfin des garçons qui prendront le chemin de la Milice pour ne pas aller travailler en Allemagne[4]. Ce qui ne leur évitera naturellement pas, à la Libération, de se voir accusés de s'être mis au service de la police et de l'armée allemande.

Enfin, lorsqu'il s'agit d'évoquer les meilleures façons de ruser avec le STO, comment ne pas signaler le jeu des recommandations et des influences ?

---

1. Le salaire mensuel est de 2 000 francs par équipier.
2. *Le STO dans le département de l'Ariège*, thèse pour le doctorat du 3e cycle, université de Toulouse, 1975.
3. Dans le Nord et le Pas-de-Calais, M. Dumas, directeur régional de la Navigation, en accord avec M. Duhameaux, alors ingénieur en chef des mines, fit également en sorte qu'aucun agent de son service, qu'il s'agisse du manœuvre, de l'employé de bureau ou du personnel navigant, ne soit envoyé en Allemagne.
4. En Ariège, d'après Laurens, ils seront une vingtaine.

Il a parfois ses limites.

Sous la mention «*confidentiel*» un avocat général du Sud-Ouest, peut-être intransigeant avec ceux qui violent les lois de Vichy, adresse le 14 avril 1943 la lettre suivante (elle est inédite) au directeur des Services du travail de son département.

> Mon fils et un de ses amis, âgés de 23 ans, titulaires de 16 inscriptions de médecine, sont en situation d'être affectés en septembre prochain, soit au Service du travail obligatoire, en France, soit à celui de la Relève dans un camp de prisonniers, en Allemagne.
>
> Ils désireraient savoir si, 1°) en se faisant affecter d'ores et déjà à la défense passive, avec leur spécialité d'étudiants de médecine de 4e année, ils pourraient y obtenir un emploi technique, strictement médical... 2°) si cette incorporation à la défense passive ne les dispenserait pas, en septembre, d'être dirigés dans un centre de travail obligatoire, en France ou dans un camp de prisonniers en Allemagne, au titre de la Relève et pour y remplacer les étudiants prisonniers depuis 1940.
>
> Enfin ils voudraient également savoir si l'organisation Todt n'accepterait pas leurs services médicaux dans la région... et, dans l'affirmative, si leur intégration à cette organisation les dégagerait, elle aussi, du travail obligatoire en France ou de la Relève en Allemagne...
>
> Vous pouvez être assuré [monsieur le directeur] de ma gratitude, et je n'ai pas besoin de le dire, de ma discrétion les plus absolues.

Le directeur du Service du travail se fera un malin plaisir de répondre le 30 avril que, versés à la défense passive ou à l'organisation Todt, les étudiants en médecine ne seront dispensés «en aucune façon de l'accomplissement, soit en France, soit en Allemagne, du Service du travail obligatoire, qui revêt, comme vous le savez, pour tous les jeunes gens des classes recensées, le même caractère d'obligation qu'avait en France le service militaire».

L'émotion soulevée par le STO, la volonté d'échapper à des mesures qui vont bouleverser toute l'existence sera sans doute plus intense encore dans les campagnes que dans les villes.

Éprouvée par une guerre au cours de laquelle elle a, une nouvelle fois, fourni les gros bataillons, et par la captivité qui a suivi la défaite de 1940, la paysannerie française se croyait à l'abri du STO.

Et certes les agriculteurs nés en 1920 et 1921 sont exemptés, mais que ceux nés en 1922 soient convoqués et la colère s'empare d'hommes aussi paisibles que les paysans ariégeois.

Dans un rapport du 22 juillet 1943, le commandant de la gendarmerie du département note cette évolution, en signalant que «le bon état d'esprit» dont faisaient preuve les paysans ariégeois «dans leur ensemble» est en train d'évoluer.

Évolution qui aura pour conséquence politique et psychologique une chute considérable des effectifs de la Légion des combattants qui passeront, pour la petite ville de Pamiers, de 1 200 en janvier 1941 à 713, en septembre 1943.

Les paysans sont d'autant plus mécontents que la Relève ne leur a pas apporté les avantages que faisait miroiter la propagande de Vichy. Quarante prisonniers libérés en février 1943 pour tout le département de l'Ariège et quinze dans les deux premières semaines de mai. Encore ne s'agit-il pas uniquement de paysans. Et le commandant de gendarmerie du département remarque le 22 juillet 1943 : « Le nombre des prisonniers agriculteurs rentrés au titre de la Relève est très réduit. Il est arrivé bien souvent aux paysans de lire dans la rubrique locale que des ouvriers, des avocats étaient rentrés au titre de la Relève. »

En revanche, lorsque la classe 1943 sera appelée pour le STO, ce sont dans l'Ariège 345 jeunes paysans qui se trouveront concernés. Sans doute 111 d'entre eux vont-ils passer immédiatement à la clandestinité, mais ils feront défaut pour les travaux des champs, au même titre que les 234 qui, pour l'Allemagne, abandonnent leurs champs et leur village. Et ils manquent d'autant plus cruellement que, dans ce département d'exploitations familiales, 53 475 actifs sont répartis entre 20 351 fermes.

Aussi ne faut-il pas s'étonner de voir, à Niaux, Mme Comte, qui est impotente, vendre ses quatre vaches et, après le départ de son fils Albert, laisser ses terres à l'abandon. Aussi ne faut-il pas s'étonner de voir le maire de Banat donner sa démission après la réquisition de son fils qui était, écrira-t-il, « son seul bras droit ». Aussi ne faut-il pas s'étonner qu'à Couflens Mme Raufaste, veuve de guerre, dont le fils est prisonnier et qui utilise les services d'un travailleur espagnol, se résigne à abandonner sa ferme après le départ de son unique employé[1].

Les plaintes des ruraux de l'Ariège sont celles de tous les ruraux d'une France encore à demi paysanne, où d'ailleurs l'agriculteur ne pouvant se déplacer faute d'essence — et souvent de véhicule —, le boucher, le boulanger, l'épicier rayonnent sur plusieurs communes et, personnages indispensables, sont ainsi devenus, presque au même titre que l'instituteur et le curé, des personnalités.

Si l'unique boulanger de Vrigny, dans le Loiret, répond à la convo-

1. Après la fin de la guerre civile espagnole, le nombre des réfugiés espagnols vivant dans le seul département de l'Ariège se monte à 11 059 pour une population de 155 137 habitants (recensement de 1936).

Ces travailleurs étrangers présents en France ne seront pas épargnés par les réquisitions allemandes. Mais ils semblent avoir été employés principalement sur les chantiers de l'organisation Todt qui construit, en France, bases sous-marines, terrains d'aviation, fortifications sur la côte atlantique. C'est ainsi que sur les 900 requis de l'Ariège qui resteront en France on trouvera 60 Italiens et 744 Espagnols. D'après l'étude d'André Laurens, c'est l'intervention du consul d'Espagne à Perpignan qui aurait évité à la plupart de ses compatriotes le départ pour l'Allemagne. A tous — et quelle qu'ait été leur opinion politique — il aurait en effet délivré des « certificats de protection ».

cation pour le STO, ce ne sont pas seulement les habitants de Vrigny qui manqueront de pain, mais ceux des communes voisines. Courtenay est également menacée de perdre son boulanger, Dammarie-sur-Loing son maréchal-ferrant, Châtillon-sur-Loire son charcutier.

La situation de ces petites fermes où le fils travaille seul avec le père ou la mère, de ces petites entreprises artisanales qui ne comprennent souvent que 2 ou 3 employés explique également le nombre de demandes d'exemption, puis le nombre de refus d'obéissance à l'instant où les requis au titre du STO comprendront que leur destin est désormais entre leurs seules mains.

Mais tout d'abord, il faut interroger ceux qui savent. Roger B. possède une ferme dans le Loiret. Avec son frère et ses ouvriers agricoles, il appartient à ces classes qui seront soumises au STO. Doit-il effectuer les semailles alors que, son père mort en novembre 1942, sa mère toujours malade, il n'est pas assuré que la moisson sera faite ? « Nous ne pouvons point, écrit-il aux autorités, confier à la terre de pareilles sommes en semences et supporter les frais élevés des ensemencements si après il ne reste plus personne pour donner à ces récoltes les soins culturaux qu'elles demandent… »

Entre février 1943 et juin 1944, le préfet de l'Ariège recevra 353 demandes d'exemption dont 91 feront état d'inaptitude physique, de maladies, d'erreurs administratives. Sur les 262 demandes d'exemption présentées pour des motifs économiques, 120 émanent d'agriculteurs et de forestiers, 40 d'artisans, autant de commerçants et une cinquantaine d'industriels.

Lettres accompagnées de certificats, appuyées par des interventions de maires, de syndics de la corporation nationale paysanne, de prêtres, d'hommes dont on espère qu'ils réussiront à amadouer ce monstre : le Service du travail obligatoire.

Les maires et secrétaires de mairie — ces « héros[1] » trop oubliés du temps de l'occupation — avaient été chargés par les pouvoirs publics de « veiller personnellement à ce que les jeunes répondent à la convocation qui leur est adressée ». En réalité, ils utilisent le plus souvent leur autorité pour protester, pour intervenir, et manifester leur indignation contre des mesures qui déséquilibrent toute l'économie rurale[2]. Ils le feront personnellement. Ils le feront collectivement. Ceux de Roquefixade, Nalzen, Leychert et Soula signent ainsi une lettre en faveur de deux artisans ruraux, deux maçons charpentiers : Léonard Lassubre et Gilbert Sicre, menacés par le STO mais « indispensables aux habitants, car ils parti-

1. Maires et secrétaires de mairie pris, le plus souvent, entre les exigences des autorités allemandes, du pouvoir de Vichy et celles des maquisards, ayant de surcroît à répartir la pénurie, eurent à tenir un rôle bien difficile.

2. Dans l'Ariège, d'après A. Laurens, sur 405 lettres d'intervention, 64 sont signées par des maires.

cipent journellement à la vie du terroir pour des travaux multiples car les bâtiments ruraux sont nombreux dans nos villages exclusivement agricoles ».

De son côté, le syndic régional de la corporation paysanne du Béarn et du Pays basque interviendra en faveur de M. Julien Bie, charron à Bizanos, père de 3 enfants, ayant à charge ses parents, mais, avant tout, indispensable à l'agriculture locale[1].

Le 23 juin 1943, le sous-préfet de Bayonne demande que les marins pêcheurs français ne soient pas requis au titre du STO. S'il en allait autrement, il faudrait les remplacer sur les bâtiments par des marins venus d'Espagne. Le sous-préfet de Bayonne ajoute ces phrases dont on peut penser que, conventionnelles sans doute, elles n'en reflètent pas moins l'opinion d'une partie de la population :

> … Le mécontentement créé parmi les pêcheurs français inciterait ceux-ci à passer la frontière espagnole comme ils ne l'ont fait que trop souvent, ce qui en définitive est une perte tant du côté allemand qui se voit privé de main-d'œuvre, que du côté français qui se voit privé de pêcheurs. Ceci évidemment indépendant de toute considération sentimentale qui ne peut qu'amener la population à flétrir les agissements des marins pêcheurs de Saint-Jean-de-Luz, alors que nombreux sont les ouvriers, les employés, les cultivateurs atteints par les opérations de Relève ou par les opérations Todt.

On verra des personnages importants se pencher sur le cas de personnages très secondaires, mais dont ils découvrent qu'ils sont indispensables. C'est ainsi que le préfet des Basses-Pyrénées alertera le préfet régional d'Aquitaine pour obtenir que le chef cantonnier, Louis Berotte, puisse rester en place, cependant que le directeur de la fromagerie d'Oust adressera au responsable du STO de l'Ariège ce télégramme : « Arrêtez départ Durand Adrien de Saint-Girons, sinon impossible prendre responsabilité lait pasteurisé » et que le sort des résiniers landais agitera toute la hiérarchie administrative du sud-ouest de la France[2].

En lisant une lettre — inédite — du préfet des Landes, adressée le 29 juin 1943, au préfet régional d'Aquitaine, on comprend mieux comment le « matériel humain » disponible pour l'Allemagne pouvait fondre d'étape en étape.

Le département des Landes compte, en 1943, 205 000 habitants dont 108 000 femmes et 97 000 hommes. La population agricole (121 000 personnes) étant épargnée, à l'exception de 803 agriculteurs de

1. M. Bie n'était pas requis pour l'Allemagne, mais pour la poudrerie girondine de Saint-Médard-en-Jalles, placée sous contrôle allemand.

2. L'Union corporative des résineux, dont le siège est à Bordeaux, ayant écrit à tous les résiniers landais pour indiquer que, dans l'attente du résultat des conversations engagées avec les autorités allemandes, ils ne doivent répondre à aucune convocation, les cultivateurs *non résiniers*, furieux, s'abstiendront de se présenter au départ des trains du STO, si bien que le 15 juin 1943, sur 150 requis pour l'Allemagne, seuls 80 quitteront la France.

la classe 1942, sont donc seulement susceptibles de participer au STO 40 000 hommes, dont 50 % ont plus de 50 ans ou moins de 18 ans.

Dans ces conditions, 20 000 hommes demeurent donc disponibles… Non. Les nombreuses exceptions font tomber ce chiffre à 12 000. Alors 12 000 ? C'est encore trop. Voici la conclusion de la lettre du préfet :

> J'estime […] que l'action de la Relève[1] peut atteindre au maximum 12 000 personnes *dont un grand nombre inaptes*[2], les visites médicales ayant fait ressortir un résidu souvent supérieur au tiers (pour les plus âgés). J'ai tenu à vous signaler ces faits qui sont à l'origine du nombre restreint de départs.
>
> Enfin, sur ma propre initiative, j'ai cru devoir retarder pour quelques jours le départ d'un certain nombre d'agriculteurs jugés indispensables par la Commission de la main-d'œuvre (à laquelle siège le représentant des Allemands) pour effectuer les moissons et les premiers battages. Dans certaines métairies, en effet, le chef d'exploitation n'a quelquefois que 20 ans avec, pour toute aide, des vieillards ou des femmes impotentes[3].

Il y a plus… ou mieux. Dans certains cas les services allemands installés en France interviendront afin que leurs employés ne soient pas envoyés dans le territoire du Reich pour y travailler.

Dans une lettre (inédite) du 18 juin 1943, M. Claverie, inspecteur du travail, se plaint au préfet des Landes de l'obstruction des autorités allemandes. Sur les 1 589 jeunes gens « à fournir » en mai — ce sont ses mots — 700 travaillaient pour les services allemands. Les convocations, écrit-il, ont bien été expédiées, mais « la plupart ont été retournées à l'Inspection du travail par les chefs des services techniques allemands ou par les employeurs eux-mêmes, indiquant que les ouvriers travaillaient dans l'intérêt allemand et étaient dispensés du départ en Allemagne. Suivant les instructions du gouvernement il n'a pas été tenu compte de ces oppositions et de nouvelles convocations ont dû être lancées. Une partie de ces deuxièmes convocations nous ont été retournées avec la même mention que les premières ».

Il serait bien entendu excessif et erroné d'écrire, de croire et de faire croire que *tous* les fonctionnaires ont unanimement aidé les requis à échapper au STO ; que *tous* les médecins, malgré le risque de se voir interdire l'exercice de la médecine, ont délivré des certificats de complaisance ; que *tous* les maires sont intervenus en faveur de leurs administrés ;

1. Le préfet emploie toujours le mot « Relève » mais, le 29 juin 1943, il s'agit bien du STO.
2. Je souligne intentionnellement.
3. Pour le département de la Gironde, et les seules classes 40, 41 et 42, 15 492 jeunes ont été recensés au 18 mars 1943. Mais 5 152 agriculteurs, 1 257 étudiants, 604 employés de la SNCF, 371 ouvriers d'une poudrerie travaillant pour les Allemands, 306 inaptes physiquement, 217 policiers, 165 pompiers sont exemptés provisoirement, ce qui représente plus de 50 % de l'effectif recensé.

que *tous* les patrons camouflent leurs ouvriers, malgré menaces de prison et d'amende.

Par peur de la délation, par légalisme, sentiment dont on sous-estime trop l'importance, par sympathie pour l'Allemagne et son combat, il ne manque pas de Français pour encourager, à titre personnel, au départ vers l'Allemagne.

Des garçons qui, après leur brutale démobilisation de novembre 1942, croyaient avoir trouvé un sûr refuge dans les rangs de la gendarmerie et de la Garde républicaine, se verront, le 28 juin 1943, requis pour un départ immédiat et « mis dans l'impossibilité, m'écrira l'un d'entre eux, Jean-Paul Rouanet, d'échapper à leur sort ».

A Lyon, le recteur André Gain adresse à tous les étudiants, dont le sursis a expiré le 30 juillet, une circulaire qui leur rappelle que « l'obéissance reste [leur] premier, [leur] essentiel devoir, la seule règle capable d'apaiser aujourd'hui [leur] conscience, d'assurer demain [leur] avenir ».

Dans ce texte, en date du 25 août, le recteur Gain rappelle tout d'abord aux étudiants que le décret n° 2009 du 15 juillet 1943 exclut définitivement de toutes les facultés ceux qui se déroberaient au Service du travail obligatoire.

Dans la seconde partie de sa circulaire, André Gain évoque l'héroïsme du chef de l'État, les sacrifices des soldats de 1914-1918 et la nécessaire solidarité avec ces chefs de famille qui, souvent, sont convoqués pour remplacer les réfractaires.

Ne pouvant cependant ignorer les sentiments de la majorité des étudiants, le recteur Gain termine, non sans grandiloquence :

> … A beaucoup d'entre vous il est pénible, je le sais, que cette route passe par l'Allemagne. Soyez fiers plutôt qu'en votre personne la France retrouve les chemins du continent d'où la défaite l'avait bannie. L'amitié de vos maîtres et la sollicitude de vos chefs vous y suivront.

En novembre 1943, aveuglé par la propagande officielle, n'imaginant pas les véritables conditions d'existence et de travail en Allemagne, le recteur Gain adressera une nouvelle circulaire à ses étudiants. Circulaire dans laquelle il célébrera les mérites de départs « groupés » à destination de Munich ou de Vienne et insistera sur la qualité de ces emplois que les Allemands ont bien voulu « réserver » aux étudiants. Industrie électrique « qui ne salit pas », écrira André Gain, conduite automobile, « métier peut-être rude mais varié », agriculture qui « présente l'avantage d'une nourriture proportionnée à l'effort ».

De même, à côté de préfets qui tentent de freiner les exigences allemandes, ou laissent sciemment leurs services les freiner, il existe des préfets qui se piquent au jeu.

Considérant la Relève comme « un événement décisif dans le relèvement de la France pour son intégration à l'effort européen », s'étant personnellement rendu aux usines d'aluminium de Tarascon et d'Auzat pour convaincre les ouvriers qu'il était de leur devoir de partir, pourquoi le préfet de l'Ariège Pierre Monzat adopterait-il une attitude différente s'agissant du STO ?

Aussi, dans son département, le nombre des jeunes gens convoqués entre mars et juillet 1943 : 1 323, s'avérera-t-il supérieur à l'effectif imposé qui n'était que de 1 096.

Phénomène qui n'est pas unique. Dans la région de Rouen, qui dépend du préfet régional André Parmentier, ce sont deux départements — la Seine-Inférieure et le Calvados — qui dépasseront de 350 unités les contingents imposés.

Parmentier avait d'ailleurs précisé à ses préfets, le 17 juillet 1943 : « … quant aux départs en Allemagne des jeunes classes, même si le cas échéant ces départs doivent avoir pour conséquence un dépassement de vos contingents, vous devez les mener avec la dernière énergie. »

Lors de son procès devant la Haute Cour de justice[1], Parmentier sera accusé d'avoir déclaré, en mars 1943, à Georges Pelorson, secrétaire général à la Jeunesse :

— Vous pouvez vous promener dans la ville de Rouen et rechercher les « zazous », vous ne les trouverez pas, pour la simple et bonne raison qu'avec l'aide de mes services de police j'en ai fait le recensement pour les envoyer travailler en Allemagne.

Sans nier le propos, Parmentier répliquera qu'il avait avant tout désiré lutter contre les privilégiés. « Il n'y a pas d'arrêté spécial à prendre de la part d'un préfet vis-à-vis des "zazous", mais il s'agissait de gens qui étaient, en pleine Occupation, de véritables objets de scandale. Je ne les ai pas poursuivis comme "zazous", j'ai simplement demandé, comme ils étaient d'âge et de situation légale à partir au STO, qu'ils partent comme les autres. »

Lorsque Louis Noguères, qui préside la Haute Cour de justice, lui parlera d'un garçon de 22 ans, un certain Marescot, que tout le pays appelle « marquis de Carabas », et qui sera envoyé en Allemagne à la suite d'une dénonciation anonyme, Parmentier demeurera fidèle à sa morale.

— C'est un monsieur, je m'excuse du terme vulgaire, qui a « coupé au STO », c'est un riche, un petit châtelain, il ne fait rien. Il y a des gens qui ont faim, qui travaillent et qui sont menacés par le STO et qui me le révèlent. Je l'ai fait partir en Allemagne non pas par sanction, mais parce

1. Le 29 juin 1949, au terme d'un procès au cours duquel de nombreux témoins viendront confirmer son hostilité à l'Allemagne et l'aide qu'il avait apportée à des résistants. André Parmentier, reconnu coupable du crime d'indignité nationale, sera, le 1er juillet, relevé de cette condamnation pour « actes ayant favorisé la Résistance ». L'avocat général Fontaine avait requis une peine de 5 ans d'emprisonnement.

qu'il était dans les conditions pour y partir. S'il a compté comme unité, ça a peut-être évité le départ à un père de famille[1].

La réaction de Parmentier, face à ces privilégiés de la fortune qui achètent la complicité de fonctionnaires allemands[2] ou français, n'est pas unique.

Un maire girondin qui affirme se faire l'interprète de la population locale — et c'est vraisemblable — écrit le 6 juillet au préfet régional pour lui demander de presser «les investigations sur les jeunes gens bénéficiaires de dérogations inattendues à la faveur d'affectations plus ou moins tardives ou plus ou moins régulières».

> L'opinion publique, mise en éveil par l'anxiété des familles dont les enfants ont tenu à demeurer en règle avec la loi, est toujours très vivement impressionnée par les témoignages des inégalités et des situations d'exception trop flagrantes à l'endroit des charges ou des obligations communes, serait apaisée si elle était assurée que les intentions du gouvernement ne sont pas trahies et que la loi elle-même n'est pas violée.

Jean Guéhenno, qui enseigne à Paris, n'a pas tort d'écrire, le 22 février, dans son admirable *Journal des années noires* que, «si le climat avait été à la résistance, si toutes les administrations avaient été complices pour saboter les ordres, il eût fallu aux Allemands des armées de policiers pour rassembler les convois de forçats. Mais, dans la situation actuelle, il ne reste aux plus courageux à peu près aucun moyen de s'échapper, sans papiers, sans carte d'identité, d'alimentation. L'ensemble de ce pays n'est plus qu'un protoplasme peureux».

Le spectacle qu'offrent, en mars 1943, toutes les gares françaises donne effectivement, et provisoirement, raison à Guéhenno.

1. André Parmentier fera remarquer que Marescot était inscrit aux «Amis du Maréchal», ce qui, à ses yeux, n'avait nullement constitué une protection.

2. Jacques Évrard (*op. cit.*) rapporte le cas d'un certain G. qui put en compagnie de 51 de ses compatriotes éviter le départ grâce à la «complaisance», rétribuée 10 000 francs, d'un fonctionnaire allemand de Foix.

3

LEUR VIE QUOTIDIENNE EN ALLEMAGNE

Ils sont là sur le quai de la gare. N'importe quelle gare, de n'importe quelle ville française. Parfois, les mères, les fiancées ont obtenu l'autorisation de les accompagner jusqu'à leur wagon. Des policiers, des miliciens, des soldats allemands sont présents.

Cavanna raconte : « Pendant qu'on était parqués, le cul sur le ciment de la gare de l'Est, les flics nous avaient distribué une baguette et un saucisson par tête de pipe. Un saucisson, parfaitement. De cheval. Tout entier. Sans ticket. Trente centimètres de long. J'avais pas vu un tel objet depuis avant l'exode, je crois bien. Il y en a, ils ont mordu un coup dedans, pour se rappeler le goût que ça avait, et puis ils se le sont dévoré, pas moyen de s'arrêter. »

Lorsque le train démarre, les injures fusent souvent. « Laval au poteau, Laval assassin. Vive de Gaulle ! » *Marseillaise. Internationale.* Au premier arrêt, des garçons descendent pour effacer les inscriptions « Vive Pétain. Vive Laval », tracées avant le départ, et en toute tranquillité, par des membres des partis de la collaboration. On s'installe. Occupation des filets qui serviront parfois de couchettes. Déballage des provisions maternelles. Et de ces provisions du cœur : médaille, image pieuse, qui pèsent si peu et comptent tant. C'est ainsi que Jacques Sèbe, dont le convoi quitte Lyon en mars 1943, contemple les pâquerettes cueillies par sa mère[1], offertes au dernier instant, et qui ne le quitteront jamais pendant ses vingt-huit mois d'exil.

Coups de gueule. Balade de wagon en wagon à la recherche de camarades de travail. Et puis arrêts brusques provoqués par de petits malins qui tirent la sonnette d'alarme. « C'est devenu la réjouissance

1. « Ces fleurs, m'écrit M. Sèbe, j'ai su, je vous jure, depuis le premier instant, quelle serait leur destination finale. A mon retour, j'ai fait deux parts. L'une a accompagné Maman dans son long et dernier voyage, l'autre m'accompagnera lorsque mon heure sera venue. »

principale de la matinée, écrit Georges Vergnes, parti de Tulle le 23 juin 1943. Qu'un cerisier, aussitôt pillé, qu'un bistrot, qu'une jolie fille apparaissent au bord de la voie et la vapeur fuse longuement du sifflet. Le mécanicien l'étouffe posément et le train repart avec vingt minutes de retard[1]. »

Les trains du STO ne sont nullement pressés. Somnolence des voyageurs qui fait suite à une trop grande excitation mais qui cède à l'approche des gares. Alors, une flambée de passion s'empare des jeunes hommes qui se jettent aux fenêtres, lancent des cris qui se transforment en injures lorsque paraît un véhicule allemand.

Le convoi qui arrive à la gare de l'Est le 12 mars 1943 s'est signalé, en traversant la banlieue parisienne, par de telles manifestations de désordre qu'il est attendu par des soldats allemands alignés d'un côté et de l'autre du quai. C'est dans le silence brutalement revenu qu'un officier, passant de compartiment en compartiment, de wagon en wagon, désigne une trentaine d'otages qui s'éloignent sous les regards consternés de leurs camarades[2].

Parmi ceux qui les regardent partir, Jean Tamarelle, dont j'utiliserai à plusieurs reprises les lettres adressées hebdomadairement à sa famille, lettres toutes inédites et qui, mieux qu'une reconstitution tardive, œuvre d'une mémoire qui enjolive, gomme, donc falsifie, permettent, dans leur spontanéité, de comprendre ce que fut la vie d'*un* travailleur français dans l'Allemagne de 1943. Jean Tamarelle, qui ne sera pas notre seul témoin, mais l'un des plus utiles, a mis ces lettres à ma disposition avec leur mode d'emploi, puisque toutes pouvaient être lues par la censure allemande[3].

Ainsi, *Oncle Jules* ou *Tonton Jules* signifie l'aviation anglaise, *Tante Martha* l'aviation américaine, tandis que *la fabrique d'allumettes* évoque naturellement la Suède. Enfin, il a été convenu avec sa famille que les critiques de l'action anglo-américaine signifieraient approbation, que les applaudissements prodigués aux Allemands dissimuleraient une critique.

Lorsque Tamarelle écrit, le 11 juin 1943 : « Nous aidons de notre mieux la lutte contre le bolchevisme. Qu'aurait-on à nous reprocher ? », il faut naturellement prendre la phrase à contresens.

Ils sont nombreux, les Français qui, comme Tamarelle, utilisent une méthode puérile, mais qui leur donne du moins l'impression d'abuser l'adversaire. Pour l'abbé Jacques Vignon, les Allemands seront *Charles*,

1. Inédit.
2. Ils seront déportés à Mauthausen.
3. Après s'être évadé de Stettin « dans des conditions difficiles », précisera l'attestation de résistance qui lui sera décernée le 15 mai 1945, M. Tamarelle se camouflera en Dordogne où il rejoindra un groupe de FFI avec lequel il reviendra à Bordeaux au moment de la Libération. Avec la 9e DIC il fera vaillamment la campagne d'Allemagne, puis celle d'Indochine.

les Russes *Nicolas de Rochefort*. Dans une lettre du 21 août 1943[1], le résultat de ce modeste camouflage est le suivant :

> J'apprends à connaître Charles et sa famille : façade correcte et attirante, grande pourriture derrière. Pas de moralité, pas d'éducation. Élément féminin navrant. On n'a pas tort de nous mettre en garde contre Charles. La famille de Nicolas de Rochefort dans un triste état. Troupeau abruti. Tristes choses.

L'abbé Vignon a prévenu ses parents que les phrases placées entre deux points-virgules signifieraient le contraire de ce qu'elles affirmaient. Aussi, lorsqu'il écrit, le 23 août 1943 : « Je comprends l'épreuve de l'exil pour les prisonniers — en ai vu plusieurs ici ; ils sont admirablement bien et très collaborationnistes ; ... », on doit comprendre que les prisonniers sont mal traités et sont farouchement opposés à la collaboration. Et, lorsqu'il précise : « c'est admirable de voir l'ardeur de tous au travail, le rendement est formidable », ses parents savent que les Français font tout leur possible pour ne pas contribuer à l'effort de guerre allemand.

Au nombre des ruses utilisées par les Français pour correspondre avec leur famille et leur dire la vérité, il faut signaler celle du prisonnier François Lamarque qui enverra des renseignements très précieux sur ce qu'est sa vie. Il a, en apparence, recopié plusieurs pages d'un cours de droit civil et l'a fait parvenir à sa famille avec des vêtements usagés. « Ma chère Jeanne, écrit-il à sa femme, dans le colis que je vous ai envoyé, vous trouverez un cahier de droit civil. C'est un recueil de leçons faites à Weinsberg par un maître du professorat. Sa lecture vous serait, je crois, d'un très grand profit... Je vous recommande tout particulièrement l'étude du chapitre "Dissolution de la communauté". »

A partir de la page 4 de son manuscrit, qui en comporte 56, seules les 3 ou 4 premières et les 3 ou 4 dernières lignes de chaque page, ainsi que les intertitres, sont consacrés aux régimes matrimoniaux. Tout le reste concerne la capture du soldat, puis la vie quotidienne du PG François Lamarque qui, page 41, donne des conseils pour la mise en œuvre d'une correspondance clandestine. « Je vais vous demander une chose très importante. Vous pouvez m'envoyer des nouvelles de la façon suivante. Les pains sont généralement coupés en travers dans leur milieu ; même dans le cas, très rare, où ils sont coupés dans le sens de la longueur, les coins restent intacts. Faites mettre dans un de ces coins, avant cuisson, un petit tube d'aspirine par exemple. Dedans, un feuillet où vous me donnerez les nouvelles qui ne peuvent pas être envoyées par lettre, particulièrement les nouvelles de la radio étrangère, les nouvelles de France, la vie à Mont-de-Marsan[2]. »

---

1. Lettre inédite, comme toutes les lettres de l'abbé Vignon.
2. Inédit.

Retrouvons Jean Tamarelle. Il aide son père, mutilé de la guerre 1914-1918 et qui possède à Bordeaux un petit commerce d'alimentation lorsque, le mardi 9 mars 1943, il reçoit un ordre de départ pour le jeudi 11. Que faire ? La famille, qui tient conseil, décide qu'il doit se présenter. « L'organisation » allemande paraît à ce point efficace et redoutable qu'il semble impossible de lui échapper[1].

Départ donc le 11. Arrivée à Paris le 12, d'où le train repart dans la soirée pour Stettin. Arrêt à Aix-la-Chapelle. Tous les Français sont conduits dans une caserne où ils se restaurent et touchent un repas froid (200 grammes de pain et un peu de saucisson) pour le voyage du lendemain. Le train reprend sa marche dans la nuit. Traversée de Hanovre, « les bâtiments ont l'aspect du neuf, les avenues sont très larges et claires », puis de Magdebourg. « A 19 heures, écrit Tamarelle, arrivée dans un camp de Potsdam, près de Berlin. Repas du soir. Passé la nuit sur le plancher dans la couverture. C'était quand même le Paradis à côté du train. » Dans l'après-midi du 16 mars, Tamarelle arrive enfin à Stettin, puis le 17 à Pasewalk où il se trouve affecté au triage des wagons. Dans sa lettre du 17, il raconte longuement sa découverte du pays et de ses habitants. Les maisons ouvrières allemandes, qui « pullulent autour des agglomérations », lui semblent même si dignes d'attention qu'il en dessine une en marge de sa lettre[2].

Tamarelle a vécu quelques heures seulement, à Potsdam, dans l'un de ces infects camps de passage où l'humanité, qui entre au rythme des convois et sort au rythme des embauches, abandonne en dépôt ordures, détritus, persistantes odeurs.

Tous les peuples de l'Europe conquise et asservie se côtoient dans une promiscuité misérable, un permanent vacarme aggravé par les haut-parleurs qui vomissent des noms déformés qu'il faut toutefois reconnaître, si l'on ne veut pas attendre pendant plusieurs jours, voire plusieurs semaines, l'employeur qui viendra — parfois avec des allures de maquignon, tâtant biceps et mollets, vérifiant la denture — choisir le matériel humain.

Georges Vergnes, étudiant toulousain, note, le 25 juin 1943, les impressions que lui laisse le camp de passage de Strasshof.

1. « Il a fallu que j'arrive en Allemagne, devait m'écrire en octobre 1979 M. Tamarelle, pour comprendre que la plus grande pagaïe avait régné, qu'aucun contrôle n'avait eu lieu et que j'aurais pu interrompre sans risque mon voyage en n'importe quel point de France. »

2. « Stettin, écrit Tamarelle, est une belle ville de 350 000 habitants à ce qu'il paraît… Nous avons tous été épatés en débarquant dans la ville de la trouver si belle. A 4 h 30 du matin, le jour était déjà levé et nous distinguions les larges avenues, les hautes maisons, ça me changeait de Bordeaux. Le plus étonnant, c'est la succession sur certaines avenues de maisons particulières, de la dimension d'un hôtel, en belle pierre blanche, d'un beau style et entourées de jardins. »

Le camp était déjà habité. J'aperçois d'abord des espèces de bicots minables, vêtus (!) de loques. Mais je me hâte de me trouver une place pour dormir ce soir : pour matelas des planches, pour oreiller des planches, pour couverture les planches du plafond[1]… Pendant que nous nous installons, des faces mongoloïdes se montrent aux fenêtres. Il faudra faire gaffe aux valises et aux provisions, déjà des Russes sans âge envahissent notre palace en répétant inlassablement : « Brot, Brot ». Les enfants réussissent à en glaner quelques tranches, mais nous refoulons toute la horde vers la sortie. Désormais, la porte sera bien gardée et nous établissons une permanence pour veiller sur les bagages.

Dans le camp, Georges Vergnes interroge des Français.
— Depuis quand êtes-vous ici ?
— Quinze jours, huit jours, deux jours.
— Quand partons-nous ?
— On ne sait pas.
Vergnes croise des Grecs — qui sont les rois du marché noir, achetant tout à des prix fabuleux, vendant tout à des prix plus fabuleux encore —, des Tchèques, à qui leur connaissance de l'allemand donne plus qu'un air de supériorité, des Polonais, des Russes parmi lesquels bon nombre d'orphelins dépenaillés, les parents sont morts quelque part du côté de Kharkov ou de Stalingrad, vingt nationalités qui trafiquent ou échangent des informations, et parfois des embryons de sentiment, dans un sabir où les mots les plus souvent répétés sont « Brot », « Zigarette », « Wieviel Marken ? », « Arbeit », « Abort », « krank », « fick-fick ».
A quatre heures du matin, c'est au son du *Saint Louis Blues* que Vergnes est réveillé.

Dans la pièce contiguë, un véritable virtuose de l'accordéon donne une audition. La piaule s'est transformée en un saloon des plus purs, comme on en voyait dans les films de cow-boys. Les spectateurs se sont entassés sur les châlits. Je me faufile à un deuxième étage, noyé de fumée. En bas, un cercle s'est formé et un Russe merveilleusement souple adapte les danses de son pays sur des airs modernes qu'il n'a encore jamais entendus…

Puis, lorsqu'un patron est venu le choisir, Vergnes part pour son usine et son camp.

On est le 29 juin.
Il y a déjà plus de trois mois que Tamarelle est « installé » à Pasewalk.
Le 17 mars, il a indiqué à ses parents qu'il vient de toucher des tickets d'alimentation qui lui donnent droit[2] à 900 grammes de sucre, 9 kilos de pain ordinaire, 2 kilos de pain blanc ou de petits gâteaux « fameux », précise-t-il, 700 grammes de confiture. On lui a également remis des cartes

1. Inédit. Dans la plupart des camps de passage, les installations de couchage font défaut.
2. Il ne précise pas pour quelle durée ces rations sont remises aux travailleurs.

d'œufs, de viande, de café, de beurre, de lait. Son premier repas, il l'a pris au buffet de la gare, « une bonne soupe, deux poissons avec pommes de terre bouillies : 90 pfennigs, 18 francs ». Comme il n'a pas achevé le poulet emporté de Bordeaux et qu'il lui reste du pain français, Tamarelle assure à ses parents que tout va pour le mieux. Le 24 mars, après avoir fait allusion au plat « bien tassé, bien épais, soit d'une sauce avec patates à discrétion, soit un plat de choux et patates » ; après avoir évoqué « le saucisson traditionnel, accompagné d'importantes quantités de matières grasses en comparaison des rations françaises », il ajoute même : « Je n'ai jamais tant mangé que depuis ces derniers jours[1]. »

Il déchantera.

Le mercredi 21 avril, le chef de camp allemand, passant l'inspection des baraquements, a fait de violentes observations aux camarades de Tamarelle : « Chambre sale, mal balayée, lits pas faits, etc. Il nous a traités de cochons. Mais, évidemment, on ne comprend pas sa langue. La prochaine fois, on lui dira qu'avec la nourriture qu'il nous donne il n'y a rien d'étonnant à ce qu'on ait pris les habitudes des cochons, avant d'en avoir le physique. Au point de vue tickets, nous déchantons. Nous n'avons plus de cartes de pain blanc, n'avons pas eu de confiture, plus d'œufs. C'est la guerre totale ! »

« Nous déchantons »... Ces mots reviennent dans la lettre du 11 mai. Tamarelle et ses camarades « commencent à se lasser de la tambouille aux pommes de terre, de l'orge perlée cuite à l'eau et du lait aigre ».

« Pour faciliter le recrutement des travailleurs étrangers », Sauckel avait décidé, le 6 avril 1942, que le taux de leurs rations alimentaires serait identique au taux des rations accordées à la population civile. Hebdomadairement, ils devaient donc recevoir 600 grammes de viande et de charcuterie, 125 grammes de beurre et 125 grammes de margarine, 75 grammes de lard, 65 de fromage, 175 de confiture, 225 de sucre, 72,5 d'ersatz de café, 7 kilos de pommes de terre, 3 kilos de pain noir et 500 grammes de pain blanc ou de tickets permettant d'acheter, dans les pâtisseries locales, biscuits, brioches, gâteaux.

A la fin de l'année 1942, Sauckel s'était expliqué assez crûment sur les raisons d'une générosité alimentaire quelque peu inattendue.

« Des esclaves sous-alimentés, maladifs, mécontents, désespérés, haineux, ne donnent jamais la possibilité d'exploiter entièrement le rendement qu'ils peuvent fournir dans des conditions normales. » Sauckel précisait toutefois que les travailleurs étrangers devaient être « nourris,

1. Le 1er avril 1943, Tamarelle indique encore : « La nourriture est à peu près suffisante... Nous avons les rations allemandes. Nous mangeons à la cantine technique. Nous avons une norvégienne de café tous les jours. A midi, une soupe bien tassée de pommes de terre, haricots quelquefois et autres féculents. Certains jours, une soupe de semoule à la cannelle avec pommes de terre bouillies à discrétion. »

logés et traités de telle manière qu'on les exploite au maximum avec le minimum de frais ».

En vérité, pour la nourriture, il n'est pas possible d'établir de règle générale. Servis à la cuisine du camp qui distribue et le *kalt* (saucisse ou fromage, margarine, confiture) et le *warm*, essentiellement soupe à base de pommes de terre, les repas — c'est-à-dire surtout la consistance de la soupe — varient d'un camp à l'autre et dépendent de la plus ou moins grande honnêteté des gestionnaires et des cuisiniers. Encore ne faut-il jamais oublier que la soupe peut constituer — et constitue — un moyen de pression. Puisque, selon la formule « nix arbeit, nix essen », celui qui ne travaille pas ne mange pas, les « tire-au-flanc » sont privés, on le verra, non point de dessert, mais de soupe.

Dans l'une de ces innombrables lettres, vraies ou fausses, publiées par la propagande allemande et pro-allemande, se trouvait, sous la plume d'un certain Pierre Bannier, cette phrase témoignant d'un extraordinaire optimisme : « Ici, les bons mangeurs peuvent venir, car ils peuvent en reprendre autant de fois qu'ils veulent. Le soir, soupe, viande ou charcuterie ou des œufs suivant le jour, avec des légumes qui varient chaque jour[1]... »

Et Georges Vigne, rédacteur en chef d'*Inter-France*, interrogeant, en septembre 1942, les travailleurs français et se faisant l'écho de leur satisfaction dans tous les domaines, y compris celui de la nourriture, se contentait de souligner la stupéfaction des ouvriers voyant arriver sur la table de la cantine d'une usine de la région de Stuttgart, « après la soupe épaisse et appétissante, sur *une seule assiette*... côte à côte une portion de macaronis et une marmelade de rhubarbe[2] ».

Il se peut que la nourriture, notamment pour les ouvriers, ait été plus abondante pendant quelques mois en Allemagne qu'en France, chez l'occupant que chez l'occupé, mais assez rapidement la situation va se modifier.

C'est le 27 juin 1943 que Tamarelle signale l'absence — deux jours sur sept — de tout repas du soir pour les travailleurs de Pasewalk[3] qui ont dû se replier vers le buffet de la gare où l'on peut, sans tickets, se procurer « un plat de pommes de terre avec choucroute sucrée ou un bouillon de semoule sucré également[4] ».

1. Lettre envoyée d'Heddernheim le 8 mai 1941, donc avant la campagne de Russie et les bombardements de l'Allemagne qui, assez rapidement, modifieront la situation du ravitaillement.

2. Poussant la conscience professionnelle et le militantisme jusqu'au bout, Vigne poursuit : « Je veux pour ma part essayer du mélange. Mais c'est fort bon !... »

3. Dans sa première lettre (17 octobre 1943), Albert Diguet, qui vient de Saint-Maurice, en banlieue parisienne, écrit : « Je vous parlerai plus tard du régime alimentaire ; à midi, j'ai "calé", mais nous n'avons pas à dîner le samedi et le dimanche. »

4. Avant la guerre, l'Allemagne a institué le principe du *Stammgeritch* (plat de légumes ou potage) qu'il est possible d'obtenir sans tickets et contre une somme modique (moins d'un mark). Il faut ajouter qu'il est possible d'acquérir, en ville, du boudin au sang dont l'on obtient un kilo contre 100 grammes de tickets.

C'est en novembre 1943 que l'abbé Jacques Vignon, qui est arrivé en Allemagne à la fin d'août et travaille dans une usine de Chemnitz, signale une diminution générale des rations. Les ouvriers étrangers n'auront plus droit qu'à une soupe par jour (soit à 12 h, soit à 17 h) avec, trois jours par semaine, 500 grammes de pommes de terre, les pommes de terre étant remplacées, les quatre autres jours, par des rutabagas.

Il faut ajouter que les goûts alimentaires des Allemands déconcertent les Français. « Toutes les sauces, écrit Tamarelle, ont un goût sacchariné ou bien parfumé avec une espèce de moutarde : à ce moment-là, on croit avaler une soupe piquée… Les salades qu'ils nous donnent de temps en temps sont des laitues qui saucent depuis une bonne heure dans un liquide blanc sacchariné. Les Polonais et Allemands en raffolent. Pour ma part, j'ai l'impression de mastiquer une boule d'herbe. »

Ces sauces saccharinées, ces sauces aigres arrachent à Tamarelle, le 9 juillet, cette exclamation : « Ah ! nous sommes loin des premiers jours de notre séjour. »

Par extraordinaire le repas est-il acceptable, les travailleurs français se plaignent de ne pouvoir l'arroser de vin de France. « A propos de pinard, certains camarades en reçoivent des bouteilles dans leur colis. Elles ne cassent pas. Vous pouvez essayer… C'est incroyable ce que l'idée de n'avoir point de vin nous tracasse. Nous en parlons constamment. Si, par hasard, la soupe est bonne, on entend tout le monde s'écrier : "Ce n'est pas mauvais, mais il manque un bon canon"[1]. »

Une bouteille envoyée par les parents de Jean arrivera le 20 septembre dans le colis numéro 10. Immédiatement vidée. « Avec trois camarades, nous avons fait à midi un "gueuleton" impressionnant. Ils ont fourni le manger, j'ai apporté la boisson : petites pommes de terre sautées entières, petits pois avec confit de porc, le tout arrosé d'un graves 1er cru que nous avons dégusté comme il convient. Je m'en lèche encore les moustaches. »

Les colis arrivés de France permettent donc, fort heureusement, d'améliorer l'ordinaire. Le 30 mai, n'ayant eu dans sa soupe qu'un morceau de viande bouillie de moins de 50 grammes, Jean Tamarelle ouvre une boîte de confit de canard. « On nous a installé une petite cuisinière dans les lavabos et elle nous est très utile. Un copain a reçu une poêle et, alors, il faut voir ces cuisiniers à la manque !… Chacun y va de son conseil culinaire, et heureusement que les préparations ne sont pas compliquées : voilà plusieurs fois que je fais sauter des pommes de terre. Elles passent mieux que les autres, bouillies. Vous pourriez m'envoyer, à l'occasion, des légumes secs, haricots ou lentilles avec *mode d'emploi* surtout[2]. S'il y avait un petit bout de lard ! »

L'abbé Vignon, lorsqu'il reçoit, le 13 septembre, son premier colis (il

1. Lettre du 23 août 1943.
2. Les parents de Tamarelle, je le rappelle, tiennent à Bordeaux une épicerie, ce qui n'est pas négligeable en ces temps de disette.

est parti de France le 20 août et contient haricots secs, lentilles, pâtes, fromage, jambon), ajoute immédiatement à une soupe trop claire les pâtes qui viennent de lui parvenir. Tout en évoquant bien plus rarement « la bouffe » que la plupart de ses camarades, l'abbé Vignon demande à ses parents de lui envoyer principalement des haricots secs et des lentilles, faciles à cuire et à emporter à l'usine.

Toutes les familles ne peuvent expédier de substantiels et fréquents colis aux travailleurs vivant en Allemagne. La disette de nourriture et la disette d'argent compliquent les efforts de parents de bonne volonté. Il leur faut en effet, la plupart du temps, acheter au marché noir, ce qui, parfois, sera revendu, en Allemagne, au marché noir. Il en va ainsi pour le chocolat, pour les cigarettes, pour le lait en poudre, pour l'alcool, pour le rouge à lèvres, denrées précieuses qui servent à acquérir d'autres denrées, à moins qu'elles ne soient utilisées à séduire une fille, à conquérir les faveurs d'un contremaître.

D'après Jacques Évrard[1], la cigarette étant « l'unité de compte », on obtiendra, à Hambourg, en septembre 1944, un kilo de haricots verts contre 15 cigarettes, un kilo de pommes de terre contre 25 cigarettes et 500 grammes de margarine contre 50 cigarettes.

> Précieuses cigarettes ! écrit Jean-Louis Quéreilhac[2]. Dans ce monde bizarre qui obéit à des règles inconnues, les cigarettes sont comparables au fameux trésor d'Ali Baba… Il n'est pas une porte qu'elles ne puissent ouvrir, un gardien qui ne se laisse soudoyer par elles… Leur apparition calme les querelles, réveille les sourires et toutes les difficultés disparaissent. Elles servent de monnaie internationale pour les échanges et personne n'ose contester cette précieuse valeur.

Il est des objets de troc plus inattendus que les cigarettes. C'est ainsi que Jean Balique demande à son père, qui est notaire à Martigues, de lui envoyer « 3 pipes en bois, neuves et avec un tuyau aussi long que possible : elles m'ont été, en effet, commandées avec les chapeaux melons (?), par les ouvriers allemands avec lesquels je travaille ».

Plus sévèrement puni qu'en France, donc moins fréquent, le marché noir[3] ira augmentant avec les bombardements qui désorganisent les transports et le ravitaillement, aggravent la misère, entravent l'action de la police et font alors, en ce domaine, de beaucoup d'Allemands les complices de la plupart des travailleurs français.

---

1. *La Déportation des travailleurs français dans le IIIe Reich*, livre essentiel sur le sujet.
2. *J'étais STO*.
3. « Pas de marché noir, écrit Albert Diguet le 20 octobre 1943, il est importé par les Français… ce qui n'est pas à notre honneur. » Diguet, qui se trouve à Brême, mettra quelques mois avant de découvrir que le marché noir est florissant, même en Allemagne nazie.

Avec les cigarettes, le pain — *Brot* —, touché deux fois par semaine, conservé précieusement dans un placard qui ne se trouve jamais à l'abri des voleurs, le pain dont, au couteau, sur la croûte noirâtre et rugueuse, on trace, dès le jour de la distribution, les frontières de ce qu'il est sage d'accorder à sa faim : la portion pour le lundi, pour le mardi, pour le mercredi…

Le pain « prêté » à de bons amis. « Tu me dois trois jours de pain. » Mais aussi « joué », enjeu des parties de poker qui s'achèvent tard dans la nuit et au terme desquelles il arrive que l'un des joueurs ait perdu trois semaines ou un mois de pain. Le pain, objet de convoitise, de troc, de marché noir, lorsque des ouvriers allemands viennent offrir discrètement aux Français, près desquels ils travaillent, une poignée de tickets contre une flasque de cognac ou de simili-cognac.

Après la nourriture, logement et travail occupent l'essentiel de la correspondance des exilés.

Les conditions de logement sont plus diverses encore que les conditions de nourriture. De la chambre individuelle à l'hôtel, ou chez l'habitant, aux deux navires désaffectés ancrés à Stettin[1], en passant par des salles de cinéma, les travailleurs étrangers connaîtront les logements les plus différents. C'est ainsi que Jean Sèbe, d'abord affecté à une usine métallurgique, puis dans une entreprise chimique de Waldenburg, se retrouvera le 1er juillet 1943 à Reichenberg. Logé très convenablement chez l'ingénieur géomètre, son nouveau patron, il prendra ses repas dans le principal restaurant de la ville en compagnie de trois horlogers venus de Saint-Étienne[2].

Mais, le plus souvent, et dans la mesure où les étrangers constituent la main-d'œuvre de vastes complexes industriels, c'est à l'intérieur des camps de baraques, comprenant souvent, mais non toujours, des sections différentes suivant les nationalités, que vivront les ouvriers français du STO.

Cavanna, décrivant avec virtuosité et talent, dans *Les Russkoffs*, son arrivée et son premier camp, note :

> C'est donc là ma piaule. Dix lits en bois à deux étages, comme sommiers des planches à claire-voie, sur chaque lit une couverture pliée et une espèce de grand sac en fausse toile à patates faite de ficelle en papier… Vide, le sac. Le Belge nous explique que c'est là notre matelas, que demain on nous distribuera des chutes de papier d'imprimerie pour le bourrer, que c'est très confortable, juste un peu bruyant quand on se retourne, mais on s'y fait très bien. D'accord, d'accord.
>
> Les lits ne laissent entre eux que de minces interstices. L'allée centrale doit

1. Le *Hamburg* et le *Bremerhaven*.
2. Mme Herden, la femme de son employeur, écrira aux parents de Jean Sèbe pour leur dire, en substance : « Votre fils, s'il a quelques ennuis, peut s'adresser à nous comme il l'aurait fait avec vous. »

bien avoir un mètre cinquante de large, elle est occupée par une table que flanquent deux bancs, par un poêle rond, genre Godin, et par une caisse pleine de briquettes, un drôle de charbon qui ressemble à de la bouse de vache comprimée et séchée.

Vingt à vivre là-dedans ? Faudra qu'on se rode les angles ! On n'arrête pas de se cogner, gros ours maussades alourdis de sommeil.

« Faudra qu'on se rode les angles ! » La phrase est juste. Si, dans les premiers jours, la solidarité du départ persiste encore, fait que les lettres arrivées de France sont comme autant de lettres collectives, lues en partie à tous et commentées par tous, que les provisions sont partagées, le temps disloque rapidement des groupes artificiels. Il y a celui qui ronfle la nuit. Celui qui pète. Celui qui étend sa lessive dans la chambrée. Celui qui refuse de participer aux corvées. Celui qui chante. Celui qui joue de l'harmonica lorsque les autres aspirent au repos. Celui qui désire ouvrir la fenêtre et celui qui veut qu'elle demeure fermée. Celui dont les petites cuisines tiennent trop de place sur le poêle. Et c'est important d'arracher, pour sa gamelle, une place sur le poêle ! Celui qui ne se lave pas assez souvent les pieds. Celui qui reçoit beaucoup plus de colis que ses camarades. Celui qui vole. Celui qui « emprunte » du pain et oublie de le rendre. Celui qui cloue la photo du Maréchal au pied de son lit et celui qui menace de l'arracher. Celui qui aime les Allemands et celui qui ne les aime pas.

Monde dont il est impossible de s'évader. Monde composé d'étrangers doublement étrangers à des gars qui, jamais, ne sont sortis de chez eux. « Ces cons de Belges, ces cons de Polonais, ces cons d'Italiens, ces cons de Russes[1] », ces Hollandais mal lavés et arrogants avec lesquels il faut bien dialoguer dans un sabir que nul ne s'est avisé de fixer en un dictionnaire où cinq langues, au moins, cohabiteraient.

Univers qu'il est impossible de modifier.

J'ai tout tenté, écrit Quéreilhac[2], pour améliorer mon placard, consolider mon châlit, décorer un peu les murs et les portes à l'aide de photos ou de souvenirs, rien ne peut parvenir à me rendre cette habitation sympathique.

Certes, prisonniers de guerre, et plus encore déportés, troqueraient avec joie leurs conditions de vie contre celles des travailleurs du STO, mais, si ces derniers ne sont pas, en Allemagne, les plus malheureux des Français, et s'ils demeurent, généralement, les moins maltraités des étrangers, ils n'en souffrent pas moins du dépaysement, de la mauvaise nourriture, de la cohabitation forcée, de cette mélancolie nerveuse qui naît de l'exil, des conditions de travail. Un travail auquel, pour la plupart, ils ne se trouvent nullement préparés.

---

1. Jacques Peuchmaurd, *La Nuit allemande*.
2. *J'étais STO*.

Qui fait quoi ? En 1942 encore, les Allemands paraissent soucieux d'utiliser convenablement les compétences. Ce sont d'ailleurs des spécialistes qu'ils ont initialement réclamés. Mais, lorsque le STO leur apporte, pêle-mêle, bouchers, boulangers, magasiniers, coiffeurs, imprimeurs, jardiniers, vendeurs, paysans, étudiants, prêtres, journalistes, comptables, commis aux écritures, plâtriers, déménageurs, ébénistes, épiciers, huissiers de justice, parfumeurs, cuisiniers, marbriers et tapissiers, ils ne cherchent plus à mettre l'homme qui convient à la place qui convient.

De Colardeau, ingénieur chimiste, les *Stahlwerke Braunschweig* font un tourneur de bombes, écrit Jacques Évrard ; du boulanger Omer Lépine, *Krupp-Dreckenmüller* à Tempelhof fait un réparateur de diesels ; le coiffeur Henri Pagnier fabrique de la rayonne à Theresienthal, le cuisinier Raymond Labrousse est terrassier-coffreur à Heydebreck, et le comptable Jean Bonnet poseur de rails à l'*IG Farben* d'Auschwitz.

Un prêtre, le père Santu, deviendra machiniste à l'Opéra de Munich, puis aide-tailleur ; un autre, Paul Beschet, sera employé à la manutention des obus dans une ancienne mine de sel située à quelques kilomètres de Sonderhausen.

Parmi les cinquante Français envoyés, avec Jean Balique, dans l'entreprise de construction et de bétonnage Emmrich, à Neunkirchen, près de Sarrebruck, il se trouve exactement six maçons, trois chauffeurs mécaniciens et deux charpentiers. Les autres sont coiffeurs, boulangers, employés de commerce, étudiants, bouchers, ce qui les voue immédiatement et systématiquement à la pelle et à la pioche.

Paul B., qui assurait en France un travail de secrétariat, envoyé au laboratoire de minéralogie d'Oker, devra tout d'abord apprendre l'allemand — c'est un vieux professeur juif qui lui donnera ses premières leçons — avant de pouvoir, seul Français, comprendre ce que s'efforcent de lui expliquer ses camarades de travail : Hollandais, Russes, Polonais, Allemands.

Quant à l'employé de bureau Robert Debut, après un stage de marinier, il se retrouvera sur une péniche qui, en huit jours, effectue le trajet entre Brême et les aciéries de la Ruhr. « Je crois avoir été un privilégié parmi les STO — reconnaîtra-t-il ; sur la péniche, j'avais une cabine individuelle très spacieuse, comme alimentation les mêmes tickets que les Allemands, j'avais même le régime "poids lourd", en cours de voyage je pouvais faire des provisions au marché noir dans certaines fermes. Bref, pas mal d'avantages[1]. »

Il arrive souvent que les Allemands ne sachent que faire de Français ignorant les modalités du travail qu'on leur demande, la langue du commandement et montrant d'ailleurs peu de bonne volonté.

« Les contremaîtres se disputent pour ne pas nous avoir, écrit l'étudiant

1. Inédit.

en droit Georges Vergnes. Ils ne savent où nous caser. » Affecté avec trois camarades à une machine qui coupe des barres de métal en tronçons de vingt-cinq centimètres, il est déplacé après le premier essai. L'un des quatre Français s'est en effet blessé au bras et les trois rescapés sont désormais voués, sous la conduite d'un vieil Autrichien, à pousser un chariot rempli de déchets de ferrailles jusqu'au magasin de récupération.

Tâches obscures, mais ne verra-t-on pas, sur des chantiers où le matériel fait défaut, des Français « redresseurs de clous » !

La durée hebdomadaire du travail a été fixée à 54 heures par un décret Sauckel du 22 août 1942. En mars 1943, elle sera de 60 heures, en juillet 1944 de 72 heures. Encore s'agit-il de règles qui souffriront bien des exceptions lorsque la fréquence des alertes, et surtout des bombardements, en désorganisant la production, rendront indispensables des « rattrapages » tels que la durée du travail sera portée à 14 ou 15 heures par jour. Claude Sauvaget, qui est employé dans la firme Schwartzkopff, de Wildau, où l'on fabrique des locomotives, des hélices à pas variable et des engins pour arracher les voies ferrées derrière l'armée allemande retraitant en Russie, signale avoir travaillé 24, voire 48 heures de suite. Dans une usine de la région viennoise, précise Jacques Évrard, la semaine de travail a été portée à 90 heures, les ouvriers ayant droit, en trois mois, à une seule journée de repos. Enfin, devant le tribunal de Nuremberg, l'accusation parlera de « semaines de 100 heures de travail, par tranches de 30 à 36 heures ».

Sans doute les cadences ne correspondent-elles pas à la rigueur de ces horaires extravagants. De très nombreux ouvriers professionnels français ont souligné la médiocrité de la productivité, affirmé qu'ils travaillaient plus lentement en Allemagne qu'en France.

Présents dans l'atelier en plus grand nombre souvent qu'il n'est utile, il leur arrive d'accomplir en six heures une tâche qui, suivant les normes allemandes, en réclamerait dix.

Les histoires d'absentéisme prolongé, de sabotage plus ou moins discret, de sieste dans les WC collectifs (la place de l'*Abort* dans la vie des STO se révélera plus importante encore que la nécessité ne l'exigeait) qui tenaient lieu de fumoirs, de salles de réunion, de salles de lecture et de jeux, où certains donnaient, deux heures durant, et dans les conditions que l'on devine, des leçons d'anglais aux Berlinois, où l'abbé Vignon préparait parfois ses sermons, oui, toutes ces histoires sont vraies. Mais elles seront amplifiées après la guerre.

> Il fallait voir les « ouvriers » que nous étions, m'écrit Jacques Verrier, employé au camp d'aviation de Staaken, près de Berlin : des heures entières dans les WC à fumer des cigarettes (une dizaine par WC). Les Allemands venaient nous en sortir à coups de « grande gueule » (sales Franzouses, schnell, schnell) et nous faisions semblant de travailler « toute la journée », il fallait le

faire, les uns en cachant des méthodes *Assimil* dans les tiroirs ou des romans policiers, les autres en traînant de hangars en hangars… avec un tournevis à la main.

Que chaque « travailleur » français ait tenu, la guerre terminée, à se présenter comme un saboteur plus ou moins efficace de la machine de guerre allemande est compréhensible, mais est-il vrai que, sous l'œil des « meister », « vorarbeiter », contremaîtres ou chefs d'équipe, portant brassard et revolver, plus souvent hargneux que bons enfants, naturellement enclins au soupçon face à cette invasion d'étrangers, est-il vrai que les Français aient fabriqué, dans les usines du IIIe Reich, davantage de casseroles, de briquets, de réchauds électriques à usage personnel que de moteurs d'avions ? Face à des récits trop flatteurs, il ne faut jamais oublier que la production d'avions, pour ne retenir que celle-là, passera de 11 800 en 1941 à 39 800 en 1944 et que, si Albert Speer, ministre du Reich pour l'Armement, dit vrai, la production de matériel de guerre croîtra de l'indice 98 en 1941 à l'indice 322 en juillet 1944, grâce à un supplément de main-d'œuvre estimé à 30 % seulement.

> Un jour d'hiver 1944, précisera un travailleur français déposant devant le tribunal de Nuremberg, nous étions sur un remblai, divisés en équipes de quinze, chaque équipe étant confiée à un Allemand. Nous avions acheté le nôtre à coups de cigarettes et, sur quinze, trois seulement travaillaient par roulement, tandis que les douze autres se chauffaient un peu plus loin, c'est-à-dire que le travail fourni était minime. Il n'empêche que, le soir, le remblai était remonté, les voies étaient rétablies et les trains pouvaient de nouveau circuler.

Il n'empêche, en effet… Le « sabotage », en Allemagne, sera plus souvent le résultat de l'incompétence, de l'ignorance, de la paresse, de la mauvaise volonté, que d'une volonté politique. Sans doute les Anglais lancent-ils des tracts donnant des conseils qui, suivis à la lettre, permettraient de ralentir quelque peu la machine de guerre allemande.

Mais, à l'instant de dire exactement comment freiner la marche de l'industrie de guerre allemande, le Français Pierre Bourdan parlant sur « Ici Londres », fait montre d'une légitime prudence. « Reconnaissons d'abord une chose, déclare-t-il le 15 octobre 1942. Il est difficile, d'ici, de vous donner des conseils et je me demande si nous en avons le droit, étant donné qu'il n'y a que sur place que vous pouvez exactement mesurer la force des moyens de résistance à votre disposition. »

L'Humanité clandestine, qui multiplie les consignes de sabotage lorsqu'il s'agit de la France, qui demande aux cheminots de faire dérailler les wagons pour ralentir les envois de travailleurs en Allemagne et signale tous les mouvements de résistance au STO, dès lors qu'ils se produisent sur le territoire national, ne dit pratiquement rien, en 1943, de la vie des travailleurs français dans le Reich, ne leur lance aucun ordre de sabotage et, à ma connaissance, n'évoque qu'à une seule reprise — dans son numéro du 23 avril 1943 — une grève d'ouvriers français dans le Hanovre et à Berlin « pour protester contre une condamnation à mort ».

Le Mouvement national des prisonniers de guerre et déportés, dont François Mitterrand est l'un des principaux responsables, diffusera certes, sous le titre anodin : *La Cuisine de tante Lucie* ou encore : *Dictionnaire Poucet français-allemand*, un petit opuscule traitant du sabotage dans toutes les branches d'activité possible. Mais, à côté de précisions prouvant que plusieurs spécialistes ont travaillé à l'élaboration de ce petit bréviaire du parfait saboteur, combien de suggestions témoignant de la totale ignorance des conditions de vie faites aux ouvriers français travaillant en Allemagne !

Ainsi pouvait-on lire dans *La Cuisine de tante Lucie* que les STO devaient « tenir la main à la stricte application des règlements d'atelier et des lois sociales… [qu'à] la moindre blessure l'ouvrier ou l'ouvrière [devait] immédiatement se rendre au dispensaire… qu'à travail égal, nourriture égale », et que telle devait être l'une des « plus impérieuses exigences de travailleurs français », incités à réclamer également, « de la façon la plus énergique, la construction immédiate d'abris capables d'écarter le danger des bombes les plus lourdes »…

Chimères que tout cela.

Les Allemands ne badinent d'ailleurs ni avec les saboteurs ni avec les simples tire-au-flanc. Le 3 juin 1943, la direction de l'usine *Berliner-Maschinenbau*, de Wildau, dénonce ainsi, par affiche et note de service, « certains ouvriers qui se bornent à être des fainéants incorrigibles ».

> La fainéantise a, dans les derniers jours, montré une telle étendue que la marche de notre production dans beaucoup d'endroits de nos ateliers est mise gravement en doute. Il s'est trouvé que l'absence de l'un ou l'autre ouvrier français a causé une période d'inaction de tout un groupe de travailleurs. Les dommages en résultant, ainsi que le retard mis dans l'achèvement de nos locomotives sont de cette sorte si sérieux qu'à l'avenir nous devrons interpréter les absences de travail sans excuses comme des tentatives de sabotage.
>
> Nous n'avons pas l'intention de souffrir cette tenue de certains éléments apparemment incorrigibles et sommes forcés de prendre les mesures suivantes.
>
> En chaque cas d'absence du travail non excusée et non fondée, nous suspendrons le premier jour la nourriture pour celui que ça regarde.
>
> *Le second jour, nous ferons la déclaration à la Gestapo et celle-ci ira chercher les fainéants au camp…*

Dans une lettre à ses parents, datée du 3 juillet 1943, Tamarelle raconte l'aventure survenue à deux de ses camarades « récalcitrants » qui ont été envoyés dans une *straffkolonne*.

> Voilà, poursuit-il, un mot nouveau pour vous. A nous, il est très familier, car il revient souvent dans les conversations : c'est les travaux forcés pour ouvriers réfractaires ou ayant commis quelque délit. D'après ce que j'ai

entendu dire par des types de Stettin qui travaillent dans un endroit voisin du lieu où sont relégués les « forçats », il vaut mieux ne jamais y mettre les pieds. Les cousins[1] sont forts pour tout ce qui concerne la torture du pauvre monde. C'est une qualité qu'on ne peut leur contester. D'abord, pour tout repas, une soupe dans la journée. Puis travail, je ne sais exactement pas combien d'heures : il s'agit de charger *pieds nus* des plaques de tôle, dans un terrain tout parsemé de débris de ferraille, etc. La trique est toujours là et tape même au hasard. Ça distrait, n'est-ce pas ! La nuit, réveil en fanfare, et tour du camp au galop avec un seau d'eau à chaque main. Trois mois de cette vie suffisent pour avoir la peau d'un homme. Tout cela est strictement exact.

Quatre jours plus tard, Tamarelle rencontre sur le quai de la gare un travailleur qui sort d'un camp disciplinaire. « Il y avait passé six semaines à la suite de "l'emprunt" d'un slip à l'établissement où il travaillait. Ils étaient 10 dans son cas qui ont tiré leur peine. Ils ont souffert suffisamment pour ne plus avoir envie d'y retourner. »

Claude Sauvaget, qui a été au nombre de ces ouvriers du Creusot *désignés*, le 12 octobre 1942, pour aller « assurer la Relève des prisonniers », participera, en mars 1943, dans son camp de la région berlinoise, un camp où les conditions d'existence sont détestables et où la nourriture fait défaut, à une grève de très courte durée. L'équipe de nuit française a décidé de ne pas se rendre au travail à 18 heures, mais, 30 minutes plus tard, les schupos font irruption dans les baraques[2]. Les mitraillettes n'ont nul besoin d'entrer en action. La tête basse, toute l'équipe de nuit se rendra sur le chantier mais, le lendemain, dix otages seront conduits à la prison de Potsdam. « Menés à la cravache, crevant de faim, la tête rasée comme les bagnards », ils resteront internés une semaine et leur exemple dissuadera ceux qui seraient tentés d'imiter une résistance sans résultat, sinon sans objet.

Louis Not, voulant faire passer du linge et des vivres à l'un de ses camarades interné au camp de Pölitz, est intercepté au moment où il va prendre le train. Suspect de « complicité d'évasion », il fera dix-sept jours de détention préventive dans une cellule de sept mètres sur six où cinquante-neuf autres prisonniers se trouvent avec lui, dormant tête-bêche sur deux épaisseurs grâce à l'installation d'un plancher mobile, n'ayant qu'une soupe et une tartine de pain par vingt-quatre heures.

Quant à Desfromont-Lefevre, son temps d'internement terminé — onze semaines —, il se verra affecté dans une usine de Wiedenbrück qui, jour et nuit, fabrique des cercueils en contre-plaqué !

Généralement internés pour deux mois, les détenus sont, dès leur

1. Lire « les Allemands », comme l'on s'en doute. La lettre n'a pas été ouverte par la censure.

2. La police de l'usine (*Werkschutz*) et les troupes d'entreprise (*Betriebstruppe*) sont non seulement nombreuses et bien armées, mais elles disposent souvent d'un pouvoir discrétionnaire sur les ouvriers considérés alors et traités avec la même brutalité que les détenus des camps de concentration voisins.

arrivée, tondus, douchés, désinfectés, revêtus d'une tenue de bagnard et soumis à des vexations (bastonnades, privation de nourriture) qui peuvent conduire à la mort.

A Lanzendorf, rapporte Robert Malus [1], la faute la plus légère est punie de vingt-cinq coups de *gummi* (matraque faite le plus souvent d'un tuyau de caoutchouc plombé).

> Un chef d'équipe s'assied au pied d'un arbre, serrant entre ses jambes la tête du fautif et lui maintenant les bras. Celui-ci est à quatre pattes, le dos découvert. Si le SS se fatigue ou faiblit avant les vingt-cinq coups, on le remplace. Le puni pousse des cris semblables à ceux d'un lapin qu'on assomme. Il souffre pendant plusieurs jours et, ne pouvant se coucher ou s'asseoir, n'arrive pas à se reposer.

On peut être envoyé dans des camps spéciaux (*Sonderlager*), des camps disciplinaires (*Straflager*), dans des camps de travail (*Arbeitslager*) pour les motifs les plus futiles : vol de cigarettes ou de nourriture dans des wagons, vol de charbon, insulte à un contremaître allemand, lettre imprudente, matériel volontairement, ou non, rendu inutilisable [2], maladie simulée. Ou même pour rien.

C'est ainsi que le nommé G.R., résidant à Tours, écrit le 17 août 1943 au commissaire général Bruneton, qu'envoyé comme ouvrier coiffeur chez M. Hans Zaake, 55 Hauptstrasse à Dahme-Mark, tout s'était déroulé pour le mieux jusqu'au 19 janvier 1943 : « Mes patrons étaient contents de mon travail et moi j'étais satisfait de mon sort [...], brusquement, à cette date, je fus arrêté dans la maison de mon patron par la Gestapo. Sans savoir quel délit j'avais pu commettre, on m'enferma dans une prison à Potsdam comme un malfaiteur. J'y restai quatre mois pendant lesquels j'endurai les pires souffrances physiques et morales. »

Dans son ouvrage consacré à la déportation des ouvriers français, Jacques Évrard signale cependant plusieurs cas de sabotage. A Krefeld, Jean Bertrand, Michel Navarre, Fernand Dagnelier, Simon Olegniack profitent des alertes pour briser quelques vitrines de magasins et, enhardis par leur succès, « grillent », le 14 septembre 1944, le moteur du pont roulant de leur usine [3].

Louis Besse, aujourd'hui chirurgien dentiste à Nice, m'a indiqué que, dans « son » usine d'Erfurt, le sabotage de la production d'armes antichars avait provoqué une enquête de la Gestapo et l'arrestation du

1. Cité par Jacques Évrard.
2. Daniel Hurlin dit avoir vu pendre à Brüx un homme qui avait cassé deux manches de pelle. Chez Heuschell, à Berlin, deux Polonais sont pendus en novembre 1943 pour avoir volé une perceuse électrique ; un Russe subira (dans une usine différente) la même peine pour avoir laissé tomber un marteau dans une chaîne roulante et provoqué une interruption du travail d'une durée d'une demi-heure.
3. Arrêtés, Navarre et Dagnelier devaient succomber les jours suivants.

directeur, coupable de négligence dans la surveillance des ouvriers étrangers.

Dans son rapport sur les activités du camp de travailleurs français d'Auschwitz, Georges J. Toupet, chef des Chantiers de jeunesse, chef du camp français d'Auschwitz, après avoir écrit qu'en Allemagne, « sans cesse épiés par une police toute-puissante » et « chez elle », la résistance ne pouvait revêtir la même forme qu'en France, précise que, dès son départ pour l'Allemagne où il accompagne les jeunes des Chantiers, il était immatriculé aux services de la France combattante.

Sa mission, confirmée par le chef du réseau « Travailleurs jeunesse », du Mouvement national des prisonniers de guerre et déportés, comprenait, outre l'aide aux prisonniers de guerre, le « sabotage de la production allemande par inertie », l'organisation d'un réseau de renseignements, ainsi que le noyautage des camps en vue de la résistance à la propagande nazie. J'en reparlerai[1]. Mais il s'agit là de cas extrêmes.

Fraiseuses rendues inutilisables, tuyaux d'huile des sous-marins encrassés avec de la sciure de bois, étiquettes de destination modifiées sur des wagons de marchandises, oui, tout cela a bien existé, mais il est impossible de dire sur quelle échelle et quelle fut l'efficacité de ces actions.

Plus fréquentes, plus faciles à dissimuler, les réparations traînant en longueur, les maladresses, les promenades sur le chantier ou les stations prolongées aux WC.

S'il n'est pas possible de comptabiliser le nombre des actions de sabotage, non plus que de dire exactement quelle fut leur efficacité, du moins peut-on raconter une mission d'espionnage en Allemagne[2].

Elle sera effectuée par le commandant Pomès-Barrère qui, sous couvert du « Commissariat d'action sociale pour les Français travaillant en Allemagne », effectuera un voyage au cours duquel il recueillera les renseignements les plus précieux.

Pomès-Barrère appartient en effet à ce réseau Marco, dont j'aurai l'occasion de reparler, et, avant son départ, il a appris par cœur le questionnaire auquel, à son retour, il lui faudra répondre.

Questionnaire très détaillé puisqu'il porte aussi bien sur les fabrications de guerre et notamment sur la fabrication des armes nouvelles que sur l'emplacement précis des usines et sur l'évolution psychologique de la population allemande dont il découvrira, soit au cours, soit au

1. *Cf.* ci-dessous, p. 506 *sq*. Mais Toupet précisera bien que « la certitude absolue de représailles immédiates sur [ses] hommes [l'a] incité » à ne pas rechercher une forme systématique de sabotage.

2. Il y en eut d'autres. Évrard rapporte que le RP Santu hébergea, en février 1945, deux officiers français parachutés dans la région de Munich et que Daniel Hurlin, membre du réseau « Les Ardents » renseignait les Alliés sur les objectifs à bombarder.

lendemain de nombreux bombardements, qu'elle est très lente, presque imperceptible, tant est grande la peur de la police, mais aussi la foi en la victoire finale.

En train, Pomès-Barrère, la plupart du temps philosophiquement assis sur sa valise, va parcourir ainsi, sous prétexte de rendre visite aux prisonniers transformés et aux hommes du STO, à peu près toute l'Allemagne, du Nord au Sud et de l'Est à l'Ouest.

Grâce à un petit omnibus composé de vieux wagons à plate-forme, il ira, un jour de décembre 1943, de Kattowitz à Auschwitz. Lorsqu'il descend sur le quai, il a l'impression d'un dépaysement total mais sans pittoresque. C'est la Pologne occupée, où la ségrégation entre maîtres et esclaves se marque moins par les écriteaux partout posés « *Nur für Deutschen* » « *Nur für Polen* » que par l'absence de rapports et de regards entre les soldats dont les convois passent et repassent, et un peuple composite d'esclaves. Figures camuses, profils sémites, pommettes mongoles, toques d'astrakan, caftans râpés, touloupes qui embaument le suint de mouton, rien qui rappelle l'Occident[1] dans cette foule où dominent les Polonais aux casquettes crasseuses et les Ukrainiennes robustes, qui inspireront tant de tendresse à Cavanna[2], plantées dans des demi-bottes de soldat, le fichu de couleur sur la tête.

Or les camps de travailleurs français, qui se trouvent à quelques kilomètres d'Auschwitz, sont proches de l'usine de l'IG Farben.

La visite des camps facilitera donc un repérage détaillé des installations de l'usine.

De cette usine, Pomès-Barrère rapportera une description précise et un plan exact obtenus notamment grâce à Georges Toupet, ce jeune chef des Chantiers dont j'ai déjà évoqué l'action et qui permettra au responsable du réseau Marco de nouer les fils de la toile d'araignée qu'il va tisser en Allemagne[3].

C'est le 7 décembre, cependant, que le commandant Pomès-Barrère se trouvera confronté à la plus terrible des réalités.

A Auschwitz, l'existence des camps de concentration était parfaitement connue des travailleurs français de l'usine. Certains d'entre eux avaient effectué des séjours dans des commandos disciplinaires et un ouvrier avait dit à Pomès-Barrère : « Ici, faut pas trop aller à la visite... Si tu fais le con, tu ramasses quinze jours de pyjama. »

Le mot pyjama, lui-même, était devenu sujet de plaisanterie, poursuit Pomès-Barrère, dans un texte inédit. J'ai dîné un soir avec un groupe de

1. Témoignage inédit du général Pomès-Barrère.
2. On lira avec émotion et intérêt son roman *Les Russkoffs*.
3. C'est ainsi que le commandant Pomès-Barrère sera mis en rapport avec un ouvrier français travaillant, près de Vienne, dans une usine où l'on fabriquait une partie de l'appareil de propulsion des V2. A partir des informations obtenues, à Vienne et ailleurs, Pomès-Barrère pourra établir un schéma précis de l'arme de représailles.

travailleurs français. L'un d'eux avait annoncé cérémonieusement le menu ; et, comme avec des Français la blague ne perd jamais ses droits, il le terminait par ces mots que toute la table reprenait en chœur, en détachant les syllabes : c'est une production py-ja-ma.

Il n'y avait pourtant pas de quoi rire, et c'est le surlendemain matin que j'ai compris tout ce que signifiait ce mot de « pyjama ».

Je crois volontiers que nous rencontrons tous, un jour, à un tournant de notre vie, un chemin de Damas et, à partir de ce jour-là, rien n'est plus tout à fait comme avant. Mon chemin de Damas, je l'ai trouvé entre Dvory et Auschwitz, *à l'aube du 7 décembre 1943*.

J'avais vu à Auschwitz tout ce qu'il était possible d'y voir, et je me rendais à pied à la gare pour y prendre le premier train pour Breslau lorsque j'entendis un bruit que je n'identifiai pas tout de suite, une sorte de martèlement sec, assez rapide : clac, clac, clac, clac. Il faisait à peine jour et ce n'est qu'au bout de quelques instants que j'en compris l'origine : c'étaient les semelles de bois d'un groupe de déportés qui allaient travailler à l'usine, marchant à une allure bizarre, plutôt trottinement que trot, mais plus rapide que le pas, talonnés par des SS et deux chiens policiers.

Ils étaient une quarantaine, à peu près une grosse section, si serrés les uns contre les autres que je n'ai pas vu s'ils étaient en colonne par quatre ou par cinq. Peut-être se tenaient-ils par le bras car, dans la grisaille du petit matin, ils semblaient former un seul bloc, où les rayures de leurs pyjamas dessinaient comme les barreaux d'une énorme grille : on aurait dit que, partout où ils allaient, ils emportaient sur eux les barreaux de leur prison. La route n'étant pas très large, je suis monté sur le bas-côté pour les laisser passer, et je les ai vus défiler à quelques mètres, à peine. C'était si impressionnant que, lorsque le dernier rang est passé devant moi, j'ai salué.

Oh ! Qu'on n'admire pas. Le geste n'avait rien d'héroïque : qui diable aurait osé penser qu'on saluait des pyjamas ? Pas même eux — surtout pas eux — les pauvres bougres. Avaient-ils même vu quelqu'un passer sur la route ?

Je me suis demandé depuis pourquoi j'avais eu ce geste. Il avait été, je ne m'en suis rendu compte qu'après coup, parfaitement irréfléchi, car je savais que les déportés n'étaient pas tous d'égale valeur et, dans le groupe que je venais de voir, j'avais aperçu bon nombre de triangles verts [1].

Qui donc avais-je salué ?

J'ai compris plus tard que j'avais obéi à un vieux réflexe, venu du plus lointain de mon enfance : à cette époque, lorsqu'on rencontrait un enterrement, tous les hommes saluaient, toutes les femmes se signaient ; nul ne se préoccupait de savoir ce qu'était, ou ce qu'avait été celui qui s'en allait. Le respect de la mort était un impératif catégorique et ceux que j'avais vus passer étaient des morts-vivants…

Au sortir du camp modèle dirigé par Toupet, d'autres Français, mis brutalement en présence d'hommes dégradés et volontairement réduits à

1. Tous portaient, cousu sous leur numéro de matricule, un triangle de couleur différente suivant leur catégorie : rouge pour les politiques, vert pour les condamnés de droit commun.

la condition de sous-hommes, éprouveront la même sensation que Pomès-Barrère.

D'autres pousseront plus loin l'analyse psychologique et décriront exactement la finalité de l'entreprise de déshumanisation nazie.

Dans un roman, où l'expérience vécue tient une large place, Jacques Peuchmaurd[1] écrira : « A Kattowitz et dans la petite gare, j'avais quand même compris l'essentiel : que la fin de l'entreprise nazie était de réduire des hommes par la misère et la terreur à l'état de sous-humanité. Tout devenait possible, alors : on commençait par se détourner de ces hommes hâves et sales pour s'épargner un répugnant spectacle, puis on ne les voyait plus… puis on en venait à se dire que ces êtres n'avaient rien de commun avec l'homme et, pour finir, on se persuadait sans mal qu'il était bon de les supprimer comme on fait des bêtes immondes. »

Le système répressif allemand contre les saboteurs ne comporte pas seulement des peines de prison, mais également des amendes qui réduisent très sensiblement les salaires prévus, ces salaires qui avaient longtemps constitué l'un des meilleurs arguments de la propagande.

Avant même l'institution du STO, la presse de Paris avait longuement et lourdement insisté sur les avantages matériels du travail en Allemagne, soulignant que, si « autrefois le chômage grevait considérablement le budget français, désormais des fonds importants rentra[ient] dans le circuit de l'économie française » grâce aux millions économisés par les ouvriers français[2]. Une information parue dans *Le Cri du peuple* du 18 octobre 1941 indiquait d'ailleurs que les sommes gagnées par les spécialistes français étaient si considérables que le ministère allemand de l'Économie venait d'autoriser l'échange de marks jusqu'à concurrence de 6 000 francs par mois, alors que, précédemment, ouvriers et ouvrières employés dans le Reich ne pouvaient mensuellement adresser à leur famille que 3 200 francs (hommes et femmes mariés) et 2 400 francs (célibataires)[3].

En vérité, les salaires des ouvriers français en Allemagne sont naturellement très variables. Ils peuvent exceptionnellement atteindre près de 500 marks par mois, dépassent assez régulièrement 200 marks, si l'on travaille aux pièces (c'est le cas de Jacques Évrard qui touche 330 marks en avril 1944), mais oscillent généralement entre 100 et 150 marks.

1. *La Nuit allemande.*

2. 102 millions de francs virés à la date du 12 août 1941 par l'intermédiaire du Crédit Lyonnais, d'après *Le Cri du peuple* du 4 septembre 1941. En janvier 1942, selon la brochure de propagande *Travailler, Vivre*, les ouvriers français auraient envoyé 31 millions de francs chez eux, soit, d'après Évrard, une moyenne de 600 francs par ouvrier. Ce chiffre doit être encore plus bas, car Évrard estime à un peu plus de 50 000 les Français présents en Allemagne, ce qui est inférieur à la réalité.

3. Il est nécessaire de rappeler que le taux de change favorise le mark (1 mark pour 20 francs) et, par voie de conséquence, les travailleurs français en Allemagne qui échangent ainsi des marks surévalués.

Somme dont il faut soustraire plusieurs retenues : pour la nourriture, le logement, le Front du travail, le Secours d'hiver… et pour les amendes.

Voici, d'après les lettres de Tamarelle, qui travaille à la gare de Pasewalk, soit au transport des marchandises, soit à l'orientation des wagons, quelques notions plus précises sur les salaires.

Le 24 mars 1943, Tamarelle, arrivé en Allemagne depuis une semaine, touche un acompte de 24 marks et il indique à ses parents que la paie a lieu vers le 10 et le 25 de chaque mois.

Le 8 avril, il touche 54,22 RM, paie d'une quinzaine, somme dont il lui faut déduire 20 marks pour la cantine, « donc, ajoute-t-il, bénéfice net, à moins qu'on ne revienne nous taper, 34 marks, ce qui n'est pas trop mal ».

Le 11 mai, Tamarelle précise qu'aucun de ses camarades n'a reçu la même somme, « cela correspond, paraît-il, aux heures de présence, aux nuits passées, etc. » Il touche pour sa part 47 marks, dont il doit soustraire 22 marks pour la cantine et poursuit : « Un copain a eu jusqu'à 80 RM, d'autres 60 à 70, et un dernier a le record, 5 RM. Il tirait au c…, comme on dit ici. On ne lui a jamais rien dit, mais, le jour de la paye, il a compris. »

Le 23 mai, Tamarelle reçoit une veste et un pantalon de travail : l'administration allemande lui retient 10 marks sur son salaire.

Le 25 août, après avoir signalé que la moitié de ses camarades de chambre ont envoyé à leur famille 100 à 200 marks, soit l'équivalent de 2 000 à 4 000 francs, il précise que ses économies se montent à 110 marks.

Le 10 octobre 1943, après un séjour à l'hôpital, Tamarelle écrit à ses parents : « Devinez combien j'ai touché pour septembre !… 4 marks (soit 80 francs). J'ai travaillé 10 jours durant ce mois-là. Et de ma paye il faut déduire 50 marks pour la cantine et le loyer. D'où une si faible paye. Il faut ajouter 20 marks de l'assurance. Je n'ai pas un sou de plus pour passer le mois. »

La plupart des jeunes envoyés en Allemagne au titre du STO partent en groupes, mais ces groupes, rassemblés dans les gares, n'ont aucune cohésion. Il existe cependant des exceptions puisqu'il arrive que des travailleurs d'une même entreprise partent dans le même convoi et soient employés, en Allemagne, dans le même chantier. Mais l'encadrement de contremaîtres français, s'il a suivi — ce qui est rarement le cas —, n'a et ne peut naturellement avoir aucune autorité dans des usines où il est rare d'ailleurs que le travail soit identique au travail effectué en France.

Il ne se trouvera que deux catégories de Français pour partir encadrés et rester encadrés tout au long de leur séjour dans les usines allemandes : les garçons de la Jeunesse ouvrière française travaillant en Allemagne (JOFTA), organisme installé en zone occupée, et surtout les adolescents des Chantiers de jeunesse.

Les Allemands, qui ont toujours appelé les Chantiers de jeunesse le Service français du travail (*Französischer Arbeitsdienst*), ont décidé, en novembre 1942, qu'à l'inverse des unités de l'armée de l'armistice les Chantiers ne seraient pas dissous. Ils préfèrent verser au STO, en mars 1943, le contingent incorporé en juillet 1942, en attendant de faire partir pour le Reich, à la fin du mois de mai, le contingent qui devait être libéré en juillet, cependant que 4 500 garçons du groupement 35 seront employés à des travaux de mise en état de défense de la côte provençale.

Combien de jeunes des Chantiers, ou plus exactement des anciens des Chantiers, puisque le général de la Porte du Theil a refusé qu'ils soient embrigadés comme tels, vont-ils être envoyés en Allemagne ?

Comme dans bien d'autres domaines, les chiffres ne concordent pas : 24 000, affirmera la commission allemande d'armistice, 16 586, écrira l'organe liquidateur des Chantiers [1].

Quoi qu'il en soit, des anciens des Chantiers s'insurgent encore aujourd'hui contre le fait que les responsables ne leur aient pas permis d'éviter le STO. « Ils ne firent rien, m'écrit M. Roger B., pour nous avertir et nous donner — comme ils le pouvaient — la possibilité de nous échapper. Ceux d'entre nous qui avaient pu se procurer de fausses cartes d'identité furent dénoncés et poursuivis. J'ai pu m'enfuir — avec trois camarades — en gare de Limoges. Nous fûmes repris et envoyés — toujours par les soins des Chantiers — aux Salins de Giraud, en Camargue, pour y casser le sel au bénéfice de Péchiney qui acheminait notre travail vers l'Allemagne. »

Dans son message aux « Anciens des Chantiers de la jeunesse appelés à terminer en Allemagne leur temps de stage obligatoire du travail » — un texte écrit en mai 1943 —, le général de la Porte du Theil, loin de s'élever, il est vrai, contre les contraintes du travail en Allemagne, les justifie. « Ce que vous apportez, ce n'est pas votre personne réduite en servitude, *c'est votre travail*. Et, cela, le gouvernement a le droit de l'exiger en toutes circonstances, mais plus encore à votre âge, et dans les circonstances de guerre que nous vivons... Pas plus que le soldat choisit son poste de combat, vous ne pouvez choisir, vous, votre poste de travail. C'est au gouvernement à le faire, au mieux des intérêts dont il a la charge et dont il porte la responsabilité [2]. »

Puisque les jeunes des Chantiers partent « dans le calme et la dignité », écrit encore le général de la Porte du Theil, en faisant allusion à ceux qui, les premiers, ont quitté la France en mars 1943, que du moins ils restent groupés. Et, à la fin de son propos, au cours duquel il recommande d'ailleurs aux anciens des Chantiers de faire preuve de générosité envers

1. Dont 5 200 les 30, 31 mai et 1er juin 1943, 9 554 entre le 11 juin et le 2 juillet, 1 832 du 17 au 28 juillet.

2. Dans un précédent message, le général de La Porte du Theil a écrit : « Il faut éviter à tout prix de tomber sous le joug bolchevique, et cela n'est pas un danger imaginaire. » C'est la thèse de Laval.

les prisonniers et les autres travailleurs, il donne à tous les chefs d'équipe désignés l'adresse de *M. Taillan, 10, 11 Neue Grünstrasse, Délégation officielle française auprès du DAF, Berlin*. Qu'ils écrivent dès leur arrivée et le contact sera très rapidement renoué.

Le général de la Porte du Theil multipliera certes ses efforts pour faire distribuer à ceux qui partent quelques vivres, pour obtenir qu'ils partent effectivement groupés, le plus souvent en uniforme, et sous la conduite de chefs d'équipe volontaires[1], mais il semble que le fait que les jeunes s'éloignent correctement vêtus, convenablement encadrés, soit, pour lui, plus important que le fait qu'ils aillent travailler en Allemagne et pour l'Allemagne.

Georges Toupet sera de ces 65 chefs des Chantiers admis par les Allemands à rejoindre leurs garçons en Allemagne[2]. Parti volontairement en juin 1943 en compagnie de cinq autres chefs, dont les lieutenants Mermillod et Lemaire, que les Allemands expulseront rapidement, il arrive à Auschwitz, ignorant que ce nom deviendra tristement célèbre, dans un camp sale et triste dont la population se compose de volontaires vivant « dans une déchéance physique et morale indescriptible » et d'un fort contingent de STO installé depuis le mois de mars.

Secondé par Jean Anette, chef du camp de Trzynietz, qui, au cours de la brève campagne de mai-juin 1940, s'est battu de façon telle qu'il a été décoré de la médaille militaire et de la croix de guerre[3], aidé par Pierre Capdeville, un Lyonnais de 23 ans, connaissant parfaitement la région de Kattowitz[4], par Max Lacourt, par René Martin et par Louis Salgues, qui joue le rôle d'interprète, de secrétaire particulier et de confident, Georges Toupet mènera à bien une œuvre, presque impossible au départ, qui le conduira d'abord à faire du camp *IG Farben* d'Auschwitz, où se trouvent 2 500 Français, un camp « de souveraineté française intégrale » pour reprendre ses mots. Et un camp offert à l'admiration de tous les visiteurs.

En février 1944, au terme de huit mois d'efforts et de luttes incessantes, Toupet et ses amis auront obtenu que les services du camp se trouvent exclusivement entre des mains françaises. Dans sa tâche, Toupet reconnaît avoir été aidé par un avocat allemand, l'Assessor Helmut Schneider[5], dont les interventions éviteront à plusieurs Français d'être arrêtés, tandis qu'il facilitera l'élimination de tous les collaborationnistes français. Quittera ainsi le camp français Georges L., professeur d'allemand, interprète

1. Rejoints quelques semaines plus tard par des chefs des Chantiers.

2. Les Allemands avaient d'abord accepté que 100 chefs des Chantiers viennent volontairement dans le IIIe Reich. Ils réduiront ce chiffre à 65. Et ne faciliteront jamais la tâche des représentants du général de la Porte du Theil (le colonel Furioux et le commissaire Cottin), qui auront même, à Berlin, interdiction de recevoir des visites.

3. Anette sera arrêté par la Gestapo en juin 1944.

4. Pierre Capdeville sera arrêté sur dénonciation le 24 avril 1944 et envoyé au camp de concentration de Gross-Rosen.

5. Qui occupe un rôle équivalent à celui de directeur social de l'entreprise.

En 1940, après la défaite, un certain nombre d'ouvriers français sont poussés par le chômage — et des avantages financiers — à aller travailler en Allemagne. Au fur et à mesure que les combats meurtriers s'intensifient en Russie, l'Allemagne éprouve le besoin toujours croissant de main-d'œuvre étrangère dans ses usines pour remplacer ses ouvriers mobilisés. D'où, en France, l'idée de la Relève : un prisonnier libéré pour trois spécialistes volontaires pour le Reich. Ce sera un échec et, très vite, les Allemands imposeront le Service du travail obligatoire (*BN*).

Le général von Best rappelle au Commissariat général aux Questions juives — dirigé par Xavier Vallat puis par Darquier de Pellepoix — que « les Allemands sont intéressés à débarrasser progressivement l'ensemble des pays d'Europe du judaïsme et se sont donnés pour tâche de libérer totalement l'Europe des Juifs ».

La législation française, à partir de 1940, fixe le statut des Juifs, permet leur internement, interdit leur entrée aux Chantiers de jeunesse, réduit leur accès aux professions libérales.

A partir du 7 juin 1942, dans la zone occupée les Juifs doivent porter une étoile jaune à six pointes sur le côté gauche de la poitrine.

Puis viennent les contrôles d'identité, les rafles — dont la tristement célèbre du Vél' d'Hiv', opérée par la seule police française —, l'acheminement vers des camps, et les convois vers l'Allemagne...

Ci-contre, arrestation le 20 août 1941 par la police française et des militaires allemands dans le XIe arrondissement de Paris, avant transfert pour Drancy (*Bibliothèque historique de la ville de Paris.*).

L'Église se rallia immédiatement à la personne — et souvent à la politique — du maréchal Pétain, à l'exemple de ses prélats. C'est à la suite des rafles de juillet, août et septembre 1942, en zone occupée et en zone non occupée, que plusieurs d'entre eux, dont le cardinal Gerlier (ici à l'hôtel de ville de Lyon) et Mgr Saliège évoluèrent et adoptèrent une position critique (*DR*).

8 novembre 1942 : les Alliés débarquent en Afrique du Nord. Fidèles à Vichy et surpris par une initiative qu'ils n'attendaient pas avant le printemps de 1943, les chefs militaires français donnent l'ordre de résister (*DR*).
27 novembre 1942 : à Toulon, les Allemands — qui ont envahi la zone libre le 11 novembre — tentent de s'emparer de la flotte française, qu'ils avaient d'abord feint de respecter. Elle se saborde au dernier instant (*DR*).

De Brinon, Darnand — créateur de la Milice — le général Oberg, chef de la Gestapo à Paris, et le colonel Knochen dans la cour d'honneur des Invalides (*Roger-Viollet*).

Jean Moulin, premier président du CNR, et René Hardy, dont on ne saura jamais quelle fut la responsabilité dans l'arrestation de son chef à Caluire (*Keystone*).

Le maquis est incontestablement né du Service du travail obligatoire. A partir du printemps de 1943, pour ne pas aller travailler en Allemagne, des jeunes, toujours plus nombreux, gagnent forêts et montagnes. Peu et mal armés par les Alliés, pourchassés par la Milice et l'armée allemande, ils doivent attendre bien des mois et supporter bien des sacrifices avant de représenter une force capable de gêner l'occupant (*ECPA*).

Lorsque Giraud accueille de Gaulle sur le terrain de Boufarik le 30 mai 1943, il se trouve déjà en position de faiblesse face au chef de la France libre. Entre les deux généraux, le conflit pour le pouvoir est relativement bref, et de Gaulle, qui a l'appui des résistants de France, en sort vainqueur, malgré l'hostilité que lui témoigne Roosevelt. Giraud se consacre alors au réarmement et à la réorganisation de l'armée d'Afrique, celle qui vaincra en Italie avec Juin, en France et en Allemagne avec de Lattre (*ECPA*).

principal, responsable du placement des travailleurs français et... indicateur de police. En janvier 1944, il retournera à Bordeaux d'où il est originaire, et sera employé alors par la Kommandantur locale.

Quitteront également le camp : V., ex-lieutenant de la LVF ; René C., ancien sous-officier de la LVF, qui s'engagera dans la Waffen SS ; Edmond M. et Philippe G., respectivement gérant et directeur de firmes chargées de procurer de la main-d'œuvre à l'Allemagne.

Le personnel allemand étant souvent compromis dans des affaires de mœurs, de détournement de matériel, de vivres et d'argent, Toupet, qui fait relever toutes les infractions et les communique à Schneider, obtiendra, peu à peu, l'élimination de l'encadrement allemand et son remplacement par du personnel français. La mutation n'est rendue possible que dans la mesure où la hiérarchie française du camp est calquée sur celle des Chantiers. A côté de Toupet, son adjoint Devaux et quatre chefs de bloc responsables chacun de cinq à neuf baraques de quatre-vingt-dix hommes. Chaque baraque, par ailleurs, est commandée par un chef de baraque assisté de quatre chefs de chambre, ayant chacun son suppléant, d'un responsable culturel, d'un responsable pour l'entraide sociale, d'un responsable sanitaire disposant lui-même d'un adjoint et de quatre brancardiers. Dans chaque baraque de quatre-vingt-dix garçons, dix-sept ont donc une responsabilité.

Bientôt, la gestion, l'administration, y compris la poste, les cuisines, les magasins, les ateliers de tailleurs et de cordonniers seront entre les mains des Français, c'est-à-dire des assistants Massonat et Salgues, ainsi que du chef d'atelier France.

Mais, pour Georges Toupet, le plus beau jour est certainement celui où il réussit à faire définitivement partir les *Werkschütz*, gardiens en armes placés à l'entrée du camp, et à leur substituer de « souriants gars de chez nous, bien entendu sans armes, chargés d'interdire l'entrée du camp aux étrangers. AVEC CETTE DERNIÈRE MESURE, NOUS SOMMES ENTRE NOUS [1] ».

— Sir, nous ne parviendrons jamais à obtenir une discipline sur le chantier, ni un travail sérieux de nos hommes, tant que les gardes japonais — regardez-les, sir, de véritables brutes ! — se mêleront à chaque instant de donner des consignes. Ce matin encore, j'avais divisé chacune des équipes qui travaillent au remblai de la voie en trois groupes : le premier creusait la terre, le deuxième la transportait, le troisième l'étalait et nivelait la digue. J'avais pris la peine de fixer moi-même l'importance de ces groupes et de préciser les tâches, de façon à maintenir une synchronisation...

— Je vois, dit le colonel, de nouveau très intéressé. Une sorte de spécialisation du travail [2].

---

1. En capitales dans le rapport de Georges Toupet. A Wiener-Neustadt, le chef Ginisty procédera d'une façon identique et évincera le personnel allemand du camp.
2. Pierre Boulle, *Le Pont de la rivière Kwaï*.

On a, bien sûr, le droit de se demander si, dans le cadre d'Auschwitz, les chefs de Chantiers ne font pas un complexe de « Pont de la rivière Kwaï ». Éliminant les Allemands du camp, faisant régner l'ordre et la discipline, ne contribuent-ils pas ainsi, fût-ce bien modestement, à l'effort de guerre allemand, ne serait-ce qu'en libérant pour d'autres tâches des administratifs et des soldats âgés ?

Non, répondra Toupet, en soulignant que la répartition d'un nombre excessif de Français dans des emplois non productifs, loin de la faciliter, contrariait la production allemande.

Si, depuis que le commandement effectif du camp est entre des mains françaises, un service d'entretien a aménagé les voies d'accès, semé du gazon, utilisé en permanence une quarantaine d'hommes — électriciens, peintres, menuisiers — pour les réparations indispensables aux baraquements, peut-on dire que l'Allemagne en tire bénéfice ?

Pour Georges Toupet, ce qui compte, d'ailleurs, c'est le bien-être matériel et, plus encore, la tenue morale de ses hommes.

« Il faudrait, pour bien faire, a-t-il écrit en décembre 1942 dans son journal intime, que les Chantiers aient, eux aussi, leurs héros. Serons-nous assez dignes si l'occasion se présente ? » En attendant la grande occasion, qui s'offrira d'ailleurs pour lui comme pour plusieurs chefs au moment de la débâcle allemande[1], Toupet est de ceux qui ont poussé au plus haut le sentiment de leurs responsabilités dans les petites comme dans les grandes circonstances, dans l'ordinaire comme l'extraordinaire.

Tandis que, lorsqu'il voit arriver dans son camp autrichien une centaine de jeunes en uniforme vert des Chantiers, Georges Vergnes écrit : « Ils sont bien sapés, mais je préférerais aller à poil », Georges Toupet laisse éclater sa joie en recevant de France un wagon d'uniformes avec lesquels il va pouvoir habiller 600 jeunes : « Ils sont, de cette sorte, non seulement chaudement et solidement vêtus, mais renouent spontanément avec l'esprit d'équipe et la discipline "Chantiers", générateurs des plus belles réalisations. »

Deux conceptions de la vie en Allemagne. Et peut-être de la vie tout court.

Si, dans presque tous les camps de travailleurs français, il existe des clubs culturels et sportifs, rien ne paraît réalisé, on va le voir, aussi efficacement qu'à Auschwitz.

En principe, l'organisation allemande *Kraft durch Freude* (« la force par la joie ») s'occupe des loisirs des travailleurs étrangers au même titre

1. Jean Anette sera condamné à mort par les Allemands et interné successivement à Brunswick, Buchenwald et Flossenburg ; Georges Laurens sera tué le 26 mars en luttant à la tête de ses garçons des Chantiers aux côtés de la Résistance tchécoslovaque ; Richard Bardelle, commissaire adjoint, sera fusillé ; Louis Nouailles, Paul Mazard, Pierre Chabert, Paul Muguet, Jean Duthu et bien d'autres mourront en camp de concentration. Sur 60 chefs des Chantiers arrêtés ou déportés, 31 périront en effet.

que de ceux des travailleurs allemands et l'*Arbeitsfront* (Front du travail) est chargé d'agir en liaison avec les organisations de travailleurs français. Organisations qui se trouvent initialement entre les mains de partisans de Jacques Doriot ou de Marcel Déat. Le premier travail de la délégation officielle française, créée à l'instigation de Bruneton dans le cadre du Commissariat général à la main-d'œuvre française en Allemagne[1], sera d'éliminer les hommes des partis collaborationnistes et de les remplacer par 250 délégués qui prendront en charge l'action culturelle, juridique (d'assez nombreux Français sont arrêtés et il faut, dans la mesure du possible, assurer leur défense), sociale et charitable puisque les bombardements anglo-américains n'épargnent pas les camps français.

Si les moyens de la délégation sont limités par les difficultés de la vie en France, par les difficultés provoquées également en Allemagne, par l'intensification de la guerre aérienne, si 250 personnes ne peuvent subvenir aux besoins, ni même connaître les besoins réels de 700 000 travailleurs qui, le plus souvent, ne cherchent ni ne peuvent améliorer ou aménager leurs conditions de vie, on ne peut nier la volonté d'efficacité et le patriotisme[2] de la plupart des « délégués Bruneton » même si, à la Libération, ils devaient être abusivement confondus, comme tous ceux qui touchaient Vichy, ou avaient été touchés par Vichy, avec les ultras de la collaboration.

D'ailleurs, soit désintérêt rapide des Allemands — qui ont, il est vrai, d'autres préoccupations en 1943 que les « loisirs » des travailleurs étrangers —, soit manque de moyens de la délégation Bruneton, soit méfiance des jeunes du STO à l'égard d'organisations officielles, soit, le plus souvent, apathie générale, immense fatigue au terme d'épuisantes et abrutissantes journées de travail, les Français en Allemagne semblent bien davantage soucieux de nourritures terrestres que de nourritures spirituelles[3].

Sans doute doit-on noter qu'à Munich un groupe étudiant organisera 130 conférences, ce qui, dans le genre, constituera vraisemblablement un record, qu'à Leipzig des militants jocistes, groupés autour du prêtre-ouvrier Henri Perrin, créeront un foyer ; qu'à Breslau l'amicale des Français de la Drôme donnera de nombreuses séances récréatives ; que, dans son camp de Berlin-Teltow, Claude Sauvaget fondera, avec l'aide de quelques camarades, un cercle « Belle France » qui bénéficiera de livres, boules, instruments de musique envoyés par les usines Schneider

1. Cf. ci-dessus, *Les Passions et les Haines*, p. 58 *sq*. Ingénieur conseil épris de social, Gaston Bruneton avait été nommé le 6 avril 1942 à la tête du service de la main-d'œuvre française en Allemagne.

2. Sur les 250 « délégués Bruneton », 120 seront arrêtés et 10 exécutés.

3. Georges Vergnes, qui travaille près de Vienne, en Autriche, signale que l'un de ses camarades a emporté dans ses bagages l'*Anthologie de la poésie française*, de Marcel Arland ; lui-même lit *Le Cheval blanc*, d'Elsa Triolet, mais, ajoute-t-il le 2 juillet 1943, « les autres (à part Noël et Claude, les séminaristes, et Mistral, qui semble posséder une personnalité assez curieuse à étudier) doivent être seulement lecteurs des *Pieds nickelés* et des romans de cow-boys à 5 sous la douzaine ».

du Creusot, montera une opérette[1], possédera sa chorale, son équipe de football et son équipe de boxe. Même multipliées par cent, ces initiatives sont de peu d'importance et ne constituent qu'un « accident » heureux, ne venant que très rarement rompre la monotonie des jours mornes.

Dans la mesure où les jeunes des Chantiers ont transporté en Allemagne leur hiérarchie, leurs méthodes et une partie de leurs moyens, les résultats obtenus dans le domaine culturel sont plus intéressants.

La bibliothèque du camp français d'Auschwitz — celui que dirige Toupet — ne compte pas 50 ou 100 livres comme celle de la plupart des camps, mais bien 1 500. Elle est divisée en deux sections, l'une à l'usage des lecteurs aimant les œuvres faciles (Simenon, Jules Verne, Agatha Christie), l'autre réservée aux étudiants qui, à défaut de poursuivre leurs travaux, peuvent du moins entretenir leur curiosité intellectuelle. De même, il n'existe pas une mais trois troupes de théâtre qui se produisent dans une salle de 400 places construite à l'intérieur du camp, et presque à l'insu des Allemands. On joue *Les Plaideurs, Cyrano de Bergerac* et *Amphitryon 38* dans des décors réalisés à l'« Atelier », sous la direction du chef moniteur Clarisse. L'orchestre du camp comprend 17 musiciens, la chorale 80 membres. Tandis que des leçons sont données par des instituteurs à plusieurs candidats au certificat d'études, des cours de mécanique, de radio, d'électricité, de reliure, de cordonnerie accueillent ceux qui, après le travail, ont encore le courage et la force de songer à l'avenir et de se perfectionner.

Enfin, treize équipes de football, dix-huit de basket, trois de rugby, des boxeurs, des lutteurs et, bien entendu, des boulistes témoignent de l'intérêt que les jeunes Français en exil portent toujours au sport.

Tous ces efforts trouvent leur véritable raison d'être à l'occasion des fêtes : Noël, Pâques, Pentecôte, qui sont, non seulement, comme dans d'autres camps, l'occasion de réjouissances « gastronomiques », mais aussi de manifestations patriotiques, puisque solidarité, discipline et patriotisme sont les trois idées qui inspirent et guident l'action de Toupet.

Sans doute, le 12 septembre 1943, a-t-il échoué dans sa tentative de faire flotter durablement le drapeau français. Alertée, la Gestapo intervient immédiatement. Pénétrant dans le camp pour exiger que lui soit livré le drapeau, elle se trouve en présence de 2 500 Français immobiles qui forment la haie entre la porte du camp et celle du bureau de Toupet où les trois couleurs reposent, soigneusement pliées[2]. Mais, à défaut de faire flotter les couleurs sur le camp chaque dimanche, les hommes se

1. *Ils étaient trois* dont le livret est d'un STO (Peiniot), comme la musique (Lucien Bredin) et les décors (Legardinier et Sauvaget).

2. « Devant cette manifestation de masse disciplinée, les Allemands s'inquiètent, hésitent devant le scandale, n'encerclent pas les poignets que je leur tendais et n'osent toucher à notre drapeau. » Rapport de Georges Toupet.

réunissent au milieu du camp et, tournés vers la France, chantent *La Marseillaise*[1].

Noël… Pâques… Comment ces fêtes religieuses sont-elles célébrées par les travailleurs français en Allemagne ? Et quelle est l'importance de la vie spirituelle dans les camps du IIIe Reich ?

Georges Toupet note non seulement que le Politischleiter Berchthold lui a volé son crucifix, mais encore que l'entrée des églises d'Auschwitz est interdite aux Français et aux étrangers, ce qu'infirme le témoignage d'Henri Paloque qui dit avoir vu, dans l'église d'Auschwitz, des Polonais et des Polonaises « à genoux par terre pendant une grande partie de la messe », cependant que Jean Balique, qui travaille dans la Sarre, écrit le 4 mai 1943 : « Ce soir, à 19 h 30, nous irons assister au mois de Marie et demain j'espère pouvoir faire la Sainte communion en allant travailler (je passe en effet devant l'Église). »

A l'instant de la défaite allemande, 300 prêtres environ — il n'est pas possible d'indiquer un chiffre exact[2] — se trouvent mêlés aux ouvriers, ouvriers comme eux, puisque n'ayant droit à aucun signe distinctif ils sont perdus dans la masse des travailleurs et que leur action doit s'exercer d'une manière discrète, par le relais de militants chrétiens, et à la faveur de leur rayonnement personnel comme d'une discipline morale contrastant avec l'immoralité et le désordre ambiants.

Lorsqu'il s'est réuni en février, puis en août 1943, l'épiscopat français n'a pas pris position contre le STO. L'Église, qui doit respect aux ordres du gouvernement, ne doit-elle pas d'ailleurs se trouver où sont les fidèles ? La question n'est moralement pas négligeable. Posée au sein de la JEC et de la JOC, elle divisera des garçons que presque tout, jusqu'alors, avait réunis. Des militants comme Jean-Marie Domenach, Maurice-René Simonnet, Rémy Montagne, André Mandouze, appuyés intellectuellement et spirituellement par le père de Lubac, affirment que le devoir de ne pas aider l'ennemi est infiniment plus fort que ce devoir de solidarité au nom duquel on invite de jeunes chrétiens et de jeunes bourgeois à rejoindre en Allemagne des travailleurs auprès desquels ils pourront faire rayonner leur foi, auxquels, surtout, ils prouveront que l'unité française n'est pas un vain mot.

---

1. Plus heureux, le chef Anette réussira, non sans lutte, à ce que le drapeau français soit hissé sur le stade de Teschen à l'occasion d'une manifestation sportive à laquelle participaient de nombreux Français. Cloué sur une hampe, le drapeau allait être encadré par une haie de six jeunes gantés de blanc et, alors que *La Marseillaise* avait achevé la cérémonie, c'est en chantant « Vous n'aurez pas l'Alsace et la Lorraine » que les jeunes des Chantiers devaient rejoindre leur camp.

2. D'avril à septembre 1943, 26 prêtres choisis par l'abbé Rhodain partiront de France comme travailleurs volontaires. Par ailleurs, 273 prêtres prisonniers seront « transformés » en travailleurs libres. Enfin, il existait en Allemagne 3 200 séminaristes et plus de 7 500 militants appartenant à la JOC ou à l'Action catholique.

Un séminariste de l'Orne, après avoir évoqué les craintes de représailles familiales et l'absence, pour lui, de cachettes possibles, écrira que son départ, en juillet 1943, a été, avant tout, inspiré par le désir d'« être avec les autres ». « Il ne convenait pas que tous les "curés" se planquent, alors que tant de camarades, eux, étaient partis. »

S'adressant aux requis du STO les évêques n'adopteront ni le même vocabulaire, ni tout à fait la même position. « Votre intérêt et la sagesse demandent que vous partiez », affirme l'évêque de Mende, cependant que celui du Puy recommande l'obéissance les yeux fermés[1], mais Mgr Théas, évêque de Montauban, parle d'une « atteinte au droit naturel » et Mgr Dubourg, à Besançon, prononce le mot de « déportation ».

C'est également ce que dit, avec violence, « on ne va pas en Allemagne, non parce que Français, non parce que Chrétiens, mais parce qu'on est un Homme » un prêtre comme l'abbé Larue, professeur de Math Spé à Lyon et qui, avant d'être arrêté par la Gestapo le 28 mars 1944 — et de mourir en prison —, sera, très logiquement et par hostilité au STO, un remarquable organisateur des maquis.

Les phrases, en apparence les plus sévères, s'inscrivent cependant, la plupart du temps, dans un contexte plus ambigu qu'une brève citation ne le laisserait croire. Et, dans leurs discours, les évêques rejoignent, le plus souvent, la pensée du maréchal Pétain qui, le 4 avril 1943, a bien prononcé le mot d'« épreuves » dans un message destiné aux garçons du STO, mais leur a demandé d'accueillir ces épreuves « avec discipline » et de manifester « par la qualité de [leur] travail, par [leur] esprit d'initiative et d'invention, le génie de [leur] race ».

Prend-on connaissance dans son intégralité de la très longue allocution adressée par le cardinal Liénart aux jeunes de Tourcoing, le 22 mars 1943, on découvre rapidement ces ambiguïtés. Partir ET ne pas partir sont également présentés comme étant UN DEVOIR. Comment les jeunes pourraient-ils décider ?

En commençant son allocution, le cardinal Liénart fait d'abord allusion aux paroles qu'il a prononcées quelques jours plus tôt à Lille et à Roubaix. C'est en termes violents qu'il s'élève contre la façon dont ses propos, déformés par la presse, ont été mis au service de la propagande allemande[2].

> On a trahi ma pensée sur le service obligatoire du travail en prétendant la résumer sous ce titre trompeur : « Acceptons-le, il y aurait de la lâcheté à s'y dérober. » Je n'ai pas parlé pour crever les baudruches, ni pour proclamer comme un devoir patriotique, contre le péril bolcheviste, le service obligatoire du travail. Je n'ai pas cité l'exemple de Jeanne d'Arc pour galvaniser le sentiment national contre les Anglais… Nous assistons depuis quelque temps

1. « C'est si simple d'obéir aux autorités constituées. »
2. « Sachant bien, déclare également le cardinal, que je ne pourrais faire insérer aucun démenti. »

à une véritable campagne pour essayer de solidariser l'Église, au moyen de citations anciennes ou modernes, à la guerre contre le bolchevisme… Je n'entends à aucun titre me prêter à de telles manœuvres.

Après cette prise de position, dont la vigoureuse netteté est indiscutable, que dit le cardinal Liénart ? Qu'il ne souscrit « ni à la propagande antiallemande… ni à la propagande antibolcheviste. Toutes deux sont des propagandes de haine, et nous sommes les apôtres de la charité ». Dans le très long paragraphe qui va suivre, le balancement des phrases correspondra au balancement et aux hésitations de l'esprit du prélat. Malgré « le danger certain que présente le bolchevisme », le cardinal trouve juste qu'« un peuple, même dangereux », défende le sol de sa patrie. Voici qui concerne le combat de l'URSS, et le légitime.

« De même, poursuit le cardinal Liénart, malgré le joug du travail que les autorités occupantes nous imposent, au mépris de la liberté de la personne humaine, des droits de la famille et des justes exigences de notre patriotisme français, nous avons assez de grandeur d'âme pour ne point nous abaisser à haïr, ni à semer l'esprit de révolte qu'on voudrait nous inspirer. » Voici qui concerne le combat industriel de l'Allemagne. Et n'y fait point obstacle tout en assurant que « ce n'est pas un devoir de conscience d'accepter le service obligatoire du travail » et que l'on peut « s'y dérober sans péché ».

Les choses seraient simples si le discours s'arrêtait là, mais le cardinal, après cette assurance morale donnée en quelques mots aux réfractaires, consacre un passage bien plus long au courage de ceux qui partent. Lisez ces phrases qui ne peuvent manquer d'impressionner de jeunes hommes, venus en l'église Saint-Christophe, sinon pour recevoir des consignes formelles, du moins pour entendre les conseils d'un prélat respecté.

L'exigence du service du travail pèse sur la France entière ; elle est contrainte de le fournir coûte que coûte. La classe ouvrière a été la première à payer presque seule ce lourd tribut ; il s'étend à présent à toute la jeunesse. Est-ce vraiment le moment de considérer chacun son intérêt personnel ? *Faut-il, sous un beau prétexte de patriotisme qui cacherait mal des égoïsmes, que les plus malins se dérobent et laissent retomber tout le poids de la charge ingrate sur les petits et sur les faibles ? Car, qu'on le veuille ou non, celui qui, désigné, ne part pas fait qu'un autre part à sa place*[1]. Ne serait-il pas plus beau, au contraire, que, dans un sentiment d'union sociale et nationale, chacun prît noblement sa part de l'épreuve commune ? Ne croyez-vous pas que, si quelque chose est capable de préserver la France du bolchevisme, c'est précisément cette union de tous les Français dans la souffrance de leur patrie…

Pour illustrer son propos, le cardinal Liénart évoque ensuite la fraternelle volonté de départ qui anime les séminaristes du diocèse. S'ils n'ont

1. Je souligne intentionnellement.

certes pas l'intention d'aider l'Allemagne[1], ils refusent de « s'affranchir de prendre leur part du malheur de la France ».

Après avoir entendu les paroles du cardinal Liénart, quelle décision, en vérité, quelle décision peut prendre, une fois de retour chez lui, un garçon de 21 ans ?

Placée en face des mêmes problèmes moraux, l'Église protestante réagira de façon plus ferme. Dès la fin de février, plusieurs consistoires enverront au président Marc Boegner des résolutions de protestation contre le STO. Résolutions qui inspireront, au début d'avril, un message qui sera lu et affiché dans toutes les églises réformées et dont la phrase essentielle est la suivante : « Il y a une opposition irréductible entre l'Évangile et toute conception de l'homme ou de la société qui conduit à envisager le travail comme une marchandise que l'on est en droit de réquisitionner à volonté[2]. »

L'abbé Jacques Vignon a été, on le sait, au nombre des prêtres qui sont partis pour l'Allemagne. Il a été ordonné le 24 juin 1943, et c'est le 15 juillet qu'il est convoqué pour le STO. Sa décision est directement inspirée par son sacerdoce. C'est parce qu'il n'ignore pas que les Allemands ont refusé la création d'une aumônerie des travailleurs en Allemagne qu'il se décide, mais, comme il est hostile au STO, il attend que deux agents de police viennent lui signifier qu'il se trouvera en infraction s'il ne se présente pas le 30 juillet, à 21 heures, à la gare de Lyon-les-Brotteaux.

Le voici donc, et le voici en soutane[3], ce qui irrite fort un représentant allemand des services du travail, qui lui demande de quitter son habit.

— Non, dit l'abbé, j'ai l'ordre.

— De qui ?

— Du cardinal Gerlier.

— Il n'a pas d'ordre à donner pour cela.

— Je ne l'enlèverai pas. Que me ferez-vous ?

— Nous vous mettrons en prison.

— Puis-je vous poser une question ? Pour combien de temps me mettrez-vous en prison ?

— Pour trois mois.

— A ce moment-là, il y a longtemps que vous aurez perdu la guerre !

1. Le cardinal Liénart le précise pour faire échec aux bruits qui courent la région.

2. A titre personnel, plusieurs pasteurs encouragèrent les jeunes à ne pas partir. René Nodot, dans une conférence prononcée le 16 novembre 1982 au rectorat de l'université de Lyon, a cité, pour la région Rhône-Alpes, Jean Cook, Charles Westpaal, Jacques Deshons, Maurice Voge, Alain Perrot, Roland de Pury.

3. Par lettre du 13 juillet 1943, le Commissariat général au travail obligatoire fait savoir au directeur régional de Bordeaux que les autorités allemandes n'admettent pas les prêtres « dans les convois, en tenue ecclésiastique ».

C'est trop d'optimisme. L'abbé Vignon finira d'ailleurs par enlever sa soutane et partira, arborant simplement sur son chandail un crucifix donné par son parrain. Il partira et, pendant son séjour en Allemagne, c'est-à-dire du 1er août 1943 jusqu'au 3 avril 1944, date de son expulsion après son arrestation, adressera quarante lettres à ses parents[1]. J'ai déjà fait allusion à ces lettres, naturellement inédites, que l'abbé Vignon a bien voulu me communiquer. Mais si elles apportent des précisions sur la vie matérielle des travailleurs français en Allemagne, elles sont infiniment plus intéressantes dès l'instant qu'il s'agit de leur vie spirituelle.

Pendant le voyage qui le conduira de Lyon à l'usine allemande où il sera employé, Jacques Vignon réussira à célébrer la messe dans le train en marche, puis dans le train arrêté, une fois enfin dans une église de Leipzig. Affecté à Chemnitz, au contrôle des pièces pour avion, Jacques dira la messe tous les soirs à 18 h 45 dans une église de la ville mais, faute de temps (il travaille de 6 h 20 à 17 h 20 avec une halte casse-croûte d'un quart d'heure à 8 h 45 et un arrêt pour le déjeuner de quarante minutes), il devra abandonner la lecture du bréviaire.

Sur la messe célébrée dans une église allemande, au milieu et pour des fidèles allemands, voici quelques-unes des réflexions de Jacques Vignon : « Particulièrement touchant d'avoir la messe servie par un soldat allemand et de communier de nombreux Allemands[2]... Hier soir, salut à 18 heures à l'église, j'ai chanté en allemand avec le livre de mon voisin allemand qui n'en revenait pas. Il n'y a que le Christ qui nous unira dans la paix... [3] » Le 9 septembre, Jacques demandera à ses parents de faire faire « chez Trambouze, rue du Plat[4], ou chez Duviard-Dime, une belle chasuble blanche : c'est pour offrir à un prêtre d'ici qui nous fait beaucoup de gentillesses et ne veut rien accepter ».

Lorsqu'il s'agit de ses camarades de travail, les réflexions de Jacques Vignon — qui appartient à la bourgeoisie traditionnelle française — sont plus intéressantes encore. Il vit, écrit-il le 14 août, c'est-à-dire dans les jours qui suivent son arrivée, dans une chambrée de « braves types, mais bien animalisés ». Il abordera ce thème à plusieurs reprises, notamment dans sa lettre du 25 octobre.

> On se rend compte ici à quel point chacun ne vit que pour soi, envisageant tout sous son petit angle à lui et pesant tout avec des poids matériels et égoïstes. Hors de la nourriture et des femmes, rien ne semble intéresser les gens.

1. Les lettres mettent généralement entre douze et quatorze jours avant d'arriver, en France, à leur destinataire, mais cette limite était parfois dépassée. C'est ainsi qu'une lettre postée le 2 septembre 1943 arrivera à Lyon le 24 septembre. En la matière, il n'existe pas de règle.
2. Lettre inédite datée du 8 août 1943.
3. Lettre inédite datée du 14 août 1943.
4. A Lyon.

Qu'il s'agisse de la vie quotidienne de travailleurs traités souvent en esclaves, « je vois des prisonniers italiens travailler, et on les considère à peine comme des hommes [1] » ou du résultat d'atroces bombardements, « chacun se glorifiant du mal qu'il a fait à l'autre », l'abbé Jacques Vignon se désole de l'insuffisance du christianisme ou, plus exactement, d'un christianisme médiocrement pratiqué.

> Je constate que l'on pense païen et que l'on est encore barbare, écrit-il en octobre 1943. On a oublié « aimez-vous les uns les autres » pour faire de notre religion un vague conformisme extérieur. Que ce monde est lourd ! Heureusement que le Christ est au milieu de lui et qu'il veut, par nous, le soulever. Malheur à nous si nous ne répondons pas à cette tâche et si nous nous contentons d'un christianisme médiocre, vide d'amour et plein de nous. Malheur aux riches qui ont fait de la religion le garant de leur coffre-fort. Malheur aux prêtres qui n'ont pas prêché la vérité terrible et révolutionnaire de l'Évangile ! Malheur à ceux qui, par leurs actes ou leurs paroles, ont entraîné les masses loin du Christ.
>
> Je suis heureux que les circonstances m'aient mis au contact de ces masses, me sortant de ma soutane et me faisant aller à ceux qui ne viennent pas à l'église, non pas avec la condescendance de celui qui daigne se pencher vers la misère, mais sur un pied d'égalité, ouvrier avec les ouvriers, exilé avec les exilés.

Car il y a cela dans les lettres de Jacques Vignon, et qui n'est pas le moins intéressant : la découverte du milieu ouvrier par un homme que tout, jusqu'à présent, en avait éloigné. Découverte qui fut, nous le savons, celle de beaucoup de jeunes prêtres parmi ceux qui se trouvaient en Allemagne au titre du STO, mais dont il est captivant de suivre la progression dans des lettres familières permettant de mieux comprendre l'évolution d'une âme. C'est d'abord, le 30 août, ce témoignage important : « La vie que je mène ici m'apprend ce qu'est la vie d'usine : je comprends les revendications de 36 et le bien-fondé des instructions des souverains pontifes sur les questions sociales. J'espère que beaucoup de jeunes gens profiteront des enseignements qu'ils tireront de leur séjour en Allemagne. » « Il est douloureux, écrit encore Jacques Vignon, de constater que ce travail d'usine ne peut pas, par lui-même, élever l'homme et le rendre pleinement homme… C'est la condamnation de notre régime de grande industrie où l'homme est le maillon inintelligent d'une chaîne dont il ne voit pas le bout[2]. » « Quelle gaffe, écrira-t-il aussi, d'avoir séparé [les ouvriers] du christianisme[3]. » Parce que le sujet se trouve au cœur de réflexions qui auraient sans doute désorienté ou irrité bien de ses camarades de travail, le voici conduit à rêver d'un monde dans lequel le christia-

1. Après la chute de Mussolini et l'armistice entre l'Italie et les Alliés, les Allemands traitèrent les soldats italiens, qu'ils avaient capturés en nombre, avec une férocité aggravée par le dépit.
2. Lettre inédite du 3 septembre 1943.
3. Lettre inédite du 9 septembre 1943.

nisme, facteur de justice sociale, tiendrait la classe ouvrière à l'écart des tentations du communisme[1].

> Je suis heureux de connaître l'ouvrier français. Quel dommage qu'on n'ait pas eu davantage confiance en lui et que l'on ne l'ait pas éduqué, au lieu de faire des ouvriers des troupes de rouspéteurs au service des causes qui ne sont pas les leurs. Il y a là un fond admirable.

Pour Jacques Vignon, les déceptions sont provoquées beaucoup plus par l'indifférence morale et spirituelle du milieu dans lequel il vit que par les difficiles conditions de l'existence quotidienne. Les joies, les grandes joies seront donc des joies de l'âme. Celles qu'apporte, par exemple, la soirée de Noël 1943.

Sur la messe de minuit célébrée dans les camps de travail d'Allemagne, il existe naturellement des témoignages émanant d'assistants ayant rassemblé, parfois bien des années plus tard, leurs souvenirs de jeunesse. Combien le témoignage est plus émouvant, plus véridique aussi lorsqu'il est écrit de la main du célébrant, lorsqu'il est daté du 27 décembre 1943.

Dans les jours qui précèdent la fête de Noël, l'abbé Jacques Vignon a eu une grande activité pastorale. Le lundi 21 décembre et le mardi 22, il entend de nombreuses confessions ; le mercredi 23, il fait une lecture spirituelle à ses camarades, puis, à nouveau, le 23 et le 24, il consacre ses après-midi à confesser, aussi bien dans le camp qu'à l'église de Chemnitz.

A l'église Saint-Anton, l'abbé Vignon n'entend en confession que les travailleurs étrangers. L'abbé Toddenroth — un prêtre allemand — avait certes demandé à l'évêque de Meissen qu'il pût également confesser les Allemands, mais, par prudence, le prélat avait refusé cette autorisation.

A deux reprises toutefois, Jacques Vignon s'était trouvé en présence de pénitents allemands. La première fois, il s'était agi d'un officier à qui le prêtre français avait expliqué qu'il n'avait pas le droit de l'entendre. La seconde fois, la femme installée dans le confessionnal avait refusé d'en bouger. Totalement sourde, elle avait, malgré les protestations de Jacques Vignon, poursuivi sa confession… et obtenu l'absolution[2].

Le 24 décembre, à 19 h 30, sur une bicyclette prêtée par un confrère allemand, l'abbé Vignon se met donc en route pour un camp éloigné de trois kilomètres.

> J'y ai confessé une heure et demie, puis chanté la messe à 21 h 30. Assistance d'au moins 300 hommes, petite chorale, un piano, deux violons, chaleur

1. Lettre inédite du 27 septembre 1943.
2. L'évêque de Meissen jugeait sagement. C'est ainsi qu'après son arrestation la police allemande, interrogeant Jacques Vignon et faisant porter principalement le questionnaire sur son activité sacerdotale, lui reprochera d'avoir confessé des Allemands et notamment un officier… Ce qui montrait la qualité de ses informateurs. Une circulaire du mois de juin 1943 interdisait aux prêtres étrangers d'exercer leur activité sacerdotale dans les églises allemandes.

intenable. Ensemble recueilli et touchant. Pour 23 h 30, j'étais revenu dans mon camp avec ma petite chapelle en bandoulière dans ma sacoche bleue achetée à Lyon, et une valise pleine de livres de prières sur le porte-bagages... A 24 heures, j'ai célébré la messe devant au moins 150[1] hommes (plus de la moitié du camp) — 2e sermon... Tout le monde répondait et chantait la messe des Anges. Spectacle magnifique et consolant. Après la messe, revenant dans notre chambre, je trouve une dizaine de types des chantiers venus de plusieurs kilomètres pour assister à la messe : ils s'étaient trompés, étaient allés à un autre camp et avaient fait 10 kilomètres à pied. Je les ai restaurés et ils sont partis.

Le réveillon, nous en connaissons le menu : saucisson, jambon, gâteau avec miel et confiture, chocolat au lait et un peu de gnôle. Nous savons qu'entrecoupé de chants il s'est terminé à 5 heures. A 8 h 30, Jacques Vignon est debout. Le voici à l'église de la ville pour confesser, puis, à 10 heures, au chantier où il dit la messe pour une trentaine de garçons absents la veille.

A 11 h 30, nouvelle messe dans un camp de la Reichsbahn (chemins de fer) où des types d'autres camps étaient venus. Là, une surprise m'attendait : le Lagerführer allemand, en uniforme de la Reichsbahn, est arrivé, m'a salué et m'a adressé un petit discours fort bien tourné, en me disant sa joie d'avoir pu procurer aux Français une fête de Noël convenable : il avait amélioré l'ordinaire et avait lui-même présidé le repas de Noël où il avait prononcé un discours[2].

A l'occasion de Noël, Jacques Vignon recevra, des mains du curé allemand d'Altchemnitz, un livre de piété et des cierges enluminés. Il recevra également du linge d'église de Mme Anna Weber, l'une des paroissiennes allemandes auxquelles, le 1er janvier, il offrira ses vœux comme il l'a fait, après le dernier coup de minuit, à tous ses camarades de travail.

A minuit, on s'est souhaité les vœux. Rentré au camp, j'ai fait le tour de toutes les chambres pour porter mes vœux. J'ai été bien accueilli partout et j'ai embrassé quantité de types.

Pas un seul instant l'abbé Vignon ne fait allusion à un sacerdoce clandestin. Or, selon Évrard, des prêtres auraient, dans leur correspondance, utilisé des mots de code, la confession devenant « manille » et la communion « belote ». Il se peut. Rien de tel en tout cas dans les lettres de Jacques Vignon et il a l'air de tout ignorer de ces confessions clandestines reçues par l'abbé Adrien Bousquet devant un magasin berlinois exposant des trophées pris à l'Armée rouge, cependant que, leur pénitence récitée sous les frondaisons du Tiergarten, les fidèles attendent de recevoir la communion dans l'obscure intimité d'un abri désert.

1. La messe ayant lieu dans le réfectoire, Jacques Vignon avait demandé, et obtenu, que fût enlevé l'insigne de l'Arbeitsfront qui comportait la croix gammée.

2. Ancien combattant de 1914-1918, ce chef de camp devait, à plusieurs reprises, manifester sa sympathie pour les travailleurs français, conduisant le deuil de l'un d'entre eux décédé brutalement de maladie.

Vérité en deçà, erreur au-delà. Complexité de certaines situations. Dans la région de Kassel, les Allemands interdisent aux Français du camp de suivre, dans l'église Saint-Joseph, « une messe de communion... avec chants français, musique française, intimité française [1] ». Mais l'abbé Hery, un prêtre du stalag IX A, ayant été « transformé » en travailleur libre, et rejoint quelques jours plus tard, par neuf autres prêtres d'un kommando voisin, aura la possibilité, le 15 août 1943, de célébrer une messe avec diacre et sous-diacre en présence de 400 jeunes travailleurs.

A la liberté dont jouissent l'abbé Vignon et les prêtres de la région de Kassel [2] répond la suspicion qui entoure tant d'autres prêtres français. Le père Dillard, qui s'est trouvé dans la région de Berlin, et qui mourra en déportation, écrit qu'il lui était « impossible d'organiser une messe pour les Français, la Gestapo serait immédiatement intervenue » [3].

Sur le niveau spirituel des travailleurs français, le père Dillard est beaucoup plus sévère que l'abbé Vignon et c'est à peine s'il estime à 2 % le nombre des pratiquants véritables. Certes, aucune hostilité à l'égard du prêtre. A peine, de temps à autre, des plaisanteries d'un goût douteux, la chambrée dans laquelle il vit se demandant, un soir, s'il est préférable d'être cocufié... par un curé ou par un soldat de l'armée d'occupation et se prononçant finalement... pour le curé ! Mais cette grosse mascarade heurte moins sans doute Dillard que le climat de paganisme presque total dans lequel il dit évoluer. « Comment, dans tout cela, trouver une place pour le spirituel ?... »

En effet, comment, lorsque après le travail à l'usine on doit se livrer à de longs travaux de cuisine — longs parce qu'il est nécessaire de patienter avant de trouver, pour la gamelle, une place sur le poêle — et à de fastidieux travaux de raccommodage, comment, en effet, dans le bruit des conversations, des disputes, des hâbleries triviales, réserver quelques pensées à Dieu et quelques instants à la prière ?

Pour le père Dillard, la religion, dans les camps d'Allemagne, n'est plus qu'une convention, l'expression d'un sentiment social qui se manifeste, par exemple, à l'occasion d'un enterrement.

N'est-elle pas aux frontières de la superstition cette ouvrière française qui vient lui expliquer qu'emprisonnée pour marché noir en compagnie de son amant, elle avait promis 40 marks à saint Antoine en cas de prompte libération ? N'ayant pas trouvé (on s'en doute) de tronc de saint

1. Témoignage inédit de l'abbé Marchand qui ajoute : « Nous nous rattrapâmes en convoquant les gars pour le Samedi saint au soir, pour les confessions. Nous nous y trouvâmes une soixantaine. Après la récitation d'un chapelet en intention avec ce qui se faisait à ce moment-là en France, nous lûmes un acte de contrition au Cœur Immaculé de Marie. »

2. Liberté momentanée. Les Allemands finiront, là aussi, par s'émouvoir de ces activités religieuses.

3. L'un de mes lecteurs (P. Vallery), qui a connu en Allemagne le père Dillard, m'écrit : « Religieux à la figure très expressive, aux traits accusés, aux yeux brillants d'intelligence, il apparaît encore à ma mémoire... 38 ans après pourtant ! »

Antoine à proximité du camp, c'est au prêtre qu'elle apportait la somme due au saint.

Cependant, le père Dillard rédigera à l'intention des ouvriers français de Wüppertal — qu'il juge, mais qu'il aime[1] — un modeste bulletin manuscrit qu'il leur demandera de faire circuler après l'avoir recopié. On trouve là des indications sur les prochains matches de football et sur les cours d'allemand donnés en ville, mais Dillard profite de cette feuille pour rappeler aux travailleurs le sort, combien plus rude, des prisonniers. Pour leur faire prendre conscience également, qu'exilés, ils n'en représentent pas moins la France, que, solitaires, ils ont des devoirs envers leurs camarades et que le contenu d'un colis n'est pas fait pour être égoïstement dévoré, enfin que l'épouse vivant en France ne doit être ni trahie, ni oubliée.

> Les Françaises d'ici ne te la rappelleront pas... pauvres épaves qui représentent si mal notre pays. La tienne ne s'expatrie pas, elle a besoin pour vivre de la terre de chez nous, des paysages de chez nous, du ciel de chez nous. Les lettres que tu lui écris, les pensées que tu lui consacres sont peu de chose si tu ne lui gardes pas la fidélité de ton cœur et de ton corps.

Les Françaises d'ici ? Pour l'abbé Vignon, elles sont « ignobles dans l'ensemble ». Quant à Georges Vergnes, il les a vues dans un camp de triage, près de Vienne. « Il s'agit du rebut des bordels du Vieux Port, avec leurs marlous au costume blanc impeccable. Une blonde splendide et platinée, qui doit avoir la vérole, se balade nue dans son pyjama rose, chaussée de souliers de bal à talons hauts. »

En Allemagne, on ne trouve que des ouvrières françaises « volontaires » et quelques femmes de prisonniers « transformés »[2] puisque, alerté par les Églises, Vichy refusera toujours que les femmes soient concernées par le Service du travail obligatoire.

Le maréchal Pétain l'a dit au pasteur Boegner, qui s'inquiète d'un bruit alors familier[3].

— En aucun cas, nous n'accepterons une demande de ce genre. Tous, dans le gouvernement, nous sommes unanimes sur ce point.

---

1. « En dehors du travail, écrira-t-il, ils (les ouvriers) peuvent ne présenter aucune qualité humaine, ils peuvent être balourds, ivrognes ou immoraux. A leur place, dans l'usine, ils sont comme transfigurés : ils sont ceux qui savent. » Et encore : « Il faut avoir vécu cela pour comprendre que Dieu s'est fait charpentier. »

2. Pour qu'une femme de prisonnier « transformé » en travailleur libre puisse rejoindre son mari en Allemagne, il suffit que l'épouse obtienne l'autorisation maritale et que l'employeur du prisonnier « transformé » garantisse au ménage un logement commun. Dans une note du 26 mars 1943, le Centre d'information du travail français en Allemagne précisera que cette mesure en faveur des épouses constitue une « faveur » et qu'il est nécessaire de le souligner afin que le « contrat d'épouse » ne se trouve pas « odieusement déformé par les propagandes étrangères ».

3. Le pasteur Boegner est reçu en 1943 le lundi de la semaine sainte. En août 1943, on peut lire, dans un rapport de police adressé au préfet de la Gironde, que « le Maréchal et le Président (Laval) auraient opposé un refus formel » aux exigences allemandes de mobilisation des femmes de 17 à 40 ans.

Voici le principe. Qu'il ait connu des exceptions, c'est vraisemblable. Elles ont été très rares : Évrard en cite trois dont deux — à Angers et Concarneau — ont intéressé au total 37 ouvrières qui se sont, contre leur gré, retrouvées dans des usines allemandes.

Quelles sont les raisons qui ont poussé les « volontaires » françaises à franchir la frontière ? Il en est de parfaitement compréhensibles lorsque l'Allemagne offre l'assurance d'un gagne-pain. Il en est d'obscures. Alors, l'Allemagne peut sembler un refuge pour celles qui ne supportent plus la tutelle familiale, un terrain de chasse pour celles qui vivent de leur corps, un champ d'action pour quelques aventurières qui n'ont aucune idée de la réalité.

En Allemagne, où leurs salaires sont généralement inférieurs d'un quart à ceux des hommes, comment les volontaires échapperaient-elles à la promiscuité, aux constants désirs crûment manifestés, aux marchandages dont la nécessité est ouvertement proclamée par ceux qui, contre le don d'un corps, proposent, temporaire ou durable, leur « protection » ?

Des « ménages » se créeront et se déferont. Mais imagine-t-on l'existence de huit filles logées dans le même baraquement qu'une douzaine de garçons ? « Le soir venu, écrit l'une d'elles, une jeune Belge, aucune possibilité de s'éclairer : cela est absolument défendu à cause des bombardements… C'est une ruée sauvage… Celles qui veulent résister sont vite matées. »

Résister… Lorsque la jeune Belge découvre qu'elle est enceinte, elle se trouve incapable de dire qui, parmi ses camarades de chambre, ses maîtres et ses amants provisoires, peut être le père.

Le sort des Françaises enceintes est plus favorable que celui des Polonaises et des Russes pour qui l'avortement est sinon toujours, mais le plus souvent, de règle, la grossesse étant considérée comme un obstacle à la production.

Lorsqu'elles avaient quitté la France, les jeunes femmes volontaires avaient reçu l'assurance qu'il leur suffirait de faire savoir qu'elles étaient enceintes pour se voir immédiatement rapatriées. Promesse oubliée comme beaucoup d'autres. Mais la bureaucratie allemande a prévu le destin des enfants des ouvrières étrangères : si le père est allemand et si l'enfant, après contrôle médical, se révèle de bonne race (*gutrassisch*) et de saine hérédité, il peut être placé soit dans une famille allemande, soit dans une pouponnière contrôlée par les œuvres du Parti.

Si le père est un étranger, l'enfant sera confié à des établissements hospitaliers pour enfants étrangers, puisque la mère doit être le plus rapidement remise au travail et l'employeur « libéré des soins à donner à la main-d'œuvre étrangère » [1].

---

1. Dans le pays de Bade, les textes en vigueur le 1er mai 1944 prévoient que, si « l'ouvrière a été incitée aux relations sexuelles par un Allemand, elle sera, à bref délai, mise en prison préventive, puis changée d'emploi. Dans les autres cas, elle est envoyée dans un camp de concentration… Les femmes enceintes ne doivent y être envoyées qu'après l'accouchement et l'expiration du temps de convalescence ».

Il existe des Françaises qui s'engagent pour l'Allemagne afin de rejoindre leur mari travailleur ou prisonnier transformé. Très peu, j'imagine, ont, comme Lucette X, souscrit un engagement volontaire dans l'espoir de revoir un soldat allemand aimé à contre-courant de l'opinion et de la morale patriotique de l'époque. Mariée à un officier français qui se trouve en Indochine au moment de la défaite de la France, Lucette vit chez ses parents qui possèdent un café-restaurant dans une petite ville des bords de Loire. Comment les soldats et officiers allemands ne viendraient-ils pas s'asseoir et consommer dans ce café dont ils ont demandé la réouverture au propriétaire, un ancien combattant de 1914-1918 ?

Au mois d'août 1940, l'un d'eux — un sous-officier — vient plus régulièrement que les autres et, bientôt, c'est quotidiennement qu'il se présente.

Se remémorant bien des années plus tard le visage du disparu, Lucette X écrit dans le texte inédit qu'elle m'a confié : « Il devait mesurer un mètre quatre-vingts. Une chevelure d'or pâle couronnait un visage cuivré où s'enchâssaient des yeux verts pleins de douceur et comme voilés de nostalgie... » Par l'intermédiaire de l'un de ses camarades qui parle français, Wilhelm demandera un jour s'il peut — puisque le restaurant ne possède pas de piano — écouter du moins des disques sur un gramophone.

> Je leur laissai l'appareil qu'ils manipulaient d'ailleurs avec précaution et rejoignis ma mère. Ils écoutèrent la *Pastorale* de Beethoven en entier, les *Préludes* de Liszt et, pour finir, quelques mélodies connues qu'ils fredonnèrent eux-mêmes.

Comme Lucette veut remettre en place, dans sa chambre, gramophone et disques, le soldat, qui n'est encore pour elle que « le plus grand des Allemands », demande :

— Moi ! je m'appelle Wilhelm, c'est Guillaume *auf französich*. Je peux aider vous ? S'il vous plaît !

Tout débute par un premier baiser.

> Cependant, dans les jours suivants, le premier émoi passé, nous commençâmes, lui comme moi, à réfléchir et à lutter contre cette houle envahissante. « Voyons, ma fille, me disais-je, c'est un Allemand, un ennemi de ton pays. Tu es femme d'officier, si peu par le cœur, c'est vrai, mais enfin par le Code ! ! ! Tu as deux enfants[1], la guerre continue, un jour il partira, sera peut-être tué ? En outre, tu vas te mettre à dos toute la famille. »

1. Lucette X ayant, plus tard, demandé le divorce, les deux enfants resteront avec leur père, dont l'unité a rejoint le Maroc.

C'est vrai, la famille se dresse d'abord contre l'Allemand et puis, sans l'adopter, elle se retrouve peu à peu vaincue par sa gentillesse et sa constance. Telle est du moins la version de Mme Lucette X.

D'ailleurs, Wilhelm ne cherche pas une passade. Architecte en Allemagne, il se déclare prêt, la guerre finie, à épouser Lucette et à s'installer en France. En mai 1941, cependant, et après neuf mois d'occupation, la troupe à laquelle il appartient quitte la France. La guerre contre la Russie se prépare. La correspondance entre Lucette et Wilhelm sera constante, notamment grâce à Ewald, frère de Wilhelm, qui occupe, dans l'administration du IIIe Reich, des fonctions relativement importantes et qui a été mis dans la confidence. C'est Ewald qui fournira ainsi à Lucette les papiers lui permettant, en août 1942, d'effectuer un court séjour à Berlin à l'occasion d'une permission de Wilhelm. « Durant quinze jours, nous vivons dans une allégresse croissante. Jamais rassasiés l'un de l'autre. »

Wilhelm rejoint son unité qui combat près de la mer Noire.

Lucette retrouve la France.

Une année s'écoule. En juillet 1943, Ewald écrit à Lucette. Désormais, il ne pourra plus la faire venir à Berlin dans les mêmes conditions qu'en 1942 mais, ayant deux enfants, sa femme et lui peuvent obtenir que l'Office du travail leur procure une nurse étrangère. « Il est entendu que cela ne sera qu'une couverture et que vous serez entièrement libre de votre temps. Si cette solution vous convient, faites votre demande en mentionnant mon nom et adresse. »

Pour ne pas manquer la prochaine permission de Wilhelm, Lucette souscrit donc un engagement et quitte la France au mois d'août.

C'est un homme transformé par la guerre qu'elle va retrouver quelques semaines plus tard. « Par trois fois, depuis un an, sa troupe a été encerclée, restant sans nourriture et même sans eau pendant plusieurs jours [...]. Wilhelm ne voulait plus flâner en ville. Il ne supportait plus le bruit, l'agitation, les lumières, la foule indifférente et ne se sentait bien qu'au fond des bois, seul avec moi [...] ma main étroitement enfermée dans la sienne [...]. Pour ce congé, nous vivons chez ses parents [...]. Méta, la mère de Wilhelm, a fait de grands efforts pour nourrir son fils. Elle a extrait de la cave les derniers pots de confitures, les bocaux de conserve mis sous clé, des pommes de terre cachées comme un trésor... »

A la fin de sa troisième semaine de permission, Wilhelm repart. Commencent alors de nouveaux mois d'attente jusqu'au moment où Wilhelm, blessé, est rapatrié en Silésie. Lucette fera alors alterner séjours dans la petite ville de Waldenburg, où se trouve l'hôpital militaire, et séjours à Berlin que ravagent des bombardements dont elle note la fréquence et décrit l'intensité.

> Berlin, Alte Jacobstrasse 127, 22 novembre 1943. Le bombardement de ce soir a été terrifiant. Nous sommes restés trois heures sous terre à écouter le

roulement et les éclatements assourdis des bombes […]. Sans gêne, des chapelets ont fait leur apparition, qui s'égrènent entre des doigts tremblants…

23 novembre… Seigneur ! Les bombes tombent, près, très près de nous. Leur impact est accentué par une courte éclipse de lumière. Un fantastique sifflement qui va en s'amplifiant […]. Instinctivement, toutes les têtes rentrent dans les épaules […]. Cette fois, c'est pour nous. Non ! Mais sur des immeubles très proches, Lindenstrasse, distante de cent mètres environ !…

24 novembre… Quatre-vingt-dix minutes dans l'abri. Mais ce soir le bombardement nous a semblé une simple manœuvre comparé à celui des jours précédents où un millier d'avions planaient au-dessus de nos têtes…

25 novembre. Quatrième soir d'alerte. Nous sommes anéanties de fatigue impuissante…

Le 28 janvier 1944, la maison des parents de Wilhelm sera incendiée. Quelques mois encore d'un bonheur chaotique et, fin juillet, le convalescent Wilhelm reçoit l'ordre de rejoindre son unité sur le front de l'Est.

J'ai scrupule à évoquer pour moi-même les dernières heures que nous avons passées ensemble. Notre désespoir était vertigineux […]. Il est parti vers 4 heures du matin. Un camarade est passé le chercher. Tous les deux, nous avons eu le même sentiment sans vouloir nous l'avouer. La prescience de ce qui allait arriver, écrit là-haut et contre quoi nous ne pouvions rien…

Le 20 novembre 1944, Lucette apprendra que Wilhelm a été tué treize jours plus tôt, à l'Est.

Française qui aime un Allemand, Français qui aiment des Allemandes. Dans un pays où les jeunes hommes sont tous mobilisés, où femmes allemandes et ouvriers étrangers se côtoient dans les ateliers, sur les chantiers et dans l'intimité des fermes, était-il possible, malgré les lois qui prétendaient y faire obstacle, d'éviter ces amours de guerre entre Français, bénéficiant d'une réputation flatteuse, et femmes allemandes qui, par leur dévouement, comme par leur simplicité de cœur, sinon de mœurs, rappellent ces « bonnes Allemandes », si fort regrettées par les soldats de Napoléon à l'instant où il leur faut abandonner la Bavière pour l'Espagne ; si aimées de Stendhal que, le 1er janvier 1811, après avoir observé à la messe des Tuileries Dorothée de Courlande, jeune comtesse de Périgord[1], qui vient de passer son adolescence en Prusse-Orientale et à Berlin, il note :

J'ai été content à la messe de la figure de Mme la comtesse de Périgord, elle avait une physionomie pure. Si je ne craignais pas d'être entraîné par mon goût actuel pour les femmes allemandes, j'expliquerais ces qualités par ce qu'elle est allemande…

1. Dorothée de Courlande venait d'épouser (mariage fabriqué et presque forcé) Edmond de Périgord, neveu de Talleyrand.

En mars 1943, voici un jeune Français dans un camp de travail proche de la Baltique. Tout le surprend de ce qu'il voit, mais, d'abord, une certaine liberté et une certaine rusticité dans les mœurs. Alors qu'il n'aurait pénétré qu'en rougissant et bégayant dans une pharmacie française pour demander des préservatifs, ne découvre-t-il pas qu'il est possible de s'en procurer à des distributeurs automatiques ostensiblement installés dans les lavabos de toutes les gares allemandes ?

Devenu un homme de 60 ans, lui qui avait 20 ans en 1943 ressuscitera pour moi ses souvenirs.

> Deux ou trois copains français, déambulant dans les rues de la petite ville, se comportaient envers les filles qu'ils croisaient comme des conscrits en goguette. Des rires, des exclamations de leur part et, en particulier, une interpellation directe : « Fick, fick, Fraülein ? »
>
> Dès les premiers jours, par les vieux Allemands, d'ailleurs, nous connaissions cette expression signifiant « faire l'amour ».
>
> Les garçons, dans cette onomatopée nouvelle pour eux, ne ressentaient pas la grossièreté du propos… peut-être ? En France, dans leur langue, ils n'étaient pas aussi ouvertement vulgaires.
>
> C'était une sorte de jeu, apparemment bien reçu par le sexe opposé. Les filles jouaient les offensées, minaudaient, s'esclaffaient. Les groupes se séparaient, ravis de la rencontre…
>
> Naturellement, la plupart du temps, les relations s'arrêtaient là, sur le bord du trottoir de rencontre. La barrière de la langue était un grand handicap.

Un dimanche après-midi, cependant, entrant avec un camarade dans l'un de ces petits cafés-concerts où trois musiciens fatigués jouent des airs poussiéreux, X remarquera deux jeunes filles que courtisent discrètement deux soldats. Mais, à la fin de la soirée, les filles rabrouent les soldats qui disparaissent au coin de la rue.

La suite de l'aventure ?

> Un sourire nous fit comprendre que, pour nous, la voie était libre… Avec certaines précautions, pour ne pas causer de tort à ces jeunes filles… et à nous-mêmes, nous les avons rejointes et nous avons lié connaissance.
>
> Je n'ai jamais su s'il existait vraiment des lois interdisant les relations entre Allemands et étrangers, mais il se racontait qu'il y en avait, très sévères.
>
> On parlait de condamnation aux camps de représailles et de concentration. Par la suite, je suis sorti souvent avec une de ces deux filles, en promenade, ou au cinéma local… Il devait bien se remarquer que nous sortions ensemble. Puis nos rendez-vous se firent de nuit, dans la nature environnante (c'était l'été !) avec les risques évidents pour elle de ce genre d'escapade[1].

1. « La France, écrit encore X, c'était un mythe, un paradis envié où la vie était agréable, les filles belles et faciles et les hommes… ah !… Les Français… "Du Franzose, Casanova !…" Quel sens exact les jeunes filles donnaient-elles à ce mot ? Je ne sais pas. Mon vocabulaire restreint ne m'a pas permis de philosopher. Il représentait, sans doute, une vision idyllique de l'amour, l'antithèse, en somme, du brutal : "Fick, fick" ».

Des photos prouvent aujourd'hui encore que l'héroïne de l'aventure était charmante, modeste, espiègle également sur cette image où, face au Français, elle fait le salut militaire. Qu'est-elle devenue ? Tuée par les bombardements de la fin de la guerre ? Engloutie dans le grand exode de 1945 lorsque l'Allemagne de l'Est, tout entière, fuyait les Russes ? Grand-mère paisible souriant, sans que nul n'en soupçonne la cause, lorsque le mot « Français » est prononcé dans la conversation ?

Cependant, X a eu quelque chance, au début de son idylle, de se trouver en présence de soldats allemands plus intimidés que lui. Il a également eu la chance de n'être pas dénoncé par une population hostile et à qui l'on enseignait combien était précieuse la pureté du sang allemand.

Ce ne sera pas le cas de tous les Français vivant une aventure sentimentale ou seulement charnelle.

C'est par des voisins, jaloux et patriotes, que F. L. sera trahi. Il est, il est vrai et depuis plusieurs mois, l'amant d'une très belle et très jeune Allemande dont le mari, officier, se bat en Russie.

Un soir, au rendez-vous convenu, il a la surprise de se trouver en face du mari qui le fait entrer et lui tient ce discours :

— J'arrive en permission exceptionnelle, ayant appris par lettre votre liaison avec ma femme. Vous savez que je n'ai qu'un mot à dire pour que vous soyez envoyé en camp de concentration et que vous n'en sortiez pas vivant. Dans ce cas, vous aurez peut-être disparu. Mais, moi, je resterai vivant… et cocu, car les langues se délieront dans le pays. Je vous mets donc le marché en main, vous renoncez à voir mon épouse et tout s'arrête là, ou bien je demande votre internement…

F. L. devait promettre. Et tenir sa promesse…

DEUXIÈME PARTIE

LA RÉVOLTE

Ô francs-tireurs, allez, traversez les halliers, passez les torrents, profitez de l'ombre et du crépuscule…

Victor HUGO
1870

4

L'ENFANCE DES MAQUIS

La brochure de petit format comporte seize pages. La raison sociale de l'éditeur rassure. Ne s'agit-il pas du secrétariat d'État à l'Éducation nationale et à la Jeunesse ? Le titre est innocent.

TU SERAS
UN SCOUT
COURAGEUX ET LOYAL

▲

COMMENT ORGANISER
UN CAMP DE VACANCES
CHANSONS DE ROUTE ET CHANSONS DE VEILLÉE

Tourne-t-on la page, tout change. Le texte, en effet, débute par ces mots :

Conseils aux réfractaires
Travailleurs requis pour l'Allemagne...

Allez-vous obéir aux ordres de Hitler et de Laval ? Non. Votre devoir patriotique, votre devoir humain, votre intérêt personnel s'accordent pour dire : Non...

Vous ne partirez donc pas. Mais, alors, qu'allez-vous faire ? Peut-être voulez-vous vous débrouiller individuellement et en avez-vous les moyens. Mais il devient difficile de se débrouiller ainsi : la police a ses mouchards et multiplie les rafles. Une autre solution a donné de bons résultats à des dizaines de milliers de réfractaires déjà : aller en groupe dans les montagnes, les bois, les lieux retirés et couverts de toutes (*sic*), et y vivre dans les maquis en une sorte de camping vigilant, prêts à se dérober aux attaques ennemies, ou bien à y résister. De cette solution-là, nous voulons vous parler, pour vous donner des conseils pratiques, tirés de l'expérience déjà acquise.

Édités par le Comité d'action contre la déportation, vraisemblablement au début de l'été 1943, ces *Conseils aux réfractaires* sont diffusés clandestinement, alors que, depuis plusieurs mois déjà, des milliers de garçons, qui n'avaient aucune vocation à la vie secrète, difficile et dangereuse d'hommes des bois, improvisent, avec des moyens, des méthodes et des effectifs partout différents, ce qui, pour l'histoire, deviendra « le maquis ». Le maquis, alors qu'en 1943 il existe autant de « maquis » que de groupuscules hâtivement formés moins par choix patriotique qu'à l'annonce du STO, car selon le mot très fort d'Henri Michel : « Le réfractaire n'est résistant qu'en virtualité[1]. »

Au procès de Robert Brasillach, on citera ce passage d'une lettre qu'il avait adressée à son ami Rebatet, comme lui journaliste à *Je suis partout* : « Lorsque Sauckel demande à Laval 500 000 hommes, ceci fait 499 000 bandits dans le maquis. » La proportion de réfractaires citée par Brasillach est fortement exagérée, mais le jugement qui fait de Sauckel le sergent recruteur du maquis est, lui, fondamentalement exact.

Quant à l'ex-ambassadeur Otto Abetz, il affirmera avoir dit à Sauckel, venu à Paris, en janvier 1944, afin de recruter un million de travailleurs supplémentaires : « Si jamais le maquis érige des monuments en France, vous aurez le plus important de ces monuments avec la dédicace : "A notre agent de recrutement principal, le Gauleiter Sauckel. Le maquis reconnaissant". »

Sans doute Abetz avait-il intérêt à se faire passer pour un homme opposé aux excès des nazis les plus fanatiques[2], mais pourquoi n'aurait-il pas vu ce qui éclatait aux yeux de tous ?

A partir d'avril et mai 1943, en effet, le nombre des réfractaires au Service du travail obligatoire n'allait cesser de croître. De 20 à 25 % de réfractaires dans la plupart des départements en mai 1943[3], on passera bientôt à 50 % puis à 70 %, voire davantage puisque, en septembre, dans le Lot, sur 200 garçons convoqués, seuls 5 partiront et 2 quelques semaines plus tard sur 46[4].

Dans l'Eure, le chiffre des réfractaires est, au mois d'avril, de 73 sur 378 garçons désignés pour l'Allemagne, en juin de 216 sur 1 361, en juillet de 2 131 sur 2 452. Le 13 mai, à Lyon, en gare des Brotteaux, sur 1 500 convoqués seuls 140 se présentent.

Il y aura mieux. Le 7 septembre, à Charleville, sur 65 travailleurs

1. *Revue d'histoire de la Deuxième Guerre mondiale*, n° 49, janvier 1963, « Maquis et maquis ».

2. Ce qui était d'ailleurs exact.

3. Dans l'Ariège, le chiffre des réfractaires représente 11,1 % des requis en mars et 27,5 % en juin. En septembre, le nombre des réfractaires sera plus important que celui des partants.

4. En Ille-et-Vilaine, 28 % des garçons des classes 40 et 42 répondront aux convocations au cours de l'année 1943. Ce chiffre tombera à 10 % dans le Finistère et 8 % dans le Morbihan.

désignés, aucun ne sera à la gare et, dix jours plus tard, aucun partant encore, bien qu'il y ait 131 appelés[1].

Les recherches lancées par la gendarmerie, chargée d'« assurer la notification et l'exécution » des arrêtés d'internement frappant les réfractaires, ne donnent que rarement des résultats.

A Bordeaux, le 20 juillet 1943, l'intendant régional de police écrit au préfet régional qu'il a été impossible de retrouver Jacques Hilaire, Maurice Devillers, Louis Le Roux, réfractaires au STO, qui n'ont pas reparu depuis le 31 mai dans les bureaux des Contributions directes où ils sont employés. « A leur domicile, les parents ont déclaré qu'ils étaient partis depuis fin juin et ils ignorent où ils se trouvent. »

Hilaire, Devillers, Le Roux ont donc « changé de domicile » comme les y incitait, dès le mois de mars, dans ses « Consignes contre l'esclavage », le journal clandestin *Combat* qui recommandait à tous ceux qui sont menacés d'éviter « au maximum le recensement » et de « changer de domicile sans laisser d'adresse » ; comme les y incitaient ces appels à la radio de Londres, ces tracts communistes ou gaullistes qui s'adressaient à toutes les catégories sociales, puisque toutes les catégories sociales étaient désormais menacées.

> Restez en France. Cherchez dès aujourd'hui votre lieu de refuge ; il n'en manque pas. Au pire, vous retarderez votre départ, au mieux vous serez en place au moment prochain de la Libération… Restez en France, le combat est en France.

Ce tract, découvert dans un restaurant de Toulouse le 24 juin 1943, émane d'une organisation communiste, « Les forces unies de la jeunesse française », et s'adresse aux étudiants, mais c'est dès octobre 1942 que le journal clandestin *Libération*, après les rafles qui ont eu lieu à Paris au Matériel téléphonique et chez Gnome et Rhône, a lancé cet appel : « Ouvriers menacés, réfugiez-vous, si vous le pouvez, à la campagne. »

Dans une France où presque chaque citadin conserve des racines paysannes, l'argument du « refuge à la campagne » sera longtemps utilisé. Il en est fait encore mention dans un tract édité en septembre 1943 par le Comité du Rhône de la résistance française, tract invitant les jeunes « à demander immédiatement à leurs parents de la campagne de les cacher afin de faire échec d'une manière absolue et totale à la prochaine tentative de "relève déportation" de l'Allemagne ».

Lorsqu'ils agissent et publient sous leur seule responsabilité, les communistes se montrent infiniment plus catégoriques. Ils appellent à la

1. A cette règle, il existe cependant, il faut l'indiquer, de notables exceptions. C'est ainsi que, dans les Landes, le chiffre des réfractaires, au moins jusqu'au 1er novembre 1943, sera relativement faible : 260 sur 1 589 ouvriers convoqués.

Au 1er janvier 1946, l'Office départemental des Anciens Combattants aura attribué 362 cartes de réfractaires à des Landais, alors que le nombre des demandes s'est élevé à 760.

résistance armée immédiate. Ils reproduisent l'admirable proclamation lancée par Victor Hugo aux Français occupés de 1870 : « Faisons la guerre de jour et de nuit… Pas de trêve, pas de repos, pas de sommeil… L'Allemagne attente à la France… Organisons l'effroyable bataille de la Patrie. Ô francs-tireurs, allez, traversez les halliers, passez les torrents, profitez de l'ombre et du crépuscule… Glissez-vous, rampez, ajustez, tirez, exterminez l'invasion. » Ils répercutent enfin et diffusent ce slogan :

JEUNES, NE PARTEZ PAS
DANS LES BAGNES NAZIS
ENGAGEZ-VOUS DANS L'ARMÉE
DES FRANCS-TIREURS ET PARTISANS

Ce n'est pas toutefois avant les jours précédant le débarquement de juin 1944 que les maquis connaîtront le fleuve des engagements et verront de jeunes hommes se diriger par milliers vers ces forêts et vers ces montagnes où l'on sait que vivent, depuis plus d'un an parfois, de petites bandes de garçons, dont Londres et la Résistance célèbrent l'héroïsme, que Vichy et les Allemands défigurent en les traitant volontairement sans discrimination de « terroristes ».

Mais, entre les premières semaines de 1943 et juin 1944, c'est près d'une année et demie qui s'écoulera.

Or, si la mémoire populaire n'a retenu que la grande aventure collective de l'été de la Libération, cette aventure collective a été précédée de milliers d'aventures individuelles qui l'ont rendue possible. Aventures toutes différentes, chaque maquis, éphémère ou durable, ayant sa personnalité ainsi qu'un destin original, fonction de ceux qui le composent, le dirigent, mais aussi de l'environnement paysan comme des réactions des forces de Vichy et des troupes du Reich.

Aussi est-ce d'abord à travers les morceaux du miroir brisé qu'il faut retrouver l'image.

C'est le 6 juin 1943 que Raymond Bredèche — sapeur-pompier à Paris — décide de « déserter » en compagnie de Robert, l'un de ses camarades de régiment. Après avoir acheté une boussole, garni leurs sacs… et beaucoup bu « pour combattre le cafard et fêter l'aventure », les deux garçons vont prendre le train en direction de Grenoble.

Un tramway les conduira ensuite sur la route de Vizille, et c'est le 10 juin au soir qu'ils affronteront véritablement l'inconnu.

Après une première nuit passée sous la tente, ils doivent mendier de ferme en ferme avant d'obtenir quelques pommes de terre (à 12 francs le kilo), un œuf (2 francs) et un litre de lait. Le 13 juin, aucun ravitaillement. Raymond tue une vipère qui sera cuite et mangée le soir même. Le 14, c'est à jeun qu'ils arrivent à la tombée de la nuit, trempés jusqu'aux os, car la pluie s'est mise de la partie, à Valsenestre où l'aubergiste leur offre, pour souper, des pommes de terre à l'eau et, pour dormir, un coin de grange.

Le lendemain, ils éprouvent leur première grande déception : l'homme qui devait les guider vers le maquis se révèle être un collaborateur qui d'abord les décourage, puis leur claque la porte au nez. Ils repartent donc, la faim au ventre et, lorsqu'ils trouvent dans la montagne une marmotte prise au piège, leur premier soin est de la porter à la fermière voisine dans l'espoir d'obtenir une part de la bête. Ils se retrouveront bientôt occupés à biner et butter les pommes de terre, à nettoyer l'étable, puis à effectuer fenaison, moisson, labours.

Il ne faut pas se montrer surpris de cette provisoire déviation d'itinéraire. Pour vivre, pour se nourrir, bien des réfractaires, partis à la recherche d'un maquis, se retrouveront au service de paysans, ce qui leur attirera la colère de certains résistants, le capitaine Alain Le Ray, l'un des responsables du Vercors, évoquant même, à leur propos, « les cachettes douillettes à la campagne ».

Alain Le Ray a raison, car, si l'on compare le nombre des réfractaires au STO à celui des maquisards, le « déchet » est important. Bien des garçons, surtout à la campagne, où les fermes isolées ne manquent pas, se contenteront de rester cachés chez eux, se dissimulant dans un grenier, ou dans un bois voisin, lorsque les gendarmes, menant l'enquête sur leur infraction, seront annoncés. Ainsi, après avoir vécu dans une cabane, où ses parents venaient le ravitailler, Aimé Fournié regagnera-t-il la ferme paternelle de Coumanzil, près de Foix, et il participera aux travaux des champs, déguisé parfois en femme lorsqu'il se jugera trop exposé aux regards des voisins.

Ils seront nombreux à imiter son attitude et Laurens, qui a pu étudier le cas de 203 réfractaires ariégeois, affirme que 111 d'entre eux, soit 54,6 %, étaient restés cachés dans leur commune et à proximité de leur domicile, quand ce n'était pas à leur domicile.

Tout cela est vrai, mais ce sont les résistants eux-mêmes qui, parfois, ne sachant comment camoufler les réfractaires, les « planqueront » dans des fermes.

Daniel Binaud, employé au service des réquisitions allemandes de la préfecture de la Gironde, décide-t-il d'échapper au STO, c'est muni de la moitié d'un billet de 5 francs — signe de reconnaissance fréquemment utilisé[1] — qu'il quitte Bordeaux pour le Lot-et-Garonne. Juste avant Montségur, où se trouve son « contact », un instituteur résistant, il peut sauter du wagon de marchandises où il a pris place grâce à la complicité d'un cheminot. Fidèle au rendez-vous, l'instituteur, après avoir rapproché

1. Ainsi dans le Vercors, Yves Farge remettra à Georges Clerge, responsable du groupe de La Chapelle-en-Vercors, des demi-coupures de 5 francs et « il fut convenu que l'autre moitié correspondant à chacun de ces billets serait remise par les nouveaux maquisards à leur arrivée ». J. La Picirella, *Témoignages sur le Vercors*.

les deux moitiés du billet, indique à Binaud le chemin de la ferme de M. Bouriaud.

> Deux jours plus tard, je me voyais doté d'une fausse carte d'identité, dont les tampons officiels avaient été imités avec de la pomme de terre sculptée. J'appartenais désormais au monde des réfractaires au STO.
>
> Ces cartes n'avaient que le grave inconvénient de sentir le « faux », bien que les tampons aient volontairement imité ceux de je ne sais plus quelle préfecture lointaine, Gard ou Pyrénées-Orientales.
>
> Pendant quelque temps, je redécouvris la vie campagnarde… La mort du cochon et les ripailles qui s'ensuivirent furent les sommets de cette courte période, marquée par un contact bref et déconcertant avec la résistance armée[1].

La partie de campagne s'achèvera toutefois en tragédie, la plupart des résistants concernés, notamment M. Bouriaud, et l'instituteur à qui Binaud avait remis la moitié du billet de 5 francs, ayant été déportés ou tués par la Gestapo.

Après le refuge des fermes, voici celui des chantiers forestiers, très nombreux dans cette France de l'occupation où le charbon est rationné, où voitures et camions qui roulent encore sont munis d'un gazogène et où le bois a repris la place qu'il occupait depuis l'origine des civilisations.

Mais peut-on s'improviser sans péril « chef d'un chantier forestier » ? Parce que Paul Larrat et deux sous-officiers, Helmer et Verger, ses amis du 2e dragons ne le pensent pas, ils commenceront par apprendre dans les bois gersois de Peyrusse-Vieille le métier qu'ils ont l'ambition d'enseigner bientôt à de futurs maquisards qu'il leur faudra encadrer aussi et nourrir.

En décembre 1942, janvier et mars 1943, les trois hommes, logeant dans une maison en ruine, couchant sur des grabats, mangeant peu et mal car leur travail n'est pas rétribué — et ils doivent, sur leur solde de non-activité, faire vivre leur famille —, s'initieront ainsi au débroussaillage, à l'abattage, à la confection des stères, à la fabrication du charbon de bois et à l'affûtage des outils. Modestie remarquable. Lorsqu'ils s'estimeront compétents, ils solliciteront, et obtiendront, des Eaux et Forêts l'attribution du chantier forestier de Forcets-Miélan, sur lequel arriveront bientôt une cinquantaine d'anciens du 2e dragons et de jeunes des Chantiers, réfractaires au STO, à qui, le soir venu, on prodigue l'instruction militaire indispensable.

Daniel Ungemach-Bénédite et ses deux camarades du réseau Tartane de Marseille et Antibes, le Dr Paul Schmierer et Roger Taillefer, se sont-ils pliés au même apprentissage avant d'obtenir de l'administration des Eaux et Forêts du Var le droit d'exploiter la forêt de Pellenq qui se trouve sur les communes de Regusse et Moissac[2] ?

---

1. Témoignage inédit de M. Daniel Binaud.
2. Témoignage inédit de M. Bénédite.

Pour les trois hommes, qui se jugeaient menacés sur la Côte, il ne s'agit, au début, que d'un camouflage provisoire. Or, de Marseille arrivent des réfractaires qu'il faut nourrir et employer, ce qui ne va pas sans difficultés considérables sur ce plateau où l'eau est rare, l'électricité absente, le ravitaillement difficile et où les candidats au bûcheronnage ont davantage de bonne volonté que d'expérience, si bien que les responsables du chantier, non contents de renvoyer les réfractaires incapables de couper quotidiennement deux stères de bois[1], institueront des primes à la production[2].

Parmi les cinquante forestiers de la forêt de Pellenq, les meilleurs, parce que les plus robustes et les plus habiles, sont incontestablement les Espagnols. Ce qui est vrai pour Pellenq l'est pour la plupart de ces chantiers où les Espagnols, amenés nombreux par la défaite des armées républicaines, regroupés par Vichy en « compagnies de travail » affectées souvent en haute montagne, formeront bientôt des unités maquisardes qui, aux Glières, par exemple, où combattra la compagnie Ebro, mais aussi dans le Sud-Ouest, agiront, soit en liaison étroite avec Armée secrète et FTP, soit de façon indépendante avant de tenter, en direction de l'Espagne de Franco, et après la Libération, des raids trop ambitieux pour se voir couronnés de succès.

Ce n'est que lorsque Bénédite a muni tout son monde de faux papiers, équilibré les comptes de son entreprise et qu'il estime être capable de nourrir convenablement tous ceux dont une tâche rude augmente l'appétit, qu'il peut, selon son mot, « songer à l'organisation militaire et à l'établissement des contacts nécessaires ».

A cet instant — on est déjà en février 1944 —, Bénédite se mettra en rapport avec le capitaine Fontes, chef de l'Armée secrète à Draguignan, ainsi qu'avec les lieutenants Picollet et Abiven, à Brignoles[3].

De son côté, M. Garcin, maire d'un petit village de Provence, sera le premier à conseiller à ses jeunes administrés, parmi lesquels se trouve son fils Jean, de se réfugier dans une forêt voisine de Gordes. Là, ils abattront des arbres et prépareront les écorces destinées à la fabrication du tannin, ce qui ne les empêchera nullement d'entrer bientôt en rapport avec les responsables des maquis du Ventoux, dirigés par le colonel Beynes et par un jeune avocat, Max Fischer.

D'autres réfractaires auront l'alibi d'une école d'escalade (aux Balmes-de-Vaujany, par exemple) ; d'un centre de jeunesse dirigé par un ancien responsable de l'armée de l'armistice ; d'une mine qui a repris ou qui

1. « En cas de renvoi, on faisait suivre les garçons à Nice, Marseille ou Toulon avec menace d'exécution s'ils parlaient. » Solution qui paraît bien aléatoire.

2. Un bûcheron coupant deux stères en moyenne par jour était payé 60 francs, celui qui en coupait trois, 70 francs.

3. Un parachutage de 22 containers aura lieu dans la nuit du 10 au 11 mai 1944 au profit des hommes de la forêt de Pellenq (50 fusils américains, 36 mitraillettes, 2 mitrailleuses lourdes, etc.).

intensifie son exploitation (celle de la Boutière, celle de Communay, dans le Grésivaudan) ; des tourbières de l'Isère ; des chantiers hydroélectriques en cours à Pont-Escaffier sur le Vénéon ou à Cordéac, sur le Drac.

Plus tard, beaucoup plus tard, lorsque tout sera terminé et que sera venue l'heure des conclusions, on parlera de « maquis refuges », précédant les « maquis mobilisateurs » et les « maquis opérationnels ». Ces définitions de militaires ou d'historiens seront impuissantes à faire comprendre la solitude des premiers réfractaires, l'improvisation matérielle et morale qui préside à leur « installation ».

Combien d'hommes ? Bien peu dans les premières semaines. Cinq, au début de 1943, avec le commissaire départemental FTP Justin Marquereau, dans le maquis de « la Fontaine-du-Bois », dans la Nièvre, près de Poiseux[1].

Trois, toujours au début de 1943, avec Émile Girardet, cheminot menacé, qui s'est installé, en compagnie du Lorrain Jean Noizette, de Marcel Valot et de Piroux, dans une île du Doubs.

Deux avec le lieutenant Antoine Fonlupt qui deviendra bientôt l'un des responsables des maquis FTP du Rhône.

Dans le Morvan, le maquis « Vauban » comptera douze volontaires seulement, le maquis « Camille » vingt-deux, le maquis de Montsanche dix-sept, au début de 1944, c'est-à-dire après douze mois d'existence. Mais également après que l'hiver eut entraîné une baisse sensible des effectifs.

Près d'Allevard, dans l'Isère, le premier camp accueillera douze réfractaires : douze ouvriers des Forges qui ont décidé de ne pas répondre aux prochaines convocations pour le STO. Alertés par le dentiste Jack Quillet, c'est le 9 janvier 1943 qu'ils ont gagné une bergerie et une écurie situées sur la route du Collet, à six kilomètres d'Allevard. Le nombre des réfractaires augmentant, il leur faudra déménager rapidement jusqu'à la chapelle du Bard.

Mais le groupe éclatera bientôt. Il n'existe en effet aucune affinité véritable entre ceux qui songent à l'action armée et ceux qui ne rêvent que d'une « planque » provisoire, se désintéressent de la tenue des baraques, de la discipline, et clouent un jour à un arbre cet écriteau : « Ici, on est entre copains, on ne veut pas de chefs. »

Rien n'est simple, on le voit, sauf si l'on accepte ces simplifications qu'impose le temps. Si, à Allevard, selon la légende, les habitants du

1. Il est juste d'écrire qu'ils auront été précédés, *dès mars 1942*, par deux clandestins communistes, Longhi (« Grandjean ») et Paul Bernard (« Camille »), qui se réfugieront dans les bois de Lormes et deviendront, à la fin de 1943, les responsables de nombreux maquis FTP.

village disent : « Pour le maquis, 2e rue à gauche », si, à Saint-Michel-les-Portes[1], le paysan interrogé par Gilbert Joseph lui répond :

— Ah ! c'est chez les dissidents que vous allez ! Tout droit jusqu'à la scierie.

Et si, à la scierie, on lui dit : « Les dissidents, c'est juste en face », des drames comme celui de Taponnat, en Charente, inciteront enfin à la prudence.

Par suite de bavardages, de criminelles gamineries (des garçons font sécher des parachutes dans leur jardin), de trahisons également, trente résistants perdront, en effet, la vie en septembre 1943. Aussi, les survivants de l'Armée secrète de Chasseneuil (près de Taponnat) changeront-ils de méthodes de recrutement. Quant à la population, c'est avec beaucoup de réticences qu'elle accueillera René Barusaud, qui deviendra le premier maquisard, et sera rejoint dans les bois de Cherves par Charlot Lagarde, puis par Albert Gin, les frères Montauban, Riquet et un Corse dont le nom n'est pas parvenu jusqu'à nous.

Ces hommes — dont les deux premiers ont détruit des installations allemandes près de Médis — ont erré pendant plusieurs jours, abrités sous les chênes, nourris de pain sec, abreuvés de l'eau des sources. Leur errance misérable ne les a pas empêchés de saboter la ligne de chemin de fer Bordeaux-Paris, puis d'attaquer le poste allemand de La Rochefoucauld. Découverts par Guy Pascaud, un enseignant de Chasseneuil, mis en rapport avec André Chavanne, qui tiendra un rôle important dans la résistance charentaise, les voici installés en compagnie de Barusaud dans les bois de Cherves, mais Chavanne leur fera comprendre qu'ils doivent, pour un temps, se garder de toute action qui alerterait sûrement un ennemi méfiant et révolterait sans doute une population traumatisée par les récents massacres.

La sécurité de ce maquis — baptisé « Bir Hakeim » au début de 1944 — reposera ainsi sur la multiplicité des précautions prises par Chavanne et par ses amis.

Signes de reconnaissance et d'identification : billets de loterie, moitié de billets de 5 francs, ampoules pharmaceutiques, chaque maquis a les siens comme il a ses mots de passe.

En Corrèze, à Neuvic, Pierre Mercier et Georges Monéger ont décidé que les « Parisiens » en quête du maquis devront se rendre au bureau de tabac, proche de l'ancienne gare, et dire :

— Nous sommes des représentants en pipes.

— Quelles pipes ?

— Les pipes Ropp.

Quant à Léonard, enfant de l'Assistance publique et petit employé d'une ferme du plateau de Vernoux, il a reçu pour consigne de l'insti-

1. Dans le Vercors.

tuteur du village de se présenter à l'instituteur de Saint-Barthélemy-le-Plain et de lui répéter cette phrase, pour lui énigmatique : « Vercingétorix est dans la marmite. »

Tout au long de la route, Léonard, afin de ne pas oublier, répète ainsi : « Vercingétorix est dans la marmite. » Grâce à M. Dumont, l'instituteur de Saint-Barthélemy-le-Plain, le voici maintenant dans les gorges du Doux.

La ferme s'appelle La Cula. Drôle de ferme. Peu de bétail, mais une vingtaine de garçons qui se jettent avidement sur la besace dans laquelle « maman [1] » a placé cinq saucissons, une vingtaine de fromages de chèvre bien secs ainsi qu'un gros pain fait à la ferme.

Devant la surprise révoltée de Léonard, le chef, Henri Villemin, lui explique que toutes les ressources alimentaires sont partagées mais « que l'on n'a pas tous les jours à partager ». Réflexion naïve de Léonard : « Sans y avoir pensé un instant, je me rends compte que je suis arrivé dans un maquis. »

Il existe d'autres précautions que les précautions verbales. Lorsqu'il arrivera pour la première fois au camp, Gilbert Joseph, qui vient de Villard-de-Lans, où « s'ébat toute une jeunesse dorée et inconsciente », se heurtera, dans la nuit, à une ficelle portant des bouteilles destinées à se briser en tombant. Réflexion de Joseph : « On pouvait se demander pourquoi l'ennemi emprunterait forcément ce chemin puisque, dans une manœuvre d'encerclement, il surviendrait de tous les points de l'horizon, à travers la campagne [2]. »

Bien entendu, d'autres moyens d'alerte seront mis en place (sans compter les petits postes d'observation dont le nombre est limité par la faible importance des effectifs). C'est ainsi qu'à Ambel, dans le Vercors, l'électricité demeure allumée nuit et jour. Que des mouvements suspects soient signalés et la téléphoniste du village de Saint-Jean-en-Royan coupe trois fois de suite la lumière.

Le maquis de la Pergue, dans le Lot, est protégé, lui, par des fagots et des bottes de paille disposés, sur les conseils d'un Russe qui a combattu jadis avec les armées de Wrangel, aux emplacements stratégiques et auxquels un garde est chargé de mettre le feu en cas d'approche ennemie.

Peu d'hommes au début, je l'ai signalé. Sociologiquement répartis de façon assez inégale. Si, parmi les 40 maquisards faits prisonniers à la Piquante-Pierre, dans les Vosges, et fusillés par les Allemands [3], il se trouve 24 travailleurs manuels, 10 enseignants, étudiants et fonction-

1. Sa mère adoptive.

2. En 1914, à la fin de « la course à la mer », les premières tranchées avaient été protégées des incursions ennemies par un simple fil de fer tendu, auquel étaient accrochées bouteilles et boîtes de conserve.

3. Cf. *Revue d'histoire de la Deuxième Guerre mondiale*, n° 55. Article de M. P. Clémendot.

naires ainsi que 6 hommes appartenant au milieu commercial, la date du drame — août 1944 — explique un mélange socio-professionnel assez remarquable.

Dans le Morvan, sur les 161 volontaires du maquis de Chaumard, on dénombre 92 cultivateurs, 21 ouvriers, 14 artisans, 14 employés et seulement 3 commerçants, 2 instituteurs, un étudiant en droit, un séminariste et un sous-officier[1] de carrière. La proportion de paysans est presque aussi forte dans le maquis voisin, celui d'Ouroux-Coeuzon : 70 sur 165 volontaires, dont 3 sont titulaires du baccalauréat, 4 d'un CAP et dont l'un a commencé ses études de médecine.

Ces recensements portent sur une période de mobilisation du maquis. C'est-à-dire au cours de l'été 1944. Effectués en 1943, ils auraient permis de constater une participation paysanne plus importante encore.

Si les maquis sont majoritairement composés de paysans et d'ouvriers, on trouve également des maquis où nombreux sont les soldats, sous-officiers et officiers de cette armée de l'armistice, dissoute par l'Allemand le 27 novembre 1942.

Ce sera vrai aux Glières avec Vallette d'Osia, puis avec Tom Morel ; dans le Vercors avec Le Ray et Geyer ; dans le maquis de l'Ain avec Romans-Petit ; dans l'Oisans où, le 6 février, la 14e compagnie de travailleurs indochinois arrive à Jarrie et Riouperoux, apportant avec elle : 2 mitrailleuses, 12 fusils-mitrailleurs, 50 mousquetons, 6 mitraillettes, 10 caisses de grenades et 20 000 cartouches[2] ; au corps franc Pommiès principalement recruté parmi les cadres et les hommes du 2e régiment de dragons.

Diversité politique. Du moins dans les premiers mois de 1943 se côtoieront garçons venant de milieux de droite, communistes, « sans parti », adolescents à qui la politique demeure étrangère. Ce n'est que plus tard que les regroupements se feront et qu'apparaîtront les clivages.

Lorsque le communiste Robert Noireau, qui deviendra le colonel Georges[3], arrive, en août 1943, dans un maquis du Lot, le chef, du moins tel qu'il le décrit, est un brave garçon « aux joues rondes et pleines. Une curieuse chaîne en or lui barrait la poitrine ou, plutôt, les premiers contreforts d'un ventre qui annonçait déjà son notaire. Rien de très combatif dans cette silhouette ».

Au milieu d'adolescents désinvoltes, indisciplinés mais sympathiques, Robert Noireau découvrira un « camarade » grâce à une chanson sifflotée, un matin, à l'heure de la toilette. Une chanson datant de la Commune de Paris et dont Noireau lance alors les premières paroles.

---

1. Sur les 161 volontaires, 106 étaient réfractaires au STO.
2. En mars 1943, le capitaine Lespiau qui commande la 14e compagnie de travailleurs indochinois obtiendra le ralliement du groupe nº 12 des Chantiers de jeunesse stationné au Péage-de-Vizille et dirigé par les capitaines Saget et Vellet.
3. Qui, à ce titre, et pour son combat, sera fait compagnon de la Libération.

La Butte Rouge
C'est son nom
L'baptême s' fit un matin
Où tous ceux qui montaient
Roulaient dans le ravin.

L'homme, surpris, entonne alors le couplet final.

Aujourd'hui y a des vignes.
Il y pousse du raisin.
Qui boira ce vin-là
Boira l'sang des copains.

Ayant repéré les trois ou quatre communistes du camp, ayant sondé les caractères, éprouvé les courages, Noireau, après de nombreuses discussions, réveillera les « ardeurs combattantes plutôt molles et endormies » et prendra la place du chef du camp lorsque celui-ci abandonnera son poste.

Il est vrai que les maquis où dominent les communistes sont ceux où l'action politique est la plus soutenue, ceux où la recherche de l'action militaire immédiate est la plus vivement encouragée et réclamée. Afin de lier les vivants aux morts, les communistes donneront souvent à leurs maquis le nom de camarades fusillés par les Allemands, qu'il s'agisse d'otages enfermés au lendemain du pacte germano-soviétique de 1939, ou de résistants capturés au cours d'actions clandestines.

Naîtront ainsi de nombreux camps : Gabriel Péri, Guy Môquet, Pierre Semard, Lucien Sampaix, Georges Politzer. Des camps porteront également le nom de résistants locaux. En mars 1943, les huit communistes rassemblés dans les gorges de la Dordogne, sur la commune de Gros-Chastang, prendront le nom de « Groupe Léopold Réchaussière », en souvenir d'un militant syndical communiste originaire de L'Habitarelle, fusillé par les Allemands à Paris le 7 mars 1942. Au printemps de 1943, Édouard Valéry, qui a effectué tout le voyage d'Ussel à Nespouls sur une bicyclette qui porte également deux mitraillettes enfermées dans une valise, fondera, avec Henri Dussier et Louis Plantadis [1], le « détachement Grandel », du nom du maire communiste de Gennevilliers fusillé à Châteaubriant…

Plus que dans toute autre forme de combat, ici, la géographie commande.

On se camoufle où s'étaient toujours camouflés ceux qui voulaient se soustraire à l'autorité : huguenots, prêtres refusant, à partir de 1791, les lois révolutionnaires, soldats ne voulant pas aller combattre en Russie avec Napoléon ou en Espagne sous le roi Joseph.

Dans cette vallée de la Dordogne, dans cette région de Neuvic où

1. Louis Plantadis sera fusillé le 31 mars 1944.

abondent les cachettes, si « le trou du curé » s'appelle ainsi c'est bien — et l'autel taillé dans la pierre en porte témoignage — parce qu'un siècle et demi plus tôt, des prêtres réfractaires à la Constitution civile du clergé y avaient trouvé refuge.

Bois profonds et montagnes offriront tout naturellement une protection *en apparence* idéale aux maquisards[1].

L'isolement du Morvan, du Jura, des Alpes, de l'Ariège, leur relief tourmenté, la pénurie des voies de communication, l'abondance de massifs forestiers, le grand nombre de fermes isolées et le plus grand nombre encore de fermes et de granges abandonnées, l'inefficacité d'autorités administratives lointaines, une pauvreté héréditaire qui a depuis toujours accoutumé les paysans à l'autarcie, tout désigne ces régions à qui désire se soustraire aux recherches.

Îles de forêts (la forêt au Duc et la forêt de Breuil-Chenue, dans le Morvan, couvrent chacune 1 200 hectares), îles de taillis enchevêtrés, îles de rochers tourmentés que l'on croit plus impénétrables, plus inaccessibles qu'elles ne le seront, en vérité, pour des troupes entraînées, elles offrent du moins leur solitude aux solitaires.

Plus des trois quarts des communes de l'Oisans ont ainsi leur centre situé au-dessus de 1 000 mètres, plus d'un tiers au-dessus de 1 400 mètres.

Quel avantage !... Quel désastre lorsque le maquis est composé non point de montagnards endurcis, mais de garçons des villes pauvrement vêtus, mal, très mal chaussés et peu résistants à la fatigue.

Si l'isolement de la forêt, si l'altitude de la montagne protègent, ils compliquent également la vie quotidienne, le ravitaillement dépendant étroitement des rapports avec des paysans fatalement isolés et peu nombreux.

« Se ravitailler et survivre absorbent toutes nos forces », écrira le capitaine Poiteau[2], qui, après l'invasion de la zone libre, a reçu mission du général Frère de « préparer la reprise imminente de la lutte sur le sol français » et dont la petite troupe — sept maquisards — opère au-dessus de Bourg-d'Oisans et, traquée, ira se réfugier dans une ancienne galerie d'ardoisière à 1 700 mètres d'altitude.

Au printemps de 1943 est-il excessif de faire, du ravitaillement, l'objectif essentiel des maquisards ? Je ne le pense pas.

Songeant à la façon de réduire les maquisards du mont Ventoux, les gendarmes de Carpentras, qui ne recherchent pas l'affrontement et ne nourrissent aucune illusion sur les sentiments de la population, devaient d'ailleurs proposer à leurs chefs une recette aussi vieille que les premiers sièges des premières guerres.

---

1. Dans son étude sur l'Ariège, A. Laurens remarque que le nombre des réfractaires sera beaucoup plus important en Haute-Ariège, et notamment dans le Cousserans où les hameaux sont difficilement accessibles, qu'en Basse-Ariège.
2. *Revue d'histoire de la Deuxième Guerre mondiale*, janvier 1963.

Il semble que le meilleur moyen est de couper le ravitaillement. Des barrages habilement établis permettront d'arriver à un résultat sans danger et sans effusion de sang[1].

Lorsque l'instituteur communiste, Georges Guingouin, dont certains membres du comité central du parti, en zone Sud, diront avec mépris, en attendant de le dire avec hostilité, car l'homme possède un caractère entier : « C'est un fou qui vit dans les bois[2]… », crée son premier maquis en Haute-Vienne[3], il possède déjà une grande habitude de la clandestinité.

Mobilisé en 1939, il a été de ces communistes qui, le parti interdit, ont caché du matériel d'imprimerie, diffusé des tracts (il les emporte alors dans son masque à gaz), réorganisé les liaisons rompues. Blessé pendant les combats de juin 40, s'évadant de l'hôpital pour ne pas être capturé, il a rejoint son domicile de Saint-Gilles-les-Forêts qu'il doit abandonner en février 1941 pour échapper à la police. Sa première cachette sera creusée dans le foin d'une ferme de Mouret, à quelques kilomètres d'Eymoutiers. Puis, en compagnie de Georges Cueille, Guingouin trouvera asile à Treignac, au domicile des Mazeaud, où son refuge sera aménagé au milieu d'un énorme tas de fagots[4].

Au moment du STO, comment Guingouin — qui parcourt depuis plusieurs mois le Limousin pour remettre sur pied l'organisation communiste ébranlée à la suite du pacte germano-soviétique, de la guerre, de la défaite et des répressions successives —, comment Guingouin n'aurait-il pas été l'un des premiers organisateurs de maquis ?

C'est dans la forêt de Châteauneuf, au lieu dit « Les Trois Chevaux », que Guingouin installera son camp de FTP.

Pour unique repère, une borne romaine. Pas de sentier pour descendre jusqu'aux baraquements. Interdiction de casser les branches. Interdiction de sortir si ce n'est dans le cadre d'opérations contrôlées. Interdiction d'accepter des inconnus du parti. Une intense activité nocturne, car c'est la nuit que les maquisards vont chercher tourtes de seigle, pommes de terre, morceaux de lard qui constituent leur pauvre ordinaire. Pas de vin mais une eau polluée. Peu ou pas de tabac. Des difficultés de ravitaillement

1. Ce rapport est daté du 7 juin 1943. La veille, la police de Carpentras avait saisi un chargement de vin et dix tonnes de pommes de terre destinés aux réfractaires réfugiés sur les pentes du Ventoux. Dans le même rapport, il est fait allusion à « la population de cette région [qui] est très favorable à ces jeunes ».

2. En 1942, Gabriel Roucaute, responsable aux cadres du parti communiste, exigera que Guingouin cesse son travail auprès des paysans, le parti privilégiant alors la lutte dans les villes. Guingouin n'ayant pas cédé, Roucaute donnera des instructions pour qu'il soit mis à l'index.

3. Guingouin refusera de quitter « son » domaine lorsque le parti lui proposera, en juin 1943, de prendre la direction du Puy-de-Dôme.

4. Ce fut « le havre de salut pendant la tempête ». Avant d'arriver chez les Mazeaud, Guingouin s'était, en effet, heurté à l'indifférence ou à la peur de plusieurs « camarades » qui n'avaient qu'entrouvert précautionneusement leur porte.

qui iront grandissant. Il faut marcher toujours plus longtemps au cours d'incertaines expéditions qui s'achèvent, en évitant les chiens des fermes, par des retours pénibles au petit matin.

Au fur et à mesure qu'augmente le nombre des maquisards, la charité patriotique se fera plus réticente et Guingouin en viendra vite, d'autres avec lui, on le verra, à l'attaque des bureaux de tabac, et des mairies, à la « récupération » dans les fermes des « collaborateurs » ou soi-disant collaborateurs.

Les dons, en effet, ne peuvent suffire à tout. Et il serait naïf d'imaginer tous les paysans ravitaillant de bon gré tous les maquis.

Les rapports entre paysans et maquisards sont ce que sont paysans et maquisards. Ils varient selon le lieu, l'époque, l'attitude des responsables du maquis, les ressources du pays.

Il existe beaucoup d'hommes, de femmes d'un dévouement absolu. Bien des anciens du Vercors n'oublieront pas Mme Jeanne Bordot, la « mémé du Vercors » (elle n'a cependant que 53 ans) qui, aux soldats italiens la pressant de révéler la cachette des maquisards, répliquera en montrant ses jupons : « Ils sont là-dessous ! »

Guingouin, de son côté, évoquera souvent cette femme, que toute la région d'Eymoutiers appellera « la mère du maquis ». Son mari et son fils arrêtés, puis déportés, Mme Bourdarias continuera en effet sans hésitation et sans crainte à secourir les réfractaires.

Cordonnier près de Trémolat, M. Vignal ne se contentera pas d'apporter du ravitaillement aux garçons logés dans la métairie dont il est propriétaire. Il leur confectionnera également des chaussures afin de remplacer leurs souliers « de ville » qui souffrent de n'avoir été ni raccommodés ni entretenus et dont les fragiles semelles sont arrachées par les souches, les branches mortes, les silex.

Dans la commune ardéchoise de Beauvène, Léo Royer, propriétaire d'un moulin, nourrira quotidiennement une douzaine de réfractaires. Il ne pourrait y parvenir sans l'aide de Léon Rey, boulanger à Saint-Sauveur-de-Montagut, de Rives et d'Albert Chazal, deux bouchers qui fournissent la viande sans jamais réclamer de tickets.

A Saint-Étienne-de-Lugdarès, à Étables, Silhac, Coux, toujours dans l'Ardèche, des familles, mais également le curé et le maire, procurent de la nourriture aux maquisards.

Dans le Morvan, où l'hiver particulièrement rude entraînera des privations telles qu'elles provoqueront l'éclatement de plusieurs maquis, on vit beaucoup de pommes de terre et d'un peu de viande de bœuf, les bêtes « récupérées » étant abattues au fur et à mesure des besoins, ce qui ne va pas sans entraîner un énorme gâchis car il est naturellement impossible de conserver la viande.

En vérité, ce n'est qu'à partir du printemps de 1944 que l'on pourra évoquer une certaine abondance de nourriture, les maquis étant plus nombreux, mieux organisés, mieux armés, davantage craints ou davantage aimés, tandis qu'approchent les jours de la Libération.

Alors, le maquis « Bayard » possédera dans chaque village un responsable chargé de collecter les dons. Alors, le maquis « Le Loup » conservera ses vivres de réserve dans la glacière d'un commerçant de Villiers-sur-Yonne. Alors, il sera possible de dresser un état des rationnaires et d'écrire que les 120 maquisards de la 1re compagnie du maquis « Bernard » [1], à Ouroux-Coeuzon, ont reçu en un jour — mais il s'agit du 1er août 1944 et nous n'en sommes pas là ! — 36 boules de pain, 35 kilos de pâtes, 36 kilos de sucre, 10 kilos de sel, 30 kilos de viande de bœuf.

Chiffres qui feraient rêver les maquisards de la compagnie « Compagnons de Jeanne d'Arc » (15 hommes), de la compagnie « Vercingétorix » (6 hommes), de la compagnie « Foch » (26 hommes), de la compagnie « Charcot » (10 hommes), du groupe « Saint-Louis » placé sous les ordres de l'abbé Van Hecke, du maquis « Guynemer » (41 hommes)[2], qui, au printemps de 1944, formeront ce même maquis « Bernard », alors qu'ils en sont réduits à solliciter des commerçants et des cultivateurs sympathisants qu'ils leur fassent crédit. Et non seulement pour la nourriture.

C'est ainsi qu'en octobre 1943 ils obtiendront à crédit, du propriétaire d'un magasin de Villy-en-Auxois (qui sera déporté en mars 1944), 33 paires de chaussures, 60 paires de chaussettes et l'épicerie qui leur fait défaut[3]. La facture sera réglée seulement un an plus tard.

Se souvenant de son arrivée au Désert de Valjouffrey (dans l'Oisans), l'un des maquisards de la compagnie *Stéphane* écrira :

> Les paysans du Désert nous avaient adoptés et ces braves gens se dévouaient sans compter pour nous. Nous devons beaucoup de reconnaissance aux personnes qui nous soignaient de leur mieux, nous lavaient nos vêtements, nous tricotaient des chaussettes, des pulls, nous accueillaient à table… Nous avions, chacun d'entre nous, une ou deux familles chez qui nous allions plus volontiers bavarder, manger un brin. Ce ne fut qu'au Désert que nous fûmes ainsi mêlés à la vie de la population. En quittant le Désert, nous vécûmes totalement isolés pour ne pas compromettre les civils.

Des civils qui n'hésiteront pas à se compromettre, il n'en manquera donc pas dans la France de 1943. Quelques exemples encore pour illustrer ce propos.

Dans la région de Neuvic, en Corrèze, c'est la famille Monéger qui assure le ravitaillement des maquis voisins. Garagiste, Léon Monéger[4]

---

1. Alias Bernard Guillemin.
2. Tous les effectifs cités sont valables pour décembre 1943-janvier 1944.
3. Les maquisards des groupes qui constitueront finalement le maquis « Bernard » seront également ravitaillés par un boulanger, commandant de la compagnie sédentaire Alsace-Lorraine.
4. Il décédera d'un cancer le 18 janvier 1944 et son enterrement sera suivi par une foule imposante. Le maquis gardait, ce jour-là, toutes les routes menant à Neuvic.

reçoit de la viande de Mme Deprund, qui tient la boucherie en l'absence de son mari, prisonnier de guerre. Le beurre, les légumes, l'épicerie lui sont apportés par des commerçants sympathisants. Avec son camion, Léon Moneger va ainsi, tous les deux jours, faire « la tournée des maquis ». Surveillé par la Gestapo, il sera remplacé par sa femme, par Suzon, sa fille, par son fils Pierrot, qui, sur leur bicyclette, tirant une remorque ou portant un gros sac tyrolien, emportent viande et pain aux maquisards à qui sera même réservée la surprise d'un « réveillon » de Noël : dindes farcies, civet de lièvre, gâteaux et bonnes bouteilles[1].

En vérité, il n'est nul besoin de ces « bons de la victoire », vendus dès mai-juin 1943 sur certains marchés et dans certains cafés, nul besoin de ces appels qui se multiplient au début de l'hiver :

> Nivernais ! Vous qui êtes bien au chaud chez vous, pensez que les francs-tireurs peuvent avoir froid cet hiver ! Aidez-les à trouver des vêtements chauds, des couvertures ! Aidez-les à se ravitailler ! Collectez parmi vous en faveur de ceux qui luttent pour la France.

pour émouvoir des hommes et des femmes dont l'action charitable, moins visible, moins souvent célébrée que des actes de guerre, n'en sera pas moins considérée par l'ennemi comme un acte de guerre.

Maire de Pontaroux, en Charente, Albert Dubois, qui a hébergé et nourri sur sa propriété des dizaines de réfractaires au STO, sera arrêté par la Gestapo et enfermé à la prison Saint-Roch d'Angoulême qu'il quittera pour un camp de concentration.

Voici sa dernière lettre à sa femme et à ses filles, datée du 2 mars 1944 :

> Bien chères aimées,
>
> Je viens de passer la visite ce matin en vue d'un très prochain départ en déportation en Allemagne. Il faut nécessairement, si ce mot vous arrive à temps, m'apporter sans délai : valise, linge, etc.
>
> J'ai toujours tenu bon jusque-là, je tiendrai jusqu'au bout. Je pars sans peur avec le calme d'un cœur tranquille, d'une conscience sans reproche. Ils accélèrent les départs, car ils ont peur de ce qui les attend. Je serai avec des Bretons, tous braves gens, des prêtres, des directeurs d'usines, des officiers, tous ardents patriotes, moi c'est surtout *ma fonction qu'ils ont vue*[2]...

La fonction ? C'est bien parce qu'il a sublimé sa fonction de magistrat municipal qu'Albert Dubois ira mourir à Mauthausen en juillet 1944.

Et c'est bien parce qu'il a sublimé sa fonction qu'Albert Lavialle, instituteur à Vézac, près de Sarlat, fait croire aux Allemands qu'il va les guider vers le maquis, puis les égare et s'enfuit en sachant qu'il sera

1. Plusieurs habitants de Neuvic ont participé à la réussite de ce festin. C'est ainsi que Mme Hurtevent a préparé le civet de lièvre et Mme Battut, les gâteaux.

Toujours en Corrèze, il faut signaler que M. Charbonnel, curé de Saint-Pardoux-la-Croisille, transporte dans sa petite voiture ravitaillement et armes pour le maquis.

2. Je souligne intentionnellement.

abattu, mais que le bruit des armes, alertant ses camarades, leur donnera le temps de se cacher. Naïf et touchant, un petit poème rappelle son sacrifice.

Les coups de feu se répercutent
aux quatre coins de l'horizon ;
prévenu dès cette minute,
chacun s'enfuit de sa maison.

Les bois leur offrent une retraite
dans les bois va-t'en les chercher !
en déclenchant les mitraillettes,
Lavialle les a tous sauvés[1].

Tous les maires ne sont pas des Albert Dubois, tous les instituteurs ne sont pas des Lavialle, tous les commerçants ne font pas crédit au maquis, tous les paysans n'ouvrent pas de grand cœur leur poulailler, leur porcherie, leur grenier.

Hostiles dans leur quasi-totalité à l'occupant, hostiles aux dirigeants de Vichy (même s'ils font exception pour le maréchal Pétain), les paysans devraient donc, par principe, être favorables aux maquisards.

Ce n'est pas si simple. Une fois encore, il faut citer Michelet et son *Histoire de la Révolution française* : « On disait que la République allait requérir les bestiaux… Toucher à leurs bœufs ! Grands dieux !… C'était pour prendre les armes. »

Michelet évoque la révolte des Vendéens, mais les mots « toucher à leurs bœufs » valent pour 1943 aussi bien que pour 1793.

L'Allemand c'est l'ennemi, celui en face duquel, souvent, le paysan s'est trouvé quatre ans durant dans les tranchées de l'autre guerre, « la Grande ».

Le « monsieur de Vichy », c'est l'homme de la taxe, le contrôleur du ravitaillement, le gendarme, bref celui qui ne connaît rien à la terre mais prélève, impose les normes et les prix fixés dans des bureaux, dérange le trafic fructueux établi avec les gens des villes et fait perdre ainsi des « occasions » d'enrichissement qui, nées du cataclysme de la défaite et de l'occupation, ne se retrouveront jamais plus.

Le maquisard, c'est le garçon du coin, le gars à Paul, à Charles, à Henri, mais c'est également l'inconnu, le Parisien, le Lyonnais, le Bordelais, qui arrive avec ses idées fausses, ses étonnements et ses questions futiles, ses exigences déplacées, son vocabulaire différent, qui juge et regarde de haut et qui, un revolver ou une mitraillette à la main, parfois ne demande pas, mais exige et se sert.

Le maquisard, c'est également l'inconnu qui se présente dans un accoutrement souvent pitoyable, parfois effrayant.

1. A Vézac existe aujourd'hui la salle de classe Albert Lavialle.

Quelles que soient les « récupérations » effectuées ici et là, le dénuement est en effet la règle et le portrait fait par Francis Glattauer, qui, « brûlé » dans son réseau, a dû prendre le maquis, de garçons dotés de « chaussettes russes » — en réalité des chiffons remarquablement sales —, habillés d'un pantalon de couleur innommable et souvent déchiré, d'une veste ou d'une chemise, mais rarement de l'une ET de l'autre, ne possédant ni casque ni imperméable, n'est pas de ceux qui peuvent inspirer confiance aux paysans.

Le pasteur de Mandagout, cependant très favorable au maquis[1], écrira que les cultivateurs n'offraient bien souvent du ravitaillement qu'avec une ancestrale méfiance.

— Pensez, lui dira un jour un cultivateur ardéchois, j'ai donné un lapin aux jeunes, si la Milice l'avait su, qu'est-ce que j'aurais pris !

Il ajoutera que, le nombre de maquisards augmentant, les réfractaires « en veulent aux paysans qui ne donnent qu'avec parcimonie[2], et les paysans en veulent aux maquisards qui se font difficiles ».

Si bien que, dans de nombreux maquis, le mauvais ravitaillement sera source de querelles et d'incidents de plus ou moins grande ampleur.

La baraque s'appelle bien « la Baraque du Bidil » : « la Baraque du Veau ». Oui, mais il n'y a pas de veau dans cette méchante baraque d'Aire-de-Côte, près de Vallerauge, dans la région d'Alès, où une quinzaine de réfractaires sont installés dans des conditions d'inconfort total, mangeant peu, dormant mal lorsque le vent qui balaie l'Aigoual s'engouffre et hurle sous la tôle.

Malgré le dévouement de Mme Genret, c'est le manque de ravitaillement qui sera à l'origine de la mésentente entre les maquisards et les responsables de l'organisation de résistance, tant et si bien qu'un jour d'hiver les premiers, furieux d'être privés de tabac et de vivres, décideront de traduire en jugement ceux qui, pourtant, se dévouaient à leur service !

Lorsqu'il faut, pour un maquis d'une soixantaine d'hommes, 80 kilos de pain tous les deux jours et, en proportion, de la viande, du fromage, du vin, de l'huile, des pommes de terre, mais que manquent argent et tickets, il est bien évident qu'arrive l'instant où les dons ne suffisent plus. Il devient nécessaire d'agir. Et agir, c'est voler. Des tickets, de l'argent, des vivres.

La première action de Valéry, qui a groupé quelques maquisards communistes dans la forêt de Turenne, au lieu dit « La Piraterie », a pour objectif la mairie de Cressensac. Avec trois ou quatre camarades, il fait

1. C'est lui qui, pour être prévenu de l'arrivée nocturne de réfractaires sans que le village soit alerté, avait attaché une ficelle à son bras. La ficelle passait par la fenêtre. Un journal s'y trouvait accroché et il suffisait de tirer cette sonnette peu banale pour que le pasteur, réveillé, vienne accueillir les candidats maquisards.

2. Et qui vendent au « prix fort ».

irruption, l'arme au poing, dans le local où un employé collationne les tickets d'alimentation et repart comme il est venu : à bicyclette.

> L'opération se déroule très vite et sans incident notable. Il y a là cinq ou six personnes qui n'opposent aucune résistance. Après avoir rempli une musette de tickets divers, nous enfourchons nos vélos et nous filons vers la forêt de Turenne qui est toute proche. Les journaux parlent de cette attaque comme d'un « hold-up » surprenant effectué, en somme, par ce que l'on pourrait appeler « le gang des bicyclettes [1] ».

Les journaux, c'est vrai, évoquent de plus en plus souvent, dans l'automne de 1943, attaques de fermes, de mairies, de bureaux de tabac, de perceptions.

Dans les derniers jours de septembre, M. Polin, maire d'Onsenbray, près de Beauvais, est tué par deux garçons qui voulaient s'emparer des tickets de ravitaillement. Ce sont également les tickets du mois d'octobre sur lesquels font main basse les assaillants des mairies d'Hécourt, de Saint-Quentin-en-Braye, de Cuny-en-Braye, de Béthemont[2], d'Antony, de Romorantin, de Soyaux, de Claye-Souilly où ils prennent 1 974 feuilles de pain, 2 240 de denrées diverses, 2 207 de viande, 400 de lait ainsi que 467 bons d'achat de pantoufles et 230 de vêtements.

Le 23 octobre, au centre de rationnement de Nogent-sur-Marne, 28, rue Émile-Zola, ce sont 70 000 tickets de viande et de régime qui disparaissent en moins de sept minutes. « Exploit » payé de deux morts inutiles. A 10 heures, il ne se trouve encore que trois « administrés », dont un bébé de quelques mois dans les bras de Mlle Suzanne Raquidel, dans le bureau où s'affairent 16 jeunes filles chargées de la prochaine distribution des différents tickets et trois employés municipaux. La porte s'ouvre avec fracas. Trois hommes, dont l'un porte un uniforme de gardien de la paix, dissimulé sous un ciré noir, font irruption en hurlant « Haut les mains », sommation que le pseudo-gardien de la paix appuie d'une rafale de mitraillette. Mlle Raquidel tombe, mortellement blessée. Elle agonisera pendant plusieurs minutes sans que nul n'ose lui porter secours. M. Franchot, un fonctionnaire municipal, a été tué sur le coup.

Dans un pays où rien ne s'obtient sans cartes ni bons, où les trafiquants de fausses et plus encore de vraies cartes de pain édifient d'imposantes fortunes, comment déterminer exactement ce qui profitera aux maquisards en difficulté et ce qui contribuera à l'enrichissement de quelques bandes ?

Lorsque, près de Saint-Junien, en octobre 1943, un camion, venant d'Angoulême et se rendant à Limoges avec, à son bord, 1 100 paires de

1. La bicyclette étant utilisée dans la majorité des attentats, l'occupant exigera (dans les Landes, par exemple, en janvier 1943) qu'il soit impossible de vendre une bicyclette (même entre particuliers) sans autorisation de la Kommandantur.

2. En Seine-et-Oise. L'un des agresseurs, André Goedhomme, 29 ans, sera tué par les gendarmes.

souliers pour les gendarmes, est intercepté, il faut légitimement songer à une action du maquis. Il en va de même lorsque des vêtements sont dérobés dans des Chantiers de jeunesse ou dans des camps de Jeunesse et Montagne.

Et les raids seront de plus en plus fréquents, ne se heurtant, d'ailleurs, à aucune résistance de la part des jeunes des Chantiers. C'est ainsi que, lorsque l'École des cadres de Lantenay sera occupée pendant quelques heures par des maquisards venus enlever costumes et chaussures, le chef Bernard, un ancien séminariste de Flavigny-sur-Ozerain, expliquera à tous les occupants du château-école qu'il ne commande « ni des brigands ni des bandes combattant pour des idées politiques, mais de jeunes Français désirant hâter la libération du sol national »[1].

Quant au capitaine Romans-Petit, qui a fondé les maquis de l'Ain, c'est avec une précision toute militaire et une grande volonté d'épargner les vies humaines qu'il organise ses opérations de « récupération ».

Le 19 septembre 1943, le voici en route pour Artemore où les Chantiers de jeunesse possèdent un important dépôt d'intendance. Consigne formelle à des garçons qui ont répété leur rôle avant de prendre place dans deux camionnettes, un camion et trois voitures légères : aucun coup de feu ne devra être tiré. La sirène du centre des Chantiers a été bloquée, les lignes téléphoniques sabotées. Les gendarmes, surpris dans leur sommeil, se sont retrouvés ligotés, puis chloroformés. Les chefs des Chantiers acceptent, sans surprise ni colère, de se laisser faire prisonniers. Et c'est désormais en uniforme des Chantiers que les maquisards de Romans-Petit opéreront des sabotages ou des coups de main de plus en plus audacieux, à l'image de celui qui les conduira, dans la nuit du 28 septembre, à occuper pendant vingt minutes les entrepôts de l'intendance de Bourg, situés cependant au milieu d'une ville où les Allemands sont en nombre.

En repartant, les camions du maquis emporteront plusieurs tonnes de denrées représentant l'équivalent de neuf mois de stocks. Là encore, aucun coup de feu n'aura été tiré, mais l'opération, préparée par de nombreuses répétitions, avait été basée sur la rapidité d'exécution comme sur le respect scrupuleux des horaires.

De même, dans l'Isère et sous le commandement de Paul Gariboldy, les corps francs du capitaine Nal arrêteront-ils, en septembre, en haut du col de la Placette, une camionnette transportant 250 000 jeux de tickets destinés à 73 communes[2].

Mais tous les maquis ne disposent pas de camions, pas plus qu'ils ne disposent de moyens suffisants en hommes et en armes pour mener des opérations de vaste envergure. Aussi est-il vraisemblable que les deux cyclistes arrêtés le 4 octobre par les brigades de gendarmerie de Louhans

1. In *La Vie d'un maquis de l'Aixois*.

2. Le chauffeur de la camionnette du ravitaillement devait livrer à la police le nom de Marius Didier, l'un de ses « agresseurs ». Il sera exécuté par les groupes francs de Grenoble.

et de Beaurepaire, et sur lesquels les gendarmes vont trouver 211 cartes de viande, 107 de pain, 64 de denrées diverses, mais également une mitraillette Sten et deux revolvers, sont des ravitailleurs du maquis. Vraisemblable également que les huit garçons qui envahissent le domicile de M. Lucien Cazalet, fromager à Braguelonne, près de Troyes, prennent 100 litres d'essence, 200 fromages et 60 kilos de beurre, mais en acquittent scrupuleusement le prix, agissent pour leurs camarades réfractaires.

Mais les cinq individus armés, qui font irruption chez M. Hascourt-Quillien, buraliste à Quemeneven, près de Quimper, et emportent la provision mensuelle de tabac de la population ? Encore M. Hascourt-Quillien a-t-il la vie sauve. Ce ne sera pas le cas de Mme Jeanne Descharmes, qui tient un modeste café-tabac à Maisons-lès-Chaource, dans l'Aube. Son établissement — comme le mot convient peu ici ! — une fois pillé, elle est tuée sous les yeux de sa sœur que les agresseurs (ils sont dix) sont allés chercher chez elle, à deux cents mètres de là, et qu'ils obligent à assister à l'exécution, puis à demeurer un long moment en présence du corps de la victime.

L'attaque de la ferme Perlot près de Valenciennes, le vol de plusieurs milliers de francs, de cinq bicyclettes et de deux costumes, l'assassinat de M. Perlot lorsque, vers 23 heures, il regagne son domicile[1] ; l'assassinat de M. Berlioz, cultivateur à Tuellin, dans l'Isère ; le meurtre à Laumes-Alésia, près de Montbard, de Mme veuve Arnol, de sa fille Laure et d'une jeune bonne de 19 ans ; celui, à La Neuville, près d'Arras, d'Émile Oge, domestique chez M. Alfred Leroy, qui a eu le tort de s'inquiéter des causes du bruit entendu dans la cour ; l'agression commise à Sarry, dans l'Yonne, contre Mme Fourmillon, tuée après avoir remis tout son argent, cependant que son mari est enfermé dans la cuisine ; l'incendie à Graveron-Semerville, dans l'Eure, de 27 tonnes de paille et de 15 tonnes de foin chez M. Chevalier, tous ces drames, et bien d'autres encore, intervenus dans les DEUX DERNIÈRES SEMAINES D'OCTOBRE, sont évoqués dans des journaux qui, sur ordre, comme par conviction, parlent toujours de « bandits armés et masqués » sous une rubrique désormais quotidienne et familière aux lecteurs : « L'activité du terrorisme ».

Comment ces vols, ces attentats et ces crimes ne feraient-ils pas l'objet des conversations apeurées de familles qui ignorent si leur ferme recevra la visite d'un « bon » maquis ou bien d'une bande affamée de pillage, d'argent et de sang, n'hésitant pas — cela se produira en décembre, près d'Avesnes — à se servir d'un tisonnier chauffé à blanc pour obtenir le secret de la cachette de quelques louis, du beurre ou des confits. D'autant plus qu'il y aura, pour des raisons obscures, des jours plus terribles que les autres.

1. M. Perlot, les mains attachées, sera conduit dans une prairie à 300 mètres de sa ferme et tué de 3 balles de revolver.

Le 15 novembre, par exemple, où M. Magnier, gérant du syndicat agricole de Faterne, est tué chez lui ; où Mme Mona Matuzi est abattue à Saint-André-de-Boëge ; où un cultivateur est tué près de Thonon, cependant qu'à Orcier deux « délégués du maquis », ou soi-disant tels, se présentent chez M. Pélissier et, après avoir fait un copieux repas, entraînent le restaurateur dans la rue et le massacrent, tandis qu'en Dordogne, dans les bois de Liorac, on découvre, le même jour, le corps d'un jeune mécanicien ; près du lac de Servière, dans le Puy-de-Dôme, celui d'une jeune femme, et qu'à proximité de Belfort, M. Camille Coincon, de nationalité suisse, est tué de deux balles dans la tête ; un adjudant de gendarmerie étant enfin, dans la soirée, abattu à Aiguebelle…

Alors, de vieilles terreurs remontent du fond des âges, terreurs que l'on croit apaiser en mettant parfois les gendarmes sur la voie de quelques cachettes, sur la piste de quelques hommes.

Ces drames, exploités par la presse de la collaboration, et par Philippe Henriot dans ses allocutions radiophoniques, inquiètent suffisamment les milieux de la Résistance londonienne pour qu'à plusieurs reprises ils s'efforcent de désamorcer des événements lamentables qui, psychologiquement, peuvent provoquer bien des ravages.

Voici comment, dans un style de patronage, *Honneur et Patrie* présente sur les antennes de la BBC une scène de réquisition dans l'épicerie-bureau de tabac d'un village[1].

> Trois réfractaires s'adressent à la caissière, sur un ton gentil.
> — Haut les mains !
> — Allons, messieurs, n'y allez pas trop fort !
> — Vous avez du tabac ?
> — Je l'ai déjà donné, messieurs, vous n'êtes pas les premiers.
> — Du macaroni ?
> — Je n'en ai que trois kilos.
> — Donnez-les toujours, avec quelques pots de confitures.
> — Qui me les paiera ?
> — Soyez sans crainte.
>
> Et, pendant que deux réfractaires raflent tout ce que l'épicière du village peut leur donner, le troisième sort son stylo et lui signe un reçu ainsi libellé : « Bon pour tant et tant de marchandises à régler après la libération du territoire par Messieurs de Gaulle et Giraud ».

Dans l'espoir de dresser un contre-feu, Maurice Schumann, le 14 décembre, accusera les miliciens de ces actes de sabotage dont la presse de Paris et de Vichy rendent les maquisards (et surtout les communistes) responsables.

L'Humanité clandestine, de son côté, a déjà affirmé, dans son numéro du 1er novembre, que les « lâches pillards, incendiaires et assassins… de connivence avec les traîtres Laval et Pétain, voudraient déconsidérer les

1. Émission du 4 octobre 1943.

actions de guerre des Francs-Tireurs et Partisans en se livrant à des actes de banditisme dont ils accusent les patriotes».

Mais *Ici Londres* se verra forcée de reconnaître, le 18 décembre que, si «malgré toute la campagne de presse et de radio lancée par Vichy, les Français se refusent à prendre les gars du maquis pour des terroristes», il existe bien, aux côtés des patriotes, «quelques éléments douteux», quelques «brebis galeuses».

A la fin de l'année, dans une édition pirate du quotidien lyonnais *Le Nouvelliste*[1], l'éditorial, intitulé *Appel à la bourgeoisie*, évoquera franchement le problème du banditisme. Son rédacteur accusera la bourgeoisie de n'avoir pas participé à temps à une résistance dont elle aurait pu et dû contrôler les initiatives.

> Si, au début, on a pu reprocher aux gens du «maquis» quelques rares actes répréhensibles, la faute en est au manque de véritables chefs, ayant l'habitude des devoirs qui leur incombent. Là où l'encadrement est bon, cette période est aujourd'hui révolue... Les actes regrettables que certains ont pu commettre sont effacés par la conduite de tous... Par son hésitation, sa timidité, son refus devant le mouvement «maquis», la classe bourgeoise porte une part de la responsabilité de ces actes.

Ignorant Mao Tsé-toung, mais découvrant très vite, et d'expérience, qu'il leur faut vivre dans la population comme poissons dans l'eau, certains maquisards prendront d'ailleurs des mesures d'autorité contre les pillards.

Lorsqu'ils le pourront...

Louis Nal, écrivant quelques années après des événements intensément vécus à Grenoble, regrettera toujours de n'avoir pu mettre la main sur tous les pillards qui déshonoraient la Résistance, notamment en vendant au marché noir des tickets volés au nom de la patrie.

Cependant en basse Lozère, des maquis FTP se débarrasseront de voleurs de chaussures; aux Glières, la police du maquis interviendra pour chasser une bande qui terrorise la population; au hameau de Romme, un nommé Mahias sera fusillé après un combat entre un maquis honnête et un qui l'est moins; le maquis Brancion «exécutera» un pillard; certains chefs de maquis paieront systématiquement le tabac prélevé dans les débits et n'attaqueront jamais de bureaux de poste.

Quant à Tom Morel, responsable jusqu'à sa mort du maquis des Glières, il adressera le 14 février 1944 une lettre à M. Missilier, boulanger au Petit-Bornand, propriétaire d'un chalet que le maquis a dû détruire pour empêcher de nouvelles attaques des forces de Vichy.

> Nous nous excusons de ce geste dont vous comprendrez la nécessité au point de vue militaire et nous sommes sûrs, connaissant votre patriotisme, que vous l'approuverez. La présente lettre vous servira au jour de la Libération

1. *Cf.* ci-dessous, p. 618.

pour revendiquer, au titre de dégâts de guerre, les crédits nécessaires pour une restauration plus belle dans un cadre enfin purifié.

Comme un commerçant de Chasseneuil, chez qui les maquisards viennent d'opérer, se plaint du vol d'une montre posée sur le comptoir, André Chabanne, responsable de « Bir Hakeim », fait venir les quelques hommes ayant participé à l'opération, les place devant deux « anciens » armés de mitraillettes et leur tient avec succès ce bref discours :

— A « Bir Hakeim », on n'a jamais volé et, si le voleur ne se dénonce pas immédiatement, je vous fais exécuter sur-le-champ, car vous êtes tous complices de ce vol.

> C'est avec une telle réputation de rigueur forgée et voulue par ses chefs, écriront plus tard les survivants de ce maquis charentais, que « Bir Hakeim » eut la sympathie de la population de Chasseneuil, Saint-Claud et autres communes de la région, ce qui était nécessaire pour constituer un maquis si près de l'ennemi [1].

Réflexion de bon sens. Les vols et les attentats crapuleux indisposent la population. Ils laissent à la population, même lorsqu'elle garde le silence, d'affreux souvenirs qui persisteront après la Libération. Ils fournissent des arguments à la propagande collaborationniste.

> Il y aurait dans le maquis, écrit *L'Œuvre* du 22 décembre 1943, des bandits et des patriotes, des impurs et des purs, et nous serions priés de ne pas confondre. Les assassinats, les pillages seraient exclusivement le fait de criminels de droit commun, échappés de prison, ou revenus de bagnes africains ou espagnols. Mais les authentiques « libérateurs » vivraient en ascètes dans les forêts, se nourrissant romantiquement de rêveries contemplatives ou de collectives exaltations.

Eh bien, le journal de Marcel Déat se refuse à ces « trop subtils distinguos » et, parce que le pire existe, il dénonce le meilleur et jette sur tous les maquisards les mêmes accusations et les mêmes injures.

Vols et attentats crapuleux mettent également, directement ou indirectement, les maquis en danger.

Dans la région de Bort, un réfractaire, qui, au cours d'une mission de ravitaillement, a volé 20 000 francs à M. Bourzeix, déserte mais, arrêté par les gendarmes, le 10 septembre 1943, il parle et livre rapidement l'emplacement de son maquis.

D'ailleurs, il suffit parfois d'une simple indélicatesse pour déclencher des arrestations. Que Lehman, un Autrichien, intégré dans un groupement

1. Les FTP du maquis « Brancion » auront des réactions identiques après l'exécution du chef d'une bande qui avait sombré dans le gangstérisme : « Le choix devant une telle situation est pénible, laisser faire ces rapines nous porte tort, abattre un voleur n'est pas bien vu, car le vol n'est pas un crime. La bonne considération de la population à l'endroit de la Résistance est un facteur trop fondamental pour que de tels choix soient pris à la légère. »

de résistance de l'ouest du Gers, vole quelques paquets de tabac à un cultivateur, chez qui il était allé acheter de la volaille, et voici la gendarmerie d'Eauze alertée. Les Allemands ensuite. Finalement, ce modeste larcin entraînera l'arrestation du lieutenant Puga, puis celle du capitaine de Neuchèze[1] qui contrôlent respectivement le secteur ouest du Gers et tout le département. Sans doute, le volé n'imaginait-il pas que les choses « iraient aussi loin ». C'était faire bien peu de cas de la présence allemande.

Il est vrai qu'en 1943 il existe toujours des hommes chez qui le préjudice subi étouffe toute réflexion et qui, pas un instant, n'imaginent quels drames terribles peuvent entraîner leurs dénonciations.

Lorsque Guingouin, après avoir fait sauter plusieurs botteleuses, fait détruire, dans la nuit du 9 août 1943, six batteuses dans deux cantons, il n'est pas certain que son geste réjouisse tous les paysans de Sussac, de Peyrat-le-Château, de La Roche, de Saint-Léonard, de Saint-Julien-le-Petit, de Champnètery, directement concernés par des explosions[2] qui les condamneront à utiliser demain le fléau. Comme il n'est pas certain que les incendies de meules, les destructions de récoltes fassent bondir de joie les paysans !

Sans doute, Guingouin, et d'autres avec lui, affirment-ils qu'en agissant comme ils le font ils privent l'Allemagne de ravitaillement, mais Philippe Henriot, sur la radio de Vichy, Jean Hérold-Paquis, sur celle de Paris, Déat, dans *L'Œuvre*, ont beau jeu de répliquer que ce sont d'abord les Français qui sont et qui seront atteints[3]. Par allusion au célèbre « C'est autant que les Boches n'auront pas », la manchette de *L'Œuvre* du 8 septembre est ainsi rédigée :

Ils ont raison de brûler le blé…
C'est toujours autant que nous
ne mangerons pas.

Quant à Philippe Henriot, il s'élève contre ce que Londres a appelé « la bataille des fermiers ». « C'est un mensonge ; il faut dire "la bataille contre les fermiers", Londres veut faire croire que c'est par patriotisme que les fermiers détruisent le fruit de leur labeur… mais [quand] le paysan a lutté au cours d'une année terrible… non seulement contre les difficultés de main-d'œuvre, de taxations, de réquisitions, mais encore

1. Le capitaine de Neuchèze réussira à se faire hospitaliser au Val-de-Grâce d'où il s'échappera. Rejoignant en septembre l'Afrique du Nord, il prendra un commandement au sein du 2e dragons reconstitué, et sera tué devant Autun le 9 septembre 1944.

2. Les responsables communistes eux-mêmes ne sont pas d'accord. Et, parlant des incendies de meules aussi bien que des destructions de batteuses, l'un des responsables d'un maquis situé à Brancion, en Saône-et-Loire, évoquera des « actions peu glorieuses et pas toujours comprises ».

3. *L'Œuvre* du 5 octobre signale aux Parisiens que la Corrèze (département maquisard… mais la remarque n'est pas faite) n'a livré en août à Paris que 89 bovins au lieu de 201, 585 veaux au lieu de 2 086, et 178 moutons au lieu de 1 723.

contre la terrible et démoralisante sécheresse… on peut imaginer ce qu'il ressent à voir anéantir en quelques heures le travail d'une année[1]. »

Toutefois, entre Philippe Henriot et Guingouin, la lutte est inégale. Quels que soient les véritables sentiments des paysans, c'est au second et non au premier qu'ils obéiront.

Sûr de soi, ayant des armes capturées aux forces de Vichy, de l'argent pris dans les gares ou dans les bureaux de poste, Guingouin — qui s'est promu colonel — va multiplier les actions militaires et psychologiques ayant toutes pour but de déstabiliser le pouvoir de Vichy.

La mitraillette ayant une valeur d'intimidation infiniment plus grande que le carnet de verbalisation des gendarmes, les commerçants qui recevront, dans l'automne de 1943, une lettre d'avertissement signée du « préfet du Maquis », lettre leur « ordonnant » de ne pas vendre les pommes de terre plus de 4 francs le kilo, le lard plus de 80 francs, les œufs plus de 36 francs la douzaine, et dans laquelle se trouve cette phrase : « J'espère fermement que vous ne me mettrez pas dans l'obligation de sévir contre vous », se montreront donc attentifs à ces recommandations alors qu'ils se moquaient des barèmes fixés par Vichy[2].

Enfin, dans la région que contrôle Guingouin, la distribution des tickets de ravitaillement ne pourra bientôt plus s'effectuer sans la protection d'un ou plusieurs fusils-mitrailleurs et d'imposantes forces de police. Encore ces précautions se révèlent-elles parfois inutiles. C'est ainsi — et l'authenticité de l'épisode est confirmée par un rapport de gendarmerie — que le 30 décembre 1943, à Sussac, petite localité de la Haute-Vienne, les Groupes mobiles de réserve, qui assurent en principe la protection de la salle de classe où doit avoir lieu la distribution des tickets, seront non seulement impuissants, mais ridiculisés. Habillés d'uniformes (pantalon de drap vert, blouson de cuir) récupérés au centre des Compagnons de France de Plainartige et au camp des Chantiers de jeunesse de La Parge, armés de mitraillettes, de grenades et de pistolets, une trentaine de maquisards capturent les gardes, cependant qu'une cinquantaine d'entre eux bloquent les entrées du village.

> S'approchant de l'officier blanc comme un linge [il s'agit de l'officier de paix Bonnin], le chef du maquis se présente :
> — Guingouin, chef de la Résistance. Mes hommes vont prendre les tickets que vous aviez pour mission de protéger, votre armement et votre équipement.
> — Comment ! Vous allez nous prendre nos habits aussi ?
> — Oui, j'en ai besoin. Je regrette. N'ayez crainte, mes hommes iront vous chercher des couvertures, si vous avez peur d'avoir froid[3] !

1. Les destructions de récoltes seront passibles de la peine de mort.

2. Des sanctions sont prises d'ailleurs par le maquis. Il s'agit le plus souvent d'amendes, le « verdict » étant placardé sur la porte du domicile du contrevenant. Vers la fin de 1943, Guingouin exigera même que les maires nommés par Vichy donnent leur démission.

3. *Quatre ans de lutte sur le sol limousin*, récit confirmé par le rapport d'enquête officiel sur « l'affaire de Sussac ».

En chemise et caleçon, les gardes, qui ont été obligés de se déshabiller, recevront, en effet, des couvertures réquisitionnées chez les habitants. Plusieurs heures plus tard, car leur véhicule a été saboté, il leur faudra se présenter dans cet accoutrement à Châteauneuf où les plaisanteries populaires, on s'en doute, iront bon train.

Ils y apportent une nouvelle qui fera beaucoup pour le prestige de Guingouin. Ayant appris que se trouvait parmi les gardes l'un de ceux qui avaient tiré sur lui le 6 septembre, au cours d'une embuscade dressée au carrefour de La Croix-Lattée, Guingouin a d'abord menacé de le faire exécuter, puis lui a accordé sa grâce.

— Barthès ! Vous avez bien participé à une embuscade de gendarmerie contre la Résistance, en septembre dernier, à La Croix-Lattée ?

— Oui, mon colonel.

— C'est très grave, Barthès. Vous savez quel est mon devoir de chef de la Résistance ? Afin que ceux qui servent avec zèle le gouvernement de Vichy sachent à quel danger ils s'exposent, je dois, pour l'exemple, vous faire passer devant le peloton d'exécution, face à ces hommes.

— Mon colonel, pardonnez-moi, j'ai une femme et des enfants.

— Barthès, vous savez sur qui vous avez tiré à bout portant, à La Croix-Lattée ?

— Oui, mon colonel. Sur vous, mon colonel.

— Eh bien ! Barthès, puisque c'est sur moi que vous avez tiré, je veux vous pardonner. Tâchez de vous racheter[1].

Du moins Guingouin, tenant sans cesse ses troupes en haleine, leur évite-t-il le désenchantement qui, dans bon nombre de maquis, naîtra de l'inaction forcée.

Dans ses souvenirs, Gilbert Joseph, dont le maquis est situé près de Génissieux, fera plusieurs allusions à la monotonie des jours stériles. Pas de journaux, pas de radio pour nourrir les conversations. Pas d'amourettes pour faire courir l'imagination. On vit entre soi, entre garçons unis souvent par le hasard, dans un face à face où la moindre querelle peut prendre des proportions excessives. « Un mois de cette vie, c'était aussi long qu'un an », écrira Joseph.

Armand Simonnot, qui se cache avec onze autres maquisards au cœur d'une forêt du Morvan où tous ont trouvé refuge dans une petite chapelle désaffectée, connaîtra, de son côté, un rude et mélancolique hiver. « Journées mornes dans une demi-obscurité. C'est le matin où l'on y voit le mieux, par le tapis blanc qui recouvre nos couvertures râpées. La chapelle est couverte de tuiles disjointes et toute la nuit la bise nous saupoudre de neige. » Seule distraction, celle qu'apporte un vieux phonographe posé sur l'autel de pierre. Seule évasion, la musique de disques

1. *Quatre ans de lutte sur le sol limousin*. L'interrogatoire de Bonnin confirme que Guingouin a bien accordé au gendarme Barthès « un sursis conditionnel ».

Quelques mois plus tard, Barthès se battra au mont Gargan au côté des unités du maquis.

connus par cœur : *Le Chaland qui passe, L'Hymne à la Vierge, Mon ange, Seule ce soir :*

> *Je suis seule ce soir avec mes rêves*
> *Je suis seule ce soir, sans ton amour*
> *Je suis seule ce soir avec ma peine*
> *J'ai perdu l'espoir de ton retour...*

— Arrête, arrête ce disque, crie Bébert qui rentre de son tour de garde, blanc de neige, et accroche sa mitraillette au bras de la statue de saint Pierre, arrête, j'te dis, tu veux me faire pleurer !

Les jours passent. Monotonie. Monotonie...

Thevenon, qui sera fusillé par les Allemands en août 1944 sans avoir eu l'occasion de combattre, a tenu son journal.

C'est en février 1943 qu'il a rejoint un maquis situé dans l'Aveyron, près de Roquefort.

Le 9 novembre, il note l'arrivée d'un colis apporté par deux amis de ses parents. « Il a été le bienvenu pour les vêtements et pour le tabac aussi, car il a apporté une grande joie dans l'équipe, c'est si rare ! ! ! »

Le 11 novembre, ses réflexions sont moroses.

> 11 novembre. Fête de la Victoire. Nous allons en corvée de bois. Nous nous faisons à cette nouvelle demeure. La maison délabrée, en partie en ruine, placée au milieu des bois et de la nature, devient peu à peu hospitalière. Nous ne voyons absolument personne, personne. Nous vivons en sauvages ; une grande cheminée où l'on fait la cuisine et autour de laquelle nous nous rassemblons pour passer la veillée. On cause, on pronostique l'avenir sur toutes ses couleurs. On parle de la France... et de notre devoir à accomplir. Quand pourrons-nous agir ? et servir ! ! !

Le 19 novembre, première neige. Une couche de trente centimètres « et il n'y a plus de bois à la maison ». Le lendemain, la neige a augmenté encore d'épaisseur. C'est à la pelle qu'il faut ouvrir un chemin jusqu'à la forêt pour abattre, ramener et débiter un arbre puisqu'aucune provision de bois n'a été faite avant l'hiver.

> Un épais brouillard s'étend partout et l'on ne voit pas à 50 mètres. On a vraiment l'impression du maquis. Nous sommes quatre ici maintenant et, en dehors de nous, nous n'avons vu ni ne reverrons personne. Pas de nouvelles... rien !
>
> 21.11.43. C'est dimanche. Grand débarbouillage et lessive. Un dimanche de plus, morne et triste. Discussions autour du feu de cheminée.
>
> 22.11.43. Levé très tard car le bois manque et il fait très froid dans la cuisine.

Pour Thevenon, l'année s'achèvera cependant moins tristement. Le 29 novembre, les garçons reçoivent en effet la visite de leur chef et Thevenon laisse éclater sa joie. « Je suis toujours prêt à l'écouter et lui obéir partout, pour tout et de bon cœur. »

Enfin, il obtient une « permission » d'un mois, permission qu'il passera chez ses parents en Isère, dans la petite ville de La Tour-du-Pin. Le 8 décembre, avant de quitter provisoirement le camp, voici la résolution qu'il prend et transcrit afin de lui donner une plus grande solennité.

> Je prévois tout et je veux ici traduire ma pensée et ma volonté : je jure que, si j'étais arrêté et interrogé, je supporterais toutes les tortures et la mort s'il le faut, mais rien ne sortira de ma bouche.
>
> Si tout se passe bien, je reviendrai prendre ma place en attendant toujours impatiemment le grand jour où nous ferons notre devoir, servir et libérer notre pays : la France, et de bon cœur.

5

LES MAINS NUES

« Servir et libérer notre pays… » Jusqu'à présent, il n'a guère été question de la lutte par les armes, mais de la quête du couvert et des vivres. 1944 est à venir. Et, d'ailleurs, comment se battrait-on en avril ou mai 1943, alors que l'on est sans armes modernes ?

Car, il faut l'écrire, sous peine de fausser l'histoire, les maquis, dont le rassemblement a été précipité par les réquisitions d'hommes pour l'Allemagne, ne disposent que d'un misérable armement. En août 1943, un revolver pour cinq hommes, un fusil pour dix, dira Michel Brault, responsable du Service national maquis.

Voici pour les généralités. Les cas d'espèce sont encore plus désolants.

Les chiffres dont le lecteur va prendre connaissance ont tous été cités les 25, 26 ou 27 octobre 1943 au cours de réunions qui ont rassemblé à Paris les différents responsables du Service national maquis pour l'ex-zone non occupée, réunions qu'il sera indispensable d'évoquer à plusieurs reprises pour l'intelligence de la situation.

La région militaire, qui dépend de Marseille et couvre six départements (R 2), comprend, FTP exceptés, 1 898 maquisards qui disposent, en *octobre 1943*, de 7 fusils-mitrailleurs, 151 mousquetons, 2 mitrailleuses et 4 ou 5 caisses de grenades.

Pour R 3 (région de Montpellier : six départements) les 655 maquisards ont, pour se défendre et pour attaquer, quelques mitraillettes, une quarantaine de fusils-mitrailleurs retirés de l'eau où ils avaient été jetés au moment de l'invasion de la zone libre, ainsi qu'une mitrailleuse… sans munitions.

Pour R 4 (les sept départements de la région de Toulouse), 254 mousquetons, 13 mitraillettes, 50 revolvers, une mitrailleuse Hotchkiss, alors que l'Armée secrète recense 1 295 maquisards. Les munitions permettraient de résister une demi-journée « à condition de faire attention ».

Plus favorisée que les autres régions, grâce à quelques parachutages,

R 5 (les quatre départements de la région limousine où se trouvent 3 310 maquisards) dispose de 200 mitraillettes, 300 grenades, 400 mousquetons, 50 fusils-mitrailleurs, 100 bombes incendiaires, 300 revolvers, des explosifs en quantité importante.

Dans R 6 (la région militaire de Clermont-Ferrand, soit quatre départements), le bilan est catastrophique. Pour 1 301 hommes, quelques mitraillettes seulement et beaucoup d'explosifs.

Avec R 1 (la région militaire de Lyon) qui groupe 6 180 maquisards, mais dont on ne sait exactement de combien d'armes elle dispose, car son responsable Jaboulay n'a pu rejoindre Paris à temps, ce sont donc 14 639 hommes qui, *pour toute la zone sud, c'est-à-dire pour 37 départements*, se trouveraient dans le maquis en octobre 1943.

Il est vraisemblable, toutefois, que R 1 est mieux armée que les autres régions, les officiers de l'armée de l'armistice ayant assez aisément trompé les Italiens et, dans l'Isère, les résistants des groupes francs, comme ceux de certains maquis, bénéficiant de l'action de récupération menée avec acharnement par le capitaine Nal et ses hommes[1] qui se livreront à un pillage en règle du parc d'artillerie puis, en août, du dépôt d'explosifs de Pont-de-Claix où se trouvent 20 tonnes de cheddite[2].

Mais, quoi qu'il en soit, peu d'armes.

Et peu d'hommes. Si l'on ajoute les 5 000 FTP revendiqués alors en zone Sud par les communistes[3], on obtient, avec les 14 639 maquisards relevant des autres mouvements de résistance, un total approximatif de 20 000 hommes.

Chiffre qui peut sembler dérisoire mais qui a le mérite — Noguères, dans son *Histoire de la Résistance*, en fait justement la réflexion — de ne pas avoir été artificiellement gonflé et qui émane, c'est important, de véritables responsables. Quatre ans après la Libération, une étude menée pour plusieurs départements[4], sous la direction du général de La Barre de Nanteuil, fournira, pour la même période, des chiffres beaucoup plus imposants. C'est ainsi que, dans quatre départements seulement : Dordogne, Haute-Vienne, Lot-et-Garonne et Corrèze, 8 722 maquisards auraient été présents le 1er juillet 1943, ce qui est en contradiction formelle, on le voit, avec les affirmations des chefs des maquis qui ne revendiquaient (FTP compris) que 20 000 hommes environ pour *37 départements*.

Ces querelles d'effectifs ont l'avantage d'attirer l'attention sur les diffi-

1. Dans son livre *La Bataille de Grenoble*, Louis Nal écrit notamment : « Les départements voisins finirent par apprendre que nous avions des armes. Des camarades vinrent de Savoie, de la Drôme, de Lyon, du Vercors. Notre générosité était grande et nos "armes" allaient porter l'espoir chez nos voisins et frères de combat. »

2. Trois « expéditions » eurent lieu contre le dépôt de Pont-de-Claix, la seconde étant menée au profit du maquis du Vercors. C'est à l'aide d'un camion de 7 tonnes que Nal et ses amis opérèrent la troisième fois.

3. 2 800 seulement, disent les responsables de l'Armée secrète.

4. *Historique des unités combattantes de la Résistance*, Service historique de l'armée.

cultés d'une saine estimation, lorsqu'il faut déterminer avec précision ce qui, en 1943 était, par vocation, mouvant et presque insaisissable.

Dans le même temps, en effet, où les responsables des maquis de zone sud disent avec assurance : 14 639 maquisards pour le tiers environ de la France, à Vichy, avec non moins d'assurance, on parle de 10 000 hommes occupant le plateau de Millevaches et recevant *chaque nuit* armes et munitions parachutées par des avions anglais[1].

Et Ernst Kaltenbrünner, dans un rapport au quartier général de Hitler, a déjà évalué à 80 000 les effectifs de l'Armée secrète opérant sur le sol français[2].

De son côté, dès le mois de mai, le commandant Vallette d'Osia a fait savoir à de Gaulle que « dans les départements qui jouxtent la frontière suisse quelque 300 000 hommes sont prêts à se battre sous le signe de la croix de Lorraine pour peu qu'on leur procure des armes ».

Il est vrai que les mêmes mots, suivant le moment où ils sont dits, les hommes qu'ils concernent, le responsable maquisard qui les prononce ou l'historien qui les écrit, peuvent ne pas avoir le même sens et qu'il est difficile, sinon impossible, de comptabiliser exactement, département par département, à deux cents ou trois cents hommes près, des garçons qu'une menace rassemble, que les conditions climatiques dispersent, qui se dissimulent d'ailleurs et qui, dans leur volonté d'échapper à tous les contrôles, échappent parfois à ceux des organisations de résistance.

S'il est possible de discuter de l'effectif des hommes, on ne peut que tomber d'accord sur le faible nombre des armes en leur possession.

A la réunion des 25-27 octobre du Service national maquis, fondé en avril, à l'initiative d'Henri Frenay, pour transformer les « réfractaires en combattants » et que dirige, avec un minuscule état-major[3], l'avocat Michel Brault (*Jérôme*), assiste un personnage hors du commun : Yeo-Thomas, officier d'aviation britannique qui, élevé en France, parlant admirablement notre langue, entrera dans l'histoire de la Résistance sous les pseudonymes de *Shelley*[4], puis du *Lapin blanc* (*The white rabbit*).

Ce n'est pas son premier voyage en France occupée.

En février, il avait été parachuté en compagnie de Passy, chef des services secrets de la France combattante. Pour les Anglais, il devait enquêter sur les besoins de la Résistance, apprécier sa force véritable et fournir son opinion sur les maquis naissants.

Après avoir « inspecté », dans la Nièvre et l'Allier, les équipes du

1. Rapporté par Pierre Nicolle à la date du 1er juillet 1943.
2. Le 4 juin 1943.
3. Jeanne Pagel (*Dominique*), qui avait été la secrétaire de Frenay ainsi que Dreyfus, « un garçon merveilleux qui a été d'un dévouement et d'un courage indescriptibles », écrira Michel Brault.
4. *Shelley* devait être arrêté par la Gestapo le 21 mars 1944, détenu à Fresnes, puis déporté à Buchenwald. Il revint à Paris, épuisé et malade, en mai 1945. C'est à Paris qu'il mourut en 1964.

Bureau des opérations aériennes, spécialisées dans la recherche de terrains de parachutages et d'atterrissages, il a assisté, en avril, à l'importante réunion de la rue de la Faisanderie au cours de laquelle Jean Moulin, Passy, le général Delestraint, chef de l'Armée secrète, Brossolette, les colonels Touny (« Organisation civile et militaire »), Zarapoff (« Libération Nord ») et Schimpf (« Ceux de la Libération »), Lecompte-Boinet, Arrighi (« Ceux de la Résistance ») et deux représentants des FTP ont notamment débattu du rôle qu'il fallait faire jouer aux maquis. Devaient-ils être lancés immédiatement dans l'action ou réservés pour le jour du débarquement qui coïnciderait ainsi avec l'insurrection générale ? Débat fondamental sur lequel il faudra revenir. Yeo-Thomas a regagné Londres le 15 avril mais, le 18 septembre, le voici à nouveau en France.

C'est alors qu'accompagné de Michel Brault il accomplit un peu banal voyage dans le Lot et dans l'Ain.

Pour Brault, qu'irritent ces idées fausses ou exagérées que répandent les services allemands comme ceux de Vichy mais qui, même à Londres, trouvent audience dans l'esprit de militaires traditionnels, il s'est agi de montrer que les maquis n'étaient pas constitués de « bandes de petits vauriens dévastant la campagne, attaquant les bureaux de tabac, brûlant les meules ».

Dans le Lot, Brault a donc fait visiter trois camps maquisards à Yeo-Thomas. « Dans les trois, il a assisté au lever des couleurs et vu dans quelles conditions de discipline militaire vivaient les hommes. » Dans l'Ain, Yeo-Thomas a été confié à Romans-Petit qui, grâce à son ascendant moral d'ancien combattant de 1914-1918, mais aussi grâce à son intelligence de la psychologie des adolescents, a très vite su transformer ses jeunes maquisards en soldats disciplinés et solides.

C'est donc devant un homme aujourd'hui favorablement prévenu que s'expriment, le 26 octobre, les responsables régionaux des maquis. Après avoir démontré que la pénurie de l'armement limitait seule le nombre de leurs actions, ils citeront quelques exemples de combats sans espoir, livrés les mains nues contre mitrailleuses allemandes ou italiennes.

Jean Monties, responsable de R 2 (Marseille), dit :

— Il y a eu chez nous un maquis surpris. Pas un revolver : deux gosses tués, deux autres prisonniers dont l'un a été assassiné en chemin, sans aucun moyen de défense.

Et le capitaine Pavelet, qui dirige les maquis de R 3 (Montpellier) :

— Au mois de juillet, un maquis a été attaqué par deux colonnes allemandes, l'une motorisée, l'autre à pied. Elles ont cerné le maquis et tiré à travers les parois en planches d'une maisonnette. Résultat : 3 morts, 7 blessés et une trentaine de prisonniers. Il n'a pas été possible malheureusement d'avoir des nouvelles jusqu'à ce jour des trente prisonniers. Nous croyons qu'ils ont été fusillés 3 jours après. Ce maquis n'était pas armé.

Sarda de Caumont (R 4, Toulouse) montre, par deux exemples — celui d'un maquis du Tarn disposant de 12 mousquetons et ayant réussi à se replier après avoir tué 8 Allemands ; celui de maquis de l'Ariège qui, non armés, n'ont pu échapper à l'anéantissement —, combien le sort des hommes dépend encore, dans la mesure où les effectifs réciproquement engagés demeurent faibles, de quelques mitraillettes et de quelques fusils-mitrailleurs.

Voici venu, pour Yeo-Thomas, le moment de prendre la parole.

Que dit-il ?

Essentiellement ceci : qu'il y a eu peu de parachutages au profit des maquis — UN seul en octobre pour la zone Sud, TROIS pour la zone Nord —, parce que les appareils britanniques et américains sont employés en priorité au-dessus de l'Allemagne. A des actions en faveur de la Résistance française, le maréchal Harris, maître de la stratégie aérienne, préfère des raids de 1 000 avions dont il attend qu'ils brisent l'économie de guerre et le moral allemand.

— Lorsqu'il y a de grosses opérations au-dessus de l'Allemagne, poursuit Yeo-Thomas, on réserve les aérodromes pour faire redescendre les avions qui reviennent. Alors, il n'y a plus moyen de décoller. Voilà une des grandes difficultés[1].

Il termine en disant que, bien que ne possédant aucune responsabilité directe, il interviendra vigoureusement une fois revenu à Londres. Et il le fera, c'est vrai, avec sincérité, ardeur, violence parfois.

Mais enfin il faudra attendre janvier et février 1944 pour que Winston Churchill — dont tout dépend finalement — prenne conscience, au cours de quatre rencontres avec Emmanuel d'Astier de La Vigerie[2], nouveau commissaire à l'Intérieur[3], de l'importance des maquis dont il se fera montrer l'implantation sur la carte. Convaincu, Churchill insistera sur les secours qu'il faudrait apporter rapidement et massivement aux maquis implantés en Savoie, ainsi que dans la région de Roanne et du Puy-de-Dôme.

Au terme de ses entretiens avec d'Astier[4], le Premier ministre adressera même une lettre aux autorités britanniques compétentes pour leur signaler qu'il attache un « prix énorme à l'armement des maquis » et leur demander de doubler, en mars 1944, les livraisons d'armes de février.

1. Cependant, pour l'action secrète, les Anglais se montraient beaucoup plus généreux. C'est ainsi qu'en 1943, 1 840 opérations, au cours desquelles 66 agents et 1 452 containers ont été parachutés, ont été exécutées pour le compte des Services secrets britanniques.

2. La première aura lieu le 14 janvier à Marrakech, les autres à Londres le 26 et surtout, en ce qui concerne l'aide aux maquis, le 27 janvier et le 2 février 1944.

3. Qui interviendra à titre personnel et sans mandat de De Gaulle.

4. Plusieurs personnalités politiques et militaires britanniques, dont Yeo-Thomas, ont assisté aux entretiens Churchill-d'Astier.

Mars 1944 ? Mais il y a déjà un an, et plus d'un an, que des garçons ont gagné le maquis. Un an, et plus d'un an, qu'ils se désespèrent d'être presque sans armes.

René Rascalon, qui deviendra le chef du maquis du Gard, et qui n'a pu prévenir la tragédie du « camp de l'isba » où, sur trahison, 77 jeunes seront surpris le 1er juillet par des parachutistes allemands[1] venus de Saint-Jean-du-Gard, s'était écrié quelques jours plus tard : « Il nous aurait fallu un officier et surtout des armes. »

Des armes en juillet 1943 ?

Le maquis installé dans la ferme Carrelin, derrière le cimetière de Génissieux, ne dispose d'abord que d'UN seul revolver à barillet ; Jean Guyot, décidant de prendre le maquis, écrit à ses parents : « Je vous serais reconnaissant de m'envoyer mon grand couteau scout de camping qui doit être quelque part dans mon placard » ; les 50 jeunes, regroupés en juillet au-dessus de Fayet, n'ont, pour se défendre, que quatre mitraillettes et quelques grenades tandis que, moins heureux encore, les 35 réfractaires réunis dans l'Ariège à quinze kilomètres de Villefranche en sont réduits, faute d'armes, à « bachoter » le règlement militaire.

Revivant les débuts de la grande aventure des maquis de l'Ain — sur laquelle je reviendrai —, le capitaine Romans-Petit parlera avec un véritable amour de la première mitraillette Sten reçue. C'est en juillet 1943.

> Nous n'avons que quelques revolvers et quelques fusils de chasse, mais Marcault, venu à nous après sa désertion de la Légion des volontaires contre le bolchevisme, connaît toutes les armes, même étrangères. Sur un tableau noir, il fait des schémas. Au début de juillet, nous recevons la première mitraillette Sten et c'est pour nous une joie immense. Nous la démontons et la remontons sans cesse de jour et de nuit. Nous faisons des concours entre tous les stagiaires et de véritables records sont enregistrés.

Au camp des « Trois Chevaux », Guingouin lui-même, dont on sait l'esprit d'entreprise et de conquête, ne disposera, au cours de l'été de 1943, que de fusils Lebel datant de la guerre précédente, d'un Mauser, de quelques Mas 36 et de fusils de chasse collectés auprès des paysans avant que la remise des armes ne devienne obligatoire dans l'ancienne zone libre, à partir du 14 décembre 1942, comme elle l'a été, en juin et juillet 1940, en zone immédiatement occupée.

Cette pénurie de moyens sera à l'origine d'un violent conflit entre Frenay et Jean Moulin.

C'est dans les jours qui précèdent le 1er janvier 1943 que, pour la première fois, Henri Frenay, dont on ne dira jamais assez quelle place il

1. Trois maquisards seront tués, deux (un Allemand et un Autrichien déserteurs) seront fusillés, trente-sept seront déportés, sur lesquels vingt-deux périront en Allemagne.

a tenu dans la Résistance naissante, a, pour la première fois, entendu prononcer le mot de « maquis ».

Il se trouve alors dans une propriété proche de Lyon. Avec François Morin, Henri Aubry, Michel Brault, Guillain de Bénouville et Claude Bourdet, il évoque le futur développement de l'Armée secrète et l'attitude, assez décevante, de ces officiers de l'armée de l'armistice, récemment dissoute, qui, certes, haïssent les Allemands mais n'en aiment pas pour autant une résistance exigeant trop de révolutionnaires ruptures psychologiques, lorsqu'on lui apporte un message émanant de Marcel Peck, selon Frenay[1].

De Marcel Degliame[2], écrira le lieutenant-colonel Gilles Lévy.

Annonçant, d'après Frenay, qu'une centaine de jeunes gens, originaires pour la plupart de la région parisienne, se sont réfugiés en Haute-Savoie, qu'ils disposent de quelques armes et entendent se défendre.

Prétendant, selon Gilles Lévy, que 700 ouvriers armés ont occupé en Maurienne plusieurs fermes abandonnées.

Qu'importe, en vérité, ces désaccords mineurs, il ne faut les citer que pour montrer, une fois encore, combien est difficile la reconstitution des événements.

Ce qui compte, c'est la suite.

A peine Frenay a-t-il donné connaissance du message à ses amis que l'avocat Michel Brault, voué à devenir, en avril, le premier chef du Service national maquis, s'écrie :

— En somme, ils ont pris le maquis.

> C'est la première fois, à ma connaissance, devait écrire Frenay[3], que le mot était prononcé, il s'imposera tant il correspondait à la réalité. Des maquis, il y en aura beaucoup d'autres. Une forme nouvelle de la lutte venait de naître spontanément. Ni Degliame, chef de l'Action ouvrière, ni Soulage, qui allait bientôt créer l'École des cadres des maquis, *ni aucun d'entre nous ne l'avait prévue*[4]. Mais, nous en sommes tous conscients, il faut aider ces jeunes gens à vivre et à combattre. Une tâche nouvelle, bientôt d'une singulière ampleur, s'imposait à nous.

« Aider ces jeunes gens à vivre et à combattre. » Sans doute, mais comment ? L'interrogation ne vaut pas seulement pour Frenay, chef de « Combat », mais également pour Jean Moulin, pour les responsables de « Franc-Tireur », de « Libération », pour les communistes. Or, les réponses fournies seront toutes différentes. D'accord sur la nécessité d'aider les maquis et de les faire servir à la lutte contre l'ennemi, les dirigeants des

1. Alors chef régional de R 1, prochaine victime de la Gestapo, Peck réussira à s'évader mais sera repris en novembre 1943.
2. Alors chef de l'Action ouvrière. Beaucoup plus tard, collaborateur direct d'Henri Noguères pour l'*Histoire de la Résistance en France*.
3. *La nuit finira*.
4. Je souligne intentionnellement.

mouvements seront rapidement en désaccord formel sur les moyens de mettre en œuvre, comme sur l'action et le rôle futur des maquis. Désaccord important et dont on verra qu'il dépasse les frontières de la tactique militaire pour toucher rapidement au politique et atteindre, entre hommes qu'animait la même foi patriotique, un niveau de violence aujourd'hui insoupçonné.

Au fil des jours, Frenay ne cesse d'apprendre la naissance de nouveaux maquis. Souvent, leurs chefs improvisés prennent contact avec les responsables départementaux de « Combat ». Ils réclament vivres, argent, armes et munitions à qui ne peut en fournir. « Seuls Londres, de Gaulle et les Anglais[1] » possèdent des moyens. Encore faut-il les convaincre de les mettre à la disposition de garçons dont ils ne savent rien et dont il n'est pas exclu qu'ils pensent, d'abord, presque autant de mal que Vichy[2].

Frenay va donc élaborer un plan d'utilisation des maquis qu'il fera parvenir à Londres dans les derniers jours de janvier.

Il s'agit, dans son esprit, de créer un certain nombre de réduits, dans les Alpes, le Jura, le Massif central et les Pyrénées. Alimentés par des parachutages fréquents et réguliers, ces réduits serviraient, en quelque sorte, de dépôts à des maquis voisins qui viendraient y puiser la nourriture, les armes et les munitions pour subsister et pour entreprendre, avant le débarquement, de rapides opérations de va-et-vient, toute bataille rangée étant refusée par principe.

Lorsque, le 10 février[3], à l'initiative de Jean Moulin, qui va repartir pour l'Angleterre, a lieu la première réunion du Comité directeur des Mouvements unis de la résistance[4], Frenay est toujours sans nouvelles de Londres qui a reçu son rapport mais n'a répondu à aucune de ses demandes.

Le climat — si l'on en croit Frenay, seul à avoir donné de cette réunion un compte rendu — tourne rapidement à l'orage[5]. Qu'il y ait, depuis de

1. Frenay, *La nuit finira*.

2. Dans une note du gouvernement provisoire datée d'Alger, 12 juillet 1944, on pourra lire : « Il est dommage que les procédés de camouflage, maquis, etc., aient sombré dans l'anarchie et la prévarication quasi générale dans le département et que les jeunes gens en soient encore réduits à l'improvisation et aux moyens de fortune, après tant d'expériences. »

3. Frenay écrit le 21 février mais, à cette date, Moulin se trouve déjà à Londres. Il a quitté la France le 12 depuis le terrain clandestin *Léontine* à Montmarot, près de Lons-le-Saulnier.

4. La création des MUR (Mouvements unis de résistance), d'abord appelés « Mouvements de résistance unis », date du 28 janvier. L'annonce qui est faite aux chefs régionaux de « Combat », « Libération » et « Franc-Tireur » précise que le commandement unique de l'action politique sera réalisé dans les trois secteurs essentiels : insurrection, prise de pouvoir, action de masse. Le comité directeur des MUR sera composé de Jean Moulin, président avec voix prépondérante, Frenay (« Combat »), d'Astier (« Libération ») et Jean-Pierre Lévy (« Franc-Tireur »), Frenay étant commissaire aux affaires militaires, d'Astier aux affaires politiques, Lévy aux renseignements, à la sécurité, aux moyens et matériel.

5. « La discussion prend souvent un ton âpre, parfois violent. Tous nous vivons sur nos nerfs ; c'est sans doute, avec l'importance des sujets traités, ce qui explique nos colères, plus spécialement celles de Moulin et les miennes. » Henri Frenay, *La nuit finira*.

longs mois, compétition entre Frenay et Moulin, le premier s'estimant « dépossédé » par le second d'une Résistance dont il a été l'un des inventeurs, sinon l'inventeur, en France métropolitaine, c'est bien évident.

Encore Frenay ne sait-il pas que, quelques heures plus tôt, le 9 février, le général de Gaulle vient de signer, à l'intention de Jean Moulin, une lettre élargissant encore ses pouvoirs, accroissant encore son autorité [1].

D'après Frenay, trois des participants à la réunion — d'Astier, Claudius-Petit et lui-même — plaideront avec chaleur la cause des maquis. Il faut les aider, expliquer à Londres, où Moulin et le général Delestraint, chef de l'Armée secrète depuis le 11 novembre 1942, vont bientôt se trouver, ce qu'ils sont et surtout ce qu'ils peuvent devenir. Il faut obtenir à leur profit des armes et de l'argent.

D'ailleurs, n'y aurait-il pas scandale et indécence à laisser sans secours des hommes à qui, par tracts, par feuilles clandestines, par radio, quotidiennement, ou presque, la Résistance répète de ne pas partir pour l'Allemagne ?

Jean Moulin et le général Delestraint ne paraissent pas ébranlés par cette argumentation. A cette réticence visible — ou plus exactement à ce manque d'enthousiasme —, Frenay trouvera plus tard des raisons. Comme l'Armée secrète, à travers le général Delestraint, son chef, relève directement de De Gaulle [2], comme Moulin lui-même tient en main le financement, le renseignement et les liaisons de la Résistance, Jean Moulin imagine peut-être que les chefs des Mouvements désirent, en s'appuyant sur les maquis, reconstituer une autre Armée secrète [3], une Armée échappant, celle-là, à l'autorité encore fragile de Delestraint, à la tutelle de Jean Moulin, n'ayant plus, avec de Gaulle, que des liens relâchés et leur permettant ainsi de reconquérir cette autonomie d'action qu'ils sont, peu à peu, en train de perdre.

---

1. *Cf.* ci-dessous, p. 821.

2. Dans son « ordre général n° 1 », le général Delestraint (pseudonyme *Vidal*) avait notamment écrit : « Dans les circonstances présentes, avec l'ennemi installé partout, l'union de nos forces est un impérieux devoir. « Combat », « Libération », « Franc-Tireur » l'ont compris et leurs formations paramilitaires unies constituent dès à présent le noyau de l'Armée secrète dont j'ai pris le commandement ».

Frenay, qui avait posé sa candidature au commandement de l'AS, avait toutefois obtenu, étant donné « l'inexpérience inévitable de Vidal en matière d'AS et sa méconnaissance des cadres régionaux comme du travail clandestin », d'être en permanence le représentant du Comité de coordination des mouvements auprès de Vidal.

3. Armée « en puissance », puisque ses hommes qui poursuivent leurs tâches quotidiennes ne disposent pas d'armes, l'Armée secrète fut fondée en 1941 par Henri Frenay, secondé par Aubry puis par Morin (*Forestier*). Les membres de « Combat » se retrouvaient donc, en principe, à la fois militants politiques et, comme tels, disponibles pour des actions de propagande et soldats, susceptibles d'être un jour mobilisés. « Libération Sud » et « Franc-Tireur », ainsi que les mouvements de zone Nord, possédant également des groupes paramilitaires, Jean Moulin reçut mission du général de Gaulle, au cours de l'été de 1942, de fusionner ces différents groupes en une Armée secrète unique à la tête de laquelle — contre l'avis de Frenay qui ambitionnait valablement le poste — devait être placé, on le sait, le général Delestraint.

Qu'en est-il de la pensée exacte de Moulin ? Sa querelle avec Frenay l'entraînera à écrire, le 7 mai 1943, dans un rapport adressé à Passy, que Frenay « n'a pour le défendre âprement que les permanents qu'il a très habilement placés et appointés au sein de l'organisation », ce qui constitue une insulte envers des hommes dont le sacrifice, souvent, allait être total, mais souligne la profondeur des déchirures existant alors entre des résistants animés d'une même passion antiallemande mais que n'unissait plus cette foi presque désespérée des premiers jours et qui, déjà, bâtissaient un avenir qu'ils voyaient tous victorieux, mais tous différent.

Au sortir de la réunion, Frenay s'efforce, une fois encore, de convaincre Moulin de lui accorder, pour les maquis, des moyens supplémentaires. C'est-à-dire cet argent, comme toujours « nerf de la guerre ».

— Je suis désolé, répond Moulin, de ne pouvoir vous donner satisfaction. Les moyens dont je dispose ne me permettent pas de faire face à tous les besoins. Il s'en faut de beaucoup.

— Max [1], ne comprenez-vous pas que l'aide aux maquis doit désormais être traitée avec la priorité absolue ? Avec nous, dites-le à Londres et on le comprendra, j'en suis sûr.

— Naturellement, je le dirai au général de Gaulle, dans quelques jours je l'espère, mais, en attendant, je dois vous annoncer que je suis contraint de réduire votre budget.

— Je pense que vous plaisantez ?

— Pas le moins du monde. Je ne pourrai en mars remettre à « Combat » que 3 millions environ.

— Mais, ce mois-ci, nous avons eu du mal à nous en tirer avec 5 millions [2].

Face à cette amputation imprévue de son budget, Frenay, dominant sa colère, du moins il l'affirme, annonce d'une voix froidement résolue que, si Moulin lui refuse l'argent dont il a besoin, il se le procurera quand même… sans Moulin et, « si nécessaire », contre lui.

L'argent, Frenay se le procurera en effet. En Suisse. Et grâce à l'Américain Allen Dulles, chef, à Berne, de l'Office of Strategic Services. Ce qui deviendra, dans les milieux de la Résistance, « l'affaire de Suisse » et qui provoquera, en avril, un nouvel et très violent incident entre Jean Moulin — retour de Londres — et Henri Frenay, peut difficilement être résumé en quelques lignes.

1. L'un des pseudonymes de Jean Moulin.

2. Dialogue tiré du livre d'Henri Frenay (*La nuit finira*). Il semble toutefois que la réunion dans laquelle Moulin annonce à Frenay la diminution de ses subsides mensuels ait eu lieu *après* et non *avant* le voyage de Jean Moulin à Londres. Dans une lettre à Passy, Frenay précisera, en effet : « Nous eûmes à subir de la part de Jean Moulin toutes sortes de pressions, notamment de caractère financier, par lesquelles il espérait nous réduire. *Au retour de Londres*, en 1943, ne prétendit-il pas diminuer nos budgets d'un tiers, alors que nos besoins augmentaient de jour en jour pour lutter contre la déportation. »

Lorsqu'il a dit à Moulin qu'il trouverait l'argent « sans lui », Frenay ne pensait pas à une filière américaine, mais anglaise. A la fin de janvier, il avait, en effet, demandé à Guillain de Bénouville, depuis longtemps en contact avec les services britanniques basés en Suisse, d'obtenir des Anglais une liaison radio avec Londres, ainsi que le virement bancaire à Genève de fonds qui n'auraient plus ainsi à être soumis aux aléas des parachutages.

Pour des raisons obscures — mais dans lesquelles la susceptibilité gaulliste avait sa part —, les services secrets de la France combattante avaient refusé cet arrangement et Frenay remâchait cette nouvelle déception lorsque Philippe Monod, chef de « Combat » pour les Alpes-Maritimes, l'avait informé qu'il venait d'être contacté (ou, plus exactement recontacté) par l'un de ses amis américains, Max Shoop. Shoop, provisoirement agent secret américain, avait vécu plusieurs années à Paris et, depuis la Suisse où il résidait, non sans effectuer de brefs séjours en France occupée, il avait fait savoir à Monod que Washington était prêt à aider la Résistance française et notamment à financer et armer les maquis[1].

Comment Frenay, ses amis de « Combat » et les autres dirigeants des Mouvements unis de résistance — tenus régulièrement au courant de toute l'affaire[2] — n'auraient-ils pas accueilli avec satisfaction une proposition qui pouvait leur permettre de résoudre des problèmes jusqu'alors insolubles ?

Bénouville et Monod iront donc à Genève. Sans cacher l'hostilité de principe des MUR à Giraud, car il était possible d'imaginer que les Américains, hostiles à de Gaulle, aient nourri l'ambition de rééditer, avec les maquis, l'opération qu'ils avaient, quelques mois plus tôt, réalisée avec Giraud et qui avait conduit à embrouiller la situation en Afrique du Nord, ils avaient, en principe, obtenu, pour la Résistance, tout ce qu'ils réclamaient... et plus qu'ils n'espéraient.

L'installation, tout d'abord, d'un délégué permanent en Suisse[3].

Des moyens télégraphiques, ensuite, moyens permettant des liaisons permanentes, faciles et sans risques avec Londres, ce qui aurait dû épargner

---

1. Ce qui était déjà en voie de réalisation dans certains secteurs. C'est ainsi qu'en Haute-Savoie, le maquis constitué par le commandant Vallette d'Osia avait reçu 5 millions de francs de l'attaché militaire américain en poste à Berne.

2. Dans son rapport adressé le 7 mai à Londres, Jean Moulin écrira que « des démarches de cette gravité auraient dû faire l'objet d'un examen préalable devant le CD (comité directeur) des MUR ». C'était accuser Frenay — et tout le reste du rapport se trouvait orienté dans ce sens — d'avoir agi en franc-tireur et de vouloir se détacher de De Gaulle. Or, et Frenay et Bénouville sont formels sur ce point : le Comité directeur des MUR avait été constamment tenu au courant des tractations avec les Américains. A son retour de Suisse, Bénouville exposera devant Frenay, d'Astier, Copeau, J.-P. Lévy, Claudius-Petit et Baumel, le résultat de ses conversations.

Frenay (*La nuit finira*) note cependant que « cette nouvelle initiative des hommes de "Combat" avait irrité les patrons de "Libération" et de "Franc-Tireur" ».

3. Le délégué sera le général d'aviation Davet (*Dunoyer*), de tendance Action française. Il faut préciser qu'en Suisse le général de Gaulle avait déjà un délégué en la personne de Pierre de Leusse.

la vie de bien des radios, ces obscurs, ces sans-grade, ces oubliés, mais aussi ces sacrifiés de la Résistance puisque, sur les 97 qui furent parachutés en France, 32 tombèrent aux mains de la Gestapo, 6 ayant été tués et 12 blessés au moment de l'atterrissage.

Un service de presse multipliant en direction des États-Unis, de l'Angleterre, comme du monde neutre, les informations sur le combat secret des Français, mais également un service d'impression de tracts et de faux papiers.

Enfin des mensualités importantes dont il était entendu, afin d'écarter toute idée de subordination, qu'elles « seraient censées être déposées à Londres, qui les inscrirait dans ses livres comme versées aux organisations de Résistance[1] ».

Combien chaque mois ?

Dans le rapport qu'il enverra à Londres, le 7 mai, Moulin parlera de 40 millions. Quelle somme versait-il alors aux mouvements de zone Sud ? Entre janvier et mai 1943, 48 millions sur les 71 qu'il a reçus de Londres, soit une moyenne de près de 10 millions par mois[2].

Les Américains promettraient donc quatre fois plus. On comprend l'émotion de Jean Moulin à son retour de Londres.

Devant le comité directeur des MUR (Frenay, Pascal Copeau pour « Libération », Claudius-Petit pour « Franc-Tireur »), en présence également du général Delestraint, ce n'est pas la joie mais la colère et la suspicion qu'il laisse éclater.

« L'affaire de Suisse » le bouleverse et le choc avec Frenay sera si rude que celui-ci écrira : « Nous avons connu bien des réunions houleuses. Jamais aussi tumultueuses, aussi violentes que celle d'aujourd'hui. »

Au terme de la séance où Moulin annonce la prochaine création — sur ordre de De Gaulle — d'un Conseil national de la Résistance comprenant des représentants des anciens partis et des mouvements, Frenay, indigné par une formule qui, d'après lui, porte atteinte à la pureté de la Résistance, en mettant sur pied d'égalité les combattants des premiers jours et les revenants de partis politiques que l'on croyait ensevelis sous les décombres de la défaite[3], déclare qu'il ne s'associera pas à cette « mauvaise action » et que jamais il ne siégera au Conseil de la Résistance.

Alors s'échange ce dialogue[4].

1. Guillain de Bénouville, *Le Sacrifice du matin*.
2. Henri Michel (*Jean Moulin, l'unificateur*) fait remarquer que Jean Moulin, s'il versait bien la moitié des sommes reçues de Londres aux principaux mouvements de résistance, subventionnait également des groupements apparaissant « dans ses comptes sous des noms de convention et dont on ne saurait dire ce qu'ils représentent exactement : Salmon, Tours, Lutte, Procès, CM, BM, France populaire, Chartres, Henry, etc. », ainsi que des mouvements distincts des mouvements représentés aux MUR qui, dans son esprit, comme dans celui de De Gaulle, ne devaient pas pouvoir prétendre au monopole de la Résistance.
3. *Cf.* ci-dessous, p. 809 *sq*.
4. D'après Frenay, *La nuit finira*.

— Vous êtes libre de siéger ou non au Conseil de la Résistance qui sera créé malgré vous, dit Moulin, mais vous n'êtes pas libre de prendre contact avec les Américains sans me prévenir, de leur demander de l'argent et Dieu sait au prix de quelles conditions.

— Il n'y a aucune condition, réplique Frenay, laissez-moi parler si, toutefois, vous en êtes capable et ne me jugez pas avant de savoir…

— J'en sais plus que vous ne croyez. Le Comité national français, dont désormais je fais partie, a son représentant en Suisse qui nous tient informés. C'est un véritable coup de poignard dans le dos que vous donnez à de Gaulle.

— Peut-être le pensez-vous, mais je vous interdis de le dire car vous savez bien comment les choses se sont passées. En réduisant nos budgets, vous avez voulu nous étrangler, mais, en même temps, vous étrangliez les maquis alors qu'ils appelaient à l'aide. Il nous fallait de l'argent, non pas moins mais plus que les mois précédents…

— Prenez-vous de Gaulle pour une vache à lait ?

Ainsi, on en est là.

Parce que « qui paie commande » — du moins dans l'esprit de Moulin qui craint qu'« ayant mis le doigt dans l'engrenage américain [1] » Frenay et ses amis ne puissent se dégager et passent insensiblement du gaullisme au giraudisme [2] —, de Gaulle va être prié par Moulin d'envoyer de l'argent, beaucoup d'argent.

Rapport de Jean Moulin à de Gaulle le 7 mai :

> En définitive, je suis persuadé que cette question des relations des Mouvements unis avec les Américains et les Anglais par la Suisse peut être réglée très promptement… à condition :
>
> 1° Que des sommes très importantes me soient versées rapidement pour que je puisse en votre nom attribuer aux mouvements de zone Sud comme à ceux de zone Nord des sommes sinon équivalentes, du moins assez sensiblement rapprochées de celles promises par les Américains. Il convient, en effet, de ne pas oublier que les Américains distribuent à foison et sans contrôle des sommes énormes via la Suisse aux gens qui se trouvent dans le maquis et qu'à ce point de vue l'argumentation de *Nef* [Frenay] ne manque pas de fondement. Le jour où l'on pourra dire que c'est *vous* et non pas les Alliés qui financez la lutte contre la déportation, il est certain que la position du gaullisme sera renforcée d'autant. Je dois vous dire qu'en votre nom j'ai promis des sommes importantes pour être substituées aux fonds américains. Il faut faire vite et surtout ne pas, en dernière analyse, avoir l'air de céder aux injonctions des Mouvements.
>
> Un premier envoi de cinquante millions pour l'ensemble du territoire et à titre d'avance s'impose d'urgence.

1. Note de Jean Moulin à de Gaulle, 7 mai 1943.
2. Dans sa note du 7 mai, Moulin écrit : « J'ai appris en effet que, le samedi 8 mai, devait avoir lieu à Berne une réunion des attachés militaires où sont convoqués les représentants de Frenay, le chef du Deuxième bureau de Vichy et celui de Giraud. »

Ainsi, qu'il s'agisse du plus humble des maquis condamné, faute de fonds, à l'attaque des bureaux de poste, ou des mouvements les plus importants et du chef lui-même de la Résistance, l'argent demeure au premier plan des préoccupations comme des ambitions.

Problème qui, d'ailleurs, ne sera jamais réglé.

En décembre 1943, d'Astier et Frenay — qui se trouvent à Londres — recevront un message angoissé du comité directeur des MUR.

« Nous pensions, fait savoir avec amertume le comité directeur, que le maquis intéressait spécialement l'état-major et qu'un minimum de 50 millions par mois destinés au maquis avait été prévu par ledit état-major. » Or, depuis septembre, les sommes reçues sont allées en décroissant : 28 millions pour septembre, 23 pour octobre, 18 pour novembre.

« La situation est dramatique et demande une solution urgente... La situation financière est tragique et je vous prie de faire le nécessaire d'urgence », peut-on encore lire dans ce texte qui, parti le 17 décembre, n'arrivera à Londres que le 3 janvier 1944 et restera d'ailleurs sans réponse.

Armes et argent font défaut aux maquis de zone Sud. Qu'en est-il alors pour les maquis de zone Nord — la zone initialement occupée après la défaite — et dont on parle peu souvent, les Glières, le Vercors, la Corrèze ayant attiré et retenu presque seuls l'attention ?

Ils ont existé cependant, même si l'implantation allemande plus ancienne et plus solide, comme les conditions géographiques moins favorables, ont limité leur nombre.

André Favereau (*Brozen*) en sera le responsable à partir de juillet 1943. Après avoir monté un petit réseau de renseignements dès la fin de 1940, ce qui lui avait valu d'être arrêté pendant quelques mois, Favereau, dès sa libération, obtenue d'Allemands mal informés sur la réalité de son entreprise, devait poursuivre une action clandestine qui le mettrait rapidement en contact avec l'état-major de « Combat » en zone Sud : Brault, Bénouville, Rebattet.

A ce Breton, dont l'action s'était déroulée essentiellement jusqu'alors dans la région de Douarnenez, de Quimperlé, de Dieppe ou de Rouen, les responsables des Mouvements unis de résistance allaient demander de diriger, en liaison avec Rebattet, puis seul, le Service national maquis en zone Nord. Ce ne sera pas de réalisation facile. Favereau, qui désire que le Service maquis échappe à toute influence politique et qui aura effectivement de bons rapports aussi bien avec le « Front national[1] » — communiste — qu'avec Touny, de l'OCM, Bourdeau de Fontenay, de « Ceux de la Résistance », les dirigeants du MUR et les délégués de

1. Au moins initialement.

Londres, commencera par « lancer dans la nature » une quinzaine de « prospecteurs » — c'est le nom qu'il leur donnera — chargés de le renseigner sur les groupes et les maquis existants. En décembre, il disposera de 10 chefs régionaux, 38 chefs départementaux, d'une centrale de papiers d'identité, de quelques dépôts d'intendance, qui, à la fin de l'année, ont distribué 500 à 600 chandails, un millier de paires de chaussures[1] et, en faible quantité, des produits de première nécessité.

Il pourra alors faire le point.

Dans les 52 départements dont il a la charge, ses « prospecteurs » ont recensé 6 950 maquisards groupés et 7 300 isolés. Sans doute Favereau précise-t-il que « le nombre des maquis ignorés à ce jour », soit par lui, « soit par les mouvements dépasse, et de beaucoup, le nombre de ceux qui sont connus », mais il est des régions particulièrement défavorisées. 150 maquisards groupés et 200 isolés pour les 4 départements de la zone A (Somme, Seine-Inférieure, Pas-de-Calais, Nord), 575 et 750 pour Paris, la Seine, la Seine-et-Oise, l'Oise, l'Eure-et-Loir, le Loiret, le Loir-et-Cher, la Seine-et-Marne, l'Aube et l'Yonne. C'est, en revanche, dans la région M (Manche, Calvados, Eure, Orne, Sarthe, Mayenne, Ille-et-Vilaine, Côtes-du-Nord, Morbihan, Finistère, Loire-Inférieure) que les effectifs sont les plus nombreux : 2 500 maquisards groupés et 4 300 isolés[2].

En ce qui concerne les finances et l'armement, Favereau précise que tous les « nouveaux achats ont dû être stoppés, faute de trésorerie[3] » et qu'à sa connaissance seuls 3 maquis sont armés. « Les besoins en armement, a-t-il d'ailleurs écrit à Michel Brault le 7 novembre 1943, sont quasi totaux. On peut considérer qu'il faudrait, par homme :

Une mitraillette ou au moins un revolver,

1 kg de plastic. »

Dans cette même note, il a demandé à Brault — qui se trouve en instance de départ pour Londres[4] — d'appuyer les demandes de parachutages réclamés pour la zone Nord.

> Veuillez trouver ci-joint 9 terrains DN 2. J'insiste de façon pressante pour que tout au moins les 7 premiers, dont je me porte garant, soient servis par priorité.
>
> Pour ces 7 terrains, j'ai mentionné un mot, puis une phrase. Le mot est destiné à être introduit dans un message d'alerte passé quelques jours avant le parachutage, comme message d'exécution. La phrase est celle à passer le jour du parachutage.

1. Compte rendu de Favereau au 31/12/43. Inédit.
2. Dans ces chiffres, les FTP ne sont pas compris, sauf pour 3 départements de la région M.
3. Note du 31/12/43.
4. A la suite d'ailleurs d'un conflit qui le sépare d'Yves Farge et d'Emmanuel d'Astier. « Son projet de départ — pour Londres où il veut plaider la cause des maquis —, écrira Georges Rebattet, reçoit donc une immédiate approbation ; c'est le mode d'élimination le plus simple, le retour connu comme pratiquement impossible. Il sera d'ailleurs précédé à Londres par des renseignements qui diminueront la portée de ses interventions. »

Ex. — Mot : *Cognac*, à introduire dans le message d'alerte.

Le cognac est versé, à passer le jour du parachutage comme message d'exécution.

Ayant fait son choix parmi les alcools, Favereau[1] donne comme indicatifs d'exécution pour les six autres terrains les phrases suivantes :

La Bénédictine est forte.
Le Vermouth est cher.
Le Picon est introuvable.
Le Martini est sec.
Le Rossi est à l'eau.
Le Calvados est raide[2].

C'est placer beaucoup d'espoir dans des opérations parfaitement aléatoires.

Arrivé en France par Lysander dans la nuit du 15 au 16 août 1943, Jacques Bingen, qui a été accrédité par André Philip, commissaire à l'Intérieur, comme délégué du Comité français de la libération nationale pour la zone Sud, rédigera, en novembre, un très volumineux rapport — 14 pages — dont il demande qu'il « parvienne au général de Gaulle et aux diverses autorités britanniques ».

Évoquant les parachutages, il écrit — confirmant en cela les chiffres cités par Yeo-Thomas quelques jours plus tôt — qu'en R 1 (les 10 départements de la région de Lyon), il n'y a eu que 2 parachutages en octobre, alors que 24 terrains ont été acceptés par la Royal Air Force. Pour le même mois d'octobre, aucun parachutage en R 2 (6 départements autour de Marseille), aucun en R 6 (Clermont-Ferrand et 4 départements), 2 qui ont échoué par la faute des équipes au sol en R 4 (Toulouse et 7 départements).

Or, si la RAF demeure peu active, la police française et la Gestapo savent tout de la façon dont se déroulent les parachutages.

Le 10 octobre 1942, sous le numéro 27.830T10, Pierre Laval a adressé une longue note aux commandants de gendarmerie, note dans laquelle, s'agissant de la préparation, de l'exécution et de la réception du parachutage, tout est décrit avec précision : heure habituelle du passage de l'avion anglais, attitude de l'appareil, nombre d'hommes prévus pour le ramassage des armes.

Pierre Laval — ou plus exactement le rédacteur de la note — évoque d'ailleurs certains parachutages récents à la suite desquels le matériel

1. Parmi les principaux responsables du Service maquis de zone nord, Noëlle Noirot, Gosset de Kergaradec et de Virel périront en déportation, Robert Leblanc, Camp et Laroque seront tués au combat, cependant que les deux frères Michaut, Axel, Bara, Farges et Thorel seront déportés.

André Favereau, le colonel O'Neill et Gosset seront faits Compagnons de la Libération.

2. Ces sept indicatifs concernent dans l'ordre des terrains situés près de Briare, Châtillon-Coligny, Verneuil, Bourneville, Bourgtherould, Montfort-sur-Risle, Vire.

avait été enterré dans une fosse préalablement préparée dans un champ de pommes de terre dont la récolte venait d'être enlevée.

> Des tas de fanes avaient été déplacés et replacés sur l'emplacement de la fosse, à l'alignement de ceux se trouvant dans le champ. Sans la perspicacité des gendarmes enquêteurs (traces de roues de la charrette ayant transporté le matériel), la cachette n'aurait pu être découverte.

Détaillant un parachutage saisi dans la région de Montbrison, Laval insiste sur la nature et la forme des explosifs parachutés.

> Parmi ce matériel[1] qui était contenu dans 6 cylindres de tôle très solide, mesurant 1 m 70 de long et 0 m 50 de diamètre, il est surtout intéressant d'attirer l'attention sur les aimants en fer à cheval et sur les pétards à aimant de forme cylindrique dont l'utilisation paraît être la suivante :
>
> Les explosifs s'encadrent parfaitement dans la courbe intérieure de l'aimant. L'ensemble est parfaitement dissimulable, il est donc simple et peu dangereux, pour un individu ayant l'apparence d'un paisible promeneur circulant le soir, même dans une rue fréquentée, d'allumer, en même temps que sa cigarette, la mèche lente de l'explosif, de placer ce dernier dans l'aimant et de fixer l'ensemble, sans même marquer un temps d'arrêt… à la serrure d'une porte, à la devanture d'un magasin, etc. ; quelques minutes plus tard, l'explosion se produira sans le moindre risque pour son auteur qui sera déjà loin.

La note signée Laval prescrit également les mesures susceptibles, moins d'empêcher les parachutages, que d'empêcher qu'ils tombent effectivement entre les mains des résistants : barrages de routes, écoute des bruits d'avion volant à basse altitude, recrutement d'agents de renseignements parmi les Français que leur profession oblige à circuler la nuit, surveillance enfin des « éléments suspects » (étrangers, anglophiles, Israélites, etc.).

Si, dès octobre 1942, Laval signe pareille note, on imagine que les Allemands, qui disposent de moyens infiniment plus puissants, se montrent plus vigilants encore, et, hélas, plus efficaces.

Tandis que les équipiers prévus pour recueillir les parachutages attendent, près de leur poste, les messages d'exécution, la Gestapo se renseigne, enquête et les traque. En R 6 (Clermont-Ferrand), 11 des volontaires qui travaillaient avec le chef des opérations de parachutage ont été fusillés en six mois, 5 autres sont arrêtés et les pertes augmentent presque chaque jour[2], pertes que rien ne justifie puisque le ciel reste vide d'avions ou que

1. Lors de l'opération de Montbrison les 6 containers saisis comprenaient : 18 mitraillettes avec 88 chargeurs et 5 000 cartouches, 8 pistolets, 35 grenades, 45 pétards à aimants, 23 sachets de pétards de cavalerie, 31 rouleaux de cordeau *Bickford*, 32 paquets de chatterton, 16 boîtes d'allumettes tison, 15 boîtes de plaquettes incendiaires, 62 boîtes de détonateurs, 7 trousses d'outillage, 64 paquets de piles électriques, 30 paquets d'explosifs et 7 bicyclettes.

2. Noguères (*Histoire de la Résistance*) rappelle justement que novembre 1943 verra la mort héroïque du commandant André Deglise-Fabre. Pour échapper à la Gestapo et à la police politique italienne, Deglise-Fabre, organisateur de la Résistance en Maurienne, avait gagné Londres. Parachuté en août 1943 dans la région de Limoges, il avait été arrêté en pleine réunion de travail et, après le premier interrogatoire, s'était suicidé dans sa cellule grâce à la pilule de cyanure qu'il portait sur lui et qui avait échappé à la fouille.

les parachutages, lorsqu'ils ont lieu et ne sont pas réservés à des équipes sous le contrôle direct d'officiers venus de Londres, apportent finalement un armement dérisoire eu égard aux besoins.

Chaque container largué, explique d'ailleurs Bingen, représente, en armes, explosifs et munitions, 100 kilos de moyens offensifs ou défensifs. « Donc, quand, dans une région, en octobre 1943, il est effectué seulement deux parachutages (et je parle, pour la zone Sud, de la région la plus favorisée !), cela signifie que, si rien de ces parachutages n'est perdu et si ces parachutages sont maxima (15 tubes si j'ai bonne mémoire), 3 000 kilos d'armes, de munitions, d'explosifs sont arrivés dans cette région (Lyon et 10 départements), importante par ses voies de communication et sa situation géographique, qui est l'un des berceaux de la Résistance française et où les maquis sont nombreux. »

C'est dérisoire et Bingen l'écrit avec violence. C'est un véritable acte d'accusation qu'il dresse contre l'Angleterre *qui a les moyens*, les possibilités aériennes de faire parvenir des armes aux résistants, mais s'en garde sous de mauvais prétextes, car affecter aux parachutages quelques dizaines d'appareils ne diminuerait nullement l'intensité des bombardements sur le Reich.

Par-delà la pénurie volontaire de parachutages d'armes, c'est toute la politique anglo-saxonne que Bingen met en cause[1].

> En réalité, les hypothèses que l'on formule en France se résument toutes à ceci : le gouvernement anglais ne veut pas armer la Résistance française.
>
> ....
>
> Au moment où l'unité française est reconstituée autour de celui qui n'a jamais désespéré de la France et qui a fait confiance à l'Angleterre ; au moment où, sur le plan international, le gouvernement d'Alger est partiellement reconnu ; au moment où, à l'intérieur de la France métropolitaine, l'unité est recréée autour du futur gouvernement du général de Gaulle… il est de la plus haute gravité pour l'avenir de notre pays et pour celui des relations entre la France et les grandes démocraties anglo-saxonnes que la souveraineté française ne soit pas respectée.
>
> C'est donc, partant d'une série de faits concrets constatés personnellement ou résultant de témoignages sérieux et contradictoires recueillis dans toutes les régions, dans toutes les tendances de la population, que je me permets de jeter un cri d'alarme et de demander que des apaisements nous soient donnés.
>
> Le meilleur de ces apaisements, c'est de fournir aux Français patriotes les moyens de se battre comme Français, dans une même bataille qui sera celle de la Libération de la France et du cauchemar hitlérien.
>
> Il nous faut des armes.
>
> Nous comptons sur le général de Gaulle et sur le CFLN.
>
> Nous comptons sur la loyauté des Alliés.

1. Bingen s'élève même contre l'envoi, sous le couvert de missions mixtes, d'officiers anglais « qui prennent directement le commandement des forces françaises ».

« Il nous faut des armes. » C'est également ce qu'écrira, le 16 février 1944, dans un rapport d'une égale violence, Michel Brault qui se trouve désormais à Londres.

Il n'a pas de mots assez forts pour stigmatiser ces « Alliés » qui abandonnent les maquis à leur solitude, solitude génératrice de dramatiques représailles allemandes, solitude décourageante pour ceux qui seraient tentés de nourrir et de secourir les maquisards.

> Or, écrit-il, tout le maquis est solidaire. Les nouvelles se répandent d'un bout à l'autre de la France, on ne sait jamais comment, et tel homme bien armé de Savoie SE METTRA À HAÏR [1] les Alliés quand il apprendra que son fils, son frère ou son ami a été brûlé vif sans pouvoir tirer un coup de fusil, comme cela s'est produit dans l'Ariège, en décembre, pour sept jeunes gens désarmés, ou abattu comme un chien sans défense comme les 14 campeurs du Puy-de-Dôme en octobre, les 27 ouvriers forestiers de deux camps de la Haute-Vienne et tant d'autres que je ne peux citer et qui n'avaient même pas un pistolet pour vendre chèrement leur vie.
>
> Sur les 2 000 hommes qu'a perdus le maquis depuis septembre, 1 500 auraient pu être sauvés s'ils avaient été armés.

Michel Brault n'est nullement un excité. Son rapport de responsable national maquis, il ne l'a pas rédigé sous la pression de cette intense émotion qui naît du combat lorsque le visage des camarades morts donne encore à la plume passion et violence. Il a eu tout le temps — trop de temps — pour le méditer puisque c'est vainement qu'il attendra, en décembre, l'avion qui doit le conduire en Angleterre et qu'il lui faudra passer la frontière espagnole le 20 janvier 1944 pour n'arriver à Londres que le 14 février. Tout ce qui paraît excessif dans son texte mérite d'autant plus d'attention.

« Il nous faut des armes. » Les communistes n'écrivent pas autre chose.

Lettre de Charles Tillon, commandant les FTP, adressée, le 6 août 1943, à « Monsieur le général de Gaulle, Alger [2] ».

> Nous manquons d'armes et d'explosifs, obligés de lésiner sur ces derniers et de renoncer à bien des destructions réalisables, obligés parfois d'armer tout un groupe d'un seul pistolet pour une action offensive ; obligés de mettre en réserve, faute d'armes, la majeure partie de nos effectifs.
>
> Nous manquons de papiers d'identité, de titres d'alimentation et d'argent pour assurer la sécurité et l'existence matérielle de nos francs-tireurs et des réfractaires qui se confient à nous. Nous manquons de moyens pour faire connaître, aussi largement qu'il le faudrait, les actions héroïques des patriotes qui se battent sur le sol français.
>
> Bien souvent, nous avons exposé avec précision tous ces besoins à vos

1. Je souligne intentionnellement.
2. Tillon a débuté sa lettre en affirmant à de Gaulle que les FTP étaient « *sans restrictions* » à ses ordres et à ceux du Comité français de Libération nationale.

délégués en France. Ils nous ont fait des promesses qui ont même reçu, parfois, des commencements d'exécution : trois envois d'armes et d'explosifs, *représentant en tout un camion environ*[1] ; une somme qui pourrait *faire vivre une compagnie environ pendant un mois*[1], quelques fragments de nos communiqués ont été lus à la radio…

Il entre, on le voit, beaucoup d'ironie amère dans le texte de Tillon. Sans doute peut-on imaginer que le mouvement communiste est défavorisé par les services de Londres et d'Alger — il l'est, c'est vrai —, mais les maquis « gaullistes » ne sont, on l'a vu, qu'à peine mieux traités.

La colère des résistants — de tous les résistants pratiquement sans distinction d'opinions politiques — devant le manque d'armes s'exprimera avec violence au cours de la séance de l'Assemblée consultative provisoire réunie à Alger les 8 et 13 janvier 1944.

Les intervenants ne se tromperont pas sur les raisons *politiques* d'une carence *militaire*.

Médéric[2] qui, après l'arrestation de Ripoche, a assuré avec Coquoin la direction de « Ceux de la Libération » puis, menacé, a rejoint Londres en août 1943 où, avec François Morin (*Forestier*) il sera l'un des responsables de la très éphémère Délégation de la Résistance, avant de gagner Alger quelques mois plus tard, lance, après avoir dénoncé la pénurie d'armes :

— Je sais que certains bruits circulent : les armes serviraient à autre chose qu'à la libération. C'est faux !… Nous avons payé assez cher pour pouvoir dire à nos Alliés que nous voulons être traités comme une nation qui a pris sa part dans la lutte commune. Et, si on ne veut pas armer la Résistance, il faut avoir le courage de le dire publiquement pour que nos amis ne se fassent pas tuer inutilement.

Ribière, qui a été, en juillet 1940, l'un des premiers socialistes à renouer des contacts entre membres de son parti hostiles à l'armistice et a participé aux réunions de « Libération-Nord » avant d'en devenir l'un des responsables, déclare de son côté :

> Nos camarades patriotes errant par les froides campagnes, sans nourriture, sans vêtements, sans souliers, sans armes pour attaquer ou se défendre, sont la proie de l'ennemi. On doit le dire, ou les pierres des prisons le crieront : il faut des armes pour ces hommes ! Certaines radios de Berlin prétendent que les patriotes ne s'entendent pas entre eux, que les communistes et les monarchistes sont divisés et que les armer serait armer le désordre. Allons donc !

1. Je souligne intentionnellement.
2. *Médéric* dont le véritable nom est Gilbert Vedy a, dans les bois de Meudon, tué un traître qui, en avril 1943, venait de livrer plusieurs résistants proches de Jean Moulin. Le 21 mars 1944, trois jours après son retour en France, il sera arrêté par des policiers français, et se suicidera pour ne pas parler lorsqu'il sera mis en présence du commissaire David, chef de la Brigade spéciale. *Cf.* ci-dessous, p. 733.

Ribière, pas plus que ses camarades, ne saurait accepter ouvertement l'idée qu'il existe des mésententes au sein de la Résistance qu'il célèbre comme un bloc.

Cependant, à l'origine des lenteurs et des réticences alliées, des préférences accordées à tel groupe ou à tel maquis, se trouvent les questions que l'on se pose, à Londres et à Alger, sur le rôle que doivent et peuvent jouer les maquis avant et *après* la Libération comme sur la place tenue par les communistes non seulement dans la lutte contre l'Allemand et contre Vichy mais aussi, et comment pourrait-il en être autrement, dans la perspective de la conquête du pouvoir futur.

Peu d'armes donc, souvent en mauvais état, puisqu'il s'agit, la plupart du temps, d'armes cachées après la défaite et qui trahissent au moment décisif[1]. Et cependant des attentats.

Passons du côté de l'ennemi. Que dit-il du maquis ? Quelles blessures enregistre-t-il ? Nous disposons, pour les années 1940-1944, des rapports d'activité du 25e corps d'armée allemand[2], rapports qui, n'ayant pas été établis à l'intention des historiens futurs, ne comportent aucune littérature et, à ce titre, sont intéressants sans toujours être complets. Le 25e corps d'armée allemand stationnera en Bretagne pendant toute la durée de l'Occupation[3] dans une zone qui comprend initialement tout le territoire situé à l'ouest d'une ligne allant du Mont-Saint-Michel à Pornic.

Combien d'attentats ou de sabotages enregistrés pour janvier 1943 dans cette zone ? Dix dont sept à Brest, importants il est vrai, puisqu'ils concernaient notamment le cinéma militaire Éden, l'état-major de l'organisation Todt, la Kommandantur, le hall de distribution du dépôt de locomotives.

En février, rien, à l'exception de quelques pneus de véhicules lacérés à Pont-l'Abbé.

En mars, six attentats, essentiellement des coupures de lignes téléphoniques.

En avril, deux attentats à Quimper, trois à Nantes, un à Concarneau, attentats visant des lignes à haute tension.

En mai, sept coupures de lignes téléphoniques et le cisaillement, à dix kilomètres de Rennes, du tuyau d'alimentation en essence d'un véhicule léger.

En juin, coupure d'un câble à Saint-Michel, près de Saint-Nazaire, de Vannes et de Coëtquidan, destruction de pylônes à haute tension à

1. Ainsi les deux fusils-mitrailleurs du groupe Perret, qui a pour ambition de s'emparer, au passage à niveau de Pont-de-Pany, en Côte-d'Or, d'un officier allemand dans l'espoir de l'échanger contre un maquisard capturé, vont-ils s'enrayer dès le début du combat (28 janvier 1944).

2. Texte présenté, traduit et annoté par le commandant Even. Service historique de l'armée.

3. Jusqu'à la reddition de la poche de Lorient en mai 1945.

Hennebont et Kergueno, d'un transformateur à Pont-l'Abbé, attentat contre la centrale électrique de l'arsenal de Brest et le bureau de recrutement de la LVF de Quimper.

Mais c'est à partir de juillet que la situation va graduellement se détériorer pour l'occupant. Les rapports allemands en portent trace qui signalent que, le 8 juillet, cinq civils français ont fait feu sur deux sentinelles de la 1re compagnie du 113e bataillon de transport basée à Poullaouen, près de Huelgoat. L'une des sentinelles est tuée, l'autre grièvement blessée. Deux jours plus tard, c'est un agent de transmission de la 113e division qui est abattu près de Braspare. Un attentat contre la voie ferrée a lieu près de Rennes (le rapport n'en dit pas davantage et je reviendrai sur ce sabotage) et, entre Vannes et Auray, « un grave accident a pu être évité grâce à la présence d'esprit d'un cheminot français ».

En septembre et en novembre, voici que, pour la première fois, les rapports du 25e corps d'armée vont faire allusion à l'activité du maquis, activité qui se manifeste surtout par une recrudescence des sabotages de voies ferrées (4 en octobre, 6 en novembre), ainsi que par la multiplication des menaces contre les collaborateurs.

> Le terrorisme contre la population pro-allemande s'accentue de plus en plus. Elle reçoit des lettres haineuses, avec menaces de mort. On a signalé plusieurs cas d'incendies volontaires aux environs de Plounevez-du-Faou. Des Français travaillant pour les Allemands se plaignent du manque de protection de la troupe allemande face à ce terrorisme. De même, la troupe se plaint de ce qu'on ne montre pas assez de complaisance à l'égard des Français pro-allemands et que l'on fasse preuve d'une trop grande mansuétude à l'égard des Français anti-allemands.
>
> . . . .
>
> L'augmentation des actes de sabotage (surtout contre les voies ferrées) est due à une intense activité d'éléments activistes anti-allemands, *se recrutant surtout parmi les jeunes devant être appelés au Service du travail*[1]. Il s'agit vraisemblablement de bandes communistes, dont l'activité est toutefois condamnée par la grande masse de la population[2].

Le 74e corps d'armée allemand, lui, séjournera en Bretagne du 1er août 1943 au 25 juillet 1944. Sa zone d'occupation[3] comprend les Côtes-du-Nord, la partie nord de l'Ille-et-Vilaine, ainsi qu'un certain nombre de cantons de la Manche. Du mois d'août au mois de décembre 1943, il enregistrera 38 actes de sabotage, dont 14 pour le seul mois de décembre. Ce sont les coupures de câbles téléphoniques qui sont les plus nombreuses : 17, suivies par les attentats contre le personnel de la Wehrmacht : 7, et les sabotages de voies ferrées : 7[4].

---

1. Je souligne intentionnellement.
2. Rapport du 3/11/1943.
3. Qui amputera celle du 25e corps.
4. Quatre attentats contre des personnes et trois sabotages ont également lieu en décembre.

En octobre, le 74e corps d'armée signalera, comme l'a fait le 25e corps, la mauvaise volonté grandissante de la population. « Paysans et commerçants, peut-on lire dans le rapport du 3 octobre, refusent de plus en plus la vente de produits alimentaires et d'usage courant aux soldats allemands. Ce comportement est dû en partie à la crainte de représailles et de boycott par les éléments anti-allemands. »

Un mois plus tard — le 2 novembre — le Deuxième bureau du 74e corps d'armée adresse à l'état-major de la 7e armée un rapport symptomatique. L'auteur de ce texte, après avoir rappelé que « la radio anglo-américaine est seule écoutée », projette un excellent éclairage sur les réactions de l'opinion bretonne et — sans le vouloir — sur le rôle que peuvent jouer des maquis encore en gestation, qui ne font et ne peuvent faire que de légères égratignures à l'armée allemande, mais qui influencent considérablement cette partie de la population demeurée jusqu'alors attentiste et passive.

Les terribles mesures de représailles suggérées par le Service de renseignement allemand témoignent également de l'état d'exaspération de l'armée d'occupation, irritée moins par des attentats peu nombreux en réalité — 19 au total, du 1er août au 31 octobre, ayant seulement provoqué la mort d'un soldat et celle d'un milicien — que par l'attitude de Français dont la complicité avec la Résistance est désormais évidente et presque générale.

Sous la menace de boycott et de représailles proclamées par tracts, affichage et autres moyens, les paysans et commerçants sont souvent empêchés de vendre quoi que ce soit aux Allemands. Il nous manque une propagande efficace et compréhensible par tracts ou autres moyens, ainsi que des contre-mesures telles que menaces de fermeture effective de magasins refusant la vente aux Allemands, et ceci apparaît comme une faiblesse de notre part.

Malgré des menées et actes de violence dirigés par les terroristes contre les autorités françaises et des civils français, la population collabore à peine à la recherche et à la lutte contre les auteurs de ces méfaits, en partie par crainte, en partie par indifférence et par apathie. Elle est entièrement passive quand il s'agit de découvrir des actes de violence contre des soldats allemands ou de sabotage contre des installations de la Wehrmacht ou de l'administration allemande. Des terroristes réfractaires au travail, étrangers à la région sont souvent hébergés, particulièrement à la campagne, où on tolère qu'ils errent à ne rien faire. Partout la police française manque de collaboration sérieuse. En collaboration avec la population et les maires, elle serait en mesure d'arrêter de nombreux réfractaires et autres jeunes gens, circulant dans le pays avec de faux papiers et formant çà et là de petites bandes, et renforcerait ainsi la sécurité générale.

Seules des mesures sensibles telles que : arrestation immédiate d'otages et leur exécution, raccourcissement du couvre-feu, arrestation des jeunes gens douteux et leur mise au travail immédiate, confiscation des bicyclettes et appareils radio, contrôles pesants, fouilles, nombreuses patrouilles et imposition d'amendes sont propres à faire clairement comprendre à la population que les autorités d'occupation la rendent responsable dans son ensemble de tout acte de violence et de sabotage[1].

En l'occurrence, il ne s'agit pas de procédés compliqués, ni de conflits de compétence, mais il faut agir énergiquement et frapper dur. *Si des innocents paient pour des coupables, la population n'a qu'à s'en prendre à elle-même*[1]. Plus nous agissons vite et fort en faisant expier les méfaits commis contre les forces d'occupation allemande, plus grandira la conviction de notre force. *Comme le prouve l'évolution de la situation, on ne peut aller plus loin dans la voie d'une collaboration et d'une douceur exagérées*[1], ainsi que dans la recherche accentuée de l'objectivité et de la justice.

Le nombre des sabotages s'est monté à huit[2].

On l'a vu à travers les rapports des 25e et 74e corps d'armée allemands, on le voit aussi à l'examen de l'*Historique des unités combattantes de la Résistance* publié sous la direction du général de La Barre de Nanteuil[3], plus que les soldats de la Wehrmacht affrontés au cours d'embuscades, ce sont les matériels utilisés par les occupants qui, en 1943, constituent les objectifs favoris des maquis : sabotages de lignes téléphoniques, mais également de voies ferrées, juillet marquant, en ce domaine, le point de départ d'une action constamment intensifiée.

Entre le 1er janvier et le 30 juin, en effet, les sabotages de voies ferrées par explosifs n'avaient jamais dépassé mensuellement, et pour la France entière, 48 (en mars), les déraillements 24 (en février). En juillet, ils seront respectivement 60 et 31, en août 112 et 73, en septembre 143 et 101, en octobre 148 et 76, en novembre 137 et 78, en décembre 145 et 82[4].

Certes, tous les déraillements ne sont pas imputables au seul maquis, et Résistance-Fer en compte de nombreux à son actif, mais leur progression ira de pair avec la progression du nombre des maquisards, avec une meilleure organisation et le parachutage d'explosifs modernes suppléant les pétards de cheddite sauvés de la défaite.

Alors que, pendant les deux premiers mois de 1943, *L'Humanité* clandestine[5] n'avait parlé qu'à deux reprises[6] de déraillements provoqués

1. Je souligne intentionnellement.

2. Je tiens à remercier le commandant Even qui m'a permis de prendre connaissance, avant publication par le Service historique de l'armée, de son important travail sur le 74e corps d'armée allemand.

3. En Dordogne, par exemple, les 42 maquis recensés revendiquent pour 1943 la participation à 56 opérations dont 7 sabotages, 15 coups de main, 12 parachutages, 3 attaques contre la gendarmerie française.

En Corrèze, une centaine d'opérations doivent être portées au crédit de 71 maquis, auxquels il faut ajouter une vingtaine de groupes FTP. En Haute-Vienne, les 22 maquis se sont livrés à 16 coups de main et auraient opéré 17 sabotages, toujours au cours de l'année 1943.

4. SNCF, Service technique de la direction générale.

5. Qui ne paraît pas quotidiennement, je le rappelle, mais deux ou trois fois par semaine.

6. 8 janvier et 19 février.

par les FTP, les récits de sabotages sur les voies ferrées, récits fatalement courts, le journal n'étant imprimé que sur une simple feuille d'un format papier à lettres, se succéderont à partir de l'été. Voici comment est décrite, dans le numéro du 16 juillet, l'action menée le 12 juin par le groupe *Jeanne d'Arc* du détachement *Normandie*.

Texte intéressant, dont la grandiloquence pourrait prêter à sourire, si l'on ne savait que, capturés, les « saboteurs » sont, le plus souvent, condamnés à mort. Et qu'ils ne l'ignorent pas avant d'agir.

> Près de la station Préaux-Isreauville (Seine-Inférieure), au moment de couper la voie, un poste de gardes-voies surgit, commandé par un flic « Pétain ». Celui-ci fut mis dans l'impossibilité de nuire et le poste fait prisonnier ; un second poste fut à son tour intercepté par nos hommes, soit 24 gardes-voies qui furent rassemblés dans un bois. Pendant que s'effectuait l'opération sur la voie, un chef de groupe expliqua aux gardes-voies le sens de l'action des FTP et stigmatisa leur chef. Le train de marchandises boche arriva en pleine vitesse, 20 wagons s'écrasèrent, nos hommes au garde-à-vous saluèrent leur succès au cri de « Vive la France ! ». Les 24 gardes-voies prisonniers reprirent ce cri et furent libérés, puis le flic « Pétain » relâché sans armes, sans casque et sans uniforme. La voie a été coupée pendant 72 heures.
>
> Que cet exemple soit suivi et que partout les patriotes portent les coups les plus durs aux moyens de transport des boches.

Le 27 août, *L'Humanité* publie le communiqué 37 des FTP qui revendique, pour le groupe Jean Catelas, « 180 boches tués » dans le déraillement d'un train de troupes sur la ligne Amiens-Arras.

Le 15 septembre, d'après le communiqué 39, 27 locomotives et 40 wagons ont été détruits dans 15 déraillements. Les communiqués 41 et 42, publiés le 1er octobre, annoncent, pour la première quinzaine de septembre : « 45 déraillements de trains boches de troupes, de matériel et de ravitaillement avec des centaines de tués et de blessés, 46 locomotives mises hors d'usage et un grand nombre de wagons dont 523 ont pu être dénombrés. »

Le 28 octobre, ce sont trois déraillements combinés qui ont eu lieu. Le premier sur la ligne Paris-Maubeuge. Plusieurs citernes d'essence ont été détruites et « sept convoyeurs boches » ont été tués ou blessés Le second, entre Tergnier et Laon, a entraîné la mort de 36 soldats. Voici ce que le communiqué 51 de l'état-major des FTP dit du troisième : « Tergnier-Amiens, train de permissionnaires, résultats non contrôlés ».

« Résultats non contrôlés. » C'est laisser entendre que tous les autres le sont. Et peuvent l'être. Or, il n'en est naturellement rien. La propagande tient une place non négligeable dans un combat qui est également psychologique.

En voici un exemple précis sur lequel je crois utile d'attirer l'attention. *L'Humanité* du 30 juillet annonce qu'un train de permissionnaires a déraillé le 10 entre Rennes et Noyal-Acigné et qu'il a été télescopé,

« comme prévu, par un train de matériel boche arrivant en sens inverse ; les 2 trains détruits, 200 morts et 300 blessés, 500 mètres de voies arrachées, 60 heures d'interruption de trafic. Le détachement "Le Vengeur" est cité à l'ordre de l'Armée secrète ».

A la Libération, Louis Pétri, commandant régional FTP et commandant FFI, mais, en 1943, responsable départemental des FTP[1], dresse la chronologie des actions de résistance auxquelles il a participé ou qu'il a ordonnées. Au nombre de celles-ci, le déraillement de Noyal-Acigné. Les 500 morts et blessés annoncés par *L'Humanité* deviennent, sous sa plume, 200 morts et blessés.

Cependant, l'on se souvient que les rapports du 25e corps allemand, s'ils mentionnent bien le déraillement de Noyal, ne fournissent aucune précision sur le nombre des victimes.

Qu'en est-il exactement ?

C'est effectivement vers 2 h 30 du matin, le samedi 10 juillet qu'eut lieu, loin de toute habitation, le déraillement, au lieu-dit Le Haut-Sévigné.

M. Lebé[2], qui avait alors 14 ans, et dont les parents, cheminots, habitaient une maisonnette (le PN — passage à niveau — 186), située près du lieu du déraillement, se souvient de l'irruption de soldats et d'officiers allemands voulant téléphoner d'urgence pour obtenir des secours qui arrivèrent rapidement. Il se souvient également du pitoyable spectacle qu'offraient les wagons renversés sur la voie ferrée ou littéralement emboîtés les uns dans les autres.

Mais combien de morts ?

Le message envoyé le 10 juillet 1943 par l'état-major de la 7e Armée allemande est d'une précision absolue : « Le transport de troupe 398 ayant tamponné le train de permissionnaires déraille. La locomotive et les wagons de voyageurs de ce convoi ont également déraillé. Nos pertes s'élèvent à quelques blessés légers dans le train de permissionnaires et à 8 tués, 30 blessés graves et 50 blessés légers dans le transport de troupe. »

L'Humanité du 30 juillet 1943 a donc multiplié par 25 le nombre des morts allemands.

Il est malheureusement impossible d'entreprendre, pour chaque action revendiquée par la Résistance, la même étude comparative entre les bilans annoncés par un camp et les pertes réelles subies par l'autre mais à travers cet exemple, fruit d'une longue enquête[3], on prendra une idée plus exacte, même si le coefficient multiplicateur n'est pas toujours aussi élevé, des déviations que la propagande impose à la réalité.

1. Né le 9 avril 1919 dans le Gard, Louis Pétri avait eu successivement pour noms de guerre : Hubert, Roland, Loulou, Tanguy. A la fin de 1943, la police spéciale antiterroriste le met déjà en cause dans 76 attentats.
2. Qu'il m'a été possible de retrouver grâce à mon confrère M. Patrick Chartier.
3. Menée à bien, notamment, grâce à l'aide du commandant Even.

Que ces excès de plume ne fassent pas oublier cependant le courage de ceux qui s'attaquent aux convois allemands et ont, d'abord, tout à apprendre du métier de saboteur.

Lorsque les maquisards de Brancion[1] réalisent le 5 août 1943 leur premier déraillement, Louis Ninot met à leur service son expérience et leur explique comment ils devront agir dans quelques minutes.

— Il faut être au moins six, un garde à chaque bout, deux aux éclisses, deux aux tire-fond ; on retire deux tire-fond sur trois et trois des quatre boulons d'éclisses, on débloque les autres qu'on ne retirera que dans les dernières minutes… Pour les tire-fond, il faut retirer sur quinze à vingt traverses, n'oubliez pas que vous ne verrez pas grand-chose et que vous ne devez plus parler. Alors, un à genoux qui sent le carré et y pose la clef, au besoin se redresse un peu pour le déblocage et se recourbe aussitôt pendant que l'autre la tourne. Tiens, Dédé qui n'est pas très grand, tu placeras la clef et toi, Lucien, tu tourneras. Je prendrai la garde au sud et Séraphin au nord, les deux autres aux éclisses, d'accord ?

Louis Ninot explique également comment, selon le sens de la marche du train, il faut déplacer le rail et maintenir l'écart grâce à un coin de bois préparé à l'avance.

Louis Ninot a dit également à ses jeunes camarades qu'il ne fallait provoquer aucun déraillement avant minuit, le dernier train de voyageurs passant sur cette ligne vers 23 h 40[2].

Précaution qui ne sera pas toujours respectée. C'est ainsi que, dans la nuit du 5 au 6 octobre, un sabotage entraînera, près de Chalon-sur-Saône, la mort de 32 voyageurs.

La presse parisienne annonce la nouvelle sous ce titre :

DES TERRORISTES SABOTEURS
FONT DÉRAILLER UN TRAIN
ET PROVOQUENT LE TAMPONNEMENT
DU RAPIDE PARIS-MARSEILLE
DONT DEUX WAGONS PRENNENT FEU

L'article précise que le train de marchandises, qui a tamponné le train de voyageurs, comportait 11 wagons de colis de vivres et de médicaments pour les prisonniers de guerre.

Ainsi la propagande peut-elle — elle ne s'en prive pas — jouer sur toutes les cordes de la sensibilité populaire. Ce sont d'innocents

1. Enregistré à la date du 1er août 1943. Il était auparavant rattaché aux Groupes francs de Saône-et-Loire.

2. Le déraillement provoqué par le maquis Brancion près de Varennes-le-Grand entraînera l'incendie de 750 000 litres d'essence, la destruction de nombreux wagons, l'indisponibilité de la voie pendant 6 jours. Le couvre-feu sera institué dans le département de 22 heures à 6 heures. Cf. Effernelli, *Maquis à Brancion*.

voyageurs français qui sont tués et blessés, des prisonniers français qui souffriront[1].

A propagande, contre-propagande.

Dans la nuit du 30 au 31 octobre, l'express Marseille-Lyon-Paris déraille entre les gares d'Uchizy et de Tournus. Il y a 9 morts, 19 blessés graves et 30 blessés légers. La presse de la collaboration dénonce ce nouvel « attentat criminel » mais, quelques semaines plus tard, le Comité du Rhône de la Résistance française prend l'initiative d'un tract — cité par Maurice Schumann dans son émission du 14 décembre — accusant les miliciens du sabotage.

Selon ce document[2], la police aurait arrêté deux jeunes miliciens qui auraient avoué avoir tiré, sur les presses de la Milice de Mâcon, un tract ainsi conçu : « Aidez les patriotes qui font dérailler les trains. Qu'importe si des bourgeois meurent… Ils ont été prévenus. Vive l'Armée rouge libératrice ! Vive Staline[3] ! »

Quels que soient les auteurs véritables de ce drame — sur lequel je n'ai pu faire la lumière —, la presse de la collaboration ne se contente pas de dénoncer vols de tickets, incendies de gerbes, destructions de batteuses, assassinats de fermiers, déraillements de trains de voyageurs, elle s'efforce également de sensibiliser l'opinion sur le sort de ces chauffeurs et conducteurs de machines qui sont les victimes de mitraillages allant se multipliant. Et dont quelques-uns — François Berthellé, Louis Braouzec, Jean de Goz, Théophile Diguerher, par exemple — sont justement cités à l'ordre de la nation pour avoir, alors qu'ils étaient mortellement atteints, réussi à actionner les freins et à sauver le convoi dont ils avaient la responsabilité.

On comptait 79 mitraillages de trains par avions anglais volant à très basse altitude en janvier 1943, 70 en février, 48 en mars. Il y en aura 140 en avril, 147 en mai, 110 en juin, 99 en juillet, 170 en août, 147 en septembre, 95 en octobre, 164 en novembre.

La propagande anti-alliée n'a pas grand-peine, par ailleurs, à exploiter la stupeur, la colère et les deuils que font naître trop de bombardements imprécis.

---

1. D'après la rumeur publique, le train de messageries comportait également une citerne d'essence et des soldats italiens qui, enfermés par les Allemands dans des wagons à bestiaux, auraient trouvé une mort atroce.

2. Qui, pour le nombre des victimes, confond le déraillement du 5-6 octobre et celui du 30-31, puisqu'il affirme que 31 Français ont trouvé la mort, ce qui est vrai pour le 5-6, faux pour le 30-31.

Dans son numéro du 28 janvier 1944, *L'Humanité* accusera « les associés de Darnand-Pétain-Laval-Henriot » d'avoir fait dérailler un train de voyageurs sur la ligne Tarbes-Lourdes et Compiègne-Soissons.

3. Maurice Schumann, sur la BBC, donne un texte légèrement différent : « Français de Saône-et-Loire, aidez les patriotes en faisant dérailler les trains. Tant pis pour les bourgeois qui meurent ! Vive Staline ! Vive de Gaulle ! »

Il n'est pas vrai, en effet, que les Français — du moins ceux qui sont directement concernés — applaudissent à l'accumulation des ruines et des morts.

Dans les premiers mois de l'Occupation, ils ont, certes, salué le passage des escadrilles anglaises. Sur le pas de leur porte ou au milieu de la rue, les yeux levés, ils ont attendu que la foudre tombe sur les seules installations allemandes, mais ils ont très vite compris que les pilotes de Blenheim, aussi bien intentionnés qu'ils soient envers les populations occupées, n'en étaient pas moins fort capables d'erreurs et que la mort pouvait alors se trouver au rendez-vous.

M. Cardot, qui dirige à Laval l'une de ces Équipes nationales dont on ne parle jamais, mais dont le dévouement a été grand, et qui participera, en septembre 1943, aux travaux de déblaiement et de recherches des victimes qui suivront le bombardement de Nantes, a entendu une femme hurler dans cette salle du musée où sont rassemblés les cadavres : « Salauds d'Anglais, salauds d'Anglais. »

Ce hurlement, il n'est pas le seul, j'imagine, à l'avoir longtemps conservé en mémoire.

Dans le prochain volume de cette *Histoire des Français sous l'Occupation*, qui n'est pas chronologique mais thématique, j'évoquerai longuement le drame des villes bombardées, mais comment ne pas souligner que les bombardements alliés constituent, en 1943 déjà, une source d'inquiétude pour la Résistance. Inquiétude qui se manifestera jusque dans ce rapport sur la vie quotidienne en France que Brossolette et Passy ont adressé au général de Gaulle[1]. Et qui se manifestera également dans le rapport que Michel Brault, enfin arrivé en Angleterre, établira le 16 février 1944, rapport dans lequel se trouve ce paragraphe :

> La population française très découragée, notamment par les vains espoirs qu'elle avait conçus pour l'automne, par la propagande de Vichy sur le terrorisme et par la lenteur de la campagne d'Italie, pourrait devenir tout à fait apathique si les bombardements *étaient intensifiés sans nécessité absolue*[2].

Au cours d'une seule semaine, celle du 29 mars au 5 avril 1943, les bombardements atteignent Abbeville, Dinan, Saint-Nazaire (c'est le 27e), Lorient, Brest, Chauny, Caen, Dieppe, Saint-Brieuc et, dans la région parisienne, Boulogne-Billancourt, Clamart, Puteaux, Suresnes, Issy-les-Moulineaux, Sèvres, Meudon, Palaiseau, ainsi que l'hippodrome de Longchamp où des courses se déroulaient. A peine seront-elles interrompues. Une heure et demie de pause pour ramasser les sept morts, les blessés, mais également combler les trous de bombes et modifier le

1. Sur ce rapport du 20 avril, *cf.* ci-dessus, p. 430.
2. Je souligne intentionnellement.

parcours sur lequel Arcot, Tornado, Vigilance, Flamingo, Lazare et quelques autres chevaux disputeront le prix des Sablons.

C'est en sortant de l'hippodrome, que les turfistes découvriront toute l'étendue du désastre. C'est le lendemain qu'ils apprendront le nombre des morts : 350.

118 bombardements au cours du premier trimestre de 1943 contre 84 pour le premier trimestre de 1942, mais surtout, dans ce même premier trimestre, 40 à 50 000 bombes incendiaires lancées au lieu de quelques centaines l'année précédente, 7 865 maisons détruites contre 448, 1 168 tués et 3 055 blessés contre 685 et 1 927, voici qui donne à la population, notamment à celle des régions côtières, un sentiment de terreur justifié.

Encore ignorera-t-elle longtemps quelques-unes des « précautions » gouvernementales.

Le 29 juillet 1943, la préfecture du Loir-et-Cher adresse au maire de Romorantin la lettre suivante [1] :

> « M. le chef du gouvernement, ministre-secrétaire d'État à l'Intérieur, a pensé que, pour parer aux graves inconvénients qui pourraient résulter de la pénurie de cercueils, il conviendrait d'envisager la constitution de *stocks régionaux de sécurité de cercueils* [2] utilisables en cas de sinistres étendus et imprévus, tels que bombardements aériens massifs.
>
> J'estime que, pour répondre à cette pensée, il conviendrait de constituer, pour Romorantin et Lanthenay, dans cette ville, un stock de 50 cercueils. »

C'est beaucoup plus qu'un stock de « sécurité » de 50 cercueils qu'il aurait fallu rassembler dans la petite ville du Portel, près de Boulogne. Quatre mille habitants en 1943. Le port de pêche, la station balnéaire, la ville n'offrent aucun intérêt stratégique. Tout, pourtant, tout, port, station, ville, sera systématiquement détruit les 8 et 9 septembre 1943. On dénombrera 500 morts, dont près de 90 enfants, et 200 blessés. Du Portel, il ne restera que les ruines du jour entassées sur les ruines de la nuit [3].

Dans les journaux régionaux s'étaleront d'impressionnantes nécrologies. Des familles entières sont ainsi « décédées accidentellement » — c'est la formule employée — au Portel le 8 septembre et, sur le journal, les morts sont cités par rang d'âge, comme si les bombes s'étaient souciées de cette dérisoire hiérarchie.

Monsieur Pierre LIBERT
constructeur de bateaux,
âgé de 70 ans.

---

1. Inédit.
2. Je souligne intentionnellement.
3. La population épargnée sera évacuée en Champagne et l'accès de la commune restera longtemps interdit.

Madame LIBERT
née Joséphine Sorriaux,
âgée de 66 ans.
Monsieur Ernest LIBERT-ROUTIER
âgé de 41 ans.
Madame LIBERT
née Rose Pierri,
âgée de 30 ans.
Jacqueline LIBERT
âgée de 11 ans.
Marcel LIBERT
âgé de 10 ans.
Michelle LIBERT
âgée de 3 ans.
Joël LIBERT
âgé d'un an.

Plus tard, pour excuser l'inexcusable, des résistants locaux diront que les Alliés avaient bombardé et détruit à 93 % Le Portel pour faire diversion et favoriser un débarquement au sud de l'Italie [1]. Le 8 septembre, jour où est annoncé par Eisenhower la capitulation sans conditions de l'Italie, un débarquement américain est bien en cours dans le golfe d'Euphémie, à la hauteur de l'étranglement de 30 kilomètres qui marque la fin de la Calabre méridionale, mais l'on ne voit pas en quoi il se serait trouvé facilité par l'écrasement du Portel qui a dû surtout pâtir de la proximité de Boulogne-sur-Mer.

Dans les jours précédant les bombardements, les Anglais lançaient parfois des tracts affirmant :

« *Nous viserons aussi exactement que possible et... nous connaissons notre affaire.* »

Comme il est facile alors, pour la propagande collaborationniste, qui passe naturellement sous silence les usines ravagées, les installations allemandes atteintes, d'éditer des affiches et des tracts reproduisant un fac-similé du tract anglais rassurant, entouré de photos de modestes logements coupés en deux ou écrasés par les bombes !

Comme il est facile, pour Henriot, de prendre à partie « les moissonneurs de cercueils ». Tel est le titre de sa chronique du 7 mars 1943.

> Les victoires anglo-américaines se sont multipliées chez nous ces derniers jours. Et les Français impatients d'être enfin libérés ont pu saluer les signes avant-coureurs de cette libération dans les succès incontestables obtenus par les bombardiers de Londres et de Washington sur tant de villes françaises.

< 1. Cave Brown soutient la même thèse dans son livre *Bodyguard of lies*. >

Et, lorsque Paris sera directement atteint, le 3 septembre, Henriot s'écriera :

> Jusqu'ici, c'était à la banlieue que les pirates du ciel réservaient leurs coups. Quand ils semaient la mort dans les foyers ouvriers de Billancourt ou du Bourget, de Pierrefitte ou de Boulogne, on nous expliquait qu'ils rasaient des usines. Quand ils s'en prenaient au champ de courses de Longchamp, surprenant une population de promeneurs en plein repos du dimanche, les sinistres personnages qui se chargent de l'apologie des meurtriers nous démontraient doctoralement qu'ils avaient atteint une batterie de DCA. Et, entre eux, ils se sentaient bien à l'abri dans les quartiers de Paris, où ils ne croyaient courir aucun risque. Quand on leur disait : « Vous aurez votre tour », ils souriaient supérieurement. Nos bourgeois gaullisants crânaient. « Il n'y a pas d'usines dans nos quartiers, expliquaient-ils, et nos amis visent bien ; ils nous l'ont dit… » Aujourd'hui, ils nous affirment, en balbutiant de peur, que leurs libérateurs sont venus détruire des nœuds ferroviaires. Mais, pendant qu'il reste des gares debout, ils se hâtent de jeter pêle-mêle l'indispensable dans la valise des exodes et écrivent pour annoncer leur imminente arrivée aux parents qu'ils ont à la campagne.

La Résistance peut-elle contribuer à faire baisser la fréquence de ces mitraillages de trains qui atteignent des cheminots, dans leur immense majorité, adversaires efficaces et déterminés de l'Allemagne ?

Peut-elle, surtout, contribuer à faire baisser la fréquence de ces bombardements qui, prenant pour cible au cœur des villes des gares, des centrales électriques, des casernes, des ouvrages d'art ou des dépôts, provoquent toujours un plus grand nombre de victimes civiles et vont jusqu'à faire dire publiquement à Mgr Gaudel, à l'instant où sont célébrées, en novembre 1943, les obsèques des 400 morts de Toulon : « Ce n'est plus la guerre, c'est de l'assassinat collectif » ?

Depuis longtemps, les résistants avaient souligné que les destructions faites au sol par quelques saboteurs étaient souvent plus efficaces que celles que pouvaient provoquer les pilotes de bombardiers. Et qu'elles présentaient l'avantage d'épargner les populations civiles tout en préservant une partie du potentiel économique français.

Pendant longtemps ils ne devaient pas être pris au sérieux, les Anglais mettant en doute leur capacité à concurrencer les Mosquito lorsqu'il s'agissait d'attaquer les trains, les Lancaster lorsqu'il s'agissait de détruire les usines ; les Français de Londres craignant que, arrêtés par les Allemands, les hommes des groupes francs, prématurément engagés, ne soient plus disponibles pour les grandes opérations qui devaient coïncider avec le débarquement[1]. Craignant également, pourquoi ne pas l'écrire,

1. Affecté au BCRA à son arrivée en Angleterre, en avril 1943, l'ingénieur général Combaux, chargé de mettre au point (sous les ordres du commandant Saint-Jacques) les plans de sabotage destinés à paralyser l'ennemi pendant la bataille de la Libération aura, à maintes reprises, l'occasion de mesurer l'importance des différences de conception existant

que l'« action immédiate » ne soit monopolisée par les communistes qui en auraient tiré un bénéfice moral pour le présent, un bénéfice politique pour le proche avenir.

C'est lorsque Bingen fera savoir à Londres que si, en zone nord, l'« action immédiate » est encore à 90 % l'apanage des FTP communistes, en zone Sud les Mouvements unis peuvent mettre à leur crédit 60 à 75 % des sabotages, que les événements se précipiteront. Au même moment, les responsables de la France combattante — Soustelle le premier — prendront conscience des désastres psychologiques que peuvent entraîner la multiplication de bombardements au cours desquels les villes françaises subissent à peu près le même traitement que les villes allemandes. Comme ils prendront conscience de la relative montée en puissance d'une Résistance, pauvre encore en moyens militaires, mais riche en courage et disposant, dans le pays, de nombreuses complicités.

Quelques semaines plus tôt, d'ailleurs, à la fin du mois d'octobre, Guillain de Bénouville, qui remplace Frenay comme responsable des questions militaires au comité directeur des MUR, a pris l'initiative (peu appréciée à Londres aussi bien des Anglais que de Français qui, loin du « terrain », craignent toujours que l'initiative ne leur échappe) de réunir à Genève une conférence militaire dont le but est de recenser les forces de l'Armée secrète et des maquis, de déterminer leurs besoins et de préciser les objectifs qu'ils peuvent d'ores et déjà atteindre[1].

Assistent à cette conférence, qui se prolongera pendant une semaine, Dejussieu, chef d'état-major de l'Armée secrète ; Marcel Degliame, qui en sortira confirmé dans son poste de chef de l'Action immédiate pour les deux zones[2] ; Pierre Arrighi, représentant du Comité militaire de zone Nord ; Louis-Eugène Mangin, délégué militaire national ; Magescas, adjoint de Bénouville, responsable de la défense des maquis… et l'Américain Allen Dulles. Les Anglais, invités, ne sont pas venus, mais ils connaîtront naturellement les rapports « Hercule » et « Ulysse I et II », puisque tels sont les très symboliques noms de code choisis par Bénouville.

Que proposent Bénouville et ses camarades au titre de cette Action immédiate, dont la conférence de Genève ne signe pas l'acte de naissance (elle date de juillet), mais marque une étape essentielle dans le dévelop-

---

entre militaires alliés et résistants français. C'est un sujet sur lequel je reviendrai naturellement dans le prochain volume.

1. En annexe de son livre *Le Sacrifice du matin*, Guillain de Bénouville a publié les documents essentiels sur cette réunion.

2. Marcel Degliame est communiste, mais, dans les mouvements de résistance, cette appartenance, soigneusement cachée, demeure alors ignorée. A l'échelon national, le responsable de l'Action immédiate dispose d'une commission technique (ingénieurs des Mines, des Produits chimiques, de la Métallurgie, des Ponts et Chaussées, des Chemins de fer, de l'Électricité), chargée d'effectuer des enquêtes sur les entreprises travaillant pour l'ennemi, de définir les objectifs prioritaires et de fournir les indications techniques pour atteindre les buts recherchés.

pement puisque, si les actions immédiates avaient été jusqu'à présent relativement nombreuses, elles étaient rarement coordonnées ?

Que les groupes Action[1] de zone Sud et de zone nord, agissant enfin en liaison étroite et suivant un plan concerté, renseignés par des techniciens, aidés par des spécialistes ouvriers, frappent les points sensibles — voies ferrées, canaux — par où la production française s'écoule en direction de l'Allemagne, les véhicules qui la transporte, les usines d'où elle sort.

Après de « nombreux conciliabules », écrira Soustelle qui, à Londres, a, depuis peu, la haute main sur tous les services spéciaux français, les Alliés accepteront un plan d'action intensifié des groupes armés de la Résistance, en échange d'une réduction du nombre des bombardements et mitraillages. Et décembre 1943 vit effectivement tomber à 10 le nombre des mitraillages de trains (ils avaient été 164 en novembre), tandis qu'augmentait considérablement le nombre des sabotages de locomotives.

C'est le 3 décembre que, depuis Londres, le comité directeur des Mouvements transmet en France la consigne d'offensive à outrance contre les moyens de transport. Ce n'est cependant pas avant la fin du mois, et même pas avant les premiers jours de janvier 1944, qu'elle atteindra tous les exécutants, si l'on en croit ce message de Favereau, chef des maquis de zone Nord, *daté du 31 décembre 1943* seulement.

> Londres communique qu'afin d'épargner la vie des Français, particulièrement celle des cheminots, la RAF a consenti, à la suite des représentations qui lui ont été présentées, de cesser toute attaque contre les trains.
>
> Ceci a été agréé moyennant l'engagement pris par les autorités françaises que le possible serait fait par la Résistance intérieure française d'immobiliser les locomotives par action directe.
>
> Dans ces conditions, il y a lieu d'organiser ou de faire organiser des actes de sabotage sur toutes les locomotives dans leur dépôt.
>
> Il est enjoint de porter le maximum des efforts sur cette tâche pendant la période qui vient, c'est-à-dire la première période de janvier.

Qu'importe en vérité ce retard dans les transmissions ! Cette guerre n'est pas une guerre ordinaire où, au même instant, toutes les unités peuvent être touchées par les ordres de l'état-major. Des liaisons précaires expliquent les lenteurs de transmission ; l'activité des services allemands, et de cette partie de la police française qui joue leur jeu, légitime des ratés dans l'action.

---

1. Les groupes Action devaient regrouper l'action ouvrière, les Groupes francs, Service-Fer, les Francs-tireurs et partisans. La coordination, il ne pouvait en aller autrement, ne sera jamais parfaite.

En zone sud les groupes Action des MUR représentaient 8 000 hommes environ, ceux des FTP 5 000. En zone Nord il est difficile de préciser le chiffre des groupes Action relevant des MUR, mais on peut estimer à 4 000 ceux des FTP.

Il n'en reste pas moins qu'à la fin de décembre le bilan des destructions par sabotage sera impressionnant.

Il est injuste, pour tous ceux qui, depuis des mois et des mois[1], ont participé à l'action, et ont payé souvent très cher le prix de leur courage, d'écrire qu'en décembre 1943 débute la bataille du rail. Mais qu'elle s'intensifie considérablement, c'est certain.

D'après Soustelle, bien placé pour recenser les actions, ce sont 220 coups de main qui, durant le mois de décembre, ont eu lieu contre le système ferroviaire, dont 100 sur le réseau Sud-Est. Les lignes de Paris à Strasbourg, à Longwy, à Boulogne, Lille, Brest, Cherbourg, Marseille, Toulouse, Châteauroux, Grenoble, sont interrompues à plusieurs reprises pour des durées allant de quelques heures à trois jours, et presque tous ces déraillements provoquent des pertes parmi les soldats de la Wehrmacht : 21 morts le 9 décembre près de Villedieu-les-Poêles, 21 tués entre Roanne et Saint-Étienne le 11, 20 dans la Drôme le 22.

Mais, plus encore que sur les voies ferrées, c'est dans les dépôts que les locomotives sont vulnérables. 13 seront mises hors service par les FTP-MOI à Toulouse-Matabiau, 17 à Montauban, 5 à Bergerac. Partout le plastic fait des ravages et le communiqué 55 de l'état-major des FTP, daté du 10 décembre, annonce que 3 locomotives ont sauté à Reims, 3 à Châlons-sur-Marne, 2 à Courtalain, 1 à Laroche-Migennes, 3 à Piquécourt, 3 à Romilly où 2 chariots transbordeurs et 2 compresseurs ont également été détruits[2].

A l'occasion de l'un de ses voyages en Suisse, Guillain de Bénouville a désiré assister à un déraillement au cours duquel une intervention du maquis était prévue. Le voici donc, sous la conduite d'un agent de liaison, dans la forêt où se prépare l'opération. Des hommes arrivent porteurs de fusils-mitrailleurs et de mitrailleuses pendant qu'une équipe spécialisée déboulonne les rails. Au loin, le train, déjà, se fait entendre.

> Il avance lentement et, à cinquante mètres du point où nous le guettons, déraille comme il était prévu. La machine culbute dans le fossé, les wagons sont précipités les uns contre les autres, c'est une inextricable mêlée d'où les Allemands, surpris, sautent l'arme au poing. Un grand nombre d'entre eux sont déjà blessés. L'officier qui commande l'opération ne se découvre pas encore. Soudain, lorsque les Allemands sont à peu près rassurés et qu'ils s'imaginent être seulement les victimes d'une agression de saboteurs qui ont fui, alors qu'ils se promènent le long des voies en regardant mélancoliquement leur train culbuté, les mitrailleuses commencent à crépiter. Les Allemands essayent en vain de riposter. Leur surprise est telle qu'il leur faut rapidement

1. *Cf.* ci-dessus, p. 582 *sq*. Le 11 novembre, il y aurait eu, si l'on en croit les communiqués des FTP et les synthèses de renseignement de l'Armée secrète, 150 actes de sabotage pour la zone nord et 100 pour la zone sud, 25 % de ces sabotages concernant les voies ferrées.

2. Ce communiqué mentionne par ailleurs de nombreux déraillements ayant entraîné des pertes parmi les unités allemandes transportées.

se replier, laissant sur le terrain un certain nombre de morts et de blessés qu'ils viendront relever lorsque le maquis le leur permettra.

Qui attaque en ce mois de décembre 1943, donnant ainsi à l'armée d'occupation un avant-goût de ce qui se passera en mai et juin 1944, lorsque la Résistance, sans les paralyser absolument, ralentira considérablement tous les déplacements allemands ?

Les groupes francs des différents mouvements, les hommes de « Résistance Fer », ceux du Nap-Fer et ces cheminots qui n'ont pas besoin de militer dans un mouvement de résistance pour se trouver à la pointe du combat anti-allemand, dès lors qu'il s'agit de fournir un renseignement, un horaire, un conseil qui permettra d'immobiliser définitivement ou provisoirement une machine[1] ?

Oui. Mais également les équipes de sabotage envoyées par le BCRA.

Jarrot et Basset, par exemple, qui appartiennent à cette mission « Armada », dont les exploits, réalisés au cours de deux missions, sont déjà légendaires, ne se contentent pas de priver Paris de lumière huit heures par jour en faisant sauter les lignes de transport de force, ils s'attaquent presque quotidiennement aux voies ferrées qui se trouvent dans leur voisinage et, jouant avec maîtrise des explosifs, provoquent de très nombreux déraillements.

Ce sont eux également qui, pour éviter un nouveau et meurtrier bombardement du Creusot (celui de l'été de 1942 avait entraîné la mort de 400 civils sans résultat militaire appréciable), ont fait sauter dans la nuit du 16 au 17 août les transformateurs alimentant les principales usines de la ville qui travaillaient pour l'industrie de guerre allemande.

Certains de leurs camarades — comme eux envoyés par le BCRA — se sont attaqués, en juillet 1943, au barrage de Gigny, en Saône-et-Loire, avant de s'en prendre à celui de Port Bernardin, en novembre ; de faire sauter de très nombreuses écluses et de revendiquer, pour décembre 1943 et janvier 1944, la destruction de 111 locomotives et 439 wagons.

Et les maquis ?

L'automne de 1943 relancera la querelle sur l'utilisation des maquis entre ceux qui persistent à vouloir les encadrer, les entraîner, les discipliner, les enrégimenter dans la perspective du jour J, ce qui interdit tout engagement systématique, et les partisans de l'action immédiate, constante, presque quotidienne, c'est-à-dire les communistes.

Logiques avec eux-mêmes, agissant en ce domaine comme ils ont agi à partir d'octobre 1941 lorsque, solitairement, et en contradiction avec

1. D'après Henri Noguères, la SNCF aurait perdu, en 1943, 847 locomotives, 705 voitures et 4 659 wagons utilisés par l'ennemi.

Au cours du second semestre de 1943, 1 614 cheminots, membres des différentes organisations de Résistance, ont été arrêtés. Il faut rappeler que les Allemands ont imposé dans les gares et les bureaux la présence d'un certain nombre de cheminots et techniciens allemands.

les consignes de De Gaulle, ils commettaient des attentats dont ils savaient qu'ils provoqueraient d'atroces représailles, représailles dont ils espéraient qu'éloignant les Français de la tentation de la résignation, elles entraîneraient dans le camp de la Résistance beaucoup d'âmes fortes à qui manquait un puissant motif d'indignation, les communistes, dans les maquis, agiront donc avant les autres et davantage que les autres.

Quel que soit le nombre des maquisards et l'importance des moyens. Au mépris parfois des moyens. Dans la très longue lettre qu'il adresse à de Gaulle le *23 novembre 1942*, donc avant la véritable naissance des maquis, le Comité national des Francs-Tireurs et Partisans français, après avoir établi la distinction entre « Francs-Tireurs » et « Partisans »[1], définit les principes d'organisation (groupe mobile de combat composé de huit hommes au plus), mais surtout la tactique qui est, et sera bien davantage encore, strictement imposée.

> Notre tactique est celle de la guerre d'embuscade et de la guérilla. Elle consiste à mener des actions offensives bénéficiant au maximum des avantages de la surprise et de la ruse. Dans un pays désarmé où les forces gouvernementales sont au service de l'occupant, l'exécution de l'action doit être rapide et le repli des exécutants s'effectuer avec une célérité les rendant insaisissables.

Dans les directives qu'il enverra aux FTP, Charles Tillon, leur chef, interdira formellement la formation de maquis trop importants, donc faciles à repérer et à détruire. « Jusqu'à la fin, écrira-t-il, un rassemblement *de plus de trente hommes* offrait des risques inutiles. La meilleure solution pour une compagnie était de se disperser, de s'articuler, entre quatre ou cinq cantonnements assez éloignés les uns des autres pour échapper à l'encerclement, assez proches pour se prêter un appui mutuel. » Pour lui, il n'existe d'ailleurs qu'une multitude de situations locales, relevant toutes de solutions originales, excluant, non certes une pensée directrice, mais l'adoption de plans longuement mûris par de lointains états-majors.

Et la grande œuvre d'intensification du sabotage des moyens de communication et du matériel de guerre, acceptée par les Alliés en décembre 1943, se trouve déjà exposée, expliquée, suggérée, exigée par ces « directives pour l'insurrection générale » élaborées par Tillon, publiées dans *L'Humanité* du 15 avril 1943 et qui traduisent la volonté des communistes de ne jamais renoncer à cette lutte armée que d'autres voudraient momentanément retarder.

Ils demeureront intransigeants sur leurs positions.

C'est ainsi que, le 12 avril, au cours d'une réunion regroupant, rue de la

1. Les Francs-Tireurs opèrent par fraction très réduite de patriotes, conservent généralement une existence légale et pratiquent l'action armée en dehors de leurs occupations. Les partisans vivent dans des conditions de complète illégalité, soit à l'intérieur de grosses agglomérations, soit dans des régions où les conditions géographiques rendent possible leur existence dissimulée.

Faisanderie, à Paris, Jean Moulin, le général Delestraint, Passy, Brossolette, Yeo-Thomas, les chefs militaires de l'« OCM », de « Ceux de la Résistance », de « Libération-Nord », de « Ceux de la Libération » et deux responsables communistes, un incident violent se produira entre Delestraint et les communistes[1].

Après avoir annoncé qu'il a été chargé par le général de Gaulle de prendre le commandement de l'Armée secrète dans les deux zones, le général Delestraint fait état de ses récents entretiens londoniens. Aussi bien du côté britannique que du côté américain, il a reçu l'assurance qu'il pourrait armer, en zone occupée, non pas 20 000 hommes, comme Passy et Brossolette l'ont prévu, mais 50 000 puis 100 000.

De ces hommes, les Alliés attendaient toutefois qu'ils n'agissent que le jour J, sur des objectifs désignés en fonction de plans élaborés à Londres pour les besoins du débarquement.

Ces vœux — ou ces ordres — supposaient que l'Armée secrète — et les maquis dont on parle encore peu, mais cela va de soi — ne se livre à aucune attaque sérieuse contre l'occupant ou, plus exactement, à aucune attaque susceptible de le mettre en garde, de l'inciter à renforcer défenses ou garnisons.

La réaction des deux communistes sera brutale. Ils refusent tout ce qui conduirait à l'abandon de l'Action immédiate et, lorsque Jean Moulin leur fait remarquer que, soldats, ils n'ont qu'à se comporter en soldats, c'est-à-dire « claquer les talons et obéir », ils font mine de quitter la pièce.

Même lorsque Brossolette, se posant en médiateur, proposera une scission provisoire des effectifs FTP, le personnel régional étant placé sous le contrôle de l'Armée secrète, les véritables francs-tireurs étant laissés libres pour l'Action immédiate, dès l'instant toutefois que cette Action entrerait dans un plan accepté par l'état-major interallié, les responsables communistes refuseront une transaction qui les aurait, fût-ce très partiellement, privés de leur indépendance de mouvement.

Ennemis de l'attentisme et de ce que certains appellent, pour s'en moquer, le « jourjisme », ne voulant d'ailleurs conserver en stock, en prévision de ce fameux jour J que le septième des armes qu'ils possèdent[2], n'hésitant pas à réclamer — c'est dans *L'Humanité* du 26 novembre — que le Comité français de la Libération nationale distribue des armes

1. L'un des communistes est ce *Joseph* (Beaufils) qui, au printemps de 1942, a pris les premiers contacts avec Rémy et, grâce à lui, avec la Résistance non communiste. Le colonel Passy, qui a fait le récit de cette réunion du 12 avril, précise qu'il a toujours ignoré le nom de l'autre communiste et ajoute : « Cela semblait d'ailleurs être une tactique volontairement suivie par les FTP. En effet, à chaque rencontre, nous nous trouvions devant un nouveau personnage, ce qui leur permettait de ne jamais considérer comme acquis ce qui avait été dit précédemment. »

2. Décision prise en décembre 1943.

« d'abord À CEUX QUI SE BATTENT, c'est-à-dire aux FTP[1] », préservant scrupuleusement leur identité[2] même et surtout lorsque, sous le couvert d'union nationale, ils étendent leur audience et leur influence, les FTP prenant plus rapidement que les autres davantage de risques et revendiquant légitimement davantage d'actions anti-allemandes, s'attireront les sarcasmes de quelques-uns et les jalousies de bien d'autres.

Si des responsables de l'Armée secrète, qui ont reçu de Londres des consignes d'attentisme et préparent minutieusement des opérations d'envergure à échéance assez éloignée, comprennent mal que les FTP puissent attacher quelque importance à la mort d'un bidasse de la Wehrmacht tué au sortir d'un bordel et n'apprécient guère les attaques de gendarmerie, les maquisards de 20 ans qui piaffent d'impatience envient les « coups de main des maquis communistes ».

Michel Brault, chef du Service national maquis, en fera un jour l'aveu en évoquant les mois de juillet et août 1943.

> Un autre problème très grave se présentait. Maintenus dans l'immobilisme, avec comme seule distraction les visites de nos instructeurs itinérants de l'École des cadres, qui apportaient une mitraillette dans une valise et faisaient des cours de montage et de démontage, le tir étant impossible en raison du bruit et du manque de munitions, nos maquisards s'énervaient et perdaient leur moral quand ils entendaient parler de coups de main des maquis communistes.

Il est vrai qu'ils appartenaient, le plus souvent, ces maquisards auxquels Brault fait allusion, à ces maquis « statiques » qui, selon le mot de Tillon, feront « la tragique expérience de la défensive ». Dans le Vercors, par exemple.

---

1. Des maquis FTP et des maquis non communistes en viendront aux mains pour la possession de parachutages. Noguères cite, sur certains événements intervenus dans le Morbihan, le témoignage d'Henri Bouret, second de Favereau et authentique héros de la Résistance (*Histoire de la Résistance en France*, tome IV, p. 270).

2. « Aucune organisation FTP ne se dessaisira jamais de son originalité propre, de son autonomie de commandement, de cloisonnement et de représentation. » Charles Tillon, *On chantait rouge*.

6

DU VERCORS
À *LA MARSEILLAISE* D'OYONNAX

Alors que le nom de la plupart des maquis éveille seulement des souvenirs dans les familles des victimes, ne fait naître que de fragiles fascicules où quelques « anciens » ressuscitent leur jeunesse, le Vercors, toujours présent à la mémoire populaire, est encore à l'origine d'œuvres d'importance et de débats passionnés.

Tragédie totale qui frappe l'imagination par le sacrifice des hommes comme par le décor presque religieux face auquel il s'est déroulé, le Vercors a également donné naissance à ces ardentes querelles qui alimentent le débat sur le rôle des maquis dans une guerre de libération.

C'est en 1947 seulement que l'on connaîtra les terribles accusations lancées, le 21 juillet 1944, par ceux qui succombaient avec la certitude d'être abandonnés de Londres et d'Alger, de De Gaulle et des Alliés, dont ils attendaient vainement les bataillons parachutistes qui les auraient délivrés de l'étreinte allemande et auraient justifié la fausse stratégie pour laquelle ils se sacrifiaient.

Tandis que le colonel Huet, chef militaire du Vercors, faisait savoir à Alger que ses soldats conserveraient toujours « l'amertume d'avoir été abandonnés seuls et sans appui au moment du combat », Chavant, chef civil, plus violent dans son désespoir, transmettait ce message : « … Si vous ne prenez pas des dispositions immédiates, nous serons d'accord [avec la population] pour dire que ceux qui sont à Londres et à Alger n'ont rien compris à la situation dans laquelle nous nous trouvons et sont considérés comme des criminels et des lâches. Nous disons bien : criminels et lâches[1]. »

A ces appels au secours, le communiste Fernand Grenier, alors commissaire à l'Air du gouvernement provisoire installé à Alger, n'avait pu

1. En accord avec le colonel Huet, Chavant réclamait le bombardement des aérodromes allemands voisins, ainsi que des parachutages d'hommes, de vivres et de matériel.

répondre. L'aviation française, « son » aviation, se trouvait sous commandement allié et manquait de moyens, comme l'armée manquera de moyens lorsque l'on songera, presque au dernier jour, à parachuter symboliquement sur le Vercors quelques dizaines d'hommes sacrifiés.

Mais Grenier, dont l'émotion n'était pas feinte, s'était emparé des télégrammes angoissés des défenseurs du Vercors pour en faire le thème d'une conférence de presse et le prétexte d'une lettre à de Gaulle dans laquelle, après avoir écrit que rien n'avait pu « émouvoir les bureaux et les états-majors », il précisait qu'il n'entendait pas « être associé à la politique criminelle qui consiste à disposer des moyens d'action et à ne pas les employer quand nos frères de France appellent à l'aide ».

De Gaulle avait obtenu de Grenier, placé devant le choix de se démettre ou de s'excuser, une lettre de désaveu et, sauf dans les milieux les mieux informés de la Résistance, le silence était retombé sur les circonstances de l'agonie du Vercors et sur une querelle « communistes-anticommunistes », qui avait bien existé dans ces bureaux français de Londres et d'Alger, où l'on s'inquiétait presque autant de la « tendance » et de la « couleur » des maquis que de leurs besoins.

La guerre froide, les débats, les mises au point qu'elle provoquait allaient donner licence aux uns comme aux autres d'« exploiter les cadavres [1] » et de faire servir le Vercors, son « tumulte de rochers [2] », ses villages ruinés, ses grottes muettes où vainement s'étaient abrités blessés et fuyards, ses forêts éternellement vertes et ses morts, tous ses morts, les 639 maquisards et les 82 civils, aux sordides batailles de l'après-guerre.

Cet après-guerre que tant de maquisards de 20 ans avaient naïvement rêvé débarrassé des miasmes politiques.

« Le Vercors semble édifié par la nature pour constituer une citadelle complète, presque aussi parfaite qu'un ouvrage de Vauban [3]. » L'image est de Robert Aron. Et comment ceux qui vivaient à l'ombre du Vercors, ou dans le Vercors lui-même, qui en connaissaient, pour les avoir pratiqués, les huit routes et les vingt passages d'alpinistes, n'auraient-ils pas intégré ce quadrilatère d'à-pics de 50 kilomètres du nord au sud, sur 15 à 20 de l'est à l'ouest, dans leurs projets de résistance à l'occupant ?

Le Vercors précède le STO. Le général Laffargue, qui commande à Grenoble l'infanterie de la 14e division, songe, dès 1941, aux possibilités offertes par ces forteresses naturelles, en apparence faciles à défendre : Vercors, Chartreuse, Bauges. Et ces officiers généraux qui, à Vichy, préparent des plans de résistance à l'invasion de la zone libre, plans qui

1. C'était le reproche lancé par le général de Gaulle à Fernand Grenier le 28 juillet 1944, lorsqu'il lui avait demandé d'écrire une lettre de désaveu.
2. Robert Aron, *Histoire de la libération de la France.*
3. *Ibid.*

jamais ne seront appliqués[1], y songent aussi. Il ne faut pas grand génie[2]. De bons yeux suffisent. Et la foi.

Or, la foi de Pierre Dalloz porte infiniment plus loin encore que son regard.

Sorti de l'Institut électrotechnique de Grenoble, Dalloz, qui est né en 1900, a choisi de s'orienter vers la montagne plutôt que vers l'industrie. Mais, comme il faut vivre, tout en assumant la rédaction en chef de la revue du Club alpin français, il sera, à Paris, secrétaire général du Touring-Club, avant d'entrer dans le cabinet de l'architecte Auguste Perret. Après la défaite, c'est tout naturellement qu'il se retirera en Dauphiné.

Installé dans une ferme des Côtes-de-Sassenage — à 6 kilomètres de Grenoble, sur la route qui mène à Lans-en-Vercors, but de ses excursions hivernales —, il travaille lentement à la traduction d'une œuvre de saint Bernard. Sa femme, le peintre Henriette Gröll, se tient le plus souvent dans son atelier du premier étage. De sa maison-forteresse, dont « la salle aux murs épais possède une seule fenêtre au sud et une porte vitrée à l'est[3] », Dalloz ne découvre que les bois environnants et la falaise, l'impressionnante falaise du Vercors, comme la plus haute muraille d'une forteresse à laquelle seuls les défenseurs feraient encore défaut.

Comme imposée par le paysage, l'idée mûrit. C'est en mars 1941, alors que Dalloz abat un noyer mort, en compagnie de son ami l'écrivain Jean Prévost[4], que, soudain, elle prend corps.

> Je date de ce jour [de mars] une vue du Vercors qui me livra d'un coup les traits de sa structure. Aussitôt en naquit une idée stratégique. Je dis à Jean Prévost, l'esprit et le regard tournés vers les rochers qui étendaient sur nous leur ombre : Il y a là une sorte d'île en terre ferme, deux cantons de prairies protégées de tous côtés par une muraille de Chine. Les entrées en sont peu nombreuses, toutes taillées en plein roc. On pourrait les barrer, agir par surprise, lâcher sur la région des bataillons de parachutistes.

Mars 1941. Les Allemands n'ont pas encore attaqué l'Union soviétique. Les États-Unis ne sont pas dans la guerre. Rêver d'un lâcher de parachutistes sur le Vercors — il ne pourrait alors s'agir que de parachutistes anglais, puisque seule l'Angleterre poursuit le combat — constitue une fabuleuse anticipation.

Janvier 1943. Près de deux ans ont passé. D'autres hommes songent au rôle que pourrait jouer le Vercors. Ceux-là habitent le plateau : Villard-de-Lans, Autrans, Méaudre, La Balme-de-Rencurel, Pont-en-Royans.

1. Cf. ci-dessus *Les Passions et les Haines*.
2. En 1938, l'armée française avait organisé des manœuvres qui utilisaient le Vercors comme point de départ d'une contre-offensive d'envergure.
3. Paul Dreyfus, *Vercors, citadelle de liberté*, sans doute le meilleur livre, et le plus complet, publié sur le Vercors.
4. Qui trouvera la mort dans les combats du Vercors.

Ou ces villes, Grenoble, Romans, Voiron, Vizille, dont le Vercors barre l'horizon. Ils s'appellent Léon Martin, député, ancien maire de Grenoble, pharmacien, cours Berriat ; Eugène Samuel, docteur en médecine, né en Roumanie ; Martin Ravalec et Ganimède, médecins, eux aussi ; Aimé Pupin, propriétaire à Grenoble du café de la Rotonde ; Eugène Chavant, également cafetier ; Paul Deshières, employé des chemins de fer ; Eugène Ferafiat, garagiste. Ils sont militants socialistes et presque tous francs-maçons, donc doublement hostiles à Vichy. Depuis août 1941, ils ont réorganisé clandestinement le parti socialiste. Depuis juillet 1942, ils travaillent en liaison avec le mouvement « Franc-Tireur » que Jean-Pierre Lévy dirige avec sa modestie passionnée. Tandis qu'ils assurent à « Franc-Tireur » une solide implantation dans le département, « Franc-Tireur » leur offre des mots d'ordre et des objectifs dépassant le cadre local.

Aimé Pupin et Chavant, les deux cafetiers, sont à la tête de leur groupe. Deux cafetiers, chefs d'un groupe de résistance comprenant l'ancien député-maire de Grenoble et plusieurs notables ? Pourquoi pas ? Provisoirement, l'Occupation aura effectivement brisé les hiérarchies traditionnelles et Paul Dreyfus, évoquant dans son livre sur le Vercors le recrutement effectué par le cafetier Pupin parmi une population de condition modeste, citera ce mot du Grenoblois Stendhal : « Le peuple n'est supérieur à la bonne compagnie que dans les grands mouvements de l'âme. »

Après l'invasion de la zone non occupée, la dissolution de l'armée de l'armistice et l'annonce du STO, le groupe Pupin-Chavant se trouvera tout naturellement mêlé à la constitution des premiers maquis qui, non moins naturellement, s'installeront dans le Vercors.

Lorsque les jeunes Grenoblois se présentent à la pharmacie du Dr Martin, 125, cours Berriat, ils sont, après enquête, convoyés jusqu'à Villard-de-Lans d'où ils gagnent ce camp d'Ambel — à l'origine une exploitation forestière parmi d'autres — qui deviendra le camp I du Vercors.

En février 1943, ils sont déjà 85, sous le commandement de Pierre Brunet, un sergent de l'arme blindée, et du directeur de l'exploitation, Bourdeaux, qui n'hésite pas à prendre la responsabilité de l'entraînement des jeunes maquisards avec des armes de hasard[1].

Entre février et mai, ce sont 10 camps qui s'implanteront ainsi au puits des Ravières, près de Corrençon, au-dessus d'Autrans, à Cournouse, près de Méaudre, de La Chapelle-en-Vercors, du plateau Saint-Ange, au bout de la plaine de Vassieux, cependant que des militaires, anciens de l'armée de l'armistice, s'organisent autour de Saint-Martin-en-Vercors. Chacun des camps « civils » — ils sont 8 — regroupe une soixantaine de garçons qui vivent essentiellement des subsides qu'Yves Farge — qui

1. Il deviendra « capitaine Fayard ».

obtient l'argent de Jean Moulin — remet à Pupin puis, après l'arrestation de ce dernier par les Italiens, à Chavant.

Or, et ce sera là un motif d'irritation pour Frenay, lorsqu'il apprendra que Moulin « subventionne » directement le Vercors, alors qu'il lui refuse toute aide supplémentaire, or chaque maquisard du Vercors « coûte » 2 300 francs par mois quand la « moyenne » des maquisards vit avec 600 francs[1].

Les hommes arrivent de plus en plus nombreux.

Le décor est planté. De toute éternité.

Que faut-il pour que le Vercors fasse irruption dans l'Histoire ?

Un plan où il entre assez de sérieux et de rêve, de pensée militaire et de séduction mystique pour entraîner l'adhésion de ceux qui, en France et à Londres, commandent à la Résistance.

En janvier 1943, Dalloz rédige le plan d'une écriture presque automatique, avec une facilité nullement déconcertante puisque la pensée, quotidiennement sollicitée, trouve spontanément les mots convenables et convaincants. D'ailleurs, deux pages seulement. Et, lorsque le texte est rédigé…

> J'ouvris ma porte. Je respirai l'air froid de la nuit. L'amandier familier, agité par le vent, balayait le ciel étoilé de ses ramures. Le fracas du Furon, grossi par les pluies d'automne, emplissait le silence. La montagne était là, tout près : c'était le Vercors. Je réfléchis un long moment. L'obscurité était complice. L'instant fut lourd pour moi de responsabilité, de résolution, d'espérance.

Les deux pages écrites par Dalloz constituent une présentation géographique et stratégique du Vercors, *forteresse* dont « il suffirait d'une dizaine de destructions, faciles à faire et à défendre, pour interdire [l']accès à tout blindé », mais aussi possible *place forte* d'où, le moment venu, « de véritables opérations offensives » pourraient être lancées.

En compagnie de son ami Jean Lefort, sous-lieutenant de chasseurs alpins, qui avait eu, pendant la campagne de France, une conduite héroïque, Dalloz se rend, deux ou trois jours plus tard, à Lyon. Il s'agit

1. *Histoire de la Résistance* (Que sais-je, n° 429).

J'ai déjà évoqué le problème du financement des maquis en précisant qu'il n'existait pas et ne pouvait pas exister de règle générale. Lorsque Romans-Petit « lance » les maquis de l'Ain, c'est grâce à ses ressources personnelles qu'il fait vivre les garçons qui le suivent. « Je n'arrive pas à savoir, écrira-t-il, qui détient l'argent envoyé, selon certains bruits, par Londres. » En revanche, le 23 juin 1943, le maquis du mont Ventoux reçoit un parachutage de 110 400 francs et, trois semaines plus tard, du responsable régional du maquis, la somme de 150 000 francs.

Dans le maquis Brancion, « Front national » et FTP versent 1 800 francs par mois à chaque maquisard et lui fournissent deux cartes d'alimentation. Aucune règle générale, donc, dans un monde éloigné des règles.

de prendre contact avec le journaliste Yves Farge qui a abandonné sa rubrique de politique étrangère du *Progrès* pour celle des beaux-arts.

Dans un journal d'esprit républicain, n'est-ce pas la meilleure façon de conserver son gagne-pain sans compromettre sa plume, tout en demeurant bien placé pour servir cette Résistance dans laquelle Farge a engagé son corps massif, son esprit délié, son caractère abrupt, sa brûlante et lyrique éloquence ?

Convaincu, Dalloz n'éprouve aucune peine à convaincre Farge et la même idée enflamme bientôt ces deux tisons.

Convaincu, Farge va, à son tour, convaincre Jean Moulin.

Et, le 31 janvier, il annonce à Dalloz :

— Max [Moulin] est emballé par votre projet. Voici de l'argent. Mettez-vous au travail immédiatement.

A partir de cette minute, les événements marcheront à une rapidité surprenante et ce qui se passera dans le Vercors — maquis privilégié grâce à la coalition intellectuelle Dalloz-Farge-Moulin — ne se produira dans aucun autre maquis.

Non seulement, en effet, le chef de la Résistance française approuve le projet, mais le chef de l'Armée secrète va se déplacer pour en étudier les modalités, avant de faire bien davantage !

C'est à Bourg, le 10 février, que Dalloz et Farge rencontrent, dans le bureau d'un assureur ami, le général Delestraint et son adjoint, le général Desmaze[1]. Les quatre hommes se penchent sur une carte au 1/80 000e, feuillettent un guide Pol, examinent quelques photos. Au terme de l'étude, Delestraint déclare :

— Le Vercors doit rester sur le plan militaire et national. A partir d'aujourd'hui, nous oublierons ce nom. Votre projet sera le projet « Montagnards ».

Quinze jours plus tard, alors que Delestraint et Moulin se trouvent à Londres, Dalloz écoute la BBC et ces mystérieux et envoûtants messages personnels qui ne revêtent un sens que pour les rares initiés, lorsqu'il entend soudain :

LES MONTAGNARDS DOIVENT CONTINUER À GRAVIR LES CIMES.

Allons, voici la preuve qu'il peut aller de l'avant. Adoptée par la France combattante, par de Gaulle, par les Alliés sans doute, son idée — une idée dont il pensera et dira un jour qu'elle a été trahie — vient de recevoir l'approbation suprême.

Dalloz ne se trompe certainement pas sur l'intérêt qu'en « haut lieu » on porte au Vercors. A peine revenu de Londres, le général Delestraint

---

1. Pour la clarté de la lecture, je crois préférable de ne pas citer de pseudonymes, d'ailleurs changeants pour les raisons de sécurité que l'on devine. Mais, dans le cadre de la rencontre de Bourg, Farge s'appelle *Bessonneau*, Dalloz *Senlis*, Delestraint *Vidal* et Desmaze *Richard*.

décide, en effet, d'aller — initiative remarquable et exceptionnelle — « inspecter » clandestinement le Vercors.

Lorsque, au début d'avril, il arrive chez Dalloz, Farge se trouve là. Aux côtés de Dalloz, Delestraint découvre le commandant Pourchier, ancien directeur de l'École de haute montagne de Chamonix, qui, retiré à Nice, avait répondu immédiatement à l'appel de Dalloz[1]. Il découvre également le capitaine Le Ray, sur qui, jusqu'en janvier 1944, reposera la responsabilité de l'organisation militaire du Vercors.

Alain Le Ray est de ceux qui n'ont jamais accepté la défaite. Fait prisonnier sur l'Ourcq, à la tête de sa compagnie de chasseurs, il s'est échappé de l'oflag de Neu-Stettin. Repris, il a été enfermé dans la forteresse de Colditz dont la Première Guerre mondiale avait assuré la triste réputation. Il s'en évade cependant en avril 1941, rejoint et la France non occupée et l'armée de l'armistice.

Lors de l'invasion de la zone libre, il sera de ceux qui, faute de pouvoir immédiatement reprendre le combat au grand jour, dissimulent du moins quelques armes. Dans une carrière proche de Grenoble, il cache 2 fusils-mitrailleurs, 4 pistolets mitrailleurs, plusieurs pistolets, des matériels d'optique. Ce n'est pas l'importance du camouflage qui compte mais la rupture qu'il consacre. Que des milliers d'officiers aient agi comme Le Ray et ils se seraient immédiatement et fatalement trouvés pris dans l'engrenage de la Résistance. Il n'y a donc aucune surprise à ce que Le Ray soit là, en compagnie de Dalloz, de Pourchier. Il a déjà noué des contacts avec les responsables des Eaux et Forêts, parcouru le terrain, découvert sur le plateau des zones d'atterrissage et de parachutage.

Lorsque la réunion de travail est achevée, le général Delestraint demande que les guetteurs postés autour de la maison de Dalloz soient rappelés. Ils sont six qui viennent, eux aussi, boire une coupe de champagne au succès de l'entreprise et recevoir — transmises par Delestraint — les félicitations du général de Gaulle.

C'est également cela la France de 1943. Une grande sûreté de ton et d'évolution au milieu de l'insécurité ambiante. Une grande liberté de langage chez des hommes qui répugnent, par tradition, vanité et naïveté, au rude apprentissage du secret.

Le champagne bu, toute l'équipe ira assister à un merveilleux coucher de soleil et comme, au-delà de la vallée sombre, « une blonde lumière baignait toutes choses[2] », comment les assistants n'auraient-ils pas vu dans ce symbole une assurance de résurrection ? Le dîner a lieu ensuite au restaurant des Côtes, chez Mme Lesage. Initiée, Mme Lesage ? Non, mais, selon Dalloz, « elle était assez fine pour se passer de confidences et nous servit spontanément un dîner des grands jours ».

1. Ayant regagné le Midi, le commandant Pourchier sera arrêté et périra au camp de concentration du Struthof.
2. Dalloz.

Le lendemain, c'est en compagnie de Rémi Bayle de Jessé, inspecteur des Eaux et Forêts de la partie nord du Vercors, de Dalloz et de Farge que le général Delestraint se mettra en route pour examiner le terrain en spécialiste militaire. Le déjeuner a lieu à La Balme-de-Rencurel. Aimé Pupin a rejoint. Il parle longuement des camps installés par « Franc-Tireur » et les imaginations s'enflamment face à ces à-pics, à ces « entrailles du gouffre ouvertes [1] », à ces « entrées de spectres dans l'horreur des ombres éventrées [1] ».

On défie en imagination et Guderian et Rommel. Que pourraient donc leurs blindés face à cette forteresse jalousement refermée sur elle-même, une fois coupées toutes les voies d'accès ? On rêve à de massives opérations de parachutage sur ce plateau de Vassieux qu'Aimé Pupin a découvert au cours de ses pérégrinations et qui est comme un immense tablier, prêt à recevoir des bataillons armés tombant du ciel.

Le 21 juillet 1944, ils tomberont bien du ciel, ces « bataillons armés ». Mais il s'agira de 400 SS bondissant des vingt planeurs qui les amènent de Strasbourg pour accélérer la ruine du Vercors militaire.

Est-ce au cours du déjeuner à La Balme-de-Rencurel, ou devant les impressionnantes gorges de La Bourne, que l'on a imaginé l'arrivée, le surgissement de De Gaulle dans le Vercors ? Le chef de la France combattante descendrait d'avion, lancerait un appel aux Français, appel pour lequel un poste émetteur, fourni par les Amitiés africaines de Lyon, a été prévu, puis il gagnerait Grenoble libérée depuis quelques jours ou quelques heures, cependant que le feu de la liberté, de maquis en maquis, de Vercors en Oisans, de Chartreuse en Dévoluy, gagnant le Dauphiné, l'occupant alors, de partout, se trouverait chassé.

Il se peut que l'idée ait, ce jour-là, hanté les esprits. Le Vercors porte au sublime de la démesure et Pupin, déjà, avait affirmé à Chavant qui s'inquiétait de savoir ce qui se passait exactement :

— Le Vercors, c'est le lieu où le général de Gaulle viendra lancer sa proclamation invitant le peuple français à l'insurrection.

Il avait même ajouté, comme s'il fallait banaliser le rêve, le faire entrer dans le moule du quotidien, pour qu'il revête quelque crédibilité :

— Nous allons louer une villa pour de Gaulle à Villard-de-Lans [2].

C'est en mars ou en avril 1943 que cette phrase est prononcée. De Gaulle dans une villa du Vercors ? Quelle anticipation ! Alors qu'il ne peut même pas encore aller coucher à Alger !

Mars ou avril 1943. Depuis quatre ou cinq mois déjà, les Italiens occupent cette partie de France — huit départements [3] — que les

1. Victor Hugo, *Dieu*.
2. D'après Paul Dreyfus, *Vercors, citadelle de liberté*.
3. Alpes-Maritimes, Var, Hautes et Basses-Alpes, Isère, Drôme, Savoie et Haute-Savoie.

Allemands leur ont abandonnée après le franchissement de la ligne de démarcation. Sans doute n'ont-ils ni la ténacité, ni la ruse, ni la violence de la Wehrmacht et de la Gestapo, mais leur police politique, l'OVRA [1], n'est pas si sotte, ni si mal informée, ni si tendre. Elle portera bientôt de rudes coups à ces hommes qui, selon le mot admirable de Delestraint, se « désapproprient » d'eux-mêmes [2], mais qui, négligeant les précautions les plus élémentaires, vivent l'aventure secrète comme un passionnant grand jeu qui perdrait de son goût s'il n'était pas libéralement partagé et si les secrets ne se lisaient pas sur les visages, ne transparaissaient pas à travers de nombreuses allusions.

Et c'est bien parce qu'à partir de février 1944 *plus un seul des fondateurs du Vercors* (Chavant, le responsable civil excepté) ne se trouvera sur place, qu'il y aura corruption de l'idée initiale et que, les messages de Londres aidant, l'appel à l'insurrection de De Gaulle aidant, le Vercors deviendra, le 6 juin 1944, au moment du débarquement, ce qu'il n'aurait jamais dû être, un énorme maquis fermé vers lequel afflueront tous ceux qui souhaitaient reprendre le combat à l'air libre, sur le premier territoire totalement délivré d'Allemands — la République du Vercors durera du 15 juin au 21 juillet —, mais qui s'offraient ainsi aux coups d'une armée allemande qui, *soixante-neuf jours avant le débarquement allié de Provence*, avait tout le temps de se débarrasser d'un abcès de fixation, dangereux deux mois plus tard mais qui, pour l'heure, n'était que gênant.

D'avril 1943 à février 1944, arrestations et départs transformant la situation du Vercors pèseront, en effet, lourdement sur les événements de juin et juillet 1944.

Arrêtés le 3 mars, 14 résistants dont l'agent de liaison de Pupin, qui lui-même abandonnera son café de Grenoble pour s'installer dans le Vercors chez le marchand de vins Jean Glaudos.

Arrêté le 24 avril, le Dr Martin qui accueillait les futurs maquisards dans sa pharmacie du cours Berriat.

Arrêté le 27 mai, Pupin à la suite d'une imprudence (la tentative de capture, fort mal préparée, d'un camion d'essence), et, immédiatement avant, ou immédiatement après lui, une vingtaine d'hommes et de femmes de son réseau [3].

---

1. Opera Vigilanza Repressione Antifascista, police créée en 1928 par Mussolini.

2. Sur une petite feuille qu'il conservait sur lui, le général avait tracé ces lignes à la fois testament et programme :

« I. Me désapproprier de moi-même. Vivre intensément pour Dieu, à qui je confie ma femme, tous ceux qui me sont les plus chers, pour ma patrie, pour mes frères.

II. Vivre libre et joyeux, patient, en dépit de la botte allemande et de l'étouffement français.

III. Être exact. »

3. Pupin, emprisonné en France puis en Italie, sera libéré au moment de l'armistice entre les Alliés et l'Italie, mais il ne cherchera pas à rejoindre la France et combattra avec des francs-tireurs italiens, gardant ainsi toujours l'amertume — il l'exprimera par la suite — de n'avoir pu ni sauver le Vercors, ni mourir avec lui.

Arrêté à Paris le 10 juin[1], le général Delestraint et, avec lui, Joseph Gastaldo, chef du Deuxième bureau de l'Armée secrète, et Jacques Théobald, de l'état-major du Général.

Arrêté le 21 juin 1943, Jean Moulin et avec lui les colonels Schwartzfeld et Lacaze, Aubry, Aubrac, Lassagne, Larat ainsi que le Dr Dugoujon.

Dalloz, de son côté, abandonne le Vercors. Il se sent menacé dans sa maison de la Grand-Vigne, échappe de peu à l'arrestation à Lyon et, après s'être caché dans la région de Digne, de Dijon et de Dôle, finit par arriver à Alger le 24 novembre après une difficile traversée des Pyrénées[2].

Là, il découvrira que nul n'est plus au courant du plan « Montagnard » dont on pensait, au Vercors, qu'il occupait, sinon tous les esprits, du moins beaucoup d'esprits, et surtout que nul, parmi tous ceux, giraudistes, gaullistes, qui se disputent le pouvoir et, dans cette perspective, s'interrogent davantage encore sur l'appartenance politique des maquis que sur leur efficacité, ne s'y intéresse vraiment. Enfin, que rien n'est préparé pour déclencher, orienter, soutenir au moment utile, et non dans le tumulte du jour J, le combat du maquis statique le plus important de France.

Yves Farge a dû également s'éloigner. Il a quitté Lyon et Grenoble pour Paris où il deviendra responsable du Comité d'action contre la déportation, et ce n'est que bien plus tard qu'il reviendra dans le Vercors lorsque, en juin 1944, il sera désigné comme commissaire de la République pour la région Rhône-Alpes. Chavant lui-même se terre provisoirement à Chamrousse. C'est en juin seulement qu'il prendra contact avec le capitaine Le Ray et, désormais installé à demeure sur le plateau, assurera la direction de tous les camps non militaires. Camps parmi lesquels l'ordre parfait est bien loin de régner. Il existe d'inévitables jalousies, de non moins inévitables conflits de compétence entre Vercors-Nord, qui dépend du département de l'Isère, et Vercors-Sud, placé sous l'autorité des chefs drômois. Des corps francs jouent leur partie en solitaires, des messages seront passés directement à Londres en dehors de l'accord des responsables.

Bavures longtemps sans conséquences fâcheuses, mais qui n'en témoignent pas moins de la difficulté de conserver, pendant des mois, des centaines de garçons, l'arme au pied, avec pour seul divertissement de nombreuses corvées (eau, légumes, abattages d'arbres), quelques marches et quelques alertes.

Reste le capitaine Le Ray. Chef militaire du Vercors, il a, dès le début,

1. C'est à la suite de la trahison de l'agent Multon que Delestraint sera arrêté le 10 juin au métro *Muette*. Déporté au Struthof, ensuite à Dachau, il sera abattu le 19 avril 1945, à la veille de la libération du camp par les Américains.

2. Certains des amis de Dalloz écriront (bien sévèrement) qu'il avait été saisi « d'une véritable panique en mai 1943 » et que les arrestations intervenues alors lui avaient « enlevé jusqu'à son équilibre de jugement ».

défini cinq sous-secteurs, eux-mêmes divisés en trois commandements disposant chacun de 500 hommes environ. Sur le papier, *mais seulement sur le papier*, les 15 commandements représenteraient 7 500 hommes, armés de près de 800 fusils-mitrailleurs, de 5 canons, de 15 mortiers et de plusieurs milliers d'armes individuelles.

C'est la trame idéale sur laquelle on brode en mars 1943. Mais, lorsque toute l'organisation a été saccagée par la police italienne et que Le Ray doit, avec Chavant, avec le Dr Samuel qui, menacé, s'est réfugié à La Balme-de-Rencurel, avec Costa de Beauregard et Jean Prévost, reconstituer un comité militaire, il prend uniquement en compte les effectifs présents — neuf camps faiblement encadrés — et cinq compagnies sédentaires d'hommes qu'il s'agit de transformer graduellement en combattants réguliers.

Dans les plans de Le Ray, en tout cas, le Vercors n'est destiné qu'à devenir une zone d'accueil pour des parachutistes intervenant, en liaison avec les maquisards locaux, dans le cadre d'une bataille générale de trois ou quatre jours contre des troupes allemandes menacées et talonnées par un débarquement allié en Provence. Jamais, dans son idée, le Vercors ne devait être ce qu'il allait fatalement devenir : un réduit défensif assiégé de plus ou moins près pendant cinq semaines.

Or, en janvier 1944, Le Ray n'est plus chef militaire du Vercors. L'homme sur qui tout reposait ou qui, du moins, possédait seul une vue claire de la situation militaire, des possibilités et des impossibilités d'action, a été amené à donner sa démission à la suite d'une réunion houleuse qui s'est tenue à Lyon. Face au commandant Descour, chef d'état-major de R 1 ; à Mangin, délégué militaire national, à Bourgès-Maunoury, il s'est mal défendu, et d'ailleurs n'éprouvait aucune envie de se défendre, des soupçons de trop grande indépendance qui pèsent depuis l'origine (depuis le conflit Frenay-Moulin) sur le Vercors, sur le coûteux Vercors qui n'est pas, ne peut pas, ne veut pas être un maquis comme les autres. Il s'est mal défendu également contre les reproches qu'on lui a adressés à la suite du premier parachutage reçu par le Vercors[1] et dont la répartition aurait donné lieu à gaspillages et larcins.

Ces sottises pourraient être dissipées en quelques minutes. Mais Le Ray ressent profondément la blessure. Accoutumé à la liberté de rapports qui règne au Vercors, il n'éprouve aucune envie de se lancer dans une discussion de bureaucrates. Il offre sa démission et Descour l'accepte[2].

Revenu dans le Vercors, c'est au cours d'une réunion plénière, convoquée à la ferme Repelin, sous la « Pierre pointue », qu'il annonce sa décision. Alors Chavant, après avoir vainement tenté de faire revenir le capitaine Le Ray sur sa résolution, se dresse et lance :

1. Le 13 novembre 1943, sur le plateau d'Arbonouse.
2. Plus tard, les deux hommes regretteront, l'un d'avoir démissionné trop vite, l'autre d'avoir trop vite accepté cette démission.

— Puisqu'on sanctionne Le Ray, c'est qu'on n'a plus confiance en nous. Dans ces conditions, je pense qu'il vaut mieux dissoudre le Vercors.

Il faut toute l'énergie de Le Ray pour que de la phrase funeste on ne fasse une réalité fatale. Preuve de la puissance des liens personnels — dans un monde aux hiérarchies originales — et de l'attachement des maquisards à l'homme qui les dirige, dès l'instant où il a su conquérir leur confiance.

C'est le lieutenant Narcisse Geyer — nommé capitaine à l'instant par Descour — qui va succéder à Le Ray mais, pour beaucoup, le charme se trouvera rompu.

Sur Geyer court la plus merveilleuse des légendes. C'est lui qui, le 27 novembre, après la dissolution de l'armée de l'armistice, aurait non seulement sauvé les étendards des 9e et 11e cuirassiers, ainsi que celui du 12e chasseurs à cheval — le fait est exact —, mais qui aurait également, en uniforme et sur son cheval Boucaro, traversé de nuit tout Lyon pour rejoindre cette forêt de Thivollet à laquelle il allait bientôt emprunter son pseudonyme.

Abondamment répétée, l'histoire n'en est pas exacte pour autant. C'est plus prosaïquement à bicyclette que le lieutenant Geyer a quitté la caserne. Et ce sont le maréchal des logis Girardot et le cavalier Roch qui ont conduit Boucaro du quartier du 11e cuirassiers jusqu'à Décines où, logé dans l'écurie du brigadier-chef André, il commence par tout détruire, si bien que, le lendemain, Geyer viendra chercher un animal excité par le manque de travail pour le conduire en lieu sûr. Poursuivi par trois artilleurs allemands montés sur de bons gros chevaux, Geyer et Boucaro n'auront aucune peine à s'échapper.

Mais qu'importe la petite histoire, voici Geyer-Thivollet, le 1er février, chef militaire et civil du Vercors.

Sans insister sur les différences de tempérament entre Le Ray et Geyer, sur le fait que Geyer ne connaît ni Chavant ni les hommes qu'il aura désormais sous ses ordres, et qu'il impose son autorité en négligeant trop souvent les avis du comité militaire où siègent à égalité les « civils », il faut signaler un événement qui, coïncidant fortuitement avec la démission de Le Ray, va précipiter l'évolution du Vercors.

En février 1944, le colonel Fourcaud, qui appartient au BCRA, arrive en France comme chef de la mission « Union », chargée d'étudier la situation des maquis de la Savoie, de l'Isère et de la Drôme. Avant son départ de Londres, il a certes pris contact avec Dalloz, qui s'y trouve momentanément, mais comment Dalloz l'aurait-il détourné des rêves grandioses qui sont les siens ? Quoi qu'il en soit, Fourcaud, après quelques jours passés dans la région Rhône-Alpes, se montre partisan de la CONCENTRATION des meilleurs éléments de la Résistance DANS LES MASSIFS MONTAGNEUX DÉFENDABLES.

Sa prise de position alertera Didier Chambonnet, chef régional de l'Armée secrète pour R 1 (Lyon) qui, avec une logique trop impeccable pour être appréciée, expliquera que, si l'ennemi se décide à employer les moyens nécessaires, alors il vaincra rapidement, « le plateau sera nettoyé et les populations civiles qui l'habitent massacrées ». En revanche, si les Allemands se contentent de bloquer les sorties du Vercors, ils transformeront ce massif forestier « en une sorte de camp de concentration où les éléments de la Résistance seront retenus prisonniers ».

Ainsi un maquis statique, trop imposant pour ne pas attirer l'attention, pas assez bien armé pour faire échec à l'ennemi, est-il condamné soit à la destruction, soit à la passivité.

Dans son rapport du 16 février établi à l'intention des autorités françaises et alliées de Londres, Michel Brault, ancien chef national maquis, exprime une opinion identique :

> Il est évident qu'un cordon de protection sérieuse ne peut être assuré pour aucune surface utilisable pour le parachutage ou l'atterrissage d'une unité importante par le maquis seul avec ses effectifs actuels ou même doublés. Exemple : le plateau du Vercors qui a 50 km de long. Je ne pense pas que le général Vidal [Delestraint] ait pu jamais penser, en y créant des maquis, que les 330 hommes qui y vivent à grands frais, en raison de l'éloignement des centres de ravitaillement, même renforcés par leur réserve sédentaire de 600 hommes, pourraient à eux seuls défendre le plateau contre n'importe quelle attaque sérieuse.

Quelques jours avant que Brault ne signe ce texte, des responsables des maquis de Rhône-Alpes lançaient un appel, repris par la BBC, invitant « les patriotes, dans la perspective d'un débarquement imminent, à gagner en armes le maquis »[1], appel qui devait à ce point émouvoir Emmanuel d'Astier de la Vigerie et Brault, qu'ils demandaient à la BBC, « dans le but de prévenir [une] méprise dont les conséquences seraient désastreuses », de conseiller aux maquisards de « garder leur mobilité, de rompre le combat et de ne pas se laisser accrocher ».

S'interrogeant sur la personnalité de ceux qui, depuis la France, se trouvaient à l'origine de ces appels au soulèvement, Noguères écrira que, pour des militaires comme le commandant Descour, comme le commandant Vallette d'Osia, fondateur des Glières, comme le général Delestraint, « leur formation les conduisait à attacher du prix à une certaine densité de troupes sur le terrain et leur interdisait de considérer que le décrochage pût être, pour une troupe, quelle qu'elle soit, la tactique la plus payante en toute occasion ».

Il faut ajouter que, si les officiers de l'armée de l'armistice connaissaient, notamment par les récits de Mme de La Rochejacquelin et de

1. Et notamment le Vercors autour duquel 10 000 Allemands seraient concentrés… ce qui est inexact.

Poirier de Beauvais, tout de la lutte de la Vendée, s'ils n'ignoraient nullement le rôle joué en Russie, en Prusse et surtout en Espagne par les partisans hostiles aux armées napoléoniennes, s'ils savaient qu'en 1870 les « Chasseurs des Vosges », corps franc constitué par des officiers et des soldats échappés de Metz, avaient localement gêné les Prussiens, la conclusion de la récente guerre civile espagnole, pendant laquelle seuls d'ailleurs 200 officiers de carrière avaient servi dans les rangs républicains[1], ne les incitait pas à accorder une confiance excessive aux petites bandes de francs-tireurs dont l'action militaire leur semblait indigne de l'immensité du conflit et dont l'action politique leur paraissait viser essentiellement à la déstabilisation de cette société française dans laquelle ils avaient toujours vécu et dont ils ne souhaitaient pas qu'elle soit fondamentalement bouleversée au moment de la Libération.

Considère-t-on l'année 1943, on constate donc qu'elle est essentiellement une année de formation des hommes, de recherche des cadres, de rassemblement des armes, d'élaboration d'une doctrine, pour ces quelques grands maquis que, par commodité de vocabulaire, j'appellerai les maquis « militaires ».

Au Vercors, à plusieurs reprises, les Italiens vont tenter d'assez molles incursions en direction des camps — celui de Béguère, celui de Cournouse —, mais, alertés chaque fois par des montagnards, les maquisards réussiront à gagner les forêts voisines. A l'exception d'un incident grave, qui fera deux morts et six blessés chez des maquisards cherchant à s'emparer des armes de soldats italiens s'efforçant de regagner leur patrie par la montagne[2], c'est en janvier 1944 seulement que se produiront les premiers accrochages.

Des maquisards ayant capturé, au pont de la Goule Noire, deux responsables du service de placement allemand, ainsi qu'un journaliste hollandais, la Feldgendarmerie enverra, le 20 janvier, une patrouille à leur recherche. « Accrochée » par un corps franc « pour le moins individualiste[3] », la patrouille aura un mort et un blessé. Le 22 janvier, ce ne sont donc plus 4 Allemands, mais 300, avec 2 canons de 37 et une automitrailleuse, qui progresseront, malgré barrages et embuscades, jusqu'à La Chapelle-en-Vercors. En regagnant leur cantonnement, une fois l'opération achevée[4], ils tueront le sous-lieutenant André Roure qui revenait d'une mission à Lyon. C'est ce garçon qui avait écrit sur son carnet de maquisard : « Il faut

1. Contre 8 000 dans les armées du général Franco.
2. Le 13 septembre, après la capitulation de l'Italie et alors que les Allemands attaquent et font prisonniers la plupart des soldats italiens en garnison en France.
3. J. La Picirella, *Témoignages sur le Vercors*, écrira également que l'initiative du groupe franc a été jugée très sévèrement par les résistants du Vercors.
4. Ils comptent 5 morts et 20 blessés et n'exerceront pas de représailles contre la population civile, un blessé récupéré ayant déclaré avoir été bien soigné.

porter en soi une image de sa destinée et lui obéir. Et qui dit choix dit aussi risque et immolation. »

Composé, lui, d'anciens officiers et soldats du 27e bataillon de chasseurs alpins [1], mais également d'ouvriers parisiens, de paysans savoyards, de républicains espagnols, le maquis des Glières n'aura, en janvier 1944, que de rares engagements contre les Allemands [2]. C'est en février et mars que l'attaque des forces de Vichy, de la Milice puis de la 157e division alpine de la Wehrmacht scelleront le tragique destin d'un maquis victime — le premier — de son excessive concentration et de son inadaptation aux lois de la guérilla [3].

Pour le corps franc créé par le capitaine Pommiès [4], l'année 1943 sera également une année d'organisation et de mise en place : PC et centre de transmission à Toulouse, où le capitaine Pommiès se trouvait en garnison au moment de la dissolution de l'armée de l'armistice ; création d'un service de renseignements ; récupération d'armes ; constitution de trois sous-groupements (Gers, Haute-Garonne/Ariège, Hautes-Pyrénées/Basses-Pyrénées), tous placés sous le commandement d'officiers de carrière ; implantation de maquis ; filières en direction de l'Espagne. Tout ce travail, qui est bien réel, semble avoir pour objectif essentiel — sinon unique — de permettre au corps franc d'agir lorsque sera venu le jour du débarquement.

Cependant, les Allemands — et la police de Vichy — ne se privent pas de porter des coups à l'organisation de Pommiès. Seront ainsi arrêtés, en mars 1943, Jean d'Aligny et plusieurs de ses camarades ; en mai, à Toulouse, le colonel Guillaut et le lieutenant Prunette [5] ; en octobre, à Toulouse toujours, le sergent-chef Agnès, adjoint au chef de la section Liaisons, Cluzet, Guy Vibert, André Bernhard [6], Pierre Gachon ; à Cahors,

1. C'est le commandant Vallette d'Osia qui prendra l'initiative — en avril 1943 — des premiers contacts avec les réfractaires pour constituer les maquis de Haute-Savoie. Arrêté en septembre, livré à la Gestapo, Vallette d'Osia pourra, miraculeusement, s'évader du train qui, partant d'Annecy, doit le conduire sous escorte SS à Paris d'abord, en Allemagne ensuite. Mais il ne peut plus rester dans la région et le colonel Marchal, délégué militaire national des Forces françaises libres, réussit à le faire passer à Londres.

Arrêté par les Allemands le 23 septembre 1943, Marchal, pour ne pas parler sous la torture, devait avaler une pilule de cyanure.

2. Il s'agira d'un coup de main effectué à l'initiative du chef du corps franc de Thorens, « Simon le Baroudeur ». Par ailleurs, en janvier 1944 encore, le capitaine Anjot tuera un soldat allemand que le lieutenant Morel s'efforçait de faire prisonnier mais qui allait avoir le dessus.

3. La fin tragique des Glières trouvera place dans le prochain tome de *La Grande Histoire des Français sous l'Occupation*.

4. Initialement appelé Corps franc pyrénéen, puis Corps franc P., puis Corps franc Pommiès. Le corps franc Pommiès relève de l'ORA (Organisation de résistance de l'armée).

5. Tous deux seront fusillés le 27 juin 1944.

6. Cluzet, Vibert, Bernhard ne reviendront pas de déportation.

Me Seguy, ainsi qu'à Bordes-sur-Ariège, le capitaine de Barry, commandant le groupement Ariège/Haute-Garonne, puis Georges et René Dejean[1], en novembre. Bien d'autres noms pourraient être cités encore…

En janvier 1944, après l'arrestation de 20 garçons, anciens du 2e dragons, sur le chantier forestier de Ponsampère[2], puis celle de Forgeret, qui a été chargé de former une compagnie au nord de Miélan, et celle du chef de groupe Drancourt, les chantiers forestiers de la région, asiles de futurs maquisards, seront dissous.

Évoquant cette fin d'année 1943 — où la pression de la Gestapo se fait toujours plus vive —, le chef d'escadron Larrat, décrivant des événements vécus comme sous-officier et chef du chantier forestier de Forcets-Miélan, aura cette réflexion :

> Mes hommes, fatigués, énervés, souvent sans nouvelles de leurs parents, étaient facilement irritables. Cette période me sembla, à l'époque, particulièrement pénible. Combien de fois ai-je appelé le débarquement et désiré la lutte au grand jour.

Or, le livre parfaitement documenté du général Ceroni[3], qui appartint au corps franc Pommiès et fut le héros, dans la nuit du 25 au 26 mars 1944, d'une spectaculaire évasion de la prison de Tarbes, ne mentionne à aucun moment des réactions à ces arrestations, des contre-attaques en réplique à ces premières attaques.

Pourtant, les hommes de Pommiès ne manquaient pas d'armes. Sans même tenir compte de l'armement dissimulé au moment de la défaite et de la dissolution de l'armée de l'armistice, ils bénéficieront de 14 parachutages entre mai et décembre 1943.

Ils ne manquaient pas davantage de courage, mais leur absence de participation au combat immédiat relevait d'une doctrine élaborée dans les états-majors de Londres et d'Alger. Ils prendront leur revanche dès le début de 1944.

« Parmi les réfractaires, il y a des nostalgiques, des faibles, écrira François Musard, auteur d'un livre sur les Glières. Ils ont fui le ratissage du STO, mais ne sont pas mûrs pour l'action clandestine qui impose tant de solitude et, souvent, de monotones corvées. »

En direction de ceux qui ne sont pas encore totalement engagés dans l'action, qui n'ont pas rompu tous les ponts, en participant à des attentats ou à des sabotages, que trouble la monotonie des jours, que tourmente l'éloignement familial et qu'inquiètent les prochaines rigueurs de l'hiver, le gouvernement de Vichy tentera donc une action psychologique menée

1. René Dejean périra en déportation.
2. 8 périront en déportation. L'arrestation a eu lieu le 14 décembre. Ponsampère est situé dans le Gers.
3. *Le Corps franc Pommiès*.

en parallèle avec l'action de répression contre les « bandits », les « communistes ou propagandistes antinationaux » et les « individus tarés », puisque telles sont les définitions appliquées aux maquisards arrêtés.

Le 13 juillet 1943, Pierre Laval adresse un message aux maires de France. Il a décidé que le pointage des cartes de travail des jeunes gens des classes 1942, 1941, 1940, 1939 aurait lieu dans les mairies les 17, 18, 19 et 20 juillet. Or, pendant ces 4 jours, les insoumis seront assurés — et les préfets sont priés de ne prendre aucune mesure de police — de la plus totale impunité. Ils pourront donc se déplacer librement… jusqu'aux mairies.

> Votre intervention, écrit Laval aux magistrats municipaux, doit prendre un caractère quasi paternel ; je vous mets dans la possibilité d'apprécier exactement la situation des intéressés *et de jouer auprès d'eux le rôle de conseiller et de guide qui appartient normalement au premier citoyen de la commune*[1].

Le moins habile à lire entre les lignes comprendra que les maires doivent faire pression sur leurs jeunes administrés pour qu'ils abandonnent les bois et les montagnes.

Il n'est pas possible de dire dans quelle mesure exacte la manœuvre a réussi. Qu'elle ait toutefois détaché des maquis un certain nombre de jeunes, c'est évident, et plusieurs documents en portent témoignage.

Auront beaucoup plus d'influence, puisqu'elles limiteront l'extension du nombre des réfractaires, donc le nombre des maquisards, les décisions franco-allemandes intervenues après l'échec du STO en juillet 1943, lorsque 36 000 garçons seulement — y compris 1 852 jeunes des Chantiers — partent pour l'Allemagne alors que, pour satisfaire aux exigences de Sauckel, 160 000 à 180 000 auraient dû s'exiler.

Est-ce Laval, est-ce Bichelonne, ministre de la Production industrielle et des Télécommunications, est-ce Speer, ministre allemand de l'Armement, qui a d'abord songé à cette décision dans la logique de la situation : puisque les Français ne veulent décidément pas aller travailler en Allemagne, que du moins ils travaillent en France pour les besoins allemands ?

Speer devait revendiquer la paternité de l'idée.

> La France était, de tous les pays occupés, le plus important. Jusqu'au printemps de l'année 1943, nous avions tiré fort peu de profit de la production industrielle française. Le recrutement forcé de la main-d'œuvre, organisé par Sauckel, nous avait apporté plus de déboires que d'avantages. En effet, pour échapper au travail obligatoire, les ouvriers français prenaient la fuite et quittaient leurs usines, dont une bonne partie travaillaient pour notre armement. En mai 1943, lors d'une conférence qui se tint à Paris, je proposai

1. Je souligne intentionnellement.

que les usines françaises, du moins celles qui travaillaient pour notre compte, bénéficient d'une protection contre l'action de Sauckel[1].

En France, mais également en Belgique et en Hollande, seraient donc fabriqués la plupart des biens destinés à la population civile allemande : vêtements, chaussures, textiles, meubles, tandis que les usines qui, par le passé, produisaient ces biens en Allemagne seraient uniquement affectées aux besoins des armées.

Si l'on en croit les collaborateurs de Jean Bichelonne, c'est, au contraire, le ministre français qui, dès le 7 juin, aurait proposé aux Allemands un plan tendant au développement du travail en France.

Jouant Speer contre Sauckel, faisant valoir que le rendement de l'ouvrier français serait plus élevé en France qu'en Allemagne[2], faisant savoir, le 26 juillet, à von Stulpnagel, commandant en chef Ouest, que Laval désirait qu'il ait une rencontre avec Speer afin de lui présenter « des propositions constructives relatives à l'augmentation des travaux effectués dans les usines françaises au profit de l'économie européenne[3] », participant à l'interminable (plus de cinq heures) et dramatique conférence du 6 août au cours de laquelle Laval dira à Sauckel qu'il ne lui est désormais plus possible de trouver des ouvriers pour l'Allemagne, Bichelonne joue certainement un rôle important dans une opération au terme de laquelle Sauckel se verra obligé de renoncer à tout nouvel envoi d'ouvriers français en Allemagne[4].

C'est en septembre que Bichelonne, invité en Allemagne par Speer, responsable depuis quelques mois de l'ensemble de la production allemande, signera l'accord donnant naissance, en France, à ces « usines S » travaillant pour les besoins allemands, et dont le personnel est considéré comme *intouchable*[5].

L'extension de cette protection à plus de 15 000 entreprises françaises, dont le personnel se voit ainsi dispensé des réquisitions au titre du STO,

1. Speer, *Au cœur du Troisième Reich*.

2. Argument pour le débat et parce que les Allemands avaient évoqué ce problème du rendement.

3. Propositions déjà présentées au Dr Michel, chef de l'administration militaire allemande en France, ainsi qu'au général Stud et au conseiller Schieber, qui représentent Speer en France.

4. Au lendemain de la houleuse rencontre du 6 août entre Laval, Bichelonne, Bousquet d'une part, et Sauckel, Ritter (qui sera tué par les FTP à la fin du mois), Knochen, représentant la Gestapo, d'autre part, 40 hauts fonctionnaires français, dont le directeur de cabinet de Bichelonne, seront arrêtés et déportés.

5. Dans ses Mémoires (*Au cœur du Troisième Reich*), Speer ne cachera pas sa sympathie pour Bichelonne. Il dira avoir obtenu de Hitler que le ministre français soit hébergé à Berlin, « dans la résidence réservée aux hôtes officiels du gouvernement du Reich », parlera des « rapports enrichissants » qu'il avait noués sur le plan personnel avec le ministre français et finalement scellera un accord, que les juristes des deux parties s'obstinaient à compliquer, par une simple poignée de main.

sera certainement à l'origine du renoncement rageur par Sauckel[1] à toute nouvelle demande de main-d'œuvre pour l'Allemagne[2], tout au moins jusqu'à la fin de l'année 1943. Annoncée à Laval par Sauckel le 16 octobre, cette information majeure sera, le 22, portée par la presse et la radio à la connaissance de tous les Français.

« Discret appel aux réfractaires », note Pierre Limagne, en citant les consignes de la censure de Vichy qui exigent trois colonnes en tête de page pour une décision qui, prise en avril ou mai, aurait limité considérablement le recrutement des maquis, puisque c'était LE DÉPART pour l'Allemagne et non LE TRAVAIL pour l'Allemagne qui se trouvait la plupart du temps à l'origine de la fuite vers les montagnes et vers les bois.

On peut d'autant moins facilement chiffrer l'effet des « usines S » sur le ralentissement du recrutement des maquis qu'il coïncide avec le début d'un rigoureux hiver au cours duquel, faute de lainages et de chaussures, un certain nombre de maquisards abandonneront les camps, mais on ne peut le négliger. En voici d'ailleurs la preuve. Le clandestin *Libération* publie, le 1er janvier 1944, un appel à l'intention des ouvriers français travaillant dans des « usines S ». « Les accords Speer-Bichelonne expirent le 31 décembre 1943. Cela veut dire qu'à partir du 1er janvier 1944, la déportation va recommencer. Jeunes Français, attention ! Ne vous laissez pas aller à un sentiment de sécurité trompeuse… »

Pas davantage on ne peut négliger les effets de la propagande « antiterroriste » de Paris et de Vichy sur l'évolution des esprits.

Quotidiennement répétés, les mots « bandits » et « terroristes » pénètrent les consciences[3] et c'est *en partie* pour lutter contre une assimilation dommageable que Romans-Petit organisera, pour le 11 novembre, une impressionnante manifestation patriotique qui fera d'Oyonnax la capitale du mieux préparé, du plus ordonné et, nationalement comme internationalement, du plus retentissant des défilés militaires dans une France où toute célébration de la victoire de 1918 se trouvait naturellement interdite.

Pendant des jours et des jours, Romans-Petit a fait répéter à ses hommes un défilé qu'il veut impeccable puisqu'il s'agit de montrer à tous que les maquis de l'Ain forment une troupe et ne sont point une bande. Oyonnax — cité de 12 000 habitants — a été choisie dans la mesure où le maquis y dispose d'amis sûrs parmi l'administration. Dans

1. « Le terme "usine protégée" veut tout simplement dire, en France, que l'usine est protégée contre Sauckel », dira Sauckel en mars 1944.

2. Les Allemands réclamaient toutefois que le nombre des ouvriers français en Allemagne demeurât constant.

3. « La campagne de Philippe Henriot à la radio gênait les maquis dans leurs contacts avec la population civile, impressionnée par les récits qu'on lui faisait des attentats et des crimes des terroristes. » Guillain de Bénouville, *Le Sacrifice du matin*.

la ville ni garnison allemande, ni partisans exacerbés de la collaboration, ce qui limite les risques d'accrochages et de représailles.

Le 11 au matin, des unités d'élite, transportées dans deux camions, s'emparent donc de tous les bâtiments publics de la ville, organisent la police, gardent à vue la mairie ainsi que le domicile de quelques suspects. Arrivent ensuite quatorze camions qui se rangent devant le bureau de poste. 280 maquisards en surgissent.

En tenue de capitaine d'aviation, accompagné d'officiers, également en tenue, Romans-Petit, après avoir commandé le « garde-à-vous », prend alors le commandement du défilé. En tête, clairons et tambours, puis le drapeau — c'est Mulard qui le porte — avec sa garde d'honneur en gants blancs, gants difficiles à trouver en ces temps de pénurie, mais qu'un secrétaire de mairie débrouillard a pu se procurer... en sollicitant plusieurs jeunes mariés.

C'est naturellement vers le monument aux morts que se dirige le défilé et, à cet instant, il faut céder la plume au reporter André Jacquelin, ancien de *Paris-Soir* pendant la guerre d'Espagne[1], arrêté à Lyon et torturé par les policiers de la 10e brigade politique puis, après sa libération, fondateur du journal clandestin *Bir Hakeim* qui sera imprimé à Bourg, sur les presses de l'Imprimerie républicaine dirigée par Michallat et avec du papier fourni par M. Latune, directeur des papeteries Johannot d'Annonay.

C'est à Jacquelin que nous devons le récit d'un événement hors de l'ordinaire, car, s'il y eut, pendant l'occupation et à l'occasion du 14 juillet comme du 11 novembre, bien des cérémonies patriotiques, elles étaient fatalement brèves et ne pouvaient se dérouler que dans une confusion et un désordre inévitables lorsqu'elles ne s'achevaient pas tragiquement comme dans le Charolais où, après avoir défilé dans les rues de Montmalard le 11 novembre 1943, le maquis de Beaubery sera attaqué à deux reprises par plusieurs centaines de soldats allemands[2].

A Oyonnax, tout ayant été admirablement préparé — routes bloquées, communications interrompues —, tout peut se dérouler dans un ordre impressionnant, sans hâte aucune et presque comme si les Allemands, déjà, avaient été reconduits de l'autre côté de la frontière.

> Midi. — Brusquement, la foule s'écarte. Des camions arrivent à toute allure. Ils s'arrêtent soudain et de chacun descend un groupe en armes.
>
> Le défilé, impeccable, commence. Chaque section, avec ses officiers en grande tenue, leurs décorations des deux guerres sur la poitrine, défile derrière

1. Son avion touché par la DCA franquiste, André Jacquelin, ayant sauté en parachute, passera 27 jours dans la prison de Salamanque, en compagnie de condamnés à mort républicains.

2. Le 11 novembre, à midi, aura lieu la première attaque ; elle coûtera 4 morts aux maquisards, 27 aux Allemands, mais ceux-ci reviendront en force (650 hommes) le 14 et captureront 12 maquisards qui seront fusillés le 1er février 1944.

le drapeau à croix de Lorraine et sa garde d'honneur en armes. Clairons sonnant, tambours battant passent devant une foule enthousiaste qui pleure d'émotion et de joie. On entend les phrases mille fois répétées : « Vive la France ! Vive la République ! Vive le maquis ! Vive de Gaulle ! »

Les mouchoirs volent à bout de bras. De toutes les poches sortent, à l'adresse des arrivants, des cigarettes (on vient de toucher la décade) et de l'argent. En un clin d'œil, on a dépouillé les jardins de leur dernière parure… Tous les yeux se mouillent de larmes. Les femmes brandissent à bout de bras leurs enfants…

Au pied du monument aux morts, Romans-Petit dépose une gerbe en forme de croix de Lorraine. Elle porte la mention :

LES VAINQUEURS DE DEMAIN À CEUX DE 14-18

puis le chef des maquis de l'Ain réclame une minute de silence et, après la sonnerie aux morts, entonne *La Marseillaise* reprise par plusieurs milliers de personnes, secouées de larmes et de frissons patriotiques.

C'est avec peine que Romans-Petit se libère, et libère ses hommes, des étreintes de la foule, mais l'horaire prévu, scrupuleusement respecté, permet finalement à tous les garçons de regagner leurs bases des bois avant que l'ennemi ait songé à intervenir.

Le soir même, Bourgès-Maunoury, délégué militaire, adressera à Romans les félicitations du général de Gaulle, et Malleret, chef du directoire des Mouvements unis de résistance, lui fera savoir, le 24 novembre, que cette « manifestation [d'Oyonnax] demeure la plus belle action de propagande à notre actif jusqu'à présent ».

La manifestation du 11 novembre aura des rebondissements imprévus. Revenant du défilé, Jaboulay, chef maquis de R 1, Duvernois et Gilbert se sont trouvés, en effet, bloqués par le couvre-feu. Or, la radio de Londres, qu'ils écoutent au domicile de Jaboulay annonce qu'une fausse édition du *Soir* vient d'être distribuée dans toute la Belgique. En accord avec Alban Vistel, ils fabriqueront donc une fausse édition du *Nouvelliste*, l'un des quotidiens paraissant à Lyon. Idée simple, mais de réalisation complexe. Il faut écrire tous les textes (le journaliste Pierre Scize s'en chargera, et avec quel talent !), composer, mettre en page et tirer le journal (une fois de plus, Eugène Pons, admirable imprimeur de la Résistance, sera mis à contribution), diffuser les 25 000 exemplaires, ce qui paraît le plus difficile et le plus périlleux. Mais Duvernois et Jaboulay ont remarqué qu'en une occasion au moins les autorités allemandes avaient exigé que le *Nouvelliste* soit remplacé une heure après son arrivée dans les kiosques par un numéro revu et corrigé par la censure. Ils mettront donc sur pied un circuit de distribution parallèle.

Six voitures, munies d'un papillon « Service de presse », vont suivre le chemin emprunté une demi-heure plus tôt par les voitures des Messageries de presse. Devant chaque dépôt, un homme descendra, remettra au vendeur le paquet de faux *Nouvelliste* et reprendra le paquet que vient de déposer la voiture des Messageries.

« Le numéro a été censuré. » L'explication suffit en un temps où il faudrait bien davantage pour surprendre les Lyonnais. Quelques dépositaires prétendent toutefois compter les numéros reçus, déduire les numéros déjà vendus. On les bouscule d'un : « Pas le temps, pas le temps, on réglera ça demain. » Il faut se hâter puisque la police ne peut manquer d'être alertée.

Elle le sera à huit heures du matin seulement et ne découvrira jamais les auteurs[1] d'une substitution qui, le 31 décembre 1943, jour de parution, fait éclater de rire non seulement les 25 000 acheteurs du faux *Nouvelliste*[2], mais tout Lyon, car est-il un Lyonnais pour rester indifférent à cette première page annonçant qu'au cours de raids massifs sur l'Allemagne plusieurs milliers d'usines ont été détruites, relatant longuement la manifestation du 11 novembre à Oyonnax et publiant le texte de l'allocution que le Maréchal, « bâillonné par Laval et par les boches », aurait eu l'intention de prononcer le 13 novembre pour annoncer… le rétablissement de la République !

Dans son éditorial, le faux *Nouvelliste* reprochait à la bourgeoisie française d'avoir « failli, dans une large mesure, à sa mission de chef et de guide ».

> Il n'y a que des communistes au maquis, nous dit-on volontiers. La proportion en serait moindre s'il y avait plus de bourgeois.
>
> Communistes ? Il y a là-bas des jeunes venus de tous les points de l'horizon social : des ouvriers, des étudiants, des employés, des religieux, des soldats. Toutes les confessions, toutes les opinions y sont représentées… Venez à eux partager leurs risques et leurs souffrances. Faute de quoi vous serez déchus, au jour de la victoire, de vos vaines prérogatives.

Racontant le 11 novembre d'Oyonnax, Guillain de Bénouville rapporte qu'une fois le défilé terminé, Romans-Petit, qui n'avait pas dormi depuis plusieurs jours, qui avait craint jusqu'au dernier instant les représailles allemandes, s'était, une fois assis dans sa voiture, effondré d'émotion plus encore que de fatigue. « Le but était atteint. Il avait démontré que ses hommes, des enfants, étaient des Français, de bons Français, qu'ils avaient de bonnes têtes, et non des têtes de bandits. Il se mit à pleurer… »

Pour ne pas rompre le premier la très fragile unité française et ne pas compromettre l'avenir, ce même capitaine Romans-Petit avait ordonné

1. Douze des vingt distributeurs devaient mourir plus tard, fusillés ou déportés : Georges Besson, Roland Boeglin, Louis Bonavent, Claudius Bouit, Jean-Claude Chevallier, Jacques Granger, Marcel Lalisse, Aimé Lhopital, Jean Mazurat, Armand Paupier, Engelo Pondi, Étienne Tord, ainsi que Lucien Bonnet, chef d'un groupe franc, et Pons, l'imprimeur.

2. Au « marché noir », ce numéro historique verra rapidement son prix passer de 1 franc à 200 ou 300 francs.

qu'aucun coup de feu ne soit tiré contre les forces de la gendarmerie ou de la police françaises, forces dont il savait, le défilé d'Oyonnax venait encore de lui en apporter la preuve[1], qu'elles étaient souvent de cœur et de corps avec lui.

Le statu quo prendra fin brutalement et tragiquement à la fin de l'année. Comme une unité des Groupes mobiles de réserve s'est installée à Nantua où elle fait montre d'une excessive activité, Romans-Petit, fidèle à sa tactique, charge son adjoint de prendre contact avec le chef des GMR. C'est un échec et de nouvelles tentatives vont se solder par l'arrestation d'un émissaire du maquis[2]. Pour tenter de délivrer le prisonnier, Romans-Petit s'efforce de capturer quelques GMR. Il disposera ainsi d'une « monnaie d'échange ». Alors que les maquisards en embuscade sur la route de Bellegarde à Nantua attendaient une voiture de GMR, ce sont trois camionnettes qui arrivent. Sans sommations, les militaires ouvrent le feu. Jacques Thérond et Grummault, deux maquisards, s'avancent pour parlementer :

— Nous ne traitons pas avec les hors-la-loi, leur répond-on lorsqu'ils demandent à s'entretenir avec un officier.

Thérond blessé, Grummault tué, les maquisards se replient et, à leur tour, ouvrent le feu. Trois GMR sont tués, plusieurs blessés. L'incident est désastreux.

En lisant la lettre que Chabot, remplaçant de Romans-Petit, alors en mission en Haute-Savoie, adresse le 2 janvier 1944 au capitaine commandant les GMR stationnés à Nantua et à Oyonnax, on verra quelle profonde rupture morale ce drame allait provoquer chez des maquisards qui se refusaient à confondre forces de Vichy et Wehrmacht et qui imaginaient qu'entre Français on pouvait toujours « parler ».

Le Chef militaire départemental
à
Monsieur le Capitaine commandant les GMR
Stationnés à Nantua et Oyonnax.

Monsieur,

Je ne considère pas l'opération du 30 décembre 1943 comme un succès, bien que les pertes que j'ai à déplorer soient plus faibles que les vôtres. Mais j'estime que, quel que soit le résultat, il ne peut être question de succès dans l'issue d'une lutte entre Français.

J'aurais dû vous écrire avant, mais je tenais à connaître vos sentiments. Vos hommes se sont chargés de le faire. Je sais par eux que vous nous considérez comme des hors-la-loi qu'il faut détruire et vous nous l'avez prouvé dès votre arrivée dans la région.

1. A Oyonnax, Romans-Petit a bénéficié, en effet, de l'adhésion totale du commissaire de police. A Nantua, ville proche, le capitaine de gendarmerie Verchère, qui sera arrêté le 14 décembre et déporté, était également son allié.

2. Il s'agit de Benezy qui sera déporté.

C'est pourquoi j'ai tenu à vous montrer que vous ne pourriez pas poursuivre impunément votre action contre nous.

Je tiens à vous préciser que les « terroristes » que j'ai l'honneur de commander sont des soldats, et des soldats français, que nous n'avons qu'un seul but : libérer notre pays.

Je tiens également à vous prévenir qu'en essayant de gêner notre action vous faites le jeu de l'ennemi, que vous vous conduisez en traître et que vous serez considéré comme tel.

Votre responsabilité est d'autant plus grande que les hommes que vous commandez ont une ardeur combative qui fait honneur aux traditions guerrières de notre pays. Réfléchissez, mais sachez seulement que nous sommes arrivés à un moment où l'on est soit avec nous pour la France, soit contre nous pour le Boche.

Le 2 janvier 1944,
Le chef militaire départemental.

Il est vrai, hélas ! que le climat de relative confiance, ou d'indifférence complice, qui avait jusqu'alors régné dans l'Ain, comme dans quelques autres départements, entre maquis de l'Armée secrète et forces de l'ordre, constituait une exception.

Depuis des mois déjà, c'est également entre Français que l'on s'entretuait.

TROISIÈME PARTIE

TERREUR CONTRE TERREUR

Prépare des chaînes
Le pays est plein de meurtres
La ville est pleine de violence

ÉZÉCHIEL, 7.23.

7

FAUX ET VRAIS CERCUEILS

Le 27 octobre 1943, à la rubrique « Funérailles » les quotidiens lyonnais publient cette simple ligne : « Dehors. — Jean Long, 37 ans, 18 cours Henri, 10 h. »

D'ordre de la censure ils ont dû refuser l'avis d'obsèques du docteur Jean Long, avis qui comportait ces mots : « lâchement assassiné le 22 octobre 1943 ».

En agissant ainsi, en ordonnant que le silence soit fait sur les conditions de la mort d'un médecin dont nul n'ignorait les sentiments gaullistes, et dont on apprendrait bientôt, qu'appelé dans la nuit au secours d'un malade fantôme, il avait été assassiné sur la route de Vienne, les autorités de Vichy espéraient sans doute cacher à une population vivant depuis des mois dans le bruit des bombes et la peur des rafles l'apparition de ce « comité antiterroriste » qui, par une lettre abandonnée près du cadavre, avait signé son premier crime.

Vain espoir.

Le 4 novembre, à 0 h 15, à Lyon, une bombe éclate, cours Gambetta, contre la devanture de la brasserie de l'Étoile. Quelques jours plus tôt, son propriétaire, M. Jutard, avait reçu une lettre l'avisant que son nom venait d'être porté par les « antiterroristes » sur la liste des personnes à abattre en représailles des nombreux attentats commis contre les collaborationnistes.

Il lui reste douze jours à vivre.

Le mercredi 17 novembre, en effet, lorsqu'une nouvelle bombe explose, cette fois à l'intérieur de la brasserie de l'Étoile, M. Jutard est mort depuis quelques heures. Son corps a été retrouvé sur la route de Limonest et l'on a appris alors que deux individus, se faisant passer pour des policiers allemands, étaient venus le chercher dans l'après-midi du 16, puis l'avaient entraîné en direction d'une voiture occupée par deux de leurs complices.

Alors terreur contre terreur ? C'est bien ce qu'affirme un tract largement répandu à Lyon depuis le 13 novembre.

TERREUR CONTRE TERREUR

Les attentats se multiplient. On assassine dans les villes, on pille les campagnes, on essaye de nous affamer en brûlant les récoltes. Nous disons ASSEZ.

Puisque les pouvoirs publics, le gouvernement se montrent impuissants, un groupement ni inféodé à l'Allemagne, ni vendu au capitalisme juif anglo-américain, un groupement de Français qui veulent voir se relever la France, répondra aux coups par des coups.

Pour chaque National assassiné, un DIRIGEANT TERRORISTE sera exécuté.

Déjà, le docteur Long, maçonnisant, dirigeant occulte de mouvements terroristes, a payé de sa vie celle de l'un des nôtres.

La Censure vichyssoise, qui dissimule la vérité aux Français, a caché cette exécution, comme elle cache la plupart des crimes et des vols commis par de soi-disant patriotes, en réalité bandits de grand chemin.

NOUS AVERTIRONS NOUS-MÊMES L'OPINION PUBLIQUE

. . . .

NOUS FRAPPERONS LES CHEFS.

Juifs millionnaires, bourgeois, francs-maçons, qui subventionnez et armez les mains des assassins, vous paierez de votre vie.

. . . .

LE COMITÉ NATIONAL ANTITERRORISTE
DE LA RÉGION LYONNAISE.

Ce même 13 novembre, *Combats*, l'hebdomadaire de la Milice, a publié un éditorial de Philippe Henriot intitulé « Aux portes de l'abattoir ». Après avoir évoqué l'impuissance de la police face aux agressions, l'indulgence de la justice face aux agresseurs, Philippe Henriot poursuit : « Il y a encore des Français qui veulent bien tomber pour leur pays, mais qui veulent avoir la possibilité de se défendre et laisser à leurs amis celle de les venger. D'hypocrites effrois se manifestent à cette idée : Eh quoi ! nous disent nos moralistes. Mais c'est ouvrir la porte à la guerre civile. Ne jouons pas sur les mots. Cette porte est ouverte et ce n'est pas nous qui l'avons ouverte. »

Henriot conclut par ces phrases terribles :

… Nous relevons le gant lancé par un bolchevisme qui se croyait déjà sûr de l'impunité et du triomphe. Et nous jetons à notre tour aux terroristes et à leurs complices le mot farouche qu'avant la guerre, aux casernes d'artillerie d'Angoulême, Vaillant-Couturier jetait à ses troupes : Pour un œil, les deux yeux ; pour une dent, toute la gueule.

Novembre 1943.

Comme il doit paraître loin aux Lyonnais, et relativement paisible, ce mois de novembre 1942 où 11 bombes seulement avaient explosé, dont 9 après l'entrée, le 11 novembre, des Allemands dans leur ville.

Ce mois de novembre 1942, où un seul attentat — sans gravité d'ailleurs — contre un soldat de l'armée d'occupation avait été enregistré.

Une année s'est écoulée. Pour Lyon et sa banlieue, comme pour les autres villes françaises, tout a radicalement changé. Bombes contre la Légion des Combattants, contre des magasins de collaborateurs, contre des cafés appartenant à des résistants, contre des transformateurs, contre les installations allemandes. Dans la seule soirée du 8 novembre, ce sont 20 bombes qui explosent aux usines Grammont.

Puisque les explosifs sont généralement placés après 21 heures, la trêve des 10, 11 et 12 novembre, journées sans explosions, n'est due qu'au couvre-feu très strict fixé à 18 heures par l'autorité allemande.

En novembre 1942, un seul soldat allemand a été blessé.

En novembre 1943, 2 sont tués et 10 autres blessés par une grenade lancée alors qu'ils revenaient du fort de Montessuy.

Un autre est tué, on ne saura jamais par qui, au cours de la fusillade qui éclate place Bellecour. Comme deux bombes ont explosé à proximité du cinéma Royal, les soldats allemands présents déclenchent un feu nourri. Sans doute visent-ils particulièrement les étages supérieurs du numéro 18, d'où des coups de feu auraient été tirés, mais ils « arrosent » également toute la place. On relèvera quatre morts : le lieutenant Bernard Lioret, rapatrié d'Allemagne la veille, le gardien de la paix Roger Parmentier, le chef cuisinier Félix Couzon et un soldat allemand. 40 personnes ont été blessées, 80 seront arrêtées et 3 fusillées pour port d'armes.

Les explosions vont succéder aux explosions. Le 18 novembre, bombes dans une boulangerie de Lyon et à l'usine de lampes Fotos, le 19 dans la cour intérieure de l'Hôtel des Postes[1] ; coups de feu le 22 contre Robert Keller, contrôleur des tramways, qui échappe miraculeusement à 15 balles de mitraillette ; bombes le 23 contre le transformateur de l'usine Rhodiaceta et le 24 contre 4 magasins (dont deux épiceries) du cours Charlemagne, cependant que M. Jean Assada, gérant de la Société économique d'alimentation, située elle aussi cours Charlemagne, en arrivant pour « faire l'ouverture », découvre, attaché au rideau de fer, un engin qui n'a pas éclaté. Qu'il ne se réjouisse pas trop rapidement !...

Il y a infiniment plus dramatique. Ce même 24 novembre, M. Malapert, commissaire de police de permanence, sera appelé à l'École de santé militaire où s'est installée la Gestapo. Les policiers allemands lui « livreront » les cadavres de 8 détenus politiques qui viennent d'être abattus à la mitraillette par une sentinelle contre laquelle ils se seraient rebellés !

25 novembre. Bombe sur une fenêtre de l'atelier de la société Rhône-Isère, à Vaise, bombe contre la grille de clôture de l'immeuble d'un couple de Polonais, bombe contre la vitrine d'un grainetier, place de la Croix-Rousse.

1. 3 soldats allemands sont blessés, dont 2 grièvement.

Le 26 novembre, M. Claude Dubanchet, boucher boulevard des États-Unis, mais également membre de la Légion française des combattants, est grièvement blessé par une balle de revolver qui a traversé la porte vitrée de son magasin.

L'engin ayant fait long feu, la Société économique d'alimentation avait été épargnée le 24 novembre. La bombe placée le 27 remplit parfaitement son office et l'explosion qui se produit à 3 h 20 provoquera pour 10 000 francs de dégâts.

Bombe chez un commerçant italien de Caluire, dans une villa et contre un pylône supportant des câbles à haute tension à Saint-Fons. Le 30 novembre enfin, Rémy Colonel, sur lequel on trouvera une carte de franc garde de la Milice française[1], est tué place Danton. Arrivé de Tarare, il s'était tout d'abord fait conduire au siège de la police allemande, avenue Berthelot, avant de se rendre au rendez-vous qui devait lui être fatal. Il s'entretenait avec une jeune femme lorsque deux hommes, s'approchant rapidement, le blesseront mortellement d'une rafale de mitraillette.

Ses derniers mots : « Prévenez la police allemande, Parmentier 24-81, chambres 153 et 179. Prévenez ma famille, 3, route de Crémieu, Villeurbanne 93-15[2]. »

Ainsi s'achève, à Lyon, le mois de novembre 1943.

D'autres villes françaises, on le verra bientôt pour Grenoble, connaîtront des mois plus dramatiques encore, mais, si j'ai choisi de faire revivre, presque au jour le jour[3], l'existence haletante d'une grande cité qui, repliée sur elle-même par tous les interdits qui la corsètent périodiquement, n'est plus qu'un énorme village prêtant l'oreille au bruit des explosions nocturnes comme au récit des fusillades, c'est avant tout parce qu'elle fut le théâtre, avec le meurtre du docteur Long, du premier attentat « antiterroriste », signé, proclamé et avoué comme tel sous prétexte de riposte aux attentats « anti-collaborationnistes ».

On avait beaucoup tué avant novembre 1943 : 174 « collaborateurs » et 79 policiers, dira Otto Abetz en évoquant les neuf premiers mois de l'année[4], mais c'est à partir de novembre 1943 qu'à la terrible violence exercée par les Allemands — qui, en général, ne se mêlent pas de venger les « collaborationnistes » assassinés et arrêtent, déportent ou fusillent pour sanctionner des attaques visant leurs installations ou leurs soldats —

1. 47 miliciens ont été tués au cours de l'année 1943 et la Milice citera à de nombreuses reprises leurs noms. Celui de Rémy Colonel n'est jamais écrit, ni prononcé. D'après les listes « officielles », 16 miliciens ont été tués en novembre 1943. Aucun dans le Rhône.

2. Arrêté quelques jours plus tôt pour des cambriolages commis à la Croix-Rousse, Rémy Colonel avait été libéré sur intervention de la police allemande. Son interlocutrice appartenait vraisemblablement à la Résistance. Elle prendra la fuite dès que Colonel sera tombé dans le piège.

3. Aidé en cela par le livre de Paul Garcin, *Interdit par la censure*.

4. Et 281 soldats allemands.

viendra s'ajouter la violence de ceux qui sont visés et atteints par les attentats de la Résistance et, plus particulièrement, de la Résistance communiste.

Terreur contre terreur, tel était bien, d'ailleurs, le titre du tract diffusé, à Lyon, par le Comité national antiterroriste. Terreur contre terreur, telle était bien la revendication exprimée, depuis des mois déjà, par ceux qui se sentent, se savent et se voient menacés.

Georges Albertini, secrétaire général du Rassemblement national populaire, fondé par Marcel Déat, aura été l'un des premiers à s'émouvoir. « Il est probable, écrit-il dans une circulaire du 15 mars 1943, que, dans les jours qui vont venir, la situation intérieure s'aggravera sensiblement car les troupes de choc communistes et gaullistes, travaillant en plein accord, commettront des attentats, provoqueront des désordres et s'efforceront sans doute de s'en prendre aux militants des Partis révolutionnaires nationaux. »

Dans cette perspective, et tout en se défendant de vouloir prendre « l'initiative de déclencher la guerre civile dans le pays[1] », Albertini recommande de dresser des listes : « Dans chaque localité, ce sont les communistes notoires, les gaullistes actifs qui répondront de la vie et de la sécurité de nos camarades. »

Lorsqu'Albertini prend position, voici plusieurs mois déjà que les collaborationnistes du rang sont dénoncés par les journaux de la Résistance.

Immédiatement après la défaite, des hebdomadaires comme *Au pilori, L'Appel, Je suis partout* s'étaient lancés dans une véritable chasse à l'homme, traquant jusque dans les villages juifs, francs-maçons, communistes, parfois gaullistes, dévoilant noms et adresses, livrant ainsi à la police allemande ceux qui se terraient et exigeant sans cesse l'aggravation d'une répression déjà infiniment rigoureuse.

Les journaux clandestins de la Résistance et *Ici Londres* avaient certes répliqué. Mais leurs ripostes visaient essentiellement Laval, Darlan, Déat, Doriot, Brinon, Pétain (avec circonspection). Fera exception à la règle un message adressé par les Mouvements unis de résistance à René Cussonac, commissaire divisionnaire à Lyon.

Ce texte, qui sera lu à la BBC par Maurice Schumann, a été rédigé par Yves Farge et Georges Altman, au mois d'août 1942, c'est-à-dire au moment où débutent, dans ce qui est encore la zone libre, les grandes rafles de juifs étrangers. Il s'adresse à la conscience d'un homme qui fut un héros de la guerre précédente, mais que la passion de l'anticommunisme, et la volonté de s'affirmer comme le plus efficace de sa profession,

1. « Et, sur ce point, précise-t-il, les ordres sont impératifs ; jamais nous ne commencerons », phrase soulignée dans la circulaire.

conduiront aux pires excès avant de le conduire, après la Libération, au poteau d'exécution.

On voudrait le retenir de basculer.

Il basculera.

Mais voici ce document tout à la fois émouvant et utile à l'intelligence de l'époque.

> Votre dossier n'est pas un dossier banal, vos titres sont de ceux que nous respectons au plus haut degré. Le libellé de vos cinq citations, les motifs qui accompagnèrent la proposition faite en 1918 pour que vous soit décernée la Military Cross, les circonstances magnifiques dans lesquelles vous fûtes blessé dans la Somme et à Verdun veulent qu'il est impossible qu'on puisse vous considérer comme un aveugle exécutant des ordres de l'envahisseur.
>
> . . . .
>
> On peut, Monsieur le Commissaire Divisionnaire, croire qu'il est nécessaire de ruser pour, dans les pires compromis, sauver notre infortuné pays ; mais, lorsque la ruse sert de truchement au bourreau, lorsqu'elle contraint un administrateur français, un corps de police français à être à l'origine de persécutions aboutissant en fait à des pogroms[1], elle contribue à plonger plus profondément le pays dans la pire des misères morales.
>
> . . . .
>
> Cette lettre, nous l'adressons à l'honnête homme que vous êtes encore… Nous vous demandons de ne pas [(la)] considérer comme une menace. On nous a chargés de nous adresser à vous et à votre personnel, afin de lui tenir un langage français.
>
> C'est ce que nous venons de faire. Nous ne le referons plus.

C'est, en vérité, au début de 1943 que la réplique de la Résistance descendra au niveau de la petite ville et du hameau.

En janvier, le clandestin *Libération* entame la publication de « listes noires » qui visent « les propagandistes de la collaboration et ennemis jurés de la Résistance ».

Des noms sont cités, « l'acte d'accusation » se bornant parfois à trois ou quatre mots. Sont, par exemple, inscrits sur la « liste noire » n° 2, à Limoges, trois gardiens de la paix « qui font du zèle » ; à Saint-Georges-d'Esperanche, un quincaillier, « président de la Légion » ; à Saint-Gaudens, un négociant en confection sur lequel nous ne saurons rien d'autre.

En mai, les accusations deviendront plus précises. Jacques T., à Caluire, a fait arrêter par les Allemands un de ses amis ; Gaspard D., à Perpignan, renseigne la police sur les passages clandestins en Espagne ; L., ancien fonctionnaire colonial retiré à Navarrenx, a adressé à Vichy la liste de 12 personnes à arrêter en cas de débarquement allié ; Renée M., à Vichy, entretient « des relations régulières avec les milieux allemands et ne cache pas ses sentiments germanophiles » ; le Dr C., maire d'une

1. Il s'agit de l'ordre d'arrestation, en zone encore libre, de plusieurs milliers de juifs et de juives, ressortissants étrangers. Cf. ci-dessus *Les Passions et les Haines*, p. 171.

commune des Pyrénées-Orientales, a « donné des ordres sévères pour que les jeunes qui se déclarent agriculteurs produisent un certificat de déclaration de récoltes » ; D., à Chambourg, a dénoncé « deux aviateurs alliés recueillis par une paysanne des environs[1] ».

En juin 1943, sur le pont reliant, en Dordogne, Gardonne à Saint-Pierre-d'Eyraud, à côté de nombreuses inscriptions contre le STO, faites à la craie « en lettres hautes de 10 cm environ pour les majuscules et de 4 cm pour les minuscules », précise le rapport de l'inspecteur Nussbaum, on relève des inscriptions visant des artisans ou des paysans de la localité.

POUR GARDONNE INSCRITS SUR LA LISTE ET À LA VENGEANCE POPULAIRE
EY... RO... VI... PÈRE ET FILS GZ. FILS

PAYSANS. LES RÉQUISITIONNEURS DE FOIRE, LES JO... BO..., LA, ETC., PROFITEURS DU RÉGIME NE SERONT PAS OUBLIÉS.

Au Havre, sous la signature *Le vagabond bien-aimé*, paraissent des listes de Français « dont il faut se méfier ». Quelques commerçants sont ainsi accusés de « servir d'abord les boches et de laisser les Français sans ravitaillement ». Mais voici plus sérieux : « Mme L., rue Jules Lecesne, vous êtes sommée de cesser vos mouchardages vis-à-vis des patriotes rebelles à la déportation. Nous vous avons réservé une place de choix dans la liste des traîtres et des mouchards. »

L'Humanité, de son côté, signale, comme elle le fait depuis juillet 1941, essentiellement les magistrats qui ont condamné des communistes et les policiers qui les ont torturés.

Magistrats ? Ceux, par exemple, de la Cour spéciale de Douai qui ont condamné à mort Louis Caron et Roger Chepinge. « Le président de la Cour spéciale s'appelle A., l'avocat général R. et les conseillers P., Le G., T. et G. Ces noms de criminels ne seront pas oubliés. »

Policiers, ceux, par exemple, qui se sont acharnés sur le communiste Robinet. « Les bourreaux sont les inspecteurs C. et B., de Saint-Denis. Des monstres à abattre comme des chiens enragés. »

Et *L'Humanité* est écoutée[2].

Le 23 juillet 1943, Marcel Langer, fondateur de la 35e brigade de FTP, arrêté pour un simple transport d'armes mais condamné à mort à la suite du réquisitoire du procureur général Lespinasse, est guillotiné dans la cour de la prison de Toulouse. Non seulement, le soir même, un colonel allemand sera abattu rue Bayard, l'une des artères les plus fréquentées de Toulouse, mais encore, le 10 octobre, l'avocat général Lespinasse sera

1. Dans les journaux clandestins aussi bien qu'à la radio de Londres, les noms sont toujours intégralement cités.

2. En octobre 1943, dans son émission, Maurice Schumann a de son côté dit aux procureurs généraux de Douai, Montpellier et Lyon : « Désormais, quoi que vous puissiez faire, il est trop tard pour vous racheter. »

tué devant son domicile par un camarade de Langer qui, auparavant, s'est assuré de son identité.

Le 18 septembre, près de Lyon, le brigadier-chef Gordon est tué d'une balle dans la tête et le gardien de la paix Dechorme grièvement blessé. Quatre de leurs agresseurs, rapidement arrêtés, sont traduits le 25 octobre devant la Section spéciale qui, sous la présidence de M. Faure-Pingely, condamne à mort Émile Bertrand ; Georges Germain, Georges Perrignat, Maurice Culot étant, eux, condamnés aux travaux forcés à perpétuité.

Le 3 novembre, Émile Bertrand est guillotiné à 6 h 45 dans la cour de la prison Saint-Paul. Cinq semaines après son exécution, le 12 décembre, 4 hommes, dont 2 ont revêtu l'uniforme allemand, vont se présenter à 7 h 45 au domicile du président Faure-Pingely. Ils l'assommeront d'un coup de matraque, puis l'achèveront d'une balle dans la tête.

La mort du magistrat est ainsi comme la conséquence logique et fatale de la mort de celui qu'il a envoyé à la mort…

Entre les ordres de Vichy et les impératifs de la Résistance, les fonctionnaires d'autorité évoluent donc de plus en plus difficilement. Ils savent désormais qu'obéir à l'un, c'est se condamner aux yeux de l'autre.

Dans sa séance du mercredi 10 novembre 1943, l'Assemblée consultative provisoire, réunie à Alger, adoptera en effet un texte rappelant aux gardiens de prison, fonctionnaires de la police, gendarmes, magistrats, procureurs généraux, membres des parquets qu'ils tombent tous sous le coup de l'article 75 du Code pénal qui punit de mort celui qui, en temps de guerre, entretient des intelligences avec l'ennemi.

Répercutée par les radios de Londres et d'Alger, ainsi que par les journaux clandestins, comment cette décision, prise à l'initiative de Pierre-Bloch, serait-elle restée sans influence sur des hommes soumis aux pressions contradictoires des lois et des textes répressifs, de leurs sentiments profonds, souvent hostiles aux occupants sans être, pour autant, favorables à tous les actes commis au nom de la Résistance et des menaces anonymes qui, presque quotidiennement, se succèdent ?

Des tribunaux de l'État français siègent au grand jour.

Des tribunaux de la Résistance siègent clandestinement.

Leurs verdicts, également rédigés dans les formes, sont également craints.

Tous les préfets de France recevront ainsi copie de la sentence de mort rendue à Paris, en *audience secrète*, le 2 août 1943 à la requête du Comité d'action contre la déportation par la cour martiale de la Résistance contre le préfet régional de Rouen, Parmentier. Impitoyables, les attendus s'enchaînent.

> Attendu qu'il est constant que Parmentier a pris une part prépondérante à l'exécution de mesures de déportation dans la région de Rouen,…
>
> Attendu qu'il n'a pas craint de prendre lui-même des initiatives criminelles destinées à faciliter la capture de Français recherchés par l'ennemi,…

Attendu que Parmentier, agissant dans l'exercice et à l'occasion de ses fonctions a porté atteinte aux libertés individuelles en dehors des cas prévus par la loi… qu'il s'est rendu coupable de crime d'atteinte à la liberté individuelle prévue par les articles 114 et 119 du Code pénal.

Attendu qu'il a entretenu des intelligences avec l'Allemagne, puissance en guerre contre la France, et a favorisé les entreprises de cette puissance contre la France.

Que ces faits sont constitutifs du crime de trahison ; qu'ils ne sauraient être couverts par des instructions que Parmentier aurait pu recevoir…

Jugé « coupable du crime d'attentat à la liberté individuelle et de trahison » le préfet régional de Rouen se voit donc condamné à la peine de mort, et la cour martiale de la Résistance « MANDE ET ORDONNE À TOUT FRANÇAIS PATRIOTE » de rechercher Parmentier en « quelque lieu qu'il se trouve » et d'exécuter la sentence.

André Parmentier, lorsqu'il sera traduit devant la Haute Cour de justice, en juin 1949, sera condamné à cinq ans d'indignité nationale et, je l'ai dit[1], relevé immédiatement de cette condamnation, mais il évoquera, au cours de son procès, les condamnations venues de la Résistance.

A un juré qui lui a demandé quels étaient ses rapports avec le parti nazi, il répliquera :

— Monsieur le Juré, je vous garantis que l'administration en France, en temps d'occupation, n'était pas précisément quelque chose de très beau et cela se termine ici ! [c'est-à-dire en Haute Cour].

Je vous garantis que je n'y ai pas trouvé de très grosses satisfactions, quand de tous les côtés les condamnations à mort pleuvaient sur moi venant d'un côté et de l'autre…

La pression de la Résistance sur les collaborateurs vise donc à les isoler d'une population dans sa quasi-totalité hostile à l'occupant, à jeter l'inquiétude et le trouble dans leur famille, à les faire renoncer sinon à leurs sentiments profonds, du moins à l'expression publique de ces sentiments, à les désigner parfois à l'attention des tueurs.

Journal du paysan Jules Perret, qui habite Étobon, en Haute-Saône.

Dimanche 10 octobre. Les passions montent. Sur certaines maisons, ici ou là, on lit : « A mort le traître. »

. . . .

Samedi 6 novembre. P. Maillat, d'Héricourt, a une croix gammée sur son mur. Quand il l'a vue, il s'est campé en face, a fait le salut hitlérien… Il ne voyage plus seul, se déguise.

Si beaucoup tremblent devant les menaces, d'autres feront gloire de s'en moquer. Voici, dans *Je suis partout*[2], et sous la plume de Dorsay,

---

1. *Cf.* ci-dessus, p. 481.
2. 15 octobre 1943.

LA
RESISTANCE FRANCAISE
vous communique :

L'heure des règlements de compte approche.

Vos sympathies germanophiles sont connues.

La IVe RÉPUBLIQUE ne vous oubliera pas si vous persistez dans votre attitude.

Les Mouvements Unis de Résistance

l'attitude — au moins l'attitude affectée — de journalistes à la pointe du combat politique.

> Les journaux clandestins circulent avec des listes où figurent nos noms parmi «les traîtres à exécuter sans jugement». Des tribunaux (?) nous envoient copie, sur papier bordé de noir, des arrêts nous condamnant à la fusillade ou à la pendaison. D'autres nous envoient de petits cercueils. Nous ne prenons pas au tragique ces plaisanteries macabres, mais nous tenons pour sérieux les sentiments de haine et de vengeance qui animent les juifs [1].

Aux dénonciations dans des journaux clandestins — dénonciations parfois si folles que les MUR mettront en garde contre les accusations du journal clandestin *Bir Hakeim* qui visent... le délégué de De Gaulle en Suisse —, viennent s'ajouter d'autres moyens de «dissuasion».

Lettres de faire-part, dont on vient de voir un exemplaire.

Circulaires émanant de «Comités départementaux chargés de l'instruction des activités antinationales» et promettant «les circonstances atténuantes» à ceux qui démissionneraient dans la semaine, de la Milice.

Petits cercueils, hâtivement fabriqués, qui sont parfois accompagnés d'une inscription «Pour vous deux» ou même «Pour vous trois», suivant la composition de la famille. Petits cercueils expédiés par des concurrents jaloux, par des imbéciles (à Lyon, Mgr Gerlier recevra, paraît-il, deux cercueils, le premier envoyé par des maquisards, le second par des miliciens), par des femmes délaissées ou infidèles.

Dans sa *Chronique de Vichy*, Maurice Martin du Gard raconte qu'un Toulousain n'ayant jamais fait de politique reçut un jour son «petit cercueil». Affolé, n'osant plus quitter son domicile, il alerta cependant un fonctionnaire de la préfecture. L'enquête permit de découvrir que l'épouse de la victime se trouvait à l'origine de l'expédition. De ce procédé macabre elle attendait qu'il retienne son mari apeuré au domicile conjugal et lui laisse ainsi toute liberté pour ses illicites amours [2].

Cercueils. Dans une feuille clandestine éphémère *Le Gaullois*, on trouve, sous la rubrique «Petite correspondance», ces deux lignes à l'intention d'un journaliste collaborateur: «Donnez dimensions exactes, voulez-vous des poignées de bronze?»

Ce texte date de novembre 1943. Mais il y a des mois déjà que, pour

1. Dorsay poursuit en écrivant ces mots auxquels trop d'éléments apportent de cruels démentis: «Qu'il nous soit permis, en passant, de faire remarquer que les "fascistes", les "hitlériens", les "traîtres" que nous sommes n'ont jamais songé à occire les juifs, les anglophiles, les gaullistes, les communistes.» Une semaine plus tard — le 22 octobre —, on trouve dans ce même *Je suis partout* un billet de première page intitulé «Les absents» et qui s'achève ainsi: «Dimanche, nous avons pensé à d'autres absents. A Mandel, à Reynaud, à Blum, à Daladier, qui sont toujours ABSENTS sous le couperet de la guillotine.»

2. Des miliciens se plaignaient de ce que, découverts, les expéditeurs de cercueils ne soient pas poursuivis par la justice sous le prétexte que «la loi ne punit pas les menaces par emblème».

certains collaborateurs, les cercueils ne sont plus simplement ces simulacres apportés par le facteur avec le courrier du matin.

> *Journal de Jules Perret, 10 octobre.* — Les collaborateurs reçoivent, comme avertissement, soit des allumettes, soit un petit cercueil, voire un grand, adressé en gare. On raconte l'histoire d'un boucher qui alla retirer semblable colis — ignorant ce que c'était —, qui fut abattu en traversant un bois par des hommes masqués et couché dans le cercueil qu'il transportait. Beau retour à la maison !

Bien avant cet automne de 1943 qui, dans la guerre franco-française, constituera, pour les résistants comme pour les collaborateurs, la véritable ligne de démarcation entre les mots de haine et les actes de vengeance, des hommes étaient tombés, victimes des passions qu'ils avaient soulevées et exaspérées.

Voici l'histoire du Dr Michel Guérin, tué à Poitiers, le 13 mai 1943. Par les acteurs qu'elle met en scène, par les réflexions qu'elle inspirera à Me Maurice Garçon, défenseur de l'un des accusés, par son affreuse conclusion, elle illustre bien la tragédie française.

Rapatrié d'Allemagne, le Dr Guérin appartient au PPF et l'action militante s'identifie pour lui au journalisme.

Sous le pseudonyme de R. du Moustier (il était né aux Trois-Moutiers), puis de Pierre Chavigny, il écrira donc presque quotidiennement dans *L'Avenir de la Vienne et de l'Ouest*.

Craignant la victoire anglaise qui ferait revenir « le régime républicain avec son cortège de juifs et de francs-maçons », avant de conduire à une « révolution communiste sanglante [1] » ; voulant rechercher « en nationaliste français sincère ce qu'il y a d'universel et de profondément humain dans la révolution qu'ont faite depuis dix ans nos voisins d'outre-Rhin [2] » ; fidèle de Pétain, partisan de Laval, mais surtout admirateur de Charles Maurras, ce médecin PPF, qui ne possède ni le brio d'écriture ni la passion qui lui permettraient de séduire ou de convaincre, est avant tout un royaliste convaincu.

Évoquant la mort de Louis XVI, il écrira, le 21 janvier 1943 : « Le souvenir du malheureux roi, assassiné en haine de tout ce qu'il représentait, en haine de toutes nos traditions nationales, nous a toujours été cher et, malgré l'indifférence de tant de nos concitoyens, nous avons toujours eu à cœur de considérer le 21 janvier comme un jour de deuil [3]. »

---

1. 6 janvier 1943.
2. 7 janvier 1943.
3. Le 26 janvier 1943, il évoquera « Le fossé sanglant », c'est le titre de son article, qui, depuis le 4 janvier 1793, sépare la France en deux. « Fossé rempli de sang, du sang des prêtres noyés dans la Loire, des Vendéens et des Chouans de Quiberon, des communards de 1871 ».

Le 27 janvier, revenant sur cette idée du « fossé », il écrit encore : « Sans l'Angleterre, avec le gouvernement du Maréchal, le fossé serait comblé. C'est là le véritable sens de la Révolution nationale. »

Est-il plus violent dans ses paroles que dans ses écrits ? Lors du procès de ses agresseurs, Me Maurice Garçon l'accusera de s'être plaint assez haut et assez fort, au terme d'une conférence houleuse faite à Jaunay-Clain, pour que ses plaintes soient entendues des autorités occupantes qui « arrêtèrent une partie de la population »[1].

Et André Péchereau, dans son livre *Les Vendanges de Miranda*, lui reprochera plusieurs délations dont celle de M. Lévillon, professeur de philosophie au lycée de Poitiers, effectivement arrêté puis abattu par les Allemands.

Quoi qu'il en soit, dans Poitiers, le Dr Guérin incarne la collaboration. Il est au nombre de ceux qui le font par écrit, ce qui est tenter le destin puisque, anodins ou provocateurs, ses articles sont comme un couteau qui, quotidiennement, fouille et ravive toutes les blessures.

Qui sont ses meurtriers ? Des adolescents. Jacques Massias a 19 ans, Jean Gautier et Marc Delaunay ont 20 ans, Éloi Rieckert et Jacques Delaunay, 21 ans.

André Péchereau, qui fut le condisciple de Marc Delaunay, étudiant en droit, et de son frère Jacques, étudiant en médecine[2], en parle comme de garçons « sérieux et francs ».

D'après l'acte d'accusation, c'est en février 1943 que Marc Delaunay aurait fait la connaissance du responsable des jeunesses communistes de la région. Sur son ordre, en compagnie de son frère et de ses amis[3], il aurait alors mis au point le scénario conduisant à l'assassinat du Dr Guérin.

Affreuse stratégie. Contre le médecin collaborateur Michel Guérin, Delaunay et ses camarades utiliseront le triste stratagème qui sera employé quelques mois plus tard, à Lyon, contre le médecin gaulliste Jean Long.

Ici comme là, c'est, en effet, sur le sens du devoir professionnel que spéculeront les meurtriers.

Dans la soirée du 13 mai, vers 22 h 30, Marc Delaunay sonne à la porte du médecin.

Qu'il se rende d'urgence chez l'une de ses patientes, Mme Roy, victime, quelques minutes plus tôt, d'une syncope.

C'est alors qu'il gravit les premières marches de l'escalier de Mme Roy que le Dr Guérin est attaqué par quatre garçons qui, à l'aide d'un marteau, d'un poignard et d'une matraque plombée, le blesseront douze fois et provoqueront une hémorragie mortelle.

Guérin, qui se savait menacé, a sur lui un revolver, mais c'est inuti-

---

1. « On vit deux gendarmes, ajoutait Me Garçon, connus dans le pays pour leur modération et universellement estimés, ramenés à Poitiers, menottes aux mains. Ils purgent une peine de deux années d'emprisonnement pour n'avoir pas assuré le service d'ordre avec assez de vigilance pendant une conférence politique organisée par un médecin français. »
2. Jacques Massias est également étudiant en médecine.
3. Ils formeront le groupe « Tullius », du nom de l'esclave affranchi par Cicéron.

lement qu'il l'utilisera contre des agresseurs qui pourront facilement s'enfuir dans la nuit.

Avant de mourir à la clinique de Pont-Achard, où il a été transporté, le Dr Guérin, qui a réclamé une piqûre d'huile camphrée et l'assistance d'un prêtre, a-t-il dit : « De tout cœur, je pardonne à tous mes ennemis » ? Ce sont en tout cas les mots que rapportera Henri Tournier, directeur de *L'Avenir de la Vienne*, dans son éditorial du 17 mai[1].

Plaidant devant le Tribunal d'État pour l'un des accusés, le jeune Jean Gautier, Me Maurice Garçon achèvera sa plaidoirie sur ces mots empreints de courage et de lucidité, puisqu'il s'agit pour lui d'expliquer le trouble d'adolescents enfiévrés par la défaite, les appels venus de Londres, les complots dont ils nourrissent leurs conversations et leurs songes et dont ils ne peuvent se délivrer que par l'action.

> — Jean Gautier se trouva soudain armé d'un poignard qu'on lui avait passé. Il reconnaît avoir frappé. Voilà le crime. Personne ne dira que le mobile en fut bas. Le geste est atroce, mais irréfléchi. Je crois que son atrocité vient des circonstances et que son auteur ne l'avait pas prémédité tel.
>
> Je plains le triste sort des enfants de notre temps. Si désireux qu'ils puissent être de penser honnêtement, ils reçoivent des conseils si contradictoires qu'ils trouvent le chemin du devoir semé d'embûches et de chausse-trapes… Trop de sang coule dans le monde. N'ajoutez pas à ce flot rouge qui nous coûte déjà tant de larmes : laissez à d'autres la hideuse besogne de détruire des existences… Ne tuez pas. Dites que ces jeunes gens n'ont pas voulu donner la mort et qu'ils ont subi l'entraînement irrésistible d'une passion désintéressée.

Les magistrats l'écouteront. Ils condamneront Marc Delaunay, Gautier, Rieckert et Massias aux travaux forcés à perpétuité, Jacques Delaunay à vingt ans de travaux forcés, mais le verdict suscitera des indignations contradictoires.

Le 22 septembre, indignation des gaullistes d'*Ici Londres*, qui accuseront les magistrats d'avoir « condamné des patriotes ».

Le 24 septembre, indignation des collaborationnistes de *Je suis partout* qui prendront à partie le trop indulgent (à leurs yeux) président du Tribunal d'État, Devise, « dont le nom est lié de trop près aux plus navrants scandales judiciaires de la IIIe République pour que son arrêt ait pu être dicté par autre chose que l'esprit de secte ou de peur »[2].

1. Éditorial, comme celui du vendredi 14 mai, d'un ton très mesuré et qui n'appelle à aucunes représailles. Mais, en page 2, un texte, « Ce crime ne pouvait rester impuni », convie la population à aider la justice en fournissant à la famille de la victime, à la police française, ou à la direction du journal des informations sur « un pareil acte de sauvagerie dont les bêtes féroces elles-mêmes seraient incapables ».

2. Fait remarquable, en 1943, un journal parisien, *La France socialiste*, écrira de Me Maurice Garçon qu'il « prononça une plaidoirie saisissante qui demeurera sans doute un document historique, un document qui reflète ce qu'il y a de plus noble dans la pensée humaine ».

En vérité, Delaunay, Gautier, Rieckert et Massias ne bénéficieront que d'un très court sursis.

Pour des attentats commis auparavant contre des installations ferroviaires, ils seront traduits, en octobre 1943, devant un tribunal de guerre allemand qui, lui, se montrera impitoyable.

Leurs noms se trouvent cités dans cette dépêche de l'Office français d'information annonçant que « 46 terroristes [ont été] condamnés à mort », dépêche qui vaudra d'ailleurs au secrétaire général à l'Information une lettre signée par le général Martin, directeur général de la gendarmerie nationale.

> … Il ressort de cet article que 25 terroristes français, armés, capturés après combat par les *gendarmes français*, ont été *condamnés à mort par un tribunal de guerre allemand.*
>
> S'il est particulièrement souhaitable de donner une publicité étendue à la répression du terrorisme, je crois préférable que cette publication soit faite sous une forme ne risquant pas de provoquer, contre la gendarmerie, dont la tâche devient de plus en plus délicate et difficile, les réactions d'une opinion publique poussée, par une propagande néfaste, à la partialité et à l'injustice[1].

On collabore, mais du moins souhaite-t-on que la collaboration demeure secrète, tant on devine combien capturer des Français puis les livrer aux « juges » et aux bourreaux allemands déshonore et fait horreur.

Il n'est pas d'ailleurs possible d'oublier, alors que tout, quotidiennement le rappelle, que, si des collaborateurs tombent, si des Allemands périssent, les vengeances allemandes sont hors de proportion avec le meurtre ou avec l'attentat.

17 résistants payent de leur vie, le 30 septembre, la mort de 2 soldats allemands dans le Doubs. Le 8 octobre, les journaux parisiens annoncent la condamnation à mort par des tribunaux allemands de 46 juifs et communistes ; 9 000 personnes sont interpellées le 10 à Toulouse, Montauban, Tarbes, Agen. Au terme de combats qui ont lieu autour d'une grotte près de Barneville-sur-Seine, 2 hommes sont tués et 11 autres capturés…

La presse publiée aussi bien en ex-zone libre qu'en zone occupée fait étalage de bilans de guerre civile, puisqu'ils sont le résultat de l'activité de la gendarmerie et de la police française.

Pour la semaine du 15 au 21 octobre « deux assassins, disent les textes officiels français, qui s'abritaient derrière les mots d'ordre de Londres et de Moscou, ont été arrêtés dans la région lyonnaise. Trois terroristes ont été abattus en Haute-Savoie, et l'on signale de nombreuses arrestations dans les régions de Toulouse et de Bordeaux. Mais c'est aux environs de

1. Le secrétaire général à l'Information répondra le 25 octobre : « La liaison organisée entre l'Information et vos services d'une part, entre l'Information et l'Intérieur d'autre part, permettra, j'en suis sûr, d'éviter à l'avenir des incidents comme celui auquel vous faites allusion. »

Dijon que l'action répressive s'est affirmée avec le plus d'ampleur. Une organisation terroriste, qui ne groupait pas moins de 26 exécutants, possesseurs d'armes et d'explosifs, a été découverte et tous ses membres ont été arrêtés ».

Le même communiqué de victoire… triste victoire, signale également des arrestations par la police *française* dans les régions de Rennes, Lille, Poitiers, Montpellier, Lyon et Toulouse.

Ce sont, au total, plus de 200 « terroristes » qui ont été arrêtés en sept jours, ainsi que 157 « individus coupables de menées antinationales » et 512 qui étaient recherchés pour des délits de droit commun.

Droit commun ? Qui ignore la facilité avec laquelle, en période révolutionnaire, le pouvoir pratique l'amalgame pour confondre dans une même réprobation les actes inspirés par le patriotisme et ceux qui relèvent purement et simplement du banditisme ?

Qui ignore que le mot « chef de bande », lancé en novembre 1943 au visage de certains maquisards pour les déshonorer, se révélera bientôt comme un titre de gloire ?

La France est entraînée dans le tourbillon des morts inexplicables et des morts sans cause puisque l'on ignore souvent qui tue qui et pour quoi.

Et comment connaîtrait-on, aujourd'hui encore, les raisons qui expliquent la mort de tant d'anonymes : haines de villages, qui se donnent le masque et l'excuse du patriotisme, abominables crimes de droit commun ou vengeances justifiées par des dénonciations ?

Pourquoi, dans l'Yonne, à Raviѐzes, trois groupes armés, opérant le 6 octobre, tuent-ils Mme Barbara Costes, Lucien Petiot et Mme Scorbel ?

Et pourquoi, le 12 octobre, un bûcheron et sa femme sont-ils assassinés à Châtel-Girard ? pourquoi M. Fauquemborgues, modeste cultivateur près de Montreuil, est-il mitraillé dans son lit ?

Et pourquoi est-il tué, ce M. Chevalier qui, gravement malade, dira à son assassin ces mots stupéfiants :

— Laissez-moi, monsieur, je suis assez près d'aller voir le bon Dieu[1] ?…

Les journaux de l'époque fournissent bien peu de détails sur ces attentats et moins de détails encore sur leurs mobiles.

Lorsqu'ils touchent des collaborateurs — ou des supposés collaborateurs —, ils soulèvent, il est vrai, peu d'émotion, quand ils ne suscitent pas jubilation et complicité passive.

En septembre 1943, le milicien Gremet est blessé à la sortie de la messe, mais c'est inutilement que l'un de ses camarades francs-gardes tire des coups de feu en l'air pour disperser les badauds qui protègent la fuite des agresseurs.

1. Il est tué près de Paray-le-Monial le 27 décembre. Sa femme est également abattue par deux hommes qui ont réclamé une forte somme d'argent. La religieuse qui veillait M. Chevalier — sœur Bernadette — sera grièvement blessée.

Lorsque le milicien Detroyat, maire de Vimay, dans l'Isère, est tué d'une rafale de mitraillette, dans l'escalier qui conduit à son appartement, le meurtrier peut sortir tranquillement, traverser la foule attirée par les coups de feu, voler une bicyclette et repartir sans se presser[1].

De ces réactions populaires, citons encore quelques exemples pour mieux faire comprendre dans quel isolement moral vivent les collaborateurs avoués.

Le 27 septembre 1943, à Paris, le Dr Paul Guérin — qui n'a aucun lien de parenté avec ce Dr Guérin, de Poitiers, dont je viens de raconter la vie et la mort — est blessé devant le bureau de poste de la rue de Courty[2]. Président du Groupement corporatif sanitaire français, mais également collaborateur convaincu, Paul Guérin écrivait régulièrement dans *Je suis partout*.

Paris-Soir, qui a donné un compte rendu de l'attentat, ayant précisé que les premiers soins au blessé avaient été prodigués par le Dr Lucien de Gennes, celui-ci, soit par crainte de se voir reprocher d'avoir soigné un collaborateur, soit par vétilleux souci de la vérité, enverra au journal ce démenti très sec : « Je n'ai jamais donné mes soins au Dr Guérin. Je vous prie de bien vouloir insérer ce démenti dans votre journal et agréer l'expression de mes civilités. »

S'ils ne visent pas tous à tuer, tous les attentats visent à ISOLER ceux qui en sont les victimes. Leur magasin attaqué, même s'il n'est pas détruit, perdra une partie de sa clientèle et les propriétaires se verront doublement atteints dans leurs biens, puisque les assurances refusent le remboursement des dégâts provoqués par les bombes. Il arrive même que les entrepreneurs locaux répugnent à effectuer les réparations nécessaires.

A Grenoble, après l'explosion qui a ravagé son appartement, le franciste Antoine Girousse devra solliciter l'armée italienne d'occupation et ce sont des soldats italiens qui viendront consolider sa porte et remettre les locaux en état. Par ailleurs, les étudiants qu'il loge dans deux chambres garnies s'en iront pour ne plus revenir.

Mais, tout au moins à partir de l'automne de 1943, c'est surtout à l'instant des obsèques que la solitude des collaborateurs devient manifeste. Voici deux courtes réflexions extraites encore du *Journal* de Jules Perret.

Mercredi 17 novembre. — Pierre M. est tué. Ils l'ont eu au pied de la côte, entre le village des Romanichels et Bussurel. Deux hommes l'attendaient. Deux coups de revolver et il a roulé dans le fossé avec son vélo…

Samedi 20 novembre. — On a enterré aujourd'hui le M. La gendarmerie allemande faisait le service d'ordre. Seulement quatorze personnes à la suite. Sa dernière dénonciation était contre notre ami Grumbach, juif.

---

1. Paul Detroyat est tué le 30 décembre à 12 h 30.
2. Deux gardiens de la paix poursuivront les deux agresseurs du Dr Guérin. Au terme de l'échange de coups de feu, le gardien Jean Biguet sera atteint de 4 balles et l'un des agresseurs, blessé, se suicidera.

Quatorze personnes à la suite… C'est bien ainsi que se marque la réprobation morale. La peur des représailles également.

A Marseille, lorsque, le 2 décembre, la Milice enterre Claudius Boyer, Pierre Ollivier, Louis Fléchier et Jean Bartohini, victimes d'un attentat à Nice, le cortège se dirige vers le cimetière Saint-Pierre par le boulevard de la Madeleine qui a été interdit à la circulation et où fenêtres et boutiques doivent obligatoirement demeurer fermées par crainte de jets de bombes ou de grenades.

Quelle différence avec les enterrements de résistants, ou simplement de Français tués par erreur par les Allemands.

En octobre, l'ingénieur Abry, qui habite à Grenoble près d'un cinéma réquisitionné par la Wehrmacht, descend de bicyclette et met la main dans sa poche pour saisir la clef de son domicile. Il ne sait pas qu'il signe son arrêt de mort. Se méprenant sur le geste, dans une ville où les attentats sont désormais quotidiens, le soldat allemand en faction devant le cinéma *Royal* a pris peur. Sans sommation, il ouvre le feu en direction d'Abry qui s'écroule, foudroyé.

A la sortie de l'église Saint-Louis, c'est tout Grenoble qui fait la haie. L'enterrement terminé, des centaines de jeunes gens se précipitent vers l'immeuble du cours Berriat où la Gestapo a ses locaux.

La police française ayant refusé d'intervenir pour disperser cette foule irritée et grondante, qui scande « Assassins ! Assassins ! », les Allemands devront tirer en l'air pour en finir avec la manifestation.

Lettre datée de « Russie le 23.12.43 », adressée à Mme K.

> Ma chère Margot,
>
> Je viens d'apprendre par des amis qui rentrent de France que, pour Grenoble, ça va très mal.
>
> Donc, comme tu es femme de légionnaire, tu pourras te mettre sous la protection des autorités allemandes.

Mais de quelle utilité peut être la protection allemande dans un climat d'hostilité ou d'indifférence presque générale, climat dont le texte suivant donne la mesure ? Dans un cinéma de Valence, le chef de la Milice de Drôme-Ardèche vient d'assister à la projection d'un film intitulé : *Résistance*. En racontant à sa façon l'histoire de « deux braves petits gars » qui, pour ne pas aller en Allemagne ont pris le maquis, la propagande de Vichy s'efforce de détourner les jeunes de rejoindre la Résistance. Voici maintenant le compte rendu que le chef milicien de Drôme-Ardèche donne du film et surtout des réactions du public[1].

> Le film, excellent dans son intention, acceptable dans sa réalisation, nous fait assister aux péripéties par lesquelles passent les deux jeunes gens, depuis

1. Note d'information n° 13.

l'incorporation dans un milieu si différent de celui qu'ils avaient rêvé jusqu'au drame final, l'attentat contre une voie ferrée et ses horribles conséquences, l'alignement des cadavres de femmes et d'enfants, innocentes victimes de la criminelle folie des Français qui se prétendent patriotes.

Il a certainement semblé, aux yeux des promoteurs de ce film que la réalité, placée ainsi sous les yeux du public, suffirait pour provoquer de salutaires réflexions.

L'accueil fait à deux épisodes caractéristiques, autant que le mortel ennui régnant dans la salle pendant les autres, montre qu'il n'en a rien été.

Lorsqu'on lui présente « les meneurs communistes » encadrant les réfractaires, imposant à leur troupe une discipline brutale, lorsque, sur l'écran, paraissent de « malheureux paysans... acculés comme un troupeau dans un coin et obligés d'assister impuissants et bras levés au pillage de leur basse-cour, de leur garde-manger et de leur grenier », comment réagit, en effet, le public de Valence ?

> ... Il a trouvé *désopilant*[1] la hâte des malheureux réfractaires à obéir à leurs bourreaux et non moins risible l'attitude des paysans terrorisés par les mitraillettes. C'est tout juste si les *rires*[1] se sont arrêtés devant le tragique bilan de l'attentat sur les voies ferrées...

Cette ironie s'explique peut-être par les invraisemblances ou les outrances d'un film de propagande. Mais c'est la haine envers l'occupant qui alimente systématiquement la haine envers ses collaborateurs, qu'ils soient collaborateurs de police, d'écriture, d'engagement militaire ou, plus simplement, de sentiment.

Tout ce que fait l'Allemand, ou tout ce qu'il est supposé faire, rejaillit ainsi sur le collaborateur, substitut parfait, bouc émissaire idéal, que l'on attaque et atteint souvent, faute de pouvoir attaquer et atteindre un adversaire plus redoutable.

Des partisans de la collaboration sont tués.

Des partisans de la collaboration réclament alors que Vichy mette en pratique cette affreuse loi des otages dont les Allemands se servent contre juifs, communistes et maquisards capturés.

Charles Maurras, dans *L'Action française* du 30 avril 1943 : « Il faudra que d'énergiques mesures soient prises à bref délai, telles que l'exécution sommaire, pour chaque attentat commis, d'un certain nombre d'otages pris avec soin dans les prisons abritant les meneurs communistes, à défaut de pouvoir s'emparer des exécutants de l'attentat. »

Des Français dénoncent les faiblesses du gouvernement. Qu'il s'active, qu'il aille toujours plus loin, plus vite, plus fort dans la répression.

Marcel Déat, Déat qui a toujours reproché à Vichy ses négligences et sa mollesse, expose, dans *L'Œuvre* des 16-17 octobre, sa solution à un

1. Je souligne intentionnellement.

problème sans autre solution prévisible que l'accélération du cycle attentats-représailles.

> Ce qu'il faut ? Des colonnes mobiles, bien armées, composées d'hommes sûrs dans chaque département, dans chaque région. Non pas seulement des policiers ou des soldats, mais des miliciens, des combattants politiques, parce qu'il s'agit d'une guerre civile commençante, la plus atroce, la plus inexpiable, la plus honteuse qui soit.
>
> Des colonnes mobiles, qui connaissent le pays, qui découvrent les repaires où se cachent les bandes, qui dépistent les complicités et qui, sans procédure inutile, exécutent sur place les bandits. Quelques semaines de nettoyage et l'ordre régnera. Est-ce qu'on attend pour comprendre et agir que l'hôtel du Parc flambe et que Châteldon[1] soit pris d'assaut ?

Recevant le 12 novembre les présidents des cours d'appel, Pierre Laval, après avoir reproché aux magistrats — qui tremblent souvent, on l'a vu, sous la menace — de faire parfois preuve de faiblesse[2], Pierre Laval, qui vient de renforcer la loi du 5 juin 1943 instituant les Sections spéciales[3], qui, dans deux mois, créera les cours martiales, rejettera cependant cette idée de colonnes mobiles habilitées à procéder à des exécutions sommaires.

> On m'a dit, faites un tribunal ambulant.
>
> Mais Marty[4] est de l'autre côté ; j'entendrais, à la radio du lendemain, que Marty a adopté le texte, et il assassinera légalement les Français de l'Afrique du Nord et, ensuite, c'est ce texte qu'il apportera avec lui s'il doit venir en France pour procéder à des tueries qu'il qualifierait de « légales ».
>
> Les lois d'exception, nous devons les limiter au minimum[5] ! Les Français sont férus de légalité. Je suis très attaché au fait de laisser le maximum de garanties dans l'application des lois les plus rudes.

---

1. Résidence de Pierre Laval.
2. Il citera un exemple : « A Arlanc, dans le Puy-de-Dôme, un jour, la brigade de gendarmerie est assaillie par des terroristes. Les gendarmes sont blessés, l'un d'eux est à terre et un des terroristes l'achève. Ils ne respectent même pas les lois de la guerre où les blessés sont secourus sur le champ de bataille. On arrête ces terroristes. Ils sont déférés devant la section spéciale de la Cour d'appel de Riom. Je croyais, je pensais qu'au moins l'un des terroristes — celui qui avait achevé le gendarme — serait condamné à mort : il est condamné aux travaux forcés. Et, quelques jours plus tard, comme il fallait transporter les condamnés de la maison centrale de Riom à une autre maison centrale, il s'évade. »
3. Le nouveau texte prévoit que, dans les cas les plus graves, la section spéciale comprendra, outre deux magistrats, trois juges choisis parmi des officiers de la gendarmerie, de la garde, de la police.
4. Député communiste, ancien responsable, au cours de la guerre d'Espagne, des Brigades internationales, André Marty venait d'arriver à Alger et sa présence était politiquement exploitée par la presse et la radio de la collaboration car, pour tous les milieux de la droite française — et même certains autres —, l'homme avait acquis en Espagne une sinistre réputation.
5. Mais, le 20 janvier 1944, sera publié au *Journal officiel*, sous la signature de Laval, un décret qui étend l'autorité de Darnand, nommé secrétaire général au Maintien de l'ordre, à toutes les forces « qui assurent la sécurité publique et la sûreté intérieure », ainsi qu'une loi instituant les cours martiales.

Je vous demande simplement de rendre la justice : quand un terroriste tue, il doit être condamné à mort.

Il s'agit bien de légalité ! Comment les collaborateurs menacés pourraient-ils se satisfaire d'une déclaration qui remet aux mains de magistrats souvent prudents, ou sentimentalement complices, le soin de les venger ?

Ce même 12 novembre, P.-A. Cousteau, qui vient d'entendre lire à la BBC une nouvelle liste d'« hommes à abattre », s'adresse avec violence aux partis de la collaboration, suspects à ses yeux de ne pas répondre à l'assassinat par l'assassinat.

Depuis trois ans, les révolutionnaires nationaux sont cocus sur toute la ligne. Cocus par timidité, par veulerie, par respect humain. Des fascistes assassins ? Ce sont les gens d'en face qui le disent. Mais qui donc avons-nous assassiné ? Un seul salopard, Marx Dormoy, a été exécuté[1]... Mais à part Dormoy ? Mais à part cette miraculeuse exception ? Allons, essayez un peu de nous citer les victimes des fascistes dits « assassins ».

Le temps est proche où, en réponse au vœu de Cousteau, il sera possible de citer des noms.

Beaucoup trop de noms dès l'instant où la Résistance ne mènera plus seulement le combat contre d'anciens communistes « repentis » et passés, ou soupçonnés d'être passés, à la collaboration ; contre des membres du PPF ; des adhérents du groupe « Collaboration » ; des partisans du Rassemblement national populaire ; des francistes ; des responsables de la propagande du Maréchal, mais surtout contre la Milice, le mouvement de loin le mieux organisé de l'ex-zone libre, le seul d'ailleurs auquel les Allemands, en lui permettant officiellement d'avoir des armes, donneront bientôt la possibilité de ripostes sanglantes.

1. Ministre de l'Intérieur au moment où le complot de la Cagoule fut découvert, Dormoy a été assassiné le 26 janvier 1941 à Montélimar.

8

PÉTAIN, LAVAL, DARNAND ET LA MILICE

Dans ses Mémoires inédits, Francis Bout-de-l'An, qui fut secrétaire général adjoint de la Milice, écrira que le mot « chef » valait aussi bien pour Darnand, inspecteur général de la Milice, que pour tous les responsables civils ou militaires, grands ou petits, du Mouvement.

L'on s'avisa même de donner du Chef à Pierre Laval.

N'était-il pas le patron suprême de la Milice ?

« Vous leur direz de m'appeler "monsieur le Président", comme tout le monde », répliqua un homme demeuré bien trop parlementaire pour être grisé par un titre qui, à Vichy, résonnait dans tous les couloirs de l'hôtel Moderne, où Darnand avait installé ses services après avoir abandonné, avec le trop modeste hôtel de Lisbonne, ces souvenirs des jours faciles où rêver du pouvoir dispensait d'en connaître les difficultés, puis les pièges mortels.

Tout le monde étant Chef — avec une capitale —, pour quelles raisons le plus modeste employé de bureau ne l'aurait-il pas été ? Bout-de-l'An raconte avoir téléphoné à un nommé Moreau, « vaguement huissier », et qui avait pour tâche de procurer les billets de chemin de fer indispensables aux longs déplacements.

L'homme se trouvait momentanément absent. Une voix féminine répondit sans douceur :

— Le Chef Moreau est absent et je ne sais quand il rentrera. J'aviserai le Chef dès son retour.

Une armée de Chefs. Mais un seul Chef : Joseph Darnand. Sans lui la Milice — qui était inscrite dans la fatalité de l'époque — aurait existé. Mais bien différente, car l'homme captivera et capturera moralement, moins par son idéologie embryonnaire que par son ascendant personnel de guerrier, des hommes d'aventures, les meilleurs et les pires, pour qui la bravoure au feu tenait trop souvent lieu de brevet de capacité politique.

Darnand, soldat parmi des millions de soldats des deux guerres, Darnand avec deux ou trois citations, comme des centaines de milliers de Français, n'aurait entraîné personne dans ce monde de 1940-1944 où les guerres mondiales et coloniales avaient déposé sur bien des poitrines des décorations qui n'étaient pas toutes aussi méritées que celles arrachées par le fantassin, par l'homme des corps francs et des coups durs, Joseph Darnand.

Il ne viendra d'ailleurs à l'idée d'aucun de ses adversaires de mettre en doute l'héroïsme de Darnand. Les plus lucides regretteront la cause au service de laquelle il brûlera son héroïque passé. Que le hasard de la guerre ait jeté ce guerrier dans le camp gaulliste et sans doute aurions-nous aujourd'hui des rues Joseph-Darnand.

Dans les précédents volumes de cette *Histoire des Français sous l'Occupation*, j'ai déjà évoqué Darnand, soldat au cours de la Première Guerre mondiale. Incorporé en janvier 1916, au 35e régiment d'infanterie, puis affecté au 366e, l'adjudant Darnand est titulaire, lorsque le conflit s'achève, de six citations, dont deux à l'ordre de l'armée, de la médaille militaire, de la croix de guerre.

En un temps où les mots conservent toute leur vertu et où des généraux, ménagers d'éloges, n'en sont pas, comme on le verra en juin 1940, à décorer tous les soldats d'une division pourvu qu'ils aient ramené leurs armes, mais parce qu'ils vont chercher ou détruire celles de l'ennemi, les mots « peloton de grenadiers d'élite » font se lever de terribles images de corps à corps dans des tranchées bouleversées par les bombardements.

Et la citation 1263 à l'ordre du corps d'armée, décernée le 20 avril 1918 : « Par son entrain et son audace, a réussi à pénétrer dans les 1re, 2e et 3e lignes ennemies... N'a pas hésité à outrepasser sa mission en traversant avec la plus grande hardiesse et un profond mépris du danger le barrage français, réussissant à aborder ainsi la 4e ligne ennemie », cette citation dira, à ceux qui savent combien il fallait d'esprit de sacrifice et de courage pour aborder, je n'écris pas franchir, la première ligne allemande, dira ce que, dans la guerre, fut Joseph Darnand.

Le 14 juillet 1918 enfin, Darnand sera au nombre de ceux qui s'élancent dans le secteur du mont Sans Nom. Il n'est certes pas seul à se jeter dans cet assaut limité dont notre commandement attend qu'il lui ramène des prisonniers grâce auxquels il connaîtra la date et l'heure de l'attaque *décisive* que médite l'ennemi. Et le mot « décisive » n'est nullement employé ici à la légère. Le 14 juillet 1918, parce que le haut commandement français a été renseigné, il pourra briser sur sa seconde ligne, la première ligne ayant été heureusement abandonnée sur l'ordre de Pétain[1], l'énorme

1. Si des commandants d'armée, dont Gouraud (IVe), avaient bien obéi aux ordres de Pétain, d'autres y mirent plus de mauvaise grâce, ce qui faillit provoquer des catastrophes. En faisant évacuer quelques heures avant l'attaque la première ligne, où ne restaient que de petits éléments isolés, Pétain condamnait l'adversaire à frapper dans le vide, puis à se trouver écrasé sous le feu de notre artillerie.

offensive de trente divisions allemandes précédées par une gigantesque préparation d'artillerie et, le 18, c'est lui qui prendra l'initiative de contre-attaques multiples, puissantes, renouvelées, qui ne s'arrêteront qu'en novembre, lorsque, épuisé, partout battu, menacé sur ses arrières par une révolution grondante, l'ennemi sollicitera l'armistice.

Si Darnand n'est pas seul (une demi-compagnie d'élite se trouve engagée sous les ordres du lieutenant Balestié), il est, avec ses hommes, celui qui va le plus loin : 500 mètres, et qui ramène le plus grand nombre de prisonniers : 24 sur les 27 capturés.

Lorsque l'on a reçu la médaille militaire des mains du général Pétain, commandant en chef des armées françaises, entendu le président de la République vous sacrer publiquement « artisan de la victoire[1] », que faire, quand s'achève la guerre, sinon demeurer au sein de cette armée fraternelle où le feu a établi des hiérarchies dans lesquelles comptaient moins la fortune ou les études que les exemples d'héroïsme, moins l'origine sociale que la camaraderie des tranchées.

Mais précisément, la paix revenue, les hiérarchies traditionnelles vont reprendre leur médiocre valeur. Le héros de tant de coups de main ne sera pas jugé digne de préparer Saint-Maixent. Un père cheminot et une scolarité interrompue en 4e pour entrer en apprentissage chez un ébéniste de Bourg pèsent soudain plus lourd que les 24 prisonniers du 14 juillet 1918.

Envoyé en Syrie, Darnand comprend qu'il ne sera jamais sous-lieutenant d'active et part en permission libérable le 26 juillet 1921. Certains auteurs — Delperrié de Bayac notamment — n'hésiteront pas à écrire que cet échec représentera le grand tournant de la vie de Darnand, qu'il en concevra une persistante amertume qui se transformera, lorsque les circonstances lui offriront une occasion de revanche, en hostilité révolutionnaire contre la bourgeoisie qui l'a jadis humilié.

Au sein de l'armée, on avait le temps et le goût d'entretenir pieusement le souvenir des coups durs, des copains morts et des victoires passées. Mais, lorsque l'on travaille dans une exploitation forestière de l'Ain, ou comme vendeur-décorateur à la fabrique de meubles Chaleyssin de Lyon ?... Demeure l'exutoire de la politique.

Pas plus que l'on n'imagine Édouard Herriot milicien, on ne peut imaginer Joseph Darnand radical-socialiste. C'est à l'Action française qu'il milite à Lyon d'abord, à Nice ensuite où il a été nommé sous-directeur de Chaleyssin. Mais existera toujours chez Darnand le goût de l'escalade. L'époque s'y prête. L'Action française, toutefois, n'est nullement disposée à accepter, au nom de l'efficacité, que la partie soit séparée du tout. En 1928, Darnand, chef en Provence des Camelots du

1. Le mot ne sera prononcé que pour trois hommes : le maréchal Foch, Georges Clemenceau et Joseph Darnand.

roi, voulait que leurs bataillons dynamiques et querelleurs arrachent leur indépendance, comme il voudra plus tard que le Service d'ordre légionnaire, puis la Milice gagnent la leur. Avant de rompre avec l'Action française, mais non avec les amis essentiels — Agnely, Gombert — qu'il s'y est fait, il rencontrera tout de même Charles Maurras.

« Monté à Paris » avec les 1 000 francs — une somme en 1928 — que le comité directeur lui a envoyés pour couvrir ses frais de déplacement, il va se comporter devant Maurice Pujo, Jacques Bainville, Léon Daudet, Charles Maurras, comme il s'est toujours comporté. En homme qui ne mâche pas plus ses mots qu'il ne camoufle ses idées, en homme irrité par les querelles mesquines et la stratégie inoffensive de tous ces rêveurs à la lune. En soldat, affamé d'action pour l'action, face à ces piétineurs.

Comme il vient de sa province, il leur jette à la face l'opinion de la province… du moins d'une province qu'il imagine faussement aussi résolue au chambardement que lui.

— Ah ! vous ne savez pas ce que l'on dit de vous en province !

— Et qu'est-ce que l'on dit de nous ? demande Maurras qui, par miracle, a entendu.

— Vous voulez le savoir ? Eh bien, que vous êtes tous de vieux cons[1] !

Rire, énorme rire de Daudet, et c'est sur ce rire cordial : « Et dire qu'on lui a envoyé 1 000 francs pour qu'il vienne nous traiter de vieux cons ! » que Darnand regagne sa province où, grâce aux 50 000 francs prêtés par l'une de ses sœurs, il a acheté une petite compagnie de déménagement[2].

Bientôt le voici à la Cagoule. Naturellement, serait-on tenté d'écrire, puisque la Cagoule représente ce qui existe de plus activement et de plus révolutionnairement à droite.

A l'Action française, Darnand s'était créé un réseau d'amitiés. Les amis de l'AF se retrouveront à la Cagoule. Et la Cagoule apportera à Darnand des amis nouveaux : Jean Filliol, Jean Degans, Joseph Lécussan, Henry Charbonneau qui, parce que l'homme a la vertu d'agréger faibles et forts, le suivront à la Milice. Souvent pour son malheur.

Car secret, même pour ceux du clan ; taciturne, avec de grands moments d'abandon ; d'une timidité orgueilleuse ; aimant opposer entre eux ses collaborateurs, qu'il écoute parfois comme tapi derrière la fumée de sa pipe, Joseph Darnand est de ceux qui se tiennent avec entêtement aux décisions prises mais choisissent souvent leurs conseillers suivant de détestables critères.

Lorsque, le 11 septembre 1937, en faisant sauter les immeubles de la Confédération générale du patronat français et du groupe des Industries métallurgiques, la Cagoule tente une opération de provocation, dont elle attend que les communistes fassent les frais, la découverte de l'affreuse

1. *Cf.* Henry Charbonneau, *Les Mémoires de Porthos*.
2. Il revendra son affaire en 1942 pour la somme de 3 millions.

machination — deux agents de police ont été tués — provoque, en tout cas, la dispersion des comploteurs.

Les bailleurs de fonds s'évanouissent, quelques généraux compromis font le dos rond, des imprudents se retrouvent en prison et les assassins, (comme Filliol, responsable de quatre meurtres au moins) demandent asile à l'Espagne franquiste ou à l'Italie fasciste. Quant à Darnand, le hasard fera — car la malignité policière n'est pas si grande — qu'il soit conduit à la prison de la Santé le 14 juillet 1938... vingt ans exactement après son coup de main historique.

Alors que *Je suis partout* s'indigne, dans son numéro du 23 décembre 1938, de la coïncidence, déjà Darnand est libéré. La guerre approche, en effet, et le Deuxième bureau français l'envoie en mission d'espionnage dans cette Italie fasciste où, il n'y a pas si longtemps, il allait clandestinement chercher les armes fournies à la Cagoule par les services secrets de Mussolini et que la Cagoule devait «payer» de l'assassinat de deux antifascistes : les frères Rosseli.

En septembre 1939, le lieutenant de réserve Darnand, mobilisé comme des millions de Français, se retrouve officier de transport à la 6e demi-brigade de chasseurs alpins. Mais, quand on s'appelle Darnand et que l'on dirige dans le civil une entreprise de déménagement, comment accepter de se retrouver déménageur dans l'armée ?

En vieillissant, l'homme, petit et trapu, a pris un peu de poids et de ventre. Il n'a perdu ni son instinct de chasseur à l'affût, ni son courage de combattant de 1918. Quand tant de vaillants soldats de «l'autre» guerre s'effondreront face aux cruelles réalités d'une guerre trop jeune pour leur intelligence, leurs réflexes et leurs jambes, Darnand ne bronchera pas, se réinsérant naturellement dans l'héroïsme, comme si, avec l'uniforme, il s'était glissé à nouveau dans la peau du garçon de vingt ans.

J'ai raconté, dans *Le Peuple du désastre*, l'épisode de Forbach, ville abandonnée par les Français, presque dès la déclaration de guerre, et dans laquelle Félix Agnely, Darnand et une partie de leur corps franc du 24e bataillon de chasseurs se heurtent le 8 février 1940 à de fortes patrouilles allemandes.

Agnely tué, Darnand, fidèle à ce devoir d'amitié qui sera comme l'étoile polaire de sa vie, mais qui, au nom de vieilles complicités d'AF, de Cagoule ou de guerre, lui fera trop souvent pardonner l'impardonnable, va retourner, en compagnie de trois volontaires, à la recherche du cadavre de son chef et ami.

Dans une guerre immobile où les communiqués n'ont rien à signaler, l'affrontement de Forbach entre une trentaine de Français et plus d'une centaine d'Allemands se voit hissé au niveau d'un important événement militaire[1].

1. 17 chasseurs ont été tués, 7 blessés ou capturés.

Darnand demeure certes étranger aux exagérations d'une presse sous-alimentée, mais *Match* aidant, qui fait de sa photo la couverture de son numéro lorsque le général Georges lui remet la rosette de la Légion d'honneur, comment « l'artisan de la victoire » de 1918 n'incarnerait-il pas « le soldat » de la drôle de guerre, celle dans laquelle quelques centaines ou quelques milliers de combattants permettent de jeter, momentanément, le voile sur l'effroyable impréparation française ?

Comment, après l'humiliation de la défaite, tant de faits d'armes authentiques ne pèseraient-ils pas très lourd ? Obscurcissant le sens critique de beaucoup d'hommes et le caractère de Darnand lui-même qui n'échappera plus aux vertiges de la vanité et d'un pouvoir appuyé sur les armes, ils contribueront à faire croire que les vertus indispensables à la guerre peuvent être efficacement utilisées dans la trêve relative, précaire et menacée qui naît de l'armistice, et qu'un glorieux chef de groupe franc a, naturellement, les qualités d'un homme politique pour époque tragique, comme si la conquête de l'opinion relevait de la même stratégie que la conquête d'une tranchée.

Mais, pour comprendre le prestige limité de Darnand, auquel, contrairement à ce qu'il imaginera plus tard, peuvent, seuls, être durablement sensibles des guerriers, des « baroudeurs » de sa race, liés par le vocabulaire, l'action et le sang, il faut écouter le père Bruckberger parler à son procès.

Bruckberger du corps franc du 24e bataillon de chasseurs, séduit par Darnand, mais, politiquement, dépris de Darnand lorsque celui-ci, dès la fin de 1940, trouvera dans la défaite la justification d'une xénophobie, d'un antisémitisme, d'un antiparlementarisme aggravés et se mettra ainsi en position d'être, chaque jour davantage, prisonnier d'un système de pensée et de références qui le conduiront naturellement à l'extrême de la collaboration.

— Dans ce corps franc de 150 hommes, tous et chacun, nous étions capables de donner notre vie simplement pour mériter l'estime de Joseph Darnand. C'est dire à quel point cet homme avait sur nous une emprise que je n'ai jamais connue autrement, dans toute mon existence.

Est-il anormal que Darnand, qui s'est battu sur la Somme, sur l'Oise, sur la Seine, sur la Loire, sur le Cher, en retraitant mais en gagnant sa huitième citation, qui a été fait prisonnier le 19 juin à Lamotte-Beuvron, mais s'est évadé le 23 juillet du camp de Pithiviers, se retrouve à la Légion des Combattants ?

Et s'y retrouve à un poste de choix : président des Alpes-Maritimes, département dont il va faire très vite un département modèle avec 80 000 inscrits, et avec, à Nice, ces rassemblements monstres du 6 octobre et du 11 novembre qui constitueront autant de manifestations anti-italiennes, puisque l'Italie, incapable d'arracher cinq kilomètres au cours de la brève campagne de juin 1940, nourrit cependant de grandes ambitions territoriales.

Écoutons et retenons quelques-unes des phrases qu'il prononce le 6 octobre 1940 à Nice.

— Nous avons assez pleuré. Nous avons assez souffert en silence des malheurs de la France... Nous avons besoin maintenant que les vrais Français patriotes remplacent les métèques, les juifs et les étrangers... Il faut chasser les faux Français qui ont mené le pays à la ruine. Nous allons rompre avec des hommes qui nous ont exploités et perdus...

Lorsque Darnand jette ces mots, il est vraisemblable qu'il ne se trouve pas en désaccord avec une opinion traumatisée par le désastre, violemment antiparlementaire et qui, faute de comprendre les raisons multiples qui expliquent la défaite, cherche, à l'intention du pouvoir et de sa presse, de commodes boucs émissaires.

A Londres même, bien du temps passera avant que les émissions de la France libre ne se risquent à faire l'éloge d'hommes politiques, d'ailleurs presque aussi méprisés par de Gaulle que détestés par Pétain[1], et les persécutions antisémites et xénophobes ne seront dénoncées qu'avec retard pour des raisons multiples dans lesquelles entre la connaissance que l'on croit avoir de la lenteur avec laquelle évoluent les sentiments des Français.

Mais, sur la pente de son discours du 6 octobre, Darnand accélérera toujours.

On ne peut être l'homme des corps francs, de l'action brutale et rapide et le berger de foules molles, plus vite disloquées que rassemblées, de foules dont l'enthousiasme fragile cède à la moindre alerte et qui chantent pour faire acte de présence, ce qui les dispense d'agir.

Avec le secours du Deuxième bureau reconstitué et camouflé, Darnand est donc immédiatement volontaire pour former une troupe de choc clandestine qui attenterait à la sécurité de l'armée italienne, s'il lui prenait fantaisie de bouger.

On le retrouvera également dans ces « groupes de protection » créés par le colonel Groussard et qui sont l'embryon d'une entreprise d'espionnage de l'armée allemande[2].

Résistant alors, Darnand, en septembre 1940, quand bien peu le sont ? Ce n'est pas si simple. Anti-allemand ou plus exactement, car en lui l'homme de 14-18 parle encore, « anti-boche » certes, mais également antiparlementaire, antijuif et anticommuniste. Antigaulliste aussi puisque de Gaulle s'oppose à Pétain, le chef des armées françaises de la victoire,

---

1. Le 18 novembre 1943, à l'occasion de l'installation à Alger d'hommes politiques de la IIIe République, Maurice Schumann consacrera une émission à Pierre Mendès France, Louis Jacquinot, André Le Troquer.

2. Ce sont les GP qui arrêteront Pierre Laval le 13 décembre 1940... et en paieront le prix puisque leur dissolution interviendra quelques jours plus tard.

le général qui a décoré le sous-officier Darnand, l'homme providentiel auquel presque toute la France de 1940 s'accroche.

De tous ces « anti », quels sont ceux qui l'emporteront ?

Voilà la véritable question.

Chez Groussard et chez bien d'autres hommes de droite, l'hostilité aux Allemands sera la plus forte.

Chez Darnand, et chez la plupart de ses amis, l'anticommunisme, mais aussi l'antiparlementarisme et l'antisémitisme auront très vite la priorité, le temps, surtout après l'entrée en guerre de l'Allemagne contre la Russie soviétique, le temps ne faisant d'ailleurs qu'accentuer la violence de leurs prises de position.

A l'autre bout de l'horizon, deux géants, jusqu'alors acoquinés, se déchirent et voici, au fond des provinces françaises, des existences bouleversées par le combat idéologique et voici les héros d'hier condamnés à mourir au poteau.

Avant que n'éclate le conflit germano-soviétique, Darnand a, sinon créé, du moins immédiatement dominé le Service d'ordre légionnaire.

C'est sa première escalade.

De la Légion des combattants, « mal fichue » selon son jugement, de la Légion qui avait figure, attitude et presque politique différente suivant l'attitude et les origines politiques de ses responsables départementaux, Darnand extrait « les véritables révolutionnaires, ceux qui pensaient, sur le plan social, qu'une véritable révolution devait se faire, qu'il fallait qu'on change complètement de régime ».

Or, le SOL, même si, d'abord, nul ne peut l'imaginer, sera l'antichambre de la Milice.

Certes, sur le papier, le SOL dépend étroitement de la Légion. Mais Darnand, et son état-major : Gombert, Degans, Bassompierre, Noël de Tisot, lui donneront rapidement un ton militaire, un style militant et une doctrine fascisante.

L'uniforme (béret des chasseurs, chemise kaki, cravate noire en signe de deuil), la devise empruntée à Guynemer : « Faire face », ont infiniment moins d'importance politique que ce *Chant des cohortes* — il deviendra celui de la Milice — dans lequel se trouvent deux couplets dépourvus d'ambiguïté.

Pour les hommes de notre défaite
Il n'est pas d'assez dur châtiment
Nous voulons qu'on nous livre les têtes
Nous voulons le poteau infamant.

. . . .

SOL faisons la France pure :
Bolcheviks, francs-maçons ennemis,

Israël, ignoble pourriture,
Écœurée, la France vous vomit [1].

Importent aussi, psychologiquement et politiquement, certains des « 21 points » de la doctrine SOL qui deviendront intégralement les 21 points de la Milice. Ils seront, pour la première fois, énoncés au cours de la manifestation qui clôt, le 23 février 1942, aux arènes de Cimiez, la première investiture SOL.

16 « points » pour dénoncer, dans la tradition de la Révolution nationale et le style ampoulé de l'époque, l'égoïsme bourgeois, la routine, l'individualisme, l'anarchie, la vaine liberté, l'égalitarisme, le capitalisme international, la tutelle de l'argent et la condition prolétarienne, voilà qui n'a rien de bien extraordinaire, de bien offensif, de bien offensant.

Avec les cinq derniers « points », le ton change.

Darnand demande aux 2 000 SOL présents qui, en chœur, répondront par un formidable « OUI », s'ils sont :

CONTRE LE BOLCHEVISME, POUR LE NATIONALISME
CONTRE LA DISSIDENCE GAULLISTE, POUR L'UNITÉ FRANÇAISE
CONTRE LA LÈPRE JUIVE, POUR LA PURETÉ FRANÇAISE
CONTRE LA FRANC-MAÇONNERIE PAÏENNE, POUR LA CIVILISATION CHRÉTIENNE
CONTRE L'OUBLI DES CRIMES, POUR LE CHÂTIMENT DES RESPONSABLES.

Dans son discours, Darnand a précisé d'ailleurs que le combat des SOL ne serait pas « celui de la nation défendant sa vie sur les frontières, mais le combat des meilleurs fils de France contre ceux dont les fautes et les crimes sont la cause de nos malheurs ».

Par un message retransmis par haut-parleur, le Maréchal donne enfin sa bénédiction. Mais sans doute ne remarque-t-on pas la tiédeur de son discours, non plus que ces mots : « Vous connaissez votre devoir, vous le remplirez selon les instructions que je vous donnerai. Mon gouvernement et moi-même nous comptons sur vous pour faire appliquer cette consigne fondamentale de la Révolution nationale : tous au travail dans l'ordre de la concorde. »

Qu'a donc à voir ce texte sans éclat, de bon papa tranquille, adversaire de toute aventure, avec les serments prononcés par les SOL : lutte contre le gaullisme, contre le bolchevisme, contre la lèpre juive, contre la franc-maçonnerie ? Rien. Lorsque Darnand a demandé à ses hommes : « Pour réaliser ces formules [il s'agit de celles qui sont contenues dans les 21 points], êtes-vous prêts à consentir le sacrifice total que le Chef vous commande ? », on est en droit de se demander de quel Chef il s'agit et si le Chef Darnand ne dépassera pas, n'a pas déjà dépassé, le Chef Pétain ?

Sans doute, dans l'enthousiasme du moment, n'a-t-on pas davantage prêté attention à la pâleur des quelques mots prononcés par François

1. Les paroles sont d'Antoine Quebriac, la musique de Pierre de Prous et Georges Bailly.

Valentin, directeur général de la Légion, déjà en conflit ouvert avec l'état-major de Darnand qui l'accuse de gaullisme camouflé (il n'a pas tort, Valentin passera à la Résistance au cours de l'été 1943), et que lui, Valentin, accuse de soutenir beaucoup trop dangereusement les thèses de la collaboration. Et Valentin n'a pas tort. On ne peut, en effet, dénoncer aussi vigoureusement le bolchevisme et demeurer l'arme au pied, alors que de gigantesques batailles se déroulent à l'Est.

Certes, quelques milliers de Français combattent déjà avec la Wehrmacht. Mais la LVF, au recrutement souvent douteux, au comportement militaire sans aucune commune mesure avec le rôle que l'on prétendait initialement lui faire jouer, échappe à tout contrôle du gouvernement français. Elle est la « propriété » des partis collaborationnistes de zone Nord. On constituera donc une Légion tricolore qui, patronnée par les chefs des partis de zone Nord, mais aussi et surtout par des responsables de zone Sud, dépolitisée et en quelque sorte « naturalisée », combattrait, sous l'uniforme français et l'autorité vichyssoise, « contre le bolchevisme et ses alliés… partout où l'intérêt de la nation est en jeu ».

Né en juin 1942, le projet avait rapidement avorté. L'armée de l'armistice se montrant hostile à tout recrutement, les militaires allemands ne manifestant pas davantage d'intérêt pour la Légion tricolore que pour la LVF, les seuls partis de la collaboration s'étaient disputé de maigres effectifs. Mais, avant que la Tricolore ne soit dissoute, le 28 octobre 1942, Joseph Darnand aura eu l'occasion d'effectuer un voyage en Allemagne qui se révélera lourd de conséquences.

L'homme qui n'a vu d'Allemands que dans la tranchée d'en face ou, pendant quelques jours, au moment de sa capture en juin 1940, mais pour répliquer à l'officier qui lui disait : « Lieutenant, vous êtes bien triste », « Oui, je serai triste tant que je verrai sur le sol français vos sales gueules », le voici plongeant en plein pays ennemi.

Crispé et réticent d'abord. Comment pourrait-il passer par Forbach sans être tenaillé par le souvenir de la mort d'Agnely ? Que penserait Agnely s'il le voyait, deux ans après la défaite, en compagnie d'officiers « vert-de-gris » et, ce qui est pire, de Français déguisés en soldats allemands ?

A quel moment, cependant, va-t-il être sinon « converti », du moins ébranlé ? Ce n'est certes pas la vue de la LVF ni la conversation, dans le camp de Radom, avec quelques membres de cette unité, qui l'enthousiasme. Mais voici qu'il assiste à des exercices effectués par des troupes de choc allemandes.

> Je n'ai jamais vu, pas plus en France qu'ailleurs, de simulacre de combat atteignant un tel degré de réalisme. Les tirs se faisaient à obus explosifs, si bien qu'un officier fut légèrement blessé. Au point de vue tactique, c'était formidable. Une méthode et des moyens de réalisation insoupçonnables [1].

1. Cité par Delperrié de Bayac d'après des documents inédits.

Sur ce soldat incapable d'imaginer — il n'est pas le seul — le formidable arsenal élaboré dans les usines américaines, les presque inépuisables ressources humaines de la Russie soviétique, le spectacle auquel il vient d'assister a dû provoquer le bouleversement de bien des idées reçues. L'Allemagne, il en est certain maintenant, possède la première armée du monde et comment ne gagnerait-elle pas la guerre cette nation, donnant, en juin 1942, toutes les apparences de la cohésion morale et d'une force militaire intacte, car, si Cologne a reçu la visite de 1 000 appareils le 30 mars, les grands et terribles bombardements quotidiens sont encore à venir.

Ses impressions, Darnand les clamera à Lyon, le 12 juillet 1942, à l'occasion de la troisième investiture SOL.

> J'ai vu l'Allemagne en guerre, je l'ai vue calme, ordonnée, appliquée au travail gigantesque qu'elle a entrepris dans une discipline largement acceptée, sans contrainte brutale... Puis, j'ai vu la Pologne, la population effondrée dans une défaite que le vainqueur n'a pas voulu légère, car il n'avait pas pour ce peuple les sentiments qu'il accorde au peuple de France. Dites bien autour de vous que ceux qui ont vu le destin des vaincus peuvent seuls comprendre quel écrasement, quelles atroces souffrances nous a évités l'armistice et combien la politique de collaboration est aujourd'hui nécessaire.

Conclusion ? « Je vois *maintenant*[1] notre devoir avec une clarté qui va jusqu'à l'évidence. Je le dis d'un mot : notre devoir est d'être du nombre de ceux qui, dans la Légion tricolore, seront à l'avant-garde européenne. »

Darnand souhaitait que le SOL fournisse à la Légion tricolore des cadres, plus que des troupes ; son vœu sera exaucé puisque ceux qui s'engagent sont généralement, à l'image de Bassompierre, du capitaine Boudet-Gheusi, de l'aspirant Barbe, de jeunes officiers ou sous-officiers de la toute récente guerre.

Henry Charbonneau, dont le livre *Les Mémoires de Porthos*[2] permet de suivre et de comprendre l'itinéraire intellectuel et politique d'un garçon turbulent qui ira de l'Action française, en 1930, à la Milice, en 1943, en passant par les bagarres du 6 février, la Cagoule, la guerre, une année de captivité, le Mouvement social révolutionnaire de Deloncle et la Légion tricolore avant la Phalange africaine, racontera ce que fut l'aventure de Guéret. Cette calme petite ville de 12 000 habitants abritait, en effet, le dépôt de la Légion tricolore et recueillait dans les trois principaux hôtels, La Gare, Le Commerce, Le Saint-François, les officiers qui s'étaient regroupés en fonction de lois subtiles où, autant que la hiérarchie, jouaient les affinités politiques. Ils attendaient tout de Vichy : les hommes, les armes, l'argent, le signal du départ.

Rien ne viendra de Vichy.

---

1. Je souligne intentionnellement.
2. Livre, au demeurant, fort bien écrit.

Et le débarquement des Alliés en Afrique du Nord arrivera après qu'eut sonné l'heure de la grande dispersion.

Ne pouvant pas rejoindre le front de l'Est, quelques « durs » de la Légion tricolore se retrouveront immédiatement volontaires pour cette Légion impériale ou Phalange africaine voulue par Abetz, qui, le 13 novembre, désigne même celui qui, aussi bien « en zone occupée qu'en zone libre [1] » doit en prendre la direction : « M. Darnand, chef du service d'ordre légionnaire, ce qui apparaîtrait comme une manifestation de l'unité française. »

Abetz, ambassadeur d'Allemagne, défenseur de « l'unité française », ce n'est pas l'un des moindres scandales d'une époque fertile en scandales.

Arrêtons-nous un instant.

Un ancien chef de la Milice, rencontré pendant la rédaction de cet ouvrage, m'a déclaré :

— Le 11 novembre 1942, Darnand et moi, nous devions prendre un avion pour Alger où nous allions inspecter les SOL d'Afrique du Nord. Que se serait-il passé si nous étions partis le 6 ou le 7 ? Je crois que nous aurions fait campagne avec le général Juin.

Est-ce imaginable même si cela a été imaginé ?

On ne peut dire la position que Darnand aurait prise [2] s'il était arrivé à Alger l'avant-veille ou la veille du débarquement. Tant d'autres ont varié… Mais il est douteux que, de Gaulle une fois installé à Alger, il lui aurait été possible de poursuivre longtemps une carrière militaire dans les troupes du général Juin.

Le capitaine Carré, qui avait occupé au SOL d'Afrique du Nord une position sans aucune mesure avec celle de Darnand, en France, se battait avec les troupes françaises d'Italie lorsque les autorités militaires exigèrent qu'il se présentât à la prévôté militaire de sa division, afin d'être envoyé en Algérie pour « démobilisation éventuelle ». L'ordre ne l'atteignit jamais. Le 4 février 1944, le général de Monsabert rendait compte, en effet, que Carré était : « mort en héros à la tête de ses hommes, au cours d'une bataille acharnée, livrée ardemment pour la libération de la patrie. Je joins d'ailleurs, ajoutait-il, à ce dossier en retour, le double du motif de proposition pour chevalier de la Légion d'honneur établi pour le capitaine Carré [3]. »

Se serait-on comporté différemment avec Darnand qu'avec Carré ?

C'est infiniment douteux.

---

1. Or, depuis le 11 novembre il n'existe plus de zone libre.
2. Darnand avait toujours été soutenu par l'amiral Darlan.
3. Lerecouvreux (*Résurrection de l'armée française*), qui cite l'exemple du capitaine Carré, précise que l'armée avait retardé volontairement la transmission de la note de service, mais que de « hautes instances agirent, en particulier, dit-on, celle de M. Le Troquer, commissaire à la Guerre et à l'Air ».

Il ne s'agit pas seulement de souhaiter ouvrir une porte. Il importe que d'autres, estimant qu'il est trop tard, n'entendent pas la tenir fermée.

Le débarquement en Afrique du Nord ne sera pas d'ailleurs pour Darnand — qui se trouve à Vichy et non à Alger — occasion de retournement, mais bien de nouvelle escalade.

Le 18 novembre, il a démissionné de son poste de délégué permanent à la Légion française des combattants auprès du chef de gouvernement et de son poste de commissaire général au SOL. Il dit « avoir perdu l'espoir de voir jouer au SOL le rôle auquel [il] le croyai[t] destiné dans l'esprit du chef de l'État comme dans le [sien] : la réalisation de la Révolution nationale ».

Trois jours plus tard — le 21 —, ayant repris sa démission et, sans doute, retrouvé l'espoir, il lance un violent appel radiodiffusé en faveur de cette Légion impériale, désirée par Abetz, et qui doit être engagée en Tunisie aux côtés des Allemands.

> … Mon cœur n'a jamais battu que pour mon pays… J'accepte aujourd'hui l'idée de voir, côte à côte, Français sous leur drapeau et leurs armes et Allemands sous leur drapeau et leurs armes frapper le même ennemi…

Darnand ira plus loin encore. Toujours plus loin. Après avoir affirmé — dans une déclaration à l'hebdomadaire *La Gerbe*[1] — qu'à Oran 3 000 SOL s'étaient battus contre les Anglo-Américains, ce qui est faux, et avoir ajouté : « Nous pousserons de toutes nos forces à l'alliance avec l'Allemagne, au combat avec l'Allemagne », voici qu'il donnera *par radio*, le 28 avril, l'investiture milicienne aux SOL d'Afrique du Nord.

> SOL D'AFRIQUE DU NORD, GARDE À VOUS.
>
> Dans l'Empire envahi, comme sur le sol de France dévasté par la défaite, le Chef a appelé à lui ceux qui sont prêts à payer de leur sacrifice la rançon de la patrie.
>
> Vous avez répondu « présents ». Vous vous estimez dignes d'entrer dans la chevalerie des temps nouveaux. Vous allez consentir à la patrie le don total de vos âmes et de vos vies.
>
> Admis à l'honneur de servir, vous devez mesurer l'étendue des devoirs auxquels votre serment vous astreint, et des vertus que le Chef exige de vous.
>
> Êtes-vous prêts, à tout moment et en tout lieu, à obéir au Chef sans discussion et sans réserve ?

Combien l'écoutent et sont désireux de lui obéir dans cette Afrique du Nord où, si la Légion des combattants et le SOL ne sont pas encore officiellement traqués, ces deux organisations se mettent prudemment en sommeil ?

Et dans cette Tunisie, occupée par les Allemands, où l'effectif SOL

1. Numéro du 19 novembre 1942.

représentait, le 8 novembre, exactement 650 hommes « encadrés, non habillés pour la plupart, sans formation politique suffisante » de l'aveu même de l'inspecteur provincial Lacomme[1] ? 650 hommes qui doivent évoluer au milieu d'« attentistes amorphes[2] » ou de sympathisants gaullistes ?

Lorsque, le 28 avril, Darnand s'adresse aux SOL de Tunisie, il y a quatre mois déjà que la Milice existe.

Qui l'a souhaitée, inspirée, patronnée ? Et qui la dirige ?

Laval, lors de son interrogatoire, le 23 août 1945, affirmera : « La Milice m'a été imposée parce que j'étais jugé trop faible dans la répression. » Il est bien exact, on le lira à la fin de l'année 1943 sous la plume du Dr Hemmen écrivant à Ribbentrop, il est bien exact que les Allemands estimeront un jour que Laval se comporte en « spectateur passif » face à l'aggravation du désordre intérieur.

Mais, en janvier 1943, alors que nul ne parle des maquis, les choses ne sont pas si claires. Et l'on trouve sous la plume de Marcel Déat, le 23 novembre 1942, c'est-à-dire *avant la rencontre Hitler-Laval du 19 décembre*, cette notation qui me paraît régler bien des problèmes de recherche en paternité :

> Laval [m']affirme sa volonté expresse de constituer la force civique qui lui donnera la maîtrise contre toutes les oppositions. Il n'en est encore qu'à une esquisse de projet, mais il songe à une *Milice française* étendue aux deux zones. Il avoue qu'il pense à Darnand comme secrétaire général.[3]

Lit-on plus avant le journal de Déat, on s'aperçoit toutefois que Laval, s'il est bien partisan de la création d'une Milice, la conçoit moins dynamique, moins politiquement et militairement engagée que ne la souhaiterait Déat dont le Rassemblement national populaire a échoué, et qui, dans la dérisoire et féroce guerre que se livrent les chefs des partis de la collaboration, est, plus qu'un autre, affamé de ces troupes qui sont le marchepied du pouvoir. « Ses vues [celles de Laval], écrit Déat le 5 décembre, sont, par ailleurs, inquiétantes sur la Milice, etc. De sorte qu'on a l'impression qu'il est passé au camp attentiste avec le Maréchal et qu'il médite d'obtenir des pouvoirs contre ses meilleurs amis, à moins qu'il ne cherche une porte de sortie et un terrain de chute. »

1. Cependant, les SOL de Tunisie ont reçu, le 9 novembre, quelques armes distribuées par les autorités de Vichy : essentiellement fusils et fusils-mitrailleurs. On leur attribuera la surveillance des plages de Saint-Germain et de Rades, de même que la défense du secteur principal du chenal maritime de la Goulette et celle du poste de Tunis-National. Après l'arrivée des Allemands, les SOL participeront non seulement à la garde de dépôts menacés de pillage et aux opérations de secours aux victimes des bombardements, mais encore à certaines opérations de service d'ordre menées en commun avec les Allemands (rapport inédit de l'inspecteur provincial Lacomme).

2. Rapport Lacomme.

3. *Cf.* Raymond Tournoux, *Le Royaume d'Otto*.

S'il est vrai que Hitler exige de Laval, le 19 décembre 1942, la création d'une formation — quel mot a-t-il employé, nous l'ignorerons toujours — susceptible d'« aider » la police française, il n'en est pas moins vrai que Laval se préoccupe, de son côté, depuis la dissolution de l'armée de l'armistice, de mettre sur pied une force paramilitaire [1] et qu'il s'inquiète de l'extension possible à l'ancienne zone non occupée, du PPF de Doriot, comme il s'irrite des ambitions non dissimulées de Déat qui rêve toujours d'un parti unique dont il serait l'unique chef.

René Bousquet, ancien secrétaire général au ministère de l'Intérieur, préparant depuis la prison de Fresnes [2] des notes à l'intention de Laval, qui accumule les documents nécessaires à sa défense, lui écrira ceci qui, en 1943, n'aurait pas semblé évident aux Français ignorant les sourdes querelles qui opposeront bientôt la Milice à Laval.

> La création de la Milice, exigée par les Allemands — et dont l'organisation intérieure était exactement celle du SOL —, avait cet avantage de vous permettre une action de neutralisation à l'égard d'un groupement qui était d'autant plus dangereux qu'il permettait aux Allemands de prolonger en zone libre leur action de zone occupée et de le faire sous couvert d'un groupement officiellement créé et patronné par le Maréchal [3].

Cette Milice, plus ou moins explicitement demandée par Hitler, voulue par Laval, mais qui est également dans la logique de l'activité passée de Darnand *comme dans la logique des événements*, sera effectivement patronnée par le maréchal Pétain.

C'est lui qui, le 5 janvier 1943, annonce sa naissance aux chefs de la Légion des combattants réunis à Vichy.

Son discours mérite d'être lu avec d'autant plus d'attention que Pétain, indifférent lors de la création du Service d'ordre légionnaire, prend cette fois nettement position.

Le Maréchal engage en effet la Milice aux côtés de la police, dans une action *qui ne saurait être que de répression*, même si, pas plus qu'aucun de ceux qui l'écoutent, il ne peut imaginer la forme que prendra cette répression.

---

1. Bousquet mettra au premier rang de ces forces paramilitaires les GMR (Groupes mobiles de réserve) dont il écrira qu'on leur donnait une éducation « uniquement militaire » et qu'il avait tenté, jusqu'à l'instant où il sera arrêté par les Allemands, qu'ils s'interposent entre maquis et troupes d'occupation.

L'action des GMR contre le maquis variera en réalité suivant les unités, c'est-à-dire suivant les chefs qui les commandent, mais aussi suivant la composition politique des maquis contre lesquels ils se trouveront engagés. Ils se montreront plus offensifs face à des maquis communistes que face à des maquis dépendant de l'Armée secrète.

2. Bousquet écrira également : « J'ai eu à me plaindre de Darnand et des siens. Si je suis en vie, ce n'est point de leur faute. Mais je ne suis ni haineux ni vindicatif, surtout lorsqu'il s'agit de gens malheureux. Lorsque Darnand est arrivé à la Section spéciale et alors que tout le monde lui tournait le dos, j'ai fait et j'ai été à son égard ce que je devais être, sans songer au passé. »

3. Hoover Institute, *La Vie de la France sous l'Occupation*, p. 1572.

La Légion doit rester le meilleur instrument de la Révolution nationale.

Les SOL [Service d'ordre légionnaire], en militant aux premiers rangs de la Légion, m'ont donné le témoignage de leur dévouement et de leur dynamisme. En versant leur sang pour la Patrie, les SOL de l'Afrique du Nord m'ont prouvé que leur fidélité les rendait capables d'aller jusqu'au sacrifice suprême.

Aujourd'hui, avec la police, *ils restent la seule force organisée susceptible de maintenir l'ordre. S'ils n'existaient pas, la raison commanderait de les créer pour barrer la route aux forces occultes et mauvaises qui cherchent à nous anéantir*[1].

C'est pourquoi j'ai pris les décisions dont je vais vous donner connaissance.

Les SOL sont la force jeune et dynamique de la Légion.

Ils doivent être à l'avant-garde du maintien de l'ordre à l'intérieur du territoire français, en accord avec les forces de police[1].

Pour faciliter leur tâche, j'estime qu'il leur faut une certaine autonomie.

C'est pourquoi, *sous les ordres de leur chef national Darnand, ils dépendront désormais du chef du gouvernement sous la forme de Milice nationale*[1].

Chefs Légionnaires et Chefs SOL, vous êtes et restez mes soldats. Je compte sur vous pour que cette transformation s'effectue dans l'esprit de camaraderie légionnaire qui vous a tous rassemblés derrière moi et dont je vous demande de rester tous imprégnés.

En neuf paragraphes, l'essentiel est dit et les mots importants, ceux qui vont engager l'avenir, sont prononcés. D'une Légion déjà démographiquement affaiblie et seulement attachée à quelques règles cérémonielles, Pétain en appelle, pour « le maintien de l'ordre » — les mots sont bien prononcés et, en janvier 1943, on ne peut se tromper totalement sur leur signification —, à un Service d'ordre légionnaire virilisé, dynamisé, dès l'instant où, conquérant son autonomie, il deviendra Milice sous les ordres de Joseph Darnand et l'autorité lointaine et discutée de Pierre Laval.

Tout va ensuite très vite. Le 31 janvier paraît au *Journal officiel* la loi qui annonce la création de la Milice.

Article 1. — La Milice « groupe des Français résolus à prendre une part active au redressement politique, social, économique, intellectuel et moral de la France ».

N'est-ce pas anodin ? Qui refuserait de prendre part au « redressement de la France » ? Mais voici l'article 2 des statuts qui sont annexés à la loi : « La Milice française est composée de volontaires moralement prêts et physiquement aptes, non seulement à soutenir l'État nouveau par leur action, mais aussi à concourir au maintien de l'ordre. »

La vague adhésion morale et patriotique se transforme ainsi en un engagement politique et militant très précis.

Pour appartenir à la Milice, il faut être français de naissance, ne pas être juif (on est tenté d'écrire « bien sûr », mais il arrivera qu'une juive naïve

1. Je souligne intentionnellement.

vienne solliciter un poste de secrétaire !), n'adhérer à aucune société secrète, être volontaire et agréé par le chef départemental. Agrément qui sera accordé trop souvent à tort et à travers.

La note d'orientation adressée aux journaux de l'ex-zone non occupée leur demande de souligner, puisque l'inspiration fait parfois défaut aux journalistes, « le pas nouveau et important accompli par la révolution nationale, du fait de la création de la Milice française… On précisera que le rôle de la Milice française, s'il doit être la défense de la révolution nationale contre ses adversaires, et notamment contre le bolchevisme, sera, en même temps, profondément social et s'exercera simultanément contre le communisme et la ploutocratie. »

Dans la matinée du samedi 30 janvier[1] a lieu, à l'hôtel Thermal de Vichy, la séance qui marque officiellement la naissance de la Milice. A l'arrivée du chef du gouvernement, tous les miliciens, au garde-à-vous, entonnent le refrain du *Chant des cohortes*, qui était le chant du SOL.

Refrain que Laval écoute debout, mais sans paralysie patriotique du corps, en homme qui, tout au long de son existence politique, a entendu de si nombreux hymnes qu'il est blasé sur la portée des grands mots.

A genoux, nous fîmes le serment,
Miliciens, de mourir en chantant
S'il le faut pour la nouvelle France.
Amoureux de gloire et de grandeur,
Tous unis par la même ferveur,
Nous jurons de refaire la France :
A genoux, nous fîmes ce serment.

Darnand prend ensuite la parole. Pour un homme qui n'écrit guère et qui pense bref, son discours représente un discours fleuve[2] : 559 lignes dans la brochure qu'éditera la Milice.

Pas une seule fois, il est nécessaire de le signaler, il ne prononcera le mot « collaboration », non plus que le mot « allemand », ni même ce nom de « Montoire », classique de la plupart des interventions de l'époque, et il fera seulement une brève allusion « à l'indépendance d'action laissée par le vainqueur [jusqu'au 11 novembre 1942] à la partie non occupée du territoire », avant d'évoquer « les positions politiques, on ne peut plus nettes, que [les SOL ont] prises sur le plan extérieur ». Son propos a pour but premier d'expliquer qu'à un moment où les directives gouvernementales sont soit trahies, soit incomprises, la Légion des combattants était devenue incapable de suivre le SOL qui, « par la netteté de son attitude et le dynamisme de ses jeunes adhérents, s'était placé en situation d'avant-garde ».

Périt le SOL dépendant. De ses cendres naît immédiatement la Milice

1. Et non le dimanche 31 janvier, comme l'écrit Delperrié de Bayac.
2. Il est vrai que le discours est l'œuvre de Noël de Tisot et de Francis Bout-de-l'An.

autonome qui aura « une mission de haute portée politique à accomplir ». Sur cette mission, Joseph Darnand se montrera intarissable puisque, à l'entendre, elle vise tous les secteurs de l'activité nationale... y compris les arts et les lettres.

Est-ce parce qu'il parle en présence d'Abel Bonnard, ministre secrétaire d'État à l'Éducation nationale, Darnand, qui certes n'est pas un sot, mais qui a peu de préoccupations intellectuelles, préfère la compagnie des copains et des filles sans problèmes à celle des philosophes, les repas bien composés et bien arrosés à l'ascèse, va se lancer dans une étonnante description de « la révolution intellectuelle et morale », à laquelle la Milice entend attacher son nom.

L'œuvre « d'assainissement et de rénovation » se fera — on s'en serait douté — en débarrassant, « au besoin par la violence, notre théâtre, nos livres et nos cinémas de la tutelle avilissante de la juiverie ». Sans doute le thème était-il « à la mode » après une défaite dont trop d'auteurs sans public et de moralisateurs à œillères recherchaient les causes dans une littérature « décadente », qui nous paraît bien conventionnelle aujourd'hui, mais on s'étonnera de le voir amplement développé par Darnand.

Il est plus à son aise dans son réquisitoire contre le marché noir. Nous sommes le 30 janvier 1943, il ne faut jamais l'oublier. Si l'on sent monter la guerre civile, comme l'on sent monter l'orage, il est à peine question de « réfractaires » (Darnand n'en dit pas un mot), pas encore — dans l'ex-zone non occupée — de « terroristes ». Alors, haro sur le marché noir.

> La Milice française, déclare Darnand, s'attaquera à la misère et à la famine, conséquences de la défaite. Les jeunes miliciens et les femmes de miliciens collaboreront au fonctionnement et au service des restaurants communautaires. La Milice secourra les populations sinistrées... Mais, surtout, la Milice réprimera les actions frauduleuses du marché noir. Elle n'hésitera pas, pour peu que le gouvernement lui laisse certaines initiatives, à frapper avec discernement les malfaiteurs que leur adresse ou leur ruse, jointe à certaines complaisances, mettent trop souvent à l'abri.

Pendant trois ou quatre mois, les bulletins d'information intérieure de la Milice et l'hebdomadaire *Combats* accorderont effectivement une très large place aux résultats de la chasse aux trafiquants. Ils évoqueront la saisie, à l'hôtel Renaissance de Lyon, de haricots secs, de pâtes et d'œufs ; à Valence, de plusieurs agneaux ; à Montpellier, de 2 500 kilos de sel de cuisine au terme d'une opération conduite par une trentaine de miliciens ; près de Toulouse, d'un veau fraîchement abattu et d'une vache qui attendait de l'être ; à Annemasse, de cerises ; à Nice, chez un juif, de 40 kilos de sucre, 125 paquets de biscottes et 3 kilos de café.

Le 30 janvier, Joseph Darnand, annonçant que la Franc-Garde, composée d'hommes de 18 à 45 ans, en uniforme et unités hiérarchisées, constituerait, en quelque sorte, le fer de lance de la Milice, ajoute :

> La Franc-Garde pourra même, d'accord avec les représentants du pouvoir central, monter certaines opérations visant à châtier publiquement les fauteurs de scandales. C'est ainsi, par exemple, que les fidèles clients des restaurants les plus connus du marché noir se verraient brusquement expulsés par un détachement de la Franc-Garde, lequel procéderait ensuite à la distribution dans les quartiers les plus pauvres des denrées saisies.

Et, dans les quotidiens, on verra[1] des photos représentant « le banc de la Milice » sur lequel des marchandises saisies sont vendues au prix de la taxe, tandis que Knipping, chef de la Milice pour les Bouches-du-Rhône, déclarera, au début de juin 1943 encore, que l'activité de la Milice « est *essentiellement* dirigée contre le marché noir, cette plaie que la France porte au flanc ».

Se faisant l'écho de multiples initiatives miliciennes, *Combats* racontera, par exemple[2], que, dans la commune de Milles, près d'Aix-en-Provence, les francs-gardes ont arrêté cinq trafiquants de viande. Après avoir chargé sur un camion viande (deux bœufs et deux vaches) et délinquants, les miliciens ont gagné leur permanence de la rue Chappe.

> La viande fut alors découpée en parts d'environ un kilo et, l'après-midi même, deux trentaines en uniforme partirent avec deux camions la distribuer dans le quartier de Belle-de-Mai, habité surtout par des familles nécessiteuses. Plus de 3 500 familles reçurent ainsi leur part et, malgré l'énorme affluence du public autour des camions, aucun incident ne se produisit.

Une affiche a été apposée sur la bâche des véhicules. Elle dit : « Cette marchandise a été saisie au marché noir par la Milice française. Elle est distribuée gratuitement à la population. »

Que l'on ne s'y trompe surtout pas. Au cours de ces mois d'avril, mai, juin et juillet, où la guerre civile n'a pas pris son rythme haletant, la Milice ne se contente cependant pas d'intervention contre le marché noir.

Pas encore de ces représailles qui commenceront avec l'assassinat, à Lyon, du Dr Long, mais la multiplication d'actions moins innocentes que la confiscation de marchandises, actions qui exaspèrent une partie de la population et sont considérées comme des provocations par les résistants.

Presque dès sa naissance, la Légion des combattants avait irrité bien des préfets et des maires par sa prétention à se mêler d'un peu trop près d'un peu de tout. Mais ces anciens combattants quinquagénaires et conformistes pouvaient, assez aisément, se voir rappelés au respect des hiérarchies traditionnelles.

Les responsables du SOL, qui avaient pour eux et contre eux leur jeunesse, avaient immédiatement souhaité aller plus loin que leurs aînés.

---

1. Surtout en 1944 et à partir du moment où la Milice sera autorisée en zone nord.
2. Numéro du 31 juillet 1943.

Les occupations de synagogues ne leur faisaient pas peur, non plus que les perquisitions chez les juifs ou chez les suspects de gaullisme.

Le 2 mai 1942, dans le bassin qui orne la place de la mairie d'Annecy, ils avaient infligé une baignade forcée au comte François de Menthon, professeur agrégé à la faculté de droit de Lyon et surtout opposant déclaré.

La « baignade » d'Annecy n'est rien si l'on songe à tant d'autres baignades qui, dans les caves de la Gestapo, se révéleront parfois mortelles. Elle n'a d'importance que dans la mesure où, cinq SOL ayant été inculpés, Darnand, alors conseiller national, *juge au Tribunal d'État* et inspecteur général des services d'ordre légionnaires, « couvrira » « ses » SOL qui sont, déclare-t-il, lorsqu'il est entendu sur commission rogatoire, « seuls juges pour apprécier les méthodes à employer contre les gaullistes trop voyants », étant entendu toutefois « que les pouvoirs reconnus aux SOL ne vont pas au-delà des simples violences ! »[1]...

Comment les miliciens pourraient-ils se montrer moins entreprenants et moins violents que les membres du SOL ?

Découvrent-ils, en Saône-et-Loire, un terrain d'atterrissage sur lequel, le 7 mars, s'est posé un bimoteur de la Royal Air Force, ils le rendent inutilisable ; apprennent-ils que l'ex-maire de Saint-Mamert-du-Gard, « porte-drapeau SFIO et gaulliste impénitent » vient d'être nommé juge de paix suppléant du canton, ils interviennent pour qu'il soit révoqué ; l'un des leurs est-il blessé à Toulouse[2] par un juif, ils se précipitent dans la synagogue de la ville et appréhendent les 11 Israélites présents.

Ils font plus. Dès le mois d'avril, ils se félicitent d'avoir, « grâce à une équipe spécialisée », mis la main « sur une cellule communiste complète et [sur] une équipe de FTP qui s'étaient déjà rendus coupables d'attentats à la bombe » dans le Rhône.

Et c'est dans *Combats* du 15 mai, après le récit d'une expédition anticommuniste réussie, que l'on trouve ces mots : « L'affaire ayant été remise entre les mains de la police, on peut espérer que les milieux communistes et gaullistes seront prochainement décimés par de nouvelles arrestations. »

Darnand l'a dit au cours de son discours du 30 janvier : le véritable danger est bolchevique.

> Les menaces qui pèsent sur le pays se multiplient et s'aggravent.
> L'incertitude des batailles [Stalingrad va tomber dans quelques heures] encourage les communistes, qui n'ont pas cessé de poursuivre leur rêve de révolution mondiale.

1. Laval interviendra auprès du garde des Sceaux Joseph Barthélemy pour qu'il renonce à poursuivre les miliciens inculpés. *Cf.* Delperrié de Bayac, *Histoire de la Milice*, p. 141 et suiv.
2. Il s'agit de Louis Mas, qui décédera en septembre des suites de ses blessures.

IL SERAIT VAIN DE DÉNOMBRER TOUTES LES CAUSES DE TROUBLES ET DE DÉSORDRE. UN DANGER DOMINE TOUS LES AUTRES : LE BOLCHEVISME.

Telle est sa conclusion. Et, dans la brochure éditée par la Milice, les mots de la conclusion sont imprimés en capitales, ce qui signifie vraisemblablement qu'avant de les prononcer Darnand, si peu orateur et qui n'a la voix ni de son aventure ni de son personnage, a haussé le ton pour arracher des applaudissements qui ne demandaient qu'à se déchaîner.

On remarquera toutefois que, dans les discours de Darnand, comme dans les propos des chefs de la Milice, « péril » communiste et « péril » gaulliste, « agents à la solde de Moscou » et « agents à la solde de Londres » sont souvent mis en parallèle.

Les théoriciens de la Milice finissent d'ailleurs par établir comme une « complicité de sang [1] » entre gaullistes et communistes.

A leurs yeux, et depuis la guerre germano-soviétique, les premiers résistants, ceux des réseaux, des petits journaux clandestins, des armes dissimulées, ont été infiltrés et séduits par les communistes pour qui l'important est d'ouvrir le cycle attentats/représailles, afin qu'acclimatés bientôt à l'horreur, les Français passent de la résignation à l'indignation, de l'indignation à la participation militante. Mais, malgré tout, c'est bien le communisme qui, idéologiquement, demeure l'ennemi n° 1 de la Milice.

S'il en allait autrement, on ne comprendrait pas l'attitude d'un homme comme Jean de Bassompierre. Lieutenant dans l'armée des Alpes au moment de l'armistice, il partage sa dernière solde avec ses hommes et leur dit :

— Certains d'entre vous vont rentrer en zone occupée. Ils vont souffrir. Il faudra penser à eux. Il ne faudra pas avoir peur de regarder l'occupant en face, car nous ne sommes pas battus. Nous n'avons seulement pas su aimer la France. J'emploierai toute ma vie à préparer la revanche.

Homme de droite, Bassompierre aurait pu tout naturellement rejoindre la Résistance en compagnie d'autres hommes de droite : Bénouville, Brault, Frenay, d'Estienne d'Orves, des milliers d'autres.

Mais c'est bien « parce qu'il a toujours été anticommuniste », parce qu'il veut protéger la France « et le vieux continent contre les nouveaux barbares venus d'Asie » qu'il se retrouvera sur le plan incliné, qui, du SOL, le conduira à l'éphémère Légion tricolore, puis à la Milice, à la Waffen SS, au poteau d'exécution enfin.

Il en fera un jour l'aveu : « Ces deux raisons : lutte antibolchevique,

---

1. Le mot est d'Abellio, *Ma dernière mémoire.* Abellio écrit également : « Entre le maurrassien de Gaulle et les anciens défaitistes de la guerre civile, l'alliance pouvait paraître contre nature, elle n'était ni moins ni plus confusionniste que celle de Roosevelt et de Staline, et nul d'ailleurs ne pourra jamais dire ce que de Gaulle en pensa au plus intime de soi : sous le couvert de la raison d'État, elle était le prix à payer pour "politiser" la Résistance, et de Gaulle, c'est un fait, le paya. »

indépendance de la France dans l'éventualité d'une victoire allemande, *me décident à vaincre mes scrupules*[1] et je m'engage à mon tour dans la phalange des nouveaux croisés. »

Pour remplir une mission qu'il s'est longuement appliqué à définir comme immense, Darnand, « sans demander le pouvoir », n'en réclame pas moins, et à plusieurs reprises, les moyens du pouvoir.

> Monsieur le Président, a-t-il dit en s'adressant à Pierre Laval le 30 janvier, une force s'est levée. Vous en prenez le commandement. Cette force n'a jamais manqué à ses chefs. Elle ne vous manquera pas. Donnez-nous les moyens et vous ne serez pas déçu.

Que va répondre Laval ? 559 lignes, je l'ai dit, pour Darnand. 25 mots pour Laval qui ne fait aucun effort, ni aucun effet oratoire.

> J'accepte sans réserve tout ce que vous venez de me dire. De toute mon âme, je m'efforcerai de vous permettre de servir utilement la France.

Sans doute le chef du gouvernement se montrera-t-il plus prolixe et plus cordial à la fin du déjeuner (frugal) qui suit la manifestation et auquel participent de nombreuses personnalités parmi lesquelles le Dr Ménétrel, chef du secrétariat particulier du Maréchal.

> Je vous ai dit ce matin que j'approuvais sans réserve la déclaration de Darnand et que je m'emploierai de toutes mes forces à vous permettre de bien servir la France. Ce ne sont pas là des paroles vaines. La route que nous avons à accomplir ensemble sera longue et dure. Votre présence à mes côtés, la foi et le dynamisme que vous montrerez dans votre action sont pour moi un réconfort.

Que l'on ne se laisse pas abuser par les mots. Le chef du gouvernement a bien l'intention de contrôler la Milice et d'en limiter, dans toute la mesure du possible, le rôle et l'action. De son côté, la Milice, tout en usant et abusant du patronage de Pétain et de Laval, n'est et ne sera pas dupe.

Bien avant la fin de l'année, on retrouvera ses chefs au nombre de ces acharnés de la collaboration pour qui Laval ne va jamais assez loin. En septembre, Darnand comptera parmi les cinq signataires de cet extravagant « plan de redressement français[2] » qui, adressé secrètement à Hitler, Himmler, et Goebbels, sera, quoi qu'en disent les conjurés, un plan anti-Laval et anti-Bousquet, puisque le secrétaire général au ministère de l'Intérieur, chargé de la police, s'oppose fréquemment aux menées extrémistes des miliciens.

Pas d'illusions donc. Et Darnand n'en a pas. Bout-de-l'An avait

1. Je souligne intentionnellement.
2. *Cf.* ci-dessous, p. 685.

imaginé joindre sur la couverture de la brochure publiée à l'occasion de la manifestation du 30 janvier les portraits du président du Conseil et du secrétaire général de la Milice. « Au-dessous de notre insigne fortement dessiné, les deux photographies croisées, *empiétant l'une sur l'autre, pouvaient symboliser la solidité des accords nouveaux*[1]. »

Quelle naïveté de la part d'un homme qui n'est pas un naïf.

Darnand explose :

— Vous êtes fou ! Le « bougnat » ne tient pas à mon voisinage. Moi non plus.

Les photos paraîtront donc isolées, Laval bénéficiant, comme il se doit, de la place d'honneur.

Réfléchissant, beaucoup plus tard, aux événements de janvier et février 1943, aux longues stations que Darnand devait accomplir dans le bureau de Guérard, secrétaire général du gouvernement, avant d'en ressortir pour se précipiter au micro et lire, dans le cadre de l'émission « La Milice française vous parle... », un texte haché et mutilé, Francis Bout-de-l'An écrira : « Notre entreprise, malgré un optimisme de commande, ne s'annonçait pas très bien. Le point noir était cette subordination — même théorique — à Laval. L'effort — tout relatif et chichement mesuré — du gouvernement ne compensait pas la perte de prestige[2]. »

Préparées activement et hâtivement, les « assemblées constitutives » de la Milice vont avoir lieu le 28 février aux chefs-lieux de tous les départements de l'ex-zone non occupée[3].

« Parfois aimables, la plupart curieux ou réservés, écrira Bout-de-l'An, les préfets sont là. »

Et les Allemands ? Fallait-il les inviter ? Darnand avait répondu par la négative : « Les "chleuhs" nous marqueraient dangereusement. » Sauf à Toulouse où ils s'inviteront, ce qui vaudra un blâme au chef régional Souverain, ils seront donc écartés des manifestations miliciennes. Provisoirement.

Voici donc la Milice « sur les rails ».

Aux applaudissements enthousiastes de Déat et de Maurras, ce dernier voyant loin, identifiant déjà, dans *L'Action française* du 3 mars 1943, la Milice à une « sûre et bonne police », pouvant frapper « d'inhibition toute velléité révolutionnaire et toute tentative d'appuyer les hordes de l'Est ».

Aux applaudissements cette fois infiniment plus modérés, deux ou trois battements de mains, du Maréchal qui, le 29 avril, déclare certes que la Milice doit être investie « en priorité » de tâches comme le « maintien de l'ordre » et la « lutte contre le communisme », mais multiplie cette fois

1. Mémoires inédits de Bout-de-l'An. Je souligne intentionnellement.
2. *Ibidem*.
3. Sauf à Nice, ces assemblées se tiendront à 10 heures.

les conseils de prudence : « Éloignez de votre sein les éléments douteux. Préférez la qualité au nombre… Évitez l'esprit partisan et les représailles inutiles, sources de conflits et de vengeances. » Conseils qui ne seront ni écoutés ni suivis.

Tout au moins au début, il n'y a pas eu de problème de recrutement. En principe, tous les membres du SOL sont automatiquement inscrits à la Milice. Bout-de-l'An affirmera que, de 20 000 SOL[1], les effectifs passeront à 29 000 miliciens avant la fin de 1943. Ce chiffre paraît toutefois quelque peu exagéré même si, au contraire de ce qui se passait au Service d'ordre légionnaire, la Milice est ouverte aux femmes.

Tous les « inscrits » ne sont d'ailleurs pas militants. Et les démissions vont être relativement nombreuses à partir de la fin de l'automne de 1943, lorsque s'accélèrent les attentats contre les miliciens, que débutent les représailles miliciennes, mais également lorsque les échecs allemands en Russie et en Italie ouvrent enfin bien des yeux.

Si l'on néglige ceux qui ont démissionné, ou se sont peureusement mis en sommeil, mais figurent toujours sur les états, ce sont 10 000 à 12 000 hommes qui, pour la zone Sud, représentent la véritable force de la Milice.

Socialement, quelles sont leurs origines ?

A la parution du livre de Delperrié de Bayac consacré à la Milice, un certain nombre d'anciens miliciens, qu'une information poussée et complète ne pouvait satisfaire, à cause du ton général de l'œuvre, devaient laisser paraître leur irritation en prenant connaissance de l'image donnée des cadres de la Milice.

> Une grosse majorité de notables : médecins, avocats, commerçants, notaires, propriétaires, petits industriels. Les châteaux sont fortement et notablement représentés par les chefs de La Rochefoucauld, de Turenne, de Lacaze, de Bourmont, de Vaugelas, de Londaize, de Bernonville, de Saint-Antonin, de Saint-Julien, de Gassowski, de Maugry, de La Noüe du Vair, de Lafaye, de Broche, d'Artencey, de Larivière.
>
> En général, ce ne sont tout de même pas les très grosses fortunes, ni les très grands talents qui se précipitent à la Milice[2].

Suivaient les portraits de soldats courageux dans toutes les guerres, mais également de bourgeois et de nobliaux provinciaux à l'esprit particulièrement étroit. Hommes influencés par la Terreur blanche de 1815, la Commune et l'affaire Dreyfus ; s'imaginant « propriétaires incontestables de leur rang et de leur qualité » ; « issus de la cuisse de Jupiter », ce qui serait sans importance à toute autre époque que celle-là, mais ce qui se révélera dramatique lorsque, « à ces débris de la droite et de l'extrême droite », qui ont toujours « des revanches à prendre », les Allemands

1. Le chiffre officiel est de 17 888.
2. Delperrié de Bayac, *Histoire de la Milice*, p. 175 et suiv.

donneront l'occasion de satisfaire leurs vieilles haines grâce « au sous-prolétariat des hommes de main mis à leur service ».

A ce réquisitoire sur la composition sociale des responsables de la Milice, l'un de ceux qui ont eu d'importantes responsabilités répliquera :

— Pourquoi passer sous silence les paysans, les ouvriers, les artisans, les petits boutiquiers, très nombreux, aussi nombreux que les bourgeois ? Il n'est d'ailleurs pas courant que les bourgeois conservateurs abandonnent leurs pantoufles pour risquer leur peau à longueur de journée. Le coup de pétard dans le dos, la bagarre inégale entre le régulier et le clandestin, c'était là le pain quotidien du milicien…

Qu'en est-il en réalité ?

Dans une étude dépassionnée, consacrée à *La Milice française dans l'Isère*[1], M. Chanal apporte des éléments qui contribuent à une meilleure connaissance de la structure sociale et professionnelle de la Milice. Sans doute ne s'agit-il que d'un seul département mais, avec 226 cas étudiés, ce travail permet une approche convenable du problème. Dans l'Isère, en 1943, et sur les 226 miliciens déjà membres du Service d'ordre légionnaire, 3,54 % sont patrons, 6,63 % commerçants, autant artisans, 8,85 % agriculteurs et ouvriers agricoles, 5,30 % membres des professions libérales, 11,06 % cadres d'entreprise, 18,58 % ouvriers, 13,71 % employés[2].

L'analyse des attentats contre les miliciens, comme l'analyse des procès de la Libération, montrera un spectre social quelque peu différent des légendes, avec toutefois une évidente sous-représentation des agriculteurs et une sur-représentation de la petite et moyenne bourgeoisie provinciale. Alors que la Légion des combattants recrutait partout, la Milice, ne serait-ce que pour des raisons de sécurité, restera avant tout citadine.

A Vichy, Darnand et les siens avaient longtemps vécu à l'hôtel de Lisbonne où ils « faisaient popote ». Ils l'abandonneront pour l'hôtel Moderne qui fait meilleure figure et offre de plus vastes locaux à ces services hérités du SOL, mais qui s'agrandiront sans cesse, qu'il s'agisse du service financier, de la propagande et surtout du Service de sécurité et du 2e Service, respectivement dirigés par Gombert et Degans, qui auront une si lourde et si terrible responsabilité dans les représailles.

Il avait semblé logique d'accorder à la Milice la subvention que recevait le SOL : 20 millions, prélevés sur les 160 millions versés annuel-

1. *Revue d'histoire de la Deuxième Guerre mondiale*, juillet 1982.

2. M. Chanal complétera son étude par une analyse portant, toujours en 1943, sur 100 miliciens ne venant pas du SOL, recrutés donc après la naissance de la Milice. Les proportions sont quelque peu modifiées. Le pourcentage des patrons tombe à 1 %, celui des commerçants à 2 %, celui des ouvriers à 13 %. En revanche, celui des employés passe à 19 % et l'on note une forte progression des étudiants de 5,24 % à 18 %.

lement à la Légion des combattants. C'était ne rien comprendre à ses ambitions.

Immédiatement, la Milice réclame 96, puis 102 millions, essentiellement pour l'entretien de 1 381 francs-gardes. Il ne lui sera accordé que 80 millions qui lui permettront — en novembre 1943 — de rétribuer 978 permanents dont 438 francs-gardes et 540 miliciens dépendant des services de sécurité ou de secrétariat.

Mais ces subventions, très fortement accrues en 1944, ne seront jamais à la mesure des ambitions des uns, des appétits des autres et, dans le désordre de l'été 1944, avant que la Milice ne se serve directement dans les caisses de l'État, il y aura là occasion de nombreux conflits avec l'entourage de Laval[1].

Quelles sommes d'ailleurs, quelles immenses sommes aurait-il fallu à ceux qui prétendaient lutter À LA FOIS, suivant la formule du chef Léon Gaultier[2], contre « les communistes, les gaullistes, les darlanistes, les noguessistes, les catrouxistes, les giraudistes, les juifs, les anarchistes et les antifrançais de toutes sortes... » ? Beaucoup de monde, en vérité !

L'hebdomadaire *Combats*, dont le premier numéro paraît en mai, participera-t-il efficacement à la lutte menée par la Milice ?

Dirigé par Henry Charbonneau, qui ne manque pas de talent mais de doctrine et de moyens financiers, il deviendra très vite un sous-produit de l'ennuyeuse *Gerbe*, d'Alphonse de Châteaubriant. Aussi surprenant que cela puisse paraître, les articles politiques n'y occupent pas toute la place. On en jugera par le sommaire du numéro du 25 décembre.

Le journal se présente sur 6 pages dont 3 consacrées à la littérature et aux arts.

En première page, à côté d'un article important sur la réunion au cours de laquelle Joseph Darnand a réclamé « devant 30 000 Parisiens l'unité face au bolchevisme... », un texte de Jean Ajalbert sur le Goncourt qui, cette année, ne sera pas décerné.

Une nouvelle de Georges Bosch, *La Bohémienne*, la suite des souvenirs de l'acteur Jacques de Féraudy, un conte fantastique d'André Dumont, intitulé, il est vrai, « Noël révolutionnaire » occupent les pages 3 et 4.

La page 5, tout entière, est consacrée à un interminable article sur les idées fascistes qui, d'après l'auteur, Victor Sirot, auraient gagné les pays anglo-saxons, mais c'est en deuxième page que, pour l'historien, se réfugie l'intérêt de l'hebdomadaire.

Sous forme d'échos, de reportages, de rapports d'activité, de rubriques nécrologiques détaillées qui, chaque semaine, à partir du mois d'octobre,

1. A son procès, Darnand dira qu'il touchait une somme mensuelle de 8 000 francs comme secrétaire général de la Milice.
2. Parlant à Lyon le 28 février 1943.

paraissent sous le titre « La Milice en deuil », on trouve là, en effet, des précisions qui rompent avec la monotonie du discours politique ou avec des propos littéraires d'assez médiocre qualité.

Avant le journal, l'insigne.

Darnand avait souhaité « une grenade stylisée », mais, après de nombreuses discussions, le « gamma », troisième lettre de l'alphabet grec, « représentation zodiacale du Bélier, symbole de force et de renouveau », devait l'emporter.

Au musée de Palerme, Maupassant était un jour resté en extase devant un extraordinaire bélier de bronze découvert à Syracuse, « mâle qui semble contenir toute l'animalité du monde… dieu bestial, impur et superbe [1] ».

Je doute que Noël de Tisot, principal responsable du choix du gamma, ait songé à Guy de Maupassant et qu'y songe un seul de ceux qui, quotidiennement, portent le gamma.

Si les francs-gardes, encasernés et rétribués[2], sont seuls en uniforme (chemise kaki, cravate noire, pantalon et blouson bleu foncé), tous les miliciens doivent obligatoirement, et fût-ce sur leur lieu de travail, porter le gamma : blanc sur fond bleu cerclé de rouge pour les miliciens et miliciennes, blanc sur fond noir pour les francs-gardes.

A Saint-Martin-d'Uriage enfin, près de Grenoble, dans le château du chevalier Bayard où, pendant quelques mois après l'armistice, s'étaient réunis, sous la direction de Dunoyer de Segonzac, des hommes de bonne volonté qui, entre le maréchalisme bêtifiant et le gaullisme délirant, cherchaient difficilement une troisième voie, la Milice possède son école de cadres primitivement dirigée par de La Noüe du Vair.

S'il n'était bien réel, on le croirait aisément personnage d'un roman, cet homme poupin et autoritaire, avec son terrible accent acadien, sa science de docteur ès lettres et en philosophie thomiste, ses leçons passionnées données à la lueur des feux de camp et qui s'achèvent par le salut au drapeau… aux drapeaux, faudrait-il écrire, puisque le fanion frappé aux armes des du Vair flotte toujours, en compagnie de nombreux drapeaux tricolores, sur la plus haute tour.

Venu en 1939 du Canada pour servir la France, du Vair, catholique fervent, qui, chaque matin, assistait à la messe accompagné de ses six enfants, parlait si bien et si longuement de ces colons chantant l'*Ave Maris Stella* le long des côtes d'Amérique que l'*Ave Maris Stella* clôturera, si l'on en croit Bout-de-L'An, les stages miliciens. Stages réunissant, pour 21 jours, une trentaine de jeunes hommes à qui du Vair, maurrassien de formation comme ceux, de Vaugelas, puis Giaume, qui lui succéderont,

1. *La Vie errante.*
2. Il existe également des francs-gardes bénévoles : miliciens en âge de porter les armes et mobilisables après un bref préavis.

fait étudier Proud'hon, Renan, de Maistre, Bonald, Gobineau, Maurras... ainsi que les méthodes de la propagande communiste. Et que la pratique du combat de rues...

« N'étant pas niçois, ni ancien de la Cagoule, ni ancien du corps franc du 24e bataillon de chasseurs alpins », écrira plaisamment Delperrié de Bayac ; entretenant une correspondance politique avec le comte de Paris ; constituant, aux yeux des chefs de la Milice, une féodalité que chaque promotion enrichissait de nouveaux vassaux ; menaçant ou soupçonné de menacer Darnand qui avait une position dominante mais peu de philosophie, de La Noüe du Vair sera finalement assiégé par les fidèles du Chef et chassé de son château au terme d'un rocambolesque assaut.

Fin ubuesque pour un personnage sortant de l'ordinaire[1].

Insigne. Uniformes. Écoles de cadres où l'on enseigne le combat de rues. Et les armes ?

Un chef de centaine[2] de Périgueux, Philippe B., interrogé sur son activité immédiatement après la Libération, affirmera :

— Mon travail consistait à affecter les nouveaux membres aux unités précédemment créées. Ces unités comprenaient des mains (5 hommes), des dizaines et des trentaines. Au cas où leur intervention serait nécessaire, un plan de rassemblement rapide était étudié prévoyant pour chaque unité un point de rassemblement, ainsi qu'un itinéraire pour lui permettre de se regrouper avec l'unité supérieure. Il avait été prévu que ce plan serait remis sous enveloppe cachetée à chaque chef de trentaine qui ne devait l'ouvrir que sur ordre ; il n'a jamais été achevé ni mis sur pied. Le combat de rues a fait l'objet de trois réunions au cours desquelles j'ai développé les notions contenues dans une brochure éditée par le ministère de la Guerre. Ces notions ont été partiellement appliquées à titre d'entraînement au cours d'une sortie faite aux environs de Périgueux, un dimanche matin, en mai ou juin 1943. Ce fut la seule sortie exécutée[3]...

Au cours de cette sortie, les miliciens périgourdins ne disposaient pas d'armes. Et le chef Rouchouze, qui à l'hôtel Moderne de Vichy dirige « le service de réception de la Milice », a dû attendre le mois d'avril avant de pouvoir mettre autre chose que du papier journal dans son étui à revolver.

Pas d'armes à la Milice ? Plus exactement peu d'armes dans les premiers mois de 1943. Et uniquement des revolvers.

Dans l'Isère, une douzaine de miliciens solliciteront en février un permis de port d'armes, chiffre qui sera porté à 30 en septembre, puis à

1. Du Vair disparaîtra en Allemagne à la fin de la guerre.
2. La centaine est formée de trois trentaines et d'une dizaine de commandement.
3. Inédit. Philippe B. sera condamné à un an de prison.

165 en mai 1944, ce qui montre bien l'évolution de la situation. Il est vrai qu'en mai 1944 les francs-gardes seront armés de mitraillettes Sten, de fusils-mitrailleurs français et de fusils anglais[1]. Nous n'en sommes pas là. Et si en juin 1943, au centre de la Milice de Marseille, « des francs-gardes s'exercent au tir[2] », ils le font avec des armes de poing, comme c'est à l'aide d'armes de poing que se défendent parfois des miliciens attaqués, à l'exemple de Louis Bordes, délégué cantonal à la propagande sociale du Maréchal pour le canton de Villefranche-de-Lonchat, en Dordogne. Et milicien.

Le 20 mai 1943, à 23 h 30, deux hommes frappent à sa porte. Ils disent avoir appris que Bordes cherche un domestique. Comme Mme Bordes — sans ouvrir — répond que l'heure est bien trop tardive pour se présenter, et que, d'ailleurs, il n'y a pas d'embauche, les deux hommes sollicitent un verre de vin blanc. Ils viennent de loin. Ils sont assoiffés. Quand Bordes, excédé et méfiant, ouvre avec précaution la porte, il est muni d'un pistolet et se trouve en face de deux hommes masqués et armés qui lui intiment l'ordre de lever les mains, ce qui déclenche immédiatement une fusillade au cours de laquelle l'un des agresseurs — Gabriel Gabrielli, maçon italien, père de 4 enfants — est tué, cependant que son fils, Walter, qui n'a que 16 ans, réussit à s'enfuir[3].

Si un certain nombre de miliciens qui s'estiment menacés bénéficient d'un port d'armes, il n'en demeure pas moins vrai que la multiplication des attentats contre les miliciens précipitera bientôt la demande d'armes *pour la défense, mais aussi pour la vengeance.*

Et Darnand les réclamera aux Allemands puisque Laval les lui refuse.

1. Les munitions pour ces armes sont mesurées strictement. Par exemple, en Drôme-Ardèche, les possesseurs de mitraillettes (chefs de dizaine ou de trentaine) ne disposent que de 2 chargeurs, les possesseurs de fusils que de 50 cartouches.

2. *Combats*, 19 juin 1943.

3. Gabrielli était muni d'un revolver à barillet du type 1892, avec lequel il a tiré trois balles. Il ne connaissait pas Louis Bordes, et l'on devait trouver dans sa poche un plan permettant d'arriver jusqu'au domicile de la victime désignée. Au cours des recherches entreprises immédiatement, deux gendarmes allaient être blessés (Flahant : balles à la mâchoire et au poumon ; Debon : balles à la hanche et aux mains) par des coups de feu tirés vraisemblablement par un cultivateur de nationalité espagnole, Joseph F., qu'ils avaient trouvé en compagnie du jeune Gabrielli, mais ne purent arrêter. Documents inédits.

Dans les semaines qui suivront, les miliciens et les francs-gardes de Sainte-Foy-la-Grande organiseront un tour de garde chez Bordes, dont la vie est évidemment menacée.

9

APRÈS LE DIXIÈME MORT

En juillet 1943, la Milice n'est encore responsable d'aucun crime.

Mais, déjà, trois miliciens ont été assassinés.

Paul de Gassowski le premier, le 24 avril. Et, de ce mort, la Milice, immédiatement, fait un symbole. L'enfant que porte Mme de Gassowski deviendra « l'enfant de la Milice ». Il y aura une promotion Paul de Gassowski. Et, lorsque les miliciens prêtent serment à Uriage, son nom ouvre la liste, chaque mois plus longue, des morts.

Le stade surplombe la vallée… Le vent arrive chargé de la fraîcheur des neiges. Un feu s'allume au pied de l'immense mât de pavillon. Les sections s'alignent, s'immobilisent dans un garde-à-vous poignant. La veillée des souvenirs commence.

Une voix monte, calme dans le silence des alentours et les paroles qu'elle prononce redisent nos malheurs et nos sacrifices. De temps en temps, elle se tait pour laisser place à la méditation. Le vent s'est arrêté ; il n'est pas d'autres lueurs dans ce pays de montagne que celle du feu qui éclaire le drapeau que l'on vient de hisser. Un silence plus grand. Puis la voix reprend, appelle :

— *Gassowski !*

Les hommes se sont redressés. On les dirait changés en pierre tant leur immobilité est totale. Et l'on ne sait si c'est leur bouche ou celle du premier milicien assassiné qui répond : *Présent !*[1]

Après Paul de Gassowski, Jean Bouysson, chef régional de la propagande des Bouches-du-Rhône, tombe le 29 mai, puis Henri Burgat, âgé de 17 ans, est assassiné à Grenoble, le 25 juin, dans le hall de l'hôtel que possède sa mère[2].

Lors des enterrements de Gassowski, de Bouysson, de Burgat, le canevas du discours prononcé est identique : « Martyr milicien, X prend

1. Claude Maubourguet, *Je suis partout*, 10 décembre 1943.

2. Henri Burgat appartenait à l'avant-garde milicienne mais, selon toute vraisemblance, c'est son frère aîné Louis, absent de Grenoble ce jour-là, qui était visé.

place parmi ceux qui réclament vengeance. Nous saurons ne pas faillir à notre devoir. »

Pour l'instant, toutefois, ces vengeances demeurent verbales, et l'irritation et l'excitation grandissent chez des hommes qui ne comptabilisent pas seulement des tués mais également des blessés, qui reçoivent, on le sait, de fréquentes menaces de mort et sont désormais prisonniers d'une hostilité populaire qui se referme sur eux comme sur tous les autres collaborateurs.

Alors, des armes — et non seulement quelques misérables revolvers —, puisque l'État français n'en donne pas, pourquoi ne pas en demander aux Allemands ? Si l'on se trouve menacé, visé, blessé, tué, n'est-ce pas essentiellement pour « crime » d'antibolchevisme, c'est-à-dire de communauté de pensée avec cette armée allemande qui se bat à l'Est ? La tentation est grande d'aller quêter auprès des Allemands ce que Vichy refuse… en se réfugiant d'ailleurs derrière des interdits allemands. Et certains : Joseph Lécussan à Lyon, Max Knipping à Marseille, y cèdent. Comment Darnand pourrait-il admettre qu'en dehors de lui se nouent des contacts entre le SD allemand et la Milice naissante ? Alors, une fois encore, Darnand se tourne vers Laval.

En avril, il avait essuyé un refus. Laval — chef suprême de la Milice — désirait des partisans, des militants, des propagandistes. Il ne souhaitait pas armer des hommes dont les antécédents lui étaient connus et dont il estimait que les ripostes violentes, bien loin de l'apaiser, attiseraient la guerre civile. En juillet, la position de Laval n'est nullement modifiée.

Ne trouvant pas meilleur accueil auprès du Maréchal, Darnand donne alors sa démission de secrétaire général de la Milice. Il n'a pas, affirme-t-il, « les moyens de remplir sa mission »… Le chantage à la démission, il l'avait déjà pratiqué, avec profit, à l'instant où il avait souhaité faire échapper le Service d'ordre légionnaire à la tutelle de la Légion. Une fois encore, Laval refusera le départ de Darnand et je tiens de l'homme qui a porté la lettre de démission de Darnand à Laval que le chef du gouvernement avait « beaucoup ri » en la lisant. Le 14 juillet, en tout cas, au cours d'une réception à l'hôtel du Parc, il la restituera à Darnand en lui disant :

— Vous êtes mon meilleur et plus fidèle soldat.

Démission refusée ? Certes. Mais Laval sait-il que Darnand est alors en train de prendre des contacts sinon avec la Résistance, du moins avec UNE Résistance ?

Évoquant cet épisode obscur, et difficile à comprendre lorsque l'on sait ce que deviendra la Milice, Delperrié de Bayac montre un Darnand poussé par des vassaux impatients d'être armés, mais se heurtant à un Pierre Laval immobile sur ses positions. « Alors, écrit-il, Darnand songe soudain à changer de camp. » Est-ce vraiment si simple ?

Cette idée de « changement de camp » avait déjà traversé l'esprit de

Darnand, si l'on en croit Charbonneau qui raconte qu'en octobre ou novembre 1942, au cours de longues promenades dans la forêt de Tronçais, la conversation, alimentée par une actualité militaire peu favorable aux puissances de l'Axe, tournait souvent autour des choix d'avenir.

> Quelles que soient nos sympathies affectives pour les régimes de l'Axe, étant donné les circonstances, et au nom des intérêts supérieurs du patriotisme, ne devons-nous pas faire machine arrière et rejoindre l'autre camp, qui a désormais de bonnes chances d'être celui des vainqueurs ?
>
> Oui, souvent nous nous sommes posé la question… sans jamais y donner une autre réponse que celle-ci : rallier l'autre camp, impossible ! L'autre camp, c'est celui de la démocratie, que nous avons toujours combattue. Le camp de nos adversaires traditionnels, et de nos ennemis de toujours…
>
> Nous ne pouvions rallier leur camp. D'abord, aussi curieux que cela puisse paraître chez les « réalistes » que nous voulions être, à cause d'une certaine conception morale de la politique… Nous avions pris un parti. Il nous semblait exclu de faire comme les Italiens, qui ne finissent jamais les guerres dans le camp où ils les commencent !

L'intransigeance faiblira tout au long de ces mois qui voient Russes et Anglo-Saxons accumuler les succès. Après la défaite allemande en Tunisie, à l'instant du débarquement allié en Sicile, quelques jours avant la chute de Mussolini, mauvais présage pour ces Français qui, plus que par le nazisme, avaient été séduits avant-guerre par le style, les promesses et les réalisations du fascisme, pourquoi le doute ne s'insinuerait-il pas dans beaucoup d'esprits ?

Chez certains miliciens, la peur, la pression de la famille et l'hostilité du voisinage conduisent déjà à la démission.

En août 1943, le colonel Tessier écrira, à l'intention des miliciens de Drôme-Ardèche, ces mots qui sont un constat d'échec :

« Actuellement, sous l'impression d'événements dont cependant on ne peut encore tirer aucune certitude sur l'issue du conflit, de nombreux miliciens ont une tendance à se dégonfler ; quelques-uns même vont jusqu'à donner leur démission. »

En septembre 1943, c'est une longue circulaire qui sera adressée « à certains camarades miliciens démissionnaires ». Après avoir fait appel au sentiment de l'honneur : « il est lâche de renier son serment avec le sang encore tout chaud de nos martyrs, de nos camarades lâchement assassinés par les ennemis de la France », la circulaire s'efforcera de prouver aux démissionnaires qu'il est *de toute façon* trop tard pour espérer sauter, avec quelque profit, d'un camp dans l'autre camp.

> Crois-tu te sauver ? En reniant un serment librement donné : non.
>
> Crois-tu te sauver ? En quittant nos rangs : non.
>
> Crois-tu te sauver ? Non.
>
> Tu es marqué et crois-tu que tes ennemis d'hier te tiendront compte de ta lâcheté, de ton reniement ?

. . . .

Tu crois sauver ta peau, ta famille, tes biens, tu te crois en sécurité parce que tu as écrit une lettre de démission : NON.

On dit en somme aux hommes : « Quoi que vous fassiez désormais, vous êtes pris au piège ; n'en sortez pas, le salut ne saurait être dans le reniement, mais dans la recrudescence de la lutte. »

Ceux qui, au sommet, donnent ces conseils, ceux qui toujours iront plus loin et toujours s'enferreront davantage ont, au moins pendant quelques jours de juillet 1943, tenté de trouver une porte de sortie.

Pas plus qu'un autre mouvement la Milice n'est un bloc et, aujourd'hui encore, les survivants, unis essentiellement par leur solidarité d'hommes rejetés qui s'estiment incompris, demeurent partagés sur bien des points de leur action, sur bien des décisions de leurs chefs et sur les méthodes de leur combat[1].

Parmi les hommes qui entourent véritablement Darnand — moins d'une douzaine —, il en est qui voient clairement le gouffre ouvert sous leurs pieds. A côté de ceux qui se demandent « que va-t-on devenir ? » et qui voudraient « sauver leur mise » et leur peau, il y a ceux qui discernent le logique et fatal enchaînement de leurs prises de position successives. Après les attentats contre la Milice viendront les représailles de la Milice et il faudra se heurter non seulement aux communistes — cela, ils l'acceptent de grand cœur —, mais à d'anciens camarades passés à l'Armée secrète, à des hommes qui furent proches d'eux. N'existe-t-il pas une autre solution que la guerre civile ?

On se souvient que Darnand et la plupart des responsables de la Milice connaissaient depuis longtemps le colonel Groussard. Après la défaite, n'avaient-ils pas, sous son commandement, appartenu presque tous à ces Groupes de protection anti-allemands et anti-Laval ?

Leur chemin s'était séparé de celui de Groussard, mais n'était-il pas possible de reprendre contact avec l'homme qui maintenant, depuis Genève, dirigeait un important réseau de résistance ?

Pas de plan très étudié à l'origine d'une rencontre qui ne sera évidemment pas ébruitée à l'intérieur de la Milice et qui demeurera l'affaire de quatre ou cinq personnes. Sans doute ne sait-on même pas très bien ce que l'on proposera à Groussard, le côté « on peut toujours voir, on peut toujours parler » l'emportant de très loin sur une stratégie du retournement d'alliance rigoureusement élaborée.

Groussard a raconté cet épisode dans ses souvenirs : « Lorsque Guillaume me transmit la demande de Joseph Darnand... » Guillaume n'étant pas Guillaume, je préfère, sans citer le nom du messager, afin de rester fidèle

1. Lucien Combelle, évoquant ses prisons, parlera des conflits qui opposaient miliciens du Sud, « royalistes et chrétiens », à ceux du Nord « qui sentaient un peu le soufre du paganisme hitlérien ».

à ma promesse, appeler Pierre X. celui qui s'est rendu à Genève et qui m'a fait le récit de sa visite à Groussard, les contacts initiaux ayant été pris par le général Perré, lui-même sollicité par le général Galy[1].

— Si j'y suis allé, c'est que je me suis battu comme un lion pour que ce soit moi. J'ai passé la frontière à pied, accompagné par un milicien d'Annecy. Groussard savait que j'arrivais. Le mot de passe était : « 3e RIA ». Je ne connaissais pas Groussard... sauf pour l'avoir vu une fois ou deux dans des réunions, avant la guerre. J'arrive chez lui, je bois, je mange et je me fais engueuler. C'était un type impressionnant. Il me dit que, si Agnely vivait, ça ne se serait pas passé comme ça. Je suis resté trois jours, non, deux jours pleins, passant une partie de la journée à lire dans un coin.

— Qu'avez-vous dit à Groussard lorsque c'était à vous de parler ?

— Que nous avions obtenu la démission de Darnand, que tout l'état-major de Darnand démissionnerait également et que, chez nous, les hommes en uniforme pourraient rejoindre des maquis... sous certaines conditions.

— Quelles conditions ?

— On se battait contre les Italiens et les Allemands et, au jour J, on se battait contre les communistes.

— Et qu'a répondu Groussard ?

— Que c'était impossible et que, d'ailleurs, dans la Résistance, les communistes se montraient, pour le moment, les plus actifs... Je suis revenu de Genève. Ayant raté mon rendez-vous avec le passeur, j'ai franchi la frontière à bicyclette. A Vichy, j'ai naturellement revu immédiatement Darnand et je lui ai expliqué que c'était l'échec le plus complet, sauf s'il acceptait de collaborer avec les communistes[2].

Résumées en une page, des heures de conversation paraissent parfaitement limpides, mais, lorsque Pierre X. parle de miliciens rejoignant des maquis, il va bien au-delà de ce qui a été évoqué dans les conversations de l'hôtel Moderne. D'ailleurs, quelles auraient été les réactions de chefs départementaux et des miliciens à qui l'on aurait proposé un aussi stupéfiant changement de cap ?...

Il est vraisemblable, et cela m'a été confirmé, qu'ils auraient considéré cette volte-face comme un reniement et que beaucoup ne l'auraient pas pardonnée à Darnand.

Quoi qu'il en soit, Darnand fera une autre tentative. En direction de Londres cette fois. Dans les réseaux de Résistance, il existe assez

1. On retrouve toujours les liens noués pendant la guerre au sein de la division alpine.

2. Le colonel Groussard écrira (*Services secrets*) qu'il a remis à Louis Guillaume (le X. de mon récit) deux lettres à l'intention de Darnand. Dans la première, il lui exposait les raisons qui rendaient inéluctable la victoire alliée. La seconde consistait en un texte ainsi conçu et que Darnand devait recopier : « Je soussigné, Joseph Darnand, m'engage à servir sous les ordres du colonel Groussard, contre les Allemands, et à lui obéir en toute circonstance. » Pierre X. m'a dit ne pas se souvenir d'avoir rapporté à Vichy de messages manuscrits.

d'anciens de la Cagoule, cette Cagoule qui a volé en éclats au moment de la défaite (les uns chez Pétain, les autres avec de Gaulle, les troisièmes favorables à la collaboration), pour que les contacts soient faciles à établir.

Mais Londres n'accusera même pas réception du message. Au BCRA, Passy, Pelabon, Vallon, Brossolette, Pierre-Bloch sont immédiatement hostiles à un « ralliement » seulement défendu par Duclos et Manuel.

On voit bien quel coup Darnand, « passant chez de Gaulle », porterait au système de Vichy, à Laval, au Maréchal lui-même.

On voit mieux encore en quoi il compromettrait la Résistance qui, après avoir rejeté Darlan, Noguès, Peyrouton, Boisson, avant de fusiller Pucheu, ne peut accepter Darnand, l'homme de la croisade anticommuniste, antimaçonne, antijuive.

Mis au courant, de Gaulle approuvera le rejet de la « candidature » de celui qui n'est plus, à ses yeux, qu'un soldat perdu.

La peur de l'avenir, à l'heure où les événements de Russie et d'Italie sont bien faits pour inquiéter ceux qui ont cru à l'invincibilité de l'armée allemande, explique en partie la démarche de Darnand. En partie seulement. Il existe en effet d'autres motivations que celles d'un réalisme inquiet. Pour certains de ces farouches anticommunistes, ne serait-il pas concevable de lutter *à la fois* contre le communisme et contre l'Allemagne, suivant une hiérarchie des périls d'ailleurs mouvante et difficile à établir ?

A travers ce qui se passe au même moment en Yougoslavie, où le général Mihaïlovitch, résistant historique, aussi fondamentalement opposé aux communistes qu'aux nazis, sera graduellement amené à combattre les premiers presque aussi vigoureusement que les seconds, et même à faire alliance avec des collaborateurs des Allemands pour repousser les partisans de Tito, on peut mieux comprendre, il me semble, la presque incompréhensible tentative de Darnand et de certains de ses fidèles.

La distinction que Vichy s'efforce de maintenir entre « maquis de l'Armée secrète » et « bandes terroristes », c'est-à-dire communistes, dans le vocabulaire de l'époque, comme les privilèges que Londres accorde toujours aux maquis non communistes dans la répartition des parachutages, rend moins incompréhensible et moins irréaliste la brève esquisse de « retournement des alliances » tentée par Joseph Darnand.

Ayant trouvé fermée la porte de la Résistance, Darnand, avec une rapidité qui serait déconcertante si elle ne prouvait combien il croyait peu au succès d'une manœuvre moralement et psychologiquement aussi discutable, se précipitera en direction de la porte largement ouverte par les Allemands.

Au mois de juin 1942, il avait participé à un voyage en Allemagne. En juillet 1943, il répond à une nouvelle invitation. Ce n'est plus de la création de l'éphémère Légion tricolore qu'il sera cette fois question, mais de la mise sur pied d'une unité de Waffen SS, purement française, et dont il deviendrait le chef.

Sur Darnand, parti pour l'Allemagne en compagnie de Doriot, de Déat, de Clémenti et du capitaine Renault, les Allemands exerceront une double pression. Bien qu'ils soient en train de perdre cette bataille de Koursk, infiniment moins célèbre dans l'opinion que Stalingrad, mais véritable tournant militaire de la campagne de Russie, ils jouent de la fascination qu'exerce toujours, sur le soldat Darnand, l'étalage de la force militaire.

Et le général SS Gottlieb Berger, l'un des lieutenants de Himmler, au cours de la visite de l'école des cadres de Neue-Stettin ou bien encore au cours de manœuvres qui se déroulent près de Leipzig, ne cesse de faire miroiter les avantages que trouverait une unité française au sein d'une Waffen SS, où des hommes de toutes les nations viennent se fondre en toute égalité, où, vieilles haines et nationalités oubliées, ils sont placés au service de l'Europe nouvelle… En réalité, au service d'une Europe nazifiée, mais Berger — qui cependant n'aime pas les Français — plaide si habilement le dossier qu'il convainc ses auditeurs.

Vient pour lui le moment de poser à Darnand la question essentielle :

— Quelle serait votre position à l'égard d'une unité française de la Waffen SS ? Accepteriez-vous d'y participer et d'engager vos miliciens à y entrer ?

Darnand répond qu'avant de donner une réponse il lui faut consulter son état-major et, à son tour, il pose une question.

— L'unité française de la Waffen SS pourrait-elle se trouver engagée contre les Alliés ?

— Non. Aucun Français ne sera engagé sur un autre front que le soviétique.

Berger fait bien davantage que flatter le soldat Joseph Darnand, il donne au politique Darnand l'impression qu'il l'aidera à triompher de ses rivaux : Doriot, qui a pratiquement « colonisé » la LVF, mauvais instrument militaire et de mince réputation ; Déat, qui à Paris, grâce à son journal *L'Œuvre*, ne cesse de tirer la couverture à soi (n'a-t-il pas prétendu être l'un des « pères fondateurs » de la Milice[1] ?), mais qui, faute de troupes et de ce parti unique dont il rêve depuis août 1940, trépigne toujours devant les portes du pouvoir.

Soutenue par la Waffen SS, la Milice aurait une force et une audience politique considérablement accrue puisqu'elle disposerait, non seulement des armes que Laval refuse, mais qu'elle pourrait « rayonner » dans cette

1. En février, Déat annonce dans *L'Œuvre* qu'en accord avec Darnand il vient de fonder la Milice. Il n'en est rien. La Milice n'existera d'ailleurs, en zone nord, qu'au début de l'année 1944, mais Déat tentait de mettre sur pied une « Milice nationale révolutionnaire », d'où une confusion volontairement établie et entretenue.

zone Nord qui demeure, pour l'instant, terrain de chasse exclusif de Déat, de Doriot et de quelques autres « chefs » de second rang, mais non de moindre prétention.

Ainsi fortifié, Darnand verrait sa personnalité acquérir une stature nationale. Promesses suggérées ? Ou formelles ? Au fil des jours, on verra, en tout cas, combien rapidement se manifesteront les effets du voyage en Allemagne.

Dans le train du retour, Darnand n'interroge ni Doriot ni Déat — ses rivaux d'ambition —, mais le capitaine Jean-Marcel Renault qui, en mai et juin 1940, fut de ces aviateurs assez courageux pour se lancer, sur des appareils inadaptés, dans de véritables opérations-suicides contre les blindés allemands.

— Qu'en penses-tu ?

— Une Waffen SS avec des cadres français, ça serait valable. Si ce truc-là se fait, je suis prêt à y aller[1].

Darnand interroge encore. A Renault, qui a créé les Jeunesses de France et d'outre-mer, il demande s'il est prêt à conseiller à ses garçons de s'engager.

— Non, ce n'est pas mon affaire…

Mais ce qui n'est pas l'affaire du capitaine Renault devient conjointement « l'affaire » du gouvernement français, qui, par la loi du 22 juillet 1943, autorise les citoyens français à « contracter un engagement volontaire pour combattre le bolchevisme hors du territoire dans les formations constituées par le gouvernement allemand (Waffen SS) pour y être groupés dans une unité française », et de la propagande allemande.

D'immenses affiches — qui ne constituent qu'une partie de l'orchestration nazie — affirment :

AVEC TES CAMARADES EUROPÉENS
SOUS LE SIGNE SS
TU VAINCRAS

Arme sur l'épaule, regard viril sous le casque d'acier, les soldats de papier de la SS dominent ainsi, sans la convaincre, une foule qui n'a qu'hostilité pour les soldats ennemis, de chair et de sang, qu'elle côtoie ou croise obligatoirement, dont elle s'écarte et a peur.

En août cependant, au cours d'une cérémonie à l'ambassade d'Allemagne, le SS Obersturmführer (lieutenant) Darnand prête serment à Hitler. « *Je te jure, Adolf Hitler, Führer germanique et réformateur de l'Europe, d'être fidèle et brave. Je jure de t'obéir, à toi et aux chefs que tu m'auras désignés, jusqu'à la mort. Que Dieu me vienne en aide.* »

C'est l'escalade dans l'escalade.

1. J.-M. Renault n'ira pas tout d'abord à la Waffen SS mais, en janvier 1944, il rejoint la LVF.

S'il est vrai qu'en quelques instants de lucidité dernière, l'homme qui meurt peut revivre son passé, revit-il le coup de main du 14 juillet 1918, la médaille militaire, la mort d'Agnely et la nuit de Forbach, ce Joseph Darnand qui, au cours d'une cérémonie à huis clos, «*Je te jure, Adolf Hitler, Führer germanique...* », meurt ainsi à tout son passé ?

Non, vraisemblablement. Darnand est de la race de ceux qui ne reculent pas, quelle que soit la voie empruntée, et se condamnent ainsi à aller plus loin, toujours plus loin. Il avait décidé de rejoindre le front lorsque l'unité française de la Waffen SS serait réellement engagée. Et il l'écrit dans *Combats*[1] : « Un grand nombre [de nos camarades], à l'heure où les habiles passaient dans le camp juif... viennent de gagner les camps d'instruction où s'organise la division française de la Waffen SS. Je suis décidé à les rejoindre lorsque, dans quelques mois, ils aborderont le feu. »

« Un grand nombre de camarades... » Non, le recrutement de la Waffen française sera toujours faible, mais onze des chefs de la Milice se sont effectivement engagés dans la Waffen dès le mois d'octobre ; certains d'entre eux par un réflexe de « lucidité », si le mot ne paraît pas aujourd'hui trop choquant.

Ils haïssent le communisme, mais répugnent à le combattre sur le front intérieur.

Le capitaine Renault demandera à l'un de ses amis, avec qui, en compagnie de Noël de Tisot et de Léon Gautier, il prend « un dernier pot » :

— Tu pars pour la SS, ça ne te fait pas mal au cœur ?

— Honnêtement, je préfère aller me battre en Russie avec les Allemands, qu'en France avec la Milice contre des Français[2].

Affiches allemandes sur les murs. Elles ne comptent pas, ne pèsent pas (ou si peu) dans les décisions des Français.

Voix françaises qui peuvent avoir, hélas ! une autre influence.

Jean Hérold-Paquis parlant le 20 novembre, sur Radio-Paris, de ce qu'il appelle « deux lettres blanches sur fond noir » dira avec l'éloquence passionnée qui est la sienne :

> J'ai rêvé d'écrire le poème guerrier de la SS.
>
> J'ai rêvé de dire, en mots choisis, le seul miracle de la guerre. Mais il est toujours difficile de parler des combats et des soldats lorsque l'on est loin du danger de l'un et de l'uniforme de l'autre... [Mais], puisque aussi bien d'aucuns le savent déjà, autant ne pas le cacher plus longtemps. Ceux du Radio-Journal de Paris, dont les noms vous sont familiers, ont demandé l'honneur d'être de ceux-là qui portent l'écusson noir frappé de deux lettres stylisées SS[3].

---

1. *Combats*, 6 novembre.
2. Inédit.
3. Jean Hérold-Paquis ne quittera jamais la France, et son engagement demeurera politique, du moins les auditeurs de Radio-Paris sont-ils prévenus : c'est un Waffen SS qui leur parle.

Darnand, parlant à Nice le 28 novembre.

A Nice, haut lieu, en 1940, de la première grande manifestation de la Légion des combattants lorsque, malgré la défaite, tout paraissait simple encore et que nul ne pouvait imaginer dans quel engrenage serait volontairement pris et involontairement broyés beaucoup d'hommes alors présents sur la tribune ou dans la salle.

Lorsque nul ne pouvait imaginer que Darnand, deux ans plus tard, affirmerait : « Nous sommes fiers de dire que nous allons nous battre à côté des Allemands. »

Ce discours du 28 novembre 1943 est, pour Darnand, l'occasion de faire l'historique des événements qui, marche après marche, l'ont conduit au serment à Hitler.

La Légion des combattants ? Ce n'était qu'une pâte molle, impossible à soulever, travaillée d'ailleurs de courants contradictoires.

Le SOL ? Il avait l'ambition d'agir, mais une administration médiocre et hostile l'a rapidement paralysé.

La Milice ? Elle est restée longtemps sans riposter aux attentats qui la blessent et l'on a pu prendre ce « silence de cinq mois pour de la peur ».

Mais le temps où les morts n'étaient pas vengés dans le sang est achevé : « Je ne veux plus vous sacrifier en vain, j'ai décidé de faire payer à nos adversaires leurs forfaits. » Et surtout voici désormais la Milice reliée à ce grand ensemble européen dont la Waffen SS représente le poing armé, voici la Milice intégrée dans la lutte de « l'Europe nouvelle » contre le bolchevisme, lutte qui doit être menée aussi impitoyablement sur le sol français qu'elle l'est dans les plaines de l'Est.

Mais écoutez le dernier cri de Darnand. Empreint de résolution il est déjà habité par le désespoir :

> C'est une question de vie ou de mort ! Vous serez pendus avec moi, nous serons tous pendus si nous ne savons pas nous battre ! Décidez, ensemble nous vaincrons ! (*Clameurs. Cris de : Vive Darnand ! Les officiers allemands* [ils sont au nombre de six] *applaudissent. La salle se lève*)[1].

Par les réactions de certains miliciens, et plus encore par celles des sympathisants, Darnand sait combien son serment à Hitler blesse les consciences d'hommes qui, ennemis du bolchevisme, n'ont pas rompu pour autant avec les règles du patriotisme traditionnel. Il voit l'usage redoutable que Londres et la Résistance font et vont faire de son engagement.

Aussi tente-t-il à Nice, comme il l'a fait quelques jours plus tôt à Limoges, de se tirer, grâce à un sophisme, du gouffre moral dans lequel il s'est volontairement jeté. Voici son explication. A Hitler, chef de guerre, est allé son « serment militaire ». Au maréchal Pétain, son « serment politique ».

---

1. D'après Delperrié de Bayac.

Or, lorsqu'il proclame très fort cette double fidélité, cette incroyable et impensable double fidélité, voici plus de deux mois qu'avec Marcel Déat, inspirateur de toute l'affaire, Jean Luchaire, Noël de Tisot et Georges Guilbaud, récent organisateur de la propagande collaboratrice en Tunisie, il a signé un «*plan de redressement français*» qui constitue avant tout, dans son extravagance et son extrémisme, un plan anti-Pétain.

Plus encore que les ambitions des signataires, « le plan du 17 septembre » — puisqu'il passera à l'Histoire sous ce nom — montre le dévergondage et la perversion des consciences.

Écrivant à Hitler, Himmler et Goebbels, tenant Pétain et Laval dans la plus totale ignorance de leur geste, les cinq signataires, après avoir affirmé qu'« il n'est point de redressement français possible hors d'une Europe libérée par la victoire allemande », expriment à ces trois Allemands dont le premier incarne l'État, le second la police et le troisième la propagande nazie, l'inquiétude que leur cause la situation intérieure de la France.

Les Français ne demeurent-ils pas, en effet, «*dans leur immense majorité* (les mots sont en italique dans le texte des cinq)... convaincus d'une très proche victoire américaine, ce qui a pour conséquence de développer d'une façon considérable l'audace des ennemis de l'Axe et d'aboutir, en même temps, à *une désagrégation des forces collaborationnistes*[1] et à un véritable effondrement de l'autorité de l'État » ?

On s'interroge parfois aujourd'hui sur la véritable influence des consignes données par les gaullistes de Londres, sur l'importance de la Résistance dans ses réseaux et ses maquis, sur le rôle et l'action des communistes, mais Déat, Darnand, Noël de Tisot, Luchaire, Guilbaud, qui vivent à l'intérieur de la forteresse de la Collaboration, de la toute petite forteresse assiégée, jugent exactement la puissance de l'adversaire et estiment à sa valeur, qui est considérable, le déséquilibre des forces matérielles et morales. Lisez :

> On compte, sur l'ensemble du territoire français, quelque 160 000 réfractaires dont 20 000 ont pris le maquis[2], dans lequel ils vivent en bandes militarisées et armées à la façon des bandes de brigands type Mandrin, qui ont pullulé en France à l'époque des décompositions du Pouvoir Central.
>
> Un mot d'ordre radiophonique, une consigne des « centrales » gaullistes et communistes peut transformer en *massacre général des collaborationnistes*[3] la série limitée des attentats terroristes... Le même mot d'ordre peut donner lieu à un soulèvement général du peuple français... Un front militaire intérieur s'ajoutera à la charge du front militaire proprement dit... *Songez que, sur trente-six millions de Français, il n'y en a peut-être pas cinquante mille qui soient décidés*[4] à risquer leur vie et leurs biens pour la collaboration...

1. En italique dans le texte.
2. On peut faire remarquer que l'estimation chiffrée de Déat et Darnand rejoint exactement celle des responsables du maquis.
3. En italique dans le texte.
4. En italique dans le texte.

Ayant porté le jugement le plus exact sur les véritables sentiments du peuple français, dressé le constat d'échec le plus véridique de la politique de collaboration, les « cinq », de prémisses justes, vont tirer les conclusions les plus folles.

Presque tous les Français se dressant contre la collaboration, il ne s'agit plus de séduire, mais de contraindre.

Comment y parvenir ?

Afin de mieux attirer, et de mieux retenir, l'attention de Hitler, de Himmler, de Goebbels, ce sont des capitales qu'ils vont utiliser pour mettre en valeur la solution chimérique née de leurs cerveaux inquiets.

> LE SEUL MOYEN DE REDRESSER LA SITUATION À CET ÉGARD C'EST QUE LE GOUVERNEMENT SOIT ANIMÉ DU VÉRITABLE ESPRIT NATIONAL-SOCIALISTE ET DÉMONTRE PAR SES ACTES ET SES RÉFORMES, PAR SES LOIS ET PAR SES DÉCISIONS QUOTIDIENNES DE DÉTAIL, EN ACCORD VISIBLE AVEC LES AUTORITÉS OCCUPANTES, QU'IL EST UN GOUVERNEMENT DE RÉVOLUTION NATIONALE IMMÉDIATE ET RÉELLE.

Afin que le gouvernement nouveau (gouvernement qui serait toujours présidé par Pierre Laval, à qui les cinq n'ont pas demandé son avis) soit « animé du véritable esprit national-socialiste », il faut qu'il soit composé d'un tiers de chefs de partis, organisations ou milices révolutionnaires, un tiers de techniciens, un tiers de parlementaires « valables, car non compromis par une attitude anticollaborationniste ».

Une fois installé, ce gouvernement, s'appuyant sur un parti unique — le vieux rêve, toujours poursuivi, jamais atteint, de Déat — et sur une Milice nationale unique — le rêve de Darnand — épurerait puis reformerait l'administration, tandis que plusieurs « jeunes milliers de miliciens » ayant reçu une formation d'officiers constitueraient « peu à peu une *armée française*[1] qui, par son esprit comme par sa destination, *serait une armée alliée à* l'armée allemande[1] ».

17 septembre 1943 ! On croit rêver. Et Pétain ? Eh bien, « si donc un gouvernement avait besoin d'une *autre investiture*[1] que celle du Maréchal, il devra la demander à l'Assemblée nationale... IL N'Y A AUCUN DANGER[2] ».

Et pourquoi n'existe-t-il aucun danger ? Non seulement parce que « les parlementaires sont avant tout anxieux de leur abaissement et soucieux de leur avenir » et qu'il suffira de leur rendre « la situation officielle qu'ils n'auraient pas dû perdre » et, bien sûr, l'indemnité afférente, pour les voir consentir à tout, mais encore parce que l'Assemblée, réunie à Versailles, serait composée « d'hommes sûrs », qui délibéreraient « DANS UNE ATMOSPHÈRE SOIGNEUSEMENT CRÉÉE ET SOUS LA PROTECTION DES MILICIENS ».

Que ce scénario, stupéfiant d'inconscience et de cynisme, qui repose

1. En italique dans le texte.
2. En capitales dans le texte.

d'ailleurs sur une fausse analyse historique de la façon dont les dictateurs de la première moitié du XXe siècle ont conquis et conservé le pouvoir, ait surgi du cerveau dérangé de Marcel Déat, c'est évident. Mais que Joseph Darnand s'y associe, c'est non moins évident et il faudra s'en souvenir le 30 décembre, à l'heure où Darnand, Waffen SS, signataire du plan du 17 septembre, sera nommé secrétaire général au maintien de l'ordre.

Dans leur « *plan de redressement français* », Déat, Darnand, et les trois autres signataires avaient évoqué, le 17 septembre, « la série limitée des attentats terroristes ».

Ce même 17 septembre, le milicien Norbert Borelly, huissier à Valréas, père de sept enfants, a été assassiné, tôt dans la matinée, alors qu'il allait acheter son journal. C'est le septième mort de la Milice depuis que de Gassowski a été tué le 24 avril.

Mais le rythme des attentats va considérablement s'accélérer.

Wareibe, retraité militaire, chef d'un groupe de gardes-voies aux communications, milicien à La Ciotat, est tué le 22 septembre. Berthelot et Jules Petit tombent le mardi 5 octobre, l'un dans le Lot-et-Garonne [1], l'autre près de Lyon.

C'est à 20 h 45 que Jules Petit a été tué d'une rafale de mitraillette, alors qu'il sortait de table et traversait une véranda pour regagner sa chambre.

Il est le dixième mort de la Milice.

Darnand avait dit :

— Jusqu'au dixième mort, on ne bouge pas.

Le dixième mort milicien, c'est donc Jules Petit. Or le 15 octobre, *Combats* demande aux miliciens de rester vigilants et de rendre désormais « coup pour coup ».

A quel moment la décision de riposter par les armes a-t-elle été prise ? Vraisemblablement au cours de la réunion tenue à Vichy, dans les premiers jours d'octobre. Autour de Darnand qui revient de Paris où il a rencontré Oberg, et prononcé sur Radio-Paris un discours en faveur de « mesures de force » pour « juguler le désordre », plusieurs chefs régionaux et départementaux ont été convoqués : Lécussan, Clémoz, de Vaugelas, Lefebvre, Pouget, Teysseyre, de La Farge, Vigier, Massot, Michal, Gerlié, Dabadie, de Rollat.

Est-ce entre ces hommes seulement qu'il fut décidé *de mettre des noms dans un chapeau et de tirer ainsi au sort le nom des futurs exécuteurs* ? Je l'ignore, mais je sais, pour en avoir reçu confidence d'un responsable milicien, qui, avec deux ou trois autres, refusa d'être mêlé à cette conspiration, que la « cérémonie » a bien eu lieu.

1. Son agresseur présumé, Larrieur, sera tué le 11 octobre alors qu'il s'était réfugié dans une église d'Agen.

Après le 5 octobre, jour où est tué le dixième milicien, des hommes continuent à tomber. Lionel Berger à Toulouse le 2 novembre, Pélissier le 13, René Claud le 14, le vieux général Philippon le 15, tué alors qu'il est sorti pour acheter son journal, Jean Chassagne dans la nuit du 15.

Y a-t-il eu des représailles, après la mort du dixième milicien, le 5 octobre et avant la mort de Jacquemin qui, le 21 novembre, donnera le signal de fréquentes vengeances ?

C'est certain, et *Combats* le reconnaît d'ailleurs implicitement dans son numéro du 9 octobre :

> « Le sang versé pour la France n'est jamais offert inutilement », a dit, à Marseille, le chef Darnand sur la tombe encore fraîche de notre premier martyr, Paul de Gassowski. « Nous connaissons tous nos ennemis, poursuivit-il, et nous n'oublierons personne. » Paroles lourdes de sens dans la bouche de celui qui les prononça, que l'on ne saurait assez répéter et *que nos adversaires auraient dû méditer utilement pendant qu'il en était encore temps*[1].

Le 20 novembre, l'hebdomadaire de la Milice précise encore que, si trois miliciens ont été atteints au cours de la semaine précédente, dans les trois cas « la réaction [a été] spontanée » et que les miliciens, « *passant du futur au présent* », peuvent désormais reprendre avec assurance la parole de Darnand : « Nos vengeances seront plus rudes et plus fortes. »

Au titre de ces vengeances, il faut naturellement inscrire l'assassinat, à Lyon, du docteur Long le 22 octobre et celui du cafetier Jutard le 16 novembre[2], mais c'est à partir du drame du 21 novembre que tout basculera véritablement.

Ce jour-là, près d'Annecy, dans un café du petit village de Thônes, le chef Jacquemin[3], responsable départemental de la Haute-Savoie, consomme en compagnie de Paul Courtois et de Roger Franc. Soudain, Franc et Courtois voient quatre hommes masqués et armés de mitraillettes se diriger vers eux. Ils se saisissent de leur colt pour ouvrir le feu. Mais les FTP ont tiré les premiers. Trois balles dans la tête et deux dans le corps, Jacquemin a été tué sur le coup, Franc également. Courtois, qui gît dans une mare de sang, va mourir quelques jours plus tard[4]. Le lendemain, Georges et Marcel Lacote sont tués à Gercier, près d'Annecy.

Le 22 novembre 1943, la Milice compte donc 29 morts et de nombreux blessés.

Sans informer Laval, mais en prévenant les Allemands, Darnand, qui sent ses troupes lui échapper, qui est assailli de protestations indignées : « Comment, on se fait descendre et on ne bouge pas », décide alors d'une riposte sanglante et massive.

---

1. Je souligne intentionnellement.
2. *Cf.* ci-dessus, p. 625.
3. Lorrain, père de six enfants, capitaine de chasseurs, chevalier de la Légion d'honneur pour sa conduite au feu en 1940.
4. Courtois avait fait partie du corps franc de Darnand pendant la « drôle de guerre ».

Six victimes ont été « choisies » à Annecy par le 2e Service de Degans : des juifs, un franc-maçon, des résistants.

Le 23 novembre, entre 20 et 21 heures, le commandant en retraite François Busson[1], Élie Dreyfus, un réfugié de 70 ans, Louis Paget, qui a 53 ans, sont tués ou mortellement blessés par des miliciens.

Édouard Dreyfus, ancien avocat à Colmar, sera grièvement blessé, Georges Volland et Albert Bel, qui appartiennent à la Résistance, plus légèrement atteints.

C'est le chef régional Joseph Lécussan qui s'est « chargé » de l'exécution d'Élie Dreyfus.

Très anti-anglais — il a été au nombre de ces marins français internés en Angleterre après Mers el-Kébir —, très anticommuniste, très antigaulliste, le commandant Lécussan, qui se fera détacher de la Marine en 1940, est, avant tout, un antisémite forcené. Ce colosse, que les scrupules n'embarrassent pas et qui recrute parmi les voyous ou les repris de justice, sera nommé directeur aux questions juives à Toulouse où, sous couvert d'action antijuive, il pratiquera le racket aussi bien que les violences physiques. Sollicité, hélas ! par Darnand, le voici à même de donner « toute sa mesure » à Lyon où, après être passé à Saint-Martin-d'Uriage, il se voit nommé chef régional[2].

Combats, qui l'a interviewé pour son numéro du 21 août, le présente ainsi :

> De haute stature, les cheveux coupés très court, le regard froid, un peu têtu, le chef Lécussan a l'allure puissante d'un lutteur.
>
> Tandis que nous conversons, il bourre une courte pipe et ses yeux attentifs m'observent...

De haute stature, les cheveux coupés très court, le regard froid... C'est ainsi qu'il a dû paraître à Élie Dreyfus lorsqu'il entre chez ce juif septuagénaire réfugié à Annecy et dit, d'une voix sans émotion :

— Monsieur, notre camarade Jacquemin a été lâchement assassiné par vos amis. La Milice vous a condamné à mort. Si vous avez des convictions religieuses, faites votre prière. Vous avez trois minutes pour vous préparer à la mort.

Trois minutes. Lécussan tient de la main gauche une grosse montre, de la main droite son pistolet. Dans le silence le plus total — on doit entendre le bruit du mouvement de la montre —, les deux hommes s'observent. L'un sait qu'il ne fera pas grâce et l'autre devine qu'il n'a aucune grâce à attendre.

Trois minutes. Plusieurs coups de feu. Dreyfus s'écroule. Lécussan tourne les talons, ferme la porte, descend l'escalier.

1. Il est franc-maçon.
2. Lécussan sera fusillé à Lyon le 25 septembre 1946.

Mais, alors qu'il va sortir dans la rue, il s'aperçoit qu'une balle est demeurée dans l'arme.

A plusieurs miliciens, il racontera quelle fut alors sa réaction. Et il se peut, oui il se peut que, dans l'affreux climat qui règne alors, ses propos aient été répétés de l'un à l'autre, avec une secrète — ou une éclatante — admiration.

— Je m'étais juré de vider mon chargeur. Une fois dehors, je me suis aperçu qu'il contenait encore une balle[1]. Je suis rentré. Le type était par terre et, autour de lui, il y avait des gens. J'ai dit : « Excusez-moi », je les ai écartés, j'ai tiré ma dernière balle… Et je suis parti.

Avec la même effroyable impassibilité, Lécussan — brute au sein d'une équipe où les brutes ne manquent pas — exécutera le 10 janvier 1944 l'octogénaire Victor Basch.

Bien avant l'exécution de Victor Basch, plusieurs miliciens l'avaient entendu répéter, en manœuvrant son revolver :

— Sale juif, tu vas mourir.

Le crime de Basch ? Être juif, mais également franc-maçon, anticlérical, président de la Ligue des droits de l'homme. Tandis que Lécussan assassine Basch, que les Allemands avaient arrêté en banlieue lyonnaise mais qu'ils ont jugé trop âgé pour la déportation, le milicien Gonnet tue Mme Basch dont le seul crime avait été de refuser d'abandonner son mari.

Les corps des deux vieillards seront retrouvés sur une route de l'Ain, au lieu-dit le Barryl. C'est un chauffeur allemand qui conduisait la voiture où avaient pris place le couple Basch, ainsi que Lécussan et Gonnet.

— Arrivé à un endroit *qui me paraissait convenable*[2], je fis arrêter la voiture et descendre les Basch, dira plus tard Lécussan…

Chef officiel de la Milice, Laval avait, on le sait, été tenu dans l'ignorance des mesures de représailles décidées par Darnand. Oberg, lui, a été mis au courant. C'est d'ailleurs grâce à Oberg que, le 20 novembre, la Milice avait obtenu 50 mitraillettes, le plus souvent des armes anglaises provenant de parachutages saisis par l'occupant.

A Annecy, le 24 novembre, lorsque, dans la matinée, ont lieu — en présence de Darnand — les obsèques de Jacquemin et de Franc, les miliciens peuvent estimer qu'ils sont vengés par l'assassinat du commandant Busson, d'Élie Dreyfus et de Louis Paget. Il n'en est rien et c'est dans une logique infernale qu'ils viennent de pénétrer car, dans l'après-midi du même jour, le milicien Camille Barberet, qui tient un restaurant à Marlieux, dans l'Ain, est criblé de balles devant son établissement.

---

1. Deux balles, m'a dit un ancien milicien qui, au printemps de 1983, m'a raconté une histoire connue de beaucoup de miliciens.

2. D'après Delperrié de Bayac. Je souligne intentionnellement.

Après avoir poussé son cadavre à coups de pied jusque dans la salle du restaurant, les agresseurs menacent sa femme, s'emparent de la carabine, de la motocyclette, du portefeuille du mort et ne quittent pas la maison avant d'avoir placé une grenade incendiaire sous le lit conjugal.

C'est sans doute à son retour d'Annecy où il vient, lui aussi, d'assister aux obsèques de Jacquemin et de Franc que Bout-de-l'An écrit, pour *Combats*, un article qui constitue un aveu.

> L'on ne compose pas avec les assassins. La clémence, la persuasion les encouragent à renouveler et à multiplier leurs forfaits…
> *Quant à nous, notre résolution est prise.*
> *Nous avons déjà fait payer leurs forfaits à certains meurtriers et jamais à la légère, car la vie humaine est trop précieuse pour la sacrifier sans examen*[1].
> Pendant plusieurs mois, surpris par le terrorisme, nous nous sommes préparés, armés. Aujourd'hui, la bataille, la vraie bataille commence, avec des risques pour les tueurs et leurs complices.
> *Leur tour est venu de payer et de payer cher*[1].

« La vraie bataille commence… » Bout-de-l'An est-il d'accord avec la tragédie qui se déroule à Grenoble et dans laquelle, sans se trouver en première ligne comme à Annecy, la Milice est toutefois impliquée en la personne de certains de ses responsables ?

Ce n'est pas par hasard que Grenoble, qui recevra avec Paris, Nantes, Vassieux-en-Vercors et l'île de Sein, la croix de la Libération, s'était portée, dès les premiers jours de 1943, à la pointe du combat contre l'occupant italien, puis allemand, qui venait d'envahir la zone libre.

A toute grande œuvre, il faut une âme. A Grenoble, le capitaine Louis Nal allait être l'âme de la Résistance et l'infatigable meneur de jeu d'une action militaire que favorisait, il est vrai, son poste au Service des matériels de Grenoble.

Fait prisonnier le 21 mai 1940, après que sa batterie eut été détruite, Nal avait été rapatrié sanitaire à la fin de l'année, puis, après un passage en sanatorium[2], s'était trouvé affecté au Service des transports du Parc d'artillerie de Grenoble.

Poste d'importance pour qui entendait l'utiliser efficacement. Depuis le Parc d'artillerie — occupé en majeure partie par l'armée italienne —, Nal pouvait, en effet, alimenter en explosifs les groupes francs dont il était d'ailleurs l'un des créateurs et dont Paul Gariboldy, sous le

1. En italique dans le texte. Peut-on vraiment écrire « jamais à la légère » dans le cas d'Annecy où les victimes sont totalement étrangères au meurtre de Franc, de Jacquemin et de Courtois ?

2. Peu de temps après la Libération, Louis Nal (mort le 13 juin 1949) dut retourner en sanatorium.

pseudonyme de *Vallier* restera, jusqu'à sa mort, le plus entreprenant des animateurs.

A Grenoble, plus sans doute que dans toute autre ville de France, les explosions avaient donc été fréquentes. Les bombes placées par la Résistance avaient détruit, dès le 29 mai 1943, l'hôtel Gambetta, quartier général d'une division d'Alpini. Dans le cadre du sabotage de la production industrielle, elles avaient fortement ralenti la marche des principales usines de Grenoble et de sa région, puisque l'industrie électrométallurgique de la vallée de la Romanche et de l'Oisans avait été mise à mal par le groupe franc de Vizille que dirigeait Olivero.

Mais plus que les Italiens, plus que les usines, les bombes des corps francs devaient frapper les collaborateurs dans leurs biens d'abord, leur chair ensuite. A l'issue de réunions organisées par Jean Pain, ancien journaliste au *Progrès*, quelques garçons partaient presque journellement déposer des paquets d'apparence inoffensive[1] devant le domicile ou le magasin de collaborateurs, cependant que Paul Gariboldy et les siens attaquaient, à quarante-huit heures d'intervalle, le siège de la Milice et celui du PPF.

L'occupation italienne était humiliante et gênante. Elle prend fin le 8 septembre 1943, après la capitulation de l'Italie. Avec l'occupation allemande débute pour Grenoble une période dramatique où chaque adversaire a pour but premier non plus d'impressionner, non plus de dissuader, mais d'éliminer, de tuer puisqu'il s'agit bien de vie ou de mort.

Il faut peu de temps aux Allemands pour comprendre qu'ils se heurteront à rude partie. Dès le 14 septembre, en effet, Gariboldy montera au fort des Quatre Seigneurs, vidé quelques heures plus tôt de la plus grande partie des munitions qui y avaient été camouflées par des services de l'armée de l'armistice, et posera des crayons à retardement qui feront explosion au moment où une petite garnison allemande vient prendre possession des lieux.

Ce n'est qu'un début. Les attentats iront se succédant. De plus en plus audacieux. Le fichier du STO a été détruit en août, celui du Ravitaillement général, qui pouvait permettre la découverte de l'adresse des réfractaires, le sera quelques jours plus tard. En octobre, place Victor-Hugo, c'est à 16 h 30 que le siège de la Milice est mitraillé et, en octobre également, 20 bombes explosent le même jour, tandis que, le 23, une demi-douzaine de résistants désarment et dépouillent de tous leurs dossiers 30 policiers français « spécialisés dans la lutte contre le terrorisme », alors qu'ils sont bruyamment en train de déjeuner au Grand Hôtel[2].

1. Entre novembre 1942 et le 1er septembre 1943, ce sont 137 bombes qui auront été placées au domicile ou devant le magasin de collaborateurs.

2. L'information sera minimisée dans les jours qui vont suivre par la presse de la collaboration.

Mais les drames de novembre effaceront le souvenir de ces événements qui les avaient cependant préparés.

Le 11 novembre, la ville presque tout entière s'est mobilisée contre l'occupant.

Peu de magasins ouverts dans le centre de Grenoble envahi, à partir de 10 heures, par une foule, répondant surtout à l'appel du parti communiste, qui a demandé aux Français de *manifester* quand Maurice Schumann, depuis Londres, réclamait seulement une minute à une heure d'arrêt de travail. La colère et l'exaltation portent la masse humaine tantôt en direction du siège de la Milice, place Victor-Hugo, tantôt place Grenette, en direction de celui du PPF.

A midi, comme sur un mot d'ordre, 2 000 manifestants environ, bousculant un service d'ordre français compréhensif, arrivent jusqu'au monument des Diables Bleus. Un homme se hisse sur le socle de granit et place un drapeau tricolore dans les bras de la statue de bronze, cependant que les assistants entonnent et, longuement, reprennent *La Marseillaise*.

C'est alors que le lieutenant David, adjoint au commandant de la compagnie de gendarmerie de l'Isère, intervient pour demander à la foule de se disperser. On va lui obéir, car tout le monde devine que ce moment de ferveur patriotique ne peut se prolonger, lorsque, de la Maison des étudiants, siège d'un état-major allemand, surgissent de nombreux soldats en armes. Courageusement, policiers et gendarmes français s'interposent, et c'est leur présence qui évite la fusillade[1], mais ils ne peuvent empêcher l'encerclement d'un millier d'hommes, de femmes, d'enfants, poussés dans un enclos ceinturé de barbelés. En troupeau, cependant que des voitures munies de haut-parleurs annoncent que toute manifestation nouvelle sera dispersée par le feu, les prisonniers vont rester parqués là jusqu'à la fin de l'après-midi. Le calvaire de la plupart d'entre eux ne fait que commencer. Les Allemands libèrent à 17 heures femmes et enfants, mais les hommes sont enfermés à la caserne de Bonne d'où les soldats les font sortir le 13 novembre. C'est pour les conduire, entassés dans des camions escortés d'automitrailleuses roulant sur les trottoirs, jusqu'à la gare d'où, au nombre de 500 environ, ils s'éloignent alors en direction de ces camps de concentration dont 120 seulement reviendront.

Ils seront vengés dans la nuit même de leur départ, puisque c'est le 14 novembre, à 0 h 30, que, dans un fracas épouvantable, entendu à plus de 50 kilomètres de Grenoble, saute le dépôt de munitions du Parc d'artillerie.

Depuis l'arrivée des Allemands, le Parc avait été l'objectif de résistants qui en connaissaient admirablement la géographie.

1. Les Allemands arrêteront le commissaire central Toussaint, les commandants Gondrand et Stevenin, ainsi que le capitaine Cloître. Ces quatre hommes seront relâchés dans la soirée.

En octobre déjà, Aimé Requet, adjoint de Nal au Service des transports du Parc d'artillerie, avait placé un pétard d'un kilo près d'un transformateur alimentant un certain nombre de machines-outils. Puis Margaroli avait fait sauter le transformateur de la rue du Polygone, privant ainsi le Parc de lumière.

L'attentat de la nuit du 13 au 14 allait être cependant d'une tout autre envergure. C'est, en effet, un énorme dépôt de munitions allemandes qui va sauter, provoquant la destruction totale du Parc d'artillerie, entraînant des dégâts importants (cloisons arrachées, vitres brisées) dans un rayon de 400 à 500 mètres[1].

Or, un seul homme, Aimé Requet, dont Chavant, chef civil du Vercors, pourra écrire qu'il fut « le plus beau résistant du département », a réalisé, sur ordre de Nal, cet extraordinaire sabotage. Comme ses fonctions à l'intérieur du Parc lui permettent de se déplacer à peu près librement, c'est avec le plus grand flegme apparent qu'en fin d'après-midi il déposera, dans des caisses de munitions, plusieurs crayons explosifs, réglés pour fonctionner avec un retard de six heures.

Au lever du jour, Requet aura le courage et l'intelligence de gagner le Parc qu'il vient de détruire et, après avoir donné son opinion à quelques Allemands sur les causes probables de l'explosion[2], de rendre visite aux lapins qu'il élève dans un coin. Ils n'ont pas souffert.

Mais les soldats de garde ont été tués[3].

Le climat moral régnant à Grenoble au mois de novembre 1943 était si extraordinaire que la censure allemande autorisera exceptionnellement la parution, dans *Le Petit Parisien*, d'un reportage de Louis Rouillac. Après avoir affirmé que les Grenoblois n'osent plus sortir la nuit, Rouillac « fait parler » un interlocuteur, imaginaire ou bien réel, mais supposé résumer l'état d'esprit de la population :

> Grenoble est terrorisé. On voit des espions et des suspects partout. Certains admirant ou soutenant les terroristes et les réfractaires ont peur de notre police. D'autres, loyaux au gouvernement, craignent les représailles de ces réfractaires et de ces terroristes. D'autres encore approuvent les attaques des installations industrielles et des sièges des mouvements politiques, mais réprouvent les assassinats individuels qui n'ont le plus souvent pour mobile que la vengeance. Ils sont les plus nombreux.

1. La rue Diderot devra être évacuée.

2. Un gazomètre, atteint par l'attentat, ayant été détruit, les gardiens du Parc purent affirmer qu'ils avaient vu une grande flamme bleue surgir du gazomètre quelques minutes avant l'explosion.

3. Immédiatement après l'explosion, des soldats allemands, croyant à une attaque du maquis, tirailleront dans les rues, tuant ainsi une dizaine de personnes, dont deux journalistes : Abel Chantonnay et Henri Parrat.

Le reportage du *Petit Parisien* paraît le 11 novembre, alors, cependant, que les jours tragiques sont encore à venir.

Les Allemands — qui venaient de déporter quelques heures plus tôt des centaines de Grenoblois — n'ont pas réagi par de nouvelles arrestations à la destruction du Parc d'artillerie.

Croyant, ou feignant plutôt de croire, à un accident, ils se contenteront d'aggraver le couvre-feu mais, en vérité, plutôt que de se saisir de nouvelles victimes anonymes, ce sont les chefs de la Résistance qu'ils ambitionnent de capturer pour tenter d'en finir avec des actes de sabotage qui, moralement et matériellement, leur portent de très rudes coups.

Les 25, 26, 27, 28 et 29 novembre, leur riposte sera affreusement efficace. Elle ne pourra l'être que dans la mesure où ils sont renseignés, aidés, secondés par un certain nombre de collaborateurs français : francistes, miliciens ou PPF qui, eux aussi, ont des revanches à prendre.

Car, interrogé le 13 septembre 1945, Francis André — qui fut l'un des plus abominables tortionnaires au service de la Gestapo — dira que « l'expédition de Grenoble » avait été décidée « en représailles de la mort de plusieurs collaborationnistes de la ville, parmi lesquels se trouvait le professeur Gallet, de la faculté de droit et chef local du PPF ».

Pour réaliser ce que certains appelleront « la Saint-Barthélemy des résistants grenoblois », une équipe est venue en voiture de Lyon, sous la direction du lieutenant Moritz qui appartient au SD. Avec lui, Gritch, un Allemand de 1,85 m, qui dissimule toujours sa mitraillette sous sa gabardine, dans laquelle il a fait pratiquer une ouverture convenable.

Mais, outre Francis André, également plusieurs Français : René Sambert, Jean Durand-Gaillard, Jean Garbaro, Guy Athenosi.

Ce sont eux qui « exécuteront » le 25 novembre Georges Duron, modeste marchand de fleurs et de billets de la Loterie nationale, mais responsable PSF ; puis Roger Guigue, ex-employé du Parc d'artillerie, mais surtout chef du parti communiste clandestin. Ses assassins sont venus le chercher vers 18 heures en lui affirmant qu'il est convoqué par la police allemande.

— Je reviendrai dans une heure, dit-il à sa femme.

Au petit jour, on retrouvera son cadavre sur la route de Meylan. Près du corps, une pancarte : « Abattu par les antiterroristes. Sa mort répond de celle d'un patriote[1]. »

Le 26 novembre, c'est le Dr Girard qui est enlevé à 13 heures, puis, à 15 heures, le Dr Henri Butterlin, l'ingénieur électricien Audinos à 17 h 30 et le journaliste Jean Pain à 18 h 30. Les cadavres de tous ces hommes — dont certains, comme Pain, ont été torturés — seront découverts plusieurs heures plus tard. Dans le portefeuille du Dr Butterlin, une

1. Selon Francis André, Roger Guigue a été tué par Garbaro.

carte écrite au crayon : « Comité régional anti-terroriste. Région des Alpes. Cet homme a payé de sa vie l'assassinat d'un national. Vive la France ! A bas Giraud ! A bas de Gaulle ! »

Sur la route de Lyon, au bas de la montée du Chevallon, près du corps de Pain, un texte identique[1].

Girard, Butterlin, Audinos, Pain avaient tous un rôle important dans la Résistance. Le 27 novembre, à 2 heures du matin, c'est le chef régional des Mouvements unis de résistance lui-même, le Dr Valois, qui est capturé à son domicile clandestin de la rue Palanka. Par la torture, les agents de la Gestapo ont obtenu de Pain le mot de passe : « Je viens voir Hoche de la part de La Fayette », et même ils s'efforcent de contrefaire la voix du journaliste grenoblois.

La veille de l'arrestation de Valois, trois agents de la Gestapo avaient perquisitionné la chambre 56 de la clinique des Alpes dans laquelle se trouvait abrité Norbert, secrétaire du chef des MUR. Dans un placard, ils allaient trouver de nombreux documents mal camouflés[2] qui faciliteraient considérablement leurs opérations de police.

Interrogé et torturé à partir de 19 h 30, le Dr Valois sera ramené dans sa cellule à 5 heures du matin.

— Je ne pourrai pas supporter un autre interrogatoire, murmure-t-il à Gustave Estades, un résistant également arrêté.

— A quoi pensez-vous ? Maintenant, c'est fini. Ils vous laisseront tranquille.

— Non, car je n'ai rien avoué. Ils m'ont dit qu'ils m'interrogeraient à nouveau ce soir. Pourtant, ils savent à peu près tout. Ils ont arrêté ma secrétaire et j'ai l'impression qu'ils ont tout raflé. Ils ont arrêté aussi un jeune homme à l'hôpital. Il avait toutes sortes de papiers. Ils ont le code, la carte en couleur, la liste des chefs de secteurs, bref presque tout. Seulement, ils veulent des détails ; le peu qui leur manque. C'est pour cela que je vais y repasser.

Quelques minutes plus tard, à voix basse, car trois autres détenus se trouvent dans la cellule, Valois fera part à Estades de sa résolution.

— J'ai décidé d'en finir. Je ne me sens pas capable d'affronter sans parler une séance pareille à celle que je viens de subir.

— Que voulez-vous faire ?

— Il est 6 heures. Je vais m'allonger et je m'ouvrirai l'artère.

A l'aide de deux lames de rasoir qu'il a pu conserver, et malgré les supplications d'Estades, le Dr Valois mettra son projet à exécution. A la troisième incision, son sang giclera.

1. Le même jour, M. Bernard, agent d'assurances, dont le gendre, le lieutenant Bertaux, fournit des armes au maquis, est assassiné chez lui, place Vaucanson, sous les yeux de sa fille et de sa petite-fille.

2. Ces documents avaient été remis à Norbert par Valois. La clef du placard était cachée dans le matelas du lit de Norbert, mais un placard de clinique se fracture aisément...

Comme l'un de ses codétenus, réveillé, ne comprenant rien à la scène, prend peur et frappe à la porte pour appeler une sentinelle, il a la force de murmurer avant de mourir :

— Non ! n'appelez pas, n'appelez pas, ce n'est rien[1].

Le 29 décembre, à 8 h 30, c'est le Dr Carrier, un intime de Valois, que l'on vient arrêter alors qu'il s'apprêtait à gagner un refuge. A peine a-t-il le temps de saisir une arme, le voici mitraillé sous les yeux de sa femme et de son jeune fils. Vers midi, c'est Jean Bitesi, chef départemental de « Combat », qui est abattu de deux coups de revolver ; puis, à 16 heures, vient le tour de Jean Perrot, chef régional de « Franc-Tireur »[2].

A l'origine de tant de crimes exécutés par des Français se trouvent, hélas ! comme informateurs, des Français. Deux Français d'abord. Un couple misérable. Et de misérables.

Elle, Édith Girousse, sachant à peine lire et écrire, lui, Antoine Girousse, employé d'une manufacture de boutons-pression de Grenoble, qui a pour nom « le Prophète ». Tous deux appartiennent au parti de Marcel Bucard, le francisme, mais, et c'est infiniment plus grave, Antoine Girousse, après être parti volontairement travailler en Allemagne, s'est, dès son retour, mis au service de la Gestapo.

Pour tenter d'expliquer ses crimes, il dira qu'à son retour d'Allemagne une bombe avait ravagé son appartement et que, le journal communiste clandestin *Le Travailleur alpin* l'ayant dénoncé, il s'était trouvé sans situation et sans argent, puisque « le vide s'était fait autour de lui ».

C'est alors que, sur les conseils et la « recommandation d'un officier italien en garnison à Grenoble », il se rendra au siège de la Gestapo de Lyon où il sera reçu par Barbie qui l'enverra 14, boulevard des Belges, à un certain M. Robert.

Cet Allemand, qui parle remarquablement le français, qui dissimule son véritable nom et camoufle son activité policière sous la raison sociale

1. A son retour de déportation, Estades devait faire à Mme Valois le récit de cet héroïque suicide. *Cf.* dans le livre *La Bataille de Grenoble*, le texte d'Aimé Requet qui reprend ce témoignage.

2. René Gosse, doyen de la faculté des sciences, directeur de l'Institut polytechnique et de l'École de papeterie, et son fils Jean, également résistant, seront arrêtés dans la soirée du 21 décembre et assassinés à quelques kilomètres de la ville, à l'entrée du village de Saint-Ismier.

Universitaire d'une grande qualité humaine et scientifique, René Gosse, qui militait au parti socialiste, avait écrit pour *Témoignage chrétien* (n° de septembre 1943) un très beau texte qui débutait ainsi :

« Ouvrier français, un vieux militant socialiste qui croit en Dieu sans appartenir à aucune Église te parle. Si tu es croyant, il voudrait t'affermir dans ta foi. Si tu ne l'es pas, il voudrait t'amener au respect du divin. »

Lorsque la mort de René Gosse et de son fils Jean sera annoncée, les journaux de la collaboration laisseront entendre qu'elle est l'œuvre de « terroristes ».

des films… Neutra[1], va fixer à Girousse son pseudonyme — il sera LY 100 —, son salaire : 4 000 puis 6 000 francs par mois[2], et sa mission.

Interrogé le 18 septembre 1945, Girousse dira :

— D'après M. Robert, je devais essayer de m'introduire dans les organisations de résistance et les cellules communistes de Lyon pour tâcher d'en identifier les membres et connaître les lieux de réunion.

Il n'y réussira que trop bien, notamment grâce à sa femme Édith qui a été la malade, la maîtresse, puis la femme de ménage et l'infirmière du Dr Butterlin.

Entre Butterlin, résistant, et Édith Girousse, collaboratrice, les rapports sont étranges. C'est ainsi que Butterlin n'ignore nullement qu'Édith appartient à un parti favorable à la collaboration, le francisme, mais qu'il se vante auprès d'elle d'avoir fait poser des bombes chez des miliciens[3]…

On reste confondu, d'ailleurs, par les bavardages et les imprudences de certains résistants qui n'ont toujours pas pris la pleine mesure de l'ennemi et se résignent difficilement à des actions qu'ils ne feraient pas précéder de paroles vaniteuses et suivre de glorieux commentaires.

Où se retrouvaient la plupart de ceux qui seront arrêtés à Grenoble entre le 25 et le 29 novembre ? Au Palais de la Bière. Or, le Palais de la Bière est tenu par Rose M., une amie d'Antoine et d'Édith Girousse, favorable, elle aussi, au francisme. Lorsqu'elle sera interrogée, après la Libération, Rose M. dira, pour atténuer sa responsabilité, que le Dr Girard, qui venait fréquemment prendre l'apéritif, ne cachait nullement ses sentiments hostiles aux occupants et aux collaborateurs.

— Il était toujours bien informé des événements qui allaient se passer dans la ville à une date plus ou moins éloignée… Il savait à l'avance les noms des collaborateurs qui seraient l'objet d'un attentat par bombe. Il était toujours porteur de tracts et de journaux clandestins. Il ne se gênait pas pour exposer ses théories anti-allemandes.

Mais Antoine Girousse avouera avoir appris de Rose M. que « le Dr Girard, le journaliste Pain, M. Chevalier, fabricant de motos, M. Ducroizet, entrepreneur de transports à Grenoble, et un de ses cousins demeurant en Savoie, ainsi que le nommé Guigue, habitant rue Brocherie, étaient des chefs de la Résistance du Dauphiné ».

— C'est dans son établissement, ajoutera-t-il, que tous, sauf Guigue[4],

1. En septembre 1943, « Monsieur Robert » quitte Lyon pour Annemasse. Il est remplacé par « Monsieur Pierre », en réalité Arthur Truschnigg.

2. Girousse dispose également de deux cartes d'alimentation. Inédit.

3. Il dira même à Édith Girousse qu'il est à l'origine de l'explosion qui a ravagé son appartement et qu'il est prêt à « faire descendre son mari » s'il poursuit ses activités francistes. Déposition d'Édith Girousse, 18 septembre 1945. Document inédit.

4. Guigue est communiste, donc plus prudent que la plupart des autres résistants. Mais la fille de Mme M. travaille dans le salon de coiffure de Mme Guigue.

On trouvera confirmation des réunions tenues par les résistants au Palais de la Bière dans *La Bataille de Grenoble*, livre dont Louis Nal a rédigé la première partie, Requet la seconde.

se réunissaient pour discuter et pour prendre l'apéritif. En me donnant ces renseignements, Mme M. ignorait que je travaillais pour les Allemands, mais elle savait que j'appartenais au parti franciste. Elle me donnait ces renseignements sciemment pour que je les transmette au siège du parti à Paris pour qu'il intervienne contre la Résistance de Grenoble[1].

Ce n'est pas le parti franciste que Girousse préviendra, mais la Gestapo de Lyon, si bien que, lorsque l'équipe de tueurs, conduite par le lieutenant allemand Moritz et par Francis André, arrive à Grenoble le 25 novembre, elle connaît l'identité des principaux chefs de la Résistance et se trouve en possession des renseignements essentiels.

Renseignements que Moritz complète, dans l'heure qui suit son arrivée à Grenoble, grâce à Raoul Bertrand, délégué aux Sociétés secrètes, et à Berthon, inspecteur de la Milice.

La Gestapo interdira à la presse grenobloise, non seulement — cela se conçoit — d'évoquer les assassinats dont elle est coupable, mais encore de publier les avis d'obsèques des victimes de la semaine sanglante.

Quatre personnes par famille seront seules autorisées à suivre les cortèges funèbres. Ainsi les Allemands n'ont-ils pas à craindre ces manifestations silencieuses qui accompagnent les enterrements de patriotes lorsque, ce qui est peu fréquent, les corps ont été rendus aux familles.

« Combat », « Libération », « Franc-Tireur » décapités, le parti communiste atteint, des hommes traqués obligés de fuir, une résistance désorganisée, presque tous ses secrets étant désormais aux mains de l'ennemi, la Gestapo et ses collaborateurs français peuvent estimer en avoir, pour un temps, fini avec les attentats.

Ils seront rapidement détrompés…

Le 2 décembre, à 8 h 20, les élèves de la classe de seconde M du lycée Champollion sont en train de réfléchir au difficile problème que M. Grand, leur professeur de physique-chimie, vient de leur soumettre, et déjà plusieurs, tournant et retournant leurs porte-plume, se disent qu'ils n'y arriveront jamais, lorsqu'une énorme explosion secoue l'amphithéâtre dont les vitres volent en éclats. Ce sont les munitions entreposées à la caserne de Bonne, de l'autre côté du boulevard Gambetta, qui viennent de sauter.

Après la destruction du Parc d'artillerie, les Allemands avaient transporté là des munitions épargnées qui voisinaient avec les unités de feu destinées aux opérations de la garnison : le 3e régiment d'infanterie westphalienne arrivé de Russie où, à quatre reprises, il avait été cité pour son courage au feu.

Nal et Requet, qui connaissaient parfaitement la caserne de Bonne pour y avoir séjourné avant la guerre, l'un comme lieutenant, l'autre comme

1. D'après des documents inédits.

adjudant au 154e régiment d'artillerie, se trouvaient à l'origine d'un sabotage qui avait eu pour artisan Aloyzi Kospiski, un Polonais enrôlé de force par la Wehrmacht.

Afin d'écarter tout danger pour la population, Nal, en remettant dix crayons détonateurs à Kospiski, lui avait dit de les régler pour que l'explosion ait lieu entre 2 et 4 heures du matin[1] mais, pour une cause inconnue, c'est à 8 h 20 que les munitions vont sauter, provoquant la mort de cinquante soldats allemands et, dans le quartier, de considérables dégâts.

Cependant, dans l'amphithéâtre du lycée Champollion, après un intense moment d'émotion, la composition a repris, M. Grand, qui est allé aux nouvelles, s'étant contenté de dire à ses élèves que la caserne voisine venait de sauter.

En décembre 1943, cela ne paraît pas une raison suffisante — non plus que les vitres brisées et les écorchures des uns et des autres — pour que l'on s'arrête de chercher la solution d'un problème de physique[2] !

A 10 heures, tous les élèves, enfin libérés, se retrouvent dans la cour où circulent les rumeurs les plus folles. Les résistants sont passés par les égouts…, non par des souterrains… Il y a des centaines de morts… Quelles seront les représailles et sur qui les Allemands se vengeront-ils ?

La récréation se prolonge anormalement et voici longtemps que les dix minutes réglementaires sont écoulées lorsque le professeur de chant — une Alsacienne — vient chercher les élèves de seconde, peu pressés, tant l'événement est extraordinaire dans une ville pleine d'événements peu ordinaires, de regagner leur classe.

Chanter ? Est-ce un jour à chanter ?

Oui. Car, tandis que des officiers allemands pénètrent dans le lycée Champollion, immédiatement réquisitionné à l'intention des Westphaliens, l'Alsacienne fait chanter à ses élèves tout ce que leur répertoire, des *Allobroges* à *La Marseillaise*, peut comporter de chants patriotiques.

Ainsi, le 2 décembre, à Grenoble, la Résistance prouve-t-elle à une population traumatisée par des exécutions, qui n'ont nul besoin d'être annoncées par la presse pour être connues, que la lutte continue.

Et, de cette vérité, des lycéens de 16 ans, tremblant d'émotion patriotique aux paroles de *La Marseillaise*, prennent eux aussi conscience.

---

1. Aloyzi Kospiski rejoindra la Résistance et sera tué le 20 août 1944, lors de l'attaque d'une colonne allemande à Domène, près de Grenoble.
2. Mais, tout le monde ayant copié sur tout le monde, les résultats de la composition seront annulés. Les renseignements concernant le lycée Champollion m'ont été fournis par M. Charles Chaboud, alors élève de seconde M, et qui rejoindra le maquis quelques mois plus tard.

10

L'ANNÉE LA PLUS DURE

Oui, de toutes les années d'occupation, ce fut l'année la plus dure.

1940 est certes l'année du grand choc, du sang répandu, de la honte et des larmes, mais l'occupation ne provoque pas encore de réflexes violents dans une France stupéfaite où des vainqueurs trop aisément vainqueurs pillent « correctement » les entrepôts, les boutiques et les vergers grâce à l'argent des indemnités quotidiennement versées par l'occupé.

L'année 1941 est celle d'une lente prise de conscience jusqu'à l'instant où la fracassante nouvelle de la guerre germano-soviétique lance en totalité le parti communiste dans la Résistance et impose un rythme accéléré à des combats menés jusqu'alors au moyen de petits journaux clandestins, et de fragiles et téméraires réseaux d'espionnage.

Les attentats communistes d'octobre 1941, qui font 2 morts allemands, et les représailles qui suivent — 98 otages fusillés à Châteaubriant, Nantes, Paris, Bordeaux — ne ruinent pas seulement le principe même de la collaboration, c'est un cycle nouveau qui débute.

En 1942, tout ce qui était informel se structure, tout ce qui était délicat se consolide, tout ce qui était libéral se durcit.

Et tous — occupants et occupés — contribuent à ces profondes modifications, de sentiments et de structures.

Les Allemands, dont les pertes en Russie aggravent les exigences, exaspèrent la philosophie raciste, multiplient les activités policières et intensifient l'atrocité de la répression ; Vichy, qui a cessé d'être le Vichy de l'automne 1940, pavoisé de tricolore et de bons sentiments, pour devenir une ville inquiète, repliée sur elle-même, désertée par les habiles et où Pierre Laval, incapable de maîtriser les événements, ruse avec eux pour se convaincre, et pour convaincre les Français, qu'il a décidé ce qui lui a été imposé, parfois au terme d'atroces discussions ; de Gaulle, enfin, qui ne peut rester plus longtemps prisonnier de son orgueilleuse, volontaire et involontaire solitude car, pour triompher de ses concurrents et persuader des alliés réticents ou hostiles, il lui faut désormais l'adhésion d'un peuple, et non point seulement la certitude, constamment proclamée, qu'il incarne la France et la poignée de soldats ralliés à son étoile.

En histoire, le calendrier ment souvent.

1943 débute véritablement le 8 novembre 1942 avec le débarquement anglo-américain en Afrique du Nord puis, trois jours plus tard, avec l'invasion de la zone non occupée.

Des fictions s'évanouissent. Des réalités disparaissent.

Si la Résistance a pu se développer comme elle l'a fait, c'est bien parce qu'il existait, en zone Sud non occupée, un terrain plus favorable qu'en zone Nord, une armée de l'armistice et une administration en partie complices, avec d'infinies nuances dans l'arc-en-ciel de la complicité.

Vichy — surtout lorsqu'il s'agit des communistes et des juifs — n'a certes pas grande indulgence, mais j'ai montré dans mes livres précédents, que ce qui, à Paris, pouvait être puni de mort par les tribunaux allemands — je songe notamment aux peines qui ont frappé, au printemps de 1941, les résistants du musée de l'Homme — était, en zone non occupée, sanctionné le plus souvent par quelques mois ou quelques années de prison.

Ce qui ne constitue pas une excuse, ce qui ne signifie pas que camps et prisons de Vichy, où les Allemands viendront d'ailleurs puiser, n'ont pas été détestables, mais ce qui prouve au moins des différences sensibles, suivant que l'on habite, agit, résiste et souffre d'un côté ou de l'autre de la « ligne ».

A partir de novembre 1942, ces différences disparaîtront brutalement, pour la plupart, et la transition sera fatale à bien des résistants.

De Lyon à Marseille, de Toulouse à Grenoble, la police allemande, aidée, renseignée, guidée par des Français déshonorés qu'anime le goût de l'argent ou la passion de la traque, se précipitera pour cueillir des hommes qui n'avaient pas assez appris à se méfier.

L'année 1943 sera donc l'année des grands départs, des grandes actions, des grandes rafles et des grands sacrifices.

Année des grands départs.

Les évasions par l'Espagne constituent l'un des épisodes les moins connus et les moins souvent évoqués de la vie sous l'occupation.

Cependant, ce sont 23 000 à 33 000 Français qui ont réussi l'aventure, ce qui signifie, car le taux d'échec est de 50 %, que plus de 50 000 hommes et femmes ont tenté, malgré l'opposition de la gendarmerie et de l'armée allemande, de rejoindre Londres, et surtout à partir de novembre 1942, les forces françaises se reconstituant en Afrique du Nord.

Dans la majorité des cas, ceux qui abandonnent tout pour se lancer dans une aventure hasardeuse ne le font nullement pour sauver leur vie mais, au contraire, pour la mettre au service de la France. Selon les statistiques de la Confédération nationale des évadés de France et des internés en Espagne, 9 800 d'entre eux s'engageront, en effet, à la 1re armée, 6 500 dans la 2e DB, 6 700 dans l'aviation, la marine, les commandos et les parachutistes.

Chiffres imposants, trop souvent oubliés, qu'il était nécessaire de rappeler aux Français.

Combien sont-ils ceux qui ont réussi leur évasion? Les chiffres diffèrent et, une fois encore, alors qu'il s'agit d'un événement récent, les statistiques sont mouvantes. 12 000, écrit le général de Gaulle dans ses *Mémoires*, 20 000, assure Henri Michel, 23 000, affirme Mgr Boyer Mas qui, à Madrid, tint un rôle charitable de première importance, 28 000, prétend l'*Histoire de la Résistance*[1], 33 000 disent ceux qui utilisent les renseignements fournis par la Confédération nationale des Anciens combattants français évadés de France et des internés en Espagne.

En désaccord sur les chiffres, tout le monde s'accorde à reconnaître que l'année 1943 vit, à la suite de la dissolution de l'armée de l'armistice, le plus grand nombre de passages : 18 540 contre 260 en 1940, 1 760 en 1941, 7 580 en 1942[2] et 4 860 en 1944.

En 1941 et 1942, ceux qui franchissaient les Pyrénées le faisaient en fonction de leur âge, de leur situation de fortune ou de leurs sentiments patriotiques, soit pour gagner Londres et rejoindre de Gaulle, soit pour fuir jusqu'aux États-Unis.

En 1943, le Maroc et l'Algérie paraissent, à beaucoup de demi-solde d'une armée de l'armistice honteusement tirée du lit le 27 novembre à l'aube, et jetée hors de ses casernes, les terres de liberté où se prépare la revanche. Ils ne savent pas que, longtemps prisonniers à Miranda, ou dans l'une des nombreuses geôles espagnoles, ils mettront des mois avant de les atteindre.

Encore faut-il partir.

18 540 passages en 1943 ; 18 540 aventures individuelles ou presque, car la décision de rejoindre l'Afrique du Nord, les préparatifs du départ, le choix du secteur pyrénéen, son approche, le franchissement de la zone interdite, la quête d'un passeur, les longs marchandages et les surprises qu'ils provoquent, représentent des opérations pour tous indispensables, pour tous différentes.

C'est au terme d'une longue suite de déceptions que le lieutenant de Witasse décide de franchir les Pyrénées.

Fait prisonnier en 1940, évadé d'un camp d'Allemagne, accueilli du

1. Collection « Que sais-je ? »
2. Selon la Confédération nationale des Anciens combattants évadés de France. La plupart des passages de 1942 ont eu lieu en novembre et décembre, avant que les Allemands, ayant envahi la zone libre, n'installent sur la frontière pyrénéenne, dont ils n'avaient occupé en 1940 qu'une faible partie, des effectifs de surveillance adaptés.

bout des lèvres, en zone non occupée, par certains chefs militaires qui lui reprochent parfois d'avoir faussé compagnie à ses geôliers comme s'il avait, ce faisant, manqué à quelque subtile règle de bienséance; bouleversé par la dissolution de l'armée de l'armistice qui l'atteint à Annecy au sein du 27e bataillon de chasseurs alpins[1], mais ne se jugeant pas apte à la lutte clandestine, Witasse décide, après avoir régularisé sa situation militaire auprès de bureaux compréhensifs[2], de gagner l'Espagne. Il part en février, en compagnie d'un capitaine dont tout — les précautions excessives, les airs mystérieux, le vêtement lui-même — indique qu'il est «candidat au voyage».

Après un échec à Perpignan, voici le lieutenant de Witasse de retour à Vichy où l'accueillent avec ironie ceux qui l'ont vu partir avec, peut-être, le remords de ne pas avoir eu le courage de l'imiter[3].

En avril 1943, cependant, il prendra un nouveau départ pour Paris, puis Toulouse, en compagnie de Cantarel et de Delepierre, comme lui anciens officiers du 41e bataillon de chars, de trois sous-officiers des chars : Parmentier, Loiseau, Colment; du colonel Chappuis, des lieutenants Julien et Vermeulen.

La chaîne est organisée par l'Intelligence Service et rien dans la tenue des voyageurs ne doit attirer l'attention, c'est-à-dire que sacs dorsaux et chaussures de marche sont strictement proscrits. De Toulouse, Witasse et ses compagnons gagneront individuellement Foix où, le 21 avril, ils seront regroupés, sous la conduite de leur premier guide, pour la première étape de leur traversée[4].

Autant que sa volonté de rejoindre de Gaulle, ce sont les arrestations de juifs en zone non occupée qui décident le jeune Claude Weill à franchir la frontière.

Dans la nuit du 5 au 6 octobre — donc un mois avant l'invasion de la zone libre et alors qu'il n'a à craindre que les seuls gendarmes et douaniers français —, il quitte Béziers pour Perpignan avec, cousues dans la ceinture de son pantalon, quelques bricoles en or et, sur le dos, un sac contenant du linge et des conserves familiales.

A Perpignan, le passeur, après s'être fait attendre plusieurs jours, se

1. Le 27e BCA était commandé par le chef de bataillon Vallette d'Osia, qui prendra, au début de 1943, la direction du maquis des Glières. A la tête du 27e BCA, Vallette d'Osia a été remplacé, au cours de l'été de 1942, par un officier infiniment plus «souple» et plus sensible aux ordres venus de Vichy.

2. Durant toute la période qui va de novembre 1942 à août 1944, l'Intendance militaire a continué à verser leur solde aux officiers qui sont dans la clandestinité… et, sinon directement à eux — bien qu'ils aient obligation de faire acte de présence chaque mois —, du moins à leur famille.

3. Le lieutenant de Witasse fréquentait des milieux officiels qui n'ignoraient pas sa résolution. Il comptait notamment des amis dans l'entourage d'André Demaison, responsable de la radio. André Demaison lui-même n'ignorait pas son projet, mais jamais il ne fut trahi.

4. Tous ces détails sont extraits des souvenirs inédits du général de Witasse.

présente enfin, et c'est pour recommander l'abandon de tous les papiers et de la plupart des vêtements. Quant au contenu des vêtements, il sera enveloppé — écrira plus tard Claude Weill — « dans un somptueux papier, jaune et brillant, tout à fait la couleur réservée aux empereurs de Chine. Ainsi, poursuit-il, nous serions sûrs de passer inaperçus en Espagne, avec nos pantalons de golf et nos bas blancs, ce qui constituait à s'y méprendre le costume national des hidalgos. Les paquets jaunes mettaient une touche supplémentaire de couleur locale ».

Henri Delattre, qui, pour rejoindre les forces françaises d'Afrique du Nord, a fait avancer la date d'une opération[1], quitte Paris au début du mois de juin. Il a reçu avant son départ la visite d'une dame « mystérieuse » qui lui recommande de se présenter à Toulouse chez Mlle Calmels, responsable d'une « ligne » — c'est le nom que retiendra l'Histoire — en direction de l'Espagne.

Lorsqu'il pénètre dans l'appartement de Mlle Calmels, rue Raymond-IV, Delattre se trouve en présence de cinq ou six candidats. Un septième arrive, puis un huitième et un neuvième. Bientôt, ils sont douze… à attendre, de la dévouée et courageuse Mlle Calmels, la solution à leurs problèmes. Hélas ! Ils apprennent que le départ est ajourné. Il n'est plus question, en effet, de rejoindre Saint-Girons, trop surveillé. Mais patienter à Toulouse lorsque l'on a vingt ans, peu d'argent et que les Allemands, qui depuis longtemps ne sont plus dupes, surveillent particulièrement les hôtels et font de fréquentes rafles, n'est pas chose aisée.

Delattre trouvera à s'abriter dans une mansarde et, ne faisant qu'un repas par jour, il passera ses journées à la piscine municipale, ce qui lui semble encore la meilleure façon de préserver son anonymat.

Le 19 juin, la filière de Saint-Girons abandonnée, il rejoint Pau avec vingt autres futurs évadés répartis dans différents compartiments du train. Pau étant alors un centre de convalescents pour la Luftwaffe, tous les hôtels sont occupés par les Allemands, mais Henri Delattre a la chance d'être recueilli par l'épouse d'un militaire qui a déjà rejoint l'Afrique du Nord et qui, pour le laisser se reposer, se replie avec ses deux filles dans une chambrette.

Deux jours plus tard, leur « contact » donne instruction aux garçons de prendre le car pour Oloron-Sainte-Marie où ils trouveront des passeurs et seront regroupés avec d'autres candidats à l'évasion. Guidés par quelque mystérieuse intuition, ils seront sept candidats à décliner cette proposition. Sept qui seront sauvés[2], tous les autres étant capturés en montagne.

Le 22 juin enfin, Delattre et ses six amis quittent Pau dans un camion

1. Le médecin, qui l'examinera quelques semaines plus tard, ayant jugé que son état lui interdisait toute réquisition pour le STO, Delattre aurait donc pu demeurer paisiblement au domicile familial.

2. Gaillot, Jantzen, Moulonguet, Riboulot, Demerson, Delvert, Delattre.

de déménagement où ils ont été camouflés sous des couvertures ou « dissimulés » entre les deux tours du gazogène. C'est en slip — la chaleur du gazogène ajoutant à la chaleur du soleil — qu'ils parviennent près de Mauléon et s'arrêtent pour se rafraîchir, se rhabiller et recevoir les instructions de leurs guides.

A cinq minutes d'intervalle, il s'agit de traverser, deux par deux, la petite ville où les Allemands sont en train d'effectuer du maniement d'armes, puis de gagner une ferme qui offrira un refuge pour la nuit avant de reprendre, le lendemain, la marche en direction du col d'Hoste pour rejoindre une auberge de montagne située à Aincille.

Ce sera la dernière étape, celle qui précédera le bond final, permettant aux jeunes Français de franchir, à l'aube, la Nive sans être aperçus des patrouilles allemandes qui, toutes les dix minutes, vont et viennent, passent et repassent.

Trois aventures. Plus de dix-huit mille aventures pour la seule année 1943. Elles qui débutent presque toutes de façon identique, par la séparation familiale, par des ruptures sociales malaisées — sur les 300 séminaristes d'Issy-les-Moulineaux, ils ne sont que 2 qui, en juillet, partiront avec Maurice Cordier — ou émouvantes : le 4 mars, l'aumônier de la Visitation célébrera une messe à l'intention de Pierre Lefebvre qui, à Paris, prend le train pour Bordeaux, sa première escale.

Après les arrachements familiaux, après les errances, car bien peu de ces garçons atteignent aisément les parages de la frontière espagnole, et certains récits envoyés par mes lecteurs constituent de véritables romans d'aventures dans la France de 1942 ou 1943, il faut découvrir ce personnage secret, inquiétant comme un sorcier, appartenant à un monde situé à quelques années-lumière de celui des villes, parlant plus souvent le basque et l'espagnol que le français, âpre au gain ou généreux suivant son humeur et ses passagers, mais sachant lire le ciel et déchiffrer la montagne : le passeur.

On a souvent écrit sur les passeurs, je veux dire sur les passeurs professionnels. A ma connaissance, aucun passeur professionnel n'a couché sur le papier ses souvenirs. Ces hommes ont donc toujours été décrits *de l'extérieur* par des garçons qui n'ont fait que les entr'apercevoir, ignorent qu'ils appartiennent à un autre monde, à une autre civilisation, monde rural, monde et civilisation montagnardes du XIXe siècle plus que du XXe et qu'ils nous demeurent parfaitement inintelligibles aujourd'hui où l'auto, le train, la télévision ont nivelé tant de différences.

Avant 1940, ils gagnaient leur vie par la contrebande.

Ils continuent. Les hommes qui, à la fin de 1942, guident Roland Pré[1]

1. Il s'agit du responsable gaulliste qui, en août 1944, négociera avec von Choltitz afin que Paris soit épargné et qui, après la Libération, renonçant à toute politique active, sera nommé gouverneur du Gabon.

et ses camarades, d'Andorre jusqu'à Barcelone, transportent sur leur dos une marchandise qui, en Espagne, vaut alors son pesant d'or : des boîtes de préservatifs.

Dans un univers de pénurie et de marché noir, d'Espagne, ravagée par la guerre civile, en France où l'économie est affaiblie par l'occupation, ils vont et viennent, apportant aux citoyens d'un pays ce que les autres possèdent encore.

Entre 1940 et 1944, les hommes convoyés le seront assez souvent pour des raisons patriotiques, mais il est bien peu de récits, parmi tous ceux qu'il m'a été donné de lire, dans lesquels le problème de l'argent n'ait été évoqué de façon désagréable par les rescapés de l'aventure.

Sans doute le passeur professionnel court-il le risque de l'arrestation et de la déportation, sans doute n'a-t-il généralement pas d'autre métier que celui de contrebandier, mais il se livre parfois à des marchandages qui, en pleine montagne, ressemblent à du chantage. Les prix varient d'ailleurs suivant le péril du moment… et presque suivant l'allure, le physique, la situation de fortune supposée du candidat. Pour le même passage et les mêmes difficultés, le même passeur peut aussi bien demander 40 000 francs que 4 000 francs.

Lorsque Jean-Paul Raudnitz veut passer en Espagne, à la fin de décembre 1942, le prix fixé initialement à Pau est de 30 000 francs PAR PERSONNE. Quinze jours plus tard — les Allemands s'étant installés en force dans la région et leur présence troublant la fourmilière —, voici le prix porté à 50 000 francs.

Raudnitz étant accompagné des jeunes Christian Gide, Frédéric Ourback et Kamerer, ce sont donc 200 000 francs qui seront versés au guide à une époque, il est nécessaire de le rappeler, où 5 000 francs représentent un salaire mensuel relativement élevé. Même si la somme est partagée entre plusieurs personnes (rabatteur, hôteliers, guide), 200 000 francs constituent donc l'équivalent de trois ans et demi ou quatre ans de salaires.

Encore le travail payé est-il parfois imparfaitement accompli.

Suivons toujours Jean-Paul Raudnitz. Transporté avec ses trois amis sous une bâche étendue dans la camionnette d'un boucher, il est abandonné près d'un village de montagne aux soins d'un guide qui, dès les premières neiges, annonce :

— A présent, je vous laisse, vous n'avez qu'à continuer en suivant cette direction-là et, finalement, au bout de quelques heures, vous arriverez à la frontière et en Espagne.

— Mais il y a tout de même quelques montagnes à franchir ou à contourner et comment saurons-nous nous diriger sans boussole si nous ignorons le chemin à suivre ?

— Vous trouverez bien, vous n'avez qu'à suivre à peu près la même direction et y revenir chaque fois que vous aurez changé d'orientation.

Ils trouveront, en effet. Mais non sans difficulté, fatigue et grands périls.

Encore ne seront-ils pas les plus malheureux.

En 1958, alors que je rassemblais des documents pour le premier de mes ouvrages sur la vie des Français sous l'Occupation, il m'a été possible de consulter le dossier de l'affaire Cabrero, du nom de ce passeur assassin, en pleine montagne, de Jacques Grumbach, rédacteur au *Populaire*, qui fuyait, en compagnie de Pierre et André Dreyfus-Schmidt, de Roger Lanzalbert et de Jean-Paul Scherrer, la France occupée.

Dans le hall de la gare de Toulouse, les cinq compagnons avaient versé chacun 35 000 francs à un Espagnol.

En montagne, Cabrero se plaindra cependant de ne pas avoir été payé.

— Comment, dit Dreyfus-Schmidt, nous avons versé 35 000 francs par personne.

— Pas à moi, moi je n'ai rien touché. Je veux 25 000 francs.

— Mais puisque nous avons déjà payé !

— Vous choisissez, je vous quitte maintenant ou vous me donnez 25 000 francs.

— 25 000 francs !

— Chacun 25 000.

Les évadés — dont la tentative n'a pas encore réussi — rassemblent leur fortune : 40 000 francs, et Dreyfus-Schmidt rédige une lettre grâce à laquelle Cabrero, de retour d'expédition, pourra toucher 100 000 francs.

A cet instant précis, Cabrero a déjà tué Jacques Grumbach qui, épuisé, incapable physiquement de suivre, s'est de surcroît fracturé le talon gauche et a été laissé en arrière.

Aux amis de Grumbach, Cabrero, après avoir simulé des recherches, s'est contenté de dire qu'il n'avait découvert personne mais qu'il battrait à nouveau la montagne le lendemain. Le lendemain, il affirmera que Grumbach est redescendu vers la France, et ce crime serait toujours demeuré ignoré si, le 17 septembre 1950, un squelette n'avait été découvert, puis identifié à la suite de longues et difficiles recherches qui devaient révéler d'autres drames[1].

Une enquête policière ne peut toujours aller droit au but. On exhume un cadavre, des fragments de vêtements, une pipe, quelques livres dont un roman policier anglais[2]. Comment, dans cette montagne où les drames

1. Après avoir tué Grumbach, Cabrero s'était emparé de son portefeuille contenant ses papiers d'identité.

Arrêté, Cabrero fut jugé par la cour d'assises de l'Ariège. Pour sa défense, il allégua les ordres verbaux d'un colonel français, décédé bien avant le procès, et qui lui aurait dit que les passeurs devaient tuer leurs clients plutôt que de les abandonner en montagne ou de compromettre la sécurité du convoi.

Cabrero devait être acquitté le 29 mai 1953.

2. Grumbach emporte dans son sac à dos plusieurs ouvrages de philosophie. Passant les Pyrénées en novembre 1942, mon ami Robert Aron avait avec lui les *Poèmes* de Vigny, le *Théâtre* de Corneille ainsi qu'un ouvrage de Proudhon, *De la justice dans la Révolution et l'Église*.

n'ont pas manqué, connaître rapidement le nom de la victime ? Une piste s'arrête brutalement. Une autre piste conduit à des personnages qui, pour être étrangers à la victime, n'en sont pas moins responsables de tragédies différentes.

C'est dans le dossier Cabrero que j'ai découvert des éléments du dossier Iglizias et notamment les lettres bouleversantes que je vais citer.

Le 10 juin 1943, Iglizias conduit en Espagne 24 jeunes qui veulent rejoindre l'Afrique du Nord. Mais, déjà, il a trahi pour 100 000 francs les garçons qui lui ont fait confiance.

Cela ne lui paraît pas suffisant puisque, à quelques centaines de mètres de ce qu'il dit être la frontière espagnole, il joue, lui aussi, la comédie du guide mal payé. Ses « clients » sont des adolescents qui souvent ont emprunté à des amis ou à des parents quelques milliers de francs pour payer leur passage, qui, toujours, ont investi dans l'aventure leurs pauvres économies. Sa quête lui rapporte 40 000 francs. Pierre Courties lui remet 4 000 francs, toute sa fortune, Roger Simon, Yves Cazaniol, Pierre Laclotte, Gaston Caillabet, d'autres encore l'imitent.

— En échange, vous emporterez bien quelques lettres pour nos familles ?

Pourquoi Iglizias n'accepterait-il pas ? Dans quelques minutes, et il le sait, tout sera fini puisque les Allemands sont postés derrière la crête.

Ce sont ces misérables et touchants bouts de papier arrachés à des carnets et sur lesquels, au crayon, sont griffonnés des messages hâtifs que je devais retrouver, en 1958, dans un dossier poussiéreux.

> Arrivé en Andorre en parfaite santé, ne vous en faites pas. Marcel.

> Chers parents. Bien arrivé à l'Andorre en très bon état et beau temps. André, Louis, Jean.

> Ma chère petite Lulu, c'est après un très long voyage dans la montagne, je t'écrit ces quelques lignes pour te faire savoir que nous sommes arrivés tous en bonne santé, maintenant ne craint plus rien, nous sommes en sécurité, nous rentrons en Endorre à 4 heures du soir. Tu écriras chez les adresses des copains. Dis-leur qu'i sont en bonne santé aussi qu'ils ont traversé la Frontière. Je crois revenir vite, ne t'en fait pas.

Iglizias a ramassé toutes les lettres. Il les mettra à la poste, c'est promis.

— Au revoir, les gars. Continuez tout droit. Derrière la crête, vous y êtes.

Ils y sont.

Derrière la crête, les Allemands attendent et ouvrent le feu[1].

1. D'autres guides trahiront. Ainsi celui qui sera responsable, le 13 juillet, de l'arrestation par les Allemands du lieutenant de vaisseau Bonnal, du sous-lieutenant Lamothe, d'André et Georges Montel, fils de Pierre Montel, ancien adjoint de Georges Villiers à la mairie de Lyon, puis, le 18 juillet, d'Yves Montel, qui, affreusement torturé, tentera de se suicider, ainsi que de 5 officiers dont l'un — le capitaine Jean-Pierre — sera tué.

Ces événements sont malheureusement exacts et ils ont contribué à ternir l'image des passeurs, mais, à côté de ceux qui trahissent, combien d'hommes de bonne volonté, de dévouement et de courage.

Agé de 19 ans en 1943, Jean Lamouche est l'un de ces très nombreux garçons qui, des mois durant, errent solitairement avant de découvrir une filière. Il a le bonheur d'être reçu, à Mauléon, dans une famille d'Espagnols républicains qui l'accueille presque comme un fils. Toute la fortune de Lamouche : 40 francs et un couteau à cran d'arrêt ! Bien peu, dit-il...

Qu'à cela ne tienne, on l'aidera. En février 1943, la neige tombe en abondance et il faut qu'il patiente. François Blasquiz, qui vit avec sa mère, ses deux frères et sa sœur, dans une modeste maison à la sortie de Mauléon[1], lui offre donc l'hospitalité.

— Pour combien de jours ? demande timidement Jean Lamouche qui songe à ses 40 francs.

François Blasquiz répond qu'il ne sait pas, mais que cela n'a guère d'importance. On s'arrangera dans la grande fraternité de la pauvreté et du courage.

> Je reste planqué dans cette famille plus d'une semaine. Mme Blasquiz change mes boutons militaires[2], enlève mes écussons pour essayer de donner à mon costume militaire une allure civile.
>
> Je brûle tous mes papiers. François me met au courant pour le passage en Espagne. Aux postes frontières, nous serons arrêtés par les carabineros et surtout que je leur dise que je suis canadien, car je risque d'être remis aux autorités allemandes[3] si je dis que je suis français et je risque de me retrouver dans un camp nazi.

---

1. Le père de François Blasquiz est emprisonné en Espagne.

2. Jean Lamouche s'était engagé dans l'aviation en espérant ainsi pouvoir gagner l'Afrique du Nord. Après la dispersion de l'armée de l'Armistice, il a été affecté à la Défense aérienne du territoire.

3. La Confédération nationale des Évadés de France et des Internés en Espagne et les renseignements en ma possession ne fournissent aucune indication permettant d'affirmer que des évadés français ont été remis par l'Espagne aux autorités nazies, et cela malgré les nombreuses réclamations allemandes. Jordana, ministre des Affaires étrangères espagnoles, répondait d'ailleurs qu'il ne pouvait contrôler cette zone frontalière française que l'armée allemande se trouvait impuissante à surveiller efficacement.

En revanche, 1 860 évadés en France ont, *avant le 13 novembre 1942*, été remis aux autorités françaises et jugés par les tribunaux de Pau, de Perpignan, de Foix et de Saint-Girons. Les peines variaient généralement entre 15 jours et un mois de prison, *mais*, ces peines effectuées, le garçon arrêté était envoyé en Allemagne au titre de la Relève.

Lorsque les Allemands arrêteront les candidats au franchissement des Pyrénées, ils les déporteront dans la plupart des cas.

Dans une lettre à Pierre Laval (31 juillet 1943), François Piétri, ambassadeur de France à Madrid, se plaindra amèrement de l'invasion de « jeunes gens qui cherchent à échapper à la mobilisation du travail et parmi lesquels, à côté d'un petit nombre que guide, sans aucun doute, l'intention de se faire enrôler dans l'armée de Giraud [on a vu qu'il ne s'agissait pas du petit nombre mais du plus grand nombre], se glissent par bandes entières les pires

Il m'explique aussi que je serai mis en prison et certainement en camp de concentration, pour combien de temps, il ne sait pas.

Le départ arrive un soir pour une courte étape, je dois rejoindre Tardets, je fais mes adieux à cette famille qui m'a si bien accueilli, en promettant de revenir la guerre finie si j'ai le bonheur d'en sortir.

François m'accompagne jusqu'à Tardets où je me retrouve avec deux Belges dans une chambre aménagée dans un grenier. C'est une jeune femme qui nous apporte à manger. On lui demande des renseignements, nous apprenons que nous sommes dans un café du village et que l'on attend un meilleur temps pour passer la montagne.

Au bout de 4 ou 5 jours, la jeune femme nous avertit que le départ est prévu à la tombée de la nuit.

En effet, elle vient nous chercher comme prévu et nous retrouvons quatre personnes qui viennent de Paris et le passeur dans la cuisine de la maison où nous avons séjourné, le guide explique que nous devons franchir le pont en face du café un par un à son signal et se regrouper dans le fond du jardin dont la porte est ouverte… Après environ 4 heures de marche rapide, nous arrivons à une ferme dans la montagne. Là, on nous sert une bonne soupe et nous changeons de guide.

Après nous avoir remis un bâton de bois de presque 2 mètres, le passeur nous expliqua que nous aurions besoin de ce bâton pour mieux se tenir sur la pente de la montagne, que lui nous faisait traverser la vallée et qu'un autre passeur prendrait le relais, car nous devions atteindre la frontière avant le lever du jour […]. La neige est glacée et la pente très abrupte. Les dernières centaines de mètres sont très pénibles, à chaque pas nous avons peur de glisser dans une crevasse, heureusement que nous avons un guide expérimenté. Arrivé en haut, le guide s'excusa de nous laisser là, car la frontière se trouve dans le fond de la vallée. Il nous a appris à nous servir de notre bâton sur une pente verglacée, je lui remis mon couteau à cran d'arrêt et suite à ses indications nous descendons vers la vallée et suivons la rivière jusqu'à une maison de forestier où un petit pont de bois enjambait la rivière et nous demandions au forestier les carabineros…

J'ai largement cité le récit de Jean Lamouche pour lui conserver sa fraîcheur et son innocence d'écriture. Il n'est pas exemplaire puisque presque chaque passage représente une aventure différente. Il a toutefois le mérite de montrer non seulement les passeurs, mais encore ceux qui conduisent jusqu'aux passeurs, ceux qui hébergent et nourrissent les fugitifs, sous un jour quelque peu différent des légendes trop roses ou trop noires.

Et le don du couteau à cran d'arrêt de Jean Lamouche valait bien d'être cité au même titre que le don d'une liasse de billets de mille.

éléments : communistes, contrebandiers, condamnés de droit commun, etc., dont la volonté affichée est de demeurer en Espagne… »

François Piétri, n'hésitera même pas à dénoncer les points de passage les plus fréquentés, qui sont évidemment connus des autorités françaises, mais le procédé n'en demeure pas moins particulièrement choquant.

Mme Eychenne, auteur de longues et passionnantes études menées sur le terrain même et auprès des survivants, a pu écrire en parlant des réseaux d'évasion qu'ils « ressemblaient à des agences de voyages qui, en gros, recruteraient des candidats à l'évasion, des porteurs de renseignements et achemineraient le tout sur l'Espagne ».

A côté des futurs fantassins ou des futurs commandos, de la piétaille des adolescents de bonne volonté, il faut acheminer en direction de l'Espagne — c'est-à-dire de la liberté — des aviateurs anglais, américains, canadiens dont l'appareil a été abattu au-dessus de la Belgique ou de la France et qui, sauvés par leur parachute, recueillis par des résistants, ne peuvent, sans péril grave, demeurer longtemps en zone occupée.

Il faut faire passer des courriers et, jusqu'au dernier instant, le courrier d'Espagne, qui permet l'écoulement d'un volumineux trafic, sera utilisé en parallèle avec la radio clandestine plus rapide certes, mais infiniment plus menacée, donc plus succincte.

Il est également indispensable d'assurer le franchissement des Pyrénées à des « personnalités » de la Résistance, de l'armée et de la politique, qui ne peuvent bénéficier d'un enlèvement par ces précieux mais rares petits avions Lysander et qu'il faut, en quelque sorte, « prendre par la main » d'un bout à l'autre de la « ligne », mener à bon port et bonne adresse en Espagne, afin qu'elles ne perdent pas leur temps... et leurs kilos dans ces prisons et ces camps où sont enfermés des milliers d'adolescents anonymes.

C'est surtout, mais non uniquement, à l'intention de ces privilégiés — aviateurs, courriers, personnalités, officiers — que seront créés des réseaux de passage dont les plus fameux s'appelleront « Comète », « Sabot », « Bret Murton », « Talence », « Dragon », « Édouard III », « Wisigoth-Lorraine »[1], « Pat O Leary », qui effectue principalement des franchissements par l'Ariège, la Haute-Garonne et la Catalogne, et, bien entendu « Maurice », créé par le général Mollard et animé par l'infatigable colonel Noetinger[2].

Les principaux mouvements de résistance — celui que dirige Marie-Madeleine Fourcade, « Alliance », par exemple — ont donc leurs filières personnelles, tandis que l'organisation de Résistance de l'armée a monté à Toulouse un magasin à l'enseigne du *Dé d'argent* qui, sous la responsabilité du lieutenant Galtier et grâce à Mme Tassin, la vendeuse, réussit cette prouesse de réaliser des affaires convenables en vendant du tissu et des « affaires » florissantes en recevant, hébergeant gratuitement, orientant de nombreux candidats au départ vers l'Afrique du Nord.

Les réseaux de passage ne seront naturellement pas épargnés par la police allemande. En juin 1943, la ligne « Comète », fondée en octobre

1. Animé par des Polonais.
2. Qui sera arrêté en juillet 1943.

1941 par la jeune Belge Andrée de Jongh, qui, pour son coup d'essai, a réussi un coup de maître, en convoyant DE BRUXELLES À BILBAO un Écossais et deux officiers belges, sera ravagée par les arrestations. A la gare du Nord, où ils attendent un groupe d'aviateurs britanniques, Frédéric de Jongh, Reine Thomas, Robert et Germaine Aylé trahis par Jacques Desoubries qui se dissimule sous l'un de ses nombreux noms d'emprunt (cette fois il se fait appeler Jean Masson), seront capturés par la Gestapo. Et seront capturés, également à Paris, Mme Laurentie et Amable Fourquerel qui avaient accepté d'héberger les aviateurs britanniques et, à Bruxelles, 13 membres de cet héroïque réseau franco-belge, évoqué plus longuement dans le prochain volume.

C'est grâce aux survivants des réseaux toutefois, grâce également à un homme comme le colonel Rémy, qui, plus tard, se fera l'historien d'une aventure qu'il avait bien des fois vécue, que seront sauvés de l'oubli des noms d'hommes et de femmes qui, la Libération venue, indifférents aux honneurs comme à la politique, étaient tout naturellement restés à l'ombre de leur clocher.

M. Mir et Mme Courrège, de Saint-Lary ; les pères Hondet, Ildefonse et Grégoire, du monastère des bénédictins de Belloc, à Urt[1] ; le gendarme Poncet, de Banyuls ; le contrôleur Soler, de Perpignan, qui fournissait aux évadés de vrais faux ordres de mission d'agents des douanes, leur permettant ainsi d'atteindre la Tour de Carol d'où leur fuite devenait aisée, notamment grâce à la complicité des cheminots[2] ; les frères Paul et Hector Ramonatxo qui mettaient à profit les facilités offertes par l'enclave de Llivia jouxtant l'Andorre[3] ; le Dr Jacques Ruffié, en Cerdagne ; les « trois abbés Jean », celui de Dorres, Jean Gignoux, celui de la Tour de Carol, Jean Jacoupy, celui de Puigcerda, Jean Domenech, que leur soutane n'embarrassait nullement pour courir la montagne ; le militant socialiste Noël Peyrevidal, fusillé le 2 août 1944[4] ; Jean Bénazet, garagiste à Varilhes, qui conduisait jusque dans la haute vallée de l'Ariège d'innocents pêcheurs, les cannes à pêche sur le toit du véhicule à gazogène, prouvant la pureté de leurs intentions ; tous ceux-là ont joué un rôle important.

Qui encore ? Des centaines d'autres. Le boulanger Denjean, d'Auzat ; l'hôtelier Sauveur Bouchet, à Licq-Atherey ; Cuenca, Romero, Beris, Lalena, Martinez, cinq guides que le mouvement *Combat* appointe à

1. Ils furent tous les trois déportés.
2. Gilbert Rouch, chauffeur sur la ligne Narbonne-Cerbère, sera cité à l'ordre de la Division et recevra l'un des rares diplômes officiels témoignant de l'activité des passeurs.
3. C'est Hector Ramonatxo qui fit passer notamment Mme de Lattre de Tassigny et Monique Giraud, l'une des filles du général.
4. Plusieurs autres passeurs furent pris et exécutés. Parmi eux, Barrau et François Ponzan-Vidal, ce dernier arrêté et exécuté en compagnie de 55 otages à Buzet-sur-Tarn, le 17 août 1944.

raison de 3 000 à 5 000 francs par homme passé[1] ; la famille Mandria, Peyrou et bien d'autres, à Saint-Girons, et les guides de haute montagne ou les champions de ski, Favé et Cazaux, par exemple, qui conduisent quelques privilégies, skieurs et grimpeurs confirmés, à l'attaque du Vignemale ; ou Vignolles qui, depuis Barèges, fait passer de nombreux fugitifs par la vallée de Baradet, La Hourquette-de-Charmentas, le lac de Baroude et, pour les défendre, fera parfois le coup de feu, puisque l'occupant n'hésite pas à tirer sur ceux qui, dans un environnement naturel qui les favorise souvent, cherchent à lui échapper.

Quel aura été le nombre des morts par balles allemandes et des disparus au cours du passage des Pyrénées ? Plus de mille, écrit Henri Noguères, 320 affirme la Confédération des évadés de France et des internés en Espagne. A ces chiffres, il faut ajouter les 2 120 malchanceux pris en montagne et déportés.

Ainsi, le 8 mars 1943, sera arrêté à 2 kilomètres de la frontière, Jacques Le Guillochet. Il avait 20 ans et il avait refusé de s'engager dans la police : « Je ne me vois pas, avait-il répondu, en train d'arrêter des jeunes pour les envoyer en Allemagne. » Transféré au fort du Hâ, puis dans une caserne bordelaise voisine, dirigé sur Compiègne et, le 10 juin, sur Buchenwald, il sera « rayé des effectifs du camp » le 28 décembre 1943.

D'autres périront à Dora, comme Jacques Hervé qui, intercepté près d'Ascain, le 2 juillet 1943, succombera le 21 mars 1944.

Pour la majorité des évadés toutefois, l'Espagne, et je le dirai dans un prochain volume, ne représente que l'antichambre de la liberté.

On se souvient du simple, modeste et courageux Jean Lamouche se confiant à des carabiniers dès l'instant où, épuisé mais heureux, il a franchi la frontière.

Que l'on soit passé par une filière « douce » en petite montagne, que l'on ait tenté — comme ce sera le cas pour bon nombre de courriers et d'agents importants — l'aventure par la haute montagne, que le trajet ait duré quelques heures ou qu'il ait duré six jours comme pour ceux qui se perdent ou, au fur et à mesure que les patrouilles allemandes se feront plus précises, plus hardies et plus pressantes, doivent emprunter des passages plus longs et plus difficiles, tous à l'exception de ceux, quantitativement peu nombreux, qui sont convoyés jusqu'aux consulats anglais de Barcelone, de Pampelune, de Saint-Sébastien ou, parfois, de Madrid, tous sont cueillis — ou recueillis — par des patrouilles de gardes civils qui constituent le premier « comité d'accueil ».

Marcher en évitant les villages, marcher en « crevant de faim » ou en « crevant de soif », se cacher au moindre bruit de charrette sur la route n'est possible que pendant quelques heures. Ignorant le sort qui les

1. « Combat », que dirigent, à Toulouse, Pierre Dumas et Irénée Cros, arrivera à mettre sur pied, en direction de la frontière pyrénéenne, deux convois par semaine. A jour fixe, comme s'il s'agissait de services d'autobus internationaux : le mardi et le vendredi.

attend, les évadés, la plupart du temps, sont soulagés de rencontrer des carabiniers infiniment moins redoutables que les gendarmes allemands.

Claude Weill, qui, avec ses amis, s'est caché dans un buisson, mais a été débusqué par la force armée espagnole — deux carabiniers qui, le fusil à la main, se sont précipités dans leur direction en hurlant « Alto » —, raconte :

> Qu'ils étaient beaux, ces carabiniers, avec leur « machine à écrire » de toile cirée sur la tête, leur buffleterie jaune, les parements rouges sur leur tenue épinard (un peu usée sans doute), leurs boutons d'argent. Comment les prendre au sérieux ? Mais comment ne pas les prendre au sérieux : ils nous faisaient marcher sur la route, toujours mains en l'air, le fusil collé à nos reins.

Pierre Mouton se heurte, de son côté, à une compagnie d'infanterie qui fait la pause et dont les hommes, en chaussures basses ou même en espadrilles, avec ou sans calot, habillés de chemisettes multicolores et de pantalons délavés, lui paraissent si débraillés qu'il songe un instant, lui, le fugitif, vêtu d'un costume deux-pièces vert de bronze, offert par l'intendance de Vichy aux démobilisés de l'armée d'armistice, mais très abîmé par la nuit en montagne, à s'intégrer à leur troupe.

> La petite musette du paquetage, contenant une paire de chaussettes, une chemisette et un slip de rechange, plus deux mouchoirs, voilà tout mon équipement et, en vérité, je pourrais facilement m'asseoir parmi eux.
>
> J'atteignais presque la tête de la colonne quand je perçus un remue-ménage dans les rangs, puis un coup de sifflet retentit et la troupe se forma pour le départ. Je pressais le pas, serrant à gauche de la chaussée, et la suite ne tarda pas !... Un ordre bref et des vociférations précèdent une course qui s'amplifie, c'est la curée et je suis le gibier.
>
> Sans ménagements excessifs, je suis intercepté et amené au grand chef du petit détachement, tiré, poussé vers l'arrière jusqu'à la guitoune où les deux fonctionnaires m'ouvrent complaisamment la porte du gnouf local... C'est bien sûr maintenant, je n'irai pas « Chez de Gaulle » à pied en traversant toutes les Espagnes[1].

Comme la plupart de ses camarades, Pierre Mouton sera tout d'abord conduit dans l'une de ces 39 prisons régionales où les évadés de France devaient être internés, souvent dans des cages grillagées grouillant — la guerre civile s'achève — de prisonniers loqueteux et affamés, puis il se verra transféré au camp de concentration de Miranda del Ebro, dont les rigueurs n'ont jamais été convenablement décrites après la Libération, puisque, et cela se comprend, les camps de concentration allemands retenaient seuls l'attention[2].

Comme la plupart de ses camarades, il apprendra à connaître l'un des mots clefs de la langue de Cervantès... Mañana. Mañana ! Mot de promesses vaines, des espoirs toujours égrenés et toujours déçus, mot

1. Témoignage inédit de M. Pierre Mouton.
2. J'évoquerai Miranda del Ebro, et les longs et pénibles séjours qu'y firent les Français dans le prochain volume.

prononcé avec assurance, mélancolie, ironie enfin et sarcasme, mais si fort ancré dans la mémoire des survivants qu'il donnera son nom à l'association des évadés par l'Espagne. Elle s'appellera *Mañana*.

Six mois de mañana et d'espoir pour Pierre Mouton avant de rejoindre cette Afrique du Nord que, dans tous ses rêves, il croyait atteindre en six jours !

D'autres séjourneront 9, 12, voire 18 mois, à Miranda del Ebro.

Et 130 évadés de France périront dans une prison ou dans un camp de concentration espagnol.

Année la plus dure, cette année 1943, parce qu'elle coïncidera avec la montée en puissance de la Résistance et, parallèlement, la montée en puissance de la répression.

L'invasion de la zone non occupée a jeté bas de nombreuses illusions. Elle a surtout transformé en clandestins *potentiels* de nombreux officiers et soldats de l'ancienne armée de l'armistice. L'intensification des passages en Espagne ne s'explique pas autrement. Maquis et réseaux profitent également de la mise en disponibilité d'hommes qui, l'armée dissoute, ne s'estiment plus liés au Maréchal par un serment, pour beaucoup d'entre eux, depuis longtemps contraignant. Enfin, les succès alliés décident les timides et les opportunistes à franchir le pas avant qu'il ne soit trop tard.

Ces mêmes succès alliés, s'ils encouragent des Français toujours plus nombreux à se lancer à cœur et corps perdus dans une lutte à laquelle la plupart du temps ils sont mal préparés, incitent les Allemands à durcir la répression. Ils se montreront désormais impitoyables.

Reconstituer pour 1943 l'existence de ces nombreux réseaux qui bourgeonnent, croissent, se développent, et dont bien des rameaux sont soudain coupés par la Gestapo, à moins d'énumérer des noms et des faits sans signification véritable pour le lecteur, représente une tâche impossible dans un livre dont l'objet n'est pas d'étudier l'histoire de la Résistance, mais celle de tous les Français.

Du moins est-il possible de faire comprendre, par l'exemple, ce que pouvait être, de l'engagement à l'action, puis à l'arrestation et à la déportation, la vie d'une femme ou d'un homme jeté dans la Résistance active.

Quels renseignements demandait-on à un agent ?

J'ai sous les yeux un « questionnaire à l'usage de l'information » émanant de l'Armée secrète et s'adressant « à tous les agents susceptibles de fournir des informations relatives aux activités maritimes ».

C'est un document d'une vingtaine de pages comprenant aussi bien des demandes de renseignements concernant la météorologie que la défense des côtes, le nombre des bateaux de pêche et celui des bâtiments allemands chargés de les surveiller, la description détaillée des navires de guerre allemands, les différentes mesures administratives ou policières en cours d'application — on sollicite même l'adresse de restaurants ne réclamant pas de tickets ! —, les heures durant lesquelles la surveillance est accrue dans les trains, les gares, les hôtels et les bureaux de poste.

Au total, plusieurs CENTAINES de questions qui, bien entendu, relèvent soit de la compétence d'un spécialiste des questions navales, soit de l'activité de plusieurs dizaines d'agents.

Le questionnaire indique d'ailleurs aux résistants sollicités qu'ils ne pourront « satisfaire à l'ensemble des points » s'ils ne disposent pas de relations « sûres et étendues dans les milieux compétents du port ou dans ceux qui les approchent ».

Dans cette perspective, ils doivent donc prendre contact avec le personnel de l'arsenal, le personnel français travaillant dans les bureaux allemands, les pilotes du port et les commerçants « en relations suivies avec les Allemands » en effet…

> Un excellent moyen pour connaître les dates probables des départs est d'avoir une intelligence dans la blanchisserie s'occupant du blanchissage des effets et du matériel de couchage des équipages sous-mariniers.

Il leur faut également observer soigneusement la route empruntée par les unités de surface et les sous-marins lorsqu'ils rentrent ou sortent du port. Il leur faut obtenir un annuaire téléphonique privé de la base maritime.

> Ce document, qui donne les noms et les spécialités de tous les officiers attachés à la base est de la plus haute importance, pour se le procurer, il *suffit*[1] d'être lié avec une personne sûre ayant ses entrées dans les bureaux allemands.

Indiqués en capitales dans le questionnaire, un certain nombre de détails sont, à l'évidence, plus importants — ou de plus grande urgence — que les autres.

> TOUT CHARGEMENT DE NAVIRES OU DE PÉNICHES EN HOMMES, PROVISIONS, CANONS, TANKS, MATÉRIEL DIVERS DE GUERRE EST À RAPPORTER IMMÉDIATEMENT À VOTRE CHEF QUALIFIÉ.

Voilà en prévision d'une opération de débarquement en Angleterre, dont les perspectives s'éloignent considérablement en 1943[2] et voici une recommandation toujours actuelle, afin que les avions et navires britanniques soient alertés à temps…

> SIGNALER IMMÉDIATEMENT TOUT TRANSFERT DE MUNITIONS À BORD D'UN NAVIRE, CE TRANSPORT ÉTANT LE DERNIER SIGNE AVANT-COUREUR DE L'APPAREILLAGE.

Mais comment « entrait-on en résistance », alors que les bureaux de recrutement des réseaux n'avaient pas pignon sur rue, que seuls des rapports d'amitié ou de voisinage, que ce voisinage soit celui de l'atelier,

1. Je souligne intentionnellement.
2. Mais des opérations de commando demeurent toujours possibles.

de la faculté, du club de football, de l'église, pouvaient inciter à un recrutement souvent heureux, parfois hâtif ou même catastrophique, car juger sur la mine ou sur de banales déclarations anti-allemandes pouvait conduire à de mortelles erreurs d'appréciation.

Il faut rappeler ces tâtonnements. Du début à la fin, ils marqueront l'histoire de la Résistance.

Dans le récit passionnant et, par bien des pages, admirable de pureté[1] qu'elle a consacré à sa vie de résistante, à son arrestation et à sa déportation, Brigitte Friang raconte comment, en quelques heures de septembre 1943, elle s'est trouvée, à 19 ans, initiée aux secrets de la Résistance, mise en présence de l'un des responsables des opérations aériennes clandestines, jetée dans le tourbillon ordonné du codage-décodage, des parachutages et des rendez-vous faussement anodins puisqu'ils peuvent conduire — ils la conduiront — à Ravensbrük.

Elle a été cette gamine de bonne famille Croix de Feu qui, le 11 novembre 1940, remonte les Champs-Élysées, nargue les Allemands et se retrouve au commissariat avec quelques centaines d'adolescents ; inscrit des V à l'acide fluorhydrique sur les vitres de la classe de chimie du lycée Molière ; interdit au professeur d'histoire de tenir ses cours « pour défaut navrant de sentiments gaullistes » et exige que le communiqué anglais demeure — au moins pendant une demi-heure — écrit en lettres capitales sur le tableau noir de la classe.

Toutes ces actions révèlent un caractère bien trempé, elles n'offrent pas l'assurance que l'on deviendra un jour l'héroïne que l'on a rêvé d'être tout au long d'une enfance nourrie de récits de guerre et de bagarres avec deux grands frères.

C'est chez l'une de ses amies qu'Élisabeth Friang rencontre François Clouët des Pesruches, officier responsable des opérations aériennes pour les quatorze départements de Normandie, Bretagne, Anjou et Touraine, qui vient d'être parachuté en compagnie de Guy Chaumet (*Mariotte*) et Jacques Guérin (*Ampère*) pour renforcer le Bureau des opérations aériennes[2].

C'est un grand gaillard : 26 ans et 80 kilos, « le visage un peu empâté, aux yeux très bleus, constitu[ant], écrira Brigitte Friang, un étrange mélange d'aristocratie et de vulgarité. Celle-là était de fond. Celle-ci d'affectation. Due aussi, je l'appris bientôt, à l'abus de l'alcool et des putains ».

Face à cette petite jeune fille au sage ruban de velours posé dans des cheveux châtain clair, Clouët, l'homme des commandos, des bordées joyeuses dans les bars et les bordels, de la vie intensément vécue, parce qu'il ignore si, demain, la vie sera au rendez-vous, se livre avec une candeur surprenante pour qui ignore que cette époque de duplicité et de

1. *Regarde-toi qui meurs ?* récemment réédité (1998).

2. Le Bureau des opérations aérienne (BOA) couvre — en principe — la France entière. Mais, en août 1943, des régions sont encore sans titulaire, à moins que, trop étendues, elles n'exigent un remaniement, d'où l'envoi de Jean-François Clouët des Pesruches, Chaumet et Guérin.

cautèle fut également une époque de naïveté. Il a besoin d'une aide pour coder et décoder les messages radio. Ce sera elle.

A son premier rendez-vous avec Clouët, qui a lieu place de la Concorde, Élisabeth Friang deviendra non seulement Brigitte, pseudonyme dont, pour la vie, elle fera son prénom, mais encore, puisque Clouët est *Galilée*, la voici *Galilée 2*.

Une heure plus tard, dans un café du boulevard Saint-Michel, l'un de ces poussiéreux et ternes cafés de l'occupation aux odeurs fades, aux boissons douteuses, aux vitres zébrées d'un papier collant supposé tenir tout l'édifice debout au plus fort des bombardements, elle se trouve en présence d'un délégué du BOA venu de Touraine qui, brutalement, lui demande son opinion : faut-il ou ne faut-il pas « descendre » une fille du réseau coupable de n'avoir pas respecté les règles de sécurité ?

Une heure encore et la voici dans la chambre d'hôtel de Clouët.

> Je suis si fière de la confiance accordée d'emblée par mon patron — il me livre sa retraite après m'avoir révélé sa véritable identité (c'est-à-dire qu'il a remis sa vie entre mes mains) — que je relève à peine combien sa proposition est contraire à la bienséance la plus élémentaire. Me rendre ainsi, seule, chez un homme, et que je connais depuis hier soir, dans un hôtel qui mieux est, devrait me déconcerter.
>
> Mais le temps des chichis est révolu. Envolés les principes qui se confondent si commodément avec la morale. Soufflés les « ça se fait, ça ne se fait pas ». C'est la guerre. Il n'y a plus de références. Il s'agit de juger par soi-même, désormais [1].

Sous la responsabilité — contestée un moment par le BCRA — de Pichard, la situation du BOA se présente ainsi en septembre 1943. Pichard, outre ses responsabilités générales, dirige avec Delimal, les deux régions de l'Est, Chaumet l'Aquitaine, Deshayes le Nord, Guérin le Centre, Clouët des Pesruches la Bretagne, la Normandie, l'Anjou, la Touraine.

1. Dans son livre, Brigitte Friang évoque avec beaucoup de pudeur et d'intelligence les sentiments qui la liaient à Clouët. « On ne vit pas impunément dix-sept heures par jour avec quelqu'un, dans l'atmosphère survoltée où nous étions plongés. On s'aime ou l'on se déteste. Fort heureusement et très vite — le cas contraire eût nécessité des décisions —, une entente profonde nous avait unis. Amitié amoureuse. Sans doute. Nous étions garçons et filles et pas déplaisants. Mon extrême jeunesse sentimentale, le grand respect que nous avions l'un de l'autre, une conception fort vivace de ce que devaient être les relations entre jeunes hommes et jeunes filles nous protégeaient néanmoins des errements.

Cette dévotion totale était de règle. Tous les patrons l'acceptaient comme indispensable. Elle l'était. »

Lues aujourd'hui, ces phrases et ces affirmations peuvent sembler ridicules et désuètes. Elles n'en correspondent pas moins strictement au climat moral de l'époque.

Brigitte Friang écrit également des choses fort intelligentes sur les femmes dans l'action de guerre clandestine et notamment ceci : « Tous ceux qui ont véritablement participé à la Résistance [...] reconnaissent avoir eu leur image de la femme modifiée par cette période. Mieux. La majorité d'entre eux admet que les femmes leur inspirèrent alors plus de confiance que les hommes, par leur plus grande aptitude à garder un secret, par leur plus grand imperméabilité à la vanité humaine, par leur abnégation plus totale, par un courage plus profond et moins cocoricotant, par leur meilleure résistance à la torture. »

Tout ce qui est vrai sous la plume de Brigitte Friang l'est, naturellement, sous la plume de Marie-Madeleine Méric-Fourcade qui fut, elle, chef de l'un des réseaux les plus importants et dont j'ai évoqué l'action dans le tome II de la présente édition, p. 754-755.

Brigitte Friang recevra donc immédiatement un aperçu des règles générales du codage et du décodage des messages radio envoyés à Londres ou reçus de Londres.

— Si tu entends un message qui débute par «*de Minos à Rhadamante*», c'est pour nous.

Elle apprend à dissimuler son activité à ses parents qui la croient à la faculté de médecine, tandis qu'elle rencontre des agents de liaison, collecte le courrier des différentes régions et l'aiguille sur celle où un Lysander doit atterrir, comptabilise les billets de banque reçus de Londres.

Et, parce qu'elle a remarqué qu'1 million en billets pesait exactement 1 kilo, elle se trouve accroupie dans sa chambre, où elle a transporté la balance de la cuisine, en train de procéder à une vérification première, lorsque son père la surprend environnée de quarante liasses de billets… 40 millions 1943 le trésor de guerre destiné aux agents permanents du Bureau des opérations aériennes, répartis dans toute la zone Nord.

Alors, il faut bien que la vérité éclate. Et elle éclate au cours d'une scène dans la plus pure tradition du début du siècle.

— Ma petite fille, il se passe quelque chose. Tes histoires de cours de 8 heures du matin à minuit, dimanche compris, permets-moi de te dire que je n'en crois pas un mot. Tu restes éveillée la moitié de la nuit. Tu as une mine épouvantable. Tout cela n'est pas clair. Je ne te demande qu'une chose, me dire qu'il s'agit d'une affaire, disons…, personnelle ou bien d'une affaire politique.

— C'est une affaire politique, papa.

Sur le visage de M. Friang, c'est le soulagement qui se peint, puis la joie et l'orgueil qui éclatent avant de laisser place à l'inquiétude.

Le père de Brigitte Friang avait craint le pire : une liaison. Puisqu'il s'agit de liaisons, tout est différent.

Ainsi passait-on, en 1943, de l'état d'enfance à l'âge adulte.

L'expérience vécue par Brigitte Friang, pour être originale, est moins exceptionnelle qu'on ne l'imagine.

Quelles qu'aient été les origines et les situations sociales, l'innocence de cœur et de corps n'était pas considérée comme une risible anomalie, et les grands mots conservaient encore leur puissance, ce qui permettait à bon nombre d'adolescents de sauter à pieds joints dans l'héroïsme.

Certains y sautaient avec des négligences et des vanités coupables. Grand jeu certes, la Résistance était un grand jeu qui, très vite, pouvait se révéler mortel pour les bavards et les imprudents. Ils ne manquaient pas, et j'en ai donné déjà quelques exemples puisque, gardée secrète, l'action perd de sa puissance de séduction pour un peuple plus naturellement et traditionnellement porté à la bravoure visible sur les champs de bataille qu'aux humbles, fastidieuses et rampantes tâches d'espionnage.

Dans un train, Brigitte Friang devait rencontrer l'un de ces garçons dangereux et hâbleurs qui, pour briller et se mettre en valeur aux yeux d'une adolescente inconnue, pour pousser ses avantages imaginaires de jeune coq, multipliait les allusions de plus en plus précises à des parachutages récents. « S'il ne faisait pas partie d'une organisation ennemie chargée de disloquer les réseaux de résistance et avait seulement surpris des secrets qui le dépassaient, il était à battre. Qu'il fût associé de près ou de loin à une quelconque action, il était à fusiller, tout bonnement[1]. »

Certes, mais généralement ce ne sont pas les résistants qui fusillent leurs camarades imprudents, ce sont les Allemands et, à la suite de bavardages, de hâbleries et d'imprudences, ils ont vite fait, mettant la main sur l'un, de mettre la main sur l'autre.

Sans doute fournissait-on EN PRINCIPE aux agents de multiples recommandations de prudence. Mais ce principe était-il observé et qui veillait à ce qu'il le soit ?… Même au sommet de la hiérarchie ?

Ne communiquer des renseignements que sous une forme voilée et en déformant son écriture. Ne pas déchirer un document — il peut toujours être reconstitué —, mais le brûler. Ne conserver aucune adresse sur soi ou à son domicile. User modérément du téléphone et appeler d'une cabine publique. Convenir d'un code et d'un indicatif « assez simple et assez naturel pour ne pas éveiller l'attention au cas où la ligne serait surveillée ».

> Exemple d'indicatif : Le demandeur appelle M. Durand et dit :
> — Allô, c'est vous, Durand ?
> Réponse favorable :
> — Oui, *parfaitement*.
> Réponse défavorable :
> — Oui.
> En cas de réponse défavorable, le demandeur doit bien se garder de raccrocher. Tout au contraire, il s'efforcera de tenir pendant quelques instants une conversation cordiale. En raccrochant, il confirmerait, en effet, les soupçons de l'ennemi sur son correspondant contre lequel il se peut qu'aucune preuve formelle n'ait encore été relevée[2].

Si, pour les réunions, le choix d'artères ou de cafés fréquentés est déconseillé, voici un paragraphe qui replongera le lecteur septuagénaire dans ces années moroses où, les automobiles étant privées d'essence, les fiacres allaient trottinant, emportant aussi bien des amoureux romantiques que des espions ténébreux… davantage, sans doute, des premiers que des seconds.

---

1. Suzanne Borel (Mme Bidault) fera la même observation : « Que n'ai-je entendu, dans les trains, pendant l'Occupation ? A écouter des compagnons de hasard, il semblait que le ciel nocturne fût sillonné d'avions-taxis emmenant en Angleterre des cargaisons de résistants : on les entendait atterrir : "Oui, dans le champ à côté de ma maison, madame." »

2. Texte extrait d'instructions émanant, le 4 juin 1943, du chef du Deuxième bureau de l'Armée secrète, mais ces instructions différaient peu d'un mouvement à l'autre.

Jusqu'à nouvel ordre, un moyen de locomotion qui semble encore offrir dans Paris toute garantie de sécurité reste l'autobus. Chaque fois qu'il sera possible, les agents de liaison auront donc intérêt à l'employer. Les fiacres sont également très sûrs et l'on peut même y circuler librement, sans laissez-passer, après le couvre-feu. Ce mode de locomotion onéreux pourrait être utilisé avec profit, dans certains cas particuliers, s'il s'agit, par exemple, de transporter un dossier volumineux.

Beaucoup de ces précautions demeuraient négligées, parfois par goût du panache.

C'est ainsi que lorsque Rémy quittera la France, le 17 janvier, à bord du chalutier *Les Deux Anges*, il emportera avec lui, à l'intention de Mme de Gaulle, une azalée, « arbuste de près d'un mètre de haut, tout empanaché de fleurs roses », et, à l'intention du général, un coffret rempli de terre de Lorraine, ainsi qu'un vénérable flacon de fine Napoléon 1816.

« Nous nous étions planqués, déclarera le communiste Grenier qui faisait partie du voyage, mais si les Allemands étaient venus inspecter à bord, ils auraient eu leur attention attirée par des pêcheurs qui pour partir en mer [avaient] à leur bord une fleur bien enveloppée. »

En effet... Rémy, il est vrai, prend de si grands risques quotidiens qu'il peut s'offrir le luxe d'un geste de grand seigneur.

En 1942 le colonel Ronin, l'un des responsables du contre-espionnage français, qui savait ce dont il parlait, affirmait : « Il faut dix ans pour faire un bon agent secret », mais un Polonais repoussait infiniment plus loin les limites de l'apprentissage : « Nous, disait-il, il y a plus d'un siècle que nous conspirons. Nous savons ; vous ne savez pas. »

Suzanne Borel, qui travaille, à Vichy, au ministère des Affaires étrangères — et classe dans un dossier *Légion des Combattants* tout ce qui concerne cette Résistance dont elle fait partie depuis le printemps de 1942[1] —, remarquera qu'en un temps où la victoire alliée paraissait assurée, beaucoup « faisaient semblant d'être au courant des secrets de la Résistance parce qu'ils voulaient qu'on croie qu'ils l'étaient ».

A trois reprises, on viendra lui demander d'établir la liste de ses collègues résistants.

La première fois, le demandeur était un messager envoyé par Londres.

— En somme, répliqua Suzanne Borel, vous voulez un état signalétique des services ! Pour quoi faire ? Pour nous décerner une décoration posthume après la guerre ? Vous direz à ceux qui vous envoient que je ne donnerai jamais pareil document.

Évoquant ces légèretés, le colonel Groussard, un professionnel, lui aussi, se montrera justement sévère.

1. Par l'intermédiaire de Benjamin Crémieux qui sera arrêté, torturé et périra en déportation.

Parlant du réseau « Sosies » qu'après l'arrestation du lieutenant André Devigny les frères Ponchardier dirigeront, Groussard écrira que les Ponchardier, s'ils avaient « pour eux-mêmes le dédain de la prudence, gardèrent [toujours] l'intense souci de la sécurité de leurs hommes. Ils connaissaient le prix de la vie humaine… Et les résultats sont là, indiscutables. Les pertes du réseau « Sosies »[1] ne dépassèrent pas dix pour cent. Aucun des autres réseaux qui servirent sous mes ordres ne dépassera d'ailleurs ce chiffre. C'était mon exigence et c'est mon orgueil ».

Dix pour cent, combien de chefs de réseau actifs et efficaces peuvent en dire autant ?

Sans cacher son admiration pour le courage des « amateurs », Groussard ne dissimulera pas la crainte que lui inspirait le côté brouillon, et trop souvent empirique, d'une Résistance qui réunissait « au petit bonheur » des hommes animés d'une immense bonne volonté mais qui, d'après lui, étaient recrutés (et recrutaient) trop systématiquement chez les victimes de la Révolution nationale, ainsi que chez des opposants philosophiques qui imprimaient alors à leur action une orientation politique fortement marquée, susceptible d'entretenir des confusions et d'éloigner bien des recrues possibles.

A cela on peut répondre que presque seules *les victimes*, ou tout au moins certaines des victimes, se manifestèrent et se rebellèrent initialement, même si l'indignation de Groussard devant des improvisations et des imprudences coupables est parfaitement légitime.

Que penser, par exemple, de ces bulletins d'engagement portant numéro d'ordre, date et véritable nom du signataire ?

> Je, soussigné, B. Auguste, Maurice, déclare par la présente m'engager aux Forces françaises combattantes sous le commandement du général de Gaulle que je jure de servir dans un esprit absolu d'obéissance, de fidélité tant dans sa personne que dans celle des chefs désignés par lui.
>
> Paris, le 13/9/43 - *5016*

Sans doute ces documents sont-ils d'un format modeste (12 × 9 cm), ils n'en demeurent pas moins hautement compromettants.

La trop grande habitude d'un péril quotidiennement côtoyé — à moins qu'il ne se soit agi d'un excessif mépris pour les méthodes allemandes — gagnera jusqu'aux responsables de la Résistance.

Chef de l'Armée secrète, le général Delestraint s'inscrira dans un hôtel parisien sous son véritable nom parce qu'il a oublié le mot code qu'il devait indiquer à sa logeuse et, lorsqu'il sera arrêté, il déclinera immédiatement son identité comme s'il venait d'être fait prisonnier de guerre.

1. Les principaux responsables du réseau « Sosies » furent, avec Devigny et les frères Ponchardier, le capitaine de corvette Saint-Guilly, l'ingénieur des Ponts et Chaussées Saint-Tricq, l'ingénieur des Constructions navales Veyssière, l'ingénieur d'artillerie navale Brandel, le chef de bataillon Daumartin, le lieutenant de vaisseau Rivière.

C'est par un message EN CLAIR déposé 14, rue Bouteille, à Lyon, dans une « boîte aux lettres » de la Résistance surveillée depuis des semaines... ce que les résistants n'ignorent pas, que les Allemands avaient été d'ailleurs mis au courant du rendez-vous fixé par le général Delestraint, pour le 9 juillet à 9 heures au métro Muette, à René Hardy, chef du NAP-Fer[1].

Hardy, qui n'a pas eu connaissance du message, puisqu'il sait la « boîte aux lettres » de la rue Bouteille « brûlée » et ne la fait plus relever, ne se trouvera pas au métro Muette.

Mais la Gestapo se présentera au rendez-vous et, par l'intermédiaire d'un agent français, arrêtera sans aucune peine le général Delestraint, que sa rosette de la Légion d'honneur désigne d'ailleurs à l'attention, avant d'arrêter, une demi-heure plus tard, deux de ses collaborateurs — Gastaldo et Théobald — au métro Pompe.

Dans ses Mémoires, le colonel Passy raconte enfin une scène d'une violence inouïe entre Jean Moulin et Pierre Brossolette. Bien qu'ayant le même idéal patriotique, les deux hommes, animés par des ambitions et des conceptions différentes, se détestaient, et l'incident du 4 avril 1943, qui se déroule dans un appartement de l'avenue des Ternes, a non seulement pour objet de régler un vieux et permanent débat de compétence, mais aussi, mais surtout, de savoir s'il est exact que Brossolette a dénoncé, devant témoins, « l'ambition » de Jean Moulin. Brossolette ayant répondu que le fond et la forme de ses propos avaient été déformés, Jean Moulin se mit alors à « hurler », à « vociférer... pendant un bon quart d'heure », écrira Passy, témoin atterré de cet affligeant spectacle.

Or, le débat, si l'on peut appeler débat cette « scène de ménage », dans laquelle revient sans cesse le nom du général de Gaulle dont Brossolette et Moulin revendiquent, tour à tour et pour se le disputer, le patronage et évoquent l'estime et les confidences, se déroule dans un immeuble *habité par les Allemands*...

> Il y avait quelque chose de tragique, écrira Passy, à la pensée que la Gestapo pouvait se trouver au-dessus, à côté, ou en dessous de nous, et que ces explosions [de colère] pouvaient faire prendre deux hommes qui avaient tant travaillé pour le pays... J'avoue que je n'avais qu'une seule envie : partir, car j'avais l'impression de me trouver sur un baril de poudre.

On comprend la réaction de Passy. Encore s'est-il trouvé mêlé là à un incident imprévisible, mais évoquant dans le chapitre suivant l'arrestation de Jean Moulin, je dirai comment elle fut, *aussi*, le résultat d'incroyables négligences dans la protection de l'homme chargé alors des responsabilités les plus importantes de la Résistance.

Et cependant, la Résistance de zone sud — celle qui sera le plus cruellement frappée — aurait dû être alertée depuis des mois, puisque, *avant*

1. NAP : Noyautage des administrations publiques. Sur toute cette affaire, il faut consulter le tome III de l'*Histoire de la Résistance*, d'Henri Noguères, p. 409 et suiv.

même l'invasion de la zone libre, les services d'espionnage allemand, et notamment les services de repérage des émetteurs clandestins, se trouvaient avec l'accord et la complicité de Vichy, déjà sur place et agissaient.

Étrange et triste histoire que celle de la mission *Donar*, du nom de code attribué par les services allemands aux groupes de techniciens des télécommunications et de policiers de la Gestapo chargés d'opérer en zone non occupée.

C'est le 3 décembre 1941, au cours d'un dîner à Paris, que les premiers contacts ont été noués entre l'amiral Darlan et l'amiral allemand Otto Schultze. Encore mal remis des vieilles blessures d'orgueil qui lui avaient été infligées par les Anglais, et des attaques dont, sans prétexte valable, la flotte française avait été l'objet, Darlan va proposer aux Allemands présents, *qui n'en demandaient pas tant*, qu'un téléscripteur direct soit établi entre l'Amirauté française, dont le siège se trouve à Vichy et l'état-major de la Kriegsmarine installé à Paris, téléscripteur qui permettrait « de fournir à l'état-major allemand des informations importantes sur les mouvements et les intentions de la flotte anglaise[1] ».

Le repas au cours duquel Darlan a fait cette scandaleuse « offre de service » avait été organisé chez (et par) l'amiral François Dupré, chef de cabinet de l'amiral Darlan. Or, au mois d'octobre 1941, ce même amiral François Dupré, accompagné du général Delmotte, avait accepté, sur ordre de Darlan, une invitation de l'amiral Canaris, « patron » du contre-espionnage allemand.

A la fin du repas, Canaris ne s'était pas contenté d'expliquer à ses invités que la France et l'Allemagne auraient intérêt à unir leurs efforts contre l'Angleterre — ce thème était quotidiennement développé dans la presse de la collaboration —, il avait évoqué la possibilité que la Marine française fournisse des renseignements à l'Allemagne sur les mouvements de la flotte britannique en Méditerranée comme au large des côtes africaines.

La tractation suggérée par Canaris, en octobre 1941, acceptée en décembre de la même année par Darlan, avait échoué, le colonel Rivet, patron du Service de Renseignement français, ayant refusé les « quelques petites choses », les « quelques petites informations » que l'amiral Darlan lui fait demander, puis lui demande personnellement de fournir, sous prétexte « d'amuser » les Allemands[2].

Mais à partir de l'été de 1942, cette collaboration dans l'espionnage va revêtir une forme nouvelle. Et sa réussite partielle sera malheureusement lourde de conséquences pour la Résistance.

1. D'après le rapport de l'amiral Schultze à l'amiral de la flotte Raeder, rapport en date du 4 décembre 1941.

2. A l'occasion du procès du général Delmotte, on connaîtra par les déclarations du général Rivet, l'entretien que celui-ci eut avec l'amiral Darlan, alors chef du gouvernement. Rivet a dit à Darlan : « Mais enfin, Amiral, savez-vous que cela s'appelle un crime, ce que vous faites ? » Et l'amiral de répliquer : « Oh ! Rivet, vous exagérez, vous employez de grands mots. »

Le 1er juillet 1942, le général Bridoux, nommé par Pierre Laval au ministère de la Guerre, note en effet dans son journal que les Allemands réclament la possibilité de « rechercher et de faire taire les postes clandestins opérant en zone non occupée ».

Pour Bridoux, personnellement favorable à la collaboration, et qui agit suivant une pente désormais familière à Vichy, il y a là occasion de troc. Contre des renseignements transmis aux services d'espionnage allemands, il espère obtenir l'autorisation d'incorporer plusieurs milliers d'hommes supplémentaires dans l'armée de l'armistice. On pourrait croire l'affaire une fois de plus enterrée mais, après quelques jours de silence, les exigences allemandes se précisent puisque, le 12 juillet, Pierre Laval convoque le général Delmotte, chef de cabinet du général Bridoux, et lui annonce que les Allemands menacent d'envahir la zone libre si leurs missions de repérage n'ont pas liberté d'accès à la zone non occupée. Le lendemain, c'est à René Bousquet, secrétaire général à la police au ministère de l'Intérieur, que Darlan, chef des Armées, demande de fournir de fausses identités aux membres de la mission de contrôle allemande.

Combien sont-ils ? 290 spécialistes qui, le 21 septembre 1942, franchissent la ligne de démarcation à Châlon-sur-Saône. Les papiers qu'ils portent, cartes d'identité, cartes d'alimentation, permis de conduire, en font autant de citoyens français et ce trucage administratif sera longuement évoqué lors du procès de René Bousquet. Le secrétaire général à la police affirmera, ce qui sera confirmé par plusieurs témoins, que les pièces d'identité ne pouvaient faire illusion, tant certaines mentions étaient fantaisistes, certains signalements volontairement imprécis, voire inexacts.

Quoi qu'il en soit, dès le lendemain de leur arrivée en zone libre, le 22 septembre, les spécialistes allemands vont se mettre en chasse. Disposant des indications fournies par trois postes radiogonométriques, respectivement installés à Paris, Brest et Nuremberg, ils peuvent déterminer un triangle de quelques kilomètres de côté à l'intérieur duquel se trouve certainement le poste clandestin. Les voitures de détection prennent alors le relais et, vingt-cinq minutes plus tard, les policiers qui les accompagnent pénètrent dans l'immeuble qui abrite le poste et les opérateurs.

Très rapidement, la mission *Donar* découvrira plusieurs postes clandestins. Cinq dans la région lyonnaise, respectivement à Caluire, Rochetaillie, Feyzin, Villeurbanne et Châtelguyon [1], deux à Marseille [2] et deux à Toulouse [3].

1. Ce qui entraînera l'arrestation de Brière, Jourdan, Sabine Lecomte, Pranoll, Obreski, Lazinsky, Miezkowski (ces quatre derniers étant polonais), Stonehouse et Lechène (citoyens anglais), Vella (turc).

2. A Marseille, sont arrêtés Simone Bothorel, Philippe Valat, Marcel Portal, le commandant Faye, Brouillet, Jantrice, Bridou, Claire de Bacqueville et Fortuna Boutinek.

3. Huit arrestations sont opérées : celles de Romain Marjolet, Émile Concard, Georges

Auprès de la mission *Donar*, le général Delmotte a nommé un officier de liaison. Il s'agit d'un spécialiste des transmissions, le capitaine Desloges. Quel fut son rôle ? Quel fut celui des seize inspecteurs de la police française, appartenant au service de la surveillance du territoire, et détachés auprès des techniciens allemands ?

Il avait certes été convenu que les mandats de perquisition seraient uniquement délivrés par les préfets, que les procédures ne seraient transmises qu'au service central de la surveillance du territoire à Vichy, qu'un seul fonctionnaire allemand pourrait, s'il en faisait la demande, assister aux perquisitions, mais en observateur muet, enfin que les Allemands n'auraient pas le droit de s'approprier les documents saisis.

Barrières de papier ! Les Allemands appartenant à la mission *Donar* ne se contenteront pas d'agir en techniciens passifs. Ils indiqueront aux policiers français l'immeuble qu'ils doivent visiter pour y rechercher l'émetteur repéré. Ils exigeront la copie des procédures, la communication des photographies des inculpés, la surveillance de leurs proches et contrôleront rapidement toutes les opérations[1].

— Lorsqu'ils procédaient à leur détection d'appareils, dira le colonel Paillole, chef du service d'espionnage français pendant la guerre, les Allemands faisaient leur cuisine intérieure entre eux, et lorsqu'ils avaient situé avec quelque précision un poste, ils bondissaient dans une voiture, prenaient avec eux le policier [français] et allaient opérer l'arrestation sans même que le policier qui les accompagnait fût au courant de ce qui se passait[2].

Cette mise en place ne sera certainement pas étrangère aux coups que, dès le début de l'année 1943, Geissler, chef de la Gestapo, pour ce qui n'est plus que « l'ancienne zone non occupée », portera non seulement aux officiers français des Services spéciaux mais encore — en liaison avec l'OVRA italienne — à la plupart des postes émetteurs de la Résistance encore en activité. Dans la seule journée du 31 janvier, Marie-Madeleine, chef du très important réseau « Alliance », apprendra ainsi que Nice, Toulouse, Marseille, Pau et Lyon ont cessé d'émettre.

Et lorsqu'elle fera le bilan de ces dramatiques journées de janvier, elle constatera tristement : « Les nazis n'avaient pas tout fait sauter, mais leurs mines avaient ravagé la zone Sud... Je comptais les principaux survivants sur les doigts de la main — la main de l'unité des braves[3]. »

Delaine, Albert de Froy, Marcel Serre, Pauline Champnier, Firmin Crapay et Léon Brisbois, qui sera fusillé.

1. Le capitaine Desloges, promu entre-temps chef de bataillon, ne sera pas inquiété à la Libération. Témoignant au procès du général Delmotte, il dira que celui-ci lui avait demandé de le tenir au courant des activités allemandes et qu'il avait pris contact, à Lyon, avec deux officiers résistants, le lieutenant Velot (qui sera fusillé par les Allemands) et le commandant Baggio qui confirmera avoir reçu de Desloges « des renseignements très précis sur le personnel du détachement allemand et ses activités ».

2. Témoignage au procès du général Delmotte.

3. Marie-Madeleine Fourcade, *L'Arche de Noé*.

Il se peut que la forme revêtue par l'occupation de novembre 1942 ait abusé les résistants. Elle n'est pas, comme celle de juin 1940, qui a jeté et implanté des garnisons jusque dans des villages de 400 ou 500 habitants, à la fois tumultueuse, irrésistible et omniprésente[1].

Il ne s'agit plus d'une marée mais de coulées en direction d'un certain nombre de points sensibles que Wehrmacht et police allemande — également en crise d'effectifs — veulent contrôler. Toulouse, d'où il est possible de surveiller le monde communiste et anarchiste, les responsables des passages en Espagne et les nombreux réfugiés belges et alsaciens ; Marseille, pour les raisons géographiques que l'on devine, grand port doté d'un milieu turbulent et d'une assez inquiétante réputation pour que les destructions, arrestations, déportations de janvier 1943 aient été ordonnées par Hitler ; Lyon, ville de journalistes et d'imprimeurs, centre, avant le 11 novembre 1942, d'une région militaire stratégiquement importante, où beaucoup d'officiers sont hostiles à l'Allemagne ; Gex, à la frontière suisse ; Pau, à proximité de la frontière espagnole ; d'autres points encore mais plus ou moins mal tenus, par des garnisons de médiocre qualité, et ne disposant pas de structures policières sérieuses.

Lorsqu'il s'est agi de porter des coups terribles à la résistance grenobloise, ce sont, on l'a vu[2], des agents de la Gestapo venus de Lyon qui ont agi. Les policiers allemands sont donc relativement peu nombreux, qu'ils appartiennent à la police de sûreté de l'armée (Sicherheitpolizei), à celle de la SS (Sicherheitsdienst), à la Kriminal-Polizei ou à la police politique (Geheime Staatspolizei), qui seule est la véritable Gestapo alors que le mot, imposé par le livre, la presse, la radio, la télévision, est aujourd'hui utilisé à propos des services les plus divers.

Mais quel que soit leur nombre, les Allemands sont toujours des « professionnels » face à des « amateurs ».

Les « amateurs » ont pour eux le nombre ; la certitude que s'ils tombent — l'idée est plus que suggérée dans *Le Chant des partisans* — un ami sortira de l'ombre pour prendre, au combat, la place laissée vide ; la complicité d'une partie importante de l'administration et de la population ; une bonne connaissance du milieu dans lequel ils se déplacent et où ils peuvent, à tout moment, se fondre ou tenter de se fondre.

Les « professionnels » ont pour eux les moyens matériels : armes, voitures, postes de repérage, fichiers en ordre, argent. Et c'est important, l'argent !

Les aventuriers, les hommes de main, sont payés au « coup par coup ».

1. Les services secrets de l'ex-armée de l'armistice continuent à opérer dans des conditions précaires et pour le compte, le plus souvent, de l'ORA. Le capitaine Defrasne qui travaille, dans la région de Grenoble, avec des officiers et des sous-officiers du 155ᵉ d'infanterie et du 2ᵉ d'artillerie, notera ainsi dans les rapports qu'il adresse au lieutenant-colonel Laurent la relative fragilité de la présence italienne et allemande.

2. *Cf.* ci-dessus, p. 695.

Un enlèvement simple leur rapporte 10 000 francs, celui d'une personnalité 30 000 francs. Le salaire d'un assassinat varie entre 10 000 et 300 000 francs, mais ces sommes ne concernent que les agents d'exécution et, à Paris, les hauts responsables allemands ferment les yeux sur des détournements financiers importants dès l'instant qu'on leur livre les armes, les postes radio, les codes, les agents gaullistes ou communistes.

L'argent jouera donc un rôle capital. Qu'il représente le montant d'une prime, le fruit d'un vol ou de la capture de sommes parachutées à la Résistance, il coule à flots. Il permet de bien vivre — et de faire bien vivre femmes, maîtresses, amis, amies, d'investir dans des pays neutres pour le cas où tout l'édifice s'écroulerait.

La bande Lafont — la bande de la rue Lauriston — qui a reçu mission de la *Deutsches Division Kommando* de lutter contre le marché noir et les évasions de capitaux commence par le racket avant, de, très vite, poursuivre par le crime. Lafont, qui ne recrute pas parmi les enfants de chœur, a embauché de véritables professionnels du grand banditisme : Abel Danos le *Danois*, le *Mammouth*, qui, en 1936, avait volé 100 kilos d'or en gare de Marseille, puis le 24 février 1941, 8 millions à des encaisseurs parisiens ; *Nez de Braise* qui, dans sa valise, rapporte fidèlement au patron la tête de sa victime ; *Robert le Pâle* ; Raymond Richard, responsable de l'arrestation de 70 résistants ; Daniel Hirbes, autre délateur.

Dans la matinée du 23 juillet 1943, c'est la bande de la rue Lauriston, tout entière mobilisée, qui se précipite rue Bonaparte pour arrêter les membres du réseau « Défense de la France ». Et c'est là que sera prise Geneviève de Gaulle : « une petite femme d'une vingtaine d'années, dira l'étudiant Serge Marongin, qui transporte les journaux clandestins dans un cabas de ménagère » et se fait appeler Geneviève Garnier[1].

Pour prix de sa trahison, l'étudiant Marongin — qui a déjà touché de Lafont 50 000 francs pour avoir facilité l'arrestation de huit résistants — recevra une somme importante et c'est sa « feuille de paie », retrouvée le 25 août 1944, dans les dossiers de la Gestapo, qui le perdra[2].

Les professionnels allemands possèdent également la technique du renseignement, ainsi qu'une longue habitude de la lutte contre les mouvements clandestins, notamment communistes, en Allemagne, d'abord, en Autriche et en Tchécoslovaquie ensuite.

Ils procèdent généralement soit en « infiltrant » un de leurs agents dans un réseau, soit en « retournant » un agent arrêté qui a cédé aux menaces, aux pressions physiques et morales, et qui, après un certain nombre de mois de prison destinés à le « blanchir » aux yeux de ses camarades, est « remis en circulation » puis « réinfiltré » dans un réseau qu'il ravagera.

Bien d'autres ruses, au demeurant classiques, seront utilisées.

1. Geneviève de Gaulle, nièce du Général, sera déportée.
2. Serge Marongin sera condamné à mort et fusillé après la Libération.

On verra le sergent allemand Bleicher se faire passer pour un colonel de l'Abwehr farouchement antinazi. A ce titre, faisant étalage de bons sentiments et de beaux états de service, il prendra contact, en mars 1943, avec des membres du réseau « Carte » qu'il n'a aucune peine à rencontrer, puis à arrêter, puisque leurs noms, EN CLAIR, ont été découverts dans la serviette d'un résistant qui s'était endormi dans le train… où la Gestapo le surveillait.

On verra les Allemands se servir *pendant plus de dix mois*, à l'aide de radios « retournés », du réseau « Archdeacon » qu'ils ont créé fictivement après avoir arrêté Pickersgill et MacAlister, deux officiers canadiens parachutés avec pour mission de créer un réseau de résistance.

Grâce à cette subtile mystification, quinze parachutages seront effectués par les Britanniques sur des terrains dont les coordonnées leur ont été indiquées… par les Allemands qui, jouant le jeu jusqu'au bout, feront transporter par de véritables résistants les armes ainsi tombées du ciel.

On verra — en septembre 1943 — un Français, Roger B, collaborateur des Allemands, remplacer un Anglais envoyé par Londres, mais arrêté à son arrivée en France. Nul ne connaissant l'émissaire de Londres, c'est tout naturellement que le général Verneau, désigné par le général Frère avant son arrestation pour lui succéder « en cas d'accident » à la tête de l'organisation de résistance de l'armée, et deux de ses collaborateurs : Cogny et Montengon, tomberont dans le piège tendu par la Gestapo.

Bien d'autres mystifications ont alimenté de nombreux ouvrages d'espionnage, mais c'est généralement de façon moins complexe que tombent les réseaux : par infiltration ou simple retournement d'un agent.

Infiltration : voici l'exemple de Moog, un homme qui provoquera des ravages dans toute la région lyonnaise.

Depuis juin 1942 il est, sous le matricule K30, agent de l'Abwehr de Dijon et a été infiltré dans le réseau d'André Devigny, lieutenant d'active de 26 ans, qui travaille sous les ordres du colonel Groussard.

Robert Moog agira sous de multiples identités. Tour à tour il sera Bobby, Pierre, Peter, Steinbach, André et, pour certains de ceux qui l'ont connu, son efficacité dans la lutte menée contre la résistance a toujours été sous-estimée. Doté d'un état civil imprécis — on le présente tantôt comme allemand[1], tantôt comme français — ayant exercé les métiers les plus divers, Moog est un homme de trente ans, grand et athlétique, aux yeux gris-bleu et au nez retroussé, aux cheveux drus et blonds descendant bas sur le front.

Vaniteux et bavard, ne résistant ni à la tentation de collectionner les succès féminins[2], ni à la tentation de rechercher parmi ses amis et

1. Son allemand est mauvais et il n'obtiendra qu'avec retard droit au port du Walther, le pistolet automatique de la Gestapo.

2. Il est très vraisemblablement l'amant d'Anelyse, la dactylo allemande du service dirigé par Barbie.

complices un auditoire favorable, il est sous la coupe de René Saumandre, « chevalier à la triste figure », plus intelligent et plus secret, qui se sert de Moog plus qu'il ne le sert dans un système où — à leur niveau — les hiérarchies demeurent floues.

Le procédé d'infiltration est toujours le même.

En jouant la carte du patriotisme, ou en bénéficiant de l'aide d'un tiers soigneusement contrôlé, il s'agit, pour l'agent infiltré, de se faire confier un poste clef : courrier ou agent de liaison. Mais il faut tout d'abord appâter ceux que l'on veut piéger.

A Lyon, c'est par Hitter, un résistant indiscutable, que Moog sera présenté à Devigny. En ces termes :

— Robert Moog, contremaître à la poudrerie nationale de Toulouse... Ce sera un agent de premier ordre, c'est pour cela que j'ai voulu que tu le rencontres. Tu vas juger. La poudrerie travaille à plein rendement et expédie chaque jour en Allemagne cinq ou six wagons de marchandises. Nous t'avons d'ailleurs apporté des échantillons[1].

Ces échantillons — grains, plaquettes, paillettes de diverses couleurs —, Moog les montre à Devigny, à Hitter et à Nollet, autre jeune officier résistant, membre du réseau. On discute pour savoir s'il faudra les faire passer pour examen en Suisse et comment — bombardement ou sabotage — il sera possible d'interrompre la fabrication de la poudrerie de Toulouse.

Moog promet de subtiliser le plan des installations et de le mettre à la disposition de ses amis résistants pour une durée d'une semaine au moins. C'est merveilleux ! Et bien facile pour lui...

C'est bien à tort, en effet, qu'il se voit crédité d'audace et accablé de compliments lorsque quinze jours plus tard il apporte à Lyon des plans... que lui ont remis les Allemands.

Voici Moog immatriculé dans le réseau où il portera le numéro 37. Les échantillons de poudre et le plan, fournis par lui, sont dirigés vers Genève, examinés par les services du colonel Groussard et par les experts britanniques. Moog, dont nul ne se méfie, et pourquoi se méfier de quelqu'un d'aussi actif et d'aussi utile, est très rapidement au courant des différentes adresses de ses « camarades ». Il connaît la « boîte aux lettres » du réseau, l'emplacement du poste émetteur-récepteur de Buckmaster, situé au château de Fonsorbes, a rencontré un officier anglais, assisté à un parachutage, aidé au camouflage des explosifs reçus.

Possédant maintenant une connaissance presque totale des tenants et aboutissants du réseau, Moog peut désormais agir.

Sa méthode sera celle de tous les agents infiltrés. Il lancera le bruit que ces arrestations ont eu lieu et que les agents doivent se rendre d'urgence à la « boîte aux lettres » où des consignes les attendent. En vérité c'est la Gestapo qui guette. Un à un les résistants sont alors escamotés. A Lyon,

1. Devigny, *Je fus ce condamné.*

le 14 avril 1943, Moog a donné l'alerte : « Il faut prévenir tout le monde, il y a eu des arrestations, je dois te voir », et il s'installe dans la blanchisserie du 4 de la rue Béchevelin par où transitait le courrier entre la Suisse et Lyon, les documents étant glissés dans le linge sale.

A chaque nouvel arrivant il dit : « Tiens, viens, il y a eu des arrestations ; il faut qu'on en parle. »

Il s'efface pour laisser passer l'homme, sort son revolver et s'exclame : « Bien joué, hein ! », puis il livre sa victime à Timmans, un SS en civil, qui se contente de déclarer : « Pas d'histoire, nous tirons très vite, nous avons une voiture derrière, vous allez sortir comme si rien ne s'était passé[1]. »

Que les Allemands tirent très vite, c'est exact. Le capitaine Claude Bulard, solide montagnard recruté quelques mois plus tôt par Devigny, a voulu s'échapper de la boutique de la rue Béchevelin à l'instant où il a compris qu'il tombait dans un piège. Il a été immédiatement abattu.

Un résistant arrêté, il s'agit non seulement de le faire parler — avec les procédés que l'on devine et que je dirai — mais encore de tenter de le retourner.

Arrêté le 28 avril 1943, à Marseille, Jean Multon, qui appartient au réseau « Combat » où il est devenu l'homme de confiance et le secrétaire de Chevance, sera le plus tristement célèbre de ces agents « retournés », puisqu'on le trouvera mêlé non seulement à l'arrestation de Bertie Albrecht qui, depuis 1940, seconde Frenay avec foi et intelligence, à celle du général Delestraint, mais aussi, suivant un rapport de la Gestapo, en date de juillet 1943, directement à la capture de plus de cent résistants et, indirectement, à celle de cent autres encore.

« Arrêté, Multon ne s'est pas fait prier pour parler — écrira Henri Noguères. Il n'a même pas l'excuse d'avoir craqué sous la torture. » C'est, en effet, quelques heures à peine après sa capture que la Gestapo se rendra au domicile de Benjamin Crémieux, ainsi qu'à celui du Dr Crouzet responsable pour « Combat » du recrutement, de l'organisation et de la propagande. Chevance, chez qui la Gestapo s'est également précipitée, échappera par un miracle de volonté et de courage à ceux — Ernst Dunker et ses acolytes, deux hommes et une femme — qui le tiennent sous la menace de leur revolver, ouvrent le feu lorsqu'il s'enfuit mais, dans la nuit, ne réussissent pas à le rejoindre[2].

1. Témoignage inédit.

2. A Marseille, dans sa fuite, Chevance, qui s'est fracturé une cheville, aura le bonheur d'être arrêté par un agent de police français qui le cachera dans un commissariat voisin d'où, plus tard, trois agents le conduiront en lieu sûr. Les Allemands ne le retrouveront jamais, bien qu'ils aient arrêté policier, médecin et bon nombre de ceux qui l'ont secouru.

Le traître Jean Multon, qui a réussi à gagner l'Afrique du Nord, participera au débarquement en Provence dans les rangs de l'armée française. Mais, reconnu, il sera condamné à mort et exécuté en septembre 1946.

Parler… Qui a parlé ? qui n'a pas parlé ? Trois résistants, l'admirable Pierre Brossolette, dont la sagesse et l'équilibre ont si fort manqué après la Libération, Gilbert Védy (*Médéric*), François Delimal rencontré déjà parmi ces officiers qui ont la responsabilité du Bureau des opérations aériennes, se suicideront presque le même jour de mars 1944.

Chez ces hommes d'une qualité d'âme peu commune, la peur de perdre la vie est moins forte que la peur de révéler, sous la torture, des secrets qui mettraient en péril leurs camarades.

Médéric, livré par un Français à la police et tombé aux mains du commissaire David, chef de la brigade « antiterroriste », se suicidera le 21 mars en absorbant la pilule de cyanure que les services secrets de Londres remettent à leurs agents les plus importants et dont le caractère leur paraît le mieux trempé.

François Delimal, arrêté avec plusieurs de ses collaborateurs, l'imitera le lendemain de son arrestation, qui a eu lieu le 20 mars, et alors qu'il vient d'être conduit rue des Saussaies.

Quant à Pierre Brossolette, dont le nom reviendra à plusieurs reprises encore dans la suite de cette œuvre, c'est moins d'un mois après son arrestation qu'il sera formellement identifié par la Gestapo qui le tient enfermé à Rennes[1].

De Fresnes, où il a été incarcéré le 20 mars après avoir été torturé, il est ramené deux jours plus tard 22, avenue Foch, au siège de la Gestapo et c'est alors — selon René Ozouf qui a pu reconstituer les dernières heures de Brossolette — qu'il va se jeter du cinquième étage et s'écraser au sol.

Atteint de fractures multiples des membres et d'une fracture du crâne, Brossolette ne reprendra pas connaissance à l'hôpital de la Pitié où il a été transporté vers 22 heures et c'est anonymement que les Allemands enverront son corps au Père-Lachaise pour qu'il y soit incinéré.

Pierre Brossolette n'était pas toutefois de ceux qui mésestimaient les périls quotidiens, même s'il les bravait avec ce détachement paisible qui ne reflétait pas une forme de la désinvolture mais l'acceptation intérieure du sacrifice suprême.

---

1. Brossolette et 27 autres personnes, dont plusieurs aviateurs américains devaient rejoindre, en février, un escorteur de la marine britannique croisant au large d'Ouessant. Mais *Le Jouet des flots*, leur bateau, victime de vagues de six à sept mètres, moteur noyé, ira s'échouer à l'entrée de la baie d'Audierne. Se tirant tant bien que mal d'une situation dangereuse, les hommes d'équipage et les passagers se disperseront, mais Brossolette, Bollaert, délégué du gouvernement auprès du Conseil national de la Résistance, et Happel seront arrêtés et transférés à la prison de Rennes.

Brossolette, lorsqu'il se trouvait en France occupée, teignait régulièrement la seule mèche blanche de sa chevelure. En prison, la dissimulation n'était plus possible et, en blanchissant, cette mèche pouvait constituer un péril mortel puisqu'elle « signerait » l'identité de Brossolette aux yeux de la Gestapo qui n'ignore pas ce détail. Mais, c'est en réalité à la suite de l'arrestation à la frontière espagnole d'un courrier portant à Londres un récit détaillé de la capture de Brossolette que celui-ci sera identifié.

En octobre 1943 — mois terrible pour la Résistance — c'est à Passy qu'il adresse ce message où, sous la légère ironie des mots, on devine comme l'angoissante approche de la mort.

> Je te signale, pour terminer, que je suis depuis huit jours en état de « grande alerte ». Nos amis qui sont bien avec la Gestapo m'ont prévenu que celle-ci manifeste pour moi en ce moment une considération toute spéciale, comportant souricière de luxe et surveillance avec palme de vermeil. Je fais très attention. Et puis, la nuit tombe tôt. C'est d'ailleurs ce qui nous sauve tous. Si nous étions en août, nous serions tous en taule — ou contraints à l'inaction. Vive la nuit, par conséquent…

La nuit de février ne tombera pas assez tôt, ne sera pas assez noire pour sauver et protéger Pierre Brossolette.

Quelques héros se suicideront avec ce poison — cyanure ou strychnine logé dans une enveloppe imperméable —, et parmi ceux qui ont précédé dans la mort Gilbert Védy et Delimal, le lieutenant-colonel Bonnier (*Hypothénuse*) parachuté pour organiser toute la région B (Sud-Ouest et Charentes).

Arrêté à Bordeaux le 9 février 1944, à la suite de la trahison de son radio que manipule la Gestapo, il a sur lui l'ampoule de poison libératrice. Mais, les mains prisonnières des menottes, il ne peut la saisir. Après de longs efforts, il réussira cependant à la faire tomber sur le sol de la cellule où elle se brise.

Alors Bonnier, se couchant sur le pavé, *va lécher le poison répandu* dont une partie s'est perdue.

A Londres, on assurait aux agents qu'après trente secondes de convulsions tout était fini, et le bureaucrate britannique, qui avait remis son ampoule de strychnine à Clouët des Pesruches, avait négligemment fait remarquer :

— Trente secondes, qu'est-ce que trente secondes dans la vie ?…

S'il est vrai que l'effet du poison est généralement foudroyant, dans le cas du lieutenant-colonel Bonnier il n'en ira pas ainsi. Il mettra des heures avant de mourir dans d'épouvantables souffrances.

A côté de ceux qui font immédiatement le sacrifice de leur vie, il en est, nombreux, qui avouent. Mais il existe des degrés subtils dans l'aveu. Et le moment où l'aveu est arraché a son importance puisque deux ou trois jours suffisent parfois à jeter l'alerte dans un réseau. Et la façon dont on enrobe une vérité — connue des Allemands — de beaucoup de mensonges difficilement discernables sans enquête, peut contribuer à brouiller les pistes.

Certains des résistants arrêtés jouent l'innocence — et même la naïveté — avec une apparente bonne foi qui irrite les tortionnaires plus qu'elle ne les convainc.

Lorsque le lieutenant André Devigny, arrêté en gare d'Annemasse et transféré immédiatement à Lyon, se voit demander par Barbie :

— Où est ton poste radio ?

Il répond :

— Mon poste radio, mais il est dans ma chambre.

— Qui te l'a remis ?

— Je l'ai acheté en 1938 à l'occasion de la coupe du monde de football, vous vous rappelez Italie-Brésil en finale…

Comment la réponse serait-elle capable de satisfaire Barbie et ceux qui l'entourent : Moog, Heimann, Hollert, dans cet Hôtel Terminus qui, à Lyon, fait face à la gare de Perrache et où la Gestapo — avant de se transporter à l'École de Santé militaire — a installé ses différents services ?

Autour de Devigny on ricane. On le frappe. Et comme il s'obstine et s'accroche à ce poste de radio acheté « à l'occasion de la coupe du monde de football », on lui montre un poste émetteur contenu dans une valise.

— Tu connais ?

— Pas du tout.

— Tu mens.

— Non.

« Non », c'est le mot qui attire les gifles et les injures et les questions qui pleuvent plus rapidement encore que les coups.

— Qui sont tes complices ? Tes chefs ? Tu es le chef ? Quels sont les ordres que tu as reçus ? Donnés ? Où prends-tu l'argent ? Combien ? Qui est responsable à Lyon ? A Marseille ?

— Je ne sais pas, je n'en sais rien, je n'ai rien à ajouter, je ne sais pas…

Écrivant, plus tard, le récit de sa vie de résistant, de prisonnier, d'évadé de Montluc[1], André Devigny affirmera que, dans le brouillard de la douleur née du supplice infligé et dans l'appréhension du supplice à venir, ce sont les images et les visages de ses camarades toujours en liberté qui l'ont aidé à ne jamais céder à la tentation, à l'affaissement du « oui » faussement libérateur dont on attend la fin des coups, un verre d'eau, une cigarette, un répit qui ne sera qu'une halte dans l'engrenage puisque, ayant donné l'un, il faudra bien donner l'autre, et l'autre, et l'autre et l'autre encore…

> Ces séances de torture renouvelées une dizaine de fois pendant deux longues semaines de mai produisaient un effet diamétralement opposé à celui espéré par mes tortionnaires ; loin d'entamer ma détermination, elles ne faisaient que la renforcer davantage ; la fierté et la joie profondes que je ressentais lors de chaque retour à Montluc valaient toutes les souffrances […]. Ma gloire qui ne peut se découper, n'est pas dans la réussite d'une évasion

1. *Je fus ce condamné.*

spectaculaire, réflexe de l'instinct de conservation, mais bien plus dans ma résistance au supplice ; connaissant dans tous ses détails une vaste organisation que j'avais en grande partie fondée et dirigée, ma faiblesse eût provoqué un immense désastre ; le secret absolu fut gardé, elle put ainsi poursuivre comme avant et sans relâche notre combat [1].

André Pédron, matricule 34900 à Belsen, qui n'a connu ni les mêmes responsabilités, ni les mêmes aventures, ni plus tard, les mêmes légitimes succès de librairie de Devigny, André Pédron a écrit de son côté, sur son expérience de captif, un opuscule de 99 pages seulement qui n'a guère retenu l'attention [2], alors que, dépouillé de toute littérature, il me paraît l'un des documents les plus honnêtes dans la description des faits comme dans le regard porté sur les événements, les choses et les hommes.

Sous la plume d'André Pédron on trouve la description du supplice de la baignoire dont Frossard, l'évoquant dans *La Maison des otages* écrira : « Vous avez déjà vu des Arabes transportant un mouton, ficelé par les pattes à une perche qui repose sur leurs épaules ? Ensuite, on vous immerge en maintenant le bâton en travers de la baignoire. Ça devient un axe, autour duquel on vous fait tourner, en vous tirant par les cheveux. »

Mais tout en reconnaissant, en ce qui le concerne, ne pas avoir enduré les supplices extrêmes, André Pédron n'en écrira pas moins — ce qui semble fort juste — « avoir acquis la conviction que la plupart de ceux qui parlent le font avant d'être suppliciés, par appréhension, [car] dès que les coups ont commencé, la rage, la haine et l'orgueil soutiennent la volonté ».

Il ajoute ces mots, moralement importants : « Il est difficile de juger celui qui ne résiste pas. Tous les tempéraments ne s'accommodent pas de ces traitements horribles. »

Pédron a le droit de parler ainsi. N'a-t-il pas répliqué à un de ses camarades, retrouvé à Montluc, qui vient de lui avouer : « Il ne faut pas me dire bonjour, j'en suis indigne, c'est moi qui t'ai donné, je n'ai pas tenu le coup », « Mon pauvre vieux, je ne t'en veux pas, ils doivent avoir des moyens irrésistibles [3]. »

Ces moyens, on les connaît aujourd'hui.

Mais comment ne surprendraient-ils pas des hommes et des femmes la veille encore habitués à la vie libre, officiers qui attendaient le jour du

1. Au nom de la morale comme au nom de la résistance victorieuse qu'il a opposée aux coups, André Devigny s'élève dans son livre contre tout ce qui pourrait justifier l'efficacité de la torture. « Elle n'est, écrit-il, qu'un aveu d'impuissance, une erreur technique et une infamie. »

2. André Pédron, *Matricule 34900. De Montluc à Belsen* (sans nom d'éditeur).

3. Brigitte Friang écrira : « La veille de mon arrestation, un message de Dubreuil, notre régional de l'Anjou arrêté, nous a appris qu'il s'était évadé. Il a été affreusement torturé. On lui a écrasé les doigts dans une porte. Et les organes génitaux. Il n'a pu s'empêcher de livrer quelques détails de notre organisation. Il a cependant tu l'essentiel. Dans sa lettre, Dubreuil a énuméré à Jean-François, point par point, ce qu'il a craché. »

combat régulier, adolescents dont la Résistance prolonge la scolarité, garçons et filles à qui il arrivait sans doute de songer à la mort devant un peloton d'exécution avec dernières paroles et *Marseillaise* pour l'histoire, mais qui n'imaginaient pas la complexité sadique et le raffinement sordide de certaines tortures, l'humiliation de l'âme venant s'ajouter à l'humiliation du corps.

Lorsque Brigitte Friang est torturée, elle vient d'être grièvement blessée au cours de son arrestation.

> Des bruits de pas sur les dalles du couloir. Ça y est, c'est pour moi. Le premier grand affrontement va avoir lieu… J'ai tellement peur que je me mets à trembler. Il ne faut pas qu'ils se doutent de cela. Je dissimule mes mains, agitées de soubresauts, sous mes draps. Un ruisseau de sueur — de sueur de peur — me coule le long du dos… L'officier entre. Il est suivi de trois hommes en civil. Quelques mots en allemand que je ne comprends pas et le SS se retire.
>
> Je n'ai plus peur. Je suis dans l'action.

Brigitte Friang a décidé de tenter de noyer les policiers sous un flot d'histoires fausses dont elle s'efforcera de conserver toujours en mémoire l'illogique logique. Mais comme elle ne convainc pas, la voici systématiquement frappée. Les coups portent d'abord sur le crâne, les tempes, la mâchoire et la tête qui va cogner contre le mur, ce qui fait, observe la martyre, « un coup de poing à double détente et évite au préposé une fatigue inutile ».

Puis on s'attaque à ses blessures. Une balle a traversé son bassin, occasionnant des lésions considérables. C'est au ventre que l'on frappe. Alors Brigitte Friang hurle. Davantage de fureur, écrira-t-elle, que de douleur. Elle insulte son bourreau, l'injurie et comme « si dans un corps de prisonnier dont l'on veut arracher les secrets, il y avait des zones interdites » — l'histoire dira qu'il n'en existe pas — le tortionnaire abandonne son ventre blessé mais il porte ses mains, ses grosses et lourdes mains d'auxiliaire français de la Gestapo — embauché peut-être à cause de ses mains énormes qu'il monnaie ainsi — sur le visage qu'il pince, tire, maltraite, bourre de gifles et de coups, puis sur la poitrine offerte, nue, comme un appel au viol.

> Écraser à coups de poing une poitrine de femme, cela ne doit pas manquer d'attraits. Cela doit permettre d'assouvir toutes les petites rancœurs. Surtout lorsque la femme en question est impuissante à se défendre, à échapper. On doit se sentir bien viril… Cela doit même être assez excitant lorsqu'il s'agit d'une poitrine de vingt ans.

Brigitte Friang ne livrera aucun secret. Mais les interrogateurs disposent d'autres armes que celles de la brutalité et de la violence, brutalités et violences qui s'exercent souvent sous l'œil indifférent des dactylos du service, sous le regard terrorisé des autres détenus.

Après la Libération, les rescapés des prisons et des camps privilégieront naturellement les heures terribles de l'interrogatoire par opposition aux lentes et monotones heures de cellule mais, pendant l'Occupation, ce sont les policiers allemands qui veillent à entretenir, auprès de ceux qu'ils arrêtent, leur réputation de tortionnaires. Voir frapper, entendre gémir et hurler un camarade peut être, pour certains, le commencement de la souplesse.

Lorsque Barbie — qui, lui-même, ne se « salit » que très rarement les mains — pénètre dans le bureau où les « gros bras » Schmidt et Koth, chargés des basses besognes, sont en train d'interroger et de torturer, il les active d'une phrase :

— Alors, c'est pas fini ! Il a pas enfin craché.

Il lui arrive aussi d'aller se planter devant l'un de ceux qui, les mains enchaînées, guettent les soupirs et les râles des camarades, et de lui dire :

— Tu vois ce qui t'attend. Tu as intérêt à dire ce que tu sais… avant d'y passer à ton tour.

A certains de ceux qu'il a trahis, Moog ne dit pas autre chose :

— Tu sais, les Allemands, ce sont des durs. J'aime mieux te prévenir avant. Alors dis ce que tu sais.

Il existe des procédés infiniment plus subtils que la baignoire, la bastonnade, les coups au visage, les brûlures de cigarettes sur les seins.

Il s'agit d'insinuer le doute dans l'esprit du résistant arrêté. Coupé brutalement de « son » monde, il ignore qui se trouve encore en liberté, qui ne l'est plus. Et surtout il ignore la nature exacte des aveux de ses camarades. Jouant de son ignorance, mettant à profit son inexpérience des méthodes policières, on peut lui faire croire (ou tenter de lui faire croire) que des « pactes » ont été conclus entre ses chefs et les policiers, que tous les emprisonnés de son réseau ont décidé de parler puisqu'ils ont reçu l'assurance d'avoir, à ce prix, la vie sauve. Qu'il ne rompe pas la chaîne, qu'il ne prenne pas la responsabilité, qui serait effroyable, n'est-ce pas, de faire exécuter ses camarades qui *ont tout dit*, puisqu'il ne détient lui, *qu'un tout petit morceau de vérité*, un morceau de puzzle presque indifférent, en vérité, à ces enquêteurs de la Gestapo qui se présentent en fonctionnaires uniquement soucieux d'en finir avec un travail ennuyeux et à qui seuls quelques détails sans importance — ils insistent sur ce point —, quelques noms font encore défaut [1].

1. Les Allemands ont-ils également utilisé un « sérum de vérité » ? Dans un document émanant de Mme Georgette Ferlat, arrêtée en décembre 1943, déportée à Ravensbruck, dont la boulangerie 57, boulevard du Montparnasse à Paris, servait de « boîte aux lettres » et de lieu de réunion depuis janvier 1943, je trouve en effet ces mots : « Raisons de mon arrestation, l'involontaire délation du général Lugand qui, emmené rue des Saussaies, à la Gestapo, fut immédiatement soumis à une série de piqûres de "vérité". A son corps défendant, le général fournit tous les renseignements qui devaient permettre la décapitation du réseau. » (Il s'agit du réseau « Éleuthère » et le général Lugand devait mourir à Buchenwald.)

La Gestapo, comme toutes les polices politiques, utilise également l'argument sentimental.

Dans sa cellule, et plus encore dans le bureau où on l'interroge, l'homme arrêté tient en main non seulement le sort de ses camarades, mais encore, et surtout, celui de sa famille, celui d'une femme aimée, femme légitime ou maîtresse, mère ou fille. Ainsi les Allemands diront à une mère que, si elle n'avoue pas, sa fille sera envoyée à l'Est dans un bordel pour soldats.

Et après l'arrestation de Jean Moulin, il ne manquera pas de résistants pour affirmer que l'« affaire René Hardy » a essentiellement été une « affaire Lydie Bastien ».

Mais il existe bien des familles où le courage est comme héréditaire. Lorsqu'il est arrêté, près de Clermont-Ferrand, en septembre 1943, le sous-lieutenant Étienne Pelletier, qui appartient au réseau « Alliance », et sera fusillé le 21 septembre 1944 à la prison de Rastatt, puise son réconfort dans le souvenir de son père le capitaine Louis-Robert Pelletier, chef du service de renseignements de l'état-major français en zone occupée, arrêté sur dénonciation à la fin de 1940 et fusillé le 9 août 1941.

Enfermé à Fresnes, Louis-Robert Pelletier avait, au moment de Pâques, écrit un très émouvant poème dans lequel cet homme qui allait tout donner se reprochait de n'avoir pas encore assez donné.

Seigneur Dieu, rendez-moi les nuits de mon enfance
Les nuits où je rêvais, après avoir prié,
De servir votre gloire et le peuple de France[1]...

Héroïsme des uns, abandon ou lâcheté des autres, qui dira ce que ne disent pas les rapports allemands, ce que disent mal ces récits publiés après la Libération dans lesquels la vérité se trouve parfois trop embellie, qui dira ce qui demeure enfoui encore dans le secret des consciences ?

C'est, j'en ai reçu un jour la confidence, trente ans après son retour de déportation qu'un résistant devait apprendre qu'il avait été livré, et ses camarades avec lui, par un membre de son réseau. Le document allemand s'était trouvé sous ses yeux, irréfutable.

Or le traître, qui avait parlé sans être torturé, avait connu la prison, la déportation..., puis les honneurs.

Au cours de cérémonies commémoratives, il lui arrivait d'évoquer le souvenir des héros morts... morts souvent par sa faute.

A l'homme qui me faisait pareille révélation, j'ai demandé :

— Comment avez-vous réagi ? Qu'avez-vous fait ?

Il a haussé les épaules :

1. L'image mortuaire de Louis-Robert Pelletier portant ces mots : « Mort pour la France. Fusillé par les Allemands le 9 août 1941 », et reproduisant le poème écrit à Fresnes, sera éditée à Lyon en octobre 1942 et répandue parmi les amis de la famille Pelletier.

— Que voulez-vous faire ?… Rien. C'est quelqu'un de plus de 70 ans, il continuera à prononcer des discours devant les monuments.

Le résistant arrêté et qui soupçonne qu'il a été dénoncé a pour premier devoir d'alerter ses camarades. Devigny, qui sait maintenant que Moog a trahi, réussira grâce à un romanesque concours de circonstances, à faire passer un message à l'extérieur.

L'un de ses codétenus M. Bury, ancien directeur du journal alsacien *Les Dernières Nouvelles* a, grâce à sa connaissance de la langue et de la psychologie allemandes[1], pris un ascendant certain sur les gardiens, et notamment sur Fränzel, le responsable de Montluc.

Bénéficiant d'un régime de faveur à l'intérieur de la prison, Bury bénéficiera, à l'extérieur, de l'activité intelligente de sa fille Élisabeth qui réussira tout d'abord à lui faire parvenir des colis (elle ne manque pas d'en joindre un pour Fränzel), puis à le voir, lui parler, l'embrasser.

C'est au moment des adieux, Fränzel se détournant toujours pudiquement, que Bury transmettra à Élisabeth des messages qu'elle glissera dans son corsage.

Ainsi Devigny réussira-t-il à alerter ses amis : « Agent provocateur dans le service, n° 37, ami d'Hitter[2]. Notre asile a été découvert, le gardien a trahi. Bulard, n° 854, a été tué, laisse femme et enfants, prévenez. Ai été interrogé pendant six jours. Tenu le coup. Tentative évasion sans résultat. Une balle dans le bras et le coin des condamnés à mort. Faites vite. »

Par le même moyen, Devigny transmettra une véritable lettre testamentaire à l'intention de ses parents et de sa femme, qui se trouve alors en Afrique du Nord.

Prisonnier à Fresnes, Pierre Sudreau, qui a été, avec Gaston Defferre, l'un des dirigeants du réseau « Brutus », créé par Christian Pineau, puis en mars 1943, le responsable du réseau « Légio » usera d'un subterfuge identique. Dans la prison, un homme, André Perez, condamné à une assez longue peine pour avoir, dans son atelier, bousculé et insulté un contremaître autrichien, a cependant quelque liberté de mouvement. Il participe aux corvées intérieures : café du matin, distribution de la soupe, et il lui arrive même de descendre dans ce sous-sol où se trouvent les cellules des condamnés à mort. Il a le droit de recevoir des colis et peut rencontrer sa femme au parloir, l'embrasser avant qu'elle ne le quitte. Certes il n'est pas le seul à bénéficier de pareils avantages, mais il est l'un de ceux à qui — avec raison — on peut accorder confiance.

C'est à lui que Sudreau confiera un message. Quelques lignes écrites sur une feuille de papier à cigarette roulée et enveloppée dans un morceau de ce papier métallisé qui protège le fromage.

André Perez profite du court instant où la sentinelle allemande, qui

1. M. Bury avait été incorporé de force dans l'armée allemande en 1915.
2. C'est par Hitter, on le sait, que Moog a pu s'introduire dans le réseau.

arpente le couloir de séparation entre détenus et visiteurs tourne la tête, pour montrer sa bouche à sa femme.

Lorsqu'il obtient l'autorisation d'aller embrasser et sa fille âgée d'un an et demi et Mme Perez, la boulette de papier glisse d'une bouche à l'autre bouche.

> Dire à Mme Pierre Sudreau 56, rue Galilée Paris 16e que son mari est avec André [1]. Tout va bien.

Puis, lorsque Sudreau a précisé ses doutes et deviné le nom du traître :

> Cosinus. Carré blanc = traître. A détruire.

Ce sont les groupes francs de Gonard — un Lyonnais d'une vingtaine d'années recruté durant l'été 1943 par Ravanel, et qui est venu à Paris, où il opère sous le nom de code de Morlot — qui se chargeront de l'exécution de Blanc (alias *Cosinus*) agent de l'Abwehr, responsable à ce titre de centaines d'arrestations.

Sur un mouchoir renvoyé avec du linge sale, Michel Bauer, qui appartient également au réseau de Sudreau et se trouve à Fresnes, avait pu, de son côté, alerter son frère Étienne qui jouera le rôle d'appeau et permettra aux groupes francs l'identification parfaite de Blanc.

Alors qu'il espère, à la suite de son entretien avec Étienne Bauer, marcher à la rencontre du « grand patron », proie de choix à livrer aux Allemands, c'est vers sa mort que Blanc-*Cosinus* s'éloigne.

Il sera abattu le 18 avril 1944 sur un trottoir de l'avenue du Maine [2].

Les mots sont simples.

Mais il n'est pas si simple d'abattre un traître lorsqu'il ne s'agit plus d'un passant anonyme sur lequel un cycliste ouvre le feu, d'un condamné que les magistrats livrent au peloton d'exécution, mais d'un homme que d'autres hommes ont capturé dans la nuit, alors qu'il venait enquêter au village sur la Résistance, qu'ils ont jeté dans une grange, dépouillé de tous ses vêtements, ligoté, interrogé pendant des heures et que, leur conviction faite, ils ne se décident cependant pas à tuer.

Peut-être sont-ils, tout simplement, trop proches physiquement de cet homme nu. Alors ce qui paraissait simple devient soudain affreusement compliqué.

Guillain de Bénouville a raconté cela [3]. La capture d'un traître, son interrogatoire, sa condamnation.

— Vous prétendez être français. Il n'y a pas de doute que vous travaillez pour le compte de l'ennemi. Préparez-vous ! Vous allez mourir.

---

1. André Boyer, créateur de « France d'abord », du réseau « Brutus » et dirigeant, au moment de son arrestation, le 8 décembre 1943, de « La France au combat », d'inspiration socialiste.

2. *Cf.* Madeleine Baudoin, *Histoire des groupes francs des Bouches-du-Rhône* (PUF, 1962).

3. *Le Sacrifice du matin.*

Et le long hurlement de l'homme qui vient de s'entendre condamner.

— Vous n'avez pas le droit… Non, vous n'avez pas le droit… Pitié… Pardon… Je ne veux pas mourir !

Et les hésitations, les scrupules de résistants qui, tous, ont fait la guerre, tous comptent des amis arrêtés et des amis torturés qu'ils brûlent de venger.

Et l'émotion qui les empoigne est telle devant cet homme jeune qui implore de vivre que, sans doute, aucun d'eux dans cette grange isolée n'aurait le courage de tirer, si soudain l'homme ne se libérait d'un coup les bras de ses entraves qu'il a réussi à faire glisser et, empoignant une hache qui traîne par là, ne fonçait tout droit vers la porte, jouant le tout pour le tout.

La fuite — est-ce pour cela que dans les guerres civiles certains geôliers libèrent hypocritement leur prisonnier, l'invitant à courir comme un gibier à qui l'on offrirait une chance ? — la fuite déclenche le tir d'une mitraillette.

L'homme tombe, foudroyé.

Mais pour un traître exécuté, combien de traîtres en liberté.

C'est Schneider, un Alsacien qui, en février 1943, a été à l'origine de l'arrestation de Renouvin, véritable créateur des groupes francs et d'Edmond Michelet, « inventeur » de la Résistance, avant même que le mot soit prononcé, et infatigable agent recruteur de « Combat », homme animé par une foi chrétienne et patriotique indissociable[1].

C'est un officier français, Cavailhé, passé au service de l'Abwehr, qui trahira le réseau « Alliance » et sera responsable du démantèlement de tout le secteur méridional de l'organisation montée par Marie Madeleine.

Ce sont les « confidences sur l'oreiller » faites par un chauffeur de la prison d'Évaux qui « travaillait » pour « Alliance » à sa maîtresse qui « travaillait » pour la Gestapo, qui entraîneront, en mars, l'arrestation du général Raynal et de 35 résistants.

C'est une pauvre fille d'Audierne — maîtresse d'un sous-officier allemand — qui donnera l'alerte à la Feldgendarmerie à l'instant où Brossolette et ses compagnons d'aventure, rejetés par les flots, sont contraints, dans la nuit du 2 au 3 février 1943, de regagner le rivage…

Il faudrait citer des centaines et, sans doute, des milliers de noms.

A de nombreuses reprises, Barbie montrera à des résistants des lettres empilées sur son bureau.

— Tu vois le courrier d'aujourd'hui ? Ah, ils sont beaux les Français : plus de cent dénonciations anonymes par jour ! Je n'ai qu'à me baisser pour en prendre des mecs comme toi.

1. Renouvin, qui subira 23 interrogatoires et sera torturé, ne livrera rien de son organisation et mourra le 24 janvier 1944 au camp de Mauthausen. Edmond Michelet, déporté à Dachau, fera très vite figure de responsable moral, parmi des hommes placés jusque-là sous la seule responsabilité immorale des Kapos et son livre, *Rue de la liberté*, constitue toujours aujourd'hui un bouleversant témoignage.

Pression psychologique et chantage ? En partie sans doute. Mais tout ce que nous connaissons de l'époque montre à l'évidence combien, à côté des âmes fortes, étaient nombreuses les âmes basses.

La prison.

Les prisons se ressemblent presque toutes.

Et les prisonniers se ressemblent presque tous.

Sitôt sorti du fourgon cellulaire ou de la voiture de la Gestapo, le prisonnier est jeté dans un trou noir de 2,10 m de large et 1,80 m de long, calculera très exactement René Pédron, trou noir dont, encore tout étourdi, il opère une prudente reconnaissance. Une paillasse déchirée… une couverture grasse… une cruche placée sous un robinet et sur un orifice dont l'odeur indique assez l'usage.

Les heures passées au secret sont interminables.

L'homme songe à sa femme, à ses enfants, à tous les siens, à la rupture matérielle et *morale* provoquée par son arrestation dans un monde où la prison fait *encore* scandale.

Il a faim, il a froid, il a peur. Peur de l'interrogatoire à venir.

Mais soudain, autour de lui, la prison se met à vivre. Des coups sont frappés, faibles, mais réguliers… Un arrêt, puis les coups recommencent… A l'aide de ses ongles, le captif note sur la chaux des chiffres et reconstitue un code généralement sommaire. Un coup = A, deux = B, trois = C.

Au fil des heures — car cette télégraphie demande une longue patience — ne faut-il pas 170 coups pour épeler les mots qui forment « quoi de nouveau ? » — il est possible d'échanger des nouvelles. Chaque interné est d'abord avide de connaître l'évolution du conflit mondial. Il croit — et c'est hélas bien souvent une illusion — que son destin en dépend étroitement.

Lorsque l'on a dit, de façon, oh combien schématique, que Russes et Anglais avançaient (songeons cependant au temps où, dans les prisons, il fallait signaler qu'ils reculaient toujours !), d'autres dialogues s'échangent.

Jeté dans le quartier des condamnés à mort de Montluc, Devigny entend frapper treize coups.

Treize coups = M
puis cinq coups = E
et quatorze = N
et quinze = O
et vingt = T
et vingt encore = T
et cinq = E
et dix-neuf = S

MENOTTES ?

Il répond par quinze coups, suivis de vingt et un, puis de neuf :

OUI.

Ainsi se noue un premier, et combien sommaire, et combien réconfortant contact.

— Menottes ?

— Enlève.

— Comment ?

— Épingle.

— Explique.

— Bloque ressort.

Encore faut-il trouver une épingle. Elle sera fournie — et avec l'épingle, de la ficelle, du papier, un crayon, des lames de rasoir — par des prisonniers moins strictement surveillés qui réussiront à établir un va-et-vient entre leur vasistas et celui de Devigny, auquel il peut accéder en grimpant sur le châlit, puis en prenant appui sur une tablette de ciment.

Madeleine Allard, qui a été arrêtée le 1er décembre 1943, raconte que dès le premier jour où elle se trouve à Fresnes, elle voit sa compagne de cellule s'accroupir contre le conduit de chauffage central, souvenir de l'avant-guerre, ouvrir une petite trappe parler, puis se relever et dire : « Votre belle-mère est la cellule 13, c'est-à-dire à deux cellules de celle-ci, elle vous fait dire que tout va bien. »

> Le « téléphone », comme dans presque toutes les prisons, ajoute-t-elle, faisait le tour de chaque côté de l'aile des femmes. Le Nord, où nous étions, ne pouvait communiquer avec le Midi que par l'entremise des filles de service qui amenaient la soupe. Mais on pouvait communiquer d'un bout à l'autre de la chaîne des cellules au même étage, par le chauffage central, et d'un étage à l'autre, par les fenêtres [1].

C'est par les fenêtres, hautes et munies de barreaux solides, que s'envolent aussi, le soir venu, ces chants patriotiques ou romantiques, dont tous les captifs gardent en mémoire le bouleversant souvenir.

Il n'existe généralement aucune homogénéité sociale dans les prisons de l'occupation.

Au Cherche-Midi, Fabre-Luce, qui a été arrêté pour avoir écrit un trop intelligent *Journal de la France*, se trouve en compagnie d'un vendeur d'or ; de Maurice, qui portait sur lui le plan des carrières de la région parisienne ; de Jacques I, arrêté pour avoir transporté 30 kilos de viande ; de Jacques II, qui a revêtu un uniforme allemand afin de perquisitionner chez un juif ; de Gaston, qui s'est caché dans un avion allemand prêt à décoller avec l'intention de tuer le pilote et d'aller ensuite se poser sur un terrain anglais ; d'Édouard, arrêté à la frontière espagnole.

Cette promiscuité met très tôt un frein aux confidences, car nul ne sait si l'homme à qui l'on parle n'est pas l'oreille de la Gestapo.

---

1. Témoignage inédit.

Cette promiscuité permet également des rencontres qui seront, pour bien des familles et lorsque l'occupation aura pris fin, la seule possibilité d'entendre un témoin de captivité leur parler de la dernière fois où il a *croisé, vu, entendu*, un être aimé, à jamais disparu, et qui n'est plus ainsi qu'un souvenir à travers le souvenir d'un autre.

Yves Grosrichard qui « travaillait » dans la Résistance avec l'admirable Jean Cavaillès, philosophe et mathématicien qui, lorsqu'il poursuivait ses études en Allemagne avant la guerre, écrivait à sa sœur de si belles lettres sur Mozart, Beethoven, Haydn, et aimait tant la vie paisible de Göttingen [1], a pu le rencontrer en prison.

Et c'est grâce à Grosrichard que nous possédons un dernier témoignage et connaissons la dernière phrase qui a traversé le temps pour nous atteindre.

Grosrichard, arrêté le 9 décembre 1943, a été au nombre de ceux qui se sont trouvés dans un petit convoi de résistants conduit, de Fresnes à la rue des Saussaies.

Il a pu parler, à Cavaillès tout d'abord dans les couloirs de la prison, lui dire très rapidement, et à voix basse, comment il avait expliqué aux Allemands venus l'arrêter qu'il s'était rendu à la Sorbonne pour demander à son ami de lui procurer des leçons particulières.

— C'est bien, je dirai la même chose. Vous pouvez vous en tirer.

— Et vous ?

— Oh ! moi, ils savent tout. C'est fini pour moi.

Dans le brouhaha de l'embarquement dans les paniers à salade, Cavaillès a encore pu dire à Grosrichard que les Allemands n'ignoraient ni ses pseudonymes, ni son voyage à Londres en février, ni ses mobiles. Et il a ce mot, le dernier qui nous ait été rapporté :

— Je leur ai dit que j'étais fils d'officier, que j'ai appris de mon père à aimer mon pays et que continuer la lutte était pour moi le seul moyen de l'aimer encore pour…

— *Los*, *los*…

La phrase de Cavaillès restera à jamais interrompue.

Monde étrange de la prison et qui surprend le nouvel arrivant.

— Tu te mettras ici, tu es le dernier rentrant.

Ici, c'est parfois le trou des cabinets d'où il faudra déménager bien souvent.

— Aujourd'hui tu n'auras pas faim, lance celui qui a l'air d'être le chef de la cellule. C'est toujours comme ça le premier jour, alors on partagera ta ration. Demain, tu mangeras comme tout le monde.

Vers 7 heures du matin, des soldats allemands — ou tchèques ou autri-

1. Mme Gabrielle Ferrières, sœur de Jean Cavaillès, a écrit sous le titre *Jean Cavaillès, un philosophe dans la guerre*, un livre très émouvant et dans lequel, à chaque page, transparaît la qualité humaine de son frère.

chiens, ils seront de plus en plus nombreux parmi les gardiens — distribuent la ration de café, le plus souvent dans une gamelle unique, quel que soit le nombre des occupants de la cellule. La distribution de soupe a lieu entre 11 heures du matin et 3 heures de l'après-midi et le pain (350 grammes), accompagné d'un morceau de margarine, est donné tantôt avant, tantôt après la soupe. En principe, les détenus ont également droit à une soupe vers 17 heures, mais il arrivera que cette distribution soit supprimée sans raison comme il arrivera — sans davantage de raisons — que des hommes, menacés cependant de peines sévères, soient envoyés à la corvée d'épluchage qui permet de fructueux chapardages, les pommes de terre prenant rapidement la direction des poches, des manches ou des jambes de pantalons. Déjà amaigris en liberté par les restrictions quotidiennes, les captifs doivent s'accoutumer à une ration quotidienne plus maigre encore.

Ceux qui ont la chance de recevoir des colis partagent assez souvent avec leurs codétenus la part que les gardiens veulent bien leur abandonner[1].

Car les paquets sont inspectés avec minutie. Les noix sont interdites, le chocolat brisé, les gâteaux coupés en morceaux, le pain (l'un d'entre eux, à Marseille, contenait une lettre de douze pages) sondé et morcelé.

Reçoit-on quelques provisions, il est préférable de ne pas les conserver trop longtemps. Jean Nocher ne se décide que le 18 mars 1943 à déguster le plus précieux de ses trésors : une boîte de sardines. Mais, pour un prisonnier, ouvrir une boîte de sardines constitue un véritable tour de force. Avant d'aboutir, à l'aide d'un débourre-pipe, Jean Nocher travaillera pendant trois heures ! Lorsqu'il a réussi, lorsqu'il s'apprête à avaler les sardines dorées, ruisselantes d'huile, bien grasses, le gardien ouvre la porte, fait : « Ho, ho… » et confisque les sardines, laissant Nocher à ses hallucinations alimentaires.

En prison, il faut s'habituer aux coups, au voisinage ou à la solitude, à la faim, mais il faut également s'habituer aux murs.

Murs gris, sales, tachés d'où, parfois, la nuit, tombent des punaises que l'on roule d'abord sous la langue comme quelque mie de pain oubliée avant de les recracher avec horreur[2]. Murs qui remplacent l'ardoise des vespasiennes pour le dessin obscène, murs qui remplacent l'arbre où l'on grave, au printemps, et le cœur et la flèche et le prénom aimé : « A ma Lucienne, A. F. », « Adieu ma bichette adorée ». Murs qui témoignent de

1. « Il y eut, précise Madeleine Allard, dans quelques cellules des femmes qui ne partageaient rien avec leurs camarades et les voyaient crever de faim d'un air indifférent pendant qu'elles se tapaient des douceurs ; mais ce fut, je dois dire, l'exception. En général, nous partagions tout avec un sens inouï de la justice qui nous paraissait tellement normal, que ce n'était même pas la peine d'en parler. »

2. André Frossard, *La Maison des otages*.

l'état civil de ceux qui n'ont fait que passer sur la terre : « André, instituteur, 21 ans 9 mois, entré le 9-11-43 à 24 heures. »

Murs dont l'on crève l'épaisseur grâce au délire de l'imagination, qui s'évanouissent, fleurissent, ne sont plus alors murs de prison mais murs d'une coquette maison de banlieue, comme ceux de la cellule 35 de Fresnes sur lesquels Louis Jaconelli, dont la « trace » — oh, ce mot appliqué à l'homme comme il l'est à l'animal — ira se perdre à Dora, a projeté tout un avenir de bonheur.

Sur les murs de la cellule 35, Jaconelli a dessiné, en effet, le plan de son futur appartement. Voici le salon auquel ne manquent ni la bibliothèque, ni les fleurs dans les vases, ni les tapis épais, ni l'horloge qui marquera seulement des heures joyeuses, ni le crucifix, ni les rideaux aux fenêtres.

Car il y a des fenêtres ouvertes dans la cellule 35.

Au moins sur les murs.

Jaconelli a 18 ans et ses fenêtres, gravées sur le mur de Fresnes, permettent de contempler un jardin de rêve.

Comme pour donner davantage de réalité à tout ce qui n'est que fébrile produit de l'imagination, Jaconelli s'est représenté, confortablement assis dans un fauteuil, fumant paisiblement — les deux mots sont en harmonie — sa pipe cependant qu'en face de lui, Rolande, son amie, son amour, le contemple.

Que se disent-ils, Louis et Rolande, prisonniers du mur de Fresnes, silhouettes dérisoires qui resteront à jamais silhouettes sur un mur, que se disent-ils qu'ils ne se diront jamais, silhouettes qui ne se retrouveront jamais ?

On avait mis des rubans aux fenêtres
Les portes étaient grandes ouvertes
Et les prisons étaient vides
Je pouvais y habiter
Entrer sortir à mon gré

Paul ÉLUARD, *Rêve du 21 septembre 1943*.

Il ne s'agit que d'un rêve.

Pendant que les prisons sont pleines, les fonctionnaires allemands travaillent. En France occupée, mais aussi en Allemagne où certains résistants ont immédiatement été transférés.

Écrivant ce chapitre, j'ai sous les yeux l'acte d'accusation contre 41 membres de « Combat-zone Nord » arrêtés à Paris en février 1942.

Il est daté de : *Berlin 22 juin 1943*

LE PROCUREUR GÉNÉRAL
AUPRÈS DU TRIBUNAL DU PEUPLE — SECRET
1 J. 1041/42 g — *Détention*
Étrangers

Acte d'accusation
contre

1. La directrice d'école Jeanne SIVADON, Paris, née le 26 juin 1901 à Toulouse, célibataire, de nationalité française

en détention provisoire depuis le 2 février 1942.

2. L'employée Élisabeth DUSSAUZE, Paris, née le 29 décembre 1914 à Londres, de nationalité française, célibataire

en détention provisoire depuis le 4 février 1942.

3. L'assistante sociale Odile KIENLE…

4. Le chef de section au ministère des Finances Édouard LE GUALES DE LA VILLENEUVE…

Suivent des précisions sur le mouvement de résistance et les intentions des accusés, mais également sur les agissements de la police allemande : « L'Abwehr réussit, vers le mois d'octobre 1941, à s'infiltrer dans le mouvement et à y placer deux agents dans des positions clefs. »

Au long des pages de l'acte d'accusation, presque tout est démonté de l'activité de ces hommes et de ces femmes qui depuis le début de 1941 — et alors que l'Allemagne paraissait avoir guerre gagnée — luttaient les mains nues contre l'envahisseur.

Les mains nues ? En effet, que leur reproche l'acte d'accusation ? Des correspondances secrètes échangées à l'aide d'encre sympathique : du jus de citron, méthode puérile employée par les pensionnaires désireux, avant guerre, de correspondre avec une cousine pudiquement courtisée.

Le transport de *30* exemplaires des *Petites Ailes*, journal clandestin dont j'ai dit, dans *Le Peuple réveillé*, comment il fut créé. L'hébergement d'Henri Frenay, l'achat de papier pour l'impression de journaux et de pièces détachées pour la construction (qui n'aura jamais lieu) d'un poste émetteur et récepteur[1].

Pierre Le Rolland a servi de « courrier » au mouvement, Denise Lauvergnat a tapé des textes pour Guedon, l'un des fondateurs des *Petites Ailes* et prêté son appartement aux comploteurs ; Adrien Thomas, qui possédait une petite imprimerie, avait accepté de tirer des journaux clandestins ; Gilberte du Martray a reçu 30 exemplaires de *La France continue* et de *Pantagruel* et s'est mise au service du conseiller d'ambassade Paul Petit ; Tony Ricou est accusé d'avoir accepté la responsabilité des courriers, et de s'être rendu à Compiègne pour y obtenir

1. Ce que l'acte d'accusation appelle « le groupe de Compiègne » avait cependant rassemblé 147 grenades, 10 fusils, 9 mitrailleuses lourdes et 1 légère, 3 affûts de mitrailleuses, 35 baïonnettes « armes en majeure partie rouillées et qui avaient, en juin 1940, été abandonnées par l'armée française ».

l'adhésion d'un groupe de résistants ; quant à André Noël, l'acte d'accusation lui reproche essentiellement d'avoir recruté Le Rolland et le Dr Stephani et d'avoir participé à des réunions chez Jeanne Sivadon et chez Élisabeth Dussauze.

Bien peu de chose en vérité. Mais 23 des 41 résistants jugés par le tribunal du peuple ont été condamnés à mort et 17 d'entre eux seront décapités à la hache[1].

Ainsi dans l'été 1943 et dans les premiers jours de janvier 1944, c'est-à-dire à l'instant où, en France, la Résistance est devenue efficace, où elle est sabotage intensif contre le matériel, attentat contre les vies, tombent, en Allemagne, des hommes arrêtés dans les premiers jours de 1942 lorsque la Résistance était presque uniquement alors encre sur papier et distribution de feuilles clandestines.

Sans savoir si la moisson lèverait un jour, ces hommes et ces femmes avaient été les premiers grains de blé.

Leur récompense, ils l'ont sans doute reçue en entendant le procureur allemand déclarer que leurs activités avaient représenté un « danger pour l'armée allemande ».

Alors, comme l'écrira Henri Frenay, qui fut leur chef et leur ami, « les juges virent ces hommes et ces femmes dont beaucoup d'entre eux allaient perdre la vie se regarder les uns les autres. Une grande joie illuminait leur visage. Ils savaient que leur sacrifice n'avait pas été vain… ».

Louis Renard, arrêté en septembre 1942 et qui, dès la fin de 1940, avait rédigé et diffusé le journal clandestin *Le Libre Poitou*, avant de recruter des troupes de soldats sans armes ni uniforme, pour une libération future en liaison avec l'organisation parisienne de l'*Armée volontaire*, saura, lui aussi, que son sacrifice n'a pas été vain.

Dans sa cellule de La Pierre Levée, à Poitiers, puis au camp d'extermination d'Hinzert et dans la prison de Wolfenbüttel, tenant un journal de captivité dans lequel il n'oubliait pas, à la grande frayeur de ses codétenus, de noter les supplices endurés, traduisant des romans anglais ou faisant même de la tapisserie, il conservait toujours son calme et sa dignité.

Dans la soirée du 11 octobre 1943, à la veille de sa comparution en jugement, à l'avant-veille de sa condamnation à mort, il passera la nuit avec ses camarades — Louis Cartan, Norbert Portejoie, Pierre Kedinger et Auroux — à débattre du scandale des décorations en France…

Revenant du tribunal, enchaînés deux à deux, c'est en élevant à hauteur de leur cou la main qui restait libre que Louis Renard et ses camarades feront le geste qui prouve qu'ils sont exclus du monde des

1. Sur les 23 condamnations à mort, 6 concernaient des femmes. Elles seront commuées en déportation, mais seules Jeanne Sivadon et Élisabeth Dussauze reviendront des camps. Paul Petit sera décapité le 26 août, ses 16 camarades le 7 janvier à Cologne. Sur les dix-huit hommes condamnés à la réclusion, dix périront dans les prisons nazies.

vivants, mais jamais, dans les jours qui suivront, ils ne manifesteront le moindre signe de révolte ou d'abattement.

Puisque leur cause l'emporte, les voici déjà comme au-delà de la souffrance et de la mort.

Les Allemands ne se contentent pas d'arrêter des responsables de la Résistance.

A 1 h 30 du matin, le 25 juin 1943, et sous prétexte que trois attentats ont eu lieu en cinq jours à Clermont-Ferrand, ils envahissent le foyer universitaire de l'université de Strasbourg, situé rue Rabonese[1]. Ils sont une centaine de policiers à se lancer à l'assaut des escaliers, puis à fracturer les armoires, à renverser les tables. Aux étudiants qu'ils expulsent et qui veulent se vêtir, ils disent :

— Inutile, vous serez fusillés.

On les entraîne — ils sont 37 — jusqu'à la caserne du 92e régiment d'infanterie où ils seront rejoints par plusieurs Clermontois. Les aryens ont le droit de rester à l'ombre, les juifs doivent obligatoirement demeurer au soleil. Dans la soirée leur troupe sera conduite à la prison de Moulins puis, en juillet, à Drancy (les juifs), à Compiègne (les aryens) ; antichambres de Mauthausen, Buchenwald, Dachau.

Ces rafles de juin précèdent, à Clermont-Ferrand, les grandes rafles du 25 novembre 1943.

Il est 10 heures, le cours touche à sa fin, lorsqu'un étudiant posté à une fenêtre de l'Institut de physique montre à Ernest Hoepffner, son professeur, un soldat de la Wehrmacht, casqué, botté et montant la garde.

— Tâchons de nous défiler !

Il est trop tard. Déjà escaliers et corridors se remplissent du bruit des bottes et des vociférations.

Des soldats crient :

— Tout le monde dans la cour ! Dites-le aux autres !

Dans la cour, voici rassemblés professeurs de Strasbourg et professeurs de Clermont, le secrétariat des deux universités, la foule des étudiants.

Tous et toutes doivent garder les mains levées jusqu'au moment où un nouvel ordre les envoie devant un « tribunal » composé de Blumenkamp, le chef de la Gestapo et de Mathieu, fils d'officier, élève à Saint-Cyr, étudiant et résistant, arrêté en même temps que sa maîtresse et qui, immédiatement passé à l'ennemi, décide ainsi du sort de ses anciens professeurs et de ses anciens camarades[2]. A gauche les « bons », ceux qui seront autorisés à rentrer chez eux — des Clermontois pour la plupart —, à droite les « mauvais », ceux qui seront arrêtés — des Strasbourgeois en

1. C'est en 1939, après la déclaration de guerre, que l'université de Strasbourg avait été « repliée » à Clermont-Ferrand.

2. Le docteur Peziaud a largement évoqué ce drame le 2 mai 1984 dans une communication devant l'Académie des sciences, belles-lettres et arts de Clermont.

majorité, conduits à la prison militaire du 92e où un nouveau tri sera effectué, toujours en présence de Mathieu, avant l'envoi à Compiègne et le départ pour les camps de concentration.

Les professeurs strasbourgeois arrêtés à Clermont-Ferrand le 25 novembre ne demeureront que peu de jours à Compiègne. Moins de deux mois. Albert Kirmann, Charles Hauter, Georges Straka, Charles Sadron vont faire partie du convoi du 22 janvier 1944.

> Je n'oublierai jamais cette journée lugubre du 24 janvier 1944, écrira plus tard Georges Straka. Un jour gris et humide venait de se lever sur l'Allemagne du Centre. Nous approchions de Weimar, entassés et cloués dans des wagons à bestiaux. Peut-être était-ce Weimar, nous n'en savions rien, nous le devinions seulement. Après une journée et une nuit de voyage comme nous n'aurions jamais cru en faire de notre vie, nous nous avancions vers un terrible inconnu. *On nous avait peint le camp où l'on nous dirigeait sous des couleurs tout à fait roses*[1], et les SS qui accompagnaient notre convoi n'avaient pas arrêté, presque à chaque halte, de crier le long des wagons [la plupart des professeurs strasbourgeois comprennent l'allemand] que c'était un vrai camp de repos, que nous aurions des cigarettes, que nous pourrions aller au cinéma, faire des promenades, nous instruire… Les uns le croyaient, d'autres étaient sceptiques, mais tous gardaient encore une petite étincelle d'espoir.

Pauvres hommes qui, très vite, seront détrompés.

Mais en vérité, même à la fin de 1943, rien d'absolument précis n'est connu sur l'existence des internés dans les camps de concentration, existence que l'on sait pénible et difficile, l'absolu du mal et de l'horreur demeurant cependant ignoré.

Je possède une lettre envoyée le 18 décembre 1943 par le général Verdier, membre du conseil d'administration, délégué général de la Croix-Rouge française pour la zone sud à la maréchale Pétain, présidente d'honneur du comité central de la Croix-Rouge[2] qui, personnellement, a demandé des informations.

Le général Verdier répond « à une liste de questions posées par la délégation générale à Vichy au service des internés civils à Paris ».

Les questions sont précises, les réponses ne le sont pas.

En lisant les quatre feuillets qui composent ce document, la terrible réalité ne peut transparaître puisqu'elle demeure totalement ignorée.

> *Conditions médicales* : nous ne les connaissons pas d'une façon précise, mais d'après ce que nous savons c'est un médecin allemand qui assure le service sanitaire du camp et qui, lorsqu'il le juge nécessaire, fait transporter le malade dans l'infirmerie ou à l'hôpital.
>
> *Conditions de nourriture* : nous ne les connaissons pas. L'ordinaire est amélioré par les colis familiaux ou par les colis Croix-Rouge.

1. Je souligne intentionnellement.
2. Document inédit, me semble-t-il.

. . . .

Des effets et des couvertures ont-ils été distribués ?

Les détenus ont presque tous un uniforme, ce qui explique pourquoi il est seulement permis d'envoyer des sous-vêtements. Certains camps ont des draps de lit (Oranienburg). Les détenus reçoivent une couverture.

. . . .

NEUENGAMME, DACHAU, RAVENSBRUCK : Internés de provenances diverses.

Colis : Les familles peuvent adresser des colis en nombre illimité. La Croix-Rouge accepte de confectionner des colis mensuels. Un par interné au prix de 130 F pour 5 kg.

Correspondance : régime variable.

Mandats : variable.

AUSCHWITZ : Haute-Silésie. Internés partis de Compiègne le 6 juillet 1943, et une certaine quantité de femmes transférées le 23 janvier 1943 de Romainville.

Colis : les familles peuvent adresser des colis en nombre illimité. La Croix-Rouge accepte de confectionner un colis mensuel de 3 kg par interné au prix de 90 francs[1].

Correspondance : deux lettres par mois écrites en allemand dans chaque sens.

Mandats : 10 marks par semaine par l'Office des changes.

Dans un prochain volume, je dirai ce que furent les véritables conditions de vie dans les camps de concentration.

Et je le dirai notamment grâce au travail, trop ignoré de beaucoup d'historiens et de commentateurs, réalisé, dès 1945, à l'initiative de Prosper Alfaric, président de l'Association des publications de la faculté des lettres de Strasbourg, par ces professeurs de la faculté de Strasbourg, revenus des bagnes nazis, hommes de science pour la plupart et à qui il était demandé de « ne pas se poser en juges ni en accusateurs, mais en simples observateurs, qui se sont fait une loi de rester objectifs » et d'accepter que leur récit et leur travail soient, avant publication, relus et approuvés au moins par deux d'entre eux[2].

Alors, dans sa scientifique cruauté, apparaîtra toute la vérité.

1. Des colis de la Croix-Rouge arriveront bien jusqu'en février 1945 (Albert Kirmann le note pour Buchenwald), mais ils devaient être partagés entre tous les détenus, et les autorités prélevaient leur part.

2. Ce travail collectif a été publié en 1947 sous le titre *De l'université aux camps de concentration, Témoignages strasbourgeois*, par la société d'édition « Les Belles Lettres » (550 pages).

QUATRIÈME PARTIE

LA RÉSISTANCE POLITISÉE

Bien que nous ayons été haussés par les événements au-dessus de nous-mêmes, nous n'étions cependant que des hommes de chair et de sang avec leurs faiblesses et leurs erreurs...

Henri FRENAY

11

LE COMBAT POUR ALGER

Le 9 juin 1983, pour le quarantième anniversaire de la création du Conseil national de la Résistance, Daniel Cordier, qui fut le secrétaire de Jean Moulin et possède aujourd'hui l'essentiel de ses archives, prononce cette phrase qui ne choquera que les amateurs forcenés de légendes : « Le temps de la vertu patriotique était clos, s'ouvrait celui de la stratégie politique. »

L'affirmation est exacte. Il faut toutefois en nuancer immédiatement la sévérité. La « stratégie politique » n'habite encore que le cerveau des responsables, de certains responsables, dont il est indispensable et honnête de rappeler que, bâtissant des plans d'avenir, dans lesquels leur avenir s'intégrera sans doute, ces plans peuvent être bousculés, bouleversés, anéantis par les Allemands.

Et le sont bien souvent.

Au grand soleil des victoires alliées, la Résistance française va se politiser rapidement en 1943, mais beaucoup de ceux qui ont travaillé, ou qui se sont opposés, à cette politisation seront, par la mort — Moulin, Brossolette —, par une certaine forme d'exil — Frenay — retirés d'un jeu qu'ils espéraient maîtriser et dominer.

Les équipes initiales disparaissent dans l'obscurité des prisons et dans le pourrissoir des camps.

Des équipes nouvelles, qui n'ont pas connu l'angoisse des deux premières années et ne regardent plus, malgré les périls, que vers des lendemains qui chantent, prennent la relève.

La défaite avait ébranlé toutes les structures, mêlé ce qui semblait à jamais figé par les hiérarchies politiques, économiques et religieuses de la société française.

En faisant éclater nos armées, en lançant huit millions de Français sur les routes, la Wehrmacht avait — momentanément — fait exploser toute une série de petits mondes clos. Qu'importaient alors les définitions de la veille : clérical, franc-maçon, droite, gauche, cagoulard, communiste, radical-socialiste, et qu'importaient les situations, puisque le riche pouvait se retrouver pauvre, et que tous étaient humiliés ?

Par millions et millions, l'Église pétainiste avait d'abord ramassé, plus que rassemblé, ces hommes soudain dépouillés de leur passé, nus devant l'événement, et qui, oubliant qu'ils avaient été les fils du peuple le plus spirituel de la terre, célébraient frileusement les vertus d'obéissance, de résignation et de pénitence.

Moins nombreux, infiniment moins nombreux, les résistants avaient connu la même griserie du coude à coude lorsqu'il ne s'agissait pas de savoir ce que l'autre faisait et pensait avant le cataclysme, l'hostilité à l'occupant représentant l'anneau mystique, le véritable lien dont on imaginait alors qu'il créerait, à partir de ces camaraderies grandies dans le tutoiement du péril, les conditions d'une rénovation morale qui balaierait non seulement Vichy, mais également cette IIIe République dont l'agonie avait — comme lorsque le flot se retire — mis à nu les faiblesses, les compromissions et les tares.

Entre 1914 et 1918, les soldats des tranchées, ou tout au moins ceux qui exprimaient leurs pensées, avaient déjà, dans un contexte politique différent, nourri les mêmes espoirs. Et connu, plus tard, les mêmes déceptions.

1943. Comme le temps a passé ! Ce qui, en 1940, semblait relever du pari de Pascal appartient maintenant à la certitude.

Les ralliements à la Résistance vont se multiplier. Certains parfaitement explicables et dignes. Le débarquement en Afrique du Nord, l'occupation de la zone libre, le STO, l'intensification de la répression, et particulièrement de la répression antisémite, sont autant de coups portés à des consciences qui, par patriotisme, et dans la perspective d'une guerre courte, s'étaient rangées derrière ce Maréchal dont on découvrait la pathétique impuissance face aux bouleversements imposés par un conflit mondial.

Mais ces événements constituaient également autant de signaux d'alarme pour les attentistes, pour ceux qui, dans l'administration, la finance, la politique, ayant servi tous les régimes sans jamais se compromettre avec aucun, estimaient que le régime qui naîtrait de la Libération ne pouvant se passer de leur expérience et de leur talent, il était temps, en prenant les moindres risques, d'abandonner le navire qui faisait eau pour embarquer sur ce vaisseau dont un vent de victoire déjà enflait les voiles.

Il y avait beaucoup moins honorable encore que ces ralliements alimentaires.

Des fonctionnaires français, ayant assisté et participé à des séances de torture, ayant dit à des inculpés communistes : « Accouche, salaud, tu vois bien qu'on va te casser la gueule », ayant mérité, en novembre 1942, les félicitations du directeur de cabinet de De Brinon pour leur « heureuse activité », entreront en contact avec la Résistance à partir de 1943 et, comme les serpents changent de peau, s'infiltrant dans le NAP (Noyautage des administrations publiques), pourront, en 1945, lorsqu'on leur demandera des comptes, exhiber des certificats affirmant, par exemple, qu'ils ont été « à la pointe du combat lors de la libération de Paris[1] ».

Toutes les époques révolutionnaires ont engendré de dégradantes mutations. On aura l'occasion de revenir sur celles de 1944. En 1943, c'est souterrainement qu'elles se préparent, mais la clandestinité du déshonneur n'est ni l'objet ni le thème de ce chapitre.

Parce que l'horizon s'éclaire, voici cependant qu'à l'intérieur même du monde de la Résistance les choses se compliquent, les caractères s'aigrissent, les conflits se durcissent.

En 1940, en 1941, ou même au début de 1942, rien de ce qui était décidé contre l'Allemand ne pouvait avoir d'influence *immédiate* sur l'avenir. Il n'en va plus de même à la fin de 1942, au début de 1943.

Sous la plume de Félix Gouin, adressant à Léon Blum, en octobre 1942, un rapport d'une remarquable qualité psychologique[2], consacré à de Gaulle, aux gaullistes, à l'évolution du parti socialiste, aux problèmes qui se poseront dans les mois qui précéderont et suivront la Libération, on trouve ces lignes :

> L'objectif est donc, à mon sens, ici, à Londres, d'investir la place [c'est-à-dire le mouvement gaulliste dont Gouin vient de décrire « toutes les tares et tous les travers »] et d'essayer de tenir le maximum de leviers de commande.
>
> En France, le problème me paraît être le même, et, si l'on veut que notre action soit prépondérante, il faut qu'elle s'exerce en liaison étroite avec tous les éléments démocratiques qui se sont groupés sous la bannière du général.

Le mécanisme qui conduira à la prise du pouvoir est donc enclenché, à Londres aussi bien qu'en France occupée, et cela n'a rien d'illégitime même si les résistants obscurs, toujours à la peine et ne s'inquiétant pas de savoir s'ils se trouveront un jour à l'honneur, seraient étonnés, et sans doute scandalisés, d'apprendre que tel groupe, ou telle formation « militaire », est seulement créé dans le but secret de conquérir une voix supplémentaire au sein de l'exécutif de la Résistance[3] et que Jean Moulin a écrit à de Gaulle : « De quoi s'agit-il, en dehors de la libération du territoire ? Il s'agit pour vous de prendre le pouvoir contre les Allemands, contre Vichy, contre Giraud, et peut-être contre les Alliés. »

< 1. Il n'entre aucune imagination dans ces lignes. En les écrivant, je songe à un personnage qui a bien existé. >

2. On trouvera ce texte, dont je souligne à nouveau tout l'intérêt, en annexe du livre de Daniel Mayer, *Les Socialistes dans la Résistance*.

Léon Blum se trouve alors interné à Bourrasol.

3. *Cf.* Passy, *Missions secrètes en France* et, particulièrement, les pages 220-223.

Mais que savent, à quelques exceptions près (moins d'une centaine d'hommes sans doute), que savent véritablement les résistants des conflits, des intrigues, des luttes « sordides » — le mot est du colonel Passy — qui se livrent ici et là et qui encombrent toute l'année 1943 d'inévitables scories ? Rien ou bien peu, même s'ils devinent que des appétits — inexistants en 1940 ou 1941 — se font jour et qu'après l'exaltante période de la genèse est venue celle de la maturation qui suppose des reclassements, des réorganisations, mais aussi des luttes d'influence entre ces mouvements qui, au moment où la fusion deviendra obligatoire, jonglent avec des chiffres d'adhérents « gonflés et archifaux [1] » puisque aucun recensement n'est possible, mais nécessairement amplifiés, puisque ces exagérations sont indispensables à qui désire arracher le commandement d'une région.

Évoquant la période qui devait conduire à la création des Mouvements unis de Résistance, Alban Vistel, qui, avant d'assumer le commandement politique et militaire de la région lyonnaise, s'était trouvé au nombre des premiers résistants et avait donc partagé leur solitude et leur pauvreté, écrira que les « dissentiments, pour circonscrits à l'aréopage national qu'ils fussent, n'évitaient pas certains éclats qui allaient retentir au loin. Les services régionaux divisés, relâchés, affaiblis par la mauvaise volonté dans la mise en commun de tous les moyens, ne transmettaient plus les impulsions et les consignes attendues au loin ».

Passy, de son côté, avouera dans ses Mémoires : « J'ai dépeint des hommes, et même de petits hommes [2]. »

A cette phrase d'un constat sans indulgence, je préfère celle d'Henri Frenay : « Bien que nous ayons été haussés par les événements au-dessus de nous-mêmes, nous n'étions cependant que des hommes de chair et de sang avec leurs faiblesses et leurs erreurs… Fallait-il montrer que des hommes qui furent courageux devant la mort comme ils l'avaient été dans notre existence clandestine, ne surent pas élever leur esprit au niveau des graves événements que nous avons connus ? »

Fallait-il montrer ?

Lorsque Frenay revient de Londres au cours de l'automne 1942, il ne peut cacher à ses camarades — Christian Pineau fera de même — le caractère difficile de De Gaulle, son hostilité envers les Anglais et, plus encore, envers les Américains, il ne peut totalement dissimuler les divisions et les déchirures qui opposent, dans la capitale anglaise, des Français bavards et imprudents, n'ayant souvent rien appris et ne voulant rien oublier, aimant certes la patrie asservie, mais ne l'aimant que dans le cadre des clans et des discours anciens, des amitiés qu'ils engendrent et des exclusives qu'ils provoquent.

---

1. Alban Vistel, *La Nuit sans ombre.*
2. *Missions secrètes en France.*

Et le plus souvent ignorant — de Gaulle le premier — les conditions qui sont celles du combat quotidien en France et la complexité de sentiments populaires qui n'évoluent que lentement.

En avril 1943, Daniel Mayer a quitté la France pour une rapide mission politique à Londres[1]. Ce qu'il découvre l'atterre et l'attriste au point de le pousser à écrire :

> Que dirai-je à mon retour à mes camarades ? Il me serait, en tout cas, impossible de leur parler des divisions que je viens de découvrir. Ce serait leur porter un coup trop rude. Je ne sais quelle déception supplémentaire j'essuie encore. Toujours est-il que je me souviens parfaitement que, le neuvième jour (cette précision m'est restée sans que je puisse la rattacher à un fait) de mon séjour en Grande-Bretagne, je fais des vœux pour que mon avion de retour soit bombardé, que mon parachute ne s'ouvre pas ou que se produise un événement de même type, qui m'épargnera grâce à ma disparition, de faire la description de ce que j'ai entendu[2].

Réaction sentimentale d'un homme qui, face à tant de querelles secondaires, se souvient du grand brassage des caractères et des positions politiques provoqué par la Résistance ? C'est vraisemblable. A la même époque, Claude Bourdet, découvrant à travers les récits du capitaine de frégate Pierre Sonneville, les intrigues et l'atmosphère « suffocante » des milieux gaullistes et antigaullistes de Londres, aura une réaction identique : « Je crois, écrira-t-il, qu'un chrétien à qui on expliquerait que Jésus-Christ n'est pas vraiment ressuscité ne serait pas plus ébranlé que je ne le fus. »

Avec le temps, Daniel Mayer rencontrera un autre de Gaulle que le de Gaulle distant par timidité, mais aussi parce que l'extraordinaire lui semble ordinaire, qui glace des visiteurs ayant bravé mille périls pour arriver jusqu'à lui, comme avec le temps il s'habituera à ces interminables réunions au cours desquelles les socialistes résidant à Londres ergotent et discutent — notamment du « républicanisme » de De Gaulle — dans une atmosphère empreinte à l'égard du visiteur débarqué de cette autre planète — la France —, d'une constante et chaude cordialité.

Mais la réaction initialement désabusée de Daniel Mayer prouve jusqu'à quel degré de désespoir pouvait atteindre un homme brutalement mis en présence de l'envers du décor, un décor d'unanimité fabriqué, au jour le jour, aussi bien par la BBC que par les exigences de la clandestinité. Claude Bourdet, dont on sait la déception, avouera toutefois : « J'oubliai peu à peu, *parce qu'il fallait que j'oublie*. Tout ce qui ne correspondait pas à l'image désirée, je le refoulai. »

---

1. Daniel Mayer a choisi comme message devant être transmis dès son arrivée à Londres, à l'intention de son épouse, celui-ci qui a peu de chances d'être choisi par un autre clandestin : 42 412 égale 42 410 plus 2.
2. *Les Socialistes dans la Résistance.*

Encore ignore-t-on, en France, dans les rangs de la Résistance, les incidences que les décisions prises à Londres, dans l'entourage du général de Gaulle, ou par le général de Gaulle, peuvent avoir sur les rapports au sommet entre des hommes comme Frenay, Jean Moulin, Pierre Brossolette, d'Astier de la Vigerie.

Lorsqu'il s'est agi des maquis, du rôle militaire à leur faire jouer et des délais de leur intervention, on a pris conscience du fossé qui s'était creusé entre Moulin et Frenay[1] ; lorsqu'il s'est agi des oppositions de caractères, on se souvient à quelles extrémités verbales Brossolette et Moulin s'étaient laissé emporter, dans un immeuble occupé en partie par les Allemands, bien dangereuse façon, en se plaçant dans la gueule du loup, de protéger son incognito.

Les rapports entre les chefs de la Résistance sont donc, en certaines circonstances, d'une violence inouïe.

Ils relèvent parfois du pur et simple « cafardage », comme dans cette lettre que j'ai citée[2] dans laquelle Moulin, écrivant à de Gaulle, accuse Frenay d'être devenu l'homme des Américains et « par la fatalité des choses, de Giraud[3] », ce qui, il le sait parfaitement, aura la faculté d'exaspérer de Gaulle.

Ils se traduisent, de la part de Frenay, par des critiques de plus en plus vives contre l'incompétence du général Delestraint à diriger une Armée secrète[4] dont il comprend mal qu'elle ne puisse être calquée sur les principes militaires qui ont réglé toute son existence et qu'elle dépende en grande partie d'une hiérarchie politique souple dont les données lui échappent. Par la dénonciation de l'ignorance des problèmes quotidiens de la Résistance dans laquelle, selon lui, Jean Moulin se tient, volontairement : « Laissez-moi vous dire amicalement mais fermement que vous ne connaissez qu'un seul côté de la Résistance. Vous n'avez plaqué votre œil qu'au seul gros bout de la lunette… Cette méconnaissance que vous avez du travail réel est grave[5]. »

---

1. *Cf.* ci-dessus, p. 566-567.
2. *Cf.* ci-dessus, p. 571.
3. Dans sa lettre à de Gaulle (7 mai 1943), Jean Moulin, tout en ayant l'air de prendre la défense de Frenay, l'enfonce impitoyablement dans l'esprit du Général, alors en conflit ouvert avec Giraud et les Américains. « Cependant, écrit Jean Moulin, je tiens à appeler votre attention sur les griefs qui sont faits à nouveau contre Frenay dans de nombreux milieux. On reprend contre lui de vieux arguments contre lesquels je n'ai cessé personnellement de m'élever : ambition personnelle, relations avec le 2e Bureau de Vichy et avec Giraud, attitude politique équivoque, activité brouillonne, manque de sang-froid… tous arguments qui ont contribué à diminuer très sérieusement sa position, non seulement auprès de ses anciens amis, mais encore dans la masse de ses troupes… »
4. Les critiques contre le général Delestraint (dont nul ne discutait le courage mais la capacité à se plier aux règles de la clandestinité) ne venaient pas du seul Frenay. Moulin lui-même se montrera assez sévère, Brossolette plus encore et Delestraint, avant son arrestation, verra ses attributions sensiblement réduites.
5. Frenay (dans cette lettre en date du 8 avril 1943) reprochera notamment à Jean Moulin de n'avoir jamais voulu se rendre sur le terrain : « Je vous ai demandé à plusieurs reprises

Ces conflits auront finalement pour conséquence l'« élimination », ou la mise à l'écart, de ceux qui déplaisent parce qu'ils manquent de souplesse ou discutent les consignes conçues à Londres, consignes qui sur le terrain se révèlent souvent inapplicables, mais que des officiers, venus en mission, s'efforcent avec plus de bonne volonté que d'efficacité, de faire appliquer, en donnant l'impression à la Résistance qu'il lui faut se couler dans le « moule londonien », alors que selon Frenay l'idéal serait « de rechercher tout à la fois l'exécution des consignes reçues de Londres et leur adaptation aux conditions de temps et de lieu dont nous [les chefs de la Résistance] sommes meilleurs juges que quiconque[1] ».

Guillain de Bénouville a expliqué en termes modérés ce que Frenay exposait en termes explosifs, mais la modération de Bénouville n'en revêt que davantage de force.

> Une fatalité mauvaise, autant que les mesquines intrigues de quelques rares agents, compliquait toujours infiniment nos rapports avec notre lointain gouvernement. Nous n'oubliions jamais certes que ceux qui nous arrivaient d'Angleterre venaient partager notre vie errante. Mais mal conseillés sans doute, ils s'appliquaient avec ensemble, dès leur arrivée, *à trouver un point d'application à une autorité têtue, dont les hommes qui avaient créé la Résistance intérieure et qui ne cessaient de proclamer que celle-ci était majeure, ne voulaient à aucun prix*[2].

Ces lignes disent l'essentiel de ce que sera, en 1943, le conflit entre les services gaullistes de Londres et les mouvements de l'Intérieur ; Londres qui dispose des armes, de l'argent et des moyens techniques, n'admettant pas que lui échappent les âmes.

Sans qu'on l'avoue encore nettement, il s'agit bien, de part et d'autre, de la compétition pour le futur pouvoir.

Dans une Résistance menacée par l'Allemand, il existe ainsi une véritable guerre des clans qui se traduit par l'effacement des uns au profit des autres, de Gaulle, qu'il se trouve à Londres ou à Alger, l'emportant sans cesse, au cours de l'année 1943, et notamment grâce à l'autorité toujours plus grande donnée à Jean Moulin sur des mouvements d'ailleurs divisés en ce qui concerne la politique à adopter pour l'avenir et qui ne peuvent, on le conçoit, que bien malaisément en débattre.

J'ai évoqué la « mise à l'écart », en 1943, d'un certain nombre de ceux qui ont été les pionniers de la Résistance. Il ne s'agit pas d'une image.

---

de faire le tour d'une région que vous auriez choisie au hasard, d'entendre parler nos camarades, de contrôler leur travail, de vous faire exposer leurs difficultés dans le travail de tous les jours. Vous ne l'avez pas fait et je le regrette très vivement. Cela nous aurait sans doute épargné des discussions inutiles, du temps perdu et des accès de mauvaise humeur de ma part comme de la vôtre. »

1. Lettre de Frenay (*Charvet*) à *Duchêne* (Delestraint), 8 avril 1943.
2. *Le Sacrifice du matin*. Je souligne intentionnellement.

Lorsque, avec mille difficultés, Michel Brault qui dirige le Service national maquis, finit par rejoindre Londres, il ignore — mais d'autres le savent, et l'ont voulu ainsi — qu'il ne reviendra pas en France occupée[1].

Lorsque Bénouville, qui a fini par obtenir de Jean Moulin un rendez-vous de trois heures, au lieu des cinq minutes initialement proposées, croit avoir convaincu le représentant de De Gaulle qu'il lui faut partir pour Londres afin d'exposer l'esprit des accords militaires et financiers conclus avec les Américains à Genève, c'est en vain qu'il attendra pendant deux mois un avion *annoncé à chaque lune, mais qui n'atterrira jamais*[2].

Autour de Frenay qui fut, en France métropolitaine, sinon le premier résistant, du moins le premier à constituer un mouvement homogène et puissant, mais qui a l'imprudence de dire que si le général de Gaulle a eu l'immense mérite de lancer, le 18 juin 1940, un appel à la Résistance destiné à passer à l'Histoire, ce n'est pas à sa voix que lui et ses camarades se sont levés, il va se créer en 1943 un climat de méfiance qui ira en s'épaississant toujours. Le 19 juin 1943, Frenay sera à Londres. Il s'y trouvera bloqué, et volontairement bloqué par les services gaullistes, tout retour en France lui étant refusé[3], son départ pour Alger, où de Gaulle est en train d'achever de triompher de Giraud, étant, sous de futiles prétextes, lui-même retardé.

Veut-on savoir, d'ailleurs, ce que de Gaulle pense de Frenay, qui se morfond dans la capitale britannique, où il travaille cependant à ce que les Mouvements de Résistance soient officiellement représentés ?

Voici l'essentiel de la note, en date du 1er octobre 1943, par laquelle le général de Gaulle refuse toute « soi-disant représentation de la Résistance à Londres », s'oppose à la présence de Frenay au sein de l'Assemblée consultative d'Alger et ajoute :

> 3) Je ne me prêterai pas aux intrigues de *Charvet* [Frenay] qui sont des intrigues personnelles. Si *Charvet* m'ennuie, je ferai dévoiler son jeu publiquement. On verra alors ce qui en restera.
>
> 4) *Charvet*, dans son intérêt et dans l'intérêt général, doit être utilisé pour l'action et non pas pour la politique. Son emploi doit lui être fixé non par lui-

1. *Cf.* ci-dessus, p. 577.
2. Sur ces accords, *cf.* ci-dessus, p. 570.
Henri Frenay qui rappelle que Bénouville et Moulin ont rédigé ensemble le télégramme dans lequel Moulin précisait que la présence de Bénouville à Londres était nécessaire, ajoute : « Ce télégramme est-il parti ? Peut-être. En tout cas Passy n'en a gardé aucun souvenir. »
3. Dans le cadre des Mouvements unis de Résistance, Frenay, en quittant la France, avait confié à Claude Bourdet la direction des questions politiques et à Bénouville celle des questions militaires. L'avion qui l'enlève de France, en juin 1943, survole la vallée du Rhône et va se poser sur le terrain algérien de Boufarik, mais les passagers — ils sont huit clandestins — ont interdiction de sortir… à la grande stupéfaction de Frenay qui espérait pouvoir immédiatement se rendre auprès de De Gaulle. Par Gilbraltar, l'appareil rejoindra Londres, et Frenay qui pensait regagner la France un mois après son départ ne la retrouvera que… le 10 septembre 1944.

même, mais par l'autorité gouvernementale. Je lui donne le choix entre un poste administratif ou un commandement militaire [1].

Avant la fin de l'année, Frenay sera certes promu, au sein du Comité français de la libération nationale, commissaire aux Prisonniers, Déportés et Réfugiés. Mais si le poste, sans perspectives politiques possibles, honore le mouvement « Combat » en la personne de son chef, il retire ce chef de l'action directe et l'engloutit — épisode final d'un long conflit de caractères — dans des tâches subalternes et, en tout cas, sans prises sur les événements qui se déroulent en France occupée.

Il est éliminé comme un gêneur, comme un « dissident » à de Gaulle et à ceux — néophytes compris — qui entourent de Gaulle, lui qui a été l'un des premiers opposants à Vichy.

Aurait-il pu en aller autrement ?

Le 10 juillet, depuis Londres, Frenay a envoyé à de Gaulle, à André Philip, à Boris, au lieutenant-colonel Passy et aux quelques chefs de la Résistance présents dans la capitale anglaise, un long rapport, plainte d'un homme blessé dans son honneur [2], mais également acte d'accusation d'un résistant qui voit la Résistance intérieure détournée de son but premier pour être mise au service de la politique.

Voici d'ailleurs l'un des passages essentiels du texte de Frenay :

> J'ai parlé ici avec toutes les personnes en relation avec la Résistance française — 80 pour 100 de ces conversations ont porté sur les atouts que la Résistance pouvait fournir à la France combattante. *Les atouts politiques s'entend* [3]. Il est même certaines personnes qui ne m'ont pas posé une seule question sur la situation en France. Elles n'y ont pas pensé et voilà bien la gravité du drame. Elles n'y ont pas pensé.

Les atouts politiques. Voici le grand mot lâché.

Jusqu'en 1943, les hommes politiques n'avaient jamais encombré les chemins secrets de la Résistance.

Cerf (*Ferrière*) qui, au sein de « Combat », sera chargé, avec André Bollier, de la rédaction, de l'édition et de la diffusion du journal clandestin,

1. Charles de Gaulle, *Lettres, notes et carnets* (juin 1943-mai 1945).

2. En ce qui le concerne, Frenay écrira le 10 juillet 1943 : « Je suis arrivé [à Londres] dans la position d'"accusé, levez-vous". A vrai dire, on n'a pas osé m'accuser, alors que je connaissais cependant les accusations dans le fond et dans leurs termes. J'ai été entouré par un réseau de chuchotements qui tantôt me précédaient, tantôt me suivaient. J'ai dû me battre contre un adversaire invisible mais toujours présent.

Au lieu d'être reçu en ami, en ami cher, en frère, j'ai été reçu en suspect. Personne ne peut dire cependant que je n'ai cessé de servir la France de toutes mes forces, de toute mon âme, que je lui ai tout donné, plus encore qu'on ne le croit. Seulement il a suffi d'un geste, non aligné sur les gestes réglementaires, pour réduire à néant la bonne opinion que devraient me valoir les modestes services rendus à mon pays. »

Ce geste « *non aligné* », c'est naturellement la prise de contact à Genève avec les services américains. *Cf.* ci-dessus, p. 570.

3. Je souligne intentionnellement.

écrira même n'avoir « jamais rencontré (jusqu'à son départ de France en septembre 1943) parmi les dirigeants nationaux et régionaux, un seul homme politique, un seul élu de la IIIe République[1] ».

Réflexion valable pour « Combat », plus discutable pour d'autres mouvements, mais le lecteur de cette *Histoire des Français sous l'Occupation* sait maintenant que, disqualifiés par une défaite dont, à tort ou à raison, le peuple leur faisait porter la responsabilité ; s'étant prononcés *en majorité*[2] pour les pleins pouvoirs au maréchal Pétain dans ces séances des 9 et 10 juillet où, à Vichy, aucune voix n'avait osé s'élever *contre l'armistice* ; piétinés quotidiennement par la presse de la collaboration ; méprisés par de Gaulle, qui nourrissait à leur égard des préventions tenaces et anciennes dont on trouve déjà trace dans ses lettres de la Première Guerre mondiale ; détestés par l'entourage de De Gaulle dont le socialiste Félix Gouin écrira à Léon Blum, en octobre 1942, qu'il était initialement composé « de gens de droite et d'extrême droite » ; ignorés par les créateurs des mouvements de Résistance qui prenaient leur bien où ils le trouvaient, c'est-à-dire en dehors de toute Église politique ou confessionnelle, les partis ne représentaient, après le drame de 40, que des structures effondrées, des immeubles vides où ne circulaient plus que des fantômes et quelques nostalgiques.

C'est dans le journal clandestin *Vérités* du 25 août 1941, que l'on trouve ce jugement en apparence sans appel : « Nous approuvons les excellentes réformes intérieures [de Vichy] et la suppression des partis politiques. »

De Gaulle, quelques mois plus tard, le 1er avril 1942, ne montrera pas davantage d'indulgence pour « les abus anarchiques d'un régime en décadence, [celui de la IIIe République] ses gouvernements d'apparence, sa justice influencée, ses combinaisons d'affaires, de prébendes et de privilèges ».

Et c'est aisément que l'on réunirait des centaines de citations[3], toutes décrivant le discrédit dans lequel étaient tombés les partis politiques, les plus sévères de ces critiques émanant d'ailleurs d'hommes de partis qui avaient fait momentanément retour sur eux-mêmes et, condamnant les errements du passé, sans pour autant condamner le régime républicain, en appelaient d'une République polluée à une République moderne, « pure et dure ».

---

1. Cerf, *Chemin clandestin*. D'après les statistiques en sa possession, les responsables nationaux et régionaux de *Combat* comptaient 256 intellectuels, 52 officiers, 113 artisans, commerçants et ouvriers, 84 fonctionnaires (professeurs exclus), 11 divers.

2. A l'exception des parlementaires communistes exclus par Daladier en 1939, à la suite du pacte germano-soviétique, arrêtés ou pourchassés. Mais il est nécessaire de rappeler que le parti communiste, par la voix de *L'Humanité* clandestine (numéro du 17 juin 1940 notamment), réclamait la signature de l'armistice et dénonçait les fauteurs de guerre : Daladier, Blum, Reynaud, Mandel, etc.

3. On en trouvera bon nombre dans l'ouvrage de René Hostache, *Le Conseil national de la Résistance* et dans celui d'Henri Michel, *Les Courants de pensée de la Résistance*.

Des socialistes affirmaient que leur parti « donnait le spectacle d'un effondrement sans gloire[1] » et que le secrétariat général du Parti « ne donnait même pas signe de vie et avait disparu sans bruit, sans grandeur[2] ». Des radicaux aussi importants — ou qui avaient été aussi importants — que Maurice Sarraut et Jules Jullien disaient, l'un le 11 mai 1941, que tout son parti avait « senti la nécessité impérieuse de soutenir le Maréchal, légalement », l'autre, en mars 1943, que les anciens chefs des partis « n'avaient plus aucune autorité et que le parti radical avait disparu ».

Quant à Jules Jeanneney, président du Sénat, il s'exprimait ainsi : « Que restait-il des anciens partis ? Pratiquement rien… Les anciennes personnalités ? Herriot ne représentait plus rien, Léon Blum était oublié et on ne le prenait pas au sérieux ; Daladier, moins on en parlerait, mieux cela vaudrait ; Paul Reynaud ne reviendrait jamais ; Flandin, fini. »

Comment cet abaissement et cet affaissement pourront-ils rapidement être suivis d'une véritable résurrection ? Comment ce qui, de l'aveu de tous, n'existait plus, reprendra-t-il force et vie ?

Dès septembre 1942 « l'affaire Vallin » a donné une idée des blocages et des interdits auxquels se heurteront tous ceux qui rêvent d'une France débarrassée, avec les vieux partis, des vieilles querelles.

Le 17 septembre 1942, à 20 h 45, depuis Londres, Maurice Schumann commence son émission *Honneur et Patrie* sur ces mots :

> Le dernier volontaire qui ait rallié la France combattante est un capitaine de chasseurs à pied, décoré de la Légion d'honneur et de la Croix de guerre sur le champ de bataille avec la citation suivante…

Lecture faite d'une magnifique citation relatant l'héroïsme d'un officier au cours des batailles de juin 40. Schumann termine ainsi :

> *Ce capitaine de chasseurs, c'est Charles Vallin*
> *Député de Paris*
> *Charles Vallin vous parle !*

L'affaire Vallin commence.

Charles Vallin n'est pas un personnage négligeable et son ralliement, s'il était exploité dans une volonté de large union et de compréhension des sentiments qui animèrent de si nombreux Français entre 1940 et 1942, aurait pu avoir des conséquences politiques et morales considérables.

Car, avec Vallin, c'est une fraction de Vichy qui bascule vers de Gaulle. Lorsqu'il s'adressera aux Français, après le préambule de Maurice Schumann, Charles Vallin va paraphraser le vers de Corneille : « Je vois, je sais, je crois, je suis désabusé[e]. »

Que dit, en effet, cet homme qui fut député du IXe arrondissement de

1. Gérard Jacquet.
2. Robert Verdier.

Paris, ancien vice-président du Parti social français, ami et collaborateur du colonel de La Rocque, mais aussi, et c'est en cela que son ralliement a, politiquement, de l'intérêt, l'un des huit membres désignés par Vichy pour faire partie du Conseil de justice politique[1] et l'un des orateurs qui parcourait la zone non occupée pour célébrer, en toute loyauté, les vertus de la Révolution nationale et faire acclamer le nom du maréchal Pétain ?

Il dit, le 17 septembre 1942, et dit très haut, et sa voix en France doit bouleverser bien des patriotes qui, les responsabilités en moins, ont effectué un parcours identique, qu'« abusé par le prestige d'une gloire passée » il a cru que « le devoir était de se serrer autour du maréchal Pétain ».

> J'ai voté pour lui à l'Assemblée nationale. Pendant deux ans, malgré tant de déceptions accumulées, je me suis efforcé de servir son œuvre. Je pensais, en effet, je pense toujours, que les préoccupations d'ordre intérieur doivent s'effacer lorsque l'intérêt du pays est en cause et que la libération du territoire peut justifier de cruels sacrifices. A cet égard, la politique du Maréchal, que l'on qualifiait d'attentiste, a pu, un temps, faire illusion. J'ai partagé cette illusion. Je l'ai vue s'évanouir, hélas, jour après jour. Je voulais espérer quand même. Je ne pouvais pas croire que le vainqueur de Verdun couvrirait de sa caution les complices de l'envahisseur. Les événements de ces derniers mois m'ont convaincu de mon erreur.

Aux Français qui n'ont pas encore choisi il dit ensuite que « l'heure est venue de choisir »… De choisir « entre l'esprit de Vichy et l'esprit de Verdun ». Or, l'esprit de Verdun ce n'est plus, pour Charles Vallin, le maréchal Pétain, mais le général de Gaulle qui l'incarne.

C'est pourquoi « rejoignant les Français qui ont continué le combat et dont certains étaient [ses] compagnons, d'autres [ses] adversaires, mais un Français peut-il avoir aujourd'hui d'autres adversaires que ceux de la Patrie ? », Vallin annonce que sans rien renier de ses idées, ni de ses amitiés il est venu se mettre librement au service du général de Gaulle.

Un Français peut-il avoir aujourd'hui d'autres adversaires que ceux de la Patrie ?… Pierre Brossolette, qui se trouve à l'origine du ralliement de Vallin, ne pensait pas autrement.

C'est Brossolette, en effet qui, ayant pris contact avec Vallin au moment où celui-ci, troublé par le retour au pouvoir de Pierre Laval, s'interrogeait et développait à nouveau un thème qu'il avait développé, à plusieurs reprises, devant le colonel de La Rocque : « Il n'y a rien à faire en France. C'est avec les Alliés que je servirai le mieux le pays et du reste le PSF », va le convaincre que les vieilles haines politiques (notamment entre socialistes et PSF) n'existent plus et qu'une fraternité de combat a, dans la Résistance, créé un véritable esprit nouveau.

1. Conseil de justice politique dont les propositions ont permis au maréchal Pétain d'ordonner, en octobre 1941, la détention dans une enceinte fortifiée de Paul Reynaud, Léon Blum, Édouard Daladier, Georges Mandel et du général Gamelin, et cela bien que leur procès devant la cour de Riom ne soit pas encore ouvert !…

Relâchant les liens étroits qui l'unissaient jusqu'à présent à La Rocque, ignorant que le chef du PSF appartient, de son côté, à un réseau de résistance[1], Charles Vallin, après quelques semaines de silence, écrira le 7 août à La Rocque :

> Je m'excuse d'un long silence. Mais comme vous devez le savoir, je traverse depuis quelques semaines une crise intérieure assez grave. Je suis au repos à la campagne et je réfléchis. Je vous écrirai bientôt et vous tiendrai au courant...

La réflexion de Vallin le conduira jusqu'à Narbonne-Plage d'où, en compagnie de Brossolette, de Dutey, d'un pilote de la Royal Air Force, il prendra un canot qui le transportera jusqu'à un navire anglais croisant au large[2].

A Londres, son arrivée, en compagnie du socialiste Brossolette, qui le patronne, le cautionne, devrait provoquer de l'enthousiasme. Vallin, *justement à cause de son passé*, ne peut-il contribuer à faire changer de position toute la fraction modérée de l'opinion française ? C'est bien d'ailleurs ce que l'on craint à Vichy où son ralliement à de Gaulle est considéré immédiatement, note le journaliste Pierre Limagne, comme « un coup dur » pour le Maréchal.

Que Vichy ne s'émeuve pas trop. De Gaulle, absent, qui eût pu intervenir, « l'affaire Vallin » fera long feu.

Vallin et Brossolette participent à une conférence de presse, mais le premier « donne l'impression d'être au banc des accusés », m'a écrit un témoin de la scène, P.-H. Siriex, alors chef du service de presse de la France combattante, qui assiste avec stupeur à une séance au cours de laquelle les journalistes anglo-saxons ou neutres posent uniquement des questions ayant trait au passé vichyste de Vallin et où il faut toute l'autorité souriante, le prestige et l'humour de Brossolette pour détendre un peu l'atmosphère[3].

Vallin n'est pas épargné. Brossolette lui-même sera mis en cause par plusieurs de ses amis socialistes. Si des hommes comme André Philip comprennent parfaitement la portée du ralliement de Vallin, et les mobiles

---

1. Le colonel de La Rocque appartenait, en effet, depuis juin 1942 au réseau *Klan*, composé en majorité de membres du PSF. Le lendemain de l'annonce par la radio de l'arrivée de Vallin à Londres une réunion tenue à Rennes par La Rocque sera brutalement interrompue.

Si La Rocque manifeste effectivement dans *Le Petit Journal* sa tristesse devant le départ de Vallin, son texte n'est pas jugé assez sévère par les autorités de Vichy. Le 2 novembre 1942 le PSF sera dissous et La Rocque sera arrêté par les Allemands le 7 mars 1943.

2. C'est ce jour-là que Pineau et Cavaillès, qui devaient bénéficier du second voyage du canot, dérangés par l'irruption de douaniers, seront arrêtés quelques heures plus tard par une patrouille de la gendarmerie française.

3. Brossolette raconte ainsi que, rejoignant Narbonne-Plage, Vallin a été reconnu à plusieurs reprises par des adhérents du PSF qui lui demandaient : « Alors, M. Vallin, vous venez nous faire une conférence ? »

patriotiques qui l'ont inspiré, d'autres voient dans ce ralliement comme une menace d'élargissement de cette Résistance dont ils ont déjà fait « leur chose ».

Ainsi la séance du 3 octobre du groupe Jean Jaurès est-elle tout entière occupée par « l'affaire Vallin ». Et Brossolette, qui l'expose avec passion et chaleur, se heurte à Charles Gombault auteur d'une motion adoptée à l'unanimité des quatorze votants[1] — qui constitue un véritable acte de défiance envers Vallin, mais également envers Brossolette, responsable de sa venue en Angleterre.

Motion qui ferme la porte pour le présent et l'avenir « aux partis, groupements et hommes qui ont eu en France, à un degré quelconque, le caractère fasciste et les moindres accointances avec le gouvernement de Vichy ».

Dans un éditorial publié par *La Marseillaise* du 27 novembre 1942, Pierre Brossolette, plaidant pour l'union nationale la plus large dès l'instant qu'elle se faisait autour de De Gaulle, avait dénoncé « tous les vieux renards de la politique », « tous les vieux comitards qui essaieront de nous ramener à la France comitarde d'hier ».

Les vieux renards, les vieux comitards étaient en train d'amorcer leur retour en force sur la scène politique. Vallin, à qui l'on avait promis un poste de commissaire national, ira, à sa demande, rejoindre une unité combattante et ne servira pas la propagande de De Gaulle, chasse gardée d'une minorité souvent sectaire et sans générosité.

Brossolette continuera vainement un combat perdu d'avance contre « quelques fanatiques attardés des luttes passées », contre ceux qui veulent « reconstituer les anciennes formations et dresser les familles sociales les unes contre les autres, au nom des tactiques traditionnelles et antagonistes de "classe contre classe" et de "lutte contre le marxisme[2]" ».

Brossolette perdra la partie et la vie.

Et les fanatiques des luttes traditionnelles l'emporteront.

Quels vont donc être, *contre l'opinion violemment exprimée des principaux chefs de mouvements de Résistance* qui jamais n'avaient trouvé les partis à leur côté dans la solitude des premières années, quels vont être les responsables de l'intégration, dans tous les organismes dirigeants de la Résistance, de partis politiques si longtemps déconsidérés et honnis ?

Charles de Gaulle d'abord ; Jean Moulin, qui se fait l'interprète satisfait de sa pensée et de sa volonté, ensuite ; les communistes enfin qui, payant d'audace comme ils paient de courage, glissent, dès le 16 octobre 1942, le nom de leur parti parmi celui des organisations appelant à la lutte contre les accords Laval-Sauckel et provoquent ainsi le réveil des partis concurrents qui ne pouvaient accepter de voir leurs militants plus longtemps

1. Plusieurs membres du groupe Jean Jaurès ont décidé de ne pas participer au scrutin.
2. Pierre Brossolette, article du 27 septembre 1942.

dispersés au sein de « Combat », de « Franc-Tireur » et de « Libération », et aspiraient d'autant plus à reprendre leur identité qu'ils n'ignoraient pas qu'avec la fin des combats s'ouvrirait la perspective d'un retour à la démocratie et d'élections pour lesquelles ils n'avaient nullement l'intention de céder la place à de courageux représentants de mouvements avec qui ils partageaient la haine de l'Allemagne, mais ni doctrine, ni vocabulaire, ni passé politique.

Avec ses luttes d'influence et ses exclusives, l'année 1943 sera donc l'année de la politisation de la Résistance.

Et de Gaulle s'associe à cette mutation, moins par intérêt pour les partis, qu'il juge souvent plus sévèrement encore qu'ils ne le méritent, que par besoin de contrebalancer l'influence des chefs de mouvements dont l'indépendance de langage et d'action l'irrite ; que par volonté également de montrer à l'Angleterre et à l'Amérique, prodigues en leçons de démocratie, qu'il n'est nullement le dictateur complaisamment décrit par ses adversaires, et même par certains de ses amis, mais qu'il rassemble autour de lui ces partis politiques traditionnels dont le nom a toujours du crédit outre-Manche, et de l'autre côté de l'Atlantique, quand il n'en a plus guère en France occupée.

« Combat », « Libération », « Franc-Tireur », autant de mots, en effet, sans grande signification pour les politiciens anglais et américains quand les mots « socialistes », « radicaux-socialistes », ressuscitent pour eux le visage et le souvenir d'hommes qu'ils ont bien souvent rencontrés, avec qui ils ont parlé, débattu, traité.

En schématisant à l'excès, l'Histoire déforme l'Histoire.

Le de Gaulle des années de guerre que la légende nous a légué n'est qu'un de Gaulle imaginé. En 1942 encore, son emprise est si modeste sur les mouvements de la Résistance française, coupés pratiquement de tous liens fréquents avec Londres, qu'il faut attendre le printemps et l'été pour qu'en multipliant d'ailleurs les précautions de style[1], « Libération » et « Franc-Tireur » reconnaissent son autorité.

Encore cette reconnaissance suivra-t-elle la rédaction par de Gaulle — qui y a été incité par les socialistes Pineau, Tixier et Hauck — d'un texte faisant allusion à la démocratie et à l'instauration de garanties pour le monde du travail.

Combat, de son côté, publiera, *pour la première fois* dans son numéro d'août 1942, un discours du général de Gaulle… celui qu'il a prononcé le 1er avril, et c'est en décembre seulement qu'il adoptera le slogan : « Un seul chef : de Gaulle. Un seul combat : pour nos libertés. »

---

1. C'est ainsi que le journal clandestin *Libération* écrit, en juin 1942 : « Nous avons écrit, et nous le renouvelons, que nous sommes entièrement avec le général de Gaulle dans sa lutte pour la libération du pays ; mais que nous serions contre lui si, cette libération obtenue, il envisageait, contrairement à ce qu'il a toujours affirmé, une dictature que nous ne saurions tolérer mieux d'un général que nous ne l'avons acceptée d'un maréchal. »

Quant à *Défense de la France*, autre journal clandestin, ce n'est que le 1er janvier 1943, dans son numéro 25, qu'il *citera le nom* de Charles de Gaulle.

Fût-ce succinctement, il était nécessaire de rappeler ces vérités. En France occupée, le mot « gaullisme » recouvre un idéal anti-allemand mais non point une doctrine politique. Dans la mesure, d'ailleurs, où l'on ne sait presque rien de Charles de Gaulle, je veux dire de son passé et de ses idées, de ses projets et ambitions politiques, dans la mesure où son visage est inconnu si, portée par la radio, sa voix influence toujours davantage les Français, le gaullisme demeure une mystique diffuse.

La plupart des résistants adhèrent ainsi à de Gaulle par la seule vertu de l'imagination, et l'un d'entre eux, Claude Bourdet, écrira subtilement : « De loin, nous avions le désir absolu de nous fabriquer un de Gaulle conforme à nos besoins. »

Mais lorsqu'ils se trouvent en présence du chef de la Résistance *extérieure*, quelques-uns des chefs de la Résistance *intérieure* ont tendance à se comporter moins en subordonnés qu'en presque égaux.

Comment de Gaulle ne serait-il pas sensible alors à une certaine hauteur de ton, hauteur dont il me suffira de donner deux exemples pour faire comprendre qu'il était tentant, pour lui, de rechercher auprès de chefs de partis, moralement dévalorisés, une adhésion systématique qu'il ne rencontrait pas toujours auprès de résistants que leur combat quotidien contre l'Allemand, et les périls courus exhaussaient à l'évidence.

Les deux exemples sont choisis en novembre 1942, mois qui n'est pas, on va le voir, un mois heureux pour Charles de Gaulle puisque, en Afrique du Nord, le pouvoir de Darlan va se substituer à celui de Vichy, tout en le prolongeant.

Le 2 novembre 1942, Pierre Brossolette adresse à Charles de Gaulle une « lettre privée » et il le fait « dans la mesure où [il] se sen[t] responsable envers la masse de ceux à qui [il a] garanti le chef de la France combattante ».

Lettre sévère et tendre à la fois, respectueuse et insolente, si l'insolence consiste à dire la vérité à celui que les événements et son talent ont porté plus haut que tous, mais lettre prémonitoire qui, décryptant le caractère de De Gaulle, déchiffre, à travers lui, le cours d'événements que Brossolette ne connaîtra pas, s'il les a pressentis [1], lettre audacieuse dont Brossolette justifie l'audace par ces mots qui montrent, s'il en était besoin encore, la qualité intellectuelle et morale de l'homme.

---

1. « Parlons net, nous qui connaissons bien ses réactions politiques [celles de la France] : elle aura beau vous réserver l'accueil délirant que nous évoquons parfois ; vous ruinerez en un mois votre crédit auprès d'elle si vous persévérez dans votre comportement présent.

Vous savez que cette ruine serait du même coup celle de tous nos espoirs et qu'elle serait la ruine même des possibilités que la France a retrouvées grâce à vous… », 2 novembre 1942. Vingt mois avant la Libération, comme cela est bien vu.

Nous n'en sommes pas à mesurer les mérites et les talents, l'intelligence et les situations. Ce sont nos consciences qui sont en cause. Et une conscience peut toujours parler d'égal à égal à une autre conscience.

Dans ce texte, Brossolette met en cause « la pratique quotidienne par laquelle [de Gaulle s'efforce] de préparer [la] Libération ».

Il s'agit, davantage encore, de l'image que cette pratique nous permet de nous former à l'avance de votre pratique quand vous serez en France.

Peut-être serez-vous surpris qu'elle soit mise en cause. Il entre dans votre système de nier la critique, d'en nier la valeur, d'en nier la réalité même. Cette critique, il faut pourtant que vous sachiez qu'elle est à peu près générale et que, dans la mesure où vous en repoussez ce qu'elle peut avoir d'utile et de bien-fondé, vous diminuez la force avec laquelle nous combattons, chaque jour, âprement, ce qu'elle a d'absurde, de mensonger et de haineux.

. . . .

Ce qu'il faut vous dire, dans votre propre intérêt, dans celui de la France, c'est que votre manière de traiter les hommes et de ne pas leur permettre de traiter les problèmes éveille en nous une douloureuse préoccupation, je dirai volontiers une véritable anxiété.

Il y a des sujets sur lesquels vous ne tolérez aucune contradiction, aucun débat même. Ce sont, d'ailleurs, d'une façon générale, ceux sur lesquels votre position est le plus exclusivement affective, c'est-à-dire ceux précisément à propos desquels elle aurait le plus grand intérêt à s'éprouver elle-même aux réactions d'autrui. Dans ce cas votre ton fait comprendre à vos interlocuteurs qu'à vos yeux leur dissentiment ne peut provenir que d'une sorte d'infirmité de la pensée ou du patriotisme. Dans ce quelque chose d'impérieux qui distingue ainsi votre manière et qui amène trop de vos collaborateurs à n'entrer dans votre bureau qu'avec timidité, pour ne pas dire davantage, il y a probablement de la grandeur. Mais il s'y trouve, soyez en sûr, plus de péril encore.

Comment ces lignes pourraient-elles être reçues avec indulgence par de Gaulle qui, découvert, est blessé au vif et que les événements d'Afrique du Nord inciteront d'ailleurs à durcir encore le côté impérieux de son caractère ?

Le second incident éclate quelques jours plus tard : le 16 novembre 1942. Dans vingt-quatre heures, Frenay repartira pour la France et la clandestinité.

De Gaulle l'a invité à dîner à l'hôtel Savoy, en compagnie d'Emmanuel d'Astier de La Vigerie, de Passy, du colonel Billotte et de Brossolette.

Pendant le repas, la conversation roule sur les problèmes qui se posent à l'Armée secrète et sur les difficultés redoublées que la Résistance connaîtra inévitablement après l'invasion de la zone libre.

C'est au dessert qu'est abordé le projet qui « viserait à donner à la Résistance un caractère représentatif susceptible d'impressionner[1] » les Alliés.

Le ralliement de plusieurs hommes politiques, l'arrivée à Londres de certains d'entre eux : André Philip, Félix Gouin, Vincent Auriol, Charles

1. Henri Frenay, *La nuit finira*.

Vallin ; l'adhésion de Léon Blum qui, depuis sa prison de France, a adressé à de Gaulle un message émouvant, ne constituent-ils pas autant d'éléments permettant de créer, en France même, un organisme où seraient représentés, à égalité, mouvements de résistance et partis politiques, organisme qui présenterait l'avantage d'être infiniment plus représentatif que les seuls mouvements dirigés par des anonymes qui accentuent encore leur anonymat politique en changeant continuellement de pseudonymes ?

A cette solution — qui aboutira bientôt à la création du Conseil national de la Résistance — de Gaulle, Passy, Billotte et d'Astier se montrent plutôt favorables. Frenay, lui, multiplie les objections : à l'exception du parti communiste, tous les partis, rappelle-t-il, ont disparu. Donner une représentation officielle mais artificielle à des partis défunts, ne serait-ce pas préjuger de la structure politique ?

— N'est-ce pas, poursuit Frenay, probablement… refaire la IIIe République. De cela nous ne voulons pas et le pays non plus.

— Vous avez d'autres raisons de vous opposer à ce projet ? demande de Gaulle.

— Oui, répond Frenay, qui explique que l'organisme dont on évoque la possible création se sentira rapidement « la vocation de prendre position sur tous les problèmes ». Ce qui, inévitablement, conduira à des conflits entre le pouvoir gaulliste de Londres et le pouvoir que la Résistance métropolitaine tiendra nécessairement de son action sur le terrain.

— Eh bien, réplique de Gaulle, on essaiera de s'entendre.

— Et si on n'y parvient pas, on sera dans l'impasse.

— Non, car je donnerai des ordres.

Frenay pourrait ne pas troubler le silence qui, soudain, s'est établi, il pourrait faire diversion, il part demain et tant de sujets doivent encore être abordés, mais il tient à cœur de ne rien laisser dans l'ombre de ses pensées et de ses craintes et, puisque de Gaulle vient de poser le problème des rapports futurs entre lui et la Résistance, il enchaîne.

— Mon général, l'action que nous menons en France a deux aspects indissociables mais de nature différente. D'une part dans l'Armée secrète et les Groupes Francs, nous sommes des soldats et à ce titre, intégrés dans un dispositif d'ensemble. Nos tâches, lors du débarquement, seront fixées par l'état-major interallié et par vous-même et, cela va sans dire, nous obéirons. Par ailleurs, nous sommes des citoyens libres de leurs pensées et de leurs actes. *Cette liberté de jugement, nous ne pouvons l'aliéner, ce qui signifie qu'à vos ordres, dans ce domaine, nous obéirons ou nous n'obéirons pas*[1].

Le général de Gaulle demeure quelques instants silencieux. Il lance enfin cette réplique « stupéfiante », écrira Frenay, qui se demandera toujours s'il s'était agi d'une boutade, d'une mise en garde, ou de la manifestation d'une grave suspicion.

1. Je souligne intentionnellement.

— Eh bien, *Charvet* [c'est le pseudonyme de Frenay], la France choisira entre vous et moi[1].

Il faut relier cet incident à la lettre de Brossolette. Il permet également de mieux comprendre la mélancolie et la tristesse qui étreignent la plupart des résistants effectuant, entre la France et Londres, des aller-retour périlleux, et se trouvant temporairement prisonniers d'intrigues inimaginées, inimaginables mais qui, toutes, ont pour but la conquête du pouvoir. Conquête qui suppose non certes l'élimination des mouvements, mais leur encadrement, leur mise au pas, sans doute leur noyautage, et qui suppose en tout cas que les ouvriers de la première heure, de moins en moins nombreux d'ailleurs par la faute des Allemands et de Vichy, submergés par les ouvriers de la onzième heure, perdent sinon leur orgueil de « pères fondateurs » de la Résistance métropolitaine, mais l'influence et le prestige que pourrait légitimement leur donner cette priorité dans l'action.

La phrase : « Eh bien, *Charvet*, la France choisira entre vous et moi » nous paraît aujourd'hui sans objet — et même ironiquement blessante — dans la mesure où la suite des événements nous est parfaitement connue et où nous n'ignorons pas qui a triomphé, de Charles de Gaulle ou de *Charvet*-Frenay.

Prononcée le 16 novembre 1942, elle est, plus que Frenay ne l'imagine peut-être, en situation.

Infiniment plus que nous ne le soupçonnons aujourd'hui, elle illustre en tout cas la précarité d'un pouvoir gaulliste fortement menacé depuis quelques jours par ce concurrent inattendu, et d'une autre qualité politique que tous ceux qui jusqu'à présent s'étaient opposés à de Gaulle : l'amiral François Darlan.

La présence de Darlan à Alger le 8 novembre 1942, jour où débarquent Américains et Anglais, est fortuite[2] mais elle se révèle dramatique pour de Gaulle dans la mesure où même si Américains, et surtout Anglais, feignent de traiter ou traitent l'Amiral en « expédient provisoire », en « citron — écrira Darlan au général Clark[3] — que les Américains

1. Ce dialogue est extrait de *La nuit finira* (p. 256-257).

< 2. Voir ci-dessus le chapitre « La surprise du 8 novembre », p. 279 *sq.* >

< 3. Ému par la déclaration de Roosevelt du 17 novembre, selon laquelle « l'histoire des deux dernières années interdi[sai]t de conclure aucun accord permanent avec l'amiral Darlan » avec lequel il avait été seulement conclu des « arrangements politiques » « à titre provisoire » qui ne constituaient qu'un « expédient temporaire uniquement justifié par les nécessités urgentes du combat », Darlan avait d'abord songé à répondre à Roosevelt. Il se ravisa et adressa une lettre au général Clark qui commençait par ces mots : « Des informations d'origines diverses tendent à accréditer l'opinion que je ne suis qu'un "citron que les Américains abandonneront après l'avoir pressé". »

Darlan rappelait qu'il n'avait agi « ni par orgueil, ni par ambition, ni par calcul », qu'il souhaitait, une fois rétablie « l'intégrité de la souveraineté française », « rentrer dans la vie privée », mais que les Alliés n'avaient aucun intérêt à diminuer son autorité alors qu'autour de son nom pouvait « dans les circonstances actuelles » être réalisée « l'union des Africains en vue d'une coopération confiante et loyale avec les armées alliées ». >

abandonneront après l'avoir pressé », ils n'en règlent pas moins avec lui, et avec lui seul, les problèmes militaires, politiques et économiques, concernant l'Afrique du Nord, ainsi que l'Afrique occidentale française que le gouverneur général Boisson a ralliée presque immédiatement au pouvoir de l'amiral.

Dans un discours du 10 décembre 1942, chef-d'œuvre de lucidité cynique, Churchill parlant devant la Chambre des communes réunie en séance secrète, après avoir expliqué que « le Tout-Puissant dans son infinie sagesse, n'a[vait] pas jugé à propos de créer les Français à l'image des Anglais », après avoir rappelé qu'il avait informé le président Roosevelt du grave tort que tout arrangement « avec les Quislings locaux » porterait à la cause alliée, n'en soulignait pas moins les avantages évidents de l'accord avec Darlan.

Au nombre de ces avantages, il mentionnait non seulement la reprise des combats par les troupes françaises contre les Allemands et les Italiens ayant pris pied en Tunisie, mais également la collaboration de l'administration française et le ralliement des autorités de Dakar « dont les conséquences sont énormes ».

Quant au général Eisenhower, tout en se défendant de faire partie « d'une cabale destinée à placer Darlan à la tête d'une organisation autre que l'organisation locale », il n'en précisait pas moins, le 5 décembre 1942, dans un message adressé à Churchill : « Ici, Darlan est absolument nécessaire car lui, et lui seul, est la source de toute l'aide pratique que nous avons reçue. »

Depuis le 18 juin 1940, de Gaulle avait eu des concurrents : jamais de l'importance, de la qualité intellectuelle et de l'habileté manœuvrière de Darlan qui — pour avoir dirigé le gouvernement français entre février 1941 et avril 1942 — a de surcroît la connaissance de la plupart des dossiers.

< Dans leur *Darlan*, Hervé Coutau-Bégarie et Claude Huan n'hésitent pas à écrire que l'amiral, « organisateur-né », confronté en Afrique du Nord à une tâche qui dépasse tout ce qu'il a fait jusqu'alors, va « en moins de six semaines jeter les bases de ce qui deviendra le Comité français de libération nationale, puis le Gouvernement provisoire de la République française ».

La phrase aurait révolté de Gaulle, mais en quelques pages[1] Coutau-Bégarie et Huan dressent un si éloquent tableau de l'activité de Darlan que, en débarrassant l'homme de sa caricature, ils invitent à la réflexion et font mieux comprendre les dangers qui, l'amiral vivant, auraient menacé l'entreprise gaulliste.

Que l'amiral ait, en quarante jours, signé 55 ordonnances n'a qu'un relatif intérêt. Il entre, en effet, dans le lot bon nombre de textes plus ou

< 1. *Darlan*, p. 650-655. >

moins importants[1] qui correspondent aux nécessités et aux urgences de l'heure, mais sur lesquels l'influence de Darlan n'est nullement significative.

Méritent en revanche de retenir l'attention les textes par lesquels non seulement il pose en Afrique française, où les gouverneurs ont toujours bénéficié d'une assez large indépendance, explicable d'ailleurs par la lenteur des communications, « les premiers jalons d'un pouvoir étatique[2] », mais couche sur le papier des projets qui, sur quelques points, sont en avance sur ceux de De Gaulle.

La création, entre le 30 novembre et le 2 décembre, de la Fédération impériale française, au terme de séances de travail auxquelles ont participé, sous sa présidence, Boisson, les généraux Giraud, Noguès, Bergeret, ainsi que le gouverneur général Châtel, lui permet de se présenter logiquement en « remplaçant » du Maréchal « moralement prisonnier[3] ». N'en a-t-il pas été le dauphin en vertu de l'acte constitutionnel n° 4 *quater* du 10 février 1941 ?... et qu'importent les excommunications qui ont suivi puisqu'elles émanaient d'un « prisonnier ». Dans l'ordonnance n° 30 du 2 décembre, qui organise la suppléance et la succession du haut-commissaire, il utilise le « nous » monarchique dont se servait le Maréchal.

> Nous, amiral de la flotte, haut-commissaire en Afrique française,
> Agissant en vertu des pouvoirs qui nous ont été conférés par le Maréchal de France, chef de l'État français...

Beaucoup plus qu'une manœuvre qui permet, notamment, d'écarter les gaullistes « qui ne reconnaissent pas le Maréchal comme chef[4] », la référence à Pétain dans cette Afrique française, où armée et population sont toujours pétainistes, est une nécessité.

Définissant le rôle de la Fédération impériale, Darlan a par ailleurs eu des mots : « Nous devons agir en Français impériaux et non pas comme Algériens, Marocains, ou habitants de l'Afrique occidentale », qui appellent cette conclusion : « Tous nos actes extérieurs quels qu'ils soient doivent être concertés entre nous et exécutés par un seul organisme, le haut-commissariat ».

Haut-commissaire, Darlan a donc tous les pouvoirs dans une structure de type militaire. Il exerce ces pouvoirs sans tapage, et même avec des hésitations, des « nous verrons tout cela après la guerre » car il lui faut se

< 1. « Internement des ressortissants de l'Axe, interdiction de communiquer avec la France métropolitaine, avance de la succursale de la Banque de France au haut-commissariat [...], création d'un service d'information... » (*Darlan*, p. 651), mais aussi nomination de plusieurs hauts responsables. Les auteurs signalent la difficulté du travail de reconstitution de la « période Darlan », la plupart des archives ayant disparu. >

< 2. *Darlan*, p. 653. >

< 3. Ce sont les premiers mots de son discours du 30 novembre : « Nous avons donc admis que le Maréchal était moralement prisonnier. Nous exerçions [sans doute pour "exerçons"] l'autorité en Afrique en son nom. » >

< 4. Discours du 30 novembre. >

faire accepter des Américains et des Anglais, ce qui interdit tout « mouvement de menton ». Il ne pouvait en aller autrement puisque, le 8 novembre et les jours qui ont suivi, il a été désarçonné par l'imprévu du débarquement.

Néanmoins il élargit sans cesse le champ de ses compétences politiques. Coutau-Bégarie et Huan ont noté que dans la préparation d'un *Journal officiel* le titre que s'était attribué Darlan, « haut-commissaire pour la France en Afrique », cède subtilement la place à « haut-commissaire de France résidant en Afrique », ce qui laisse entendre qu'il « pourrait être éventuellement appelé à exercer son autorité hors d'Afrique (la mention “résidant en Afrique française” n'impliqu[ant] aucune limitation de compétence *ratione loci*) ».

Bien qu'il ait constamment affirmé à ces Américains et à ces Anglais — qui ne voyaient qu'un expédient provisoire — que, s'il était en désaccord sur la durée du provisoire, sa seule ambition était, une fois la guerre gagnée, de « prendre sa retraite », il n'en rédige pas moins, quelques jours avant sa mort, un projet de constitution[1], qui n'a de sens que dans la perspective d'un retour victorieux en France. Perspective absurde lorsque l'on sait la fin de l'histoire.

Mais si Darlan n'avait pas été assassiné le 24 décembre 1942, qui peut dire quel aurait été son destin en 1943, en 1944 ? Le gros temps s'éloignait de lui, l'hostilité de Roosevelt (« Nous n'avons pas confiance en Darlan[2] »), de Churchill (« Darlan a un état de service odieux[3] ») se muait assez rapidement en résignation, les militaires et les diplomates présents à Alger ne voyaient que des désavantages — et ils le firent savoir à Washington comme à Londres — à la déstabilisation de l'homme qui leur apportait ce qu'ils souhaitaient : la tranquillité publique, la sûreté des communications, le concours de l'administration, l'aide d'une armée d'Afrique presque immédiatement engagée contre les forces allemandes qui attaquaient la Tunisie.

Mais de là à s'imaginer un avenir en France métropolitaine libérée… Il semble que Darlan ait cédé à la tentation. Deux jours avant sa mort, alors que le général d'Astier, envoyé de De Gaulle, est encore à Alger et qu'il ne soupçonne pas la teneur des entretiens qui visent à son élimination, Darlan rédige à l'intention de l'amiral Fenard — l'un de ses rares confidents — une longue note dans laquelle il pose la question qui habite

< 1. Dans son projet, Darlan accorde le droit de vote aux femmes (que de Gaulle leur donnera en mars 1944 et qu'elles exerceront pour la première fois en 1945), mais le retire aux illettrés, aux condamnés pour ivresse et aux plus de soixante-dix ans [il a alors 61 ans]. La « Constitution Darlan » prévoyait une Chambre des représentants et un Sénat, les mandats électoraux ne pouvant être renouvelés que deux fois. Le président de la République, élu pour quatre ans, devait être assisté d'un vice-président et d'une Cour suprême de justice. >

< 2. Le 15 novembre 1942. >

< 3. Le 17 novembre 1942. >

en vérité beaucoup d'esprits et alimente beaucoup de conversations depuis que le Maréchal est devenu, à plus de quatre-vingts ans, chef de l'État français : « Quelle attitude conviendrait-il de prendre si, au cours de la guerre et avant la victoire, le Maréchal venait à ne plus être chef de l'État[1] ? » Et il répond lui-même : « Pour être logique avec nous-mêmes, il faudrait, si cette éventualité se produisait, que je prenne le titre de chef de l'État [...]. Ce ne pourrait être fait qu'avec l'accord du président Roosevelt et de M. W. Churchill... »

Poursuivant son raisonnement, n'écartant pas l'idée que sa présence « en tant que chef de l'État » pourrait, au moment de la libération de la France, constituer un obstacle sérieux, Darlan en vient à l'examen des « possibles ». Il se livre alors à un véritable jeu de massacre.

Les gaullistes ? Ils ont contre eux « la majorité des Français d'Afrique, la presque totalité de l'armée de terre et de l'air, la totalité de l'armée de mer ». En outre de Gaulle est « noble », lui et Catroux sont considérés comme des « réactionnaires ».

Noguès, Boisson, Giraud, l'amiral Robert (qui commande aux Antilles) écartés, le premier parce qu'il ne recueillerait pas l'adhésion des Américains, le deuxième celle des gaullistes, le troisième celle des radicaux et des socialistes, le quatrième dans la mesure où il est inconnu des Français ; Pierre Cot balayé car « tous les modérés », voyant en lui « un des grands responsables de la carence de l'aviation française », le renieraient, restent Camille Chautemps, Édouard Herriot, Albert Sarraut, François Piétri, ambassadeur à Madrid.

Chautemps est « le parfait représentant de l'ancien parlement français qui a amené le pays à la défaite ». Herriot est prisonnier. « Dans quel état physique et moral le retrouverons-nous ? Il doit avoir près de soixante-dix ans. » Sarraut ? En bonne forme physique, « l'un des grands représentants du parti radical », pourrait certes convenir, mais « il faudrait le faire partir de France [et] il doit être très surveillé ». Quant à Piétri, non. Intelligent sans doute, « mais sans aucune volonté ».

Alors qui reste-t-il ?

Darlan, bien sûr, même si le haut-commissaire, sincèrement ou non, se désole d'être le seul candidat possible à la succession du maréchal Pétain.

Le 22 décembre, après avoir remis sa note à l'amiral Fenard, il en fera connaître l'essentiel à Robert Murphy. A l'Américain, il parle de De Gaulle : « Ce serait prématuré. Au printemps de 1943, peut-être. Actuellement, il vous attirerait des ennuis[2]. »

< 1. La note de Fenard est publiée dans *Darlan*, p. 678. L'âge de Pétain invite à songer à la mort mais le Maréchal est physiquement « solide comme un roc ». En revanche, en décembre 1942, la mise à l'écart par les Allemands (qui étudièrent l'idée) n'a rien d'invraisemblable. >

< 2. De Gaulle s'étant installé à Alger le 30 mai 1943, y a-t-il divination de la part de Darlan ou affabulation de la part de Murphy ? >

Darlan ne voulait évidemment pas de De Gaulle.
Les Américains n'en voulaient pas davantage. >

Les jours les plus difficiles pour le gaullisme ne sont donc pas, comme on pourrait le croire, ceux de l'été 1940 lorsque le recrutement est misérable, l'argent rare, l'avenir incertain, mais bien ceux de l'automne et de l'hiver 1942 puisque les Anglais et les Américains — ces derniers surtout, qui n'aiment pas de Gaulle et ne le comprennent guère — peuvent être tentés de l'abandonner au profit du « couple » Darlan-Giraud, infiniment plus souple de caractère et plus richement doté en hommes et en territoires.

Darlan proconsul en Afrique du Nord, c'est aussi, pour la propagande radiophonique gaulliste sévèrement surveillée par la censure britannique, cette période noire au cours de laquelle, faute de pouvoir laisser libre cours à son indignation, elle doit se taire.

L'émission *Ici Londres* qui diffusait complaisamment, avant le 8 novembre, le slogan de Van Moppès : « *Un amiral nommé Darlan est garanti pro-Allemand* » est priée de ne faire allusion à l'Amiral qui, « au nom du maréchal Pétain », et en liaison avec Eisenhower, dirige désormais l'Afrique du Nord, que « le plus sobrement possible ». Interdiction de parler de Darlan en dehors « des nouvelles » — ce qui supprime tout commentaire, interdiction d'attaquer Giraud et les généraux américains qui couvrent depuis le 8 novembre « un acte cynique de Réalpolitik ».

Dans sa solitude, de Gaulle reçoit du moins le secours de la Résistance métropolitaine. S'il accueille avec effusion le général François d'Astier de La Vigerie et Yvon Morandat, ancien secrétaire général des syndicats chrétiens de la Savoie qui arrivent à Londres le 17 novembre, s'il annonce le lendemain leur présence aux délégations de la France combattante dans l'Empire et à l'étranger, c'est que les deux hommes apportent « l'expression du sentiment unanime des Français au sujet des tractations récentes en Afrique du Nord française. Suivant le général d'Astier, précise de Gaulle, tout le monde, en France, a été soulevé par la stupeur et la colère en apprenant que Darlan exerçait l'autorité sous la coupe des Américains. Tout le monde blâme Giraud d'avoir accepté un commandement, d'abord de la main des Américains, ensuite de la main de Darlan ».

Ce même 18 novembre, de Gaulle télégraphie au général de Larminat et au général Kœnig, qui se trouvent à Beyrouth. Après avoir rappelé son intention de parvenir à un « arrangement » avec Giraud, le général de Gaulle évoque les réactions de l'opinion française, du moins telles que François d'Astier de La Vigerie vient de les lui rapporter. « Il [d'Astier] déclare que tout le monde en France est unanime sur les deux points : Darlan est un traître qui doit être *liquidé*[1]. Giraud a le devoir de se rallier à la France combattante. »

1. Je souligne intentionnellement.

Le lendemain, dans une note remise à des gouvernements « alliés » mais réticents et qui ne cessent de dire et de faire dire que le chef de la France combattante compte bien peu de partisans en Afrique, de Gaulle renouvelle ses allusions aux informations apportées par d'Astier et par Morandat, deux hommes qui « ont des relations très étendues et ont pris des contacts multiples dans les cercles les plus divers ».

Lorsque l'on songe au temps qui sera nécessaire à de Gaulle pour éliminer Giraud — incontestablement mal armé et malhabile — on est en droit d'écrire que le conflit avec Darlan aurait réclamé de très longs délais et qu'il ne se serait peut-être pas achevé au bénéfice du chef de la France combattante.

« Tout semblait jouer en faveur de l'usurpation », écrira d'ailleurs Soustelle lorsqu'il se souviendra de ces jours confus et dramatiques où, privés de BBC, les gaullistes se trouvaient réduits à faire diffuser par le poste de Brazzaville — de faible puissance — le discours écrit par le général de Gaulle, le 3 décembre, discours qui ne paraîtra dans l'hebdomadaire gaulliste *La Marseillaise* que grâce à un tour de passe-passe auquel un censeur anglais négligent prêtera involontairement la main.

Dans un texte violent dont, à la demande de ses collaborateurs, il avait modifié une phrase sur « la prétendue réincarnation d'un Bouddha »... qui n'était autre que Philippe Pétain, de Gaulle ne s'était pas contenté d'affirmer que les territoires de l'Empire, où qu'ils soient et quels qu'ils soient, n'appartenaient à personne, sinon à la France, il avait précisé que la nation n'admettait pas « qu'un quarteron[1] d'hommes qui symbolisent la capitulation, la collaboration et l'usurpation, et qui ont usé et abusé contre les libérateurs de la discipline des autres en usent et abusent maintenant pour singer l'honneur et le devoir ».

De son côté, le général Catroux, au cours d'une conférence de presse, n'avait pas hésité à ressusciter devant des correspondants de guerre anglo-saxons stupéfaits et incrédules, « l'épisode instructif et éternellement vivant du cheval de Troie », ajoutant : « C'est avec l'élimination de l'homme [Darlan] qui a personnifié l'armistice et la politique de collaboration la disparition de l'obstacle moral qui empêche l'Empire français de s'unir dans la lutte. »

Il était difficile d'être plus net, d'autant que Catroux avait terminé sur ces mots : « Il ne faut pas de ver dans le fruit. »

Ces violences verbales atteignaient certes Darlan, « Depuis le ralliement de l'Afrique aux Alliés, écrira-t-il le 9 décembre, les gaullistes ne cessent d'insulter les Français d'Afrique et prononcent des exclusives. » Elles le confortaient également dans son antigaullisme. Pour lui (toujours la note du 9 décembre), « les Français d'Afrique ne se sont mis avec les Alliés que sous la réserve que les gaullistes seraient tenus à l'écart ». Ils l'étaient, en effet.

< 1. Mot que l'on verra ressurgir au moment de la révolte des généraux en avril 1961. >

Et par les Américains beaucoup plus encore que par Darlan qui, à Alger, s'il ne se gardait guère, faisait cependant surveiller de petites équipes gaullistes bourdonnantes et indignées qui, sous la houlette de Capitant, placardaient dans la ville des : « À MORT DARLAN » et « L'AMIRAL À LA FLOTTE ».

De Gaulle, et ne doutons pas que l'injure ait été cruellement ressentie, ne pouvait envoyer une mission en Algérie sans l'accord des Américains. Demande présentée le 9 novembre — au lendemain du débarquement — en faveur de Pleven, de Billotte, de François d'Astier et de Frenay, lui aussi récemment arrivé de France. Autorisation refusée ou, plus exactement, autorisation longtemps retardée.

Ce n'est que le 18 décembre que le général François d'Astier de La Vigerie, accompagné de son seul aide de camp, le capitaine Pompeï, pourra se rendre à Alger. Sollicité *directement* par de Gaulle, qui court-circuite le pouvoir civil, Eisenhower a admis, en effet, le principe d'une mission « strictement limitée aux problèmes militaires », « mais il va sans dire, écrira plus tard de Gaulle, que nous demandions à nos deux envoyés de mettre à profit leur séjour pour explorer la situation politique et morale de l'Afrique française ».

Arrivé le 19 décembre sur le terrain de Maison-Blanche, le général François d'Astier de La Vigerie — qui vient d'être nommé par de Gaulle adjoint au commandant en chef des Forces françaises libres — repartira quatre jours plus tard.

Le séjour est trop court pour « explorer la situation politique et morale de l'Afrique française ». Le séjour est assez long pour mettre au point, c'est une accusation qui a été portée — on le verra —, le processus d'élimination de l'amiral Darlan.

Un amiral qui, lui, ne se trompe ni sur la personnalité du général d'Astier de La Vigerie ni sur les buts réels de son voyage.

Apprenant l'arrivée de d'Astier, Darlan a immédiatement rappelé aux Américains qu'aucun Français ne pouvait être admis en Afrique du Nord sans son autorisation.

Et quand Giraud, qui ne voit de péril nulle part, lui annonce que l'envoyé de Londres désire séjourner quinze jours ou trois semaines, se rendre à Casablanca et à Oran, Darlan pose immédiatement ses conditions : si d'Astier ne quitte pas rapidement Alger, il abandonnera son poste malgré toutes les conséquences qu'entraînera cette décision.

A Alger, en peu de jours, le général d'Astier rencontre beaucoup de monde : Lemaigre-Dubreuil et le général Béthouart qui ont favorisé le débarquement américain ; son frère Henri qui sera si étroitement mêlé au complot contre Darlan ; le comte de Paris ; Capitant et Joxe ; Paul Saurin, président du Conseil général d'Oranie ; Murphy ; le général Eisenhower, Giraud… et même Darlan.

La nuit est tombée lorsque le général d'Astier de La Vigerie — qui s'est mis en civil — arrive dans la villa de Mustapha supérieur où doit avoir lieu la rencontre avec Darlan.

Selon Soustelle, qui a recueilli le récit de François d'Astier à son retour à Londres, le patio n'était éclairé que par la lueur des pièces donnant sur la galerie. « En passant devant les portes ouvertes, le général d'Astier vit que ces pièces étaient remplies d'officiers de marine et de matelots en armes. Dans un grand salon, Darlan attendait, entouré du général Giraud, de Bergeret et de Rigault[1]. »

« Tout ce monde lui parut sombre, tendu, plein de cautèle et de griefs », écrira bien plus tard de Gaulle. L'entrevue, en tout cas, débute fort mal. D'Astier, qui domine Darlan de la tête, a pris le parti de ne s'adresser qu'à Giraud, de ne s'entretenir qu'avec Giraud, de ne pas « voir » Darlan qui finalement explose :

— Vous affectez de ne pas m'adresser la parole. Vous avez tort ! Si j'avais voulu, quand j'étais à Vichy, j'aurais pu écraser les mouvements de résistance.

On en vient cependant à l'objet « officiel » du voyage de François d'Astier : l'étude de la participation des forces gaullistes à la bataille d'Afrique.

Avec quelque condescendance, Darlan réplique que les forces françaises d'Afrique du Nord — celles qui dépendent de Giraud et de Juin, donc de lui — sont largement suffisantes pour les opérations de Tunisie et que l'appoint éventuel de deux brigades gaullistes — d'ailleurs rattachées à la 8e armée britannique — ne nécessitera pas de grandes conversations techniques.

Il ajoute même, en sachant parfaitement que cette clause est inacceptable pour de Gaulle, que l'entrée des troupes gaullistes en territoire tunisien ne pourrait se faire qu'à deux conditions : une neutralité politique absolue, le passage des soldats gaullistes sous le commandement du général Giraud.

Le 22 décembre, d'Astier quitte Alger pour Londres.

Le 24 décembre, Darlan est assassiné.

< Après la mort de l'amiral, Mme Darlan a écrit à son fils Alain en traitement à l'hôpital Marie-Feuillet de Rabat[2]. Sa lettre, que devait plus tard m'offrir la première femme d'Alain Darlan, donne du drame et des jours qui ont suivi un récit exact. Sur le manuscrit, les larmes de Mme Darlan sont venues à plusieurs reprises « délayer » les mots.

Villa Arthur, Alger

Voilà, mon pauvre cher gosse, le triste récit des événements tragiques qui se sont déroulés avec une terrible rapidité.

Jeudi 24 décembre 1942. — Nous déjeunons, François et moi, avec

1. Jacques Soustelle, *Envers et contre tout.*

< 2. Et non à l'hôpital Maillot d'Alger, comme l'écrivent Coutau-Bégarie et Huan dans *Darlan*, p. 683. >

Hourcade. Battet, lui, déjeunait chez un général. Il revient à 15 heures. A 15 h 30, François monte dans son auto avec Hourcade. Battet les suit dans la sienne. 15 h 45 : Battet me téléphone de l'hôpital Maillot, me disant que François a reçu deux balles de revolver (une dans le dos, l'autre dans la bouche) en entrant dans son bureau au Palais d'Été et que le chirurgien est en train de l'examiner. Je me fais conduire à Maillot. J'attends d'affreuses minutes pendant lesquelles Battet vient de temps en temps me dire que l'état est grave, très grave… Il y a longtemps que j'ai compris que mon pauvre cher vieux était mort ! Enfin on m'emmène au pavillon des officiers, où je trouve notre cher papa, très calme, presque souriant, une légère blessure à la lèvre supérieure, les mains sur le drap absolument comme lorsqu'il dormait. Et voilà, trente-deux ans de bonheur viennent de se terminer !

Une grande consolation est de savoir qu'il n'a absolument pas souffert et qu'il n'a pas eu l'affreuse appréhension de nous quitter.

Après on a tenu à l'habiller en amiral. Tu sais que je n'aime pas les morts en parade, je le trouvais moins à moi.

J'étais entourée des braves Fenard et de Battet. Tous ont été très affectueux et avaient une peine sincère.

J'ai été voir Hourcade, qui était aussi à Maillot. En essayant d'arrêter l'assassin, il avait reçu une balle dans la cuisse, heureusement la blessure est sans gravité.

Je ne me souviens pas très bien ce que j'ai fait après, mais ce qui m'a frappée, c'est qu'en rentrant à la villa j'ai trouvé des corbeilles de fleurs avec « Joyeux Noël » !

Vendredi 25 décembre. — Je vais à l'hôpital pour la mise en bière. Après, le cercueil est transporté au palais du Gouvernement dans la salle d'honneur où un catafalque a été dressé, devant lequel toute la journée le public défile.

Samedi 26 décembre. — Dès le matin, le cercueil a été transporté à la cathédrale. A 9 heures, grande messe, absoute par l'évêque. Puis le cercueil est transporté devant la petite chapelle Sainte-Marie près de la villa Arthur et les troupes françaises, américaines et anglaises défilent devant lui. C'est simple et c'est bien. A la villa, nombreuses visites que je suis obligée de recevoir.

Le soir, dernière étape, le cercueil a été transporté à l'amirauté, où l'amiral Leclerc a eu l'heureuse idée de le recevoir et de le faire installer dans une casemate. Cette touchante pensée de confier la garde de son chef à la marine me plaît beaucoup.

Dimanche 27 décembre. — Journée calme. Visite de Murphy absolument catastrophé par la mort de ton père. Il m'a reparlé du voyage aux États-Unis pour nous tous. Visite aussi du brave amiral Lemonnier, bien triste.

Samedi matin, l'assassin a été exécuté. C'est un jeune homme de 22 ans, fils d'un rédacteur d'un journal d'Alger, son nom est Boné de la Chapelle. Il était PSF et lieutenant de groupes francs. Il a prétendu agir pour son compte seul (ce qui doit être faux), il n'est pas fou. Depuis longtemps, il voulait tuer le Maréchal ou l'Amiral. Il a été l'instrument d'une affreuse fatalité !

Je donne cette lettre au général Noguès demain matin. Il m'avait fait remettre celle d'Annie.

J'espère bientôt vous revoir et je souhaite te trouver remis de toutes tes complications. Je vous embrasse bien tristement tous trois.

Ta maman.

Le 4 décembre 1942, Darlan avait écrit à Churchill une longue lettre dans laquelle il expliquait son passé[1] et justifiait l'action qu'il menait depuis le 8 novembre[2] comme ses constantes références au Maréchal[3]. Churchill aurait fait répondre par un billet dactylographié qui porte la date du 5 décembre : « Le Premier ministre demande que Darlan soit rassuré, qu'il "a payé et a bien droit au voyage". » Même si l'authenticité de la réponse doit être mise en doute car il n'existe pas de liaison entre Alger-Darlan et Londres et la lettre de l'amiral, remise à Clark, qui la transmit à Eisenhower, n'atteindra Churchill que le 22 décembre, il est possible qu'un intermédiaire (Clark ?) ait cru pouvoir se faire l'interprète des sentiments du Premier ministre britannique.

Quoi qu'il en soit, Darlan n'aura eu droit qu'à un bref voyage.

On sait le nom du meurtrier de Darlan : il s'appelle Fernand Bonnier de La Chapelle, comme on sait le nom de l'assassin d'Henri IV : François Ravaillac. Dans un cas comme dans l'autre, si l'on a immédiatement identifié celui qui a tenu l'arme, reconstitué ses déplacements dans les jours qui ont précédé son acte, on ne dispose d'aucune information vérifiée sur ceux qui inspirèrent ou décidèrent le geste de deux hommes qui affirmèrent également avoir agi seuls.

Les plus atroces supplices ne réussirent pas à arracher à Ravaillac le nom d'un « commanditaire[4] » moral. Si les contemporains puis les historiens ont avancé que le « géant roux » avait été l'instrument des haines des jésuites, des Concini, d'Henriette d'Entraigues, du duc d'Épernon et de sa maîtresse Mme du Pillet, d'autres noms encore ont été prononcés, car le roi de France évoluait dans un monde de comploteurs. Mais il n'a jamais été possible d'abandonner les hypothèses pour une certitude, les dossiers officiels concernant le drame du 14 mai 1610 s'étant « accidentellement » et opportunément envolés en fumée en 1618.

Le jeune Bonnier de La Chapelle n'a subi aucun supplice. Mais, à la suite d'un procès bâclé, nul ne cherchant à connaître une vérité compromettante pour beaucoup trop d'hommes en place, Bonnier « ayant maintenu

< 1. « Si je n'ai pas consenti à faire rallier les ports britanniques par les navires français, c'est que je savais que cette décision aurait entraîné l'occupation totale de la métropole et celle de l'Afrique du Nord [...]. Sur les ordres de mon chef, le Maréchal, je me suis efforcé de janvier 1941 à avril 1942 de conduire une politique telle que la France et son Empire ne soient pas occupés et écrasés par les puissances de l'Axe. Cette politique était, par la force des choses, opposée à la vôtre. Que pouvions-nous faire d'autre ? A cette époque, vous n'étiez pas en mesure de nous assister et tout geste vers nous aurait attiré les pires désastres sur mon pays. » >

< 2. « Le 11 novembre, j'ai appris la rupture de l'armistice par les Allemands, l'occupation de la France et la protestation solennelle du Maréchal. J'ai considéré que je pouvais reprendre ma liberté d'action... » >

< 3. « Je ne serais jamais arrivé à ce résultat (la reprise des combats contre les forces de l'Axe, le ralliement de l'AOF) si je n'avais pas agi sous l'égide du Maréchal et si je m'étais simplement présenté comme un dissident. » >

< 4. Le mot n'existe pas en 1610. Autour de 1750, il signifie seulement « personne qui finance ». >

ses déclarations initiales, l'instruction fut close et le tribunal militaire entra en séance à 18 heures (le 25 décembre) ». L'accusé ayant confirmé « une fois encore qu'il avait agi seul et sans inspirateur, la défense fut entendue régulièrement et le tribunal prononça la peine de mort[1] ».

Le 26 décembre à 7 h 30, Bonnier est exécuté sur le champ de tir d'Hussein Dey.

Son avocat, Me Sansonnetti, dira :

— Je n'ai rien pu, absolument rien, tout était décidé d'avance[2].

La thèse dans laquelle Bonnier s'était enfermé — dans laquelle on l'avait peut-être enfermé —, celle de l'acte d'un solitaire, si elle servait provisoirement tout le monde, aurait pu s'effondrer au vu de la qualité de ceux qui intervenaient directement en sa faveur : Henri d'Astier de La Vigerie, Alfred Pose, Louis Joxe, Marc Jacquet, et jusqu'au comte de Paris, qui sollicita Giraud alors que Bonnier était déjà mis en bière.

Si Murphy, questionné par Saint-Hardouin, refusa de se mêler de l'affaire[3], d'autres prirent le parti de minimiser ou d'oublier ces interventions. Le général Noguès se trouvait à Ouarzazate, au sud du Grand Atlas, lorsqu'il apprit, le 24 décembre en fin d'après-midi, la mort de Darlan. De retour à Alger, il se trouva automatiquement en charge de l'intérim de haut-commissaire[4], responsabilité dont, en fin d'après-midi, il se déchargea sur Giraud, qu'il considérait — et pour vaincre ses réticences il le lui dit fortement — comme le successeur légitime de Darlan, avant même que le Conseil impérial se soit prononcé.

Est-ce ce transfert de responsabilité qui a permis au général Noguès de dire que, lors de sa rencontre avec Giraud, il n'avait pas été question de Bonnier de La Chapelle, d'affirmer qu'on ne lui avait présenté « aucune demande de grâce et qu'aucun mémoire ne [lui] avait été soumis ni par les défenseurs ni par la famille du condamné[5] », ou s'agit-il d'un oubli volontaire, qui témoigne de quelque lâcheté morale ? Car, à défaut d'autres personnes, un visiteur s'est bien présenté chez Noguès au cours de la nuit du 25 au 26 décembre : Eugène Bonnier de La Chapelle, le père de Fernand.

< 1. Déposition, le 30 juin 1955, du général Bergeret, ancien secrétaire d'État à l'Aviation, ancien haut-commissaire adjoint en Afrique française à l'occasion du procès du général Noguès. >

< 2. Le verdict lui-même, puisque c'est dans l'après-midi du 25 décembre, donc *avant* le procès, que le docteur Le Minor reçut un coup de téléphone l'avertissant qu'il devait assister le lendemain à une exécution capitale à Hussein Dey (témoignage à Alain Decaux). >

< 3. « Ce n'est pas aux Américains de prendre position contre un arrêt de la cour martiale. C'est un crime d'avoir tué Darlan. » Saint-Hardouin appartenait au « groupe des cinq » qui avait préparé le débarquement du 8 novembre 1942. >

< 4. Le 7 décembre, au cours de la réunion du Conseil impérial, il avait été décidé que, dans l'hypothèse où le haut-commissaire (Darlan) serait empêché d'exercer ses pouvoirs, l'intérim serait assuré par le plus ancien des résidents gouverneurs généraux (Noguès), avant la réunion du Conseil impérial chargé de désigner le successeur du haut-commissaire. >

< 5. Déposition du général Noguès le 21 juin 1955. >

« Alors que j'étais déjà couché, dira le général Noguès au magistrat instructeur Guy Raïssac[1], j'ai été informé que le père du condamné demandait à me voir d'urgence pour solliciter un sursis à l'exécution. Je lui ai fait répondre que cette affaire n'était pas de mon ressort et que c'était le général Giraud seul qui pouvait prendre cette décision. » Dans les minutes qui suivirent, Noguès fit avertir Giraud de la proche visite du père de Bonnier, lui fit dire que cette affaire le regardait, et qu'il approuvait par avance « la décision qu'il sera[it] amené à prendre[2] ».

Giraud, d'ailleurs, assumera. Dans ses Mémoires[3], il écrit : « La responsabilité du jeune assassin est *peut-être*[4] partagée par d'autres. Il n'a été que l'*instrument*, terriblement efficace car sa main n'a pas tremblé. Il ne faut pas que l'exemple devienne contagieux [...]. Tout ce qui ébranle l'équilibre si instable de notre résurrection doit être évité. Que la justice suive son cours. Commandant en chef d'un territoire en état de guerre, je prescris que la cour martiale se réunisse immédiatement[5]. Elle jugera en toute impartialité. Son jugement, quoi qu'il soit, sera sans appel. C'est l'ordre que je donne au général Bergeret [...]. La nuit se passe sans incident. L'assassin est condamné à mort. Il est exécuté le 26 au matin [...]. Justice est faite. Aucune polémique dans la presse. »

Il ne pouvait y en avoir aucune, la presse étant aussi directement contrôlée qu'avant le 8 novembre, mais dans un sens favorable aux nouveaux dirigeants. Elle accrédite tout d'abord la thèse, commode, d'un attentat commandité par l'Allemagne !

Le 31 mai 1943, de Gaulle, qui est arrivé la veille à Alger, « fait observer à Giraud[6] qu'il était difficile d'établir des responsabilités (dans l'assassinat de Darlan), étant donné la façon dont l'exécuteur (de Gaulle ne parle jamais d'assassin) a été exécuté sans avoir pu se défendre et faire entendre des témoins[7] ». De Gaulle aurait-il souhaité une longue et sérieuse enquête, suivie d'un procès qui n'aurait pas épargné son entourage, qui peut-être l'aurait mis personnellement en cause ? C'est plus que douteux.

En tout cas, au jour anniversaire de l'exécution de Bonnier, le 26 décembre 1943, les gaullistes d'Alger étaient tous présents à la messe dite à sa mémoire et accéléraient bientôt son procès en réhabilitation,

< 1. Déposition du général Noguès le 21 juin 1955. >

< 2. *Ibidem*. >

< 3. *Un seul but, la victoire*, Julliard, 1949. >

< 4. Souligné intentionnellement. La lettre de Giraud datant de 1949, sans doute aurait-il pu supprimer le « peut-être », en contradiction avec la phrase qui suit. >

< 5. Giraud, on le voit, agit en tant que commandant en chef et non comme successeur de Darlan, poste auquel il sera désigné le 27 décembre, avec le titre de « commandant en chef civil et militaire ». >

< 6. *Un seul but, la victoire*. >

< 7. Giraud répondit qu'il était « nécessaire de faire un exemple » et qu'il avait pris cette décision « après que l'intéressé ait donné certains renseignements qui sont allés à l'instruction ». >

tandis que de Gaulle ordonnait un non-lieu pour les personnalités — monarchistes — inculpées par le juge Albert Voituriez au lendemain de l'attentat[1].

Revenu, le 24 décembre en fin d'après-midi, de l'hôpital Maillot où, en compagnie du général Bergeret, il est allé saluer le corps de l'Amiral et présenter ses condoléances à Mme Darlan, Giraud s'interroge. En dehors de l'assassin « qui n'a été qu'un instrument, quels sont les vrais auteurs de l'attentat » ? Avec Bergeret, il examine cinq hypothèses :

> Hypothèse allemande ? Non, aucune raison.
> Hypothèse vichyste ? Peu probable.
> Hypothèse communiste ? Peu probable.
> Hypothèse royaliste ? Des présomptions troublantes.
> Hypothèse gaulliste ? Également des présomptions troublantes [...]. Il y a eu certainement collusion, ces temps derniers, entre royalistes passionnés et gaullistes acharnés[2].

Les Mémoires de Giraud ont été publiés en 1949. De très nombreux ouvrages sur l'époque et sur ses acteurs ont paru depuis[3]. Même si certains ont ajouté une peu vraisemblable hypothèse mettant directement en cause les services secrets britanniques[4], même si les archives étrangères et françaises font défaut ou demeurent le plus souvent inaccessibles[5], les regards des contemporains, les études des historiens s'attachent à deux clans et à deux hommes : les monarchistes et le comte de Paris, les gaullistes et de Gaulle.

Le comte de Paris parce qu'il aurait cru que l'assassinat de Darlan lui permettrait d'accéder au pouvoir. Le général de Gaulle parce que la mort de Darlan faisait disparaître l'adversaire le plus redoutable jamais rencontré sur la route du pouvoir.

« Oui, j'ai rêvé de restaurer la monarchie. » Cette phrase est l'une des premières du livre que le comte de Paris a consacré à ses rencontres avec de Gaulle et à la correspondance échangée[6]. De la plus grande importance, elle explique les initiatives, souvent déconcertantes, d'Henri comte

< 1. De son côté, Giraud avait assez rapidement signé le refus d'informer. « L'amiral Darlan était mort. Son assassin avait payé. J'ai estimé qu'il n'y avait pas lieu de remuer davantage de boue et d'attiser les passions » (*Un seul but, la victoire*). >

< 2. *Un seul but, la victoire*, p. 75. >

< 3. Notamment *Tout commence à Alger, 1940-1944*, de Pierre Ordioni ; *Dossiers secrets d'Alger*, de Claude Paillat ; *Nous avons tué Darlan*, de Mario Faivre ; *Cette curieuse famille d'Orléans*, de Georges Poisson ; *L'Affaire Darlan. L'instruction judiciaire*, d'Albert Voituriez, sans oublier les ouvrages cités dans ces pages. >

< 4. *Cf.* Coutau-Bégarie et Huan, *Darlan*, p. 687, qui mentionnent un article d'Anthony Verrier dans l'*Histoire* d'avril 1989, ainsi que le livre de Cave Brown, *The Secret Servant. The Life of sir Steven Menzies, Churchill's Spymaster*, p. 451-453. >

< 5. *Cf.* sur ce point Coutau-Bégarie et Huan, *Darlan*, p. 687. >

< 6. *Dialogue sur la France*, Fayard, 1994. >

de Paris, oiseau captif et obstiné, qui se précipite avec une apparente irréflexion contre les barreaux de la cage, dans l'espoir qu'en cédant l'un d'eux lui ouvrira le passage.

C'est pour « démarquer la cause royale du conservatisme politique traditionnel[1] » qu'il avait rompu avant la guerre avec l'Action française ; qu'il s'était intéressé aux problèmes sociaux et avait multiplié les rapports avec les milieux les plus différents. Pour partager les souffrances des Français, il s'était engagé dans la Légion étrangère — seule possibilité qui lui était offerte, les lois de l'exil faisant obstacle à toutes les autres. Démobilisé, ayant regagné sa propriété de Larache au Maroc espagnol, il entre en contact avec Vichy en écrivant au Maréchal des lettres dans lesquelles, noyée au milieu de nobles généralités sur les problèmes et les malheurs du temps, il dissimule difficilement l'ambition de succéder au chef de 85 ans. Mais Pétain, « maréchal républicain » aux yeux de qui cette famille « ne dit plus rien aux Français », se garde de répondre personnellement. Quant à Darlan, il rappelle au prince les termes du mandat par lequel l'Assemblée nationale a confié les pouvoirs au Maréchal. Vouloir modifier ce contrat, ce serait « affaiblir moralement[2] » l'autorité du Maréchal, « donner prétexte ou motif à des divisions entre patriotes ». Des temps viendront où la nation pourra « se choisir un chef qui représente et défende ses intérêts permanents, spirituels et matériels ». Mais ce moment n'est pas encore venu…

Impatient, d'une impatience mauvaise conseillère, le comte de Paris n'hésite pas à se tourner alors vers les Allemands. Le 18 février 1942, à Larache il reçoit Auer, consul général d'Allemagne à Casablanca, qui lui fait nettement savoir que, d'ordre de Berlin, Pétain reste l'unique interlocuteur de l'Allemagne. Cette visite secrète, conclusion d'assez longues négociations, montre jusqu'où l'ambition pouvait conduire le comte de Paris puisqu'il n'a pas hésité à dire à Auer qu'il « serait en mesure, le moment venu, d'offrir au Führer, par sa personne et par l'histoire de sa maison qui le liait au peuple français, la garantie pour l'avenir dont l'Allemagne elle aussi avait besoin de la part d'un peuple voisin de 40 millions d'âmes pour rétablir en Europe un ordre nouveau[3] ».

Renvoyé à Pétain par Auer… et par le directeur des Affaires politiques de la Wilhelmstrasse, peu soucieux de prendre la responsabilité d'une révolution de palais, dont le bénéfice pour l'Allemagne n'apparaissait pas clairement, le comte de Paris obtient enfin du chef de l'État français un entretien, auquel il arrive le 6 août, persuadé que le Maréchal cédera

< 1. Alain Decaux, *Alain Decaux raconte*, t. 2, Perrin, 1979. >

< 2. Lettre du 12 septembre 1941, en réponse à une lettre du 5 septembre. >

< 3. Le télégramme d'Auer a été connu des Français grâce à *Commentaire*, n° 40, hiver 1987-1988, p. 774-775. La revue l'a fait précéder d'un court chapeau précisant qu'il « n'appelait pas de commentaire ». Sans doute Auer, qui se fait l'écho de ce qu'il a entendu, a-t-il pu commettre quelques erreurs d'interprétation, mais sur le fond il n'a vraisemblablement pas fait d'erreur. >

à ses arguments et s'emploiera à restaurer la monarchie. Mais Pétain, qui reçoit le prince à Charmeil, près de Vichy, se dérobe, fait celui qui n'a pas entendu ni compris les allusions appuyées, parle de la mission dont il a été investi, de la paix qui « sera signée dans son bureau » et, lorsqu'il a assez joué, entraîne Henri dans le potager pour lui faire admirer ses légumes et l'inviter à célébrer son éclatante victoire… sur le doryphore !

Quant à Pierre Laval, rencontré quelques heures plus tard, il se moquera avec moins de finesse en proposant au prince… le secrétariat d'État au Ravitaillement qui, de tous les postes, était en 1942 le plus exposé aux critiques, le moins assuré d'un quelconque succès.

Le prétendant à la couronne de France — depuis la mort en 1940 de son père, le duc de Guise — ne se décourage pas. Déçu par Pétain et par Laval, il fait, dans la perspective d'un coup d'État, d'inutiles ouvertures à Darnand, un ancien de l'Action française ; il se confie au pape ; il tente de rencontrer Franco, autant de démarches inutiles[1], humiliantes parfois, qui prouvent son impatience comme son absence de lucidité, et sont indispensables à l'intelligence des événements de décembre 1942.

A Alger, le prince prendra donc facilement ses ambitieux désirs pour des réalités sans s'inquiéter un instant de la véracité des propos d'hommes qui, autant que ses partisans, sont les adversaires déterminés de Darlan.

En 1941, on lui a fait croire que Pétain, fatigué, trop âgé, était prêt à s'effacer à son profit.

En novembre 1942, on lui fait croire que Darlan, dont « la situation devenait intenable », allait « sous la pression de l'opinion publique […] quitter le pouvoir » et que « c'était le moment pour lui de se présenter pour lui succéder […], non comme prétendant mais comme rassembleur de toutes les opinions[2] ».

Pourquoi douterait-il, alors qu'il n'a jamais douté d'avoir rendez-vous avec la France ?

< 1. Le comte de Paris a plus de succès auprès du général de Gaulle qui, lui, éprouve la plus grande admiration pour la monarchie et va jusqu'à laisser entendre que le comte de Paris pourrait un jour lui succéder. Les entretiens entre les deux hommes sont fréquents, leurs lettres nombreuses, et *Dialogue sur la France*, qui contient le compte-rendu des uns, l'*in extenso* des autres, montre à la fois le sérieux et le romanesque d'une entreprise de séduction mutuelle se développant sur plusieurs années et dont de Gaulle ne se dégagea que tardivement, lorsqu'il décida de se représenter en 1965.

Le 6 octobre 1961, au comte de Paris qui lui a fait part, à nouveau, de « la décision qu'il a prise de servir [son] pays avant toute autre considération », le général répond : « Vous faites bien. Vous aurez donc trois ans à vous préparer. Je ne me représenterai pas à la fin de mon mandat. » Évoquant cet échange de lettres, Jean Tulard, qui a préfacé *Dialogue sur la France*, écrit : « Le projet n'est pas absurde. » Et il ajoute que, en confiant au suffrage universel l'élection du président de la République, [de Gaulle] « dépossédait ainsi la classe politique de son pouvoir d'intrigue […]. Le comte de Paris pensait de même. Les Orléans accordaient plus d'importance à l'approbation populaire qu'à un sacre, cérémonie que l'évolution des esprits rendait anachronique. Le référendum mettait en symbiose le chef de l'État et le peuple ». >

< 2. Déclaration de Marc Jacquet au juge d'instruction Voituriez en janvier 1943. >

Pourquoi douterait-il, alors que ceux qui le sollicitent appartiennent au « groupe des cinq », des hommes qui, depuis longtemps, sont proches des Américains, ont facilité le débarquement du 8 novembre, et occupent désormais à Alger des postes — Henri d'Astier[1] à la Police, Alfred Pose aux Finances, Saint-Hardouin aux Relations extérieures — qui ne sont que des postes d'apparence, vidés de toute substance, de tout pouvoir décisionnel par Darlan, son entourage, l'administration restée en place ?

Que ces trois hommes, et avec eux Lemaigre-Dubreuil, Jean Rigault et Van Hecke[2], soient unis dans « la haine de la République » — et d'autres nombreux, dans cette Afrique du Nord très peu républicaine —, c'est vraisemblable. Qu'ils soient monarchistes, c'est certain pour Rigault, Pose et d'Astier. Qu'ils soient victimes de leurs illusions, c'est évident. Ils bercent le comte de Paris des rêves dont ils se bercent.

Ils lui laissent entendre que le complot pour évincer Darlan bénéficie de complicités militaires au sommet, alors qu'ils n'ont reçu aucune assurance ; que les Américains ont donné leur accord, alors que d'Astier n'a eu avec Murphy qu'une conversation banale, au cours de laquelle la « candidature » du prince, si elle a été évoquée, n'a nullement été prise au sérieux. Ils feront surtout miroiter la perspective qu'ouvre (qu'ouvrirait) l'application de la loi Tréveneuc. Perspective assez séduisante pour que, dans *Dialogue sur la France*, le comte de Paris écrive que, de toutes les solutions élaborées par les « têtes politiques » en vue d'éliminer Darlan, c'était « la plus solide ». Adoptée en février 1872, à la suite de la défaite contre la Prusse, qui avait pour résultat l'occupation d'une importante partie du territoire national, cette loi prévoyait que, si l'Assemblée nationale venait à être illégalement dissoute ou empêchée de se réunir, les conseils généraux devaient s'assembler immédiatement afin de choisir des délégués qui éliraient une Assemblée chargée de pourvoir provisoirement à l'administration générale du pays[3].

Alfred Pose, qui s'est rendu au Maroc, a rapidement convaincu le comte de Paris que, « de Gaulle virtuellement prisonnier de Londres[4] », Giraud « avant et lors du débarquement [ayant] fait l'unanimité des Français contre lui », Flandin étant toujours en France — ce qui est faux,

< 1. Dès la défaite, Henri d'Astier a créé un réseau de résistance en Afrique du Nord. Dénoncé, il est parti pour l'Oranie où il a repris son action, aidé par sa femme et son fils. Frère d'Emmanuel (communisant et chef du réseau « Libération ») et de François (gaulliste), Henri d'Astier avait d'immenses qualités de meneur d'hommes.

D'Alfred Pose, Alain Decaux écrit qu'il est devenu — avant guerre — « le premier dans le monde de la Bourse et des affaires » (il dirigeait alors la BNC). Lié à la Cagoule, Pose n'envisageait, pour le salut de la France, qu'une solution : le roi.

Jacques Tarbé de Saint-Hardouin est un diplomate spécialisé dans les questions économiques qui a de fréquents rapports avec Murphy. >

< 2. Sur ces trois hommes, voir ci-dessus, p. 287-288. >

< 3. Encore fallait-il que la moitié des départements se trouve représentée : voir en Annexe. >

< 4. Comte de Paris, *Dialogue sur la France*, p. 15. >

il se trouve depuis le 7 à Alger —, il n'existait plus, sur le territoire des trois départements algériens, qu'une « seule personnalité susceptible de rassembler les Français et de défendre les intérêts essentiels de la France » : Henri, comte de Paris.

Le 10 décembre, le comte de Paris décide de se rendre à Alger pour occuper provisoirement la place que Darlan bientôt libérera… Il a toujours affirmé qu'il n'imaginait son rôle que « provisoire », les Français étant appelés à se prononcer lorsque le pays serait libéré.

Dans la voiture qui, du Maroc, le conduit à la frontière, un personnage trouble et fascinant : le lieutenant Cordier, qui pour l'Histoire sera toujours l'abbé Cordier. L'homme s'est battu courageusement en 1939-1940 dans les rangs du 91e RI, et après la défaite a organisé un réseau d'évasion des prisonniers de guerre. Dénoncé, il a contracté un engagement pour l'Afrique du Nord. Monarchiste comme d'Astier, chez qui il habite en décembre 1942, il met au service de la cause son ardeur de résistant et, plus encore, la connaissance des âmes jeunes et malléables que la prêtrise et son passage comme aumônier dans les Chantiers de la jeunesse de l'Hérault lui ont donnée.

Arrivé à Alger, le comte de Paris se trouve immédiatement plongé dans un milieu « porteur ». Quotidiennement, il se rend rue La Fayette, chez d'Astier, et quotidiennement il apprend que les ralliements se précisent et se précipitent : militaires de haut rang, Américains, présidents des trois conseils généraux d'Algérie qui ont décidé d'obliger Darlan au départ en exhumant la fameuse loi Tréveneuc[1].

Il est vrai que les trois présidents : Froger pour Alger, Saurin pour Oran, Deyron pour Constantine, ont rédigé et *envoyé par la poste* à Darlan une lettre[2] dans laquelle ils déclarent « ne pas devoir accepter la fiction d'une subordination quelconque à un gouvernement prisonnier ». Sans une seule allusion au comte de Paris, sans une seule allusion à la loi Trévennec et après un discret hommage au maréchal Pétain, ils réclament « la constitution d'un gouvernement qui fondra en un seul élan toutes les forces nationales pour la libération de tous les Français » et placent l'Amiral face à ses responsabilités. Qu'il apprécie si « pour obéir au destin de la France d'autres hommes et d'autres méthodes ne doivent pas la guider ».

C'est mal connaître Darlan. Il a lu la lettre. La commentant brièvement devant le Conseil impérial, il laisse tomber : « Cette lettre n'est pas de circonstance. »

< 1. *Cf.* ci-dessus, p. 789. >

< 2. Signée également par Serda, député de Constantine. >

Nul n'avait mentionné le nom du comte de Paris comme celui de « l'autre homme » capable de guider la France[1]. Froger dit[2] avoir reçu trois visites de Pose, un homme qui avançait lentement ses pions : la situation n'exigeait-elle pas que l'on se mît en quête d'une personnalité capable de réconcilier les Français ? « Sans doute, répondait Froger, mais quelle personnalité ? » Lui « ne voyait pas ». Le 22 décembre, Pose lâcha le nom du comte de Paris. Froger répondit qu'il était un « vieux républicain », adversaire d'une restauration déguisée, et qu'il doutait fort de l'accord de ses deux collègues.

Lorsque Pose rencontre Froger, l'« ambassadeur » des comploteurs est en retard de quatre ou cinq jours… sur le complot tel que l'a imaginé le comte de Paris. Selon le prince, le 18 ou le 19 décembre, une délégation « formée par les conseils généraux et ayant Pose à sa tête se présenterait à l'Amiral, porteuse d'une lettre de démission toute prête ».

Chimère ! Chimère que d'espérer obtenir l'abdication de Darlan à la simple évocation de la loi Tréveneuc.

Au plan qui devait aboutir à l'octroi au comte de Paris « d'une mission provisoire et limitée d'union nationale », tous font défaut : les Américains, les militaires, les présidents de conseils généraux.

« Les conjurés étaient donc dans une impasse, écrit Arnaud de Chantérac. C'est alors que débarqua le 19 décembre à l'aérodrome de Maison-Blanche *l'instrument du destin*[3], le général François d'Astier de La Vigerie. On allait pouvoir passer aux choses sérieuses[4]. »

Qu'y a-t-il de plus sérieux que la rencontre, dans la soirée, du général François d'Astier, envoyé de De Gaulle « pour une mission de contact et d'information[5] », et du comte de Paris ? L'entretien eut lieu au domicile d'Henri d'Astier, et dura deux heures, dans la chambre à coucher puisque le comte de Paris, victime d'une crise de paludisme, était alité depuis deux jours.

Plus tard, le prince se borna à dire que le général d'Astier, après l'avoir entendu exprimer le vœu d'être un lien entre « partisans de Pétain et de De Gaulle », afin de permettre « la réconciliation des Français de bonne volonté », lui fit part du désir de De Gaulle de venir rapidement à Alger. Il lui dit également qu'il convenait « au plus vite d'écarter Darlan d'un pouvoir illégitime ». L'information est mince.

Quant au général François d'Astier, il confia en 1948 à l'historien Henri Michel qu'il avisa seulement le prince que de Gaulle, « tête froide », ne songeait nullement à lui confier « un poste élevé dans une future combinaison ».

< 1. Paul Saurin l'a confirmé à Alain Decaux. >
< 2. Au juge Voituriez. >
< 3. Je souligne intentionnellement. >
< 4. Chantérac, *L'Assassinat de Darlan*. >
< 5. Crémieux-Brilhac, *La France libre*. >

— Si Votre Altesse royale est prête à se rallier au gaullisme, c'est parfait. Mais cet engagement est sans contrepartie.

Rebuffade qui incita immédiatement le comte de Paris à renoncer à ses vastes projets :

— Je vais lancer un appel auprès de mes troupes, en leur demandant de se rallier au général de Gaulle.

L'évanouissement subit d'anciennes et solides ambitions, tel que le rapporte Crémieux-Brilhac[1], est peu crédible. Quoi qu'il en soit, les deux protagonistes ont jalousement gardé le secret sur le fond de leur entretien.

Nous en soupçonnons un peu plus grâce à Mario Faivre[2], auteur de *Nous avons tué Darlan*. L'un des acteurs les plus actifs de la nuit du 8 novembre, familier des d'Astier, ami du jeune Bernard d'Astier, proche de Cordier qu'il admire[3], c'est Faivre qui conduit Bonnier de La Chapelle jusqu'au Palais d'Été le 24 décembre.

Dans la salle à manger voisine de la chambre où le comte de Paris reçoit le général François d'Astier, Mme Henri d'Astier, Cordier, Pose — qui un moment a fait le pitre en revêtant la cape bleu marine du général, beaucoup trop grande pour lui — échangent quelques rares paroles inquiètes. Lorsque Mario Faivre arrive, l'abbé Cordier lui répète les mots de François d'Astier à son frère Henri :

— Le général de Gaulle m'a spécialement mandaté pour traiter directement avec le prince.

Par discrétion, Faivre (qui n'a que vingt ans) ne s'attarde pas et ce n'est que le lendemain que Cordier lui dit ce qu'il sait — ou croit savoir — du déroulement de la conversation entre le général d'Astier et le comte de Paris. En vérité des broutilles. « Avant de quitter l'appartement, le général a exprimé sa satisfaction de son entretien avec le prince. Il a fait part de l'accord du général de Gaulle concernant le projet établi à Alger. Le comte de Paris a, lui aussi, manifesté sa joie et son optimisme[4]. » Quatre lignes pour deux heures d'entretien !

Dans la soirée du 21 [décembre], Faivre va en savoir davantage. Revenu chez les d'Astier, il attend, en compagnie de Mme d'Astier, le retour d'Henri d'Astier, qui a rencontré son frère à l'hôtel Aletti. Quand Henri d'Astier ouvre la porte, Faivre lui trouve « l'allure des jours difficiles, l'air las, soucieux ».

< 1. Citant Henri Michel, Crémieux-Brilhac, *ibidem*, p. 449. >

< 2. Faivre fut plus tard parachuté dans les Vosges en mission spéciale. Sous-lieutenant, chef du 2e peloton du 3e commando au 1er groupe de commandos, il prit part aux combats de la libération de l'Alsace et à la campagne d'Allemagne. Chevalier de la Légion d'honneur à 23 ans, croix de guerre avec palmes, médaillé de la Résistance. >

< 3. Dans la préface au livre de Faivre, Jean-Bernard d'Astier parle de « notre abbé Cordier sur lequel se sont multipliées les affirmations aussi injurieuses que fausses ». >

< 4. Mario Faivre, *Nous avons tué Darlan*. >

Nous nous asseyons autour de la table, Mme d'Astier est dans la cuisine. Nous sommes seuls, il fait sombre, les sirènes d'alerte aérienne viennent de mugir, l'électricité est coupée.

— Mon frère François a apporté de Londres l'instruction formelle d'éliminer Darlan, me dit Henri d'Astier à voix presque basse.

Je ne suis pas surpris. Quelle autre décision pouvaient-ils prendre à Londres[1] ?

Henri d'Astier poursuit en expliquant que son frère — qui vient d'être expulsé d'Algérie à la demande de Darlan[2] — lui a « fait comprendre que le cœur de tout ça, c'était la métropole ». En se prolongeant, la « situation algérienne laisserait le champ libre aux extrémistes », c'est-à-dire aux communistes.

Le lendemain, à l'occasion de l'une de ses rencontres — quotidiennes — avec l'abbé Cordier, Faivre lui demande « si le fait que l'instruction [vient] de Londres signifie qu'elle émane aussi de Churchill ».

— François d'Astier nous a apporté le message de De Gaulle, nous ignorons si d'autres que lui sont au courant.

— Penses-tu que cette consigne devrait être donnée de toute façon, ou seulement en cas d'échec des pourparlers ?

Cordier est debout, raide, figé.

— L'échec était certain, les pourparlers n'ont été que le prétexte à la venue du général d'Astier, dit-il sans presque desserrer les dents. Henri et moi avons espéré à tort.

— Le mot élimination ne prête-t-il pas à diverses interprétations ?

Il a l'air surpris du terme.

— C'est un euphémisme d'Henri. En réalité, c'est un ordre d'exécution[3].

Il faut rapprocher les propos tenus par Cordier, écho d'Henri d'Astier, de ceux que François d'Astier a tenus le 19 décembre à M. Saurin, président du conseil général d'Oranie, et que ce dernier a autorisé Alain Decaux à rapporter, « révélation historique de premier ordre[4] ».

A l'hôtel Aletti, François d'Astier a fait l'éloge du général de Gaulle, auquel il a demandé à Saurin de se rallier.

— Pour qu'il y ait réellement ralliement de qui que ce soit à Alger, répond Saurin, il faut tenir compte de deux réalités qui semblent vous échapper : *primo*, les Américains ne veulent pas de De Gaulle, *secundo*, Darlan est en place. Il n'a nullement envie de s'en aller. Qu'est-ce que vous faites de Darlan ?

La réponse du général d'Astier sonne, claire et sèche.

— Darlan va disparaître.

— Politiquement ou physiquement ?

— Physiquement.

< 1. Mario Faivre, *op. cit.*, p. 135-136. >
< 2. *Cf.* ci-dessus, p. 780. >
< 3. Mario Faivre, *ibid.*, p. 137. >
< 4. Alain Decaux, *Alain Decaux raconte*, t. 2, p. 337. >

Une fois encore, il s'agit de propos rapportés longtemps après. Ils incitent cependant Decaux à conclure : « Ainsi quatre jours avant que l'amiral Darlan ne tombe sous les balles de Bonnier de La Chapelle, l'envoyé de De Gaulle à Alger annonçait comme une certitude les événements qui allaient se produire. »

A ces accusations, Crémieux-Brilhac, dans *La France libre*, réplique que si François d'Astier, rencontrant à Alger Eisenhower et Murphy, leur avait bien dit qu'il fallait « se débarrasser de Darlan », l'imputation de Faivre — François d'Astier apportant à son frère l'ordre de De Gaulle « Éliminez Darlan » — n'apparaissait que trente-deux ans après décembre 1942 et cinq ans après la mort de De Gaulle… Quant à la confidence de Saurin, qui émane « d'un colon politicien, ex-membre du Conseil national de Vichy », elle est pour Crémieux-Brilhac d'autant plus sujette à caution qu'elle a été connue quinze ans après la mort du général d'Astier.

Alors quel inspirateur ?

D'Astier « avait répété haut et fort, comme le disait de Gaulle, que rien ne serait possible tant que le traître ne serait pas liquidé. Ses propos ont-ils été reçus comme l'autorisation de passer à l'acte venant du général de Gaulle lui-même ? Le petit Bonnier l'a cru et l'abbé Cordier l'a dit[1]. Que s'étaient confié les frères d'Astier ? Que savait François en repartant pour Londres ? Le meurtre était-il même déjà décidé ? Mystère[2]. »

Crémieux-Brilhac conclut : « De Gaulle, pour sa part […] semble bien avoir jusqu'au bout tout ignoré des complots algérois[3] ». A Peyrefitte qui l'interrogeait vingt ans plus tard sur les circonstances de la mort de Darlan, le général de Gaulle répondit :

— Darlan n'a pas été assassiné, il a été exécuté par la Résistance. Quatre hommes ont joué à la courte paille à qui serait chargé de l'exécution.

— Vous étiez au courant ?

— Non, pas de ce projet. Mais je savais bien que Darlan serait exécuté un jour ou l'autre. Pour moi la chose était comme faite. Si ce n'avaient pas été ces quatre-là, c'en auraient été d'autres. Cette exécution avait un caractère spontané et élémentaire[4].

< 1. Dans *L'Aurore* le 7 novembre 1972. >

< 2. Crémieux-Brilhac, *La France libre*, p. 453. >

< 3. Coutau-Bégarie et Huan comme Chantérac ont reproduit ce télégramme envoyé du Caire par Catroux à de Gaulle le 15 décembre 1942 à 17 h 30 : « Il m'a été affirmé à Gibraltar que d'Astier de La Vigerie qui serait auprès de Darlan — donc Henri — aurait à vous proposer une combinaison susceptible d'écarter l'Amiral et de réaliser une coordination. Un télégramme par voie anglaise aurait demandé une rencontre avec d'Astier à Gibraltar. Êtes-vous au courant ? Signé Catroux. » En marge de ces derniers mots, une indication manuscrite, peut-être de la main de Palewski : « Réponse faite par le général OUI. » Dans ce document retrouvé par l'historien allemand Elmar Krautkramer dans les archives du Quai d'Orsay, Chantérac voit la preuve de l'« accord » de De Gaulle « au projet des conjurés ». Il est parfaitement exact que d'Astier a cherché à prendre contact avec les milieux de Londres. >

< 4. Alain Peyrefitte, *C'était de Gaulle*, p. 438. >

On peut toutefois observer que reconnaître avoir été au courant, c'eût été admettre avoir sinon donné un ordre, du moins exprimé un avis ; faire également observer que de Gaulle « oublie » la participation du comte de Paris et de ses amis pour faire de quatre jeunes résistants les décideurs et les acteurs de l'exécution, ce qui réduit grandement la dimension du drame du 24 décembre 1942.

Réduire la dimension du drame, c'est exactement ce que l'on s'était efforcé de faire du côté du comte de Paris dès l'instant où la décision de tuer Darlan avait été prise.

Mario Faivre raconte avoir entendu Marc Jacquet dire à l'abbé Cordier qu'un groupe d'officiers, « décorations au vent », était prêt à se constituer en cour martiale, à occuper les bureaux du Palais d'Été, à arrêter et fusiller Darlan « sur place ». Cordier rejette cet invraisemblable scénario — jamais on ne connaîtra les noms des fameux officiers — avec des mots qui ne laissent aucun doute sur la volonté de camouflage.

— C'est impossible. Il faut faire en sorte que ne puissent être mis en cause ni la Résistance, ni de Gaulle, ni le comte de Paris. *Ce doit être classé comme l'acte d'un isolé*[1]. Il faut quelqu'un de très décidé.

Mario Faivre est très décidé, mais il est également très connu. Cordier écarte sa candidature : « Celui qui exécutera Darlan doit être un inconnu. » Faivre ira alors proposer « l'affaire » (le mot est de Cordier) à deux de ses amis, Kelfort et Leplan, qui haïssent Darlan, sont du nombre de ceux qui veulent sa mort mais qui, à l'annonce des risques évidents, se récusent, leur amour de la vie étant plus fort que leur haine de l'Amiral.

Bonnier de La Chapelle n'a pas de ces prudences.

Il appartient au groupe de ces garçons qui, dans la nuit du 8 novembre, ont favorisé à Alger l'avance des Américains en paralysant pendant quelques heures les centres de décision vichystes. Comme tous, plus que tous peut-être, il a été indigné par le retournement de Darlan, par le fait que le second de Pétain à Vichy ait pu, par la grâce des Américains et en continuant à se réclamer de Pétain, devenir en quarante-huit heures le premier à Alger.

Pour Cordier — qui a eu l'occasion de le rencontrer à plusieurs reprises chez d'Astier dont il courtise d'ailleurs l'une des filles —, il est l'exécutant, l'exécuteur idéal. L'abbé déclara d'ailleurs à Mario Faivre et à Roger Rosefelder : « J'ai le garçon qu'il nous faut. Un brave petit totalement dévoué[2]. »

Écoutons-le parler, ce « brave petit », le 24 décembre vers 20 heures, dans les locaux de la police judiciaire. Pourquoi mentirait-il ? Il croit

< 1. Je souligne intentionnellement. >

< 2. *L'Aurore* du 7 novembre 1972. Déclaration de Rosefelder à Philippe Bernert. >

— on lui a fait croire — qu'il serait soit libéré grâce à de puissantes interventions, soit immédiatement gracié, soit encore (quelle malhonnêteté !) que les fusils du peloton d'exécution seraient chargés de balles à blanc.

Je dois vous dire que j'allais tous les jours au domicile de M. Henri d'Astier, comme chargé de liaison du corps franc[1]. C'est le colonel Van Hecke qui m'avait désigné pour cette liaison.

M. d'Astier me recevait fort bien, parlait avec moi, et m'avait présenté à ses deux filles, qui étaient très gentilles. Je n'étais pas du tout monarchiste, je n'y pensais même pas ! Au cours de nos conversations, M. d'Astier me montrait que la seule solution pour que la France voie s'ouvrir devant elle un avenir brillant était un retour à la monarchie, régime dont il me faisait l'éloge. Ces conversations ont duré environ un mois. M. d'Astier me laissait même entendre qu'avec le nom que je portais sous un tel régime politique j'aurais pu devenir ambassadeur. Et puis ses filles étaient bien agréables.

Vers le 20 décembre, tant M. d'Astier que l'abbé Cordier qui habitait chez lui me firent comprendre que le seul obstacle à l'arrivée en France de cet avenir si favorable était la présence de Darlan à la tête du gouvernement.

Progressivement j'ai compris que ces messieurs recherchaient un jeune homme courageux, convaincu de la grandeur de sa mission, qui accepterait d'accomplir une action historique : faire disparaître l'Amiral.

Je me suis présenté spontanément comme celui qui serait capable de mener à bien cet acte d'épuration. Car, en réalité, sous ses allures de patriote, Darlan était inféodé aux Allemands. Je savais bien que faire disparaître un individu, même nocif, est interdit par la religion. Mais on m'avait convaincu que, devant la grandeur nationale de l'action, Dieu me pardonnerait.

A cette époque, il y eut beaucoup de remue-ménage chez M. d'Astier, causé par des visites mystérieuses, et on me fit comprendre que la disparition de l'Amiral était urgente. On fixa le 24 décembre 1942, veille de Noël, pour l'exécution.

Tout se trouve, ou presque, dans cette déclaration de Bonnier, quatre heures et demie après l'assassinat de Darlan devant le commissaire central d'Alger Esquerré et le commissaire Garidacci. Elle ne fit cependant pas l'objet d'un procès-verbal, ne fut pas communiquée au juge d'instruction, et ne fut transmise par Garidacci au juge Voituriez que le 10 janvier 1943, à l'occasion de la seconde enquête judiciaire.

Pourquoi ce silence, cette mise sous le boisseau d'un texte de première importance ? Parce que la déclaration de Bonnier mettait directement en cause Henri d'Astier et Cordier. D'Astier qui a « converti » à la solution monarchique, qui a joué sur la vanité du garçon en lui faisant miroiter un poste d'ambassadeur. Cordier qui a poursuivi le travail de sape, qui a convaincu le « catholique militant » du pardon divin, qui l'a confessé et lui a donné l'absolution à 10 heures du matin « dans une rue isolée[2] » d'Alger.

< 1. Basé dans une ferme du cap Matifou, et qui a participé au « putsch » d'Alger du 7-8 novembre, au côté de la Résistance. >

< 2. Déposition de l'abbé Cordier. >

La veille, Bonnier a reçu, toujours de Cordier, le plan du trajet à effectuer pour se rendre à proximité du bureau de Darlan ; une carte d'identité et un passeport au nom de Morand, ainsi qu'une somme de 2 000 dollars, partie de ces 40 000 dollars apportés à son frère par le général d'Astier, et qui avaient été remis aux services financiers de De Gaulle par les autorités britanniques[1].

Selon Decaux, cette somme était destinée à « faciliter l'opération "élimination" et à activer la propagande gaulliste en Afrique du Nord » après que Darlan, dont les services contrôlaient la presse jusqu'à condamner à une semi-clandestinité le périodique gaulliste *Combat* de Capitant, ait enfin disparu.

A travers la déclaration de Bonnier, bien d'autres indices affleurent encore. Comment ne pas relier l'entretien du comte de Paris et du général d'Astier avec les « visites mystérieuses ». « On me fit comprendre... On fixa le 24 décembre... » Qui, on ?

Le 21 décembre, dans la chambre des d'Astier, quatre personnes : le comte de Paris, toujours alité, Henri d'Astier, Cordier, Mme d'Astier. C'est aux deux hommes que le comte de Paris donna des ordres, mais c'est par Mme d'Astier que nous connaissons ce qui s'est dit.

Le 23 décembre, elle raconta la scène à Mario Faivre, qu'elle considérait à l'égal de son fils, et le jeune homme reproduisit ces confidences dans *Nous avons tué Darlan* (1975) — sans ses notes originales, il me l'a confirmé. On pourrait douter de la mémoire de Faivre, mais en 1979 Mme d'Astier confirma par écrit à Alain Decaux le récit de Faivre.

> Le comte de Paris [...] avait à sa droite mon mari, à sa gauche l'abbé Cordier, et en face moi, accoudée à un petit meuble sur lequel se trouvait un portrait de la comtesse et de ses enfants. J'atteste que le comte de Paris nous fit la déclaration suivante : « L'amiral Darlan doit être éliminé, il faut le faire disparaître ! » Mon mari ayant posé la question « Par tous les moyens ? », le comte de Paris répéta « Par tous les moyens ! ». Mon mari, après un silence, s'adressant à Cordier, lui dit alors : « Alors l'abbé, à vous de jouer[2]. »

Un autre document n'a pas fait davantage surface. Il s'agit non de déclarations recueillies par des commissaires dont l'objectivité pouvait être mise en doute, mais du procès-verbal signé par Bonnier tôt dans la matinée du 25 décembre. Ce texte met lui aussi Cordier en cause : « C'est par lui que j'ai pu me procurer le pistolet et les cartouches[3] qui m'ont

< 1. Paul Paillole, *Services spéciaux*. >

< 2. Témoignage présenté par Decaux le 26 mai 1979 lors d'une émission *Alain Decaux raconte*. Le secrétariat du comte de Paris réagit en annonçant pour le 29 mai un démenti qui ne vint pas, le comte de Paris se contentant de faire savoir qu'il maintenait « n'avoir jamais ordonné d'"éliminer" Darlan "par tous les moyens", mais qu'il ne voulait pas s'abaisser à opposer un démenti à l'exposé de M. Decaux et aux témoignages dont ce dernier a fait état lors de l'émission du 26 mai ». >

< 3. Ce n'est pas exact, on le verra ci-dessous, p. 800. >

servi à exécuter la mission *qui m'était assignée*[1], et qui était de faire disparaître l'Amiral », épargne relativement Henri d'Astier, dont Bonnier dit seulement savoir qu'« il [avait] rencontré récemment le comte de Paris », mais il est « suffisamment explicite[2] » pour orienter vers les coupables.

Garidacci ne joignit pas cette pièce non plus au dossier qu'il fournit l'après-midi du 26 au commandant Rondeux, chargé de l'instruction. En février 1943, lorsque le juge Voituriez reprit l'enquête — non sans courage, car il fut menacé, puis professionnellement sanctionné —, Garidacci avoua s'être demandé « s'il était opportun que les véritables coupables soient connus[3] ».

Les « véritables coupables » disposent, pour conserver l'incognito, de la première déclaration de Bonnier, quelques notes enregistrées après l'arrestation et par lesquelles l'étudiant affirme que « Darlan étant un traître qui nuisait aux intérêts de la France en guerre », il avait décidé de le tuer. Il avait agi « seul, sans le conseil de personne, et poussé uniquement par son esprit patriotique ».

Des aveux qui arrangeaient tout le monde !

Il y a de l'orgueil, de la naïveté et de la grandeur d'âme dans cette première déclaration de Bonnier qui, espérant l'intervention rapide de ses protecteurs, n'avait pas non plus intérêt à les compromettre. Mais un héros se veut toujours un homme seul.

Or Darlan aurait pu être assassiné par quelqu'un d'autre. Dans *Julien ou la route à l'envers*, Philippe Ragueneau reconstitue l'atmosphère du cap Matifou, dans ce domaine agricole où 250 à 300 jeunes volontaires se préparaient à la guerre et chaque jour « tuaient en paroles » le traître Darlan. Le 18 décembre, quatre d'entre eux — dont Bonnier — ayant résolu de passer à l'acte, Ragueneau décida que le sort désignerait celui qui, en exécutant Darlan, sauverait l'honneur de la France. Car ces garçons ne pensaient pas en termes politiques mais avaient les motivations patriotiques de leur âge.

Ragueneau tira la paille la plus courte. C'était donc à lui d'agir. Mais Bonnier, approchant sa tige, contesta :

— Non, c'est moi !

Précipitation explicable si l'on sait que depuis un mois Bonnier est psychologiquement mis en condition par d'Astier et Cordier. Ragueneau partant le 20 pour le front en compagnie de la plupart de ses camarades, Bonnier est désormais sans compétiteur.

< 1. Je souligne intentionnellement. >

< 2. Chantérac, *L'Assassinat de Darlan*, p. 235. >

< 3. Il ajouta : « Je me plaçais alors du point de vue supérieur des intérêts de la France, car aucun autre mobile ne m'a poussé. Je ne connais ni de près ni de loin Cordier, ni d'Astier. » >

Le dimanche 20 décembre, il rend visite à ses parents pour leur annoncer qu'il est « envoyé quelque part en dehors d'Alger pour une dizaine de jours ». En réalité, ne quittant pas la villa, il se cache « dans une retraite que très peu de ses amis connaissent[1] » mais où le rejoint cependant le 22 décembre Pierre Raynaud, l'un de ses amis du cap Matifou, à qui il a demandé de lui procurer « pour sa fiancée »... un sac de pommes de terre pris dans les réserves du camp — demande étrange seulement si l'on oublie les restrictions des années 1940-1945.

A Raynaud Bonnier confie non seulement qu'il va tuer Darlan, mais comment il va procéder.

Tout scénario connaît cependant des accrocs.

Il avait été prévu par Cordier que Bonnier agirait dans la matinée du 24. C'est donc vers 10 heures — après s'être confessé à l'abbé[2] — qu'il prend place dans la Peugeot 302 noire du docteur Alcay[3] prêtée à Jean-Bernard d'Astier. En route vers le Palais d'Été.

Lorsqu'il pénètre dans le bâtiment officiel, Bonnier sait que pour franchir la grille gardée par les gardes mobiles il devra présenter ses papiers — établis au nom de Morand —, qu'il sera conduit au bureau des plantons, où on lui demandera à nouveau son identité, qu'il dira avoir rendez-vous avec M. La Tour du Pin[4], dont il n'ignore pas qu'il est absent mais dont il prétendra attendre la venue, que Darlan passera obligatoirement devant lui pour entrer dans son bureau, qu'il lui faudra alors tirer puis mettre à profit la panique pour pénétrer dans le bureau de l'Amiral, dont l'une des fenêtres aura été laissée ouverte par un complice...

En fait la matinée du 24 n'est qu'une répétition.

Tout se serait déroulé comme prévu si le personnage principal — Darlan — n'avait, à quelques heures près, manqué le rendez-vous du destin. Pendant qu'il « attend » M. La Tour du Pin, Bonnier, alerté par un bruit de moteur, va vers une fenêtre et découvre que l'Amiral a quitté le Palais d'Été. Ce pourrait être un signe... Il ne s'agit que d'un contretemps. Car si Jean-Bernard d'Astier n'a pas attendu Bonnier, il a laissé un message au patron du café proche du Palais d'Été, et dans lequel les deux garçons devaient *en principe*[5] se retrouver : « Je suis au *Paris* » — « le restaurant à la mode où l'on côtoie tous ceux qui comptent à Alger[6] ». Au *Paris* Bonnier retrouve Henri d'Astier, Mme d'Astier, Cordier, qui achèvent leur repas à une table, et Jean-Bernard d'Astier et

< 1. Alain Decaux, *op. cit.*, p. 359. >

< 2. *Cf.* ci-dessus, p. 796. >

< 3. Étranger au complot. >

< 4. Qui appartient au « secrétariat aux Relations extérieures du haut-commissariat » dont Tarbé de Saint-Hardouin est le titulaire. >

< 5. Chose surprenante, car on imagine mal que Bonnier aurait pu revenir sur ses pas après avoir fait feu sur Darlan. >

< 6. Alain Decaux, *op. cit.*, p. 363. >

Mario Faivre qui attendent anxieusement eux aussi, à une autre table, des nouvelles du Palais d'Été. L'arrivée de Bonnier fait immédiatement comprendre qu'il ne s'est rien passé puisque, Darlan mort, il serait déjà en fuite aussi loin que possible d'Alger. En fuite… ou arrêté, mais certainement pas au *Paris*.

L'abbé Cordier ne perd pas un instant. Il ne faut pas que Bonnier se démobilise.

A Mario Faivre — dont le livre a évidemment nourri tous les récits reconstituant ce début d'après-midi —, il dit : « Darlan n'était pas là ce matin. Bonnier va retourner au Palais d'Été. Il a vu ton auto en bas. Il demande si tu peux l'emmener pour essayer son arme. »

Bonnier attend, appuyé sur la portière de la voiture de Faivre. Aussi surprenant que cela paraisse, ces garçons, qui se rendaient tous deux fréquemment chez Henri d'Astier, *ne se connaissent pas, ne se sont jamais vus*, et Jean-Bernard d'Astier doit faire les présentations.

Bonnier monte à l'arrière de la Peugeot 302, où il est rejoint par Roger Rosefelder, qui se trouvait avec des amis à la terrasse du *Coq hardi*. Si l'on en croit Faivre, « la moitié au moins » des personnes présentes au *Coq hardi* « est au courant ou a appris » ce qu'ils vont faire !

Conduite par Mario, la voiture passe devant le Palais d'Été, s'éloigne en direction d'Hydra, s'arrête près de l'ancien golf. « Bonnier a baissé la vitre, il sort un énorme revolver et tire. Le premier coup rate, le deuxième et le troisième partent bien [1]. » Refusant de se fier à une arme aussi peu sûre, Bonnier réclame une autre arme. Jean-Bernard d'Astier lui tend le 7,65 Rubis que Faivre lui a donné la veille. « Bonnier tire plusieurs coups, le pistolet fonctionne impeccablement. » Mais les chargeurs risquent de faire défaut. Faivre habite à proximité — à cinq cents mètres, écrit-il —, et il possède naturellement plusieurs chargeurs. Quelques minutes lui suffisent pour conduire ses trois camarades devant la demeure familiale. C'est alors que se déroule une scène qui dépasse l'anecdote.

Avant que Mario ne s'éloigne pour prendre dans sa chambre deux chargeurs et les remplir de cartouches, Bonnier lui demande de lui *procurer du fil et une aiguille pour recoudre la poche de son pantalon*. Il ne voudrait pas perdre les chargeurs ! Mario va donc trouver sa mère. « Elle est justement en train de coudre. Je lui demande de me donner une aiguille et du fil solide. Je regagne l'auto. Bonnier se met *posément* à recoudre sa poche. » Voilà exactement le caractère du garçon : décidé et calme.

Quelques minutes plus tard, Mario arrête la voiture devant la petite place de l'église, à l'entrée de la grille où un char a pris position.

On connaît la suite. On a lu la lettre de Mme Darlan [2].

< 1. Mario Faivre, *op. cit.* >
< 2. *Cf.* ci-dessus, p. 781. >

La proclamation préparée pour le comte de Paris — sa photo flanquée de la photo d'un format moindre de De Gaulle et de Giraud — restera toujours à l'état de maquette, car de Gaulle n'était pas prêt à se faire souffler la mort de Darlan ! >

« Pour l'unité française, la disparition de Darlan comportait de grandes conséquences. Il me fallait en tirer parti. » Voici la phrase par laquelle de Gaulle ouvre, dans ses *Mémoires de guerre*, le chapitre qu'il a intitulé « Comédie ».

Et dès le 25 décembre, il adresse en effet à Giraud un télégramme dans lequel l'essentiel est dit ; cet essentiel que, pendant des mois et sous des formes à peine différentes, il ne cessera de répéter jusqu'à l'instant où sa volonté, comme la nature des moyens mis en œuvre, finiront par l'imposer.

Londres, 25 décembre 1942

L'attentat d'Alger est *un indice et un avertissement*. Un indice de l'exaspération dans laquelle la tragédie française a jeté l'esprit et l'âme des Français.

Un avertissement quant aux conséquences de toute nature qu'entraîne nécessairement l'absence d'une autorité nationale au milieu de la plus grande crise de notre Histoire. *Il est, plus que jamais, nécessaire que cette autorité nationale s'établisse*[1].

Je vous propose, mon général, de nous rencontrer au plus tôt en territoire français, soit en Algérie, soit au Tchad, afin d'étudier les moyens qui permettraient de grouper, sous un pouvoir central provisoire, toutes les forces françaises à l'intérieur et à l'extérieur du pays et tous les territoires français qui sont susceptibles de lutter pour la libération et pour le salut de la France.

Quand de Gaulle réagit immédiatement, en homme, sinon préparé à l'événement, du moins prêt à s'en emparer pour en tirer le meilleur parti, Giraud hésite et tergiverse. Pendant des mois, il livrera une bataille en retraite que je reconstituerai dans un prochain volume de cette *Histoire des Français sous l'Occupation*, mais dont il est important de faire comprendre immédiatement, qu'acharnée et maladroite à la fois, elle augmente chez de Gaulle la volonté de se présenter à travers les mouvements de résistance et les partis rassemblés, et rassemblés essentiellement grâce à Jean Moulin, en chef qui a derrière lui, avec lui, la France entière face à ce général Giraud dont les Américains constituent le seul appui véritable.

Passons sur le ballet des télégrammes : Giraud répondant le 29 décembre au télégramme pressant de De Gaulle et lui faisant savoir que l'atmosphère paraît « défavorable » à « un entretien personnel » ; de Gaulle répliquant, le 1er janvier 1943, et le lendemain portant à la connaissance du peuple français ses propositions renouvelées de rencontre ; Giraud

1. Je souligne intentionnellement.

télégraphiant le 5 janvier qu'il ne sera pas libre avant la fin du mois ; de Gaulle informant avec « quelque rudesse » — ce sont ses mots — son compétiteur « que le Comité national et [lui-même] ont une autre opinion quant au caractère d'urgence que présentent la réalisation de l'unité de l'Empire et l'union de ses efforts avec ceux de la Résistance nationale ».

Une rencontre de Gaulle-Giraud aura lieu cependant en Afrique avant la fin de janvier. Mais, placée, dans le cadre de la conférence de Casablanca, sous le patronage des Anglais et surtout de ces Américains dont de Gaulle, dans ses *Mémoires de guerre*, dénoncera avec âpreté les mauvaises manières et la prétention qu'ils ont de régler seuls les problèmes de la France, elle sera loin de satisfaire aux vœux et aux ambitions de De Gaulle, dont elle paraît même inéluctablement annoncer le déclin.

Alors que Giraud, mis au courant par Eisenhower, le 10 janvier, de la réunion que Churchill et Roosevelt ont décidé de tenir à Anfa, près de Casablanca, pour y aborder des problèmes qui dépassent largement — même s'ils les englobent — les querelles de préséance entre généraux français, accepte immédiatement l'invitation, de Gaulle boude et renâcle.

Il n'admet pas d'être *convoqué* par Churchill sur un territoire dépendant de la France, il n'admet pas qu'un « très haut aréopage allié » organise, surveille, cautionne les conversations qu'il pourrait avoir avec Giraud auquel il renouvelle sa proposition d'une rencontre immédiate en territoire français et seulement entre participants français.

Il ne viendra donc pas et le fait savoir à Churchill.

Il viendra.

Informé du refus de De Gaulle, Churchill, qui n'aime pas que ses plans soient dérangés, riposte, par des propos violents, presque insolents, de maître à serviteur, et dont la blessure a certainement été longtemps cruelle.

Dans un télégramme qu'Anthony Eden est chargé de remettre le 19 janvier 1943 à de Gaulle, Churchill, qui se trouve déjà au Maroc, signifie en effet au chef de la France combattante qu'avec ou *sans lui* des « arrangements » seront conclus pour l'Afrique du Nord.

Ces arrangements, une fois conclus, poursuit Churchill, auront l'appui de la Grande-Bretagne et des États-Unis.

> Le fait que vous ayez refusé de venir à l'entretien proposé sera, à mon avis, presque universellement condamné par l'opinion publique. Naturellement, il ne pourrait être question que vous soyez invité à visiter les États-Unis dans un proche avenir si vous rejetiez l'actuelle invitation du président. Votre refus aurait pour résultat que mes efforts pour surmonter les difficultés existantes entre votre mouvement et les États-Unis auront définitivement échoué et je ne serai certainement pas en mesure de les renouveler dans cette direction *tant que vous resterez le chef du mouvement*[1].

1. Je souligne intentionnellement.

La porte n'est pas fermée. Si, en toute connaissance de cause, vous rejetez cette unique occasion, les conséquences ne pourront être qu'extrêmement graves pour l'avenir du mouvement de la France combattante.

A l'intention d'Anthony Eden, Churchill a même précisé que si de Gaulle persistait dans son refus, il estimait que « son remplacement à la tête du Mouvement de la France libre deviendra[it] une condition essentielle au soutien du gouvernement de Sa Majesté dans l'avenir ».

Prenant au sérieux la menace, même s'il feint devant ses conseillers de la prendre à la légère, de Gaulle se rendra finalement à Casablanca, tout en faisant remarquer à Churchill que « l'entreprise alliée en Afrique du Nord française a été décidée, préparée et exécutée sans aucune participation officielle de la France combattante et sans qu'il [ait] pu disposer d'aucun moyen d'être informé directement et objectivement des événements ».

Arrivé sur les lieux où se tient la conférence, il ne se laissera éblouir ni par la foule des chauffeurs, téléphonistes, serveurs, mise à la disposition des invités, ni par le luxe des villas et, dans les villas, de ces chambres, dont Giraud avait admiré qu'elles fussent tendues « de satin rose avec dentelles vaporeuses[1] ».

Ce qui le frappe, le heurte et le blesse, ce sont les sentinelles *américaines* partout postées. « Un réseau de barbelés encerclait la conférence. Des postes américains veillaient au-dehors et au-dedans et ne laissaient entrer, ni sortir, personne. Des troupiers américains faisaient le ménage de chacun. Bref, c'était la captivité[2]. »

La captivité ! C'est ce dont il se plaint immédiatement à Giraud, qui l'a prié à déjeuner.

— Eh quoi ! Je vous ai, par quatre fois, proposé de nous voir et c'est dans cette enceinte de fil de fer, au milieu des étrangers, qu'il me faut vous rencontrer. Ne sentez-vous pas ce que cela a d'odieux au point de vue national ?

Sous les dehors d'une courtoisie et d'une camaraderie affectées, le déjeuner se déroule donc aussi mal que possible.

Darlan a disparu, mais pour de Gaulle et ceux qui l'accompagnent, Boisson, gouverneur général de l'AOF, Peyrouton, récemment nommé par Giraud gouverneur général de l'Algérie, Noguès, gouverneur général du Maroc, sont des hommes politiquement à abattre.

Non seulement parce qu'ils sont liés à Vichy, parce que passant dans

---

1. « Notre villa, écrit Giraud dans *Un seul but, la victoire*, appartient à un riche Israélite, marchand de chiffons — je ne dis pas chiffonnier — qui ne doit pas être dans le besoin. Peut-être n'en aurais-je pas choisi tous les meubles, mais il faut reconnaître que la plupart sont confortables, et la chambre de Madame que j'occupe, toute tendue de satin rose avec dentelles vaporeuses, incite beaucoup plus à de voluptueuses rêveries qu'à des pensées austères. »

2. *Mémoires de guerre.*

le camp allié ils ont couvert leur volte-face du nom de Pétain, mais surtout parce qu'ils apportent à Giraud « qui ne veut pas s'occuper de politique » ce qui lui fait le plus défaut : la connaissance des milieux politiques (Peyrouton), l'assurance (Boisson et Noguès) que l'AOF et le Maroc n'entreront pas en dissidence dans la dissidence, c'est-à-dire ne se rangeront pas sous la bannière de De Gaulle.

Jusqu'au milieu de l'année 1943, c'est-à-dire jusqu'à l'instant où il obtiendra leur départ avant d'ordonner leur arrestation, de Gaulle, aidé en cela par la Résistance intérieure, luttera avec acharnement contre des proconsuls que Giraud et les Américains, protégeant de plus en plus mal, abandonneront finalement à leur destin.

C'est un long conflit qui débute, conflit qui a pour but d'éliminer les hommes qui entourent Giraud, avant d'éliminer Giraud lui-même.

Du côté de Giraud, il sera marqué de reculades quotidiennes, explicables, inévitables, mais qui le séparent, ou l'isolent du camp vichyste sans pour autant lui rallier le camp gaulliste.

Du côté de De Gaulle, les exigences se feront toujours plus nombreuses, toujours plus grandes, le chef de la France combattante, si désireux d'aboutir vite en d'autres circonstances, prenant soudain son temps, rabrouant ceux de ses collaborateurs — Catroux notamment — qui suggèrent des compromis au terme desquels Giraud conserverait « une primauté d'apparence ». Il veut se présenter à Alger, sinon en triomphateur, du moins en homme assuré de triompher d'un adversaire dont la force n'est plus que le pâle reflet de la force américaine.

A l'intention de Catroux, son négociateur, il avait parfaitement délimité le territoire du combat.

> N'oubliez pas que toute l'affaire se joue, non point entre nous et Giraud, qui n'est rien, mais *entre nous et le gouvernement des États-Unis*[1]...
>
> Nous ne sommes pas des féodaux qui échangent des fiefs à table. Nous sommes des Français qui voulons réaliser l'unité d'un Empire. J'ai, devant la France, des responsabilités personnelles dont je mesure l'étendue...

Que l'affaire se joue entre de Gaulle et les États-Unis, le chef de la France combattante en est d'autant plus aisément convaincu qu'il a, ainsi, l'impression de traiter enfin de puissance à puissance.

Au début de l'année sa rencontre avec Roosevelt l'a conforté dans son opinion.

Churchill l'a prévenu : Anglais et Américains se sont mis d'accord sur un projet qui ferait de Giraud, de De Gaulle et du général Georges, ancien commandant en chef, en 1939-1940, du théâtre d'opérations du front nord-est, et ami personnel de Churchill[2], les coprésidents à égalité

1. Je souligne intentionnellement. Télégramme du 2 mai 1943.
2. Le général Georges se trouve toujours en France, mais les résistants du réseau Marco-Polo vont bientôt lui faire quitter le territoire national.

de pouvoir d'un comité dans lequel Giraud assumerait seul la responsabilité des opérations militaires[1].

Programme inacceptable pour de Gaulle qui se verrait, et avec lui son mouvement, englouti par les opportunistes d'Alger. Il le dit à Churchill avec violence, terminant sur ces mots : « Si la France combattante devait disparaître, elle le ferait avec honneur. »

Avec Roosevelt, la conversation se déroule sur un tout autre ton.

> Nous fîmes assaut de bonne grâce, mais nous tînmes d'un commun accord dans une certaine imprécision dans l'affaire française. Lui, traçant d'un pointillé léger la même esquisse que, d'un trait lourd, m'avait dessinée Churchill et me laissant doucement entendre que cette solution s'imposerait parce que lui-même l'avait résolu. Moi, lui marquant délicatement que la volonté nationale avait, déjà, fait son choix et que, plus tôt ou plus tard, le pouvoir qui s'établirait dans l'Empire, puis dans la Métropole, serait celui que la France voulait[2].

Que la conversation avec Roosevelt se soit déroulée en demi-teinte n'empêche nullement les Américains, pour qui il n'existe pas dix pour cent de gaullistes en Afrique du Nord, qui ont reconnu Giraud comme le gérant de tous les intérêts français et traitent avec lui seul du réarmement de l'armée d'Afrique, de mettre au point un communiqué annonçant la formation prochaine d'un comité commun aux gaullistes et aux giraudistes.

Quant à la scène de la poignée de main entre de Gaulle et Giraud, matérialisée par une photo destinée à faire le tour du monde, elle n'est rien d'autre qu'une scène de comédie, comme il en existe tant en politique, l'image ne traduisant ni la réalité des situations, ni l'état véritable des forces, ni le sentiment profond des âmes.

— Accepteriez-vous tout au moins, demande Roosevelt, à un de Gaulle boudeur, d'être photographié à mes côtés et aux côtés du Premier ministre britannique, en même temps que le général Giraud ?

— Bien volontiers, car j'ai la plus haute estime pour ce grand soldat.

« Soldat. » D'un mot, de Gaulle, une fois encore, a mis Giraud à la seule place qu'il entend lui assigner.

— Iriez-vous jusqu'à serrer la main du général Giraud en notre présence et devant l'objectif ?

— *I shall do that for you.*

« Je le ferai pour vous. » Roosevelt ne paraît pas avoir été sensible à la condescendance de la phrase. Ni Giraud au mépris qu'elle recèle.

Roosevelt se préoccupe d'ailleurs uniquement de jouer le « marieur ».

---

1. Churchill a également précisé à de Gaulle que Noguès, Boisson, Peyrouton et Bergeret conserveraient leur poste et entreraient au comité, les Américains les ayant adoptés « et voulant qu'on leur fît confiance ».
2. *Mémoires de guerre.*

Un marieur sans illusions sur la suite des noces. « Mariage », c'était le mot que l'on répétait dans la délégation américaine, avec un mépris amusé.

Pour ces généraux et ces diplomates qui comptaient en millions d'hommes, dizaines de milliers d'avions, de chars, et millions de dollars, que pouvaient représenter l'orgueil de Charles de Gaulle et les maigres effectifs de la France combattante ?

Lorsque de Gaulle quitte Anfa, il est traité d'ailleurs par les Alliés, en vaincu du duel qui vient de l'opposer à Giraud. Il avait formé le projet de se rendre en Libye, où combattaient les troupes de Leclerc. Avion refusé par les Anglais, qui dissimulent sous des prétextes techniques leur mauvaise humeur politique. Quant à la presse américaine, dénonçant « son déplorable orgueil », ou s'apitoyant hypocritement sur ses « ambitions déçues », elle crible de Gaulle de ses flèches.

A la modestie de Giraud, à sa volonté de se tenir éloigné des marécages de la politique pour se consacrer à la tâche sacrée de « faire la guerre », on oppose une fois encore — et l'accusation trouve des relais chez bon nombre d'émigrés français — l'ambition personnelle de De Gaulle et la faiblesse de ses moyens.

A ces insinuations, de Gaulle et les siens répliqueront par des attaques de plus en plus violentes contre Giraud et son entourage, accusés de complicité active ou passive avec Vichy, ainsi que par l'intensification d'une propagande qui, déstabilisant l'adversaire et rongeant ses positions, leur permettra de gagner quotidiennement du terrain.

Ce climat de guerre civile se traduit également par de sordides débauchages qui ne manquent pas d'ailleurs de surprendre ces évadés de France qui, dans les Pyrénées, puis dans les camps et prisons espagnoles, rêvaient à l'unité dans la clarté et, débarquant à Casablanca ou à Alger, sont d'abord la proie de recruteurs qui, primes, exploits et galons à l'appui, vantent leurs unités, leurs chefs et leurs drapeaux. Il bouleversera un homme comme Saint-Exupéry dont l'admirable *Pilote de guerre* — par suite du veto gaulliste — ne pourra être édité en Algérie.

> J'éprouve un vague malaise à vivre ces nuits hors du temps parmi cette végétation parasite. Ces gens me font l'effet de champignons qui, greffés sur un arbre qu'ils ignorent, poursuivent avec candeur leur irréelle petite existence [1].

De Gaulle l'emportait progressivement, mais ses succès sur le terrain n'étaient pas encore assez convaincants pour empêcher l'un de ses adversaires passionnés — le commandant Chambe — d'écrire à Giraud, le 17 mai 1943 [2], une lettre qui comporte ces mots excessifs, mais qui

1. Lettre à un ami anglais, citée par Curtis Cate, *Saint Exupéry*.
2. Le commandant Chambe avait dirigé les forces aériennes de l'armée Giraud au cours de la guerre 1939-1940 avant de participer à la préparation de l'évasion de Giraud qu'il accompagnera en Algérie où il sera nommé secrétaire d'État à l'Information. Chambe ne se contentait pas d'écrire à Giraud de nombreuses lettres, il lui en donnait lecture avant de les lui remettre. (Cf. *Au carrefour du destin*.)

prouvent du moins que certains ne désespéraient pas de faire échec au chef de la France combattante le jour même où il pouvait se croire enfin assuré de la victoire.

> Si vous refusez de faire cette union, c'est la condamnation à bref délai du gaullisme et de son chef à Londres. Le gaullisme londonien se desséchera sur place comme une plante qu'on cesse d'arroser. Et le général de Gaulle sera obligé soit de chercher une situation civile sur le pavé de Londres, soit (ce qu'il fera) de se rallier à vous, en se plaçant sous vos ordres sans conditions.
>
> Les gaullistes de Londres tremblent en ce moment. Ils sentent toute la gravité de l'heure. Ils ont mesuré toute l'énorme disproportion de vos forces et des leurs. Et ils vous détestent avec rage. Ils blufferont jusqu'au bout, espérant avoir raison de vous. Si vous faites l'union, vous êtes perdu, mon général ! J'y vois clair, je vous le jure.

Chambe se trompe sur la qualité de la volonté de De Gaulle, que l'on n'imagine pas se plaçant un jour « sans conditions » aux ordres d'un Giraud dont il a mesuré l'inconsistance politique.

Il ne fait pas erreur sur les suites qu'aura fatalement pour Giraud l'union avec des hommes dont il parle d'ailleurs en utilisant le vocabulaire de Vichy : « Officiers d'origine juive… affublés de faux noms, qui regorgent d'argent… francs-maçons et communistes les plus notoires ».

Avec d'autres mots, et d'autres objectifs, Chambe dénonce ainsi, notamment à travers l'expansion rapide de l'influence du parti communiste en Algérie, cette politisation de la Résistance que, presque dans le même moment, certains chefs de mouvements déplorent sans pouvoir l'empêcher et que le colonel Passy, dans un mouvement de frayeur rétrospective, évoquera plus tard[1].

Quel que soit, cependant, le jugement que l'on peut avoir aujourd'hui sur les résultats de cette politisation, les événements la portaient en eux et la rendaient inévitable.

Le Parti communiste dans la Résistance, ouvrage très officiel publié en 1967 par le parti communiste, écrit ceci qui, schématiquement, est exact :

> Face aux objectifs impérialistes des États-Unis en Afrique du Nord, face à l'établissement d'un autre pouvoir que le sien (celui du général Giraud), le général de Gaulle a, en effet, plus que jamais besoin de se présenter comme le porte-parole de tous les Français qui luttent contre l'envahisseur. D'autre part, le maintien, pendant un temps en Afrique du Nord, des lois et des fonction-

1. « Ce fut aussi pendant cette année [1943] que se mit en place, grâce à la complicité de quelques aventuriers, une structure pernicieuse dominée par un parti qui était loin d'être au service exclusif de la France, structure qui devait paralyser les efforts du Gouvernement provisoire aux lendemains de la Libération et qui, de bien peu, risqua de nous mener d'un esclavage brutal à un autre, encore plus sanglant, plus arbitraire et plus féroce. » *Missions secrètes en France.*

naires de Vichy, l'amène à préciser, en accord avec l'ensemble de la Résistance, les objectifs libérateurs du combat national…

Le Comité français de Londres élargit ainsi son audience auprès des résistants. Le parti communiste estime donc possible, et même nécessaire, d'établir des liaisons, *sur des bases précises* [1], avec le chef de la « France combattante ».

Ainsi, au début de 1943, le parti communiste va-t-il apporter officiellement à de Gaulle le renfort des masses populaires dont il a grand besoin au moment où son entreprise est plus que jamais menacée, tandis que de Gaulle apportera au parti communiste cette caution morale, ce brevet de respectabilité qui, malgré le sacrifice de tant de ses militants, lui est indispensable auprès de Français toujours scandalisés par le pacte germano-soviétique de 1939.

1. Je souligne intentionnellement.

12

DE LA RÉSURRECTION DES PARTIS AU CNR

Il n'est nul besoin de rappeler ici[1] le long et tortueux itinéraire qui avait conduit le parti communiste du soutien actif à la politique de guerre de l'Allemagne hitlérienne à la lutte à outrance contre cette même Allemagne hitlérienne ; de la dénonciation de la « guerre impérialiste » poursuivie par l'Angleterre après la chute de la France à l'admiration portée aux vaillantes troupes britanniques dont les communistes attendaient qu'elles ouvrissent au plus vite un second front ; des insultes à de Gaulle placé exactement, par *L'Humanité* du 5 mars 1941, sur le même plan que Pierre Laval et que Marcel Déat au ralliement au moins formel à de Gaulle.

Sans doute, par patriotisme révolté et non sur ordre, des communistes avaient-ils engagé le combat contre l'Allemagne dans les semaines ou les mois qui avaient suivi la défaite de la France ; sans doute l'attitude du parti envers les Allemands avait-elle évolué en un an, comme avait évolué l'attitude des Allemands envers un parti dont, préparant l'attaque de la Russie soviétique, il leur était aisé de prévoir qu'ils le trouveraient spontanément dressé contre eux, mais c'est bien l'assaut contre « la patrie des travailleurs » qui brusque le mouvement.

Le parti avait tout d'abord réagi et agi solitairement.

La clandestinité dans laquelle Daladier l'avait enfermé, et à laquelle il s'était condamné, au lendemain du pacte germano-soviétique, l'avait certes préparé à des épreuves toujours plus rudes mais, psychologiquement, l'avait tenu à l'écart de la masse des résistants « bourgeois » qui comprenaient mal, et acceptaient difficilement, les attentats générateurs de représailles dont les communistes avaient pris l'initiative avec une

1. Je l'ai fait dans les deux premiers volumes de la présente édition : voir *Quarante millions de pétainistes* ; *Le Peuple réveillé*.

rigueur qui faisait fi des conséquences ou, plus exactement, les intégrait dans des plans révolutionnaires.

C'est à partir du printemps de 1942 que cette solitude sera graduellement atténuée après que Rémy — fondateur de l'important réseau « Confrérie Notre-Dame », mais également agent de liaison actif, pour la zone occupée, entre Londres et les différents mouvements — eut pris un premier contact avec les communistes.

Ou, plus exactement avec un communiste, Beaufils, qui se fait appeler *Joseph*.

La rencontre se déroule au bout d'une avenue Foch presque déserte et ensoleillée. Au nom des FTP, Beaufils réclame à Londres, et aux services gaullistes, des armes et des explosifs. Comment Rémy n'orienterait-il pas alors la discussion sur l'utilité d'attentats dont on sait, depuis octobre 1941, que de Gaulle ne veut pas. Ou, tout au moins, pas encore.

— Vous trouvez que « c'est payant » de faire fusiller cinq ou dix des vôtres contre la prise d'un revolver ou d'un mousqueton ?

A cette question dans la logique conformiste d'une époque où les résistants les plus audacieux se cantonnent encore dans le renseignement et la publication de feuilles clandestines, Beaufils fait une réponse imprégnée de mystique politique :

— Oui, car à l'annonce que cinq ou dix des nôtres ont été fusillés, nous enregistrons cinquante ou cent adhésions nouvelles dans les FTP.

Convaincu, ou plus exactement touché dans sa sensibilité patriotique, qui est grande, et conduira ce militant de droite à soutenir, aider et défendre les communistes pendant tous les combats de la Résistance, Rémy promet de demander à Londres un parachutage. « Vous aurez des armes. Proposez-nous un terrain… »

Ce n'est pas du ciel que tomberont les premières armes envoyées aux communistes par Londres. Elles viendront de la mer en juillet[1].

En octobre, Rémy, qui revient de Londres où l'on s'est montré tout à la fois curieux, intéressé et inquiet du développement de l'action communiste, a repris des contacts avec Beaufils et lui dit — mais il n'est que le porte-parole des vœux exprimés par les responsables gaullistes — qu'un représentant qualifié du parti communiste devrait se rendre en Angleterre. C'est à cette condition que le général de Gaulle pourrait être « suffisamment éclairé sur la politique du parti », sur sa contribution à la lutte commune et sur ses besoins.

En attendant d'obtenir une réponse, qui mettra plusieurs semaines à être connue, car le parti fait montre de prudence dans ses rapports avec les « autres » résistants, et l'envoi d'un représentant auprès de De Gaulle n'est pas de ces décisions qui puissent se prendre ailleurs qu'au sommet, Rémy accède généreusement à toutes les demandes de Beaufils.

1. Il s'agira d'un envoi de douze tonnes d'armes et d'explosifs.

Non seulement il accepte de financer un réseau de renseignement dépendant du Front national[1], mais il verse immédiatement à Beaufils un million de francs, puis 500 000 francs par semaine, toutes sommes prélevées sur les fonds destinés à alimenter le réseau « Confrérie Notre-Dame ».

En novembre Rémy remettra encore un million à Beaufils, et il insistera à nouveau pour que le parti mandate un responsable auprès du général de Gaulle. A la fin du mois — le 28 — après que de multiples et légitimes précautions eurent été prises, il aura la possibilité de rencontrer Fernand Grenier, député de Saint-Denis, évadé du camp de Châteaubriant. S'il ignore le véritable nom de Grenier, Rémy n'ignore pas qu'il occupe une place de premier plan dans l'appareil du parti. Au même moment, Rémy reçoit des mains de Beaufils deux documents dont Henri Noguères écrit, avec raison, qu'ils « marquent une étape décisive dans le regroupement de la Résistance française autour de la France combattante[2] ».

Ces textes, qui expliquent et justifient la tactique des FTP, une tactique en rupture avec celle que décidait Londres, demandent, en effet, au général de Gaulle « de ne pas laisser ignorer plus longtemps *qu'ils* [les FTP] *font aussi partie de la France combattante*[3] ».

Même si la formule ne constitue pas un acte d'allégeance — comme on l'a écrit et dit trop souvent —, elle n'en marque pas moins, de la part du parti, la volonté de mettre fin à l'isolement dont il souffre, volonté qui servira à la fois le parti et de Gaulle… dans ce jeu du chat et de la souris où chacun espère bien être finalement le chat.

En décembre, Grenier révélera à Rémy sa véritable identité et lui apprendra qu'il vient d'être désigné par le Comité central du parti communiste — en réalité par Duclos et Tillon[4] — pour se rendre à Londres comme représentant officiel de la Résistance communiste, décision qui s'inscrit très vraisemblablement dans une stratégie générale à moyen et long terme.

De Moscou, où il se trouve depuis sa désertion de 1939, Maurice Thorez se tient, en effet, en rapport avec Jacques Duclos, et c'est certainement sur ses instructions que vont être noués et activés des contacts qui ne peuvent que renforcer la position du parti communiste, lui permettre d'influencer la politique gaulliste, de pénétrer dans les mouvements de

1. Baptisé *Fana* par les services londoniens, dirigé en France occupée par le professeur Marcel Prenant, ce réseau aurait, selon Rémy, apporté des informations « de premier ordre », ce que niera absolument Passy, qui écrira que les courriers émanant des communistes étaient maigres « par le volume et par l'intérêt ».

2. *Cf.* Henri Noguères, *Histoire de la Résistance en France*, tome III, page 61.
Après avoir présenté ces documents au général de Gaulle, Rémy, qui a conservé les originaux, les a momentanément confiés à Noguères, alors que celui-ci rédigeait, bien après la Libération, son *Histoire de la Résistance*.

3. Je souligne intentionnellement.

4. Qui dirige le Comité national militaire.

résistance de zone sud, d'obtenir des armes et de participer ainsi plus efficacement à la mission qu'ont reçue, à travers le monde en guerre, tous les partis communistes, mission qui consiste à alléger la pression qu'exerce l'armée allemande sur la Russie puisque le maintien en France, en Belgique, en Yougoslavie, en Grèce de quelques milliers d'hommes, de quelques dizaines de chars augmente les chances de victoire des armées soviétiques dans des combats où, de plus en plus souvent, c'est le dernier bataillon qui fait la décision.

D'ailleurs, lorsque Grenier donne à Rémy une réponse positive et lui annonce, à un moment capital pour de Gaulle — dont le pouvoir, je le rappelle, est fortement ébranlé par l'apparition, à Alger, de l'amiral Darlan —, qu'il est prêt à rejoindre Londres, le parti vient, depuis plus d'un mois, de remporter une victoire politique importante.

Cette victoire a eu lieu en zone sud, elle n'a pas alerté l'opinion publique, mais elle sera lourde de conséquences politiques puisqu'elle entraînera, on le découvrira très vite, des réactions de partis politiques officiellement en sommeil — le parti socialiste notamment — qui ne peuvent accepter de voir le parti communiste reconnu comme seul parti résistant… dans une zone où, jusqu'alors, il s'était si rarement manifesté.

Le 16 octobre 1942, en effet, a paru, en zone encore non occupée, un tract appelant les ouvriers et spécialistes français requis pour le travail en Allemagne en vertu de cette loi du 4 septembre 1942, dont je n'ai cessé de souligner l'importance, à ne pas répondre aux convocations. Le texte compte puisque lui succédera un manifeste appelant à la grève et que cette grève sera largement suivie. Mais plus que le texte :

> *Pas un homme en Allemagne*
>
> Tous les Français savent bien désormais que l'Allemagne nazie est au bord de l'abîme. Elle manque de matières premières et d'hommes. Pour prolonger sa guerre, il faut vos bras. Pour se défendre contre la colère des peuples asservis, elle cherche de nouveaux otages.
>
> Vous ne partirez pas…

Oui, plus que le texte, ce sont les signatures précédées de ces mots : « *Les organisations qui signent cet appel représentent tout le peuple français en lutte contre l'occupant* », qui ont de l'importance.

Quelles sont ces organisations ? « Combat », « Franc-Tireur », « Libération » mais aussi, pour la première fois, au bas d'un tract commun, voici qu'apparaissent « Front national » et « Parti communiste »…, le « Front national » n'étant d'ailleurs qu'une succursale du parti communiste.

Le lendemain — 17 octobre — dans le tract invitant à la grève, un nouveau nom apparaîtra, celui du « Mouvement ouvrier français », émanation également d'un parti communiste, qui marque ainsi des points précieux en se classant *seul* parti politique au nombre des organisations qui revendiquent la représentation de « tout le peuple français en lutte contre l'occupant ».

Lorsque Grenier part pour Londres en compagnie de Rémy — le 17 janvier 1943 — il bénéficie donc d'un indiscutable avantage moral et d'une évidente avance sur les partis politiques concurrents.

Son voyage, à bord des *Deux Anges*, se déroule d'abord depuis Pont-Aven dans de détestables conditions atmosphériques, si bien que le petit bateau doit revenir au port avant de reprendre la mer le lendemain pour retrouver au large un navire anglais camouflé en chalutier français.

A Londres, où il sera reçu rapidement par de Gaulle, par Brossolette et par le colonel Passy, qui lui trouve beaucoup de bon sens, de spontanéité et même de charme, dès lors que ne sont pas abordées les questions relevant du dogme communiste[1], Grenier est arrivé, affirmera-t-il plus tard, chargé d'une triple mission :

Expliquer au général de Gaulle — c'est Grenier qui le dira à Noguères, accordant sur ce point au parti communiste une brillante mais douteuse paternité — la « nécessité de rétablir l'union sur le sol national en constituant en France même un Conseil national de la Résistance[2] ».

Aider à « mettre un terme » à la dualité de Gaulle-Giraud, et Grenier se vantera que, tant à Londres, auprès de gaullistes affamés de pouvoir, qu'à Alger auprès de giraudistes désireux de ne rien abandonner, les communistes, prêchant les concessions mutuelles, ont joué un rôle modérateur. Il est vrai — le fait n'a pas été assez étudié — qu'ils ont longtemps soutenu Giraud pour des raisons où entre, pour une large part sans doute, la mesure qu'ils ont immédiatement prise de l'homme, de ses capacités et de sa malléabilité.

Convaincre enfin de Gaulle et ses services qu'il est nécessaire d'accorder d'urgence davantage d'armes, d'argent et de moyens de propagande à ceux qui se battent en France.

Grenier, qui a apporté avec lui les communiqués 19 et 20 des FTP, déclarera cependant plus tard que ses demandes étaient restées sans écho et qu'il « s'était heurté à une hostilité quasi générale des Américains, des Anglais et des services gaullistes. Partout c'était une peur panique du peuple en armes[3] ».

Toujours selon Grenier, les initiales FTP étaient proscrites à la BBC,

1. « … Il ne ressemblait en rien, écrira Passy, au sinistre personnage "à couteau entre les dents", aspect sous lequel certaine presse dépeignait usuellement tout militant communiste. C'était un grand gaillard, très maigre, presque chauve, aux yeux clairs et vifs, et qui parlait lentement, sérieusement, avec une forte pointe d'accent du Nord, un de ces hommes solides, énergiques, comme j'en avais rencontré beaucoup dans ma jeunesse lorsque, gamin, je jouais dans les ateliers et les cours des usines familiales. » *Missions secrètes en France.*

2. Cependant Frenay écrira (lettre à Passy le 13 juillet 1950) : « Quelles étaient les intentions de Moulin en créant le CNR contre l'avis de tous à l'exception des communistes ? »

Tous ?… cela n'est certainement pas exact. D'autres que les communistes — et d'abord le général de Gaulle — étaient favorables au CNR.

3. En février 1943 « le peuple en armes » ne constituait nullement une réalité. A peine une image politique et journalistique.

et les gaullistes avaient refusé toute aide financière pour la publication, à Londres, d'une brochure consacrée au combat des communistes, brochure qui ne pourra être éditée à 5 000 exemplaires et diffusée auprès des marins, soldats et aviateurs français que grâce à un certain nombre de dons [1].

Waldeck Rochet, qui représentera, à partir d'octobre 1943, le Comité central auprès du général de Gaulle, écrira, de son côté, qu'après avoir obtenu la possibilité de parler sur les antennes de la BBC « une fois tous les quinze jours, pendant cinq minutes », il voyait ses allocutions censurées « à la fois par les Anglais et par les représentants du général de Gaulle » et qu'il devait « se battre » pour pouvoir exprimer les mots d'ordre de « lutte armée » qui étaient ceux des communistes. « La tendance de tous mes censeurs, ajoute-t-il, était à l'attentisme. »

Mécontents de la place qui leur est accordée, les communistes, dès l'instant où ils ont décidé de ne pas s'opposer au gaullisme, mais au contraire d'adhérer à toutes les instances de la Résistance, réussiront cependant à augmenter rapidement leur influence, à imposer ou à infiltrer leurs hommes.

Leur volonté politique se comprend, leur succès s'explique.

Bouchinet-Serreules, deux ans durant chef de cabinet du général de Gaulle à Londres, puis adjoint de Jean Moulin pour les questions militaires quelques jours avant le drame du 21 juin, drame auquel il échappera par miracle, et placé alors, par la force des choses, en position de devoir renouer les liaisons interrompues, et sauver ce qui risquait d'être emporté après la disparition de Moulin, c'est-à-dire la fragile unité de la Résistance faite autour de De Gaulle grâce au CNR, devait, en 1980, revenir sur des événements intensément vécus [2].

Évoquant le ralliement des communistes, il écrira que pour eux « la reconnaissance de l'autorité du général de Gaulle n'était nullement contradictoire avec leur résolution de mettre leurs meilleurs hommes en avant et de les pousser aux meilleures places… ».

Et il exposera les raisons qui devaient permettre au parti communiste de gagner très vite en influence : militants disciplinés, « aptes à leurs

1. Fernand Grenier, *C'était ainsi*.

2. Texte paru dans *La Revue des Deux Mondes* d'octobre-novembre 1980.

Bouchinet-Serreules qui a souhaité participer directement à l'action a obtenu d'être parachuté en France occupée. L'opération aura lieu le 16 juin 1943 sur un terrain de Saône-et-Loire. A peine Bouchinet-Serreules a-t-il le temps — en deux rencontres — de prendre contact avec Jean Moulin qu'intervient le drame de Caluire (21 juin) auquel il échappe, un rendez-vous manqué l'ayant empêché de se trouver, ce jour-là, en compagnie de Moulin. Bouchinet-Serreules, face à des résistants qui ont sur lui l'avantage de l'ancienneté dans la clandestinité et dont certains appréciaient peu les instructions venues de Londres comme la résurrection des partis politiques, éprouvera de grandes difficultés à maintenir debout l'édifice créé par Moulin, mais il se consacrera à sa tâche avec beaucoup de courage et de constance malgré les embûches et les tentatives d'isolement dont il sera l'objet.

fonctions, tous passés par le même moule, disposant tous de la même dialectique et apportant à leur mission des qualités remarquables».

Nombreux, politiquement éduqués, courageux et d'autant plus naturellement courageux que la plupart d'entre eux avaient toujours connu une existence difficile, les responsables du parti étaient prêts aussi bien à revendiquer hautement leur qualité de communistes — face à un peloton d'exécution — qu'à la taire lorsqu'il s'agit de pénétrer les organisations concurrentes. Toutes ces raisons : le nombre, le dévouement, le silence sur les origines, expliquent qu'à la Libération les communistes se soient trouvés dans la plupart des postes de commande.

Marcel Degliame (*Fouché*), qui appartient à «Combat», et dirige les Groupes d'action immédiate, confiera, bien après la guerre, à Henri Frenay, avoir reçu mission du parti d'assurer la liaison entre les membres du PC militant secrètement dans les mouvements de zone sud.

A la question de Frenay : «Pourquoi m'avoir caché que tu étais communiste ?», Degliame fournira la réponse suivante : «Si tu l'avais su, tu ne m'aurais sans doute pas confié les mêmes responsabilités…»

Réponse que beaucoup d'autres auraient pu faire si la question leur avait été posée.

Eût-on confié les mêmes responsabilités auprès du général Delestraint à Raymond Aubrac et à Kriegel-*Valrimont* ; à Meunier et Chambeiron auprès de Jean Moulin ; à Pascal Copeau auprès de d'Astier de La Vigerie ; à Annie Hervé auprès de Georges Bidault ; eût-on demandé à Debû-Bridel de représenter au Conseil national de la Résistance la très modérée Fédération républicaine de Louis Marin si l'on avait su qu'il s'agissait, dans tous les cas, d'hommes et de femmes qui étaient, pour reprendre le mot que Jacques Soustelle appliquera à l'un d'entre eux, des «communistes clandestins au sein de la clandestinité gaulliste[1]» ?

Il se peut que non, mais il est difficile de se montrer affirmatif lorsqu'il s'agit d'une période où les dévouements et les talents étaient rares et où la volonté du parti de pousser ses militants aux postes de commande, notamment en zone sud où il avait un grand retard à rattraper, n'apparaissait alors à ceux qui vivaient les dangers quotidiens de la Résistance, et qu'exaspérait la place accordée par les Alliés à Giraud, ni comme «surprenante, ni comme ténébreusement machiavélique», pour reprendre le mot du résistant Alban Vistel.

D'ailleurs, de Gaulle pouvait-il se priver du soutien des communistes sans, par là même, offrir aux communistes la possibilité de dominer rapidement la Résistance métropolitaine ?

La réponse se trouve dans les *Mémoires de guerre*. Exposant les risques que, selon lui, présentait le régime de Darlan s'il s'était durablement

1. Soustelle parlant de Pascal Copeau.

maintenu en Afrique du Nord, le général de Gaulle (parlant de lui à la troisième personne) écrira :

> Enfin, percevant les réactions du peuple qui, au fond de ses épreuves, condamnait à la fois le régime de la défaite et celui de la collaboration, nous étions sûrs que si de Gaulle s'effaçait ou, pire encore, s'il se compromettait, *c'est l'idéologie communiste qui l'emporterait dans les masses dégoûtées*[1].

Darlan éliminé, Giraud lui succédant, de Gaulle, à plusieurs reprises, utilisera un argument dont ses fidèles préciseront avec moins de subtilité les contours.

C'est ainsi que le général Billotte affirmera[2] qu'au sortir de « la détestable conférence d'Anfa, où Roosevelt avait donné un tel appui au général Giraud que celui-ci en avait conçu une ambition démesurée », l'adhésion de tous les résistants « et par conséquent [des] communistes » était indispensable à de Gaulle.

> Une telle politique [de rassemblement] définie par de Gaulle, peut être critiquée ; elle avait ses inconvénients. Mais il n'était pas possible, à l'époque, d'en concevoir une autre pour qui connaissait à la fois la situation intérieure française, la situation de la France d'Outre-Mer, la politique de nos alliés toujours fluctuante et le plus souvent toujours prête à réduire le rôle de la France.

Le colonel Passy qui, dans ses Mémoires, ne se montre jamais favorable aux communistes, pousse encore plus loin l'analyse, accentue encore la précision du trait.

> Pour le général de Gaulle, faire venir à Londres Fernand Grenier, représentant accrédité du parti communiste, était donc non seulement reconnaître un état de fait — à savoir le rôle des formations communistes au sein de la Résistance — mais aussi éviter les redoutables conséquences qui devaient découler de l'attitude du général Giraud en Afrique du Nord, c'est-à-dire la violente crise qui ne manquerait pas de se produire en France après la Libération si le « régime de Vichy » prétendait continuer de s'imposer, crise qui amènerait infailliblement les communistes au pouvoir[3].

L'importance accordée aux communistes, la place qui leur est officiellement reconnue, même s'il entre du machiavélisme dans l'attitude de De Gaulle[4], devaient se traduire par cette lettre adressée le 10 février 1943 au Comité central qui, ayant immédiatement compris sa valeur politique, la fera diffuser à 1 300 000 exemplaires — chiffre donné par le Comité.

---

1. Je souligne intentionnellement.
2. *Le Nouveau Siècle*, octobre 1977.
3. *Missions secrètes en France.*
< 4. *Cf.* la *Revue d'histoire des facultés de droit et de la science juridique*, n° 16, 1995, en partie consacrée à René Capitant, qui reproduit le discours prononcé par celui-ci au congrès de la France combattante, et paru dans le n° 62 de *Combat* du 12 juin 1943 : « Les organisations qui sont ici représentées [...] participent de l'unité et de l'indivisibilité de la Nation. Cela est vrai du parti communiste (*le général de Gaulle donne le signal des applaudissements*), dont des nécessités supérieures me font aujourd'hui le porte-parole... » >

> L'arrivée de Fernand Grenier, écrit en effet de Gaulle, l'adhésion du parti communiste au Comité national qu'il m'a apportée en votre nom, la mise à ma disposition en tant que chef des Forces françaises, des vaillantes formations de francs-tireurs que vous avez constituées et animées, voilà une nouvelle preuve de votre volonté de contribuer à la libération et à la grandeur de notre pays. Convaincu que votre décision apporte une contribution importante à l'intérêt national, je vous en remercie sincèrement. De grands efforts, de grands sacrifices vous seront demandés après tous ceux que les membres de votre parti ont déjà consentis au service de la France.

La place officielle soudain accordée aux communistes, l'importance qu'ils vont prendre dans les instances dirigeantes, sera à l'origine d'une vive effervescence politique au sein du parti socialiste… ou de ce qu'il en reste, puisqu'il n'a pas échappé au traumatisme de la défaite.

Les dirigeants socialistes qui militaient dans la Résistance n'avaient, à l'origine, donné aucun mot d'ordre à leurs amis et n'avaient privilégié aucun mouvement. Les socialistes — même s'ils se retrouveront nombreux à « Libération » — adhéraient donc en fonction de conditions locales et de considérations amicales plus que politiques, ce qui leur permettait d'être un peu partout, mais les empêchait d'occuper les postes essentiels d'un mouvement et d'en faire, avec le temps, l'émanation de leur parti puisque, aussi bien, humiliés par la conduite et l'attitude résignée de beaucoup de leurs chefs et de leurs camarades, ils n'acceptaient pas pour autant que leur parti soit définitivement voué à la disparition, comme très souvent on l'affirmait autour d'eux.

Le 28 août 1942, depuis sa prison, Léon Blum avait rédigé d'ailleurs une longue note dans laquelle, passant de la défensive à l'offensive, il suggérait que le parti socialiste « préparât et négociât un "rassemblement populaire" autour d'un programme commun d'action immédiate ».

En novembre, dans les jours qui suivent l'invasion de la zone sud, *Le Populaire* clandestin reprendra cette idée et le comité d'action socialiste conviera « les mouvements de résistance et les organisations politiques clandestines *au rassemblement et à l'union, en n'ayant qu'un seul but*[1] : la libération du territoire ».

L'article du *Populaire* fixait au parti la tâche immense de « réconcilier la fraction de la classe ouvrière groupée dans le parti communiste et les organisations de la bourgeoisie avancée ».

Projet ambitieux, et qui n'aura pas de suite. De l'aveu même de Daniel Mayer[2], dès l'instant où les communistes, entrés en résistance, se sont rapprochés des gaullistes, les socialistes se sont trouvés « défavorisés par rapport à eux » pour les raisons que l'on sait : réalisme dans l'adoption sans complexe d'une nouvelle politique, efficacité dans l'action militante.

Daniel Mayer éprouvera donc quelque amertume à voir les résistants

1. Souligné dans le texte.
2. *Les Socialistes dans la Résistance.*

non communistes, et particulièrement « l'organisation gaulliste de Londres » se ranger aux côtés du parti communiste « jugé comme plus efficace que d'autres à partir du moment où il entre dans la bataille ».

Plus efficace… plus séduisant également. Avec beaucoup d'intelligence, Claude Bourdet évoquera « le pouvoir rédempteur » de ce parti communiste qui, dans sa volonté d'œcuménisme, ne se contentait pas de soutenir le général Giraud, dont les idées farouchement conservatrices n'étaient ignorées de personne, mais reprochait aux socialistes leur sectarisme envers des hommes de droite heureux, les uns, de se « dédouaner », les autres de fleureter avec les adversaires politiques de la veille, adversaires dont, la Résistance aidant, ils découvraient les qualités humaines, dès lors qu'elles n'étaient plus masquées par le sectarisme doctrinal.

On comprend que le tract du 16 octobre 1942, qui mettait le parti communiste — seul parti politique — sur un pied d'égalité avec les trois grands mouvements historiques, ait profondément ému les socialistes, comme l'on comprend que le rapprochement entre communistes et gaullistes ait jeté le trouble dans leurs esprits.

Rencontrant en janvier le commandant Manuel — adjoint de Passy —, Daniel Mayer suggérera alors que, pour soutenir l'action future du général de Gaulle — action dont il voit bien à quelles difficultés elle se heurtera dans une France matériellement détruite et moralement atteinte —, « les représentants des différents partis politiques et mouvements syndicaux, ayant résisté depuis 1940 et qui vont de Marin à Thorez, soient admis à participer à l'action clandestine en France sur le plan politique ».

Au bénéfice d'une large amnistie accordée au parti communiste pour la période s'étendant de septembre 1939 à juin 1941 ; au bénéfice d'une presque aussi large amnistie accordée à ces partis de droite, du centre et de gauche, à ces syndicats qui, en tant que partis et syndicats, n'avaient nullement, au moins jusqu'au début de 1942, participé à la Résistance, même si un certain nombre de leurs anciens adhérents s'y étaient personnellement illustrés, la proposition de Daniel Mayer avait l'avantage de remettre le parti socialiste « dans la course » et dans le jeu.

Elle revêtait d'ailleurs un caractère d'urgence car l'irritation grandissait parmi les nouveaux dirigeants socialistes : ceux que la Résistance avait révélés. Gaston Defferre (*Denvers*) dans une lettre adressée en février à Félix Gouin, alors en Angleterre [1], dénonçait « la tendance autoritaire pour ne pas dire fasciste » des dirigeants des mouvements qu'il accusait de vouloir créer « un vaste mouvement politique dirigé par les mouvements de résistance et où toutes les tendances seraient représentées ; de là au parti unique et à la dictature, ajoutait-il, il n'y a pas un long chemin à parcourir ».

1. Où il représentait officieusement — plus qu'officiellement car il était très contesté par les services du général de gaulle qui lui préféraient André Philip — le parti socialiste.

En février 1943 toujours, Daniel Mayer, dans le numéro 31 du *Populaire* clandestin, avait pris la défense des partis en général et du parti socialiste en particulier face à ces résistants inexpérimentés qui, au nom de la morale, s'élevaient contre la politique et les politiciens.

A ces hommes des mouvements, Daniel Mayer avait répondu qu'un parti était, sur le plan politique, la transposition de réalités sociales que nul ne pouvait nier ou faire disparaître ; réalités qui s'imposeraient à nouveau après la Libération, et avec une telle force qu'elles feraient éclater des mouvements dont les adhérents, ne se connaissant pas, ou se connaissant mal, n'étaient liés ni par les souvenirs, ni par la tradition, ni surtout par la doctrine.

La crise était si profonde, sa solution paraissait si aléatoire — car à l'intérieur même du parti socialiste, en France occupée comme à Londres, l'unanimité n'existait pas — que Léon Blum sera chargé, depuis sa prison de Bourrassol, de rendre un difficile arbitrage.

Les socialistes, et c'est la tentation des plus dynamiques, doivent-ils quitter les mouvements parmi lesquels ils sont aujourd'hui éparpillés et au milieu desquels ils risquent, demain, de se retrouver noyés ?

Doivent-ils — comme l'a toujours fait le parti communiste — revendiquer l'indépendance pour leurs groupes armés, alors intégrés au sein de l'Armée secrète, groupes dont ils surestiment naturellement l'importance[1], mais dont ils espèrent qu'ils leur vaudront une place dans tous les organismes directeurs de la Résistance ?

Non, répond Léon Blum, à la question qui lui est posée, le 7 mars 1943, par sa belle-fille Renée-Robert Blum. Et il explique : « Nous ne pouvons pas prendre sur nous d'affaiblir en quoi que ce soit les organisations de Résistance, soit en retirant nos amis, soit en brisant la discipline. De toute façon, mieux vaudrait encore partir que de rester en se réservant de discuter ou de rejeter les ordres. »

---

1. Des groupes armés à tendance socialiste seront créés au cours de 1942. Par exemple, le groupe « Veni » qui, d'après son fondateur, le colonel Vincent, existait à l'automne 1942 (alors sous le nom d'« Action du groupe Froment ») dans 28 départements de la zone sud. En novembre 1942, le colonel Vincent reçut l'ordre d'intégrer ses groupes dans l'Armée secrète en constitution sous les ordres du général Delestraint. L'affaire allait être discutée (chaudement) à Lyon le 7 décembre, et de nombreux conflits ayant opposé le colonel Vincent aux chefs des mouvements de libération, Vincent devait, après l'arrestation du général Delestraint, reprendre sa liberté d'action et créer les groupes « Veni » (Veni étant son nom de guerre).

Après avoir essayé d'utiliser les groupes « Veni » pour tenter de contrebalancer, au sein des organismes directeurs de la Résistance, l'influence du parti communiste (les socialistes laissaient entendre que les groupes dirigés par « Veni » étaient « ce qu'il y a de plus important et de plus sérieux en zone sud »), les socialistes ne leur accorderont plus qu'une place mineure dans les récits publiés après guerre. Daniel Mayer écrit ainsi que le réseau « Brutus » « curieusement, à son origine, surtout recruté parmi les hommes de droite », mais bientôt dirigé par l'avocat socialiste André Boyer et par Defferre, était « autrement solide » à ses yeux que les groupes « Veni ».

Selon Defferre (témoignage recueilli en 1949 par Marie Granet), c'est à Marseille seulement qu'auraient été constitués des groupes de combat spécifiquement socialistes.

Mais si la discipline et la vertu l'emportent, l'amertume n'en est pas moins grande.

Elle se traduit chez Léon Blum par cette phrase : « On veut se passer de nous, c'est clair. On nous considère comme un élément négligeable. Nous n'avons qu'à nous le tenir pour dit en accroissant constamment notre force. »

Huit jours plus tard — le 15 mars — dans une longue lettre à de Gaulle, Léon Blum expliquera parfaitement et loyalement sa position comme celle du parti socialiste.

Après avoir rappelé le travail obstiné qui a permis la reconstitution du parti socialiste malgré « une prévention très puissante et que vous-même [de Gaulle] avez dû partager en quelque façon[1] », Léon Blum expose les raisons pour lesquelles la France une fois libérée, le rôle des mouvements de résistance prendra fin et devra nécessairement prendre fin.

> Rendez-vous compte bien clairement, je vous en conjure, que les organisations de Résistance qui sont sorties du sol français à votre voix ne pourront à aucun degré se substituer à eux [les partis]... Je ne verrais, pour ma part, que des dangers à ce que les organisations de résistance, une fois accomplie la tâche en vue de laquelle elles ont été créées, se survécussent sous leur forme actuelle. Syndicats d'intérêts égoïstes et surannés, comme les associations d'anciens combattants de l'autre guerre, ou bien milices paramilitaires redoutables à toutes les Républiques, elles n'auraient guère à choisir d'autre destin.

Blum poursuit en faisant remarquer au général de Gaulle que, contrairement aux communistes, les socialistes n'ont « pas constitué de groupes spéciaux de résistance, de groupes [à eux] composés de [leurs] hommes, annexés à [leur] parti et ne dépendant que de lui » parce qu'ils croient que « l'unité vaut mieux que les coordinations et les liaisons ». Il pose ensuite le problème dans toute son ampleur, tel du moins qu'il apparaît à des militants déçus par le présent, inquiets pour l'avenir.

> Enfin, comme je vous dois toute la vérité, j'ai le devoir d'ajouter que mes camarades déjà déçus par le silence qui a seul répondu à leurs propositions et à leurs appels, [d'établir un accord entre tous les partis et toutes les organisations de résistance] ont été surpris et blessés par un procédé qui leur paraît inamical et injuste. Ils jugent inadmissible, et je les comprends, que le fait d'être entrés en masse dans les rangs des organisations de Résistance proprement dites, tandis que les communistes constituaient jalousement leurs groupes d'action distincts, les expose aujourd'hui à passer sous les ordres d'un commandement où le parti communiste figure à part égale, et d'où leur parti se trouve exclu[2].

1. Léon Blum ajoutera : « La masse de l'opinion française a certainement imputé aux partis politiques d'avant-guerre une part dans la responsabilité du désastre. La propagande de Vichy, d'ailleurs, n'a rien épargné pour l'y inciter et la propagande "gaulliste" s'est souvent confondue à cet égard avec celle de Vichy. »

2. Dans sa lettre, Léon Blum, envisageant l'avenir, fait preuve de beaucoup de lucidité. C'est ainsi qu'il écrit : « On ne saurait se passer, ni dans le monde de demain de l'État sovié-

Or, le 15 mars, lorsque Léon Blum écrit à de Gaulle, les événements sont en train d'évoluer, et dans la direction souhaitée par le leader socialiste.

Venant de France occupée le 27 janvier, le commandant Manuel a rendu compte d'une mission au cours de laquelle il a pris contact avec les chefs des mouvements et avec les responsables des partis.

En accord avec Jean Moulin, qu'il a longuement rencontré, et dont il épouse les vues, il affirme qu'il est nécessaire de modifier désormais les structures des organismes de la Résistance.

Et de le faire tout d'abord, puisque l'occupation est totale, en étendant aux deux zones les pouvoirs et la compétence de Jean Moulin.

En créant, ensuite, en zone nord, un comité de coordination des mouvements analogue à celui qui existe en zone sud (MUR).

Enfin, en faisant chapeauter ces deux comités de coordination par un comité de direction, présidé par Jean Moulin, et composé des représentants des mouvements comme de ceux des partis et des syndicats.

C'est le 8 février que les conclusions de Manuel ont été officiellement transmises par le BCRA au général de Gaulle qui n'en ignorait certainement pas l'esprit puisque, dès le 9 février, il adressait à Jean Moulin, pour trois jours encore en France, et dont on ne sait s'il a pu être atteint par le message avant son départ depuis un terrain clandestin situé près de Lons-le-Saulnier, une lettre chaleureuse et qui comporte ces mots prometteurs :

> Le même messager vous apportera des instructions qui élargissent vos pouvoirs et précisent mes intentions. Je suis sûr qu'une autorité accrue vous permettra de développer encore plus votre action. Vous avez toute ma confiance. Nous approchons du but, voici l'heure des plus durs efforts.

Arrivé en Angleterre, Jean Moulin travaillera non seulement avec Passy, Manuel, Bingen, André Philip, mais surtout — et très longuement — avec le général de Gaulle, qu'il aura peu de peine à convaincre des risques d'éclatement qui menacent la Résistance si elle n'est pas fortement tenue en main, et si partis et syndicats ne sont pas associés aux mouvements.

L'étude de ce qui deviendra bientôt le Conseil national de la Résistance — Passy écrit que Moulin a trouvé le mot — sera toutefois brièvement interrompue par une émouvante cérémonie et par une consé-

tique, ni dans la France de demain du parti communiste. Mais c'est ici qu'il faut bien s'entendre. L'État soviétique dont le monde a besoin, c'est un État soviétique intégré dans la communauté internationale ; le parti communiste dont la France a besoin, c'est un parti communiste intégré dans la communauté française. Et ainsi la difficulté se précise. L'État soviétique acceptera-t-il de s'intégrer dans la communauté internationale, ce qui implique qu'il renoncera à agir désormais sur la vie interne des autres États ? Le parti communiste acceptera-t-il de s'intégrer dans l'unité française, ce qui implique qu'il cessera désormais de subordonner sa conduite aux mots d'ordre impératifs d'un État étranger ? »

cration politique, deux gestes qui, dans la symbolique gaullienne, placent Jean Moulin au sommet de la hiérarchie et témoignent, de la part du chef de la France combattante, qui mesurait son estime et n'accordait pas au tout-venant sa confiance, d'une immense estime et d'une inébranlable confiance pour la personne et l'œuvre de Jean Moulin.

Au cours de la cérémonie, Jean Moulin recevra la croix de la Libération. Comme le secret doit être gardé sur sa présence à Londres, seuls seront conviés, dans cette maison de Hampstead qu'habite de Gaulle, cinq ou six hommes liés par les responsabilités et le danger : le général Delestraint, Billotte, André Philip, Manuel et Passy qui devait laisser de ces minutes un récit ému et toujours émouvant.

Il montre Jean Moulin, immobile, à quelques pas du général de Gaulle qui, presque à voix basse, ordonne : « Mettez-vous au garde-à-vous. » Puis, « poursuivant en détachant les membres de phrases et en les scandant de sa manière personnelle », ajoute :

— Caporal Mercier (c'est le pseudonyme adopté par Moulin lorsqu'il se trouve en Angleterre), nous vous reconnaissons comme notre compagnon, pour la Libération de la France, dans l'Honneur et par la Victoire.

Les hommes ici rassemblés viennent d'horizons politiques différents, ils se sont querellés, hommes de chair, de sang et d'ambitions, mais comment ce qui a pu les séparer ne serait-il pas balayé par la grandeur de l'instant ?

La consécration politique sera apportée à Jean Moulin par sa nomination comme membre du Comité national, c'est-à-dire comme ministre du « gouvernement provisoire ». Le décret relatif à cette nomination sera publié le 2 avril 1943 seulement (le nom de Jean Moulin n'est naturellement pas cité, il est « Monsieur X. en mission ») mais, dans ses *Mémoires*, le général de Gaulle situe dans le même temps remise de la croix de la Libération et nomination comme commissaire national.

C'est le 21 février que le général de Gaulle, poussé par la nécessité de montrer aux Anglo-Américains, qui jouent toujours la carte Giraud, que l'unité de la Résistance est désormais réalisée, comme par le désir de donner satisfaction à Jean Moulin qui espère, grâce à une autorité accrue, mettre un terme à des querelles dont l'écho retentit jusqu'à Londres[1], signe l'acte de naissance du Conseil [national[2]] de la Résistance.

Treize paragraphes, treize articles, tous importants, qui étendent considérablement l'autorité de Jean Moulin, posent le principe de l'entrée au

1. Arrivés à Londres à la fin de février, Cavaillès et Simon, l'un des chefs de l'Organisation civile et militaire, se déclarèrent, comme Brossolette, hostiles à la représentation des partis.

2. Le mot « national » n'est pas encore écrit le 21 février 1943, il apparaîtra après la mort de Jean Moulin.

Conseil des partis et des syndicats, ainsi que les conditions de cette entrée, et fixent le rôle du Conseil pour le présent et pour l'avenir.

Extension de l'autorité de Jean Moulin. Il devient « dorénavant le seul représentant permanent du général de Gaulle et du Comité national pour l'ensemble du territoire métropolitain[1] ». Il présidera le « Conseil de la Résistance unique pour l'ensemble du territoire métropolitain[2] » et, surtout, « délégué du général de Gaulle, président du Conseil de la Résistance, il [servira] d'intermédiaire normal entre le Conseil de la Résistance d'une part et d'autre part les états-majors de l'Armée secrète, le Comité général des études et le service d'information[3] ». Il aura également « la charge d'assurer personnellement ou par un représentant désigné par lui les coordinations nécessaires en vue de l'action ».

Patron civil et militaire incontestable, sinon incontesté, de la Résistance, véritable numéro deux, après de Gaulle, de la France combattante, Jean Moulin va avoir la responsabilité — avec Passy et Brossolette, qui sont repartis en mission quelques jours avant lui — de créer « dans les plus courts délais possible » un Conseil de la Résistance qui « assurera la représentation des groupements de résistance, des formations politiques résistantes et des syndicats ouvriers résistants[4] ».

Aux groupements de Résistance, aux formations politiques et syndicales, Moulin, Passy et Brossolette devront demander leur accord sur quatre principes, dont le premier semblait favorable aux thèses communistes sur la nécessité de la lutte immédiate, dont le quatrième n'était pas le moins important, en février 1943, lorsque le destin, dans la mesure où il était influencé par les Américains, pouvait sembler hésiter entre de Gaulle et Giraud.

> Contre les Allemands, leurs alliés et leurs complices, par tous les moyens et particulièrement les armes à la main ;
> — contre toutes les dictatures et notamment celle de Vichy, quel que soit le visage dont elles se parent ;
> — pour la liberté ;
> — avec de Gaulle dans le combat qu'il mène pour libérer le territoire et redonner la parole au peuple français[5].

Lorsque le Conseil de la Résistance sera constitué, il aura pour tâche « d'arrêter dans leurs grandes lignes les directives à donner aux formations représentées en application des instructions du général de Gaulle et du Comité national[6] ». Voici pour l'immédiat.

Quant à l'avenir, l'article 8 précise que le Conseil de la Résistance

1. Article 1.
2. Article 4.
3. Article 11.
4. Article 12.
5. Article 5.
6. Article 6.

« forme l'embryon d'une représentation nationale réduite, conseil politique du général de Gaulle à son arrivée en France. A ce moment le Conseil de la Résistance sera grossi d'éléments représentatifs supplémentaires, les uns choisis par le Comité national, les autres parmi les forces vives du pays dont la représentation n'aurait pas encore été complète au sein du Conseil de la Résistance ».

Enfin il est entendu[1] que le Conseil de la Résistance pourra, s'il le juge utile, instituer une commission permanente de cinq membres qui aurait ainsi, par la force des choses, *la charge et le bénéfice de toutes les décisions et de toutes les responsabilités*, ce que ne peuvent accepter, et n'accepteront pas les représentants des mouvements qui verront dans cette « commission permanente » une menace de mainmise des politiciens sur la Résistance.

QUELQUES SEMAINES PLUS TARD LE CNR ÉTAIT CRÉÉ...
LE TRISTE DESTIN DE LA FRANCE COMMENÇAIT À S'ACCOMPLIR ET L'AMERTUME À NOUS MONTER AUX LÈVRES[2]...

De qui sont ces lignes désolées ? D'Henri Frenay, dans une lettre adressée le 13 juillet 1950 au colonel Passy, qui vient de lui communiquer amicalement le manuscrit de son livre *Missions secrètes en France*.

Sept ans après l'événement, Frenay n'était donc pas revenu sur ses préventions contre le Conseil national de la Résistance, sa nature, son rôle, son chef, préventions que le temps devait d'ailleurs augmenter encore.

En avril 1943, alors que Jean Moulin vient d'arriver depuis quelques jours de Londres, les explications qu'il fournit aux chefs de la Résistance sur ses responsabilités nouvelles lui valent[3] une lettre sévère de Frenay, lettre à laquelle j'ai fait allusion[4] et dans laquelle le créateur et le chef de « Combat » reproche essentiellement, on le sait, à celui qui est maintenant « le seul représentant permanent du général de Gaulle et du Comité national pour l'ensemble du territoire métropolitain » de ne rien connaître, de ne rien vouloir et de ne rien pouvoir connaître, faute de temps depuis que ses activités sont « étendues aux deux zones », de la réalité des problèmes dont il aura à débattre. Quelques jours plus tard, Frenay ira infiniment plus loin. Arpentant à Lyon, en compagnie de Moulin, ce quai Claude-Bernard qui a été le théâtre de tant de colloques entre résistants jouant les promeneurs innocents, il soulignera avec violence que la réhabilitation des « vieux partis » compromettra la vocation révolutionnaire de la Résistance.

---

1. Article 9.
2. Je mets intentionnellement en capitales ces lignes moralement importantes.
3. Le 8 avril.
4. *Cf.* ci-dessus, p. 760.

Puisqu'il s'agit « d'impressionner » les Alliés, ne pourrait-on pas obtenir, non l'adhésion des partis, mais celle de leurs anciens leaders « s'engageant à titre personnel » ? Et Frenay cite les noms de Léon Blum, Jouhaux, Herriot, Jeanneney, Louis Marin, Gaston Teissier... sans se rendre compte qu'auprès de l'opinion populaire, les leaders se trouvent, plus encore que les partis, dévalorisés.

Jean Moulin s'obstinant et voulant aller jusqu'au bout de la tâche qui lui a été confiée par le général de Gaulle, Henri Frenay le traitera alors de « fossoyeur de la Résistance », et les deux hommes se quitteront sur ce mot cruel que Frenay, tout en rendant naturellement et loyalement hommage à l'héroïsme personnel de Jean Moulin, s'efforcera de justifier par la suite en faisant du premier président du Conseil national de la Résistance l'otage conscient des communistes [1].

Accusation qui soulèvera bien des passions, et vaudra à Frenay de multiples et durables animosités, accusation dont il n'entre pas dans le sujet de ce livre d'examiner si elle est fondée ou non, et que l'on ne peut d'ailleurs examiner sereinement, dès l'instant qu'elle touche à cette catégorie de sujets tabous qui ne relèvent pas de l'Histoire mais seulement de la légende [2].

Brossolette et Passy avaient rejoint la France le 26 février, près d'un mois avant Jean Moulin avec, pour mission, d'étudier « les possibilités paramilitaires des divers groupes de Résistance » afin de préparer la constitution de l'Armée secrète en zone occupée, mais aussi de « consulter toutes les organisations sur les projets de coordination de la Résistance, c'est-à-dire sur les projets de création du Conseil de la Résistance [3] ».

Rencontrant, entre le 1er et le 25 mars, les responsables de « Libération-Nord », de « Ceux de la Résistance », de l'« Organisation civile et militaire », de « Ceux de la Libération », du « Front national », du parti communiste, du parti socialiste représenté par le Comité d'action socialiste de zone nord, du parti démocrate populaire et plusieurs syndicalistes ayant appartenu à la CGT et à la CFTC, ils allaient se trouver en présence

1. *Cf. L'Énigme Jean Moulin* d'Henri Frenay.

2. Henri Michel, qui a consacré l'essentiel de sa vie et de son œuvre à l'étude de la Résistance et des problèmes qui se sont posés à elle, étudie longuement dans *Jean Moulin, l'unificateur*, la position politique de Jean Moulin « homme "de gauche" au sens qu'avaient ces mots en 1936 ».

« Une chose est certaine, précise-t-il, Jean Moulin n'était ni communiste, ni même communisant ; mais on ne saurait dire si, comme beaucoup d'autres résistants, il ne se serait pas dans les derniers temps de la clandestinité et les premiers pas de la Libération, rapproché d'un parti communiste dont la force et la continuité — en dépit de virages tactiques — s'étaient révélées à lui comme à beaucoup de Français. »

Cette prudence dans le jugement me paraît la seule position convenable, d'autant plus qu'Henri Michel souligne également l'ascendant que le général de Gaulle exerçait sur Jean Moulin. Vers quelle « force » aurait-il finalement penché ? Il est impossible de le dire et tout ce qui est avancé n'est que spéculation.

3. Ordre de mission d'*Arquebuse-Brumaire* (Passy-Brossolette).

d'hommes qui, d'accord sur l'essentiel : la libération du pays, avaient, sur presque tout le reste, des positions différentes et parfois vigoureusement opposées.

Or, pour éviter que les groupements « ne s'impatientent », écrira Passy, pour court-circuiter Jean Moulin, arrivé d'Angleterre dans la nuit du 21 au 22 mars, mais qui se trouve retenu en zone sud, affirmeront certains auteurs [1], Passy et Brossolette réuniront à deux reprises les responsables paramilitaires des mouvements en « un comité militaire officieux [2] ». Pour le 30 mars, *jour où Moulin arrive enfin à Paris, mais trop tardivement pour être présent à une réunion à laquelle il n'a pas été convié*, ils ont convoqué à une première séance de travail le Comité de coordination des mouvements de Résistance officieusement créé par eux le 26 mars [3].

Et de quoi a-t-on parlé au cours de cette séance de travail ? « De la détermination — écrit Passy — des principes en vertu desquels seraient installées au jour de la libération, les nouvelles autorités centrales ou locales. » Sans doute d'autres sujets avaient-ils été abordés. Il n'empêche que dans le récit de Passy [4], il est presque uniquement question du choix des futurs préfets ; de la désignation des sous-préfets et chefs de service des administrations centrales et départementales ; des délégations spéciales à mettre en place dans les villes de plus de 2 000 ou 5 000 habitants — l'accord ne s'était pas fait sur un chiffre —, une fois évincées les délégations spéciales installées par Vichy qui avait fait la chasse aux élus de la IIIe République.

Il n'y avait, en bonne logique, rien d'anormal à l'examen de ces problèmes. Comment des hommes qui luttaient pour la libération de la France ne se seraient-ils pas préoccupés de son avenir ? D'autant plus que, depuis le 1er juillet 1942, Jean Moulin avait créé le Comité des experts dont le rapporteur général était François de Menthon, les membres : Robert Lacoste, représentant syndical, Parodi, maître des requêtes, Paul Bastid, professeur de droit et ancien ministre.

Or le Comité des experts, qui avait reçu pour mission de préparer les mesures immédiates à prendre lors du changement de régime, se trouvait en liaison (précaire il est vrai) avec les différents mouvements. Changeant

1. Henri Noguères notamment, qui parle (*Histoire de la Résistance en France*, t. III, p. 245) d'une « véritable course contre la montre [livrée] par Brossolette et Passy [qui] répondait à une préoccupation très précise : gagner de vitesse Jean Moulin ».

2. Passy, *Missions secrètes en France*.

3. Le 23 mars, une réunion de l'ensemble des chefs de mouvements eut lieu rue Casimir-Pinel à Neuilly. Elle devait être suivie, le 26, d'une séance plénière à laquelle assistaient tous les chefs de mouvements et leurs adjoints civils. Au cours de cette réunion, les chefs de mouvements se déclarèrent en majorité hostiles à la renaissance des partis, mais une transaction allait intervenir : on inclurait dans le CNR non des représentants des anciens partis, mais des représentants des différentes nuances ou tendances de l'esprit français résistant : communisme, socialisme, libre pensée, catholicisme, nationalisme…

4. *Missions secrètes en France*, p. 175 et suiv.

de nom, devenant Comité général d'études, le Comité des experts élargira son champ d'action, examinant, entre janvier et mai 1943, les problèmes complexes et difficiles que poseront, à la fin de la guerre, le choix d'une politique économique, les réformes à réaliser dans les domaines juridique, administratif et social[1], la création de nouvelles institutions politiques[2], enfin la répression des actes de collaboration.

Comment les chefs des mouvements ignoreraient-ils les travaux du Comité général d'études, dont ils critiquent parfois âprement la composition — trop de juristes et de hauts fonctionnaires, disent-ils —, l'éloignement où il se tient du reste de la Résistance ; le fait qu'il dépende trop étroitement de Jean Moulin et sa prétention à vouloir décider d'une façon jugée personnelle, bourgeoise et technocratique des solutions à apporter aux problèmes qui se poseront dans les journées révolutionnaires qui suivront la Libération ?

Même s'ils se contentent de parcourir les *Cahiers politiques de la Résistance*, émanation du Comité général d'études, dont le premier numéro paraît au mois d'avril, ils découvrent, dans tous les journaux clandestins, des articles qui ne sont plus uniquement consacrés à un présent de lutte, mais à un avenir de victoire.

Si, le 30 mars 1943, il n'est donc nullement anormal que les chefs des mouvements, réunis par Brossolette et Passy, évoquent la post-libération, comment cette évocation ne ferait-elle pas naître des ambitions et ne donnerait-elle pas aux « politiques » la sensation qu'ils seront, pour l'avenir, infiniment mieux placés que les militants des premiers jours ?

Désormais — et la réaction est humaine — occuper un poste important dans l'un ou l'autre des organismes dirigeants de la Résistance c'est, sans doute, comme par le passé, s'exposer à un plus grand péril, mais c'est également prendre une option sur le pouvoir futur.

Il y aura donc, fatalement, compétition entre les hommes et les partis.

Si Jean Moulin, arrivé d'Angleterre dans la nuit du 21 au 22 mars, n'a pu rejoindre Paris que le 30, c'est qu'il a dû faire face, en zone sud, à une situation dont il dira, dans un message immédiatement transmis à Londres, qu'elle était « plus grave » qu'il ne l'imaginait. Selon ce texte, il a dû calmer Frenay et d'Astier, surexcités par les récentes mesures concernant le STO, indignés par la carence de Londres, hostiles au général Delestraint qui ne leur paraît pas l'homme capable de diriger la guerre clandestine.

A Paris, la situation n'est pas meilleure. L'action menée par Brossolette et Passy, les réunions qu'ils ont organisées, les décisions qu'ils ont

1. Étude réalisée par Pierre-Henri Teitgen et Parodi. La liaison directe avec les mouvements régionaux se révélant assez difficiles, le « Comité général d'études » procédera par questionnaires adressés aux différents mouvements.
2. Étude menée par Bastid, Menthon et Teitgen.

prises paraissent à Jean Moulin autant de coups de poignard. S'il ne se prive pas, on le sait[1], de le dire au principal intéressé, Brossolette, il le dit également à de Gaulle dans un long télégramme du 7 mai consacré en large partie à l'exposé de ses griefs contre Brossolette[2].

Entre le 30 mars et le 7 mai, cependant, Jean Moulin a beaucoup œuvré pour vaincre l'hostilité de la plupart des mouvements à quelque forme que ce soit de collaboration avec les partis et pour venir à bout des ambitions qui se manifestent.

« Difficultés de principe, difficultés de personnes, difficultés matérielles », écrira-t-il dans son rapport du 4 juin qui donne au général de Gaulle le compte rendu de la première séance du Conseil national de la Résistance.

Les mots employés par Moulin sont trop pudiques. A toutes les difficultés énumérées, il faut ajouter les difficultés de la vie clandestine et ne jamais oublier que, pour le président du Conseil national de la Résistance, la mort suivra de très près le triomphe.

Difficultés de principe. On connaît assez la position des mouvements de zone nord, comme de zone sud, pour qu'il soit inutile de revenir sur les raisons de leur hostilité aux partis politiques. Jean Moulin réussira à vaincre ces oppositions, les chefs de mouvements se résignant finalement plus qu'ils n'adhèrent, mais il devra abandonner l'idée, adoptée à Londres, de la création d'une commission permanente du CNR qui se serait transformée en « exécutif[3] » de la Résistance, un exécutif qui, selon toute vraisemblance, aurait été rapidement dominé par les hommes politiques.

Il est aisé de se mettre d'accord sur la représentation des mouvements de résistance : pour la zone sud, « Combat », « Franc-Tireur », « Libération » ; pour la zone nord, « Ceux de la Résistance », « Ceux de la Libération », l'« Organisation civile et militaire », « Libération Nord », « Front national » auront chacun un représentant au CNR.

Dès que l'on aborde le problème des syndicats et des partis — pour lesquels huit sièges sont prévus — quelques différends vont éclater.

La CGT réclame, en effet, deux places au CNR. N'est-elle pas la centrale syndicale la plus puissante ? Ne doit-elle pas représenter *et* les ouvriers et les employés ? S'il accédait à cette demande, que répondrait Jean Moulin à l'« Organisation civile et militaire » qui souhaite obtenir un siège pour la « Confédération des travailleurs intellectuels » ? Les partis politiques, et même les mouvements ne seraient-ils pas tentés, alors que leurs effectifs ne peuvent être sérieusement comptabilisés, de réclamer

1. *Cf.* ci-dessus, p. 724.
2. Jean Moulin accuse notamment Brossolette d'avoir « mené campagne » contre sa désignation comme représentant du Comité national en zone nord.
3. Le mot est d'Henri Noguères. C'est le comité de coordination qui tiendra le rôle dévolu initialement à la commission permanente.

une attribution des sièges à la proportionnelle ? « Combat » pourrait-il accepter de se trouver à égalité avec tel mouvement moins ancien et moins puissant ?

En sauvant le principe du représentant unique — ce qui permet à l'Alliance démocratique ou à la Fédération républicaine de « peser », en apparence, aussi lourd que le parti communiste —, Jean Moulin évite les insolubles problèmes de dosage, contrarie certes le parti communiste, mais préserve l'unité de la Résistance.

16 membres au Conseil de la Résistance : 8 pour les mouvements de Résistance, 8 pour les partis et les syndicats. A deux exceptions près, que je signalerai, Jean Moulin n'interviendra pas dans leur désignation.

Ainsi, lors de la première réunion du CNR, le 27 mai, Coquoin représentera « Ceux de la Libération » ; J. H. Simon, l'« Organisation civile et militaire » ; Charles Laurent, « Libération Nord » ; Lecompte-Boinet, « Ceux de la Résistance » ; Claude Bourdet, « Combat » ; *Claudius*-Petit, « Franc-Tireur » ; Pascal Copeau, « Libération Sud » ; *Villon*, le « Front national » ; André Mercier, le parti communiste ; André Le Troquer, le parti socialiste ; Marc Rucart, dont la désignation a été faite par des francs-maçons, le parti radical[1] ; Georges Bidault, déjà responsable du Bureau d'information et de presse, les démocrates populaires ; Laniel, l'Alliance démocratique ; Jacques Debû-Bridel, la Fédération républicaine ; Saillant, la CGT ; Gaston Teissier, la CFTC.

L'Alliance démocratique et la Fédération républicaine jouaient certes un rôle politique important dans la France de l'avant-guerre. Mais, depuis la défaite, leur activité résistante avait été pratiquement nulle et, à quelques honorables exceptions près, leurs adhérents s'étaient rangés derrière la bannière du Maréchal ou, au mieux, s'étaient tenus frileusement et bourgeoisement dans un sage attentisme.

Ces partis étant dans l'incapacité de « désigner » des représentants, Jean Moulin allait choisir Joseph Laniel pour porter les couleurs de l'Alliance démocratique. Louis Marin, opposé bougon et résolu à Vichy…, où il avait toutefois longtemps vécu le plus paisiblement du monde, ne se manifestant pas, Moulin demanderait enfin à Debû-Bridel, dont on découvrirait plus tard combien il était proche du parti communiste, de représenter la sage Fédération républicaine.

1 Jean Moulin avait espéré obtenir l'adhésion d'Édouard Herriot, mais l'homme d'État radical se trouvait détenu à Évaux. Par un message du 23 avril, il avait cependant fait savoir qu'il était « prêt à entrer à n'importe quel moment, dans un gouvernement présidé par le général de Gaulle ».

Dans son rapport du 4 juin, Jean Moulin écrira, parlant de Marc Rucart : « En dehors de son attitude dans la Résistance qui lui a valu de nombreux désagréments et notamment celui de faire plusieurs mois de prison à Fresnes, il a l'avantage de pouvoir représenter les radicaux-socialistes et les francs-maçons. Ces derniers lui ont, en effet, donné également mandat de les représenter. »

Cependant, avant même que le Conseil national de la Résistance ne tienne sa première réunion, Jean Moulin avait reçu du général de Gaulle le « message-programme » qu'il avait sollicité. *Anticipant sur les vœux qu'exprimerait sans aucun doute le CNR, agissant, écrivant comme s'il avait consulté les représentants des mouvements et partis,* il avait alors adressé au général de Gaulle un texte important destiné à peser dans le conflit de Gaulle-Giraud qui, toujours aussi violent, évoluait toutefois de plus en plus nettement au bénéfice du chef de la France combattante.

Dans son « message-programme » daté du 10 mai, le général de Gaulle insistait sur l'urgence et la nécessité de l'union.

Union de la Résistance autour de son Conseil et du Comité national, c'est-à-dire autour de De Gaulle :

> Tout ce qui est dispersion, action isolée, alliance particulière, dans n'importe quel domaine où se déroule la lutte totale, compromet à la fois la puissance des coups portés à l'ennemi par la France et sa cohésion nationale. C'est pourquoi, il est essentiel que la Résistance sur le territoire national forme un tout cohérent, organisé, concentré.

En prévision des jours qui suivraient la Libération, de Gaulle confiait au Conseil de la Résistance non seulement le rôle d'être « la première représentation des désirs et sentiments » de tous ceux qui avaient lutté contre l'occupant, mais également la tâche « de recueillir toutes les données et de susciter tous les travaux [susceptibles] d'éclairer la nation et de guider ses dirigeants dans le choix de la route qui la mènera vers son avenir ».

Phrase qui ne pouvait que fortifier ceux qui entendaient faire du CNR l'instrument d'une politique, quitte à se heurter, plus tard, à de Gaulle, puisque celui-ci demandait au Conseil de la Résistance de lui fournir « des éléments pour la décision » et non de lui souffler ou de lui imposer la décision…

De son côté, Jean Moulin, le 15 mai, avait pris l'initiative d'adresser au général de Gaulle un télégramme qui, immédiatement exploité par les services de la France combattante, diffusé à Londres, répercuté à Alger, allait produire, selon les mots du général de Gaulle, un « effet décisif ».

Sans doute, de Gaulle, dans le combat mené contre Giraud, marquait-il désormais presque quotidiennement des points.

Sans doute, par son obstination, était-il en train de venir à bout de l'entêtement anglais et américain.

Sans doute, voyait-il se rallier des soldats, des fonctionnaires et même des territoires coloniaux, mais tout n'était pas terminé puisqu'il n'avait pas encore réussi à poser le pied à Alger dans les conditions qu'il souhaitait, conditions qui, à ses yeux, ne devaient laisser aucun doute sur la suite des événements et sur le sort final réservé au général Giraud.

Le 15 mai, lorsque Jean Moulin envoie son télégramme, le principe d'une rencontre entre de Gaulle et Giraud est certes acquis, mais aucune date n'a été retenue et surtout Giraud, soumis à la pression de son entourage — on se souvient de la lettre furieuse de Chambe[1] —, cherche encore à gagner quelques semaines.

L'intervention de Jean Moulin, *prise sans consultation des membres du CNR qu'elle engage cependant*[2], a donc bien, pour de Gaulle, valeur décisive à un moment décisif.

> *Tous les mouvements et partis de la Résistance*[3] *tiennent à déclarer formellement que la rencontre prévue doit avoir lieu au siège du gouvernement général de l'Algérie, au grand jour et entre Français et déclarent en outre* :
> 1. Que les problèmes politiques ne sauraient être exclus des conversations.
> 2. *Que le peuple de France n'admettra jamais la subordination du général de Gaulle au général Giraud et demande l'installation rapide à Alger d'un gouvernement provisoire, sous la présidence du général de Gaulle*[3] ; le général Giraud devant être le chef militaire.
> 3. Que le général de Gaulle demeurera le seul chef de la Résistance française quelle que soit l'issue des négociations.

A la lumière de ce que l'on sait des tractations qui se déroulent entre Londres et Alger, et de la lutte que de Gaulle livre, pied à pied, pour la conquête du pouvoir, on comprend de quel poids aura été ce texte.

Écrivant, bien après l'événement, ses *Mémoires de guerre*, de Gaulle saura en reconnaître l'incontestable portée :

> La voix de cette France écrasée, mais grondante et assurée, couvrait soudain le chuchotement des intrigues et les palabres des combinaisons. J'en fus, à l'instant même, plus fort, tandis que Washington et Londres mesuraient sans plaisir, mais non sans lucidité, la portée de l'événement.

A eux seuls ces mots justifiaient la décision solitaire de Jean Moulin. Mais de Gaulle ajoutait encore, liant ainsi l'envoi du télégramme le 15 mai au revirement de la situation : « Le 17 mai, le général Giraud me demandait "de venir immédiatement à Alger pour former avec lui le pouvoir central français". »

Le 27 mai[4] se tiendra la première réunion du CNR au 48 de cette rue du Four proche d'un Saint-Germain-des-Prés qui n'a pas encore atteint à une célébrité littéraire plus ou moins justifiée.

Jean Moulin, Meunier et Chambeiron, ses adjoints, vont conduire

1. *Cf.* ci-dessus, p. 806-807.
2. Ce manque de concertation irritera plusieurs responsables des mouvements et partis, choqués par le procédé.
3. Je souligne intentionnellement.
4. Elle devait avoir lieu le 25 mai et a été retardée par l'impossibilité dans laquelle Jean Moulin s'est trouvé de connaître le nom du représentant de la Fédération républicaine, d'où sa décision de nommer Debû-Bridel.

jusqu'au domicile de René Corbin[1], qui a prêté son appartement, chacun des seize participants auxquels ils ont donné rendez-vous devant une bouche de métro, la devanture d'un magasin, le parvis d'une église car, pour d'élémentaires raisons de prudence, aucun des membres du CNR ne connaît l'adresse du local où doit avoir lieu la réunion historique qui débutera peu après 14 heures.

La réunion — qui ne saurait naturellement se prolonger car les responsables présents sont parfois surveillés, toujours menacés par une Gestapo qui en sait sur eux beaucoup plus long qu'ils ne l'imaginent — la réunion débute par un exposé de Jean Moulin qui rappelle « les buts de la France combattante tels que les avait définis son chef ».

1. Faire la guerre.
2. Rendre la parole au peuple français.
3. Rétablir les libertés républicaines dans un État d'où la justice sociale ne serait point exclue et qui aura le sens de la grandeur.
4. Travailler avec les Alliés à l'établissement d'une collaboration internationale réelle, sur le plan économique et spirituel, dans un monde où la France aura regagné son prestige.

Faisant un geste en direction des mouvements de Résistance, Jean Moulin rappelle ensuite — « incidemment », précisera-t-il — que si « le jeu de la démocratie suppose l'existence de partis organisés » la présence au sein du Conseil des représentants des anciens partis ne doit nullement être considérée comme la preuve que les partis ressuscitent avec les méthodes, les hommes, la philosophie d'avant-guerre, mais qu'il leur faut travailler, grâce à un effort constant de régénération, à « constituer de larges blocs idéologiques capables d'assurer la solidité et la stabilité de la vie publique française ».

Vœu… mais vœu pieux qui doit laisser indifférent le représentant du parti communiste et celui du parti socialiste qui ne peuvent ignorer qu'une fois la paix revenue, la compétition politique reprendra, ardente, impitoyable.

Vœu… mais vœu pieux qui ne rassure qu'imparfaitement les représentants des mouvements, ce jour-là encore mal convaincus de la nécessité de cette mise à l'honneur de partis, à une exception près (le parti communiste) si peu à la peine.

Jean Moulin ayant achevé de parler, Georges Bidault, qui représente au CNR les démocrates populaires, mais travaille en parfait accord d'esprit et d'objectifs avec Moulin depuis qu'il a la responsabilité du Bureau d'information et de presse, donne lecture de la motion qu'il a rédigée. Adoptée à l'unanimité, elle confirme, elle renforce le texte envoyé le 15 mai par Jean Moulin.

1. René Corbin, alors trésorier-payeur général du Loiret, avait, avant la guerre, fait partie, comme Jean Moulin, de l'équipe de Pierre Cot.

Voici d'ailleurs le passage essentiel de cette motion dont Anglais et Américains retarderont plusieurs jours durant la publication[1], comme ils ont retardé l'annonce de la constitution du CNR qui gênait leurs projets d'un accord au moins à égalité de pouvoirs entre Giraud déclinant et de Gaulle ascendant.

> [La France] entend que ce gouvernement — c'est le devoir du Conseil de l'affirmer avec netteté — soit confié au général de Gaulle qui fut l'âme de la Résistance aux jours sombres et qui n'a cessé depuis le 18 juin 1940 de préparer en pleine lucidité et en pleine indépendance la renaissance de la patrie détruite, comme des libertés républicaines déchirées.

Pierre Villon, représentant du parti communiste, qui voit combien les positions prises et combien les vœux adoptés servent Charles de Gaulle habilité désormais à dire : « Toute la Résistance (y compris les organisations communistes) est d'accord avec le Comité que je préside » a beau demander que des consignes d'action soient lancées au peuple français, consignes l'invitant plus intensément à la lutte et même à la lutte armée, on ne l'écoute pas.

Jean Moulin, estimant que la réunion de dix-sept personnes dans la petite salle à manger de la rue du Four ne s'est que trop prolongée, lève la séance[2].

Le soir même de ce 27 mai 1943 où, dans Paris occupé, dans Paris asservi, dans Paris parcouru par les bataillons de l'ennemi, les patrouilles de sa police, l'armée de ses indicateurs, dix-sept responsables des mouvements et des partis se sont, malgré sans doute certaines arrière-pensées, rangés derrière le général de Gaulle, le chef de la France combattante prononce un important discours sur les antennes de la BBC.

Discours tout entier consacré à « l'unité en marche » mais dans lequel, aussi étrange que cela puisse paraître, pas un mot n'est dit de la Résistance métropolitaine, comme si, désormais, son accord étant acquis, seul importait le grand combat pour la place qu'occupera la France libérée dans une Europe aux structures sociales, économiques et politiques profondément bouleversées par le grand tumulte de la guerre.

Seule allusion légère, bien légère à la Résistance, cette dernière phrase du discours :

> L'unité de l'Empire va se faire. Quand on mesure au milieu de quelles difficultés, malgré quelles forces centrifuges, et en dépit de quelles obstructions

1. La motion Bidault, retardée en transmission, ne sera d'ailleurs connue à Londres que le 19 juin.

2. Villon dira plus tard à Noguères que l'appel souhaité par le parti communiste a bien été publié, mais avec retard, et qu'il a été édulcoré. « On avait barré, parmi les moyens d'action énumérés, les grèves. En somme, il y avait dans certains mouvements des patrons qui craignaient que la Résistance habitue les ouvriers aux grèves. » Henri Noguères, *Histoire de la Résistance en France*, tome III, p. 403.

l'union des volontés françaises l'aura rendue possible, on en tire plus de respect pour la France et plus de foi en son destin.

Trois jours encore et voici de Gaulle à Alger. Il avait assuré à Giraud qu'il ferait en sorte que ses partisans « s'abstiennent rigoureusement de toute manifestation déplacée à son arrivée[1] ».

Oui, mais si l'on en croit *Ici Londres*[2], la nouvelle de l'arrivée relativement discrète de De Gaulle, le 30 mai à midi sur le terrain de Boufarik, et non sur celui de Maison-Blanche[3], fait rapidement le tour de la ville.

Lorsque le chef de la France combattante se rend à 16 heures au monument aux morts, la foule enfle, grandit, devient cette marée humaine qui, désormais, enveloppera si souvent de Gaulle :

Speaker 2 : Tout à coup, une immense clameur, un seul cri s'élève : « Vive de Gaulle ! »

Speaker 1 : La foule reflue dans les escaliers qui bordent le jardin. Des fenêtres, on acclame le général de Gaulle, on agite des drapeaux tricolores. Tandis que le chef de la France combattante monte vers le monument, la clameur s'amplifie, devient énorme.

Speaker 2 : Arrivé au pied du monument, le général de Gaulle dépose une palme, puis se retourne vers la foule. Sa haute silhouette se détache devant la pierre. Il écarte les bras dans un immense geste en forme de V. L'enthousiasme devient du délire. Les barrages de police cèdent en partie sous la pression de la foule qui crie : « Vive de Gaulle, vive la République ».

1. Note remise par le général de Gaulle au général Bouscat qui représente Giraud à Londres (27 avril 1943).
2. Émission du 31 mai à 21 h 30.
3. C'est Giraud qui a désigné ce terrain discret de préférence à Maison-Blanche.

13

LE 21 JUIN À CALUIRE

Encore quelques jours.

Et le 21 juin l'homme qui a servi le général de Gaulle avec un dévouement total, avec une intelligence politique aiguë et qui, pour rassembler, autour du chef de la France combattante, une résistance métropolitaine que ses origines, les exigences de la dissimulation, les compétitions internes vouaient à l'émiettement, n'a pas craint d'affronter rudement des camarades dont il partageait les heures de péril et d'exaltation, va tomber entre les mains de l'ennemi.

Jean Moulin était sans illusions mais, à l'image de ces soldats qui, sachant que l'on ne peut toujours braver la mort, se refusent cependant à rompre le périlleux face à face, il s'interdisait de gagner, fût-ce en France occupée, un refuge provisoirement sûr : maquis au sein duquel il aurait été protégé ; Paris, grande ville dans laquelle sa trace, mieux qu'à Lyon, aurait été perdue.

Lucide et conscient de la menace, il avait fait savoir à Londres qu'il n'en ignorait rien, ce qui constitue, sans doute, la plus grande forme du courage.

> La police de Vichy et la Gestapo, écrit-il dans son rapport du 7 mai, n'ignorent rien de mon identité et de mes activités. Ma tâche devient donc de plus en plus délicate, alors que les difficultés ne cessent d'augmenter. Je suis décidé à tenir le plus longtemps possible, mais si je venais à disparaître, je n'aurais pas eu le temps matériel de mettre au courant mes successeurs.

Il craignait, en effet, que les Allemands n'aient découvert chez le colonel Manhès, l'un de ses meilleurs collaborateurs et l'un de ses plus anciens amis, des photos qui auraient facilité son identification.

En vérité, la Gestapo ignorait sa véritable identité, elle l'ignorera encore le jour de l'arrestation et dans les jours qui suivront mais, grâce à ces traîtres et à ces agents infiltrés, qui sont la honte de l'époque, elle cerne progressivement sa personnalité. Arrêtant quelques-uns de ses collaborateurs les plus proches, c'est chaque fois dans sa direction qu'elle fait un pas.

Longtemps tout avait joué en faveur de Jean Moulin. Ses audaces, ses imprudences calculées, comme l'invitation adressée, le 9 février 1943, au préfet de Vichy pour l'inauguration de la galerie de tableaux qu'il possède à Nice sous son nom, ses voyages dangereux entre la France occupée et Londres, et ses voyages plus périlleux encore dans des villes ou un quai le long du fleuve, le porche d'une église, un appartement dans un immeuble occupé par les Allemands, servaient de point de rendez-vous aux clandestins qu'il rencontre.

Le 21 juin, tout va jouer contre Jean Moulin.

Il est victime de la Gestapo.

Il est victime des hommes, d'un retard dans son horaire, d'une absence totale de protection, de ces hasards multipliés qui font penser que Dieu a définitivement ouvert la main et que Moulin n'est plus déjà que le frère de ces pauvres pantins décharnés qu'il dessinait, en 1935, pour illustrer un poème de Tristan Corbière.

Le livre est là sous mes yeux, tel que vient de me le montrer le docteur Dugoujon, dans cette maison de Caluire où Jean Moulin a été arrêté le 21 juin 1943.

« Édité par René Helleu, avec 8 eaux-fortes de Romanin » (c'était le nom que Moulin avait adopté pour signer dessins et tableaux). Plus qu'au livre sur beau papier, plus qu'aux poèmes de belle écriture, l'esprit et le cœur de celui qui sait comment le drame a fini s'attardent sur cette illustration des charniers de ce camp de Conlie où des milliers de mobilisés bretons étaient morts de faim, de misère et de froid, en 1870, victimes de l'incurie et, peut-être, de la méfiance du gouvernement de Tours, face à ces chouans.

Jean Moulin a illustré ces vers de Corbière qui chantent la peine et les mortelles angoisses des mobilisés du Morbihan « soldats, catholiques, Bretons… ». Dessinant des cadavres sans nationalité, et des squelettes sans uniformes, c'est Auschwitz qu'il dessine avant Auschwitz, Buchenwald avant Buchenwald.

On eût dit un radeau de naufragés — Misère
nous crevions devant l'horizon
nos yeux troubles restaient tendus vers une terre…
Un cri montait : trahison !

Trahison ! Comme tout serait tristement simple si Jean Moulin avait été victime de la délation d'un traître comme Multon, d'un agent de la Gestapo comme Moog.

Mais au drame de Jean Moulin est mêlé, comme dans quelque tragédie shakespearienne, le drame de René Hardy [1].

1. Hardy fut tout d'abord acquitté le 24 janvier 1947 par la cour de justice de la Seine, mais des faits nouveaux ayant été révélés, il comparaissait en 1950 devant le Tribunal militaire permanent de Paris qui l'acquittait, le 8 mai, à la minorité de faveur.

Je crois entendre une voix qui me crie : « Ne dors plus ! Macbeth a tué le sommeil, l'innocent sommeil ; le sommeil qui débrouille l'écheveau emmêlé du souci, la mort de la vie de chaque jour, le baume des âmes meurtries... »

A l'instant où Barbie a été ramené de force en France, des journalistes, plus soucieux de débusquer Hardy de sa retraite pour arracher une photo triste, une interview coléreuse, que d'exhumer une vérité que deux procès, plusieurs livres, de longues enquêtes n'avaient pu faire éclater, ont remué la boue sans rien comprendre à un drame qui n'était pas celui de leur génération d'hommes de trente ans.

Il ne pouvait en aller autrement et très vite ils se sont tournés vers d'autres sujets, d'autres proies. Oui, tout serait simple, et « dans l'ordre » infâme de la Gestapo, si Hardy — toujours coupable pour les uns, instrument d'un destin malheureux pour les autres — n'était le personnage central du drame dans lequel, avec Jean Moulin, d'autres résistants de haut rang et grandes responsabilités vont être emportés.

Car René Hardy n'est pas un résistant négligeable même si, aujourd'hui, beaucoup escamotent son action passée. Arrêté par la police de Vichy pour avoir tenté de rejoindre les Forces françaises libres, condamné à quinze mois de prison, reprenant la lutte en mai 1942, dès sa sortie de geôle, au sein du mouvement « Combat » dans lequel il deviendra, de par son expérience d'ingénieur de la SNCF, l'un des plus efficaces saboteurs, Hardy, le 6 mai 1943, venait d'être détaché auprès de l'état-major de l'Armée secrète afin de mettre au point le gigantesque plan de sabotage des voies ferrées destiné à paralyser toute la machine militaire allemande à l'instant du débarquement allié.

Hardy ne connaît pas Moulin.

Comment, cependant, se trouvera-t-il mêlé à l'arrestation de Jean Moulin ?

Par l'un de ces hasards dont la vie est fertile.

Angoissé par l'arrestation le 9 juin, à Paris, du général Delestraint, arrestation qui jette bas tout l'édifice si difficilement construit, Jean Moulin se voit dans l'obligation de reconstruire des structures militaires.

Mais parce que le président du CNR ne peut imposer à une collectivité rétive les hommes qu'il a provisoirement choisis (Aubrac pour la zone nord, Lassagne pour la zone sud), en attendant de faire nommer par Londres, à la tête de l'Armée secrète, le colonel Schwarzfeld, il doit convaincre les chefs des mouvements, toujours réticents face à ses propositions et, toujours jaloux de leur autorité, de ratifier ces nominations.

C'est le but de la réunion de Caluire. Mais comme les chefs des mouvements (Jean-Pierre Lévy, Emmanuel d'Astier, Henri Frenay) se trouvent à Londres, c'est à leurs adjoints que Jean Moulin va s'adresser. *Claudius*-Petit et Pascal Copeau facilement convaincus, il se heurte à l'hostilité d'Henri Aubry, le second de Frenay.

Parce qu'il se sent en état d'infériorité, parce qu'il désire être soutenu dans une conversation qu'il prévoit difficile, parce qu'il ne veut pas décevoir Frenay, Aubry décide, avec l'accord de Bénouville, de se faire accompagner à la réunion du 21 (il ne connaît ni le lieu ni l'heure exacte) par René Hardy.

Or deux semaines plus tôt, dans la nuit du 7 au 8 juin, Hardy avait été arrêté à Châlon-sur-Saône, dans le train qui le conduisait de Lyon à Paris, et il était resté trois jours entre les mains de Barbie qui l'avait libéré ensuite, sans qu'il soit possible aujourd'hui de savoir si Barbie, ayant percé à jour la personnalité de Hardy, lui avait proposé alors un « marché », dont sa fiancée, Lydie Bastien, aurait pu être l'enjeu.

Cette arrestation qu'il aurait dû immédiatement révéler, Hardy allait la dissimuler à ses camarades, la dissimuler plus tard à la justice, puisqu'elle ne serait connue, après le procès de 1947, que par l'examen de la feuille de contrôle sur laquelle un employé des wagons-lits avait signalé l'arrestation de deux voyageurs à Châlon-sur-Saône[1].

Refaisant surface à Lyon le 12 juin, Hardy rencontrera de très nombreux résistants : ses camarades du NAP-Fer d'abord, mais aussi Baumel, Bourdet, Aubry, Degliame, Bénouville ; Roiffé, qui est venu de Toulouse ; Schmid, de Limoges ; Garreau, de Montpellier.

Aucun de ces hommes ne devait être inquiété par la Gestapo, alors que chacun d'entre eux représentait une prise importante, et il est certain que lorsque Hardy se rend à Caluire le 21, il ne sait précisément ni où il va, ni qui il va rencontrer, Jean Moulin demeurant pour lui, qu'il s'agisse de son physique ou des fonctions qu'il assume, totalement inconnu.

Il n'en est pas moins vrai que, lorsque le dimanche 20 juin, Aubry rencontre René Hardy, à qui il a donné rendez-vous près du pont Morand, il le trouve assis sur un banc et que, près de lui, sur le même banc, un homme lit, ou feint de lire un journal « largement déployé », dira Aubry — le mot « largement » semblant d'ailleurs excessif, s'agissant des journaux de l'occupation de format réduit et derrière lesquels il était difficile de se dissimuler.

Ce lecteur attentif, c'est Klaus Barbie.

Klaus Barbie qui a vraisemblablement une autre carte dans son jeu puisque Mme Deletraz, résistante du réseau « Gilbert », dépendant du colonel Groussard, une fois arrêtée, a accepté de travailler pour la Gestapo, tout en informant ses chefs du piège qui venait de se refermer sur elle[2]. Lorsqu'elle apprendra qu'une opération est envisagée contre les chefs de la Résistance, Mme Deletraz cherchera à prévenir un officier appartenant à l'organisation de Résistance de l'armée. Elle ne le trouvera

1. A ses camarades — et notamment à Bénouville, qu'il rencontre après sa « libération » par Barbie —, Hardy avait expliqué que, se sentant surveillé, il avait sauté du train dans la nuit en abandonnant ses bagages.

2. André Devigny prendra constamment la défense de Mme Deletraz.

pas et alertera un officier de bonne volonté mais sans contact. Chargée de la filature des résistants qui rejoignent individuellement le domicile du docteur Dugoujon, elle dira qu'elle avait retardé au maximum la marche des Allemands.

Libre en partie de ses mouvements, peut-être eût-elle pu, quitte à se perdre, donner l'alerte à ceux qu'elle suivait, pénétrer au domicile du docteur Dugoujon puisqu'elle était parvenue jusqu'à sa porte, et empêcher ainsi une catastrophe qui sera provoquée sans doute par une suite de trahisons, mais aussi par une lourde addition d'imprudences.

En juin 1983, je me suis rendu à Caluire dans cette maison du docteur Dugoujon où Jean Moulin et ses camarades ont été arrêtés le 21 juin 1943.

L'immeuble de trois étages donne sur la vaste place Castellane, aujourd'hui transformée quotidiennement en parking, mais, en 1943, absolument vide.

Or, aucune précaution n'avait été prise pour assurer la sûreté de la réunion. De la fenêtre du premier étage où se trouvent les résistants arrivés les premiers — le colonel Lacaze, Bruno Larat, Lassagne et Aubry — il était facile [il eût été normal] de surveiller la place sur laquelle ne pouvaient surgir que des voitures ennemies.

Le domicile du docteur Dugoujon n'avait bien qu'une seule entrée… mais deux portes à franchir, puisqu'un jardinet, clos par un mur fermé par une porte de fer, précédait un perron qui permettait, une nouvelle porte franchie, d'accéder à la salle d'attente et au cabinet du docteur.

Contrairement à ce que l'on a écrit, deux possibilités de fuite existaient, malcommodes sans doute, mais praticables par des hommes ayant à sauver leur vie. Il est malheureusement évident qu'elles n'ont pas été repérées avant la réunion. Lorsque Jean Moulin sera arrêté, Londres et la Résistance bâtiront hâtivement, dans l'espoir de le délivrer, des plans allant de l'attaque de fort Montluc à l'attaque de la voiture cellulaire qui le transportait quotidiennement au siège de la Gestapo. Faute d'hommes et de moyens, aucune de ces entreprises risquées n'allait recevoir un commencement d'exécution. Sans doute eût-il été plus raisonnable de faire, le jour même, protéger une réunion de cette importance par quelques hommes armés, comme l'avait proposé, sans être entendu, Marcel Rivière, chef des groupes francs de « Combat ».

Le jeune docteur Dugoujon avait dit à Marguerite, sa bonne : « Des amis de M. Lassagne vont venir, vous les ferez monter dans ma chambre, vous ne leur demanderez rien. »

Marguerite accueille ainsi cinq personnes : Lassagne, Larat, le colonel Lacaze, Aubry, Hardy, qu'elle fait monter au premier étage.

A la suite de malentendus, Jean Moulin, Aubrac, le colonel Schwartzfeld arrivent avec *trois quarts d'heure de retard* chez le docteur où Marguerite, les prenant cette fois pour des clients, les fait entrer dans la salle d'attente où patientent déjà deux authentiques malades : Mme Taveau et Mme Bidan.

Quelques minutes plus tard, le docteur Dugoujon, qui est en train de recevoir une jeune fille et sa mère, voit trois ou quatre hommes gravir les marches du perron. « Ils sont trop nombreux, pense-t-il, je vais les faire monter discrètement. »

Il est bien question de discrétion.

A peine Dugoujon a-t-il ouvert la porte, le voici bousculé par deux gaillards au thorax puissant : « Police allemande, vous avez une réunion chez vous ! » Fait extraordinaire d'ailleurs, les huit policiers allemands, ont, *eux aussi*, trois quarts d'heure de retard sur l'horaire fixé pour la réunion. Les uns pénètrent dans la salle d'attente, les autres montent au premier étage. Vrais et faux malades sont d'abord traités de la même façon, bousculés, frappés — un Allemand se sert du pied d'une table —, injuriés, fouillés, menottés... à l'exception de René Hardy qui conservera son revolver, caché dans une poche intérieure et qui, surtout, relié à un soldat allemand par une simple chaînette, seul traité ainsi, pourra seul s'évader, ce qui aggravera les suspicions qui pèsent sur lui et ajoutera encore aux questions que l'on est en droit de se poser et qui n'ont reçu que bien peu de satisfaisantes explications[1].

Dans la soirée, tous les prisonniers sont conduits à l'école de santé militaire de Lyon où Barbie a installé son quartier général.

Dès les premiers moments de l'interrogatoire, les Allemands savent — par un auxiliaire français qui jette joyeusement une liasse de courrier sur la table et crie : « *Max* est parmi eux » — qu'ils ont capturé le chef de la Résistance française.

Mais ils ignorent qui est *Max*. Alors, de la cave au bureau de Barbie, ils font monter Aubry[2], Larat, Lassagne surtout, Lassagne contre lequel ils s'acharnent, le prenant pour *Max*, le plaçant, à trois reprises, devant un peloton d'exécution pour un simulacre terrible.

Dans la cave, *Max*-Moulin, Aubrac, le colonel Schwartzfeld, arrêtés dans la salle d'attente et qui pouvaient peut-être espérer passer pour des malades (Jean Moulin s'était muni d'une recommandation pour le docteur

< 1. Dans un long entretien en mai 1984, j'ai rappelé à René Hardy la phrase qu'il avait prononcée dans un film : « Personne en dehors de ce crypto-communiste de Jean Moulin n'a été inquiété du fait de mon arrestation. » Il m'a répondu : « C'est vrai, personne n'a été inquiété. Il faudrait qu'ils s'en souviennent tous. » Il m'affirma qu'il ne connaissait pas *Max* (Jean Moulin), mais avait toujours pensé que « l'opération de Caluire avait pour but de faire passer le commandement de l'Armée secrète sous les ordres des crypto-communistes ». Parlant de son arrestation, il me confia que Barbie lui avait dit qu'« il ne fallait pas qu'il [se] considère quitte, qu'il [le] tenait avec un fil ». Cf. *Figaro Magazine*, 19 mai 1984. >

2. A son domicile, la Gestapo va s'emparer de très nombreux documents et de quatre millions. Elle arrêtera également sa secrétaire, Mme Raisin, et plusieurs de ses collaborateurs.

Dugoujon), jouissaient encore d'un traitement relativement privilégié : ils avaient le droit de s'asseoir.

D'après le récit du docteur Dugoujon[1], Jean Moulin ne sera pas interrogé avant le 23 juin vers midi.

Moulin occupait la cellule 130, Dugoujon la cellule 129 et, le mardi 22, le médecin avait croisé Jean Moulin au cours de la promenade. « Je vous souhaite bon courage », a murmuré Moulin. Le mercredi matin, les deux hommes se sont rencontrés à nouveau mais, à midi, deux geôliers viennent chercher Moulin — qui se fait appeler M. Jean Martel, prétend être peintre et propriétaire d'une galerie de tableaux à Nice[2].

L'alibi n'est pas de ceux qui tiennent longtemps.

Le soir, Dugoujon a vu le pseudo-Martel ramené dans sa cellule, le visage en sang, un volumineux pansement autour de la tête.

Le lendemain, 24, c'est une loque humaine que l'on traîne, que les gardiens jettent sur une paillasse.

Le docteur Dugoujon a entendu l'un des gardiens dire : « C'est tout de même honteux », tandis que l'autre expliquait qu'il s'agissait d'un homme dangereux qui ne méritait aucun égard.

C'est dans la soirée de ce 24 juin qu'un soldat allemand (sur ordre, ou compatissant, on l'ignorera toujours) vient tirer le résistant Christian Pineau de sa cellule et lui demande de raser *Max*-Moulin, étendu sur un banc, dans la cour de la prison.

Christian Pineau, à qui les Allemands ont laissé son rasoir, réclame alors au soldat de l'eau, du savon.

> Le sous-officier part chercher lui-même ce que j'ai demandé… Quand j'ai l'eau et le savon, je commence l'opération, en évitant de heurter les parties tuméfiées du visage. La lame n'est pas bonne — elle a servi à couper tant de cheveux —, mais j'arrive peu à peu à dégager le dessus des lèvres, des joues.
>
> Pourquoi cette coquetterie macabre à l'égard d'un condamné à mort ? Pourquoi ces soins de toilette ridicules après l'horreur de la torture ? Ce sont là des choses inexplicables qui relèvent de la mentalité nazie… Le temps passe.
>
> Tout à coup, Max ouvre les yeux, me regarde. Je suis certain qu'il me reconnaît, mais comment peut-il comprendre ma présence auprès de lui, en ce moment ?
>
> — Boire, murmure-t-il.
>
> Je me tourne vers le soldat :
>
> — Ein wenig Wasser.
>
> Il a un instant d'hésitation, prend le quart rempli d'eau savonneuse, va le rincer à la fontaine, puis le ramène plein d'eau fraîche.
>
> Pendant ce temps je me penche sur Max, murmure quelques paroles de réconfort banales, stupides. Celui-ci prononce cinq ou six mots anglais que je ne comprends pas tant la voix est brisée, le débit hoquetant. Puis il boit quelques gorgées dans le quart que je lui tends, perd à nouveau connaissance.

1. Témoignage du docteur Dugoujon.
2. Ce qui est parfaitement exact.

Pineau ne devait jamais revoir Jean Moulin qui sera transporté en voiture à Paris, mais le général Delestraint et Aubry le retrouveront, avenue Foch, au siège de la Gestapo où Boemelburg les interroge.

Étendu sur une chaise longue, Jean Moulin semble plongé dans le coma et lorsque André Lassagne est conduit dans cette villa de Neuilly, où Boemelburg, qui y réside, a fait aménager quelques cellules pour des « détenus de marque », il voit le président du CNR, le crâne enveloppé de pansements, le visage jaune et meurtri, qui respire faiblement. « Seuls les yeux paraissaient vivre en lui. »

« Seuls les yeux paraissaient vivre en lui… »

Sur quel horizon a-t-il porté son dernier regard ?

Les circonstances de sa mort demeurent toujours mystérieuses malgré l'enquête à laquelle s'est livrée Laure Moulin.

Après la guerre — mais que faut-il penser des déclarations faites après la guerre — l'agent de la Gestapo, Misselvitz, déclarera que Jean Moulin avait été soigné par un médecin et un infirmier.

Il ne s'agissait nullement de soins charitables. La Gestapo désirait le « remettre en état » afin de poursuivre son interrogatoire, et c'est sans doute les raisons pour lesquelles son transfert en direction de l'hôpital de police de Berlin fut décidé.

Un rapport d'un commissaire de police de Metz signale sa mort le 8 juillet 1943 et un certificat médical joint précise, sous la signature du médecin major Beschke, qu'il est mort « probablement d'une crise cardiaque » à la date du 8 juillet vers deux heures. Selon d'autres témoignages, c'est peu avant d'arriver en gare de Francfort que Moulin aurait succombé.

Qu'importe le lieu, même si la piété de Mlle Moulin s'est attachée à tout reconstituer du calvaire de son frère ?

Qu'importe que les cendres transportées au Panthéon le 19 décembre 1964 ne soient que les « cendres présumées de Jean Moulin[1] » ?

Jean Moulin était de ces hommes, très rares, que la mort allait grandir encore et à qui elle donnerait une dimension de légende.

S'interroger sur ce qu'il serait devenu — ministre, haut fonctionnaire — est vain ; il rêvait d'ailleurs simplement de se voir attribuer les Beaux-Arts.

Spéculer sur les positions politiques qu'il aurait épousées n'a guère de sens lorsque l'on songe aux variations d'un André Malraux, par exemple, et lorsque l'on sait quel puissant fédérateur d'énergies normalement opposées pouvait être le général de Gaulle.

---

1. En 1983 un cachet postal, daté du 17 juin, prétendit faire de ce jour le « quarantième anniversaire de la mort de Jean Moulin ». Faut-il rappeler que, le 17 juin 1943, Jean Moulin se trouvait toujours en liberté.

Difficilement, imparfaitement, avec des attitudes autoritaires, parfois imposées par la situation, discuté par beaucoup de résistants et discutant beaucoup de résistants, se laissant emporter par des passions qui, de devoir rester clandestines, n'en étaient que plus violentes, Jean Moulin avait contribué plus que tout autre, pendant sa courte vie militante, à l'unification de la Résistance, unification qui n'était inscrite ni dans le tempérament des hommes de terrain, ni même dans celui de Charles de Gaulle dont la volonté trop tendue et l'ambition trop visible rebutaient bien des dévouements.

Sans lui rien n'aurait été pareil. Après lui rien ne sera plus pareil.

Après sa disparition, les journaux clandestins publieront, sous la signature du CNR, une note précisant que « la propagande ennemie [a] exagéré à dessein l'importance de quelques arrestations opérées à Lyon ».

La « propagande ennemie » n'avait rien exagéré. La suite des événements devait le prouver puisque presque tout serait remis en question de ce que Jean Moulin s'était efforcé d'édifier.

Mais du blé et des idées semés, il restait assez pour que germent des moissons. L'hiver allait venir. Un rude hiver pour la Résistance qui avait déjà vu disparaître tant des siens. Un rude hiver pour le peuple français. Mais par-delà les sacrifices, par-delà les deuils et les meurtres fratricides, un hiver de grand espoir.

Paris, octobre 1983.

ANNEXES

Il me paraît indispensable d'informer les lecteurs des informations intéressantes qui me parviennent après la parution de mes ouvrages. A la suite de la première publication (1976-1993) de *La Grande Histoire des Français sous l'Occupation* comme après la parution des deux premiers volumes de la collection « Bouquins », j'ai reçu un certain nombre de lettres et de documents. Voici, en dehors de toute chronologie, ceux qui me semblent les plus dignes d'être retenus.

— Sabotages communistes en 1939-1940
— Deux réactions de l'ambassadeur Raymond Brugère
— « L'Angleterre aura le cou tordu comme un poulet »
— Cinquante otages fusillés près de Bordeaux
— Pierre Alype préfet régional à Bordeaux
— René Bousquet préfet de la Marne
— Le statut d'octobre 1940 et la réaction du docteur Lévy
— « La présence des juifs dans le bureau des amicales d'officiers de réserve n'est pas opportune »
— Une intervention du docteur Ménétrel
— « Nous ne sommes pas les maîtres »
— Demande d'une place d'administrateur de biens juifs
— Drancy : les consignes du lieutenant-colonel Robert Blum
— Le PSF et les juifs
— L'état de santé d'Alain Darlan
— Le général Noguès évoque le débarquement en Afrique du Nord
— La loi Tréveneuc
— L'armée de l'armistice lors de l'invasion de la zone libre (11 novembre 1942)
— Combien de naissances illégitimes pendant l'Occupation ?

SABOTAGES COMMUNISTES EN 1939-1940

«*Par tous les moyens appropriés* [...] *empêchez, retardez, rendez inutilisables les fabrications de guerre*», ces ordres extraits d'un tract communiste diffusé dans la région parisienne en février 1940 allaient malheureusement être suivis d'effets. A la suite du pacte germano-soviétique, d'assez nombreux actes de sabotage furent commis en usine, notamment sur des chars et des avions. Quatre jeunes saboteurs furent fusillés à Bordeaux en juin 1940 (*cf.* volume I «Bouquins», p. 336).

Voici, publié en tribune libre par la revue *L'Alpha* (association des anciens élèves de l'École militaire de l'Air) et reproduit avec son aimable autorisation comme avec celle de l'auteur, le récit d'un sabotage commis sur Morane 406. Le commandant Albert Bannes, qui a confié son témoignage à la revue, a participé à la bataille de France avec le groupe de chasse 2/9. Entré dans l'ORA (Organisation de résistance de l'armée), il prit part à l'organisation de maquis, fut arrêté par la Gestapo et déporté à Dora et Bergen-Belsen.

A la déclaration de guerre, j'étais pilote de chasse à la 3e escadrille à Étampes. Le lendemain, j'ai été muté au centre d'instruction de chasse de Chartres. Les anciens pilotes de guerre de 14-18 étaient rappelés, il fallait les remettre dans le bain et, si possible, les lâcher sur avion de chasse moderne. Nous étions trois moniteurs pour une trentaine d'élèves. On les essayait sur Morane 230, avion biplace ancien mais très bon pour l'acrobatie, pour les lâcher, s'ils se débrouillaient bien, sur avion de chasse moderne : le Morane 406. Même quand tout marchait bien sur 230, la plupart se dégonflaient de partir seuls sur 406. Je n'en ai lâché que trois, dont le célèbre fabricant d'apéritifs Dubonnet, lequel a oublié de payer le traditionnel arrosage qu'on devait payer chaque fois qu'on volait sur un nouvel avion. Mais pendant cette courte période, nous avons essayé des Morane 406 neufs sortant d'usine. Le commandant du CIC nous a convoqués (les trois moniteurs) et il nous a expliqué : «Nous savons que presque tous les 406 sont sabotés en usine. Les mécanos vérifient tout et ils réparent les sabotages, mais avant de les envoyer en escadrille, il faut les essayer en conditions extrêmes. Vous êtes les plus qualifiés... pommade habituelle... Chacun de ces avions montera à 4000 sans effort, et là vous les secouerez au maximum et dans toutes les positions. Si quelque chose casse, vous aurez le temps de sauter en parachute.» Et c'est ce que nous avons fait : un 406 chaque après-midi. Tout s'est bien passé pendant quelques jours, mais un soir je suis monté à 4000 et j'ai entamé la séance. A la première ressource un peu serrée, mon aileron droit s'est mis à flotter dans le vent tout à gauche, j'ai fait plusieurs tonneaux à droite bien involontaires. Je n'étais pas un novice, j'ai redressé et j'ai vu que j'avais des chances de poser cet avion sans faire trop de dégâts. J'ai averti le sol, ils ont fait sortir les camions incendie et fait dégager la piste. Je me suis posé sans rien casser, mais j'avais eu chaud.

Les mécanos ont dû démonter l'aile droite pour s'apercevoir qu'un boulon de 6 avait été remplacé par une tige de bois de 6 dans la commande de l'aileron. Ce sabotage était fait à l'intérieur de l'aile pour que les mécaniciens ne puissent pas le voir, donc au montage en usine. Si la tige avait cassé près du sol, je me serais forcément tué.

Après la guerre, j'ai su que quinze pilotes se sont tués sur des 406 sabotés de différentes façons. Tillon était ministre de l'Air, il a fait rechercher tous les rapports sur ces « accidents » et il a fait tout détruire.

DEUX RÉACTIONS DE L'AMBASSADEUR RAYMOND BRUGÈRE

La première réaction défavorable au discours par lequel le maréchal Pétain demandait l'armistice vint de Belgrade. Chef de mission diplomatique à Belgrade, Raymond Brugère adresse, le 17 juin 1940, à Bordeaux, le télégramme suivant.

Au risque d'être accusé de m'occuper de choses dont je ne possède pas tous les éléments d'appréciation, je ne puis m'empêcher de vous dire la honte qu'au contact permanent avec l'étranger je ressens, à l'idée que nous pourrions traiter avec l'ennemi sans nous être préalablement mis d'accord avec nos alliés britanniques.

A toutes les fautes militaires que notre haut-commandement a commises, c'est en ajouter une d'une portée incommensurable que d'en appeler à la commisération de Hitler, alors qu'en dehors du territoire métropolitain il nous reste des possibilités, même réduites, de résister sur mer, dans l'air et dans nos positions d'outre-mer. La réponse du président Roosevelt, dans le jugement de tous ici, dépassa tout ce que nous pouvions attendre. Loin de nous décourager, elle aurait pu et dû relever notre moral.

Représentant la France dans un pays qui a continué pendant trois ans la lutte à nos côtés sans avoir gardé la moindre parcelle de son territoire, j'éprouve un serrement de cœur à la pensée que les Yougoslaves pourront légitimement dire que ce qu'ils ont fait, nous avons été incapables de l'entreprendre.

Ma résolution est prise : je refuse de servir un gouvernement, fût-il présidé par le vainqueur de Verdun, qui signerait la capitulation de la France.

Resté en poste à Belgrade pendant les semaines qui suivirent l'armistice, Brugère, une fois revenu en France (et placé en position administrative de retraite), ne se priva pas de continuer à donner son opinion. Au lendemain des rafles d'août 1942 en zone libre, il le fit de façon particulièrement forte en écrivant au préfet régional Marcel Ribière (Nice) la lettre suivante.

Mon cher préfet,

Je viens de demander à vous voir. Même en se plaçant, yeux non bandés, sur le plan administratif que vous croyez, à tort, avoir à servir à l'exclusion de tout autre, mon estime pour vous n'arrive pas à s'expliquer que vous vous soyez prêté à la rafle d'hier matin. Celle-ci n'a, vous le savez mieux que personne, d'autre but que de livrer à leurs pires ennemis, sans que vous ayez la possibilité de faire le moindre tri entre eux, de malheureux réfugiés étrangers sans défense, dont la plupart n'ont commis d'autres crimes que d'aimer la France, de l'avoir servie, d'avoir eu confiance en elle. J'ai vécu assez à l'étranger pour savoir jusqu'où pouvaient aller de tels dévouements et les revanches que l'on était impatient de prendre sur eux.

Dès le début du mois, j'avais eu connaissance de la circulaire de M. Bousquet, mais j'avais pensé que vous auriez été de ceux qui en auraient senti tout l'opprobre et auraient peut-être pu nous contribuer à nous éviter nationalement, par un refus de l'appliquer, cette nouvelle descente dans l'Indigne. Le sentiment populaire, lui du moins, ne s'est pas trompé. Je souhaite que des rapports fidèles vous soient donnés sur ses réactions ; voyez-en un écho dans le présent mot que me dicte une amitié attristée mais sincère.

Raymond Brugère
Ministre de France en Yougoslavie de 1937 à 1940

Après avoir tenté de rejoindre de Gaulle à Londres, Raymond Brugère fut arrêté, sur ordre de Vichy, en novembre 1942 et interné à Évaux.

Élevé, après la Libération, à la dignité d'ambassadeur de France, Raymond Brugère fut nommé secrétaire général du ministère des Affaires étrangères par le général de Gaulle, poste qu'il abandonna assez rapidement (par incompatibilité de vues et d'humeur avec son ministre Georges Bidault). Ambassadeur à Bruxelles, il demanda sa mise en retraite en 1947.

« L'ANGLETERRE AURA LE COU TORDU COMME UN POULET »

La phrase est communément, aujourd'hui encore, mise au débit du général Weygand. Dans quelles circonstances *aurait-elle* été prononcée ?

Dans son livre *Weygand*, mon confrère et ami Bernard Destremau reconstitue (p. 598-599) la « fabrication » d'une phrase prétendument historique.

Le 5 avril 1941, de Vals, P. Reynaud écrit au maréchal Pétain : « Si l'on avait retenu ma proposition d'arrêter le combat comme en Hollande (capitulation de l'armée), des pertes auraient été évitées. Il en eût été ainsi si je n'avais dû quitter le pouvoir, succombant à la coalition composée de vous-même, du général Weygand et de la majorité des ministres, *à qui de hautes autorités militaires* affirmaient : "En trois semaines l'Angleterre aura le cou tordu comme un poulet". »

P. Reynaud fait porter une copie de sa lettre à l'amiral Leahy, ambassadeur de Roosevelt à Vichy, qui l'adresse au président des États-Unis. Roosevelt en envoie le double à Churchill. C'est ainsi que le Premier ministre de Sa Majesté put, à Ottawa, faire état de son contenu [le 30 décembre, s'adressant au parlement canadien, en mettant la phrase sur l'Angleterre dans la bouche des « généraux » français sans préciser leurs noms].

« La ferme dénégation de Weygand [devant la Haute Cour] d'avoir jamais prononcé la fameuse phrase, et plus encore l'examen mot pour mot de la lettre de Reynaud, poursuit Bernard Destremau, montrent bien que si une image "fermière" avait été utilisée, elle était le fait de généraux non désignés s'adressant à des ministres non précisés. »

Aucun de ces ministres, dont la plupart étaient des amis de Reynaud, n'a entendu le général Weygand prononcer la phrase en question et le général de Gaulle ne l'a jamais citée.

Enfin — et surtout, car cela devrait clore le débat — M. Bernard Destremau a fait remarquer que M. Paul Reynaud a fait disparaître de ses Mémoires (*La France a sauvé l'Europe*, 1947, p. 565) la phrase de sa lettre au maréchal Pétain dans laquelle il assurait que de « hautes autorités militaires affirmaient : "*En trois semaines l'Angleterre aura le cou tordu comme un poulet*" », dans leur réédition (*Au cœur de la mêlée*, 1951, p. 1026).

Ainsi, en 1951, M. Paul Reynaud prenait-il sur lui de supprimer l'accusation qu'il avait portée contre de « hautes autorités militaires » dans sa lettre du 5 avril 1941 (dix ans plus tôt) au maréchal Pétain. Accusation qui s'était transformée chez d'autres en grief contre le seul général Weygand.

En ne signalant pas cette volontaire omission, M. Paul Reynaud laissait aux historiens le soin de le faire. Mais tous n'ont pas mis dans la recherche le même soin que M. Destremau.

CINQUANTE OTAGES FUSILLÉS PRÈS DE BORDEAUX

Le 24 octobre 1941 au camp de Souges-Mérignac, près de Bordeaux, cinquante otages furent exécutés en représailles de la mort du docteur Reimers, officier supérieur de la Feldkommandantur (sur les circonstances de l'attentat commis le 21 octobre 1941 vers 19 heures 30, boulevard George V par deux cyclistes, *cf.* le tome II de la présente édition, p. 377, 673-674).

Le 24 octobre 1946, le journal *Sud-Ouest* publiait le texte suivant, sur les réactions de l'administration française aux menaces de représailles (menaces qui furent mises à exécution), établi, il faut le souligner, par le Comité d'entente et de coordination de la Résistance girondine.

Dès que l'attentat sur le docteur Reimers fut connu, le préfet de la Gironde, M. Pierre Alype, M. Lartigue, adjoint au maire Marquet absent, furent convoqués à la Feldkommandantur. Ils s'y rendirent avec MM. Chabrier et Muller.

Le feldkommandant était le colonel Wolf. Après une courte allocution de ce dernier sur l'attentat, et une réponse du préfet, le colonel Wolf ordonna les premières mesures, c'est-à-dire couvre-feu à 19 heures, interdiction de circuler entre 19 heures 30 et 8 heures du matin, etc., et arrestation de 100 otages communistes et gaullistes. Il fut également question d'une amende qui serait à fixer par le général von Faber du Faur, commandant le district de Bordeaux.

Le préfet ayant indiqué au feldkommandant qu'il pouvait procéder à l'internement des personnes jugées dangereuses à l'ordre public, mais qu'il ne pouvait pas livrer d'otages aux autorités allemandes, le colonel Wolf maintint son ordre. Les Français se retirèrent.

Après cette visite au feldkommandant, une réunion se tint à la préfecture vers 23 heures, dans le cabinet du préfet, entre Reige, directeur du cabinet, Garrigues, chef du bureau, et Poinsot, inspecteur tristement célèbre de la SAP.

Le préfet mit au courant les personnes présentes de son entrevue avec le feldkommandant et donna des instructions pour que des recherches soient entreprises en vue de découvrir les coupables de l'attentat. Ordre fut également donné à Poinsot, par Reige, de rechercher 100 personnes communistes ou gaullistes et d'en dresser la liste.

Durant la même nuit, du 21 au 22 octobre, le général von Faber du Faur, après avoir été avisé de l'attentat, téléphona au général Dolmann, commandant la 7e armée et alla le voir aussitôt.

Le général Dolmann ne décida aucune mesure. Après cette entrevue, von Faber téléphona à Paris au général von Stulpnagel, commandant les forces militaires en France. Celui-ci répondit qu'il fallait surtout découvrir les auteurs de l'attentat. Il ne fut question alors d'aucune sanction.

Le lendemain matin 22 octobre, von Faber du Faur vit vers 9 heures le général Dolmann, qui lui dit de prendre toutes les mesures pour que cette affaire reste entre ses mains. Après cet entretien, von Faber ordonna le versement par la ville de Bordeaux et les communes limitrophes d'une somme de dix millions de francs. Il en avisa von Stulpnagel. Cette sanction fut alors portée à la connaissance du préfet et du maire de Bordeaux.

Quelques heures après, dans la matinée, von Stulpnagel informa le général von Faber du Faur par téléphone que si les meurtriers n'étaient pas découverts dans les 24 heures, il ferait fusiller des otages. Cette communication fut également faite à la Feldkommandantur et le capitaine Hagen, chef de la police SS, et le conseiller Hernst de la Feldkommandantur en avisèrent aussitôt la préfecture. Von Faber en avisa également le préfet et le maire.

Le préfet se rendit aussitôt chez le général von Faber du Faur et lui demanda d'intervenir à Paris pour éviter cette catastrophe. Von Faber répondit qu'il ne pouvait rien et que c'était à lui, le préfet, de tenter une démarche à Paris, où il avait plus de pouvoir que lui.

Le lendemain 23, les meurtriers n'ayant pas été arrêtés, la poursuite de l'affaire passa entièrement aux mains du commandant militaire en France, von Stulpnagel.

Dans l'après-midi, celui-ci donna directement l'ordre de fusiller les cinquante otages au colonel von Faber du Faur, à la Feldkommandantur et aux SS.

En effet, l'organisation de l'administration allemande était telle que les ordres émanant du commandant militaire en France à Paris étaient adressés directement, en même temps, aux diverses autorités chargées de les exécuter.

Dès que la Feldkommandantur et le service de police SS eurent reçu cet ordre de Stulpnagel, dans l'après-midi du 23 octobre, le conseiller Hernst et le capitaine Hagen se rendirent à la préfecture pour prendre certains renseignements sur les internés administratifs de Mérignac.

Ces deux officiers allemands étaient déjà en possession de la liste des internés qui leur avait été donnée avant l'attentat, en vertu d'un ordre précédent du commandant des forces militaires en France, qui avait prescrit la communication aux chefs des circonscriptions administratives et militaires de la liste des personnes arrêtées par les autorités françaises pour activités communistes ou gaullistes.

Grâce à cette disposition, les Allemands connaissaient à l'avance ceux qu'ils frapperaient, et la machine répressive était prête à fonctionner dans toute sa rigueur. En cas de meurtres ou autres attentats contre les Allemands, ceux-ci avaient sous la main un certain nombre de personnes qu'ils pouvaient transformer en otages immédiatement.

C'est ainsi que les deux officiers étaient porteurs de ladite liste des internés de Mérignac arrêtés en 1940 et 1941, en vertu des décrets-lois du 26 octobre et 18 novembre 1939.

À la préfecture ces deux officiers furent reçus par Reige, qui donna ordre à Poinsot de se mettre à leur disposition. Poinsot fournit donc aux deux officiers tous les renseignements figurant au fichier, et tous les trois dressèrent la liste des cinquante malheureux qui devaient mourir le lendemain.

Quelques instants après, vers 18 heures, la Feldkommandantur téléphona à la préfecture, donnant l'ordre de faire préparer cinquante cercueils pour être déposés au camp de Souges le lendemain matin 24 octobre à 7 heures.

Ce n'est que dans la soirée du 23 octobre, vers 20 heures, que le général von Faber du Faur adressa au maire et au préfet une lettre très courte qu'il fit porter par un officier allemand. Cette lettre était ainsi conçue :

« Pour expier le lâche assassinat de monsieur le conseiller de guerre Reimers, le chef de l'administration militaire en France a tout d'abord décrété de fusiller cinquante otages. L'exécution aura lieu dans le courant de la journée de demain. Au cas où les coupables ne seront pas arrêtés dans les plus bref délais, il faudra compter, comme dans le cas de Nantes, avec d'autres mesures. J'ai l'honneur de donner connaissance de cette décision.

Signé : von Faber du Faur »

Cette lettre, d'une terrible concision, causa une profonde émotion à la préfecture.

Le préfet se rendit aussitôt chez le général von Faber et essaya, mais en vain, de lui faire tenter une ultime démarche. Von Faber déclara qu'il ne pouvait qu'obéir aux ordres de ses chefs, qu'il le regrettait car « désormais un flot de sang existerait entre les Allemands et les Français de Bordeaux ». Le préfet se retira alors sans avoir rien obtenu.

Le soir même, vers 20 heures 45, un commandant de gendarmerie allemande se présentait au camp de Mérignac porteur d'une liste de trente-cinq noms et demandait si ces otages étaient bien présents au camp. Sur réponse affirmative, il se retirait.

Le lendemain matin 24 octobre, vers 8 heures, le même officier se rendit au camp de Mérignac avec des sous-officiers et des soldats qui entourèrent le camp. L'officier remit au directeur la lettre suivante :

« Les trente-trois internés figurant sur la liste ci-jointe sont à remettre tout de suite à la Feldgendarmerie.

Signé : le Feldkommandant Wolf »

Sur cette liste de trente-trois noms, tapée à la machine, deux autres noms avaient été ajoutés à l'encre, ce qui faisait trente-cinq. Les quinze autres otages devaient être pris au fort du Hâ.

On fit chercher les trente-cinq otages, qui après appel par les Allemands montèrent dans deux camions bâchés qui quittèrent le camp vers 9 heures.

Toutes ces opérations avaient été faites par les Allemands seuls car, dès la remise de la lettre du colonel Wolf, le directeur du camp et son personnel français s'étaient retirés.

Vers 11 heures 15, les Allemands rapportèrent les effets et les objets personnels des fusillés, qu'ils jetèrent en vrac dans le bureau du directeur.

Au camp de Souges, la tragédie s'était déroulée ainsi :

Vers 7 heures 30 arriva un camion apportant les cinquante cercueils qui furent déchargés et transportés sur le champ de tir n° 7 et placés derrière les poteaux d'exécution. Ceux-ci étaient au nombre de dix-sept. Trois cercueils furent déposés derrière chacun des dix-sept poteaux. Vers 8 heures 30, sept voitures de tourisme amenèrent des officiers allemands, dont on n'a pas pu encore connaître l'identité. Ces voitures étaient suivies de deux autobus transportant des soldats en armes, constituant les pelotons d'exécution, qui furent disposés face aux poteaux.

Les camions transportant les otages arrivèrent ensuite et s'arrêtèrent à environ un kilomètre du lieu de l'exécution. Ils étaient au nombre de trois, deux venant de Mérignac et le troisième du fort du Hâ.

Vers 9 heures, le premier fut avancé. Il en descendit dix-sept condamnés, les mains attachées derrière le dos, chacun d'eux accompagné par un feldgendarme. Ils furent conduits alors aux poteaux. Ils s'y rendirent en chantant « La Marseillaise » et « L'Internationale ». Puis aussitôt, ce fut le feu de salve, et ce premier groupe de patriotes tomba, fauché par les balles de l'ennemi. Un deuxième groupe de dix-sept suivit, et enfin le troisième. Ces deux derniers allèrent à la mort en silence et les malheureux furent attachés aux poteaux sans que les corps des précédentes victimes aient été enlevés. Ce fut encore un de ces raffinements de cruauté comme seuls les Allemands savent les pratiquer. Ils n'avaient pas les yeux bandés.

Tels sont, en toute objectivité, les événements qui se sont déroulés entre le 21 et 24 octobre 1941.

PIERRE ALYPE PRÉFET RÉGIONAL À BORDEAUX

On l'a vu, en prenant connaissance du texte qui précède, M. Pierre Alype, préfet régional, était en fonctions à Bordeaux lors des événements d'octobre 1941, et il eut à plaider auprès des autorités allemandes la cause des otages.

Le 19 février 1942, l'ambassadeur d'Allemagne demandait que M. Alype soit relevé de ses fonctions « dans les délais les plus rapides ».

> Excellence,
>
> L'ambassade a l'honneur, d'accord avec les autorités militaires allemandes, de faire savoir à Monsieur le ministre français de l'Intérieur que le maintien de M. Alype dans les fonctions de préfet régional de la Gironde n'est plus compatible avec la politique de collaboration franco-allemande.
>
> Elle est, en conséquence, en droit de demander à Monsieur le ministre de l'Intérieur de relever M. Alype dans les délais les plus rapides de ses fonctions.

À partir du 16 août 1942, Pierre Alype fut privé de tout traitement par les autorités de Vichy. Le 18 mars 1945, le Comité d'épuration du ministère de l'Intérieur ne retenait aucune charge contre lui, mais, à la suite d'une campagne de presse menée par le parti communiste, il fut inculpé d'intelligence avec l'ennemi en raison de la répression des menées communistes, et condamné à mort par contumace le 21 octobre 1946 par la cour de justice de Bordeaux.

En 1955, Pierre Alype, s'étant présenté devant le tribunal militaire de Paris, fut acquitté le 20 février après une demi-heure de délibération. Son défenseur avait plaidé « qu'il s'était borné à accomplir les devoirs d'un préfet, en l'espèce un simple agent transmettant les circulaires », mais n'avait en rien été mêlé à la désignation des otages de Mérignac. Il avait rappelé ses interventions, tant auprès de Pucheu à Vichy que du général von Faber du Faur, et avait conclu en citant une phrase du général de Gaulle : « Il faut juger les hommes sur ce qu'ils ont fait, mais aussi sur ce qu'ils ont évité. »

RENÉ BOUSQUET PRÉFET DE LA MARNE

J'ai évoqué dans ce volume René Bousquet, secrétaire général à la Police (*cf.* p. 29, 166-174) et décrit son rôle dans les rafles de juillet 1942, mais je n'ai consacré que quelques lignes à son action comme préfet de la Marne entre 1940 et les premières semaines de 1942.

Au printemps de 1998, alors que j'achevais la révision de ce tome III, M. Guy Bousquet, fils de René Bousquet, publiait un livre sur son père *René Bousquet, préfet de la Marne* (éditions Jean Picollec), travail important et qu'il faut signaler. M. Guy Bousquet apporte de nombreuses preuves sur les attitudes et les sentiments anti-allemands de son père qui, préfet, se rendit en uniforme sur la tombe de deux otages — Dardenne, communiste, et Meslin, fusillés à Châlons — pour y déposer deux couronnes de fleurs aux couleurs tricolores.

Est-ce bien le même homme qui, en juillet 1942, fut responsable de l'exécution, par la police française, des rafles réclamées par les autorités allemandes ?

M. Guy Bousquet, partant de l'expérience acquise par son père dans la Marne, tire cette conclusion : « Il considérait que l'intervention directe allemande et tout autant l'intervention française sous autorité allemande étaient le mal absolu. Lutter contre ces réalités majeures, tel sera son objectif principal lorsqu'il exercera, à partir du 18 avril 1942 et jusqu'au 31 décembre 1943 à Vichy, les fonctions de secrétaire général à la Police. Il réussira alors à obtenir du général Oberg, d'abord pour la zone occupée, pour la France entière ensuite après l'invasion de la zone libre, des déclarations et engagements qui réduiront l'interventionnisme allemand. Certains lui reprocheront quelque cinquante années plus tard d'avoir été, par là même, le complice des rafles. L'Histoire rétablira la vérité en reconnaissant qu'*il n'y avait pas d'autre moyen que de se substituer aux Allemands si l'on voulait efficacement et au mieux possible protéger la population de France.* »

J'ai souligné les dernières lignes de Guy Bousquet. Au nom de la politique du moindre mal avait-on *moralement* le droit de « se substituer » aux Allemands ? N'aurait-il pas été préférable, après avoir lutté pied à pied contre les exigences de l'ennemi, de faire savoir qu'il existait une frontière *impossible à franchir* : celle précisément de la « substitution » d'un ordre français à un ordre allemand… même si la substitution permettait parfois (et non toujours) de « mieux protéger la population de France » ?

C'est la question qui se trouve au cœur du débat.

LE « STATUT » D'OCTOBRE 1940
ET LA RÉACTION DU DOCTEUR A. E. LÉVY

A la suite de la publication par *Le Petit Niçois* d'un article favorable au statut des juifs décidé par les autorités de Vichy en octobre 1940, le docteur A. E. Lévy adressa le 19 octobre 1940 au journaliste auteur de l'article la lettre suivante.

Monsieur,

Je viens de lire, comme je le fais chaque jour, votre article du *Petit Niçois*.

Je vous plains sincèrement d'avoir été obligé d'écrire ce que vous avez publié sous le titre « Nouveau statut ».

Depuis des siècles, des Français de religion juive ont donné à leur patrie des savants, des écrivains, des soldats, des hommes. Sur les tables de marbre de l'Arc de Triomphe, vous pouvez lire des noms de généraux juifs. Sur la liste des membres des cinq académies, vous trouverez des noms juifs.

Je m'honore d'appartenir à une famille française depuis plus de neuf cents ans. Combien de gens qui clament bien haut la pureté de leur sang français peuvent en dire autant ?

Que le gouvernement, sous la pression de l'ennemi actuellement vainqueur, ait été obligé de publier ce décret, je l'admets, tout en le déplorant. Mais qu'un journaliste que je considérais jusqu'à ce jour comme impartial en fasse l'apologie, je ne peux que le regretter et m'en attrister.

Veuillez agréer, Monsieur, mes sincères salutations.

Docteur A. E. Lévy

A. E. Lévy, né le 29 août 1895.

Docteur en médecine de la faculté de Paris.

Diplômé de l'institut de médecine légale et psychiatrie de l'université de Paris.

Engagé volontaire pour la durée de la guerre le 21 août 1914.

Blessé les 14 septembre 1914, 10 juin 1915, 15 octobre 1916. Pensionné à 30 %.

Toujours reparti au front comme volontaire.

Chevalier de la Légion d'honneur à titre militaire.

Croix de guerre 1914-1918.

Volontaire pour le front le 2 septembre 1939.

Affecté à la 3e division légère mécanique.

Croix de guerre 1939-1940 (bataille de Flandre).

Proposé pour officier de la Légion d'honneur (bataille de France).

Arrière-petit-fils de Aaron Hemardinquer, maréchal des logis de la Garde impériale (campagnes du Ier Empire).

Petit-neveu d'Isidore Hemardinquer, sergent major des voltigeurs, médaillé militaire, tué au siège de Sébastopol.

Fils du colonel S. J. Lévy, officier de la Légion d'honneur, mort pour la France (janvier 1915).

Frère du lieutenant aviateur P. P. Lévy, chevalier de la Légion d'honneur, croix de guerre, mort pour la France le 22 mai 1918 (jour de ses 21 ans).

Le 21 octobre, André X, secrétaire général de la rédaction, répondait au docteur Lévy en ces termes.

Cher Monsieur,

Je reçois votre lettre du 19 octobre au sujet du statut des juifs.

Croyez que je l'ai lue avec un vif intérêt, et que je suis plus près de votre sentiment que vous ne le supposez. Malheureusement, il m'est impossible dans une lettre de vous expliquer les diverses raisons qui m'ont fait écrire l'article dont vous me parlez.

Je serais cependant heureux, si vous deviez venir un jour à Nice, de bavarder un moment avec vous, et de mettre au point cette légère controverse qui m'a d'ailleurs peu surpris.

Veuillez croire, Monsieur et cher lecteur, à l'assurance de mes sentiments les meilleurs.

Le docteur Lévy, déporté à Auschwitz, mourut au cours du transfert du camp lors de l'avance de l'armée soviétique en janvier 1945. Un square d'Antibes porte aujourd'hui son nom.

LA PRÉSENCE DE JUIFS DANS LE BUREAU DES AMICALES DES OFFICIERS DE RÉSERVE N'EST PAS « OPPORTUNE »

Le 31 janvier 1942, le commissaire aux Questions juives (alors Xavier Vallat) écrit au lieutenant-colonel X, président de l'association des officiers de réserve d'Avignon, la lettre suivante :

> Mon colonel,
>
> J'ai l'honneur de vous informer que mon attention a été attirée sur la présence, à titre de commissaires, dans l'association d'officiers de réserve que vous présidez, de deux juifs : MM. Naquet et Lévy.
>
> L'un d'eux, M. Achille Naquet, m'avait demandé le 16 décembre si un officier de réserve de religion israélite peut continuer à être membre d'un cercle militaire au même titre que ses camarades d'une autre religion.
>
> La question religion n'étant pas à poser, je lui ai simplement répondu qu'un juif peut faire partie d'un cercle militaire, à condition toutefois qu'il ne soit ni commissaire, ni membre du bureau et qu'il n'occupe pas un emploi de dirigeant.
>
> J'ai appris que M. Naquet n'avait pas compris le sens du renseignement qu'il m'avait demandé.
>
> Je me permet donc d'attirer votre attention sur la présence de ces deux juifs dans le bureau de votre association. Cette présence n'est certainement pas opportune, et je sais l'émotion qu'elle suscite.
>
> La loi interdit aux juifs d'être officiers de l'armée active. Si elle ne leur interdit pas de conserver le titre d'officiers de réserve, ils devraient être les premiers à comprendre que ce n'est pas pour qu'ils se montrent au premier rang d'associations de cette sorte. Les amicales d'officiers de réserve doivent pouvoir trouver assez d'officiers de réserve non juifs pour ne pas être encombrées d'officiers de réserve juifs.

Le lieutenant-colonel X répond sans tarder au commissaire général aux Questions juives en évoquant la composition de conseil d'administration de son association qui, sur dix-sept membres, comprend « deux officiers israélites ».

> Le comité d'administration de notre association comprend un président, deux vice-présidents, un secrétaire, un trésorier et douze commissaires, parmi lesquels ces deux officiers [le capitaine Naquet et le lieutenant Lévy], qui y figuraient antérieurement à la guerre actuelle.

En raison du nouveau statut concernant les Juifs et présumant que des incidents à leur sujet étaient susceptibles de se produire lors de notre assemblée générale du 14 décembre dernier, j'avais dès le 20 novembre demandé au président de l'association des OR de Lyon, chargé d'assurer la liaison avec les autres associations de la zone libre, son avis au sujet de la présence de ces deux officiers dans notre comité : je pensais que les directives à cet égard avaient pu lui être données.

Malheureusement, aucune réponse ne m'étant parvenue avant la réunion du 14 décembre, et en l'absence de texte précis concernant les OR, nous n'avons pas cru devoir éliminer d'office du comité ces deux officiers anciens combattants et décorés, l'un et l'autre, de la croix de guerre.

Notre association compte cent quatre-vingts membres et il est certain que la proportion de deux officiers juifs dans le bureau est excessive, mais cette situation date de plusieurs années et est antérieure à ma présidence.

À la suite de votre lettre précitée, M. Lévy, quoique ayant effectué toute la campagne 39-40 dans un bataillon de mitrailleurs et obtenu la croix de guerre, a accepté dans un but d'apaisement de se démettre de ses fonctions de commissaire. Par contre M. Naquet a fait remarquer qu'il faisait partie du bureau de l'association depuis une dizaine d'années, qu'il venait encore d'être désigné en qualité de commissaire à l'unanimité moins deux voix, et qu'il se refusait à démissionner du comité.

Je vous serais reconnaissant, M. le commissaire général, de vouloir bien me faire connaître si, par analogie avec ce que vous avez décidé au sujet de la présence des officiers juifs dans les commissions des cercles militaires, vous estimez que M. Naquet doit être rayé d'office de ses fonctions de commissaire dans notre association, ou si en raison de ses titres militaires il peut être maintenu dans cet emploi.

J'ajoute que par décision de M. le général commandant la place d'Avignon en date du 27 octobre 1941, M. Naquet avait été radié des membres de la commission du cercle militaire d'Avignon.

Le préfet du Vaucluse ayant, de son côté, interrogé le commissaire aux Questions juives, se vit répondre le 13 mars qu'il y avait lieu « de considérer M. Naquet comme démissionnaire d'office par application de la loi du 2 juin 1941, article 2 paragraphe I, qui interdit aux juifs de faire partie de toutes les assemblées issues de l'élection ».

Deux jours plus tard, le 15 mars 1942, le chef de division délégué, signant pour le préfet, écrit au commissaire général aux Questions juives : « J'ai l'honneur de vous faire connaître que le conseil d'administration de la susdite association ne comporte désormais aucun Israélite. »

UNE INTERVENTION DU DOCTEUR MÉNÉTREL

En janvier 1983, le docteur Drylewicz m'a écrit car, tout en jugeant sévèrement les engagements politiques du docteur Bernard Ménétrel, chef du Secrétariat particulier (et médecin personnel) du maréchal

Pétain, il voulait porter « témoignage pour le docteur Ménétrel et pour l'Histoire ». Ayant travaillé en 1937-1938 dans le même service hospitalier que le docteur Ménétrel, il lui écrivit, en août 1942, pour l'informer de la situation douloureuse dans laquelle se trouvaient sa mère, son père et une de ses sœurs. Il le fit « avec peu d'espoir d'une réponse favorable ou même d'une réponse quelconque ». Quelques jours plus tard, il recevait une copie de la lettre que le docteur Ménétrel avait envoyée le 18 août au préfet du Puy-de-Dôme.

En voici le texte.

> Monsieur le préfet du Puy-de-Dôme.
>
> Il a été porté à la connaissance du Cabinet du Maréchal le cas tout particulier des parents du docteur Drylewicz, externe des Hôpitaux de Paris, demeurant au Fidèle Berger à La Bourboule.
>
> Le père de ce dernier, d'origine polonaise, se trouve actuellement en zone libre en résidence forcée depuis neuf mois. Sa mère, qui a traversé la ligne de démarcation avec l'une de ses sœurs, se trouve depuis près de quatre semaines en résidence forcée à Chauffaillies (Saône-et-Loire).
>
> Le docteur Drylewicz a sollicité de vos services l'autorisation de regrouper ses parents dans la même résidence à La Bourboule. Connaissant personnellement l'intéressé, je vous demanderais de vouloir bien étudier cette affaire et de me faire connaître s'il est possible de lui donner satisfaction.
>
> Signé : Ménétrel

Le docteur Drylewicz ajoute qu'en février 1943 le docteur Ménétrel le reçut à l'hôtel du Parc. « J'ai eu avec lui un entretien cordial et bienveillant, car je désirais avoir des nouvelles de toutes ces masses de dizaines de milliers de gens déportés (ayant eu moi-même un jeune frère déporté à Auschwitz en mars 1942, de Paris, et disparu depuis). Il m'a affirmé alors, l'air préoccupé et gêné, ne pas avoir de nouvelles, me disant que lui-même et d'autres risquaient d'être déportés ("Nous ne sommes plus les maîtres ici…"), m'a conseillé de rester caché, de ne pas me faire voir, car la guerre, pensait-il, serait terminée dans les six mois. » (Bernard Ménétrel parle après Stalingrad.)

« NOUS NE SOMMES PAS LES MAÎTRES »

En juillet 1942, Mme Marcelle Christophe découd l'étoile jaune (imposée en zone occupée, depuis le 7 juin, par les Allemands) de tous ses vêtements et de ceux de sa fille Francine, qui vient d'avoir huit ans. Elle a décidé de quitter Paris pour rejoindre, en zone libre, une partie de sa famille. Mais le 26 juillet, à La Rochefoucauld — ligne de démarcation — Mme Christophe et sa fille sont arrêtées par la police allemande. Avant d'être déportées à Bergen-Belsen en mai 1944, elles auront connu les camps de Pithiviers, Beaune-la-Rolande et Drancy. Pourquoi Bergen-Belsen et non Auschwitz, camp d'extermination vers lequel sont systématiquement déportés les juifs ? Pour quelle raison partent-elles dans un wagon de troisième classe et non dans l'un de ces wagons à bestiaux, presque hermétiquement clos et dans lesquels les Allemands entassaient 60, 80, voire 100 déportés ? Parce que leur mari et père, le lieutenant Robert Christophe, est prisonnier de guerre. Or la convention de Genève prévoit un certain nombre de mesures en faveur des familles de prisonniers de guerre (il est bien évident que le problème de la déportation n'était pas envisagé), et c'est ainsi qu'à Bergen-Belsen Mme Christophe recevra des lettres, ainsi que trois des nombreux colis envoyés par son mari. Il semble surtout que les Allemands aient, initialement, voulu faire de Bergen-Belsen un camp pour « otages » (juifs français, hongrois, hollandais) destinés à être échangés contre des ressortissants allemands internés par les Alliés. Les échanges n'eurent pas lieu, Bergen-Belsen devenant, à partir de l'hiver 1944-1945, un camp vers lequel furent dirigés de nombreux « convois de la mort » partis de Dora, de Ravensbrück, de Mauthausen, la « population » du camp grossit rapidement, passant de 15 000 en décembre 1944 à 48 000 dont 26 000 femmes le 1er mars 1945, enfin 75 000 dans les premiers jours d'avril.

Francine Christophe et sa mère ont vécu la tragédie de Bergen-Belsen car ce camp, en principe un peu différent, devint rapidement aussi horrible que tous les autres. Dans un livre bouleversant, *Une petite fille privilégiée* (L'Harmattan), Francine Christophe a raconté les coups, la famine absolue, le typhus responsable, en grande partie, de milliers de morts (22 000 environ avant la libération du camp par les Britanniques le 15 avril 1944, plus de 13 000 dans les semaines qui suivirent).

Depuis son oflag, le lieutenant Christophe — qui n'imaginait pas le traitement réservé aux déportés de Bergen-Belsen — multipliait les interventions auprès des officiels (mission Scapini notamment), comme auprès de ses amis. Ses interventions furent, le plus souvent, accueillies avec sympathie par des correspondants impuissants. De cette impuissance le colonel Chapuis — du cabinet militaire du maréchal Pétain — fit crûment l'aveu dans une lettre du 30 septembre 1942.

Il répondait au colonel Streiff, beau-père de Robert et Marcelle Christophe, dont il avait été l'un des subordonnés :

> Mon colonel,
>
> J'ai bien reçu votre lettre du 14 septembre et j'ai transmis votre requête à l'Intérieur.
>
> Je ne vous étonnerai pas en vous disant que, n'étant pas les maîtres, notre intervention ne peut guère être efficace. Aussi je ne peux pas vous donner beaucoup d'espoir quant au résultat.

J'ai été très heureux d'avoir de vos nouvelles et vous prie, mon colonel, de bien vouloir agréer mon respectueux souvenir.

Le colonel Chapuis

DEMANDE D'UNE PLACE D'ADMINISTRATEUR DE BIENS JUIFS

Fidèle à la Révolution nationale, M. Raymond X, exploitant forestier au Gabon, avait été interné après la « conquête » du territoire par les gaullistes. Rapatrié, vivant à la maison de repos du Colonial à Antibes, il revendique, en réparation des pertes subies, une place d'administrateur de biens juifs, anglais ou gaullistes. Voici la lettre qu'il a adressée en mars 1942 au commissaire général aux Questions juives (*document inédit*).

Monsieur le commissaire général,

Dans une requête que j'adresse, ce jour, à monsieur l'amiral Platon, sous-secrétaire d'État aux Colonies, je demande au ministre de m'appuyer auprès de votre administration pour l'obtention d'une place d'administrateur de biens juifs, sur la Côte d'Azur (où je séjourne par nécessité de santé). J'ai donc l'honneur de vous communiquer ci-après le passage en question, en vous demandant de bien vouloir le considérer comme posant directement auprès de vous ma candidature au poste précité.

« En attendant votre décision, et dans le but d'assurer immédiatement cette existence dans des conditions de dignité et d'équivalence semblables à celles de ma vie habituelle, j'ai l'honneur, monsieur le ministre, de vous demander de bien vouloir me faire attribuer par monsieur le haut-commissaire aux Questions juives (je vous joins, inclus, copie de la lettre que j'adresse de mon côté à M. Xavier Vallat) une place d'administrateur de biens juifs, anglais ou gaullistes, dans les villes de Marseille, Toulon ou Nice, si possible. Victime coloniale de ces éléments, il me paraît de simple justice d'en obtenir, grâce à votre appui, une première et légère compensation. A cet égard, les fonctions si diverses que j'ai eu à exercer dans mes entreprises africaines, et l'entière charge que j'assumais de la responsabilité totale de la conduite de mon affaire me rendent parfaitement apte, après mise au courant, à la direction d'un grand nombre d'industries ou de commerces. J'ajouterai que, légionnaire 100 % et propagandiste convaincu des idéaux de la Révolution nationale, je donne et donnerai sur cette côte méditerranéenne, où se sont réfugiés tant d'adversaires de la France nouvelle, les gages les plus sûrs d'attachement et de fidélité. En dépit de la réforme définitive que je vais passer, je serai, le cas échéant, un des premiers à revendiquer un poste dangereux, dans les cas graves où la France devrait faire face à une attaque anglaise ou à des tentatives de révolution maçonnique ou judéo-communiste. Si l'État nouveau peut compter sur moi, il m'est sans doute permis d'escompter que la réciproque existe… »

DRANCY : LES CONSIGNES DU LIEUTENANT-COLONEL ROBERT BLUM

Dans son livre *Drancy, un camp de concentration ordinaire* (*cf.* ci-dessus, p. 188), Maurice Rajsfus cite plusieurs des 175 notes de service rédigées par le lieutenant-colonel (de réserve) Robert Blum, qui signait « commandant le camp de Drancy ». Il n'était que l'exécutant supérieur chargé de faire appliquer les consignes allemandes, mais il montra un excès de zèle qui fit de lui « l'*alter ego* du colonel Nicholson [...] du *Pont de la rivière Kwaï* ». Robert Blum avait la même « religion de l'ordre », qui lui commandait de coopérer à la bonne marche du camp, y compris à la préparation des convois de déportation.

Rafsjus écrit encore : « Les internés juifs qui allaient prendre les principaux postes de la direction intérieure du camp avaient un point commun : tous étaient d'anciens combattants (1914-1918 ou 1939) [...]. La règle sera simple : les nazis garderont le camp et fixeront les axes essentiels de leur politique. Ce sera aux internés d'organiser les services pour un bon fonctionnement de l'institution concentrationnaire et de ses rouages essentiels. Robert Blum correspondait au profil de ce commandant dont les SS avaient besoin. Il transmettra les consignes puis, rapidement, se laissera prendre au *mirage du commandement.* »

Voici quelques exemples de sa sèche manifestation d'autorité :

> *Appel du matin* [9 juillet 1943]. — Aussitôt l'appel du matin rendu, au commandement « Travailleurs, sortez des rangs ! » les hommes désignés la veille se porteront rapidement du côté de la cour où ils seront réunis par les chefs de corvée et conduits en ordre sur les lieux de leur travail. A ce même commandement, les employés sortiront des rangs et gagneront rapidement et directement leur poste de travail. Il est indispensable, pour éviter toute perte de temps et une station inutile dans la cour, que les mouvements prescrits soient effectués avec la plus grande célérité.

Pour la rentrée du soir, le style est le même. Robert Blum signifie aux internés que « la rentrée dans les chambres ne s'effectue pas assez rapidement après le coup de sifflet final » et que trop d'entre eux « continuent leurs conversations ou éprouvent subitement le besoin impérieux de se rendre au grand château [les latrines de la cour centrale] ». « Qu'ils prennent leurs précautions à l'avance, de façon à ce que les cours et galeries soient vidées immédiatement ! »

En prévision d'une inspection des autorités allemandes, mécontentes de la mauvaise tenue de certaines chambres, Blum ordonne un grand nettoyage.

> Demain matin, dès le réveil, tout le monde se mettra au travail. Il faut que le casernement, chambres, escaliers et cours soit dans un état de propreté

impeccable. Pour la revue, les lits seront faits, les couvertures bien tendues, les objets personnels devront être placés à la tête de chaque lit. Il est interdit de laisser du linge pendu dans les chambres. Les internés ne doivent à aucun moment rester sans rien faire… »

Au moment de la formation d'un convoi de 1 000 personnes à destination d'Auschwitz, Blum se fait le parfait interprète des ordres de l'occupant.

D'ordre des autorités allemandes :

Le départ du contingent de la catégorie B [les déportables] aura lieu demain 31 juillet à une heure qui sera fixée ultérieurement. Une heure avant le départ, les groupes de 50 personnes seront réunis dans les chambres sous les ordres de leurs chefs de groupe. Ceux-ci devront être porteurs de la liste nominative des personnes de leurs groupes.

Les bagages seront préparés, ils devront être soigneusement empaquetés et porter lisiblement le nom et le matricule de leur propriétaire. Tout le monde devra être prêt à descendre dans la cour aussitôt que l'ordre en sera donné. Pour le départ, les groupes seront formés dans l'ordre suivant : (suivent les 20 groupes de 50).

Aucun changement de groupe ne pourra être admis, chaque groupe formant le personnel devant être embarqué dans un wagon.

Pour descendre des chambres et chaque fois qu'il y aura un mouvement à faire, les chefs de groupe (Wagonordner) à brassard blanc et rouge marcheront en tête de leur groupe. Les chefs de groupes adjoints (à brassard blanc) marcheront en queue des groupes et devront veiller à ce que tout soit bien en ordre et qu'il n'y ait pas de traînards ou de personnes s'écartant des groupes. Chaque groupe sera muni de trois seaux qui seront emportés dans le wagon.

Les distributions de vivres en route auront lieu par le soin des chefs d'escaliers et des Wagonordner à une heure qui sera fixée ultérieurement. Les vivres seront touchés aux cuisines par des corvées constituées sous les ordres des chefs de groupe et sous la surveillance des chefs d'escalier. La répartition sera faite dans les groupes sous la responsabilité des chefs de groupe.

Au moment du départ, les cours devront être totalement et rigoureusement évacuées. Les infirmeries, les chambres, les bureaux, les ateliers seront consignés, les fenêtres en seront fermées. La circulation sous la marquise est totalement interdite.

« Jugulaire, jugulaire », « pète-sec », maniaque de la discipline, certes tout cela est vrai. Mais Robert Blum, parfaitement informé du creusement d'un tunnel d'évasion, n'en souffla mot et, déporté en novembre 1943 après 135 jours de « commandement », paya de sa vie son silence, ayant ainsi une fin moralement très différente du personnage du roman de Pierre Boulle *Le Pont de la rivière Kwaï*.

LE PSF ET LES JUIFS

Dans les années qui ont suivi la guerre, le Parti social français créé et dirigé par le colonel de La Rocque a été soupçonné de sympathie pro-allemande alors que son chef avait appartenu à un réseau de résistance, avait été déporté, et que le nombre de ses membres entrés en résistance avait été important. On trouvera ici une fiche de renseignements (Archives nationales F7 15345) rédigée par le service des Sociétés secrètes, créé par un arrêté du ministre de l'Intérieur en date du 15 décembre 1941. Ce service avait pour mission de dénoncer les activités gaullistes, juives et communistes.

L'influence juive sur le PSF

Le PSF serait soumis à de fortes influences juives.

L'entourage immédiat du colonel de La Rocque serait composé des personnalités suivantes :

CARVALHO, juif, secrétaire particulier de La Rocque.

PFEIFFER, juif, franc-maçon, ancien secrétaire du parti radical.

SILBERBERG — alias Silbert —, juif, délégué à la presse.

WORMSER, juif, conseiller aux comptes (achat du *Petit Journal*).

BARRACHIN, apparenté à la famille juive Lazare-Weiller, directeur politique.

DEVAUD, marié à une juive (famille Gougen-Heim), ex-député du PSF.

ROBBE-COHEN, fils d'une juive (famille Cohen), chef des parlementaires du PSF.

THIBAUD, fils du violoniste J. Thibaud, dont la mère était juive (famille Goldsmith).

LANGE, juif, rédacteur au *Petit Journal*.

TREICH, juif, rédacteur au *Petit Journal*.

SCHWOB — alias d'Héricourt —, juif, commanditaire du *Petit Journal*, 300 actions (ex VN du 16e, Paris).

STERNBERG — alias de l'Armella —, juif, commanditaire du *Petit Journal*, 1 100 actions (ex VN du 17e, Paris).

JAVAL, juif, commanditaire du *Petit Journal*, 1 500 actions.

Le fait que l'entourage du chef du PSF finance d'une façon importante le *Petit Journal* pourrait expliquer les sentiments amicaux que M. de La Rocque a toujours manifestés vis-à-vis des Israélites. Les déclarations suivantes ont en effet été décrites ou prononcées par lui au cours de ces dernières années :

« Nos camarades israélites sont assurés de notre affection fraternelle... (*Le Flambeau*, 13 février 1937).

« Nos camarades israélites, dans les rangs desquels je compte plusieurs de mes plus chers amis... »

« Je fais appel à tous les Israélites, et Dieu sait si nous en avons de très nombreux et de très chers dans nos rangs... »

D'ailleurs, l'adhésion au PSF a été vivement conseillée à tous les juifs par les diverses organisations israélites, comme le meilleur moyen de défense [contre] les campagnes antisémites, le parti de La Rocque étant considéré comme essentiellement national. *L'Univers israélite* ne dissimulait pas ces sentiments puisqu'il écrivait en 1937 : « Le colonel de La Rocque ne nourrit pas de mauvaises intentions à notre égard ; mieux, j'affirme qu'il est le meilleur rempart contre l'antisémitisme. »

A la suite des événements récents qui ont bouleversé la France, certains de ces personnages ne jouent peut-être plus le même rôle qu'auparavant, mais ils sont prêts à étendre leur emprise financière sur le parti de La Rocque pour l'exploiter, le cas échéant, au profit de la juiverie internationale.

2 février 1942.

L'ÉTAT DE SANTÉ D'ALAIN DARLAN

Le docteur de Lavedan de Casaubon, médecin d'Alain Darlan, m'a amicalement confié avant sa mort le témoignage suivant. Il est important, dans la mesure où certains auteurs ont mis en doute la gravité de la maladie d'Alain Darlan. Sur les liens existant entre l'Amiral et son fils, il apporte un éclairage nouveau.

Le 17 octobre 1942, alors que je faisais mes visites en ville [à Paris], un coup de fil de l'amiral Darlan demandait que je sois à l'écoute à 13 heures. Il m'annonçait qu'Alain, que je soignais à Paris, me réclamait à Alger, où il était hospitalisé pour une poliomyélite contractée à Sfax (Tunisie), alors qu'il faisait une inspection pour sa compagnie d'assurances.

Je ne pouvais qu'accepter et, le soir même, muni d'une petite valise, je prenais le train pour Vichy, où m'attendait l'Amiral. Il était bouleversé, car Alain était son fils unique. Il me fit promettre de l'appeler si l'état de santé d'Alain s'aggravait.

Le 18 octobre, je prenais l'avion pour Marseille, et de là l'hydravion qui me conduisit à Alger.

A mon arrivée à l'hôpital d'Alger, Alain était dans un état très grave : quadriplégie (paralysie des quatre membres), respiration très difficile, tension artérielle très basse. Son état, malgré tous mes efforts, ne faisait qu'accentuer sa déficience motrice, son cœur faiblissait, si bien que le jeudi matin (trois jours avant le débarquement) j'adressais, à 6 heures du matin, par l'intermédiaire de l'amiral Fenard, un télégramme à l'amiral Darlan (dont j'ai conservé le contenu), le priant de se rendre au chevet de son fils mourant.

Le matin même, vers midi, l'Amiral, accompagné par son chef de cabinet l'amiral Batté et par son ordonnance le commandant Hourcade, débarquait à l'aérodrome d'Alger, venu dans son avion personnel et sans aucune escorte.

A son arrivée à l'hôpital, il se précipita au chevet de son fils et sortit en larmes de la chambre pour me dire : « Même infirme pour la vie, faites tout votre possible pour me le conserver. »

Je m'acharnais, avec les moyens à ma disposition, injections intramusculaires de Syncardon, toni-cardiaques, à sauver mon malade, âgé de 28 ans, marié, sans enfant.

Mes efforts devaient aboutir à un redressement de la situation, si bien que, le samedi, j'allais dîner chez l'amiral Fenard. Assis à côté de l'amiral Darlan, je recevais ses remerciements pour avoir conservé Alain en vie. Je lui dis : « Amiral, vous pouvez repartir demain si vous le désirez. J'espère ne pas avoir à vous rappeler. » Il me fit alors cette réplique (*sic*) : « Non, j'attendrai jusqu'à lundi, car j'ai appris qu'une escadre avait quitté Gibraltar et voguait en Méditerranée. Je suppose qu'elle se dirige sur Tripoli ou Bengazi, et je ne tiens pas à me faire descendre comme ce pauvre Chiappe, car je suis venu sans aucune escorte. » Ceci prouve que Darlan ignorait totalement le débarquement qui se produirait à Alger la même nuit au petit jour du dimanche 8 novembre 1942.

Je regagnais donc l'hôpital Maillot, où je couchais, faute de place, dans la salle de bains réservée aux aliénés, car Alain était placé dans le service de neuro-psychiatrie.

A l'aube, j'entendis des coups de feu que je reconnus facilement pour être tirés par des canons, ayant fait la guerre en première ligne dans un régiment d'infanterie de forteresse.

Je me rendis aussitôt dans la chambre d'Alain et trouvai celui-ci éveillé. Il me dit : « C'est le débarquement américain. J'étais au courant. Murphy (attaché d'ambassade) m'avait rendu visite, il y a deux jours [...]. »

Quant à Alain, sur la demande des autorités et avec mon accord, il fut transféré à bord d'un avion Douglas à l'hôpital Marie-Feuillet de Rabat, où l'on m'avait affirmé qu'il disposait d'un « poumon artificiel » et qu'il serait ainsi à l'abri des bombes lâchées sur Alger par un avion allemand et dont l'une était tombée sur l'entrée de l'hôpital Maillot.

C'est à Rabat qu'un coup de fil de l'amiral Battet devait m'apprendre l'attentat mortel contre Darlan (24 décembre 1942). Alain accusa cette nouvelle stoïquement car il s'y attendait, me dit-il.

Son état général était un peu meilleur, quoique toujours paralysé, mais avec une escarre fessière qui mettait le sacrum à nu.

Après la mort de l'Amiral, début janvier 1943, son épouse vint nous rejoindre à Rabat.

Sur les instances renouvelées du consul américain Murphy, porte-parole du président Roosevelt, nous étions invités à nous rendre aux États-Unis.

Le 24 avril 1943, nous quittions Rabat via Casablanca, où nous embarquions sur un paquebot de ligne, le *Mariposa*, qui servait au transport des troupes. En zigzaguant pour éviter les sous-marins allemands au large de Casablanca, nous débarquions à New York, où l'amiral Fenard nous mettait aussitôt dans le train pour Atlanta (Georgie), où nous étions les invités de Roosevelt à la « Warm Spring Fundation », spécialisée dans le traitement des séquelles de polios (3 mai 1943). Alain était accompagné de sa mère, de son épouse et de moi-même, muni d'un ordre officiel de mission (car je n'étais pas démobilisé) signé par le général Noguès, résident général au Maroc.

Dès le lendemain de notre arrivée, après avoir pris connaissance du dossier médical, Alain fut plâtré du buste jusqu'aux pieds, laissant une ouverture au niveau des fesses pour permettre de laisser le sacrum à l'air et de le tourner plus aisément sur les côtés. L'escarre finit par guérir et, après une rééducation intensive des membres, il put se déplacer dans une petite voiture roulante.

1955 : LE GÉNÉRAL NOGUÈS ÉVOQUE LE DÉBARQUEMENT EN AFRIQUE DU NORD

En juin 1943, dans les jours qui suivirent l'arrivée du général de Gaulle en Algérie, le général Noguès, qui avait dû démissionner de tous ses postes, se retira au Portugal. Le 28 novembre 1947, la Haute Cour de justice le condamna par contumace à 20 ans de travaux forcés et à l'indignité nationale.

En 1955, le général Noguès se présenta devant la Cour qui devait le condamner à l'indignité nationale et le relever immédiatement de cette peine. L'instruction avait été conduite par Guy Raïssac, conseiller à la cour de Paris, secrétaire général de la Haute Cour de justice. Voici un extrait du procès-verbal d'interrogatoire du 27 mai 1955. Le général Noguès y évoque alors des faits vieux de plus de douze ans.

Demande. — Voulez-vous maintenant, je vous prie, me donner avec toute la précision désirable et selon une chronologie précise, votre relation des événements survenus dans la nuit du 7 au 8 novembre 1942 ?

Réponse. — Le 7 novembre au soir, en proie à un accès de paludisme en voie d'amélioration, mais qui m'avait interdit de me rendre à Oujda saluer M. Gibrat, ministre des Travaux publics, ni de l'accompagner dans son voyage d'inspection, je suis resté seul à la Résidence, car M. Meyrier, ministre plénipotentiaire à la Résidence, M. Voizard, secrétaire général de la Résidence, ainsi que mon officier d'ordonnance étaient allés recevoir M. Gibrat en mes lieu et place.

En raison de mon état de santé, je me suis couché de bonne heure, vers 23 heures, sans avoir vu personne et je rappelle qu'à cet instant aucune indication d'aucune espèce ne m'avait été fournie sur les événements qui allaient se produire.

Demande. — Il résulte du journal de marche de la division de Marrakech que le 2e bureau de cet état-major aurait avisé Rabat le 7 novembre dans l'après-midi de renseignements laissant prévoir une attaque imminente du littoral par les forces armées anglo-américaines. Veuillez vous expliquer sur ce point.

Réponse. — Vous m'apprenez l'existence de ce renseignement qui, s'il a été transmis, ne l'a été qu'à l'état-major du général commandant supérieur des troupes du Maroc. En tout cas, on ne me l'a pas répercuté.

Demande. — Veuillez poursuivre votre exposé.

Réponse. — Le 8 novembre 1942, à 2 h 15, j'ai eu la surprise d'être réveillé par mon neveu par alliance, le capitaine de Verthamon, officier d'ordonnance du général Béthouart, qui venait m'annoncer, par une lettre personnelle du général Béthouart, que celui-ci venait de prendre le commandement du Maroc au nom du général Giraud. A cette lettre du général Béthouart étaient jointes diverses copies de pièces ne comportant ni signatures ni la moindre garantie d'authenticité et ne contenant aucune précision sur le débarquement effectif non plus que des lieux de débarquement en dehors de l'heure prévue pour 5 h, précision qui devait d'ailleurs se révéler erronée.

Ces pièces étaient composées de : 1) le texte des accords Giraud-Murphy ; 2) le plan général de l'opération projetée, prévoyant cinq cent mille hommes et deux mille avions ; 3) un ordre du jour sans signature du général Mast, proclamant que, devant la menace d'une attaque imminente des Allemands en Afrique du Nord, le gouvernement avait décidé de s'y opposer par la force et avait accepté l'aide offerte par les États-Unis.

J'ai été frappé de constater qu'aucune lettre du général Giraud, sous le couvert de qui était montée l'opération, ne figurait parmi ces pièces.

Pendant que se déroulait cette conversation avec mon neveu, la Résidence était brusquement cernée par un bataillon d'infanterie coloniale du Maroc. La porte officielle de la Résidence était enfoncée, l'adjudant de service, tentant de s'opposer à l'irruption de ces intrus, était blessé d'une balle au ventre.

Les éléments de la compagnie de garde ont été désarmés et faits prisonniers alors qu'ils se portaient au secours de la Résidence. Je précise que la Garde noire, qui était de service à la Résidence cette nuit-là, avait un armement démuni de cartouches.

Au cours de ces heures, les généraux Lascroux, Lahouille et tous mes collaborateurs militaires ont été pris dans la souricière.

J'ai considéré, dès cet instant, que cette intervention brutale, revêtant l'aspect d'un coup de force contre les autorités militaires et le gouvernement du protectorat, se présentait comme une sédition militaire pure et simple. J'ai redouté, à ce moment-là, de me trouver en présence d'un mouvement politique intérieur, bénéficiant de complicités militaires, qui aurait pu dégénérer en guerre civile dont le déroulement aurait entraîné une intervention certaine des troupes allemandes.

J'ai estimé qu'il fallait d'abord assurer la continuité du commandement et proclamer l'alerte générale pour maintenir l'ordre dans le pays.

Demande. — A ce propos, un sieur Rolland, lieutenant d'infanterie coloniale, prétend qu'il vous aurait arrêté et gardé pendant près d'une demi-heure sous la menace d'un revolver. Le récit que fait ce témoin est-il sérieux ?

Réponse. — Cette histoire est inventée de toutes pièces car personne ne m'a arrêté au sens propre du terme.

Demande. — Je vous demande à nouveau de reprendre votre exposé.

Réponse. — Après m'être rapidement habillé, je suis descendu dans mon bureau, en compagnie du capitaine de Verthamon et sans qu'on mît obstacle à mon passage. Mettant à profit une liaison directe et secrète que j'avais avec l'Amirauté à Casablanca, j'ai aussitôt téléphoné vers 2 h 30 à l'amiral Michelier pour lui annoncer le putsch Béthouart et le prévenir que, dans le cas où je serais fait prisonnier, c'est lui qui exercerait mes attributions civiles et militaires.

L'amiral Michelier était déjà prévenu du mouvement Béthouart par un officier de Marine et il en avait eu confirmation par le propre chef d'état-major du général Béthouart, qui lui avait apporté à 2 h des documents analogues à ceux qui venaient de m'être soumis. Il me prévint qu'il avait déjà prescrit l'annulation des ordres lancés par le général Béthouart et qui prévoyaient, pour 5 h du matin, l'arrestation des membres allemands de la Commission d'armistice. J'ai aussitôt ratifié la prise de position de l'amiral Michelier et l'ai invité à entrer en contact avec le général Desre, commandant la brigade de Casablanca, pour que nous sachions à quoi nous en tenir sur ses intentions.

Pas un seul bateau à cent kilomètres des côtes du Maroc…

En ce qui concerne le débarquement dont faisaient état les pièces remises par le général Béthouart, l'amiral Michelier me rendit compte qu'aucun renseignement n'avait signalé la présence de forces dans l'Atlantique en dehors du convoi qui venait de passer en Méditerranée.

Le renseignement maritime que venait de me fournir l'amiral Michelier m'a convaincu de plus en plus que le mouvement Béthouart constituait une opération de dissidence fondée sur un accord prétendu entre le général Béthouart et les généraux commandant les régions.

A cet instant, vers 2 h 45, et au moyen d'une autre ligne téléphonique qui n'avait pas été coupée, j'ai pu entrer en communication personnelle avec les généraux commandant les trois divisions (Fès, Meknès, Marrakech), je leur ai indiqué ce qui venait de se passer et leur ai prescrit d'assurer l'application de l'ordre d'alerte générale comportant la mise en état d'alerte de tous les secteurs de défense.

Demande. — Le journal de marche de la division de Marrakech précise qu'à 3 h 15, au cours de votre entretien avec le général commandant cette grande unité, vous lui avez précisé que « si les forces américaines tentent de débarquer, il est ordonné de s'y opposer par les armes ». D'un autre côté, à Meknès, le général commandant la division de cette ville a pris, à 2 h 30, des dispositions pour mettre en route des éléments pour prendre la défense de la côte. Veuillez me donner quelques explications à cet égard.

Réponse. — J'ai essentiellement prescrit l'annulation des ordres lancés par le général Béthouart et remis en vigueur les dispositions du plan de défense. Au cours de mon entretien téléphonique avec le général Martin, je ne croyais pas encore à l'éventualité d'un débarquement, mais les événements qui venaient de se dérouler imposaient la prise de précautions particulières.

Sur la phrase proprement dite que vous me signalez, je n'ai certainement pas prononcé les mots que me prête le journal de marche de la division et qui me semblent visiblement inspirés par un excès de zèle dû à l'indignation que venait d'éprouver le général commandant la division à la suite des nouvelles que je venais de lui annoncer.

Je précise même que, vers 5 h 30 du matin cette nuit-là, j'ai dû tempérer l'ardeur que manifestait ce chef.

Demande. — Que s'est-il passé à partir de 3 h ?

Réponse. — Vers 3 h du matin, j'ai reçu un coup de fil de l'amiral Michelier me rendant compte que le général Desre, commandant la brigade de Casablanca, s'était mis à ses ordres et qu'il l'avait confirmé dans le commandement abandonné par le général Béthouart. J'ai ratifié cette mesure. Il m'a ajouté que l'océan était libre et que, s'il y avait un essai de débarquement américain, il se limiterait à un commando.

[*Sur interrogation*] Vers 3 h 30 GMT, j'ai fait téléphoner à l'amiral Michelier pour lui demander de vérifier à Alger quelle était la position prise par le général Juin. Ainsi a été fait au moyen d'un message daté de 3 h 30 GMT. Cette demande de précision de ma part était due au fait qu'un message d'Alger de 2 h 35 GMT venait de m'informer que l'attaque sur Alger était commencée. Cette nouvelle, en effet, était de nature à confirmer que le Maroc était exclu de l'opération.

La réponse à ma demande fut à 5 h 20 GMT : « L'Algérie se défend », puis, à 6 h 28 GMT, l'annonce que l'amiral Darlan, sur place, agissait et commandait en plein accord avec le général Juin pour la défense de l'Afrique du Nord.

Entre 3 h et 6 h 30 du matin, je me suis essentiellement consacré au dégagement de la Résidence en alertant les troupes qui devaient participer à cette opération.

Vers 5 h 30 toutefois, le colonel Piatte, qui dans l'intervalle avait pu me rallier, a téléphoné à l'amiral Michelier pour lui demander quelle était la situation. L'amiral lui répondit qu'il n'y avait pas un seul bateau à cent kilomètres au large des côtes du Maroc.

Mes contacts avec l'amiral Michelier se sont donc limités à deux ou trois communications téléphoniques directes, non compris la communication de mon chef de cabinet.

Noguès ne reçoit pas le consul américain

Demande. — Veuillez m'indiquer les motifs pour lesquels vous n'avez pas cru devoir recevoir le consul américain, porteur de messages du président Roosevelt, alors que cette démarche confirmait les dires du général Béthouart.

Réponse. — Le consul américain Mayer s'est présenté à la porte de la Résidence vers 6 h 45, après avoir franchi non sans difficultés le cordon de troupes qui m'isolait de l'extérieur. Il m'a fait transmettre les plis dont il était porteur par l'entremise du chef de cabinet diplomatique. Je n'ai pu le recevoir à cet instant car je venais d'être avisé d'une deuxième irruption probable en force du bataillon d'infanterie coloniale du Maroc et ne tenais pas à ce qu'il fût pris dans une bagarre. D'un autre côté, j'étais en train de prendre toutes dispositions utiles avec le général Leyer, notamment pour la mise en place d'un dispositif militaire suffisant autour de la Résidence pour permettre d'éviter un engagement sanglant entre troupes françaises.

Je n'ai pas cru qu'il s'agissait réellement d'une lettre personnelle du président des États-Unis, étant donné la nature des documents qui m'avaient été remis en même temps et qui n'avaient qu'un but visible de propagande.

Sous la pression des événements qui se déroulaient à l'instant même, j'en ai remis la lecture à un moment plus tard. Or il n'y avait plus rien à faire, car à ce moment-là le débarquement commençait. Des deux côtés, le sort en était jeté et il était impossible d'éviter le combat.

Je déplore que le message du président Roosevelt m'ait été remis à une heure et dans des conditions telles qu'il ne m'était plus possible de modifier le cours des événements.

Il est fâcheux que les chefs militaires responsables de l'Afrique du Nord aient été tenus à l'écart d'un projet dont ils auraient facilité la réalisation s'ils en avaient été informés en temps utile.

[*Sur interrogation*] J'ai, à cet instant (6 h 50 environ), prévenu l'amiral Michelier de la démarche faite par l'agent consulaire américain, en lui indiquant que j'avais jugé impossible de lui donner une suite. Je serais extrêmement surpris d'avoir pu, à l'occasion de la remise de ce pli, parler d'un

« rejet d'ultimatum », car cette intervention du consul n'avait aucun caractère militaire et qu'au surplus les hostilités venaient de commencer.

Au cours de cette conversation de 6 h 50 environ, l'amiral Michelier m'a fourni les premiers renseignements militaires sur le débarquement, en m'annonçant la tentative de forcement du port opérée à Safi à 6 h 20 par deux torpilleurs américains.

Quelques minutes plus tard d'ailleurs et successivement, j'ai appris que des débarquements s'opéraient à Port-Lyautey, puis plus tard à Fédala.

Ces opérations ont été suivies, vers 7 h 15, d'une attaque aérienne exécutée par l'aviation américaine sur les aérodromes de Rabat et de Salé.

Un quart d'heure plus tard environ, une nouvelle tentative de pénétration en force dans la Résidence a été effectuée par une section de militaires du RICM. Un court engagement s'en est suivi avec celles de mes forces qui faisaient barrage et, à la suite d'un bref échange de coups de feu, dont l'effet s'est heureusement limité à un seul blessé, tout est rentré dans l'ordre.

C'est après cet incident que je me suis mis en rapport avec le général Béthouart pour lui enjoindre de renvoyer le bataillon à son poste de combat et de venir se constituer prisonnier à la Résidence. Ce qui fut fait.

Le général Béthouart a été gardé à vue dans un bureau de la Résidence avec son équipe durant quelques heures, et je ne les ai fait transférer à Meknès qu'après réception de deux télégrammes successifs du gouvernement de Vichy, déjà alerté en dehors de moi, et m'enjoignant de les déférer immédiatement devant une cour martiale.

[*Sur interrogation*] Le texte du télégramme que j'ai fait parvenir à Vichy ce jour-là à 9 h 45, pour rendre compte de la situation et préciser que le Maroc se défendait, est exact.

Toujours au début de la matinée, les débarquements ont continué, mais alors d'une manière effective, puis mon état-major a été informé de l'attaque aérienne sur Casablanca, du bombardement du port puis du combat naval qui s'engageait à proximité de la côte.

Quels ordres le général Noguès a-t-il donnés ?

Demande. — Je crois que le moment est venu pour vous de vous expliquer sur le message n° 840 DN : « Commissaire résident général à région Casablanca, Fès, Meknès, Marrakech, Oujda, Agadir, confins, gouverneur général Dakar. Priorité — urgent. A dater de ce jour 6 h, le général d'armée Noguès, commandant résident général de France au Maroc prend le commandement du théâtre d'opérations Maroc = les secteurs de défense du littoral sont constitués. L'état de siège est déclaré sur le territoire du Maroc », émis le 8 novembre 1942 dans la matinée, et dont un exemplaire original, joint au dossier, est parvenu à Meknès à 11 h 21.

Réponse. — Je ne suis pas l'auteur de ce télégramme, car d'une part en ce qui concerne le texte lui-même j'ai toujours évité d'évoquer ma qualité de résident général dans un ordre militaire. Je ne comprends pas d'ailleurs comment j'aurais pu, vers 11 h du matin, déclarer que je prenais un commandement à partir de 6 h du matin. Les secteurs de défense étaient déjà constitués conformément à l'organisation du commandement de juillet 1942 et avaient déjà été placés en état d'alerte dans la nuit. En ce qui concerne l'état de siège, il existait déjà au Maroc depuis le début de la guerre 1939-1940 et je n'avais donc pas à le proclamer, et l'état de siège intégral constitue une mesure inconnue.

Sur un autre plan, fatigué par les événements de la nuit, ainsi que par mon état de santé déficient à la suite d'une crise de paludisme, je suis monté me coucher à 10 h du matin et j'ai dormi jusqu'à l'heure du déjeuner.

Demande. — Ce message, dont vous contestez la paternité, a pourtant été reçu, enregistré, authentifié par les diverses unités militaires du Maroc, relaté dans les journaux de marche ou d'opérations de ces unités, et son texte publié dans la presse marocaine du 8 novembre dans des conditions qui confèrent à ce message l'aspect d'un acte de notoriété publique. Veuillez sur ce point vous expliquer.

Réponse. — Ce télégramme, dont je ne suis pas l'auteur, a bien été envoyé, mais je ne vois pas encore avec précision de qui il a émané en réalité. J'émets l'hypothèse qu'il ne peut s'agir que d'un texte établi après entente entre mon état-major et l'état-major Marine pour le bon ordre des archives.

Demande. — Vous avez néanmoins connu ce message qui était censé émaner de vous. Or il n'apparaît pas que vous l'ayez rapporté, alors pourtant que ce message constituait la clé de voûte de l'organisation du commandement ce jour-là.

Réponse. — Je n'ai pas connu ce télégramme et je n'en ai eu connaissance que vers 1947 ou 1948.

Demande. — Dans votre note du 22 novembre sur les événements du 8 novembre et des jours suivants, vous indiquez sur ce point que « dès le début des opérations, le général Noguès, ainsi qu'il en avait été décidé par le gouvernement, prenait le commandement en chef du théâtre d'opérations Maroc ». Par ailleurs, un message de Rabat, émanant du commissaire résident général, adressé à Vichy le 8 novembre à 11 h 20, indique : « Ai pris commandement en chef du théâtre d'opérations et ai proclamé état de siège. » Ces divers textes ne cadrent pas avec les indications que vous venez de me donner. Je vous prie de me fournir des précisions à cet égard.

Réponse. — Je remarque que dans ces deux documents il n'est pas fait mention de l'heure d'ouverture du théâtre d'opérations. La mention relative à l'état de siège ne constituait, vis-à-vis du gouvernement, que la confirmation d'une mesure préexistante qu'il ne connaissait peut-être pas.

Demande. — A quelle heure avez-vous alors, selon vous, commencé à exercer d'une manière effective votre commandement du théâtre d'opérations ?

Réponse. — Le théâtre d'opérations n'était constitué qu'à partir du moment où, l'assaillant ayant mis pied à terre, le débarquement paraissait assez important pour justifier l'emploi de réserves. Jusqu'à cet instant, en effet, les secteurs de défense avaient les moyens de riposter.

Je n'ai pu commencer à exercer mon commandement effectif comme chef du théâtre d'opérations qu'à partir de 8 h, heure à laquelle je venais seulement de reprendre ma liberté de mouvement et mes moyens de commandement à la suite de la libération de mes principaux collaborateurs militaires. Je n'ai eu connaissance d'ailleurs, avec quelques précisions, de la tournure prise par les premières opérations de débarquement qu'à ce moment-là.

Ce concours de circonstances démontre bien que je me trouvais dans l'impossibilité absolue et matérielle d'assurer l'exercice effectif du commandement du théâtre d'opérations à 6 h du matin, ainsi que le mentionne le message dont il a été parlé, car je rappelle qu'au surplus à cette heure prétendue aucun débarquement ne s'était produit et qu'aucune mesure de reconnaissance n'avait encore été prise par la Marine puisqu'aussi bien l'ordre d'appareillage des sous-marins n'a été donné qu'à 6 h 20.

Demande. — Dans la journée du 8 novembre, des messages portant votre signature ont prescrit l'ouverture du droit de réquisition sur toute l'étendue du protectorat, mis la Légion française des combattants et en particulier le SOL à la disposition de l'autorité militaire pour l'exécution du plan de protection intérieure et enfin, n° 841 DN, ordonné la mise sur pied des méhallas chérifiennes. Pouvez-vous, je vous prie, me donner des éclaircissements sur ces diverses mesures ?

Réponse. — Il est probable, sur le premier point, que l'ouverture du droit de réquisition a été motivée par des raisons d'ordre intérieur et notamment par la nécessité d'héberger les réfugiés arrivés de Dakar le matin même. Sur le deuxième point, il était en effet entendu, en conformité de décisions antérieures, que la Légion française des anciens combattants pouvait être mise à la disposition de l'autorité militaire. L'appel aux anciens combattants avait été nécessité par le départ des troupes en opérations et répondait au souci d'assurer l'ordre intérieur. Je précise d'ailleurs que les anciens combattants ne pouvaient être armés que par l'autorité militaire et sous ma responsabilité. J'ai toujours refusé d'armer les SOL. Sur le troisième point, la levée des méhallas répondait au même souci d'assurer l'ordre intérieur, mais cette fois dans les tribus.

En définitive, les trois mesures ainsi prescrites répondaient essentiellement à des besoins d'ordre intérieur imposés par les événements.

Et après lecture faite, déclare ses réponses fidèlement transcrites, qu'il persiste et signe avec nous et notre greffier.

LA LOI TRÉVENEUC

Peu lue, mais souvent citée — par les partisans du comte de Paris à Alger en novembre et décembre 1942 (voir ci-dessus, p. 789-790) —, la loi du 23 février 1872 « relative au vote éventuel des conseils généraux dans des circonstances exceptionnelles » proposée par M. Tréveneuc le 25 juillet 1871 (*JO* du 21 août 1871) a été adoptée le 15 février 1872 par 482 voix contre 75. Un article désignant « Bourges, Tours, Poitiers, autant que possible, ou tout autre lieu choisi d'urgence » pour point de rassemblement des conseils généraux avait été écarté. Il est nécessaire de préciser que la loi Tréveneuc, adoptée après la défaite de 1870, avait pour but avoué — les débats l'ont montré — de faire échec à un coup d'État ou à une insurrection.

Ceux qui évoquaient les possibilités offertes par la loi Tréveneuc ignoraient — ou avaient oublié — l'article 3 : « L'assemblée des délégués n'est valablement constituée qu'autant que la moitié des départements, au moins, s'y trouve représentée», qui la rendait inapplicable dans les trois seuls départements algériens.

23 février 1872 — Loi relative au rôle éventuel des conseils généraux dans des circonstances exceptionnelles. (XII, 8. LXXXIII, n° 928)

Art. 1er. Si l'Assemblée nationale ou celles qui lui succéderont viennent à être illégalement dissoutes ou empêchées de se réunir, les conseils généraux s'assemblent immédiatement, de plein droit, et sans qu'il soit besoin de convocation spéciale, au chef-lieu de chaque département.

Ils peuvent s'assembler partout ailleurs dans le département, si le lieu habituel de leurs séances ne leur paraît pas offrir de garanties suffisantes pour la liberté de leurs délibérations.

Les conseils ne sont valablement constitués que par la présence de la majorité de leurs membres.

2. Jusqu'au jour où l'assemblée, dont il sera parlé à l'art. 3, aura fait connaître qu'elle est régulièrement constituée, le conseil général pourvoira d'urgence au maintien de la tranquillité publique et de l'ordre légal.

3. Une assemblée composée de deux délégués élus par chaque conseil général, en comité secret, se réunit dans le lieu où se seront rendus les membres du gouvernement légal et les députés qui auront pu se soustraire à la violence.

L'assemblée des délégués n'est valablement constituée qu'autant que la moitié des départements, au moins, s'y trouve représentée.

4. Cette assemblée est chargée de prendre, pour toute la France, les mesures urgentes que nécessite le maintien de l'ordre et spécialement celles qui ont pour objet de rendre à l'Assemblée nationale la plénitude de son indépendance et l'exercice de ses droits. Elle pourvoit provisoirement à l'administration générale du pays.

5. Elle doit se dissoudre aussitôt que l'Assemblée nationale se sera reconstituée par la réunion de la majorité de ses membres sur un point quelconque du territoire.

Si cette reconstitution ne peut se réaliser dans le mois qui suit les événements, l'assemblée des délégués doit décréter un appel à la nation pour des élections générales.

Ses pouvoirs cessent le jour où la nouvelle Assemblée nationale est constituée.

6. Les décisions de l'assemblée des délégués doivent être exécutées, à peine de forfaiture, par tous les fonctionnaires, agents de l'autorité et commandants de la force publique.

L'ARMÉE DE L'ARMISTICE LORS DE L'INVASION DE LA ZONE LIBRE (11 novembre 1942)

Dans son livre *Novembre 1942, la grande honte* (L'Harmattan), le général Albert Merglen a stigmatisé la passivité — sur ordre — de l'armée de l'armistice lors de l'invasion de la zone libre.

On ne peut passer sous silence la question qu'il pose en mettant en parallèle la non-résistance aux Allemands le 11 novembre et la résistance aux Anglo-Américains débarquant le 8 novembre en Afrique du Nord.

Alertés depuis trois jours, les 8 divisions territoriales et 2 brigades de cavalerie auraient pu mettre en marche les 72 bataillons d'infanterie, les 8 régiments d'artillerie, les 12 régiments de cavalerie et toutes leurs unités d'appui. Les progressions allemandes principales dans les vallées du Rhône et de la Garonne pouvaient être au moins arrêtées temporairement sur les routes et les voies ferrées. Les avances en largeur des médiocres unités auxiliaires pouvaient être surprises dans des embuscades, harcelées sur leurs arrières, mises en désordre. Un appui aérien, pour une courte durée, était aussi réalisable que l'engagement et la destruction des avions français au Maroc contre les appareils des porte-avions américains.

Cette résistance aurait été au moins aussi concevable et exécutable que celle qui mit aux prises au Maroc et en Algérie du 8 au 11 novembre, les unités françaises d'une part, les unités anglo-américaines d'autre part.

Le maréchal Juin dans ses *Mémoires* n'a-t-il pas présenté ainsi cette résistance : « Aux forces américaines qui s'approchaient, il ne serait opposé, comme l'honneur le commande, même vis-à-vis de ses meilleurs amis quand ils cherchent à s'introduire par effraction, qu'un "baroud d'honneur", c'est une formule bien connue des soldats d'Afrique qui permet de concilier le devoir et les sentiments. »

Mais on ne s'explique pas pourquoi l'honneur comportait une résistance au Maroc et en Algérie, coûtant la vie à 1 500 Français et autant d'Américains, permettant une installation rapide des Allemands en Tunisie, alors qu'en France métropolitaine, selon l'avis d'un autre officier général : « ordonner à l'armée de l'Armistice de se sacrifier pour l'honneur, c'eût été absurde ».

[...] Une armée faite pour défendre un pays contre l'ennemi extérieur ne se conçoit pas sous la coupe de cet ennemi, qui ne la laissera évidemment commander que par ses créatures. Avoir ignoré ou refusé cette vérité, de bon sens, provoqua ces drames de cadres et de soldats en majorité anti-allemands obligés par leur haut-commandement asservi à l'Allemand à subir l'humiliation, la honte et le déshonneur de ne pas remplir leur mission, leur raison d'être, qui est d'empêcher par les armes l'ennemi extérieur de pénétrer sur le territoire national. L'armée française, en novembre 1942, était bien trahie.

COMBIEN DE NAISSANCES ILLÉGITIMES PENDANT L'OCCUPATION ?

Comme tous les conflits, la guerre de 1939-1945, avec son cortège de mobilisés, puis de prisonniers et de déportés comme d'hommes envoyés en Allemagne dans le cadre du STO, fut à l'origine de nombreux troubles dans la vie des familles.

Bien que l'adultère — particulièrement dans le cas où la victime était prisonnier de guerre — ait été très sévèrement puni par la législation de Vichy, l'absence provoqua, sinon des ruptures définitives dans les couples, du moins des liaisons plus ou moins durables. Des enfants « non désirés » naquirent de ces unions fragiles.

Ces enfants étaient encore moins désirés lorsque l'amant était un soldat de l'armée d'occupation. Sur ce thème particulièrement douloureux, TF1 a réalisé, à l'initiative de M. Daniel Rouxel, fils d'un soldat allemand et d'une jeune célibataire française, un film projeté le 1er octobre 1994 sous le titre volontairement accrocheur de *Fils de boche*.

L'émission a-t-elle permis de comprendre les souffrances de ces enfants non désirés face au comportement souvent haineux des adultes : punitions corporelles, sévices du milieu familial, quolibets du village (« Tu ne vaux pas un coup de fusil, ta mère aurait mieux fait de faire un lièvre, ça aurait amusé les chasseurs »), je ne le crois pas, mais était-ce possible ?

Sur les naissances d'enfants « franco-allemands » pendant l'Occupation, les chiffres les plus divers ont circulé, parfois très élevés, absolument invérifiables. Aussi ai-je demandé à mon confrère et ami le grand démographe Jacques Dupâquier de bien vouloir faire le point.

Sa note — on le verra — établit des éléments de comparaison entre la période 1938-1949 et la période 1913-1919. Contrairement à un certain nombre d'idées reçues, on constate que les années pendant lesquelles les naissances illégitimes ont été les plus nombreuses furent celles de la Première Guerre mondiale : 1917, 1918, 1916, 1919, 1915, et non les années 1940-1945.

1938	38 400 / 612 400	6,27 % (hors Als.-Lor. : 6,30 %)
1939*	36 600 / 583 700	6,27 %
1940*	38 300 / 536 600	7,13 %
1941*	39 800 / 493 400	8,07 %
1942*	42 000 / 545 700	7,70 %
1943**	46 000 / 583 400	7,88 %
1944**	56 400 / 601 000	9,39 %
1945*	65 300 / 623 000	10,48 %
1946	72 800 / 840 200	8,66 %
1947	66 000 / 866 600	7,62 %
1948	62 800 / 867 100	7,24 %
1949	60 600 / 868 600	6,98 %

* Sans Alsace-Lorraine
** Sans Alsace-Lorraine ni Corse.

Ces statistiques, ajoute Dupâquier, doivent être commentées avec prudence : la fréquence des naissances illégitimes augmente pendant toutes les guerres, même hors présence d'un occupant, du fait des perturbations sociales et morales qu'elles entraînent.

Voici par exemple les taux d'illégitimité calculés de 1913 à 1919 pour les 77 départements non envahis :

1913	8,38 % (ensemble de la France)
1914	8,49 %
1915	11,16 %
1916	13,74 %
1917	14,16 %
1918	13,79 %
1919	13,23 %

Pour l'ensemble du territoire actuel, on redescend ensuite :

1920	9,92 %
1921	8,99 %
1922	8,61 %

TABLE DES ABRÉVIATIONS

ADIR	Association des déportés et internés de la Résistance.
AEF	Afrique équatoriale française, qui comprenait jusqu'en 1958 le Tchad, l'Oubangui-Chari, le Gabon et le Moyen Congo.
AFN	Afrique française du Nord.
AMGOT	*Allied Military Government of Occupied Territories* (Londres, 1er mai 1943).
AOF	Afrique occidentale française, qui comprenait jusqu'en 1958 le Sénégal, la Guinée, la Côte d'Ivoire, le Soudan, le Dahomey (Bénin), le Niger, la Mauritanie.
AS	Armée secrète, Marseille, déc. 1940.
BCRA	Remplace de BCRAM, Londres, 28 juil. 1942.
BCRAM	Bureau central de renseignements et d'action militaire, qui succède le 17 janv. 1942 au Service de renseignements de la France libre, créé dès le 1er juil. 1940 à Londres.
BIP	Bureau d'information et de presse, Paris, créé le 20 avril 1942 par Jean Moulin. Georges Bidault en est chargé.
BIRD	Banque internationale pour la reconstruction et le développement, New York, 22 juil. 1944.
BMA	Bureau des menées antinationales, Vichy, juil. 1941.
BOA	Bureau des opérations aériennes, zone nord.
CAD	Comité d'action contre la déportation, Lyon, 14 juil. 1943, créé par Yves Farge.
CAS	Comité d'action socialiste, zone sud, 30 mars 1941.
CDLL	Ceux de la Libération, mai 1941.
CDLR	Ceux de la Résistance, zone nord, février 1942.
CDL	Comité départemental de Libération.
CEF	Corps expéditionnaire français en Italie, 1943.
CFL	Corps francs de Libération qui le 24 mars 1944 regroupent le Service Fer, l'AS, les Groupes francs et le SNM.
CFLN	Comité français de Libération nationale, Alger, 3 juin 1943.

CIE	Centre d'information et d'études, Vichy, octobre 1940, créé par le colonel Groussard.
CIMADE	Comité intermouvements auprès des évacués.
CMN	Comité militaire national, oct. 1941, créé par le PCF.
CND	Confrérie Notre-Dame, réseau clandestin de renseignement, créé en déc. 1940 par Rémy.
CNE	Comité national des écrivains, sept.-oct. 1941.
CNF	Comité national français.
CNFL	Comité national de la France libre, Londres, 24 sept. 1941.
CNPF	Comité national provisoire français, Londres, 23 juin 1940.
CNR	Comité national de la Résistance, Paris, 27 mai 1943, créé par Jean Moulin.
COMAC	Comité d'action qui remplace le 24 mai 1944 le COMIDAC pour organiser les actions dans le cadre du Jour J.
COMIDAC	Comité d'action militaire, Alger.
COSOR	Comité des œuvres sociales des organisations de la Résistance.
COPA	Centre des opérations de parachutage et d'atterrissage, qui se substitue le 24 avril 1943 au Service des opérations aériennes et maritimes (SOAM) créé en 1942.
CPL	Comité parisien de Libération, sept. 1943.
CRIF	Comité représentatif des Israélites de France, Vichy, janv. 1943.
DF	Défense de la France, réseau de résistance.
DMN	Délégué militaire national, dépendant du CNFL.
DMR	Délégué militaire régional (*id*).
DMZ	Délégué militaire de zone (*id*).
EMDN	État-major de la Défense nationale, Alger, 1er avril 1944.
FAFL	Forces aériennes françaises libres, Londres.
FEFEO	Forces expéditionnaires françaises en Extrême-Orient, Alger, 4 oct. 1943.
FFF	*Free French Flight* (voir FAFL).
FFI	Forces françaises de l'Intérieur, 1er fév. 1944.
FFL	Forces françaises libres, Londres, 9 juil. 1940.
FMFA	Forces militaires féminines auxiliaires, Alger, 11 janv. 1943.
FMI	Fonds monétaire international, Bretton Woods, 22 juil. 1944.
FN	Front national, proposé le 15 mai 1941 par le PCF.
FNFL	Forces navales françaises libres, Londres, sept. 1940.
FNPC	Fédération nationale de la presse clandestine, nov. 1943.
FTP	Francs-tireurs et partisans, mars 1942.
FTP-MOI	Francs-tireurs et partisans de la main-d'œuvre immigrée
GF	Groupes francs.
GMR	Groupes mobiles de réserve, Vichy.
GPRF	Gouvernement provisoire de la République française, qui succède à Alger le 3 juin 1944 au CFLN.
JO	*Journal Officiel*.

KG	*Kriegsgefangener* (prisonnier de guerre).
KZ	*Konzentrationslager* (camp de concentration).
LT	Légion Tricolore, qui remplace la LVF, Vichy, 22 juin 1942.
LVF	Légion des volontaires français contre le bolchevisme, 8 juil. 1941.
MIS	Service du contre-espionnage du ministère de l'Intérieur anglais, appelé aussi *Security Service*.
MI 6	Service d'espionnage du Foreign Office, appelé aussi SIS.
MLN	Mouvement de libération nationale qui regroupe le 5 janvier 1944 la presque totalité des mouvements de résistance.
MNCR	Mouvement national contre le racisme, mai 1942.
MNPGD	Mouvement national des prisonniers de guerre et déportés qui regroupe le 12 mars 1944 trois mouvements distincts.
MOF	Mouvement ouvrier français qui regroupe le 30 avril 1942 plusieurs syndicats clandestins.
MRPGD	Mouvement de résistance des prisonniers de guerre et des déportés, 15 mars 1942.
MRP	Mouvement républicain populaire, nov. 1944.
MUR	Mouvement unifié de la Résistance, qui succède le 26 janv. 1943 au Comité de coordination des mouvements de résistance de la zone sud.
MURF	Mouvement unifié de la Résistance française, 21 juin 1945.
NAP	Noyautage des administrations publiques, service clandestin créé à Vichy en sept. 1942 par Cl. Bourdet.
NAP fer	Service spécialisé dans le sabotage des chemins de fer.
NB	Nuit et Brouillard (*Nacht und Nebel*), directive nazie du 10 déc. 1941 pour désigner les déportés condamnés à disparaître.
OCM	Organisation civile et militaire, zone sud, nov. 1940.
OKW	*Oberkommando der Wehrmacht*, commandement suprême des forces armées allemandes depuis le 4 février 1934.
ORA	Organisation de résistance de l'armée.
PRL	Parti républicain de la liberté, Paris, 22 déc. 1944, créé par J. Laniel.
RAF	*Royal Air Force*.
RAD	*Reichsarbeitsdienst*, service allemand du travail.
RNP	Rassemblement national populaire, Vichy, 1er fév. 1941, créé par Marcel Déat.
SAP	Section atterrissage-parachutage, qui succède au COPA.
SCAEF	*Supreme Commandant of Allied Expeditionary Forces*, 1944.
SFIO	Section française de l'Internationale ouvrière, créée en 1904, et qui deviendra le parti socialiste en 1969.
SHAEF	*Supreme Headquarters Allied Expeditionary Forces*, état-major suprême des forces expéditionnaires alliées, 1er janv. 1944.
SIS	*Secret Intelligence Service*, service d'espionnage du gouvernement anglais, appelé aussi MI 6.

SSNR	Service de santé national de la Résistance, juin 1942.
SOE	*Special Operation Executive*, Londres, juil. 1940, pour organiser sabotages et subversion dans les pays européens ennemis ou occupés.
SR	Service de renseignement.
SS	*Schutz Staffel*, à l'origine service de protection de Hitler, 1926.
STO	Service du travail obligatoire, Vichy, 16 fév. 1943.
UDSR	Union démocratique et socialiste de la Résistance, 25 juin 1945.
UGIF	Union générale des Israélites de France, Vichy, 29 nov. 1941.
UJRE	Union des Juifs pour la résistance et l'entraide, avril 1943.
UNADIF	Union des associations de déportés, internés et familles de disparus.
V1 et V2	*Vergeltungswaffe* (armes autopropulsées).
ZAL	*Zwangsarbeitslager* (camp de travaux forcés).

MUSÉES DE LA GUERRE, DE LA RÉSISTANCE ET DE LA DÉPORTATION

ABLAIN SAINT-NAZAIRE (62153 Pas-de-Calais), Musée Notre-Dame de Lorette ; tél. 03 21 45 15 80.

AGEN (47000 Lot-et-Garonne), Musée de la Résistance et de la Déportation, 40 rue Montesquieu ; tél. 05 33 66 04 26.

AUCH (32000 Gers), Musée de la Résistance, mairie ; tél. 05 62 61 66 00.

AUVERS (43300 Haute-Loire), Musée national de la Résistance du Mont-Mouchet ; tél. 04 71 74 11 91.

BESANÇON (25000 Doubs), Musée de la Résistance et de la Déportation, La Citadelle ; tél. 03 81 65 07 55.

BONNEVILLE (74130 Haute-Savoie), Musée haut-savoyard de la Résistance, 74 rue Sainte-Catherine ; tél. 04 50 97 38 42.

BORDEAUX (33800 Gironde), Musée Jean-Moulin, 48 rue Vital-Carles ; tél. 05 56 79 66 00.

BRIVE-LA-GAILLARDE (19100 Corrèze), Centre national de la Résistance et de la Déportation Edmond-Michelet, 4 rue Champanatier ; tél. 05 55 74 06 08.

CAHORS (46000 Lot), Musée de la Résistance, place Charles-de-Gaulle ; tél. 05 65 22 14 25.

CALAIS (62100 Pas-de-Calais), Musée de la Guerre, parc Saint-Pierre ; tél. 03 21 34 21 57.

CHAMALIÈRES (63400 Puy-de-Dôme), Musée de la Résistance, 7 place Beaulieu ; tél. 04 73 31 28 42.

CHAMPIGNY-SUR-MARNE (94500 Val-de-Marne), Musée de la Résistance nationale, 88 avenue Marx-Dormoy ; tél. 02 48 81 00 80.

CHERBOURG (50100 Manche), Musée de la Guerre et de la Libération, Fort du Roule ; tél. 02 33 20 14 12.

DENAIN (59220 Nord), Musée départemental de la Résistance, 9 place Wilson ; tél. 03 27 44 62 12.

Digne (04000 Alpes-de-Haute-Provence), Musée de la Seconde Guerre mondiale, place Paradis ; tél. 04 92 31 54 80.

Estivareilles (03190 Allier), Musée départemental de l'Armée secrète et de la Résistance, Le Bourg ; tél. 04 77 50 29 20.

Fargniers (02700 Aisne), Musée de la Résistance et de la Déportation, 1 place Carnegie ; tél. 03 23 57 93 77.

Flers (61100 Orne), Musée municipal (deux salles), hôtel de ville ; tél. 02 33 64 66 00.

Fontaine-de-Vaucluse (84800 Vaucluse), Musée d'Histoire, chemin Gouffre ; tél. 04 90 20 24 00.

Forges-les-Eaux (76440 Seine-Maritime), Musée de la Résistance, rue du Maréchal-Leclerc ; tél. 02 35 90 52 10.

Frugières-le-Pin (43230 Haute-Loire), Musée de la Résistance Joseph-Lhoménède, la gare ; tél. 04 71 76 42 15.

Grenoble (38000 Isère), Musée de la Résistance et de la Déportation de l'Isère, 14 rue Hébert ; tél. 04 76 42 38 53.

Guéret (23000 Creuse), Musée d'Art et d'Archéologie (une salle), 22 avenue de la Sénatorerie ; tél. 05 55 52 07 20.

Harnes (62440 Pas-de-Calais), Musée municipal, 50 rue André-Deprez ; tél. 03 21 49 02 29.

Hennezel-Clairey (88260 Vosges), Musée du verre, du fer, du bois et de la Résistance (1 salle), 11 rue Moulin-Robert ; tél. 03 29 07 00 80.

Hirson (02500 Aisne), Centre de documentation A. Desmasures, impasse du Château ; tél. 03 23 98 77 42.

Izieu (01300 Ain), Mémorial des enfants d'Izieu ; tél. 04 79 87 20 00.

Limoges (87000 Haute-Vienne), Musée de la Résistance, place de l'Évêché ; tél. 05 55 34 44 09.

Lormont (33310 Gironde), Musée des amis du vieux Lormont (un étage), 1 rue de la République ; tél. 05 56 06 35 60.

Lorris (45260 Loiret), Musée départemental de la Résistance et de la Déportation, espace Charles-de-Gaulle ; tél. 02 38 94 84 19.

Lyon (69000 Rhône), Musée de la Déportation et de la Résistance, 14 rue Berthelot ; tél. 04 72 73 33 54.

Manneville-sur-Risle (27500 Eure), Musée de la Résistance, chapelle de Bonnebos ; tél. 02 32 56 94 86.

Metz (57000 Moselle), Musée de la Résistance, 2 rue Haut-Poirier ; tél. 03 87 75 10 18.

Montreuil (93100 Seine-Saint-Denis), Musée de l'Histoire vivante (une section spéciale), 31 bd Théophile-Sueur ; tél. 02 48 55 16 34.

Mussy-sur-Seine (10250 Aube), Musée de la Résistance, rue Boursault ; tél. 03 25 38 40 10.

Nantua (01130 Ain), Musée de la Résistance et de la Déportation, 3 montée de l'Abbaye ; tél. 04 74 75 07 50.

NATZWILLER (67130 Bas-Rhin), Musée de la Résistance et de la Déportation, camp de Natzwiller-Struthof ; tél. 03 88 97 04 49.

NEUVIC (19400 Corrèze), Musée Queuille, rue du Commerce ; tél. 05 55 95 96 87.

PARIS (75007), Musée de l'ordre de la Libération, 51 *bis* boulevard de La Tour-Maubourg ; tél. 01 47 05 04 10.

PARIS (75004), Mémorial du martyr juif inconnu, 17 rue Geoffroy-l'Asnier ; tél. 01 42 77 44 72.

ROCHELLE (LA) (17000 Charente-Maritime), Musée d'Orbigny-Bernon, 2 rue Saint-Côme ; tél. 05 46 41 18 83.

ROMANS-SUR-ISÈRE (26100 Drôme), Musée de la Résistance et de la Déportation (dans le musée de la Chaussure), 2 rue Sainte-Marie ; tél. 04 75 05 81 30.

ROYAN (17200 Charente-Maritime), Musée municipal (une salle), 80 avenue Pontaillac ; tél. 05 46 38 85 96.

SAINT-AMARIN (68550 Haut-Rhin), Musée Serret (deux salles), 7 rue Clemenceau ; tél. 03 89 38 24 66.

SAINT-BRISSON (58230 Nièvre), Musée de la Résistance en Morvan, Maison du Parc ; tél. 03 86 78 72 99.

SAINT-DIÉ (88100 Vosges), Musée municipal (une partie), place Georges-Trimouille ; tél. 03 29 51 60 35.

SAINT-MARCEL (56140 Morbihan), Musée de la Résistance bretonne, Hardys Béhelec ; tél. 02 97 75 16 90.

THIONVILLE (57100 Moselle), Musée régional de la Résistance et de la Déportation, place Jean-Moulin ; tél. 03 82 51 94 95.

THONES (74230 Haute-Savoie), Musée de la Résistance ; tél. 04 50 02 96 92.

TOULOUSE (31000 Haute-Garonne), Musée de la Résistance et de la Déportation, 52 allée Demoiselles ; tél. 05 61 14 80 40.

TULLE (19000 Corrèze), Musée de la Résistance, 2, quai Edmond-Perrier ; tél. 05 55 26 24 36.

VASSIEUX-EN-VERCORS (26420 Drôme), Musée de la Résistance du Vercors, rue Fourna ; tél. 04 75 48 28 46.

VÉNISSIEUX (69200 Rhône), Musée communal de la Résistance et de la Déportation, 21 place Léon-Sublet ; tél. 04 72 50 07 67.

CENTRES DE DOCUMENTATION

Bibliothèque de documentation internationale contemporaine, 6 allée de l'Université, 92000 Nanterre (Hauts-de-Seine) ; tél. 01 40 97 79 00.

Centre de documentation juive contemporaine, 17 rue Geoffroy-l'Asnier, 75004 Paris ; tél. 01 42 77 44 72.

Fondation Charles de Gaulle, 5 rue Solférino, 75007 Paris; tél. 01 44 18 66 77.

Institut d'histoire du temps présent, 44 rue Amiral-Mouchez, 75014 Paris; tél. 01 45 80 90 46.

Service historique de l'armée de Terre, Vieux Fort, 94300 Vincennes; tél. 01 41 93 34 33.

Service historique de l'armée de l'Air, Vieux Fort, 94300 Vincennes; tél. 01 41 93 38 48.

Service historique de la Marine, Vieux Fort, 94300 Vincennes; tél. 01 43 28 81 50.

BIBLIOGRAPHIE

établie avec la participation de M. Delasnerie

Depuis la première publication de l'ouvrage, la présente bibliographie a été enrichie substantiellement. Les titres ajoutés apparaissent en caractères gras.

ABAUTRET René, *Dieppe. Le Sacrifice des Canadiens*, Robert Laffont, 1969.

ABELLIO Raymond, *Ma dernière mémoire* ; t. 2 *Les Militants 1927-1939* ; t. 3 *Sol invictus*, Gallimard, 1971, 1975.

ABETZ Otto, *Histoire d'une politique franco-allemande. Souvenirs d'un ambassadeur*, Stock, 1953.

ACCOCE Pierre et RENTCHIK Dr Pierre, *Ces malades qui nous gouvernent*, Stock, 1988.

Activités des organisations juives en France sous l'Occupation, CDJC, 1947.

ADÈS Lucien, *L'Aventure algérienne, 1940-1944. Pétain-Giraud-de Gaulle*, Belfond, 1979.

ALLARD Paul, *Ici Londres*, éd. de France, 1942.

ALLARD Madeleine, *Récit d'une captivité*, manuscrit.

Almanach 1942 de la Légion française des combattants, Lyon, 1942.

ALPHAND Hervé, *L'Étonnement d'être. Journal 1939-1973*, Fayard, 1977.

AMORETTI Henri, *Lyon capitale, 1940-1944*, France-Empire, 1964.

AMOUROUX Henri, *Le 18 juin 1940*, Fayard, 1954 (nouv. éd. augm. et mise à jour, 1990).

— *La Vie des Français sous l'Occupation*, Fayard, 1961.

— *Pétain avant Vichy. La guerre et l'amour*, Fayard, 1967.

ANGELI Claude et GILLET Paul, *Debout, partisans !*, Fayard, 1969.

ANGLADE Jean, *Histoire de l'Auvergne*, Hachette, 1974.

ANTHERIEU Étienne, *Le Drame de l'armée d'armistice*, Les Quatre Vents, 1964.

ARGUS, *Contribution à l'histoire des francs-maçons sous l'Occupation*, La Pensée française, 1988.

ARNOUX C., *Maquis Ventoux. Quelques pages de la Résistance en Vaucluse*, Presses universelles, 1974.

ARON Raymond, *Mémoires. Cinquante ans de réflexion politique*, Julliard, 1983.

— *Le Spectateur engagé*, Julliard, 1981.

ARON Robert, *Dossiers de la Deuxième Guerre mondiale*, Plon, 1976.

— *Histoire de Vichy*, Fayard, 1954.

— *Histoire de la libération de la France*, Fayard, 1959.

— *Nouveaux grands dossiers de l'histoire contemporaine*, Perrin, 1964.

ASTIER DE LA VIGERIE Emmanuel d', *Avant que le rideau ne tombe*, Le Sagittaire, 1945.

— *De la chute à la libération de Paris*, Gallimard, 1965.

— *Les Dieux et les Hommes*, Julliard, 1952.

— *Sept fois sept jours*, Minuit, 1947.

ASTIER DE LA VIGERIE Henri d', *Textes choisis* par Jean-Bernard d'Astier de La Vigerie, Gerbos, 1980.

AUBERT André, *Le Petit Soldat sans fusil*, Table ronde, 1981.

AUBURTIN Jean, *Charles de Gaulle. Repères biographiques. Choix de textes*, Seghers, 1966.

AUDIAT Pierre, *Paris pendant la guerre, juin 1040-août 1944*, Hachette, 1946.

AULAS Bernard, *Vie et mort des Lyonnais en guerre, 1939-1945*, Horwath, 1974.

AUPHAN, amiral Paul, *Histoire élémentaire de Vichy*, France-Empire, 1971.

AUPHAN, amiral Paul et MORDAL Jacques, *La Marine française pendant la Seconde Guerre mondiale*, Hachette, 1958.

AUTRAND Aimé, *Le Département de Vaucluse, de la défaite à la Libération, mai 1940-août 1944*, Aubanel, 1965.

AYMÉ Denise, *Le Relais des errants*, de Brouwer, 1945.

AZÉMA Jean-Pierre, *La Collaboration, 1940-1944*, PUF, 1975.

AZÉMA Jean-Pierre et WINOCK Michel, *La Troisième République*, Livre de poche, 1975 ; nouv. éd. revue et augm. Hachette, 1986.

— *De Munich à la Libération, 1938-1944*, Seuil, 1982.

AZIZ Philippe, *Tu trahiras sans vergogne. Histoire de deux collabos, Bonny et Lafont*, Fayard, 1970.

— *Au service de l'ennemi. La Gestapo française en province*, Fayard, 1972.

BADIA Gilbert et JOLY Jean-Baptiste, *Les Barbelés de l'exil. Études sur l'immigration allemande et autrichienne, 1939-1940*, Presses universitaires de Grenoble, 1979.

BAREL Virgile, *Cinquante années de lutte*, Éditions sociales, 1966.

BARJOT Pierre, *Une réussite stratégique : le débarquement du 8 novembre 1942 en Afrique du Nord*, de Gigord, Paris, s. d.

BARRÈS Philippe, *Charles de Gaulle*, Plon, 1945.

BARTHÉLEMY Joseph, *Ministre de la Justice. Vichy 1941-1943*, Pygmalion-Gérard Watelet, 1989.

BAUDOT Marcel, *L'Opinion publique sous l'Occupation. L'exemple d'un département français, 1939-1945*, PUF, 1960.

BAUDOUIN Madeleine, *Histoire des groupes francs des Bouches-du-Rhône*, PUF, 1962.

BAUDOUIN Paul, *Neuf mois au gouvernement, avril-décembre 1940*, La Table ronde, 1948.

BAUMANN Denise (lettres réunies et présentées par), *Une famille comme les autres*, Droit et liberté, 1973.

BEAU DE LOMÉNIE Emmanuel, *Les Glorieux de la décadence*, Au Fil d'Ariane, 1964.

BECHTEL Guy, *Laval, vingt ans après*, La Table ronde, 1963.

BELIN René, *Du secrétariat de la CGT au gouvernement de Vichy*, Albatros, 1978.

BELLANGER Claude, *La Presse clandestine*, A. Colin, 1961.

BELLESCIZE Diane de, *Les Neuf Sages de la Résistance. Le Comité général d'études dans la clandestinité*, Plon, 1979.

BELOT amiral R. de, *La Marine française pendant la campagne 1939-1940*, Plon, 1954.

BENOUVILLE Guillain de, *Le Sacrifice du matin*, Robert Laffont, 1946.

BERGERET, général Jean-Marie-Joseph, *Messages personnels*, Bière, Bordeaux, 1945.

BERGOT Erwan, *Les Cadets de la France libre*, Presses de la Cité, 1978.

BERTEIL Louis, *L'Armée de Weygand*, Albatros, 1979.

BERTHELOT Jean, *Sur les rails du pouvoir, de Munich à Vichy*, Robert Laffont, 1968.

BERTRAND Gustave, *« Enigma » ou la plus grande énigme de la guerre 1939-1945*, Plon, 1973.

BESSON A., *Les Maquis de Franche-Comté*, France-Empire, 1985.

BETEILLE Pierre et RIMBAUD Christiane, *Le Procès de Riom*, Plon, 1973.

BIDAULT Suzanne, *Souvenirs de guerre et d'Occupation*, La Table ronde, 1973.

BILLIG Joseph, *Le Commissariat général aux Questions juives*, CDJC, 1955.

BILLY Mme, *La Maîtresse de maison*, La Table ronde, 1980.

BILLOTTE, général Pierre, *Le Temps des armes*, Plon, 1972.

BLOCH Marc, *L'Étrange Défaite*, Gallimard, Folio, 1990.

BLOCH-MORHANGE Jacques, *Le Gaullisme*, Plon, 1963.

BLOND Georges, *Pétain, 1856-1951*, Presses de la Cité, 1966.

BLUMENSON Martin, *Le Réseau du musée de l'Homme*, Seuil, 1979.

BOEGNER pasteur Marc, *L'Exigence œcuménique. Souvenirs et perspectives*, Albin Michel, 1968.

BOEGNER Philippe, *Ici on a aimé les Juifs*, J.-Cl. Lattès, 1982.

BOISANDRE André de, *Petit catéchisme antijuif*, Librairie antisémite, Paris, 1899.

BOISDEFFRE Pierre de, *De Gaulle malgré lui*, Albin Michel, 1978.

BOISSON Jeanine, DELPAL Bernard et GARMIER Monique, *Les Réactions des chrétiens, d'après les Semaines religieuses de cinq diocèses de zone libre*, colloque de Grenoble, 1976.

BONHEUR Gaston, *Charles de Gaulle*, Gallimard, 1958.

BONNY Jacques, *Mon père, l'inspecteur Bonny*, Robert Laffont, 1975.

BONTE Florimond, *Les Anti-Fascistes allemands dans la Résistance française*, Éditions sociales, 1969.

— *Le Chemin de l'honneur*, Hier et Aujourd'hui, 1949.

BOPP Marie-Joseph, *L'Alsace sous l'occupation allemande 1940-1945*, Mappus, 1945.

BORDONOVE Georges, *La Guerre de Vendée*, Julliard, 1964.

BOTREL Louis, *Histoire de la franc-maçonnerie française sous l'Occupation (1940-1945)*, Detrad, 1988.

BOUCHINET-SERREULES Claude, « Pour accompagner mon général » dans *La Revue des Deux Mondes*, octobre-novembre 1980.

BOULADOU Gérard, *Les Maquis du Massif central méridional, 1943-1944*, thèse, université de Montpellier, 1975.

BOUNIN Jacques, *Beaucoup d'imprudences*, Stock, 1974.

BOURDAN Pierre, *Carnets des jours d'attente, juin 1940-juin 1944*, P. Trémois, 1945.

BOURDET Claude, *L'Aventure incertaine*, Stock, 1975.

BOURDIER Jean, *Le Comte de Paris, un cas politique*, La Table ronde, 1965.

BOURGET Pierre, *Histoire secrète de l'Occupation*, t. I *Le Joug*, Hachette, 1970.

— *Un certain Philippe Pétain*, Casterman, 1956.

BOUTET Gérard, *Ils étaient de leur village. Le temps de l'Occupation, 1939-1945*, Denoël, 1983.

BOUTHILLIER Yves, *Le Drame de Vichy*, Plon, 1950-1951.

BRAIBANT Charles, *La Guerre à Paris, 8 novembre 1942-27 août 1944*, Corréa, 1945.

BRASSIÉ Anne, *Robert Brasillach*, Robert Laffont, 1987.

BRINON Fernand de, *Mémoires*, Imprimeries réunies, 1949.

BRISSAUD André, *La Dernière Année de Vichy, 1943-1944*, Perrin, 1965.

BRIVET René, *Carnets de guerre, 1940-1945*, La Pensée universelle, 1978.

BROSSOLETTE Gilberte, *Il s'appelait Pierre Brossolette*, Albin Michel, 1976.

BROWN Cave, *The Secret Servant. The Life of sir Steven Menzies, Churchill's Spymaster*, Michael Joseph, Londres, 1988.

BRUCKBERGER, père Raymond-Léopold, *Nous n'irons plus au bois*, Amiot-Dumont, 1948.

— *Si grande peine. Chronique des années 1940-1948*, Grasset, 1967.

— *Tu finiras sur l'échafaud. Mémoires*, Flammarion, 1978.

BRUN Gérard, *Technocrates et technocratie en France (1914-1945)*, Albatros, 1983.

BRUNET Jean-Paul, *Doriot*, Balland, 1985.

Cahiers d'histoire, Occupants, collaborateurs et résistants, 1940-1944, t. XXII, 1977.

Cahiers du « Témoignage chrétien », 1941-1944, Les Éditions ouvrières, 1980.

CALEF Henri, *Jean Moulin, une vie*, Plon, 1980.

CALMETTE Arthur, *L'OCM, Organisation civile et militaire*, PUF, 1961.

CANAUD Jacques, *Les Maquis du Morvan, 1943-1944*, Académie du Morvan, Château-Chinon, 1981.

CARTIER Raymond, *La Seconde Guerre mondiale*, Presses de la Cité, 1980.

CATE Curtis, *Saint-Exupéry*, Grasset, 1973.

CATROUX, général Georges, *Dans la bataille de Méditerranée*, Julliard, 1949.

CATTAUI Georges, *Charles de Gaulle, l'homme et son destin*, Fayard, 1960.

CAVANNA François, *Les Ruskoffs*, Belfond, 1979.

CERF-FERRIÈRE René, *Chemin clandestin, 1940-1943*, Julliard, 1968.

CERONI, général Marcel, *Le Corps-franc Pommiès*, t. 1 *La Clandestinité* ; t. 2 *La Lutte ouverte*, Le Grand Rond, 1980.

CHABAN-DELMAS Jacques, *L'Ardeur*, Stock, 1975.

CHAMBE, général René, *Au carrefour du destin. Weygand, Pétain, Giraud, de Gaulle*, France-Empire, 1975.

— « Le maréchal Pétain à l'heure d'Alger », *Revue de Paris*, décembre 1966.

CHAMBRUN René de, *Pierre Laval devant l'Histoire*, France-Empire, 1983.

— *Le « procès » Laval*, Perrin, 1984.

— *Mes combats pour Pierre Laval*, Perrin, 1990.

CHAMINE, *Suite française. La Querelle des généraux*, Albin Michel, 1952.

CHAMSON André, *Écrit en 194O*, NRF, 1944.

CHANTÉRAC Arnaud de, *L'Assassinat de Darlan*, Perrin, 1995.

CHAPSAL Jacques et LANCELOT Alain, *La Vie politique en France depuis 1940*, PUF, 1975.

CHARBONNEAU Henri, *Les Mémoires de Porthos*, t. 2 *Le Roman noir de la droite française*, La Librairie française, 1980.

CHEVALLIER Pierre, *Histoire de la franc-maçonnerie en France*, t. 3 *La Franc-maçonnerie Église de la République*, Fayard, 1984.

CHARLOT Jean, *Le Gaullisme*, A. Colin, 1970.

CHASTENET Jacques, *De Pétain à de Gaulle, juillet 1940-août 1944*, Fayard, 1970.

CHATEAUBRIANT Alphonse de, *Carnets, 1906-1951*, Grasset, 1955.

CHIPIER, abbé Étienne, *Souffrance et gloire du maquis chalaisien*, Société d'études savoyardes, 1946.

CHRISTOPHE Francine, *Une petite fille privilégiée. Une enfant dans le monde des camps, 1942-1945*, L'Harmattan, 1996.

CHURCHILL Winston, *Mémoires sur la Seconde Guerre mondiale*, 12 vol., Plon, 1960-1964.

CIANO, comte Galeazzo, *Journal politique, 1933-1943*, La Baconnière, Genève, 1946.

CIMADE (Comité inter-mouvements auprès des évacués), *Les Clandestins de Dieu*, Fayard, 1968.

CLARK, général Mark Wayne, *Les Alliés jouent et gagnent*, Berger-Levrault, 1952.

CLOSON Louis, *Le Temps des passions. De Jean Moulin à la Libération*, Presses de la Cité, 1974.

COINTET Jean-Paul, *La France libre*, PUF, 1975.

COINTET Jean-Paul et Michel, *La France à Londres*, Complexe, Bruxelles, 1990.

COINTET-LABROUSSE Michèle, *Vichy et le fascisme*, Complexe, Bruxelles, 1987.

COMBELLE Lucien, *La Liberté à huis clos*, La Butte aux Cailles, 1983.

Commission italienne d'armistice avec la France. *Les Rapports entre la France de Vichy et l'Italie de Mussolini, 10 juin 1940-8 septembre 1943*, Service historique de l'armée de terre, 1995.

CONAN Éric et ROUSSO Henry, *Vichy, un passé qui ne passe pas*, Fayard, 1994.

CONQUET, général Alfred, *Auprès du maréchal Pétain*, France-Empire, 1970.

COQUET James de, *Le Procès de Riom*, Fayard, 1945.

CORDIER Daniel, *Jean Moulin*, t. 1 *Une ambition pour la République*, Lattès, 1989.

— t. 2 *Le Choix d'un destin. Juin 1936-novembre 1940*, Lattès, 1989.

— t. 3 *De Gaulle, capitale de la Résistance. Novembre 1940-décembre 1941*, Lattès, 1993.

CORMAND Reine, *La Vie d'une famille française face à la Gestapo dans la France occupée, novembre 1943-juin 1944*, Amoudruz, Thonon, 1972.

COSTELLO John, *Les Dix Jours qui ont sauvé l'Occident*, Olivier Orban, 1991.

COTTA Michèle, *La Collaboration 1940-1944*, A. Colin, 1964.

COULET Françoise, *Vertu des temps difficiles*, Plon, 1966.

COURTOIS Stéphane, *Le Parti communiste français dans la guerre*, Ramsay, 1980.

COUTAU-BÉGARIE Hervé et HUAN Claude, *Darlan*, Fayard, 1989.

CRÉMIEUX-BRILHAC Jean-Louis (dir.), *Ici Londres, 1940-1944*, t. 1 *La Voix de la liberté*; t. 2 *Le Monde en feu*; t. 3 *La Fin du commencement, 8 novembre 1942-9 juillet 1943*; t. 4 *La Forteresse Europe, 10 juillet 1943-8 mai 1944*, La Documentation française, 1975.

— *La France libre*, NRF, 1996.

CRÉMIEUX-BRILHAC Jean-Louis et BENSIMON G., « Les Propagandes radiophoniques », *Revue d'histoire de la Deuxième Guerre mondiale*, n° 101, PUF.

CRÉMIEUX-DURAND Julie, *La Vie à Drancy, 1941-1944, récit documentaire*, Gedalge, 1945.

DAILLIER, général Pierre, *Nous étions alors capitaine à l'armée d'Afrique*, Nouvelles éditions latines, 1978.

DAINVILLE, colonel A. de, *L'ORA, la Résistance dans l'armée, 1939-1945*, Lavauzelle, 1974.

DAIX Pierre, *J'ai cru au matin*, Robert Laffont, 1976.

DALADIER Édouard, *Journal de captivité, 1940-1945*, Calmann-Lévy, 1991.

DARLAN Alain, *L'amiral Darlan parle*, Amiot-Dumont, 1952.

DARSEL Joseph, *La Bretagne au combat*, Association Ar Vorenn, 1965.

DARVILLE Jacques et WICHENE Simon, *Drancy la juive ou la deuxième Inquisition*, A. Breger, 1945.

DAWIDOWICZ Lucy S., *La Guerre contre les Juifs, 1933-1945*, Hachette, 1977.

DÉAT Marcel, *Mémoires politiques*, Denoël, 1989.

— *Le Parti unique*, Aux Armes de France, 1942.

DEBAT Georges, *Marine oblige*, Flammarion, 1974.

DEBÛ-BRIDEL Jacques, *De Gaulle et le CNR*, France-Empire, 1978.

DECAUX Alain, *Alain Decaux raconte*, Perrin, 1979.

DECEZE Dominique, *Ici Londres… la lune est pleine d'éléphants verts. Histoire des messages de Radio-Londres à la Résistance française*, Seghers, 1979.

DEFRASNE, colonel S. « Un réseau de renseignement de l'organisation de résistance de l'armée dans le sud-est de la France, 1943-1944 » dans *Revue historique de l'armée*, n° 4, 1969.

DELAGE Jean, *Grandeurs et servitudes des Chantiers de jeunesse*, André Bonne, 1950.

DELARUE Jacques, *Trafics et crimes sous l'Occupation*, Fayard, 1968.

Délégation française auprès de la Commission allemande d'armistice, 5 vol., Imprimerie nationale, 1947-1959.

DELPERRIE DE BAYAC Jacques, *Les Brigades internationales*, Fayard, 1968.

— *Histoire de la Milice*, Fayard, 1969.

DELPLA François, *Les Papiers secrets du général Doumenc*, Olivier Orban, 1991.

— *Churchill et les Français*, Plon, 1993.

— *Montoire, les premiers jours de la collaboration*, Albin Michel, 1996.

DEMEY Évelyne, *Paul Reynaud*, Plon, 1980.

DESTREMAU Bernard, *Weygand*, Perrin, 1989.

DEVIGNY André, *Je fus ce condamné*, Presses de la Cité, 1978.

Dictionnaire commenté des œuvres du général de Gaulle, Plon, 1975.

Dictionnaire de la Deuxième Guerre mondiale, 2 vol., Larousse, 1979.

DILLARD, père Victor, *Suprême témoignage*, SPES, 1945.

DILLENSCHNEIDER Joseph, *Les Passeurs lorrains, 1940-1945*, Pierron, 1979.

DINFREVILLE Jacques, *Le Roi Jean : vie et mort du maréchal de Lattre de Tassigny*, La Table ronde, 1964.

DIOUDONNAT Pierre-Marie, *« Je suis partout », les maurrassiens devant la tentation fasciste*, La Table ronde, 1973.

DOCTEUR, vice-amiral Jules, *La Vérité sur les amiraux*, La Couronne, 1949.

DODIN Robert, *La Résistance dans les Vosges*, Le Sapin d'or, 1980.

DREYFUS François-Georges, *Histoire de Vichy*, Perrin, 1990.

DREYFUS Paul, *Vercors, citadelle de la liberté*, Arthaud, 1969.

— *Histoires extraordinaires de la Résistance*, Fayard, 1977.

DUBOIS Raymond, *Paris sans lumière*, Payot, 1946.

DUMAS Pierre, *Saint-Jean, terroriste*, Delmas, 1945.

DUMÉRIL Edmond, *Journal d'un honnête homme pendant l'Occupation (juin 1940-août 1944) à Nantes*, L'Albéron, 1991.

DUQUESNE Jacques, *Les Catholiques français sous l'Occupation*, Grasset, 1966.

DURAND Suzanne-Marie, *La Corde raide. Mon journal des temps difficiles*, Cahiers du nouvel humanisme, 1951.

DURAND Yves, *Vichy 1940-1944*, Bordas, 1972.

— *La France dans la Deuxième Guerre mondiale 1939-1945*, Armand Colin, 1989.

DURANDET Christiane, *Les Maquis bretons*, France-Empire, 1973.

— *Les Maquis d'Auvergne*, France-Empire, 1975.

— *Les Maquis de Provence*, France-Empire, 1974.

DUROSELLE Jean-Baptiste, *L'Abîme, 1939-1945. Politique étrangère de la France*, Imprimerie nationale, 1983 ; Complexes, Questions du XXe siècle, 1995.

— *La Grande Guerre des Français [1914-1918]*, Perrin, 1994.

— *Histoire diplomatique de 1919 à nos jours*, Dalloz, 1978.

EFFERNELLI S., *Maquis à Brancion*, éd. des Anciens Combattants de la Résistance en Saône-et-Loire, 1976.

Églises et chrétiens dans la Deuxième Guerre mondiale : la région Rhône-Alpes, Presses universitaires de Lyon, 1982.

EISENHOWER, général Dwight David, *Croisade en Europe*, Robert Laffont, 1949.

ELGEY Georgette, *La Fenêtre ouverte*, Fayard, 1973.

ERLANGER Philippe, *La France sans étoile. Souvenirs de l'avant-guerre et du temps de l'Occupation*, Plon, 1974.

ESCHOLIER Raymond, *Maquis de Gasgogne*, Milieu du Monde, Genève, 1950.

ÉVRARD Jacques, *La Déportation des travailleurs français dans le IIIe Reich*, Fayard, 1971.

EYCHENNE Émilienne, *Les Pyrénées de la liberté. Les évasions vers l'Espagne 1939-1945*, France-Empire, 1983.

FABRE-LUCE Alfred, *Deux crimes d'Alger*, Julliard, 1980.

— *Journal de la France*, Julliard, 1980.

— *Vingt-cinq années de liberté*, Julliard, 1963.

FAIVRE Mario, *Nous avons tué Darlan*, La Table ronde, 1975.

FAUVET Jacques et DUHAMEL Alain, *Histoire du parti communiste français*, t. 1 *De la guerre à la guerre, 1917-1939* ; t. 2 *Vingt-cinq ans de drames, 1939-1965*, Fayard, 1965.

FAVREAU Bertrand, *Georges Mandel ou la passion de la République*, Fayard, 1996.

FERNET, vice-amiral Jean, *Aux côtés du maréchal Pétain. Souvenirs 1940-1944*, Plon, 1953.

FERRIÈRES Gabrielle, *Jean Cavaillès, un philosophe dans la guerre*, Seuil, 1982

FERRO Marc, *Pétain*, Fayard, 1987.

FERRO Maurice, *De Gaulle et l'Amérique. Une amitié tumultueuse*, Plon, 1973.

FEYT F., *Visages de la Résistance*, Imprimerie Paillard, 1946.

FIGUERAS André, *Strictement confidentiel*, chez l'auteur, 1972.

FLAVIAN C.-L., *Ils furent des hommes*, Nouvelles éditions latines, 1948.

Fondation nationale des sciences politiques, *Le Gouvernement de Vichy, 1940-1942*, Institutions et politiques, travaux et recherches de la FNSP, Armand Colin, 1972.

FOURCADE Marie-Madeleine, *L'Arche de Noé*, Plon, 1983.

FRAISSINET Jean, *Au combat, à travers deux guerres et quelques révolutions*, La Table ronde, 1968.

FRANCOS Ania, *Il était des femmes dans la Résistance*, Stock, 1978.

FRENAY Henri, *La nuit finira*, Robert Laffont, 1973.

— *L'Énigme Jean Moulin*, Robert Laffont, 1977.

— *Volontaires de la nuit*, Robert Laffont, 1975.

FRIANG Brigitte, *Regarde-toi qui meurs, 1943-1945*, Plon, 1978.

FROMENT Pascale, *René Bousquet*, Stock, 1994.

FROSSARD André, *La Maison des otages, Montluc 1944*, Fayard, 1983.

GAL Henry, *Un maire dans la tourmente, 1941-1944*, Les Neuf Muses, 1983.

GALIMAND Lucien, *Origines et déviations du gaullisme*, La Couronne, 1950.

GALTIER-BOISSIÈRE Jean et ALEXANDRE Charles, *Histoire de la guerre 1939-1945*, 5 fascicules, Crapouillot, 1948.

GANDIN, commandant Robert, *Darlan, Weygand, Cunningham, artisans de la victoire*, Nouvelles éditions latines, 1977.

GANIER-RAYMOND Philippe, *Une certaine France. L'antisémitisme 1940-1944*, Balland, 1975.

GANTRELET H., SCHOELLER G., FROSSARD A., GÉRARD A.-M. et LACAZE A. (dir.), *En ce temps-là, de Gaulle*, publication hebdomadaire, Femmes d'Aujourd'hui, 1971-1972.

GARCIN Paul, *Interdit par la censure, 1942-1944*, Lugdunum, 1944.

GAUCHER Roland, *Histoire secrète du parti communiste français*, Albin Michel, 1974.

GAULLE Charles de, *Discours et messages 1940-1946*, Plon, 1970.

— *Lettres, notes et carnets*, Plon, 1980-1984.

— *Mémoires de guerre*, Plon, 1994 [1954-1959].

GEORGES, colonel (Robert NOIREAU, dit), *Le Temps des partisans*, France-Empire, 1979.

GILBERT Charles, *Soldats bleus dans l'ombre. Maurice Guillaudot et ses gendarmes dans la Résistance*, Le Cercle d'or, 1977.

— *La Montagne héroïque*, 2 vol., Le Cercle d'or, 1980-1981.

GILLOUIN René, *J'étais l'ami du maréchal Pétain*, Plon, 1966.

GIOLITTO Pierre, *Histoire de la jeunesse sous Vichy*, Perrin, 1991.

— *Histoire de la Milice*, Perrin, 1997.

GIRARD Louis-Dominique, *Mazinghem ou la Vie secrète de Philippe Pétain, 1856-1951*, Girard, 1971.

GIRAUD Henri, *Un seul but, la victoire. Alger 1942-1945*, Julliard, 1949.

— *Discours et messages, du 8 novembre 1942 au 30 mai 1943*, La Maison française, New York, 1943.

GISCLON Jean, *L'Escadrille « La Fayette »*, France-Empire, 1975.

GLEIZE Maurice, *Odes à la gloire des martyrs de la Résistance. Témoignages*, Les Ternes, 1981.

GODEL Jean, *Mgr Caillot, évêque de Grenoble, et le régime de Vichy*, colloque de Grenoble.

GORGUES A., *Les Grandes Réformes administratives du régime de Vichy*, thèse, Poitiers, 1969.

GOSSET Pierre et Renée, *Expédients provisoires. Le coup d'Alger*, Fasquelle, 1945.

GOUBELLE N., *La Résistance dans les Landes*, impr. de la préfecture des Landes, 1978.

GOUNELLE Claude, *De Vichy à Montoire. La collaboration*, Presses de la Cité, 1966.

— *Le Dossier Laval*, Plon, 1969.

GOUSSET, docteur Henri, *Dites à la Kommandantur que je l'emm...* Fayard, 1980.

GRANET Marie et MICHEL Henri, *Combat. Histoire d'un mouvement de la Résistance, de juillet 1940 à juillet 1943*, PUF, 1957.

GRANIER Jacques, *Un général a disparu*, Presses de la Cité, 1971.

GRENIER Fernand, *Ce bonheur-là*, Éditions sociales, 1974.

— *C'était ainsi, 1940-1945*, Club Diderot, 1970.

— *Ceux de Châteaubriant*, Éditions sociales, 1967.

GROU-RADENEZ Frédérique, *Les Perles noires*, Grasset, 1971.

GROUSSARD Georges, *L'Armée et ses drames*, La Table ronde, 1968.

— *Chemins secrets*, t. 1 *Paris, Vichy, Londres*, Bader-Dufour, 1948.

— *Services secrets, 1940-1945*, La Table ronde, 1964.

GUÉHENNO Annie, *L'Épreuve*, Grasset, 1968.

GUÉHENNO Jean, *Journal des années noires, 1940-1944*, Gallimard, 1947.

GUÉNA Yves, *Le Temps des certitudes*, Flammarion, 1982.

GUÉRIN Alain, *La Résistance*, 4 vol., Club Diderot, 1973.

GUICHETEAU Gérard, *Marseille 1943. La fin du vieux port*, Daniel & Cie, 1973.

GUILLAUME Paul, *La Sologne. Le temps de l'héroïsme et de la trahison*, Imprimerie nouvelle, Orléans, 1950.

GUINGOUIN Georges, *Quatre ans de lutte sur le sol limousin*, Hachette, 1974.

GUINGOUIN Georges et MONÉDIAIRE Gérard, *Georges Guingouin, premier maquisard de France*, Souny, Limoges, 1983.

GUIRAL Pierre, *Clemenceau en son temps*, Grasset, 1994.

GUITRY Sacha, *Si j'ai bonne mémoire*, Perrin, 1980.

GUN Nerin E., *Les Secrets des archives américaines*, t. 1 *Pétain, Laval, de Gaulle* ; t. 2 *Ni de Gaulle, ni Thorez*, Albin Michel, 1979.

GUY Claude, *En écoutant de Gaulle*, Grasset, 1996.

HARDY René, *Le Livre de la colère*, Robert Laffont, 1951.

HALTER Marek, *Les Forces du bien*, Robert Laffont, 1995.

HELLER Gerhard, *Un Allemand à Paris*, Seuil, 1981.

HENRIOT Philippe, *Et s'ils débarquaient ?* Inter-France, 1944.

HERVET Robert, *Les Chantiers de jeunesse*, France-Empire, 1962.

HETTIER DE BOISLAMBERT Claude, *Les Fers de l'espoir*, Plon, 1978.

HISARD Claude, *Histoire des Juifs en France*, Privat, 1972.

Histoire des Juifs, Privat, 1972.

Historama, dossier n° 3, *La Résistance par ceux qui l'ont vécue*, Perrin, 1959.

HOOP Jean-Marie d', « La Main d'œuvre au service de l'Allemagne », *Revue d'histoire de la Deuxième Guerre mondiale*, n° 81.

Hoover Institute, *La Vie de la France sous l'Occupation, 1940-1944*, 3 vol., Plon, 1957.

HOSTACHE René, *Le Conseil national de la Résistance. Les institutions de la clandestinité*, PUF, 1958.

Humanité clandestine, 1939-1944, Fac-simili à l'initiative de Victor Joannès et sous la direction de Germaine Willard, Éditions sociales, 1975.

Images de la vie de ceux qui sont partis, La Platinogravure, 1943.

INDOMITUS (Philippe VIANNAY, dit), *Nous sommes des rebelles*, Défense de l'Homme, 1945.

IPPECOURT, *Les Chemins d'Espagne. Mémoires et documents sur la guerre secrète à travers les Pyrénées, 1940-1945*, Gaucher, 1948.

ISORNI, Me Jacques, *Le Condamné de la citadelle*, Flammarion, 1982.

— *Témoignage sur un temps passé*, Flammarion, 1953.

ISRAEL Gérard, *Heureux comme Dieu en France, 1940-1944*, Robert Laffont, 1975.

JÄCKEL Eberhard, *La France dans l'Europe d'Hitler*, Fayard, 1968.

JACQUELIN André, *Lettres de mon maquis*, Roblot, 1975.

— *Toute la vérité sur le journal clandestin Bir-Hakeim*, Kérénac, 1945.

JACQUEMIN Gaston, *La Vie publique de Pierre Laval*, Plon, 1973.

JAFFRÉ Yves-Frédéric, *Les Derniers Propos de Pierre Laval, recueillis par son avocat*, André Bonne, 1953.

JEANJACQUOT Pierre, *Vagabonds de l'honneur*, Dorian, 1947.

JEANNENEY Jules, *Journal politique, septembre 1939-juillet 1942*, A. Colin, 1972.

JOSEPH Gilbert, *Combattant du Vercors*, Fayard, 1972.

JOUANNEAU Michel, *L'Organisation de la Résistance dans l'Indre*, Librairie Aubert, Versailles, 1975.

JOURDAN-JOUBERT, lieutenant Louis, HELFGOTT Julien et GOLLIET Pierre, *Glières, Haute-Savoie, première bataille de la Résistance, 31 janvier-26 mars 1944*, Association des rescapés des Glières, Annecy, 1946.

Jours de guerre : chronique illustrée de la Seconde Guerre mondiale, Sélection du Reader's Digest, 1980.

JOXE Louis, *Victoire sur la nuit, 1940-1946. Mémoires*, Flammarion, 1981.

Juifs sous l'Occupation (Les), recueil des textes français et allemands, 1940-1944, CDJC.

JUIN, maréchal Alphonse, *Mémoires,* t. 1 *Alger, Tunis, Rome,* Fayard, 1959.

JÜNGER Ernst, *Journal parisien*, Bourgois, 1980.

JUNOT Michel, *L'Illusion du bonheur*, La Table ronde, 1981.

KAMMERER Albert, *La Passion de la flotte française. De Mers-el-Kébir à Toulon*, Payot, 1951.

KAPLAN, grand rabbin et PIERRARD Pierre, *Justice pour la foi juive*, Le Cerf, 1995.

KASPI André, KLARSFELD Serge et WELLERS Georges (dir.), *La France et la question juive*, colloque du Centre de documentation juive, 1977 ; S. Messinger, 1981.

KERSAUDY François, *De Gaulle et Churchill*, Plon, 1982.

KLARSFELD Serge, ***Le Calendrier de la déportation des Juifs en France 1940-1944*, Les fils et les filles des déportés juifs de France, 1993.**

— *Le Livre des otages*, Éditeurs français réunis, 1979.

— *Mémorial de la déportation.*

— ***Vichy-Auschwitz*, Fayard, 1983-1985.**

KOELTZ, général Louis, *Une campagne que nous avons gagnée, Tunisie 1942-1943*, Hachette, 1959.

KRIEGEL Annie, *Ce que j'ai cru comprendre*, Robert Laffont, 1991.

KUPFERMAN Fred, *Pierre Laval, 1883-1945*, Masson, 1976.

LABORIE Pierre, ***L'Opinion française sous Vichy*, Seuil, 1990.**

— « Partis politiques et Résistance dans le Lot », dans la *Revue d'histoire de la Deuxième Guerre mondiale*, n° 85.

LACOUTURE Jean, *De Gaulle*, t. 1 *Le Rebelle* ; t. 2 *Le Politique* ; t. 3 *Le Souverain*, Seuil, 1984-1986 ; Seuil Points, 1990.

— *Léon Blum*, Seuil, 1977 ; Seuil Points, 1979.

LA GORCE Paul-Marie de, *De Gaulle entre deux mondes*, Fayard, 1964.

LA HAYE Simone, *Libre parmi les morts*, Berg International, 1983.

LALOUM Jean, *La France antisémite de Darquier de Pellepoix*, Syros, 1979.

LANGER William, *Le Jeu américain à Vichy*, Plon, 1949.

LANGLADE, général Paul de, *En suivant Leclerc. D'Alger à Berchtesgaden*, Robert Laffont, 1966.

LA PICIRELLA Joseph, *Témoignages sur le Vercors, Drôme-Isère*, Imprimerie Rivet, Lyon, 1969.

LAPIE Pierre-Olivier, *Les Déserts de l'action*, Flammarion, 1946.

LA ROCQUE Édith et Gillles de, *La Rocque, tel qu'il était*, Fayard, 1962.

LATOUR Annie, *La Résistance juive en France*, Stock, 1970.

LATREILLE André, *Le Problème de l'épiscopat français sous l'Occupation et à la Libération*, colloque de Lyon, 1978.

LAURE, général Émile, *Notes militaires et politiques*, texte ronéotypé.

LAURENS Anne, *Les Rivaux de Charles de Gaulle*, Robert Laffont, 1977.

— *STO dans l'Ariège*, thèse, Toulouse, 1975.

LÉAUTAUD Paul, *Journal littéraire*, Mercure de France, 1964.

LE BOTERF Hervé, *La Bretagne dans la guerre, 1938-1944*, 3 vol., France-Empire, 1969-1971.

LEFRANC Pierre, *Le Vent de la liberté*, Plon, 1976.

LE GROIGNEC Jacques, *Pétain. Gloire et sacrifice*, Nouvelles éditions latines, 1991.

LEMERY Henri, *D'une République à l'autre. Souvenirs de la mêlée politique, 1894-1944*, La Table ronde, 1964.

LEMOIGNE Louis et BARBANCEYS Marcel, *L'Armée secrète en Haute-Corrèze, 1942-1944*, Reveret et Ardillon, Moulin-Yzeure, 1979.

Lettres d'Allemagne, écrites par des ouvriers belges et du nord de la France, impr. Steenland, 1942.

Lettres de fusillés. Préface de Jacques Duclos, Éditions sociales, 1970.

LÉVY Bernard-Henri, *L'Idéologie française*, Grasset, 1981.

LÉVY Claude, *Les Parias de la Résistance*, Calmann-Lévy, 1970.

LÉVY Claude et TILLARD Paul, *La Grande Rafle du Vel' d'Hiv, 16-17 juillet 1942*, Robert Laffont, 1975.

LÉVY, général Gilles et CORDET Francis, *A nous Auvergne !* Presses de la Cité, 1981.

Libération, 1940-1944, reproduction en fac-similé de 35 numéros du journal clandestin, Londres, 1944.

LIDDELL HART, sir Basil H., *Les généraux allemands parlent*, Stock, 1948.

— *Histoire de la Seconde Guerre mondiale*, Fayard, 1973.

LIMAGNE Pierre, *Éphémérides des quatre années tragiques 1940-1944*, 3 vol., Candide, 1987.

Livre blanc anglais, documents concernant les traitements infligés en Allemagne aux nationaux allemands, Messageries Hachette, 1939.

LOISEAUX Gérard, *La Littérature de la défaite et de la Collaboration*, Sorbonne, 1984.

LONDON Géo, *Le Procès Pétain*, Roger Bonnefon, 1946.

— *Le Procès Laval*, Roger Bonnefon, 1946.

— *L'amiral Esteva et le général Dentz devant la Haute Cour de justice*, Roger Bonnefon, 1946.

LOPATA Charles, *J'ai survécu*, Droit et Liberté, 1977.

LOTTMAN Herbert R., *Pétain*, Seuil, 1984.

— *La Rive gauche*, Seuil, 1981.

LOUSTAUNAU-LACAU, Georges, *Mémoires d'un Français rebelle*, Robert Laffont, 1948.

LUBETZKI Joseph, *La Condition des Juifs en France sous l'occupation allemande. La législation raciale*, CDJC, 1945.

MADIRAN Jean, *Brasillach*, Nouvelles éditions latines, 1983.

MALLET Alfred, *Pierre Laval*, 2 vol., Amiot-Dumont, 1954-1955.

MANNONI Eugène, *Moi, général de Gaulle*, Seuil, 1964.

MANVELL Roger et FRAENKEL Heinrich, *L'Affaire Rudolf Hess*, Stock, 1971.

MARRUS Michaël et PAXTON Robert, *Vichy et les Juifs*, Calmann-Lévy, 1981 ; Livre de poche, 1990.

MARTIN-CHAUFFIER Simone, *A bientôt quand même*, Calmann-Lévy, 1976.

MARTIN DU GARD Maurice, *La Chronique de Vichy, 1940-1944*, Flammarion, 1975.

MARTINET Jean-Claude, *Histoire de l'Occupation et de la Résistance dans la Nièvre*, Delayance, 1978.

MARUEJOL René et VIELZEUF Aimé, *Le Maquis Bir-Hakeim. La Résistance en Cévennes et en Languedoc*, Lacour, 1990.

MASSON André, *Entre deux mondes*, Pierre Lagrange, 1943.

MASSU, général Jacques, *Sept ans avec Leclerc*, Plon, 1974.

MAST, général C., *Histoire d'une rébellion. Alger, 8 novembre 1942*, Plon, 1969.

MAYER Daniel, *Les Socialistes dans la Résistance*, PUF, 1968.

MAYER René, *Études. Témoignages. Documents*, PUF, 1983.

MENGIN Robert, *De Gaulle à Londres vu par un Français libre*, La Table ronde, 1965.

MEURISSE Paul, *Les Éperons de la liberté*, Robert Laffont, 1979.

MEY Eugène, *Le Drame de l'Alsace*, Berger-Levrault, 1949.

MEYER Jacques (textes et documents réunis par), *Vie et mort des Français, 1939-1945*, Hachette, 1971.

MICHEL Henri, *Les Courants de pensée de la Résistance*, PUF, 1962.

— *La Drôle de guerre*, Hachette, 1971.

— *Histoire de la Résistance en France*, PUF, 1965.

— *Jean Moulin, l'unificateur*, Hachette, 1971 ; Complexe, 1990.

— *Paris résistant*, Albin Michel, 1982.

— *Pétain et le régime de Vichy*, PUF, 1979, 1986.

— *Pétain, Laval, Darlan, trois politiques*, Flammarion, 1972.

— *Le Procès de Riom*, Albin Michel, 1979.

MICHELET Claude, *Mon père Edmond Michelet, d'après ses notes intimes*, Robert Laffont, 1981 ; Pocket, 1990.

MILZA Pierre, *Fascisme français, passé et présent*, Flammarion, 1987.

MIR Mathilde, *Quand la terre se soulève*, Coquemard, Angoulême, 1950.

MONNET Jean, *Mémoires*, Fayard, 1976.

MOORE, abbé Roger, *Totor chez les FTP ou la Résistance vécue*, Imprimeries Réunies, Chambéry, s. d.

MORDAL Jacques, *La Bataille de Casablanca, 8-10 novembre 1942*, Plon, 1952.

MOREY Bernard, *Le Voyageur égaré*, Carducci, 1975.

MORSE Arthur, *Pendant que six millions de Juifs mouraient*, Robert Laffont, 1968.

MOTTIER Romain, *Traité de la délation*, 1947.

MOULIN Laure, *Jean Moulin,* Presses de la Cité, 1969.

MOULIN DE LABARTHÈTE Henri du, *Le Temps des illusions. Souvenirs juillet 1940-avril 1942*, Au Cheval Ailé, 1947.

MURPHY Robert, *Un diplomate parmi les guerriers*, Robert Laffont, 1965.

MUSARD François, *Les Glières. Ce jour-là, le 26 mars 1944*, Robert Laffont, 1965.

NAL, commandant L., *La Bataille de Grenoble.* Mémoires posthumes présentés par Joseph Perrin, suivis d'autres récits par Aimé Requet, Les Deux Miroirs, 1964.

NAVARRE Henri, *Le Service de renseignements (1871-1944)*, Plon, 1978.

— *Le Temps des vérités*, Plon, 1979.

NICAULT Maurice, *La Carte de la Résistance dans l'Indre* et *Bases d'une étude d'histoire locale*, presses de la préfecture de l'Indre, s. d.

NICOLLE Pierre, *Cinquante mois d'armistice. Vichy 2 juillet 1940-26 août 1944*, 2 vol., André Bonne, 1947.

NOBÉCOURT Jacques et PLANCHAIS Jean, *Une histoire politique de l'armée*, t. 1 *De Pétain à Pétain, 1919-1942* ; t. 2 *De de Gaulle à de Gaulle*, Seuil, 1967.

NODOT R., *Les enfants ne partiront pas*, Imprimeries nouvelles lyonnaises, 1970.

NOEL Léon, *Comprendre de Gaulle*, Plon, 1972.

NOGUÈRES Henri, *Le Suicide de la flotte française à Toulon*, Robert Laffont, 1961.

NOGUÈRES Henri, DEGLIAME-FOUCHÉ Marcel et VIGIER Jean-Louis, *Histoire de la Résistance en France*, 5 vol., Robert Laffont, 1967-1981.

NOGUÈRES Louis, *La Haute Cour de Libération, 1944-1949*, Minuit 1956.

— *Le Véritable Procès du maréchal Pétain*, Fayard, 1955.

NOLI Jean, *Le Choix. Souffrance et gloire de la Marine française pendant la Seconde Guerre mondiale*, Fayard, 1972.

NORDMANN Jean-Thomas, *Histoire des radicaux, 1820-1973*, La Table ronde, 1974.

Nous écrivons d'Allemagne, Imprimerie Mazeyrie, 1941.

NOUVEAU L.-H. (dit SAINT-JEAN), *Des capitaines par milliers. Retour à Gibraltar des aviateurs alliés abattus en 1942-1944*, Calmann-Lévy, 1958.

OBERLÉ Jean, *Jean Oberlé vous parle. Souvenirs de cinq années à Londres*, La Jeune Parque, 1945.

Office francais d'information, *Dépêches. Interdits. Statistiques. Correspondance, Paris-Berlin, 1er juillet 1940-septembre 1944*, Bibliothèque de documentation internationale contemporaine, université de Nanterre, 263 dossiers.

Ombres et espérances en Quercy. Les groupes Armée secrète Veny dans les secteurs du Lot, Privat, 1980.

ORDIONI Pierre, *Tout commence à Alger*, Stock, 1972.

— *Le Secret de Darlan, 1940-1942*, Albatros, 1976.

ORY Pascal, *Les Collaborateurs, 1940-1945*, Seuil, 1976.

OUZOULIAS Albert, *Les Fils de la nuit*, Grasset, 1975.

PACAUT René, *Maquis dans la plaine*, Le Hameau, 1974.

PAILLARD J. et M., *Documents secrets pour servir à la réhabilitation du maréchal Pétain*, Le Trident, 1989.

PAILLAT Claude, *L'Échiquier d'Alger*, t. 1 *Avantage à Vichy* ; t. 2 *De Gaulle joue et gagne*, Robert Laffont, 1966-1967.

PAILLOLE Paul, *Services spéciaux, 1935-1945*, Robert Laffont, 1975.

PANNEQUIN Roger, *Les Années sans suite*, t. 1 *Ami, si tu tombes* ; t. 2 *Adieu camarade*, Le Sagittaire, 1977.

PARIS, Henri comte de, *Dialogue sur la France*, Fayard, 1994.

Parti communiste français dans la Résistance (Le), Éditions sociales, 1967.

PASSY, colonel, *Missions secrètes en France, novembre 1942-juin 1943. Souvenirs du BCRA*, Plon, 1951.

PASTOURIE Roger, *La Résistance, c'est cela aussi*, Éditions sociales, 1967.

PAXTON Robert O., *La France de Vichy, 1940-1944*, Seuil, 1974.

PÉCHEREAU André, *Les Vendanges de Miranda*, Le Cercle d'Or, 1983.

PEDRON André, *Matricule F 34900, de Montluc à Belsen*, sans nom d'éditeur, s. d.

PEDRONCINI Guy, *Les Mutineries de 1917*, PUF, 1983.

— *Pétain général en chef 1917-1918*, PUF, 1974.

— *Pétain, le soldat et la gloire*, Perrin, 1989.

— *La Victoire perdue*, Perrin, 1995.

PELLEGRIN René, *La Phalange africaine*, texte ronéotypé, 1973.

PELLISSIER Pierre, *Philippe Pétain*, Hachette, 1980.

PENDAR Kenneth, *Alger 1942. Le débarquement et de Gaulle vus par un diplomate américain*, La Table ronde, 1967.

PEROTIN Yves, « Origines et tendances d'un groupe de maquisards, Trièves-Vercors, 1943-1944 », *Histoire de la Seconde Guerre mondiale*.

Persécution des Juifs en France et dans les autres pays de l'Ouest (La). Rapport présenté par la France au procès de Nuremberg, CDJC, 1947.

PEUCHMAURD Jacques, *La Nuit allemande*, Robert Laffont, 1967.

PEYROUTON Marcel, *Du service public à la prison commune. Souvenirs*, Plon, 1950.

PIERRARD Pierre, *Juifs et catholiques français*, Fayard, 1970.

PIERRE-BLOCH Jean, *De Gaulle ou le Temps des méprises*, La Table ronde, 1969.

— *Mes jours heureux*, Le Bateau ivre, 1947.

— *Le temps d'y penser encore*, J.-C. Simoën, 1977.

PINEAU Christian, *La Simple Vérité, 1940-1945*, t. 1 *Résistance*, Julliard, 1960.

POGNON Edmond, *De Gaulle et l'armée*, Plon, 1976.

— *De Gaulle et l'histoire de France*, Albin Michel, 1970.

POISSON Georges, *Cette curieuse famille d'Orléans*, Perrin, 1976.

POLIAKOV Léon, *La Condition des Juifs en France sous l'occupation italienne*, CDJC, 1946.

— *L'Étoile jaune*, CDJC, 1949.

Procès de collaboration (Les). Comptes rendus sténographiques édités par Albin Michel : maréchal Pétain, 1945 ; Pierre Laval, Charles Maurras, 1946 ; Ferdonnet et Jean-Hérold Paquis, 1947 ; Benoist-Méchin, Fernand de Brinon, Joseph Darnand, Jean Luchaire, 1948.

PUCHEU Pierre, *Ma vie*, Amiot-Dumont, 1948.

QUEREILHAC J.-C., *J'étais STO*, France-Empire, 1958.

RAGACHE Guy et Jean-René, *La Vie quotidienne des écrivains et des artistes sous l'Occupation*, Hachette, 1988.

RAGUENEAU Philippe, *Julien ou la route à l'envers*, Albin Michel, 1976.

RAHN Rudolf, *Un diplomate dans la tourmente*, France-Empire, 1980.

RAISSAC Guy, *De la Marine à la Justice*, Albin Michel, 1972.

— *Un combat sans merci. L'affaire Pétain-de Gaulle*, Albin Michel, 1966.

— *Un soldat dans la tourmente, le général Weygand*, Albin Michel, 1963.

RAJSFUS Maurice, *Des Juifs dans la collaboration. L'UGIF, 1941-1944*, Études et documentation internationales, 1980.

— *Drancy, un camp de concentration très ordinaire*, Manya.

RAPHAEL-LEYGUES Jacques, *Chronique des années incertaines, 1935-1945*, France-Empire, 1977.

RAYGER A., *Dix-huit mois de maquis dans le Haut-Jura*, Marque Maillard, 1945.

REBATET Lucien, *Les Mémoires d'un fasciste*. t. 1 *Les Décombres* ; t. 2 *1941-1947*, J.-J. Pauvert, 1976.

RÉMOND René, *La Droite en France*, Aubier, 1982.

— *Introduction à l'histoire de notre temps*, t. 3 *Le XXe siècle de 1914 à nos jours*, Seuil, 1974 ; Points, Seuil, 1989.

RÉMY (Gilbert RENAULT, dit), *Comment meurt un réseau*, Raoul Solar, 1947.

— *La Ligne de démarcation*, 25 vol., Perrin, 1964-1973.

— *Mais le temple est bâti*, Raoul Solar, 1950.

— *Mémoires d'un agent secret de la France libre, Juin 1940-juin 1942*, Aux Trois Couleurs, 1945.

— *Une affaire de trahison*, Raoul Solar, 1947.

RENAUDOT Françoise, *Les Français et l'Occupation*, Robert Laffont, 1975.

« Requêtes allemandes sur la main-d'œuvre française », *Notes et études documentaires*, nº 161.

« Résistance de la France à la déportation (La) », *Bulletin d'information et de documentation*, nº 6, Imprimerie nationale, 1946.

RESTANY Joseph, *Une entreprise clandestine sous l'occupation allemande*, Lavauzelle, 1948.

REYNAUD Paul, *Mémoires*, t. 1 *Venu de la montagne* ; t. 2 *Envers et contre tous,* Flammarion, 1960 et 1963.

RICHARD René et SÉRIGNY Alain de, *La Bissectrice de la guerre*, La Maison des livres, Alger, 1946.

RIOND Georges, *Chroniques d'un autre monde*, France-Empire, 1979.

RIST Charles, *Une saison gâtée*, Fayard, 1983.

ROBICHON Jacques, *Jour J en Afrique, 8 novembre 1942*, Robert Laffont 1964.

ROMANS-PETIT, colonel Henri, *Les Maquis de l'Ain*, Hachette, 1974.

ROSSIGNOL Dominique, *Histoire de la propagande en France de 1940 à 1944. L'utopie Pétain*, PUF, 1991.

ROUANET Anne et Pierre, *L'Inquiétude outre-mort du général de Gaulle*, Grasset, 1985.

ROUGERON Georges, *La Résistance dans le département de l'Allier*, Typocentre, Montluçon, 1964.

ROUSSEL Éric, *Jean Monnet*, Fayard, 1995.

ROUSSO Henry, « L'Organisation industrielle de Vichy », *Revue historique de la Deuxième Guerre mondiale*, n° 116, 1979.

— « L'Organisation économique, Vichy, l'occupant et la spoliation des Juifs », *Yod*, numéro spécial, *Les Juifs de France et d'Algérie durant la Seconde Guerre mondiale*, 1982.

— « Les Paradoxes de Vichy et de l'Occupation. Contraintes, archaïsmes et modernités », dans Friedenson P. et Strauss A. (dir.), *Le Capitalisme français, XIXe-XXe siècle, Blocages et dynamismes d'une croissance*, Fayard, 1987.

RUBY Marcel, *La Résistance à Lyon, au cours de la Deuxième Guerre mondiale*, 2 vol., L'Hermès, Lyon, 1979.

RUFFIN Raymond, *Journal d'un J 3*, Presses de la Cité, 1979.

— *La Résistance normande face à la Gestapo*, Presses de la Cité, 1981.

SADOUN Marc, *Les Socialistes sous l'Occupation*, Fondation nationale des sciences politiques, 1982.

SAINT-PAULIEN (Maurice Yvan SICARD, dit), *Histoire de la Collaboration*, L'Esprit nouveau, 1964.

SANGUEDOLCE Joseph, *Résistance. De Saint-Étienne à Dachau*, Éditions sociales, 1973.

SAUVY Alfred, *De Paul Reynaud à Charles de Gaulle. Scènes, tableaux et souvenirs*, Casterman, 1972.

— *La Vie économique des Français de 1939 à 1945*, Flammarion, 1978.

SCHMIDT Paul, *Sur la scène internationale, ma figuration auprès de Hitler*, Plon, 1951.

SCHMITT Maurice, *Le Double Jeu du Maréchal, légende ou réalité*, Presses de la Cité, 1996.

SCHOENBRUN David, *Soldats du silence*, Plon, 1980.

— *Les Trois Vies de Charles de Gaulle*, Julliard, 1965.

SCHRAMM Anne et WORMEIER Barbara, *Vivre à Gurs. Un camp de concentration français, 1940-1941*, Maspero, 1979.

SCHUMANN Maurice, *Honneur et patrie*, Librairie du Livre français, 1946

— *Les Voix du couvre-feu. Cent allocutions de celui qui fut le porte-parole du général de Gaulle, 1940-1944*, Plon, 1962.

SÉRIGNY Alain de, *Échos d'Alger, 1940-1945*, Presses de la Cité, 1972.

SERRIGNY, général Bernard, *Trente ans avec Pétain*, Plon, 1959.

SERVAN-SCHREIBER Jean-Claude, *Le Huron de la famille*, Calmann-Lévy, 1979.

SILVESTRE Paul et Suzanne, *Chroniques des maquis de l'Isère*, Les Quatre Seigneurs, Grenoble, 1978.

SIMIOT Bernard, *De Lattre*, Flammarion, 1953.

SIMONIN, général Paul, *Des Francs-Comtois dans la Résistance*, Marque-Maillard, 1983.

SIMONNOT Philippe, *Le Secret de l'armistice 1940*, Plon, 1990.

SLITINSKI Michel (témoignages recueillis par), *La Résistance en Gironde. Trois filles. Vingt garçons*, Imprimerie Saint-Hubert, Bordeaux, 1968.

SOUSTELLE Jacques, *Envers et contre tout*, t. 1 *De Londres à Alger*, Robert Laffont, 1947.

SPEARS, général Edward L., *Pétain, de Gaulle, 1917-1940. Deux hommes qui ont sauvé la France*, Presses de la Cité, 1966.

SPEER Albert, *Au cœur du IIIe Reich*, Fayard, 1971.

SPILLMANN Georges, *Les Cas de conscience de l'officier*, Perrin, 1970.

SPIRAUX Alain, *La Dénonciation*, Sedimo, 1967.

STEAD Philip John, *Le Deuxième Bureau sous l'Occupation*, Fayard, 1966.

STEHLIN Paul, *Témoignage pour l'Histoire*, Robert Laffont, 1964.

STEIN Louis, *Par-delà l'exil et la mort. Les Républicains espagnols en France*, Mazarine, 1982.

STEINBERG Lucien, *Les Allemands en France, 1940-1944*, Albin Michel, 1980.

STÉPHANE Roger, *Chaque homme est lié au monde*, Le Sagittaire, 1946.

STERNHELL Zeev, *Ni droite ni gauche, l'idéologie fasciste en France*, Seuil, 1983.

STUCKI Walter, *La Fin du régime de Vichy*, La Baconnière, 1947.

TASCA Angelo, *Archives de guerre, Quaderni de guerra inediti di Angelo Tasca, Vichy 1940-1944*, Feltrinelli, Milan ; CNRS, 1986.

TERRES Robert, *Double jeu pour la France, 1939-1944*, Grasset 1977.

THOMAS Georges-Michel, *Le Finistère dans la guerre*, t. 1 *L'Occupation*, éd. de la Cité, Brest-Paris, 1979.

THOME Edgard, *Special Air Service*, Grasset, 1980.

TILLON Charles, *On chantait rouge*, Robert Laffont, 1977.

TOESCA Maurice, *Cinq ans de patience*, Émile-Paul, 1975.

TOLAND John, *Adolf Hitler*, Pygmalion, 1986.

TOLEDANO Marc, *Les Wagons de Veynes*, France-Empire, 1982.

TOLLET André, *La Classe ouvrière dans la Résistance*, Éditions sociales, 1969.

TOUCHARD Jean, *Le Gaullisme, 1940-1969*, Seuil, 1978.

TOURNOUX Jean-Raymond, *Histoire secrète*, Plon, 1962.

— *Pétain et la France. La Seconde Guerre mondiale*, Plon, 1980.

— *Le Royaume d'Otto, France, 1940-1945. Ceux qui ont choisi l'Allemagne*, Flammarion, 1982.

— *Secrets d'État*, t. 2 *Pétain et de Gaulle*, Plon, 1964.

TRACOU Jean, *Le Maréchal aux liens*, André Bonne, 1948.

TRIBOUILLARD Édouard, *Les Frères Tribouillard. Une famille française à travers deux guerres*, Robert Laffont, 1980.

TROUSSARD Raymond, *Le Maquis charentais Bir-Hakeim, 1943-1945*, SAJIC, Angoulême, 1981.

TRUFFY, abbé Jean, *Les Mémoires du curé du maquis des Glières*, Atra, 1979.

Université aux camps de concentration (De l'). Témoignages strasbourgeois, Les Belles Lettres, 1947.

VADON Jacques, *Contribution à l'histoire de la Résistance dans les Ardennes, juin 1940-septembre 1944*, Centre départemental de documentation pédagogique, Charleville, 1969.

VALLAT Xavier, *Le Nez de Cléopâtre. Souvenirs d'un homme de droite, 1918-1945*, Les Quatre Fils Aymon, 1957.

— « L'homme Pierre Laval » dans *Écrits de Paris*, n° 314, mai 1972.

VALLOTTON Benjamin, *Fascistes et Nazis en Provence. Journal d'un Suisse pendant l'Occupation, 1942-1944*, Mercure de France, 1945.

VAN HECKE, général, *Les Chantiers de la jeunesse au secours de la France. Souvenirs d'un soldat*, Nouvelles éditions latines, 1970.

VAN WELKENHUIZEN Jean, *« Miracle » à Dunkerque. La fin d'un mythe*, Racine, Bruxelles, 1994.

— *1940. Pleins feux sur un désastre*, Racine, Bruxelles, 1995.

VARILLON Pierre, *Le Sabordage de la flotte*, Amiot-Dumont, 1954.

VEGH Claudine, *Je ne lui ai pas dit au revoir. Des enfants de déportés parlent*. Préface de Bruno Bettelheim, Gallimard, 1980 ; Folio, 1996.

VEILLON Dominique, *Le « Franc-Tireur ». Un journal clandestin, un mouvement de résistance*, Flammarion, 1977.

VERCORS, *La Bataille du silence. Souvenirs de minuit*, Presses de la Cité, 1967.

VERITY Hugh, *Nous atterrissions de nuit*, France-Empire, 1982.

VERNOUX, général M., *Wiesbaden, 1940-1944*, Berger-Levrault, 1954.

VEYNET Paul, *La Libération nationale. Les Catholiques dans la Résistance*. Les Saints-Pères, 1946.

Vie des travailleurs français en Allemagne (La), impr. Fournié, Toulouse, 1946.

VIELZEUF Aimé, *On les appelait « les bandits »*, Le Camariguo, Nîmes, 1982.

VIGNE Georges, *J'ai vu des ouvriers français en Allemagne*, Inter-France, 1942.

VIGNERON Paul, *Histoire des crises du clergé français contemporain*, Téqui, 1946.

VILLIERS Georges, *Témoignages*, France-Empire, 1978.

VISTEL Alban, *La Nuit sans ombre*, Fayard, 1970.

VITTORI Jean-Pierre, *Eux, les STO*, Messidor, 1982.

VOITURIEZ Albert-Jean, *L'Affaire Darlan. L'instruction judiciaire*, J.-C. Lattès, 1980.

WAILLY Henri de, *De Gaulle sous le casque*, Perrin, 1990.

— *La Victoire évaporée*, Perrin, 1995.

WEILL, docteur Joseph, *Contribution à l'histoire des camps d'internement dans l'anti-France*, CDJC, 1946.

WELLERS Georges, *L'Étoile jaune à l'heure de Vichy. De Drancy à Auschwitz*, Fayard, 1973.

WERTH Alexandre, *La Russie en guerre*, t. 1 *La Patrie en danger* ; t. 2 *De Stalingrad à Berlin*, Stock, 1964.

WEYGAND Jacques, *Le Serment*, Flammarion, 1960.

WEYGAND, général Maxime, *Mémoires*, t. 1 *Idéal vécu* ; t. 2 *Mirages et réalités* ; t. 3 *Rappelé au service*, Flammarion, 1950.

WOLTON Thierry, *Le Grand Recrutement*, Grasset, 1993.

WORMSER Olga et MICHEL Henri (témoignages de survivants des camps de concentration allemands choisis et commentés par), *Tragédies de la déportation, 1940-1945*, Hachette, 1954.

ZAY Jean, *Souvenirs et solitude*, Talus d'approche, 1987.

INDEX

Les chiffres romains renvoient aux index des volumes précédents.

A

B

C

D

E

F

G

I

J

K

L

M

N

O

Q

R

S

T

U

V

TABLE DES MATIÈRES

LES PASSIONS ET LES HAINES

III. LE CRÉPUSCULE DE VICHY

L'IMPITOYABLE GUERRE CIVILE

1. LE CHOC DU STO

ILLUSTRATIONS

LA GRANDE HISTOIRE DES FRANÇAIS SOUS L'OCCUPATION

Volume 1
LE PEUPLE DU DÉSASTRE
QUARANTE MILLIONS DE PÉTAINISTES

Volume 2
LES BEAUX JOURS DES COLLABOS
LE PEUPLE RÉVEILLÉ

Volume 3
LES PASSIONS ET LES HAINES
L'IMPITOYABLE GUERRE CIVILE

Volume 4
UN PRINTEMPS DE MORT ET D'ESPOIR
JOIES ET DOULEURS DU PEUPLE LIBÉRÉ

LA GRANDE HISTOIRE DES FRANÇAIS APRÈS L'OCCUPATION

Volume 5
LES RÈGLEMENTS DE COMPTES
LA PAGE N'EST PAS ENCORE TOURNÉE

DANS LA MÊME COLLECTION

HISTOIRE ET ESSAIS

AMOUROUX, Henri

La Grande Histoire des Français sous l'Occupation *(4 volumes)* : *Tome 1* : Le Peuple du désastre — Quarante millions de pétainistes — *Tome 2* : Les Beaux Jours des collabos — Le Peuple réveillé — *Tome 3* : Les Passions et les Haines — L'Impitoyable Guerre civile — *Tome 4* : Un printemps de mort et d'espoir — Joies et douleurs du peuple libéré *(à paraître)*

La Grande Histoire des Français après l'Occupation : Les Règlements de comptes — La page n'est pas encore tournée *(1 volume à paraître)*

ANTHOLOGIE MONDIALE DE LA STRATÉGIE

Des origines au nucléaire, édition établie par Gérard Chaliand *(1 volume)*

BARK, Dennis L. — GRESS David R.

Histoire de l'Allemagne (depuis 1945) *(1 volume)*

BENNASSAR, Bartolomé

Histoire des Espagnols (VIe-XXe siècle) *(1 volume)*

BENOIST-MÉCHIN, Jacques

Soixante jours qui ébranlèrent l'Occident (10 mai-10 juillet 1940) *(1 volume)*

Histoire de l'armée allemande *(2 volumes)* : *Tome 1* : 1918-1937 — *Tome 2* : 1937-1939

BETTELHEIM, Bruno

Parents et enfants : Freud et l'âme humaine — Psychanalyse des contes de fées — L'amour ne suffit pas — Pour être des parents acceptables — Dialogue avec les mères *(1 volume)*

BOORSTIN, Daniel

Les Découvreurs *(1 volume)*

Histoire des Américains *(1 volume)*

CONQUEST, Robert

La Grande Terreur, *précédé de* Sanglantes Moissons *(1 volume)*

COURRIÈRE, Yves

La Guerre d'Algérie *(2 volumes sous coffret)* : *Tome 1* : (1954-1957) : Les Fils de la Toussaint — Le Temps des léopards — *Tome 2* : (1958-1962) : L'Heure des colonels — Les Feux du désespoir

COURTOIS, Stéphane - WERTH, Nicolas - PANNÉ, Jean-Louis - PACZKOWSKI Andrzej - BARTOSEK, Karel - MARGOLIN Jean-Louis - RIGOULOT Pierre

Le Livre noir du communisme : Crimes, terreur, répression *(1 volume)*

ELLIOTT, John H.

Olivares (1587-1645) : L'Espagne de Philippe IV *(1 volume)*

FIERRO, Alfred

Histoire et Dictionnaire de Paris *(1 volume)*

FRANÇAIS VUS PAR EUX-MÊMES (LES)

Le Siècle de Louis XIV: Textes choisis et présentés par Alain Niderst *(1 volume)*

Le XVIIIe siècle : Textes choisis et présentés par Arnaud de Maurepas et Florent Brayard *(1 volume)*

Le Consulat et l'Empire : Textes choisis et présentés par Alfred Fierro *(1 volume)*

FRAZER, James George

Le Rameau d'Or *(4 volumes)* : *Tome 1* : Le Roi magicien dans la société primitive — Tabou ou les périls de l'âme — *Tome 2* : Le Dieu qui meurt — Adonis — Atys et Osiris — *Tome 3* : Esprits des blés et des bois — Le Bouc émissaire — *Tome 4* : Balder le Magnifique — Bibliographie générale

GABORY, Émile

Les Guerres de Vendée : La Révolution et la Vendée — Napoléon et la Vendée — Les Bourbons et la Vendée — L'Angleterre et la Vendée *(1 volume)*

GIBBON, Edward

Histoire du déclin et de la chute de l'Empire romain *(2 volumes)* : *Tome 1* : Rome de 96 à 582 — *Tome 2* : Byzance de 455 à 1500

GREEN, Peter

D'Alexandre à Actium : Du partage de l'Empire au triomphe de Rome *(1 volume)*

GUICCIARDINI, Francesco

Histoire d'Italie (1494-1534) *(2 volumes sous coffret)* : *Tome 1* : 1492-1513 — *Tome 2* : 1513-1534

GUILLEMINAULT, Gilbert

Le Roman vrai de la IIIe et de la IVe République (1870-1958) *(2 volumes)* : *Tome 1* : 1870-1918 — *Tome 2* : 1919-1958

GUIZOT, François

Histoire de la révolution d'Angleterre *(1 volume)*

HÉRITAGE DE LA GRÈCE ET DE ROME (L')

Textes réunis par Moses I. Finley et Cyril Bailey *(1 volume)*

HISTOIRE AUGUSTE, édition bilingue latin-français établie par André Chastagnol

Les empereurs romains des IIe et IIIe siècles *(1 volume)* : Vie d'Hadrien — Vie d'Aelius — Vie d'Antonin le Pieux — Vie de Marc Aurèle — Vie de Vérus — Vie d'Avidius Cassius — Vie de Commode — Vie de Pertinax — Vie de Didius Julianus — Vie de Septime Sévère — Vie de Pescennius Niger — Vie de Clodius Albinus — Vie de Caracalla — Vie de Géta — Vie de Macrin — Vie de Diaduménien — Vie d'Élagabal — Vie d'Alexandre Sévère — Vie des deux Maximins — Vie des trois Gordiens — Vie de Maxime et Balbin — Vie des deux Valériens — Vie des deux Galliens — Vie des trente tyrans — Vie de Claude — Vie d'Aurélien — Vie de Tacite — Vie de Probus — Le quadrige des tyrans — Vie de Carus, Carin et Numérien

JOUANNA, Arlette - BILOGHI, Dominique - BOUCHER, Jacqueline - LE THIEC, Guy

Histoire et Dictionnaire des guerres de Religion *(1 volume)*

KOESTLER, Arthur

Œuvres autobiographiques : La Corde raide — Hiéroglyphes — Dialogue avec la mort [Un testament espagnol] — La Lie de la terre — L'Étranger du square *(1 volume)*

LAVISSE, Ernest

Louis XIV. Histoire d'un grand règne (1643-1715) *(1 volume)*

LEROY-BEAULIEU, Anatole

L'Empire des tsars et les Russes *(1 volume)*

LEYS, Simon

Essais sur la Chine *(1 volume)*

MACAULAY, Thomas Babington

Histoire d'Angleterre. Depuis l'avènement de Jacques II (1685) jusqu'à la mort de Guillaume III (1702) *(2 volumes sous coffret)*

MACHIAVEL

Premiers écrits politiques — Le Prince — Discours sur la première décade de Tite-Live — L'Art de la guerre — Vie de Castruccio Castracani — Histoire de Florence — Écrits littéraires — Lettres familières, *précédé d'un* Dictionnaire de Machiavel *(1 volume)*

MC PHERSON, James M.

La Guerre de Sécession (1861-1865) *(1 volume)*

MICHELET, Jules

Histoire de la Révolution française *(2 volumes sous coffret)* : *Tome 1* : Livres I à VII — *Tome 2* : Livres VIII à XXI

Le Moyen Âge : Livres I à XVII de l'Histoire de France *(1 volume)*

Renaissance et Réforme : Histoire de France au XVIe siècle *(1 volume)*

MOMMSEN, Theodor

Histoire romaine *(2 volumes)* : *Tome 1* : Des commencements de Rome jusqu'aux guerres civiles — *Tome 2* : La Monarchie militaire — Les Provinces sous l'Empire

MONDE ET SON HISTOIRE (LE), édition dirigée par Maurice Meuleau *(4 volumes)*

Tome 1 : Le Monde antique et les débuts du Moyen Âge, par Maurice Meuleau et Luce Pietri — *Tome 2* : La Fin du Moyen Âge et les débuts du monde moderne, par Luce Pietri et Marc Venard — *Tome 3* : Les Révolutions européennes et le partage du monde, par Louis Bergeron ; Le Monde contemporain de 1914 à 1938, par Marcel Roncayolo — *Tome 4* : Le Monde contemporain de la Seconde Guerre mondiale à nos jours, par Marcel Roncayolo

MOUSNIER, Roland

L'Homme rouge ou la Vie du cardinal de Richelieu (1585-1642) *(1 volume)*

PILLORGET, René et Suzanne

France baroque - France classique (1589-1715) : *Tome 1* : Récit — *Tome 2* : Dictionnaire *(2 volumes sous coffret)*

RANKE, Léopold

Histoire de la papauté pendant les XVIe et XVIIe siècles *(1 volume)*

RÉAU, Louis

Histoire du vandalisme : les monuments détruits de l'art français *(1 volume)*

REINACH, Salomon

Cultes, mythes et religions *(1 volume)*

RETOUR DES EXILÉS (LE)

La lutte pour la Palestine de 1869 à 1997, édition établie par Henry Laurens *(1 volume)*

REVEL, Jean-François

Ni Marx ni Jésus — La tentation totalitaire — La grâce de l'État — Comment les démocraties finissent *(1 volume)*

Pourquoi des philosophes — Pour l'Italie — Sur Proust — La cabale des dévots — Contrecensures — Descartes inutile et incertain *(1 volume)*

RIASANOVSKY, Nicholas V.
Histoire de la Russie (des origines à 1996) *(1 volume)*

ROSTOVTSEFF, Michel
Histoire économique et sociale de l'Empire romain *(1 volume)*
Histoire économique et sociale du monde hellénistique *(1 volume)*

SAINTYVES, Pierre
Les Contes de Perrault et les récits parallèles — En marge de la *Légende dorée* — Les Reliques et les Images légendaires *(1 volume)*

TAINE, Hippolyte
Les Origines de la France contemporaine *(2 volumes)* : *Tome 1* : L'Ancien Régime — La Révolution — *Tome 2* : La Révolution — Le Régime moderne

THOMAS, Hugh
La Guerre d'Espagne (juillet 1936-mars 1939) *(1 volume)*

THUCYDIDE
Histoire de la guerre du Péloponnèse, *précédée de* En campagne avec Thucydide, par Albert Thibaudet — Dictionnaire de Thucydide, sous la direction de Jacqueline de Romilly, de l'Académie Française *(1 volume)*

TOCQUEVILLE, Alexis de
De la démocratie en Amérique — Souvenirs — L'Ancien Régime et la Révolution *(1 volume)*

TREVELYAN, George Macaulay
Histoire sociale de l'Angleterre : six siècles d'histoire de Chaucer à la reine Victoria *(1 volume)*

TULARD, Jean - FAYARD, Jean-François - FIERRO, Alfred
Histoire et Dictionnaire de la Révolution française (1789-1799) *(1 volume)*

TULARD, Jean - FIERRO, Alfred - PALLUEL-GUILLARD, André
Histoire et Dictionnaire du Consulat et de l'Empire *(1 volume)*

VAN GENNEP, Arnold
Le Folklore français *(4 volumes)* : *Tome 1* : Du berceau à la tombe — Cycles de carnaval-carême et de Pâques — *Tome 2* : Cycles de mai, de la Saint-Jean, de l'été et de l'automne *(à paraître)* — : *Tome 3* : Cycle des douze jours *(à paraître)* — : *Tome 4* : Questionnaires — Pays — Bibliographies *(à paraître)*

VENISE ET LA RÉVOLUTION FRANÇAISE
Les 470 dépêches des ambassadeurs de Venise au doge (1786-1795) *(1 volume)*

VIGUERIE, Jean de
Histoire et Dictionnaire du temps des Lumières *(1 volume)*

WALLON, Henri
Histoire de l'esclavage dans l'Antiquité *(1 volume)*

WILSON, Arthur M.
Diderot — Sa vie et son œuvre *(1 volume)*

LITTÉRATURE

ALLAIS, Alphonse

Œuvres anthumes : A se tordre — Vive la vie ! — Pas de bile ! — Le Parapluie de l'escouade — Rose et vert pomme — Deux et deux font cinq — On n'est pas des bœufs — Le Bec en l'air — Amours, délices et orgues — Pour cause de fin de bail — Ne nous frappons pas — Le Captain Cap *(1 volume)*
Œuvres posthumes, 1877-1905 : Le Tintamarre — L'Hydropathe — Le Chat-Noir — Gil Blas — Le Journal *(1 volume)*

BALZAC, Honoré de

Le Père Goriot — Illusions perdues — Splendeurs et misères des courtisanes *(1 volume)*
Lettres à Madame Hanska *(2 volumes sous coffret)* : *Tome 1* : 1832-1844 — *Tome 2* : 1844-1850

BARBEY D'AUREVILLY, Jules

Une vieille maîtresse — L'Ensorcelée — Un prêtre marié — Les Diaboliques — Une page d'histoire *(1 volume)*

BARRÈS, Maurice

Romans et voyages *(2 volumes)* : *Tome 1* : Le Culte du moi — L'Ennemi des lois — Du Sang, de la volupté et de la mort — Le Roman de l'énergie nationale — *Tome 2* : Amori et dolori sacrum — Les Amitiés françaises — Les Bastions de l'Est — Le Voyage de Sparte — Greco ou le Secret de Tolède — La Colline inspirée — Un jardin sur l'Oronte — Le Mystère en pleine lumière

BENOIT, Pierre

Romans : Kœnigsmark — L'Atlantide — Pour Don Carlos — Le Puits de Jacob — Le Roi lépreux — Le Désert de Gobi *(1 volume)*

BLONDIN, Antoine

L'Europe buissonnière — Les Enfants du bon Dieu — L'Humeur vagabonde — Un singe en hiver — Monsieur Jadis — Quat' saisons — Certificats d'études — Ma vie entre les lignes — L'Ironie du sport *(1 volume)*

BOULGAKOV, Mikhaïl

La Garde blanche — La Vie de monsieur de Molière — Le Roman théâtral — Le Maître et Marguerite *(1 volume)*

BRONTË, Anne, Charlotte, Emily et Patrick Branwell

Œuvres *(3 volumes)* : *Tome 1* : E. Brontë : Wuthering Heights — A. Brontë : Agnès Grey — C. Brontë : Villette — *Tome 2* : C. Brontë : Jane Eyre — A. Brontë : La Châtelaine de Wildfell Hall — C. Brontë : Le Professeur — *Tome 3* : C. Brontë : Shirley ; Caractères des hommes célèbres du temps présent ; Albion et Marina ; Le Grand Monde à Verdopolis ; Le Sortilège ; Quatre Ans plus tôt — P. B.Brontë : Magazine (juin) (juillet) ; L'Histoire des jeunes hommes ; Le Pirate ; The Monthly Intelligencer ; La Mort de Mary Percy ; « Et ceux qui sont las se reposent »

BUZZATI, Dino

Œuvres : Bàrnabo des Montagnes — Le Secret du Bosco Vecchio — Le Désert des Tartares — Petite Promenade — Les Sept Messagers — La Fameuse Invasion de la Sicile par les ours — Panique à la Scala — Un cas intéressant *(1 volume)*

CAMÕES, Luís de

Les Lusiades *(1 volume)*

CARROLL, Lewis

Œuvres *(2 volumes sous coffret)* : *Tome 1* : Les Aventures d'Alice sous terre — Les Aventures d'Alice au pays des merveilles — De l'autre côté du miroir et ce qu'Alice y trouva — Le Frelon à perruque — Alice racontée aux petits enfants — Autour du pays des merveilles — Lettres à ses amies-enfants — Petites Filles en visite — Jeux, casse-tête, inventions — Les Feux de la rampe — Fantasmagorie et poésies diverses — Journaux — *Tome 2* : La Chasse au Snark — Sylvie et

Bruno — Tous les contes et nouvelles — Une histoire embrouillée — Le Magazine du presbytère — Le Parapluie du presbytère — Méli-Mélo — Logique sans peine — La Vie à Oxford — Essais et Opinions

CASANOVA

Histoire de ma vie *(3 volumes sous coffret) : Tome 1 :* Volumes 1 à 4 — Annexes : A la recherche de trois femmes — Théologie et religion — Philosophie et morale — Amour du beau — Le pédagogue — *Tome 2 :* Volumes 5 à 8 — Annexes : L'évasion des Plombs — L'Icosameron — A propos des œuvres de Bernardin de Saint-Pierre — Sur la loterie — La Kabbale — Casanova économiste — *Tome 3 :* Volumes 9 à 12 : Annexes : Casanova après les Mémoires — Derniers textes de Casanova

CESBRON, Gilbert

Notre prison est un royaume — Les saints vont en enfer — Chiens perdus sans collier — Il est plus tard que tu ne penses *(1 volume)*

COLETTE

Romans, récits, souvenirs *(3 volumes)* : *Tome 1* : (1900-1919), Claudine à l'école — Claudine à Paris — Claudine en ménage — Claudine s'en va — La Retraite sentimentale — Les Vrilles de la vigne — L'Ingénue libertine — La Vagabonde — L'Envers du music-hall — L'Entrave — La Paix chez les bêtes — Les Heures longues — Dans la foule — Mitsou — *Tome 2* : (1920-1940) : Chéri — La Chambre éclairée — Le Voyage égoïste — La Maison de Claudine — Le Blé en herbe — La Femme cachée — Aventures quotidiennes — La Fin de Chéri — La Naissance du jour — La Seconde — Sido — Douze Dialogues de bêtes — Le Pur et l'Impur — Prisons et Paradis — La Chatte — Duo — Mes apprentissages — Bella-Vista — Le Toutounier — Chambre d'hôtel — *Tome 3* : (1941-1949), *suivi de* Critique dramatique (1934-1938) : Journal à rebours — Julie de Carneilhan — De ma fenêtre — Le Képi — Trois… six… neuf… — Gigi — Belles Saisons — L'Étoile Vesper — Pour un herbier — Le Fanal bleu — Autres bêtes — En pays connu — La Jumelle noire

COURTELINE, Georges

Théâtre, contes, romans et nouvelles, philosophie, écrits divers et fragments retrouvés : Théâtre : Boubouroche — La Peur des coups — Un client sérieux — Hortense couche-toi ! — Monsieur Badin — Théodore cherche des allumettes — La Voiture versée — Les Boulingrin — Le gendarme est sans pitié — Le commissaire est bon enfant — L'Article 330 — Les Balances — La Paix chez soi — Mentons bleus — Contes : Le Miroir concave — Lieds de Montmartre — Dindes et grues — Les Miettes de la table — Scènes de la vie de bureau — Les Fourneaux — L'Ami des lois — Romans et nouvelles : Messieurs les ronds de cuir — Les Linottes — Le Train de 8 h 47 — Les Gaîtés de l'escadron — Philosophie — Écrits et fragments retrouvés : Pochades et chroniques — L'Affaire Champignon — Rimes — X…, roman impromptu *(1 volume)*

CROISADES ET PÈLERINAGES

Récits, chroniques et voyages en Terre sainte, XIIe-XVIe siècle : Chansons de croisades — La Chanson d'Antioche — La Conquête de Jérusalem — Le Bâtard de Bouillon — Saladin — Chronique de la croisade — La Conquête de Constantinople — La Fleur des histoires de la Terre d'Orient — Traité sur le passage en Terre sainte — Récits de pèlerinages — Récits de voyages hébraïques — Le Livre de Messire Jean de Mandeville *(1 volume)*

DAUDET, Léon

Souvenirs et Polémiques : Souvenirs — Député de Paris — Paris vécu — Le Stupide XIXe siècle *(1 volume)*

DICKENS, Charles

Les Grandes Espérances — Le Mystère d'Edwin Drood — Récits pour Noël *(1 volume)*

DIDEROT, Denis

Œuvres *(5 volumes)* : *Tome 1 :* Philosophie : Pensées philosophiques — Addition aux Pensées philosophiques — De la suffisance de la religion naturelle — La Promenade du sceptique — Lettre sur les aveugles — Additions à la Lettre sur les aveugles — Encyclopédie — Suite de l'apologie de M. l'abbé de Prades — Pensées sur l'interprétation de la nature — Le Rêve de d'Alembert — Principes philosophiques sur la matière et le mouvement — Observations sur Hemsterhuis — Réfutations d'Hélvétius — Entretien d'un philosophe avec la maréchale de *** — Sur les femmes — Essai sur les règnes de Claude et de Néron — Éléments de physiologie — *Tome 2 :* Contes : Les Bijoux indiscrets — L'Oiseau blanc, conte bleu — La Religieuse — Mystification — La Vision de M. de Bignicours — Les Deux Amis de Bourbonne — Entretien d'un père avec ses enfants — Ceci n'est pas un conte — Madame de La Carlière — Supplément au Voyage de Bougainville — Satyre première — Lui et moi — Le Neveu de Rameau — Jacques le Fataliste — *Tome 3 :* Politique : Articles de politique tirés de l'*Encyclopédi*e — Lettre sur le commerce de la librairie — Apologie de l'abbé Galiani — L'Anti-Frédéric — Mélanges philosophiques, historiques, etc. pour Catherine II — Plan d'une université — Observations sur le Nakaz — Contributions à l'histoire des deux Indes — Lettre apologétique de l'abbé Raynal à Monsieur Grimm — *Tome 4 :* Esthétique-Théâtre : Esthétique : Lettre sur les sourds et muets — Additions à la Lettre sur les sourds et muets — Traité du beau — Articles d'esthétique tirés de l'*Encyclopédie* — Au petit prophète de Boehmischbroda — Les Trois Chapitres — Éloge de Richardson — Les Salons de 1759, 1761, 1763, 1765, 1767, 1769, 1771, 1775 et 1781 — Pensées détachées sur la peinture, la sculpture et la poésie — Théâtre : Le Fils naturel — Entretiens sur Le Fils naturel — Le Père de famille — De la poésie dramatique — Sur Térence — Paradoxe sur le comédien — Est-il bon ? Est-il Méchant ? — *Tome 5* : Correspondance

DUMAS, Alexandre

Mes mémoires *(2 volumes sous coffret)* : *Tome 1* : (1802-1830) — *Tome 2* : (1830-1833) *suivi d'un* Quid d'Alexandre Dumas

Mémoires d'un médecin *(3 volumes) : Tome 1* : Joseph Balsamo, *suivi d'un* Dictionnaire des personnages — *Tome 2* : (1830-1833) Le Collier de la reine, Ange Pitou — *Tome 3* : La Comtesse de Charny — Le Chevalier de Maison-Rouge

Les Mousquetaires *(3 volumes)* : *Tome 1* : Les Trois Mousquetaires — Vingt ans après, *précédé d'un* Dictionnaire des personnages — *Tomes 2 et 3* : Le Vicomte de Bragelonne

Les Valois *(2 volumes) : Tome 1* : La Reine Margot — La Dame de Monsoreau, *précédé d'un* Dictionnaire des personnages — *Tome 2* : Les Quarante-Cinq, *suivi des* Adaptations théâtrales.

Le Comte de Monte-Cristo *(1 volume)*

DU MAURIER, Daphné

Rebecca — Ma cousine Rachel — L'aventure vient de la mer — L'Auberge de la Jamaïque *(1 volume)*

ÉRASME

Éloge de la folie — Adages — Colloques — Réflexions sur l'art, l'éducation, la religion, la guerre, la philosophie — Correspondance, *précédé d'un* Dictionnaire d'Érasme et de l'humanisme

FLAUBERT, Gustave

Madame Bovary — L'Éducation sentimentale — Bouvard et Pécuchet — Le Dictionnaire des idées reçues — Trois Contes *(1 volume)*

FONTANE, Theodor

Errements et Tourments — Jours disparus — Frau Jenny Treibel — Effi Briest *(1 volume)*

GALSWORTHY, John

Histoire des Forsyte *(2 volumes)* : *Tome 1* : La Saga des Forsyte — *Tome 2* : Comédie moderne — Fin de chapitre

GAUTIER, Théophile

La Cafetière — Omphale — Les Jeunes-France — Mademoiselle de Maupin — La Morte amoureuse — La Chaîne d'or — Fortunio — La Pipe d'opium — Une nuit de Cléopâtre — La Toison d'or — Le Pied de momie — La Mille et Deuxième Nuit — Le Roi Candaule — Le Club des hachichins — Arria Marcella — Avatar — Jettatura — Le Roman de la momie — Le Capitaine Fracasse — Spirite *(1 volume)*

GONCOURT, Edmond et Jules de

Journal. Mémoires de la vie littéraire, 1851-1896 *(3 volumes sous coffret)*

GRAND-GUIGNOL (LE)

Le théâtre des peurs de la Belle Époque *(1 volume)*

HESSE, Hermann

Romans et nouvelles : Peter Camenzind — L'Ornière — Rosshalde — Knulp — Demian — Le Dernier Été de Klingsor — Le Loup des steppes — Une petite ville d'autrefois — Souvenir d'un Européen *(1 volume)*

HOMÈRE

L'Iliade et l'Odyssée *(1 volume)*

HUGO, Victor

Romans *(3 volumes)* : *Tome 1* : Han d'Islande — Bug-Jargal — Le Dernier Jour d'un condamné — Notre-Dame de Paris — Claude Gueux — *Tome 2* : Les Misérables — *Tome 3* : L'Archipel de la Manche — Les Travailleurs de la mer — L'homme qui rit — Quatrevingt-treize

Poésie *(4 volumes)* : *Tome 1* : Premières publications — Odes et Ballades — Les Orientales — Les Feuilles d'Automne — Les Chants du Crépuscule — Les Voix intérieures — Les Rayons et les Ombres — *Tome 2* : Châtiments — Les Contemplations — La Légende des Siècles, première série — Les Chansons des rues et des bois — La Voix de Guernesey — *Tome 3* : L'Année terrible — La Légende des siècles, nouvelle série — La Légende des siècles dernière série — L'Art d'être grand-père — Le Pape — La Pitié suprême — Religions et Religion — L'Âne — Les Quatre Vents de l'esprit — Tome 4 : La Fin de Satan — Toute la lyre — Dieu — Les Années funestes — Dernière Gerbe — Océan vers

Théâtre *(2 volumes)* : *Tome 1* : Cromwell — Amy Robsartl — Hernani — Marion de Lorme — Le roi s'amuse — Lucrèce Borgia — Marie Tudor — Angelo, tyran de Padoue — La Esmeralda — *Tome 2* : Ruy Blas — Les Burgraves — Torquemada — Théâtre en liberté — Les Jumeaux — Mille francs de récompense — L'Intervention

Histoire : Napoléon le Petit — Histoire d'un crime — Choses vues *(1 volume)*

Voyages : Le Rhin — Fragment d'un voyage aux Alpes — France et Belgique — Alpes et Pyrénées — Voyages et excursions — Carnets 1870-1871 *(1 volume)*

Correspondance familiale et écrits intimes, 1802-1839 *(2 volumes)*

JAMES, Henry

Daisy Miller — Les Ailes de la colombe — Les Ambassadeurs *(1 volume)*

KIERKEGAARD, Soren

Œuvres : L'Alternative (Ou bien… Ou bien…) — La Répétition (La Reprise) — Stades sur le chemin de la vie — La Maladie à la mort *(1 volume)*

LABICHE, Eugène

Théâtre *(2 volumes) : Tome 1 :* Rue de l'Homme-Armé n° 8 bis — Embrassons-nous, Folleville ! — Un garçon de chez Véry — La Fille bien gardée — Un chapeau de paille d'Italie — Un monsieur qui prend la mouche — Le Misanthrope et l'Auvergnat — Edgard et sa bonne — Le Chevalier des dames — Mon Isménie — Si jamais je te pince… ! — L'Affaire de la rue de Lourcine — L'Avocat d'un grec — Voyage autour de ma marmite — La Sensitive — Les Deux Timides — Le Voyage de monsieur Perrichon — Les Vivacités du capitaine Tic — Le Mystère de la rue Rousselet — La Poudre aux yeux — *Tome 2 :* La Station Champbaudet — Les 37 sous de M. Montaudoin — La Dame au petit chien — Permettez, madame !… — Célimare le bien-aimé — La Cagnotte — Moi — Premier Prix de piano — Un pied dans le crime — La Grammaire — Les Chemins de fer — Le Papa du prix d'honneur — Le Dossier de Rosafol — Le Plus Heureux des trois — Doit-on le dire ? — 29 degrés à l'ombre — Garanti dix ans — Madame est trop belle — Les trente millions de Gladiator — Un mouton à l'entresol — Le Prix Martin — La Cigale chez les fourmis

LAWRENCE, T. E.

Œuvres *(3 volumes) : Tome* 1 : Dépêches secrètes d'Arabie — Correspondance et autres textes — *Tome 2* : Les Sept Piliers de la sagesse — *Tome 3 :* à paraître

LE BRAZ, Anatole

Magies de la Bretagne *(2 volumes)* : *Tome 1* : La Bretagne à travers l'Histoire — La Légende de la mort chez les Bretons armoricains — Récits de passants — Vieilles Histoires du pays breton —

Pâques d'Islande — Contes du soleil et de la brume — Les Saints bretons — Au pays des pardons — *Tome 2* : Le Gardien du feu — Le Sang de la Sirène — Âmes d'Occident — Chansons populaires de la Basse-Bretagne — Le Théâtre celtique — Cognomerus et sainte Tréfine — Croquis de Bretagne et d'ailleurs — Vieilles Chapelles de Bretagne — Îles bretonnes — La Terre du passé

LÉGENDE ARTHURIENNE (LA)

Le Graal et la Table Ronde : Perceval le Gallois, par Chrétien de Troyes — Perlesvaus — Merlin et Arthur, attribué à Robert de Boron — Le Livre de Caradoc — Le Chevalier à l'épée — Hunbaut — La Demoiselle à la mule, attribué à Païen de Maisières — L'Âtre périlleux — Gliglois — Méraugis de Portlesguez, par Raoul de Houdenc — Le Roman de Jaufré — Blandin de Cornouaille — Les Merveilles de Rigomer — Méliador, par Jean Froissart — Le Chevalier au Papegau *(1 volume)*

LOTI, Pierre

Voyages (1872-1913) : L'Ile de Pâques — Une relâche de trois heures — Mahé des Indes — Obock (en passant) — Japoneries d'automne — Au Maroc — Constantinople en 1890 — Le Désert — Jérusalem — La Galilée — L'Inde (sans les Anglais) — Les Pagodes d'or — En passant à Mascate — Vers Ispahan — Les Derniers Jours de Pékin — Un pèlerin d'Angkor — La Mort de Philae — Suprêmes visions d'Orient *(1 volume)*

MAUPASSANT, Guy de

Contes et nouvelles. Romans *(2 volumes)* : *Tome 1* : Quid de Guy de Maupassant — Contes divers (1875-1880) — La Maison Tellier — Contes divers (1881) — Mademoiselle Fifi — Contes divers (1882) — Contes de la Bécasse — Clair de lune — Contes divers (1883) — Une vie — Miss Harriet — Les Sœurs Rondoli — *Tome 2* : Yvette — Contes divers (1884) — Contes du jour et de la nuit — Bel-Ami — Contes divers (1885) — Toine — Monsieur Parent — La Petite Roque — Contes divers (1886) — Le Horla — Contes divers (1887) — Le Rosier de Mme Husson — La Main gauche — Contes divers (1889) — L'Inutile Beauté

MAUROIS, André

Prométhée ou la Vie de Balzac — Olympio ou la Vie de Victor Hugo — Les Trois Dumas *(1 volume)*

MILLE ET UNE NUITS (LES)

Dans la traduction du Dr J.-C. Mardrus *(2 volumes)*

MONTESQUIEU

Pensées — Le Spicilège *(1 volume)*

MORALISTES DU XVIIe SIÈCLE (LES)

La Rochefoucauld : Maximes et réflexions diverses — Mme de Sablé : Maximes — Abbé d'Ailly : Pensées diverses — Étienne de Vernage : Nouvelles Réflexions — Pascal : Pensées — Jean Domat : Pensées ; Discours sur les passions de l'amour — La Bruyère : Les Caractères — Dufresny : Amusements sérieux et comiques *(1 volume)*

NIETZSCHE, Friedrich

Œuvres *(2 volumes)* : *Tome 1* : La Naissance de la tragédie — Considérations inactuelles — Humain, trop humain — Aurore — *Tome 2* : Le Gai Savoir — Ainsi parlait Zarathoustra — Par-delà le bien et le mal — La Généalogie de la morale — Le Cas Wagner — Le Crépuscule des idoles — L'Antéchrist — Ecce homo — Nietzsche contre Wagner — Dithyrambes de Dionysos

PEPYS, Samuel

Journal (1660-1669) *(2 volumes sous coffret)*

POE, Edgar Allan

Contes, essais, poèmes *(1 volume)*

PROUST, Marcel

A la recherche du temps perdu *(3 volumes)* : *Tome 1* : Du côté de chez Swann — A l'ombre des jeunes filles en fleurs, *précédé d'un* Quid de Marcel Proust — *Tome 2* : Le Côté de Guermantes — Sodome et Gomorrhe — *Tome 3* : La Prisonnière — La Fugitive — Le Temps retrouvé

RENAN, Ernest

Histoire et Parole. *Morceaux choisis* de : Correspondance — Lettres intimes — Cahiers de jeunesse — Fragments intimes — L'Avenir de la science — Essais de morale et de critique — Vie de Jésus — Les Apôtres — Saint Paul — L'Antéchrist — L'Église chrétienne — Marc-Aurèle — La Réforme intellectuelle et morale — Dialogues philosophiques — Drames philosophiques — Examen de conscience philosophique — Souvenirs d'enfance et de jeunesse — Feuilles détachées — Histoire du peuple d'Israël — Conférences d'Angleterre *(1 volume)*

Histoires des origines du christianisme *(2 volumes sous coffret)* : *Tome 1 :* Vie de Jésus — Les Apôtres — Saint Paul, *précédé d'un* Dictionnaire de Renan — *Tome 2 :* L'Antéchrist — Les Évangiles — L'Église chrétienne — Marc-Aurèle

RENARD, Jules

Journal (1887-1910) *(1 volume)*

RESTIF DE LA BRETONNE et MERCIER, Sébastien

Paris le jour, Paris la nuit : Tableau de Paris — Les Nuits de Paris *(1 volume)*

ROMAINS, Jules

Les Hommes de bonne volonté *(4 volumes)* : *Tome 1*: Le 6 octobre — Crime de Quinette — Les Amours enfantines — Éros de Paris — Les Superbes — Les Humbles — Recherche d'une Église — *Tome 2* : Province — Montée des périls — Les Pouvoirs — Recours à l'abîme — Les Créateurs — Mission à Rome — Le Drapeau noir — *Tome 3*: Prélude à Verdun — Verdun — Vorge contre Quinette — La Douceur de la vie — Cette grande lueur à l'Est — Le monde est ton aventure — Journées dans la montagne — *Tome 4* : Les Travaux et les Joies — Naissance de la bande — Comparutions — Le Tapis magique — Françoise — Le 7 octobre

ROMANS DE FEMMES DU XVIIIe SIÈCLE

Mme de Tencin : Mémoires du comte de Comminge — Mme de Graffigny : Lettres d'une Péruvienne — Mme Riccoboni : Lettres de mistriss Fanni Butlerd — Mme de Charrière : Lettres de mistriss Henley ; Lettres neuchâteloises ; Lettres écrites de Lausanne — Olympe de Gouges : Mémoire de Mme de Valmont — Mme de Souza : Adèle de Sénanges — Mme Cottin : Claire d'Albe — Mme de Genlis : Mademoiselle de Clermont — Mme de Krüdener : Valérie — Mme de Duras : Ourika ; Édouard *(1 volume)*

ROMANS LIBERTINS DU XVIIIe SIÈCLE

Crébillon fils : Les Égarements du cœur et de l'esprit — Charles Pinot Duclos : Les Confessions du comte de *** — Godard d'Aucour : Thémidore ou Mon histoire et celle de ma maîtresse — La Morlière : Angola, histoire indienne — Voisenon : Le Sultan Misapouf - Histoire de la félicité — Boyer d'Argens : Thérèse philosophe ou Mémoires pour servir à l'histoire du père Dirrag et de mademoiselle Éradice — Fougeret de Monbron : Margot la ravaudeuse — François-Antoine Chevrier : Le Colporteur — Claude-Joseph Dorat : Les Malheurs de l'inconstance — Andréa de Nerciat : Félici ou Mes fredaines — Vivant Denon : Point de lendemain *(1 volume)*

SAGAN, Françoise

Bonjour tristesse — Un certain sourire — Dans un mois, dans un an — Château en Suède — Aimez-vous Brahms... — Les Merveilleux Nuages — La Chamade — Le Garde du cœur — Un peu de soleil dans l'eau froide — Des bleus à l'âme — Le Lit défait — Le Chien couchant — La Femme fardée — La Laisse — Les Faux-fuyants *(1 volume)*

SAINTE-BEUVE

Portraits littéraires *(1 volume)*

SCOTT, Walter

Waverley — Rob-Roy — La Fiancée de Lammermoor *(1 volume)*

SEGALEN, Victor

Œuvres complètes *(2 volumes)* : *Tome 1* : *Cycle des apprentissages :* Les Cliniciens ès lettres — Les Synesthésies et l'école symboliste — Essai sur soi-même — Journal de voyage — *Cycle Polynésien :* Les Immémoriaux — Gauguin dans son dernier décor — Le Maître-du-Jouir —

Hommage à Gauguin — La Marche du feu — Pensers païens — Journal des îles — Le Double Rimbaud — Vers les sinistrés — Hommage à Saint-Pol-Roux — *Cycle musical et orphique :* Voix mortes : Musiques maori — Dans un monde sonore — Siddhârtha — Entretiens avec Debussy — Orphée-Roi — Gustave Moreau, maître imagier de l'orphisme — Queques musées par le monde — *Cycle des ailleurs et du bord du chemin :* Essai sur l'exotisme — Essai sur le mystérieux — Imaginaires — Un grand fleuve — Briques et Tuiles — Feuilles de routes — *Tome 2 : Cycle chinois :* Stèle — Peintures — Équipée — le Fils du Ciel — René Leys — Odes — Thibet — Le Combat pour le sol — Lettre X — Sites — *Cycle archéologique et sinologique :* Chine. La Grande Statuaire — Les Origines de la statuaire de Chine — Chez le président de la République chinoise — Une conversation avec Yuan-Che-K'ai — Rapport de M. Victor Segalen sur les résultats archéologiques de la mission Voisins, Lartigue et Segalen — Premier exposé des résultats archéologiques obtenus dans la Chine occidentale par la mission Voisins, Lartigue et Segalen — Sépultures des dynasties chinoises du Sud — Le Tombeau du fils du roi de Wou — La Queste à la Licorne

SÉGUR, comtesse de

Œuvres *(3 volumes sous coffret)* : *Tome 1* : Lettres à son éditeur — Nouveaux Contes de fées — Les Petites Filles modèles — Les Malheurs de Sophie — Les Vacances — Mémoires d'un âne — Pauvre Blaise, *suivi d'un* dictionnaire de la Comtesse de Ségur — *Tome 2* : La Sœur de Gribouille — Les Bons Enfants — Les Deux Nigauds — L'Auberge de l'Ange Gardien — Le Général Dourakine — François le Bossu — Comédies et Proverbes — Un bon petit diable — *Tome 3* : Jean qui grogne et Jean qui rit — La Fortune de Gaspard — Quel amour d'enfant ! — Le Mauvais Génie — Diloy le chemineau — Après la pluie le beau temps — La Santé des enfants

SÉNÈQUE

Entretiens et Lettres à Lucilius *(1 volume)*

SHAKESPEARE

Œuvres complètes *(8 volumes)* : Tragédies *(2 volumes sous coffret)* : *Tome 1 :* Titus Andronicus — Roméo et Juliette — Jules César — Hamlet — *Tome 2* : Othello — Timon d'Athènes — Roi Lear — Macbeth — Antoine et Cléopâtre — Coriolan — Pièces historiques *(2 volumes sous coffret)* : *Tome 1 :* Le Roi Jean — Richard II — 1 Henri IV — 2 Henri IV — Henri V — *Tome 2* : 1 Henri VI — 2 Henri VI — 3 Henri VI — Richard III — Henri VIII — Sir Thomas More — Comédies, tragicomédies, sonnets *(4 volumes à paraître)*

SPLENDEURS DE LA COUR DE BOURGOGNE

Récits et chroniques : Baudouin de Flandre — La Belle Hélène de Constantinople — Gillion de Trazegnies — Le Cycle de la fille du comte de Ponthieu — Histoire du bon roi Alexandre — Faits du Grand Alexandre — Les Actions et paroles mémorables d'Alphonse, roi d'Aragon et de Naples — La Mort du Téméraire — Banquets, entremets et cuisine à la cour de Bourgogne — Les Vœux du faisan — Le Pas du Perron fée — Le Livre des faits du bon chevalier messire Jacques de Lalaing *(1 volume)*

TCHÉKHOV, Anton

Œuvres *(3 volumes) : Tome 1 :* Théâtre complet : Platonov — Ivanov — Le Génie des bois — La Mouette — L'Oncle Vania — Les Trois sœurs — La Cerisaie — Sur la grand-route — Les Méfaits du tabac — Le Chant du cygne — L'Ours — La Demande en mariage — Tatiana Répina — Le Tragique malgré lui — Une noce — Le Jubilé, *précédé d'un* Dictionnaire de Tchékhov — *Tomes 2 et 3 à paraître*

ZINOVIEV, Alexandre

Les Hauteurs béantes — L'Avenir radieux — Notes d'un veilleur de nuit *(1 volume)*

ZOLA, Émile

Les Rougon-Macquart *(5 volumes)* : *Tome 1* : La Fortune des Rougon — La Curée — Le Ventre de Paris — La Conquête de Plassans — *Tome 2* : La Faute de l'abbé Mouret — Son Excellence Eugène Rougon — L'Assommoir — Une page d'amour — *Tome 3* : Nana — Pot-Bouille — Au Bonheur des dames — La Joie de vivre — *Tome 4* : Germinal — L'Œuvre — La Terre — Le Rêve — *Tome 5 :* La Bête Humaine — L'Argent — La Débâcle — le Docteur Pascal

Dictionnaire d'Émile Zola : Sa vie, son œuvre, son époque *(1 volume)*

DÉPÔT LÉGAL : OCTOBRE 1998
N° D'ÉDITEUR : L 08327

IMPRIMÉ EN ITALIE
PAR G. CANALE & C. S.p.A.
BORGARO TORINESE - TURIN